# 中国版权年鉴 2013

CHINA COPYRIGHT YEARBOOK

中国版权年鉴编委会 编

中国人民大学出版社
·北京·

2012年1月6日，中国人民大学国家版权贸易基地版权评估中心成立，时任新闻出版总署副署长、国家版权局副局长阎晓宏与中国人民大学党委常务副书记牛维麟为中心揭牌。

2012年1月12日，中国音乐著作权协会与中国广播电视协会电视版权委员会32家成员单位在京签署音乐付酬协议。

2012 年 1 月 13 日，《著作权法》修订专家建议稿专题汇报会召开。图为中国人民大学知识产权学院院长刘春田教授汇报建议稿情况。

2012 年 2 月 10 日，推进使用正版软件工作部际联席会议第一次全体会议在京举行。

2012年3月21日，国家版权局赴甘肃督查推进使用正版软件工作。

2012年3月22日，推进使用正版软件工作部际联席会议赴吉林督查软件正版化工作。

2012 年 4 月 12 日，中美知识产权圆桌会议在京举办，时任新闻出版总署副署长、国家版权局副局长阎晓宏出席会议并作演讲。

2012 年 4 月 23 日，国家版权局举办打击假冒他人署名书画作品行为工作座谈会。

2012 年 4 月 26 日，时任新闻出版总署副署长、国家版权局副局长阎晓宏参加中央电视台的《我建议》节目，交流《著作权法》修订问题。

2012 年 4 月 26 日，由国家知识产权局、国家工商总局和国家版权局共同主办的 2011 年度全国知识产权保护评选结果揭晓，评选产生全国知识产权十大事件、十大案件和十名最具影响力人物。

2012 年 6 月 20—26 日，WIPO 保护音像表演外交会议在北京举办，会议讨论、通过并签署了《视听表演北京条约》。图为中方和外方会议代表合影。

2012 年 6 月 21 日晚，WIPO 版权金奖颁奖晚会在北京人民大会堂举行。图为作品奖获得者与颁奖嘉宾合影。

2012 年 6 月 21 日晚，WIPO 版权金奖颁奖晚会在北京人民大会堂举行。图为推广运用奖获得者与颁奖嘉宾合影。

2012 年 6 月 21 日晚，WIPO 版权金奖颁奖晚会在北京人民大会堂举行。图为保护奖获得者与颁奖嘉宾合影。

2012年6月21日晚，WIPO总干事弗朗西斯·高锐（中），时任新闻出版总署署长、国家版权局局长柳斌杰（右），时任北京市市长郭金龙（左）为第四届中国国际版权博览会开幕式剪彩。

2012年6月22日，第四届中国国际版权博览会期间，国际影视、音乐版权论坛举办。

2012 年 6 月 22—24 日，第四届中国国际版权博览会在北京举办。图为弗朗西斯·高锐（右一）、柳斌杰（右三）、阎晓宏（右四）等参观博览会。

2012 年 6 月 23 日下午，第四届全国大学生版权征文颁奖仪式在北京举行。图为时任新闻出版总署副署长、国家版权局副局长阎晓宏（左六），版权管理司司长于慈珂（左一）与获奖大学生合影。

2012 年 7 月 6 日，时任新闻出版总署署长、国家版权局局长柳斌杰做客人民网，围绕“《视听表演北京条约》与中国版权保护”这一话题与网友进行在线交流。

2012 年 7 月 17 日，国务院新闻办举行新闻发布会，通报软件正版化工作。截至 2012 年 6 月底，全国 31 个省（区、市）的省级政府机关已经全部按时完成软件正版化检查整改工作。图为时任新闻出版总署副署长、国家版权局副局长阎晓宏（左二）回答记者提问。

2012 年 8 月 14 日，台儿庄国家版权贸易基地举行揭牌仪式，此为国家版权局批复建设的第四个国家版权贸易基地。

2012 年 8 月 21 日，云南省举办州（市）、县（区）级政府机关软件正版化工作培训会议。

2012 年 8 月 30 日，中国人民大学国家版权贸易基地在 BIBF 期间举办第二届中国版权拍卖大会。图为拍卖活动现场。

2012 年 9 月 17 日，国家版权局与韩国文化体育观光部在韩国举办第八届中韩著作权研讨会。

2012 年 10 月 30 日，国家版权局召开《著作权法》修订工作领导小组第二次会议。

2012 年 11 月 21 日，上海版权执法部门开展软件市场巡查活动。

2012 年 11 月 29—30 日，国家版权局和国际复制权组织联合会（IFRRO）在杭州举办“数字环境下版权集体管理国际研讨会”。会议由中国文字著作权协会和浙江省版权局协办。

2012 年 12 月 4 日，中美网络版权执法研讨会在北京举行。图为国家版权局版权管理司司长于慈珂致辞。

2012 年 12 月 6 日，国家版权局对苏州市“全国版权示范城市”建设工作进行验收。

2012 年 12 月 28 日，国家版权局、公安部、工信部、国家互联网信息办公室联合在京召开 2012 年打击网络侵权盗版专项治理“剑网行动”新闻通气会。

2012 年 12 月 28 日，华中国家版权交易中心揭牌运营。图为湖北省委宣传部部长尹汉宁在揭牌仪式上致辞。

2013 年 2 月 27 日，2012 年度 CPCC 十大中国著作权人年度评选结果揭晓。图为时任新闻出版总署副署长、国家版权局副局长阎晓宏（左六）为获奖者颁奖。

# 中国版权年鉴

## 2013

（总第五卷）

中国版权年鉴编委会　编

中国人民大学出版社
·北京·

**图书在版编目(CIP)数据**

中国版权年鉴. 2013/《中国版权年鉴》编委会编. —北京:中国人民大学出版社,2013. 12
ISBN 978-7-300-18399-2

Ⅰ. ①中… Ⅱ. ①中… Ⅲ. ①版权-中国-2013-年鉴 Ⅳ. ①D923. 41-54

中国版本图书馆 CIP 数据核字(2013)第 277482 号

**中国版权年鉴 2013(总第五卷)**
中国版权年鉴编委会 编
Zhongguo Banquan Nianjian 2013

**出版发行** 中国人民大学出版社
**社　　址** 北京中关村大街 31 号　　**邮政编码** 100080
**电　　话** 010－62511242(总编室)　　010－62511398(质管部)
010－82501766(邮购部)　　010－62514148(门市部)
010－62515195(发行公司)　　010－62515275(盗版举报)
**网　　址** http://www.crup.com.cn
http://www.ttrnet.com (人大教研网)
**经　　销** 新华书店
**印　　刷** 涿州市星河印刷有限公司
**规　　格** 210 mm×297 mm　16 开本　　**版　　次** 2013 年 12 月第 1 版
**印　　张** 33.75 插页 49　　**印　　次** 2013 年 12 月第 1 次印刷
**字　　数** 1 091 000　　**定　　价** 300.00 元
**广告经营许可证** 京海工商广字第 0086 号

# 《中国版权年鉴 2013》编纂委员会

# 《中国版权年鉴》特约编辑

（以姓氏笔画为序）

# 《中国版权年鉴》编辑部

**主　　编：** 阎晓宏
**执行主编：** 牛维麟　于慈珂
**执行副主编：** 彭　翊　孟　超
**特约编审：** 苏如松
**编辑部主任：** 李方丽
**责任编辑：** 彭理文　刘广宇
**执行编辑：** 高川婷
**装帧设计：** 池海玉

# 编纂说明

一、《中国版权年鉴》由国家版权局组织编纂，中国人民大学出版社和中国人民大学国家版权贸易基地编辑出版，是我国唯一全面系统反映中国版权创造、运用、保护和管理基本概貌的大型专业性工具书。本年鉴于2009年创刊，逐年编纂，连续出版，每年一卷，2013年卷为第五卷。

二、本卷年鉴主要汇辑2012年全国版权保护与版权相关产业发展的综合概况、动态信息、文献资料和统计数据，港澳台版权信息及国际版权动态。

三、本卷年鉴采用分类编辑法。根据2012年中国版权创造、运用、保护和管理的基本情况与主要特点，采用类目、分目和条目三个层次的结构，以文章、条目、条文和图表的形式表述。全书共设14个类目，分列37个分目或次分目。

四、本卷年鉴在延续前四卷编纂总体框架下，为实现年鉴的整体性和在有限篇幅里反映高度密集有效信息，对年鉴内容进行了必要的补充、调整和删减，使之方便读者查阅。增加："特辑：WIPO保护音像表演外交会议"类目；"版权扫描"类目增加"产业发展"次分目；"典型案例选编"类目增加北京市高级人民法院、广东省高级人民法院、上海市版权局公布的著作权典型案件分目。调整："港澳台版权信息"从附录调至"版权扫描"类目；"知识产权教学与研究机构"以名录形式代替原来的简介形式，归入"名录"类目；"理论研究"类目力求精、新、热，选登了11篇文章，并由作者进行了适当缩编，以求突出重点。删减：删除"特载"类目、"版权纪事"分目、"版权（著作权）论文索引"分目、"版权相关图书索引"分目。

1. 特辑：以文字和图片形式全面记载2012年6月20—26日在北京举办的世界知识产权组织（WIPO）保护音像表演外交会议期间的重要讲话、文章，反映会议进程的重大活动，以及会议成果——《视听表演北京条约》文本。

2. 专文：刊载原新闻出版总署署长、国家版权局局长柳斌杰的讲话《为修订一部与时俱进的〈著作权法〉而努力》、《推进软件正版化，为文化发展创造良好环境》和国家新闻出版广电总局副局长、国家版权局副局长阎晓宏的讲话《第三次修订〈著作权法〉的几个问题》、《著作权集体管理将日益发挥积极作用》。

3. 版权工作概览：全面记录2012年我国各级版权行政管理部门、版权司法审判机构及版权管理与社会服务组织开展的版权工作概况。

4. 版权扫描：翔实记载2012年全国版权相关立法、司法、行政管理、宣传教育、交流研讨、社会管理与服务、国际交流与合作、产业发展等方面的动态信息及港澳台版权信息。

5. 版权产业发展：反映2012年我国新闻出版、广播电视、电影、计算机软件、动漫、网络游戏等版权相关产业的基本状况与发展趋势。

6. 典型案件选编：刊登最高人民法院公布的2012年中国著作权司法保护典型案件共20起，北京市高级人民法院、广东省高级人民法院、上海市版权局公布的著作权保护典型案件，《中国新闻出版报》、《中国版权》杂志共同发布的"2012年度查处侵权盗版十大案件”，以及部分省、自治区、直辖市查处的著作权侵权盗版案件。

7. 规章文件：汇辑最高人民法院《关于审理侵害信息网络传播权民事纠纷案件适用法律若干问题的规定》和国务院办公厅、原新闻出版总署及国家版权局印发的有关版权工作的规章文件。

8. 表彰评奖：主要介绍2012年度世界知识产权组织（WIPO）版权金奖获奖单位和个人，以及受到全国性表彰的优秀人物和先进单位。

9. 理论研究：集中反映2012年全国版权领域的理论研究成果。特别选登了11篇论文，以求反映2012年版权界热点问题。同时收录了版权相关图书简介。

10. 统计资料：收集2012年与版权管理和版权贸易有关的统计数据，以及新闻出版业、广播影视业和软件服务业的统计资料。

11. 名录：刊登国家与地方版权行政管理部门、版权综合服务机构、版权协会、著作权集体管理组织、版权相关行业协会、版权代理公司、国家级版权交易机构及知识产权教学与研究机构最新的通信联络信息。

12. 国际版权动态：作为附录介绍2012年国外版权法律制度发展的最新动向，包括立法与行政、司法判例及业界动态。

13. 索引：采用内容分析和主题词检索的方式，按汉语拼音字母顺序编制本卷内容的主题索引。

14. 宣传广告：以彩色图文展现2012年版权管理相关的重要活动，并宣传展示版权示范城市及版权相关企事业单位。

五、本卷年鉴中所载内容无特别说明外，均按时间先后顺序排列；涉及各省（自治区、直辖市）的内容，均以全国行政区划为序。因组稿条件有限，本卷年鉴未包含香港、澳门特别行政区和台湾省的版权工作概况及相关统计数据。

六、本卷年鉴配备双重检索系统：书前刊有详细目录，书后备有内容索引。

七、本卷年鉴中全国版权统计数据由国家新闻出版广电总局（国家版权局）版权管理司、出版产业司、发展研究中心，工业和信息化部软件服务业司提供；各省（自治区、直辖市）版权局的统计数据由该局领导确认。

八、本卷年鉴同时出版纸质版和电子版（光盘），其中电子版采用多媒体和全文检索技术，并随纸质版附赠；同时发行纸质版和电子版，其中电子版通过国家版权交易网（www.copyrightmall.com）等数字化平台发行。

九、本卷年鉴在组稿和编辑过程中，得到了国家版权局版权管理司、国家新闻出版广电总局出版产业司、中国人民大学知识产权学院、国家新闻出版广电总局发展研究中心、工业和信息化部软件服务业司、中国软件行业协会、地方版权局版权处以及其他版权相关单位的大力支持和帮助，在此一并谨致谢意。

十、因编辑部人员的水平和能力所限，本卷年鉴中定存有疏漏与错误之处，诚请版权界同人和广大读者给予批评、指正。

# 目　录

## 特辑：WIPO保护音像表演外交会议



## 专　文

## 版权工作概览

## 版权扫描

## 版权产业发展



## 典型案件选编

## 规章文件



## 表彰评奖



## 理论研究

## 统计资料



## 名 录

## 附录：国际版权动态

## 索　引



## 宣传广告

# Contents

## Features—WIPO Diplomatic Conference on the Protection of Audiovisual Performances



## Special Articles

## Copyright Work Overview

## Development of Copyright Industry



## Selected Typical Cases

## Honors and Awards



## Theoretical Study

## Statistics



## Directory

## Appendix: Trends of International Copyright

## Index



## Publicity and Advertisement

# 特辑：WIPO保护音像表演外交会议

TE JI：WIPO BAO HU YIN XIANG BIAO YAN WAI JIAO HUI YI

版

权

# 重要文章

【编者按】2012年6月20—26日，世界知识产权组织（WIPO）保护音像表演外交会议在中国北京顺利举办，经过WIPO各成员国及国际组织各代表团的反复磋商，最终通过并签署了《视听表演北京条约》。条约的签署，结束了表演者权利不能受到完整保护的历史，进一步完善了国际知识产权保护体系，是世界知识产权史上重要的里程碑。同时，该条约是新中国成立以来在中国缔结的第一个国际条约。条约以北京命名，意味着这座城市将与这一重要国际条约永远联系在一起。本栏目对外交会议相关的重要文章、会议进程、条约内容以文字和图片的形式进行了记载，以便读者了解会议的全貌。

## 加强国际知识产权合作，促进人类文明发展

### ——刘延东在世界知识产权组织保护音像表演外交会议上的致辞

今天，世界知识产权组织（WIPO）保护音像表演外交会议（以下简称外交会议）在北京隆重开幕。盛夏的北京以极大的热情，迎来了155个成员国和数十个国际版权组织的代表。相信此次会议的召开，必将进一步推动国际知识产权的交流与合作，促进国际知识产权制度的改革与发展。首先，我谨代表中国政府，对会议的召开表示热烈的祝贺，对各位嘉宾的到来表示诚挚的欢迎！

知识产权与科技进步、文化繁荣相伴而生，对促进人类社会进步、保护和激励发明创造具有不可替代的作用。多年来，世界知识产权组织致力于建设兼顾各方利益、方便获取的国际知识产权制度，取得了长足进展，促进了创新成果的应用和保护，为维护国际社会公共利益作出了积极贡献。加强对表演者权利的保护，为音像作品的跨国界传播和使用提供更为清晰的保护路径和法律依据，是知识产权保护的一个新发展。令我们感到欣喜的是，各国在表演者权利归属问题上所形成的共识，为签署《音像表演条约》铺平了道路。我代表中国政府，对世界知识产权组织及各方代表为此所付出的努力表示赞赏和敬意！

创新是人类文明进步的永恒主题，是社会兴旺发达的不竭动力。世界工业文明史就是一部科技创新的发展史，充分展示了创新对推动经济增长、创造人类财富的巨大作用。当前国际金融危机深层次影响远未消除，全球经济形势依然严峻，推动经济复苏是各国面临的主要任务。越来越多的国家把创新作为克服金融危机影响、确保可持续发展的优先战略。

创新的最大动力来自对创新成果的应用和保护。随着经济全球化浪潮的加速推进，知识经济蓬勃发展，含有知识产权的产品在国际贸易中所占比例越来越大。知识产权在各国经济社会发展中的战略地位更加凸显，日益成为促进发展的战略性资源和保持竞争力的核心要素。因此，保护知识产权，成为全世界推动经济发展和社会进步的必然要求和共同选择。

中华民族自古以来崇尚创新、富于创造。中国的现代知识产权制度是改革开放的重要成果，特别是自1980年加入世界知识产权组织以来，中国不断完善制度体系，加大保护力度，努力探索出一条符合国情的知识产权发展和保护之路，用32年时间走过了发达国家数百年的历程，知识产权日益成为中国科技创新、文化繁荣和经济增长的重要支撑。

一是把保护知识产权上升为国家战略。中国正在加快建设创新型国家，中国政府高度重视知识产权保护，作出了实施国家知识产权战略的重大部署，颁布了《国家知识产权战略纲要》，力争到2020年将中国建设成为知识产权创造、运用、保护和管理水平较高的国家。

二是构建了中国特色知识产权法律体系。中国先后制定了专利法、商标法、著作权法等单行法和 19 部行政法规。仅在版权方面，就从计算机软件保护、音像制品管理、信息网络传播权保护等多个方面颁布了 10 部法规，形成了符合国情、与国际规则接轨、较为完备的知识产权法律体系。

三是确立了行政保护与司法保护并行的版权执法模式。一方面健全行政执法体制，加大打击侵权盗版力度，持续开展打击侵犯知识产权和制售假冒伪劣商品专项行动。政府出资设立了反盗版专项基金，对举报、查处侵权盗版行为进行奖励。另一方面强化司法保护，完善确权和侵权诉讼程序，简化救济程序，加大民事赔偿和裁判执行力度。近十年共收缴侵权盗版复制品 7 亿多件，行政处罚案件 9.3 万多起，移送司法机关案件 2 500 多件。我们还对北京奥运会、上海世博会等相关版权开展专项保护，国际奥委会认为“中国政府出色的反盗版工作为全球奥运反盗版工作树立了榜样”。

四是版权保护整体水平达到国际通行标准。加入世界贸易组织以来，中国以实际行动履行了包括知识产权保护在内的所有承诺。从 1992 年起，先后加入《伯尔尼公约》、《世界版权公约》、《录音制品公约》、世界贸易组织《与贸易有关的知识产权协定》等重要国际公约。2007 年，中国又加入世界知识产权组织《版权条约》和《表演和录音制品条约》。我们认真承担国际义务，广泛开展版权交流合作，学习借鉴其他国家有益经验，发挥了负责任发展中大国的作用。

五是积极培育尊重知识产权、崇尚创新创造、倡导诚信守法的社会文化。我们坚持不懈地加强宣传普及，连续 9 年在全国范围开展“知识产权宣传周”，充分利用新闻媒体、网络等多种渠道，重点加强对青少年、科技人员、企事业管理人员的教育。有关调查显示，当前中国公众对知识产权的认知程度已超过 90%，尊重和保护知识产权的社会风尚日渐浓厚。

当然，我们也清醒地认识到，作为世界上最大的发展中国家，中国建立现代知识产权制度的时间还不长，知识产权保护方面还有很多不足。法律制度仍需要完善，公众的知识产权意识有待增强，侵权现象在一些地方仍然存在。但中国政府保护知识产权的态度是明确的，立场是坚定的，措施是有力的。去年，中国对深化文化体制改革、推动文化大发展大繁荣作出新的部署，再次强调加大知识产权保护力度。我们将继续深入实施国家知识产权战略，营造公平、规范、透明的市场环境，让一切有益的创新成果得到应有的尊重和回报。

当今世界，科技进步日新月异，知识传播跨越国界。特别是以互联网为代表的信息技术，为人类生产生活方式带来了划时代变革，也对现有知识产权的法律制度、管理模式和社会观念等带来巨大冲击和挑战。如何在新的形势下，进一步提升知识产权创造、运用、保护和管理能力，是国际社会的共同责任。借此机会，我提出四点倡议：

第一，高度重视，进一步加大知识产权保护力度。尊重和保护知识产权是现代文明社会的重要标志。各国应着眼长远，强化知识产权在经济、文化和社会政策中的导向作用，既注重保护知识创造者的利益，又促进知识的广泛传播和有效利用，统筹协调好知识产权创造者、应用者与社会公众之间的利益关系，形成知识创造与应用良性循环的格局。

第二，尊重国情，构建平衡有效的国际知识产权保护体系。国际社会应增进理解、凝聚共识，特别是充分考虑发展中国家的发展阶段、历史文化和基本国情，既协助和推动发展中国家提升知识产权保护的能力和水平，也充分肯定发展中国家已经作出的巨大努力，使国际知识产权体系能够兼顾各方利益、更加公平合理。这样才能使知识产权保护在更多国家产生实际效果。

第三，深化合作，促进世界知识产权保护整体发展。随着知识产权国际化趋势不断加快，迫切需要各国在人才培养、制度完善、信息共享等方面平等协商、密切合作，实现互利共赢。发达国家和国际组织应在技术创新、使用和转让上为发展中国家提供更多支持。发展中国家应从实际出发，积极加强自身知识产权能力建设，提升全球知识产权保护水平。

第四，扩大参与，增强公众的知识产权保护意识。保护知识产权不仅是政府的职责，更需要全社会共同努力，民众的热情和力量是知识产权保护的深厚土壤。各国都应开展丰富多彩的普及活动，培养公众的版权意识，大力培育知识产权文化，让保护知识产权成为人们的自觉行动。

中国的发展离不开世界，世界的繁荣稳定也离不开中国。拥有13亿人口的中国正在进行着人类历史上史无前例的工业化、城镇化和现代化。我们将坚定不移地推进改革开放，对内坚持科学发展，促进经济社会全面协调可持续发展；对外坚持和平发展，实施互利共赢的开放战略，与世界各国一道建设持久和平、共同繁荣的和谐世界。我们积极推动贸易和投资自由化、便利化，反对任何形式的保护主义，加强同各国的友好交往和务实合作，在实现自身发展的同时促进世界和平与繁荣。中国的发展将为世界带来更多机遇！

中国是世界知识产权大国，多年来与世界知识产权组织及各成员国保持了良好的合作关系。面向未来，我们将在国际条约的法律框架下，积极承担与自身能力相符的责任和义务，在更大范围、更广领域、更高层次上加强与世界各国的交流与合作，推动国际知识产权制度不断完善，为促进人类社会科技创新、文化繁荣、经济发展与社会和谐作出更大贡献！

最后，预祝会议取得圆满成功！

（本文为时任中共中央政治局委员、国务委员刘延东在外交会议开幕式上的致辞，题目为编者所加。）

# 加强版权保护，发展文化产业

## ——祝贺世界知识产权组织保护音像表演外交大会在京召开

柳斌杰

6月的北京，鲜花盛开。我国首都将以包容开放的魅力迎接世界知识产权组织保护音像表演外交大会的召开。来自155个世界知识产权组织（WIPO）成员国和49个国际组织的不同肤色、不同语言、不同国度近千名高级别代表与会，共商知识产权的大事、签署国际公约。这是中国新闻出版总署和北京市人民政府承办的最大的外交大会，对于展示中国文明进步形象，促进全球文化艺术繁荣，都有里程碑的意义。

### 一、保护音像表演外交大会的由来

人类创造性的劳动产生三种成果：技术发明创造的成果是专利，文化艺术创造的成果是版权，经营商业创造的成果是商标，通称为知识产权。版权之中，又有复制权、传播权、表演权等。这次外交大会解决的是演出、形象、动作等表演权保护问题。对于国人来说，音像表演权可能还是一个陌生的概念，但实际生活中大家谁也离不开声像艺术。在表演领域，著作权法的保护范畴主要包括两种类型的著作权：一是表演权，即著作权人依法享有的“公开表演作品，以及用各种手段公开播送作品的表演的权利”；二是表演者权，即表演者（如歌手、演员等）依法享有的许可或禁止他人使用其在表演作品时的形象、动作、声音等一系列表演权利，包括对其表演现场直播、录制、制作音像制品发行，以及通过网络进行传播的权利。而此次外交大会拟缔结的国际间《音像表演条约》就是关于表演者权利保护的国际公约。

2011年9月，世界知识产权组织成员国大会决定于2012年召开保护音像表演外交大会。世界知识产权组织和许多成员国表达了希望中国能够承办此次外交大会的意向，中国常驻日内瓦代表团支持此议，并与世界知识产权组织相关负责人进行了多次沟通。新闻出版总署（国家版权局）高度重视此事，多次商中国驻日内瓦代表团及外交部、财政部、国家知识产权局、国家工商总局、北京市政府等相关部门，一致认为中国具备承办此次会议的条件。经国务院批准，中国政府于2011年11月30日正式向世界知识产权组织提出申办外交大会的文书。同年12月1日，经世界知识产权组织成员国会议表决一致同意外交大会在文明古都北京召开。

### 二、外交大会在华举办的重要意义

在中国举办知识产权的外交大会，是中国文明进步形象的国际展示。它充分表明了中国政府对知识产权保护的高度重视，中国版权保护事业取得的显著成果正在被国际社会认可和赞赏。

一是有利于鼓励创新、繁荣艺术，推动文化产业健康发展。党的十七届六中全会提出“深化文化体制改革、推动社会主义文化大发展大繁荣、努力建设社会主义文化强国”的战略部署，要求加快发展文化产业，推动文化产业成为国民经济支柱性产业。缔结世界性的《音像表演条约》，将进一步完善表演者保护体系，有利于提高我国表演者的积极性，激发表演者的创造热情，创作更多更好的作品，丰富人民群众的文化生活，繁荣文化市场，推动产业发展。同时，国际保障表演者权机制也有利于促进我国民间表演艺术走向国际，推动中国传统文化“走出去”。

二是有利于增强我国在国际知识产权领域的话语权和影响力。由于我国经济、文化和科技的整体发展水平还落后于发达国家，在国际知识产权领域影响力不大，尤其在制定国际知识产权新规则中缺乏一定的话语权，在国际多边场合仍是“西强我弱”的局面。此次承办外交大会，对于我国充分发挥发展中大国作用，以东道国身份对国际机构和条约议定作出贡献，增强知识产权领域的国际话语权，提升自身影响力和软实力，具有历史意义。

三是有利于加强国际知识产权领域的交流与合作。在国际知识产权领域，世界知识产权组织和世界贸易组织是当今最重要的两个国际平台。与世界贸易组织的规则多为发达国家制定、对发达国家常有利益倾斜不同，世界知识产权组织近年来更加注重发达国家与发展中国家以及不发达国家之间的利益平衡，协调南北矛盾，希望与发展中国家加强合作，强调发展中国家应当是推进知识产权制度的受益者。我国政府于1980年加入世界知识产权组织以来，一直与其保持良好的合作关系。此次会议在华举办，对于我国进一步密切与各国知识产权界及世界知识产权组织的关系，增进相互理解、广泛交流和真诚合作都是难得的机会。

四是有利于提高我国全球知识产权大国地位。外交大会是联合国及其所属机构签订国际条约的专门形式，是最重要的国际会议之一。在中国北京召开缔结国际条约的外交大会，这是新中国历史上的第一次，体现了国际社会对我国知识产权大国地位及近年来知识产权工作取得成绩的充分认同。会议期间，将有155个成员国和49个国际组织派出的高级别代表团参加，世界各国参会代表将直接了解我国知识产权工作的进步，这对于提升我国知识产权的国际地位，树立我国保护知识产权的良好国际形象，减少国际社会对我国的误解和指责，争取更广泛的国际支持，改善我国对外贸易的环境具有深远的战略意义。

五是有利于提升北京市国际城市形象。如果此次外交大会进展顺利，条约成功缔结，《音像表演条约》按照惯例可以“北京公约”命名，与“新加坡条约”、“马德里体系”、“伯尔尼联盟”等知识产权体系齐名，这有利于树立北京国际城市形象。

## 三、中国版权制度的建立和发展

中国是有着五千年文明史的东方大国。早在南宋时期的刻印本上就出现了“不许复版”、“版权所有”等字样。1910年，清王朝颁布了中国第一部著作权法《大清著作权律》，著作权保护首入法统。遗憾的是，这部法律和后来民国政府制定的《著作权法》一样都是一纸空文，未能通行。

新中国成立后，随着文化建设新高潮的到来，新中国的版权事业也开始探路。人民代表大会制度一建立，就把著作权法的起草工作提上日程。1955年，成立了以新中国首任出版总署署长胡愈之为首的著作权法起草小组，着手制定著作权法。1957年，完成了《保障出版物著作权暂行规定（草案）》的起草工作，但是由于历史原因一下搁置了24年。

1979年1月，国务院副总理邓小平同志率领中国政府高级代表团访问美国。中美就《中美高能物理协定》进行谈判时，因为美方提出的版权问题而陷入僵局。中央领导意识到版权对外开放是一个大问题。1979年4月，一份关于起草版权法并申请加入国际版权公约的报告，送到中共中央秘书长兼宣传部部长胡耀邦手里，胡耀邦同志批示：“同意报告，请你们赶快动手，组织班子，草拟版权法”。中国《著作权法》起草工作由此重新启动。

经过10年的努力，克服重重困难，《中华人民共和国著作权法》于1990年由七届全国人大常委会第十五次会议审议通过，并于1991年6月1日正式施行。随后，为了适应我国加入世贸组织的需要，又进行修订，2001年10月著作权法修正案通过。这期间国务院颁布了一批配套的行政法规，如1991年的《著作权法实施条例》、1991年的《计算机软件保护条例》、1992年的《实施国际著作权条约的规定》、2004年的《著作权集体管理条例》、2006年的《信息网络传播权保护条例》、2009年的《广播电台电视台播放录音制品支付报酬暂行办法》等，形成了既符合国际公约又具有中国特色的著作权法律体系。可以说，改革开放以来，我国用30年时间重建了现代版权保护制度。正如前任世界知识产权组织总干事鲍格胥评价说，“在知识产权史上，中国完成所有这一切的速度是独一无二的”。我们用 30 年走完了西方国家走了 300 年的路。

《著作权法》颁布实施 20 多年来，在促进经济发展、文化繁荣和科技进步方面的作用越来越明显。

2008 年 6 月国务院颁布《国家知识产权战略纲要》，把知识产权保护提升为国家战略。党的十七大明确提出“提高自主创新能力，建设创新型国家”的战略目标。十七届六中全会特别强调“加大知识产权保护力度，依法惩处侵权行为，维护著作权人合法权益”。正是党和国家这些重大决策，推动版权制度的完善和版权事业的发展。其标志是：

**（一）建立了一整套既符合中国国情又与国际规则相适应的版权法律体系**

1990 年以来，我国先后加入了《保护文学和艺术作品伯尔尼公约》、《世界版权公约》、《保护录音制品制作者防止未经许可复制其录音制品公约》、世界贸易组织协定中《与贸易有关的知识产权协定》（TRIPS）、《世界知识产权组织版权条约》（WCT）和《世界知识产权组织表演和录音制品条约》（WPPT）等重要国际公约。世界知识产权各公约所倡导的非歧视、透明度、公平竞争等基本原则已融入中国版权法律法规和有关制度中。特别是加入世贸组织以来，中国全面履行承诺，在清理修订中完善法律法规。版权法规已能够满足国际条约的要求，较为完备的中国特色版权法律体系基本形成。

**（二）确立了具有中国特色的版权行政和司法保护体制**

版权行政执法与刑事执法并存的工作制度，是具有中国特色的一项版权保护工作制度。一方面，我国建立了版权司法保护体系，中央、省和地市均有专门的知识产权审判庭，在部分经济发达地区延伸至基层法院，形成比较有效的知识产权审判体系，各地法院受理和审结的知识产权案件中 60%以上是版权案件，有力地打击了各类侵权盗版行为。另一方面，国家重视发挥行政保护作用。近 5 年来，各级版权行政管理部门行政处罚盗版案件 4.9 万多起，收缴侵权盗版复制品 3.17 亿件。2010 年 10 月以来，国务院在全国深入开展打击侵犯知识产权和制售假冒伪劣商品等多项行动，不断加大打击侵权盗版力度，强化了版权行政执法作用。此外，我国运用行政力量推进政府机关和企业使用正版软件工作也取得积极成效。

**（三）构建版权公共服务和社会服务的平台**

经过十几年的精心培养和大力推动，我们已经形成四大服务平台，为著作权人和人民大众服务。一是政府主导的版权登记、代理和软件注册服务平台。二是由版权协会、著作权集体管理组织、版权保护中心等构成的中国版权社会服务平台。三是版权质押、版权交易、版权示范基地等支撑的市场平台。四是版权技术服务平台。

**（四）形成了全民开展版权宣传教育的制度**

以“4·26”世界知识产权日和重大版权事件为契机，以多种媒体为渠道，通过公益广告、知识竞赛、巡回演讲以及报告会、研讨会等形式全面开展版权知识宣传普及活动，在大、中、小学校里，普及版权知识，在全社会营造了尊重知识、崇尚创新、尊重版权的良好社会氛围。全社会版权意识明显提高。

**（五）完善了版权国际交流与合作的机制**

中国政府一贯重视并积极参与国际社会版权合作与交流。自 1980 年加入世界知识产权组织以来，建立了以与世界知识产权组织、世界贸易组织、亚太经合组织等合作交流为主的多边合作关系，大力发展和积极完善中美、中欧、中澳、中日、中韩、中秘等双边版权交流、对话机制。

## 四、以外交大会为契机开创版权事业新局面

开创版权事业新局面对于促进文化繁荣、发展文化产业、创造更多精神财富和物质财富，都极为重要。

**（一）开创版权事业新局面要抓住机遇**

从国际局势看，版权地位在上升。据世界知识产权组织统计，无论在发达国家还是在发展

中国家，国内生产总值中核心版权产业所占份额都占6%左右，全部版权产业占10%以上。据该组织公布，2006年我国版权产业贡献率已达6.4%，是推动经济和社会又好又快发展的重要力量。当前，经济全球化和经济发展方式转型、产业结构调整成为国际大趋势。而知识经济在全球范围内所呈现出的蓬勃生命力，正在吸引各国的注意力，发展版权产业成了主攻方向，这正是版权事业发展的契机。

从国内发展形势看，版权事业前景光明。十七届六中全会为版权事业发展指明了方向，创造了前所未有的良好条件。党和政府坚定不移地实施国家知识产权战略，在着力建设创新型国家进程中，知识产权已经成为发展的核心要素。这为新时期版权事业提供了难得的历史发展机遇。

**（二）开创版权事业新局面要正视三大问题**

一是国际竞争的版权压力加大。版权产业已成为世界各国，特别是发达国家经济发展中利润最大、增长最快、活力最旺的支柱产业。因此，很多国家将版权产业视为核心经济利益加以重点保护，国际版权争端、纠纷、案件越来越妨碍我国的经贸文化合作，有的国家甚至把版权作为遏制我国发展的武器，经常施压。中国版权保护的国际压力越来越大。

二是传播技术的变革带来新的挑战。如何保护新媒体、数字化条件下的文化、艺术、科学版权，成为全球性的难题。我们必须正视技术进步带来的版权保护倒退的问题，从法律、技术、工作层面上解决这个难题。

三是版权保护执行力亟待加强。我国版权保护体制不顺、力量不足的问题还很突出；版权实际保护能力和现状与著作权人及国际社会对版权保护的要求还不相适应；版权相关产业中版权价值被低估，智力劳动体现不充分；等等。这些问题亟待抓紧解决。

**（三）开创版权事业新局面要抓好六项重点工作**

要进一步健全中国特色版权法律体系。近几年两会期间，修改《著作权法》成为很多代表、委员的热点议题。为此，政府已启动全面修订《著作权法》的工作，修改文本已第一次面向社会征求意见。要抓紧对《著作权法》及与此相配套的条例、规章进行修订，使我国版权法律体系更加完善。

要进一步加强版权行政体系建设。要切实加强版权行政管理和行政执法体系建设，横向要理顺关系、明确定位；纵向要落实责任，加强力量。政府支持各地建立符合实际需要的版权监管平台，为版权行政执法提供硬件支持和技术保障，提高行政管理水平。

要进一步依法惩处侵权盗版行为。坚持不懈地开展打击侵犯知识产权和制售假冒伪劣商品工作，把集中整治和建立长效机制结合起来，每年都要组织几次全国性专项行动，着力解决重点地区、重点领域存在的侵权盗版问题。

要进一步加快版权公共服务体系建设。大力推进作品登记、著作权合同登记备案和版权质押登记等工作，创新版权公共服务形式，扩充项目，提高水平，促进版权成果的广泛运用。

要进一步加快版权产业的培育和发展。要以强有力的政策培育版权相关产业，要积极发展版权评估、交易、质押、投资中介，培育综合性版权要素市场，促进版权产业大发展。要加快版权产业示范基地建设，集中人才、技术、资金、政策等，发展优势版权产业，造就知识经济增长极。

要进一步加强版权国际交流合作。开创版权事业新局面，必须大力推动国际多双边对话协商和交流合作，积极参与国际事务，突出与世界知识产权组织、世界贸易组织、亚太经合组织等国际组织，以及与世界各国政府的交流与合作，为中国版权走向世界创造外部条件。

信息时代的知识产权是关系党和国家工作大局的重要战略问题。我们必须站在维护国家利益和人类文明进步事业的高度审视版权工作，切实增强责任感和紧迫感，积极稳妥地处理和应对国内国际版权事务，大力发展版权产业，开创版权事业新局面。

（本文曾以《加强版权保护，发展文化产业——祝贺世界知识产权组织音像表演外交大会在京召开》为题刊载于2012年6月21日《人民日报》。）

# 会议纪实

**【WIPO决定在中国举办外交会议】**

1996年，WIPO开始积极组织音像表演保护条约的外交谈判，着手制定《保护音像表演条约》，其核心是解决《世界知识产权组织表演和录音制品条约》没有解决的问题，即对表演者的声音和形象给予全面保护。

2000年，WIPO曾计划举行外交会议以促成该条约的签署，但因美国和欧盟对有关“表演者权利归属”的条款没有达成一致，外交会议夭折。之后，WIPO一直推动缔结《保护音像表演条约》，但由于美、欧之间分歧严重，致使该项议程长期没有进展。直到2011年6月，各方终于在“表演者权利归属”上达成一致意见，为条约的签署铺平了道路。

2011年9月28日，WIPO成员国大会决定于2012年召开保护音像表演外交会议。会前，WIPO向中国驻日内瓦代表团表示了希望中国能够承办此次外交会议的意向，中国常驻日内瓦代表团对此持积极态度，与WIPO相关负责人进行了多次沟通。新闻出版总署（国家版权局）高度重视此事，多次商中国驻日内瓦代表团及外交部、财政部、国家知识产权局、国家工商总局、北京市政府等相关部门，并共同向国务院报送了申请承办此次外交会议的请示。经国务院批准，中国政府于2011年11月30日正式向WIPO提出申办外交会议的申请。同年12月1日，经WIPO 185个成员国一致表决同意，中国获得外交会议承办权。2012年2月20日，中国代表团在日内瓦WIPO总部与WIPO签署《关于承办保护音像表演外交会议有关工作安排的谅解备忘录》。

**【中国政府积极筹备外交会议】**

中国政府对外交会议高度重视，成立了以国务院副总理王岐山为主任，新闻出版总署署长、国家版权局局长柳斌杰，北京市市长郭金龙，国务院副秘书长毕井泉为副主任，各部委有关负责人为委员的保护音像表演外交会议组委会。

2012年5月8日，王岐山主持召开组委会成员单位全体会议，亲自部署筹备工作。之后，为了保证此次会议高质量地进行，组委会各成员单位在时间紧、任务重的情况下，多次召开专题会议，统筹协调、精心部署各项筹备工作。根据工作需要，组委会办公室建立了重大活动、综合服务、新闻宣传、安全保卫、颁奖演出等9个工作小组，研究制定了近百项具体工作方案，先后有16个中央国家部委、23个市属委办局、7个省、13个城市、63家企业，近5 000名行政管理、工程技术、相关产业从业人员及志愿者，直接参与会议的服务保障工作。

**【外交会议开幕前举办新闻发布会】**

6月17日下午，WIPO、中国新闻出版总署（国家版权局）与北京市政府在北京共同召开WIPO保护音像表演外交会议新闻发布会。

发布会上，WIPO助理总干事特雷沃尔·克拉克代表WIPO感谢中国政府为筹备此次外交会议所付出的巨大艰辛和作出的巨大贡献，并幽默地将三方共同筹备外交会议形容为“肩并肩，手牵手”。中国国家版权局新闻发言人、版权管理司司长于慈珂，北京市版权局新闻发言人、副局长王野霏出席发布会并回答记者提问。

克拉克表示，此次会议将通过保护音像表演方面的条约，这将加强众多艰苦谋生的电影演员及其他表演者的经济权利，让他们得以通过自己的工作获得额外收入。条约为制作者因音像表演在国外的利用和使用而获取报酬并与表演者共享收益提供了可能性，从而让表演者能有效地参与音像制作方面的国际创收分配。因此，这次会议对WIPO各成员国来说是一次具有历史性意义的会议，而且这一条约将永远地与北京联系在一起，对中国意义非常。

于慈珂指出，中国国务院、国家版权局、北京市政府和相关部委领导高度重视外交会议的筹备工作，目前会议筹备工作已经基本就绪，相信在 WIPO 的指导和密切沟通下，中国政府承诺会向 WIPO 交出合格答卷。

王野霏介绍说，为了保证此次会议顺利、高效地进行，北京市成立了由北京市领导牵头的组织机构，组成了由 21 个政府部门参加的 9 个工作小组，以全面保证各种筹备工作顺利进行。此次会议还首次采用联合国的标准搭建了一个符合要求的会议场所，提供了完整的会议系统和网络直播系统，并提供 6 种语言服务。

发布会由北京市人民政府新闻办公室主任王惠主持，WIPO 版权法司司长米歇尔·伍兹及高级顾问海蒂·龙等出席发布会。

**【刘延东会见弗朗西斯·高锐及高级会议代表】**

2012 年 6 月 20 日上午，外交会议开幕前，中共中央政治局委员、国务委员刘延东会见出席会议的 WIPO 总干事弗朗西斯·高锐及出席会议的高级会议代表。

刘延东代表中国政府对 WIPO 交由中国北京承办外交会议表示感谢，对外交会议的召开表示祝贺，对高锐先生及会议代表表示欢迎并预祝外交会议圆满成功，预祝《保护音像表演条约》顺利缔结。

刘延东指出，中国自 1980 年加入 WIPO 以来，一直与其保持友好的合作关系，支持 WIPO 发挥全球最重要知识产权平台的作用，积极参与 WIPO 领导下的国际知识产权事务。近年来，WIPO 注重发达国家、发展中国家以及不发达国家之间的利益平衡，协调南北矛盾，关注发展中国家诉求，重视与中国政府的合作，就国际知识产权热点问题及发展趋势与中国交换意见，为中国培养知识产权专业人才、建立和完善知识产权保护制度给予了很大支持和帮助，中国政府对此表示赞赏和感谢。

**【外交会议隆重开幕】**

2012 年 6 月 20 日上午，外交会议在北京隆重开幕。中共中央政治局委员、国务委员刘延东，WIPO 总干事弗兰西斯·高锐，中国新闻出版总署署长、国家版权局局长柳斌杰，北京市委常委、宣传部部长、副市长鲁炜出席开幕式并致辞。WIPO 助理总干事特雷沃尔·克拉克主持开幕式。

刘延东在致辞中指出，多年来，WIPO 致力于建设兼顾各方利益、利于方便获取的国际知识产权制度，促进了创新成果的应用和保护，为维护国际社会公共利益作出了积极贡献。

保护知识产权是中国政府的一贯立场和坚定决心。刘延东说，随着经济全球化浪潮加速推进，知识经济蓬勃发展，进一步提升知识产权创造、运用、保护和管理能力，是国际社会的共同责任。她提议：要统筹协调好知识产权创造者、应用者与社会公众之间的利益关系，形成知识创造与应用良性循环的格局。要充分考虑发展中国家的发展阶段、历史文化和基本国情，使国际知识产权体系兼顾各方利益，更加公平合理。要在技术创新、使用和转让上为发展中国家提供更多支持，提升全球知识产权保护水平。要增强公众知识产权保护意识，让保护知识产权成为人们的自觉行动。她表示，中国将积极承担与自身能力相符的责任和义务，为促进科技创新、文化繁荣、经济发展与社会和谐作出更大贡献。

弗朗西斯·高锐在致辞中代表 WIPO 感谢中国政府对本次会议的热情支持，感谢国家版权局和北京市政府出色的承办保障工作。高锐说，表演者的价值能在中国签订的协定中得到承认尤为合适，因为中国戏剧和表演的传统源远流长，当代戏剧、电影和电视的发展亦充满活力，2010 年中国拍摄了超过 500 部电影，电视剧数量也超过了世界上任何一个国家。高锐指出，像所有创造性作品一样，视听表演在数字化环境中同样面临着机遇和风险。数字技术和互联网为全球观众敞开了大门，也为创造性作品提供了前所未有的发行机会。同时，这也使创造性作品越来越容易遭受不正当竞争的侵害。《北京条约》将使得表演者能够以更大的信心与数字化环境互动。它将在多边层面，改变一种广泛存在的“不公”观念，即与音乐表演相比，视听表演受到的不平等对待。高锐最后敦促所有与会人员在会议期间，通过并缔结《北京条约》，在国际上认可视听表演的内在价值。

鲁炜代表北京市政府对各国来宾在京相聚表示热烈欢迎。鲁炜表示，外交会议的召开，是WIPO多年努力的结果，表明各成员国对保护音像表演权利有着广泛的共识，条约的签署将开启世界知识产权保护的新篇章。鲁炜指出，近年来，北京市政府高度重视知识产权保护工作，制定实施知识产权战略，建立了比较完善的知识产权行政管理、保护、服务体系，特别是通过积极探索，不断加强音像表演权益保护工作，尊重版权、鼓励创新的氛围更加浓厚。承办WIPO保护音像表演外交会议，是对北京的信任，也是北京的荣誉。北京将以此为新的契机，加快实施科技创新、文化创新“双轮驱动”战略，不断完善知识产权创造、管理、保护、运用的体制机制，努力打造知识产权保护的首善之区和闻名中外的“版权之都”。

WIPO主要负责人、成员国部长级官员，来自世界各国的全体会议代表700余人，以及外交会议组委会委员蔡名照、江小涓、刘振民、程国平、赵少华、崇泉、鲁培军、付双建、张丕民、崔玉英、阎晓宏等出席开幕式，中国著名京剧表演艺术家梅葆玖、加拿大女演员费恩·唐尼（Feren Downey）作为演员代表在开幕式上发表了演讲。

**【柳斌杰当选为外交会议主席】**

2012年6月20日上午11时，根据议程安排，会议进入审议并通过议事规则的环节，第四项是选举外交会议主席。经伊朗代表团提议，埃及、巴拉圭、美国等代表团赞同，会议很快一致通过由中国代表团团长柳斌杰担任此次外交会议主席的决定。主席当选后，成为会议的中心人物，承担把会议引向成功的重任。主席对会议负有指导的责任，不仅要主持会议讨论，还要维持秩序、调节进度和活跃气氛，确保会议顺利、和谐进行，以达到最理想的结果。对此，当选主席柳斌杰发表了就职演说：“我将忠于职守，全力按规则办事，确保会议效率。”

之后，在会议主席柳斌杰的主持下，按照外交会议议事规则，会议选举了外交会议副主席，以及资格认证委员会、主要委员会、起草委员会、指导委员会的主席团成员。其中，中国代表团副团长阎晓宏、刘振民分别当举为资格认证委员会和起草委员会副主席。

**【外交会议开幕后举办新闻发布会】**

2012年6月20日上午，外交大会开幕式结束后，举行新闻发布会，中国新闻出版总署署长、国家版权局局长柳斌杰，WIPO总干事弗兰西斯·高锐等出席。

发布会上，高锐首先阐述了此次会议拟缔结的一部旨在加强保护音像表演者权利的新国际条约《视听表演北京条约》的重要意义。“缔结条约，表达了国际社会对表演者和表演权利的重视”，他认为，在中国缔结该条约，也意味着全球经济生产和文化生产的重心正在向亚洲转移。

柳斌杰表示，表演行业类型丰富，广播、影视、舞台门类多，参与劳动者众多，但在过去不能满足表演者需求，如果形成国际共识，将对民间艺术的传承、艺术表演的发展都具有重要意义，并使知识产权保护达到一个新水平。

《北京条约》如果缔结成功，将会产生巨大的经济价值和社会价值。柳斌杰说，目前国内音像表演产值为500亿元左右，如果《北京条约》产生，将使更多的人投入到这个行业，会对国民经济发展有很大的提升，并会使更多的人享受到丰富的精神文化产品。

**【外交会议联合招待酒会举办】**

2012年6月20日晚，外交会议联合招待酒会举办。WIPO总干事弗朗西斯·高锐，中国新闻出版总署署长、国家版权局局长柳斌杰，北京市委副书记、市长郭金龙出席并致辞。北京市委常委、宣传部部长、副市长鲁炜主持招待酒会。新闻出版总署副署长、国家版权局副局长阎晓宏，北京市政府秘书长孙康林，WIPO主要负责人及成员国部长级官员出席招待酒会。

柳斌杰在致辞中说，此次外交会议的召开，是国际知识产权界的重大外交盛事，对通过知识产权保护促进文化创意产业发展、推进国际知识产权合作具有里程碑式的意义。相信在WIPO的支持下，在各代表团参会代表的共同努力下，此次会议一定能够结出丰硕成果，建立和完善网络环境下的表演者权益保护体系，促进艺术繁荣，使表演作品更多地创作和更广泛地传播。

高锐在致辞中说，感谢中国朋友为本次外交会议创造了和谐友好的优美环境，使世界各国知识产权工作者能够齐聚一堂，为达成条约进行深入的研究讨论。他说，“我们也注意到中国、北京高度重视知识产权保护工作而采取的大量实际行动，让我们对本次大会的成功举办和条约的顺利缔结更加充满信心”。

郭金龙在致辞中说，此次外交会议的召开，充分说明中国政府、WIPO和各成员国对保护表演者权益的高度重视。他表示，北京将抓住这一难得机遇，进一步深化国际交流合作，不断提升知识产权保护水平，努力打造中国知识产权保护的首善之区和“版权之都”，为促进文化艺术多样化发展和世界各国人民的友好往来，作出新的更大贡献。

**【各代表团反复磋商】**

2012年6月21日至25日，由于条约签署涉及众多重大问题，各代表团都非常重视，在会议期间进行了反复磋商。有部分代表团对个别代表团的签署资格、条约草案内容等具体问题存在不同意见。因此，在全体会议、地区组协调会之外，与会代表也经常利用会上、会下一切机会开展双边、多边非正式磋商，很多部长级官员为了讨论条约中的一个段落、句子甚至标点符号而废寝忘食，有的代表团还将具体问题专门发回国内请示，谈判过程极为艰难。除全体会议外，相关国家和地区代表还召开了60多次小型闭门会议，充分交流了各自的观点，确保了条约内容真正凝聚国际社会各方的共识。

会议期间，由21人组成的中国代表团积极参加各项活动，充分发挥东道主优势，在做好会议服务保障工作的同时，与WIPO和各代表团广泛接触与交流，充分体现友好协商、集思广益的精神，得到与会各方的积极配合，最终促成《视听表演北京条约》的顺利签署，并有计划地主动对外宣传我国版权保护的现状。很多与会代表表示，这次来华参加外交会议，有机会进一步了解中国完善知识产权保护制度所取得的显著成绩，将进一步加强与中国在知识产权领域的交流与合作。

**【《视听表演北京条约》通过】**

经过5天的热烈讨论、积极磋商，通过资格审查、条款修改等一系列建设性工作，6月24日19时32分，外交会议全体会议上，大会主席柳斌杰一声槌响，宣布“通过”，与会代表全体起立鼓掌，《视听表演北京条约》正式诞生。204个代表团共721名代表参与并见证了这一历史时刻。这是WIPO与中国政府长期积极合作的一次成功范例，被载入世界版权的史册。

各国代表在随后发言中对条约的顺利通过给予高度评价，一致认为条约充分体现了网络环境下新技术发展的要求，表演者的权利得到进一步的承认和更全面的保护，这必将激发表演者的创造热情，促进表演作品的创作和广泛传播，推动文化创意产业的发展。同时对中国政府承办外交会议作出的高效率工作和杰出贡献表示高度赞赏、充分肯定和由衷感谢。

**【《视听表演北京条约》正式签署】**

6月26日14时，《视听表演北京条约》签署仪式正式开始，WIPO总干事弗朗西斯·高锐将条约文本递交到代表手中，WIPO成员国中的绝大部分代表上台签字，签字过程持续了两个多小时。最终，来自122个国家的代表签署了最终文本，并有48个国家正式签署了《视听表演北京条约》。当中国代表团团长柳斌杰最后一个签署时，在场的各国代表报以长时间热烈掌声。“通常我们热爱艺术家的表演，总是会送上一束鲜花，这个条约的签署是我们代表全人类送给艺术家们的一束鲜花。”一位代表说。

《北京条约》共 30 条，以中文、阿拉伯文、英文、法文、俄文和西班牙文签署，详细规定了“定义”、“保护的受益人”、“国民待遇”、“精神权利”、“复制权”、“发行权”、“权利的转让”等问题。《北京条约》的诞生，标志着谈判了近 20 年的视听表演者版权保护的国际新条约终于修成正果。该条约是新中国成立以来在中国缔结的第一个国际条约，填补了视听表演领域全面版权保护国际条约的空白，将永远载入世界知识产权史册。北京这座城市，也将与这一保护知识产权的重要国际条约永远联系在一起。

**【外交会议圆满闭幕】**

6 月 26 日下午 16 时，外交会议在北京圆满闭幕。中共中央政治局委员、北京市委书记刘淇，WIPO 总干事弗朗西斯・高锐出席闭幕式并讲话。中国新闻出版总署署长、国家版权局局长、外交会议中国代表团团长柳斌杰，北京市市长郭金龙，新闻出版总署副署长、国家版权局副局长阎晓宏，北京市委常委、宣传部部长、副市长鲁炜，WIPO 副总干事王彬颖等出席闭幕式。闭幕式由 WIPO 助理总干事特雷沃尔・克拉克主持。

闭幕式上，来自印度电影界的制片人代表及中国著名电影表演艺术家王晓棠和国际表演者协会主席菲亚对《视听表演北京条约》的签署表示热烈祝贺，并对新条约赋予电影表演者全面充分的保护给予了高度赞赏，认为该条约必将激发表演者的创造热情，促进表演作品的创作和广泛传播，推动文化创意产业的发展。来自世界各国的政府官员、表演艺术家和国际演艺协会的代表对《北京条约》的签署表示了热烈祝贺，对 WIPO 及中国高质量的会议承办工作表示赞扬和感谢。

刘淇代表北京市对外交会议通过并签署《视听表演北京条约》表示热烈祝贺。他说，该条约在北京顺利诞生，是全世界各方面共同努力的结果，也是北京的骄傲。这个条约的成功缔结，结束了表演者权利不能享有完整知识产权保护的历史，进一步丰富并完善了国际知识产权保护体系，对于促进国际知识产权合作、推动世界文化产业发展，具有里程碑式的意义。

高锐代表 WIPO 盛赞中国政府对保护音像表演外交会议所作出的杰出贡献。他说，外交会议的圆满成功体现了“开放中国的精神”。参会的所有代表不仅对顺利签署条约表示满意，同时也对中国国家版权局及北京市政府细致周到的保障服务表示由衷的感谢。他指出，《视听表演北京条约》是 WIPO 自 1996 年通过《世界知识产权组织表演和录音制品条约》16 年来产生的又一个版权领域的新条约，是外交会议与会者共同“接生”的“新生儿”，将使表演者能够以更大信心应对数字化环境下的挑战，影响深远。

**【外交会议闭幕后举办新闻发布会】**

6 月 26 日下午大会闭幕式后，举行新闻发布会，中国新闻出版总署署长、国家版权局局长柳斌杰，WIPO 总干事弗兰西斯・高锐，北京市委常委、宣传部部长、副市长鲁炜等出席。

高锐指出，截至 26 日会议闭幕，已有 48 个国家签署条约，这是一个相当高的数目。“它向国际社会发出了一个信号：这些国家有意批准这个条约并愿受条约制约。”高锐表示，这是很重要的一步。《北京条约》第 25 条规定，“本条约通过后即在世界知识产权组织总部开放以供任何有资格的有关方签署，期限一年”。高锐表示期待着条约在全世界范围内迅速而广泛地获得通过。高锐接受记者采访时表示，“短短 30 年间，中国在知识产权领域有着出色表现。在从农业大国向工业化国家的转变中，中国知识产权基础制度的建设令人印象深刻”。

柳斌杰表示，“近年来，特别是党的十七大以来，中国在打击侵权盗版、保护知识产权方面做了大量工作，进展显著，得到了国际社会的广泛认可”。《北京条约》的缔结是中国版权保护事业的一个新动力。中国将继续完善相关法律体系，提高全民版权保护意识，在知识产权保护领域迈出新步伐。

鲁炜表示，条约以“北京”命名，是荣誉更是责任，北京将采取多种措施进一步做好表演者权利的保护工作。

# 条约文本

# 视听表演北京条约

## 目　录



## 序　言

缔约各方，出于以尽可能有效和一致的方式发展和维护保护表演者对其视听表演的权利的愿望，回顾《建立世界知识产权组织（WIPO）公约》大会 2007 年所通过的旨在确保发展方面的考虑构成本组织工作的组成部分的发展议程各项建议的重要性，承认有必要采用新的国际规则，以提供解决由经济、社会、文化和技术发展所提出的问题的适当方法，承认信息与通信技术的发展和交汇对视听表演的制作与使用的深刻影响，承认有必要保持表演者对其视听表演的权利与广大公众的利益，尤其是教育、研究和获得信息的利益之间的平衡，承认 1996 年 12 月 20 日在日内瓦签订的《世界知识产权组织表演和录音制品条约》（WPPT）对表演者的保护不延伸到其以视听录制品录制的表演方面，提及关于版权和邻接权若干问题的外交会议于 1996 年 12 月 20 日通过的《关于视听表演的决议》，达成协议如下：

## 第 1 条　与其他公约和条约的关系

（1）本条约的任何内容均不得减损缔约方相互之间依照《世界知识产权组织表演和录音制品条约》或依照 1961 年 10 月 26 日在罗马签订的《保护表演者、录音制品制作者和广播组织国际公约》已承担的现有义务。

（2）依本条约给予的保护不得触动或以任何方式影响对文学和艺术作品版权的保护。因此，本条约的任何内容均不得被解释为损害此种保护。

（3）除《世界知识产权组织表演和录音制品条约》之外，本条约不得与任何其他条约有任何关联，亦不得损害任何其他条约所规定的任何权利和义务。[1]、[2]

## 第 2 条　定义

在本条约中：

（a）“表演者”系指演员、歌唱家、音乐家、舞蹈家以及对文学或艺术作品或民间文学艺术表达进行表演、歌唱、演说、朗诵、演奏、表现或以其他方式进行表演的其他人员；[3]

（b）“视听录制品”系指活动图像的体现物，不论是否伴有声音或声音表现物，从中通过某种装置可感觉、复制或传播该活动图像；[4]

（c）“广播”系指以无线方式的传送，使公众能接收声音或图像，或图像和声音，或图像和声音的表现物；通过卫星进行的此种传送亦为“广播”；传送密码信号，只要广播组织或经其同意向公众提供了解码的手段，即为“广播”；

（d）“向公众传播”表演系指通过除广播以外的任何媒体向公众传送未录制的表演或以视听录制品录制的表演。在第 11 条中，“向公众传播”包括使公众能听到或看到，或能听到并看到以视听录制品形式录制的表演。

## 第 3 条　保护的受益人

（1）缔约各方应将本条约规定的保护给予系其他缔约方国民的表演者。

（2）非缔约方国民但在一个缔约方境内有惯常居所的表演者，在本条约中视同该缔约方的国民。

## 第 4 条　国民待遇

（1）在本条约所专门授予的专有权以及本条约第 11 条所规定的获得合理报酬的权利方面，每一缔约方均应将其给予本国国民的待遇给予其他缔约方的国民。

（2）在本条约第 11 条第（1）款和第 11 条第（2）款授予的权利方面，缔约方应有权将其依本条第（1）款给予另一缔约方国民的保护限制在其本国国民在该另一缔约方享有的那些权利的范围和期限之内。

（3）如果另一缔约方使用了本条约第 11 条第（3）款允许的保留，本条第（1）款规定的义务对缔约方不再适用；如果某一缔约方作出了此种保留，本条第（1）款规定的义务也不适用于该缔约方。

## 第5条　精神权利

（1）不依赖于表演者的经济权利，甚至在这些权利转让之后，表演者仍应对于其现场表演或以视听录制品录制的表演有权：

（i）要求承认其系表演的表演者，除非因使用表演的方式而决定可省略不提其系表演者；以及

（ii）反对任何对其表演进行的将有损其声誉的歪曲、篡改或其他修改，但同时应对视听录制品的特点予以适当考虑。

（2）根据本条第（1）款授予表演者的权利在其死亡后应继续保留，至少到其经济权利期满为止，并可由被要求提供保护的缔约方立法所授权的个人或机构行使。但批准或加入本条约时其立法尚未规定在表演者死亡后保护上款所述全部权利的国家，则可规定其中部分权利在表演者死亡后不再保留。

（3）为保障本条所授予的权利而采取的补救方法应由被要求提供保护的缔约方立法规定。[5]

## 第6条　表演者对其尚未录制的表演的经济权利

表演者应享有专有权，对于其表演授权：

（i）广播和向公众传播其尚未录制的表演，除非该表演本身已属广播表演；和

（ii）录制其尚未录制的表演。

## 第7条　复制权

表演者应享有授权以任何方式或形式对其以视听录制品录制的表演直接或间接地进行复制的专有权。[6]

## 第8条　发行权

（1）表演者应享有授权通过销售或其他所有权转让形式向公众提供其以视听录制品录制的表演的原件或复制品的专有权。

（2）对于已录制表演的原件或复制品经表演者授权被首次销售或其他所有权转让之后适用本条第（1）款中权利的用尽所依据的条件（如有此种条件），本条约的任何内容均不得影响缔约各方确定该条件的自由。[7]

## 第9条　出租权

（1）表演者应享有授权按缔约各方国内法中的规定将其以视听录制品录制的表演的原件和复制品向公众进行商业性出租的专有权，即使该原件或复制品已由表演者发行或经表演者授权发行。

（2）除非商业性出租已导致此种录制品的广泛复制，从而严重损害表演者的专有复制权，否则缔约方被免除第（1）款规定的义务。[8]

## 第10条　提供已录制表演的权利

表演者应享有专有权，以授权通过有线或无线的方式向公众提供其以视听录制品录制的表演，使该表演可为公众中的成员在其个人选定的地点和时间获得。

## 第11条　广播和向公众传播的权利

（1）表演者应享有授权广播和向公众传播其以视听录制品录制的表演的专有权。

（2）缔约各方可以在向世界知识产权组织总干事交存的通知书中声明，它们将规定一项对

于以视听录制品录制的表演直接或间接地用于广播或向公众传播获得合理报酬的权利，以代替本条第（1）款中规定的授权的权利。缔约各方还可以声明，它们将在立法中对行使该项获得合理报酬的权利规定条件。

（3）任何缔约方均可声明其将仅对某些使用情形适用本条第（1）款或第（2）款的规定，或声明其将以某种其他方式对其适用加以限制，或声明其将根本不适用第（1）款和第（2）款的规定。

## 第 12 条　权利的转让

（1）缔约方可以在其国内法中规定，表演者一旦同意将其表演录制于视听录制品中，本条约第 7 条至第 11 条所规定的进行授权的专有权应归该视听录制品的制作者所有，或应由其行使，或应向其转让，但表演者与视听录制品制作者之间按国内法的规定订立任何相反合同者除外。

（2）缔约方可以要求，对于依照其国内法的规定制作的视听录制品，此种同意或合同应采用书面形式，并应由合同当事人双方或由经其正式授权的代表签字。

（3）不依赖于上述专有权转让规定，国内法或者具有个人性质、集体性质或其他性质的协议可以规定，表演者有权依照本条约的规定，包括第 10 条和第 11 条的规定，因表演的任何使用而获得使用费或合理报酬。

## 第 13 条　限制与例外

（1）缔约各方可以在其国内立法中，对给予表演者的保护规定与其国内立法给予文学和艺术作品的版权保护相同种类的限制或例外。

（2）缔约各方应使本条约中所规定权利的任何限制或例外仅限于某些不与表演的正常利用相抵触、也不致不合理地损害表演者合法利益的特殊情况。[9]

## 第 14 条　保护期

依本条约给予表演者的保护期，应自表演录制之年年终算起，至少持续到 50 年期满为止。

## 第 15 条　关于技术措施的义务

缔约各方应规定适当的法律保护和有效的法律补救办法，制止规避由表演者为行使本条约所规定的权利而使用并限制对其表演实施未经该有关表演者许可的或法律不允许的行为的有效技术措施。[10]、[11]

## 第 16 条　关于权利管理信息的义务

（1）缔约各方应规定适当和有效的法律补救办法，制止任何人明知，或就民事补救而言，有合理根据知道其行为会诱使、促成、便利或包庇对本条约所规定的任何权利的侵犯，而故意实施以下活动：

（i）未经许可去除或改变任何权利管理的电子信息；

（ii）未经许可发行、为发行目的进口、广播、向公众传播或提供明知未经许可而被去除或改变权利管理电子信息的表演或以视听录制品录制的表演的复制品。

（2）本条中的用语“权利管理信息”系指识别表演者、表演者的表演或对表演拥有任何权利的所有人的信息，或有关使用表演的条款和条件的信息，以及代表此种信息的任何数字或代码，各该项信息均附于以视听录制品录制的表演上。[12]

## 第 17 条　手续

享有和行使本条约所规定的权利无须履行任何手续。

## 第18条　保留和通知

（1）除第11条第（3）款的规定外，本条约不允许有任何保留。

（2）依第11条第（2）款或第19条第（2）款所作的任何通知，可以在批准书或加入书中提出，通知的生效日期应与本条约对作出通知的国家或政府间组织生效的日期相同。任何此种通知亦可随后提出，但在此情况下，通知应于世界知识产权组织总干事收到通知三个月后或通知中指明的任何更晚的日期生效。

## 第19条　时间上的适用范围

（1）缔约各方应对本条约生效之时存在的已录制的表演，以及本条约对缔约各方生效之后进行的所有表演，给予本条约所规定的保护。

（2）尽管有本条第（1）款的规定，缔约方仍可以在向世界知识产权组织总干事交存的通知书中声明，对于本条约对每一缔约方生效之时存在的已录制的表演，将不适用本条约第7条至第11条的规定，或不适用其中的任何一条或多条规定。对于此种缔约方，其他缔约方可以使所述各条的适用仅限于本条约对该缔约方生效之后进行的表演。

（3）本条约规定的保护不得损害本条约对每一缔约方生效之前实施的任何行为、订立的任何协议或取得的任何权利。

（4）缔约各方可以在其立法中制定过渡性条款，规定凡在本条约生效之前就某一表演从事合法活动的人，可以在本条约对相应缔约方生效之后，就该同一表演从事与第5条和第7条至第11条所规定的权利范围相符的活动。

## 第20条　关于权利行使的条款

（1）缔约各方承诺根据其法律制度采取必要的措施，以确保本条约的适用。

（2）缔约各方应确保依照其法律可以提供执法程序，以便能采取制止对本条约所规定权利的任何侵权行为的有效行动，包括防止侵权的即时补救和为遏制进一步侵权的补救。

## 第21条　大会

（1）(a）缔约方应设大会。

（b）每一缔约方应有一名代表出席大会，该代表可由副代表、顾问和专家协助。

（c）各代表团的费用应由指派它的缔约方负担。大会可以要求世界知识产权组织（以下称为“WIPO”）提供财政援助，以便利按照联合国大会既定惯例认为是发展中国家或市场经济转型期国家的缔约方代表团参加。

（2）(a）大会应处理涉及维护和发展本条约及适用和实施本条约的事项。

（b）大会应履行依第23条第（2）款向其指定的关于接纳某些政府间组织成为本条约缔约方的职能。

（c）大会应对召开任何修订本条约的外交会议作出决定，并给予世界知识产权组织总干事筹备此种外交会议的必要指示。

（3）(a）凡属国家的每一缔约方应有一票，并应只能以其自己的名义表决。

（b）凡属政府间组织的缔约方可以代替其成员国参加表决，其票数与其属本条约缔约方的成员国数目相等。如果此种政府间组织的任何一个成员国行使其表决权，则该组织不得参加表决，反之亦然。

（4）大会应由总干事召集，如无例外情况，应与世界知识产权组织大会同时同地举行。

（5）大会应努力通过协商一致作出决定，并应制定自己的议事规则，包括召集特别会议、法定人数的要求，以及按本条约的规定，作出各类决定所需的多数等规则。

## 第 22 条　国际局

与本条约有关的行政工作应由世界知识产权组织国际局履行。

## 第 23 条　成为本条约缔约方的资格

（1）世界知识产权组织的任何成员国均可以成为本条约的缔约方。

（2）如果任何政府间组织声明其对于本条约涵盖的事项具有权限和具有约束其所有成员国的立法，并声明其根据其内部程序被正式授权要求成为本条约的缔约方，大会可以决定接纳该政府间组织成为本条约的缔约方。

（3）欧洲联盟在通过本条约的外交会议上作出上款提及的声明后，可以成为本条约的缔约方。

## 第 24 条　本条约规定的权利和义务

除本条约有任何相反的具体规定以外，每一缔约方均应享有本条约规定的一切权利并承担本条约规定的一切义务。

## 第 25 条　本条约的签署

本条约通过后即在世界知识产权组织总部开放以供任何有资格的有关方签署，期限一年。

## 第 26 条　本条约的生效

本条约应在第 23 条所指的三十个有资格的有关方交存批准书或加入书三个月之后生效。

## 第 27 条　成为本条约缔约方的生效日期

本条约应自下列日期起具有约束力：

（i）对第 26 条提到的三十个有资格的有关方，自本条约生效之日起；

（ii）对第 23 条提到的每一个其他有资格的有关方，自其向世界知识产权组织总干事交存批准书或加入书之日满三个月起。

## 第 28 条　退约

本条约的任何缔约方均可退出本条约，退约应通知世界知识产权组织总干事。任何退约应于世界知识产权组织总干事收到通知之日起一年后生效。

## 第 29 条　本条约的语文

（1）本条约的签字原件为一份，以中文、阿拉伯文、英文、法文、俄文和西班牙文签署，各该文种的文本具有同等效力。

（2）除本条第（1）款提到的语文外，任何其他语文的正式文本须由世界知识产权组织总干事应有关方请求，在与所有有关方磋商之后制定。在本款中，“有关方”系指涉及到其正式语文或正式语文之一的世界知识产权组织任何成员国，并且如果涉及到其正式语文之一，亦指欧洲联盟和可以成为本条约缔约方的任何其他政府间组织。

## 第 30 条　保存人

世界知识产权组织总干事为本条约的保存人。

[注释]

[1] 关于第 1 条第（1）款的议定声明：各方达成共识，本条约的任何内容均不得影响《世

界知识产权组织表演和录音制品条约》（WPPT）所规定的任何权利或义务或其解释；另外，各方达成共识，第3款不对本条约缔约方增加批准或加入《世界知识产权组织表演和录音制品条约》或遵守其任何规定的任何义务。

[2] 关于第1条第（3）款的议定声明：各方达成共识，系世界贸易组织成员的缔约方承认《与贸易有关的知识产权协定》（《TRIPS协定》）的各项原则与目标，并达成共识：本条约的任何内容均不影响《TRIPS协定》的规定，包括但不限于涉及反竞争行为的规定。

[3] 关于第2条（a）款的议定声明：各方达成共识，表演者的定义涵盖凡对表演过程中创作的或首次录制的文学或艺术作品进行表演的人。

[4] 关于第2条（b）款的议定声明：特此确认，载于第2条（b）款的“视听录制品”的定义，不损害《世界知识产权组织表演和录音制品条约》的第2条（c）款。

[5] 关于第5条的议定声明：为本条约的目的，并在不损害任何其他条约的前提下，会议达成共识：鉴于视听录制品及其制作和发行的特点，在正常利用表演的过程中以及在经表演者授权的使用过程中对该表演所作的修改，诸如使用现有或新的媒体或格式进行编辑、压缩、配音或格式化编排，将不足以构成第5条第（1）款第（ii）项意义下的修改。只有在客观上对表演者的声誉造成重大损害的改动才涉及第5条第（1）款第（ii）项所规定的权利。会议还达成共识：纯粹使用新的或改进的技术或媒体，其本身不足以构成第5条第（1）款第（ii）项意义下的修改。

[6] 关于第7条的议定声明：第7条所规定的复制权及其通过第13条所允许的例外，完全适用于数字环境，尤其是以数字形式使用表演的情况。各方达成共识，在电子媒体中以数字形式存储受保护的表演，构成该条意义下的复制。

[7] 关于第8条和第9条的议定声明：这些条款中的用语“原件和复制品”，受各该条中发行权和出租权的约束，专指可以作为有形物品投放流通的固定的复制品。

[8] 关于第8条和第9条的议定声明：这些条款中的用语“原件和复制品”，受各该条中发行权和出租权的约束，专指可以作为有形物品投放流通的固定的复制品。

[9] 关于第13条的议定声明：关于《世界知识产权组织版权条约》（WCT）第10条（涉及限制与例外）的议定声明，亦可比照适用于本条约的第13条（涉及限制和例外）。

[10] 与第13条相关的关于第15条的议定声明：各方达成共识，本条任何规定均不阻止缔约方采取有效而必要的措施，以确保当视听表演已采用技术措施而受益人有权合法使用该表演时，例如在权利人未对某一具体表演采取能让受益人享受国内法所规定的例外与限制的适当和有效措施的情况下，受益人能享受其国内法中根据第13条作出的例外或限制规定。此外，在不损害录有表演的视听作品的法律保护的情况下，各方达成共识，第15条规定的义务不适用于不受或不再受履行本条约的国内立法保护的表演。

[11] 关于第15条的议定声明：“表演者使用的技术措施”一语，与《世界知识产权组织表演和录音制品条约》的情况一样，应作广义的解释，亦指代表表演者实施行为的人，包括代理人、被许可人或受让人，包括制作者、服务提供者和经适当许可使用表演进行传播或广播的人。

[12] 关于第16条的议定声明：关于《世界知识产权组织版权条约》第12条（涉及关于权利管理信息的义务）的议定声明，亦可比照适用于本条约的第16条（涉及关于权利管理信息的义务）。

2012年6月26日下午，时任中共中央政治局委员、国务院副总理王岐山会见WIPO总干事弗朗西斯·高锐及参加外交会议的部长级代表。

2012年6月20日上午，时任中共中央政治局委员、国务委员刘延东会见WIPO总干事弗朗西斯·高锐等高级官员。

2012年6月21日下午，时任中共中央政治局委员、北京市委书记刘淇会见WIPO总干事弗朗西斯·高锐一行。

2012年6月20日上午，外交会议在中国大饭店隆重开幕。WIPO助理总干事特雷沃尔·克拉克主持开幕式。

2012年6月20日上午，时任中共中央政治局委员、国务委员刘延东在外交会议开幕式上致辞。

2012年6月20日上午，时任北京市委常委、宣传部部长、副市长鲁炜在外交会议开幕式上致辞。

2012年6月20日上午，WIPO总干事弗朗西斯·高锐在外交会议开幕式上致辞。

2012年6月20日，出席外交会议开幕式的中国代表团。

2012年6月20日，出席外交会议开幕式的外国代表团。

2012年6月20日上午，中国著名京剧表演艺术家梅葆玖作为演员代表在外交会议开幕式上发表演讲。

2012年6月20日上午，加拿大著名演员费恩·唐尼作为演员代表在外交会议开幕式上发表演讲。

2012年6月20日上午11时，中国代表团团长柳斌杰当选为大会主席。图为柳斌杰(右四)主持会议。

2012年6月20日晚，时任北京市委副书记、市长郭金龙（左一）在外交会议联合招待酒会上致辞。

2012年6月23日下午，WIPO总干事弗朗西斯·高锐（左一）与各国代表讨论《视听表演北京条约》（以下简称条约）内容。

2012年6月24日，随着大会主席柳斌杰的一声槌响，条约通过。

2012年6月26日下午，芬兰代表在主席台签署条约。

2012 年 6 月 26 日下午，法国代表在主席台签署条约。

2012 年 6 月 26 日下午，日本代表在主席台签署条约。

2012年6月26日下午，时任中国新闻出版总署署长、国家版权局局长柳斌杰在主席台签署条约。

2012年6月26日下午，时任中共中央政治局委员、北京市委书记刘淇在外交会议闭幕式上致辞。

2012 年 6 月 26 日下午，WIPO 总干事弗朗西斯·高锐在外交会议闭幕式上致辞。

2012年6月26日下午，印度制片人波比·贝迪（左）、中国电影表演艺术家王晓棠（中）、国际演员联合会主席阿格尼特·哈兰德（右）在闭幕式上发言。

# WIPO保护音像表演外交会议 活动掠影

2012年6月26日下午，外交会议闭幕后举办新闻发布会。

外交会议期间，主办方为会议搭建了中、英、法、阿拉伯、俄、西班牙6种语言的同声传译翻译间。

（注：本栏目图片由国家版权局提供。）

版权

# 专文

ZHUAN WEN

# 为修订一部与时俱进的《著作权法》而努力

## ——在《著作权法》修订工作领导小组会议上的讲话

原新闻出版总署署长、国家版权局局长　柳斌杰

《著作权法》是我国知识产权领域的三大基础法律之一。自20多年前制定实施以来，在我国知识产权的创造和保护方面发挥了巨大作用。但是，随着我国经济社会的发展、改革开放的深入、文化事业的繁荣和人民群众精神创造力的提升，版权领域出现了许多新问题，版权创造、运用、保护、管理和国际版权交易都在期待更加完善的法律规范，知识界、文化界、产业界强烈要求修订《著作权法》，使之成为时代性、国际性、实用性相统一的高水平的法律。

正是基于国际国内的这些因素，国务院领导同志批准把《著作权法》修订列入国务院年度立法工作计划。2011年7月13日，国家版权局在京正式启动了《中华人民共和国著作权法》第三次修订工作。这项工作启动以来，国内外反响热烈，知识界、文化界、产业界高度关注，形成近年来少有的版权立法工作新高潮，极大地提升了版权工作的社会关注度。经过一年零三个月的工作，在有关领导同志大力支持、相关部门通力合作、领导小组精心指导、起草人员不断努力下，此次修法进展顺利并取得了良好成果。

此次《著作权法》修订第一阶段的工作体现了高水平的要求，达到了预定目标。摆在大家面前的这部草案，与现行法相比确实有了相当大的不同，体现出五个特点：一是法律内容上有实质性突破，二是权利方面普遍增加，三是授权体系和市场交易规则重大调整，四是保护力度进一步加大，五是体例结构改变明显。这五个特点，集中起来，就是草案更加适应市场经济的要求，更加顺应当今科学技术发展对著作权制度的挑战，更加适应著作权保护方面的国际规则。在这么短的时间内分析形势、听取意见，深入讨论、求同存异，反复论证、锤炼文字，既是对我们版权法制工作的一次重大检验，也是对我们开门立法、创造性工作能力的重大考验。应该说，我们经受住了来自各个方面的压力、要求和业界的各种期待，很好地完成了我们肩负的重大工作任务。客观来说，虽然这部草案还有一些地方存在分歧或者难点，还有一些需继续打磨、推敲的地方，但是总体上进了一大步，比较全面地反映了社会各界方方面面的共识，积极回应了相关利益方的诉求，体现出较高的立法水平。这样的成果来之不易。

我认为，这部草案的形成得益于以下几个方面：首先是明确的思路。修法工作启动之初，经深入研究并广泛征求社会及业界各方意见，领导小组确定了本次修法的指导思想和具体原则。关于指导思想，我们当时的一个基本的判断是：与前两次修订较为被动和局部不同（均与世界贸易组织有关），本次修法是为适应我国经济社会发展和科学技术进步的现实需要而作出的主动、全面的修订。要把本次修法工作置于全党全国工作大局中，放在继续深入推进改革开放的伟大事业中，纳入依法治国、建设社会主义法治国家的历史征程中来考察和推进。由此出发，我们提出本次修法要坚持一个基本理念——集思广益、解决问题，遵循三个原则——独立性、平衡性和国际性，追求三个效果——高效率、高质量、高水平。现在看来，明确的指导思想和坚定的原则对推进修法工作整个过程发挥了重要的指导作用。

其次是科学的方法。什么是科学的方法？就是民主与集中的结合，群众与专家的结合，法理与实践的结合，全面与重点的辩证统一，保证修法过程的阳光透明、公众参与、社会认同。一年多来，国内外、业界内外对修法的某些具体问题确实有分歧、有争论，但是对国家版权局坚持开门立法、阳光立法无不给予高度认可，并认为是中国社会进步的一个重大体现。本次修法，一开始我们就请社会各界给现行《著作权法》提意见，委托国内最具影响力的知识产权教学科研机构起草专家建议稿；成立修

法专家委员会提供咨询意见；起草并两次公开修订草案听取社会各界意见和建议；召集了十多个专题定向征求意见座谈会；专门组织媒体互动会并积极参与网站互动答疑解惑；等等。通过这一系列措施，我们问计于民众、解惑于专家、验证于实践。事实证明，这一系列工作举措对于集中民智、汇集民意，解惑释疑、凝聚共识大有裨益。

三是广泛的参与。本次修法，专家关注、产业关注、社会关注、媒体关注、国际关注。从国内看，修法之初，我们就征集到包括香港、台湾地区在内的社会各界意见和建议近200份；修改草案第一稿公布后，收到社会各界意见近1 600份；第二稿收到意见200余份。从国际上看，美国、欧盟、日本、韩国等国家及地区的政府、国际组织、行业组织等也通过各种不同方式和渠道反映其意见和建议。通过广泛讨论，不仅找出、找准问题，也为修法奠定了良好的基础，而且在全社会宣传普及了著作权法律知识，澄清了误读误解，化解了矛盾纠纷，在国际社会树立了开放务实的良好形象。

四是多方的协作。本次修法工作从一开始就得到各相关部门的大力支持。领导小组各位同志积极参与，专家委员会得到各相关部门的大力支持，相关部门均推荐和委派了专家参与我们的修法工作。全国人大常委会法工委民法室和国务院法制办教科文卫司因为立法者身份问题，不便参加领导小组和专家委员会，但也一直在全程指导我们的相关工作。在征求意见的过程中，我和阎晓宏同志曾经以个人名义专门致函各相关部委领导同志，同时国家版权局办公厅也发函征求各相关部门的意见和建议，后来我们都收到了及时、专业和严谨的反馈意见。比如，国家广电总局和最高人民法院专门召开有关《著作权法》修订的专题会议，在系统内多次广泛征求意见，为本次修法工作贡献了智慧，提出了很多有价值的意见和建议。可以说，没有各部门的真诚理解、悉心指导和大力支持，我们的修法工作不可能取得目前的良好成果。

当然，草案中也有尚待深化的问题，对此要客观理性地看待。著作权问题十分复杂，流转环节利益多元，从征集到的意见看，这部草案显然还不能够完全反映各方面的主张和诉求，在一些问题争议的解决方案上，虽然我们经过了认真的比较、选择和深入调研，但拿出的方法可能还存在一定的分歧和争议。对这些分歧和意见，我们会在给国务院的报告中如实反映。在草案正式呈报国务院后，将密切配合国务院和全国人大常委会做好审核工作。同时，希望各部门继续精诚团结，继续支持和帮助起草小组的工作。修法工作领导小组办公室要做好配合工作，积极做好协调推进工作，有问必答、有请必到，及时将各类意见收集、汇总、分析交给相关部门，组织开展配套研究，妥善处理好相关后续工作。

从世界范围来看，《著作权法》是市场经济的产物；从我国社会发展角度来看，《著作权法》是改革开放的产物。中央领导同志、国内外和社会各界之所以对我们这次修法工作如此关注，就是因为本次修法与贯彻科学发展观、推动经济发展方式的根本转变密切相关；与实施国家知识产权战略，提升我国创造、运用、保护和管理著作权水平密切相关；与贯彻落实党的十七届六中全会精神、促进社会主义文化大发展大繁荣密切相关；与进一步推动对外开放，推动我国更广泛、更深入地融入和参与国际竞争，提高我国的国际影响力密切相关。

我们中国已经是一个版权创造的大国，中华民族是对人类文明作出过伟大贡献的民族。伟大的时代和民族复兴的伟业呼唤一部与时俱进的《著作权法》，为人类文明进步事业作出新的努力。我们必须以时不我待的精神，以只争朝夕的决心加快推进修法工作，让我们共同努力，求真务实、真抓实干，推动《著作权法》第三次修订工作尽早完成。

（本文为时任新闻出版总署署长、国家版权局局长柳斌杰2012年10月30日在《著作权法》修订工作领导小组会议上的讲话，发表时略有删减。）

# 推进软件正版化，为文化发展创造良好环境

## ——在推进使用正版软件工作部际联席会议第一次全体会议上的讲话

原新闻出版总署署长、国家版权局局长 柳斌杰

目前，在党中央、国务院的高度重视和各部门的共同努力下，政府机关软件正版化工作已经取得阶段性成果，企业正版化工作正在向纵深推进。政府机关方面，中共中央办公厅、国务院办公厅等135个中央和国家机关按时于2011年5月底前完成检查整改工作，为全国带了个好头。截至2012年1月底，上海、北京、广西、浙江已全部完成三级政府的检查整改工作；新疆、江苏、安徽、重庆也提前完成了省级政府机关的任务；海南整体表现也不错。到目前为止，省、市、县三级政府机关完成正版化任务的比例分别是25.8%、23%、14%。中央和地方采购资金已达9.87亿元，共采购了120.9万套（许可数），其中，国内办公软件采购的套数和资金占办公软件比例分别是57.9%（42.08万套）和28.3%（1.79亿元）。企业方面，全国累计列入年度完成使用正版软件工作目标企业达到23 101家，累计完成软件正版化企业15 256家，累计举办培训班1 230余次，参训企业数量近3.8万家，培训人员近7.3万人；中央企业总部及所属二、三级企业，大型银行机构和保险企业基本实现正版化，煤炭、旅游饭店、网吧、勘察设计等重点行业取得了突破性进展。

这些重大阶段性成果的取得，一是各级政府对软件知识产权保护有认识、有行动。国务院办公厅多次研究正版化问题，具体部署、指导。中央国家机关率先垂范，仅用半年时间全部完成工作任务，北京、上海、山西、江苏、浙江、安徽、山东、湖北、湖南、广西、四川等省（区、市）主要负责同志对这次政府软件正版化工作作出批示，提出明确要求，同时兼顾企业的推进工作。二是在软件正版化整改工作开展之初就着眼于建立长效机制。15家成员单位按照各自的职责分工，分别在软件产业政策、财政经费、软件采购、资产管理、审计、不正当竞争、对外宣传与应对、法律法规等重点领域和党政机关、央企、银行、证券、保险、外企、民营企业、新闻出版企业等不同类型单位积极开展工作，取得实效。三是政府身体力行，产业积极响应，影响深远广泛。从我们的发展进程和现在所处的阶段来看，保护知识产权将既是一个长期的过程，也是我国转变发展方式、建立创新型国家必须要走的一步。在这一进程中，政府带头使用正版软件，起到了良好的示范作用。社会公众软件知识产权保护意识普遍提高，很多企业也积极采购正版软件，如截至去年年底，已有400余家央企通过软件集中采购平台累计采购金额达8 600多万元。大多数国内外软件厂商对正版化工作作出良好评价。

能够取得这样的成效，主要是国务院的高度重视和周密部署，以及各单位的通力协作与密切配合和各机关企业的共同努力。为使这项工作长效化、机制化，国务院批复同意建立推进使用正版软件工作部际联席会议制度，根据现实需要、经过慎重考虑将2007年2月批准建立的推进企业使用正版软件工作部际联席会议制度调整成现在的模式，岐山同志作了重要批示，井泉同志亲自关心和指导，“双打”工作办公室给予积极支持，各成员单位相关领导都亲自检查督导。

在看到成绩的同时，我们也要清醒地看到，在推进正版化工作过程中，还存在一些不足或问题。国内政府机关正版化工作，由于地方情况复杂，各地发展不平衡，软件正版化工作难度大、地市以下政府机关经费保障难，有的地方软件采购安装完成，但未建立软件使用和软件资产管理的长效机制，正是因为这个情况，国务院审时度势调整了地方政府机关的完成时限，就是要求各地政府机关确保完成好任务。企业正版化工作中民族软件产业亟待发展，国外软件的垄断地位、区域发展不平衡等问题仍待解决，企业软件正版化工作也有不少问题，要尽快向纵深推进，要在民营企业、外资企业、中小型企

业等方面有所突破。国际方面，个别发达国家在多种场合对我国知识产权保护横加指责，甚至提出一些超出国际公约范围的不合理要价，有许多是出于政治目的考虑，不断给我们制造不利的国际舆论。所以说，软件正版化工作任务还很艰巨，要完成党中央、国务院部署的工作目标，大家还是要振作精神、增强责任感，努力做好各项工作。

针对软件正版化工作的新特点和新要求，为了更好地落实推进政府和企业软件正版化的工作，我谈四点意见：

一是要进一步提高认识。软件正版化工作，对内关系到软件产业发展所必需的市场环境，涉及成千上万中国企业的切身利益，直接影响着文化创新的保护、加强自主创新、建设创新型国家的工作大局；对外关系到中国发展的国际环境，特别要防止来自欧美国家对我国知识产权的压力成为阻碍我国发展的障碍。各级政府部门、各有关行业组织及企业都要充分认识软件正版化工作在加强自主创新和建设创新型国家、保护文化创新、促进民族软件产业发展以及维护国家利益等方面的重要意义。特别要注意的是，软件正版化工作不是简单购买几个软件的问题，有许多政治因素和国家利益的问题，搞不好，会影响大局。

二是要充分发挥部际联席会议的作用，齐心协力，共同推动。国务院及时地调整了部际联席会议的组成机构，岐山同志在批示中明确要求要发挥部际联席会议制度的作用，就是要通过软件正版化工作向国际社会表明中国政府保护知识产权、建设创新型国家的决心，表明我们的对外承诺，维护国家的形象。因此，15 家成员单位的协作非常重要，要根据各自的分工，明确各自的责任，按照国务院要求，积极、稳妥地在法律法规、财务政策、产业政策、市场管理、稳步推进、工作协调等方面发挥各自的作用，使政府机关和企业的正版化工作齐头并进，取得更大的成果。

三是采取切实可行的手段，稳步扎实推进。政府机关和企业正版化工作有共同点，也有区别，要分类指导、分层次推进。国务院调整地方的完成时限，不是说可以松懈了，而是要确保按时保质完成。软件正版化工作的关键是解决资金的问题，完成后要建立长效机制。那么围绕这两个关键因素，要做到摸底数、明情况、有机构、有政策、有督查、有落实、有报告、见长效，不要把工作复杂化，但要到位，要解决问题。关于企业方面，还要与机关加以区别，不能强制，但通过培训、宣传、示范、督导加以引导，让企业真正将正版化工作作为一种企业诚信、自觉行为加以落实。

四是要进一步围绕中美关系工作大局，做好国际应对和对外宣传。美国政府多次表示要在知识产权方面给中国施加更大的压力，在去年中美商贸联委会上，两国在版权问题上进行了激烈的交锋。因此，我们要认清形势，把握好尺度，加大宣传力度，比如今年将在北京举办世界知识产权组织保护音像表演外交大会，要充分利用好这样的国际平台，化解我国在知识产权领域与欧美国家的分歧和矛盾，树立国家形象，推进对外经贸关系的平稳发展。

2012 年软件正版化工作面临的形势更加复杂，任务更加繁重，是政府机关正版化工作的攻坚年，是企业正版化工作的提升年。推进软件正版化工作，为软件产业快速发展创造良好的市场环境，为文化大发展大繁荣创造良好的文化环境，使命光荣，责任重大。让我们同心协力，紧密配合，坚定不移地按党中央、国务院决策推进软件正版化工作，为迎接党的十八大作出应有的贡献。

（本文为时任新闻出版总署署长、国家版权局局长柳斌杰 2012 年 2 月 10 日在推进使用正版软件工作部际联席会议第一次全体会议上的讲话，发表时略有删减。）

# 第三次修订《著作权法》的几个问题

国家新闻出版广电总局副局长、国家版权局副局长　阎晓宏

## 一、关于第三次修法的缘由

我国著作权法律体系建设是伴随着改革开放开始起步的。1979年1月，时任国务院副总理的邓小平同志率领中国政府高级代表团访问美国。中国国家科委主任方毅与美国能源部部长施莱辛格就《中美高能物理协定》进行的谈判，因为美方提出的版权问题而陷入僵局。1979年4月，一份关于起草版权法并逐步加入国际版权公约的报告，由国家出版事业管理局呈递给国务院副总理耿飙，并转送给中共中央秘书长兼宣传部部长胡耀邦，胡耀邦同志批复："同意报告，请你们赶快动手，组织班子，草拟版权法"。《著作权法》起草工作由此开始启动，拉开了人民共和国建立现代著作权法律制度的帷幕。

在当时的中国，《著作权法》的制定是一件大事，甚至还引发了思想领域的一场大讨论。有的人认为，作家既然拿了国家的工资，作品就不应该享有著作权；也有些人认为，《著作权法》一旦颁布，影印、重印外国书刊就要向外国人支付巨额的版权费，将影响我国的科研和教学工作。这些认识的存在，反映了当时知识产权意识的淡漠与混乱。经过不懈努力，克服重重困难，《著作权法》于1990年由七届全国人大常委会第十五次会议审议通过，并于1991年6月1日起施行。从着手起草到1991年正式实施，《著作权法》的制定历经了十余年的漫长过程，这标志着我国的版权事业开启了一个新时代。

《著作权法》颁布实施二十多年来，对开发、利用和保护知识资源，促进经济、文化、科技和社会发展，提高中国文化软实力，提升国家核心竞争力，促进中国文化在世界范围的传播提供了法律保证，版权在促进经济发展、文化繁荣和科技进步方面的作用越来越明显。但我们也要看到，由于我国《著作权法》制定时尚处于计划经济时代，这部法律不可避免地带有计划经济的烙印。当前，中国的发展进入新阶段，人均GDP已接近5 000美元，今后将主要通过创新和创新成果的使用来推动经济社会发展，未来国家的核心竞争力将越来越多地体现在知识产权的竞争力上。因此，提高自主创新能力、推进创新成果使用，对中国调整经济结构、转变发展方式、实现可持续发展至关重要。而自主创新离不开知识产权制度的保障。党的十七大明确提出"提高自主创新能力，建设创新型国家"的战略目标；十七届六中全会提出推动社会主义文化大发展大繁荣，特别强调"加大知识产权保护力度，依法惩处侵权行为，维护著作权人合法权益"。正是在这样的大背景下，《著作权法》的修订被提上议事日程。同时，我们要看到，随着高新技术特别是数字网络技术的迅猛发展，著作权法律制度遇到了严峻挑战。自2001年修订的《著作权法》第一次确认了网络环境下的信息网络传播权以来，我国的互联网产业保持了高速发展的态势，网民规模、宽带网民数、国家顶级域名注册量三项指标已稳居世界第一，互联网已经成为重要的文化创作生产平台、文化产品传播平台和文化消费平台，越来越多的人把网络作为了解信息、浏览新闻、学习知识、休闲娱乐的主要渠道。大量的信息在互联网上传播，频繁涉及著作权问题，互联网版权问题充满挑战。在这种情况下，修订《著作权法》以适应技术发展的需要也迫在眉睫。

在知识产权三大基本法律中，《专利法》已于2008年12月全面完成了第三次修订工作，《商标法》第三次修订现在已经进入国务院审查阶段。相对于《专利法》和《商标法》，《著作权法》调整的社会关系更复杂、矛盾更突出、问题更多，是受到技术进步和社会发展影响最大的一部法律，而修法工作相对滞后，这是知识界普遍关心的一个大问题。2001年和2010年，《著作权法》曾两次对部分条款进行了修订。第一次修订是为了满足加入世界贸易组织的需要，第二次修订是为了履行世界贸易组织关于中美知识产权争端案的裁决。这两次修订均具有被动性和局部性的特点，而不是为适应我国经济

社会发展和科学技术进步的现实需要作出的主动、全面的调整。

因此，修改《著作权法》已成为近年来社会各界在知识产权领域的重点关切。这些呼吁不仅来自司法、行政和教学科研部门，更多来自著作权人和产业界。每年“两会”期间，人大代表和政协委员都会提出大量关于修改《著作权法》的建议、提案或议案。《著作权法》的修改完善对于贯彻落实科学发展观、推动经济发展方式的改变；对于实施国家知识产权战略纲要，提升我国版权创造、运用、保护和管理水平；对于贯彻落实党的十七届六中全会精神，为促进社会主义文化大发展大繁荣提供法律保证；对于进一步推进对外开放、提高国际影响力意义重大，刻不容缓。

## 二、关于第三次修法的思路和原则

一是要履行国际条约义务，并借鉴国际社会相关立法的成熟经验和做法。目前，我国已经先后加入6部国际著作权条约：《保护文学和艺术作品伯尔尼公约》、《世界版权公约》、《保护录音制品制作者防止未经许可复制其录音制品公约》、世界贸易组织《与贸易有关的知识产权协定》、《世界知识产权组织版权条约》以及《世界知识产权组织表演和录音制品条约》。我们要认真查找我国现行《著作权法》与我国加入的国际条约之间的差距，使我国《著作权法》达到相关国际条约的门槛，切实履行国际义务，树立我国负责任大国形象。同时，要密切跟踪和关注国际著作权制度发展趋势，借鉴国际社会相关立法的成熟经验和做法。当前，随着经济全球化和世界一体化的深入发展，世界各国、各地区不断完善著作权法律。由于发展阶段不同，发达国家和发展中国家在著作权领域的分歧将长期存在，为维护各自的经济利益和本国国际竞争力，各方都在积极争夺国际著作权规则调整的主导权。特别是近年来，在世界贸易组织、世界知识产权组织等多边谈判场合以及中美、中欧等双边谈判场合，版权问题始终是热点和焦点问题。为应对新技术条件下著作权的保护问题，世界各国和地区纷纷出台了一系列新的法律和制度，不断形成新的有重要影响的著作权判例。

因此，在此次修法中，我们要深入比较研究并充分借鉴国际社会著作权法律制度，使我国《著作权法》符合相关国际条约的规定，体现国际著作权法制发展动态。体现国际公约原则的关键是要把这些原则贯穿到条文之中，不能前后不一致，保持原则和条款的统一、逻辑的统一。

二是要妥善处理好创作者、传播者、使用者和社会公众利益的基本平衡，妥善处理好保护版权与保障传播的关系，既要防止权利滥用，又能保障权利行使，保持版权制度的动态平衡。自著作权法诞生以来，无论技术如何发展变化，“利益平衡”理论一直是著作权立法的基本精神和重要基础。既要有利于创造，也要有利于使用，还要有利于保护。新技术的每一次发展，都会打破当时的平衡状态，经过著作权法的革新而达到一种新的利益平衡。利益平衡原则既为著作权法的完善提供理论指导，也为具体的著作权制度设计提供基本准则。

在这次修法中怎样体现平衡性？我理解把产业发展和鼓励创新结合起来，把使用者和权利人结合起来这就是平衡。我们要从平衡性的角度整体把握、思考制度构建问题：我们应该完善什么、修订什么、限制什么、保护什么。如修法的重点问题，我们面对的问题很多，但是层级不一样，重点不一样，有些问题到什么程度，需要我们认真思考。如版权保护限期问题，是不是越长越好，值得我们从鼓励创新、又使更多人受益的角度来思考。特别在当前互联网环境下，数字网络技术的发展，一方面增加了公众使用作品的机会，但另一方面也显然削弱了著作权人对作品的控制。数字技术使既有的利益相对平衡状态被逐步打破，权利滥用或者权利行使困难时有发生。这次修法，必须充分听取、深入研究各方利益诉求，把握好利益平衡原则，妥善处理好创作者、传播者和社会公众的利益关系，很好地平衡作品的保护和作品的使用问题，一方面要保障著作权人的合法权益，另一方面要有利于作品的传播和公共文化事业的发展。

三是从实际出发，充分考虑我国国情。我们不能抽象地讲“大修小修中修”，而是要从实际出发，着眼于解决现实中遇到的突出问题。要分清楚哪些是目前实践中迫切需要通过调整法律制度来解决的问题，哪些是法律执行中的问题，哪些是国际社会共同面对的问题，哪些是中国社会独有的问题，要找出问题、找准问题，深入科学地研究和论证解决方案。立足国情和实际，不能完全从“应当”出发，要扎根于而不是超越或者离开基本国情。同时，我们还要关注到一些发展的前瞻性。我主张要立足实际，解决实际问题，但也要有一些前瞻性，不可能时隔几年频繁修订。这也是中国立法和修法的实际。如2001年修订时增加了“信息网络传播权”，就具有一定的前瞻性。假如没有这条，就没有以后《信息网络传播权保护条例》的出台，就会遇到很多问题。

因此，我们修法的基本原则是：在达到国际标准的前提下，充分考虑我国国情，从中国实际出发，使著作权法能够适应经济、社会、文化和技术进步发展的需求，有利于推动文化发展繁荣和各类文化作品的有效传播，使权利人实现自己的权益，作品得到广泛传播使用，公众获得更多的文化享受，公众受益、产业发展。

## 三、关于第三次修法的进展情况

根据国务院领导的批示和国务院立法工作计划，2011年7月，国家版权局召集相关部门和专家在京举行了"《著作权法》第三次修订启动会议暨专家聘任仪式"，标志着《著作权法》第三次修订工作正式启动。

为广泛听取社会各界的意见和建议，我们成立了《著作权法》修订工作专家委员会，成员来自各相关部门、权利人组织、产业界、实务界、社会团体以及科研院所等部门。我们还邀请社会各界包括行政机关、人民法院、社会团体、科研院所、产业界、专家学者等近200家单位和个人就《著作权法》修订工作提出意见。同时，为保证修法工作质量，国家版权局专门委托了三家教学科研单位（中国人民大学知识产权学院、中国社会科学院法学所知识产权研究中心、中南财经政法大学知识产权研究中心）分别起草《著作权法》修订专家建议稿。在专家建议稿的基础上，今年2月下旬，形成《著作权法》修改草案文本，并召集专家对草案进行讨论和多次修改。3月31日，国家版权局向社会发布了《著作权法（征求意见稿)》。《著作权法（征求意见稿)》的内容主要包括：(1) 将目前规定于行政法规中，应在著作权法中规定的一般性问题上升至法律中——主要是《著作权法实施条例》、《计算机软件保护条例》和《信息网络传播权保护条例》三部行政法规中的内容，如著作权产生时间、"三步检验法"、技术保护措施和权利管理信息等；(2) 根据国际公约的基本要求，在现行著作权法中增加必要内容，使其与相关国际条约一致——如作者的出租权、表演者出租权、技术保护措施和权利管理信息等；(3) 将实践证明行之有效的司法解释的相关规定上升到著作权法中——如著作权和相关权登记、委托作品的使用等；(4) 将业界反复呼吁和实践中迫切需要的，在征求意见过程中初步达成共识的内容写入法律中——如著作权集体管理组织延伸性集体管理、实用艺术作品、信息网络传播权和广播权的界定、视听作品归属、职务作品归属、著作权专有许可和转让登记、著作权纠纷行政调解等。

这次修法，是在《著作权法》实施20年的实践基础上以及我国进一步扩大开放的背景下进行的，社会关注度高，我主张我们修法的每一步都要更加公开透明。我们不怕在修法过程中有分歧意见，不仅要请专家来讨论，也要放在社会上公开讨论，这是很有意义的一件事情。公开透明的过程，也是一个征求意见的过程，也是一个统一认识的过程，有些事经过讨论更能达成共识，达到平衡。现在，不仅很多权利人和权利人组织积极参与修法讨论，还有很多产业界人士加入，他们的希望和诉求，都应该在《著作权法》修订中有所体现。我们欢迎社会各界提出意见，集思广益，凝聚权利人、产业界、法律界和社会各界的共同智慧。在征求意见后，我们将进一步加快工作进度，修改完善草案，争取今年年底提交国务院，明年提交十二届全国人大，推动《著作权法》尽早修订出台。

（本文为时任新闻出版总署副署长、国家版权局副局长阎晓宏2012年6月16日在国家版权局《著作权法》修订工作专家委员会第一次会议上的讲话，发表时有删改。）

# 著作权集体管理将日益发挥积极作用

国家新闻出版广电总局副局长、国家版权局副局长　阎晓宏

著作权集体管理制度是著作权体系的重要组成部分，是衡量一个国家著作权管理、保护水平的重要标志。自1777年世界上第一家著作权集体管理组织在法国产生以来，已经经历了200多年的发展历史。

中国的著作权集体管理制度始于上世纪90年代。1990年《中华人民共和国著作权法》颁布后，1992年就批准成立了第一家著作权集体管理组织——中国音乐著作权协会。2005年3月，《著作权集体管理条例》颁布实施，对于规范著作权集体管理活动提供了保障。此后，国家版权局、民政部相继批准建立了中国音像著作权集体管理协会、中国文字著作权协会、中国摄影著作权协会和中国电影著作权协会四家集体管理组织，基本覆盖了作品使用的主要领域。这些集体管理协会在保护作者权益、促进作品传播等方面开始发挥积极的作用，其信息优势、协调优势以及节约市场交易成本等功能，已经得到初步的体现和发挥，正在得到政府、权利人和社会越来越多的支持与认同，中国的集体管理组织有着广阔、大有作为的发展空间。

但是，由于中国著作权集体管理制度起步晚、基础差，各集体管理组织在建立健全过程中，面临的问题和困难还很多。借此机会，我想谈点个人看法，与大家探讨。

第一，著作权集体管理是解决数字环境下版权问题的重要途径。在数字环境下，集体管理所具有的对权利集中管理的优势得以凸显。集体管理为作品使用人提供了使用作品方便畅通的渠道，有利于数字环境下文学艺术和科学作品的广泛迅速传播，为广大的著作权人和海量的作品使用之间搭建顺畅便利的桥梁。但制度优势还需要得到实践证明与社会认同。著作权集体管理的管理模式、授权方式、收取和分配版权使用费的机制怎样适应数字网络技术的发展，需要各方的共同合作。中国非常愿意借鉴国外著作权集体管理组织的经验，也非常愿意与国际社会共同探索新技术条件下著作权集体管理的实现途径，以更好发挥集体管理的功能与优势。

第二，政府部门对集体管理组织的支持、指导和监管是有效开展集体管理的重要保障。考察各国集体管理组织的发展经验，为防止集体管理组织滥用权利，政府主管部门对集体管理组织的建立和业务活动进行必要的支持、指导、监督是非常重要的，以保证只有那些有能力提供必要的法律、专业和物质条件的管理组织才能开展业务，保证所有需要集体管理制度的权利人能充分利用这项制度，以及保证适当的集体管理基本原则得以尊重。在中国，由于集体管理还处于起步阶段，对政府而言，一方面要加大支持力度，另一方面要加强监管。

第三，集体管理组织自身的完善是推进集体管理的关键。依法进行收费、按照理事会规则、依科学公正原则进行分配，获得权利人的拥护与支持是集体管理组织存在的基础。在著作权法第三次修订工作中，对集体管理组织有一些批评，原因是多方面的，但我们集体管理组织也要反省，哪些工作还做得不好，为什么集体管理组织的会员也对协会有意见。集体管理工作必须体现权利人的意志，很好地为权利人服务。我们支持和鼓励集体管理组织按照版权保护的自身规律建立健全组织机构，建立规范透明、公正高效的管理制度。

下一步，我们将从以下几方面加快推进集体管理制度的建设：

第一，完善法律制度。在《著作权法》第三次修订中，我们吸收各国先进经验，结合中国实际，对著作权集体管理的相关规定作了调整和完善，增加适于著作权集体管理的权利，完善著作权集体管理制度。同时，国家版权局也在积极制定《教科书法定许可付酬办法》、修订《出版文字作品报酬规定》，为著作权集体管理组织提供法定许可收费标准。

第二，加强监管。国家版权局、民政部作为《著作权集体管理条例》规定的监管部门，将依法严格规范著作权集体管理组织的业务活动。监管的重

点一是要依法开展版权费收取工作，任何收费形式都不能与集体管理组织的性质和章程相冲突，不能有任何营利行为；二是版权费的分配工作，分配办法要经过会员大会和理事会审议通过，要公开透明，授权的版权使用费除扣除必要的管理成本外，应当全部分配给权利人，管理成本要逐年降低，协会分配等信息应该按照协会章程依法进行公开；三是要依法查处未经批准开展的集体管理业务行为，整顿违规的稿酬收转机构。

第三，强化自身建设。各著作权集体管理机构要不断总结经验，进一步加强自身建设，完善内部管理制度，健全会员大会、理事会和日常职能部门的架构，充分体现会员的代表性和参与性。要加快协会自律体制建设，强化自律管理和监督的有效性，及时发布相关信息，主动接受有关行政部门和社会公众的监督，以实际行动赢得著作权人和社会公众的支持和理解。从今年年底到明年年初，文著协、摄著协、音集协都将开展换届工作，要依照有关法规和协会章程，做好换届的各项工作。

第四，积极宣传。由于集体管理在我国还属于新生事物，因此，在收费和分配的过程中，要通过多样的形式进行宣传，让社会各界都能对集体管理有一个基本的了解，要做好与媒体的沟通协调工作，为我国著作权集体管理组织的健康发展创造一个良好的社会氛围。

第五，加强国际交流合作。多年来，国际复制权组织联合会、国际作者作曲者协会联合会等很多国际组织与中国国家版权局和各个集体管理组织有着良好的合作关系，提供了宝贵的经验。国家版权局将继续支持各集体管理组织加强国际交流与合作，不断提升自身实力，更好地为会员和产业界服务。

中国共产党第十八次全国代表大会强调实施创新驱动发展战略，实施知识产权战略，加强知识产权保护，提出要把全社会智慧和力量凝聚到创新发展上来。这为版权工作提供了重要的发展机遇。当前，中国经济总量已跃居世界第二位，综合国力显著增强，知识在推动经济社会发展中的作用越来越大。我们相信，随着中国实施知识产权战略的不断深入，版权的创造、运用、保护和管理水平将不断提升。在此进程中，著作权集体管理必将发挥越来越重要的积极作用。

（本文2012年12月27日发表于《中国新闻出版报》。）

# 版权工作概览

BAN QUAN GONG ZUO GAI LAN

# 2012年全国版权工作

## 2012年全国版权行政管理工作

国家版权局版权管理司

2012年，是“十二五”时期承前启后的重要一年，也是深化改革开放、加快转变经济发展方式的关键一年。版权作为一种重要的知识产权，是推进科技创新和经济发展的战略资源和核心要素，是增强民族创新能力、提高国家综合实力的重要基础支撑。作为文化艺术创作的体现，版权具有独特的文化精神属性，是文化发展的基础内容和重要资源，在建设社会主义文化强国中有着不可替代、举足轻重的作用。

国家版权局按照国务院的统一决策部署，着力实施《版权工作“十二五”规划》，紧紧围绕科学发展的主题和加快转变经济发展方式的主线，全面推进各项工作，使得中国版权保护工作融入经济社会发展大局。通过保护版权促进文化创造，从而进一步推动文化产业的发展，带动民族产业及国家经济文化的建设，为全面开创中国特色社会主义伟大事业和党的建设作出了应有的贡献。

### 一、完善版权法律政策体系，顺利完成《著作权法》第三次修订工作

落实国务院立法工作计划，顺利完成《著作权法》第三次修订工作。《著作权法》第三次修订工作是我国在新的历史条件下，为适应我国经济社会发展和科学技术进步的现实需要而作出的主动、全面的修订，是贯彻国家知识产权战略纲要、建设创新型国家和文化强国的重要举措。在修法领导小组的领导和相关部门的支持下，2012年修法工作取得突破性进展，送审稿已正式呈报国务院。本次修法立足于我国实践，借鉴国际社会的成功做法，着力解决我国著作权保护实际工作中的突出问题，受到中外社会各界的广泛关注。起草过程坚持开门立法，充分发扬民主，专门成立了修法专家委员会提供咨询，平行委托相关教学科研机构起草专家建议稿，两次通过网络公开征求社会各界的意见和建议，两次以专函形式向立法、司法、行政机关以及相关社会团体征求意见，针对特定领域、特定行业和特定部门定向征求意见，专门举行媒体互动会。社会各界普遍认为本次修法开创了“开门立法、阳光立法”的先河，体现了“科学立法、民主立法、反映民意、集中民智、凝聚共识”的立法精神。

此外，还修订了《出版文字作品报酬规定》、《全国版权示范城市、示范单位和示范园区（基地）管理办法》，起草《教科书法定许可报酬办法》、《互联网传播影视作品著作权监督管理办法（草案）》、《版权行政执法指导意见》。

### 二、加强版权行政管理体系，大力推进软件正版化工作和“双打”专项行动

2012年1月国务院批复同意建立由新闻出版总署（国家版权局）牵头，共由15个部门组成的“推进使用正版软件工作部际联席会议”。按照国务院的要求，截至2012年年底，中央、省级政府机关按期完成检查整改任务，54.88%的地市级政府机关和30.07%的县级政府机关已完成检查整改，中央和地方政府机关共采购操作系统、办公及杀毒三类软件306.62万套（许可数），采购金额19.4亿元。国务院及相关部委及时研究出台软件经费预算、软件采购、软件资产管理、年度检查、审计监督等制度，初步建立政府机关软件正版化长效机制。

在企业方面，累计完成软件正版化企业17 782家，累计举办培训班1 494次，参训企业4.29万家（次），培训人员8.41万人次。中央企业三级以上企业、大中型银行、大中型保险企业、新闻出版行业

企业集团总部等全部实现软件正版化。

落实国务院工作部署，推动打击侵权假冒工作常态化和制度化。截至 2012 年 12 月底，各地版权执法部门全年共查办案件 2 249 件，其中移送司法机关追究刑事责任 858 件。在各项打击侵权假冒商品的工作中，由国家版权局联合公安部、工信部、国家互联网信息办公室联合部署的打击网络侵权盗版专项治理“剑网行动”共查办网络侵权盗版案件 282 件，其中行政结案 210 件，移送司法机关追究刑事责任 72 件，没收服务器及相关设备 93 台，关闭网站 183 家。在开展的重点视频网站主动监管工作中，各级版权部门对主要网站的监管范围进一步扩大，网络版权秩序进一步规范。此外，国家版权局联合有关部门开展了打击假冒他人署名书画作品、保障外交会议等多个专项治理行动，并积极推动京版十五社反盗版联盟、美国电影协会、盛大文学公司等权利人及组织与淘宝网、百度、360 搜索、搜狗搜索等网络交易平台或搜索引擎公司建立版权保护合作机制，推进诚信建设。

## 三、构建版权公共服务体系，创新版权舆论宣传工作

进一步加强和规范作品登记工作，初步扭转了长期存在的登记工作中程序不规范、证书不统一、重复登记、信息散乱等问题；各登记机构和中国版权保护中心严格执行信息报送和分析统计工作要求。2012 年，全国作品著作权登记量达 687 651 件，同比增长 49.05%；软件著作权登记量达 139 228 件，同比增长 27.33%。双双达到历史新高。推进全国版权示范城市、单位、园区（基地）建设。通过授予一批示范城市、示范单位、示范园区（基地），发挥其示范效应及产业聚集效应。积极开展各类促进版权相关产业发展的专项活动，成功举办了第四届中国国际版权博览会，开展了第三届世界知识产权组织版权金奖评选颁奖活动。

2012 年 3 月，国家版权局官方网站正式改版上线，宣传力度进一步加大，取得了良好的社会效果；创新性地开展了“4·26”知识产权宣传周网络宣传活动，针对诸如外交会议等各项版权重点工作开展配套宣传，激发了社会各界及公众对版权工作的关注度和支持度。

## 四、探索建立社会参与体系，努力推进版权制度保障工作

按照“政府引导，社会参与，合理配置，分工协作”的原则，建立社会化的版权相关协会、中介组织、集体管理组织，充分保障各版权主体的作用，调动社会各界人士参与版权工作的积极性，形成了比较有力有效的工作氛围和合力。2012 年继续规范和监督著作权集体管理组织的业务活动，加强对境外著作权认证机构驻京代表处在华活动的管理指导。不断完善包括音乐、音像、文字、摄影、电影等较为完备的著作权集体管理组织体系，为维护著作权人的合法权益、保障各类作品的合法传播、满足广大公众的文化需求提供了基本制度保障。

## 五、改革版权国际应对体系，不断提高中国国际影响力

调整了被动应付的思路，以积极应对、主动参与、高点切入的新思路，开展国际版权外交。成功承办世界知识产权组织保护音像表演外交会议，版权对外交流合作迈上新台阶。世界知识产权组织保护音像表演外交会议于 2012 年 6 月 20 日至 26 日在北京成功召开，来自世界知识产权组织 155 个成员国、49 个国际组织，共 204 个代表团的 721 名代表出席会议。这是我国举办的第一个涉及国际条约缔结的大型国际会议，充分体现了国际社会对我国近年来版权保护工作成绩的高度认可，全方位展示了我国变被动为主动，参与国际规则制定，在国际版权领域负责任大国的良好形象。

在仅半年多的筹备和实施工作中，在以时任国务院副总理王岐山为主任的外交会议组委会领导下，在中宣部、外交部等十余个成员单位的大力支持和配合下，通过精心组织、高效工作，全力做好各项服务，实现了会议预期目的。同时通过举办一系列丰富多彩的配套活动，展示了我国知识产权特别是版权领域近年来取得的突出成就，为会议的圆满召开营造了良好氛围。中方的各项工作得到各国参会代表的广泛认可和高度评价，为国家争得了荣誉。国内外媒体均对会议给予了积极热情的介绍和评价。

中国政府以东道主身份，并运用代表团团长被选为外交会议主席等平台，集思广益、友好协商，积极促成了《视听表演北京条约》的顺利缔结，将为电影、戏剧等作品表演者提供更加全面的国际法律保护。会议体现出的多边框架下积极磋商合作、高效务实的工作作风被各成员国和世界知识产权组织及总干事誉为“北京精神”。这对于增强我国在国际知识产权领域的话语权和影响力，提升承办城市形象等方面均具有里程碑式的意义。

从维护国家利益大局着眼，继续推进和落实与

美国专利商标局、美国版权局战略合作谅解备忘录的实施工作；积极参与中国—欧盟知识产权合作项目（三期）启动工作；积极推进和落实与英国版权战略合作谅解备忘录框架下的工作计划并与英国就我国《著作权法》修改、网络版权执法等问题展开讨论；继续推进中日、中韩版权关系；参与中澳、中瑞自贸区及中俄、中巴、中瑞知识产权工作组的谈判工作，为我国实施互利共赢的对外开放战略、扩大国际经贸合作、提高中华文化国际影响力作出了积极贡献。

# 2012 年全国版权司法保护工作

最高人民法院知识产权庭

2012 年，全国各级人民法院深入贯彻国家知识产权战略，找准服务经济社会发展大局的切入点，进一步推进知识产权司法保护各项工作，知识产权审判事业再上新台阶。

## 一、全国法院审理著作权纠纷案件的基本情况

2012 年，人民法院审理的案件覆盖所有的知识产权法律领域，民事审判、行政审判、刑事审判的职能得到全面发挥。与上年相比，知识产权各类案件增幅均较大，尤其是知识产权刑事案件，成倍增长。全国地方人民法院共新收知识产权民事一审案件 87 419 件，比上年增长 46.65%；共新收知识产权行政一审案件 2 928 件，比上年增长 20.35%；共新收知识产权刑事一审案件 13 104 件，比上年增长 129.61%。

2012 年，全国地方人民法院共审结知识产权民事一审案件 83 850 件，比上年增长 44.07%。其中，新收著作权案件 53 848 件，比上年增长 53.04%。最高人民法院知识产权审判庭新收知识产权民事案件 237 件，审结 246 件（含旧存），其中，新收申请再审案件 181 件，审结 186 件（含旧存）。著作权案件中有许多在社会上有较大影响的案件，如最高人民法院公布的 2012 年中国法院知识产权司法保护 10 大案件中有 3 件著作权民事案件，分别是：北京北大方正电子有限公司与暴雪娱乐股份有限公司等侵害计算机中文字库著作权纠纷案；胡进庆、吴云初与上海美术电影制片厂“葫芦娃”动画形象著作权权属纠纷案；韩寒与北京百度网讯科技有限公司侵害著作权纠纷案等。最高人民法院首次公布的 2012 年 10 大创新性案件中有 3 件著作权民事案件，如涉及网络环境下计算机软件修改权的腾讯科技（深圳）有限公司与上海虹连网络科技有限公司等侵害计算机软件著作权及不正当竞争纠纷上诉案，涉及广播体操动作能否构成著作权意义上的作品的中国体育报业总社与广东音像出版社有限公司等侵害著作权纠纷案，以及涉及海洋生物模型作品著作权保护的中国科学院海洋研究所、郑守仪与刘俊谦等侵害著作权纠纷案，充分反映出著作权案件在知识产权民事案件中所占的重要地位，以及著作权领域人民法院司法保护的主导地位。

全国地方人民法院审结知识产权刑事一审案件 12 794 件，比上年增长 132.45%，生效判决人数 15 518 人，比上年增长 54.33%，给予刑事处罚 15 338 人，比上年增长 94.35%。在审结案件中，以侵犯知识产权罪判决的案件 7 684 件；在以侵犯知识产权罪判决的案件中，以侵犯著作权罪判决的案件 3 018 件，以销售侵权复制品罪判决的案件 27 件。其中赵学元、赵学保网络游戏私服侵犯著作权罪案亦入选 2012 年中国法院知识产权司法保护 10 大案件。

2012 年 12 月 25 日，第十一届全国人民代表大会常务委员会第三十次会议上，最高人民法院院长王胜俊以《关于加强知识产权审判工作促进创新型国家建设情况的报告》为题，对 2008 年以来人民法院知识产权审判工作情况作了专项报告，全面总结了人民法院 5 年来知识产权审判工作的进展和成效，并结合面临的形势和困难，提出了进一步加强知识产权审判工作的措施和建议。

## 二、服务经济社会发展，实施国家知识产权战略

2012 年，人民法院结合知识产权审判工作实际，找准服务经济社会发展大局的切入点，深入贯彻实施国家知识产权战略，为经济社会又快又好地发展提供保障和助力。不断延伸知识产权审判职能，积极回应经济社会发展的要求。天津、内蒙古、湖北、广东、广西、四川等地高级人民法院，结合当地的文化特色与文化产业发展情况，出台了为社会主义文化大发展大繁荣提供知识产权司法保障与服务的具体实施办法，加强涉及文化领域的知识产权保护，推动传统文化产业发展壮大，促进新兴文化产业迅速发展。江苏省高级人民法院走访影视制作、

出版发行、卡拉 OK、游戏动漫、非物质文化遗产等文化产业领域，调研文化产业对知识产权司法保护的需求，形成《江苏省文化产业知识产权保护状况分析报告》，并提出 14 条司法建议。湖北省法院系统针对 KTV、网吧在经营过程中频发著作权侵权案件的情况，向当地工商局、版权局、文化局等单位发出司法建议。上海市黄浦区法院针对影视作品署名不规范的问题，向原国家广播电影电视总局发送司法建议书。北京市西城区法院深入老字号企业，会同有关部门就老字号及非物质文化遗产开展“老字号知识产权保护行动”；石景山区法院提出“智护 CRD”、打造“石景山服务”品牌，为辖区商品流通和文化创意产业的发展提供司法保障和服务。安徽省合肥市高新区人民法院完成了《合肥市著作权典型案例规律解析与文化产业发展对策研究》。江西省景德镇市中级人民法院就陶瓷工艺的知识产权保护开展了调研，并就《景德镇陶瓷工艺标准》的起草建言献策。

## 三、加强审判监督指导，确保司法裁判标准统一

2012 年，人民法院进一步加强知识产权案件的审判监督和业务指导工作，统一司法标准，提高审判水平。一是加强司法解释，完善司法政策，规范审判裁量权的行使；二是拓宽监督指导途径，提高案件审理质量；三是加强调查研究，及时解决新型、疑难法律适用问题。

2012 年 2 月，最高人民法院副院长奚晓明在首届全国法院知识产权审判庭庭长研讨班上，作了题为《准确把握当前知识产权司法保护政策，进一步加强知识产权司法保护》的主旨发言。在发言中，奚晓明第一次全面阐述了“加强保护、分门别类、宽严适度”的知识产权司法保护政策，对于指导知识产权法官正确适用法律具有重要指导意义。12 月，最高人民法院发布《关于审理侵害信息网络传播权民事纠纷案件适用法律若干问题的规定》。该司法解释规定了在侵害信息网络传播权案件中，行使裁量权的原则，侵害信息网络传播权行为的认定，网络服务提供者构成共同侵权、教唆侵权与帮助侵权的认定，网络服务提供者主观过错的认定以及管辖等问题，对于指导人民法院积极应对互联网环境给传统著作权保护制度带来的冲击和挑战，正确适用著作权法具有重要意义。

2012 年，专利法、商标法、著作权法、民事诉讼法、专利代理条例、职务发明条例等 6 个主要法律进行集中修订，最高人民法院知识产权审判庭积极参与相关会议的研讨，密切跟踪修法动态，及时掌握新情况和新问题，认真总结近年来审判实践中形成的司法原则和经验，进行了大量研究和论证，有针对性地提出修法建议。最高人民法院知识产权审判庭还就知识产权审判实践中突出的热点难点问题组织开展专项调研，涉及药品说明书、卡拉 OK 著作权、戏剧作品著作权、非法抢注商标等问题。

人民法院始终高度重视典型案例在知识产权审判中的示范指引作用，把典型案例的评选和发布工作规范化、制度化、长效化。最高人民法院在继续评选、公布 2012 年知识产权司法保护 10 大案件、50 个典型案例的基础上，首次公布了 10 大创新性案件，对于涉及新的审判领域或者适用法律有新思考的 10 个知识产权案件予以公布。许多地方人民法院也发布了当地的知识产权典型案例。

各地法院重视调研工作，完成了一批高质量的调研成果。著作权领域的如北京市高级人民法院完成的《关于视频分享著作权纠纷案件的审理指南》；上海市高级人民法院编发的《著作权案件审判指引》以及《推进文化创意产业发展的知识产权司法保护问题研究》；天津市高级人民法院完成的《天津市科技型中小企业知识产权保护问题研究》；湖南省高级人民法院完成的《关于全省法院涉及卡拉 OK 经营著作权案件的调研报告》；江苏省高级人民法院以《关于知识产权审判证据规则有关问题的调研》、《文化产业知识产权司法保护研究》为课题开展的调研；河北省高级人民法院以《民族优秀文化知识产权保护研究》为课题开展的调研。

## 四、打牢审判基层基础，加强知识产权法官队伍建设

人民法院始终重视知识产权审判庭室建设和人员配备。中级以上人民法院普遍设立知识产权审判庭，具有一般知识产权民事案件管辖权的 141 个基层人民法院也全部设立了知识产权审判庭。各级人民法院注意从精通法律、学历层次高、审判经验丰富的人员中选拔知识产权法官，增加审判力量，优化知识产权法官队伍结构。截至 2012 年 12 月底，全国法院设立的知识产权审判庭共计 420 个；从事知识产权审判的法官共计 2 759 人，本科及以上学历占 97.5%，研究生及以上学历占 41.1%。

人民法院始终重视发挥基层法院、中级法院在知识产权审判工作中的根基作用。2012 年 4 月，最高人民法院发布《关于设立医药产业知识产权司法

保护调研基地及增加知识产权审判基层示范法院和知识产权司法保护理论研究基地、调研基地的决定》，新增北京市海淀区人民法院、上海市黄浦区人民法院、广东省广州市天河区人民法院、江苏省南京市鼓楼区人民法院、浙江省杭州市西湖区人民法院为知识产权审判基层示范法院，基层示范法院的数量达到 10 个；新增江苏省南京市中级人民法院、湖北省武汉市中级人民法院为知识产权司法保护调研基地，并在江苏省泰州市中级人民法院、连云港市中级人民法院设立专门的医药产业知识产权司法保护调研基地，司法保护调研基地的数量达到 9 个。

重视知识产权法官的培训工作。最高人民法院举办了首届全国法院知识产权审判庭庭长研讨班。全国各高级人民法院、部分中级人民法院以及具有知识产权案件管辖权的各基层人民法院的知识产权审判庭庭长，共计 230 余人参加了研讨班。研讨班邀请了来自国内、国外的专家作主旨发言，庭长们就知识产权法领域的基本制度和热点、难点问题进行了深入研讨。最高人民法院在国家法官学院举办全国法院知识产权审判实务培训班，来自全国各级法院的 200 余名知识产权法官参加了培训。培训班邀请了知名学者、最高人民法院的资深知识产权法官，就专利、商标、著作权、不正当竞争等领域的审判实务进行授课。另外，最高人民法院还举办了“知识产权前沿问题研讨会”、“网络著作权与驰名商标保护问题研讨会”、“药品知识产权座谈会”、“信息时代的知识产权保护研讨会”等十余次研讨会，切实提高知识产权法官正确适用法律、解决实际问题的能力和水平。

# 2012年全国推进使用正版软件工作

推进使用正版软件工作部际联席会议办公室

根据国务院关于推进使用正版软件工作要求和《2012年推进使用正版软件工作计划》，推进使用正版软件工作部际联席会议（以下简称联席会议）各成员单位密切协作，以政府机关软件正版化检查整改工作为重点，同时协调推进企业使用正版软件工作，取得显著成效。

## 一、政府机关软件正版化检查整改工作情况

按照国务院办公厅《关于进一步做好政府机关使用正版软件工作的通知》（国办发［2010］47号）、《关于进一步做好政府机关软件正版化检查整改工作的通知》（国办函［2011］130号）和国务院有关会议精神要求，联席会议各成员单位及各地区高度重视软件正版化检查整改工作，认真贯彻落实国务院部署和要求，取得阶段性成效。

### （一）取得的成效

继2011年5月底前完成软件正版化检查整改后，135家中央国家机关本级不断完善软件使用日常监管、软件资产管理等长效机制，积极推进直属事业单位软件正版化，及时向联席会议办公室报送年度报告，确保软件正版化工作制度化、常态化。2012年各部门新采购操作系统、办公及杀毒三类软件15.07万套，采购金额13 037万元，继第一批有67个部门完成直属事业单位软件正版化后，又有41个部门完成直属事业单位软件正版化。

31个省（自治区、直辖市）省级政府机关按期于2012年6月底前完成检查整改，除北京、天津、重庆、江西、河南、湖南、云南、甘肃等8省市外，其他23个省区市还推进省级党委、人大、政协、法院、检察院、人民团体和民主党派等国家机关完成检查整改。

北京、上海、浙江、广西、山东、四川、江苏7省区市完成省、地市、县三级政府机关检查整改，海南、安徽、广东、贵州4省完成省、地市两级政府机关检查整改。截至2012年12月底，超过一半（54.88%）的地市级政府机关和近1/3（30.07%）的县级政府机关完成检查整改。

中央及地方政府机关共采购操作系统、办公及杀毒三类软件306.62万套（许可数）（国内177.55万套，占57.91%）、采购金额19.4亿元（国内5.35亿元，占27.58%），其中办公软件的采购套数和金额分别为182.25万套（国内128.9万套，占70.73%）、11.9亿元（国内4.58亿元，占38.49%）。

### （二）具体做法

1. 国务院领导高度重视，亲自部署

自2010年温家宝总理亲自部署政府机关软件正版化工作以来，国务院不断加大指导力度，多次召开会议研究部署软件正版化工作。国务院副总理王岐山亲自抓软件正版化工作，2012年5月亲自给进展较慢的12个省（自治区、直辖市）政府主要负责同志去电询问，每季度召开打击侵权假冒和推进使用正版软件工作会议，对软件正版化工作作出具体部署、提出明确要求。国务院副秘书长毕井泉多次主持召开会议，研究建立政府机关软件正版化长效机制等问题，并专门召集部分工作进展较慢的省份召开推进会议，成为省级政府机关全面按期完成检查整改任务的重要推动力。此外，毕井泉还数次主持召开专题会议，听取软件正版化工作汇报，研究部署具体工作。

为加强对推进使用正版软件工作的组织领导和统筹协调，2012年1月，国务院批复同意建立由国家版权局牵头，工业和信息化部等15个部门组成的推进使用正版软件工作部际联席会议制度。7月，国务院办公厅派出7个督查组，对天津等14个省（自治区、直辖市）软件正版化检查整改工作进行督促检查，推动各地巩固工作成果，加快工作进度。

2. 各成员单位积极配合，扎实推进

国家版权局认真做好协调、服务工作，统计汇总工作信息、通报工作进展、总结工作经验，会同工业和信息化部、商务部、国管局等各成员单位积

极开展宣传工作，会同各成员单位对青海等16个省（自治区、直辖市）推进使用正版软件工作进行督促检查，其中国家版权局、国资委、国家工商总局、国家知识产权局、国管局、银监会分管领导亲自带队。工业和信息化部进一步加大新出厂计算机预装正版操作系统工作力度，加强软件质量监督管理，督促软件企业做好售后服务。财政部加强经费保障，将中央部门正版软件采购经费纳入年度财政预算，安排推进使用正版软件工作经费；及时印发《关于修订2012年政府收支分类科目的通知》（财预［2012］64号），将“信息网络购建”科目修改为“信息网络及软件购置更新”；研究起草办公软件配置标准，进一步加强软件资产管理工作；进一步加强软件采购管理，把通用软件列入政府集中采购目录。商务部利用中美战略经济对话、中美商贸联委会等多双边知识产权交流机制，积极对外宣传我国软件正版化工作取得的进展和成效。审计署对42家中央国家机关软件资产购置、管理和使用情况进行了重点审查，印发《关于加强政府机关使用正版软件审计监督工作的通知》（审办行发［2012］61号），部署全国各级审计机关加大对各级政府机关软件正版化工作的监督检查力度。国家工商总局积极维护软件市场公平竞争秩序，保护消费者合法权益。国管局完善正版软件采购网，研究制定中央行政事业单位通用办公软件配置标准，会同相关部门完成软件价格谈判工作，相关软件企业承诺通过“正版软件采购网”向全国各级政府机关提供一致的价格和优质的服务。中直管理局积极指导中直系统做好软件集中采购和软件资产管理工作。其他各成员单位认真履行职责，积极主动参与软件正版化督促检查及相关问题研究等工作，并按照各自分工，积极协调解决推进工作中遇到的困难和问题。政府机关软件正版化在软件采购资金预算、资产管理、审计监督、督导检查等方面出台了相应制度，初步建立了长效机制。

3. 各地区、各部门加强领导，狠抓落实

中央国家机关率先完成检查整改工作后，进一步巩固成果，加强长效机制建设。中央办公厅研究制定了信息化设备及软件配置更新管理暂行办法、软件使用定期核查和定期报告等制度，全面提高软件正版化工作规范化水平。国务院办公厅将软件采购经费列入信息化经费预算，根据《国办机关国有资产管理暂行办法》，进一步制定软件采购和软件资产管理制度。中宣部结合分级保护工作部署安全监管平台，实现对入网计算机安装软件统一监控，通过技术手段堵住安装非正版软件漏洞。外交部制定软件资产管理细则，明确软件资产管理负责人，定期检查软件资产使用和保管情况。科技部修订了《科技部机关固定资产管理办法》，进一步加强软件资产管理，软件采购严格按照“实用、适用、节约”原则，在确保信息安全前提下，优先采购国产软件。

各地区进一步加强组织领导，明确职责，密切配合，形成齐抓共管的工作局面。一是领导高度重视、亲力亲为。北京、上海、浙江、广西、山东、四川、江苏、安徽、广东、贵州、湖北、湖南、陕西、河南等省（自治区、直辖市）主要领导亲自抓，分管领导具体抓，切实加快了检查整改工作进度。二是职能部门积极履职、主动作为。各地推进部门既各司其职，又相互支持，积极创新工作思路，攻坚克难，加大工作力度。安徽针对个别市工作推进较慢的情况，向相关市政府下发限时督办文件，督促相关市政府采取措施，抓紧整改。贵州针对机关工作人员不信任、不习惯使用国产软件问题，积极在各级政府部门推行试用国产办公软件，在得到认可后，加大国产办公软件采购比例，有效缓解了资金压力。湖北针对思想观念转变难、经费到位难、使用管理难的“三难”问题，不等不靠，主动作为，积极争取支持，确保了工作进度。三是加强督促检查、注重实效。22个省（自治区、直辖市）组成了多个督查组，对各级政府机关软件正版化工作进行了实地督查。山东组织7个督查组，集中对省、市、县三级党政机关开展督促检查，分管副省长亲自带队赴有关部门和市、县实地督查。广西对全区软件正版化工作进行了三轮督促检查，巩固了工作成果，促进了全区党群机关全面完成检查整改。四川组织5个检查组，对省级机关和所有市（州）进行了全面检查验收。海南对省级政府机关和全部市、县进行了两次实地督查，对进展较慢的16家省级机关和8个市（县）进行多次督查，加快了工作进度。四是建立长效机制、巩固成果。各地积极加强软件资产管理，建立推进工作长效机制。江苏立足“三个纳入”，构建长效机制，将采购正版软件纳入单位年度经费预算、纳入单位资产统一管理、纳入单位年度考核。广东建立比较完善的软件资产管理、年度检查、审计监督和责任追究等制度，将软件正版化工作纳入政府重要工作内容和绩效考核指标体系。五是加强宣传、营造氛围。各地通过新闻发布会及各种媒体及时宣传软件正版化工作成果，营造自觉使用正版、抵制盗版的良好氛围。

## 二、推进企业使用正版软件工作情况

各地区、各部门按照推进使用正版软件工作部际联席会议第一次全体会议要求，进一步完善工作机制，加强统筹协调，同步推进企业使用正版软件工作，取得显著成效。

（一）取得的成效

2012年全国共有3 179家企业列入年度完成使用正版软件工作目标，其中2 526家企业完成检查验收；共举办培训班264次，参训企业4 858家（次），培训人员1.11万人次。截至2012年12月底，全国累计列入年度完成工作目标企业26 280家，累计完成软件正版化企业17 782家，累计举办培训班1 494次，参训企业4.29万家（次），培训人员8.41万人次。

中央企业三级以上企业、政策性银行、大型商业银行、股份制商业银行、邮储银行、大中型保险企业、新闻出版行业企业集团总部全部实现软件正版化，煤炭、旅游饭店、网吧、勘察设计、新闻出版等重点行业取得突破性进展。

同时，部际联席会议办公室会同有关部门，指导企业软件资产管理试点项目工作组，基本完成了对23家企业的试点工作，正准备收尾验收，初步建立起符合中国企业实际的软件资产管理制度，为长效推进企业软件正版化工作提供了重要经验。

（二）具体做法

1. 各成员单位密切协作、积极推进

国家版权局积极做好协调服务工作，会同各成员单位对16个省（自治区、直辖市）的企业软件正版化工作落实情况进行重点督查；推进新闻出版行业企业集团总部实现正版化；会同国资委、银监会、保监会、中勘协、中机联及地方有关部门开展企业使用正版软件培训工作；配合国资委、银监会、商务部等部门推进相关企业软件正版化工作和对外宣传；开展打击侵权假冒专项行动和网络专项治理“剑网行动”，严厉打击各类软件侵权盗版活动，净化软件市场环境。工业和信息化部积极开展使用正版软件宣传活动，加强安全可控正版软件推广，推动国产软件应用，拉动国产软件产业发展；指导软件行业开展创新能力建设工作；结合行业管理职能，推动中小企业CAD公共服务平台建设。财政部积极参加对企业使用正版软件情况的检查和督导工作，为推进使用正版软件工作提供了经费保障。商务部协调外商投资企业协会和中国对外贸易企业协会等行业协会，积极推进外商投资和外贸企业软件正版化工作。国资委大力推动中央企业使用正版软件，加强中央企业软件集中采购；印发《关于做好2012年推进中央企业使用正版软件工作的通知》（国资厅发［2012］41号），加大软件正版化工作推进力度；开展中央企业使用正版软件培训工作；通过中国网络电视台、对外交流机制等多种形式宣传软件正版化成果。银监会积极推进银行业金融机构使用正版软件，将软件正版化工作纳入银行业信息科技风险监管体系；印发《中国银监会办公厅关于进一步加强银行业金融机构软件正版化的通知》（银监办发［2012］300号），进一步加强全行业软件正版化；举办“第三期银行业金融机构软件正版化培训班”；开展中小银行业金融机构软件正版化课题研究；积极宣传银行机构软件正版化成果，应对国内外关注，维护银行机构合法权益。证监会召开证券期货行业推进使用正版软件工作联席会议第一次会议，印发《关于进一步做好证券期货行业推进使用正版软件工作的通知》（证监办发［2012］47号），加大推进证券期货行业软件正版化工作力度；将软件正版化列为信息安全检查的重要内容；开展两次证券期货行业软件正版化培训；督促上市公司做好涉及盗版软件的涉诉事项或重大违法违规行为等相关信息的披露工作。保监会印发《关于进一步推进保险业软件正版化工作的通知》（统信部函［2012］24号），对保险业软件正版化工作提出具体要求和整体部署；组织大型保险公司召开软件正版化工作专题会议，坚持软件正版化与保险业信息化相结合；在全行业开展软件正版化自查自纠，派出46个检查组，对4家总公司、42家分公司进行了现场检查。全国工商联积极推进民营企业使用正版软件工作。国资委、银监会、保监会和全国工商联还指导企业软件资产管理试点项目工作组推进各自监管企业加强软件资产管理。

2. 各地区统筹协调、稳步推进

广西周密部署、加强培训、严格督促检查，年初列入目标的新闻出版、建筑勘探设计和三星级以上酒店共672家企业全部实现软件正版化。浙江大力推进新闻出版、银行、证券期货、保险及上市公司企业软件正版化，全年列入目标企业353家，324家企业完成检查验收。江苏将300家企业列为年度目标企业，对286家企业进行了检查验收，查处徐州某网吧安装盗版软件、昆山某企业使用盗版软件案，调解软件纠纷21起，帮助权利人挽回经济损失600多万元。上海重点推进新闻出版、旅游饭店、国有企业使用正版软件，116 家企业完成检查整改，检查商铺 100 余家，收缴盗版软件光盘 3 000 张，对 16 家违法预装软件的商铺和 3 家商场管理机构依法作出了行政处罚和要求限期整改的决定。河北推动 200 家勘察设计、新闻出版等行业企业完成软件正版化，出动执法人员 6 300 多人次，收缴盗版软件光盘 4 000 余张。安徽通过动员部署、培训指导、上门督查、约谈整改等方式，完成 200 多家企业软件正版化工作。山西以煤炭、冶金、新闻出版行业企业为重点，推动 110 家企业完成软件正版化，超过年初制定的工作目标。辽宁将 150 家企业列入年度工作目标，82 家企业完成检查验收。陕西重点推进大型国有企业、金融机构、新闻出版行业企业软件正版化，完成检查验收企业 72 家。云南推进 60 家企业完成软件正版化，查处版权侵权案件 132 起，与 700 多家企业签订使用正版软件自律协议。重庆完成 66 家大中型企业软件正版化检查验收。湖南推进 44 家企业完成软件正版化，查处“一家老字号”网店销售盗版光盘、长江电脑公司非法预装盗版软件等多起软件侵权案，收缴盗版软件光盘 2.2 万张。

## 三、存在的问题

（一）政府方面

一是资金落实不到位。虽然财政等部门已经明确发文将软件购置费用纳入“信息网络及软件购置更新”预算科目，但部分地区、部门在年度预算中没有充分考虑软件正版化工作需求，软件采购资金得不到充分保障。

二是软件采购成本高。各地区软件采购方式各异，从工作实践看，统谈统采或统谈分采方式较为高效、节约，特别是北京、内蒙古等 7 个省（自治区、直辖市）与中央国家机关政府采购中心设立的“正版软件采购网”开展正版软件联合采购工作，降低了采购成本。部分地区采取分谈分采方式，消耗了很多精力，增加了工作成本，不利于统一推进工作，在很大程度上影响了工作进度和工作质量。

三是长效机制不完善。部分地区、部门的软件资产管理制度还不完善，没有在财政部关于软件资产管理的指导文件基础上，结合实际情况制定详细的软件资产管理实施方案，软件正版化工作中涉及的经费保障、资产管理、日常监管、审计监督和年度报告等关键环节还没有完全实现制度化。

（二）企业方面

一是调查摸底不扎实。部分企业对本单位使用计算机人数、计算机台数、软件需求数量和种类摸底不清，没有为后续工作打下扎实基础。

二是资产管理不重视。部分企业对软件资产管理不重视，软件的使用、管理比较混乱，容易造成资金浪费或引起反弹。

三是推动力度不够大。部分地区、部门制定的企业软件正版化工作目标缺乏实质性量化要求，没有拿出切实有效的措施，工作进展较慢。

四是配套制度不健全。部分企业开展了软件正版化检查整改工作，但没有建立经费预算、资产管理、监督检查、内部审计等配套制度。

（三）共性问题

一是思想认识不够高。部分地区、部门对软件正版化工作的认识有待提高，没有充分认识软件正版化工作在加强自主创新和建设创新型国家、促进民族软件产业发展以及维护国家利益等方面的重要意义。

二是软件销售不规范。部分公司在软件销售过程中，恶意捆绑销售、肆意抬高价格、实行价格歧视、强迫升级软件、许可复杂等做法不仅扰乱了软件销售市场秩序，侵害了用户权益，也增大了软件正版化工作的阻力。

三是技术保障不及时。近年来，我国软件产业快速发展，国产软件虽然取得了长足发展，但研发投入还不够，操作系统软件在兼容性、稳定性方面与部分国外产品还有一定差距。随着国产办公软件大量销售，培训及售后服务有待进一步加强和规范。

# 2012年地方版权工作

## 北　京　市

2012年，北京市版权局认真贯彻落实市委、市政府关于2012年新闻出版（版权）工作的指示精神，紧紧围绕促进“人文北京、科技北京、绿色北京”和中国特色世界城市建设，提高履职效率，强化管理效能，提升服务效果，服务经济建设大局，积极宣传普及《著作权法》，推进首都文化创意产业发展，大力推进正版示范体系建设工作，在版权普法宣传、版权“走出去”、软件正版化、版权护航工程、版权维权以及服务保护音像表演外交会议等多方面取得了显著成效。

**一、创新形式，丰富内容，深入开展版权普法宣传工作**

2012年，在全国知识产权宣传周期间，北京市版权局紧密结合宣传主题，组织了版权普法宣传系列活动，先后在中关村创业大厦、海龙大厦组织了“中关村核心区反盗版微行动”暨反盗版微电影开机仪式；举行了大兴区音像制品反盗版协会成立仪式；在海龙大厦电子卖场发起集体反盗版行动，包括在海龙、鼎好、e世界三大中关村电子卖场设立“知识产权消费者投诉奖励基金”，在海龙电子城建立“知识产权保护示范区”和精品DIY区。消费者只要在卖场发现违反知识产权保护及销售、使用盗版的现象即可向卖场管理方投诉，卖场管理方对违规商户进行处罚的同时，对投诉的消费者进行奖励。此外，海龙、鼎好、e世界等卖场管理方和商户代表还共同发起了“中关村装机正版联盟行动”，号召预装正版软件，加强监管力度，保护知识产权。

为配合做好普法宣传，市版权局设计制作了普法宣传的资料及纪念品，图文并茂、通俗易懂地普及著作权法律知识。普法宣传活动共向市民发放资料2万余份，并开展街头咨询宣传活动，现场解答群众的版权法律问题，有效地提高了市民的版权意识。

**二、周密部署，稳步推进，积极开展企业软件正版化工作**

在全面完成市区（县、乡镇）政府机关软件正版化工作之后，按照《关于推进企业使用正版软件工作的实施方案》（国权联［2006］2号），2012年，北京市集中开展了企业软件正版化工作。企业软件正版化工作范围首批共33家企业，其中新闻出版行业企业16家，市属国有企业总部9家，饭店企业8家。北京市通过建立制度、动员部署、自查整改、检查验收、总结表彰等一系列举措，全面推进企业软件正版化工作，收效良好。截至2012年10月，33家企业已全部完成软件正版化工作任务，正版化率达到100%。

4月26日，北京市使用正版软件工作联席会议办公室召开了全市2012年推进企业使用正版软件工作动员部署会。北京市使用正版软件工作联席会议成员单位代表和参加此次企业正版化工作的企业负责人共60余人参加了会议。为规范软件资产管理，提高软件正版化管理水平，5月24日，又召开了软件资产管理工作培训会，33家企业中负责软件正版化工作的领导和分管同志参加了培训会。会议聘请专家对企业软件资产管理的实施手段、步骤、管理制度、法律法规等做了专题培训。

6月份，为降低软件采购成本，北京市版权局专门下发了《关于提供企业用户软件产品优惠报价方案的通知》，要求涉及本次企业软件正版化采购范围的软件企业承诺提供软件产品以及优惠价格和配套服务。随后又下发了《关于正版软件产品优惠采购价格的指导意见》，确保企业用户以最优惠的价格获得优质正版软件产品。

在时间紧、人员少、没有安排预算的情况下，33家企业共采购操作系统、办公、杀毒三类软件8 182套（许可数）、采购金额2 275.49万元，其中杀毒软件采购768套，金额18.91万元。截至2012年年底，市使用正版软件工作联席会议办公室已完成33家企业正版化工作的检查，共抽查计算机3 000多台，正版化率达到100%，确保全市“专项检查整改”工作稳步推进，高标准按时完成。

**三、高度重视，全力以赴，圆满完成保护音像表演外交会议服务保障工作**

由世界知识产权组织主办，中国新闻出版总署和北京市人民政府共同承办，历时 7 天的保护音像表演外交会议，以正式签署《视听表演北京条约》（简称《北京条约》）为标志，于 6 月 26 日在北京圆满闭幕。此次外交会议有 155 个世界知识产权组织成员国和 49 个国际组织，共 204 个代表团、721 名代表参加。会议安排了开幕式、中央领导会见、联合招待会、版权金奖颁奖盛典暨版权博览会开幕式、国际版权博览会、版权权利人午餐会、版权之夜鸡尾酒会、会议闭幕式等主要活动。中央政治局委员、国务院副总理王岐山，中央政治局委员、北京市委书记刘淇分别会见了出席会议的世界知识产权组织高级官员，国务委员刘延东出席外交会议开幕式并讲话，北京市市长郭金龙、副市长鲁炜先后 6 次出席了会议主要活动。

此次会议是国际知识产权界的重大盛事，也是新中国成立以来在中国举办的第一个涉及条约缔结的外交会议。会议的成功举办，特别是《北京条约》的正式缔结，对于完善我国现有版权保护制度，提升国际影响力，树立知识产权保护良好形象，促进国家版权产业繁荣发展以及推进北京世界城市建设，加快有国际影响力的先进文化之都、版权之都建设步伐，都具有里程碑式的意义。

为把此次外交会议办成高水平、有重大影响力的国际会议，北京市版权局作为外交会议组委会办公室的具体办事机构，举全局之力，全力以赴，主动协调，在会议筹备和服务保障工作中作出了积极贡献，促进了会议的圆满举办。

一是成立领导机构，加强组织协调。北京市成立了由市委常委、宣传部部长、副市长鲁炜任组长，市政府副秘书长侯玉兰为副组长，市委宣传部、市新闻出版（版权）局、市公安局等 21 个部门为成员单位的会议服务保障工作领导小组。对应工作小组，北京市分别建立了相应的工作服务保障组及现场运行指挥部，统筹指挥服务筹备工作。

二是制定工作方案，落实工作任务。各工作小组根据本部门的职责和分工，完成了包括会议开（闭）幕式、联合招待会、世界知识产权组织版权金奖颁奖盛典、版权展览等在内的 31 个分项工作实施方案，并具体安排部署工作任务。

三是提供视听设备保障，确保会议效果。为确保会议举办的效果，提供了 512 个即席话筒，确保每个国家和国际组织都有自己独立的话筒；为所有会议代表提供 6 种语言同声传译，满足了外交会议全体代表审议条约和同时进行地区磋商的需要；为所有会议场所提供了专门的 Wi-Fi 无线网络环境，为 9 个会场设置了 6 路视频摄像系统，确保了会议全球网络直播的成功。

四是树立服务意识，提供周到服务。工作服务保障组制定了包括接送机接待站点安排、代表住宿酒店接待台设置、代表注册方式、志愿者引导、会议就餐、医疗服务、会务保障等工作的详细方案，并保证落实到人，确保服务热情周到。

五是加强环境治理，营造良好环境。市“扫黄打非”领导小组召开专题会议部署文化市场专项治理工作。市委宣传部、市新闻出版局、市文化市场行政执法总队和朝阳区政府分别召开会议，部署网络信息传播、涉会酒店软件正版化、文化市场专项治理和重点地区环境整治与社会监管工作，为会议的顺利召开创造了良好的社会环境。

六是组织会议宣传，扩大会议影响。在重点地区、重点交通线路分别布置了道旗、城铁、公交车站、公交车身、户外大型电子屏幕等户外宣传工作。在主会场设立了新闻中心，充分利用电视、报纸、网络等手段，采取新闻发布会、专家访谈、专题报道等形式对会议进行了广泛宣传报道，在做好会议宣传的同时，进一步营造了全社会关注版权保护的良好环境氛围。

**四、搭建平台，做好服务，有效推动版权输出“远航工程”**

市版权局着眼于北京文化创意产业发展需要，指导北京版权资源信息中心积极主动为著作权人、使用者，提供版权信息检索与查询、版权作品展示与推广等一系列快捷高效的服务。截至 2012 年年底，北京版权资源信息中心已经聚集了文字、摄影、美术、音乐、有声读物、MTV、电影、电视剧、视频节目、软件等十类作品资源，入库作品数量达 3 000 万件，入库权利人信息达 10 万，已建立合作关系的机构超过 100 家，权利人超过 1 000 个。

市版权局组织北京出版集团有限责任公司等市属出版单位共同组成北京版权贸易区，联合参加了第 19 届北京国际图书博览会，全方位展示了首都出版业近年来取得的可喜成果和版权贸易的整体形象，推动了首都出版界与国际出版业交流与合作，进一步推动版权输出“远航工程”。

**五、定向监测，主动监管，继续实施版权护航工程**

市版权局积极协助国家版权局实施网络版权主动监管任务，继续推动《信息网络传播权保护指导意见》的贯彻实施，对大型、综合性网站的版权使用情况进行跟踪监测、主动监管。通过对网络视频行业的主动监管，有效制止相互侵权的行为，网络版权状况明显改善，版权交易价格不断开高，行业秩序初步建立。

积极推行《版权声明试行办法》。2012年，在市版权资源信息中心网站发布声明的作品达到4 000多件，大多数大型、综合性网站和市版权资源信息中心网站建立了定向链接，并对声明公示的作品采取有效的保护措施。版权声明公示制度在明晰版权归属、预防版权纠纷方面发挥了明显作用。2012年奥运会网络转播，央视国际网作为唯一获得授权的新媒体转播商发布了版权声明，起到了明显的预警作用，使奥运会网络转播秩序明显好于往年；乐视网和搜狐网2012年通过对热播作品的声明公示，也使侵权现象大幅降低。

对被举报投诉的网站进行定向监测、整体评估，适时约谈违规企业，指导其制定整改方案并督促落实。2012年，约谈了风行网、音悦台网、悠视网、一听网等多家网络企业，使这些网站的版权状况明显改观。网络版权秩序的持续好转直接带动了网络版权价格的回升、权利人合法权益的有效保护，也促进了网络产业的优化组合。

与市广电局、市通信管理局等部门实施快速反应机制，对有网络侵权行为及未经许可从事视听服务或未经登记的非法网站实施快速清理，进一步净化网络版权环境。2012年以来，已清理30家含有侵权信息的“三无”网站。积极配合公安机关开展版权保护专案的调查取证工作，向公安机关移送涉嫌侵权的要案；还配合公安机关对网上一些涉嫌违法长期、大量上传影视和音乐作品的用户进行调查、跟踪、取证。

进一步推进重点版权企业保护工程。北京市版权局先后与央视网、乐视、爱奇艺、搜狐、优酷、盛世骄阳等6家企业正式签订《版权保护协议》，把其列入重点保护范围，通过版权声明、监控代理等方式对这些企业的版权实施重点保护。

**六、完善技术，加强协作，开展版权科技维权工程**

市版权局积极推动升级现有网络版权信息监控系统功能，开发视频、音频监控系统，形成文字、视频、音频三位一体的网络版权监控平台，实现对信息网络版权信息全天候的搜索、分类、统计和提取功能。2012年完成了前期准备工作，经费预算经文化产业资金申报等待批准。

推动建立网络版权技术联盟，开发指纹、水印、DNA等网络版权自动识别技术、阻断反复上传重复链接技术、防伪技术和自动统计报警技术等。开发网络维权通知自动受理发送技术，建设网络维权通知集中代理机制。

此外，2012年市版权局还协助国家版权局完成了假书画制品的市场调研，完成治理方案的起草；完成计算机字库版权保护的市场调研，向国家版权局提出保护方案，并与司法机关就字库保护问题开展了多次研讨，有力地推动了字库版权保护工作；与国家版权局共同完成了百度投诉奇虎360网站侵权案的调研，形成调研报告，提出处理意见；完成新闻出版总署2011年调研课题《构建网络版权保护长效机制研究》，获得评审专家组的较高评价；组织相关部门完成了北京版权之都建设方案研究论证工作，在深入相关单位多次调研、多方征求意见的基础上，初步形成了北京版权之都建设方案。

（卢志鹏）

## 天 津 市

2012年，天津市版权局在市委、市政府的领导下，全面积极推进天津市版权的工作，主要完成以下几方面的工作：

**一、打击侵权盗版，维护著作权人权益**

（一）组织开展打击网络侵权盗版专项治理工作

（1）落实《关于印发〈2012年打击网络侵权盗版专项治理“剑网行动”实施方案〉的通知》（新出明电［2012］10号）精神，结合天津市实际，市版权局及时草拟了《天津市2012年打击网络侵权盗版专项治理“剑网行动”实施方案》，并分别征求相关部门意见后印发了执行文件。按照国家版权局的要求，在市版权局网站上对此次专项行动的工作目标、主要工作任务进行了宣传。

（2）为加强对本次专项行动的组织与领导，市版权局协调市文化市场行政执法总队、市公安局、市通信管理局、市网络文化建设和管理办公室，组织成立“天津市打击网络侵权盗版专项治理工作领导小组”，协调开展相关工作，指导各区县各有关部门开展相关工作，领导小组办公室设在市版权局版权处，承担日常沟通协调工作。

（3）协调市文化市场行政执法总队、市公安局网监处等相关部门，对重点领域的213家网站进行了严密监控和巡查，办结网络文化行政处罚案件5起，累计罚款人民币17余万元。通过三个多月的专项治理行动，有力打击了通过互联网销售非法出版物的违法行为，切断了通过互联网销售违禁和非法出版物的渠道，进一步规范了网络出版物发行行为。

（二）做好侵权制品的认定，维护著作权人权益

为公安南开分局经侦处、河东文化行政执法大队、滨海新区文化执法大队、南开文化执法大队等执法部门暂扣的涉嫌侵犯美国电影协会的音像制品、涉嫌侵权的图书作出版权认定意见，为执法部门联合查处侵权盗版案件提供了法律依据，其中公安南开分局经侦处立案侦查的案件已审结，侵权人被判刑。

**二、扎实推进市软件正版化工作**

（一）政府机关软件正版化工作

按照国务院办公厅关于进一步做好政府机关使用正版软件的通知和关于进一步做好政府机关软件正版化检查整改工作的通知及国务院有关会议精神，天津市政府对软件正版化工作高度重视，主要在四个方面强化督促这项工作。

一是加强领导，建立机制，下发管理文件。按照市政府要求，探索建立软件正版化工作长效管理机制，市版权局起草制定了《天津市市区县两级政府机关软件资产管理办法》和《天津市市区县两级政府机关软件正版化长效管理制度》，建立长效机制，巩固软件正版化工作成果，做好软件正版化常态监管。

二是强化整改资金投入，市财政和各部门筹措资金逾 2 000 万元，购买了操作系统软件、办公软件、杀毒软件等一批正版软件。2012 年 6 月底，市级政府机关软件正版化工作结束，50 个政府机关实际安装操作系统软件 11 465 套，办公软件 6 201 套，杀毒软件 110 套，共计安装 17 776 套软件，投入资金 1 933.34 万元。

三是多措并举，抓住薄弱环节强力攻关，提升检查整改水平；积极探索，努力构建长效机制。在整改工作中努力做到三个结合，即摸清底数与强化管理相结合，更新软件与实际需要相结合，监督检查与落实责任相结合，强化检查整改，收到明显成效。

四是加大媒体宣传。7 月 10 日，《天津日报》和《今晚报》分别刊发了“市级政府机关 50 部门实现办公软件正版化”、“市级政府机关实现软件正版化”两篇消息，对市级政府机关按期完成软件正版化工作进行了广泛宣传。天津市政府新闻发言人同时作了新闻发布。

（二）企业软件正版化工作

结合天津企业实际，积极推进企业使用正版软件工作。

一是完成新闻出版行业企业使用正版软件工作任务。天津日报社和天津出版传媒集团两家企业纳入此次新闻出版行业企业软件正版化工作范围。接到新闻出版总署办公厅《关于推进新闻出版行业企业使用正版软件工作的通知》（新出厅字［2011］459 号）后，按照市版权局的工作要求，版权处积极做好推进工作，立即转发了文件，对软件正版化工作进行了部署。在要求时限内，版权处完成了各种表单的上报工作；在推进过程中，版权处积极与天津日报社、天津出版传媒集团相关同志交流工作，明确各个阶段的工作要求，做好进度安排，并确定了阶段重点，强调了工作的重点环节，增强了企业开展工作的主动性。截至 2012 年 10 月 30 日，两家企业在规定时限内完成新闻出版行业企业使用正版软件工作任务。

二是根据天津市 2012 年企业软件正版化工作安排，确定了对 15 家市属国有企业实施软件正版化工作目标，并协调国资委共同完成了对 15 家国有企业软件正版化工作动员。同时，加快完成勘察设计企业软件正版化整改工作进度。

三是完成“全国软件正版化工作示范单位”推荐申报工作。推荐市勘察院、市邮电设计院有限责任公司、天津华汇工程建筑设计有限公司，参评“全国软件正版化工作示范单位”。

**三、完善版权登记制度，引导版权产业健康发展**

为提高著作权人的自我保护意识，防止发生著作权归属纠纷和为解决著作权归属纠纷提供初步证据，国家版权局实行了作品自愿登记制度。按照国家版权局的《关于进一步规范作品登记程序等有关工作的通知》，版权处完善作品登记工作中登记程序、作品登记证书格式内容、统计作品登记信息及审批手续，同时建立了四家作品登记部门，分别是滨海新区、版权协会、数字出版基地、市文化产权交易中心。作品自愿登记的完善，加大了著作权保护力度，促进了版权产业发展，进一步加快了无形资产的转化过程。

**四、认真做好涉外合同审核登记及著作权解答咨询等日常工作**

2012 年，市版权局审核登记图书涉外版权合同 346 个；复录加工合同 18 个；审核引进境外软件认证 15 个；作品自愿登记 38 个；解答著作权法律咨询 300 余人次。

（张　倩）

## 河　北　省

2012 年，河北省版权局在省委、省政府和国家

版权局的正确指导下，认真贯彻落实国家知识产权战略纲要，以推进软件正版化和打击侵权盗版工作为主要抓手，采取多种形式加强版权保护，取得了显著的成效。

**一、提前完成省级、部分市级政府机关和新闻出版行业企业软件正版化检查整改工作**

2012 年 6 月 10 日，河北省 104 个省级机关全部完成了软件正版化检查整改任务，比国务院要求的时限提前 20 天。为完成此项工作，省政府高度重视，版权部门履职尽责。

一是政府领导亲自抓工作。省长张庆伟和分管副省长杨汭先后多次作出重要批示，对落实采购资金、确保工作进度等提出了明确要求。4 月，在省版权局的努力下，省政府领导批准省级财政一次性安排 442.05 万元作为省直机关正版软件采购经费。

二是理顺了组织机构。3 月，省政府采纳省版权局的建议，将原来分别负责政府机关和企业使用正版软件工作的两个领导小组调整合并为一个，成员单位由原来的 12 个增加到 14 个。

三是部门协作完成招标采购和长效制度建设。省版权局、省财政厅、省直机关事务管理局实行联合办公，使原来需要一个月才能完成的工作仅用了不到一周的时间就全部按程序完成，采购正版操作系统 3 364 套，采购办公软件 8 340 套，实现了省党委、人大、政府、政协、法院、检察院、人民团体和民主党派机关的全覆盖。省版权局协调相关部门制定了经费保障、资产管理、审计监督等方面的制度，并督促省直各部门建立健全了相关制度。

四是完成了培训安装和检查验收。省版权局为 104 个省直机关的近 300 人组织了正版软件安装培训，两次组织 10 个督查组，对省直机关软件安装使用工作进行检查验收。

五是石家庄市政府在 2011 年投入 300 万元的基础上，2012 年上半年再次投入 300 万元，采购 300 套操作系统和 8 646 套办公软件，率先完成了市级机关的软件正版化检查整改工作。

六是督促省内 3 家新闻出版行业企业全部于 9 月底前，提前完成软件正版化工作任务，共落实采购资金 129.21 万元，采购操作系统 406 套、办公软件 485 套、Adobe 等其他应用软件 36 套。7 月 9—12 日，国务院软件正版化工作督查组对河北省省级政府机关软件正版化工作督导检查后，给出的评价是“四个有”：组织领导有策、部署推进有序、经费保障有力、工作措施有效。

**二、积极推进市县政府机关软件正版化检查整改工作**

8 月 21 日，省政府召开市县级政府机关软件正版化检查整改工作电视电话会议，张庆伟省长作出批示，杨汭副省长发表讲话，具体部署工作，明确将市县政府机关软件正版化工作完成时限提前到 2013 年 6 月底。为加快推动此项工作，省版权局在年初制定《河北省 2012 年推进使用正版软件工作计划》的基础上，9 月 11 日下发了《市县政府机关软件正版化检查整改工作方案》，对市县政府提出了具体要求。根据《方案》要求，各市政府主要领导分别与省政府签订了使用正版软件承诺书，明确了本地完成时限。在版权部门的推动下，市县政府及时召开会议，下发通知，贯彻落实省政府会议精神，研究制定工作方案和工作措施，逐级签订承诺书，推动工作有序开展。为督促市县政府加快工作进度，省版权局又组织省使用正版软件工作领导小组成员单位组成 11 个督查组，采取分包负责、一包到底的方式，每组均由厅级领导带队，12 月中旬，深入分包的市县开展督查活动。各市也成立了督查组，对所辖的县级政府和市直机关进行拉网式的检查，促进工作全面有序开展。

**三、开展打击侵犯知识产权和制售假冒伪劣商品专项行动**

省版权局积极贯彻落实《国务院办公厅关于印发 2012 年全国打击侵犯知识产权和制售假冒伪劣商品工作要点的通知》（国办发〔2012〕30 号）和新闻出版总署的有关要求，快速部署，周密安排，积极行动，完成了以下工作：

一是调整充实打击侵犯知识产权和制售假冒伪劣商品专项行动领导小组办公室人员，及时制定并印发了《河北省 2012 年打击侵犯知识产权和制售假冒伪劣商品工作方案》（冀打侵办发〔2012〕4 号），进一步明确了工作目标、工作重点、工作任务、工作分工、时间安排及有关要求。

二是协调组织开展了三个涉及新闻出版行业的专项行动，包括清查整顿光盘复制企业专项行动、加强印刷复制发行监管专项行动和开展整治医疗广告类非法出版物专项行动。

三是组织开展第八次打击网络侵权盗版专项治理“剑网行动”。省版权局与省公安厅、省通信管理局、省互联网信息办公室等单位联合印发了《河北省 2012 年打击网络侵权盗版专项治理“剑网行动”实施方案》（冀新出明电〔2012〕21 号），确立专项行动的目标、任务、步骤和各单位的职责分工，并提出了具体要求。专项行动期间，省版权局先后向省通信管理局发函 8 次，协调查询 68 个 IP 地址和 9 个网站信息，指导相关地市对涉案网站进行调查，对虚假网站及时函告省通信管理局依据有关规定关闭网站或注销备案。石家庄市版权局对 45 个市级、24 个县级政府政务网和长城网、银河网等 15 家重点网站进行了监管；邯郸市版权局在主动监管邯郸之窗、东宇网等网站的基础上，还排查了使用邯郸移动接入互联网的集团客户 700 个；沧州市版权局主动走访了部分互联网企业，对河北世窗信息技术有限公司等 3 家从事网络建设和服务、电子商务业务的网站进行了检查，现场发放了《沧州市互联网企业反侵权盗版行为自我规范要点》等文件，提高了企业的版权意识。

**四、高度重视版权保护取得的成果及宣传工作**

一是举办河北省音乐音像著作权保护工作新闻发布会。4 月 23 日，省版权局联合中国音乐著作权协会、中国音像著作权集体管理协会、省文化厅、省旅游局、省工商行政管理局、省公安厅、省高级人民法院在石家庄市举办了河北省音乐音像著作权保护工作新闻发布会。省政协副主席段惠军，省新闻出版（版权）局局长李晓明、副局长刘金凯，省旅游局副局长赵学锋，国家版权局版权管理司综合处处长张有利等出席会议，中国音像著作权集体管理协会总干事王化鹏、中国音乐著作权协会副总干事贾嵩、天合文化集团总裁冯全甫以及各设区市文广新（版权）局领导、省内十多家主要媒体记者共计 80 余人参加了会议。李晓明局长最后做了重要讲话。《河北日报》、河北电视台、河北电台、长城网、河北广播网、《河北法制报》、《燕赵都市报》等众多媒体通过电视、广播、平面媒体和网络等多种方式大力宣传，达到了预期效果。

二是对外介绍河北省省级政府机关软件正版化工作取得的成绩。7 月 2 日，《新闻出版总署落实国务院专项工作快报》（第 18 期）以《河北完成省级政府机关软件正版化检查整改工作》为题，全面报道了河北省软件正版化的成果。7 月 6—7 日，《河北日报》、《燕赵都市报》、《河北青年报》、《燕赵晚报》、长城网、河北新闻网都分别刊发了题为《河北省 104 个省级机关全部实现软件正版化》的新闻通稿。7 月 10 日和 11 日，《河北日报》分别刊发《我省省级政府机关软件正版化检查整改全面完成》和《国务院办公厅督查组在我省检查软件正版化工作》，对河北省省级政府机关软件正版化工作及国务院督查工作进行了跟踪报道。9 月 26 日，河北省政府新闻办举行新闻发布会，向社会公众介绍了省级政府机关软件正版化工作成果，省内多家媒体对发布会进行了全程跟踪报道。

三是总结推荐各类先进并公开进行表彰。根据国家版权局的相关通知精神，推荐“纪念著作权法实施 20 周年暨加强网络版权立法与执法保护研讨会”、廊坊“2·18”案、韩丰聚分别为 2011 年度全国版权保护重大事件、重点案件和有影响人物；依据推荐标准，推荐 20 个单位和 22 名个人为 2011 年度查处侵权盗版案件有功单位及个人。2 月 8 日，河北省新闻出版工作会议对 2011 年度全国查处侵权盗版案件有功的单位和个人以及 2011 年全省版权管理工作先进集体和个人进行了表彰，进一步扩大了版权执法工作的社会影响力。6 月 29 日，国家版权局印发《关于奖励 2011 年度查处侵权盗版案件有功单位及个人的决定》（国版字［2012］6 号），河北省推荐的单位和个人全部获得奖励，其中廊坊市文化广电新闻出版局、“2·26”王雷等侵犯著作权案专案组分别获得有功单位一等奖，“2·18”盗印《中国共产党历史》（第二卷）案件专案组获得有功单位二等奖，省版权局版权处、省通信管理局市场监管处等 9 个单位获得有功单位三等奖。卢留虎、李冬群、张海峰等人分别获得有功个人一、二、三等奖。

四是保定、沧州、张家口、邢台等市版权部门利用保护知识产权宣传周的契机，走上广场宣传著作权法，发放各种宣传材料 13 000 余份，接受群众咨询 240 余次。

**五、不断加大文化市场巡查及侵权盗版案件的查处力度**

省版权局根据工作需要，先后多次派人到设区市指导检查印刷企业、出版物市场以及农家书屋工作，市县版权行政部门加大巡查和执法力度，查处了一系列侵权盗版案件。

2 月 21 日，保定市文化市场行政执法大队执法人员在对涿州市鹏业印刷有限公司检查时，发现该公司正在印刷海豚出版社的《影响你一生的名校励志演讲》和世界知识出版社的《世界上最伟大的推销员》内文，现场发现的内文分别为 30 令纸和 16 令纸，且均无委印手续，系盗印他人出版物。执法人员依法作出没收盗版出版物、罚款人民币 3 万元的行政处罚。

3 月 20 日，石家庄市版权局、裕华区文体局检查发现中悦歌厅在公共场所以营利为目的，向公众传播未经授权的《为了谁》等音乐作品，执法人员依法作出责令停止侵权行为、罚款1 000元的行政处罚决定。

7月12日，邢台市桥西区文化新闻出版体育局接到举报，称“高教书店”、“光明书店”正在销售盗版图书。该局立即派出执法人员对涉案两书店进行突击检查，分别发现盗版图书52册和230册。随后，该局依法对涉案两书店作出没收全部盗版图书并分别处以3 000元、2 000元罚款的行政处罚，同时要求其法人作出深刻检讨，提交书面保证书，保证以后守法经营，不再销售盗版图书。

7月22日，赵县文广新局检查发现该县北部湾歌厅使用未经合法授权的音乐作品《小白杨》、《北国之春》等，该局依法对涉案单位作出责令停止侵权行为、罚款5 000元的行政处罚。

8月20日，石家庄市版权局、裕华区文体局在检查中发现铭诗网络中心以营利为目的，在公共场所向公众传播未经合法授权的《阿凡达》等电影作品。执法人员依法对铭诗网络中心作出责令停止侵权行为、罚款1 000元的行政处罚。

8月20日，石家庄市版权局会同市文化市场稽查大队、鹿泉市文广新局对群众举报的鹿泉市上庄镇龙泉花园涉案地进行了检查。现场查获复印设备若干、销售单若干、已经完成装订的涉嫌盗版图书6套。经询问，涉案人王福强夫妇共从淘宝网出售涉嫌盗版图书350套以上，经营收入5.5万元左右。鉴于案情复杂，执法人员将此案移交给上庄公安分局处理。

8月23日，石家庄市版权局、裕华区文体局发现赢大网吧以营利为目的，在公共场所向公众传播未经合法授权的《唐山大地震》等电影作品。执法人员依法对赢大网吧作出责令停止侵权行为、罚款1 000元的行政处罚。

9月19日，石家庄市版权局、新华区文体局根据举报对慧源书店涉嫌销售盗版图书进行了检查，发现该书店销售侵权图书300余册。执法人员对该书店依法作出责令停止侵权行为、罚款2万元的行政处罚。

**六、不断提高业务水平，热情为社会公众提供版权服务**

全省版权行政管理人员加强业务学习，不断提高自身素质和业务水平，努力为社会公众和企业提供热情、高质的服务。省版权局研究讨论了《全国版权示范城市、示范单位和示范园区（基地）管理办法》和《中华人民共和国著作权法》征求意见稿，结合省实际和工作情况提出了建议，及时向国家版权局进行了反馈。3月中旬，省版权局带领省3家企业参加全国新闻出版行业企业使用正版软件工作培训会议。4月，省版权局组织有关人员到北京国际版权交易中心和北京东方雍和国际版权交易中心参观调研，学习开展版权贸易的经验，研究探讨省开展版权利用、授权和交易的可行性。5月，组织人员考察了省内版权产业发展情况，对安新芦苇画，易县易水砚，曲阳石雕、泥塑和定瓷，无极剪纸，晋州紫铜浮雕，辛集皮贴画等版权相关企业走访调查，宣传著作权法和版权登记，提高版权保护意识。8月，组织人员到北京参加第19届国际图书博览会，对省内各参展商进行了版权业务指导，拓宽版权业务交流渠道。8月和9月，组织执法人员参加国家版权局举办的两期“基层版权执法培训班”，进一步加强版权执法能力建设，提高了执法水平和依法行政能力。提供优质服务，为出版社登记外国及港澳台图书出版合同127件，为社会公众登记美术、文字和音乐等作品227件。各地组织软件正版化培训9次，参训企业207家，参训人数达到559人。

（李冬群）

## 山 西 省

2012年，按照国家版权局和山西省委、省政府的总体部署，山西省版权局坚持创新思维、依法行政、加强管理、服务大众的宗旨，紧紧围绕服务文化大发展大繁荣这个主题，主动强化政治意识、责任意识、法制意识，着力加强版权监管力度，努力提高版权工作质量，全力扩大版权工作影响，良好地完成了打击侵权盗版、政府机关软件正版化和企业软件正版化等各项重点工作任务。

**一、“双打”工作成效显著，版权行政执法和市场监管工作全面加强**

（一）打击侵权盗版工作安排部署到位

按照新闻出版总署和山西省“双打”办关于2012年“双打”工作的有关安排，山西省版权局制定下发了《关于成立山西省新闻出版（版权）局打击侵犯知识产权和制售假冒伪劣商品工作领导小组的通知》（晋新出发［2012］4号）、《关于进一步做好打击侵犯知识产权和制售假冒伪劣商品工作的通知》（晋新出发［2012］5号），对2012年全省著作权行政执法工作进行了详细部署，要求全省各级新闻出版（版权）行政管理部门深刻领会“双打”工作的重大意义，加大出版物市场监管力度、从严治理印刷复制生产源头、严厉打击网络侵权盗版行为，全面做好打击侵权盗版工作。2012 年，山西省各级新闻出版、版权、“扫黄打非”、文化行政执法部门共查办各类侵犯著作权行政案件 237 起，办结 235 起，结案率达到 99%；按照法定期限移送司法机关著作权涉刑案件 18 起。

（二）出版物市场秩序明显改善

（1）整顿治理出版物市场。2012 年，山西省版权局积极开展“双打”工作，组织全省各级新闻出版、版权、“扫黄打非”、文化行政执法、公安部门多次开展集中行动，共出动检查人员 34 140 人次，对图书、音像、软件等出版物的运输、仓储、批发、销售等重点环节和繁华街区、旅游景点、交通枢纽、学校周边等重点部位进行了重点整顿治理，收缴侵权盗版出版物 53 万余件。为进一步摸清全省出版物市场状况，山西省版权局组织执法人员对 11 个市、62 个县（市、区）的出版物市场进行暗访检查，共计检查书刊经营店 410 家，音像制品经营店 88 家，旅游景区 23 个，仓储物流集聚区 4 个，图书批发市场 6 个，大型超市、电脑城 13 个，高速公路服务区 8 个。对暗访中发现的问题，责令当地限期整改，同时也为下一阶段的“双打”工作奠定了基础。

（2）督导检查印刷复制企业。4 月起，山西省新闻出版局会同山西省“扫黄”办、山西省“扫黄打非”稽查队组织开展了印刷复制企业“百日集中整治”行动。对全省 3 255 家印刷复制企业进行了检查整顿，重点整顿印刷复制企业 256 家，吊销 2 家企业的印刷经营许可证，有效加强了出版物市场源头治理。

（3）打击网络侵权盗版。山西省开展打击网络侵权盗版专项治理“剑网行动”，共主动监管重点网站 258 个，其中重点监管网站 8 个。排查重点嫌疑 IP 地址 86 个，配合国家版权局完成了 1 起特大网络侵权盗版案件的调查取证工作。

（三）加大著作权法宣传力度

良好的版权意识是版权市场环境改善的根本保证。山西省版权局紧紧围绕“培育知识产权文化，促进社会创新发展”的宣传主题，结合“双打”工作，积极依托各类媒体、通过各种方式加大著作权法律法规和“双打”工作的宣传力度，组织各级版权管理部门大范围、多角度地开展版权宣传进校园、进园区、进社区、进媒体、进机关“五进”活动，侵权盗版出版物集中销毁活动和“绿书签行动”，全省共发放各类宣传资料 15 万余件，销毁各类侵权盗版制品 71 万余件，省城各大新闻媒体进行了全程跟踪报道。

**二、深入推进政府机关软件正版化工作，企业软件正版化工作成效明显**

（一）省级政府机关使用正版软件工作圆满完成

按照国务院关于政府机关使用正版软件的相关要求，山西省积极组织开展省级政府机关软件正版化工作，在推进过程中，始终保持精益求精的态度，狠抓工作质量管理，严把质量关、验收关、考核关，力求把省级政府机关使用正版软件工作打造成全省甚至全国政府机关软件正版化工作的“样板工程、精品工程、实效工程”。截至 2012 年 4 月底，山西省省级机关使用正版软件工作提前完成，涵盖了省委、省政府、省人大、省政协、省高检、省高法、民主党派、人民团体 111 个部门，在全国走在了前列，得到了国家版权局和省“双打”办的表扬。

1. 切实抓好软件采购工作

软件采购是使用正版软件工作的中心环节，直接决定着能否按时完成软件正版化工作任务。根据国务院的有关要求，山西省确定了正版软件实行政府集中采购，所需经费由本级财政部门集中支付的原则。省政府参照中央国家机关和兄弟省市经验，确立了从实际需要出发、性价比优先、“场地授权”采购方式和“集中招标、统一支付”采购模式四项原则。省政府组织相关人员对所需软件的性价比进行充分对比论证后，最终招标采购了金山软件公司的“WPS Office 2012 组合套装办公软件 V8”，使用方式为“场地授权”。

2. 认真开展软件安装培训

为全力抓好软件安装工作，3 月 23 日，山西省版权局组织召开了“山西省政府机关使用正版软件工作推进会议”，山西省政府办公厅副秘书长郭立和省新闻出版（版权）局局长林玉平安排部署省级政府机关使用正版软件工作。会议要求各省直单位在软件安装过程中必须责任到人、认真安装备案、做好后续管理，做到不漏一个部门、不漏一个环节、不漏一个岗位、不漏一台设备。

3. 狠抓质量管理和检查验收

为有效保证省级政府机关使用正版软件工作质量，制定了《山西省省级政府机关使用正版软件工作检查验收方案》、《山西省省级政府机关使用正版软件工作检查验收评分标准》，于 6 月组织召开了“山西省省级政府机关使用正版软件工作检查验收安排会议”，组织 7 个检查组对省级政府机关使用正版软件工作进行检查，要求检查内容全面、检查标准严格、检查程序规范、检查结果客观。检查结果显示，省级政府机关使用正版软件工作情况良好、成效明显，完全达到了预定目标。

（二）市、县级政府机关使用正版软件工作稳步推进

为按时完成国务院政府机关软件正版化工作任务，确保政府机关使用正版软件工作质量，山西省积极加强对政府机关使用正版软件工作的领导，及早动手开展市、县级政府机关使用正版软件工作。在市、县级政府机关使用正版软件工作过程中，省长王君多次批示，督促工作任务落实。山西省委常委、副省长高建民和副省长张平多次安排部署政府软件正版化工作，反复强调要落实领导责任，督促各级政府和版权、财政等各有关部门各司其职，全力推进政府机关软件正版化工作。省政府副秘书长郭立多次组织召开会议，具体协调解决工作中遇到的困难和问题。各级领导的高度重视，有效地促进了工作责任的落实，为政府机关软件正版化工作顺利开展提供了可靠保证。截至2012年年底，太原市、吕梁市、朔州市市级政府机关和孝义市县级政府机关使用正版软件工作已提前完成，其他市、县级政府机关均已完成了软件使用情况和采购需求的调查摸底工作。

（三）106家企业的软件正版化工作有效落实

山西省版权局对企业软件正版化工作实施目标责任管理，年初全面分解落实了2012年全省106家重点推进企业的软件正版化工作任务（太原市18家、大同市14家、吕梁市12家、临汾市8家、运城市8家、晋中市8家、长治市8家、忻州市8家、朔州市8家、阳泉市8家、晋城市6家）。各市在对全市企业进行认真梳理的基础上，选择有条件的企业开展软件正版化工作，明确各市拟推进企业名录。在企业软件正版化工作中，山西省注重加强对各市版权管理部门和目标企业的督促指导，指导企业开展软件使用情况调查摸底、软件资产管理等工作，严格开展企业软件正版化工作的检查验收，原定的全省106家企业软件正版化工作任务圆满完成。

（四）新闻出版行业大型企业软件正版化工作全面完成

根据新闻出版总署《关于推进新闻出版行业企业使用正版软件工作的通知》（新出厅字［2011］459号）精神，山西省版权局将新闻出版行业企业软件正版化工作作为“山西省2012年企业软件正版化工作一号工程”来抓，于2012年1月起组织全省新闻出版行业企业开展软件正版化检查和整改工作，截至2012年10月，全省3个新闻出版行业大中型企业使用正版软件工作已经圆满完成。山西出版传媒集团有限责任公司共采购各类正版操作系统598套、办公软件351套，共投入资金2 968 523元；山西新华书店集团有限责任公司共采购各类正版操作系统388套、办公软件130套，投入资金1370 650元；山西日报报业集团采购正版操作系统40套、办公软件81套，投入资金108 600元。其中，山西出版传媒集团有限责任公司、山西新华书店集团有限责任公司完成了包括全部下属企业在内的软件正版化工作，山西日报报业集团完成了集团总部的软件正版化工作。

**三、版权公共服务体系逐步完善，版权服务质量全面提升**

在版权公共服务体系建设中，山西省版权局特别注意加强作品版权登记和版权贸易合同登记备案两项工作，努力为广大著作权人提供可靠便捷的版权保护服务，为版权贸易的不断拓展保驾护航。山西省的版权社会管理和服务工作水平，比往年有新的提高。全年作品版权登记数量达到211件，图书版权贸易合同备案达25件。全年总计答复著作权方面的社会咨询近180余人次，受理著作权侵权投诉7件，成功调解5件，建议走诉讼渠道的2件。

（郝子谋）

## 内蒙古自治区

2012年，内蒙古自治区版权局在区委、区政府的领导下，深入贯彻落实科学发展观，紧紧围绕大局，以营造良好版权环境、推动版权相关产业繁荣发展为目标，加强版权行政执法，大力推进政府机关软件正版化工作，坚持不懈地开展版权法律知识宣传教育，各项工作取得了显著成绩。

**一、加大版权执法工作力度**

（一）强化音乐作品使用场所人员的著作权法律意识

2012年4月26日，自治区版权局牵头，组织自治区商务厅、工商局、知识产权局、文化厅、公安厅、检察院、法院等部门，共同开展对音乐作品版权侵权盗版的专项检查活动。实地检查了蒙古大营、钱柜、万千百货、金太阳大酒店、华润万家超市等使用音乐作品的经营场所，在检查的同时，加大著作权法律知识的宣传普及力度，强化音乐作品使用场所人员的著作权法律意识

（二）统一协调组织开展“剑网行动”

一是按照国家版权局有关部委要求，2012年

7—10 月，自治区版权局、公安厅、通信管理局、互联网信息办公室联合印发了《关于印发〈2012 年全区打击网络侵权盗版专项治理“剑网行动”实施方案〉的通知》（内版权联字［2012］26 号），组织开展了全区第八次打击网络侵权盗版专项治理“剑网行动”。成立专项治理工作领导小组，统一协调、指导专项治理行动。通过专项行动，强化了网络环境下版权执法和监管工作，进一步促进自治区互联网产业的健康发展。

二是持续开展打击网络、软件预装、图书馆等领域侵权盗版的专项治理，有力打击了各类侵权盗版行为，有效地保护了著作权人的合法权益，营造了健康有序的市场秩序。

三是大力推进网络购物领域打击侵犯知识产权和制售假冒伪劣商品专项行动。通过专项行动，进一步规范作品使用和传播，有效遏止侵权盗版蔓延势头，大大树立了版权行政管理部门的执法权威。

四是有效开展打击侵犯知识产权和制售假冒伪劣商品专项行动。按照国家版权局和自治区专项行动领导小组的要求，严格执行版权执法信息月报制度，全面掌握全区版权执法案件进展情况及重要成果，并按时上报国家版权局和自治区打击侵犯知识产权和制售假冒伪劣商品专项行动领导小组。2012 年，全区版权执法案件共立案 46 起，涉案金额 17.65 万元。其中，重大案件 1 起，涉案金额 9 万元，移送司法机关 3 起。

**二、积极推进政府机关和企业软件正版化**

2012 年以来，国务院副总理王岐山、副秘书长毕井泉先后分别主持召开了 5 次专题会议，要求加大软件正版化工作力度，部署落实软件正版化工作的措施和要求。自治区版权局作为软件正版化工作的牵头部门，承担着全区软件正版化工作的协调、推动职能，主要做了以下几方面工作：

一是协调、推动自治区政府于 4 月 9 日、5 月 28 日先后两次召开政府推动软件正版化工作专题会议，研究软件正版化推进工作以及软件采购工作，保证自治区级政府机关软件正版化工作按时保质完成。

二是加强信息报送制度，按照国务院要求，每月月底前协助自治区政府向国家版权局报送区政府机关软件正版化工作落实情况报表。同时，按照自治区政府专题会议要求，落实盟市政府机关软件正版化工作旬报制度，及时向国家版权局和自治区政府上报工作进展情况和存在的问题，为领导决策提供及时有效的数据依据。

三是组织联席会议成员单位对软件产品及各地做法进行考察，全面了解软件产品性能、价格、市场等情况，了解全国总体采购情况，为自治区有关领导决策提供充分的数据依据。

四是多方协调自治区有关领导、财政、政府采购等部门，落实采购经费，制定采购方案，进行集中采购。最终形成采购 60％国产办公软件和 100％国产杀毒软件的采购方案，既比全部采购微软产品节约资金 1 000 余万元，又能满足自治区本级政府机关软件使用要求。通过自治区政府采购中心集中采购，节约采购资金 350 余万元。截至 2012 年 6 月底，包括自治区党委各部门，人大、政协、法院、检察院，各人民团体，各委、办、厅、局等在内的 74 家自治区级政府机关软件正版化检查整改任务全面完成。

五是 2012 年 8 月 20 日至 9 月 29 日，按照自治区有关领导指示，自治区推进使用正版软件工作联席会议组织成员单位，由新闻出版（版权）局、机关事务局、知识产权局、工商局有关负责同志带队，分成 4 个督查组对包括满洲里、二连浩特市在内的 14 个盟市政府、40 个旗县、42 个盟市级政府机关进行了软件正版化工作督查。

六是按照国家版权局工作要求和自治区政府专题会议精神，确定 160 家企业软件正版化工作任务，取得了积极进展。

七是按照新闻出版总署关于推进全国新闻出版行业企业软件正版化工作的文件要求，部署自治区三大新闻出版发行集团软件正版化工作任务。10 月 12 日，组织对内蒙古日报社传媒集团股份有限公司、内蒙古出版集团股份有限公司、内蒙古新华发行集团股份有限公司三家新闻出版行业企业软件正版化工作的检查。三家企业现均已按照总署要求完成整改工作并建立了长效软件资产管理机制。新闻出版行业企业软件正版化工作的全面完成为全区企业使用正版软件工作起到良好的示范带头作用。

八是圆满完成国务院软件正版化工作督查组两次来区进行工作督查的接待任务。4 月 19—21 日，国家知识产权局副局长贺化带队的督查组到自治区开展工作督查，听取自治区政府工作汇报，实地检查了包头市政府办公厅、呼和浩特市政府办公厅，以及 3 家自治区级政府机关、3 家企业的软件正版化工作情况。7 月 4—9 日，审计署工业审计局局长冷奎英带队的督查组再次到自治区进行工作督查，听取自治区政府工作汇报，实地检查了 6 家自治区级政府机关软件正版化完成情况。两次督查的接待工作均安排有序、内容充实，督察组对自治区的软件正版化工作完成情况给予充分肯定。

**三、大力推进版权公共服务**

自治区坚持以“科学发展、富民强区”为第一要务，积极为版权产业发展服务，充分发挥版权工作在保护文化创造力、激励自主创新方面的重要作用。

一是完善内蒙古版权协会运行机制，充分发挥版权协会在版权研究、培训、服务方面的积极作用。

二是全面实施《内蒙古自治区著作权管理办法》，积极开展著作权民事调解工作，鼓励权利人和利害关系人通过调解机制解决纠纷，服务于创作者、使用者和传播者，促进社会和谐，并为著作权人和使用者提供日常咨询和法律服务。

三是加强和完善作品登记工作，规范作品登记程序。2012年共完成作品登记286件。作品登记制度不仅对激励创作者创作、提高自主创新能力、建设创新型国家具有十分重要的意义，而且是保障著作权交易、促进版权有效运用、实现版权产业又好又快发展的一项重要制度。

四是为参加北京国际图书博览会，充分展示自治区出版工作取得的成果，根据北京国际图书博览会组委会的要求，就自治区出版单位参展工作作出周密安排，积极推动自治区出版工作走出去。

五是参加新闻出版总署、国家版权局、工业和信息化部、国家广电总局、共青团中央、中国作家协会和北京市人民政府在北京联合组织的中国国际版权博览会及“世界知识产权组织版权金奖”（中国）颁奖典礼。

六是自治区版权局与自治区高级人民法院、文化厅、知识产权局、工商局联合制发了《关于建立知识产权多元化纠纷解决机制的规定》，提高著作权纠纷行政调解效率，增强行政调解的可行性。

七是启动版权公共服务平台和版权监管平台建设工作；完成新闻出版总署关于加强新闻出版（版权）行政管理调研方案；完成关于建设版权公共服务平台建议（草案）；参与自治区知识产权局主持的《内蒙古自治区人民政府关于加强知识产权工作的意见》的论证、修改工作，以及《内蒙古自治区知识产权事业发展“十二五”规划》的起草、论证（版权部分）工作；完成“部区协议”中关于（新闻出版总署）支持内蒙古版权工作报告（草案）。

**四、组织版权宣传教育活动**

2012年，内蒙古自治区始终把宣传教育工作贯穿于版权执法监管和版权公共服务之中，建立起版权宣传、教育和培训的常态机制。

一是组织基层版权执法人员参加国家版权局在哈尔滨和青岛召开的两次全国基层版权执法培训会议，并参加了在乌鲁木齐举办的版权执法工作培训会议。组织推荐自治区2011年全区侵权盗版有功单位和个人评选活动，全面提升自治区基层版权执法人员的业务素养和执法能力，调动了版权执法人员做好版权工作的积极性。

二是全区围绕“4·26”世界知识产权日，开展版权知识宣传周活动。组织悬挂条幅、群发版权保护公益信息、车载LED公益广告、报道典型案例、召开新闻发布会、做客电视访谈节目和上街宣讲等多种形式的宣传活动。

三是加强软件正版化培训。2012年7月16日，自治区推进使用正版软件工作联席会议在呼和浩特召开了自治区政府机关使用正版软件集中培训工作会议，74家自治区政府机关单位的软件资产管理工作负责人、软件资产管理人员和技术人员参加了会议。会议全面提升了自治区政府机关人员对通用软件功能、应用及管理方面的知识，对全面落实软件正版化工作具有重要意义。

四是于2012年8月20日在呼和浩特市举行推进使用正版软件工作新闻发布会。自治区推进使用正版软件工作联席会议各成员单位负责同志参加会议。自治区新闻出版（版权）局党组成员、巡视员王东生受自治区人民政府委托，在发布会上，对自治区政府机关软件正版化检查整改工作情况进行了详尽的工作解读。

五是有效利用内蒙古政府网、《内蒙古日报》、《内蒙古法制报》、《内蒙古晨报》、内蒙古新闻网、《北方新报》，以及自治区版权局网站等各种媒介开展自治区软件正版化完成情况新闻发布，及时宣传自治区软件正版化工作成果，总结自治区软件正版化工作经验，提升全社会公民软件正版化工作意识，为推动盟市、旗县软件正版化工作营造了良好的工作氛围。

六是编印9期《内蒙古版权工作简报》，及时通报、宣传自治区版权工作的进展情况和工作成果。

**五、加强队伍建设和党风廉政建设**

按照自治区党委和局党组党风廉政建设要求，全面梳理本处室的工作职能、职责和权限，以及工作模式和重点工作环节，共梳理出会议培训、版权管理、版权执法、作品登记四方面的工作内容和廉政风险点，制定了严格的风险管控制度予以落实，取得了良好效果。

（内蒙古自治区版权局）

# 辽 宁 省

2012年，辽宁省版权局深入贯彻落实科学发展观，大力实施《深入开展全省新闻出版版权领域打击侵权假冒和推进使用正版软件工作实施方案》，在版权公共服务、打击侵权盗版、推进软件正版化、版权宣传培训和加强版权公共服务体系建设等方面开拓进取，取得显著成效。

## 一、加强版权行政执法、强化版权监管力度

### （一）保持高压态势开展打击侵权假冒品工作

2012年3月开始，按国务院要求和省政府统一部署，为保持打击侵权假冒工作的连续性，省版权局原“打击侵权假冒工作专项行动领导小组”调整为省版权局“打击侵权假冒工作领导小组”，同时制定并印发《深入开展全省新闻出版版权领域打击侵权假冒和推进使用正版软件工作实施方案》，结合印刷业、版权、“扫黄打非”领域各专项行动，围绕印刷业源头治理、出版物市场巡查、打击网络侵权盗版、推进政府机关软件正版化等工作任务，进一步加大打击侵权假冒工作力度。强化对打击侵权假冒工作的督导检查，按照方案部署，组织协调印管处、省“扫黄打非”办分赴各市及重点地区督导检查26次，重点检查印刷复制企业源头治理情况及图书、软件、音像制品的市场监管情况，督促各市加大打击侵权假冒工作力度。全省新闻出版版权领域全年共查办重大案件40余件，有力地净化了全省出版物市场。

### （二）打击网络侵权盗版专项行动成果显著

7月中旬，结合国家版权局等四部门联合开展的打击网络侵权盗版专项治理“剑网行动”，牵头成立由省版权局、通信管理局、公安厅、互联网宣传管理局等部门参加的“全省打击网络侵权盗版专项治理工作领导小组”，印发《辽宁省2012年打击网络侵权盗版专项治理“剑网行动”实施方案》，在全省范围内组织开展2012年辽宁省打击网络侵权盗版专项治理行动。

专项行动期间，充分发挥领导小组办公室作用，组织协调各市文化执法、公安、通信等部门针对本辖区内提供作品、表演、录音录像制品等内容的网站，提供存储空间或搜索链接服务的网站，以及提供网络交易平台的网站展开全面排查，对存在问题的部分网站，要求限期整改。专项行动期间，全省共查办网络侵权盗版案件9件，罚款12万元，并没收服务器5台。

尤其对国家版权局督办案件，保证快侦、快诉、快审、快结。如国家版权局交办的网络播放器视频侵权案件，辽宁省集中精干力量，各地文化执法、通信管理单位积极配合，确实做到了快侦、快结，4天就把侦办结果上报给国家版权局。对上级交办的案件，省版权局自获得案件信息后，及时组织力量进行查办。

## 二、版权宣传取得良好效果

做好宣传普及、提高公众版权意识是版权工作一项长期、重要的任务。辽宁省以“4·26”知识产权宣传周并结合“全国集中销毁非法及盗版出版物行动”查办重大案件为宣传重点，针对领导干部、企业负责人组织开展保护知识产权集中宣传活动。

2012年4月24日上午10时，省“扫黄打非”工作小组在沈阳市三好街百脑汇科技大厦前广场举行了2012年侵权盗版及非法出版物集中销毁活动。共销毁2011年以来省市“扫黄打非”和版权执法部门查缴的各类盗版音像制品、软件、电子出版物，以及盗版及非法出版的图书、报纸、期刊、印刷品广告等总量达80万件。中共辽宁省委常委、省委宣传部部长、省“扫黄打非”工作小组组长张江亲临现场。辽宁省及沈阳市有关部门的领导同志，省、市党委宣传部、文化、新闻出版等部门负责同志及执法人员，沈阳市出版物经营单位代表，中小学生及各界群众近千人参加了销毁活动。在销毁活动现场，同时启动了以“拒绝盗版，助力创新”为主题的“绿书签行动”系列宣传活动。省、市版权局及有关部门还在现场开展了版权法律法规宣传、咨询，知识产权鉴定，投诉案件受理，散发宣传品等活动。

## 三、扎实推进全省软件正版化工作

根据国务院的统一部署，辽宁省如期完成省级政府机关软件正版化检查整改工作任务，在指导、督促市县级政府机关软件正版化工作的同时，积极推进全省企业软件正版化工作。

根据国务院关于省级政府机关软件正版化工作要求和陈政高省长、滕卫平副省长的指示精神，协调省政府办公厅、财政厅等部门，一次性投入采购经费1 522.94万元，采购正版软件18 200套，并于6月底前完成全部软件的安装调试工作，同时建立健全省级政府机关软件正版化工作长效机制，把软件正版化工作列为省直机关目标绩效考核项目，强化各单位对正版软件的使用和管理，受到国务院督查组的肯定。2012年11月22日，省政府召开全省市县级政府机关软件正版化工作会议，副省长滕卫平出席会议并讲话，明确提出全省市县级政府机关

必须按照国务院的完成时限要求，在2013年6月底前全部完成软件正版化工作任务。

在积极推进政府部门软件正版化工作的同时，同步推进企业正版化工作。在全面推进正版化工作中，辽宁省重点完成省内8家大型新闻出版行业企业软件正版化工作，8家单位共投入340余万元采购正版软件，同时建立了软件资产管理等长效机制。

**四、积极开展版权执法培训**

组织全省出版、文化系统著作权执法人员业务培训。年内组织4次新闻出版、文化执法骨干人员共30余人参加国家版权局组织的集中培训。省版权局、省"扫黄打非"办联合组织省"扫黄打非"和文化市场综合执法系统的执法人员进行了两次业务培训。

**五、以设立版权工作站为重要抓手，切实加强版权公共服务体系建设**

根据《辽宁省版权局设立版权工作站实施方案》，2012年下半年，省版权局设立了大连鸿缘版权工作站、沈阳芝麻开门网络科技有限公司版权工作站、沈阳众智版权工作站、辽宁鑫重重工版权工作站等4家版权工作站，产业涉及地形文化产品展览展示、网络游戏、网络教育、装备制造等行业。依托版权工作站进一步拓展了作品登记、版权宣传等版权公共服务与管理，同时帮助企业在自身业务发展中引入版权保护机制，不断提高文化创意企业的创新能力和版权创造的整体水平。建立版权工作站战略的实施，有力地促进了全省版权公共服务体系的建立完善，版权工作站模式基本形成了省、市、县三级版权行政机关与园区、企业等相衔接的网络化版权管理和服务体系，进一步提高辽宁省版权创造、运用、保护和管理能力。2012年，全省作品登记数达20 901件。

**六、促进图书版权贸易不断提升**

省版权局协调组织省内出版单位参加北京国际图书博览会，积极做好辽宁展团参展的各项组织协调与服务工作，确保辽宁展团各单位便捷、高效地做好布展和版权贸易洽谈工作，同时，通过与展会组织方及各出版单位间的沟通协调，出色地完成了辽宁展团参展任务。2012年，全省图书版权贸易：版权引进266件、版权输出234件，版权输出数量创新高。

（田大鹏）

## 吉林省

2012年，吉林省版权局以加强处室建设为重点，以群众满意为目标，按照新闻出版总署、国家版权局及省委、省政府的工作部署，统一思想，凝心聚力，科学谋划，着力实施，使全省版权工作取得了长足的进步。

**一、版权执法力度不断加大，监管效能明显提升**

2012年，吉林省版权局积极组织全省各级版权执法机关，通过开展多个专项行动，加大对侵权盗版行为的打击力度，规范市场秩序，版权保护社会监管工作水平有了明显的提高。

（一）持续开展打击侵权盗版专项治理行动

2012年，全省各级版权管理机关思想统一，组织有力，积极主动，结合本地区实际情况，采取灵活有效措施，开展了多次集中专项执法活动。四平市版权局在查处侵权盗版专项治理中发挥了积极主动的作用，全年共查处侵权盗版案件52起，其中向公安机关移交2起，行政处罚罚款数额总计27.08万元，侵权盗版案件查处范围和数量均列全省各地区之首，取得了突出的工作成绩。

在打击侵权盗版专项治理中，全省共出动执法人员3 300多人次，检查图书、音像、计算机软件、印刷复制等经营单位3 760多家（次），收缴扣押各类盗版出版物及盗版制品33.8万件（册、盘），责令违法商户停业整顿25家，取缔非法销售摊点350个；全省共查处侵权盗版案件281起，移送司法机关处理6起，查获地下黑窝点1个，全省行政处罚罚款金额总计63.55万元，取得明显的治理成效。

（二）组织开展打击网络侵权盗版专项治理"剑网行动"

为贯彻落实国家版权局、公安部、工业和信息化部、国家互联网信息办公室联合印发的《2012年打击网络侵权盗版专项治理"剑网行动"实施方案》要求，省版权局联合省公安厅、省通信管理局、省互联网信息办公室等部门联合下发了《吉林省2012年开展打击网络侵权盗版专项治理"剑网行动"方案的通知》（吉新出联［2012］186号），从2012年7月初到10月底，在全省范围内集中开展打击网络侵权盗版专项治理"剑网行动"。"剑网行动"开展以来，省版权局将国家版权局交办的"巨鹿影院网"、"铁通东北虎爱心彩虹影视网站"等两起涉嫌侵权案件作为重点案件移送省公安厅进行调查处理。行动中全省主动监管大型网站57家，其中重点监管20余家，查处各类网络侵权典型案件5起，没收用于网络侵权的服务器2台，关闭侵权网站4家，移送司法机关刑事处罚2起，有力地打击了网络侵权盗版行为。

（三）深入开展打击盗版中小学教辅专项行动

根据新闻出版总署《关于进一步加强中小学教辅材料出版发行管理的通知》（新出政发〔2011〕12号）要求，吉林省版权局在全省范围内组织开展了打击盗版盗印教辅材料专项行动。2012年6月，吉林市版权局与吉林市昌邑区公安分局协调配合，开展了打击教材教辅侵权盗版专项行动，全年共立案36起，移送起诉38人，收缴盗版教辅材料10余万册，收到较好的整治效果。四平市版权局查处百惠书店、博览书店和龙门书店等3起非法经营盗版中小学教材教辅案件，共查没盗版中小学教材、教辅材料99 200册。在专项行动中，全省各级版权管理部门查处多起侵权盗版案件，查没盗版教材教辅材料20万余册，并对侵权盗版行为作出警告、停业整顿和罚款等行政处罚，有效地净化了中小学教辅市场。

**二、版权宣传领域进一步拓宽，版权示范教育效果明显增强**

2012年，全省各级版权管理部门继续深入开展各类版权宣传活动，不断创新宣传的手段，提高版权宣传的效能，使版权宣传工作真正成为保护版权、促进版权产业发展的有力推手。

一是组织开展“版权宣传月”系列宣传活动。2012年，省版权局将4月份定为“版权宣传月”，要求各地区及有关部门在“版权宣传月”期间，集中做好作品登记工作，加大版权宣传力度，开展形式多样的社会宣传活动。在2012年世界知识产权宣传周期间，全省各级版权管理部门，分别以不同形式开展了“版权宣传月”工作。

二是以“版权保护教育基地”为依托，在省内高校中开展丰富多彩的版权宣传教育活动。省版权局与吉林大学、东北师范大学、吉林师范大学、长春工业大学、吉林艺术学院5个“版权保护教育基地”联合开展了系列版权宣传教育活动。

三是充分利用新闻媒体，加强版权动态宣传。2012年，省版权局先后在《中国新闻出版报》、《吉林日报》、吉林电视台等各类新闻媒体上发表宣传稿件36篇，向国家版权局上报《版权简报》12期，向省打击侵犯知识产权和制售假冒伪劣商品工作领导小组办公室上报并被采用转发简报5期。同时，利用互联网开展多种形式的宣传活动，全省各级版权管理部门开展的有关工作和各类活动也被国内各网站广泛报道和转载，吉林省的版权工作社会影响不断加大。

四是以推进国务院办公厅政府机关软件正版化工作为中心，搞好集中宣传。2012年是各级政府机关贯彻落实国务院办公厅下发的47号文件的关键一年，在这一年里，国务院办公厅先后派出了两个工作组到吉林省，对吉林省政府机关软件正版化工作进行督导检查，3月26日，国务院派出由新闻出版总署副署长、国家版权局副局长阎晓宏率领的督查组，赴吉林省督导检查政府机关软件正版化整改情况，在吉期间，督查组分别检查了长春市政府办公厅、吉林市政府办公厅、吉林省水利厅、吉林省高级人民法院、吉林省经济技术合作局、吉林省质量技术监督局、吉林省住房和城乡建设厅、吉林省交通厅等8家单位软件正版化情况。7月5日，国务院又向吉林省派出软件正版化督查组，督查组在国家版权局版权管理司司长于慈珂、副司长王志成的带领下，来吉林省检查督导政府机关软件正版化工作完成情况。针对国务院督导组的工作督导情况，2012年7月7日，《吉林日报》在要闻版刊登了《我省全面完成省级机关单位政府软件正版化工作任务》，吉林省内主流媒体也在第一时间对省级政府机关完成软件正版化工作进行了全面报道。

**三、作品登记工作寻求创新，版权服务意识明显提高**

近年来，作品自愿登记工作的社会影响不断增大，通过作品登记保护版权、推动版权产业发展的作用也逐渐凸显，作品登记的数量逐年增加。为进一步扩大版权作品登记的社会影响，提升作品登记的服务质量，提高作品登记的效率，增加作品登记数量，省版权局采取多种措施，创新工作方法，取得了较好效果。2012年，全省累计进行作品自愿登记1 423件，比去年增长近1 000件。

为扩大作品登记的社会影响，省版权局积极协调全省各市（州）版权保护部门，加强对各市（州）版权管理工作人员的业务培训和指导，通过委托办理作品登记和批量集中办理作品登记等方式进一步扩大登记服务范围，提高登记服务效率。

为加大作品登记工作的宣传力度，提高公众参与的积极性和自主性，2012年12月，省版权局开展面向社会公开征集吉林版权登记标识活动，在社会上引起了强烈反响。包括《中国新闻出版报》、《中国知识产权报》及新闻出版总署官网、国家版权局官网在内的20多家国内平面媒体和网站报道、转载了此次版权登记标识征集活动。省版权局先后收到来自全国10多个省（区、市）的应征稿件近百件。

**四、持续推进政府软件正版化，督导检查工作取得明显成效**

根据《国务院办公厅关于进一步做好政府机关

使用正版软件工作的通知》(国办发［2010］47号)文件要求，2012年，省版权局继续协调有关部门开展软件正版化的各项工作，确保此项工作如期完成。

一是对省直机关使用正版软件情况进行专项核查和整体测算工作。组织开展了各省直机关部门计算机软件正版化使用情况自查核实工作，认真核实实有人员编制数与需要更换正版软件底数，对软件市场价格进行调查测算，为省政府领导提供了比较精确的可行性数据和软件采购数量预算方案。

二是加强统筹协调，督促和推进正版化各项工作，落实软件采购资金。软件核查测算工作完成后，省版权局编制了办公软件需求计划，报省财政厅审核。省财政厅通过后，将此项采购经费列入财政预算，并及时划拨专项经费。

三是组织完成正版软件的安装、更换及相关培训指导工作。省版权局组织专家和技术人员，对省级政府机关部门负责软件维护的工作人员就软件安装、数据更新、升级使用和建立资产管理制度等事项进行了专门培训。

四是按照省政府的要求，完成正版软件资产管理的相关制度建设。指导和督促省级机关单位建立本部门软件资产管理、使用制度和定期检查制度，将软件作为资产纳入本部门资产管理体系，对软件购买、安装、更换、使用、报废等事项实行统一管理。

截止到2012年6月30日，包括省委、省人大、省政协、省法院、省检察院以及各民主党派、工商联和人民团体在内的共88家省级机关单位完成了软件正版化检查整改工作，省政府拨出专项资金，采购微软操作系统(Windows 7 pro 中文专业版)3 150套、微软办公软件2 000套、国产办公软件9 000套，全面完成了省级政府部门的软件正版化工作，为下一步做好市(州)、县(市、区)政府部门软件正版化工作奠定了良好的工作基础。

(田庆权)

## 黑龙江省

2012年，按照国家版权局和省委、省政府年度版权工作计划，黑龙江省版权局积极开展工作，较好地完成了各项工作任务。

**一、全力推进软件正版化工作**

(一)省级软件正版化工作取得成效

截至2012年6月底，省级政府机关软件正版化工作全面完成，实际采购操作系统6 294套，办公软件8 057套，采购金额1 045万元。7月，以审计署领导为组长的检查验收组赴黑龙江省检查时，对该省软件正版化工作给予了高度评价。

(二)推进市(地)级软件正版化工作

根据国务院的要求，市(地)级软件正版化工作取得实效。哈尔滨市落实采购资金140万元，采购软件2 011套；齐齐哈尔市落实采购资金200万元，采购软件2 600套；牡丹江市落实采购资金83万元，采购软件905套；大庆市落实采购资金325万元，采购软件4 530套；绥化市落实采购资金40万元，采购软件588套；双鸭山市落实采购资金20万元，采购软件294套；黑河市落实采购资金40万元，采购软件833套；鸡西、鹤岗、伊春等市领导已经同意落实采购资金，财政部门正在核算落实具体采购金额；七台河、佳木斯、大兴安岭已经明确各政府部门自行采购。

(三)企业软件正版化工作取得进展

黑龙江省4家新闻出版企业集团已基本完成软件正版化工作，共采购安装操作系统1 064套，文字处理软件178套，杀毒软件709套。具体做法如下：

一是领导高度重视，及时协调解决难题。省版权局主要领导和分管领导、省政府主管省长多次部署，协调相关部门，及时下发方案；听取有关部门的工作汇报，帮助落实采购资金；三次召开领导小组工作会议，明确职责分工。组织召开省、市(地)级政府机关软件正版化工作推进会议，分管副省长作了动员讲话，通报政府机关软件正版化整改工作进展情况，研究部署下一步工作任务，确定工作时间表和资金来源等重要事项。

二是采取多种形式，摸准需求底数。年初，领导小组办公室通过多种方式进行三轮摸底统计，基本掌握省直机关软件数据；3月初，又对各单位填报的数据逐个核实，并商省财政厅结合编制情况，共同逐个审核。省财政厅落实采购资金计划1 737万元。

三是调整充实机构，列入政府督办。根据实际工作需要，对领导小组组成单位进行了调整，并下发文件，要求各市(地)按照省级推进模式，建立或调整充实领导机构。根据主管省长的指示，把工作列入省政府督办项目。

四是实行任务分解，责任落实到部门。省使用正版软件工作领导小组根据国家部际联席会议精神，实行工作任务分解，形成责任落实、部门推进、领导小组办公室协调政府督查督办工作机制。

五是部门密切配合，确定采购形式。省使用正版软件工作领导小组办公室在先期征求各成员单位和部分省直机关采购意见的基础上，提出几套采购方案。两次召开成员单位会议，共同商讨采购软件种类，提交省领导选定。在采购前，成员单位联络员再次召开会议，商定具体采购细节：组成由五位专家和一位纪检监察、一位办公室负责具体工作同志组成七人谈判小组，成员单位联络员作为谈判顾问，进行价格谈判。

六是建立起软件资产管理机制。多次商请省财政厅有关部门，由财政厅国有资产管理局牵头制定了软件资产管理办法。明确软件采购资金纳入财政预算，对软件的采购、安装、日常使用、处置和监督都明确了具体职责和办法，软件资产实行常态化管理。领导小组办公室组织软件生产商、财政厅资产管理部门和省工信委的技术人员对省级各单位的软件技术管理和资产管理人员进行了集中培训。领导小组办公室就安装和验收程序下发通知，明确具体事项，并联合政府督查室组织验收。要求完成采购任务的市（地）机关，学习省级机关软件正版化的做法，并对其进行了培训。

**二、组织开展以打击侵权盗版为主题的专项行动**

（一）打击网络侵权盗版“剑网行动”

国家版权局、公安部、工信部、国家互联网信息办《关于印发〈2012年打击网络侵权盗版专项治理“剑网行动”实施方案〉的通知》下发后，省新闻出版（版权）局、省公安厅、省通信管理局及时下发了《关于印发〈黑龙江省2012年打击网络侵权盗版专项治理“剑网行动”实施方案〉的通知》，四部门的业务处室形成协调有序的工作机制：版权管理部门开展对网站侵权监管工作，加大网络版权法律宣传教育力度；通信管理部门对版权部门确定的重点监控网站不定期抽查审看；公安部门的网监队伍加强网络监控，及时和通信、版权部门沟通网络监控情况；网宣部门积极加强网络文化信息服务管理，落实网上意识形态重大情况的处理和热点敏感问题的舆论引导。各市（地）根据本地区的网络分布情况，制定了工作方案，确定了重点监控网站，在媒体上公布了反盗版举报电话。

专项行动期间，版权管理部门会同公安、通信、工商等部门对省内各市（地）网吧进行了专项治理检查，对经营者及从业人员进行了版权知识宣传教育。对少数网吧擅自卸载计算机经营管理系统监管软件行为进行了纠正和查处，共检查网吧4 224家（次），对73家网吧提出警告、1家责令停业整顿，有力规范了网吧经营行为。同时，对省内互联网企业和网站进行检查，对违反信息网络传播权的部分网站限期整改，并查处1起网络私服游戏案件。

（二）打击侵犯知识产权和制售假冒伪劣商品专项行动

根据《黑龙江省关于进一步做好打击侵犯知识产权和制售假冒伪劣商品工作实施方案的通知》要求，组织开展打击侵犯知识产权和制售假冒伪劣商品专项行动。

一是加强领导，设立了由省局主要领导担任组长、班子成员为副组长、有关处室负责人为成员的打击侵犯知识产权和制售假冒伪劣商品专项行动领导小组，由专项行动领导小组办公室（版权管理处）具体负责组织协调、部署专项行动，督促检查工作进展，督办重大案件。

二是加强市场监管。专项行动开展以来，版权处指导各市（地）新闻出版（版权）部门对所在市（地）重点区域、重点市场每周一检，确保专项行动期间整治工作取得实效。全省各级新闻出版、版权、“扫黄打非”办共计出动行政执法人员13 160人次，检查出版物市场、店档摊点13 508个，检查印刷复制企业8 814家（次），取缔游商摊点95个，监管互联网单位15家（次）。查缴侵权盗版音像制品43 521件、侵权盗版图书44 791册、盗版电子出版物3 906件、盗版教材教辅读物54 749册。

三是由版权处牵头组织查处的有关案件，获得国家版权局的奖励，省版权局被评为2011年度查处侵权盗版案件有功单位一等奖。

**三、积极调解各种版权纠纷**

为维护权利人权益，积极调解各类著作权侵权纠纷。先后调解山东易济律师事务所何清元举报同源文化发展有限公司、哈尔滨出版社系列作品涉嫌侵权案；退休教师胡新化诉哈尔滨工业大学出版社稿酬纠纷案；著作权享有人洪画千诉黑龙江科技出版社、哈尔滨出版社出版使用其父亲作品《神笔马良》侵权案等。微软公司、欧特克公司诉省大庆、七台河、双鸭山、哈尔滨等市多家建筑设计部门和北大荒集团、秋林商业集团等大型企业侵权案。

**四、加大版权法律知识宣传力度**

结合“4·26”知识产权宣传周活动，版权处下发了《关于开展黑龙江省2012年知识产权宣传周活动的通知》，并印制了《中华人民共和国著作权法》、《计算机软件保护条例》、《信息网络传播权保护条例》，向社会免费发放。同时，设立版权咨询电话，解答群众及各出版单位相关问题。通过参加“行风热线”、召开软件正版化新闻发布会、接受省内新闻媒体的采访等方式，开展宣传活动，阐明打击侵权盗版的重要意义，帮助群众提高保护知识产权意识。在黑龙江省“扫黄打非”办公室组织销毁大会期间，向社会散发“拒绝盗版，从我做起”绿书签，提高公民法律意识活动。

（闫　石）

## 上　海　市

2012 年，上海市版权局根据中央及市委、市政府关于部署开展“双打”行动的总体部署及要求，主动施压，积极开阔思路、创新工作模式，进一步加大版权保护力度，圆满完成“双打”行动各项任务，取得了良好的成绩。同时围绕“创造、运用、保护和管理”四大环节，不断创新版权服务方式，提高版权公共服务能力，持续推进上海版权产业健康、有序发展。

**一、充分发挥市软件正版化工作领导机制作用，深入推进使用正版软件工作**

在进一步巩固深化 2011 年工作成果的基础上，2012 年，上海市提前并超额完成了中央及市委、市政府部署的软件正版化各项工作任务，确保上海市软件正版化工作走在全国前列。在 2013 年 3 月，中央督察组对上海市开展“双打”行动工作的专项检查中，检查组对上海市推进使用正版软件工作给予了充分肯定。

（一）政府机关软件正版化工作

1. 建章立制，促进长效管理

（1）为进一步巩固前期本市政府机关软件正版化工作成果，促进使用正版软件长效管理制度建设，提高软件资产使用效益，市使用正版软件工作领导小组推进出台了《上海市人民政府关于电子政务的管理办法》，正式把使用正版软件作为硬件指标纳入各级政府电子政务建设。

（2）市经信委启动了 2012 年政府软件服务体系软件产品和服务的采购工作，完成进口软件产品论证、单一来源采购论证、第三方招标等工作。推进政府软件服务平台建设，继续做好统一采购软件的使用、服务和管理工作。

（3）市发改委坚持在政府信息化建设中，积极推进正版软件的使用，在批复支持的市级信息化建设项目中，有部分资金用于正版软件的采购。

2. 加强督导检查，健全软件资产管理工作机制

2012 年，市使用正版软件工作领导小组相关成员单位组建联合检查组对部分区政府开展软件正版化检查工作，针对发现的问题和整改落实情况，明确要求各区政府机关实现用信息化手段管理软件资源，强化对软件资产的日常管理，为使用正版软件建立长效机制打下基础。

（二）企业软件正版化工作

1. 软件正版化工作取得的成效

2012 年，上海市新闻出版行业上市企业、出版集团（总部）、报刊集团（总部）、印刷集团（总部）和发行集团（总部）共 13 家企业，全面完成了市新闻出版行业企业软件正版化整改工作。13 家企业共计采购软件 847 套，OEM 版电脑 198 台，采购金额达 228.73 万元，另外当年签订的 EA、EAP 和 SPLA 协议金额达 702 万元。市旅游局推进本市五星级饭店圆满完成 2012 年度软件正版化工作目标，本市 53 家五星级以上宾馆全部完成软件正版化整改工作，此次使用正版软件整改工作共投入资金 160 余万元，采购正版软件和授权共 1 062 套，其中操作系统 321 套、办公系统 335 套、杀毒软件 406 套。市国资委在“2011 年底前市国资委管理单位本部实现软件正版化”的目标基本完成的基础上，围绕“2013 年内所有三级以上企业实现软件正版化”的工作目标，组织开展了对委管企业本部、二级、三级使用正版软件情况的专项检查活动，掌握了较为详尽的二级、三级企业使用正版软件的情况，对指导监督下属企业使用正版软件工作更具针对性和有效性，加大了推进企业使用正版软件的力度。

2. 主要举措

（1）相关行业高度重视，有序推进行业企业软件正版化工作。根据新闻出版总署关于推进新闻出版行业企业使用正版软件工作的要求，市版权局高度重视，在具体推进工作当中，明确要求相关企业对已有正版软件数、需新购买的软件数等数据进行清理、调查和统计，全面掌握本单位的软件配置情况，为后续采购工作提供了依据，保证了软件采购的不重复、不遗漏，并把正版软件纳入固定资产进行管理。同时加强监督检查，使正版软件的安装落到实处，确保本市新闻出版行业企业于 2012 年 10 月底全面完成软件正版化整改工作。

按照 2012 年“上海市使用正版软件工作会议”关于推进旅游饭店业软件正版化工作要求，市旅游局领导高度重视，制定落实措施和具体的工作方案，对三星级以上饭店企业使用的软件情况进行全面排摸，对使用未经授权软件的，督促其整改。在整改过程中，通过建立联系人制度来强化管理，把工作

责任落到实处，对于整改不到位的现象，现场实地了解情况予以分析指导，结合日常星级饭店复核、工作检查和交流机会，帮助企业人员加强版权意识，取得了一定效果。

按照“积极鼓励引导，扎实稳步推进软件正版化工作”的方针，市工商业联合会通过对企业的调查，及时掌握会员企业使用正版软件情况，同时也对有关企业的正版软件使用情况进行跟踪，听取企业意见，引导企业主动做好软件正版化工作。对工作主动、推进力度大的单位或法人及时予以表扬，并认真总结推广其经验做法。

（2）加强宣传培训工作，提高正版意识。2012年，上海市召开市使用正版软件工作领导小组新闻发布会，借助各主流媒体，专题介绍上海市推进使用正版软件工作情况，积极宣传上海市软件正版化工作成果，此外通过记者专访以及专题报道等形式，积极宣传推广本市国有企业良友集团、申能集团等开展软件正版化工作先进经验。相关宣传材料先后被127家媒体报道或转发，取得良好反响，在全社会营造了使用正版软件的良好氛围。另外，通过组织推荐本市5家企业申报第三批“全国软件正版化示范企业”，充分发挥本市软件正版化先进企业的模范引领作用。

**二、开展版权主动监管与执法协调指导工作，部署各类专项整治行动，版权保护成效显著**

（一）多方联动，积极组织开展“双打”专项行动

2012年，根据《新闻出版总署、国家版权局、全国“扫黄打非”工作小组办公室关于深入开展打击侵犯知识产权和制售假冒伪劣商品工作及进一步推进使用正版软件工作的通知》要求，市版权局确定五项工作内容，并把实施方案上报总署。根据部署，市“扫黄打非”办公室组织市区两级执法部门共出动出版物市场检查人员8.4万人次，检查出版物市场中店档摊点3.2万个（次）、印刷复制企业1.8万家（次），查缴各类非法出版物410万余件，破获2万件以上盗版音像制品大要案件27起，有力地打击、震慑了违法犯罪分子。同时，市版权局组织本市主要出版物发行企业开展网络购物领域打击侵权盗版整治行动，对出售盗版出版物的网络发行企业进行了重点检查并依法责令其整改。

（二）坚持他律与自律结合，继续推进网络版权专项整治工作

1. 为加强对网络版权的监管力度，促进互联网产业的健康发展

2012年年初，上海市召开网络版权工作会议，对做好2012年度本市版权监管工作提出要求并作出工作部署。首次把网络购物类网站纳入版权监管范围，同时扩大对本市互联网版权监管的广度与深度，主动监管网站数量在2011年22家的基础上增加至27家。

2. 为做好两法衔接、加大对网络侵权盗版行为的刑事打击力度，提高行政查处效率

市版权局在2012年“剑网行动”期间，采取了以下主要工作举措：（1）建立案件信息统一收集制度。公安、行政执法等单位搜集的侵权盗版案件信息统一报版权处进行协调分类，对构成刑事犯罪的及时移送公安部门，对构成行政处罚的及时移送文化执法部门。（2）围绕重点领域，发挥联合执法优势，与公安、行政执法部门建立大要案会商制度，并主动跟踪这些案件在检察院起诉和法院审理的全过程。（3）建立案件查处协助取证机制，全力协助执法部门做好版权认证工作。在“剑网行动”期间，针对“1000影视网侵权”等案件，积极协助公安机关对涉嫌侵权盗版作品进行版权认证，先后联系韩国、日本、美国等著作权权利人机构驻华代表处和本市影视制作企业，累计完成对1 200余部涉案境外影视作品的版权认证，对案件的快速立案及从严查处，起到了一定推动作用。

据统计，2012年“剑网行动”期间，上海市公检法和行政执法部门共立案查处、审结网络侵权案件17起（其中刑事案件14起），涉案金额累计达人民币3亿元。无论从案件数量、抓捕疑犯人数和审判质量上，都较往年有较大提升。

3. 继续推动互联网企业开展版权自律工作

为扩大互联网版权自律公约的辐射效应，市版权局积极鼓励百视通、淘米网、巨人网络、优度网、沪江网、悠游网、火游网、上海安畅、VeryCD网等9家沪上知名互联网企业加入了自律公约，从而公约成员数扩充至17家，使得公约的社会影响力得到进一步扩大。为加强同城沟通，促进版权合作，在市版权局的倡导下，自律公约成员单位PPS网、PPTV网、土豆网、激动网、百视通以及VeryCD网等6家网络视听企业共同签署了互联网版权战略合作框架协议，该协议的主要内容包括推进成员间的版权合作、加强成员间版权信息的沟通与共享以及成员内部发生争议与纠纷时的调解机制等。自版权合作框架协议签署以来，自律公约成员间置换版权内容的市场价格已达数千万元人民币，从而有效降低版权运行成本，使得本市互联网视听产业朝着互利共赢、良性循环的方向发展。

（三）改进管理模式，加强版权行业监管与服务工作

为加强对本市版权市场的巡查，市版权局加大版权监督监管力度，于2012年建立了“版权巡查”制度，并完成以下几方面工作：

第一，联合市文化执法总队，完成对本市10家主要电脑商城预装软件的抽查工作，共检查商铺100余次，当场收缴计算机软件光碟近3 000张，并对16家违法预装软件的商铺和3家商场管理机构依法作出了行政处罚和要求限期整改的决定，进一步加大了对市场非法预装软件行为的整治力度。

第二，依托市网络版权综合治理领导小组工作机制，加强对本市文化类互联网站版权保护情况的日常检查工作。督促土豆网、PPS网、PPTV网和VeryCD网等单位严格按照国家版权局要求报送作品使用信息。巡查工作期间，成功调解公约成员单位PPS网、PPTV网、激动网互联网版权纠纷数起，责令违规互联网站删除侵权作品约2万件，责令关闭违规互联网站15家。

第三，结合正版化工作，重点走访本市新闻出版行业企业和市国资委相关企业，了解这些企业在实施版权保护方面的需求和困难，帮助上海市人美社、新汇集团等单位解决在版权案件审理过程中遇到的问题。

**三、全力以赴，建设版权公共服务体系**

（一）加大作品登记工作力度，作品登记数量稳步提高

在市新闻出版（版权）局党组的支持下，今年实行作品登记“零收费”，解决登记瓶颈问题。市版权局从强化技术支撑、提升服务质量两方面入手，顺利完成“作品版权登记保护应用平台”一期的研发和试运行，积极推进平台二期建设。同时，深入企业调研、宣讲，确保作品登记资源，并在版权服务工作站增设作品登记受理点，广泛开展业务培训，力求作品登记工作和强化版权公共服务能力的有机结合。截至11月，共登记作品53 168件，与2011年全年3 629件的数量相比，上海市作品登记工作有跨越式发展。

（二）拓展版权服务工作站，建立区县联动工作机制

继2009年在徐汇、长宁、虹口、杨浦、浦东建立5家版权服务工作站后，2012年又在静安、普陀、闵行、金山区，以及上海广播电视台（上海东方传媒集团有限公司）增设第二批工作站，建立工作站例会制度，出台《上海版权服务工作站考评办法》，以制度建设促进规范管理，不断提高工作站工作效能和服务质量。

（三）与上海市仲裁委达成合作关系，继续推进版权纠纷调解工作

积极推动上海版权纠纷调解中心与上海市仲裁委知识产权仲裁院签订合作协议，继续完善与上海市各级法院的版权纠纷诉调对接机制，充分实现版权调解、诉讼、仲裁三者的有效衔接，进一步保护著作权人的合法权益。截至10月份，版权纠纷调解中心受理案件194起，结案105起，成功调解72起，占已结案件的68.6%。受理案件中以计算机软件纠纷和网络版权纠纷案件为主，共计189件，占总数的97.4%。

（四）加强版权项目引导，以项目推动产业发展

从着眼全市版权产业布局出发，加强政策引导，参与项目培育，科学论证方案，积极争取上海市文化创意产业专项引导资金和2012年上海市新闻出版专项资金。其中，11家单位共申报市文化创意产业专项引导资金13个项目，最后5个项目入评，获得扶持资金3 000多万元；11家单位共申报2012年上海市新闻出版专项资金14个项目，获得扶持资金400万元。

（五）筹备开展“上海市计算机软件登记资助”工作

认真做好财政预算，反复完善工作流程，在市财政局和经信委的支持下，从2013年起，市计算机软件登记资助工作从市科委顺利移交局，为版权服务、推进版权产业发展增加了一个切实有效的抓手。

（六）完成第四届上海版权保护协会换届筹备工作

大力进行新会员发展工作，在原有50家团体会员单位的基础上新发展了60多家会员单位，全面反映近年来上海市版权新业态、新领域发展现状。完成协会财务审计、协会章程修改、协会工作报告等具体换届准备工作。

（七）参与上海文交所北京总部揭牌成立活动，推动版权交易

主动联系国家版权局、人民文学出版社、人民音乐出版社、中华书局有限公司、三联书店、商务印书馆给予上海文交所北京总部在版权贸易上的大力支持。依托上海文交所，大力挖掘版权资源，推动版权交易。

（八）推动“创意维权”平台建设工作

推动上海版权服务中心与创意功夫网联合打造“创意维权”平台，通过对创意比稿合同进行备案管

理，为双方维权提供证明依据等方法探索对创意进行保护的有效途径。

**四、争先创优，充分展示产业发展的良好氛围和成果**

（一）大力支持企业、园区（基地）参与国际和国家级争先创优工作

积极培育、支持和鼓励多家有条件的单位和园区（基地）参与“2012 年世界知识产权组织版权金奖（中国）”和全国版权示范单位和示范园区（基地）的评选，进一步提升版权工作的整体水平和良好形象。经评比，上海美术电影制片厂的《大闹天宫 3D》获“世界知识产权组织版权金奖（中国）”作品奖。上海版权服务中心/上海版权纠纷调解中心被评为全国版权示范单位。

（二）完成 2012 年上海市版权示范单位、示范园区评比工作

为树立行业典范，进一步激励版权企业争先创优，2012 年启动首届上海市版权示范单位、示范园区的评比工作，在全市范围内顺利评出了 20 家示范单位（园区）。

（三）完成 2011 年度优秀版权服务项目（案例）评选活动

为激励版权服务机构进一步提升工作效能和服务质量，促进版权服务的项目化、特色化，共组织全市 7 家版权服务机构开展版权优秀服务项目（案例）评选活动，共评出 2 项金奖、7 项银奖和 3 项铜奖。

（四）参加第四届中国国际版权博览会

组织本市有代表性的 13 家版权企业参加第四届中国国际版权博览会，以“版权呵护创新，创新驱动发展”为主题，按照“交流、合作、创新、发展”的宗旨，系统、全面展示上海在版权创造、运用、保护、管理，以及推动版权产业发展等方面取得的成果。

（五）完成 2012 年上海书展版权产业馆的参展工作

本次版权产业馆集中展示数字出版、动漫、创意设计等核心版权产业的风采，上海市广泛搭建合作平台，举办了“数字时代的版权跨界运营”研讨会，“网络时代的版权保护”等法律讲座，赢得广泛关注。

**五、深入思考，探索版权产业发展新思路**

（一）开展上海版权产业发展现状调研及版权产业统计工作

完成上海市图书出版、音乐、影视、网络文学、广告设计 5 个核心版权产业的调研工作，联合统计局、海关及外管局开展上海版权产业统计工作，完成《上海版权产业报告（2006—2010）》及《上海版权产业白皮书》。

（二）完成上海图书版权贸易统计，推进版权贸易持续发展

完成 2011 年上海图书版权贸易统计工作。2011 年，上海市出版社开展了涉及 1 556 种图书的涉外版权贸易活动。其中，引进图书 1 260 种，比 2010 年增加 127 种，增幅达 11.2%；输出图书 296 种，比 2010 年增加 33 种，增幅达 12.5%。2011 年上海图书版权引进和输出逆差为 4.26∶1，较上年的 4.31∶1 呈进一步缩小趋势。

（三）参与起草、修改《上海知识产权战略纲要（2011—2020 年）》工作

为深入贯彻《国家知识产权战略纲要》，充分发挥知识产权在建设创新型城市中的支撑引领作用，参与起草、修改《上海知识产权战略纲要（2011—2020 年）》的版权部分。

**六、突出重点，形式多样，版权宣传有声势**

（一）发布 2011 年上海市十大版权典型案件

2012 年上半年，组织评选并向社会发布 2011 年度上海十大版权典型案件，案件涉及图书音像制品、网络游戏与视频、软件预装与使用等多个领域，充分显示了政府对打击侵权盗版行为的决心与信心，有效普及了版权法律基本知识，进一步提高了市民对版权保护的认知度和参与打击侵权盗版行为的积极性。

（二）做好“4·26”版权保护主题系列宣传活动

联合市“扫黄打非”办公室，开展 2012 年全国侵权盗版及非法出版物集中销毁活动上海分会场销毁活动暨“绿书签行动”签名活动，并通过市知识产权联席会议办公室及各区县知识产权管理部门，下发 500 张绿书签与 300 张主题海报。联合市文联召开“版权战略发展与文化大发展大繁荣”主题研讨会，围绕“在创新转型中推进上海版权事业发展”等主题，结合当前上海“创新驱动、转型发展”的大环境，针对目前的一些热点问题进行了充分研讨，取得较好反响。

（三）利用各类媒介，提升全社会版权意识

积极做好对软件正版化与版权保护专项整治工作的新闻报道与舆论宣传工作，已在《中国知识产权报》、《中国新闻出版报》、东方网、新浪网等主要媒体发布上海版权保护新闻近 200 篇，通过新闻发布会、记者专访以及专题报道等形式，大力宣传版权保护先进典型，深入曝光一批重点案件，在社会形成一定的版权保护宣传声势。

（四）强化版权公共服务体系建设，作品登记工作取得明显成效

2012年，市版权局深入贯彻落实科学发展观，按照激励创造、有效运用、依法保护、科学管理的方针，着力加强版权执法，大力推进版权公共服务体系建设，继续联合相关单位共同开展打击侵犯知识产权和制售假冒伪劣商品专项行动、继续推进政府机关及企业使用正版软件工作以及组织开展“剑网行动”等，使侵权盗版现象得到有效遏制，版权保护综合治理工作取得显著成效。2012年，上海市版权局共办理作品著作权自愿登记70 663件（套），同比上升19.5倍，其中，文字作品3 886件，美术作品5 448件，音乐作品139件，图形作品55件，影视作品165件，摄影作品60 345件，音像制品444件，其他作品181件；办理企业和个人的软件版权登记数量为12 814件，同比增长22.9%，占全国登记总量的9.2%；完成各类著作权合同备案320份；完成审核登记涉外图书、音像制品、计算机软件和电子出版物授权合同1 180件（其中，审核出版境外图书版权合同909件，出版境外电子出版物合同34件，复制境外电子出版物合同88件，复制境外音像制品合同136件，境外计算机软件许可使用合同13件）。

（王　骞　吴瑾君）

## 江　苏　省

2012年，江苏省版权局在省委、省政府的领导下，按照国家版权局和省委、省政府对版权工作的总体要求，根据年度工作安排，认真抓好工作落实，圆满完成各项工作任务。

### 一、全力以赴，软件正版化工作有效推进

（一）政府机关软件正版化工作取得实效

2012年，江苏省政府机关软件正版化的工作重心由省级机关转向市、县级机关。通过召开推进会、发督办通知、定期通报、实地督查等方法大力推进市、县级机关软件正版化工作，取得了明显成效。截至2012年12月28日，江苏省政府机关软件正版化整改工作宣告圆满完成，省、市、县三级政府机关共投入资金9 958万元，采购各类正版软件17.4万套（许可数），其中国产软件占80%，国外软件占20%，提前12个月顺利完成国务院部署的机关软件正版化整改任务。

（二）企业软件正版化工作稳步推进

按照国家部际联席会议的文件精神及要求，2012年4月，召开了推进企业使用正版软件工作会议，拟定下发了《江苏省2012年推进企业使用正版软件工作计划》。落实第六批推进正版化企业名单，确定全省年内完成300家企业的目标。同时，根据国家版权局的统一部署，积极推动凤凰出版传媒集团等5家新闻出版企业的软件正版化工作，10月底，上述5家企业全部完成整改任务，共投入资金389万元，采购正版软件2 398套。2012年，全省共举办企业使用正版软件培训班35期，参加培训企业1 267家、2 103人次；完成自查自纠企业540家，列入年度阶段性目标企业316家，完成检查验收226家，约谈侵权企业46家，完成正版化任务企业349家。调解软件侵权纠纷21起，约谈侵权企业46家，帮助软件权利人挽回经济损失600多万元。

### 二、强化责任，版权监管力度不断加大

（一）深入开展打击侵犯知识产权和制售假冒伪劣产品专项行动

江苏省版权局及各市局领导小组切实担负起组织、指导、协调、督查的职责，把专项行动工作列入文明创建和社会治安综合治理的考核范围，并启动纪检监察机制，建立责任追究制度，各级各单位主要领导均为第一责任人。坚持“每周有小查，每月有大查，重点地区反复查，接到举报及时查”，使管理责任“从面到片、从片到点、从点到人”得到层层落实。

（二）坚持日常监管与专项治理相结合

认真履行社会监管职责，始终保持打击侵权盗版的高压态势，严密组织，突出重点，依法查处，成效显著。根据各市局上报的材料，2012年，全省共查办侵权盗版案件162件，移送公安机关68件，检查经营单位30 514个，取缔违法经营单位1 404个，查获地下窝点46个，收缴各类侵权盗版制品202万册（张）。3月，国家版权局公布2011年度全国版权执法十大案件，江苏省的徐州“小说520”案和昆山“9cax网”两个案件位列其中。2012年查获的淮安“3·28”制售盗版光盘案和南京市“4·16”重大教辅图书侵权盗版案等大案要案，受到国家版权局的表扬肯定，并获得40万元的办案经费补贴。

（三）认真做好执法先进表彰申报工作

3月，根据国家版权局办公厅《关于推荐2011年度查处侵权盗版案件有功单位及个人的通知》精神，江苏省版权局及时下发了通知，要求各单位对照推荐范围、推荐标准和推荐要求认真做好推荐工作。在规定的时间内，共收到有功单位材料42份，有功个人材料36份，经过评选小组按照推荐范围、

标准和要求严格把关，评选出 23 个有功单位奖（26 家单位）和 19 个有功个人奖（30 名个人）上报国家版权局。6 月，国家版权局对有功单位及个人进行了表彰，江苏省有 23 家单位获得 21 个奖项，其中一等奖 4 个，二等奖 6 个，三等奖 11 个；27 名个人获 16 个奖项，其中一等奖 4 个，二等奖 4 个，三等奖 8 个；奖金总额为 70.2 万元，占全国奖金总额的 11.54%，居全国第一。

江苏省版权局被国家版权局评为“2011 年全国查处侵权盗版有功单位一等奖”。

**三、服务大局，版权工作体系建设不断完善**

（一）精心组织三大会参展

6 月，江苏省版权局组织了苏州市、昆山市、连云港市和永中软件四个展区、40 多家企业参加了“第四届中国国际版权博览会”。昆山市获得最佳组织奖，苏州市、连云港市获得优秀组织奖，永中软件和连云港东海水晶城获得优秀名企奖。连云港石来运好水晶有限公司水晶设计作品获最佳创意奖。世界知识产权组织总干事弗朗西斯·高锐、助理总干事克拉克，新闻出版总署署长、国家版权局局长柳斌杰，新闻出版总署副署长、国家版权局副局长阎晓宏，国家版权局版权管理司司长于慈珂等领导分别参观了江苏省的四个展区。弗朗西斯·高锐、柳斌杰、阎晓宏、于慈珂等分别为江苏省展区题词。柳斌杰为张家港题词：“文明张家港，创新上高峰”。中央电视台新闻频道和网络频道对昆山市版权局局长金晓春进行了专题采访。多家新闻媒体对参展情况进行了报道。

2012 年 8 月，江苏省版权局组织 14 家出版单位、150 多名代表参加了第 19 届北京国际图书博览会（BIBF）。中共中央政治局常委李长春亲临江苏展区考察指导。中共中央政治局委员、书记处书记、中宣部部长刘云山，新闻出版总署署长、国家版权局局长柳斌杰等陪同考察。李长春听取了江苏省新闻出版（版权）局局长徐毅英、凤凰出版传媒集团董事长陈海燕关于江苏出版和凤凰传媒近年来主题出版、数字出版、建设农村出版物经营网点等工作情况的汇报。李长春对江苏出版和凤凰传媒给予了充分肯定，并提出四点要求。第一，跨地区、跨行业，重组上市。第二，要进一步加大“走出去”力度。第三，要进一步在文化和科技的结合上下功夫。第四，要进一步落实普遍服务原则。刘云山在听取徐毅英关于在有条件的农家书屋建设农家书店的汇报后，给予肯定。本届图博会，江苏共设展台 40 个，面积达 360 平方米，参展图书、期刊、电子产品 4 200 多种，举办版权贸易推广活动和谈判 90 多场。签约合同总量 197 项，其中引进 102 项，输出 95 项，居于全国前列。

9 月，积极做好第八届“南京国际软件博览会”相关工作，重点做好展会期间的著作权法普及宣传、执法监督以及软件作品登记和相关咨询工作。

（二）大力开展版权示范创建工作

积极推动创建全国版权示范城市、示范单位和示范园区（基地）活动。2012 年 2 月，通过书面评审和现场考核验收，江苏省版权局批准张家港市为“江苏省版权示范市”；指导苏州市、昆山市做好“全国版权示范城市”的创建工作；指导南京市徐庄软件基地认真做好获批全国版权示范基地后的版权保护与服务工作。12 月 1 日，江苏省委常委、南京市委书记杨卫泽，江苏省新闻出版（版权）局局长徐毅英为南京市徐庄软件基地“全国版权示范基地”揭牌。12 月 6—7 日，苏州市、昆山市顺利通过了国家版权局的全国版权示范城市检查验收。

（三）积极构建版权综合服务平台

省版权协会顺利完成江苏版权综合服务平台二期的研发工作，项目进入测试阶段。认真做好版权登记和合同备案工作。2012 年全省受理一般作品登记 20 558 件，同比增长 49.6%；软件著作权登记 12 608 件，同比增长 45.17%。

（四）积极开展版权保护与产业发展的调研工作

深入开展江苏东海水晶、苏州刺绣、宜兴紫砂、浩辰软件、海安油画和泰州壁纸等版权相关产业与版权保护关系的调研，掌握版权核心产业内相关企业对版权保护与服务的需求情况，进一步提高版权管理和服务水平，促进版权产业的大力发展。2012 年 4 月，江苏紫金版权交易中心在南京揭牌，该中心是江苏省内首个拥有版权登记、版权增值服务、版权保护和版权质押四大功能的版权交易平台，为挖掘作品的版权内在价值，打造新型版权产业链提供优质服务。苏州市开展了版权产业统计调研试点，对该市版权产业发展特点做重点分析。经过初步统计分析，2011 年，苏州市版权产业的主营业务收入达到 7 414 亿元，版权核心产业增加值占 GDP 比重为 3%左右，其中核心版权产业主营业务收入同比增幅超过 40%，部分版权产业和相互依存版权产业同比增幅分别为 20%和 5%。

**四、巩固提高，认真抓好版权宣传教育培训工作**

（一）积极开展版权宣传工作

注重做好专项行动、软件正版化、版权执法等方面的宣传报道工作。2012年9月，由国家版权局组织的包括新华社、中央电视台国际频道、《中国日报》、中国网、《光明日报》、《中国知识产权报》、《中国新闻出版报》等11家中央新闻媒体组成的采访团赴江苏无锡市和苏州市就软件正版化工作进行了全方位集中采访，这是政府推进软件正版化工作以来开展的层次最高、规模最大、组织最好的一次宣传报道活动。全年在《中国新闻出版报》、《中国知识产权报》、《新华日报》和新华网、中国新闻出版网、中国知识产权网、新闻出版总署网站、国家版权局内部交流网等新闻媒体发表有关版权执法、软件正版化及版权产业发展的文章和信息60余篇，编发《江苏版权》6期。

（二）组织“保护知识产权宣传周”活动

积极开展版权“进机关、进企业、进校园、进社区”活动。2012年“4·26”期间，江苏省版权局精心组织开展“保护知识产权宣传周”活动，举行“打击侵权盗版，保护知识产权”签名暨“绿书签”发放活动。宣传周期间，全省共发放宣传资料35 000余份。

（三）认真抓好版权业务培训

6月，江苏省版权局会同江苏省文联在南通召开第四届文艺版权培训会议，邀请版权行政与司法研究领域的专家到会为来自全省13个市的文艺家讲授著作权法知识，得到了广大文艺家的广泛欢迎，收到了良好的培训效果。11月，在徐州市举办了2012年版权行政执法培训班。邀请了版权和互联网研究领域的5名学者专家，分别就著作权法律基础知识、著作权保护中的难点和热点问题、版权执法与依法行政、版权行政执法实务、与版权执法有关的互联网知识等进行了授课。安排了南京、徐州、常州、昆山等地的一线版权执法人员就办理典型案件中的经验做法、遇到的困难和解决办法与学员进行了交流，收到了明显实效。江苏省各市和部分县区的版权行政管理部门、文化综合执法部门的分管领导和一线执法队员共110余人参加了培训。12月6—7日，江苏省版权局协助国家版权局在苏州成功举办了2012年全国版权执法第四期培训班。

（万进萍）

## 浙　江　省

2012年，浙江省版权工作以科学发展观为指导，深入贯彻《国家知识产权战略纲要》、《国家版权局版权工作“十二五”规划》和《浙江省版权保护和版权产业发展“十二五”规划》，紧紧围绕国家工作大局，大力实施“八八战略”和“创业富民、创新强省”总战略，充分发挥版权作为战略性资源与核心竞争力的支撑作用，版权创造、运用能力显著提升，保护管理水平不断提高，宣传培训力度继续加大，对外交流合作逐步深入，版权各项工作呈现出欣欣向荣的良好局面。

**一、浙江省版权局对全省版权工作指导力度进一步加大**

2012年3月27日，浙江省版权局在杭州召开全省版权重点工作专题座谈会。全省11个设区市及义乌市文化广电新闻出版局分管版权和执法工作的领导及相关负责人共50多人参加了会议。会上，各地围绕如何推进软件正版化工作、开展打击侵权盗版专项治理行动、组织“4·26”世界知识产权宣传周活动以及推动新闻出版“走出去”等重点工作进行了汇报交流。浙江省版权局相关部门负责人通报了全省版权工作情况，布置了2012年版权工作任务。浙江省版权局副局长单烈参加会议，并就进一步做好版权管理、版权执法和版权公共服务工作提出了要求。

**二、版权创造运用能力显著提升**

2012年全省登记软件作品10 005件，一般作品15 090件，位居全国前列。核准登记出版境外图书合同296件，办理涉外音像制品、电子出版物、图书印刷和计算机软件著作权合同登记785件；办理著作权合同备案83件。

根据国家版权局《全国版权示范城市、示范单位和示范园区（基地）管理办法》规定，经浙江省版权局推荐，国家版权局确认杭州市为全国版权示范城市。

在浙江省版权局的指导下，绍兴中国轻纺城在2008年成立了花样版权登记管理保护办公室，并探索建立行政保护、司法保护、仲裁调解、行业自律“四位一体”的版权工作机制，同时还突破区域间版权保护瓶颈，在国内率先发起成立了浙、苏、鲁、粤跨地区版权保护协作联合体，开创中国跨省开展纺织品市场版权保护与合作的先河，推动和促进了纺织品版权产业又好又快发展。经浙江省版权局推荐，2012年4月，绍兴中国轻纺城被国家版权局评定为全国版权示范基地。

**三、版权保护管理水平不断提高**

（一）软件正版化工作稳步推进

1. 全省三级政府机关软件正版化工作全面完成

全面完成省、市、县三级政府机关软件正版化检查整改工作。据统计，全省三级政府机关共采购办公软件 116 568 套（含升级金山办公软件 11 498 套），采购金额为 10 821 万元，其中省级政府机关采购10 503 套，采购金额为 1 151 万元，市、县（市、区）政府机关采购 106 065 套，采购金额为 9 670 万元。

2. 省党委、人大、政协等机关软件正版化检查整改工作全面展开

根据国务院《研究推进省级政府机关软件正版化工作的会议纪要》（国阅［2012］54 号）的要求，浙江省委、省政府决定在做好政府机关软件正版化工作的同时，一并抓好党委、人大、政协和法院、检察院、民主党派等机关的软件正版化检查整改工作。2012 年 8 月 17 日，浙江省委办公厅、省政府办公厅下发了《关于加快推进软件正版化工作的通知》（浙委办［2012］90 号），要求省级 39 家党委、人大、政协等机关在 2012 年年底前完成软件正版化检查整改任务，市、县（市、区）党委、人大、政协等机关（范围比照省级确定）在 2013 年年底前完成软件正版化检查整改任务。

根据《通知》要求，2012 年 9 月 19 日，浙江省使用正版软件工作领导小组办公室在杭州召开省级党委、人大、政协等机关软件正版化工作会议，对本次软件正版化工作的目标任务作出具体部署。会后，各单位积极行动，相互配合，按时完成了软件正版化检查整改工作任务。据统计，省级 39 家单位共采购正版软件 8 306 套，金额为 4 035 320 元，其中微软 Office 2 465 套，金额为 3 203 782 元，金山 WPS office 5 841 套，金额为 831 538 元。

3. 全省企业软件正版化工作稳步推进

一是完成年初制定的企业软件正版化工作任务。根据《浙江省 2011 年至 2012 年度推进企业软件正版化工作实施方案》（浙正软办［2010］5 号）和《关于做好 2011 年至 2012 年度浙江省推进上市公司软件正版化工作的通知》（浙正软办［2011］1 号）的要求，在银行业、证券期货业、保险业、上市公司等四个行业的重点企业推进，全省列入推进名单的企业共计 353 家。经过省、市、县三级相关部门共同努力，到 2012 年年底，共有 324 家企业完成企业软件正版化工作目标任务。企业软件正版化率达到 92％，超过年初制定的企业软件正版化率达到 90％的目标。

二是完成新闻出版行业企业软件正版化工作任务。根据新闻出版总署办公厅《关于推进新闻出版行业企业使用正版软件工作的通知》（新出厅字［2011］459 号）要求，2012 年 1 月 30 日召开专题会议，浙江省 7 家被列入推进名单的新闻出版企业相关负责人参加了会议，会上对本次软件正版化工作范围、目标、时间节点等提出了明确要求。9 月，根据国家版权局的要求，对 7 家企业进行了督促检查。经过各方努力，浙江省已按《通知》要求，如期完成 7 家新闻出版行业企业使用正版软件工作任务。

（二）组织开展打击侵犯知识产权和制售假冒伪劣商品及“剑网行动”

根据新闻出版总署、国家版权局、全国“扫黄打非”工作小组办公室联合下发的《关于深入开展打击侵犯知识产权和制售假冒伪劣商品工作及进一步推进使用正版软件工作的通知》要求，浙江省版权局向全省各市下发了《关于深入开展打击侵犯知识产权和制售假冒伪劣商品工作及进一步推进使用正版软件工作的通知》，并成立了以局长陈昆忠为组长，副局长单烈、黄柏青为副组长的打击侵犯知识产权和制售假冒伪劣商品工作领导小组及其办公室，对全省“双打”工作作出具体部署。此外，浙江省版权局于 7 月 23 日，联合省公安厅、省通信管理局、省互联网信息办公室下发了《关于印发〈2012 年浙江省打击网络侵权盗版专项治理“剑网行动”实施方案〉的通知》（浙权发［2012］2 号），就专项行动的工作目标、主要任务、职责分工、工作要求、实施步骤作了具体部署。各地也根据《通知》要求，相应成立专项行动领导小组，并制定了专项行动的实施方案。

“剑网行动”期间，浙江省版权局会同省公安厅、省通信管理局、省互联网信息办公室研究确定淘宝网、皮皮网等 10 家网站作为省级主动监管网站，与国家版权局一起做好淘宝网与京版十五社反盗版联盟的协调工作，促成双方签署反盗版联盟图书版权保护合作备忘录。各市也根据实际情况，确定众游网等 75 家网站为市级主动监管网站，并对其中 30 家网站进行了现场检查。

据不完全统计，“剑网行动”期间，全省各级版权行政管理部门共受理网络侵权案件 36 件，到 2012 年 10 月底，已结案 29 件，其中，行政处罚 13 件，没收违法所得 9 279 元，没收服务器 1 台，罚款 90 200 元；关闭违法网站 8 家；移送司法机关案件 3 起。

（三）组织上报 2011 年度查处侵权盗版有功单位、有功个人推荐名单

浙江省萧山区人民法院等 12 家单位被评为有功单位，曹剑等 17 人被评为有功个人。

**四、版权宣传教育培训力度继续加大**

(1) 2012年4月26日，浙江省版权局和绍兴市、县人民政府在绍兴中国轻纺城共同举办了以“拒绝盗版，支持原创”为主题的“4·26”世界知识产权宣传周活动启动仪式。来自省、市、县版权、文化广电新闻出版、工商、新闻单位、行业协会、经营户代表共80人参加了现场活动。

(2)“4·26”知识产权宣传周期间，浙江省版权局还召开著作权保护暨《浙江省著作权管理办法》实施三周年专题研讨会，参与长三角地区知识产权新闻发布会。有关市县结合当地实际举办了新闻发布会、专题座谈会、现场咨询等多种形式系列宣传活动。

(3) 2012年8月15日，浙江省政府新闻办公室召开新闻发布会，发布浙江省政府机关软件正版化工作成果，《浙江日报》、浙江卫视、浙江在线、浙江人民广播电台、《中国新闻出版报》先后作了专题报道。

(4) 为顺利有序地推进软件正版化工作，浙江省使用正版软件工作领导小组办公室2012年共编发《工作简报》8期，对全省推进正版化工作及时进行通报督导，有力地促进了各阶段工作的落实。

(5) 浙江省版权局2012年共培训在校大学生、报社采编人员、版权行政执法人员近1 000人次。

**五、版权对外交流与合作逐步深入**

(一) 做好浙江省文化出口重点企业和文化出口重点项目的申报、评定工作

为进一步做好新闻出版产品与服务出口工作，扩大浙江对外文化贸易，支持新闻出版企业开拓国际市场，根据国家商务部等六部委《文化产品和服务出口指导目录》规定的范围，浙江省版权局与省商务厅、省文化厅、省广电局联合研究审定2011—2012年度14家新闻出版类浙江省文化出口重点企业、62个新闻出版类浙江省文化出口重点项目；4月底，又推荐12家新闻出版类浙江省文化出口重点企业、31个新闻出版类浙江省文化出口重点项目申报国家级文化出口重点企业和国家级文化出口重点项目。

(二) 组织浙江省相关企业参加中国国际版权博览会

2012年6月22—24日，浙江省版权局组织杭州市有关动漫公司和绍兴市的花样设计单位在第四届中国国际版权博览会上进行了集中展示和宣传。

(三) 组织参加2012年香港书展

2012年7月18—24日，浙江省版权局与省外宣办共同组织“2012年香港书展浙江版权贸易图书展及版权保护合作交流研讨会”，代表团积极参加香港书展，与香港出版界交流出版经验，开展版权贸易业务洽谈，同香港特区政府知识产权署研讨版权保护和宣传经验，与香港浙江同乡会签署“阅读浙江”浙版书刊专柜合作备忘录。

(四) 组织参加第19届北京国际图书博览会

2012年8月29日上午，中共中央政治局常委李长春在刘云山、柳斌杰等领导的陪同下，参观了第19届北京国际图书博览会，视察了浙江展台，李长春对浙江出版改革发展和“走出去”工作给予充分肯定，要求浙江进一步巩固非洲和东欧的合作阵地，保持改革发展的领先地位。这是李长春同志自2009年以来连续四次在北京国际图书博览会上视察浙江展台。

(严庆荣)

## 安 徽 省

2012年，按照国家版权局和省委、省政府的工作部署，安徽省版权局紧密围绕打击侵犯知识产权和制售假冒伪劣商品活动、政府机关及企业软件正版化、“剑网行动”、版权公共服务、版权宣传培训等重点工作，攻坚克难，主动作为，整体工作迈上了新的台阶。2012年4月，安徽省版权局荣获全国知识产权保护重大案件评选优秀组织单位；2012年7月，荣获全国查处侵权盗版案件有功单位一等奖。

**一、强化规范，出版物市场及网络监管有新成效**

2012年，安徽省版权局注重工作关口前移，加大源头治理，加强市场监管。各地排出时间表，确定巡查人员，加强对出版物市场的监督暗访，组织开展对图书、音像制品市场的监督检查，切实加强对出版物运输传递活动的监管，封堵图书、音像制品和软件等各类侵权盗版制品流入本省，严防非法印刷和销售。

2012年7、8月份，省版权局会同合肥、滁州、六安、淮南、淮北等市版权局对当地电脑软、硬件销售商城进行了专项执法检查，重点检查组装计算机经销商预装软件行为，检查商场销售正版软件责任书的落实情况。合肥、芜湖等地先后在大型电脑商城和软件销售集中区开展签订销售和预装正版软件责任书活动，进一步强化销售企业责任，整治和改善市场环境。

安徽省版权局指导和敦促各市采取措施加大对

在本地区有影响的互联网企业和网站的主动监管，对网络影视传播、文学网站、网络新闻转载等涉及作品授权使用问题进行主动检查，帮助互联网企业和网站树立“先授权、后传播”的法律意识，从源头上防范侵权盗版行为的发生。2012 年，安徽省共确定主动监管网站 57 个，其中重点监管网站 16 个。各地按要求对监管网站进行实时跟踪监管；安排专人定时进行网上巡查；并深入到上述网站进行现场检查，逐一登记在册，同时进行网络版权知识的宣传；主动约谈一些经营中存在涉及侵权内容的网站，增强经营者的法律意识，规范网络内容管理。2012 年，安徽省版权局会同安徽省通信管理局共关停违规网站 33 家。

**二、集中力量，查处侵权大要案有新突破**

安徽省版权局把打击侵权假冒工作与打击网络侵权盗版“剑网行动”相结合，加强与省“扫黄办”、公安、通信管理等部门的工作融合，积极协调推进联合执法工作，从细微线索入手，缜密分析各种信息，细致查证和调阅相关网站记录、资金流向等信息，确定办案突破口。加大对大要案的查处力度，加强刑事移送效率，在全省建立健全快速联动、合力办案、有机衔接的版权执法机制，确保侵权大案要案顺利查破。

2012 年，安徽省版权局查处阜阳“4·26”销售侵权音像制品案、淮北“7·20”锋网源码网站销售盗版软件案、蚌埠“10·12”网络销售侵权软件案、音扑网侵犯著作权案、DJ 疯吧音乐网侵权案、淮南杨志生侵犯著作权案、宿州“7·25”销售侵权复制品案、滁州天长网络游戏侵权案等重点案件共计 14 起，其中被确定为全国重点案件的有 3 起，公安部、国家版权局等五部门联合挂牌督办案件 2 起。截至 2012 年年底，已宣判 3 起，提起公诉 3 起，移交公安部门 3 起，行政处罚 5 起。行政结案率 90% 以上。

**三、多措并举，软件正版化工作有新跨越**

安徽省版权局认真落实国家关于推进软件正版化工作的战略部署，积极发挥职能部门的主导作用和牵头单位的组织协调作用，采取多种措施，创新工作方式，不断推进软件正版化工作。

（一）市级政府软件正版化任务提前完成

2012 年伊始，省版权局把工作重点转移到市级政府机关软件正版化上，把握时间节点，多种举措并行，分步统筹推进，强化督促检查。各市局及时跟进，积极争取支持，切实落实资金，组织招标采购。9 月底前，全省 16 个市级政府机关全面完成目标任务，共采购各类正版软件 9 万余套，采购资金达 6 700 多万元，比国务院要求的时限提前了 15 个月，达到省领导要求的“此项工作要进入全国先进行列”的目标。

（二）县级政府软件正版化工作有新进展

截至 2012 年年底，有 41 个县（区）提前 1 年完成整改工作，共采购各类正版软件 2 万多套，采购资金达 1 900 多万元。其他 64 个县（区）都完成了自查清理工作。

（三）企业软件正版化工作成效明显

通过动员部署、培训指导、上门督查、约谈整改等方式，包括国家版权局确定的省 9 家大型新闻出版企业在内的共计 200 多家大中型企业完成了软件正版化整改工作，成效明显。

**四、协调各方，版权执法督导有新举措**

针对安徽省各地文化市场综合执法机构成立时间不长，监管执法能力不平衡，在处理复杂案件上还有实际困难等情况，安徽省版权局采取多种措施加大对版权执法工作的督查指导力度，旨在帮助理顺工作关系，建立起高效协调的版权管理执法工作体系，保障执法工作深入开展。

一是执法督查。7 月上旬，安徽省版权局、省新闻出版局、省“扫黄打非”办组成四个督查组，对全省 16 个地市打击侵权盗版工作开展专项督查，深入当地零售书店、音像店、电脑商城、印刷厂等现场查看，随机抽检软件安装、网站作品使用、书店进货来源及清单，并查阅案件卷宗、市场巡查记录、版权执法文件、领导批示等资料，了解版权执法队伍建设情况。

二是挂牌督办。遴选有重大影响、性质复杂、难度较大的案件，单独或联合相关部门下发省级挂牌督办函，排除地方人情干扰，解决案件矛盾纠结点，督促限期完成对案件的侦破工作，推动案件进展。

三是专案督查。相继联合省“扫黄打非”办、省公安厅等部门对天地人音乐网案、DJ 疯吧音乐网案、阜阳“4·26”销售侵权音像制品案、天长侵权网络游戏案等进行了专案督查，通过积极主动的督导助推，有效推动版权行政执法案件向刑事司法判决的顺利移转。

**五、着力推动，版权公共服务有新亮点**

（一）版权登记量大幅提升

2012 年，安徽省版权局为挖掘作品的版权内在价值，打造新型版权产业链提供优质服务，进一步加强和规范了作品版权登记工作，指导安徽省版权交易中心全面接管全省版权登记工作，启用国家统一的登记证书和格式编码，开通网络登记新渠道，采取现场受理、网上办理、展会宣传、媒体报道、上门服务等多种方式，努力拓展版权登记覆盖面。安徽省版权局还协调支持安徽省版权交易中心参加第六届中国（合肥）国际文化博览会，利用博览会期间安徽现当代书画名家大师精品书法、绘画作品展销的契机，为各类著作权人现场提供免费的版权登记服务，扩大了社会影响和宣传效应。2012年，全省作品登记量达700余件，较2011年增长120%，实现登记数量的突破性进展。

（二）版权贸易稳中有升

在第19届北京国际图书博览会上，安徽展团共输出版权257项，其中非华语地区199项，占总输出量的77%，输出总量较2011年增长10%，非华语地区输出量增长19%；版权引进合同及意向170项，增长12%。把“走出去”变成安徽出版业跨越式发展的突出拉动力和重要发展战略，全力助推皖版图书“走出去”连续五年走在全国前列。

（三）版权产业调研有序进行

根据国家版权局《版权工作“十二五”规划》要求，安徽省版权局联合安徽版权教育基地，对全省版权相关产业与版权保护情况展开调研，摸清全省版权相关产业发展现状以及基础性数据，掌握版权核心产业内相关企业对版权保护与服务的需求情况，为保障和促进省版权产业持续健康快速发展提供理论支撑和现实依据。

**六、营造氛围，版权宣传工作有新进展**

安徽省版权局通过各种渠道、利用各类媒体全方位报道版权工作措施、进展和成效。协同安徽省“双打”办公室举办2012年安徽省知识产权保护成果发布会；参加安徽省暨合肥市侵权盗版及非法出版物集中销毁活动；参加“安徽省打击侵犯知识产权和制售伪劣商品工作成果展示活动”；利用《政风行风热线》节目，介绍打击侵权盗版工作成果，向社会公布了举报电话和举报奖励办法；安徽省版权局在案件查处过程中，邀请媒体跟踪采访，对一些有影响力的案件主动曝光，在震慑网络侵权盗版违法行为的同时，辅以相关法律法规知识宣传；加强与新闻媒体的联系，中央人民广播电台、《经济日报》、《中国新闻出版报》、《安徽日报》、《安徽商报》、《合肥晚报》和新华网、新浪网、新闻出版总署网站、安徽省打击侵权假冒网、中安在线等媒体先后就安徽省软件正版化、大要案查处、版权社会监管、版权登记、版权交易中心和版权教育基地建设等工作进行专题或专版报道80余篇。

（吴安宁）

## 福　建　省

2012年，福建省版权局在省委、省政府的领导下，认真贯彻《国家知识产权战略纲要》，以打击侵犯知识产权和制售假冒伪劣商品专项行动及打击网络侵权盗版专项治理“剑网行动”（以下简称“双打”行动和“剑网行动”）为抓手，以软件正版化为工作重点，加强版权行政管理，积极促进版权产业发展及加大版权公共服务体系建设。

**一、以软件正版化为重点，加强版权管理工作**

（一）按时完成省直机关软件正版化检查整改工作

根据国务院的要求，省级政府机关（含党委、人大、政协、法院、检察院、人民团体、民主党派）必须在2012年6月底前完成软件正版化工作。为加快工作进度，省版权局连续出台一系列措施，切实抓好工作落实。以省政府办公厅名义发文推进工作，3月印发《关于进一步做好软件正版化整改工作的通知》，5月发出《关于进一步加强省直机关软件正版化工作的通知》。5月17日，省政府办公厅组织召开省直机关软件正版化工作专题会议，各省直单位相关部门负责同志80多人参加会议，再次部署工作任务，提出具体要求。6月13—20日，省版权局联合省效能办、数字办、财政厅和省政府机关事务管理局共同制定督查方案，并组成联合督查组，对76家省直单位软件正版化工作完成情况进行抽查验收。省直机关共采购正版通用软件9 867套，采购金额为846.089 6万元，正版软件使用总数达28 259套，全部实现软件正版化。

（二）积极推进地市级政府软件正版化工作

福州、泉州、宁德市已完成市级政府机关软件的采购工作，其余设区市基本完成市级政府机关软件正版化自查工作。厦门市已落实软件统一采购资金安排，进入实际采购阶段。2012年年初，各设区市上报了本地区政府办及版权局软件正版化工作的信息报送员名单，及时上报整改完成情况月报表。从各地上报的月报表看，软件采购资金的安排和落实难度较大，采购工作进展缓慢。11月16日，福建省政府办公厅转发了局与省财政厅、审计厅和省政府机关事务管理局制定的《关于加快推进市县机关软件正版化工作的实施意见》（闽政办［2012］195号），对市、县机关软件正版化工作作出部署，旨在采取有力措施，切实抓好经费保障和软件采购工作，加强软件资产管理和审计工作，切实推动市县级机关软件正版化工作。

（三）认真开展新闻出版行业企业软件正版化工作

按照推进使用正版软件工作部际联席会议办公室的部署，2012年，福建省共有30家企业列入正版化工作目标，全部完成检查验收工作。省版权局根据国家版权局的要求，对省级5家企业（集团公司）开展软件自查、资金落实、采购整改和资产管理等各项工作，10月，这5家企业全部完成软件正版化检查整改。福州、泉州、南平等地举办多场培训班和座谈会，对相关企业开展软件宣传培训和指导，培训企业人员达100余人。据统计，参加软件正版化工作的企业共采购操作系统软件2 442套、办公软件3 320套、杀毒软件221套，有效地实现了软件正版化。

**二、以“双打”、“剑网行动”为抓手，加大版权执法力度**

（一）“双打”工作

2012年，福建省制定下发《关于进一步做好打击侵犯知识产权和制售假冒伪劣商品工作的通知》、《关于转发新闻出版总署、国家版权局、全国“扫黄打非”工作小组办公室关于深入开展打击侵犯知识产权和制售假冒伪劣商品工作及进一步推进使用正版软件工作的通知》和《福建省版权局关于做好版权执法相关信息报送及案件信息公开工作的通知》，及时部署、认真指导全省开展“双打”工作，加强各地版权执法信息上报及公开。全省针对出版物市场共出动检查人员5.5万余人次，收缴非法出版物及侵权盗版制品60余万件，取缔游商地摊和非法经营摊点5 300多个，查获各类侵权盗版案件29起。其中，版权处协调、指导福州市版权局查办香港公司投诉福州某公司复制销售侵权“古吉娃娃”、台湾乔登美语投诉福州艾伦英语学校使用盗版英语教材等案件，案件均成功调解；福州市以创建文明城市为抓手，有效发挥文化市场综合执法队伍的作用，积极构建监管网络体系；厦门市采取轮休、分时段检查、网上督查、联合督查等方式，有效防止非法出版物及侵权盗版制品的制作和销售；龙岩市加强部门协作、齐抓共管，结合辖区的实际，集中执法力量抓好城区和城郊结合部的图书出版市场的监管；宁德市采取各县（市、区）综合执法队伍“分片包干”的做法，加强对繁华街区、校园周边和印刷企业的检查，责任到人、工作到位。年内，福建省推荐上报的7个单位和13名个人被国家版权局授予2011年度查处侵权盗版案件有功单位及个人的一、二、三等奖。

（二）“剑网行动”

根据国家版权局、公安部、工业和信息化部、国家互联网信息办公室的通知要求和统一部署，福建省成立了“剑网行动”工作领导小组。领导小组由省版权局、公安厅、通信管理局、互联网信息办公室相关部门负责同志组成，四个部门共同研究制定下发了“剑网行动”实施方案。“剑网行动”期间，省版权局加大对全省网站的检查力度，对IP地址属于省，同时提供音乐、影视、文学和计算机软件等在线试听和下载服务的网站进行搜索和排查，对涉嫌侵权的网站，经查实后予以行政处罚。针对国际唱片业协会投诉的12家侵权传播其音乐作品的网站、福建天晴数码有限公司投诉多家非法运营的私服网站等，省市版权管理部门主动出击，及时对被投诉网站进行调查取证，有力地打击了侵权盗版行为。福州、厦门、泉州、南平、漳州等地版权局对200多家网站和论坛进行重点监测，对论坛上客户上传的侵权音乐、视频链接和内容，及时通知网站予以删除，有效地保护了权利人的合法权益。专项行动中，全省共出动执法人员150多人次，对全省112家网站、网络服务提供企业进行主动监管，关闭涉及侵权盗版网站5家，删除侵权盗版内容、侵权链接53条，查处网络私服游戏网站2家，没收服务器3台，罚款2.8万元。

**三、积极促进版权产业发展**

（一）认真筹备第三届中国·福州海峡版权（创意）产业精品博览交易会

省版权局领导高度重视第三届中国·福州海峡版权（创意）产业精品博览交易会的举办工作，多次赴京向国家版权局领导汇报博览会工作方案。5月和12月，副省长陈桦两次召集省版权局及福州市领导专题研究版博会事宜，对办好版博会提出具体工作要求。按照国家版权局和福建省委、省政府领导的指示，省版权局与福州市政府反复沟通协调，就版博会的举办时间、定位、特色、运作机制等问题进行了沟通协调，并制定了总体工作方案，加紧加快落实各项工作，为办好版博会做好各项准备工作。

（二）做好第四届中国国际版权博览会参展工作

积极组织厦门市版权局、省工艺美术研究院代表福建省参加第四届中国国际版权博览会。其中，厦门市展区主要展示近两年创建全国版权示范城市的工作成果；福建展区由省版权局主办、省工艺美术研究院承办，并组织省重点工艺美术企业和工艺美术大师赴京展开版权精品推介，集中展示了福建寿山石、莆田木雕、福州软木画、德化陶瓷、脱胎漆器等五大类100件经作品登记的工艺美术精品力作，投入参展经费53万元，成为整个展会的亮点，受到观展的国内外嘉宾的赞赏和高度肯定。期间，福建省共获5个奖项，占全部40个奖项的1/8。

（三）基本完成世界知识产权组织（WIPO）版权保护优秀案例德化示范点调研项目工作任务

经过多次征求国家版权局、省版权局、德化县政府以及国内知名知识产权专家、省发展研究中心研究人员、德化县当地重点版权企业代表的修改意见，调研项目课题组与省发展研究中心共同对“版权保护促进中国德化陶瓷产业发展的研究”调研报告进行了反复调整和修改，于4月形成第三稿。11月底，德化示范点调研项目第三次专家讨论会在福州召开，WIPO创意产业发展司司长迪米特·根切夫，省版权局党组书记李闽榕，省版权协会理事长白京兆，泉州市文广新局、德化县政府领导及有关专家、学者参加了讨论。根据WIPO和各位专家的意见，会上明确了调研报告的具体修改内容和时限，这也标志着德化示范点调研项目报告进入了收尾阶段。

**四、进一步加大版权公共服务体系建设**

（一）筹备成立福建省版权协会

9月11日，召开了福建省版权协会筹备工作座谈会，商议协会成立相关事宜，为协会正式成立奠定了坚实基础。经过长时间的筹备，协会成立大会暨第一次会员代表大会于10月15日在福州召开。协会拥有会员213名，其中个人会员涵盖政府有关部门、法院、高校、研究机构、律师等机构的工作人员，单位会员涵盖新闻出版、广播影视、计算机软件、游戏动漫、工艺美术、知识产权中介服务等行业的版权相关企业。协会成立后，积极开展版权法律法规的宣传，提高社会公众法律意识，倡导尊重创造、尊重版权的氛围。同时，协会将为会员提供著作权法律咨询、作品登记的办理、维权打假等法律服务，发挥企业与政府沟通的桥梁作用，积极推动福建省版权产业发展和社会公众版权意识的提高。

（二）积极开展版权作品自愿登记工作

严格按照国家版权局《关于进一步规范作品登记程序等有关工作的通知》要求，省版权局从规范和完善作品版权登记、备案等各项工作流程入手，积极宣传和指导各类著作权人进行作品登记，并支持厦门市版权协会开展作品登记业务，为版权产业提供更加便捷高效的服务。全年共受理作品登记15 000多件，数量比去年同期上升14.5%。此外，福建省引进图书版权贸易130本，比上年增长了16.1%，印数达58.95万册，码洋达1 459.96万元，同比分别增长33.8%和77.7%；电子出版物境外委托复制备案19件，数量比去年同期增长26.6%。

**五、版权宣传和培训**

组织对《版权知识系列动画片》进行审核验收，指导制作方对宣传片进行修改完善，并制定播出计划。制定下发方案，部署开展全省版权系统“4·26”知识产权宣传周活动，参加知识产权宣传周活动新闻发布会相关工作，向新闻媒体广泛宣传福建省版权工作情况。积极参与全省侵权盗版及非法出版物集中销毁活动，全省共销毁侵权盗版及非法出版物95万件。认真完成《福建省志·知识产权志》版权部分的撰写工作。根据国家版权局通知要求，组织省版权重点企业代表参加国家版权局举办的企业软件正版化培训。

（邱建宏）

## 江 西 省

2012年，全省各级版权部门深入贯彻落实《国家知识产权战略纲要》和《江西省版权工作“十二五”规划》，在加强版权宣传，加大版权执法力度，营造良好版权保护环境，树立版权保护示范典型，强化版权公共服务与管理，推动江西版权“走出去”等方面开展了扎实的工作。

**一、拓宽宣传渠道，版权知识覆盖面进一步扩大**

（一）普及宣传抓住重要时间节点

为进一步提高全省版权保护社会认知度，全省各级版权部门认真谋划，精心组织，充分利用各种媒介，创新宣传形式，丰富宣传手段，开展了一系列版权保护主题宣传活动。在“4·26”世界知识产权日宣传周期间，省版权局与省电视台、省广播电台和迪卡传媒公司联合录制了版权保护三集系列公益宣传动画片，分别在省电视台、广播电台连续播放一周，全省各级版权部门积极响应，在当地电视台进行播放，在全社会形成了强大的版权保护宣传声势。吉安市版权局不断探索宣传新模式，在《井冈山报》上以整版的篇幅用通俗易懂的语言向读者诠释“版权与生活”的话题，在宣传过程中顺应时代要求，满足群众需要；上饶市版权局联合公安、文化、工商等相关部门在全市范围开展了以“拒绝盗版，助力创新”为主题的侵权盗版及非法出版物集中销毁和“绿书签行动”系列宣传活动，发放《著作权法》及有关法律、法规知识宣传册 1 523 份，张贴“绿书签行动”宣传海报和“扫黄打非”宣传画 167 张，并在上饶市师范学校组织学生开展了“拒绝盗版、做诚信公民”签名活动；景德镇市版权局联合浮梁县文化广播影视新闻出版局，在浮梁一中校园内组织师生开展了“加入绿书签”版权宣传进校园活动，发放了由新闻出版总署统一设计制作的“绿书签”900 余份，该校近百位师生在“拒绝盗版，助力创新”的宣传横幅上郑重签名，真正做到“拒绝盗版，从我做起”；抚州市版权局联合司法局、知识产权局、工商局等相关部门，共同举办了《著作权法》的宣传咨询活动，受到社会各界的一致好评。

（二）抓住重要事件集中宣传

重点组织开展了景德镇陶瓷产业全国版权示范基地、二十一世纪出版社荣获世界知识产权组织版权金奖的宣传报道，积极组织《江西日报》、江西卫视、江西人民广播电台等各大媒体前往景德镇和二十一世纪出版社进行了深度报道。形成了“电视有画面、广播有声音、报纸有文字、网站有链接”的生动立体的宣传态势，极大地弘扬了版权保护的典型示范效应。

**二、加强维权监管，版权侵权违法行为进一步得到遏制**

（一）巩固成果，各类侵权案件得到有效遏制

全省各级版权部门在打击侵权盗版、查处大案要案，建立完善打击侵权盗版长效工作机制，巩固“双打”专项行动工作成果，实现专项行动工作常态化等方面取得明显效果。省版权局联合省公安厅、通信管理局联合制定印发《江西省 2012 年打击网络侵权盗版专项治理“剑网行动”工作方案》，部署实施打击网络侵权盗版专项治理“剑网行动”。加大对计算机软件领域大案要案的查处力度，对全省大型软件市场、主要网站进行动态监管，建立了联合执法、联合办案和行政执法与刑事司法协调机制。全省各级版权执法部门按照统一部署，结合当地实际，查处了一系列侵权案件。如铜鼓、遂川、九江等地对农村文化市场、火车站展开检查；新余市政府领导亲自带队，检查指导文化市场管理及社会维稳工作；抚州市文化综合执法支队在全市范围内开展学校及周边文化市场集中整治行动，这些专项行动有效地遏制了各类侵权违法行为的发生，净化了文化市场环境。据统计，2012 年全省版权行政处罚案件 16 件，移送司法机关 2 件，收缴盗版音像制品 37 万余件。江西省版权局、省“扫黄打非”办，上饶市版权局、公安局成立联合专案组，严肃查处了上饶“6·24”侵犯著作权案。经过公、检、法等部门的侦查、起诉、审理，上饶市信州区人民法院于 2012 年 6 月 21 日宣判，犯罪分子被依法判处有期徒刑并处罚金。

（二）积极协调，软件正版化工作稳步推进

江西省积极推进政府机关软件正版化，全面开展省、市、县级政府机关软件正版化检查整改工作。省政府高度重视软件正版化工作，建立了由省政府统一领导，省使用正版软件工作领导小组办公室具体牵头，省政府办公厅、省版权局、省财政厅、省工信委和省打击侵犯知识产权和制售假冒伪劣商品工作领导小组办公室分工协作的工作机制。省政府各部门实行主要领导负责制，按照动员部署、自查清理、核查统计、集中采购、培训安装五个阶段扎实推进软件正版化检查整改工作，于 2012 年 5 月底前全部完成省级政府机关软件正版化检查整改任务，共采购通用软件 6 220 套。在抓好省级政府机关软件正版化检查整改工作的同时，加强对市县两级机关软件正版化工作的督查指导，全省各地采取有力措施积极推进软件正版化工作。南昌、九江、景德镇、宜春等市下发了工作文件，抚州、吉安等市召开了工作会议，上饶、鹰潭、萍乡等市既下发了工作文件，又召开会议积极推进相关工作。新余市及渝水区、分宜县率先完成了市县两级政府机关软件正版化检查整改任务。

按照新闻出版总署《关于推进新闻出版行业企业使用正版软件工作的通知》（新出厅字［2011］459 号）要求，江西省制定了《2012 年推进企业使用正版软件工作计划》，将江西省出版集团公司、江西日报集团、江西新华发行集团有限公司、江西新华印刷集团有限公司、中文天地出版传媒股份有限公司等 5 家省内新闻出版重点企业列为 2012 年全省企业软件正版化工作重点。为有效推进新闻出版企业软件正版化工作，江西省组织召开了企业软件正版化专题工作会，要求 5 家企业认真落实软件正版化工作要求，并对工作任务、工作步骤作出具体部署。两次派出督查组赴 5 家企业进行实地督查。5 家重点企业采取有力措施，认真开展自查清理、落实经费、采购招标、使用培训、更换安装等工作，提前完成软件正版化整改任务。同时，5 家重点企

业分别建立了规章制度，在企业内部普及软件正版化知识，增强企业职工的软件正版化意识。

**三、以创新为动力，版权产业发展水平进一步提升**

（一）版权示范基地建设有了新进展

为表彰和鼓励版权示范典型，推动版权保护为经济建设服务，江西省积极创建景德镇全国版权示范基地。这项工作于2009年启动，历时三年，经过省市两级版权部门的共同努力，于2012年4月顺利通过国家版权局的审核，成为14个全国版权示范基地之一。另一方面，省级版权保护示范单位申报评选工作也有条不紊地开展起来，各级版权部门主动作为，积极服务。经企业申报、当地版权行政部门审核、实地考察、专家评审等程序，江西金太阳教育研究有限公司、江西笛卡传媒有限公司、萍乡市凯天网络有限责任公司、景德镇陶瓷股份有限公司、景德镇雕塑瓷厂、星子县渊明金星砚工艺厂和星子县金星宝砚斋等7家企业，成为江西省首批版权保护示范单位。通过对示范典型的表彰、鼓励和宣传，进一步提高了社会公众及法人的版权保护意识，形成良好的示范辐射效应，推动版权保护更好地为经济建设服务。

（二）版权公共服务水平有了新提高

为加强版权公共服务体系建设，强化版权服务功能，扩大作品登记覆盖面，推动作品登记工作，省版权局举办了全省作品登记培训班。对各设区市版权局有关工作人员进行作品登记工作实务培训，进一步认识作品登记工作的意义和作用。各地版权部门积极推动作品登记工作，如吉安市版权局积极开展作品登记工作，按照政务公开、便民服务的要求，把作品登记工作纳入行政服务中心窗口办理，编制作品登记工作流程示意图，规范办理程序，提高了办事效率。2012年全省作品登记数量为347件，比上年增长16%。

（三）版权推广运用上了新台阶

继2011年江西省荣获“2011年中国版权产业新锐人物奖”、“2011年中国版权产业新锐企业奖”、“2011年中国版权年会优秀组织奖”三大奖项之后，2012年，江西省二十一世纪出版社又荣获由世界知识产权组织（WIPO）颁发的“2012版权金奖（中国）——推广运用奖”，该奖项是WIPO在中国颁发的版权最高奖项，是WIPO立足文化创意产业与产业链发展的角度，以维护原创作品权益、传承原创精神为出发点，旨在表彰在版权领域作出卓越贡献的杰出代表。获此奖项的出版社全国仅此一家。奖项的获得，极大地提高了江西省出版单位在全国乃至世界的知名度和品牌影响力。

**四、积极扩大开放，版权“走出去”工作进一步巩固**

2012年，江西省版权贸易地区逐步扩大，版权贸易数量有所提升，版权贸易工作进一步巩固。2012年江西输出图书版权206项，引进图书版权171项，均超出了上年水平，继续保持贸易顺差的势头。全省各出版单位借助北京国际图书博览会（BIBF）的平台，在国际版权贸易与交流上不断取得新成绩。

为贯彻落实新闻出版总署《关于加快我国新闻出版业走出去的若干意见》（新出政发［2012］1号）文件精神，切实掌握省内出版企业对外交流与合作发展情况，省版权局围绕“如何更好地服务于江西新闻出版业‘走出去’”这一主题，深入7家出版社及江西新华印刷集团、江西蓝海国际贸易有限公司，采取座谈会的形式，征求出版企业对版权“走出去”工作的意见和建议。各有关出版企业对调研活动给予了高度重视和大力支持，重点就本单位出版物进出口贸易及版权国际输出、为促进“走出去”所采取的工作措施、重点对外推广活动、“十二五”期间的重大涉外战略合作计划等方面作了详细的介绍，并针对“走出去”有关扶持政策提出了许多好建议，为下一步实现版权“走出去”战略提供了坚实基础。

（万　静）

## 山东省

2012年，山东省版权局在国家版权局的帮助和指导下，认真贯彻实施《国家知识产权战略纲要》，结合省版权局党组提出的“三加强一建设”工作主题，突出行政监管、宣传教育、服务发展三个重点，加强版权法律法规宣传，加大打击侵权盗版的执法力度，大力推进软件正版化工作，抓好版权创意产业引导扶持工作，积极开展版权公共服务，不断规范作品登记工作，营造了有利于版权保护的社会舆论环境，较好地完成了各项工作任务。

**一、积极推进党政机关和新闻出版行业企业使用正版软件工作**

2012年6月10日前，山东省保质保量完成了省级政府机关软件正版化检查整改工作任务，6月20日前提前一年半完成了市县（区）软件正版化检查整改工作任务。在此基础上，全省上下一鼓作气，继续推进，9 月底前全面完成了省市县三级党委、人大、政协、纪委、法院、检察院、民主党派、人民团体等机关软件正版化检查整改工作。与此同时，认真做好新闻出版行业企业软件正版化检查整改工作。10 月份将新闻出版总署和省版权局确定的 18 家新闻出版行业企业软件正版化检查整改工作任务全部完成。

2012 年 3 月份，省版权局积极与省政府采购中心、省财政厅联系沟通，把采购模式确定下来，利用国管局软件正版化平台采购所需要的软件，并下发了紧急采购通知，正式启动各单位的采购工作。4 月份，召开了软件正版化“双推”工作会议，以会代训，对政府机关和新闻出版行业企业软件正版化工作作了全面部署，督促各单位抓紧购买安装。国务院部分省市软件正版化专题会后，省委、省政府领导对软件正版化检查整改工作高度重视。5 月 27 日，全省政府机关软件正版化工作会议召开，软件正版化检查整改工作在全省展开，山东省提前一年半时间，顺利完成省市县三级党政机关软件正版化检查整改工作任务。

7 月 6 日至 8 日，山东省接受国务院督查组检查，顺利通过验收，并受到国务院督查组赞扬。山东省按照国务院的要求，提前完成软件正版化检查整改工作，并对党委、人大、政协等机关办公软件正版化工作提早作了安排部署，特别是建立健全政府采购机制、经费保障机制、软件资产管理体系等规章制度，实现了正版软件的长效管理。8 月 15 日至 17 日，国家版权局在哈尔滨举办第一期全国版权执法培训班，山东省版权局就软件正版化检查整改工作作典型交流发言，介绍了山东完成正版化工作任务的经验。9 月 23 日至 25 日，新闻出版总署督查组对山东省新闻出版行业企业推进使用正版软件工作进行了督导检查。在听取工作汇报并对青岛报业传媒集团有限公司、青岛出版集团有限公司、山东省新华书店集团有限公司、东港股份有限公司进行现场督查后，督查组对山东省新闻出版行业企业开展软件正版化工作给予充分肯定。

**二、认真组织第四届中国国际版权博览会、省文博会参展工作**

6 月 22 日，第四届中国国际版权博览会在北京拉开帷幕。山东设立独立展台，收到较好宣传效果，世界知识产权总干事高锐、副总干事克拉克，国家版权局局长柳斌杰、副局长阎晓宏、版权管理司司长于慈珂等参观山东展区。山东省因出色的组织和展览工作，获得多项大奖。青岛市文广新局被组委会授予金慧奖最佳组织奖，青岛抚玉堂艺术品有限公司被授予金慧奖最佳版权名企奖，枣庄市台儿庄古城被授予金慧奖优秀版权名企奖。博览会期间，青岛市文化市场行政执法局获得了 2012 年“世界知识产权组织版权金奖（中国）——保护奖”。

8 月 30 日至 9 月 2 日，第四届山东省文化创意博览会在济南举办。台儿庄国家级版权贸易基地、全国版权示范城市青岛、全国版权示范园区青岛创意 100 产业园、全国版权示范基地章丘龙山黑陶产业园以及济南经济开发区的通达动漫游戏制作有限公司等 5 家单位参加“版权创意产业”板块展览。展览期间，省版权局积极做好各项宣传展示工作，现场模拟数字化平台内容，现场手工制作黑陶毛坯，现场播放动漫原创作品，受到参观者好评。台儿庄国家级版权贸易基地和青岛创意 100 产业园获得第四届博览会优秀展示奖。

**三、抓好版权创意产业引导扶持工作**

经过认真培育指导，国家版权局批准授予山东济南章丘龙山黑陶研制中心全国版权示范园区（单位）称号，这是继青岛创意 100 产业园后获得的又一家国家级版权示范园区。通过组织枣庄市台儿庄古城参加全国版权博览会、学习考察北京国际版权交易中心等方式方法，积极帮助其展示台儿庄古城风貌，提升整体形象，于 8 月份，经国家版权局考察论证，台儿庄被正式批准建立国家版权贸易基地。

**四、继续开展打击侵权盗版专项行动**

根据上级指示精神，结合本省实际，省版权局研究制定了打击侵权盗版专项行动的实施方案。2012 年版权执法工作突出，亮点很多，一是开展印刷业专项整治行动，对印刷复制企业加强监管；二是开展图书、软件、音像制品市场集中检查整治行动，对出版物流通领域加强监管；三是继续开展打击网络侵权盗版专项治理“剑网行动”，加强对网络传播领域监管。青岛、济南两市在抓好市场监管的前提下，集中抓了两个大案：济南长城网络数据特大网络侵权案和青岛的“5·10”特大网络侵权案，省版权局发挥主管部门作用，积极督查、指导，两大案件处理工作顺利进行，受到国家版权管理司领导好评。由于案件督办得力、信息报送准确及时，上半年获得国家版权局重要侵权盗版案件办案经费补贴 32 万元。“剑网行动”中，全省共主动监管网站 84 家，查处网络侵权盗版案件 12 起，涉案金额高达 2 800 多万元，没收服务器 5 台、计算机 25 台，行政处罚 4.5 万元，移送司法机关 5 起。

2012 年 4 月份上报国家版权局的“2011 年度打

击侵权盗版案件有功单位和个人”中，山东省推荐的13家单位和12名个人获奖。

**五、继续做好版权公共服务工作**

继续推进作品登记工作，完善社会公共服务体系。全年共从境外引进版权365种，输出版权144种，共办理作品登记16 018件。2012年山东省重点强调作品登记由数量向质量过渡，作品质量有所提高。特别是从登记作品的种类来看，由于动漫市场的活跃，以摄制电影的方法创作的作品数量快速增长，一些动漫企业的版权登记意识明显增强。美术作品的登记数量也比较大，青岛和潍坊的纺织企业已经形成了良好的版权保护机制，创作出新的花型以后都先进行登记再投放市场。在文字作品中，电影剧本所占的比重较高，主要源于一些电影的投资方都要求作者提交版权登记证书，以防出现权属纠纷。

（王兴凤）

## 河　南　省

2012年，河南省版权工作紧紧围绕推进软件正版化、强化版权执法、加强普法宣传教育、提升公共服务水平、提高对外交流合作能力、推动版权相关产业发展等重点任务展开，各个方面都取得了新的成绩。

**一、软件正版化工作开展情况**

（一）顺利完成省级政府机关软件正版化检查整改工作任务

2012年，按照国务院的通知和部署要求，在省委、省政府的高度重视和省推进使用正版软件工作联席会议的全力指导和推动下，河南省版权局充分发挥牵头部门的作用，想方设法，克难攻坚，积极推进政府机关软件正版化工作，最终按时全面地完成了省级政府机关软件正版化检查整改工作任务。2012年6月，全省58个政府机关全部完成软件采购安装工作，并建立了软件资产管理制度，完成了软件正版化检查整改工作。

（二）扎实推进市县级政府机关软件正版化工作

省级政府机关软件正版化检查整改工作成果经国务院督查组检查验收后，省推进使用正版软件工作联席会议办公室于2012年7月30日向各省辖市政府下发了《关于继续做好政府机关软件正版化检查整改工作的通知》，部署了下一阶段市、县两级的软件正版化工作。11月6日下发了《关于我省市、县两级政府机关软件正版化检查整改工作进展情况的通报》，通报了本省市、县两级政府机关软件正版化工作进展情况。同时，河南省推进使用正版软件工作联席会议对省辖市政府机关正版化工作加强了实地指导督查，截至12月底，18个省辖市基本完成市级政府机关软件正版化自查摸底工作，有8个省辖市已落实正版软件采购资金，并部分完成政府机关软件采购工作。

（三）积极推动企业软件正版化工作

本着先易后难、循序渐进、突出重点的原则，省推进企业使用正版软件工作联席会议确定了35家省属大型国有企业（总部）作为2012年企业软件正版化的主要工作目标。省版权局与省国资委通力协作，联合下发了《关于推进我省省属国有企业使用正版软件工作的通知》（豫版联［2012］1号），对省属国有企业的软件正版化检查整改工作提出具体目标和要求，加强督导检查和信息报送，及时掌握正版化工作进展情况，指导帮助企业积极稳妥地推进使用正版软件工作。截至年底，35个省属国有大型企业（总部）已经完成软件使用情况自查摸底工作。河南日报报业集团、中原出版传媒投资控股集团有限公司已经采购了正版软件，建立了软件资产管理制度，全面完成了软件正版化检查整改工作。

**二、版权行政监管执法情况**

（一）积极开展迎接世界知识产权组织保护音像表演外交会议专项行动

为迎接2012年6月份首次在北京召开的世界知识产权组织保护音像表演外交会议，全省新闻出版（版权）部门会同“扫黄打非”、文化市场综合执法、公安、工商、交通、城管等部门认真开展了各类专项整治行动，突出对郑州、洛阳、开封、安阳等重点城市和车站机场、学校周边、旅游景区等重点部位的有效监管，努力营造良好的文化环境，充分展示尊重创造、尊重版权的良好形象。

（二）认真开展打击网络侵权盗版专项治理“剑网行动”

为加大网络环境下的版权行政执法和监管力度，按照国家版权局、公安部、工业和信息化部、国家互联网信息办公室《2012年打击网络侵权盗版专项治理“剑网行动”实施方案》的统一部署，2012年8月至10月，省版权局、省公安厅、省通信管理局，在全省联合开展了第八次打击网络侵权盗版专项治理“剑网行动”，转发了国家四部门《2012年打击网络侵权盗版专项治理“剑网行动”实施方案》，成立了由省版权局、公安厅、通信管理局组成的“剑网行动”领导小组。各部门密切配合，通力合作，严厉查处各类网络侵权行为。专项行动期间，全省共关闭违法违规网站20余个，查处相关行政案件15起，刑事拘留8人，治安拘留10人，收缴一批涉案盗版计算机软件。

（三）积极开展农村市场重点商品专项整治行动

根据国家商务部、公安部等十一部委《关于全国集中开展农村市场重点商品专项整治工作的通知》（打假办发［2012］2号）精神，2012年1月至3月，省新闻出版（版权）局针对全省农村市场深入开展打击侵权盗版专项行动。全省各级新闻出版（版权）部门把印刷复制源头企业作为重点监管目标，把农村市场作为重点监管领域，把教材教辅作为重点监管内容，从源头上严厉打击盗版盗印违法行为，坚决取缔无照经营印刷复制“黑窝点”，严格对包装装潢、商标标识印刷企业的有效监管，严肃查处非法印刷复制和非法加印、出售重点整治品种标识、标签行为。针对教材教辅、印刷源头企业、物流运输企业等重点领域、重点环节和重点内容，多次开展专项治理和集中整治行动，从源头环节、流通环节和市场终端环节加强有效管控。此次专项行动中，全省共查处侵权盗版案件87起，查缴各类盗版出版物3.4万册、光盘9 000余张，捣毁盗版盗印黑窝点7个，有效地震慑了犯罪分子，净化了农村文化市场环境。

**三、宣传培训教育工作开展情况**

（一）积极开展版权执法培训活动

2012年11月13日至16日，省版权局在郑州举办了全省版权执法培训班。国家版权局、省高级人民法院、郑州市公安局等部门的专家分别就如何提高版权监管执法水平、积极查处各类侵权盗版案件进行了授课。省版权局副局长来有功作了动员讲话，就全省的版权监管执法工作进行了具体部署并提出了目标和要求。18个省辖市、10个直管县（市）版权行政管理部门及文化市场综合执法部门130余人参加了培训。全省各级新闻出版（版权）部门全年共举办版权监管执法培训班21期，1 700余人次参加了培训，全省版权执法水平普遍提高。

（二）加强对版权相关从业人员的培训

河南省版权局采取以会代训、座谈交流、提供咨询服务和法律帮助等多种形式，加强对出版发行、网络传播、版权中介、行业协会等相关机构的从业人员进行版权知识培训，增强大家依法维权、诚信守法、尊重版权的意识，促进河南省版权创造、使用和有效传播。

（三）扎实开展普法宣传活动

“4·26”知识产权宣传周期间，河南省积极开展版权宣传“进校园、进社区、进机关、进乡村”活动，重点突出对党政领导干部、监管执法部门、在校学生和从业人员的宣传和教育，增强普法宣传的针对性。同时，各省辖市版权管理部门开展了万人签名、成果展览、典型案例曝光、集中销毁侵权盗版出版物等活动，大力宣传著作权法律法规。

**四、版权相关产业发展情况**

河南省大力调整产业结构、转变经济发展方式，积极推动科技创新和文化产业发展，新闻出版、影视制作、广告设计、印刷复制、计算机软件等新兴版权产业呈现出持续、快速、健康发展的良好态势，显现出巨大的发展潜力，逐步成为推动全省经济社会发展的支柱型产业。2012年全省重点项目建设取得新成效，审核上报国家级和省级专项资金项目30余种，新进入总署项目库项目7个。河南日报报业集团《大河健康手机报》、《期货投资参考》正式上线，《漫画》入选全国重点动漫产品，集团荣获“金长城传媒奖·2012中国十大传媒集团”称号，《河南日报》荣获“2012年度十大党报”称号，《大河报》第五次荣获“中国十大都市报”称号。数字化出版新业态发展开始起步，中原出版传媒集团“省全媒体数字加工中心”和“云书网”组建完成，“华夏文明全媒体出版工程”已部分进入出版程序，“中国教育出版网”荣获全国出版业“最佳服务网站”和“百强网站”称号。精品出版硕果累累，全省有177种出版物获省级以上奖。中部最大的出版物分销基地——中原出版物交易中心建成并投入使用。

**五、版权公共服务工作情况**

2012年，河南省作品登记数量和质量均明显提高。河南省版权局对作品登记网上申请、公示、查询服务系统进行了升级改造，版权登记网络平台得到进一步完善，作品登记更加方便快捷。

同时，河南省版权管理部门加强对出版单位从境外引进版图书的合同审核登记，维护审核登记的连续性、完整性和严肃性，帮助出版单位降低风险。

此外，河南省版权管理部门还认真做好法律咨询服务和受理投诉举报工作，做到每起咨询有答复、每起举报有回复、每起投诉有结果、每起案件有查处。

**六、对外交流合作开展情况**

2012年，河南“走出去”战略迈出新步伐，达成版权贸易合同254件。“中原文化海外发展中心项目”被确定为国家“文化出口重点项目”。围绕建设文化强省大局，为新闻出版和版权相关企业服务。立足河南出版业及版权相关产业的长远发展，高度重视、积极利用两种资源、两个市场，在更大范围、更广领域、更高层次上参与国际出版业的合作与竞争，2012年省版权局积极争取将省内有关文化出口重点企业、重点项目及版权相关企业——河南凯瑞数码有限公司、中原出版传媒投资控股集团有限公司、乐凯华光印刷科技有限公司列入“国家文化出口重点企业目录”名单并获国家奖励，上述3家新闻出版及版权相关企业共获得奖励663万元。

（焦艳娜）

## 湖　北　省

2012年以来，湖北省版权局在国家版权局和省委、省政府的领导下，认真贯彻落实两级新闻出版工作会议精神，坚持以软件正版化和建设华中国家版权交易中心为重点，以“双打”、“剑网”、“治庸问责”等专项行动为抓手，注重加大版权行政执法力度，严厉打击侵权盗版行为，积极适应文化体制改革形势要求，加速推进版权产业发展，切实加强自身能力建设，努力提升公共服务管理水平，保证了年度各项目标任务的顺利实现。

**一、圆满完成年度软件正版化检查整改任务**

根据国务院的统一部署和要求，下大力抓好政府机关软件正版化工作。建立了领导小组联席会议制度、推进软件正版化工作定期督查和定期通报制度。先后三次组织召开了省直机关、市州和企业软件正版化工作会议，进行专题部署，省领导亲自到会并作重要讲话。2月23日，组织召开湖北省推进使用正版软件工作成员单位联席会议，研究部署年度工作任务。6月1日，组织召开湖北省省直机关软件正版化工作推进督办会，省直所有单位分管领导和分管处室负责人共计230余人参加会议，会议传达了国务院软件正版化专题工作会议精神，副省长张通到会并就推进软件正版化检查整改工作的意义和任务要求发表讲话。截至6月底，省直机关集中采购办公软件6 249套，采购微软操作系统软件3 105套，合同金额合计9 009 430元，所有软件产品采购价格均创全国最低，省直机关共节省经费200余万元，在国务院规定的时间内按时圆满完成任务，7月初顺利通过国务院督查组检查验收，并受到好评。7月19日，《中国新闻出版报》大篇幅专题报道了湖北省“抓重点、克难点、破焦点，扎实推进省直机关软件正版化工作”的做法。11月底，为加快推进省直社团组织、民主党派机关软件正版化工作，经多方努力省财政厅又追加专项采购经费300万元，相关采购工作已接近尾声。截至2012年年底，17个市州正版软件采购经费已全部到位，并按时完成集中采购。武汉市洪山区、武昌区等44个区县级政府机关已完成正版软件采购，其中黄石阳新、襄阳谷城等16个县市取得金山、永中软件公司的办公软件场地授权，实现办公软件正版化。为建立长效管理运行机制，经省政府批准，省版权局联合省财政厅下发了《湖北省行政单位软件资产管理暂行办法》，明确软件资产配置、使用、处置和日常管理规定。建立软件正版化工作督查和通报制度，先后联合省督查办共派出4个工作组到各市州进行督查，下发了4期专题通报。

2012年，新闻出版总署重点推进新闻出版行业企业软件正版化工作，湖北省8家企业列入第一批试点单位。为按时完成新闻出版行业企业软件正版化整改任务，及时下发了通知，组织企业负责人和正版化工作人员参加总署安排的专题培训，7月份组织召开了新闻出版行业企业软件正版化工作座谈会。9月初，组织人员对8家新闻出版企业软件正版化推进情况进行了督查。9月27—29日，国家版权局督查组对湖北日报报业集团、知音集团、长江出版集团公司和长江出版股份公司等4家单位软件正版化整改情况进行了实地督查并对各项工作给予了充分肯定。8家企业均按时完成软件正版化整改任务。

**二、版权行政执法管理工作取得新成就**

按照全国和湖北省“双打”领导小组的统一部署和要求，狠抓打击侵犯知识产权和制售假冒伪劣商品专项行动，全年各级版权行政执法部门累计查处各类侵权盗版案件450多起（含配合公安机关查处的案件），刑事拘留153人，没收侵权盗版物近40多万张（册），刑事处罚1人，罚款25万多元。5月份，专门下发了打击侵犯知识产权和制售假冒伪劣商品工作及推进使用正版软件工作实施方案，对全省“双打”专项行动作了统一部署和安排，抽调专业人员组成专门工作班子配合公安机关开展打击侵权盗版行动，截至10月底，配合武汉市公安机关查处侵权盗版光盘案件372起，累计查处侵权盗版光盘124 588种、346 224张。积极指导各市州版权行政执法部门开展打击侵权盗版违法专项行动。1—10月份，各市州版权行政执法部门累计立案78件，办结65件，涉案金额计20多万元，仅武汉市刘秀书非法复制盗版光盘案和丁萍贩卖淫秽色情及盗版光盘案，就共计收缴盗版光盘 8 万多张、淫秽光碟 3 200 余张。积极稳妥处理各类随机性的投诉、咨询、维权及协调管理工作；先后受理并办理了新疆齐正海水利科技有限公司投诉“专业软件狗之家”网站侵犯软件著作权案；国际唱片协会北京代表处投诉“我游网”侵权案；承办了国家版权局交办的“3u 小说网”（www. 3uxs. com）网站涉嫌侵权案、“资讯工坊”（www. xyz345. com）网站涉嫌侵权案等 3 个案件；协调处理天津市新闻出版局《文摘报》与知音集团版权纠纷。

在 2012 年国家版权局组织的 2011—2012 年查处侵权盗版案件的评选活动中，湖北省所有参评单位和个人中共有 8 个单位获得有功单位，其中一等奖 1 个、二等奖 2 个、三等奖 5 个；13 人次获得有功个人，其中一等奖 1 个、二等奖 1 个、三等奖 8 个，创最好历史成绩。

**三、版权产业发展取得历史性突破**

为充分发挥版权在文化产业中的核心作用，实现湖北及中部地区版权资源优势向产业优势转化，湖北省在认真调查研究的基础上，拟制了关于建立“华中国家版权交易中心”可行性的论证报告，并以省政府名义上报新闻出版总署。其间，协调副省长张通、省版权局局长张良成等领导多次赴总署请示汇报，得到总署领导的认可。5 月 20 日，“华中国家版权交易中心”顺利落户湖北，成为继北京之后，第二个获批的国家级版权交易中心。2012 年 12 月 28 日，“华中国家版权交易中心”正式在中南财经政法大学首义校区揭牌运营，开业当日就与中国南山开发集团股份有限公司签署了总价值 50 亿元的战略合作协议，并进行首场版权交易活动，交易额达 4 300 万元，还分别与知名书画家熊召政和湖北长江广电传媒集团签订了版权代理协议。交易中心的揭牌运营引起了业内各界的广泛关注，《中国新闻出版报》、《湖北日报》、湖北卫视等媒体先后进行了专题报道。

“华中国家版权交易中心”建设发展规划及初步方案已经形成，交易中心产业园区规划选址在武汉市江夏区藏龙岛，计划投资 50 亿元，分期分批完成。投入正常运营后，每年版权交易品种达到 10 万个以上，版权交易量达 10 亿元以上，核心层主业收入达到 2 亿元，并通过版权产业延伸拉动关联产业收入达到 100 亿元以上。

**四、版权法规知识宣传培训效果明显**

为适应新形势需要，着力打造点面结合、现实和虚拟空间对接、全方位覆盖保护知识产权宣传教育培训体系，开展一系列专题宣传教育培训活动，不断增强全民知识产权保护意识。

一是注重常态化宣传和重点时期宣传相结合，充分发挥“4·26”知识产权宣传周作用，积极开展集中销毁和“绿书签行动”，在突出重点时段的同时，坚持宣传教育活动经常化、常态化，依托各地各单位新闻出版行政受理中心、政务服务中心和文化综合执法队，通过设立打击侵权盗版宣传服务台（点）、发放各类宣传资料、展示宣传展板，向群众和新闻出版从业人员宣传打击侵权盗版相关政策和法律法规。

二是积极开展打击侵权盗版宣传教育活动进社区、进学校、进企业、进园区活动，通过组织专题讲座、印制发放宣传品、悬挂宣传横幅等形式向社区居民、大中小学生和企业职工宣传打击侵权盗版相关政策法规。

三是拓展打盗维权宣传教育空间，在车站、码头、机场、商业区等人群密集区域通过设立电子阅报栏、宣传橱窗、组织志愿者义务宣传小组等形式宣传打击侵权盗版相关政策法规知识。注重发挥新媒介作用，依托政府门户网站、互联网、聊天室、论坛、微博等平台开展形式多样的教育活动。

四是建立完善的宣传教育培训制度，通过举办培训班、委托高校代训等形式，定期或不定期地组织各阶层人员尤其是新闻出版行业从业人员培训，从源头上筑牢打击侵权盗版行为的防线。

（卢文俊）

## 湖　南　省

2012 年，湖南省各级版权部门深入贯彻落实科学发展观，按照“激励创造、有效运用、依法保护、科学管理”的方针，加强版权公共服务体系建设，强化版权执法监管，增强公众版权意识，全面促进了版权工作水平的有效提升。

**一、创新工作机制，服务版权产业发展取得新进展**

（一）改进和完善作品登记服务工作

继续优化作品登记流程的同时，在长沙市开展作品登记代办试点工作，建立了省市联动的作品登记机制。长沙市首次把作品登记工作纳入财政资助范围，提高作者和权利人进行作品登记的积极性和主动性。2012 年，湖南省普通作品登记量为 633 件，较上年增长 65%。

（二）加大对版权产业发展的政策支持

长沙市实施了版权优势企业培育工程，确定沙坪湘绣公司、鼎瀚文化公司等一批版权工作机制完善、创造能力较强、运用成效显著的版权优势企业，从资金扶持、政策引导、开展业务培训等方面进行重点培育，从而带动版权相关产业集群的发展。

（三）积极促进版权贸易

加强对版权合同登记和涉外印刷授权书备案审查。2012年，湖南省实现版权贸易844项，同比增长35%。其中，输出版权197项，承接海外印刷业务11件，中外版权合作项目9项，中南传媒集团与麦格劳-希尔出版集团签订了版权战略合作协议，在版权人才培养、体制和机制创新等方面进行新探索。

**二、软件正版化工作取得阶段性成果**

（一）深入推进政府机关软件正版化

先后协调省政府办公厅、省党委系统信息化工作领导小组成立联合检查组，对省直和各市州政府机关软件正版化工作进行了两轮全面督查，共印发督查通报、催办通知184件，有效推动正版化工作的进展。

（二）启动了省党委、人大、政协、检察院、法院、民主党派、人民团体等机关的软件正版化检查整改工作

省版权局提请省委办公厅和省政府办公厅联合下发了《关于进一步做好使用正版软件工作的通知》，明确各级党政机关软件正版化工作的目标、任务和要求，组织召开了省级党群机关推进软件正版化工作会议，对软件自查、正版软件经费保障及采购安排和长效机制等软件检查整改任务进行了安排布置。

（三）有序推进企业软件正版化

结合本省推进企业软件正版化工作实际情况，确定了2012年度软件正版化企业名单，制定了工作实施方案，开展对主要新闻出版行业企业软件正版化的检查验收，指导企业合理配置正版软件，确保企业按照时限实现软件正版化目标。

据统计，2012年湖南省各级党政机关和企业共投入资金4 710万余元，采购了13.2万套（许可数）软件。53个省级政府机关全面实现使用正版软件目标，长沙、株洲、湘潭、益阳、岳阳、常德、郴州、怀化、娄底、永州等10个市州及浏阳、岳阳楼区等45个县区政府机关进行了正版软件采购，湖南出版控股集团等44家被列入年度目标的企业完成软件检查整改。省级党委、人大、政协、检察院、法院、民主党派、人民团体等机关已经完成软件自查清理，并组织正版软件的采购工作。

**三、强化执法监管，版权领域专项治理取得显著成效**

（一）加强市场巡查和日常监管

2012年，湖南省各级版权部门共出动检查人员7.6万余人次，检查版权市场、店档摊点4.7万多个（次），查缴盗版图书39.1万多件，盗版音像制品58.4万多件。

（二）深入开展打击侵权盗版和制售假冒伪劣商品专项整治行动

积极协调省工商、新闻出版、“扫黄打非”等部门组织开展网络购物、印刷复制业和出版物市场等领域的专项检查治理，查处了淘宝“一家老字号”网店销售盗版软件案、长沙“6·11”印刷储存盗版书籍案等一批国家版权局交办、督办的重点案件。

（三）部署开展了打击网络侵权盗版“剑网行动”

联合公安、通信和网宣等部门，加强了对红网、华声在线、星辰在线等51家网站的主动监管，组织重点网站开展使用作品自查自纠和整改。立案查处各类网络侵权盗版案件8起，关闭侵权盗版网站4个，没收了专门用于侵权盗版活动的服务器和设备3台。其中，岳阳市查处的“华容DJ站”网站侵犯音乐著作权案，突破违法分子使用的虚拟网络技术手段，查缴了专门用于侵权的服务器，提高了新技术条件下的版权执法效能。

（四）加大对侵权盗版行为的刑事打击力度

根据新闻出版总署、国家版权局开展打击网络侵权盗版“剑网行动”的工作部署，湖南省集中整治查办了一批大案要案，维护了公平竞争的市场秩序，增强了全社会的版权意识。其中郴州市志合电脑公司侵犯软件著作权案、常德市葛某私服《传奇》游戏案、岳阳市鸿鑫网吧《魔兽世界》私服案等6起侵权案被移送司法处理，8名违法分子被追究刑事责任。因查处侵权盗版案件成效显著，2012年，湖南省共有7家单位和11名执法人员分别被国家版权局评为全国有功单位和有功个人。

**四、丰富宣传普法手段，版权文化建设取得新成绩**

“4·26”知识产权宣传周期间，湖南省版权局依托三湘读书月手机短信平台，向社会公众发送了版权法律宣传短信10万余条，倡议尊重版权、抵制盗版，提高社会公众对版权的认同度；岳阳市在高校举行版权普法宣传进校园活动启动仪式，市政府领导进行版权知识普及讲座，取得了良好的示范效果；怀化市组织全市发行企业负责人旁听人民法院审理销

售侵权盗版出版物案件，以案说法开展侵权警示教育。长沙市、怀化市分别举办了针对文化创意企业和文艺娱乐企业的版权培训班，有效提升企业版权保护意识和管理能力。为提高新技术条件下版权执法能力，湖南省版权局组织市州版权部门执法人员参加了国家版权局举办的 3 期基层执法培训班。

*（湖南省版权局）*

## 广 东 省

2012 年，广东省版权管理处按照国家和省委、省政府的部署，深入实施省知识产权战略纲要，按照全面落实科学发展观，建设法制社会与和谐、创新型广东和建设文化强省的要求，强化版权行政管理，维护版权产品市场秩序，认真履行监督指导检查职责，协调全省各级版权行政管理部门有关机构有计划、有组织地开展各类保护版权的宣传活动和专项行动。

**一、召开全省推进政府机关使用正版软件工作会议，推进全省软件正版化工作**

为进一步贯彻落实国务院办公厅《关于进一步做好政府机关使用正版软件工作的通知》（国办发［2010］47 号）、《关于进一步做好政府机关软件正版化检查整改工作的通知》（国办函［2011］130 号）精神和省政府的要求，总结全省政府机关软件正版化督查工作，分析政府机关软件正版化工作进展情况及存在问题，总结交流该项工作取得的阶段性成果，加快完成政府机关软件正版化工作的目标，分别以省政府办公厅名义筹备召开了全省推进政府机关使用正版软件工作会议。

*（一）召开省推进政府机关和企业使用正版软件培训工作会议*

一是根据国务院和省政府的部署，有序推进政府机关使用正版软件工作。2 月 27 日，在肇庆市召开全省推进政府机关和企业使用正版软件培训工作会议，广东省推进使用正版软件工作联席会议各成员（相关）单位代表、各地级以上市（含佛山市顺德区）以及肇庆市各区（县、市）级版权部门分管局（处、科）长和广东省新闻出版行业企业（集团）代表共 120 人参加了会议。

二是为加快推进省直机关、单位使用正版软件工作，确保 2012 年 6 月底前按国务院和省政府的部署如期完成省直机关、单位软件正版化工作，4 月 10 日以省推进使用正版软件工作联席会议办公室的名义在广州市召开“广东省政府机关使用正版软件培训工作会议”，省直 103 家政府机关、单位主管信息工作的负责同志，推进使用正版软件工作小组成员和工作人员以及授课专家共 140 人参加了培训班。

三是为配合全省推进使用正版软件的相关督导检查工作，5 月 25 日，在省版权局召开省推进使用正版软件督导检查工作培训会，对省推进使用正版软件督导检查工作的联络员和技术人员进行专门培训，以确保督查标准一致，技术规范，取得实效。5 月 28 日，召开省推进使用正版软件工作联席会议督查工作动员会，部署组织开展对 103 家省有关单位和 14 个地级以上市使用正版软件工作进行督查。

四是按省长朱小丹的指示要求，全面落实完成地级以上市政府机关使用正版软件工作任务。2012 年 11 月 7 日，召开推进各地政府机关使用正版软件督查工作动员会议，省推进使用正版软件工作联席会议成员和省新闻出版（版权）局、省经济和信息化委、省财政厅、省审计厅、省工商局、省法制办、省监察厅等 7 个督查组带队单位的联络员，联席会议办公室相关人员参加了会议。会议对各地级市推进使用正版软件工作的督查工作作出专门部署，明确督查分工和领导职责，提出督查工作的标准要求，并定于 11 月中旬对全省各地级以上市（含顺德区）政府机关软件正版化工作进行督促检查。

*（二）对已完成软件正版化工作的省直 18 家单位进行检查验收*

根据《关于开展对已完成软件正版化工作的单位进行检查验收的函》（粤权函［2012］13 号）的安排，由省经信委、省工商局、省财政厅、省版权局牵头并组成省推进政府机关使用正版软件工作检查验收组，分三个小组于 3 月 27—28 日对省府办公厅、省府打私办、省财政厅、省公安厅、省知识产权局、中国人民银行广州分行、省水利厅、省港澳办、省法制办、省总工会、省科学院、团省委、省教育厅、省环保厅、省保密局、省经信委、省新闻出版（版权）局等 18 家已完成使用正版软件工作的省直单位进行了现场检查验收。

检查验收工作采用现场座谈及实地随机抽查计算机的方式进行。所有单位均在工作现场抽查了 10 台计算机，共抽查了 180 台计算机（含笔记本电脑）。被查计算机安装了正版操作系统的共 131 台，占总数的 72.78%；安装正版办公软件的为 159 台，占总数的 88.33%；杀毒软件正版化率为 100%。

*（三）编制广东省推进使用正版软件工作联席会议和联席会议办公室工作制度*

为加强对推进使用正版软件工作的组织领导，

编制省推进使用正版软件工作联席会议制度，会议制度包括：联席会议人员组成、联席会议主要职责、联席会议工作规则。

为规范制度化建设，强化工作职责，承担好省联席会议日常工作，参照《推进使用正版软件工作部际联席会议办公室工作制度》，编制了《广东省推进使用正版软件工作联席会议办公室工作制度》，工作制度包括：会议制度、信息通报制度、督促检查制度、宣传培训制度。

（四）对省直有关单位和广州等 16 个地级以上市推进软件正版化工作进行“再检查”

省推进使用正版软件工作联席会议办公室协调组织了 14 个督查组，由联席会议成员单位领导带队，于 5 月 30 日至 6 月 8 日，对省直单位进行了全面督查，对督查中发现的问题，要求限期整改，对进展不理想的单位发送了督办函要求其主要领导高度重视，要求其亲自布置、督促，积极配合督查组开展工作，确保不留死角。经过省推进使用正版软件工作联席会议及其成员单位的严格检查督促和各有关省直单位的努力，省直单位按期完成了任务。地市方面，广州市、深圳市、东莞市、珠海市、肇庆市、佛山市、汕头市、惠州市、中山市、江门市、梅州市、揭阳市、潮州市、韶关市、清远市、汕尾市均于 2012 年 6 月 30 日前完成了软件正版化工作任务。

（五）迎接国务院推进政府机关使用正版软件督查组第三组对广东省推进使用正版软件工作进行督查

7 月 5—8 日，国务院推进政府机关使用正版软件督查组第三组对广东省推进使用正版软件工作进行了督查。督查组听取了广东省人民政府副省长雷于蓝同志关于广东省推进政府机关使用正版软件工作情况的汇报，查阅了相关制度文件和资料，现场抽查了广东省人民政府办公厅、省住房和城乡建设厅、省外经贸厅、省科技厅、省司法厅、省财政厅、省地税局、省知识产权局等 8 个政府机关的 65 台计算机，没有发现使用盗版软件和超授权范围使用软件的情况。督查组对广东省推进政府机关使用正版软件工作总的感受是，广东省政府和领导高度重视，按照国务院的要求和部署，真抓实干，工作富有成效。

（六）对新闻出版行业企业使用正版软件工作进行督查

为迎接国家版权局对新闻出版行业企业使用正版软件工作的督促检查，省版权局于 2012 年 8 月 20—31 日对省内各有关新闻出版行业企业（集团）使用正版软件工作进行督查。16 家新闻出版行业企业（集团）已全面完成软件正版化任务。经总署督查小组抽检督查，督查小组对广东省的工作给予了充分肯定。

（七）印发《2012 年度全省推进企业使用正版软件工作督办名录》

为继续推进 2012 年度企业使用正版软件工作，落实省推进使用正版软件工作联席会议办公室印发的《2012 年广东省推进企业使用正版软件工作计划》（粤权［2012］22 号）中要求的各地级以上市和顺德区确定 2012 年企业软件正版化推进目标：广州、深圳市各完成 15 家以上，珠海、佛山、惠州、东莞、中山、江门、肇庆市和佛山市顺德区各完成 8 家以上，其他地级市各完成 5 家以上。同时要求各市（区）确定本市（区）2012 年企业软件正版化推进目标及其督办企业名录。省推进使用正版软件工作联席会议办公室编制了《2012 年度全省推进企业使用正版软件工作督办名录》（共 160 家企业）。凡列入督办名录的企业，作为省推进使用正版软件工作联席会议及其办公室 2012 年重点督办的企业，被要求在 2012 年 12 月 10 日前完成计算机办公软件和操作系统、杀毒软件等通用软件的正版化工作。

**二、加大版权行政执法和社会监管力度，完成 2011 年度查处侵权盗版案件有功单位及个人推荐材料的报送工作**

（一）加大版权行政执法和社会监管力度

2012 年，省版权局按照国家版权局、公安部、工业和信息化部等部门有关开展打击网络侵权盗版专项行动的统一部署，组织全省各地级以上市版权局开展打击网络侵权盗版专项行动。同时，联合省公安厅、省通信管理局等相关部门，主动规范网站版权授权、传播行为，从源头上防范侵权盗版行为的发生。

按照上级部署，广东省会同有关部门继续开展打击侵犯知识产权的专项治理工作，并加大版权行政执法和社会监管力度。根据《著作权行政处罚实施办法》（国家版权局第 6 号令）第五条、第七条的规定，把 26 条涉嫌侵权线索转交广州、佛山、东莞、珠海、深圳等市版权局查处。

（二）建立保护协调机制，规范版权产品市场秩序

建立版权侵权预警机制和区域性行政保护协作机制，制定有利于保护版权、促进版权产业发展的地方法规和规范性文件，有效整合版权行政执法资源，建立部门间的快速反应机制和信息通报制度，

建立行政执法与刑事执法相衔接的工作机制，有效整合行政执法资源，提高协同作战能力，形成互相支持、互相配合的执法机制，规范版权产品市场秩序。

（三）完成2011年度查处侵权盗版案件有功单位及个人推荐材料的报送工作

按照国家版权局办公厅《关于推荐2011年度查处侵权盗版案件有功单位及个人的通知》（国版办字[2012] 10号）要求，广东省推荐了茂名市文化市场综合执法大队、深圳市市场监督管理局稽查大队、深圳市市场监督管理局福田分局知识产权科、惠州市版权局、汕头市文化市场综合执法大队、中山市文化市场综合执法支队6个单位为2011年度查处侵权盗版案件有功单位，推荐姚爱民、钟晓刚、彭村、韦海忠、吴开华5位同志为2011年度查处侵权盗版案件有功个人。

**三、强化政府公共服务职能**

加强政府服务，借鉴国内外先进经验，采取“版权登记与版权保护相结合，开发版权与版权服务相结合，网上沟通与市场交易相结合”的形式，以“面向全省、服务全国、沟通海外”为出发点，建立版权公共服务平台。全省建立完善的版权登记体系，并对全省版权资源进行整体管理，建立广东省版权资源信息库，推进文化创新，为版权产业提供国内外版权产业的发展动态咨询。

（一）充分发挥市版权协会的服务功能

广州市版权局充分发挥市版权协会的服务功能，在作品登记、计算机软件作品登记代理等方面积极为本市权利人服务。深圳市版权局出台了《企业知识产权海外维权指引》和《深圳市知识产权许可操作指引》，在国内率先建立起一套政府指导和协助企业在海外就知识产权纠纷进行应诉抗辩的规范机制。

（二）进一步规范作品著作权自愿登记工作

为监督指导做好作品登记工作，广东省对作品登记的程序、资料、手续等进行规范，扩大作品自愿登记工作覆盖面，突出重点地区和重点领域，力争在登记的数量和质量上有新的突破。批准中山市灯饰知识产权维权中心为作品登记代办机构，至此，广东省共批准了17个单位为作品登记代办机构，使作品登记工作与保护版权、服务版权产业、促进创新发展有机结合，进一步提高了版权相关企业的创新实力和作品产业化能力。

（三）开展创建全国版权示范城市、示范单位和示范园区活动

指导各地级以上市积极开展创建全国版权示范城市、示范单位和示范园区活动。同时加强对著作权集体管理组织在粤分支机构的监督指导，充分发挥行业协会和版权中介机构的作用，推进版权基层工作站的建设。开展版权纠纷调解机制试点工作。

（四）继续推进“版权兴业”工程

为发展独具地方特色的版权产业，促进文学、艺术和科学作品的创作、制作和传播，省版权局特授予广州漫友文化科技发展有限公司、深圳广播电影电视集团、深圳报业集团、江门市新会区古典家具行业、肇庆全商联盟信息科技有限公司、广东柏堡龙股份有限公司、广东长城集团股份有限公司“广东省版权兴业示范基地”称号，并颁发“广东省版权兴业示范基地”证书和牌匾。至此，全省已授予62家企业“广东省版权兴业示范基地”称号。

（五）抓好最具价值版权产品的认定工作

为构建创新型广东，建设文化强省，支持具有鲜明民族特色、时代特点的优秀作品的创作，根据《国家知识产权战略纲要》和《广东省知识产权战略纲要（2007—2020年）》以及广东省版权局制定的《广东省最具价值版权产品认定资助暂行办法》（粤权[2010] 86号），经相关市版权行政管理部门推荐和省版权局研究决定，特认定广州漫友文化科技发展有限公司美术作品《爆笑校园》（1—2，漫画）、广州金蟾软件研发中心有限公司软件作品全语音导航的盲人手持客户端阅读软件V1.0、佛山市新石湾美术陶瓷厂有限公司美术作品《玉兔迎春》、揭阳市中榕文化传播有限公司音乐《天下潮商》、中山市金龙游乐设备有限公司美术作品《史诺科吸糖机》、肇庆全商联盟信息科技有限公司美术作品《智慧宝宝大家族》（英文名：iBaby）、中山市琪朗灯饰厂有限公司实用美术作品《灯》（1100307）、东莞市漫彩文化传播有限公司美术作品《拽猫系列图》为广东省最具价值版权产品，并对其有关研发企业资助1万元。全省共认定了21个作品为最具价值版权产品。

（六）继续开展“版权基层工作站”的建设活动

2009年6月，省版权局开始在条件相对成熟的版权产业集群、产业园区建立“版权基层工作站”。有效整合全省各级政府、企业、行业协会和社会中介服务机构等各方力量，为企业提供版权服务以满足其规范发展的需求，共同打造特色版权产业集群和园区，赋予版权登记代理、版权评估质押、版权贸易代理和侵权纠纷调解等职责，使文化产业园区的自主创新得到有效保障。

为积极推进“版权兴业工程”，促进版权产业的发展，批准条件相对成熟的廉江市设立广东省版权

基层工作站并给予3万元扶持经费。全省共建立了13个版权基层工作站。

**四、组织开展全省“保护著作权宣传周”系列活动**

按照国家版权局的统一部署，广东省各市组织开展了形式多样的“保护著作权宣传周”系列活动。如培训班、专题讲座和报告会，版权知识宣传推广活动，“广东省版权兴业示范基地”授牌仪式，针对版权产品市场组织行政执法大检查等。省版权局还编印《版权知识笔记本》，进一步加大了著作权法的宣传力度。

**五、组织粤版权相关企业、粤中学生赴港进行版权产业及版权保护交流活动**

（一）组织粤版权相关企业赴港进行版权产业交流活动

2012年5月9—10日，由广东省版权局、香港特别行政区知识产权署共同组织，围绕“版权管理与知识产权贸易”的主题开展交流。由省版权局版权管理处袁新迪调研员带队，省南方文化产权交易所、珠江电影集团有限公司、北京版银科技有限公司、广州市版权协会、深圳市版权协会、东莞市出版印刷业协会的代表，一行13人的交流团赴港参加了此次交流活动。

在港期间，香港特别行政区知识产权署组织香港海关版权及商标调查科、香港商业价值评估工会、国际版权保护协会（大中华区）有限公司、香港工业总会、香港贸易发展局、亚洲专利授权业协会、美国电影协会的代表与广东的代表进行了充分交流。通过此次活动，在粤的版权相关企业和机构系统地了解了香港在版权管理、版权保护、版权贸易等方面作出的努力和取得的成绩，也获得了知识产权评估、无形资产管理等方面的前沿资讯。

（二）组织粤中学生赴港进行版权知识和版权保护交流活动

根据粤港保护知识产权合作专责小组第十次会议商定的粤港知识产权合作计划，2012年5月17—18日，省版权局版权管理处处长张同英率粤中学生交流团赴港开展版权知识和版权保护交流活动。广州市真光中学、第四中学、第一中学、西关外国语学校的师生共25人参加了交流活动。

（三）制定粤澳版权合作项目

为推进落实《粤澳合作框架协议》，制定粤澳版权合作项目，包括建立粤澳著作权案件协作处理机制、加强粤澳双方版权行政保护合作与交流、开展版权产业企业版权交流、开展粤澳版权协会和版权中介组织的交流等内容。

**六、搭建版权贸易平台，完善展会版权保护，促进中外文化产业交流**

2012年9月28日—10月5日，第四届中国国际影视动漫版权保护和贸易博览会在东莞市举行。为集中力量搞好博览会的版权保护工作，广东省版权局和东莞市版权局成立了博览会“版权服务工作站”，为博览会的参展作品免费提供“作品著作权登记”以及版权咨询、版权执法等服务。工作站工作人员采取收集作品版权来源信息、办理和张贴“作品著作权来源信息卡”、提供免费作品登记服务、部署现场版权行政执法等方式，实现了前四届展会期间的“零投诉”，凸显了博览会版权保护的重点和亮点。

（广东省版权局）

## 广西壮族自治区

2012年，广西率先在全国全面完成推进自治区三级机关使用软件正版化检查整改工作、率先在全国推进使用正版软件长效管理制度建设工作中得到国家部际联席会议和新闻出版总署（国家版权局）领导表扬；推进企业使用软件正版化工作得到国家督查组现场肯定，并得到新闻出版总署《落实国务院专项行动快报》通报表扬；同时，广西查处侵权盗版工作也取得重大进展；版权研究、培训、宣传教育和公共服务都得到全面推进。

**一、推进政府机关和企业使用正版软件工作继续领先全国**

2011年，广西在全国率先全面完成县级以上政府机关使用正版软件检查整改工作任务之后，2012年，在自治区党委、自治区人民政府的统一领导下，各级党委、政府高度重视，继续扎实推进县级以上党政机关和部门使用软件正版化工作。截至2012年11月30日，全区总共投入资金12 964.8万元，总共采购软件173 197套，基本完成县级以上人民政府、党委、人大、政协、民主党派、人民团体、法院、检察院等机关使用软件正版化检查整改工作任务。同时，广西继续加大力度组织推进并基本完成全区第五批共672家企业使用正版软件工作。广西在国务院推进软件正版化工作中位列全国先进8强之首。广西推进此项工作的主要措施有：

（一）进一步强化领导，调整领导小组成员单位

2012年，广西根据机构和人员变动情况，及时调整了各级人民政府使用正版软件工作领导小组成

员。此外，自治区组织了13个相关单位成立了自治区推进使用正版软件工作区际联席会议办公室。在领导小组的统一领导下，由区际联席会议办公室具体组织推进全区正版化工作，全面强化了各级政府对正版化工作的领导，使全区推进使用正版软件工作具体落实到县（市、区）。

（二）进一步巩固成果，扩大范围

2012年，广西在全面完成县级以上政府机关使用软件正版化检查整改工作任务的基础上，继续加大力度全面巩固成果，扩大范围。自治区人民政府使用正版软件工作领导小组办公室，按照自治区党委、政府领导指示，进行周密部署，组织培训教育，持续进行督查指导，组织工作交流，全面进行查漏补缺工作。全区各级机关按照部署，2012年11月如期完成了县级以上党委、人大、政协、民主党派、人民团体、法院和检察院等机关使用正版软件工作的检查整改工作任务。

（三）分期分批开展正版软件工作培训

2012年，在自治区人民政府使用正版软件工作领导小组办公室统一组织部署下，全区各市人民政府使用正版软件工作领导小组办公室组织开展推进使用正版软件工作的培训教育工作。自治区人民政府使用正版软件工作领导小组办公室也分别在2012年8月、10月和11月，多次组织开展全区区直机关，市、县（市、区）机关和第五批企业推进使用正版软件工作培训。全年全区参与培训人员达2 000多人。

（四）全面强化督导检查

2012年3月开始，自治区使用正版软件工作领导小组办公室开始组织开展对各市使用正版软件工作的督导检查工作。在6月、10月和11月持续推进全区性督导检查，使全区使用正版软件工作始终处于强化督导检查、强力推进的工作态势。

（五）扎实推进第五批企业672家

2012年，自治区在继续加大力度组织全区第五批企业，包括新闻出版、建筑勘探设计和三星级以上酒店共672家开展推进使用软件正版化工作。通过周密部署，组织培训，督导检查和验收，至2012年11月30日，基本完成推进企业软件正版化工作任务。

（六）全面推进长效管理机制建设

2012年，自治区全面组织推进使用正版软件的长效管理机制建设，自治区人民政府使用正版软件工作领导小组办公室要求各级管理部门、直属机关和企业全面建立健全使用正版软件管理的五项制度，即把软件列入财政预算制度、软件资产管理制度、软件合同和授权书备案制度、正版软件管理制度和使用软件的责任追究制度。自治区版权局和自治区工信委还具体指导广西一铭软件股份有限公司开发研制了正版软件管理系统，推进信息化管理，力争实现全区各级机关和企业的正版软件管理系统化和网络一体化。

**二、打击侵权盗版工作取得重大成果**

截至2012年11月，据不完全统计，广西全区共出动执法检查人员63 036人次，检查出版物市场、摊点共46 442家/次，检查印刷复制发行企业11 959家/次，取缔或关闭出版物市场（摊点）613个；主动监管网站715家，重点监管网站20家，取缔非法网站1家。全区总共收缴各类非法出版物和侵权盗版制品924 517件，公开集中销毁侵权盗版和非法出版物85万件（张），查处各类非法出版和侵权盗版案件317件（次），行政处罚版权侵权案件9起，移送版权侵权刑事案件8起。公安机关依法逮捕犯罪嫌疑人6名，取保候审2名。2012年7月，广西版权局等9个单位获得国家版权局授予2011年度全国查处侵权盗版案件有功单位二等奖和三等奖奖励，广西版权局龙毅等10人获得国家版权局授予2011年度全国查处侵权盗版案件有功个人一等奖至三等奖奖励。广西开展此项工作的主要做法是：

（一）强化部署，积极行动

2012年，国家版权局和有关部门继续开展“双打”专项行动的通知下发后，自治区新闻出版局、版权局党组及时组织学习、传达贯彻，积极研究开展专项行动的具体措施；迅速成立了由广西新闻出版局、版权局、“扫黄打非”工作小组办公室组成的“打击侵犯知识产权和制售假冒伪劣商品专项行动领导小组”。领导小组及时召开会议，明确任务，落实责任，下发了《广西新闻出版局、广西版权局、广西“扫黄打非”工作小组办公室关于深入开展打击侵犯知识产权和制售假冒伪劣商品工作及进一步推进使用正版软件工作的通知》（桂新出联［2012］3号），结合广西的具体实际，对专项行动进行了统一部署。自治区各市新闻（文化）出版（版权）局也都相应成立了领导机构，制定了实施方案，并按照行动方案开展了工作。

（二）全面加强源头监管、市场监管、网络监管

一是组织对出版物的源头治理，开展印刷业专项检查整治行动。行动的主要内容是检查印刷企业承印验证、承印登记、印刷品保管、印刷品交付、印刷活动残次品销毁等五项制度的执行情况，检查

出版物印刷企业执行出版单位印刷委托书情况和检查印刷品经营场所是否存在侵犯知识产权及制售假冒伪劣商品等。2012年，自治区各级新闻出版、工商、公安、文化等行政部门共派出执法人员15 800多人次，检查印刷企业5 160多家（次），查处非法印刷经营企业10家，取缔无证经营点17家，给予口头劝诫责令整改的印刷企业293家，收缴非法印制的各类出版物73 510多册（张）。全区全年参加自治区年度核验的印刷企业为1 620家，通过核验的有1 554家，暂缓核验55家，注销11家。有效地规范了印刷行业源头监管。

二是为加大对图书、软件、音像制品的市场监管，广西版权局在2012年组织开展了对全区各市所在城区、所辖市县的图书、软件、音像制品零售企业、出租门店、光盘复制企业等音像市场的交叉检查工作。全区共抽查14个市49家音像制品零售企业和2家光盘复制企业。对少数私营门店涉嫌销售侵权盗版音像制品和淫秽色情低俗音像制品的行为，自治区版权局分别按情节轻重进行了处罚。

三是继续开展“剑网行动”。2012年，广西版权局联合自治区公安厅、自治区通信管理局等职能部门，充分发挥协调机制优势，扎实推进打击网络侵权盗版的专项行动。自治区新闻出版局、公安厅和通信管理局联合下发了《关于印发〈广西壮族自治区2012年打击网络侵权盗版专项治理“剑网行动”的实施方案〉的通知》（桂联出新［2012］6号）。行动期间，全区各级版权部门与公安、通信管理、网络运营商等部门紧密配合，充分发挥各自优势，强化主动监管和适时监控，采取主动深入重点网站现场查看等措施，加强了对全区网站的监管。广西版权局利用“广西互联网出版监管系统”，对全区涉及互联网出版内容的1 000多个网站进行日常监管。同时，加大对互联网出版物的审读力度，重点加强对政治性有害网络出版物和互联网淫秽色情低俗信息的监管和整治。全年共组织在线审读各类网络文学作品274部、论坛帖子3 116篇，组织开展了6次互联网专项审读工作，下达了14次删除互联网淫秽色情低俗出版物和政治性有害出版物的通知，责令有关网站及时删除违法违规互联网出版物，并做好违规情况记录，对相关网站进行批评教育，对多次出现严重导向问题的个别网站，商请自治区通信管理局，给予其停业整顿处罚。

四是组织开展“拒绝盗版，助力创新”的绿书签行动。按照全国统一部署，广西在全区14个中心城市全面开展行动，包括派送和张贴宣传海报、组织绿书签签名活动，并在全区14个市同时公开集中销毁侵权盗版和非法出版物85万件（张），绿书签行动深入社区，影响广泛。

**三、成功查办一批大案要案**

2012年，自治区版权管理部门主动出击，加强行政执法，加强行政与司法的衔接工作，重拳出击，查处了一批大案要案。

全年查办处理行政处罚案件9起，包括：

（1）“3·27”广西桂林依仁音像店发行盗版音像制品出版物案。罚款人民币2 000元，没收违法发行的音像制品。

（2）“3·27”广西桂林顺得音像店发行盗版音像制品出版物案。罚款人民币1 000元，没收违法发行的音像制品。

（3）“3·27”广西桂林甲山卓颖音像店发行盗版音像制品出版物案。罚款人民币1 000元，没收违法发行的音像制品。

（4）“4·6”广西桂林前进书店发行盗版《黄帝内经》案。责令停止违法行为，罚款人民币200元。

（5）“4·6”广西桂林滨江图书音像超市发行盗版《偏方秘方》案。没收剩余的23本非法图书，没收违规经营款560.5元，罚款人民币500元。

（6）“4·6”广西桂林邮政报刊批销部发行盗版报纸《旧闻新录》案。没收剩余的150份《旧闻新录》，没收违法经营额71.3元，罚款人民币1 000元。

（7）“5·21”广西桂林星海印刷厂印刷盗版《硬笔书法练习册》等出版物案。责令停止违法违规行为，没收违规印刷品，罚款人民币1.5万元。

（8）“4·13”广西贵港市东津一中出售盗版教辅图书案。没收侵权复制品《会考通关》（生物、地理）313套，共626册；罚款人民币10 000元。

（9）“8·30”广西钦州市金穗街丽都新城第1栋3号商铺的音像店出售盗版音像制品案。责令停止侵权行为，没收库存侵权《正者无敌》HDVD-9光盘共3套，没收违法所得28元，罚款人民币156元。

行政与司法衔接办理版权刑事案件8起，包括：

（1）南宁“5·28”涉嫌网络侵权盗版案。初步查明，犯罪嫌疑人自办网站传播侵权盗版文字作品6 000多部，经营多年，南宁市公安局江南分局查办。南宁市公安局对2名主要犯罪嫌疑人取保候审。

（2）南宁“2·9”子曰书社涉嫌销售盗版图书案。南宁市文化新闻出版局在广西大学校园内查获一家无证经营的“子曰书社”，当场查获盗版图书3.1万余册。该案件已移送南宁市公安机关查办，当事人农某涉嫌侵犯著作权罪已被依法批捕。

(3) 南宁“8·31”博大书店涉嫌销售盗版图书案。南宁市公安局在调查“子曰书社”的过程中发现，“博大书店”与“子曰书社”有业务往来，涉嫌经营同样的盗版书，在“博大书店”当场查获同一类型的盗版图书1万余册。该案件已移送南宁市公安机关查办。

(4) 梧州“6·15”制作、销售盗版音像光盘案。当事人陈某涉嫌侵犯著作权罪已被依法批捕。

(5) 贺州市“9·6”贩卖盗版光盘案。犯罪嫌疑人刘某被依法执行逮捕，现已移送检察机关。

(6) 贺州市“9·6”贩卖盗版光盘案。犯罪嫌疑人孟某被依法执行逮捕，已移送检察机关。

(7) 贺州市“9·6”贩卖盗版光盘案。犯罪嫌疑人黄某被依法执行逮捕，已移送检察机关。

(8) 岑溪市“7·11”贩卖盗版光盘案。犯罪嫌疑人李某被依法判决有期徒刑10个月，缓刑1年，并处罚金人民币1.1万元。

**四、版权研究、宣传和版权公共服务工作取得突破**

2012年，广西全面强化版权的宣传教育和培训工作，自治区版权局多次组织开展全区规模型版权宣传活动，联合多部门开展“4·26”知识产权宣传周活动，进行媒体通报会，全区14市以及部分县（市、区）全面展开在城市中心广场、社区和校园进行版权宣传和咨询活动。自治区和各市全年组织版权专业培训和讲座达20多场次，中央及广西主流媒体发表相关报道达100多篇。

这一年，广西版权公共服务有新的突破。自治区和各地版权行政管理部门主持调解处理多起版权纠纷案件；指导广西企业和社会公众积极参加版权作品登记工作，强化了权利人版权保护意识。广西全年完成版权作品登记196件，涉外版权合同登记257件。

同时，自治区版权局的同志坚持深入调研，认真学习，钻研业务，不断取得进步。广西版权局关于《版权行政管理亟待解决的问题》的调研报告在国家版权局的调研报告中被全文采用。自治区版权局石卫同志还应邀在全国版权执法培训会议上给全国同行上课，广西人民出版社出版发行了石卫版权研究专著《版权研究文集》。该《文集》为版权行政管理研究作出了积极的探索，受到全国各省（区、市）版权部门和专家学者的关注和欢迎。新闻出版总署副署长、国家版权局副局长阎晓宏专门致信石卫给予肯定，阎晓宏在信中鼓励说“在版权管理工作的实践中，思考和研究是十分重要的，希望继续努力，在做好工作的同时，写出更多更好的文章”。

（石　卫）

## 海南省

2012年，海南省各级版权行政管理部门在国家版权局和海南省委、省政府指导下，履行版权行政管理职能，积极开展打击侵犯知识产权和制售假冒伪劣商品专项行动，大力推进政府机关使用正版软件工作，努力提升企业开展软件正版化工作的自觉意识，切实为版权企业和权利人做好版权公共服务工作。

**一、打盗维权取得成效**

（一）积极开展“双打”行动

根据《国务院办公厅关于印发2012年全国打击侵犯知识产权和制售假冒伪劣商品工作要点的通知》，海南省制定了2012年“双打”工作计划，以省文化广电出版体育厅（版权局）牵头成立了打击侵犯知识产权和制售假冒伪劣商品专项行动领导小组，部署开展行动。海南省各市县文体局（版权局）、文化市场稽查大队等单位，在省文化广电出版体育厅（版权局）的指导和协调下，积极开展行动，严厉查处省内印刷复制企业及图书、软件、音像市场的侵权盗版行为。全省共出动检查执法人员6.7万人次，检查各类文化经营场所5.6万家（次），立案调查案件434件，结案411件，吊销许可证6家，收缴非法音像制品25.8万张，非法书报刊5.9万册，罚没款117万多元。共有9宗案件因触犯刑法，依照法定期限移送公安机关立案侦查。

（二）组织实施“剑网行动”

省版权局、省通信管理局、省公安厅等部门联合成立“剑网行动”领导小组，采取网上巡查、网站自查和现场核查的方式，一方面重点加强对南海网、天涯在线、凯迪网等主要网站的监管，另一方面省电影电视互联网监测中心把以文字、音乐、影视、软件为传播内容的网站列为重点监管对象，加大执法查处力度，严厉打击网络侵权盗版行为。继续强化各网站开展版权保护的自觉意识，进一步完善相应的版权保护机制，形成更为科学的版权保护体系。经现场和网上抽查，未发现各网站存在侵权盗版行为。

（三）打盗维权相关工作

积极配合国家版权局开展全国2012年度查处侵

权盗版案件有功单位和个人表彰的初评和推荐工作，调动公安、检察、法院、文化稽查、海关、工商等部门参与打击侵犯知识产权和制售假冒伪劣商品专项治理行动的积极性。为有效打击省内侵权盗版行为，版权管理部门建立有效的举报机制，理顺侵权盗版举报渠道，鼓励社会公众提供线索，参与到打击侵权盗版的行动中来。同时，参与鉴定各市县送来的盗版音像制品近万张（盒），为省外出版单位鉴定盗版图书20多本，调解版权纠纷3起。

**二、政府机关使用正版软件检查整改工作取得重要进展**

（一）省级政府机关软件正版化检查整改工作如期完成

2010年10月，海南省启动了政府机关软件正版化检查整改工作，列入检查整改范围的省级机关有87个（涵盖党委、人大、政府、政协、法院、检察院、民主党派、人民团体8大系统）。2011年9月，实现省级政府机关办公软件和杀毒软件的正版化；2012年5月底，实现操作系统的正版化。省级政府机关共采购通用软件17 180套，软件采购经费656.41万元。至此，省级机关已全部完成国务院办公厅通知中规定的操作系统、办公软件、杀毒软件等三类通用软件正版化检查整改任务，成为率先完成省级政府机关软件正版化检查整改工作的15个省（区、市）之一。7月6日，召开省级政府机关完成软件正版化检查整改工作新闻发布会，通报了完成情况和下一步工作打算。

（二）有序推进市县级政府机关软件正版化检查整改工作

海南省有19个市县，纳入市县级政府机关软件正版化检查整改的市县为18个（注：2012年7月成立的三沙市已于成立前作为省级机关完成软件正版化检查整改）。截至2012年年底，14个市县已完成软件正版化检查整改任务，各市县共采购软件11 841套（不含金山办公软件场地授权），软件采购经费计1 808.22万元。

（三）建立推进政府机关软件正版化检查整改措施

一是主动上门督查。省使用正版软件工作领导小组（以下简称领导小组）办公室组织成员单位对省级政府机关督查2次，并重点督查工作进展较慢的省级单位16家；对18个市县督查2次，并对经费落实较慢的8个市县多次督查。

二是电话沟通督导。领导小组办公室每周对省级各单位和市县开展软件正版化情况进行跟踪、指导和督促，领导小组负责人亲自给正版化工作进展缓慢的市县和单位的主要领导打电话，在督促正版化工作进度的同时，了解存在的问题，解决实际困难。

三是召开工作会议。6月9日，召开省级政府机关软件正版化检查验收工作会议，对检查验收工作作出部署；6月19日，召开市县级政府机关软件正版化工作会议，对推进各市县软件正版化工作，作出进一步动员和具体安排。

四是做好检查验收。6月，领导小组办公室组织对省级机关完成软件正版化情况进行检查验收；分别于9月、12月，对第一、二批完成软件正版化工作的市县进行了检查验收。

五是加强工作指导。领导小组办公室作为全省推进使用正版软件工作的具体执行机构，主动全面了解掌握各单位、各市县推进软件正版工作情况，分析问题并提出推进软件正版化工作的相关建议和意见，及时指导解决软件正版化工作中的疑难问题，帮助建立软件正版化长效工作机制。

**三、加大推进企业软件正版化工作力度**

（一）企业软件正版化取得良好进展

根据海南省实际和国家推进企业软件正版化向纵深方向发展的指导思想，2012年，海南省企业软件正版化工作以上市公司、高星级宾馆、大型建筑设计企业、网络公司为推进重点，由行业主管部门推荐，列入软件正版化企业20家。在领导小组成员单位的大力配合下，列入企业软件正版化的15家企业基本实现了软件正版化。在国家推进使用正版软件工作部际联席会议办公室的指导下，顺利完成海南省新闻出版行业大型企业的软件正版化工作。组织检查组对已完成软件正版化的企业进行复查，巩固企业软件正版化工作成果。

（二）建立推进企业软件正版化措施

一是增加工作力量。为推动企业软件正版化向纵深方向发展，增强领导小组工作力量，经向省政府申请批准，省领导小组成员单位在原有基础上又增加了省住建厅、省旅游委、省工商局，成员单位达到12个。

二是做好调查摸底。4月底，领导小组办公室与领导小组各成员单位联合对全省相关企业开展软件正版化情况进行调查，初步确定2012年软件正版化企业范围。

三是召开领导小组会议。5月22日，领导小组副组长主持召开领导小组会议，领导小组成员审议并通过2012年企业软件正版化工作计划和企业名单。

四是开展软件正版化培训。6 月，领导小组办公室与成员单位相关处室共同举办企业软件正版化培训班，20 家企业的信息技术员和部分企业的主管领导参加培训。

五是开展软件正版化宣传。领导小组办公室组织人员到企业与相关负责人座谈，宣传介绍国家推进企业软件正版化工作的相关文件精神，介绍开展知识产权保护的必要性和现实意义，以及企业开展软件正版化工作的利弊，促进企业开展软件正版化工作的自觉性和积极性。

六是组织检查验收。11 月底，领导小组办公室牵头联合相关成员单位职能处室，对企业完成软件正版化工作情况进行检查，重点是通用软件和主要业务软件的正版化情况，同时要求建立好长效管理机制。

七是继续做好回访。为巩固已有成果，领导小组办公室与各行业主管部门，从 6 月份开始分别对所属行业已完成软件正版化的企业进行回访，指导企业制定软件正版化长效管理制度。

八是开展打击销售预装盗版软件计算机行动。由省版权局牵头，各市县文体部门和文化稽查部门配合，对计算机商户销售的计算机预装软件行为进行检查，从源头上制止盗版软件进入政府机关。

**四、版权服务与版权贸易得到提升**

全年为著作权人办理作品登记 101 件，为全省出版单位办理涉外图书出版合同备案登记 181 件，全省出版单位有 3 本图书版权输出台湾、香港、澳门、韩国。

1 月，省版权局与文昌书香小镇公司派出代表考察北京国际版权交易中心和北京东方雍和国际版权交易中心，省版权局、文昌市政府、文昌书香小镇公司三方签署《共建国际版权贸易基地战略合作协议书》，共同筹建海南第一个国际版权贸易基地。

**五、版权宣传活动社会反响良好**

4 月，参与“4·26”知识产权宣传周活动，省版权局与省知识产权局举办知识产权宣传周的启动仪式。联合省文化市场稽查总队、海口市文体局等单位开展广场知识产权宣传活动，现场发放了版权知识手册 500 多册，接受著作权方面的咨询 200 多人次。

6 月至 9 月，省版权局分别在海口市、五指山市、琼中县等市县开展市县公务员使用正版软件工作培训班，介绍软件著作权相关知识和开展政府机关软件正版化检查整改工作的有关要求，培训公务员 500 余人。组织华闻传媒、海南日报报业集团等省内大型企业开展企业软件正版化培训班，培训企业相关人员 60 余人。

11 月，对省内侨刊采编人员作著作权知识讲座，26 名侨刊采编人员参加了讲座。

（曾伯林）

## 重 庆 市

2012 年，重庆市版权局在市委、市政府的坚强领导下，认真按照国家版权局的工作部署，优化监管，强化服务，促进发展，较好地完成了各项目标任务，促进了重庆文化科技事业的发展。

**一、优化监管**

（一）扎实开展打击侵犯知识产权和制售假冒伪劣商品专项行动

一是加强对计算机预装软件的监管。召开计算机软件预装工作座谈会，要求软件厂商和电脑经销商自觉抵制预装盗版软件行为。加强对电脑市场预装盗版操作系统的监督和管理，各区县文广新局通过与销售商签订《诚信守法经营责任书》、执法检查等形式，从源头上规范软件销售行为。

二是开展打击网络侵权盗版专项行动。联合市文化市场行政执法总队等部门开展打击网络侵权盗版专项治理“剑网行动”，加强对市内 10 余个大型网站上载内容的监管。全市查处网络侵权盗版案件 12 件，没收侵权服务器 4 台，责令 3 家网站停止侵权，促进互联网产业健康发展。

（二）深入推进政府机关软件正版化工作

2011 年年底，在完成市级政府部门软件正版化整改工作的基础上，全市 38 个区县（自治县）政府全面完成了软件自查工作，其中万州区、黔江区、渝中区、九龙坡区等 13 个区县（自治县）完成了本级政府机关软件正版化整改工作，其余区县（自治县）正在有序推进整改工作。

一是调整领导机构。根据国家推进使用正版软件工作领导机构调整的情况，市政府把“重庆市推进企业使用正版软件工作委办局联席会议”更名为“重庆市推进使用正版软件工作委办局联席会议”，新增市审计局、市文化市场行政执法总队等部门为成员单位，合力推动软件正版化工作开展。

二是加强业务指导。派出软件版权专业人员分赴 32 个区县（自治县），就版权法规、软件正版化实务对区县政府各部门进行集中指导。每季度定期与各区县政府联系，及时掌握工作进展和存在的问题，协助区县政府推进整改工作。

三是加强监督管理。多次约谈软件厂商及供应商，要求重合同守信誉，强化服务意识，规范销售行为。认真核对区县（自治县）政府的正版软件授权情况，督促建立软件正版化长效机制。

（三）有序推进企业软件正版化

一是推进第五批66家企业软件正版化工作。以“突出重点”和“广泛推进”相结合的方式，推进重庆市大中型企业开展软件正版化工作。对经营状况良好的企业进行检查验收，对存在的问题提出整改意见。对受国际金融危机影响较大的企业暂缓检查，并限期整改。

二是完成新闻出版业大型企业软件正版化工作。认真开展重庆日报报业集团、重庆出版集团、重庆新华书店集团、重庆广电集团的软件正版化宣传培训、统筹推进、检查整改工作。

三是推荐表彰第三批软件正版化示范企业。动员符合条件的企业报送材料，认真审核并向国家版权局推荐表彰3家企业，发挥示范企业的带动作用。

**二、强化服务**

（一）打造服务平台

建设全国首个集作品登记、证据保全、价值评估、版权交易等功能于一体的重庆版权云端服务平台，并亮相深圳文博会，受到新闻出版总署副署长孙寿山的肯定及业界的好评。

成立国内首个以版权为专业的司法鉴定机构——重庆市版权司法鉴定中心，为权利人提供技术保护和法律服务，对5万余张涉及游戏、软件等作品的光盘进行司法鉴定，出具法律意见书4份。

建立黄桷坪艺术园区、重庆创意产业园区版权服务工作站，深入探索符合重庆市实际的版权公共服务体系。

（二）优化作品登记制度

实行作品免费登记制度，鼓励广大著作权人创造出更多更好的作品，促进重庆文化和科技的发展繁荣。在网站和登记大厅公示作品登记指南，优化登记流程，严格形式审查，缩短办证周期，提升版权行政服务效率。全年办理作品登记15 040件，同比增长16.3倍，超过重庆市前十年作品登记量的总和；办理计算机软件著作权登记617件，同比增长17.1%；办理版权贸易合同审核登记261件，同比增长29.2%。

（三）改进服务机制

进一步完善作品登记、法律服务、版权交易、教育培训“四个上门”机制，为企业提供便捷、高效的版权服务。全年走访大中型企业388家，开展现场服务272次，派出工作人员532人次，调解版权纠纷及参与涉诉案件50余件。

**三、促进发展**

（一）打造版权兴业基地

着力打造綦江版画版权兴业基地。古剑山原生态艺术（版画）村8幢国家馆和艺术家工作室外装饰基本完成，正在新建4幢艺术家工作室。推动綦江印象版画有限公司与荣昌折扇企业达成研发衍生品战略合作协议。促进綦江版画企业引进战略投资打造版画创作队伍和销售网络。

新建黄桷坪艺术园区版权兴业基地。与九龙坡区政府签订《推动九龙坡版权产业发展合作协议》，建立重庆艺术品版权交易中心，强力打造西南艺术品在线交易平台。参与主办“2012青春与版权同行”川美学生作品展示交易会、重庆市第五届黄桷坪新年艺术节，10多家单位在会上签约，成交额达8 981万元。

支持梁平版权产业发展。大力支持梁平县引进的重庆知德文化传播有限公司的发展，推动其与重庆艺术品版权交易中心开展版权合作。协助建设“梁平文化创意产业基地”，梁平竹帘、木版年画、土陶三项非遗产品投产销售。

助推猪八戒网打造创意产业“淘宝网”。帮助猪八戒网建立版权保护、作品交易的机制，上门提供版权服务。

（二）推动版权贸易

在国际合作方面，全市新闻出版单位引进图书版权218项，输出版权70项，版权贸易逆差由2011年的3.47∶1缩小至3.11∶1。重庆大学出版社与英国塞琦出版公司达成战略合作协议，加强版权引进输出、共同出版合作。维普资讯着力打造世界知名学术期刊数据库，全年新增期刊文章280万篇，境外IP访问量500万个。重庆日报报业集团开辟4个海外版，累计出版发行1 000余个对开版，年营业额达25万美元，每期拥有直接读者约40万人。中国眼镜杂志社在国内外设立了40多个联络处或发行点，海外读者逾万人，成为全球眼镜行业最具影响力的期刊之一。华龙网开设6个外语频道，读者遍及全球180多个国家和地区，日均发稿量226条，日均点击量约20万。猪八戒网全年交易作品110万件，交易金额逾14亿元，服务区域覆盖30余个国家和地区，成为全国最大的创意作品在线服务交易平台。

在国内合作方面，推动上海艺谷公司与綦江版画家长期合作，签订500多幅价值100多万元版权贸易合同。天健网输出网络出版物版权2 380种，实现销售额42万元。梁平摄影家协会部分会员作品入选《魅力梁平》，实现作品版权交易2万余元。

（三）帮助企业走出去

积极与市外宣办和其他外事部门合作，对越南等国开展系列文化交流活动，实现期刊境外办刊“零”突破，开创重庆市新闻出版走出去工作的新局面。市委常委、宣传部部长徐海荣率领重庆市新闻出版代表团访问越南，会见越共中央宣教部副部长阮世纪，签订一系列合作协议。重庆出版集团与越南出版协会达成64种渝版图书版权转让意向，重庆《旅游新报》与越南《旅游周刊》互换版面，《农家科技》杂志出版越文版。“感受重庆——越南·重庆电视周”在越南国家数字电视台开播，向越南观众展现了重庆独特的自然和人文魅力。

精心组团参加伦敦书展、法兰克福书展、美国书展等国际重大会展，不断扩大巴渝文化影响力。

**四、加强宣传**

（一）举办新闻发布会提高软件正版化影响力

以市政府新闻办名义举行2次新闻发布会，详细介绍全市政府机关和企业软件正版化情况，为软件版权保护营造良好社会氛围。

（二）深入街道、园区开展版权宣传

利用“4·26”知识产权宣传周、“世界读书日”等平台，举办版权宣传活动，制作大型展板3块，发放宣传资料1 000余册（张），接受法律咨询300多人次，现场接受《重庆日报》、华龙网等10余家媒体采访。

（三）深入高校、协会开展专业培训

深入重庆邮电大学、四川美术学院、重庆市软件行业协会、荣昌县等地以案说法，向广大师生和权利人介绍版权专业知识，提高专业人士的版权保护水平。全年举办大型培训30余次，近3 000人参训。

（四）组织大学生参加全国大学生版权征文

西南政法大学、重庆大学、重庆理工大学、重庆工商大学的21篇学生论文获奖，其中获研究生组、本科生组一等奖各1名。

（许家伟）

## 四　川　省

按照四川省2012年度版权战略推进计划，省版权局紧紧围绕提升版权创造水平、促进版权合理运用、提高版权管理能力、加强版权行政保护，突出普法宣传、保护创新、鼓励创造、软件正版化工作，以推动版权贸易和产业发展为重点，稳步实施版权战略，取得明显成效。

**一、开展著作权法律法规宣传**

制定版权宣传工作方案，拓宽宣传载体，创新宣传方式，采取新闻媒体宣传、公益广告宣传、版权工作专题培训等各种形式开展版权普法宣传教育，努力营造“正版光荣、盗版可耻，尊重版权、保护创新”的社会氛围。各市（州）版权部门认真组织实施，设计制作宣传海报、知识手册、宣传标语，开展“版权进校园、社区、企业”活动，以宣教展览、定点咨询、发放资料等形式加强版权主题宣传；在党报党刊刊登报道版权相关工作，策划拍摄版权工作宣传视频，并在电视台、公交移动电视、楼宇外墙LED等视频媒体播放；设计制作版权平面宣传公益广告，并在城市广场、大型商场、公交站台、主干道（公益广告点位）以及公共阅报栏、农家书屋等地投放张贴；举办版权知识讲座，开展版权工作专题座谈会，举行新闻发布会，公布宣传打击侵权盗版工作成果和版权保护典型案例。组织开展四期版权行政执法工作培训，全年共培训760余人次，大大提高了行政执法人员整体业务素质。

编印新修订颁布的《著作权法实施条例》、《计算机软件保护条例》、《信息网络传播权保护条例》共800册，下发局机关和各市（州）；制作“版权与我同在，生活丰富多彩”等10条宣传标语共5 200幅，在全省各地张贴宣传，印制近千份《2012年度四川省版权保护典型案例》下发各市（州）。组织参加2012年“4·26”全国知识产权宣传周四川地区活动开幕式，宣讲版权战略。牵头组织省级相关部门，开展联合执法检查活动，重点围绕计算机软件市场开展突击检查，打击非法预装计算机软件行为。精心组织版权保护案例评选，向全省公开发布10个2012年度四川省版权保护典型案例。

**二、大力推进版权贸易**

积极扶持版权产业实施“走出去”战略，大力推动版权贸易。2012年4月，联合省商务厅，牵头组织省内20家图书和期刊出版单位，参加伦敦国际书展，《汶川大地震》、《美好新家园》等一批作品在展会上参加展出，并开展了版权贸易相关活动。2012年，四川省签订并备案对外版权贸易合同259项，其中，引进图书167项、期刊4项、软件5项、音像制品10项，版权输出73项。联合省级相关部门，积极推动企业参与境外市场开拓，相关企业获得服务贸易项目资金共计77万元，其中，出版单位境外参展37万元，出口翻译15万元，软件企业国际认证25万元。开展作品登记，促进作品创新，据初步统计，2012年，共完成各类作品登记1 031件，计算机软件版权登记突破3 100余件，同比增长约15.3%。

**三、加大版权执法力度，开展打击侵权假冒工作和"剑网行动"**

（一）加大版权行政执法力度

加强版权行政执法保护体系建设，统一案件受理标准、办案程序，规范执法行为，强化执法手段，提高版权行政执法能力和水平。全年共受理查处侵权盗版案件122件，收缴各类侵权盗版制品198万册（盘），向相关单位和部门移送案件24件，做到件件办结。直接对四川科技职业学校发行盗版教材案进行立案查处，依法作出行政处罚。函告省通信管理局，依法关闭7家侵权网站。

精心组织著作权行政执法典型案件评选活动，组织全省版权行政管理部门，参加国家版权局组织的查处侵权盗版案件有功单位、有功个人评选活动。四川成都"8·9"批销淫秽盗版光盘专案组、"10·19"侵权制售盗版音像制品案和成都市文化市场综合执法总队等分获一等奖，3个单位获二等奖，8个单位获三等奖，17名同志分别获个人奖项，这是四川省历年得到国家版权查处案件肯定，获奖项数最高最多的一年。

（二）整体推进打击侵权假冒工作和"剑网行动"

以打击侵犯著作权行为为重点，强化工作职责，落实具体措施，全面整体推进打击侵犯知识产权和制售假冒伪劣商品工作。积极会同"扫黄打非"、公安等部门，加大对印刷复制企业的源头监管和图书、软件、音像制品的市场监管，开展打击网络侵权盗版"剑网行动"。

2012年，全省各地共出动检查人员164 396人次，检查出版物市场12 788个（次），检查印刷复制企业36 952家（次）；查办案件196起，其中行政处罚案件141起，移送司法机关案件16起，其他案件39起；收缴侵权盗版出版物、软件262.05万余册（盘、张），取缔关闭出版物市场、店面摊点2 676个，取缔关闭印刷复制企业202家。履行牵头单位职责，联合省公安厅、省通信管理局、省互联网信息办公室，组织开展了为期4个月的打击网络侵权盗版专项治理第八次"剑网行动"，主动将14家门户网站纳入日常监管，取缔关闭非法网站50个，积极查办网络侵权案件。举行2012年度侵权盗版及非法出版物集中销毁活动和"加入绿书签、保护知识产权签名"活动，共销毁侵权盗版及非法出版物162万件，集中展示了全省打击侵权盗版和非法出版活动工作成果。

（四川省版权局）

## 贵州省

2012年，贵州省版权局在国家版权局领导下，认真贯彻落实各项工作任务，取得较好成绩。

**一、完成使用正版软件工作**

（一）完成政府机关使用正版软件工作

根据《省人民政府办公厅关于进一步做好政府机关软件正版化检查整改工作的通知》（黔府办函［2012］10号）精神，努力实现年内完成省级政府机关使用正版软件工作目标。

2011年1月，贵州省政府机关软件正版化检查整改工作正式启动，2012年5月下旬后加速推进。省级政府机关于2012年6月底、全省9个市（州）级政府机关于2012年11月底全面完成软件正版化检查整改工作，全省88个县（区）级政府中有24个县（区）级政府机关全面完成了软件正版化检查整改工作。经省推进使用正版软件工作督查组检查验收，省、市（州）级政府机关全面完成了软件正版化检查整改任务，计算机操作系统、办公软件、杀毒软件正版率达到100%。县（区）级政府机关软件正版化工作正在有序推进，计划于2013年7月30日前完成检查整改任务。

2012年7月8—10日，国务院督查组对贵州省进行了督查，现场抽查了贵州省住房和城乡建设厅、省民委、省旅游局、省药监局等8个省级政府机关的66台计算机，没有发现使用盗版软件和超授权范围使用软件的情况，总体情况良好。督查组对贵州省委、省政府推进省级政府机关使用正版软件工作给予了充分肯定。

（二）加强和规范省级行政事业单位软件资产管理

为贯彻全国打击侵犯知识产权和制售假冒伪劣商品专项行动工作部署，落实国务院关于推进软件知识产权保护和加强软件资产管理的要求，进一步加强和规范省级行政事业单位软件资产管理，6月26日贵州省版权局、省财政厅联合下发了《贵州省省级行政事业单位软件资产管理暂行办法》。

（三）强化督促检查，是确保整改质量的重要举措

在软件正版化整改工作中，各级政府把督导检查作为推进工作的重要手段。按照省人民政府的要求，各级政府对本级机关通用软件现状进行二次复查，并把整改范围扩大到党委、人大、政协、法院、检察院、民主党派、人民团体机关，实现政府机关全覆盖。省、市（州）人民政府督查室会同推进使用正版软件工作领导小组组成督查组，按照“边整改、边督导，完成一家验收一家”的要求，对本级机关进行检查验收，保证了整改工作质量。

充分考虑贵州实际情况，努力探索适合省情的软件正版化途径是完成正版化工作的有效手段。各级人民政府积极探索适合省情市情的软件正版化工作新途径，既站在支持国家民族软件产业发展的高度，又节省采购资金、保证软件正版化工作取得实效。各级人民政府在办公软件采购中均采用国产办公软件场地授权模式，以较少的资金实现了本地区办公软件的正版化。

各级政府在软件正版化检查整改工作中，标本兼治，从建立健全规章制度入手，使软件正版化工作规范化、制度化、常态化。如贵阳市人民政府高度重视软件正版化工作的规范化、制度化和常态化建设。市人民政府下发了《贵阳市关于进一步推进软件正版化工作的实施意见》、《贵阳市市级机关软件资产管理办法（试行）》和《贵阳市市级机关正版软件采购预算方案》。同时，市人民政府重视对公务员的版权意识教育，编写下发了《贵阳市机关软件正版化知识问答手册》，在机关内部张贴保护版权宣传画，在督查验收的计算机上张贴“正版软件”标识，从而巩固了软件正版化成果。

（四）完成新闻出版行业部分企业使用正版软件工作

根据新闻出版总署办公厅《关于推进新闻出版行业企业使用正版软件工作的通知》（新出厅字[2011] 459号）文件精神，制定下发通知，对贵州出版集团公司、贵州日报报业集团使用正版软件工作进行部署，两企业均于10月30日完成使用正版软件工作。两企业在使用正版软件工作中建立了软件资产管理相关制度。

**二、规范市场秩序，加强版权保护**

（一）开展打击网络侵权盗版专项治理行动

按照国家版权局、公安部、工业和信息化部、国家互联网信息办公室联合下发的《2012年打击网络侵权盗版专项治理“剑网行动”实施方案》精神，省版权局、公安厅、通信管理局、互联网信息办公室联合召开了工作会议；成立了“剑网行动”工作领导小组；确定了全省重点监管网站；向社会公布了“剑网行动”举报电话和电子邮箱；四部门联合向全省各市、州、地下发了《关于开展2012年打击网络侵权盗版专项治理“剑网行动”的通知》。各市、州版权局也按照省“剑网行动”工作领导小组的统一部署，制定了工作方案。

省版权局组织引导合法经营的互联网企业开展“先授权，后传播”的自查自纠活动，同时对确定的“金黔在线”、“贵阳新闻网”、“贵州信息港”等3家重点网站进行了重点督查。经查，3家重点网站各类证照齐备，建有版权保护制度，无侵权行为。

全省出动大量执法人员、执法车辆，端掉“黑网吧”327个，收缴盗版软件8 307件、盗版音像制品1 787 270件，删除、屏蔽网络各种有害信息42 069条。

（二）开展打击侵犯知识产权和制售假冒伪劣商品专项行动

根据国家版权局及有关部委的工作部署，继续开展打击侵犯知识产权和制售假冒伪劣商品专项行动，严厉打击侵权盗版行为。向国家上报打击侵犯知识产权和制售假冒伪劣商品专项行动阶段性情况及各种报表。

专项行动中，全省共出动执法人员40 984人次，执法车辆6 817台（次），检查出版物市场、店档摊点18 596个，检查印刷复制企业17 371个（次），取缔关闭出版物市场经营门店及游商地摊2 715个，捣毁非法印刷复制企业112个，对2 724家（次）邮政物流企业、3 759家（次）快速传递公司、1 096个（次）景区景点、3 464个（次）报刊亭，以及3 982家（次）各类超市及软件批销市场进行了联合执法检查，查处出版物行政处罚案件109起，查办刑事案件11起，收缴各类非法出版物总数为251.2万件（其中：非法宗教宣传品27 100件，淫秽色情出版物61 245件，非法报纸期刊128 347份，盗版教辅资料475 205件，盗版图书24 850件，盗版软件8 307件，盗版音像制品1 787 270件）。

**三、加强知识产权知识宣传，提高全民知识产权意识**

一是积极参加“4·26”知识产权宣传周系列宣传活动，加强版权公益宣传，发送《著作权法》单行本。

二是做好著作权作品登记工作。积极开展民族

民间艺术作品版权登记和非物质文化遗产版权保护工作。完成著作权作品登记192件。

三是加强软件正版化工作。2012年办理微软侵权投诉案5起。根据行政处罚程序，对被投诉的公司进行调查、取证，同时也对各公司做耐心细致的说服教育工作，经过多方共同努力，促成双方达成共识，最终撤诉。

**四、加强培训，提高执法人员综合业务能力**

一是组织市、州、地执法人员共10人参加了国家版权局版权管理司举办的“2012年基层版权执法培训”学习，提高版权行政管理、执法人员的综合素质，提高版权执法人员在新形势下的版权执法能力和软件专业知识水平。

二是根据贵州省各市（州）情况，采取多种形式对版权工作人员进行培训，先后到安顺市、铜仁市、黔东南州、黔西南州等地讲课，提高基层版权执法工作人员的版权理论知识水平，增强鉴别盗版软件能力。

（贵州省版权局）

## 云　南　省

2012年，云南省版权局在省委、省政府的领导下，认真贯彻《国家知识产权战略纲要》，以打击侵犯知识产权和制售假冒伪劣商品专项行动（以下简称“双打”行动）和打击网络侵权盗版专项治理“剑网行动”（以下简称“剑网行动”）为抓手，以软件正版化为工作重点，加强版权行政管理，增强服务意识，努力提高版权服务水平，为云南版权产业发展及加大版权公共服务体系建设等方面做了一些工作。

**一、积极推进软件正版化工作**

（一）完成省级政府机关软件正版化

为确保按时完成省级政府机关正版软件的采购和安装工作，省财政投入经费1 960.67万元，通过统谈统采办公软件和统谈分采操作系统软件相结合的方式进行正版软件采购。在时间紧、任务重的情况下，6月底前保质保时完成了45家省级政府机关正版软件的采购和安装，并通过了国家督查组的检查验收。同时，还获得了金山公司对各州、市、县政府机关办公软件的场地授权。

（二）部署州、市、县级政府机关软件正版化

8月21日，云南省推进使用正版软件工作领导小组办公室组织16个州、市、县的政府副秘书长、新闻出版局局长、有关部门负责人和129个县区文体局局长共188人进行培训，下发州、市、县级政府机关软件正版化工作实施方案，积极推进州、市、县政府机关软件正版化工作。12月6日，云南省召开推进使用正版软件工作电视电话会议，全面部署州、市、县政府机关软件正版化工作。省推进使用正版软件工作领导小组组长、副省长高峰出席会议并讲话，对推进州、市、县政府机关软件正版化工作作了部署。

（三）推进企业使用正版软件

在推进省级和州、市、县级政府机关软件正版化的同时，按照国务院要求，分层次、分重点、分先后推进企业软件正版化工作。“以大型企业为重点，以国有、外商投资、民营大型企业在先、中小企业在后”的原则，依次推进企业软件正版化工作，60家目标企业全面实现软件正版化。按照新闻出版企业要走在前列的要求，9月，云南省出版集团公司、云南日报报业集团、云南新华书店集团3家省级新闻出版企业投入资金825万余元，全部实现软件正版化。

**二、加强版权保护宣传教育**

开展“4·26”知识产权宣传周活动，全省共开展各类宣传活动114场次；发放宣传品6万余份；接受版权咨询15 600余人次。同时，加大培训力度，对执法人员及有关从业人员进行相关法律法规知识的培训，共开展各类版权培训75场次，培训人员9 000余人。

**三、加强版权社会监管，加大版权行政执法力度**

（一）开展“剑网行动”

在为期4个月的“剑网行动”中，确定了云南新闻网等54家网站作为此次专项行动重点监管网站，接受网络侵权举报3次，对涉及侵权的20家网站进行了查处。对68个播放器的运营情况进行排查，并对有关情况进行了专报。

（二）开展“双打”行动

在“双打”行动中，共出动检查人员7万人次，检查出版物市场（店档、摊点）35 992个（次），检查印刷复制企业12 721家（次）；取缔关闭出版物市场（店档、摊点）463个；收缴侵权盗版音像制品312 749张、侵权盗版图书128 369册；查办案件132起，涉案金额共计162 788元。

**四、积极推进版权公共服务工作**

加大作品登记工作宣传力度，贯彻落实国家版权局关于作品登记工作的要求，开设作品登记绿色通道，提高作品登记工作效率，全年作品登记261

件。同时依托省著作权保护协会，开展软件著作权代办登记，共代办软件著作权登记20件。昆明市制定出台了《昆明市计算机软件著作权登记资助暂行办法》，对计算机软件著作权登记予以资助。共有278件软件登记作品获得了资助，资助金额达20万元。

**五、著作权保护协会换届**

3月，云南省著作权保护协会召开第二届会员代表大会，选举产生新一届理事会并通过新的《章程》、吸纳新的会员。协会还积极配合省版权局开展宣传培训、法律咨询、法律援助等活动，有力地促进了版权保护事业的健康发展。

（肖九元）

## 西藏自治区

2012年，西藏自治区版权局在自治区人民政府的领导下，贯彻落实全国新闻出版（版权）工作会议要求，突出重点，抓住关键，以开展打击侵犯知识产权和制售假冒伪劣商品专项行动、推动机关办公软件正版化为抓手，着力深化新闻出版法律法规宣传教育活动，各项工作卓有成效，有力地服务于西藏发展稳定的大局，为推动新闻出版繁荣和版权产业发展发挥出重要作用。

**一、加大监管力度，开展打击侵权盗版专项行动**

一是以打击侵犯知识产权和制售假冒伪劣商品专项行动为抓手，着力加强侵权盗版行政执法。按照自治区“双打”办公室的工作要求，认真贯彻落实国家版权局“双打”精神，紧密配合自治区“双打”行动，研究制定《关于深入开展打击侵犯知识产权和制售假冒伪劣商品工作及进一步推进使用正版软件工作方案》，安排部署全区打击侵权盗版专项治理。在打击侵权盗版行动中，累计检查各类印刷复制企业和图书、软件、音像制品等出版物批销场所64 057家；对100余起案件依法作出行政处罚；将拉萨市“5·13”非法刻录光盘和日喀则尼玛普尺非法刻录光盘等2起侵权盗版案件移送司法机关追究刑事责任；收缴、罚没侵权盗版等违法印刷复制品60多万件，从源头上打击印制复制领域的侵权盗版活动，有效净化了出版物市场环境。

二是认真开展打击网络侵权盗版专项治理“剑网行动”。根据国家版权局、公安部、工业和信息化部等《关于印发〈2012年打击网络侵权盗版专项治理“剑网行动”实施方案〉的通知》精神，制定《西藏自治区2012年打击网络侵权盗版专项治理“剑网行动”方案》；成立打击网络侵权盗版专项治理领导小组，召开有关部门协调会，版权、公安、工信等部门联合开展打击网络侵权盗版专项治理“剑网行动”，采取措施督查各地同步开展，组织区内主要网站开展“先授权，后传播”自查自纠工作，加强对区内音视频、文学网站、动漫游戏网站及电子商务网站的监管，严厉打击未经著作权人许可非法上传、传播他人作品及通过电子商务平台兜售盗版音像、软件产品等违法犯罪活动。同时，对中国西藏之声、中国西藏新闻网等12家网站进行主动监管，动态监控，有效净化了网络环境。

**二、结合西藏实际，积极推进区县以上政府机关办公软件正版化工作**

为认真贯彻落实国务院办公厅《关于进一步做好政府机关软件正版化检查整改工作的通知》（国办函［2011］130号）文件精神，按照国家推进办公软件正版化工作部际联席会议的要求，经自治区人民政府批准，成立以自治区人民政府办公厅牵头，区版权局、工信厅、财政厅等10个部门组成的自治区推进软件正版化工作厅际联席会议及办公室，统筹安排部署自治区软件正版化工作。

一是制定推进软件正版化工作计划。为认真贯彻国家推进使用正版软件工作部际联席会议《2012年推进使用正版软件工作计划》（新出字［2012］22号）等5个文件精神，厅际联席会议制定了推进自治区机关办公软件正版化工作实施计划。计划共分4个部分、14项具体内容和要求，全面推动自治区机关软件正版化工作。

二是召开自治区政府专题会议。厅际联席会议先后3次组织策划召开自治区推进机关办公软件政府专题会议，自治区副主席多托、自治区人民政府副秘书长王维才和才旦南杰分别主持会议，研究推进自治区级机关正版化阶段性工作，为顺利完成自治区级机关正版化工作和安排部署地（市）县级机关正版化工作奠定了基础。

三是开展专项督促检查工作。根据国家推进软件正版化工作部际联席会议《关于开展软件正版化工作督促检查的通知》（新出明电［2012］3号）文件精神，区版权局联合区工信厅、财政厅下发《关于进一步推进政府机关软件正版工作的通知》，因地制宜，层次互动，开展督促检查工作，累计检查自治区级机关64个（包括党群系统），计算机11 565台，需要更换非许可软件15 871套，其中，非许可操作系统7 126套，非许可办公软件8 745套。向部际联席会议撰写《西藏自治区关于开展软件正版化工作的自查报告》，并以信息的形式，向各地（市）通报全区各地（市）县机关办公软件正版化工作推进情况，切实推进全区机关办公软件正版化工作。

四是加强与自治区政府采购中心的沟通，多渠道联系降低软件采购成本，确保自治区级机关软件正版化工作顺利进行。3月10日、6月19日两次进行政府采购，其中，积极与北京总部软件机构进行价格谈判，为区财政节省80多万元，使自治区的政府采购价格在全国处于中等偏低价位。

五是安排部署自治区级机关办公软件更换安装工作。5月10日、7月4日分别召开自治区级机关办公室主任会议，安排部署自治区级机关办公软件更换安装工作。自治区级机关累计更换安装非许可软件15 871套，64个自治区级机关已经全面完成软件正版化检查整改工作。并按照国家推进使用正版软件工作部际联席会议办公室的要求，7月8日，召开西藏自治区推进使用正版软件新闻发布会，向新闻媒体公布自治区机关推进使用办公软件工作成果。

六是积极推进地（市）县级软件正版化工作。为切实推进地（市）县级机关办公软件正版化工作，自治区推进软件正版化工作厅际联席会议办公室先后联合各成员单位以自治区政府办公厅名义下发《关于进一步做好地（市）县级机关办公软件正版化工作的通知》（藏政办发［2012］85号）和《关于进一步推进政府机关软件正版工作的通知》等文件，按照检查摸底、政府采购、更换整改、检查督导四个阶段进行。各地（市）县以县级为统计单位，开展摸底调研工作。7个地（市）县累计检查机关399个，累计检查计算机29 745台，7个地（市）县需更换非许可软件44 015套；其中，非许可操作系统软件为21 092套，非许可办公软件22 923套。拉萨市完成全市41个市直机关正版软件检查整改工作，更换非许可软件1 908套，其中，非许可操作系统954套，非许可办公软件954套。其他地区也都在上报审批进行中。

七是积极开展推进软件正版化培训。为提高各级机关干部计算机专业知识水平，巩固软件正版化取得的成果，自治区版权局组织有关专家分层次、分地区开展计算机基础知识培训。以培训区级机关业务骨干为起点，先后在拉萨市、林芝地区、山南地区、日喀则地区等地开展5场计算机基础知识培训，发放软件正版化工作宣传资料2 000余册，培训业务骨干1 000余人，扎实推进地（市）县软件正版化工作。

截至2012年年底，全区累计检查机关463个，其中，自治区级64个，7个地（市）县399个；检查计算机41 310台，其中，自治区级机关11 565台，7个地（市）县29 745台；全区需要更换非许可软件59 886套，其中，自治区级机关15 871套，7个地（市）县44 015套。已累计投入资金1 577.34万元，其中，自治区级机关投入1 323.42万元，拉萨市政府投入253.92万元，完成64个自治区级机关和41个拉萨市直机关共计16 879套计算机正版办公软件检查整改工作，其余6地（市）县的计算机检查整改工作正有序推进，已进入政府采购阶段，预计地（市）直机关将按照国务院的要求，与全国同步完成软件正版化检查整改工作。

**三、创新宣传方式，开展著作权法普及宣传**

一是多种形式开展世界知识产权日主题宣传活动。紧扣“4·23”世界图书日、“4·26”世界知识产权日宣传主题，突出“拒绝盗版，助力创新”，开展“绿书签行动2012”系列宣传活动。在主流媒体上刊登“绿书签行动”公益广告。4月20日，在市新华书店门前举行启动仪式，自治区副主席多托等100多名各族各界人士出席启动仪式并签名。拉萨市八中、八一学校、市北京中学分别举行签名活动，张贴公益广告，发放“绿书签”，市一小还发出了倡议书。新华书店、电影院和音像制品零售店等载体张贴海报，发放“绿书签”，组织签名加入“绿书签行动”、持“绿书签”购书看电影8折优惠等活动。结合自治区特点，先后加印带有少数民族字体的宣传海报2 000余张，“绿书签”20 000余张。整个活动中，全区共张贴海报4 000余张，发放“绿书签”40 000余张。充分传递了各族群众尊重知识、尊重创造，打击盗版、保护创新的心愿。

二是大力开展法治宣传教育活动。根据自治区综治委的安排，紧扣维稳工作大局，先后组织60多人次集中开展5次大规模的街头法制宣传教育活动，发放宣传材料3 000余份（本）。针对过去宣传材料印刷过于单一的情况，增加新的宣传内容，策划、编译和印刷新闻出版宣传材料和宣传品共4个单行本和16个拆页，更好地满足干部群众的需要。

**四、尽职履责，做好版权管理日常工作**

一是参加与版权法相关的活动。认真履行工作职责，面对文化市场综合执法对新闻出版特别是版权执法的新要求，召集业务部门，认真逐条学习《西藏自治区文化市场相对集中行政处罚权规定》，并按照自治区法制办的要求，对不妥之处提出修改建议；参与自治区人大法工委关于《西藏自治区文化市场管理条例》和自治区水利厅关于《西藏自治区贯彻〈中华人民共和国水法〉实施条例》的调研座谈。

二是积极组织专业人员参加总署版权管理司执法培训。西藏版权局先后选派10余人次参加4个班次的版权执法知识培训，巩固和提高业务知识水平和能力。选派人员学习回来后，主动向领导汇报培训情况和学习收获，并结合自治区实际情况，提出自治区开展版权法制工作对策建议。

三是根据西藏自治区版权局领导批示，按照自治区行政审批制度改革办公室的要求，结合总署法规建设的总体要求，联合相关业务部门，对新闻出版行业的行政许可与非许可法规进行逐条核对，形成46项新闻出版系统的行政审批项目，收录到《西藏自治区行政审批目录管理办法》中。

（西藏自治区版权局）

## 陕　西　省

2012年，陕西省版权局深入贯彻落实科学发展观，大力实施《陕西省知识产权战略推进计划（2011—2012年）》，在版权公共服务、打击侵权盗版、推进软件正版化、版权宣传培训等方面开拓进取，取得显著成效。

**一、做好版权公共服务工作**

积极贯彻落实国家版权局《关于进一步规范作品登记程序等有关工作的通知》精神，扎实推进作品登记工作，陕西省2012年作品登记249件，版权合同备案224件。积极探索拓展作品登记的范围和方式，指导西安电视剧版权交易中心开展作品登记代办业务。同时积极推进版权贸易，组织省内出版单位参加第19届北京国际图书博览会；组织“全国版权交易共同市场论坛”、“陕西文化产业投资控股（集团）有限公司影视创新沙龙”；召开版权交易与文化产业发展座谈会。省版权局《民营图书公司版权贸易中若干问题的调研报告》获得“省宣传思想文化工作优秀调研成果”二等奖。加快扶持引导陕西文化产业投资控股（集团）有限公司创建西部国家版权交易中心。

**二、各部门通力合作，严厉打击侵权盗版行为**

根据国务院和国家版权局的工作部署，省版权局及时制定印发打击侵犯知识产权和制售假冒伪劣商品专项行动、迎接保护音像表演外交会议集中治理、打击网络侵权盗版“剑网行动”等实施方案。省版权局和省公安厅等部门成立了省打击网络侵权盗版专项治理工作领导小组，召开视频网站负责人座谈会，确定对省内5家视频网站进行重点监管。省版权局与省“扫黄打非”办多次联合组织市场执法检查，指导文化执法机构查处侵权行为，仅西安市文化市场行政执法总队就作出书面处罚决定17件。依法查处陕西石基西湖软件有限公司软件著作权侵权案并及时移送公安机关，同时联合省公安厅适时督办。对西安大慈恩寺物流处等4起侵权案件予以查处。根据微软公司的投诉，陕西省版权局与国资委联合对陕西重型汽车有限公司进行了查处。在开展争先评优活动中，陕西省版权局版权管理处和闫林海分别受到陕西省政府“全省打击侵犯知识产权和制售假冒伪劣商品专项行动先进集体和个人”表彰。在全省开展评选推荐“2011年度全国版权保护重大事件、案件及有影响人物”工作，并及时上报国家版权局。在国家版权局“2011年度查处侵权盗版案件有功单位和个人”评选活动中，陕西省获得有功单位一等奖2个，二等奖、三等奖各1个，有功个人一等奖1个，二等奖、三等奖各2个，获奖数量和范围大幅提升。

**三、加强组织协调，扎实推进软件正版化工作**

为全面推进陕西省软件正版化工作，省政府及时召开省使用正版软件工作领导小组扩大会议，在明确职责分工、完善工作机制、夯实工作任务的同时，注重狠抓落实，确保完成整改任务。协助省政府办公厅印发了《关于进一步做好政府机关使用正版软件工作的通知》（陕政办函〔2010〕254号），加大工作推进力度。在省级机关整改工作会议上，陕西省版权局与省财政厅等4部门联合印发了《陕西省省级机关软件资产管理办法》，建立了软件资产管理制度。组织第二轮省级机关软件使用情况摸底调查，按照省级机关“集中采购、分别配给”的原则，组织做好依法招标采购正版软件、软件应用培训及安装、建立软件台账等工作。省级机关97个单位提前完成了正版化整改任务，受到了国务院督查组的肯定，《光明日报》对陕西省的经验做法进行了专门采访和报道。在市县整改工作上，通过印发通报、召开市级工作会议、组织实地督导、督促进展情况上报等多种方式，加强推进，取得了较大进展。西安等4个市（区）基本完成了整改任务，榆林、延安市落实了资金，进入软件采购阶段。在推进企业正版化工作方面，发文安排全省企业软件正版化工作。采取检查指导、组织培训等方式推动陕西出版集团等3家新闻出版行业企业正版化整改，确保如期完成任务，并通过了国家版权局实地检查验收。

**四、开展形式多样的版权宣传活动**

面向社会开展形式多样的版权宣传活动。发文安排全省开展知识产权宣传周版权宣传活动；省版权局分管领导分别在省政府知识产权保护状况新闻发布会上和省政府门户网站进行“在线访谈”，全方位、多角度宣传版权保护工作；会同省“扫黄打非”办分别在西安爱知中学、嘉汇汉唐书城，组织开展绿书签进校园、进市场版权保护系列宣传活动；组织上街开展世界知识产权宣传日咨询活动；分层次开展版权法律培训，结合软件正版化工作开展省属机关和新闻出版企业软件资产管理培训，并分批次组织省内各级版权行政执法人员参加国家版权局的执法培训；筹备第五次海峡两岸著作权保护研讨会并组织省内代表参加交流和学习；与西北大学法学院共建著作权法律教学实践基地，面向高校培养版权人才；应邀向《全唐五代诗》编撰专家学者、西安市律师协会会员宣讲版权法律知识；开展版权示范城市、单位和园区（基地）的调研工作；制定印发了《陕西省版权示范单位和示范园区（基地）管理办法》，组织申报全国版权示范城市、单位和园区以及软件正版化示范企业；开展了加强版权行政管理和版权交易社会服务主题的工作调研并形成调研报告。

（沙庆超　王新民）

## 甘肃省

2012年，甘肃省版权局在省委、省政府的领导下，依照国家版权局和省政府有关版权工作的整体部署，围绕强化版权行政执法、推进软件正版化和提高公众版权意识开展工作并取得一定成绩。

**一、积极配合国家版权局《著作权法》及有关法规修订工作**

一是配合国家版权局对《著作权法》的第三次修订及对《举报、查处侵权盗版行为奖励暂行办法》、《出版文字作品报酬规定》等相关法律、法规的修订工作，积极提出有价值的修改意见和建议（2013年2月25日前按照省政府法制办对《〈著作权法（修订草案送审稿）〉的征求意见通知》的要求，再次组织相关处室研究讨论并提出修改建议）。

二是根据《甘肃省出版协会章程》规定，起草版权专业委员会《工作规程》。

**二、加大版权行政执法工作力度**

（一）继续有效开展打击网络侵权盗版“剑网行动”

2012年7月，根据国家版权局等四部门《关于印发〈2012年打击网络侵权盗版专项治理“剑网行动”实施方案〉的通知》精神，省版权局高度重视，精心部署，结合本省工作实际，联合省公安厅、通信管理局、互联网信息办公室等部门研究制定了甘肃省《2012年打击网络侵权盗版“剑网行动”工作方案》。

《方案》下发后，及时协调指导各市州认真开展工作，要求全省各级版权行政管理部门以网络文学、音乐、影视、游戏、动漫、软件等为重点领域，以图书、音像制品、电子出版物、网络出版物等为重点产品，以查破办结一批大案要案为重点目标，积极协调公安、通信、网管部门，主动出击，充分发挥社会各界和有关权利人组织的积极性，发布举报奖励公告，鼓励社会各界积极提供案件线索，尤其是大案要案的重要线索。同时对本地区所有网站、网络交易平台等进行全面仔细的调查摸底，确定主动监管对象，进行定期巡查，特别是加强对在本地区有影响力的各类提供视频内容、搜索链接、存储空间服务的视频网站和各类电子商务交易平台的监管力度，对非法储存、链接、传播作品的网站依法进行清理。同时引导各类网络交易平台经营企业建立完善的版权保护制度和交易规则，通过要求相关经营者提供身份地址和交易记录等信息的方式，全面检查了解网络平台交易情况，对非法链接出现侵权盗版行为的网络平台进行断开或删除，对于违法情节较重的，坚决取消相关经营者会员资格，对于不存在经营性网站的地区，各部门把工作的重点放在进一步规范非经营性网站的网络传播行为上，有效防止侵权行为发生，促进了互联网产业的健康发展。通过开展上述一系列工作，此次专项行动进展顺利，工作扎实，成效明显，严厉打击网络各种侵权盗版行为，有效维护了权利人的合法权益，进一步净化了网络版权保护环境。

（二）进一步加强中小学教辅材料出版发行专项检查

按照“整顿、规范、引导、培育”的工作思路，积极开展了专项检查行动，加强对图书经营单位的管理和检查，对从非法渠道进货、销售盗版教辅材料和违反国家规定擅自发行各类教辅材料的单位依法进行查处；严厉查处订购、使用盗版教辅材料的行为，有效遏制了盗版教辅材料征订发行过程中滋生的贪污受贿等违法行为；严厉查处并及时纠正在发行、订购、使用盗版教辅材料过程中存在的一些违规行为。

为进一步整顿规范校园周边及教材教辅读物市场秩序，年初省"扫黄打非"办制定年度工作方案时，把规范校园周边环境和教材教辅整治作为全年"扫黄打非"工作重点任务之一列入实施方案，并下发了《关于开展教材教辅大检查和校园周边环境整治专项行动的通知》（省扫黄密电［2012］3号），要求全省各地3—9月，认真组织开展教材教辅大检查和校园周边环境整治专项行动，成效显著。

通过专项行动，进一步规范了各类学校教材教辅读物，清查了出版物市场，坚决遏制了各类侵权盗版行为，维护了校园及周边良好的治安环境。

（三）不断加大对省内出版物市场和印刷复制企业的督查力度

为迎接十八大胜利召开，根据8月下旬全省"扫黄打非"电视电话会议精神，省"扫黄打非"办协调各相关部门加大对省内出版物市场和印刷复制企业的督查力度，健全完善各项监管制度、严把市场门槛准入、建立长效监管机制，狠抓工作落实，取得了明显成效。一是向印刷复制、出版物市场经营者发放依法经营《公告》1万份。对印刷复制企业违法行为进行规范约束。二是签订《2012年监管印刷出版物市场工作责任书》。明确职责，形成上下结合、分级负责、责权清晰、奖罚分明的工作格局。三是通过召开座谈会、举办培训班及观摩学习，增强印刷复制企业管理人员的法律意识。集中组织印刷复制企业"走出去"，通过到一些守法经营好的企业实地学习、现场观摩、相互交流，努力从经营者思想上牢固树立守法经营意识。四是建立联络员制度。定期与企业进行沟通，遇有重大事项及时处置，为随时掌握企业经营动向，进行常态化、规范化、动态化监管奠定了基础。

期间，全省分东、西、中3个督查组到各市、县进行督查，并积极配合总署第六督查组到甘南、临夏、兰州、酒泉等地，通过明察、暗访等方式对全省出版物市场进行检查。

（四）加强日常监管，严查大案要案

在日常监管中，各地不断加大监管力度，共查缴各类非法出版物110多万件，各类侵权盗版出版物75.8万件，查办各类案件67起，其中行政处罚54起，刑事处理13起。重点从源头上整治非法出版物，对兰州市东岗电子商贸城和兰海商贸城进行了取缔。

## 三、扎实推进政府机关软件正版化工作

（一）巩固省级政府机关软件正版化成绩

2010年10月，《国务院办公厅关于进一步做好政府机关使用正版软件工作的通知》（国办发［2010］47号）下发后，甘肃省政府于2011年1月28日，及时制定下发了《关于进一步做好全省政府机关使用正版软件工作的通知》（甘政办发［2011］18号），省委常委、常务副省长刘永富，省委常委、副省长咸辉先后作出批示，要求严格按照国办精神抓好落实。特别是，在省级政府部门软件正版化推进的关键时期，省委副书记、省长刘伟平先后3次作出批示，指导工作开展，有力促进了省级政府机关软件正版化工作。

为加快推进省级政府机关使用正版软件工作，2012年2月，甘肃省整合原有政府、企业两个软件正版工作领导小组，成立甘肃省使用正版软件工作领导小组，由省委常委、副省长咸辉担任组长，省政府副秘书长张正锋和省新闻出版（版权）局党组书记、局长张余胜担任副组长，统一领导全省软件正版化工作。为进一步理顺工作机制，领导小组办公室由省政府办公厅调整至省版权局。3月1日，省使用正版软件工作领导小组召开第一次全体会议，对省级政府机关软件正版化工作进行了全面部署。3月2日，领导小组办公室下发《甘肃省2012年政府机关使用正版软件工作安排》（甘权发［2012］5号），全面部署了政府机关软件正版化工作，重点突出了摸底统计、产品推荐、采购安装、检查督导等关键环节，进一步明确了全省各级政府机关软件正版化工作的任务目标和时间节点。

5月25日，咸辉同志主持召开领导小组第二次会议，专题研究省级政府机关软件正版化推进工作。会议重点强调了三个时间节点：6月15日前完成软件采购配发任务；6月20日前完成省级联合督导组督导检查任务；6月30日前全面完成省级政府机关软件正版化工作任务。为确保按时保质完成任务，会议进一步明确了各成员单位的职责分工。

6月14日起，领导小组办公室向47个省级政府机关下发了《关于做好省级政府机关正版软件领取及安装调试工作的通知》，要求各单位指定软件专（兼）职管理人员，专门负责正版软件的领取及安装调试工作，由各软件供应商采取送货上门的方式进行配发安装，并根据使用单位需求，有针对性地做好使用培训和售后服务等工作。为了保证此次正版软件的及时安装和有效使用，以及软件正版化工作的长效规范管理，领导小组办公室以软件资产管理

为核心，推动制度建设，明确要求各部门必须建立软件资产管理制度，并对此次配发软件制作了“双联单”，内容包含使用单位、软件种类、配发数量、安装时间，由采购方、使用方、配发方三方共同盖章（签名），一联由使用单位归档保管，作为本单位正版软件的凭证；一联由领导小组办公室保管，作为软件配发凭据。

6月12日，领导小组办公室制定下发了《关于对省级政府机关软件正版化工作进行督导检查的通知》，成立两个督导检查组，于6月19—20日，选择11个政府部门进行督导检查。督查组在认真听取各部门软件正版化整改情况汇报、检查正版软件安装调试情况的同时，把各单位是否建立软件资产管理制度及管理台账作为督查的一项重点内容，并特别强调，各单位一定要以此次软件正版化工作为契机，进一步加强计算机日常使用管理，主要负责人履行第一责任人职责，计算机软件要有专人负责管理，坚决杜绝工作人员私自卸载或者随意安装软件的行为，避免使用盗版软件现象重新反弹。

6月20日，甘肃省全面完成了省级政府机关软件正版化工作任务。7月初，国家督导组对省级软件正版化工作进行了验收，验收合格。

（二）明确市州政府机关软件正版化目标

按照国务院办公厅《关于进一步做好政府机关使用正版软件工作的通知》（国办发［2010］47号）、《研究部署打击侵权假冒及推进政府机关软件正版化工作的会议纪要》（国阅［2012］24号）要求，甘肃省于3月2日制定下发了《甘肃省2012年政府机关使用正版软件工作安排》（甘权发［2012］5号），进一步明确了市州以下政府机关软件正版化工作的任务目标和时间节点。此后，全省14个市州均制定了实施方案，成立了领导机构，大部分市州已经完成了调查摸底工作，一些市州已经进入政府采购阶段。省版权局已向市州发文，要求积极做好软件采购资金预算落实工作，保证如期完成工作任务。同时，根据国家版权局的要求，省版权局及时报送了阶段性工作报告。

（三）推进企业软件正版化工作情况

2010年，甘肃省开始全面推进企业软件正版化工作，首批50家大中型企业负责人及信息管理负责人参加了工作培训会议，国家督导组两次赴甘肃督导检查，对首批企业软件正版化工作给予充分肯定。为进一步推进企业软件正版化工作，省领导小组又制定了《2011年甘肃省推进企业软件正版化工作计划》，进一步确定了“属地管理、统一领导、行业监管、协会辅助、企业自律”的工作格局。

2012年，鉴于政府软件正版化工作推进时间紧迫，领导小组办公室集中组织企业软件正版化培训、督导等工作，此项工作具体采取两种方式推进。一是由领导小组成员单位根据《2011年甘肃省推进企业软件正版化工作计划》分工，分别组织推进，如国资委根据工作安排，不断加大了对37户省属监管企业软件正版化工作的推进力度，在对企业软件正版化现状进行全面调查摸底的基础上，按照省领导小组总体要求并结合企业实际，研究提出了省属监管企业软件正版化工作“分类分批、有序推进”的总体思路，明确“力争用两年时间，基本实现省属监管企业软件正版化”的工作目标。8月17日，组织召开推进省属监管企业软件正版化工作会议，对省属监管企业软件正版化工作进行了全面部署。会议印发了《省政府国资委关于推进省属监管企业软件正版化工作安排的通知》。省版权局袁爱华副局长代表省使用正版软件工作领导小组在工作会议上作了讲话。11月16日，微软公司召集甘肃省中小企业软件正版化推进会议，省版权局介绍了政府软件正版化工作取得的成效及工作安排，同时按照2011年企业软件正版化工作计划提出要求。2012年4月，省工商联成立了使用正版软件工作领导小组，下发《关于做好我省民营企业软件正版化的通知》，并完成对全省12 000多户非公经济企业计算机种类、数量的摸底自查，计划用两年时间完成非公经济企业软件正版化工作。二是根据投诉，省版权局对兰州中诚信工程安全咨询有限公司等9家涉嫌使用盗版软件行为的单位下发《行政建议书》，要求其认真开展自查整改工作。在省版权局的督促下，上述企业均及时按期完成了涉诉软件正版化工作。

**四、版权宣传培训工作**

一是以“4·26”宣传周为平台，积极组织、创新形式，充分利用各种媒体扩大版权宣传力度。

2012年着重加强了对典型案例、典型事件的宣传。为展示“扫黄打非”及打击侵权盗版的工作成果，动员群众拒绝盗版、参与“扫黄打非”，营造尊重知识、尊重创造的良好氛围，2012年4月24日，省“扫黄打非”办协调各相关部门在兰州市东方红广场举行非法出版物集中销毁活动，集中销毁盗版、走私音像制品、盗版计算机软件及电子出版物、非法及盗版书报刊等近百万件。同时在全省范围内启动以“拒绝盗版，助力创新”为主题的“绿书签行动”系列宣传活动，迎接“4·26”世界知识产权日的到来。通过媒体进行全方位的宣传，利用“4·26”宣传日，在兰州市东方红广场向过往群众发放宣传海报和宣传册，发动群众积极参与丰富多彩的宣传活动，有效营造了保护知识产权的社会舆论氛围。并多次组织各市州版权执法人员参加国家版权局组织的版权法律和实务培训。

“双打”行动期间，为更好地提高经营者自觉守法的意识，在组织对行政执法人员培训的基础上，省新闻出版局又对兰州地区 170 多名印刷企业法定代表人进行了为期一周的普法培训，通过讲制度、讲规定、案件分析，让企业经营者知法、懂法、守法，做到不敢违、不想违、不能违。

二是召开新闻发布会，大力宣传开展软件正版化工作的重要意义和已经取得的成果，收到了良好的宣传效果。

（夏　玲）

## 青　海　省

2012 年，青海省版权局在省委、省政府的领导下，按照国家版权局的工作部署和要求，围绕法制建设、版权执法、推进全省政府机关软件正版化等工作，把握重点，认真谋划，注重实效，积极工作，为推动青海省文化大发展大繁荣发挥了应有的作用。

**一、法制建设取得实效**

2012 年，青海省版权局着力制度建设，不断完善青海省行政法律法规。在广泛调查和充分讨论的基础上，先后完成以下法规文件的修改和上报工作：

一是强化立法调研论证工作，完成了《青海省图书报刊市场管理条例（修订）》立法调研的修改和上报工作。

二是着力推进局机关政府效能建设和依法行政工作，印发了《2012 年加强法治政府建设主要任务责任分工》，进一步明确 2012 年加强法治政府建设的主要任务及各相关处室的工作分工，细化部署了 2012 年局系统普法依法治理工作。

三是进一步推进文化新闻出版行业行政审批工作规范化、制度化建设，结合文化新闻出版工作实际，印发《青海省文化和新闻出版厅服务质量公开承诺和亲切服务制度》，有效保障了各项行政审批工作严谨、严密、快速、高效运行。

四是根据省政府法制办等单位的要求，认真答复各类法规性征求意见函 20 余件。

五是组织 6 名行政执法人员，参加了由省法制办举办的 2012 年全省行政执法人员培训班。

**二、版权执法监管成效显著**

（一）深入开展打击侵犯知识产权和制售假冒伪劣商品专项整治行动

按照新闻出版总署、国家版权局、全国“扫黄打非”工作小组办公室的部署开展了以抓源头、清市场、打网络、查办大案要案为重点内容的专项整治行动。一是加强印刷复制企业的源头监管，部署开展了印刷复制发行监管专项行动和春秋两季教辅教材专项检查行动。2012 年共检查印刷复制企业 316 家（次），检查书刊发行单位 400 余家（次），检查中小学校百余所，查缴非法出版物 4 000 余册，非法教辅 600 余册。二是加大文化市场的管理力度，通过开展打击侵权盗版音像制品、保护民族音像产业专项行动，清理整顿网络游戏私服、外挂等，有效规范了文化市场的经营秩序。三是部署青海省 2012 年打击网络侵权盗版专项治理“剑网行动”，主动加强网络版权监管工作，有效规范了网络的版权经营秩序。2012 年，全省共出动执法人员 45 032 人次，检查文化市场经营单位 29 493 家（次），查处违规经营单位 1 517 家（次），共收缴侵权盗版出版物 456 501 件。协助格尔木市公安局完成 2 起涉嫌侵权盗版光盘的鉴定工作，共计鉴定涉嫌侵权盗版光盘 3 993 种 19 167 张（盘）。

（二）提前完成省级机关软件正版化的检查整改工作

2012 年 3 月，印发了《青海省 2012 年推进使用正版软件工作实施计划》。通过有关部门的共同努力，向省财政共争取到资金 593 万元，采购软件 16 210 套，于 2012 年 6 月初提前完成省级机关软件正版化的检查整改工作，并按照国务院、财政部的有关文件要求，在省级机关制定了软件资产管理办法。2012 年 10 月，对州地市推进软件正版化的检查整改工作进行了督查。

（三）推进企业软件正版化工作

按照国家版权局的安排和部署，在 2012 年 10 月，积极督促青海省新华发行（集团）有限公司完成了软件正版化的检查整改工作。

（四）开展软件正版化督查工作

省版权局会同相关部委督察组有关人员对 40 家政府机关和 3 家省属大型企业使用正版软件工作进行督导检查。

（五）推荐上报全国软件正版化工作示范单位

根据国家版权局《关于推荐第三批“全国软件正版化工作示范单位”的通知》（国版办字［2012］13 号）要求，完成青海盐湖工业股份有限公司为第三批“全国软件正版化工作示范单位”先进材料的上报工作。

（六）强化版权公共服务

积极转变版权行政管理职能，认真做好版权公共服务和咨询答疑工作。全年向社会各界提供版权咨询 100 多次，完成作品登记 14 件。

**三、法制宣传培训工作成效凸显**

（一）重点加强版权主题宣传

一是精心组织，积极参加了“2012 年保护知识产权宣传周”活动，并在指定地点悬挂横幅标语 1 条、展出展板 10 块、散发宣传资料 2 000 余份、接受咨询 40 余人次。二是会同省文化艺术职业学校、西宁市第一中学开展了“创新与未来——青少年版权保护主题教育活动”，向 2 所学校赠送青少年版权保护知识教育读本等 3 000 余册。三是会同省“扫黄打非”领导小组办公室开展了侵权盗版及非法出版物集中销毁和“绿书签行动”系列的宣传活动，集中销毁 13.5 万件侵权盗版及各类非法出版物。四是积极参与了《青海省法制宣传教育条例》集中宣传活动。

（二）积极开展版权知识培训

一是先后组织版权管理执法人员 4 人次，参加了由国家版权局举办的 2012 年第一期、第三期版权执法人员培训班。二是举办了青海省推进软件正版化工作培训班，省政府各委、办、厅、局，各州（地、市）、县文体广电局，省属各企业单位具体负责信息化建设（包括推进软件正版化工作）的负责人共 146 人参加了培训。三是配合国家版权局圆满完成了来自全国 14 个省（区、市）、全省州地市县（区）共计 160 名人员参加的第二期版权执法人员培训班的各项培训接待工作。

（付成久）

## 宁夏回族自治区

2012 年，宁夏版权局在自治区党委、区政府和国家版权局的领导下，紧紧围绕中心工作，服务大局。依照《著作权法》、《著作权法实施条例》等相关的法律、法规，加大宣传力度，强化版权行政管理工作，完善版权管理制度；积极推进软件正版化工作，坚决打击侵权盗版行为，调解处理版权纠纷，维护权利人合法权益。宁夏版权局版权管理处被国家版权局评为 2011 年度查处侵权盗版案件有功单位，被宁夏回族自治区“扫黄打非”工作领导小组评为宁夏“扫黄打非”工作先进集体。

**一、积极推进软件正版化**

（一）深入调查摸底，扎实稳步推进

按照国务院要求的时限完成宁夏政府机关使用正版软件工作是一项非常艰巨的任务，时间紧，任务重，要求高。为确保宁夏政府机关使用正版软件工作的顺利开展和按期完成，自治区“双打”办下发通知，对全区县（区）级以上政府机关使用正版软件情况调查摸底工作作出安排部署。通过摸查，全区 5 个地市、22 个县（区）政府机关数为 1 070 个，现使用计算机为 42 300 余台。计划购买更换的办公软件为 23 100 余套，区级政府机关需购买办公软件 3 298 套；银川市各级政府机关需购买更换办公软件 8 405 套；石嘴山市各级政府机关需购买更换办公软件3 204 套；吴忠市各级政府机关需购买更换办公软件 3 579 套；固原市各级政府机关需购买更换办公软件 3 482 套；中卫市各级政府机关需购买更换办公软件 1 181 套。初步测算购买这些软件大约需要资金6 000 余万元。

2011 年 11 月，自治区财政厅制定《关于全区政府机关软件正版化工作的意见》，提出为确保各级政府机关软件正版化工作顺利开展，按照现行财政管理体制、分级管理的原则，此次正版软件的需求和购置数量应以各部门、市县为主，所需经费建议由自治区和市县分别负担，自治区负担政府机关购置正版软件 3 300 套，扣除免费赠送 1 650 套，按照每套 598 元计算，需要资金 98.7 万元。五市负担 9 900 套，需资金 592 万元。当年，自治区政府机关购置正版软件所需的 98.7 万元资金已落实到位。2012 年 3 月，自治区财政厅、新闻出版局向各市、县（区）财政局、新闻出版局下发《关于进一步落实政府机关软件正版化工作经费的通知》，进一步明确了经费保障。2012 年 4 月，自治区新闻出版局与金山公司签署了《关于软件正版化工作合作框架协议书》，协议就采购流程做了约定。截至 6 月 30 日，自治区级政府机关软件正版化工作软件的安装培训完成，软件正版化工作已全面完成。各市政府机关软件正版化工作，资金已由自治区财政垫资 342 万，正在做采购前的各项准备工作。

（二）召开软件正版化新闻发布会

根据国务院的统一部署，宁夏区级政府机关软件正版化检查整改工作于 2012 年 6 月全面完成，按照国务院的统一要求，经自治区人民政府同意，向全社会予以发布。

2012 年 10 月 12 日，自治区区级政府机关全面完成软件正版化检查整改工作新闻发布会在自治区政府召开。发布会由自治区党委宣传部副部长康占平主持，自治区新闻出版局、经济和信息化委、财政厅、商务厅、国资委、政府机关事务管理局的负责同志参加了新闻发布会，并邀请人民日报社宁夏分社、新华社宁夏分社、新闻出版报社驻宁记者站、宁夏日报社、宁夏电视台、宁夏新闻网等24家媒体参加。

发布会上，新闻发布人自治区版权局局长杨宏峰介绍了区级政府机关软件正版化检查整改工作的基本情况，以及下一步的工作打算。

**二、开展“剑网行动”，维护良好网络环境秩序**

（一）开展打击网络侵权盗版专项治理“剑网行动”

为严厉打击各类网络侵权盗版活动，维护良好的网络版权秩序，净化网络版权环境，根据国家版权局、公安部、工信部、国家互联网信息办公室联合下发的《2012年打击网络侵权盗版专项治理“剑网行动”实施方案》的通知精神，结合宁夏的实际，制定下发了宁夏《2012年打击网络侵权盗版专项治理“剑网行动”实施方案》，《方案》对专项治理工作进行了周密部署，明确了各部门的相关责任，提出了具体的要求。为确保专项治理工作扎实有效开展、不走过场，组织召开了全区有出版业务的网站负责人、互联网接入服务提供者负责人和各大网站、有关厅局的互联网监控中心负责人会议，学习了“剑网行动”的实施方案，要求各有出版业务的网站、接入服务企业和互联网监控中心，要充分认识这次“剑网行动”的重要性，认真落实这次“剑网行动”的工作部署，重点对提供作品、表演、录音制品等内容的网站，围绕网络文学、音乐、影视、游戏、动漫、软件等重点领域以及图书、音像制品、电子出版物、网络出版物等重点产品，对各自接入的网站进行全面清理，有效遏制网络环境下侵权盗版违法行为，进一步促进互联网产业繁荣发展。

这次专项整治，共关闭未办理经营许可或备案手续的48家网站，要求相关运营商切断其接入服务；对两家为未备案网站提供接入服务的接入商进行了行政处罚；处理各种侵权盗版案件16起；查处传播淫秽色情案件1起，犯罪嫌疑人已被公安机关拘留，此案待调查取证后进行起诉。

（二）开展打击侵犯知识产权和假冒伪劣商品专项行动

在专项行动中，宁夏版权局始终坚持整体推进、突出重点、打防结合、标本兼治、力求实效的原则，抓住薄弱环节和突出问题，有针对性地开展专项整治。专项行动分成几个小组，各小组领导亲自带队，分别对印刷复制企业、电脑市场、出版物批发市场、集贸市场、火车站、汽车站等处进行拉网式的检查，并针对重点部位、重点行业进行重点清查，严厉打击政治性和淫秽色情等非法出版物，查缴各类非法书报刊、盗版音像制品和计算机软件，取缔兜售非法出版物的游商、地摊。采取错时执法，开展“午间行动”、“零点行动”、“节假日行动”等，加大重点时间段的市场检查力度。

截至2012年年底，全区共出动执法车辆164台（次），执法人员1 548人次；共鉴定非法书报刊168种，光盘128种。检查经营单位1 480余家，查缴侵权盗版及非法出版物近10.34万件，其中盗版及非法图书2.14万册、盗版及非法音像制品7.3万盘、非法报刊8 038份、盗版计算机软件1 236盘，取缔无证经营的游商地摊42家，关闭网站8家。

**三、开展“4·26”集中宣传活动，提高公民版权保护意识**

（一）举行集中销毁侵权盗版及非法出版物活动

2012年4月24日，按照全国“扫黄打非”工作小组办公室的部署，在银川市光明广场举行了侵权盗版及非法出版物销毁活动。共500多人参加集中销毁活动。自治区党委常委、宣传部部长、自治区“扫黄打非”工作领导小组组长蔡国英出席并讲话。

蔡国英强调：一是开展这次销毁活动，充分表明了自治区党委、政府保护知识产权、打击侵权盗版的坚强决心，充分展示了宁夏开展“扫黄打非”斗争所取得的阶段性成果，调动广大人民群众支持和参与“扫黄打非”的积极性。二是各级“扫黄打非”部门要在自治区党委、政府的坚强领导下，从繁荣发展社会主义先进文化、着力保护知识产权、着力维护社会和谐稳定的高度，坚决打击各种非法出版活动，坚决遏制各类侵权盗版行为，坚决扫除淫秽色情等文化垃圾和不良信息。三是要从社会各界最关心、与人民群众最直接的问题入手，抓重点、抓源头、抓行动、抓关键，坚持专项行动与日常监管，依法规范与治理源头，落实部门责任与强化联动协作相结合。特别是在封堵政治性非法出版物、整治互联网和手机淫秽色情信息、打击侵权盗版活动、取缔非法报刊、整治教辅市场等方面要取得突出成绩，使出版物市场保持健康、平稳有序的发展态势。不断推动宁夏“扫黄打非”工作再上新台阶，以优异的成绩迎接党的十八大和宁夏回族自治区第十一次党代会的胜利召开。

此次集中销毁侵权盗版制品及非法出版物共计11.6万件，其中盗版及非法图书2.5万册，盗版及非法音像制品7.6万盘，非法报刊1.5册。

（二）集中开展“4·26”世界知识产权日主题宣传活动

4月26日，宁夏版权局在银川市步行街参加“4·26”世界知识产权日宣传活动。活动共发放著作权法律知识手册等图书250本、宣传资料2 000份、保护版权绿书签1 000个、海报1 000张，开展现场咨询等活动。宁夏电视台、银川电视台、宁夏日报社等多家媒体进行了专题采访报道，对著作权保护进行宣传，扩大了版权在社会生活的影响力，提高了广大公众的版权保护意识。

宁夏版权局组织五市版权局、宁夏黄河出版传媒集团、银川市图书发行协会分别在银川光明广场、银川商都等地开展声势浩大的全民阅读和绿书签活动，全区10所中小学约600人进行了签名活动。

**四、加大作品登记工作力度，作品登记数量稳步提高**

自治区版权局在区新闻出版（版权）局党组的支持下，认真贯彻国家版权局《关于进一步规范作品登记程序等有关工作的通知》精神，利用电视媒体扩大宣传，在报纸上做了两期公益广告，提高公众对作品登记的了解和认识，作品登记在促进智力成果转化等方面发挥了重要作用。为强化版权公共服务功能、完善作品登记制度、解决登记瓶颈问题，全区实行作品登记一律免费。同时，广开思路，从提升服务质量入手，深入企业调研、宣讲，确保作品登记资源。截至2012年年底，全区共受理作品登记186件。

（张秀年）

## 新疆维吾尔自治区

2012年，新疆维吾尔自治区版权局以学习促工作，以工作带学习，认真谋划，周密实施，努力开展软件正版化、版权行政执法、版权公共服务工作，着力营造良好的版权保护环境，认真落实对外合作交流，与周边国家的出版合作有了新的发展。

**一、软件正版化工作成效显著**

（一）采取措施推进政府机关软件正版化工作

一是加强对地州市级软件正版化工作的督办、指导工作，向各地州市印发了《关于加强软件正版化信息报送工作的通知》，要求各地州每月报送软件正版化进展情况；每月按时向国家版权局报送本区软件正版化工作统计表。

二是加大督办督查力度，组织人员对乌鲁木齐、石河子两个地市开展软件正版化督导检查和验收，乌鲁木齐市已落实奖补资金240万元，拟在年内完成软件正版化工作；石河子市投入资金500多万，全面完成了软件正版化工作；博州本级政府投入60余万元，部分完成了软件正版化工作；哈密地区、吐鲁番地区于9月完成了软件正版化工作；乌鲁木齐市新市区，克州乌恰县，伊犁州昭苏、伊宁等13个县市区完成了软件正版化。

三是提请政府向国务院推进使用正版软件部际联席会议报送了《新疆维吾尔自治区2011年度软件正版化工作自查报告》和《新疆维吾尔自治区2012年度软件正版化工作计划》。

四是健全组织机构，向自治区人民政府报送了《关于调整自治区软件正版化工作领导小组成员的请示》，把审计厅、法制办、海关、文化厅、机关事务管理局、旅游局、卫生厅、住房和城乡建设厅等部门增列为成员，扩大了行业正版化工作的范围。

五是加强督查督办工作。按照国务院推进使用正版软件部际联席会议要求，对全区软件正版化工作进行自查，共检查验收区级政府机关4个、地市级政府2个、企业42家，并提请政府上报了检查验收情况；9月至10月，组织成员单位对自治区9个厅局的软件正版化进行检查验收，对喀什、和田、克州、阿克苏、巴州等地州市的政府机关软件正版化进行了督查，并形成材料由自治区人民政府办公厅通报；6月，李春阳副秘书长及时召开正版化工作领导小组会议，总结2011年正版化工作，部署2012年的软件正版化工作，明确年底前完成地州软件正版化任务的时限，自治区人民政府印发会议纪要后，区版权局及时向各地州印发了2012年软件正版化工作计划。积极配合国家版权局开展软件正版化工作的宣传报道工作，认真向中央媒体提供本区软件正版化工作素材，配合《新闻出版报》记者深入政府厅局、民营企业、地州政府机关，对软件正版化工作进行实地采访。

（二）企业软件正版化工作有序推进

一是根据新闻出版总署的要求，在区新闻出版行业开展软件正版化工作，确定新疆日报社、新疆经济报社、乌鲁木齐晚报社、新疆人民出版总社、自治区新华书店、乌鲁木齐市新华书店为自治区新闻出版行业软件正版化推进单位，并要求各地州开展打字复印行业的办公软件正版化工作。新疆经济报社率先完成软件正版化。

自年初开始，对2011年度推进使用正版软件工作的50家企业开展检查验收工作，经多次催办，共42家企业通过软件正版化验收，完成率为85%。根据新政办［2012］36号会议纪要要求，7月，自治区版权局与新疆证监局共同印发了在自治区上市企业和申请上市企业中开展软件正版化工作的通知，为做好上市和拟上市企业的软件正版化工作，于10月举办了证券期货行业软件正版化培训班，60余家企业参加了培训。

二是加强与自治区国资委，新疆证监局、保监局、银监局、旅游局、卫生厅、建设厅、商务厅沟通，这些行业开展企业软件正版化工作已经初现成效，除新疆证监局与自治区版权局联合发文外，新疆旅游局、卫生厅、建设厅、商务厅分别下发了在本行业开展软件正版化工作的文件，同时推荐10余家企业作为软件正版化推进企业。继续推动网吧软件正版化工作，塔城地区、巴州、吐鲁番和昌吉州开展了网吧软件正版化工作。

三是组织全区企业参加第四届“全国推进使用正版软件示范企业”的评选，共向国家版权局推荐已完成软件正版化工作的企业6个，友好集团、阿尔曼集团、美克股份等入选。

**二、版权行政执法工作取得突破**

认真做好2011年度全国打击侵权盗版有功集体和个人的推荐工作，共向国家版权局推荐有功集体4个，有功个人（含专案组）4个，共有2个集体获得一等奖，1个集体获得二等奖，1个个人（专案组）获得一等奖，2名个人（含1个专案组）获得二等奖，1名个人获得三等奖。国家版权局开展版权执法评选工作5年以来，自治区第一次获得一等奖，在西北地区名列前茅。自治区查获的“11·12”特大民语盗版光盘案入选全国打击侵权盗版十大案例，这也是自治区首次以侵犯著作权罪予以判决的案件。安排部署2012年度“剑网行动”，向全区下发了“剑网行动”方案，同时整理了主动监管网站目录，把涉嫌侵权盗版的一家电影网站相关信息转乌鲁木齐新闻出版局查处。9月初，对全区2012年的版权执法案件进行了汇总统计，并选出7件报送国家版权局，向国家版权局报送乌鲁木齐及和田人民法院判决的2起侵犯著作权罪的案情。对中国音集协投诉的侵权娱乐场所进行了执法检查，其中2起已调解结案；4起转伊犁州新闻出版局处理；2起转乌鲁木齐市新闻出版局处理。专门派人员前往奎屯市与该市稽查大队召集KTV经营企业进行座谈，并宣传法律法规。2012年度，自治区版权局的工作受到了国家版权局的高度认可，国家版权局以宣传与培训经费方式奖励经费30万元。

**三、进一步做好版权公共服务与宣传工作**

全年共接待各类咨询近千人次，热情服务，认真解答，从效能办反馈的情况看，均为满意。至10月上旬，共登记作品840余件，比上年增长20%；共登记出版外国作品合同26件。利用知识产权宣传周，收集著作权问答50题，向社区居民发放；参加了自治区知识产权局组织的大学生知识产权知识竞赛、知识产权案例发布等活动。做好版权纠纷调解工作，专门就《百孝图》纠纷召集当事人双方进行调解，使双方最终达成了调解协议。向国家版权局报送了关于修改《著作权法》的建议。

**四、构筑交流平台，首届中国—亚欧出版博览会成功举办**

9月3—6日，首届中国—亚欧出版博览会在新疆乌鲁木齐成功举办。本届博览会共有来自巴基斯坦、俄罗斯、印度、土耳其、哈萨克斯坦、吉尔吉斯斯坦、塔吉克斯坦、蒙古、摩尔多瓦、亚美尼亚、美国等11个国家以及台湾、香港地区的18家出版机构35人，我国大陆30家出版机构70人参展，陕西、宁夏、青海、广西、河北、黑龙江等6个省区新闻出版局的领导观摩了展会。博览会共展出国外（境外）图书870多种，对国内最新版的5 000多种图书进行了展销。展会的成功举办，获得了国内外来宾的高度赞誉和新闻出版总署以及自治区领导的高度评价。此次博览会内引外联成果丰硕，国内外出版单位达成了多项合作出版协议。近5万名市民参观了博览会，实现图书销售收入共计22.5万元，码洋超过30万元，与新疆最大的新华书店门店日销售额持平。

作为大会秘书处，自治区版权局版权处不断细化各类方案，做好职责分工，督促各项准备工作按照计划进行；较好完成了11个国家18家出版机构的海外招展工作。

**五、加强对台和对外出版交流，做好相关参展工作**

一是5月28—31日，台湾图书出版事业协会理事长陈恩泉一行3人到自治区开展出版文化交流活动，并就参加祖国大陆图书展——新疆主题展活动进行对接。7月份向全区新闻出版系统发出参展通知，并请示自治区党委常委胡伟批准，共104人赴台参展。主题展的总体方案于9月初形成，分为图书展、歌舞表演展、摄影图片展和民族服饰乐器展

4个单元。共选送图书1 200种参展。成功策划举办了开幕式、新疆新书首发式、新疆—台湾出版文化论坛等活动，向台湾图书馆、大学赠送了新疆精品图书，并在台湾世界书局设立新疆图书专柜。

二是积极做好参加土耳其中国文化年活动的相关准备工作。自治区共选派10人参加11月举行的土耳其—中国文化年活动和伊斯坦布尔图书展活动，共选送新疆精品图书53种参展；自治区还承担了丝绸之路古与今的摄影图片展的任务，32幅反映新疆历史、民族风情和壮美风光的图片成为展会的亮点。

三是应巴基斯坦巴中学会邀请，组织新疆新闻出版交流团一行22人于2月15—22日在伊斯兰堡进行了为期5天的文化交流活动，代表团受到了巴总理和前总理以及相关部委高官的接见，先后走访了巴国的文化、新闻出版等机构。新疆美术摄影出版社与巴友邻出版社签订了11本图书的出版合作协议，并达成咖啡桌书、谚语书合作意向；新疆新华印刷厂与友邻杂志社、巴中友好学会就在巴设立印刷厂事宜进行了初步洽谈。在巴基斯坦赛义德书店设立中国新疆图书专柜，赠送图书1 200余册。访问成果丰硕，《中国新闻出版报》辟专版予以报道。中国驻巴基斯坦大使对新疆代表团此次访问给予了高度的评价，认为这是中国文化第一次走进巴基斯坦，是一个新的突破。

四是首次亮相香港书展。7月18—24日，自治区版权局委托新疆版权保护协会首次组织新疆出版代表团参加第23届香港国际书展，新疆出版代表团的首次亮相引起了香港居民和媒体的高度关注，新疆本版图书也取得了很好的销售业绩，销售码洋超过10万元，向香港中文大学、香港科技大学等4所大学捐赠图书28种，共计150余册，香港中文大学专门致函感谢。

**六、合作出版取得新成绩，版权贸易成效显著**

组织区内各出版社向“中国图书对外推广计划”工作小组办公室（以下简称对外推广办）推荐图书。及时向各出版社传达“走出去”工作各种信息，指导相关出版社策划外向型选题。

一是指导新疆友邻杂志社与哈萨克斯坦友谊桥出版社达成《丝绸之路上的新疆》等5种图书版权输出协议，每种印数为3 000册；中巴合作成立的第一家出版社——友邻出版社出版的《新疆》等5本图书同时在首届中国—亚欧出版博览会上首发。

二是指导和支持新疆电子音像出版社积极开展“走出去”工作，2012年2月，新疆电子音像出版社与友邻出版社签订了合作出版11种图书的协议，3月又与美国纽约商务出版社和美国国际作家书局达成了合作出版新疆图书的战略框架协议，双方共合作出版图书50多种。其中30种在中国—亚欧出版博览会首发。

三是资助新疆经济报社在境外设立报刊出版机构；《大陆桥》杂志已在哈萨克斯坦、吉尔吉斯斯坦落地；《哈萨克斯坦华侨报》、《吉尔吉斯斯坦华侨报》也在两国落地。

四是指导、安排新疆美术摄影出版社、友邻杂志社向“中国图书对外推广计划”工作小组办公室报送2012年上半年“中国图书对外推广计划”和“中国文化著作翻译出版工程”资助申请，共为2家出版单位争取到翻译资金资助51.4万元，这是自治区多年来获得的最大一笔翻译经费资助，极大地缓解了自治区出版社对外“走出去”翻译经费短缺的困难。组织自治区出版社向对外推广办交送入选图书复本8种16本；向“中国图书对外推广计划”工作小组办公室推荐的54种图书，入选中国之窗对外推荐图书。支持和指导新疆电子音像出版社参加“亚马逊中国书店”建设项目，借助电子商务平台，力促出版物实物“走出去”。

（杨建新）

# 2012年版权社会服务组织工作

## 中国版权保护中心

2012年，中国版权保护中心（以下简称中心）以“重点项目年”为主题，以“整合”为工作主旋律，深入开展版权服务技术、模式和机制体系化创新，全面推进中心“十二五”时期发展规划实施，狠抓重大项目的整合建设和重要业务的整合推进，在此基础上，中心整体创新意识、服务能力、管理水平发生质的飞跃，不断开创工作新局面，尤其在谋划和推动互联网环境下数字版权保护工作上有很大进展。

**一、扎实推进中心“十二五”时期发展规划的实施**

围绕中心“十二五”时期发展规划确定的战略目标和工作任务，狠抓重大项目的整合建设和重要业务的整合推进，以版权登记为核心业务，不断深化版权公共服务内涵，创新版权公共服务模式，版权公共服务能力和品质不断提升；整合推进以DCI为核心的数字版权公共服务体系在技术支撑平台、标准体系制定、资源整合等方面取得重大进展；初步建立了融合版权公共服务衍生业务、版权授权、维权、咨询等服务为一体的综合性服务体系框架，版权市场服务能力和核心竞争力显著提升；不断提高管理精益化程度，科学管理水平和效果显著提升，进一步巩固和增强了中心快速发展的良好势头，为中心“十二五”时期发展规划各项目标任务的实现奠定了坚实基础。

**二、不断深化以版权登记为基础的版权公共服务体系内涵**

（一）版权登记效率和质量不断提升

2012年，中心共完成计算机软件著作权登记139 228件，同比增长27.33%；软件著作权转让合同登记30件；软件著作权专有许可合同登记53件；软件著作权质权登记113件；软件登记事项变更或补充登记9 531件；查询软件登记档案24 649件；司法机关查调档26件；法院查封软件36件。

完成各类作品登记25 597件（系列），涉及作品128 725件（其中含作品登记24 223件（系列）；邻接权登记113件（系列）；撤销登记136件（系列）；撤回登记9件（系列）；补发证书59件（系列）；重印国外期刊合同登记2件（系列）；著作权合同备案842件（系列）；变更登记213件（系列））。著作权质权登记338件（系列），涉及作品2 868件；著作权质权注销登记41件，涉及作品41件。

版权登记大厅作为创先争优活动的“党员示范窗口”，不断强化服务意识，提高一站式窗口服务水平，为著作权人提供高效优质的服务，全年大厅共现场受理软件著作权登记申请61 082件，作品登记现场受理24 860件（系列），同比都增长了50%以上，平均每天接待申请人和来访者500人次。

（二）建设全国作品著作权登记数据库及公告查询网站

为全面贯彻落实国家版权局《关于进一步规范作品登记程序等有关工作的通知》精神，在国家版权局指导下，迅速组织开发建设完成全国作品著作权登记数据库及公告查询网站，为全国各地作品登记机构规范、方便、快捷报送登记统计信息提供了技术支持和信息平台，保障了全国作品登记信息统计工作以较短的时间实现了有序正常运转。中心成立执行工作小组，按时完成每月全国31个省（区、市）作品登记信息统计报送工作，及时上报有关情况，使国家版权局全面掌握各地执行情况，为其制定政策提供决策依据。中心整理完成了《全国作品登记信息数据统计工作规范手册》初稿，为进一步完善作品登记服务体系，逐步实现作品登记工作统一管理的目标奠定了基础。

2012年全年，根据对全国31个省（区、市）和中国版权保护中心的作品登记信息统计，全国共完成作品登记687 651件。

（三）立足行业需求，提供多样化服务项目

以计算机软件登记制度实施20年为契机，开展“2012 CPCC软件服务年”系列活动。首次开展了中国软件创新企业评选活动，积极探索搭建软件企业融资平台，促进企业与银行间的软件著作权质押贷款初见成效，完善计算机软件著作权登记制度调研、治理虚假登记维护软件版权登记公信力、免征小型微型企业软件著作权登记费等活动和项目也都取得了显著成效和进展；以“关注设计”为主题开展2012 CPCC十大中国著作权人年度评选活动，受到广泛关注和好评；探索创新版权业务模式，如作品保管业务模式已实现与设计等行业对接，在业务实操方面取得了突破；开展版权价值评估咨询业务，为企业融资、增资入股等提供专业服务支持。

为产业发展服务，开展软件登记数据的分析。中心根据软件登记数量持续大幅度增长、登记覆盖面逐渐扩大的特点，通过软件登记所采集的信息逐步成为全面反映我国软件产业发展的重要数据，为使软件登记工作更好地服务软件产业，在国家版权局的指导下，中心进一步加强对软件登记数据进行深入挖掘和分析研究，编撰完成了《2011年中国软件著作权登记情况分析报告》和《2011年中国软件著作权质权登记情况分析报告》，客观反映了我国软件产业的发展特点、结构、分布和趋势，为政府管理部门进行宏观调控和决策提供参考，也为软件和版权产业研究机构提供了基础数据，一经发布立刻受到各大媒体和社会各界的高度关注。

（四）整合推进以DCI为核心的数字版权公共服务体系

2012年9月，中心牵头的国家重大科技支撑计划项目——“基于版权的数字内容服务平台及示范应用”正式启动实施，这是自2010年自主创新提出DCI体系以来，在构建数字版权公共服务体系和推进DCI体系建设过程中一个重要的里程碑，标志着DCI体系的核心技术支撑架构的重大科研攻关正式启动，DCI技术支撑体系研发开始进入实质性攻关阶段。

依托“基于版权的数字内容服务平台及示范应用”项目整合推进DCI体系建设，DCI技术联合实验室的核心技术研发取得初步成果，全国版权标准化技术委员会正式获批成立，筹备工作加快进行，完成DCI体系相关标准体系和关键标准的规划和研制的立项，与中国电信集团公司签订战略合作框架协议，在资源整合和DCI体系应用实施方面取得重大标志性突破，为DCI体系建设的全面展开奠定坚实的基础。同时，积极推进国家数字版权产业基地建设，与西城区签订了为建设国家数字版权产业基地筹备性房屋使用权置换协议，预计2013年6月可迁入西城区过渡性新址办公。

进一步加强重大项目的战略性整合，组织编制了《中国版权保护中心“十二五”时期科技发展规划》，完成了互联网环境下版权保护的基础性服务平台总体规划，不断提升中心自主科技创新和科技成果转化对业务发展和整合的促进作用。

（五）中国ISRC中心工作经试行后全面启动

在新闻出版总署出版管理司的统一部署和具体指导下，中国ISRC中心按照“三步走”的阶段性目标分步骤扩大登记范围，全面推进新版ISRC标准的贯彻实施，同时深入产业内部，调研业界需求，充分挖掘ISRC编码在版权保护和内容管理方面的巨大潜在作用，助推音像产业的转型和升级。

2012年，中国ISRC中心编码总申请量为53 431件，总发码量为45 401件，其中录音制品40 126件，音乐录像制品5 275件。

（六）推进版权基础理论研究，完善版权咨询服务体系

全国首批大型企业软件资产管理试点工作全面铺开，年内完成近20家企业的软件资产管理项目工作报告，为提高我国企业合理运用、管理软件资产水平，构建软件正版化工作长效机制奠定了基础。中心已初步研究出一套软件资产管理实施规范和流程，拟与工业和信息化部标准研究院等机构共同起草、编制软件资产管理行业和国家标准。

版权资产管理方面，申请了新闻出版总署“版权资产管理标准体系和关键标准研制”项目研究，编制了《版权资产管理咨询服务指南》和《企业版权资产管理通用规范》，基本完成了版权资产管理咨询服务体系的构建，制定了系统详细的工作方案、标准、规范、流程和表单，并为企业进行版权资产内控、更好地进行版权资产运营，提供了科学的具有极强操作性的方法体系。版权资产管理相关工作还引起了中央文资办的高度重视，其希望把版权资产管理作为实现国有资产保值增值的途径，委托中心参与进行《国有文化企业版权资产管理规程》的制定修改，版权资产管理工作的影响力不断扩大。

中心还就区域版权产业经济贡献调研分析系统研究工作与河南省、青岛市、烟台市等地方单位达成了科研合作意向。

**三、打造全流程、全方位的版权市场服务体系**

（一）加强全方位服务平台建设，整体营销模式逐步成熟

着力加强统一规划和整体协调，依托相对成熟的核心业务模式，大力推进服务平台的搭建和服务渠道的拓展，整体营销思路和模式逐步成熟。通过举办“2012 CPCC中国版权服务年会”，进一步把年会打造成为集中展示中心创新成果和引领发展方向的宣传和交流平台；成功举办了第三届全国版权经纪人/代理人专业实务培训班和第三届数字出版与版权管理培训班，品牌影响力不断扩大，并逐步成为中心准确掌握行业需求、建立客户网络的重要平台；建立了中华版权代理中心版权代理服务平台，成为

业内最大的版权贸易资源平台系统；不断完善版权代理服务体系建设，在青岛、郑州等地，在美术、设计等行业建立了版权工作站，网络覆盖面不断扩大，有效带动了版权登记量和版权贸易量的快速增长。

（二）提供专业化产业链服务，全流程服务能力不断提升

中心不断加强对代理中心及各事业部的基础建设和绩效管理，着力完善内部机构设置和人才配备，在音乐、影视、游戏、动漫等领域的专业化服务水平大幅提升，与国内外各大唱片公司、影视公司、电信运营商、游戏动漫等机构的合作进一步深化，业务工作与产业需求的融合程度显著加强。同时进一步加强服务项目和业务资源的整合，充分发挥整体合力优势，提供培训、代理、授权、维权、咨询相结合的全流程、全方位的综合性版权服务，并根据客户需求定制个性化服务方案，切实把各项服务全面融入到版权相关产业价值链中去，中心版权市场服务能力和竞争力不断提升。

（三）指导和协调版权交易市场建设，成效显著

中心与东城区共同建设的北京东方雍和国际版权交易中心已发展成为成熟的版权公开市场交易模式和文化金融中介服务平台，中心牵头成立的“全国版权交易共同市场”成员单位拓展到13家，在推动建立规范综合性版权要素市场过程中发挥了积极作用；交易中心以“版权价值”为核心继续推进文化金融服务创新，2012年1—9月累计服务11家企业，累计融资金额为2.14亿元；开展著作权登记及无形资产价值评估业务服务项目38个，涉及的著作权评估价值共计7.62亿元。

（四）推进版权服务国际化体系建设，加强国际版权交流与合作

积极实施“国际版权服务推进计划”，依托英国、日本、德国等国家窗口单位不断加强国际版权交流与合作，英国窗口单位组织举办的第四届英国万象国际华语电影节对增强中国文化海外影响力发挥了积极作用；继续深化与韩国著作权委员会的合作，提供集版权法律服务、作品登记、版权纠纷调解、维权等内容于一体的服务机制，并以“中韩建交20周年，著作权领域新合作”为主题举办了第八届中韩著作权研讨会；对外版权贸易和交流成绩显著，以出版版权代理为例，截止到11月中旬，共引进360本图书版权，成功输出版权8本到西班牙、韩国、港澳台等地。2012年，中心还被世界知识产权组织授予“2012世界知识产权组织版权金奖”保护奖。

（五）网络视频音频版权监测及调查取证服务平台的作用进一步显现

网络视频音频版权监测及调查取证服务平台的作用进一步显现，逐步建立了较为成熟的业务规范和流程。全年共接受委托成功删除盗版链接万余条，与行政投诉或民事诉讼相比，平台在时效性和维权成本上都呈现明显优势，“网络快速维权机制”初显成效。

（韩　璐）

## 中国版权协会

2012年，中国版权协会（以下简称协会）按照国家版权局的工作部署，充分发挥协会的职能，努力增强服务意识，全力拓展工作思路，为推动版权保护做了大量工作。

**一、加强协会自身建设与会员内部交流**

结合2011年个别分支机构出现的问题，2012年，协会对8个分支机构进行了整顿，使各分支机构工作取得明显进步，并积极举办讲座、研讨会、培训班等活动。

2月26日，协会在高等教育出版社礼堂举办首都版权界新春联谊会，为首都版权界搭建了一个加强交流与合作的纽带和桥梁。

**二、搭建“数字绿书签”传播平台**

在协会直接指导下，“数字绿书签”传播平台是由纵横融科（北京）科技有限公司采用自有知识产权的实时push技术和动态Self-learning模型以及成熟的物联网技术，构建的受众手机正版精准传播体系和盗版快捷举报通道。

所谓数字平台，就是把现在各行业越来越广泛应用的二维码技术，应用在图书出版中，既可以为图书增加防盗版功能，还能利用越来越普及的智能手机，为出版社搭建一条直接和读者沟通的便捷新通道。随着数字平台功能的不断拓展，最终不但可以实现网上选书购书，还可以实现图书及其他拓展产品，如影视、音乐、图片、动漫等在网上实现版权交易。

“数字绿书签”传播平台调研和建设历时2年。2012年3月30日，举办“数字绿书签”传播平台建设座谈会，17家出版社（涵盖中央部委、高校、军队、地方出版集团）参加座谈会，就平台建设提出意见和建议。该平台的建设得到全国“扫黄打非”办、国家版权局版权管理司和图书司、中国版本图

书馆等主管部门和职能机构的大力支持，并于2012年5月14日被新闻出版总署审核批准，进入“新闻出版改革发展项目库”。

平台一期工程首批正式签约了5家出版社，进行半年时间的试点运营、反馈和完善后，已初步具备规模化推广的基础和条件。2012年12月12日，召开“数字绿书签”传播平台（一期工程）进度汇报会暨推广座谈会，国家版权局版权管理司司长于慈珂和中国版本图书馆、中国出版协会、中国发行协会，以及全国“扫黄打非”办、新闻出版总署图书司的相关人士与会。

**三、成功举办“第五次海峡两岸著作权保护研讨会”**

8月22日，由中国版权协会与海峡两岸商务协调会共同主办的“第五次海峡两岸著作权保护研讨会”在西安市举行。研讨会由中国版权协会常务副理事长张秀平、海峡两岸商务协调会副会长赖文平共同主持。

国家版权局副局长阎晓宏，台湾“智慧财产局局长”王美花，中国版权协会理事长沈仁干，海峡两岸协调会副会长、台湾著作权保护协会创会会长廖治德，陕西省新闻出版（版权）局局长薛保勤等出席会议并致辞。台湾著作权保护协会会长廖伟铭，版权管理司副司长汤兆志，中国出版协会副理事长施雷、王化鹏、白京兆等出席研讨会。海峡两岸版权界人士共140人出席开幕式并参加研讨。

研讨会围绕“两岸著作权法修订问题”、“两岸音像表演版权保护成果共享”两个专题进行了研讨。其中，新闻出版总署法规司司长王自强介绍了关于著作权法第三次修订的情况；中国版权协会常务理事、律师马晓刚作了“著作权法修订的实践需求”的演讲。会议代表反映，9位来自海峡两岸的专家，演讲内容翔实，对问题探讨有深度，对于推动两岸版权保护的发展具有很重要的作用。

会议期间，两岸版权主管部门工作组还就推动两岸著作权保护进行了深入交流。交流中对推动《海峡两岸知识产权保护合作协议》的落实情况进行了回顾与探讨。

**四、听取专家对《著作权法》修订草案的建议**

《著作权法》修订工作列入国家有关部门的立法计划，协会对此予以格外的关注，并根据有关部门的要求，由协会下属法律委员会起草了调研提纲和调研方案，制定了实施计划。

协会利用研讨会组织有关专家召开专门会议，邀请专家学者对《著作权法》修订草案提出意见和建议。

**五、举办系列版权相关交流研讨活动**

4月25日，为推动新技术给版权保护带来的挑战与机遇，在协会反盗版委员会的指导下，中国文字著作权协会、北京中文在线数字出版股份有限公司、北京东方雍和国际版权交易中心联合举办高端版权交流平台——“中国版权沙龙”。该沙龙针对新技术带来的挑战与机遇，对版权保护与发展的现状与趋势进行了充分研讨，跟踪版权热点话题，深入探讨版权保护面临的新问题、新挑战，分析版权发展出现的新模式、新动向，为增进版权业各界人士的互动沟通提供交流和研讨机会。

10月19日，协会在北京举办2012影像文化产业版权保护座谈会。来自国家版权局、最高人民法院、京津地区法院、中国摄影著作权协会、图像行业相关企业的代表及知名摄影师、相关律师等60余人与会。协会理事长沈仁干，国家版权局版权管理司副司长汤兆志，协会常务副理事长张秀平、副理事长蒋志培及与会的专家、学者、法官和专业摄影师、摄影作品著作权管理专业人士各抒己见，对我国摄影作品著作权保护和管理的现状进行了认真剖析，对如何加强摄影作品著作权保护提出了意见和建议。

**六、承办2011年度知识产权保护重大事件（案件）和最具影响力人物评选活动**

2011年度知识产权重大事件、案件及有影响人物评选活动，由国家知识产权局、国家工商行政管理总局、国家版权局主办。受国家版权局委托，协会承办了版权系统的评选活动。评出重大事件10件、重大案件10件、有影响人物5人。

在汇总各地上报的名单和材料的基础上，协助国家版权局组织专家，对2011年度版权保护的重大事件（案件）和最具影响力的人物，进行初步评选后，把有关材料加工整理，汇总到三部委的综合名单中，并在网上进行了公示。最终，王野菲、张洪波2人获2011年度全国版权保护最具影响人物；5个2011年度全国版权保护重大事件（案件）榜上有名；北京市版权局、中国文字著作权协会等6家单位获2011年度全国版权保护评选活动优秀推荐单位。

**七、进行版权纠纷调解尝试**

2012年，协会拟根据《人民调解法》和《著作权法》，建立版权纠纷调解机构，对版权纠纷进行调解。在等待民政部审批期间，协会也适度开展了版权纠纷调解工作。例如，在年初优酷和土豆再次发生版权纠纷，求助于协会出面调解，经过协会的调解，两家最终达成和解。此案例的成功，为版权纠纷调解工作进行了有益尝试。

（中国版权协会）

## 中国音乐著作权协会

2012 年是中国音乐著作权协会（以下简称音著协）成立 20 周年。面对越来越多的市场变化和挑战，音著协仍以围绕服务会员为中心的宗旨，不断拓展授权许可各项业务，优化升级软件程序，以追求版税分配更加高效、公开、透明；着重进行开拓意义的法律诉讼，为维护会员权益、推进许可业务保驾护航；同时顺应广大会员意志并结合音著协多年的工作经验，为《著作权法》修订草案提交修改意见、建议；针对负面新闻从容应对、及时公开澄清以打消会员及公众误解等。通过全体工作人员一年的辛勤努力，在会员一如既往的支持、鼓励以及上级主管部门的监督指导下，音著协各项工作实现了稳中求进，会员满意度日益提升。

**一、会员发展与资料管理**

（一）会员发展

2012 年，音著协发展会员人数为 380 人，其中词作者 149 人、曲作者 212 人、继承人 17 人、出版公司 2 家。截至 2012 年年底，音著协的会员总人数为 6 903 人（见图 1）。

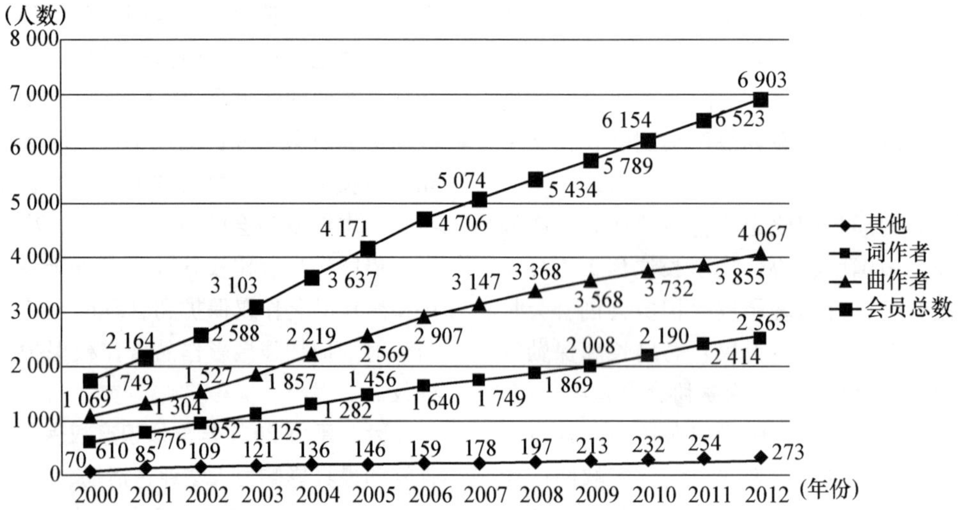


**图 1　音著协会员发展统计图**

（二）音乐作品资料管理

2012 年，音著协继续完善作品资料的归档、保管、借阅、许可核查、分配核查和会员作品登记等各项管理制度及工作流程。2012 年，DIVA 数据库中音著协管理的会员作品已达 27 万 7 000 余首，申请并获得 ISWC 码的作品已达 9 万 2 000 余首，进一步扩大了会员作品在国际领域的保护范围。

**二、音乐作品许可使用情况**

2012 年，音著协许可总收益达到人民币 1.099 亿元，较 2011 年增长 23.65%，再创许可收益新高。其中广播权许可收益为人民币 4 015.44 万元，表演权许可收益为人民币 4 594.31 万元，复制权许可收益为人民币 546.78 万元，新媒体许可收益为人民币 1 326.65 万元，海外协会许可收益为人民币 508.77 万元。

（一）表演权许可

1. 机械表演许可

截至 2012 年，音著协开展机械表演权许可工作的地区已全面覆盖北京经济圈（北京、天津、内蒙古、河北、山西、河南）、长三角经济圈（上海、浙江、江苏、安徽）、珠三角经济圈（广东、深圳）、西南地区（重庆、成都）。

机械表演权的授权主要集中在商场、超市、酒店、快餐连锁、航空等主流行业，逐步涉足咖啡厅、家居店、汽车 4S 店、健身房、办公楼、大型主题公园等使用到音乐的行业。各地由于条件、资源、困难程度等因素不同，收取的使用费涉及的行业各有不同。许可业务工作重点逐步从娱乐行业扩大到其他行业。

2. 现场表演许可

2012 年，演出市场保持良好的发展态势，演出数量相对稳定，音著协在保证整体许可业务稳步发展的同时，积极与地方许可团队沟通，发展地方合作伙伴，通过与专业工作团队的合作，拓展地方现场表演许可工作，同时逐步提高收费，缩小各地收费差异。此外，音著协继与东方歌舞团、中山音乐堂、北京交响乐团等单位达成长期合作后，又同北京保利剧院管理有限公司签订许可意向协议，就其在全国保利院线旗下的28家剧院举办巡演项目时，统一向音著协申请办理许可。

国际方面，由于中国市场逐渐受到海外相关著作权集体管理组织的关注，针对日益增多的海外协会现场表演投诉，音著协开始逐步加深与海外的配合进行涉外作品的诉讼维权工作。

（二）复制权及新媒体许可

复制权许可业务的工作主要分为两个部分，传统的复制权业务和新媒体业务（数字音乐）。

1. 复制权许可

一是音像和图书。在整个音像市场持续低迷的大环境下，音著协在复制权许可业务的工作中依然继续加大对传统音像制品、图书市场定期调查的力度，摸查唱片及图书发行的行业情况，继续对侵权且不合作的发行单位采取不断交涉和诉讼措施，同时与长期合作的出版社继续保持良好的合作关系，以确保对以上业务的版权收入不会出现大规模的下滑。

另一方面，尝试同相关的政府执法部门合作（如同北京文化执法总队合作查处了卓越网盗版音像制品案件），取得了一定效果。

在教科书方面，对于国家出台的教科书法定许可收费标准，提前做了相应的准备，深入调研各出版社及发行单位的相关信息，同人民音乐出版社和人民教育出版社进行了多次的协调沟通，尽最大努力掌握教科书所涉及音乐作品的使用信息。

二是影视和广告。影视、广告的著作权许可业务是音著协复制权许可业务近几年的开拓重点之一，并始终保持着与时俱进的思想和工作方式，不断调整、全面规划，以类似经纪人的模式开展工作。

三是工业产品。点歌机市场目前已经进入衰退期。音著协继续努力维持已有客户，深入调查了解市场需求及动向，寻找并抓住市场机会，拓展培育潜在客户。随着技术不断发展，手机内置音乐、电视机内置音乐等的使用方式逐渐被网络及运营商下载所取代，许可业务量较小。此外，音著协对其他内置音乐的玩具等规模小且市场分散的产品的许可工作也并不放松，继续投入维护开发。

四是新领域业务。2012年，还有一些关于复制权许可业务的新领域音著协正在逐步开发，包括网络在线游戏、在线卡拉OK及活页乐谱的复制等。

2. 新媒体许可

随着数字音乐的迅速发展，音著协快速地转变观念，改变了以往单纯的版权授权业务方式，转而采取版权服务的模式，即为数字音乐使用者提供一揽子解决版权的方案，并取得了良好的效果。由此，音著协重点拓展了在网络使用的复制权和信息网络传输权相结合的业务模式，继续深化同百度的战略合作，借此契机，安排部署了与国内主要在线音乐公司的发函交涉，说明和推广同百度的整体合作模式，并达成了酷狗音乐等网站的音乐许可合作协议。

（三）广播权许可

2012年是音著协广播权许可工作在摸索中扩大发展的一年。2012年1月份完成与全国32家主要电视台的集体签约，解决大部分省级电视台、部分市级电视台2010、2011年两年关于使用音乐的版权付酬问题，并开始全面履行协议。此外，在同全国的广播组织协商合作的过程中，音著协主动提出多种提供使用报告难题的解决办法，积极推进关于广播权使用费的支付与分配工作，同时启动与中央人民广播电台所代表的广播版权委员会就全国电台付酬整体模式的协商工作，力争商讨出更具可操作性的简便付酬模式。

**三、音乐作品许可使用费分配与诉讼维权工作**

（一）许可使用费分配

2012年，随着许可业务的不断拓展，音著协的分配工作也经历了繁忙的一年。2012年，音著协面向会员及相关音乐著作权人共进行了10次分配，合计参与分配金额7 653万元人民币（主要为2011年到账的使用费）。其中，来自图书、音像制品、点歌机等的使用费分配金额为人民币569万元，来自互联网、移动的使用费分配金额为人民币1 100万元，来自卡拉OK的使用费分配金额为人民币1 872万元，来自经营性场所播放背景音乐的使用费分配金额为人民币1 100万元，来自音乐会、演唱会的使用费分配金额为人民币621万元，来自广播电台、电视台的使用费分配金额为人民币1 900万元、来自海外许可的使用费分配金额为人民币491万元。

（二）诉讼维权工作

2012年，音著协共承办民事诉讼案件71件，由律所代理的诉讼58件，通过诉讼等方式共索赔和追回著作权使用费约人民币234.76万元，待执行款约13万元，诉讼花费总支出约56.07万元（其中往年支出11.64万元），继续保持了较高的诉讼效率。

**四、信息宣传及交流合作**

（一）宣传音著协成立20周年取得的成果

音著协对于著作权保护知识的信息宣传工作在

逐步探索和发展中前进。2012 年，音著协共制作完成两期《会讯》，向会员和相关产业合作者寄送，既增进了与会员之间的沟通，同时也加强了社会对于音乐著作权和音著协工作的认识。除此之外，2012 年 6 月 22—24 日“第四届中国国际版权博览会”在中国国际贸易中心举行，音著协作为中国大陆地区唯一的音乐著作权集体管理组织参展。2012 年是音著协成立 20 周年，因此本次展会音著协以此为主题，展示了 20 年来在音乐版权产业所经历的重大事件，公布了 20 年来音乐著作权许可收入及分配的情况，并用漫画图示的方式生动展现了音乐著作权管理的工作流程。

（二）音著协与行业组织合作

2012 年 1 月 12 日上午，中国音乐著作权协会与中国广播电视协会电视版权委员会成员单位音乐付酬集体签约仪式在京举行。此次签署合作协议的电视版权委员会成员单位共有 32 家，包括安徽广播电视台、北京电视台、大连广播电视台、重庆广播电视集团（总台）、福建省广播影视集团、甘肃省广播电影电视总台（集团）、广东电视台、广东南方电视台、国家广播电影电视总局电影卫星频道节目制作中心、海南广播电视总台、杭州广播电视台、合肥市广播电视台、河北电视台、河南电视台、湖北省广播电视总台、湖南广播电视台、江苏省广播电视总台（集团）、江西电视台、南宁电视台、内蒙古电视台、青海广播电视台、山东广播电视台、山西广播电视台、陕西广播电视台、上海广播电视台、四川广播电视台、台州广播电视总台、天津电视台、西藏电视台、新疆电视台、云南电视台、浙江广播电视集团。

由于我国东中西部、省市县差异明显，经济发展水平不均，由音著协与各电视台逐一谈判签约、发放许可的方式面临诸多实际困难。在音著协与电视版权委员会的共同努力下，使各省级电视台逐步化解了现阶段面临的困难。本次集体签约，是继 2010 年中央电视台与音著协签署付酬协议后，我国广播组织音乐付酬工作又一重要事件。

（三）音著协的国际交流

2012 年 10 月 21 日，国际复制权组织联合会（IFRRO）世界大会和全体代表大会于阿根廷首都布宜诺斯艾利斯召开，国际作者作曲者协会联合会（CISAC）亚太委员会副主席、音著协副主席兼总干事屈景明出席会议，并代表音著协参加大会下设的相关国际会议，包括 IFRRO 业务介绍会议、亚太委员会会议、音乐版权研讨会、全体代表大会等活动。在全体代表大会上，音著协正式成为国际复制权组织联合会的联系会员，并以会员身份，参加选举了 IFRRO 的新主席、副主席和 3 位执委。

（朱严政）

## 中国音像著作权集体管理协会

2012 年，中国音像著作权集体管理协会（以下简称音集协）在新闻出版总署（国家版权局）的正确指导下，在全体会员的大力支持和全面配合下，在扩大会员、拓展业务、深化服务、推进卡拉 OK 收费和完成 2011 年度著作权使用费分配工作方面做了大量工作。

**一、继续推进发展会员工作**

截止到 2012 年 12 月 31 日，音集协共有会员 89 家，权利人 227 家。2012 年新发展会员 11 家，其中较为重要的会员有滚石国际音乐股份有限公司、北京啊呀啦嗦音乐文化发展有限公司、恒大音乐有限公司等。

为推进发展会员工作，音集协一方面积极宣传音集协职能，不断完善入会流程，提高服务质量；另一方面积极关注市场动态，通过各类途径与重要权利人主动沟通，取得认可和支持。随着音集协影响力的日益扩大以及会员工作的不断完善，发展会员工作更为顺利。

**二、拓展业务，深化服务**

2012 年，音集协围绕服务会员重点做了以下工作：

（一）建立正版曲库，为会员推广歌曲

建立正版曲库是音集协为会员服务的一项重要内容，正版曲库对于畅通会员歌曲发放渠道、提高 KTV 场所使用歌曲质量、促进许可收费以及诉讼维权工作都具有重要意义。截至 2012 年年底，音集协为会员按照统一标准制作歌曲 2 万余首，正版曲库建立初见端倪。此外，在正版曲库发放前，为帮助会员推广新曲，音集协与钱柜、麦乐迪两大全国 KTV 连锁店建立了合作关系，为会员歌曲进入主流 KTV 营业场所提供便利服务。2012 年，音集协共为会员投放新歌曲 42 次，共计 834 首。

（二）拓展业务范围，增加会员收益

为拓展业务范围，音集协在卡拉 OK 领域外的其他多项业务中积极探索，为会员争取更多收益。2012 年 3 月，在无线音乐领域，音集协与中国联通运营中心签订了合作协议，共同促进数字音乐在无线互联网领域的正版化和产业化。音集协还与香港数码音像协会合作，在台湾地区开展内地歌曲的授权工作，积极为会员作品开拓海外市场。

（三）推动法律修改，为会员争取权利

在《著作权法》第三次修改开始之际，音集协结合著作权集体管理工作实践，对《著作权法》进行了认真研究，参与了各项著作权法修改专项调研活动，对著作权法中录音制品、广播权、表演权和著作权集体管理制度等提出了修改意见，在立法上争取确立音像权利人的广播权和表演权，完善著作权法对音像权利人的保护。

**三、推进卡拉OK收费工作**

卡拉OK授权许可业务是音集协最重要的业务支柱和收入来源，2012年度，音集协共收取卡拉OK著作权使用费约1.19亿元，比上一年略有增长。

（一）以维权推进收费

截至2012年12月31日，音集协在全国21个省市区开展维权活动，共对近1 000家KTV经营者进行了取证，提起诉讼800多起。在诉讼过程中，已有店家因音集协维权行动签订著作权许可使用合同并支付著作权使用费，合同总金额达2 000多万元，有效促进了音集协在当地的收费工作，强化了付费使用观念。此外，音集协分别在14个省市针对KTV侵权提起258例行政投诉，共处理非会员诉讼399个案件，这些维权活动有力地推进了授权许可业务进展。

（二）努力理顺收费体制

从2008年音集协正式成立以来，在对卡拉OK收费工作稳步开展的同时，拟对音集协初创时设立的收费模式和管理体制进行逐步理顺，加强管理，提高收取版权费的工作效率，降低收费成本，在工作中增加卡拉OK歌厅付费的覆盖率。

**四、加强财务管理，完成2011年度分配工作**

音集协在财务上严格遵守法律法规及协会章程的有关规定，接受各主管部门的检查和监督。2012年，音集协接受民政部指定的会计师事务所对音集协2011年度财务状况的审计，经审计，会计师事务所出具了标准无保留意见审计报告。

2012年11月，音集协根据会员大会通过的分配方案和第五次理事会通过的《卡拉OK著作权使用费分配细则修订稿》，对2011年收取的卡拉OK著作权使用费进行了分配。

（马继超）

## 中国文字著作权协会

2012年，中国文字著作权协会（以下简称文著协）按照新闻出版总署（国家版权局）的整体部署，秉承“让权利人利益最大化”的宗旨，进一步推进报刊转载和教科书“法定许可”使用费的收转工作，加大分配转付力度；大力发展会员，努力做好会员维权工作；积极探索开展数字版权业务，向数字版权要效益，同时积极开展国际交流与合作。

**一、发展会员情况**

会员是协会的立业之本。文著协以发展会员和服务会员为宗旨，抓住稿酬分配、召开会议、举办活动等机会，充分利用网络博客、微博客、手机短信平台等形式，与作者保持经常性联系和业务沟通，为扩大和发展会员奠定了基础。

2012年，文著协新增会员986人，比较知名的有：著名学者余秋雨，翻译家顾蕴璞，著名作家宗璞，陕西省作协副主席刘成章，外国文学学会副会长仲跻昆，儿童文学作家董恒波、佟希仁；权利继承人代表入会的有：林海音、何满子、周建人、楼适夷、夏衍、谈家桢、孙犁、端木蕻良、徐迟等；台湾作家张晓风正式委托文著协处理在大陆的相关版权事务。截止到2012年年底，文著协会员达到7 070人，会员授权作品35 542件，含信息网络传播权的作品总计27 746件。

**二、著作权使用费收转、分配情况**

文著协作为向著作权人转付报刊转载和教科书“法定许可”使用费的法定机构，始终把收转分配工作放在协会工作的首位。2012年共收取著作权使用费392万元。其中，教科书“法定许可”使用费138万元，分配103万元，分配率为75%，比上一年增长13%；报刊转载“法定许可”使用费119万元，分配19万元，分配率为16%；代理汇编作品使用费42万元，转付21万元，转付率为50%；为会员和有关作者调处版权纠纷入款28万元，分配率为100%；数字版权许可使用费65万元，因2012年12月入账，分配需要在2013年进行。

全年分配和转付稿酬惠及作者4 000多人次、文章6 000多篇，如著名作家或其继承人巴金、茅盾、郭沫若、老舍、曹禺、钱锺书、冰心、汪曾祺、孙犁、臧克家、梁实秋、吴晗、陈建功、冯骥才、张抗抗、王蒙、余秋雨、贾平凹、铁凝、史铁生等。其中与余光中、席慕蓉、刘墉、张晓风、尤今、管家琪等数十位海外华文作家保持经常联系，并向其分配教科书和汇编作品稿费多笔。

**三、为会员提供法律维权服务**

继 2009 年文著协代表中国作家、出版社向谷歌、百度、苹果等展开维权行动产生良好国际和社会影响以来，文著协每年都收到作者对侵权企业的大量投诉和维权要求。文著协一方面加强队伍建设，由专人处理会员的日常版权纠纷，同时也与有关律师事务所开展合作，努力将会员的维权工作做好，争取最大限度地对会员的要求有问必答。

（一）帮助会员和有关单位向苹果公司网上应用商店维权

苹果公司网上应用商店（App Store）提供的应用程序收费下载中包括大量既未事先获得作者授权，也未支付报酬的中国作家作品，因此，许多作家、出版社和期刊社甚至文化公司向协会投诉，希望文著协出面与苹果公司交涉，维护合法权益。

3 月 15 日，协会向社会发表通告，专门开设热线电话，接受权利人对苹果公司的投诉。上半年，协会配合国家版权局，组织出版社和有关单位，召开两次座谈会，专门就苹果公司侵权问题进行论证和研讨。11 月 29—30 日，在国家版权局和国际复制权组织联合会（IFRRO）主办，文著协承办的“数字环境下版权集体管理国际研讨会”上，文著协会长陈建功首次公开表示，文著协为维护会员的合法权利，要联合数十家出版社和报刊社向苹果公司网上应用商店开展维权行动。12 月 4 日，美国苹果公司总部主动派出全球知识产权诉讼部的 4 位代表专程来华与文著协进行第一次会面，探讨保护中国著作权人的适当措施和手段，文著协与其建立正常的沟通机制。苹果谈判代表表示，愿意继续与文著协保持沟通，通过文著协协调、探讨与中国作家的版权纠纷的解决路径。

（二）对出版社出版侵权教辅进行调查取证

在与有关出版社的交往过程中，文著协发现，很多教辅图书选用大量作家作品，存在未经授权和未支付稿酬的侵权现象。经过初步调查，无论是学生用还是教师用的教辅图书，大都严格按照教科书的体例、结构、顺序等编写。在很多教辅图书中，有的选用整篇文章，有的选用文章片段。选用片段的，大都没有出处、没有篇名、没有署名。很多出版社都把教辅图书人为地归入教科书，认为适用教科书先使用后付酬的“法定许可”规定。教辅图书选用文字作品存在大量未经授权擅自使用的问题，会员对此的反应很强烈。为此，文著协安排专人进行调查取证，并与会员和有关作者一一核实授权情况，许多作家对文著协这种主动帮助作家监控教辅侵权的做法非常肯定，不断有新作家加入协会。

（三）为会员妥善处理版权纠纷

随着文著协社会影响力的增强和会员人数的不断增多，以及著作权人权利意识的增强，文著协每年接到的维权请求数量呈现出快速增长的势头。针对会员投诉较多的学术论文遭受剽窃侵权现象、报刊转载拒不支付转载稿酬问题，文著协委托专业律师事务所开展维权行动。2012 年，协会自行处理和委托律所处理的版权纠纷逾百件，受到会员的好评，同时也对侵权人进行必要的著作权知识宣传工作，有些出版社、报刊社解决完纠纷后与文著协开展了合作。

**四、参与国家版权局法律法规修订工作**

（一）参与《著作权法》第三次修订工作

2012 年 3 月和 7 月，国家版权局两次公布《著作权法》第三次修改草案，向社会公开征求意见。国家版权局开门修法，引起社会广泛关注和强烈反响。文著协多次参加修法座谈会，同时，通过网站、邮箱、官方微博、博客、短信平台等向广大会员发布修法信息和专家意见，组织专家和会员研讨，并且与国际复制权组织联合会、英国版权许可代理机构、澳大利亚版权代理机构等联系征求意见，向国家版权局提出修改和完善的具体意见和建议。

文著协协助安排来访的国际复制权组织联合会秘书长奥拉夫·斯托克莫，国际复制权组织联合会亚太委员会主席、澳大利亚版权代理机构 CEO 卡洛琳和英国版权许可代理机构 CEO 凯文与国家版权局版权司和法规司领导见面，向外国朋友介绍我国《著作权法》修改的情况。

（二）配合国家版权局做好《教科书法定许可付酬办法》的后期调研、征求意见等收尾工作

按照国家有关法律法规的规定，报刊转载和教科书“法定许可”使用费的收取和转付工作是文著协的法定职能。

（1）2012 年年初，文著协受版权司和法规司的委托，邀请 10 余家在京大型出版社，组织召开《教科书法定许可付酬办法》最后一次调研座谈会，同时还设计了教科书法定许可付酬相关问题调查问卷，通过网站、微博、短信平台等方式再次向会员和有关单位发送，征求意见，并最终形成调研分析报告，上报给国家版权局，较好地完成了调研任务。

（2）2012 年 12 月至 2013 年 1 月，国家版权局按照规定程序，在中国法制信息网对《教科书法定许可付酬办法》（后改为《教科书使用作品支付报酬

办法》）公开征求意见期间，文著协及时把该《办法》转发给一些经常联系的知名作家和全体会员，进一步征求意见，并把各方反馈意见统一收集整理后，上报国家版权局。文著协还组织有关专家、学者、律师等专业人士，主动与有关媒体联系，介绍教科书“法定许可”的法律规定、出版单位的法定义务和作家如何向出版社主张获酬权，有步骤、有条理地做好引导和宣传工作，产生良好社会反响，受到作家好评。

（3）报刊转载文字作品不支付转载稿费问题仍很严重。与文著协签订“法定许可”使用费转付协议的报刊社有《意林》、《知音》、《特别关注》、《略知一二》、《中国减灾》、《教师博览》、《新语文学习》、《高中生之友》等。《中国版权年鉴》从创刊时起，就严格按照国家规定，转载文章稿酬交由文著协向作者转付。经多次沟通，中国人民大学书报资料中心已把2008—2011年140余种报刊转载稿费转交文著协。但是从全国报刊支付转载稿费整体情况来看，只有为数不多的教育出版社主动向协会支付教科书稿酬，而且稿酬标准参差不齐。很多作者因为稿酬不多，对不支付转载稿酬的报刊社选择了沉默，无形中促使报刊转载文字作品不支付转载稿费问题仍很严重。

（三）配合新闻出版总署（国家版权局）修改《出版文字作品报酬规定》

（1）1999年，针对新闻出版领域文字作品的发表、出版和转载等问题，国家版权局制定了《出版文字作品报酬规定》。这一文件对于规范报刊转载和出版行为、促进作品有序传播、保证权利人获酬权的实现发挥了重要作用。但该规定实行十几年来从没有进行修订，稿酬标准相对脱离经济市场实际，很多作者纷纷通过各种途径和渠道，呼吁提高原创和报刊转载稿酬标准。而且该文件中的一些规定与现行法律法规也有冲突，给作者主张报刊转载稿酬和文著协开展报刊转载使用费的收取转付工作带来实际操作上的困难。按照国家版权局的立法计划和安排，文著协配合国家版权局做了大量基础调研工作，包括参与起草草案、组织召开调研座谈会、深入有关单位调研等，为国家版权局修改《出版文字作品报酬规定》，制定符合时代潮流和现实需要的《使用文字作品报酬规定》提供了有力的基础数据支撑。

（2）2012年12月3日，受新闻出版总署（国家版权局）法规司委托，文著协组织召开了“修订《出版文字作品报酬规定》调研座谈会”。20余家新闻、出版单位代表参会。大家根据新闻出版界的经营现状和各社在出版文字作品时的普遍做法以及遇到的具体问题畅所欲言，就出版界稿酬标准和报刊转载稿酬标准，进行了热烈的讨论和交流，对《报酬规定》的修订工作提出了很多有益的意见和建议。

**五、协会组织和参加的重要活动**

（一）承办“数字环境下版权集体管理国际研讨会”

2012年11月29日至30日，文著协和浙江省版权局在杭州共同承办了“数字环境下版权集体管理国际研讨会”。此次会议由国家版权局和国际复制权组织联合会（IFRRO）主办，这是国家版权局和该组织首次在华合作举办国际会议。会议邀请了来自国际复制权组织联合会（IFRRO）和国际作者作曲者协会联合会（CISAC）的高级官员，澳大利亚、英国、挪威、新加坡和美国等国版权集体管理组织的权威版权专家和国内10余位官员、专家做专题发言，国内版权立法、司法和行政执法相关政府部门，知名权利人代表，专家学者，国内各集体管理组织领导，科研机构、律师界、产业界等领域代表170余人参会。

与会领导和专家就数字技术给版权集体管理和版权保护带来的新任务、新挑战进行了专题发言，与参会代表共同研讨了在数字技术迅猛发展的今天，各国政府及版权和相关权集体管理组织、国际版权机构在版权管理和执法方面所采取的应对措施和经验做法，数字环境下国外版权集体管理组织在复制权、表演权等权利集体管理方面的探索、做法和经验，数字环境下我国版权集体管理的现状和发展方向以及政府监管，并就中国及国际关注的版权立法、执法实践等议题进行了广泛的交流。

此次会议展示了我国版权集体管理组织在发展会员、依法依规收取版权使用费和公平分配等方面的做法，进一步增进了全社会对集体管理制度和集体管理组织的认识和了解，加强了中外版权集体管理组织的交流与合作，在一定程度上提升了公众版权意识，营造了尊重创作、支持正版、促进传播、加强保护的社会风气。

（二）组织参加“第四届中国国际版权博览会”

2012年6月22日至24日，文著协参加了在京举办的“第四届中国国际版权博览会”，通过大量文字、图片的展示，发放宣传资料和现场咨询，向公众介绍了自身的职能、宗旨、服务理念、重要事件以及取得的成绩，向广大公众普及著作权和著作权集体管理的相关知识。

**六、开展版权代理业务**

文著协利用自身较为庞大的作者资源和海内外出版社资源，积极为出版单位和民营文化公司提供版权代理服务和出版策划服务，帮助作家推广作品，为出版界提供切实有效的版权代理服务，解决出版界的作者授权问题。

（一）汇编作品代理授权

2012 年，文著协与高等教育、北京、春风文艺、现代教育、河北教育、中山大学、山西人民、译林、天天、红旗、人民邮电、机械工业、电子工业等 30 余家出版单位签订 50 份《汇编作品委托代理协议》，帮助出版单位解决近百本汇编作品的作者授权问题，既维护了著作权人的合法权利，也保证了图书的顺利出版，获得作者和出版界的认可。

（二）代理版权输出

2012 年，文著协与台北图书馆、韩国爱力阳版权代理会社、俄罗斯圣彼得堡大学孔子学院和远东联邦大学孔子学院等相关机构签订版权输出合同 7 份，输出版权 15 种，包括老舍、沈从文、丰子恺、冯至、史铁生、李锐等 60 多位知名作家作品，如《史铁生文集》、《中国优秀现代中篇小说集》、《中国万花筒（中国当代作家微型小说选（50 篇））》等。

（1）2012 年 9 月，北京国际图书博览会期间，台北图书馆相关负责人专程来文著协拜访，感谢文著协为其在“世界图书和版权日”期间编辑、出版的《春天读诗节：现代诗的 100 种可能》提供的版权代理服务，由于文著协的高效服务，在不到一个月的时间里，为其选用的大陆诗人作品，成功解决授权问题，保证了图书能够按时出版。

（2）《中国优秀现代中篇小说集》和《中国万花筒（中国当代作家微型小说选（50 篇））》是俄罗斯汉学家专门为俄罗斯有关大学孔子学院和汉语爱好者选编的两本中国作家作品集，经文著协多方查找，成功解决涉及的全部中国作家授权问题。

**七、数字新媒体业务崭露头角**

为适应数字化时代的产业发展需要，文著协高度重视并追踪关注数字出版产业的发展趋势和商业模式，积极与中国移动浙江阅读基地、亚马逊中国、中文在线、多看科技等数字新媒体接触，探索数字版权合作模式。2012 年年底，文著协通过数字新媒体平台推广会员作品实现手机阅读的第一笔数字版权收入 65 万元。文著协也在与多家数字出版企业洽谈合作，一种电子图书向多家数字出版平台授权，可以获得多种数字版权收益。这已成为文著协为会员推广作品、创造实际收益，为产业界提供正版版权资源授权、解决产业发展瓶颈的一个主要方向。

文著协熟悉数字出版企业的商业模式和运作规律，善于利用多种有利因素，在谈判中把握主动权，在坚持双赢的基础上，采取将会员数字版权“一揽子”授权的方式，与有关数字出版企业谈判合作，免除了每个会员与数字出版企业谈判的繁重法律劳动，大大降低了数字出版企业获得数字版权的授权成本，收益往往高于个体谈判结果，提高了会员的数字版权收益比例，数字版权收益将成为会员版权收入的新的增长点。

**八、开展国际交流**

2012 年，文著协接待了国际复制权组织联合会（IFRRO）代表和澳大利亚、英国、比利时等国集体管理组织代表来访，并协调版权管理司、法规司领导会见外宾。

在版权管理司的大力支持下，文著协已与国际复制权组织联合会和美国、英国、澳大利亚、挪威、加拿大、俄罗斯、新加坡、越南、罗马尼亚、巴西、阿根廷等国家以及我国香港和台湾地区的集体管理组织建立了正式联系。2012 年 10 月，在 IFRRO 资助下，文著协派员参加了 IFRRO 在巴西和阿根廷举办的集体管理专项培训和年会，并在年会上作了专题发言，IFRRO 的很多成员都对文著协的发展和中国《著作权法》的修改寄予厚望。12 月，按照新闻出版总署批准的外事计划，文著协组织版权管理司和法规司、中国文联、中国摄影著作权协会、中国音像著作权集体管理协会的相关代表，访问了澳大利亚、新西兰政府部门和著作权集体管理组织，接受集体管理专项培训并进行交流，学习对方先进的集体管理经验，共同探讨了在新形势下集体管理面临的挑战和机遇。

国际交往不但促进了文著协与海外同类机构的日常交流，引进了海外先进经验，与此同时，在探讨中国文字作品海外影印复制权的收费问题上取得较大进展，文著协有望在近年与有关国家和地区的复制权集体管理组织签订单边授权合作协议，中国权利人有望从海外收取图书、报刊文章的影印复制权使用费。

（张洪波）

## 中国摄影著作权协会

2012 年，在坚持开门立法、充分征求社会各界意见、增强透明度的原则下，《著作权法》第三次修订工作取得初步成果。中国摄影著作权协会（以下简称摄著协）全力配合并积极参与《著作权法》修订工作。同时，摄著协在教科书"法定许可"使用费收转、建立网络查询系统、会员维权与服务工作方面，取得一定成绩。

**一、积极参与《著作权法》的修订工作**

摄著协高度关注《著作权法》的修订工作。为配合此次修法工作，摄著协两次组织摄影界、美术界知名人士及修法工作领导小组专家，在京召开讨论会，就《著作权法（修改草案）》中部分条款提出意见和建议，其中提出的"延长摄影作品保护期"、"完善广播权法定许可规定"和"视觉艺术追续权"修法建议被纳入此次修改草案。

**二、有序开展教科书"法定许可"使用费收转工作**

为更好地履行法律职能，摄著协积极与教科书出版社进行沟通联系，促进教科书"法定许可"使用费收转工作。2012年摄著协积极配合国家版权局《教科书使用作品支付报酬办法》调研工作，购买了京外两家较大教科书出版社出版的九年义务教育和国家规划类教科书，一一逐册分类，对教科书使用图片数量进行数据统计，掌握和了解京外较大教科书出版社使用摄影作品的基本情况和使用数量。除此之外，还对在京教科书出版社尚未付酬的10余科目200余册教科书使用图片情况进行再次核实，为推进教科书版税收转工作提供翔实数据和基础资料。

**三、成功建立教科书使用摄影作品网络查询平台**

随着摄影著作权集体管理工作逐步走向深入，建立网络查询系统和摄影作品使用费分配工作机制是一项十分重要的工作。按照《著作权集体管理条例》的要求，2012年，摄著协整合了自身网站，编制教科书法定许可使用费网上查询系统，建立网络查询平台。按照法律规定，教科书出版社应在向著作权集体管理组织支付使用费的同时，附带把作者信息、作品信息和相关通信地址信息一并提供上来。但是，由于教科书出版社提供以上数据不够全面，摄著协以教科书出版社使用摄影作品为依据，进行信息采集并建立相关数据，在摄著协网站发布教科书出版社使用摄影作品情况。

建立网上查询平台，把教科书出版社使用摄影作品的信息予以公告，使摄影著作权人通过网络查询平台了解教科书出版社使用摄影作品情况，让摄影作品著作权人获知自己作品被教科书出版社使用详细情况后，尽早与摄著协联系并进行权属核实，尽快将教科书出版社使用摄影作品的稿酬分配给相关著作权人。同时，使用费的分配可以更加公开、公正、透明。

2012年12月28日，网上查询平台正式上线开通，并在人民网、新浪网、搜狐网等门户网站发布了平台开通消息，受到广大摄影著作权人的欢迎。

**四、为会员提供维权服务**

2012年，摄著协把为摄影著作权人维权放在工作首位，为摄影著作权人提供切实的权益保障。在这一年中，摄著协认真核实教科书出版社使用摄影作品情况，努力查找涉及摄影作品的著作权人，并主动登门拜访一些年迈的摄影家，把作品使用费直接送到他们手中。3月，为配合全国宣传学习雷锋活动，摄著协主动上门看望正在北京举办《雷锋影展》的季增和张俊两位老先生，向他们详细介绍摄著协有关工作，得到两位老前辈的认可。两位老人主动要求加入摄著协，摄著协及时向他们转付了教科书使用雷锋图片的版税。

**五、做好国际交流与合作宣传工作**

2012年4月，摄著协派员参加伦敦书展中国主宾国的宣传和新闻报道工作。6月，世界知识产权组织保护音像表演外交会议在北京召开并签署《视听表演北京条约》，这是新中国诞生后在北京签署的第一个国际条约，155个成员国和49个国际组织的204个代表团出席这次会议，摄著协派员全程跟踪拍摄此次国际盛会情况，并圆满完成宣传和新闻报道工作，为编辑和出版《世界知识产权组织保护音像表演外交会议实录》和《新视觉 新概念——2012年伦敦书展中国主宾国活动纪实》两本画册提供大量图片，圆满完成工作任务。

（孙伊娜）

## 中国电影著作权协会

2012年，在国家版权局和国家广播电影电视总局的领导下，在71家会员单位的支持下，中国电影著作权协会（以下简称影著协）在新形势下开拓进取，全面推进各项工作。

**一、参与《著作权法》修订工作，真正为权利人发声**

朱永德作为全国唯一的电影著作权集体管理组织——影著协的理事长，是国家版权局《著作权法》第三次修订专家委员会成员中唯一的电影界人士，在此次修法工作中代表电影行业提出切合行业发展的意见和建议，真正为电影权利人发声。

2012年5月，影著协分别与国家版权局、北京电影学院组织了由各大影视行业协会、影视作品权利人、主创人员、著作权专家和司法人员等共同参与的研讨会、座谈会。按照国家版权局修法的基本思路，影著协认真研究了十多个国家的著作权法及相关法律法规，依据实践中遇到的问题，参照会员单位和使用者的意见，主要对财产权的划分，版权权属及利益分享，版权保护力度、保护期限，“法定许可”范围内扩充适用的类型和侵权赔偿等提出修改意见。

**二、新形势下转变收费思路，努力拓展后电影市场**

*（一）网吧和长途汽车领域著作权使用费收取工作启动全新模式*

尽管影著协做了大量的前期准备工作，但由于宣传、游说工作做得不够扎实，全国网吧经营严重滑坡、数量大幅萎缩、出现大面积亏损，接踵而至的带宽费用下调、免费增速、网吧业主纷纷取消自设服务器等原因，使得网吧电影作品著作权使用费的收取工作陷入困境。

面对新情况，影著协通过调研发现，一些地区的城市带宽资源富余，运营商为减少其自身运营的带宽成本，搭建服务器，通过城域网向网吧提供影视节目。2012 年，影著协与电影网（电影频道）、酷 6、优酷、激动、中录等视听作品信息网络传播权的受让方共同研究，由影著协牵头建立供片平台，各方参与内容提供，通过运营商收取著作权使用费。在沈阳光音网视科技有限公司的协助下，历时三个多月完成了影著协正版影片库的平台搭建，截至 2012 年 12 月，该平台已进入测试阶段。

*（二）积极推进网络视频点播收费系统的建立*

面对持续增长的电影产量、猖獗的网络盗版、广大网民对影视节目的巨大需求以及对三网融合的预期，影著协早在 2008 年就开始考虑发展网络视频点播系统，为权利人增加收益的问题。2010 年，影著协前后撰写了《关于建立网络电影供片和收费平台的建议》和《网络数字电影供片、交流和支付平台策划书》，并呈送相关主管部门和领导阅示。国家广播电影电视总局领导对此十分重视并指示：“关于供片收费平台事，我觉得最重要的是需要深入论证：如何界定收费平台的性质定位，如何解决片方、网络方、网民三方的平衡，寻求一个可持续运转的最佳的运营体制……”，“应在此（建议）的基础上深入研究选择一个切实可行的最佳方案”。为此，影著协除与电影制片企业和视频网站相关人员交换意见外，又请清华大学教授讲课并收集相关技术资料，还专程赴厦门考察“美亚柏科”、“中证信息安全研究所”开发的“数字知识产权保护平台”，为收费平台的建立做足功课。

2012 年，影著协关于内容产业和传播产业只有在互利共赢的前提下才能共同发展的观点，得到电影和视频网站等相关业界人士和机构的认同，建立网络视频点播收费系统既能增加电影权利人在网络传播中的著作权使用费又能帮助视频网站摆脱仅靠广告收入维持生存的局面并实现扭亏为盈。随着技术的发展，为使收费平台早日运行，影著协从防盗版技术，打击盗版措施，片源组织、加密、分发、收费、分账等方面与有关部门和专家沟通，从未间断对收费平台可行性的调研和沟通工作。

**三、坚持做好维权工作，保障权利人权益**

*（一）网络维权工作*

影著协一直重视网络侵权盗版的监控和维权工作。2012 年年初，会员单位以高价受让了影片《黄金大劫案》的信息网络传播权，本打算自用并以分销的模式盈利，结果却是影片尚未从影院下线，便在快播公司（QVOD）和百度影音上出现了该片的高清版本，并被网友疯狂下载和传播，致使会员单位几乎血本无归。其他会员单位和视频网站也纷纷向影著协举报，以上两个播放软件，以提供搜索为掩护，利用网友上传，大规模传播盗版影片，通过广告获利。通过此类盗版软件，不仅可以搜到所有院线上映和刚刚下线的影片，还可以搜索到外国大片和诸多色情淫秽作品。

2012 年 7 月，影著协着手调研 QVOD 和百度影音两个播放软件，从技术和法律两方面进行研究论证，判断其传播方式是否存在盗版，以及如何有针对性地制止这种侵权行为。影著协向全国“扫黄打非”办举报 QVOD 涉嫌传播淫秽色情等违法内容。同时，向国家版权局举报 QVOD 涉嫌未经授权传播电影作品。截至 2012 年 12 月，全国“扫黄打非”办已经将举报材料转交深圳市“扫黄打非”办处理。国家版权局已将此案列为重点案件进行研处。

同时，影著协还积极与技术公司协商开发一款专门针对 QVOD 的技术软件，通过合法的技术手段阻止其传播盗版影片并报电影局申请经费。2012 年 11 月，《一九四二》和《王的盛宴》上映期间，影著协发现快播播放器中能搜索到该两部作品，遂发函要求快播公司收到本函后 24 小时内停止使用快播技术播放上述两部影片的网站，并删除在搜索栏目内关于上述两部影片的搜索结果。该公司未予答复也未删除违法内容。

（二）通过司法途径维权

重庆有线电视网络有限公司向其用户提供影视点播业务，其中播放的一些影片未经权利人许可，涉嫌侵权。影著协重庆地区首席代表委托重庆金盾知识产权代理有限公司具体办理相关法律维权事宜，并委托重庆市江北公证处进行了证据保全公证。影著协通过会员单位核实片目，并提供了相应的证据保全截图和录像资料，最终确定为《大武生》、《爱有来生》、《奋斗》三部影片进行维权，向重庆有线电视网络有限公司发通知函，要求停止侵权并向当地行政执法部门进行了投诉。同时，把相关起诉材料送至当地法院，准备通过司法途径解决。影著协作为原告起诉，要求被告立即在其有线电视网络中删除涉案电影，不得再向用户提供该电视剧的播放或点播服务，并赔偿权利人由此造成的经济损失。

**四、加强对外交流，拓展国产影片海外之路**

（一）2012年，开展转付导演、编剧著作权使用费工作

根据影著协与中国电影导演协会、中国电影文学学会及其全体会员2012年2月签订的《授权委托书》，2012年3月，影著协与西班牙著作权人和音乐人协会签署相关著作权委托管理协议。2012年6月，影著协收到西班牙方面转付的著作权使用费。7月，影著协向《满城尽带黄金甲》、《和你在一起》、《大腕》、《南京！南京！》、《三峡好人》、《向日葵》等31部影片的部分导演和编剧全额（协会未收取管理费）转付了著作权使用费人民币45万余元。对于以上两个协会非会员影片作者的著作权使用费，影著协在《中国电影报》和影著协网站（www.cfca-c.org）进行了公示。

导演们收到著作权使用费后非常高兴，有的还在微博上“晒”出了影著协给他们的信函及收据，引起业界的注意并引发了电影界同人们对修改《著作权法》的关注和争论。

（二）积极与澳大利亚、新西兰、台湾等地的电影行业组织建立联系

2012年，影著协与台北市影片商业同业公会取得联系，双方就相互开展委托维权等业务达成共识，拟签署合作协议。12月，影著协派员参加国家版权局组织的澳大利亚、新西兰集体管理组织考察活动，与当地相关电影行业组织建立了联系，探索合作意向。

（史文霞）

## 中国互联网协会网络版权联盟

2012年，中国互联网协会网络版权联盟（以下简称联盟），积极开展互联网行业版权保护与行业交流活动；组织互联网企业和有关代表参加《著作权法》修改草案征求意见座谈会；加强行业交流，共同营造良好的网络版权保护秩序；为加强合作与有关单位签署委托协议书，对法院审判工作和我国互联网产业的健康发展积极发挥行业协会的辅助作用。

**一、参与最新法律法规修订，反馈行业意见**

（一）视频分享网站著作权问题研讨会

2012年2月24日，北京市高级人民法院知识产权庭与联盟共同举办了视频分享网站著作权问题研讨会。会议针对视频分享网站的侵权认定和判定情况，就北京市高级人民法院知识产权庭起草的《关于网络著作权纠纷案件若干问题的指导意见（二）》征求视频网站企业、著作权人等各方意见。优酷网、腾讯网、酷6网、我乐网、央视网、悠视网等互联网企业及华录百纳、中国电影著作权协会、CCTV6等著作权人与会，积极参与讨论。

（二）召开网络著作权司法解释座谈会

2012年4月19日，网络版权联盟组织互联网公司及权利人代表参加由最高人民法院召开的“网络著作权司法解释座谈会”，围绕《关于审理侵害信息网络传播权民事纠纷案件适用法律若干问题的规定（征求意见稿）》展开逐条讨论，反映互联网企业及各方意见和建议。该《规定》的征求意见稿由最高人民法院于2012年4月22日发布，11月26日，该《规定》经最高人民法院审判委员会讨论通过，并于2013年1月1日开始实施。

（三）为《中华人民共和国著作权法（修改草案）》征求意见

根据国务院立法工作计划，国家版权局草拟了《中华人民共和国著作权法（修改草案）》并于2012年3月31日公开征求社会各界对修改草案的建议和意见。4月27日，联盟在京召开“互联网《著作权法》第三次修改征集意见座谈会”。邀请国家版权局、国务院法制办相关领导出席，并组织包括互联网企业与相关行业协会、知识产权学者、版权人等，围绕修改草案展开沟通与交流。

8月，《著作权法》修订工作进入冲刺阶段，受国家版权局委托，组织部分互联网企业参加8月2日的“《著作权法》修改草案（第二稿）定向征求意见会”。会议汇集了国家版权局、工信部等政府部门

代表；行业联盟代表、学者代表、互联网企业及软件企业代表，围绕修改草案内容、具体细则等展开讨论并提出修改建议。

通过组织座谈，互联网企业及各方代表积极反馈行业对修改草案的意见，为《著作权法》的修订与实际情况相结合提供了宝贵建议。

**二、加强行业交流，共同营造良好的网络版权保护秩序**

（一）召开北京市网络版权监管工作会议

2011 年 6 月，北京市版权局发布了《信息网络传播权保护指导意见》，明确要求资源分享网站要在网站首页的显著位置提示上传者不得未经授权上传他人作品。鼓励网站推行实名注册制度，登记上传者的信息。2012 年 3 月 31 日，由北京市版权局组织承办、联盟协办的北京市网络版权监管工作会议召开，一方面回顾了该《指导意见》在实施网络监管方面的落实情况，同时也为如何进一步做好网络版权保护提出建议和意见，共同营造良好的网络版权保护秩序，构建和谐有序的互联网传播秩序。国家版权局、北京市版权局、中国文字著作权协会、中国音乐著作权协会以及 18 家重点互联网企业代表出席会议。

（二）“新形势下网络媒体与内容产业的合作与共赢”论坛

9 月 10 日，网络版权联盟与首都广播电视节目制作业协会联合主办了以“新形势下网络媒体与内容产业的合作与共赢”为主题的论坛。为寻求制播双方合作共赢的新局面，网络媒体和节目制作公司相关人士齐聚一堂共商新媒体产业健康发展大计。为促进互联网行业版权交易市场健康发展，形成良好的市场秩序、可持续发展的版权交易机制，规范现存的版权交易恶意竞价、无后续履约能力的混乱状况，在论坛上，网络版权联盟携手 7 家视频企业发布了《关于规范互联网版权交易的声明》。

**三、配合有关部门开展专项治理行动**

为迎接 6 月在京召开的世界知识产权组织保护音像表演外交会议，深入贯彻落实全国未成年人思想道德建设工作会议精神，为广大青少年提供健康有益、绿色正版的精神文化产品，维护广大读者、网络用户和著作权人的合法权益，网络版权联盟与 16 家互联网企业于 2012 年 5 月 31 日联合发出“加强绿色网络传播环境建设，开展弘扬正版，绿色行动月”倡议书。

7 月 10 日，为配合相关部委 2012 年“剑网行动”，充分发挥行业组织在网络版权保护领域的积极作用，进一步加强网络版权保护工作，打击各类网络侵权盗版行为，保护权利人合法权益，净化网络版权环境，促进互联网产业健康发展，根据《2012 年打击网络侵权盗版专项治理“剑网行动”实施方案》文件精神，中国互联网协会会员部、行业自律工作委员会及联盟共同组织实施自律自查工作，并向成员单位发布通知。

**四、与司法部门合作，探讨网络技术发展版权保护新问题**

（一）与司法部门交流合作

（1）组织召开上海知识产权司法前沿探讨会。2012 年 4 月 20 日，由上海市第一中级人民法院主办、联盟协办的“知识产权司法前沿研讨会”在上海召开。网络版权联盟组织淘宝、百度、腾讯、优度、上海电信、盛大、土豆、PPS、PPTV、21CN 等互联网企业与部分从事知识产权工作的法官、学者、律师齐聚一堂，共同探讨网络技术新发展与商标权、版权保护等新问题。上海市高级人民法院、上海市第一中级人民法院在会上介绍了上海法院案件审理思路。上海市知识产权局，上海一中院、二中院辖区法院等与淘宝、百度、腾讯等互联网企业展开交流。与会各方就相关产业利益如何平衡、相关制度如何设计、网络技术的发展与版权保护等新问题进行沟通和研讨。

（2）举办第三届首都互联网知识产权保护论坛。由北京市高级人民法院知识产权庭、中国互联网协会调解中心、东城区人民法院、东城区知识产权局、中关村科技园区雍和园管理委员会联合主办的第三届首都互联网知识产权保护论坛暨第四届“知产雍和行”启动仪式于 2012 年 4 月 25 日在北京隆重举行。论坛围绕“保障网络文化建设，推动社会创新发展”展开。来自司法部基础工作指导司、中华全国人民调解员协会、中国互联网协会、北京市知识产权局、北京市科委、东城区人民政府、东城区人大、东城区政协、北京地区各级人民法院及百度、腾讯、乐视等互联网企业的近 200 名代表参加了此次论坛。

会上，北京市高级人民法院介绍了 2011 年度全市法院知识产权案件的审理情况，特别是网络知识产权纠纷案件的审理情况，出台了一系列互联网知识产权案件指导意见，为统一全市法院执法标准起到了积极作用。

借助本次活动，北京市高级人民法院颁布了《北京市法院知识产权司法保护白皮书》，为提高社会公众的知识产权保护意识，弘扬尊重知识、诚实守信的社会风尚，营造鼓励创新、保护知识产权的法律环境起到了积极作用。

（二）为加强合作与有关单位签署委托协议书

（1）2012年10月10日，中国互联网协会调解中心与江苏省高级人民法院、江苏省互联网协会在南京共同签署《关于委托或者邀请互联网协会组织和特邀调解员调解涉互联网知识产权民事纠纷案件的意见》，江苏省高级人民法院审理涉互联网知识产权民事案件时，可根据案件具体情况，委托或者邀请中国互联网协会调解中心、江苏省互联网协会和特邀调解员进行调解或者协助调解。同时，三方要加强沟通联系和协作交流，进行互联网科技、互联网法律知识等领域的培训和研讨工作。

（2）2012年10月25日，北京西城区人民法院与中国互联网协会调解中心在京签署“委托调解涉及互联网纠纷案件协议书”。根据协议书，西城法院受理案件后，经法院向双方当事人说明，双方当事人同意的，可由中国互联网协会调解中心及调解员进行调解。西城法院党组书记、院长安凤德与中国互联网协会秘书长卢卫出席签约仪式并致辞。

（3）发布《互联网知识产权纠纷调解手册》。为加强网络环境下的知识产权司法保护、更好地化解社会矛盾，中国互联网协会调解中心在北京市高级人民法院及北京市各级人民法院的指导和帮助下，制定《互联网知识产权纠纷调解手册》，于2012年1月13日正式向社会发布，并于2012年2月1日起正式实施。

《调解手册》分为纠纷调解管理制度、法院委托调解机制构架、调解工作规范文本等几个部分，涵盖了当事人告知程序、法院与调解中心案件流转程序、纠纷调解流程、纠纷调解档案、调解员队伍建设等多个方面，进一步完善了诉讼与非诉讼相衔接的知识产权纠纷解决机制。

（张燕桦）

## 中国软件联盟

中国软件联盟（以下简称软件联盟）一直从维护软件用户和软件企业合法权益出发，在软件正版化推广模式和服务模式的创新上进行全面考虑，在软件版权保护法律宣传、教育、培训和侵权查处方面做了大量工作，通过调研、培训、研讨等多种途径协助各级政府部门实现软件正版化，引导企业走适合于企业发展的软件正版化道路，搭建软件用户与软件企业沟通的桥梁。2012年，软件联盟继续以推进软件正版化为工作中心，开展了一系列工作：

**一、代表软件业积极参与《著作权法》的修改，为软件产业的发展创造良好的法制环境**

2011年，国家版权局开始启动《中华人民共和国著作权法》的修改工作。作为软件知识产权保护的主要法律，《著作权法》的修改对于软件知识产权保护至关重要。特别是本次著作权法修改的重要内容之一就是把《计算机软件保护条例》的主要内容直接写入《著作权法》。为配合《著作权法》的修订工作，软件联盟就软件著作权保护问题开展了调研工作。先后四次召开相关软件企业和法律界人士以及立法机关领导参加的研讨会，充分听取企业界的意见，先后两次拟写了立法建议报告，并及时上报有关部门。

**二、利用工业化和信息化融合契机，积极宣传软件知识产权保护**

“十二五”期间，中国正在加速制造业信息化进程，突破传统制造业发展模式，从IT基础设施、电子商务系统、知识管理系统、商业智能、协同办公、信息安全等方面借助信息化成就企业创新，加快推进信息化和工业化深度融合，加强中国制造企业的综合竞争力，适应国际贸易的新变化。为此，工业和信息化部消费品工业司、赛迪顾问集团先后在东莞、南京、宁波、天津等地举办了多场“2012中国制造业信息化高峰论坛”，软件联盟主要负责人均到场发表演讲，就量化融合过程中的软件正版化问题发表讲话，借助两化融合，推动软件产业的发展。

国家版权局在推进企业使用正版软件过程中，一直重视推动和促进国内软件产业的发展。自2006年以来，软件联盟受“推进企业使用正版软件工作部际联席会议办公室”的委托，承担软件正版化督查组专家咨询工作。近年来，每年“推进企业使用正版软件工作部际联席会议办公室”都要在全国范围进行软件正版化工作的督导检查，软件联盟推荐及派出专家随督查组参加上机检查。2012年，软件联盟先后在柳州、南宁、成都、大连等地开展软件正版化调研工作，并及时把调研报告送交国家版权局。同时积极配合国内外各个机构开展软件正版化和软件资产管理培训，多次前往大连、成都、海盐等地为中国机械行业联合会、中国勘察设计行业协会、中国核电集团等机构人员进行软件业务培训。

10月22日，应银监会要求，软件联盟理事长邹忭参加“中小银行正版化工作调研”项目开题研究。10月26日，应国资委要求，软件联盟负责人参与央企应对美国在商贸联席会中涉及的问题研讨并提出对策建议。除上述工作外，还邀请国内软件企业进行座谈，探讨在正版化过程中如何发展国内软件产业。

**三、与地方版权局合办国产软件正版化经验交流会**

12月13—14日，由软件联盟和湖北省版权局联合主办的国产软件正版化工作经验交流会在武汉举行。

为通过应用体验及经验交流推动国产软件业和企业信息化工作健康发展，会议特别邀请政府管理部门、企业及软件行业代表三方共同交流。长江电力等用户代表、北京数码大方科技股份有限公司等软件企业代表分别从自身经验出发进行了实务交流。与会者希望通过“整体化解决方案”推进企业软件正版化工作，并探讨选择区域进行推广试点。工信部、华南和华中地区版权局负责人出席会议并讲话。

**四、接受推进使用正版软件工作部际联席会议委托，完成软件正版化课题研究**

2011年，软件联盟接受推进企业使用正版软件工作部际联席会议的委托，开展软件市场不正当竞争、资产管理实施、通用软件标准问题、国外软件正版化经验的情况分析、国产软件如何通过正版化推动企业发展等课题的研究，软件行业政策咨询服务及专家库的建立等工作。2012年5月21日，“国产软件如何通过正版化推动企业发展研讨会”在北京举行，会议邀请国家版权局版权管理司副司长王志成、部分会员单位参加座谈。10月，软件联盟再次接受推进使用正版软件工作部际联席会议的委托，起草了《中国政府推进使用正版软件工作白皮书(2011—2012)》。

**五、参与软件正版化、软件资产与知识产权管理培训工作**

贯彻国家版权局等九部委下发的《关于推进企业使用正版软件工作的实施方案》精神，参与软件正版化、软件资产与知识产权管理培训工作，并派出专家到会做主题讲座。参加机械行业、勘察设计行业、中国核能电力股份有限公司、深圳市制造业和银监会在大连、成都、嘉兴、深圳、北京举办的软件资产管理和信息安全培训。

**六、为政府部门和会员企业提供法律支持和咨询服务，编辑出版《CSA通讯》**

软件联盟创办的《CSA通讯》，每月出刊一期，搜集整理有关软件知识产权保护及正版化的法规政策信息、案例和有关政务信息，作为协调会员与政府部门之间沟通的桥梁，并向会员单位、有关政府部门及其直属单位免费寄送，为推进政府机关及企业软件正版化工作，起到良好的宣传效果，受到会员和有关单位好评。

（李　赜）

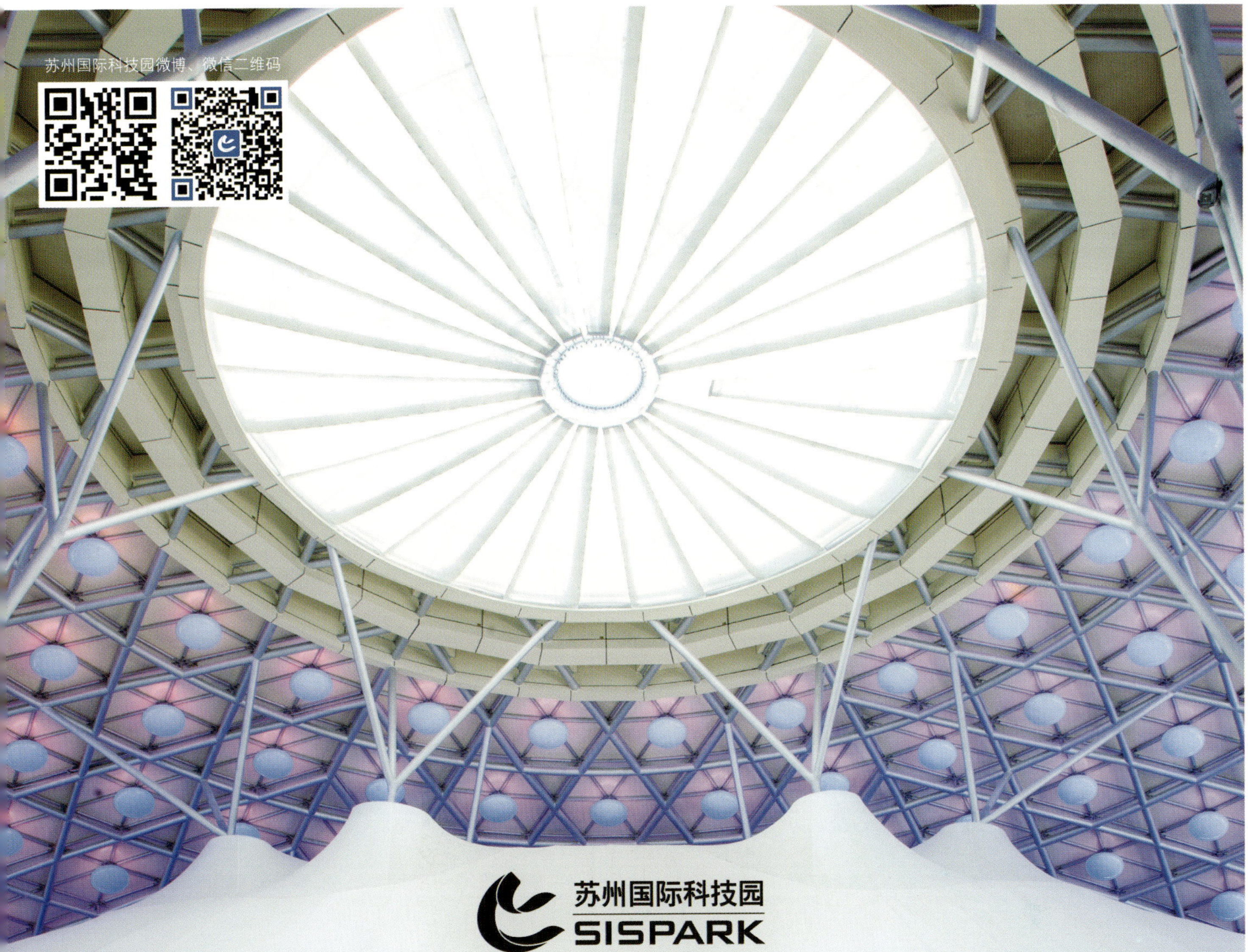
苏州国际科技园微博、微信二维码

1

2

3

4

2013年10月22日，国家版权局授予广州市“全国版权示范城市”称号，广东省诞生第一个全国版权示范城市。

## 版权保护、管理、兴业亮点纷呈

全国第一家展会版权示范单位，全国第一个版权保护民间组织联盟，全国率先实施版权产业统计制度，全国第一个全方位实施作品著作权登记资助的城市。基层法院设立知识产权庭的数量全国第一，基层法院审理著作权案件的数量全国第一……

### 一、强化基层管理　构建服务体系

健全版权行政管理机构，广州市文化市场综合行政执法总队升格为市副局级，增加了市、区执法人员编制。成立广州市版权保护中心、广州市版权专家库、珠三角九城市版权保护城际联盟等，在中国进出口商品交易会（广交会）、中国（广州）国际家具博览会、中国（广州）国际汽车展览会、中国（广州）国际建筑装饰博览会等重大展会设立“版权服务工作站”。12个区（县级市）全部成立版权局，区（县级市）办理的与侵权盗版相关的案件已占到全市版权案件的50%左右。

发挥行业协会作用。广州市成立版权纠纷人民调解委员会（全国第一家民间版权纠纷调解委员会），建立20个服装、家具、演艺、非遗、传媒等具有行业特性的基层工作站，2家作品登记代办机构。

完善司法保护机制，市、区两级法院成立8个知识产权庭，审理知识产权案件7 000多件，其中近60%是著作权案件。

## 图片注释

1. 向国家版权局阎晓宏副局长汇报广州市创建全国版权示范城市工作情况
2. 国家版权局工作组验收广州市创建全国版权示范城市工作成果
3. 国家版权局版权管理司司长于慈珂视察广州市动漫企业
4. 王东副市长主持召开广州市创建全国版权示范城市受检动员大会
5. 广州市召开打击侵犯知识产权、制售假冒伪劣商品专项行动重点地区工作会议
6. “4·26”世界知识产权日版权保护宣传活动
7. 广州市南沙区人民法院举行知识产权审判庭揭牌仪式
8. 广州市版权基层工作站授牌仪式活动

### 二、创新保护手段　服务一步到位

实施《广州市作品著作权登记政府资助办法》，市财政每年划拨200万元用于版权登记资助，作品登记量年增幅15%。据统计，2013年广州市完成作品登记及资助作品8 300件，占广东全省总量半数以上，审批发放资助金额223万元，累计资助金额已超过439万元。

### 三、带头实行正版化　宣传教育入人心

率先完成市、区（县级市）政府部门软件正版化工作，企业实施的“131”推进工程（即全市100家大型企业，30家动漫制作企业和1 000家网吧率先推进软件正版化工作）进展顺利，成效显著。开展版权宣传教育进机关、进课堂、进社区、进企业，提升广州版权形象。

### 四、严查狠打不手软　净化发展大环境

建立市、县两级纵向联动的工作机制，以动态管理、整体联动、舆论宣传等长效机制为核心的版权保护市场监管体系，加强版权行政执法与刑事司法的衔接。组织协调出动行政执法人员6.5万人次，检查各类文化经营场所4.4万家（次），办理行政、刑事案件497宗，办理大案要案3宗。组织鉴定各类出版物4.5万种744万张/册，出具出版物鉴定书200份。受理著作权投诉案件38宗（不包括各类展会版权纠纷调解），查处结案率均为100%。

# 以新求进
# 谱写南京版权工作新篇章

南京作为长三角科技创新中心和辐射带动中西部地区发展的门户城市，把大力实施知识产权战略作为打造中国人才与创业创新名城、建设国家创新型城市的重要支撑，在版权创造、运用、保护、管理等方面取得了长足进步。

## 一、版权促进和保护法规制度体系进一步健全

市政府于“4·26世界知识产权日”之际，对外发布上一年度《南京知识产权保护状况》白皮书；《南京市知识产权促进和保护条例》经市第十四届人大常委会第二十四次会议审议通过，于2011年11月1日起施行；市公、检、法、版权等部门联合出台《关于侵犯知识产权犯罪案件执法协作的意见》。

## 二、使用正版软件工作进一步推动

创新方法，坚持软件正版化工作和信息化建设同步推进，以“智慧南京”建设为核心，整合数据资源，严格软件正版化工作要求。督查全市84个市级机关和13个区（县）政府机关软件正版化工作，2012年5月31日提前完成全市政府机关软件正版化工作，同时在31家软件企业推进正版化工作，出台《南京市市级行政事业单位软件资产管理办法》。

## 三、打击侵权盗版行为取得丰硕成果

2012年组织协调出动行政执法人员6.7万人次，检查各类文化市场经营单位及摊点4.1万家（次），取

缔违法经营单位178个，捣毁非法光盘生产窝点3个，非法生产线18条，非法出版物批销窝点46个，收缴各类非法出版物92.3万册（盘），销毁各类非法出版物65万件(册)。在国家版权局“2012年度查处侵权盗版案件有功单位及个人”评选中，我市共有18家单位获得9个奖项，其中一等奖3个，二等奖3个，三等奖3个，另有18名同志被评为有功个人。

## 四、版权行政管理体系进一步强化

建立健全区（县）著作权鉴（认）定机制，2012年共鉴定侵权盗版出版物10万余种近50万张（册）；完善第二届亚青会、第二届青奥会版权保护机制，做好亚青会、青奥会作品保护工作。

## 五、版权公共服务体系进一步完善

软件产业是南京的第一大主导产业和支柱产业。积极为“一谷两园”提供版权服务并指导部分软件园（基地）开展版权示范创建活动。2011年9月，徐庄软件产业基地荣获国家版权局授予的全国版权示范基地称号；为提升全市版权运用水平，2012年4月成立江苏紫金版权交易中心和南京版权登记中心。江苏紫金版权交易中心成为省内首家拥有版权登记、版权交易、版权保护、版权融资四大功能的版权交易机构；成功参与举办第八届中国（南京）国际软件产品和信息服务博览会，该博览会已成为中国规格最高、规模最大、效果最好的专业展览会之一。

图片注释：1.市委书记杨卫泽（左）、省版权局局长徐毅英（右）为徐庄软件产业基地获“全国版权示范基地”揭牌； 2.江苏紫金版权交易中心和南京版权登记中心揭牌仪式； 3.市政府召开机关软件正版化督查工作会议；4.召开江苏省暨南京市2012年企业软件正版化培训会议； 5.举办全市版权执法成果展； 6.举办第八届中国（南京）国际软件产品和信息服务博览会。

# 全力争创“全国版权示范城市”——张家港市

## 提升版权创造运用水平 健全版权管理保护机制

### 版权产业扶持亮点纷呈

将创建“全国版权示范城市”写入了2012年政府工作报告，市财政每年安排1 200万元专项资金，重点扶持版权产业集聚园区、基地建设；张家港（动漫）产业园获批全国第五家、全省第二家国家影视网络动漫实验园。舞之数码出品的《怪物山》成功入围世界级动画比赛十五强，江苏国泰新点软件有限公司目前拥有自主知识产权的软件产品达116项，远大两项环保信息化软件技术被认定为国家创新基金项目。

### 率先在全省实现镇（区）版权工作站全覆盖

全市9个镇（区）全部建立版权工作站，每个工作站聘请了1~2名专职版权协管员，将版权咨询、版权宣传、版权登记等管理和服务职能向基层延伸；强化个人在版权产业发展中的地位，确定了10名“版权保护重点个人”，对其版权创新成果进行产业链的挖掘和保护。2012年，全市版权作品登记量达2 199件，居苏州前列。

### 率先在全省市、镇两级政府机关实现软件正版化

出台了《张家港市企事业单位知识产权战略推进计划》，对全市优秀软件企业和软件作品进行奖励；建

立了“政府资助、服务商优惠、企业自筹”相结合的新模式，利用企业信息化平台全力推进企业软件正版化工作；全市80家版权重点企业实施了正版化方案，江苏沙钢集团被认定为首家“江苏省软件正版化工作示范单位”；全市千余家规模以上企业软件正版化率达到70%以上，每年用于软件正版化的投入近3亿元，每年持续投入的递增率超过了15%。

## 加强版权行政执法与司法保护的有效衔接

将打击侵权盗版和“扫黄打非”触角延伸至互联网、新媒体等领域；联合公、检、法部门召开保护知识产权行政执法与刑事司法衔接座谈会，明确了打击侵权盗版案件的追诉标准，解决了罪与非罪、罪名与量刑把握不准的问题；先后查处了网上非法销售电子书、非法销售曲库等新型案例。2012年，张家港市文化行政综合执法大队先后获得全国查处侵权盗版案件有功单位三等奖、全国文化市场综合行政执法重大案件办案单位、全省文化市场行政执法先进单位等荣誉。

## 图片介绍

1. 版权顾问入企以破解发展难题； 2. 《兵马俑》连环画在瑞典推广； 3. 2012年12月7日，新闻出版总署副署长、国家版权局副局长阎晓宏来张家港视察版权工作； 4. 版权工作人员深入基层，走访企业，加强培训以提高从业人员素质； 5. 整合社会力量，开展打击侵权盗版专项行动； 6. 张家港市创建“江苏省版权示范城市”工作座谈会； 7. 江苏省推进市县机关软件正版化工作会议在张家港召开； 8. 分门别类开展宣传提升公众版权意识； 9. 张家港市创建“江苏省版权示范城市”情况汇报会； 10. 张家港市首届优秀版权奖颁奖现场； 11. 张家港市版权工作情况汇报会； 12. 2012年6月22日，新闻出版总署署长、国家版权局局长柳斌杰在第四届中国国际版博会期间参观张家港展区，并为我市版权工作题词。

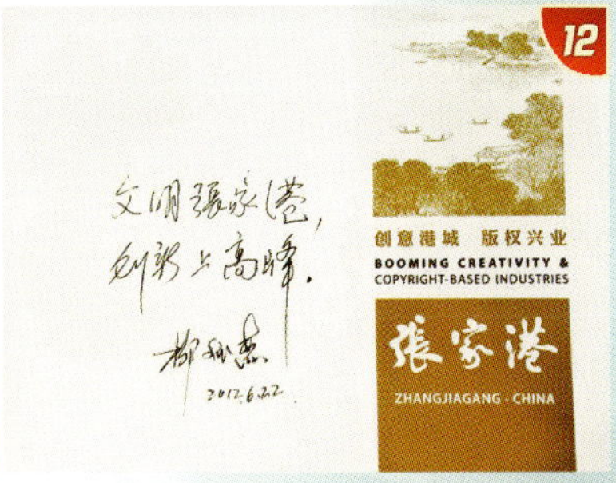

上海黄嘉历史文化传播有限公司
www.huangjiaw.com
company@huangjiaw.com
首页
君子
上下
左右
慈悲
春
夏
秋
冬
作品登记证书
作品登记证书
金奖
获奖单位
上海黄嘉历史文化传播有限公司
外观设计专利证书
荣誉证书
用什么推动中华文化的创新传播？
太极钟表游戏：中华元素 现代设计 世界表达
拥有版权90项、专利5项、商标3项（专利号：ZL 2010 2 0679433.1等）
各大平台免费下载

# 南京徐庄软件产业基地

南京徐庄软件园毗邻风光秀美的紫金山麓，园区基础性建设凸显生态环保，国际化、高端化、特色化已纳入园区的整体规划布局之中。园区距南京主城区5公里，周边建有绕城公路、高速公路，交通条件便捷，区位优势明显。园区总占地面积约4 042亩，已入驻企业230余家。2012年，园区完成软件信息收入100亿元，全口径税收9.1亿元。

作为一个高新技术企业云集的产业园区和南京发展创新型经济的重要载体，徐庄软件园管委会本着创业致实、创新致远的工作追求，在版权工作中引进了专业机构，为企业办理软件著作权的咨询、登记工作。工作中园区牢牢抓住版权保护、版权增值两大核心环节，全面扎实推进园区版权工作体系建设，依托江苏省文化产权交易所，向企业提供版权交易服务，为企业实现无形“知产”到有形“资产”的快速转化，实现利益最大化。

## 图片简介

1.2013年2月11日李源潮视察徐庄； 2.2012年12月6日江苏省委常委、南京市委书记杨卫泽为徐庄获得全国版权示范基地揭牌； 3.2013年3月南京市版权局王韶光处长调研徐庄企业版权工作； 4.徐庄版权服务中心； 5.徐庄软件产业基地作品登记机构； 6.2013年2月江苏省版权局专家为园区企业普及版权保护知识； 7.通过专业机构媒体对徐庄版权工作进行报道。

# 版权扫描

BAN QUAN SAO MIAO

# 版权界动态

## ◆立　法

**【《著作权法》修订专家建议稿专题汇报会暨修法工作第一次会议】** 2012年1月13日，国家版权局举行《著作权法》修订专家建议稿专题汇报会暨修法工作第一次会议。国家版权局副局长阎晓宏出席会议并讲话。由修法工作领导小组办公室分别委托起草的三部修法专家建议稿顺利完成。

阎晓宏首先转达了新闻出版总署署长、国家版权局局长、修法工作领导小组组长柳斌杰对参与修法工作的全体专家学者工作的肯定和感谢，并受柳斌杰委托对下一步修法工作提出了要求。一是要在立法机关指导下，制定下一阶段修法计划，尽快汇总整合三部专家建议稿，加快推动修法进度，形成《著作权法》修订草案稿报送国务院。二是修法工作要坚持独立性、平衡性、国际性原则，既要符合国际公约，也要从中国国情出发考量修法的重点、难点问题，处理好权利人与使用者、传播者和社会公众间的利益平衡关系，把鼓励创新和推动版权相关产业发展结合起来。三是修法工作要坚持公开透明，建立与社会各界畅通的联系沟通机制，广泛征求社会各方意见，特别要重视广泛征求权利人和产业界的意见。四是要注重修法的前瞻性，关注版权的国际国内发展最新态势，为未来版权制度发展留有一定空间。

会议由国家版权局法规司司长王自强主持。李明德、吴汉东、刘春田分别代表3个专家组汇报了专家建议稿的起草、完成情况。全国人大教科文卫委文化室主任朱兵，全国人大常委会法工委民法室主任姚红，国务院法制办教科文卫司司长张建华，最高人民法院知识产权庭庭长孔祥俊，中国版权协会理事长沈仁干，国家版权局版权管理司司长于慈珂以及相关政府部门负责人在会上分别就修法工作基本思路、思考、重点问题提出意见。

（资料来源：《中国新闻出版报》　作者：赖名芳）

**【国家版权局在京举办《著作权法》修订专家委员会第二次会议】** 2012年3月19日，国家版权局在京举行《著作权法》修订专家委员会第二次会议。修法专家组就《著作权法》修订稿草案进行了“纠错”和“补缺”。《著作权法》修订工作领导小组办公室主任、国家版权局法规司司长王自强在会上表示，国家版权局力争在2012年10月将修法草案正式呈报国务院。

（资料来源：《中国新闻出版报》　作者：方　圆）

**【《著作权法》修改草案公开征求意见】** 2012年3月31日，国家版权局发出通知，就《中华人民共和国著作权法（修改草案）》公开向社会各界征求意见。社会公众可以在4月30日前，通过信函、传真和电子邮件向国家版权局提出修改建议和意见。

（资料来源：《中国新闻出版报》　作者：方　圆）

**【网络著作权保护司法解释征求意见】** 2012年4月22日，最高人民法院全文公布《关于审理侵害信息网络传播权民事纠纷案件适用法律若干问题的规定（征求意见稿）》，向社会各界征求意见。根据该规定，网络服务提供者提供信息存储空间、搜索、链接等服务时，教唆或者帮助用户实施侵犯他人信息网络传播权行为的，可能要承担连带责任。

征求意见稿共20条，对广受关注的信息网络传播“红旗原则”、“避风港原则”等作了细化，规定网络服务提供者明知或者应知其用户侵害他人信息网络传播权，法院应当认定其构成帮助侵权行为。同时，为提供搜索服务，按照一定的技术安排生成作品、表演、录音录像制品的网页快照、缩略图等并向公众提供的，如果其行为未影响作品、表演、录音录像制品的正常使用，也未不合理损害权利人对作品、表演、录音录像制品的合法权益，网络服务提供者主张构成合理使用的，法院应给予支持。

（《中国版权年鉴》编辑部）

**【国家版权局在京召开《著作权法》第三次修订媒体互动会】** 2012年4月25日上午，国家版权局在京召开《著作权法》第三次修订媒体互动会。国家版权局《著作权法》修订工作领导小组办公室主任、新闻出版总署（国家版权局）法规司司长王自强就《著作权法（修改草案）》向社会征求意见过程中，备受争议的第四十六、四十八、六十、六十九、七十条，特别是如何看待著作权人“被代表”、如何完善著作权集体管理组织，以及录音法定许可问题等进行了详细解读。

（《中国版权年鉴》编辑部）

**【《著作权法》修订专家委员会第三次会议】** 2012 年 5 月 11 日，国家版权局举行《著作权法》修订专家委员会第三次会议。会议公告，截至 5 月 10 日，国家版权局共收到社会各界关于《著作权法（修改草案）》的意见和建议 1 560 份。

国家版权局《著作权法》修订工作领导小组办公室主任、国家版权局法规司司长王自强在会上介绍了修改草案公开征求意见的基本情况。自 3 月 31 日国家版权局就草拟的《中华人民共和国著作权法（修改草案）》公开向社会各界征求意见以来，全社会对著作权法修订问题进行了热烈讨论。截至 5 月 9 日，国家版权局和新闻出版总署网站关于修法征求意见的浏览量共计 24 567 人次。百度关于“著作权法修改草案”的搜索结果有 140 多万条。新浪微博关于“著作权法修改草案”的搜索结果有 26 万多条。此次修法还引起美国、欧盟、英国、日本等国家及地区和中国香港、台湾地区相关行业组织和企业的广泛关注。截至 5 月 10 日，国家版权局共收到社会各界关于草案的意见和建议 1 560 份，涉及草案 88 个条款中的 81 个条款，其中包括备受音乐界争议的第四十六条、四十八条、六十条、七十条中关于录音制品法定许可和著作权集体管理等有关条款。同时，社会各界对国家版权局坚持开门立法、保持立法过程的公开透明、秉持解决实际问题的导向充分肯定，并认为是中国社会进步的表现。

国家版权局法规司人员通过一个多月的跟踪了解，对各种意见进行了认真梳理和分析，确定了法定许可制度、著作权集体管理制度、网络服务提供者审查义务、非专有许可使用者的法律责任、损害赔偿以及著作权和相关权登记制度等重点问题。来自全国人大常委会法工委民法室、国务院法制办教科文卫司和最高人民法院知识产权庭等立法和司法部门的官员，以及当日出席会议的 28 位修法专家委员会委员分别在会上就这些问题等进行了热烈的讨论，对草案中部分条款的再次修改提出意见并确定了进一步完善草案的思路和方法。

（资料来源：《中国新闻出版报》 作者：赖名芳）

**【“《著作权法》修改研讨会”在北京电影学院举行】** 2012 年 5 月 25 日，北京电影学院和中国电影著作权协会联合主办的“《著作权法》修改研讨会”在北京电影学院召开。研讨会主要针对影视作品、剧本、影视相关衍生品的著作权归属、著作权管理、二次创作、影视相关产品保护等焦点、热点、争议问题及法律法规的制定和修改进行了充分交流和广泛讨论。

国家版权局《著作权法》修订工作领导小组办公室主任、法规司司长王自强，中国电影著作权协会理事长朱永德，中国电影文学学会会长、著名编剧王兴东，中国电影导演协会会长、著名导演李少红，中国人民大学知识产权学院院长刘春田，中国社会科学院知识产权中心主任李明德，北京电影学院院长张会军等参加了研讨会，专家们认真听取了来自影视教学、影视产业一线工作者对《著作权法（修改草案）》的意见和建议。

（《中国版权年鉴》编辑部）

**【“冲突与共赢——《著作权法》修改与利益平衡”研讨会召开】** 2012 年 7 月 5 日，“冲突与共赢——《著作权法》修改与利益平衡”研讨会召开，国家版权局法规司司长王自强在出席会议时表示，《著作权法（修改草案第二稿）》中解决了公众关注而过去没有解决的问题，在草案起草过程中，国家版权局扮演的角色并非利益关系的代言人，而是各方利益的平衡者。

王自强表示，此次修法内容上的特点包括四个方面：一是体例结构重大调整，逻辑关系更趋于合理；二是权利内容普遍增加，例如增加了原作作者、编剧、导演以及词曲作者等五类作者对视听作品后续利用行为享有“二次获酬权”；三是著作权的授权机制和市场交易规则大幅度调整，将有利于在保护权利人权利的前提下保障作品的传播；四是保护水平进一步提高，例如执法手段增强，法律责任加大，惩罚性赔偿首次写进《著作权法》。

从社会各界的反馈意见来看，公众最为关注的三大问题是：提高保护水平、加大保护力度、提高侵权风险。

（资料来源：《中国新闻出版报》 作者：方 圆）

**【《著作权法（修改草案第二稿）》向社会征求意见】** 2012 年 7 月 6 日，备受瞩目的《著作权法（修改草案第二稿）》正式出炉，并向社会征求意见。新草案取消了原草案中最受争议的第四十六条“关于录音制作法定许可”、第四十七条“关于广播电台、电视台播放法定许可”的规定，将其恢复为作者的专有权；参考6月26日世界知识产权组织保护音像表演外交会议通过的《视听表演北京条约》第12条，将视听作品中表演者的权利赋予制片者，同时规定主要演员享有署名权和“二次获酬权”。

（资料来源：《中国新闻出版报》　作者：赖名芳）

**【《著作权法》修订工作领导小组第二次会议】** 2012年10月30日，新闻出版总署、国家版权局在京举办《著作权法》修订工作领导小组第二次会议。会议回顾了《著作权法》第三次修订工作所取得的初步成果，并就呈报给国务院的修改草案第三稿进行了讨论。这标志着国家版权局对《著作权法》第三次修订工作已近尾声，为下一步国务院以及全国人大常委会审议和完善修改草案奠定了良好基础。新闻出版总署署长、国家版权局局长柳斌杰，中国作家协会副主席、国务院参事张抗抗等出席会议并讲话。柳斌杰强调，此次修法工作体现了高效率、高质量、高水平，达到了预定目标。开门立法、公开透明的立法方式也受到社会公众的高度肯定。

柳斌杰在讲话中回顾了《著作权法》第三次修订工作的立法过程。他说，此次立法形成近年来少有的版权立法工作新高潮，极大地提升了版权工作在全社会的关注度。一年零三个多月的时间里，在中央领导同志的大力支持、修订工作领导小组精心指导、起草人员不断努力下，《著作权法（修改草案第三稿）》得以顺利完成。草案较以往体现出四个特点：体例结构明显变化、权利内容普遍增加、授权体系和市场交易规则重大调整、保护力度进一步加大。草案更加适应市场经济的要求，更加顺应当今科学技术发展对著作权制度的挑战，更加适应著作权保护方面的国际规则。在这么短的时间内分析形势、找准问题，深入讨论、求同存异，反复论证、锤炼文字，既是对版权法制工作的一次重大检验，也是对开门立法、创造性工作能力的重大考验。此次修订经受住了来自各个方面的压力、要求和业界的各种期待，很好地完成了肩负的重大工作任务。虽然这部草案还有一些地方存在分歧或者瑕疵，还有一些需进一步完善的地方，但是瑕不掩瑜，草案还是比较全面地反映了社会各界方方面面的共识，积极回应了相关利益方的诉求，体现出了较高的立法水平。

柳斌杰还就《著作权法（修改草案）》的形成原因进行了分析。他指出，这部草案的形成得益于四个方面：首先，在修法工作启动之初，修法领导小组就确定了修法的指导思想，即为适应中国经济社会发展和科学技术进步的现实需要而作出的主动、全面的修订，把修法工作置于全党全国工作大局中，放在继续深入推进改革开放的伟大事业中，纳入依法治国、建设社会主义法治国家的历史征程中来考察和推进。提出修法要坚持一个基本理念——集思广益、解决问题；遵循三个原则——独立性、平衡性、国际性；追求三个效果——高效率、高质量、高水平。其次是坚持了科学的修法方法，即民主与集中相结合，全面与辩证相统一，保证了修法过程的阳光透明。三是社会和业界对修法工作的广泛参与。从国内看，修法之初，征集到社会各界意见和建议近200份；第一稿公布后，国家版权局收到社会各界意见1 600余份；第二稿收到意见200余份。从国际上看，美国、欧盟、日本、韩国等国家和地区及一些国际组织、行业组织也通过各种不同方式和渠道反映其意见和建议。通过广泛讨论，不仅找出找准问题，为修法奠定了良好基础，而且在全社会宣传普及了著作权法律知识，澄清了误读误解，化解了矛盾纠纷，在国际社会树立了开放务实的良好形象。四是修法工作从一开始就得到了全国人大常委会法工委、国务院法制办、最高人民法院、国家广电总局等相关部门的大力支持和通力合作，各部门提出了很多有价值的意见和建议。

柳斌杰最后指出，要客观理性地看待草案中存在的问题。从征集到的意见看，这部草案还有一些地方不够完善，在一些问题、争议的解决方案上，虽然经过了认真的比较、选择和深入调研，但拿出的方法可能还存在一些分歧和争议。对这些分歧和意见，应当在给国务院的报告中如实反映。在草案正式呈报国务院后，国家版权局会密切配合国务院和全国人大常委会做好审核工作。

修法工作领导小组成员单位充分肯定并高度评价了此次修法工作，认为修改草案适应中国经济社会发展的历史阶段，顺应科学技术进步的历史潮流，同时也更加符合相关国际规则，系统提出了中国当前版权保护法制方面面临突出问题的解决方案，具有很强的操作性。

（资料来源：《中国新闻出版报》　作者：赖名芳）

**【《关于审理侵害信息网络传播权民事纠纷案件适用法律若干问题的规定》公布】** 2012年12月17日，最高人民法院公布了《最高人民法院关于审理侵害信息网络传播权民事纠纷案件适用法律若干问题的规定》。该司法解释共十六条，主要对人民法院在审理信息网络传播权纠纷案中行使自由裁量权的原则，侵害信息网络传播权行为的构成，网络服务提供者的教唆侵权、帮助侵权，司法实践中较为常见的信息存储空间网络服务提供者应知网络用户侵害信息网络传播权的判定标准以及人民法院对此类案件的管辖等问题进行了规定。

根据该司法解释，网络用户、网络服务提供者未经权利人许可，通过信息网络提供权利人享有信息网络传播权的作品、表演、录音录像制品，除法律、行政法规另有规定外，将构成侵害信息网络传播权行为。网络服务提供者在提供网络服务时，如果教唆或者帮助网络用户实施侵害信息网络传播权行为的，网络服务提供者需对网络用户侵犯权利人信息网络传播权的行为承担连带责任。此外，该司法解释还规定了侵害信息网络传播权民事纠纷案件的管辖问题，司法解释在延续了《最高人民法院关于审理涉及计算机网络著作权纠纷案件适用法律若干问题的解释》中对此类案件的管辖原则基础上，根据司法实践的情况，增加规定了侵权行为地和被告住所地均难以确定或者在境外的，原告发现侵权内容的计算机终端等设备所在地可以视为侵权行为地，人民法院对此类案件亦享有管辖权，便利权利人在中国提起诉讼，切实保护了权利人的合法权益。

（《中国版权年鉴》编辑部）

**【国家版权局就教科书使用作品支付报酬办法征求意见】** 2012 年 12 月 19 日，国家版权局就《教科书使用作品支付报酬办法》在国务院法制办官网公开征求意见，拟明确教科书汇编者对所使用作品的支付报酬标准。意见稿规定，对于文字作品，教科书汇编者支付报酬的标准为每千字 300 元（不足千字按千字算）；音乐作品每首 300 元；美术、摄影作品每幅 200 元；录音制品每首 50 元。

意见稿表明，《办法》中所指的教科书为实施九年制义务教育和国家教育规划而编写出版的教科书，不包括教学参考书、辅导丛书和辅导材料等。在教科书中汇编已经发表的短小文字、音乐、美术、摄影作品，除作者事先声明不许使用的外，可不经许可使用，但应支付报酬，指明作者姓名、作品名称，并且不得侵犯著作权人依法享有的其他权利。教科书汇编者依照本办法使用作品，应当自教科书出版之日起 2 个月内向著作权人支付报酬。教科书汇编者未按规定向著作权人支付报酬，应于每年第一季度将其上年度应当支付的报酬连同邮资以及使用作品的有关情况交给相关著作权集体管理组织。著作权集体管理组织应当自教科书汇编者支付的报酬到账之日起 6 个月内向著作权人转付。此外，意见稿还指出，教科书汇编者未按本办法规定时限向著作权人支付报酬的，应承担停止侵权、消除影响、赔礼道歉、赔偿损失等民事责任。

公众可于 2013 年 1 月 10 日前通过登录中国政府法制信息网、发送信函方式或电子邮件等方式反馈意见。

（资料来源：《中国知识产权报》　作者：窦新颖）

## ◆ 司　法

**【纽曼使用 42 套微软盗版软件被判侵权】** 2012 年 2 月 24 日，北京纽曼理想数码科技有限公司因使用 42 套微软盗版软件被法院判定侵权，并向微软支付赔偿及诉讼费用共计人民币 41 万余元。

纽曼公司是国内一家比较有影响力的高新技术行业的旗舰企业，主要从事移动存储产品、通信产品、数码产品的研发、生产与销售。早在 2009 年 12 月，微软公司就因该公司使用多种微软盗版软件的行为向北京市文化市场行政执法总队进行投诉。

2010 年 1 月 19 日，行政执法人员对纽曼公司进行执法检查，现场检查时发现纽曼公司经营场所内的电脑安装使用了 Windows XP 中文专业版、Windows 7 旗舰版、Office 2003 中文专业版和 Office 2007 中文专业版 4 种盗版软件，共计 42 套。2010 年 7 月，行政执法总队对纽曼公司作出了行政处罚决定，责令其立即停止侵权行为，并处罚金 26 000 元，但纽曼公司仍然拒不整改其侵权行为。在多次磋商无效的情况下，微软公司于 2011 年 1 月向北京市第一中级人民法院提起民事诉讼。审理过程中，微软公司亦曾尝试与被告沟通，但纽曼公司拒绝通过友好协商方式解决侵权纠纷。最终，经过近 10 个月的审理，法院于 2012 年 1 月 18 日做出一审判决。

（资料来源：新浪网　作者：罗　亮）

**【北京高院公布年度知识产权十大案例】** 2012 年 3 月 6 日，北京市高级人民法院从 2011 年全市各级法院审结的数千起知识产权案件中评选出了影响广泛的十大案例，并对外公布。

十大案例包括与社会公众切身利益密切相关的“3Q”不正当竞争案、真假“开心网”商标侵权及不正当竞争案，也包括首例涉及非物质文化遗产保护的“安顺地戏”署名权案，还包括近年来在业界颇有争议但仍没有定论的“字库字体”著作权案等等。这些案例涉及网络文化、民间艺术、电子商务、字库作品传播等多个知识经济领域。10个案例中，著作权案件占5件，说明随着中国文化产业的飞速发展，相关著作权纠纷也相应增多，新问题不断出现，一批社会影响广泛的案件受到普遍关注。同时，10个案例中直接或者间接涉及网络的案件为5件，充分表明网络产业、网络技术的发展对知识产权保护产生了根本影响。

（资料来源：《中国知识产权报》　作者：祝文明）

**【俏佳人公司侵犯中国音乐著作权协会著作权一案判决】**　2012年3月19日，北京市丰台区人民法院经过审理，判决俏佳人公司立即停止发行涉案录像制品中含有的涉案歌曲，并赔偿中国音乐著作权协会（以下简称音著协）各项损失共计12 000元。

俏佳人公司未经许可，在其发行的出版物中侵权使用音著协管理的《走进新时代》等3首歌曲，侵犯了著作权人的权益，为此音著协起诉至法院。根据音著协与歌曲作者签订的“音乐著作权合同”，音著协有权行使音乐作品《走进新时代》、《歌声与微笑》、《亲吻祖国》等3首歌的相关著作权，包括提起诉讼的权利。俏佳人公司未经权利人许可，擅自在其发行的出版物《中国民族音乐会》、《听歌学汉语》、《北美迎春晚会》中使用了音著协管理的上述音乐作品，并将该出版物在市场上广为销售，牟取非法利益。被告的行为还给正常的音像产品市场守法经营秩序和著作权集体管理的正常运行造成了冲击。

法院经过审理认为，使用他人词曲作品发行音像制品，应当经过词曲权利人许可，并支付报酬。俏佳人公司使用3首涉案歌曲，发行录像制品《中国民族音乐会》等出版物，未经音著协许可，也未向音著协支付报酬，侵犯了音著协对涉案歌曲享有的相关权益，应当承担相应的停止侵权并赔偿损失的法律责任。

（资料来源：中国音乐著作权协会　作者：朱严政）

**【上海版权纠纷调解和版权纠纷仲裁实现对接】**2012年3月29日，上海版权纠纷调解中心与上海仲裁委员会知识产权仲裁院签署合作协议，版权纠纷调解和版权纠纷仲裁实现顺利对接。成立未满两年的上海版权纠纷调解中心已经成功受理261个案件及事务，版权纠纷调解类和版权服务类案件的成功率分别达73.6%和100%。这是继2010年11月上海市版权局与上海市高级人民法院共建版权纠纷诉调对接机制以来，推出的又一重要举措。诉讼和调解，以及仲裁和调解的成功对接，标志着上海已形成相对完善的版权纠纷解决机制。

根据《合作协议》，双方同意专家资源共享，受理费用互惠。仲裁院受理的版权纠纷案件，经双方当事人同意，可以委托中心进行调解，由中心单独受理并经调解达成调解协议的案件，经当事人书面申请，仲裁院对调解协议进行审查后制作调解书或者根据协议的结果制作裁决书。双方实现对接后，上海版权纠纷调解中心做出的调解协议经过仲裁院审查并制作调解书或裁决书的，将具有和法院判决书相同的强制执行力。

（资料来源：《中国新闻出版报》　作者：方　圆）

**【知识产权司法保护十大案件发布】**　2012年4月17日，最高人民法院在江苏苏州发布2011年中国法院知识产权司法保护十大案件和50个典型案例，以及2011年全国法院审理知识产权案件的有关情况。

十大案件中，涉及著作权纠纷的案件有：百度MP3搜索著作权纠纷案和鞠文明等非法复制发行计算机软件侵犯著作权罪案等。

（资料来源：《人民日报》　作者：王伟健）

**【河南公布十大知识产权案例】**　2012年4月24日，河南省高级人民法院向社会公布了十大典型知识产权案例，其中有两起著作权案件，即热播影视剧著作权侵权系列案和高校导师与学生论文侵犯著作权系列纠纷案。

2011年，河南省高级人民法院共受理一审知识产权案件1 681件，审结1 450件，全年共受理和审结二审知识产权案件105件和99件，分别比上年增长20.69%和20.73%。知识产权案主要呈现六大特点：案件数量增幅较大，地区分布不均；涉外和涉台港澳知产案件总量增多；案件发生领域广泛，类型多样，涵盖面广；反映河南文化特色的戏曲作品侵权纠纷较多；系列、关联案件增多，社会影响力大；新情况、新问题不断出现，法律关系竞合现象突出。此外，还出现了涉及网络著作权、网络传播权、网络域名、民间神话传说、文字书写体等著作权新类型纠纷案件。

同时，最高人民法院对河南省高级人民法院，郑州、洛阳两市中级人民法院知识产权民事、刑事、行政审判“三审合一”模式予以了批复：“有利于集中审判资源，精心审理知识产权领域发生的民事、刑事、行政案件，还能有效统一裁判尺度，确保这

3种诉讼用同样的标准进行审判。"

（资料来源：《中国新闻出版报》　作者：方　圆）

**【首例互联网电视机顶盒侵权案判决】** 2012年5月8日，国内首例互联网电视机顶盒侵权案在北京朝阳区法院宣判。原告乐视网一审胜诉，ST精伦被判赔偿乐视网5 000元经济损失，并承担相关诉讼费用。

2011年4月26日，乐视网以侵犯电影《画皮》信息网络传播权为由，把ST精伦、苏宁电器诉至北京市朝阳区法院，要求ST精伦立即停止生产和销售含有涉案作品实现在线播放的精伦H3播放器，并赔偿经济损失15万元，同时要求精伦H3播放器销售方苏宁电器承担赔偿责任。乐视网称，乐视网在2008年10月获得电影《画皮》的独家网络版权，ST精伦未经授权，通过其生产的精伦H3播放器，连接互联网后以电视为终端通过自己的网站直接提供电影《画皮》的在线播放服务，侵犯了电影《画皮》的信息网络传播权。

ST精伦则表示，精伦H3播放器是一台纯粹的互联网视频播放设备，本身没有内置任何内容，而是从拥有合法资质的互联网视频合作伙伴自动获取视频在线播放的网络地址，从而把该视频流转换为高清格式输出到电视机播放。公司通过精伦H3播放器提供的是链接服务，而不是直接提供了电影《画皮》的直接播放。公司并未实施任何侵犯信息网络传播权的行为，并决定在5月24日前按照相关规定提出上诉。

乐视网法务总监刘晓庆强调，乐视网的诉求从来就不是ST精伦生产的机顶盒（精伦H3播放器），对方一直在混淆视听，乐视网的诉求在于ST精伦停止对乐视网信息网络传播权的侵犯。虽然ST精伦提供的是链接服务，但这些影视视频是经过ST精伦排列编辑后通过机顶盒呈现给消费者的，ST精伦应该保证这些视频是有正规版权的。精伦H3播放器的广告宣称消费者只要购买了这种机器，插入网线后，连接电视的高清接口就可以观看和下载影视剧，这种行为严重侵害了乐视网的合法权益。

刘晓庆认为：5 000元的赔偿金额相比乐视网一年艰辛维权的成本确实太少了，但法院认定了ST精伦侵犯乐视网网络信息传播权这一事实，否则不会有金额的赔偿判定。朝阳法院支持正版，打击盗版的行为对于互联网电视版权保护、互联网电视机顶盒行业的健康发展，具有重大意义。希望法律能给予版权更大的保护力度，加大侵权行为的违法成本。

（《中国版权年鉴》编辑部）

**【中国音乐著作权协会诉王力宏济南演唱会侵权案一审胜诉】** 2012年5月25日，济南市历下区人民法院对王力宏济南演唱会著作权纠纷一案做出一审判决：被告南京星之都文化传播有限公司、济南电视台、济南平方广告有限公司向原告中国音乐著作权协会支付音乐著作权使用费13万元，其他相关费用1万余元。

2011年6月10日，南京星之都公司、济南电视台下设的《娱人制造》栏目组、济南平方公司于济南奥林匹克体育中心西柳体育场举办了"MUSIC MAN 2011王力宏世界巡演济南站"的商业性演出。在未征得权利人许可、未缴纳著作权使用费的情况下，公开演出了音著协管理的包括《花田错》、《龙的传人》、《心跳》等在内的13首音乐作品，侵犯了音乐作品著作权人的表演权。演出前，音著协曾多次与主办方就音乐作品的许可使用事项进行协商，但主办方拒绝解决该演出表演权授权付费的相关事宜，音著协因而向法院提起诉讼。

法院认为，根据音著协与社团法人中华音乐著作权中介协会、香港作曲家及作词家协会签订的《相互代表合同》，音著协有权在大陆地区管理和行使对包括《花田错》、《龙的传人》等在内的上述13首音乐作品公开表演权和许可收费事宜，而被告在未与音著协就使用费达成一致意见并支付的情况下，在演唱会中擅自使用了音著协管理的音乐作品，其行为已经共同侵犯了相关著作权人的表演权，应依法承担连带责任。

（资料来源：中国音乐著作权协会　作者：朱严政）

**【福州市首例请求对涉外著作权行政调解协议进行司法确认】** 2012年6月5日，香港AIRD集团有限公司投诉福州维合森贸易有限公司侵犯著作权一案，经过福州市文化新闻出版局版权处调解，两家公司最终达成经司法确认的行政调解协议。此案是福州市首例请求对涉外著作权行政调解协议进行司法确认的案件。

AIRD公司是"日本玩偶"系列形象作品的版权人，投诉福州维合森贸易有限公司未经其许可，擅自销售与其作品相同的产品，并在网络上宣传。福州市文新局十分重视，立即启动前期调查工作，并联合省版权局版权处、市文化综合执法支队、公安经侦大队查获此案，当场没收侵权物品，及时制止侵权行为。

由于该案件涉及境外企业，在行政处理过程中，福州市文新局版权处数次向福建省新闻出版局版权处、福州中院民三庭征求意见。经过耐心细致的调解工作，两公司最终达成行政调解协议。协议包括福州维合森贸易有限公司停止侵权行为、禁止发布任何相同相关信息、销毁生产模具及工具等 5 项条款。

为有效节约司法资源，对知识产权行政、司法“大调解”联动机制进行有益尝试，在福州市文新局的建议下，当事双方共同向福州中院申请对行政调解协议进行司法确认。司法确认书效力相当于判决书，当事人若不履行协议内容，对方可以凭此确认书申请法院执行。

（资料来源：《中国新闻出版报》
作者：温金明　张福财）

**【《舌尖上的中国》侵权事件和解】** 2012 年 6 月 14 日，随着中央电视台纪录频道制作的纪录片《舌尖上的中国》热播，牵出的“腊肉山水”海报涉嫌抄袭广东画家许钦松的作品《岭云带雨》事件已圆满解决，央视纪录频道在广州接受中国美协副主席、广东省美术家协会主席、广东画院院长许钦松授权，央视纪录频道可无偿使用其山水画《岭云带雨》。

仪式上，“腊肉山水”海报设计者张发财首先宣读了道歉信。随后，许钦松代理律师欧卫安代表许钦松宣读《作者声明》。声明说，作者为此次侵权事宜感到遗憾。考虑到纪录片《舌尖上的中国》是一部弘扬中华传统文化的电视片，客观上有益于中国文化软实力的海内外拓展。另外，海报的设计者张发财先生及海报的使用者央视（《舌尖上的中国》栏目组）对此次侵权事件第一时间表示了诚恳的道歉。因此，许钦松本人表示谅解并接受他们的道歉，决定对此次侵权事宜不作深究，并放弃了相关的法律索赔要求。他本人也希望能够通过该次事件及其和谐解决，让更多的创作者、设计者、作品使用者形成较为强烈的版权意识、法律意识，充分尊重他人作品、尊重他人的合法权益，在日后的创作中能够减少甚至避免此类侵权事宜的发生。

根据两家共同签署的《许钦松中国画作品〈岭云带雨〉使用授权书》，央视纪录频道可无偿使用画作《岭云带雨》，并根据实际需要，对《岭云带雨》进行编辑创作，用于《舌尖上的中国》制作宣传资料，只是在这些资料上要出现“许钦松”的署名。

（《中国版权年鉴》编辑部）

**【国家版权局公布 2011 年度查处侵权盗版十大案件】** 2012 年 7 月 11 日，国家版权局公布了 2011 年度查处侵权盗版十大案件。同时指出，2011 年版权行政执法的立案数量、行政处罚数量和移送司法刑事案件数量都创历史新高，版权执法工作成绩突出。

2011 年度查处侵权盗版十大案件是经各地版权执法及公安、法院、检察院等部门推荐，并结合国家版权局、全国“扫黄打非”工作小组办公室、公安部、最高人民法院、最高人民检察院联合挂牌督办的案件情况选定的。

2011 年度查处侵权盗版十大案件包括 9 件刑事案件和 1 件行政处罚案件，9 件刑事案件是：江苏小说 520 网侵犯文字作品著作权案；北京林真实、徐爱娇侵犯著作权案；湖北黄祖耀等 4 人及深圳哦哟公司侵犯著作权案；安徽合肥艺凌网络科技有限公司侵犯著作权案；北京求知考试书店利用互联网销售盗版图书案；湖南王学海等人侵犯著作权案；江苏刘晓南等制售侵权盗版光盘案；黑龙江“3·15”征途私服网络游戏侵权案；新疆乌鲁木齐“11·12”民语盗版光盘案。1 件行政处罚案件是河南上蔡县第一高中发行盗版教辅案。

（资料来源：法制网　作者：胡建辉）

**【《中国好声音》版权所有者发出律师函警告侵权者】** 2012 年 7 月 13 日，浙江卫视重金购买版权打造的《中国好声音》节目正式启动全球首播，但节目尚未亮相却出现了形式及内容涉嫌侵犯《中国好声音》版权的山寨节目。为此，《好声音》栏目的版权所有者荷兰塔尔帕公司已经向某山寨节目组发去正式的律师函，要求对方停止侵权行为。

此前塔尔帕公司《The Voice》系列节目的版权代理商 IPCN 公司曾在新浪微博发表声明，称国内有多档节目涉嫌侵犯版权，IPCN 公司为此呼吁各方尊重知识产权，不再出现侵权行为。塔尔帕公司律师说，塔尔帕及旗下的任何附属公司从未以任何形式将《The Voice》的节目模式和（或）节目商标的任何一部分的使用权授予他方。涉嫌侵权节目的制作和播放直接侵犯了塔尔帕对《The Voice》原始节目模式和商标的独家所有权。塔尔帕可以在任何情况下对此侵权行为进行起诉。

塔尔帕公司表示，如果不及时停止侵权行为，该山寨节目的前期准备、制作、展示、宣传、播出的人员，以及在音乐会上、电视节目中、相关网站上进行演唱表演的所有人都需全面承担相应的法律责任。

（《中国版权年鉴》编辑部）

**【“喜羊羊”卡通形象两地维权】** 江西：2012年8月2日，江西省高级人民法院宣告终审裁定，准许广东原创动力文化传播有限公司撤回上诉，就原创动力起诉九江市某百货有限公司销售侵害喜羊羊灰太狼系列动漫作品复制权的文具、玩具、衣物等22种百货一事进行调解，使双方最终达成百货公司停止涉嫌侵权行为并向原创动力支付一定数额赔偿金（双方约定赔偿数额保密）的和解协议。此举意味着原创动力对百货公司已展开诉讼的两起案件和潜在的20起诉讼全部化解。

在此次维权行动中，原创动力向公证机构申请了保全证据公证。2010年12月9日，公证员会同原创动力委托代理人前往该百货公司，由委托代理人以普通消费者身份购买了印有“喜羊羊”、“灰太狼”图案的运动鞋、儿童内衣等物品，当场取得购物小单和发票。在公证机构对所购物品及票据进行拍照、封存后，原创动力向百货公司去函商洽索赔事宜，双方协商未成。2011年10月，作为《喜羊羊与灰太狼》的著作权人，原创动力向江西省九江市中级人民法院起诉百货公司未经许可在其商场内销售印有“喜羊羊”、“灰太狼”图案的物品，严重侵犯了原创动力著作权，请求法院判令百货公司立即停止销售侵犯《喜羊羊与灰太狼》著作权的运动鞋并销毁库存侵权产品，每种涉案侵权产品赔偿原创动力经济损失5万元。

九江市中级人民法院审理认为，百货公司销售的涉案运动鞋虽使用了“喜羊羊”、“灰太狼”形象，但使用者系生产厂家，百货公司系从合法渠道进货的销售商，对运动鞋生产厂家使用“喜羊羊”、“灰太狼”形象是否经著作权人授权不具有审查义务，且对卡通图案是否合理使用亦难以辨别，原创动力主张的侵权行为与百货公司的销售行为无直接因果关系，无证据证明百货公司与生产厂家有共同侵权的故意和过失，百货公司的销售行为对原创动力不构成侵权，不应承担赔偿责任，故于2012年3月判决驳回原创动力诉讼请求。

原创动力不服一审判决，2012年4月6日提起上诉时主张百货公司销售的涉案商品使用了“喜羊羊”、“灰太狼”形象，该销售行为属于著作权法第五十二条所规定的发行，应当承担停止侵权、赔偿损失的民事责任。

江西高院在审理上述案件时发现，原创动力从百货公司保全的证据还有20个物证尚未启动诉讼索赔程序，当事人背后还存在更大的利益博弈。法官分析，该关联案存在主张权利主体和侵权主体唯一、案情大致相同，此次诉讼只是利益之争的前战，事后可能引发一连串诉讼，于是引导当事人达成了前述和解协议，最终达到“一调解全局”的良好效果。

北京：《喜羊羊与灰太狼》动画片的著作权人原创动力公司发现，易买特公司在其经营的超市中涉嫌销售使用“喜羊羊”等卡通形象的商品，侵犯了自己的著作权，故原创动力公司把易买特公司诉至法院，要求停止侵权并赔偿经济损失。2012年8月，北京市丰台区法院对易买特公司侵犯原创动力著作权一案进行了宣判，法院判决被告易买特公司立即停止销售侵权的卡通杯、衣物整理袋等商品，并赔偿原告经济损失共计4 400元。

（资料来源：《中国新闻出版报》
作者：邹征优　梁代杰）

**【深圳大赢家因侵犯微软版权被判赔偿115万元】** 2012年8月7日，深圳市福田区人民法院做出判决，责令国内金融信息服务商深圳大赢家网络有限公司立即停止对微软公司Windows、Office、Server以及Visual Studio开发工具等软件著作权的侵权行为，并赔偿微软公司经济损失共计人民币115万元。

2011年12月，微软公司就深圳大赢家侵犯包括Windows系统软件、Office办公软件、服务器操作系统（Windows Server）、数据库（SQL Server）以及开发工具（Visual Studio）等在内的软件版权行为，向深圳市福田区人民法院提起诉讼，请求判决被告停止侵权行为并对微软进行经济赔偿。经过为期8个月的法院审理，微软最终胜诉。

（资料来源：光明网　作者：赵　刚）

**【中华书局诉国学时代侵权案胜诉】** 2012年8月31日，中华书局诉北京国学时代文化传播股份有限公司侵犯点校本“二十四史”及清史稿（案中称“二十五史”）著作权一案，历经一年半审理后，由北京海淀法院宣判。法院判决被告自判决生效之日起，停止生产、销售含有涉案作品的“国学电子馆M218C+”电子书，同时判决被告自判决生效之日起10日内，赔偿中华书局经济损失及合理支出2

万元。

9月5日，中华书局对此判决做出5点回应。第一，法院认定以分段、加注标点和文字修订的方式完成的“二十五史”点校作品具有独创性，应当受到保护，维护了《著作权法》第十二条规定的精神，体现了法律的公正。第二，法院认定国学时代本“二十五史”与中华书局本“二十五史”构成实质性近似，认定国学时代公司主张涉案的国学时代本为其自行校勘完成的主张不能成立，由此认定国学时代公司的侵权行为，体现了司法机关对古籍整理作品独创性的理解和尊重，事实认定清楚，是非判定明确。第三，判决被告承担仅赔偿2万元的法律责任，没有做到令违法者付出必需的违法成本，不足以惩戒侵权行为，显然难以起到对著作权人进行有效司法保护。第四，此案并非传统出版与数字出版的博弈。因为国学时代公司自始至终就是主张其自行独立整理了古籍“二十五史”。然而经法庭审理，查明被告向法院隐瞒证人与其有利害关系，其法定代表人在关于独立整理古籍的基本事实陈述上存在重大矛盾，其行为不合常理，部分理由无法自圆其说。第五，古籍整理工作是继承与弘扬中华优秀传统文化的基础性工作。主张点校本“二十五史”的著作权，并非对古籍“二十五史”主张权利，不是对古籍本身进行垄断，更不是限制他人享有整理古籍的权利，也从来没有限制任何人对点校本“二十五史”进行学术研究和使用。

此前，原告中华书局诉称，点校本“二十四史”及清史稿是在古籍作品的基础上经过创造性劳动而派生出来的作品，是演绎作品；同时点校本“二十四史”及清史稿是原告主持，代表原告意志并由原告承担责任的法人作品。因此，点校本“二十四史”及清史稿的著作权由原告享有。

被告北京国学时代公司辩称，国学时代公司产品与中华书局“二十四史”及清史稿，从文字到标点，从段落到校勘均有差别。不仅文字有差异，而且段落划分、标点符号使用都有许多不同，差异已超过50%，不同意原告的诉讼请求。

（资料来源：《中国新闻出版报》　作者：章红雨）

**【盗版他人佛像创作被判侵权】** 2012年8月，工艺美术师黄泉福状告曹某侵犯其佛像作品著作权案在海淀法院宣判，黄泉福获赔6万元。

2005年11月12日，工艺美术师黄泉福完成“欢天喜地”及“皆大欢喜”系列美术作品，并于2007年7月31日，在福建省版权局办理了作品登记。2011年，黄泉福发现曹某在海淀区爱家收藏品市场公开销售黑檀佛，该佛像的形象与其作品相似，且包装盒内宣传彩页上印有“本店长期供应黄泉福大师笑佛系列产品”字样。黄泉福认为，爱家国际公司及商户曹某侵犯了其著作权，故起诉至海淀法院，要求二被告赔偿经济损失及诉讼合理支出共计26万余元。

曹某辩称，所销售佛像与黄泉福在版权局登记的佛像只是较为相似，而非相同。弥勒佛是佛教文化里的典型人物，作为一般的佛像制作人，均可以依据文字记载和已有的弥勒佛造型，创造出有自己风格特点的弥勒佛。另外，黄泉福进行了形式上的著作权登记，不代表其创作的佛像具有著作权法上要求的独创性。

法院审理后认为，曹某所销售的弥勒佛形象与黄泉福著作权登记证书上的佛像形象基本一致，而曹某未能提供相应的进货渠道。曹某还在宣传册页、展画及名片上标注黄泉福字样，并在包装盒内放置黄泉福的宣传册页，侵权故意程度较高，应承担侵权责任。市场管理方爱家国际公司无责。最后，判决被告曹某赔偿黄泉福6万元，同时驳回黄泉福的其他诉讼请求。

法官表示，对于民间文化整理这一行为，整理者应享有什么权利未有明确界定。如果过于保护民间传统文化整理者的权利，不利于传统文化的发扬光大；不给予保护，则相应的权利得不到保障，文化研究者会失去积极性。法官建议，作者对传统文化进行再创作时，应保存必要的图文记录，便于区分；文化部门应及时对再创作行为给予奖励和登记，以便发生侵权时取证。

（资料来源：《北京日报》　作者：郭振华　汪　丹）

**【全国最大网游侵权案宣判】** 2012年9月6日，涉案金额4.2亿元的全国最大网游侵权案在辽宁省沈阳高新技术产业开发区法院一审公开宣判。辽宁两家公司各处罚金200万元，23名被告人被判处缓刑，并分别处罚金150万元到3万元不等。

法院审理查明，自2008年11月至2011年3月，被告人唐正先后成立盘锦久网公司和辽宁久网公司，与多家提供各种充值、结算服务的公司建立合作关系，开办“传奇”私服一条龙服务，运营侵犯上海盛大网络发展有限公司《热血传奇》游戏著作权的盗版网络游戏，从中牟取非法利益，两年多时间总计非法收入达到4.2亿元，其行为已构成侵犯著作权罪。

法院认为，鉴于辽宁久网公司、盘锦久网公司、唐正等分别与被侵单位达成赔偿协议，其他被告人亦分别退赔非法所得，取得被侵单位谅解，故均予以从轻处罚，遂做出上述判决。

（资料来源：新华社　作者：范春生）

**【南京“4·16”重大教辅图书侵权盗版案审结】** 2012年9月24日，南京“4·16”重大教辅图书侵权盗版案在南京市鼓楼法院公开宣判。法院依照刑法及司法解释有关规定，以构成侵犯著作权罪，判处被告单位超诚公司罚金人民币8万元；被告单位金灿公司罚金人民币8万元；被告人陈某有期徒刑三年四个月并处罚金人民币2万元；被告人童某有期徒刑三年并处罚金人民币1.5万元。

南京“4·16”重大教辅图书侵权盗版案是江苏省近年来罕见的重大教辅图书侵权盗版案件，也是一起全国“扫黄打非”办公室和公安部挂牌督办重点案件。被告单位超诚公司和金灿公司，未经著作权人许可，非法复制大量教辅教材，涉案图书高达16个品种、总计4.6万余册。

法院审理认为，被告单位超诚公司以营利为目的，未经著作权人许可，复制著作权人享有著作权的文字作品46 349册并发行12 587册，情节特别严重，其行为已构成侵犯著作权罪。被告单位金灿公司以营利为目的，未经著作权人许可，复制著作权人享有著作权的文字作品46 349册，情节特别严重，其行为已构成侵犯著作权罪。被告人陈某系被告单位超诚公司直接负责的主管人员、被告人童某系被告单位金灿公司直接负责的主管人员，其行为均已构成侵犯著作权罪。

（资料来源：江苏省版权局　作者：谭松枝）

**【中国大百科全书出版社告赢苹果获赔52万】** 2012年9月27日，北京市二中院对备受关注的中国大百科全书出版社有限公司诉苹果电子产品商贸（北京）有限公司以及苹果公司侵害作品信息网络传播权纠纷案公开宣判，判令苹果公司停止侵权，赔偿原告经济损失共计52万元。

法院审理后认为，原告对《中国大百科全书》中国历史卷第一版享有著作权，“App Store”的经营者系被告苹果公司。鉴于苹果公司不能证明涉案应用程序为第三方开发商所开发，应认定该应用程序系苹果公司自行开发。被告苹果公司未经权利人许可亦未支付费用，自行开发并在“App Store”上提供涉案应用程序的付费下载服务，侵害了大百科全书公司依法对《中国大百科全书》中国历史卷第一版享有的信息网络传播权。

即使该应用程序为第三方开发商所开发，鉴于苹果公司参与了开发，对第三方开发商开发完成的涉案应用程序进行了挑选并独自决定了其在“App Store”上的分销，同时在销售收益中分得了固定比例，事实上与第三方开发商共同实施了侵权行为，苹果公司亦应承担相应的法律责任。

（资料来源：《北京晨报》　作者：颜　斐）

**【韩寒等告百度文库侵犯著作权胜诉】** 2012年10月19日，韩寒等作家状告百度文库侵犯著作权纠纷案，经过一审判决，百度共赔偿经济损失及合理开支17.3万元。

2011年3月15日，韩寒等50位作家公开发布《中国作家声讨百度书》，指责百度文库“偷走了我们的作品，偷走了我们的权利”，之后作家们与百度之间的纷争不断。此次，韩寒起诉是因为发现自己享有著作权的《像少年啦飞驰》、《1988：我想和这个世界谈谈》、《零下一度》3本书被上传至了百度文库。

韩寒在起诉书中称，2011年发现多名网友把上述3本书上传至百度文库，并分别建立多个文档供在百度文库注册的其他用户付费或免费下载，其认为百度对这种侵权行为敷衍了事，甚至是为了经营业绩的增长和吸引更多用户的关注，而把文档分享网络平台作为吸引广告客户在百度投放广告的卖点。

因认为百度侵犯了自己的著作权，韩寒把百度告上法庭索赔76万余元，其代理律师当庭还表示要求法院判令关闭百度文库。

对于百度文库的性质，北京百度网讯科技有限公司（下简称百度公司）辩解称，百度文库属于信息存储空间，其从未对上传的作品进行修改等编辑行为，没有理由知道是侵权，也没有审查义务。

除韩寒外，郝群（笔名慕容雪村）、韩瑗莲（笔名何马）也分别就自己的作品对百度文库做出类似起诉。经过近两个月的审理，2012年9月17日海淀法院对韩寒、郝群、韩瑗莲起诉百度关于百度文库侵犯著作权纠纷14起案件集中宣判，一审判决百度共给各位原告赔偿经济损失及合理开支17.3万元，但对韩寒等作家提出的关闭百度文库、赔礼道歉等诉讼请求未予支持。

法院肯定了百度公司为制止百度文库侵权所采取的包括启用反盗版系统在内的措施，但同时也指出，百度公司未能实现在文库资源丰富程度与制止侵权方面基本同步，存在经营中尚待发展完善之处，未能切实保护著作权人的权利。

（资料来源：《新京报》　作者：张　媛）

**【淮安“3·28”侵犯著作权案公开宣判】**
2012年10月19日，淮安“3·28”侵犯著作权案在淮安市中级人民法院公开宣判。法院依照刑法及司法解释有关规定，以构成侵犯著作权罪，判处被告人刘某有期徒刑三年，缓刑五年，并处罚金人民币85万元；被告人汤某有期徒刑二年，缓刑五年，并处罚金人民币50万元；被告人高某有期徒刑一年，缓刑一年，并处罚金人民币30万元。这是该市查获的一起非法复制大量盗版光盘后在自己经营的淘宝网店销售的大案。

2012年2月3日，淮安市文化行政综合执法支队接到举报，反映淮安市境内有人制作大量盗版光盘在淘宝网5家网店进行销售。2月9日，专案组人员通过淘宝网分别从举报的3网店购买了部分品种DVD光盘，后经鉴定，均为盗版音像制品。2月13日开始，根据获悉的淘宝网5家商铺的发货地址和联系人等详细信息，专案组人员先后4次蹲点守候，最终发现该非法制作光盘窝点确切地点。3月28日下午，专案组人员会同市公安局治安支队民警组成15人突击检查组，一举成功捣毁该窝点。现场发现用于制作非法光盘的房间3间，光盘刻录机7台、光盘打印机4台、电脑4台，138种23 478张已制作好的盗版光盘和大量未录制的光盘。执法人员当场予以全部扣缴，并抓获犯罪嫌疑人5名。

（资料来源：江苏省版权局　作者：万进萍）

**【楚雄首例KTV侵权案件宣判】**　2012年10月19日，楚雄州中级人民法院开庭受理了中国音像著作权集体管理协会起诉楚雄市鹿城星天地量贩KTV娱乐城的点歌系统在未交付版权费或使用费的情况下，使用了涉案的53首音乐电视作品。经过协调后，法院依法酌情判决被告方以每首歌300元的标准承担赔偿责任，同时，被告还应赔偿原告为制止侵权行为所支付的合理开支，共计2万元左右。

原告律师孙秀娟称，依照《中华人民共和国著作权法》相关法律条例规定，一些量贩KTV的娱乐场所未经著作权人许可，在未支付报酬的情况下，在点歌系统中使用涉案音乐电视作品进行KTV经营活动，其行为已构成侵权，依法应当承担停止侵权、赔偿损失的责任。

被告律师李律师称，在中国，人们对知识产权这个概念的意识还不是很强烈，对于一些KTV经营者来说，突然要交付一大笔版权费或是使用费，他们可能有些接受不了。KTV的经营者在购买点歌系统和歌库时，卖家就已承诺过使用的合法性。KTV交付版权费或是使用费是一个趋势，但应以当地的一些行政机关做引导，起诉应该只是一个提醒，让人们逐渐培养法律意识。

楚雄市鹿城星天地量贩KTV娱乐城的老板何先生表示，他也很支持音集协对音乐电视作品的维权工作，只是希望音集协可以根据各地的经济状况和经营者经营的规模大小来制定版权费用。何先生还表示，之前音集协就有相关工作人员和他谈过交付版权费的问题，只是他觉得费用太高了，所以就一直没有交付。

（《中国版权年鉴》编辑部）

**【网尚公司一审被判侵犯信息网络传播权】**
2012年10月31日，北京市东城区人民法院对原告美亚长城影视文化（北京）有限公司诉被告北京网尚文化传播有限公司侵犯作品信息网络传播权纠纷案做出一审宣判，认定北京网尚文化传播有限公司侵犯美亚长城影视文化（北京）有限公司信息网络传播权，须立即停止侵权，并赔偿经济损失1万元。

原告美亚长城影视文化（北京）有限公司诉称，其系电影《龙虎新风云》的著作权人，依法独占享有该电影的信息网络传播权。被告北京网尚文化传播有限公司未经许可，在其所有并经营的“VV8院线”（域名为vv8.com）上擅自提供电影《龙虎新风云》的在线点播服务，并通过上述行为收取每部2元的点播费用。美亚长城影视文化（北京）有限公司认为，网尚文化传播有限公司的行为侵犯其享有的信息网络传播权，故诉至法院，请求法院判令被告立即停止对涉案电影的侵权行为，即停止在“VV8院线”（vv8.com）上传播涉案电影；赔偿原告经济损失5万元及相关合理费用5 000元。

东城法院经审理，根据涉案电影的知名度，涉案网站的规模，侵权行为的性质、持续时间、范围和后果等情节，判令被告北京网尚文化传播有限公司于判决生效之日起立即删除“www.vv8.com”网站上的电影《龙虎新风云》、赔偿原告美亚长城影视文化（北京）有限公司经济损失1万元。

（资料来源：《中国知识产权报》
作者：祝文明　刘虹蕴）

**【《北京爱情故事》著作权纠纷案审结】**　2012年11月7日，北京市西城区人民法院判决，确认陈思成、李亚玲为39集电视剧《北京爱情故事》剧本的共同著作权人。李亚玲表示，法院承认她为共同著作权人就已经是胜诉了，而这只是第一个官司。

李亚玲说，陈思成在她不知情的情况下，转让了《北京爱情故事》的全部著作权，接下来她要起诉陈思成单方面卖掉《北京爱情故事》著作权的合同无效。由于编剧一直是弱势群体，此次一定会维权到底，讨一个公道。

（资料来源：新浪娱乐　作者：覃　覃）

**【腾讯音乐被判侵权赔偿】**　2012年11月26日，音著协诉腾讯网侵权提供音乐作品的网上浏览、在线播放和下载一案，经深圳市南山区法院一审审理，判决腾讯网侵权成立并赔偿经济损失。这是音著协近年来又一起针对著名互联网企业的维权官司，在业界和社会范围内产生巨大影响。

该案的起因是音著协接到其会员的投诉，称腾讯网多年来一直无视国家法律的明文规定，未经作者或音著协的许可，即在其网站上以“QQ”、“搜搜”等多种栏目形式大量侵权提供歌曲在线播放、下载服务，并向其规模巨大的QQ用户提供绑定在线音乐服务。2012年5月24日，音著协向深圳市南山区法院提起诉讼。

在该案审理时，腾讯网辩称其在接到此案诉讼通知后立即删除了涉案歌曲，没有侵权的主观过错，未给权利人造成损失而不应承担赔偿责任。对此，音著协当庭指出，腾讯网长期以来使用涉案音乐作品在其网站提供全文浏览和下载，并提供歌曲的在线播放和下载传播服务，侵权规模巨大，侵权方式多种多样，主观故意明显，给著作权人造成了重大损失。在该案诉讼过程中腾讯网还辩称“已经删除涉案歌曲”，然而在庭审后的勘验中涉案音乐作品居然还在其网站堂而皇之地传播，可见腾讯网从未停止其侵权行为。

法院经审理认为，腾讯网的行为侵犯了著作权人依法享有的复制权及信息网络传播权，音著协的维权主张于法有据，判决腾讯网停止侵权，赔偿涉案5首歌曲的经济损失及维权开支15 000元。

（《中国版权年鉴》编辑部）

## ◆ 行政管理

**【国务院批复同意建立推进使用正版软件工作部际联席会议制度】**　2012年1月3日，为加强对推进使用正版软件工作的组织领导和统筹协调，国务院批复同意建立由国家版权局牵头，由国家版权局、工业和信息化部、财政部、商务部、审计署、国资委、国家工商总局、国家知识产权局、国务院机关事务管理局、国务院法制办、银监会、证监会、保监会、中央直属机关事务管理局、全国工商联等15个部门组成的推进使用正版软件工作部际联席会议制度。联席会议的主要职能是在国务院领导下，负责协调推进政府机关和企业使用正版软件工作，研究拟定有关政策措施；督促检查各地区、各部门、各单位工作落实情况；组织相关宣传、培训、表彰；承办国务院交办的其他事项。

联席会议各成员单位职责分工如下：国家版权局承担联席会议办公室工作，组织协调对使用正版软件情况的检查和督导，组织开展使用正版软件的宣传、培训、表彰，负责对企业使用正版软件的监管。工业和信息化部负责软件产品管理，加强对新出厂计算机预装正版操作系统软件的监督管理，加强政府信息安全管理，督促软件生产商和供应商提高软件产品质量、做好售后服务。财政部负责对政府机关软件采购和资产管理工作进行指导，加强对政府机关软件采购资金保障及资金使用情况的监督检查，参与对企业使用正版软件情况的检查和督导。商务部负责推进外商投资企业使用正版软件工作，负责使用正版软件工作的对外宣传和应对。审计署负责对中央机关软件采购资金管理使用和软件资产管理情况进行审计，指导各级审计机关对政府机关软件采购资金及资产进行审计监督。国资委负责推进国资委监管企业使用正版软件工作。国家工商总局负责积极维护软件市场公平竞争秩序，维护软件消费者的合法权益。国家知识产权局参与推进政府机关使用正版软件相关工作。国务院机关事务管理局负责指导中央国家机关做好软件集中采购、软件资产管理工作，指导地方政府机关开展软件集中采购工作。国务院法制办负责审查与使用正版软件相关的法律、行政法规草案。银监会负责推进银行业金融机构使用正版软件工作。证监会负责推进各证券交易所、期货交易所、证券公司、证券投资咨询机构、基金管理公司和期货公司使用正版软件工作，督促上市公司及时披露涉及盗版软件的涉诉事项或重大违法违规行为等相关信息。保监会负责推进保险企业使用正版软件工作。中央直属机关事务管理局负责指导中央直属机关做好软件集中采购、软件资产管理工作，指导地方党委机关开展软件集中采购工作。全国工商联负责推进民营企业使用正版软件工作。

（作者：郑良斌）

**【推进使用正版软件工作部际联席会议第一次全体会议在京举行】** 2012年2月10日，推进使用正版软件工作部际联席会议第一次全体会议在京举行。新闻出版总署署长、国家版权局局长柳斌杰，国家知识产权局副局长贺化等联席会议成员单位的相关代表出席会议。

会议审议通过推进使用正版软件2011年工作总结、2012年工作计划、联席会议办公室工作制度等，并要求各成员单位进一步提高认识，采取有力措施，确保按期完成国务院确定的2012年软件正版化工作目标。《国务院关于同意建立推进使用正版软件工作部际联席会议制度的批复》同意，于2007年2月，批准建立的“推进企业使用正版软件工作部际联席会议制度”调整为“推进使用正版软件工作部际联席会议制度”，成员单位由原来的9个增至15个。

截至2012年，中央和地方采购资金已达9.87亿元，共采购了正版软件120.9万套（许可数）。全国省、市、县三级政府机关中完成正版化任务的比例分别为25.8%、23%、14%。全国累计列入年度完成使用正版软件工作目标企业达到2.31万家，累计完成软件正版化企业约1.53万家，央企前三级企业、大型银行机构和保险企业基本实现正版化，煤炭、旅游饭店、网吧、勘察设计等重点行业取得了突破性进展。

柳斌杰表示，政府机关和企业软件正版化工作取得了阶段性的成果。一是得益于各级政府对软件知识产权保护有新的认识，有新的行动；二是得益于联席会议各成员单位在软件正版化工作开展之初就着眼于建立长效机制，并取得了实效；三是政府身体力行，率先垂范，企业积极响应，影响深远广泛。

针对软件正版化工作的新特点和新要求，柳斌杰提出了四点工作意见。要充分认识软件正版化工作在加强自主创新和建设创新型国家、保护文化环境、促进民族软件产业发展以及维护国家利益等方面的重要意义；15个成员单位要根据各自的分工，明确各自的责任，积极、稳妥地在法规条例、财务政策、产业政策、市场管理、系统和行业单位的推进、工作协调等方面发挥各自的作用，使政府机关和企业的正版化工作齐头并进；政府机关和企业正版化工作有共同点，也有区别，要分类指导、分层次推进；要进一步做好国际应对和对外宣传工作，化解中国在知识产权领域与欧美国家的分歧和矛盾，树立良好国家形象，推进对外经贸关系的平稳发展。

此次会议由新闻出版总署（国家版权局）牵头，工业和信息化部、财政部、商务部、审计署、国务院国有资产监督管理委员会、国家工商行政管理总局、国家知识产权局、国务院机关事务管理局、国务院法制办公室、银监会、证监会、保监会、中共中央直属机关事务管理局、全国工商联14个成员单位领导出席会议。

（资料来源：《中国知识产权报》 作者：刘 仁）

**【张家港市获批江苏省版权示范市】** 2012年2月13日，江苏省版权局发文批准苏州市下辖张家港市为江苏省版权示范市，标志着苏州大市范围内的版权示范城市创建工作取得又一显著成效。

张家港市高度重视版权保护工作，把强化版权管理、促进版权产业发展作为推动全市经济、科技、文化和社会建设的重要环节来抓，出台了版权保护、版权产业促进的有关办法，版权智力成果的创造、运用、保护、管理能力不断增强；版权宣传扎实深入，全市政府机关、企业、公民对版权保护的认知度较高；软件正版化工作深入扎实，在省内处于领先地位；政府推动版权产业发展的措施行之有效，版权产业持续、健康、快速发展；版权市场健康有序，版权监管规范有力。

（资料来源：江苏省版权局 作者：万进萍）

**【上海设立第二批版权服务工作站】** 2012年2月23日，上海市新闻出版（版权）工作会议在上海图书馆举行。会议总结了2011年上海新闻出版（版权）工作，全面部署2012年工作。会议还举行了上海市第二批版权服务工作站授牌仪式，上海市版权局2012年在静安区、普陀区、闵行区、金山区和上海广播电视台（上海东方传媒集团有限公司）设立第二批版权服务工作站，发挥服务站贴近产业、贴近企业的优势，进一步优化版权公共服务。上海市版权局积极加强与各区县的合作，建立区县联动机制，利用区县政策灵活、工作条件便利等优势，不断调动区县工作积极性，促成版权服务工作扎根区县，就近服务园区，服务企业。这是继2009年在徐汇、长宁、虹口、杨浦、浦东建立5家版权服务工作站以来，增设的第二批工作站，进一步扩大了版权服务工作成效。同时，不断健全工作站管理机制，建立工作站例会制度，出台《上海版权服务工作站考评办法》，以制度建设促进规范管理，不断提高工作站工作效能和服务质量。

（资料来源：上海市版权局　作者：吴瑾君）

**【王岐山部署打击侵权假冒行为和推进政府机关软件正版化工作】** 2012 年 3 月 15 日，中共中央政治局委员、国务院副总理、全国打击侵犯知识产权和制售假冒伪劣商品工作领导小组组长王岐山在北京主持召开会议，研究部署打击侵权假冒行为和推进政府机关软件正版化工作。

王岐山指出，这项工作关乎“十二五”规划的顺利实施，关乎转方式、调结构、提高发展的质量和效益，关乎创新型国家的建设，关乎改善和保障民生。各地区、各有关部门要按照稳中求进的总基调，加大打击侵权假冒工作力度，扎实推进政府机关软件正版化，维护消费者合法权益，营造良好的创新发展环境。

王岐山指出，打击侵权假冒工作转入常态化以来，各地区、各有关部门建立领导机构和工作机制，针对侵权假冒突出问题，组织开展集中整治，查办了一批大案要案；进一步完善软件正版化协调机制，积极推进检查整改工作，取得了积极成效，但侵犯知识产权和制售假冒伪劣商品形势依然严峻。要坚持标本兼治，宁断一指不伤九指，在建立长效机制的同时，要突出重点，明确阶段性目标。要完善法律制度，加快诚信体系建设，加大刑事司法打击力度，及时查办并依法公布侵权假冒案件，强化社会监督。

王岐山强调，推进政府机关软件正版化的首要任务是，确保 2012 年 6 月底前所有省级政府机关完成软件正版化检查整改任务，2013 年 12 月底前所有市县级政府机关全部完成整改任务。各级政府要把软件采购经费纳入财政预算，建立健全软件资产管理和审计监督等制度，巩固软件正版化成果，防止反弹。

王岐山要求，要充分发挥新闻媒体的宣传引导和舆论监督作用，采取多种形式宣传打击侵权假冒行为和推进政府机关软件正版化工作成效，曝光一批典型案件和违法违规企业，表扬一批守法诚信经营的优秀企业，营造良好的舆论氛围。

（资料来源：人民网　作者：余建斌）

**【阎晓宏率组赴四省督查软件正版化工作】** 2012 年 3 月 20—28 日，为进一步贯彻落实《国务院办公厅关于进一步做好政府机关软件正版化检查整改工作的通知》文件要求，根据推进使用正版软件部际联席会议督查安排，新闻出版总署副署长、国家版权局副局长阎晓宏率新闻出版总署（国家版权局）、财政部、商务部、中直机关管理局等部门组成的第一督查组及工信部、全国工商联、国资委、保监会等部门组成的第三督查组，分别赴甘肃、青海及黑龙江、吉林督促检查政府机关软件正版化工作。

督查组深入甘肃省白银市、兰州市，青海省海东行署、西宁市，黑龙江省大庆市、哈尔滨市以及吉林省吉林市、长春市，通过召开座谈会、现场抽查电脑、调取查阅资料等形式对四省推进使用正版软件工作进行督促检查，并分别听取了四省有关软件正版化工作的情况汇报。

（资料来源：《中国新闻出版报》　作者：赖名芳）

**【国家版权局要求版权执法案件结果公开】** 2012 年 4 月 1 日，国家版权局发布《关于做好版权执法相关信息报送与案件信息公开工作的通知》，要求地方各级版权行政执法部门及时把本单位立案查处的案件数量、案件信息向上一级版权行政执法部门报送，省（区、市）版权局汇总后报送到国家版权局，同时把查办的版权行政执法案件处理结果和已结案的版权刑事案件判决结果通过互联网等媒体进行公开。

《通知》要求，报送的案件包括：各级版权行政执法机构依据《著作权行政处罚实施办法》的规定立案查办的行政处罚案件；各级版权行政执法机构依据《行政执法机关移送涉嫌犯罪案件的规定》向公安机关移送并立案的涉嫌侵犯著作权的刑事案件；各级版权行政执法机构开展的重点区域、重点市场整治情况。

《通知》强调，各级版权行政执法部门应及时把案件信息录入本部门和各地版权行政执法与刑事司法衔接工作信息共享平台，定期维护更新，确保共享信息的准确。公开信息范围包括案件名称、办案单位、涉案金额、案情概要、处罚结果、判决结果等。

根据《通知》要求，2011 年内结案的案件，应在 2012 年 4 月 20 日之前报送到国家版权局；2011 年年底前已立案未结案的案件，应在 2012 年 4 月 30 日之前报送到国家版权局；从 2012 年 4 月起，新立案件应于每月 3 日前按月报送。

（资料来源：《中国知识产权报》　作者：刘　仁）

**【五家获得全国版权示范单位、园区（基地）称号】** 2012年4月3日，国家版权局同意授予北京中文在线数字出版股份有限公司、上海版权服务中心/上海版权纠纷调解中心全国版权示范单位称号；授予（浙江省）中国纺织城、景德镇国际陶瓷艺术创意中心、章丘市龙山黑陶研制中心全国版权示范园区（基地）称号。

根据文件要求，上述五家获得全国版权示范单位、园区（基地）称号的，应以科学发展为指导，认真贯彻落实《国家知识产权战略纲要》和《版权工作“十二五”规划》，充分发挥版权示范的典型引导作用，推动智力成果的创新与运用，促进区域经济、文化、科技和社会事业的全面发展。

（《中国版权年鉴》编辑部）

**【国家版权局召开打击假冒他人署名书画作品行为工作座谈会】** 2012年4月23日，国家版权局召开打击假冒他人署名书画作品行为工作座谈会，并决定协调全国“扫黄打非”工作小组办公室、文化部、北京市文化市场行政执法总队等相关部门及中国文联、中国美术家协会、中国书法家协会等单位，共同对假冒他人署名书画作品行为予以严厉打击。

在全国“两会”期间，部分全国人大代表、政协委员向国家版权局反映，在北京、天津等地有大量制作、出售假冒他人署名书画作品现象，希望版权主管部门对此进行调查并予以查处。清明节前后，国家版权局联合北京市版权局、《中国新闻出版报》对北京琉璃厂、潘家园古玩城等地区书画市场销售假书画的情况进行了暗访，结果显示，部分地区销售假书画情况相当普遍，并已大体形成一个比较完整的半地下产业链。

新闻出版总署副署长、国家版权局副局长阎晓宏在座谈会上指出，根据《著作权法》有关规定，制售假冒他人署名书画作品行为是恶意的侵权盗版违法活动，应引起高度重视，必须予以坚决打击。作为版权主管部门，国家版权局有责任保护处于弱势的书画作者的合法权益，鼓励他们依法维权。他说，在版权行政执法方面，以往对传统出版物市场上的侵权盗版光盘、图书活动打击力度大，而对制售假冒他人署名书画作品现象关注度不高，运用行政执法手段进行治理不够，这对于保护书画作者合法权益、鼓励创新、繁荣书画市场不利。他提出，要把打击制售假冒他人署名书画作品违法犯罪活动纳入2012年的版权执法重点工作中，并与文化、工商、司法等部门共同协作，联合查办扰乱书画市场秩序的大要案，斩断制售假冒他人署名书画作品的利益链，追根溯源，深挖幕后违法犯罪团伙。同时要加强对公众的教育与引导，在社会上营造制售假书画违法、买假书画不道德的舆论氛围，让制售假画行为人人喊打，建立起书画艺术品市场新秩序。

（资料来源：《中国新闻出版报》 作者：赖名芳）

**【全国销毁侵权盗版出版物2 900万件】** 2012年4月24日10时45分，全国“扫黄打非”工作小组专职副组长李长江在北京主会场宣布：“统一销毁活动开始!”2012年侵权盗版及非法出版物集中销毁活动的序幕拉开。

全国“扫黄打非”工作小组专职副组长李长江，新闻出版总署副署长孙寿山，北京市委常委、宣传部部长、副市长、市“扫黄打非”工作领导小组组长鲁炜等冒雨参加了在北京市第十八中学举办的主会场销毁活动，并为首都大学生保护知识产权志愿者授旗。

此次活动共销毁盗版音像制品、盗版图书、盗版电子出版物及非法报刊2 900余万件，其中，北京主会场销毁140万件。此外，河北、黑龙江、江苏、山东、河南、广东、浙江、湖北、湖南、四川、甘肃、贵州和新疆等13个省（区）的销毁数量超过100万件。

同时，为迎接第12个“4·26”世界知识产权日，充分展示中国“扫黄打非”、打击侵权盗版工作成果，进一步表明中国政府保护知识产权的坚定立场和决心，全国“扫黄打非”工作小组在全国31个省（区、市）同时举行2012年侵权盗版及非法出版物集中销毁活动，并开展了以“拒绝盗版，助力创新”为主题的“绿书签行动”。

全国“扫黄打非”办公室专职副主任、新闻出版总署反非法和违禁出版物司司长周慧琳主持北京主会场活动仪式。全国“扫黄打非”工作小组成员单位、北京市“扫黄打非”工作领导小组及成员单位、共青团北京市委有关负责人及北京市城六区执法人员、有关国际组织驻华机构、各界群众代表500余人参加北京主会场活动。

（资料来源：《中国新闻出版报》 作者：赖名芳）

**【江西首批七家省级版权保护示范单位产生】** 2012年4月25日，江西省版权局为“江西省版权保护示范单位”举行集中授牌仪式。共有七家企业成为首批江西省级版权保护示范单位。

此次获得授牌的七家省级版权保护示范单位分别为：江西金太阳教育研究有限公司、江西笛卡传媒有限公司、萍乡市凯天网络有限责任公司、景德镇陶瓷股份有限公司、景德镇雕塑瓷厂、星子县渊明金星砚工艺厂、星子县金星宝砚斋。授牌企业会受到各级版权行政管理部门在版权登记、版权培训、建立企业版权管理制度、企业反盗维权、版权产品及企业宣传上给予的多种形式的支持和帮助。

（资料来源：《中国新闻出版报》　作者：阙米秋）

**【重庆市建立第八个版权兴业基地】**　2012 年 4 月 26 日，重庆市新闻出版（版权）局与九龙坡人民政府隆重举行《推动九龙坡版权产业发展合作协议》签约仪式，共同建立建设“黄桷坪艺术园区”版权兴业基地。这是重庆市版权局继 2008 年在西永微电子产业园、维普资讯期刊版权采售基地等企业和产业集群建立版权兴业基地以来，全市建立的第八个版权兴业基地。

（资料来源：重庆市版权局　作者：许家伟）

**【“建立著作权人版权保护绿色通道座谈会”在京召开】**　2012 年 5 月 3 日，北京市文化市场行政执法总队与相关出版单位、著作权人在京召开“建立著作权人版权保护绿色通道座谈会”。

北京市文化市场行政执法总队副总队长、党组书记张珠向高等教育出版社、人民出版社、人民卫生出版社、外语教学与研究出版社、北京大学出版社等 11 家在京出版单位负责人和作家古典、苏小懒等著作权人介绍了总队近年来打击侵权盗版、维护著作权人合法权益所做的工作。2011 年以来，北京市文化执法部门破获涉及著作权保护行政处罚案件 158 起，罚没款 125 万余元，没收侵权盗版图书 64.5 万余册、光盘 16.2 万余张。公安机关刑事拘留 52 人，14 人被判处有期徒刑。京版十五社反盗版联盟秘书长、高等教育出版社法律部总经理吴勤表示，以前为了维权，都是出版单位主动找执法人员座谈，执法部门主动找权利人进行座谈的，在全国还是首次。

座谈会上，双方就如何建立著作权人版权保护绿色通道进行了沟通。按照绿色通道的相关要求，北京市文化市场执法总队在接到著作权人举报后，在受理、转办、核查、回复等环节为著作权人开启绿色通道，做到当日投诉当日受理，加强与相关出版单位的联系，定期召开会议通报有关著作权维权执法情况，对核查属实的侵权案件坚决立案予以查处。座谈会上还明确了作为著作权人在发现自己被侵权时，应立即向北京市文化市场行政执法总队举报并提供相关证据。双方均表示，在以后的工作中要加强合作交流，共同为首都出版物市场繁荣稳定贡献力量。

（资料来源：《中国新闻出版报》　作者：邹　韧）

**【华中国家版权交易中心落户湖北】**　2012 年 5 月 20 日，国家版权局正式下发批文，同意在湖北省武汉市建立“华中国家版权交易中心”。

华中国家版权交易中心分两期建设，计划总投资 6.5 亿元（其中：固定资产投资 5.5 亿元）。建成后，年版权交易品种可达到 10 万个以上，交易收入达到 2 亿元，通过版权产业可延伸拉动相关产业收入达到 100 亿元以上。

（《中国版权年鉴》编辑部）

**【北京版权局发弘扬正版绿色行动月倡议书】**　2012 年 5 月 30 日，为深入贯彻落实全国未成年人思想道德建设工作会议精神，为广大青少年提供健康有益、绿色正版的精神文化产品，维护广大读者、网络用户和著作权人的合法权益，北京市版权局联合中国互联网协会网络版权保护委员会向互联网企业联合发出“加强绿色网络传播环境建设，开展弘扬正版，绿色行动月”倡议书。

倡议书提出，互联网企业应自觉贯彻落实《未成年人思想道德建设实施纲要》，积极提供绿色正版、健康有益的网络文学艺术作品，努力营造青少年健康成长的网络环境；应遵守网络版权管理相关的法律法规，积极推动互联网行业管理自律机制建设，实施互联网行业自律；积极传播体现时代发展和社会进步、弘扬民族优秀文化传统的互联网文艺作品，为青少年提供丰富多彩的精神文化产品。另外，倡议书还呼吁互联网企业积极采取有效技术措施和管理手段，保护著作权人合法权利；建立健全企业内部管理制度，加强人员培训，杜绝侵权盗版和不良内容的传播，自觉接受政府、社会和公民的监督。

（《中国版权年鉴》编辑部）

**【15 省率先完成省级政府机关软件正版化检查整改任务】**　截至 2012 年 5 月 31 日，上海、北京、广西、浙江、新疆、江苏、安徽、重庆、山西、陕西、江西、海南、四川、湖南、青海 15 个省（区、市）的所有省级政府机关已经全部完成软件正版化

检查整改任务，为其他地方政府机关深入开展这项工作做出表率。全国各级地方政府机关共采购操作系统软件、办公软件和杀毒软件 1 556 972 套（许可数），采购金额达 112 352 万元。

2012 年 1 月底，上海、北京、广西、浙江就已全部完成软件正版化检查整改工作，比国务院规定地方政府机关完成时限大大提前。截至 5 月 31 日，海南所有地市级政府机关及新疆等 18 个省（区、市）的 72 个地市级政府所属机关也已完成检查整改任务。同时，全国 27 个省（区、市）中的县级政府机关也已完成检查整改目标。浙江、广西所有县级政府机关（共 208 个县级政府）全部完成检查整改任务，比国务院规定的地方政府机关完成时限整整提前了 19 个月。山西等 10 个省（区、市）的 234 个县级政府机关也完成了软件正版化检查整改任务。

（资料来源：《中国新闻出版报》 作者：赖名芳）

**【国家知识产权战略实施重点联系单位揭牌仪式在京举行】** 2012 年 6 月 5 日，在《国家知识产权战略纲要》实施 4 周年之际，国家知识产权战略实施重点联系单位揭牌仪式在京举行。文化部党组成员、副部长杨志今，国家知识产权战略实施工作部际联席会议成员、国家知识产权局副局长贺化出席，并共同为文化部全国文化信息资源建设管理中心和文化部民族民间文艺发展中心两家重点联系单位揭牌。

杨志今指出，国家知识产权战略实施工作部际联席会议办公室把文化部全国文化信息资源建设管理中心和文化部民族民间文艺发展中心两家单位确定为战略实施重点联系单位，是一项制度创新，是对这两家单位长期以来开展知识产权工作的肯定，是对文化部战略实施工作的充分信任，更是部际联席会议办公室对文化工作的关心、理解和支持。文化部会进一步加强知识产权工作力度，充分发挥知识产权在鼓励文化创新、繁荣文化市场、增强文化软实力中的重要作用。他要求两家重点联系单位要以此为契机，进一步密切与联席会议办公室和相关部门的合作关系，努力发挥自身优势和特色，积极推动本单位知识产权工作的开展，为相关领域知识产权法律制度提供立法基础，为政策出台提供理论和实践依据。

按照国家知识产权战略实施工作部际联席会议工作安排，文化部全国文化信息资源建设管理中心针对文化共享工程知识产权管理开展工作调查、制度建设和案例实践；文化部民族民间文艺发展中心针对中国民间文学数据库提出知识产权保护解决方案和进行项目试点，以推动《2012 年国家知识产权战略实施推进计划》相关任务的具体落实。

（《中国版权年鉴》编辑部）

**【吉林省全面推进版权示范园区建设】** 2012 年 6 月 12 日，吉林省版权局在全省范围内下发了《吉林省版权局关于印发〈吉林省版权保护示范单位、示范园区（基地）管理办法（试行）〉的通知》（吉版权［2012］10 号），全面推进吉林省版权示范园区建设。

（资料来源：吉林省版权局 作者：田庆权）

**【中国核心版权产业发展迅速】** 2012 年 6 月 22 日，新闻出版总署（国家版权局）版权管理司司长于慈珂在北京发布 2007—2009 年中国版权相关产业的经济贡献调研成果。

“中国版权相关产业的经济贡献调研”项目是国家版权局委托中国新闻出版研究院开展的重大科研项目。国家版权局成立了由新闻出版总署署长、国家版权局局长柳斌杰任组长，新闻出版总署副署长、国家版权局副局长阎晓宏任副组长的项目领导小组，下设项目专家组与项目工作组。自 2007 年开始，项目已连续开展三次调研。首次调研由国家版权局与世界知识产权组织合作，委托中国新闻出版研究院开展进行，调研成果发布后得到国内外版权、经济、统计等多方面专家的一致好评。第二、第三次调研在首次调研（2004 年、2006 年）的基础上，对 2007—2009 年中国版权相关产业的经济贡献进行了调查、测算与分析，并结合首次调研成果进行了纵向比较研究，揭示了版权在中国经济增长中的重要作用以及以版权制度为基础的创新活动对于经济社会发展的重要意义。

调研成果显示，中国版权相关产业对国民经济的贡献保持增长态势，到 2009 年已占当年 GDP 的 6.55%。特别是核心版权产业的行业增加值占当年 GDP 的比重增长较快，到 2009 年已占当年 GDP 的 3.50%。

其中核心版权产业发展迅速，明显高于其他产业组，特别是软件和数据库产业、数字出版产业、广告服务业发展迅猛，势头强劲。同时，中国版权相关产业的就业人数及其占当年中国城镇单位就业人数的比重持续增长，在增加就业中发挥着重要作用。

调研成果还显示，中国版权相关产业的商品出口总额较高，但核心版权产业的出口额较低。相互依存版权产业的海关商品出口额在当年版权产业商品出口总额的比重中占绝对优势，说明中国版权产业的外贸出口仍以制造业为主。此外，以行业增加值衡量中国全部版权相关产业对经济的贡献率较高，但核心版权产业尚处中游地位，与美国相比还有较大差距，核心版权产业行业增加值占当年 GDP 的比重仅为美国的 1/2。特别是核心版权产业的出口额与美国相比差距巨大，需加快发展。

中国版权相关产业的经济贡献调研项目是国家版权局委托中国新闻出版研究院逐年开展的连续性重大科研项目。自 2007 年开始，相关调研活动已开展 3 次。

（资料来源：《中国新闻出版报》　作者：方　圆）

**【国家版权局重奖查处侵权盗版有功单位和人员】**　2012 年 6 月 29 日，国家版权局下发《关于奖励 2011 年度查处侵权盗版案件有功单位及个人的决定》，对安徽省合肥市公安局网络安全支队等 180 家有功单位、陈江丽等 172 名有功个人给予表彰和奖励。这是国家版权局自 2008 年重奖打击侵权盗版有功单位和个人后，开展的第五次大规模表彰奖励活动。

根据国家版权局《举报、查处侵权盗版行为奖励暂行办法》及其实施细则的相关规定，各地及相关部门共报送 712 份推荐材料，经过初评、复评和终评，最终评出有功单位一等奖 36 个、二等奖 47 个、三等奖 97 个；有功个人 172 名，其中一等奖 25 名、二等奖 36 名、三等奖 111 名。获奖单位和个人，涵盖各级版权执法部门及“扫黄打非”、公安、电信、海关、工商、高法、高检、出版物市场监管、出版单位、新闻媒体等与版权行政执法工作有密切联系的相关部门。

（资料来源：《中国新闻出版报》　作者：赖名芳）

**【2012 年打击网络侵权盗版专项治理“剑网行动”启动】**　2012 年 7 月 4 日，国家版权局、公安部、工业和信息化部、国家互联网信息办公室在京联合召开新闻通气会，宣布自 7 月 1 日至 10 月底，在全国启动 2012 年打击网络侵权盗版专项治理“剑网行动”。这是政府部门自 2005 年以来开展的第八次打击网络侵权盗版专项治理行动。

2012“剑网行动”主要针对提供作品、表演、录音录像制品等内容的网站、提供存储空间或搜索链接服务的网站以及提供网络交易平台的网站中存在的侵权盗版行为进行专项治理，加大监管力度，同时以查破办结一批大案要案为目标，有力维护网络环境下健康、规范的版权秩序。

此次行动严厉打击未经许可非法上载、传播他人作品以及通过电子商务平台销售盗版图书、音像、软件制品等违法行为；严厉打击为侵权盗版分子提供搜索链接、信息存储空间以及服务器托管、网络接入等服务的违法行为；严厉打击利用手机等移动媒体侵权盗版的违法犯罪活动。对于顶风作案、多次实施侵权盗版活动或者有其他严重情节的网站，将依法吊销电信业务经营许可证或者注销备案，相关接入服务商也会停止为其提供网站接入服务。同时加大刑事打击力度，对于违反法律规定，明知是侵权盗版网站或者行为人利用网站从事侵权盗版违法活动，仍为其提供网络各项服务的单位和个人，依法追究其共同侵权的法律责任；情节严重构成犯罪的，依法追究其刑事责任。

国家版权局版权管理司司长于慈珂介绍，“剑网行动”是网络版权监管领域落实党的十七届六中全会精神的具体举措。国家版权局会与其他三部门联合挂牌督办一批网络侵权盗版重点案件，对列入督办范围的案件采取派员参加专案组、巡视督促、跨区域协调等方式，形成便捷高效的办理机制。

此外，为加大对网络侵权盗版的举报奖励工作，全国打击网络侵权盗版专项治理工作领导小组向社会发布了《2012 年“剑网行动”侵权盗版案件举报奖励办法》，举报人举报的违法事实、线索或证据清楚，查证属实，对案件查处起到了关键性作用，可获得奖励。

（资料来源：《中国新闻出版报》　作者：赖名芳）

**【“双打”办安排三季度重点工作】**　2012 年 8 月 3 日，全国打击侵犯知识产权和制售假冒伪劣商品工作领导小组印发了《2012 年三季度全国打击侵犯知识产权和制售假冒伪劣商品重点工作安排》。

根据《工作安排》，三季度重点工作是贯彻落实《国务院办公厅关于印发 2012 年全国打击侵犯知识产权和制售假冒伪劣商品工作要点的通知》精神，深入推进专项整治行动，完善行政执法与刑事司法衔接机制，加快法律法规和制度体系建设，构建打击侵权假冒的群防群控工作格局，从而促进发展方式转变、经济结构调整和国家创新体系建设。

主要内容有四个方面：一是深入推进专项整治行动，主要包括加大农资等重点商品整治力度，强化商标权、专利权、著作权等重点领域集中整治，严厉整治网络侵权假冒行为等内容。二是加大刑事司法打击力度，主要包括集中力量开展严厉打击经济犯罪破案会战“大决战”，深挖侵权假冒犯罪后台和“保护伞”，加强对重大、疑难案件审判的监督指导等内容。三是加快法律法规和制度体系建设，主要包括完善法律法规和标准体系、健全行政执法与刑事司法衔接机制、建立相关工作制度、建立和完善区域性系统性风险防范机制等内容。四是构建打击侵权假冒群防群控工作格局，主要包括深入开展宣传教育、推动完善诚信体系、健全监督监察机制、完善相关工作机制等内容。

（《中国版权年鉴》编辑部）

**【重庆市启动作品版权免费登记】** 2012年8月23日，重庆市委常委、市委宣传部部长徐海荣宣布“全市启动作品版权免费登记”，重庆市范围内所有机关、企事业单位及个人的符合《著作权法》规定的普通作品，均可向重庆市版权保护中心申请免费登记，成本费用由重庆市财政专项资金补助。

重庆在全市实行作品免费登记，这是全国较早的由省级财政出资补贴成本费用，面向行政区划内全体企事业单位及个人开展广泛性、公益性的版权服务。这项版权服务的创新举措，激励社会各界创新热情，推动全市文化繁荣和科技发展。

重庆市委副秘书长薛竹、市政府副秘书长屈增国、市版权局局长杨恩芳、市版权局副局长吴绍阶等领导和嘉宾出席了当日隆重举行的作品版权免费登记启动仪式。

（资料来源：重庆市版权局　作者：许家伟）

**【北京市文化执法总队通报两起莫言作品侵权案查办情况】** 2012年11月15日，北京市文化执法总队举办莫言版权保护专题座谈会，通报了两起莫言作品侵权案的查办情况。

一起案件发生在北京某印刷厂。10月24日下午，北京市文化执法总队在对北京某印刷厂检查时，发现该单位停产，但生产的迹象依然存在，执法人员决定对该厂进行夜查。10月25日晚上6点，北京市文化执法总队、市公安局治安管理总队联合对该厂进行了突击检查。现场发现，该厂两条装订线正在装订莫言的《我们的荆轲》，经清点共计4 500册，并在车间发现莫言的《红高粱家族》封皮3 000张。该厂负责人无法提供委印手续，执法人员将上述出版物予以扣押。11月8日，北京市文化执法总队对该单位作出吊销《印刷经营许可证》的行政处罚。

另一起案件发生在北京某小区。11月9日，根据举报线索，北京市文化执法总队协同市公安局治安管理总队、海淀区公安分局，对某小区一处平房进行检查，现场查缴非法出版物3 000册，其中莫言作品《红树林》、《红高粱家族》、《酒国》、《蛙》、《檀香刑》等共计556册。办案人员立即现场取证，迅速与北京市新闻出版局鉴定中心、莫言作品出版单位上海文艺出版社和莫言经纪人取得联系，连夜进行鉴定，于10日凌晨1点认定送鉴图书系侵权复制品，并将涉案人员和鉴定材料、相关执法文书移交公安部门。

北京市文化执法总队总队长王英偶，副总队长张伟、周大庆，副巡视员梁祖国和文化、公安有关办案人员及莫言作品版权委托单位负责人陈黎明、莫言文集责任编辑红雪参加了座谈会。

（资料来源：北京市文化执法总队）

**【吉林省版权局开展版权作品登记标识征集活动】** 2012年12月1日，由吉林省版权局、吉林省版权保护协会和新文化报社共同开展了为期两个月的“吉林省版权作品登记标识征集活动”，在全国产生了广泛的影响，经《中国新闻出版报》报道后，新闻出版总署网站、国家版权局网站、江苏省新闻出版局网站、山西出版传媒集团网站等国内近40家网站纷纷给予转载，截止到2013年1月31日，共收到全国各地寄来的参赛作品近百件。

（资料来源：吉林省版权局　作者：田庆权）

**【国家版权局验收苏州、昆山全国版权示范城市创建工作】** 2012年12月6日，国家版权局验收组赴江苏省验收苏州、昆山全国版权示范城市的创建工作。

苏州市提出了“五大工程”（版权创造、运用、保护、管理和文化）和“六大体系”（政策引导、统筹管理、监督执法、公共服务、人才培养和宣传教育），助力创建全国版权示范城市。昆山市也初步形成了版权工作全面发展的良好格局。在全国政府机关软件正版化工作中，两市都提前完成了检查整改工作。在作品登记工作的推进中，两市的作品登记量呈现出迅速增长态势，2012年苏州市版权登记量为13 134件，同比增长43.5%，昆山市作品登记量为7 258件。

国家版权局版权管理司司长于慈珂在听取苏州、昆山市创建版权示范城市情况介绍后表示，版权工作是社会化的工作，两市采取疏堵结合的方式推动版权工作，鼓励版权工作创先争优，发挥了很好的效用并对苏州、昆山市以后的版权工作提出建议和要求。

（资料来源：《中国新闻出版报》　作者：哈妮帕）

**【徐庄软件园“全国版权示范基地”揭牌】** 2012年12月6日，江苏省徐庄软件园荣获“全国版权示范基地”揭牌仪式在南京举行。江苏省委常委、南京市委书记杨卫泽，江苏省新闻出版局局长徐毅英为基地揭牌。

徐庄软件园产业基地入驻企业230余家，其中世界500强企业7家，国内百强企业7家，高新技术企业27家，国家规划布局内重点软件企业（分支机构）8家，初步呈现由创业科技企业、成长科技企业、骨干和领军科技企业组成的梯次合理的产业圈层。园区设立国家知识产权培训（江苏）基地徐庄分中心，向企业提供专利代理、知识产权流转、质押和融资等服务，并与当地相关部门联合设立园区知识产权审判巡回法庭、园区检察工作站等平台，为企业提供零距离诉求渠道。

2011年9月，徐庄软件园被国家版权局授予全国版权示范基地称号。一年多来，徐庄软件园抓住版权保护和版权增值两大核心，实现了3个转变，即工作机制实现由突击创建向长效管理转变，服务模式实现由单一平台向体系设计转变，工作导向实现由应急解难向助推经济转变。

（资料来源：《中国新闻出版报》　作者：叶明生）

**【国家机关政府采购中心与软件企业签署合作协议】**　2012年12月21日，在全国省级政府机关完成软件正版化工作、市县级政府机关全面推进软件正版化工作的关键时期，中央国家机关政府采购中心与部分软件企业签署了合作协议，主要面向全国政府机关用户提供更高性价比的软件产品和服务。

根据合作协议，各软件企业承诺向“正版软件采购网”所有用户提供一致的价格和物有所值的产品和服务。2011年5月，国务院机关事务管理局中央国家机关政府采购中心推出“正版软件采购网”，为全国政府机关购买正版软件提供专业、低价的采购渠道，为国内外软件厂商展示企业产品搭建平台。

此次参加签约的企业包括微软（中国）有限公司、国际商业机器（中国）有限公司、甲骨文（中国）软件系统有限公司、珠海金山办公软件有限公司、无锡永中软件有限公司、中标软件有限公司、武汉达梦数据库有限公司、云南思普投资有限公司等。国家发改委、工业和信息化部、商务部、新闻出版总署（国家版权局）相关部门负责人参加了签约仪式。

（资料来源：《中国新闻出版报》　作者：哈妮帕）

**【江苏省提前12个月完成政府机关软件正版化整改工作】**　截至2012年12月28日，江苏省102个县（市、区）和6个开发区已全部完成机关软件正版化整改工作，共投入资金3 789万元，采购正版软件77 179套（许可数），其中国产软件占84%，国外软件占16%。

至此，江苏省政府机关软件正版化整改工作宣告全部结束，省、市、县三级政府机关共投入资金9 958万元，采购各类正版软件17.4万套（许可数），其中国产软件占80%，国外软件占20%，提前12个月顺利完成了国务院部署的机关软件正版化整改任务。

为巩固软件正版化工作成果，江苏省制定下发了《江苏省政府机关软件资产管理办法》，立足“三个纳入”，逐步实现机关软件正版化的长效管理，即把机关软件正版纳入单位年度经费预算、纳入单位资产统一管理、纳入年度工作目标考核。软件升级和采购，由各单位纳入年度经费预算，财政原则上不再集中安排专项资金；要求指定统一部门负责软件的资产管理和使用管理；逐步把软件正版化工作纳入各单位的年度目标考核体系，从而建立起软件正版化的长效机制。

（资料来源：江苏省版权局　作者：万进萍）

## ◆ 宣传教育

**【《2011年中国知识产权报道年度观察报告》发布】**　2012年1月6日，在第五届“爱普生·北大知识产权新闻报道研修班”结业仪式上，爱普生公司与北大新闻与传播学院联合发布了《2011年中国知识产权报道年度观察报告》。

《报告》由媒体研修班学员历时近两个月调研制作完成。报告由三部分组成：2011年核心媒体知识产权报道的调查和分析、年度中国十大热点知识产权案例汇总以及优秀企业知识产权经验分享。这是国内唯一一部有关知识产权新闻报道的调查和分析报告，准确地反映了中国新闻媒体知识产权报道的现状和水准，对国内新闻媒体知识产权领域报道的数量、质量与存在的问题进行了客观评估，为社会各界提供了参考数据。

媒体研修班旨在搭建知识产权普及与传播的平台，使新闻媒体对知识产权有准确、全面、深入的了解。知识产权专家上柳雅誉表示，新闻媒体应了解知识产权领域的专业知识和国际形势，担负起启发社会的责任，启迪和培养企业、消费者尊重他人权利的意识，引导社会向真正的创新型社会转型。另外，新闻媒体也应具有透视事实的眼力，拥有报道真实的姿态。

此次研修班讲师包括国家知识产权局保护协调司司长黄庆、商务部条法司副司长杨国华、国家工商总局商标评审委员会处长汪泽、北京高院知识产权庭原副庭长程永顺、北京大学法学院教授张平、精工爱普生集团知识产权本部长上柳雅誉，他们分别从知识产权基本原理、国内外发展现状及趋势分析、WTO框架下的知识产权问题、热点案例研究、媒体报道技巧等层面与学员进行了深入的沟通与交流。一位学员表示，通过学习不仅丰富了新闻报道知识，也更加了解加强知识产权报道的重要意义。

研修班由爱普生公司与北大新闻与传播学院联合举办，来自新华社、《光明日报》、《中国青年报》以及新浪、搜狐等主流媒体的20名学员获得了由北京大学新闻与传播学院颁发的结业证书。

（资料来源：《中国新闻出版报》　作者：邹　韧）

**【第二届DCI体系论坛在京举办】**　2012年2月16日，“第二届DCI体系论坛——DCI体系与数字音乐”在北京东城区中关村雍和园国际版权交易中心成功举办。

该届论坛是继2011年首届DCI体系论坛成功举办，正式向业界发布DCI体系——数字版权公共服务新模式以来，全面推进DCI体系建设进程中，又一次重要历史事件。该届论坛以DCI体系与数字音乐为主题，旨在向国内外展示DCI体系建设的最新成果，与数字音乐产业界共谋发展新机遇。

论坛上，国家版权局版权管理司副巡视员段玉萍表示，数字音乐是当前数字版权产业当中最有商业价值、最有作为的领域之一，同时也是产业链上各方利益冲突和博弈最突出的领域之一。DCI体系以数字音乐领域为突破口，不仅可以为当前数字音乐发展的困境探索一条出路，还可以为DCI体系的全面实施打下良好的基础。

论坛上各位领导和专家畅所欲言，就DCI体系和数字音乐进行了广泛而深入的探讨，对DCI体系和数字音乐产业发展相结合的数字版权服务新模式给予了一致的肯定和高度的评价。此届论坛的成功举办，集中展示了中国版权保护中心DCI体系建设的创新成果，DCI体系在数字音乐领域集中整合突破，不仅有助于数字音乐产业走向创新发展之路，也为DCI体系的全面建设奠定了坚实的基础，在中国数字版权公共服务体系的建设和发展的历程中具有重大意义。

DCI体系作为中国版权保护中心数字版权公共服务的一项重大创新成果，是数字版权公共服务模式的体系化机制创新。在互联网版权保护二次革命的大背景下，自主创新的DCI体系将实现利益分享机制和快速维权机制两大创新，有效地解决互联网版权管理与保护的一系列难题，带动以新媒体产业为核心的版权相关产业的长足发展。

（资料来源：中国版权保护中心　作者：刘　计）

**【企业版权资产管理论坛在京举行】**　2012年2月17日，企业版权资产管理论坛在京举行。与会专家表示，文化企业实施版权资产管理不仅能够在较低成本的情况下，实现版权资产的保值、升值，还能够有效测算版权资产在企业运营过程中的各项经济数据，借助信息化平台工具，通过在线、一站式方式构建版权供应链，实现多样的版权运营，促进多元化收益。

在中国，版权资产管理尚属新生概念，有关管理方法的研究也处于起步阶段。论坛期间，相关机构代表系统阐述了版权资产管理理念，并系统描述了科学、完善的资产管理流程及方法，结合英国《卫报》等境外机构在版权资产管理方面的成熟经验，分析了中国文化企业在解决存量版权资产和新增版权资产等问题时应采取的方法和措施。

国家版权局版权管理司副司长王志成在论坛上说，版权资产是一种典型的无形资产，具有非独立性、可交易性、转化性和增值性等特征。不论国际、国内，文化企业生产经营业务的核心都在于对版权资产的管理和运营。

（资料来源：《中国新闻出版报》　作者：方　圆）

**【“中国图书对外推广计划”工作小组第八次会议在江西开幕】**　2012年3月29日，由国务院新闻办公室、新闻出版总署联合主办，江西省出版集团公司承办的“中国图书对外推广计划”工作小组第八次工作会议在江西省南昌市开幕。会议为期两天。“中国图书对外推广计划”工作小组作了2011

年度工作报告，总结了2011年度“中国图书对外推广计划”的工作情况，并全面部署了2012年的工作。

2011年“中国图书对外推广计划”共与29个国家的124家出版机构签订了240个资助协议，涉及项目240个，文版20个，资助金额超过1 500万元；全年共向海外输出版权3 236项（不含港澳台地区），比2010年增长25%，创历史新高。“中国文化著作翻译出版工程”2011年共与8个国家的16家出版机构签订了18个资助协议，涉及文版5个，资助金额超过3 600万元。

（资料来源：《中国新闻出版报》　作者：王玉娟）

**【《中国版权事业二十年》出版】**　2012年4月，为纪念新中国著作权法颁布20周年，全面回顾和总结20年中国版权事业的发展状况和取得的成就，促进中国版权事业更快更好地发展，国家版权局编写的《中国版权事业二十年》一书由人民出版社出版发行。这是中国首部全面总结中国版权事业20年发展成就和足迹的图书。

《中国版权事业二十年》编纂时间节点从1990年《中华人民共和国著作权法》颁布到2010年年底，为保持历史的连续性，同时让更多读者深入了解中国在著作权立法阶段的艰辛历程以及著作权法颁布前后中国版权保护的进程，该书在许多重大事件上回溯到改革开放前，用近20页的篇幅回顾了新中国第一部著作权法孕育的艰辛，再现扣人心弦的一幕幕场景。

该书以点带面，以大事要闻为主，在梳理、回顾标志性、关键性事件特别是公众关注事件的同时，夹叙夹议描绘中国版权事业的发展、成绩和思考。回顾了20年中国版权保护的艰难历程与重大变革，再现了改革开放潮流中中国版权事业、中国版权人的执着和努力。

新闻出版总署署长、国家版权局局长柳斌杰撰写序言《版权注定要创造历史》。新闻出版总署副署长、国家版权局副局长阎晓宏撰写跋《让版权事业在建设创新型国家中发挥更大的作用》。

（《中国版权年鉴》编辑部）

**【国新办发布会介绍2011年中国知识产权状况】**

2012年4月24日，国务院新闻办公室举行新闻发布会，国家知识产权局局长田力普，国家工商总局副局长付双建，新闻出版总署副署长、国家版权局副局长阎晓宏分别介绍了2011年中国知识产权发展状况并回答了记者提问。

（资料来源：《中国新闻出版报》　作者：方　圆）

**【阎晓宏做客央视世界知识产权日特别节目】**

2012年4月26日晚，新闻出版总署副署长、国家版权局副局长阎晓宏做客中央电视台，参加“社会与法”频道为世界知识产权日特别制作的《我建议》节目。阎晓宏表示，国家版权局在承担起草《著作权法（修改草案）》工作时，一直坚持开门修法并遵循独立性、平衡性和国际性三个原则，同时兼顾国家、权利人、使用者和社会公众四方面利益。

针对《著作权法（修改草案）》引发的社会各界争议和热议现象，阎晓宏认为这是正常反应，也是件好事，说明自1991年实施《著作权法》20多年来，版权保护意识已深入人心，权利人与产业界、社会公众都高度重视著作权法律法规的制定。社会各界所争议的一系列问题，其实归纳起来主要是权利和权利使用的问题。《著作权法》是一部平衡权利及其使用的法律，既要有利于保护创造，也要有利于促进运用，还要有利于满足公众精神文化需求。因此，国家版权局在起草修改草案时一直立足于深入研究各方利益诉求，以便准确把握《著作权法》利益平衡问题，妥善处理好保护著作权、保障传播和促进消费的关系。有一些音乐人对著作权集体管理组织有一些看法和意见，这也是正常的。阎晓宏认为，著作权集体管理制度在中国仍然处在起步阶段，还需要进一步完善。作为一种制度设计，著作权集体管理制度是有必要的。著作权集体管理组织是建立在作者或权利人授权基础上的，要科学地管理，取得权利人的信任，有效地为权利人服务，当然，也要接受权利人和相关政府部门的监管。

阎晓宏表示，从中国知识产权制度发展的历程来看，其整体是在不断前进的。著作权问题不仅仅是法律问题，也是经济与社会问题。对于侵权盗版，不管是传统盗版还是网络数字盗版，国家版权局都会予以严厉打击，时刻都不会放松这项工作，无论是在行政打击还是司法打击方面，都会进一步加大力度。

参加《我建议》节目的嘉宾还有，音乐人高晓松、音著协副总干事刘平、华东政法大学教授王迁、中国互联网协会副秘书长石现升及媒体评论员郭松民等，大家在现场就《著作权法（修改草案）》中引发争议的问题进行了热烈讨论。

（资料来源：《中国新闻出版报》　作者：赖名芳）

**【2011年度全国知识产权保护评选揭晓】** 2012年4月26日，由国家知识产权局、国家工商总局、国家版权局共同主办，《中国新闻出版报》参与协办的2011年度全国知识产权保护评选活动结果揭晓。

《著作权法》启动第三次修订工作，2011年全国版权行政执法等部门开展的打击侵权盗版行为“剑网行动”成效显著等入选十大事件；安徽滁州“骑士音乐网”侵犯著作权案司法审判作出有罪判决，浙江省版权局对杭州麦达电子有限公司侵犯著作权案作出行政处理等入选十大案件；北京市版权局副局长王野霏等入选10名最具影响力人物。

（资料来源：《中国新闻出版报》 作者：方 圆）

**【《2011年深圳市版权产业发展状况》白皮书发布】** 2012年5月18日，《2011年深圳市版权产业发展状况》白皮书在第八届深圳文博会“版权与文化创意产业发展研讨会”上发布。深圳版权产业增加值快速增长，软件产业保持领先优势。2011年深圳版权产业增加值为2 200.82亿元，同比增长24.25%，占深圳GDP的19.13%。

深圳市知识产权局局长徐友军说，深圳目前版权产业从业人数为141.12万，同比增长26.67%。2011年，软件产品收入1 050.2亿元，同比增长24.3%；软件出口134.6亿美元（约849.8亿元人民币），同比增长10%，占全国比重近50%，继续处于全国大中城市前列。另外互联网、网游、文化信息业发展迅速，2011年，深圳互联网产业增加值（全口径）1 380.72亿元，同比增长18.9%，占全市GDP的比重为12%。其中与版权产业有直接关系的网络娱乐服务占应用服务的34.59%，网络内容服务占应用服务的21.28%，二者合计收入为168.34亿元。深圳电子商务稳步快速增长，2011年交易额约2 600亿元，比上年增长500亿元。新闻出版、广播影视业产值稳步增长。2011年，全年出版报纸75 232万份；期刊2 453万册；图书1 085.60万册，增长势头良好。2011年，深圳市图书、报刊、杂志收入1 312.3亿元；深圳报业集团收入18亿元；广播电视事业收入52亿元。

（资料来源：《中国新闻出版报》 作者：方 圆）

**【《博物馆、美术馆版权管理工作指南》发布】** 2012年5月19日，在深圳市市场监督管理局（知识产权局）、深圳市文体旅游局的指导下，深圳市版权协会联合雅昌艺术馆等发布了《博物馆、美术馆版权管理工作指南》。该《指南》旨在引导博物馆和美术馆在保护作品版权的同时，积极盘活现有馆藏和展馆作品相关的版权权利资产。发布该《指南》是版权服务领域的一项创新，在全国为首例。

该《指南》借鉴了世界知识产权组织的研究成果，面向博物馆、美术馆以及艺术创作家的需求编写。其内容是博物馆、美术馆承诺保证在谨慎、公平使用资源的前提下，致力于版权利益的最大化，包括保护作者的发表、署名等精神权利和财产权利。该《指南》对博物馆、美术馆如何审慎、公平地使用其资源并致力于版权利益最大化等都作了具体设计。

（资料来源：《中国新闻出版报》 作者：方 圆）

**【《2011年中国软件盗版率调查报告》发布】** 2012年5月24日，由互联网实验室主办的《2011年中国软件盗版率调查报告》新闻发布会暨软件互联网化与版权保护研讨会在北京举行。

《调查报告》显示：按全部安装计算机软件计算，2011年盗版率为11.8%，比2010年的12%略有下降；按应付费软件计算，盗版率由2010年的41%下降至38%。把盗版软件按市价折算为经济价值计算，相对于软件产业的价值盗版率为10.6%；相对于软件产品的价值盗版率为26%；各类软件的盗版率均有不同程度的下降趋势。

按应付费计算机软件产品分类计算盗版率，办公软件产品最高，为55%；开发语言及工具软件与平台其次，为45%；而操作系统仅为24%。从盗版软件的价值构成可以看出，软件盗版行为偏向于使用量较大、价格较高的通用应用软件。同时，2010年微软发布的Office 2010版与2007版相比，标准版价格由2 352元上升到3 349元，专业版价格则由3 241元上升到4 899元。

在互联网化与版权保护研讨会上，互联网实验室CEO高红冰先生作了“云计算对软件盗版影响”的主题演讲。高红冰认为，在云计算时代，软件版权保护的关键点在于保护到底在哪个环节进行，平台和运营商都需要关注；同时，要关注应用开发商。在反盗版或者是版权保护方面，对平台和运营商的责任界定是关键。现在争论中更倾向于加大运营商的责任，让他们管理用户盗版的问题。在整个过程中，按照法律途径来讲，运营商又无权干预其下游的应用服务商的责任。

前最高人民法院知识产权庭庭长、中国版权协会副理事长蒋志培表示，在该轮著作权法修订过程中，对软件的盗版问题，很多专家提出要缩减《计算机软件保护条例》，并直接写入到著作权法中。其中一个很重要的问题就是，软件的最终用户对商业使用应当给予明确的规定，而不是规定了，但非常隐讳。

（《中国版权年鉴》编辑部）

**【第五届“北外—万慧达杯”知识产权模拟法庭竞赛在北外举行】** 2012年5月26—27日，第五届“北外—万慧达杯”知识产权模拟法庭竞赛在北京外国语大学举行。

“北外—万慧达杯”知识产权模拟法庭竞赛是由最高人民法院知识产权庭、北京外国语大学法学院和北京万慧达知识产权代理有限公司共同举办的国际性知识产权模拟法庭竞赛。自2007年共同发起，现已成功举办4届，在国内外产生了广泛影响。在该届大赛中，共有来自亚洲、北美洲、大洋洲的13支参赛队伍，参赛队伍中既包括美国、澳大利亚等海外知名高校代表队，也有中国人民大学、清华大学等国内一流高校代表队。此次模拟法庭的评审法官团由中国最高法院法官、高校著名教授、知名知识产权代理公司与律师事务所高级合伙人以及美国、日本的知名高校教授组成。

为展示中国知识产权法律发展成果，促进中外知识产权法律界的交流，推动中国知识产权制度与国际接轨，知识产权模拟法庭竞赛全程使用英文进行，案例涉及数据库版权及单个汉字设计版权等前沿问题。北京外国语大学代表队、中国政法大学代表队、中南财经政法大学和湘潭大学代表队分获冠亚季军。

新闻出版总署（国家版权局）版权管理司司长于慈珂及商务部、国务院法制办、国家知识产权局、北京市知识产权局、中国社会科学院等部门相关负责人出席竞赛开幕式。

（资料来源：《中国新闻出版报》 作者：方 圆）

**【第16届中国国际软件博览会信息发布会在京召开】** 2012年6月1日，第16届中国国际软件博览会信息发布会在京召开。发布会旨在为参展单位和企业提供公益性的信息发布平台，工信部相关司局的领导和来自地方软件行业协会、软件园区、软件企业代表出席了发布会。

为提高国产软件的技术水平和产业化能力，软件和信息技术服务业“十二五”发展规划提出，要基本形成以企业为主体的产业创新体系，软件业务收入前百家企业的研发投入超过业务收入的10%。

2011年，中国软件产业实现软件业务收入1.84万亿元，同比增长32.4%，超过“十一五”期间平均增速4.4个百分点。按规划要求，2015年软件业务收入突破4万亿元，其中，信息技术服务收入会超过2.5万亿元，占比超过60%。

伴随产业快速发展的是技术研发的持续投入和知识产权保护力度的不断加大。2011年，国务院印发《关于进一步鼓励软件产业和集成电路产业发展若干政策的通知》，政府和企业软件正版化工作全面推进，在核高基重大专项、电子发展基金大力推动下，企业创新软件的积极性被激发，软件著作权登记量再创历史新高。2011年据中国版权保护中心统计，中国软件著作权登记量达到10.93万件，首次突破10万件，同比增长33.4%，较2006年的2.15万件增长4.1倍。

（资料来源：中国知识产权资讯网 作者：刘 仁）

**【“知识产权质押融资培训班”在深圳举办】** 2012年6月8日，为贯彻落实《关于印发深圳市促进知识产权质押融资若干措施的通知》（深府办［2012］35号）文件精神，推进深圳市知识产权质押融资工作，深圳市场监督管理局（知识产权局）主办召开“知识产权质押融资培训班”，切实解困中小企业利用手中知识产权“套现”融资。

2011年2月21日，网络游戏《远征OL》的开发商深圳冰川网络技术有限公司，以8件软件著作权作为抵押，从招商银行深圳分行获得3 000万元授信额度，并首批获得1 000万元的贷款，迈出全国网络游戏企业知识产权质押贷款的第一步。2012年4月，深圳市印发了《深圳市促进知识产权质押融资若干措施》（下称《措施》），明确由深圳市场监督管理局（知识产权局）牵头，从机制建设、价值评估、融资平台等8个方面助推知识产权质押融资工作。

根据该《措施》，深圳探索建立公平可信的知识产权价值评估体系；深圳市场监督管理局（知识产权局）和市财政委遴选信誉好、具有法定资质的评估机构，推荐给银行和担保机构；建立强制性评估制度，即知识产权质押融资选择再担保平台的，应向市中小企业信用再担保中心提供该知识产权的价值评估报告；制定知识产权评估操作规程，加强知识产权评估培训，提高评估水平。

质押知识产权变现难，是金融机构不愿进行知识产权质押融资业务的重要原因。根据《措施》，知识产权质押人到期不能归还贷款的，质押权人可通过许可、拍卖、协议转让、出资入股等方式实现债权；也可以在国家专利技术深圳交易展示中心、联合产权交易所、新产业技术产权交易所挂牌交易；或者引入风险投资，将知识产权债券化、证券化。

（《中国版权年鉴》编辑部）

**【版权执法培训工作会议在黑龙江召开】** 2012年8月15—16日，由国家版权局主办、新闻出版总署培训中心承办的首期2012年版权执法培训工作会议在黑龙江召开。

为期两天的培训中，来自国家版权局等部委以及有关版权方面的学者专家，分别就著作权法律基础知识、版权行政执法实务、版权执法两法衔接、网络版权执法监管实务等与参会学员进行了交流。

国家版权局版权管理司司长于慈珂围绕国内外版权执法形势和趋势以及2012年版权工作作了发言。他认为，版权现在越来越多地成为国际竞争的因素，希望版权行政执法人员要胸怀祖国、放眼世界。努力做好六大版权工作：构建版权法规政策体系、版权行政管理体系、版权公共服务体系、社会参与体系、内部工作体系、版权国际应对体系；抓好五大行动，即打击侵权假冒专项工作、打击网络侵权“剑网行动”、软件正版化工作、视频网站版权主动监管工作、文化领域版权专项执法；优化四大机制，即“两法”衔接机制、宣传培训机制、调查研究机制、社会资源整合运用机制；用好法律、行政、技术等三大手段；把握北京国际版权博览会、北京打造“版权之都”两大抓手；突出强化版权管理队伍建设主题。

近百名来自各省（区、市）及中心城市的版权行政执法人员参加了此次培训。

（资料来源：《中国新闻出版报》 作者：哈妮帕）

**【“网络时代的版权保护”法律讲座在上海展览中心举办】** 2012年8月16日，上海书展“网络时代的版权保护”法律讲座在上海展览中心举办。专家指出，网络时代中中国实体音乐载体慢慢消亡，但网络音乐产业尚未建立，根本原因在于版权的法律环境问题。

上海天闻世代律师事务所翁才林表示，互联网时代，作品传播的边际成本极度下降，趋近于零。其打破了个人传播作品的微小性，大型网站的推介使作者的版权受到威胁，最惨的就是音乐。对比国外发现，网络和音乐并不完全对立，网站可以作为音乐的新载体帮助其实现进一步发展。

（资料来源：中国广播网 作者：周 洪 赵 芳）

**【“第11届输出版、引进版优秀图书”颁奖典礼在京举行】** 2012年8月31日，“第11届输出版、引进版优秀图书”颁奖典礼在京举行。共有80种输出版优秀图书、79种引进版优秀图书、5位推动版权输出引进的典型人物和11位版权经理人获得表彰。

新闻出版总署副署长邬书林出席颁奖典礼并讲话。他强调，要进一步高度重视图书版权的输出、引进工作，做好这件关乎中国出版业繁荣发展、关乎中外文化交流的基础性文化工作。他指出，连续11届输出版、引进版优秀图书评选，折射出中国出版业在改革发展中成长壮大的历史轨迹。10年来，从评选工作可以看出中国版权输出、引进工作的四大变化：一是引进和输出的图书质量都有了显著提高；二是版权贸易的门类更加丰富多样；三是版权引进和输出比例不断变化，由“十五”末的7.2：1缩小为2011年的2.1：1；四是培养了一批懂版权、会管理的专业人才。

针对以后如何做好图书版权的输出、引进工作，邬书林提出明确要求，要严格各项工作程序，按照国际通行规则形成科学化的发行推广方式；要树立忧患意识，未雨绸缪，认真研究数字时代的版权输出和引进工作；要通过图书版权的输出和引进，努力提高中国图书出版质量和管理水平，为更好地做好版权贸易打好基础。

此项活动由中国出版协会国际合作出版工作委员会、中国新闻出版研究院、出版参考杂志社联合发起主办。

（资料来源：《中国新闻出版报》 作者：郑伟丽）

**【中央媒体赴江苏省重点软件企业采访报道】** 2012年9月14—16日，国家版权局组织新华社、中央电视台国际频道、《中国日报》、中国网、《光明日报》、《法制日报》、《科技日报》、《中国文化报》、《中国知识产权报》、《中国新闻出版报》、《中国版权》杂志等11家中央新闻媒体组成的采访团，赴江苏省无锡市和苏州市就软件正版化工作进行了全方位集中采访，这是政府推进软件正版化工作以来开展的层次最高、规模最大的一次宣传报道活动。

采访团先后听取了无锡市和苏州市多年来推进政府机关和企业软件正版化工作的情况介绍，深入了解了地方政府在软件正版化工作中的主要做法和工作成效。采访团还来到苏州浩辰软件股份有限公司和无锡永中软件有限公司，通过现场参观、集中采访、重点访谈等形式，全面了解民族软件企业在政府推进软件正版化中不断崛起并发展壮大的历程。

（资料来源：江苏省版权局　作者：万进萍）

**【首份计算机软件著作权登记分析报告发布】**
2012 年 10 月 12 日，由中国版权保护中心组织编撰的《2011 年中国软件著作权登记情况分析报告》发布。这是中国计算机软件著作权保护制度建立和软件著作权登记制度实施 20 年以来，首次由软件著作权登记机构完成软件领域的专业性报告。

报告显示，2006 年至 2011 年，中国软件登记量年均增速为 36.80%，软件产业业务收入增速为 29%。2011 年，软件登记量同比增长 33.40%，软件产业业务收入同比增长 32.00%。两组数据基本吻合，从不同角度直观地反映了中国软件产业的发展情况。《报告》显示，国家有关鼓励软件产业发展政策的实施取得显著效果，随着软件产业的迅速发展，软件著作权登记对于软件企业和软件产品的特殊保护作用也愈加明显。

中国版权保护中心有关负责人表示，中国版权保护中心从 2011 年年底开始组织专门人员对 2011 年软件著作权登记信息进行详细统计和系统分析。《报告》详细介绍了全国以及部分地区、城市软件登记数量增长情况及区域分布的特点，并对嵌入式软件、游戏软件、移动通信软件、信息安全软件、教育软件、医疗卫生软件、云计算软件和物联网等热点类别软件登记情况进行了深入分析。

此外，中国版权保护中心还同时编撰了《2011 年中国软件著作权质权登记情况分析报告》。

（资料来源：《中国新闻出版报》　作者：方　圆）

**【四家搜索引擎公司签署《维护著作权人合法权益联合备忘录》】** 2012 年 10 月 26 日，盛大文学宣布与百度、搜狗、腾讯搜搜、奇虎 360 四家搜索引擎公司签署了《维护著作权人合法权益联合备忘录》，并展开联合反盗版行动。

盛大文学 CEO 侯小强透露，盛大文学利用其版权追踪系统的追踪统计，针对互联网上可搜索到的盗版链接，已追踪到近 14 000 个盗版网站，这些网站通过广告联盟等形式牟取非法利益，盗版链接数量高达 12 355 396 条。

2012 年 9 月初，盛大文学旗下百余位作者联名呼吁搜索平台维护著作权人权益并提出 3 点希望。呼吁一出，近百家出版社做出表态，联合签名支持打击盗版行为，愿与盛大文学共同抵制侵权盗版搜索。此次，盛大文学又宣布与百度、搜狗、腾讯搜搜、奇虎 360 四家搜索引擎公司共同打击盗版。

在百度搜索中，盛大文学重点推荐的首批 165 部热销原创作品已经全部进驻百度数据开放平台，用户在搜索相关内容时，即可在搜索结果首要位置看到来自盛大文学的正版作品。

同时，百度在收到盛大文学通知函后 3 日内删除了 3 000 条热门作品的盗版链接。百度承诺在其文库、贴吧采取相应的版权保护措施，从源头减少盗版。

搜狗也对其搜索结果中的盗版链接进行了删除，优先展示盛大文学旗下 3 万多部原创热门作品。360 搜索和腾讯搜搜都降低了盗版网站在搜索引擎中的权重，承诺 24 小时内处理被投诉的盗版网站。

（《中国版权年鉴》编辑部）

**【首都互联网协会推进网络视频正版化进程】**
2012 年 11 月 2 日，首都互联网协会（原北京网络媒体协会）新闻评议专业委员会召开 2012 年度第六次会议，主题为：客户端视频盗版行为必须制止。业界专家、行业主管部门和网络媒体代表围绕客户端视频盗版日渐猖獗等问题进行评议，提出加大对盗版行为的治理力度。搜狐、爱奇艺、优酷等 18 家视频网站相关负责人参加了评议会。

客户端视频盗版以聚合和嵌套形态的播放器进行播放，用户并不知晓所观看的视频是正版还是盗版，经营者在了解用户只关注流量、网速或喜欢离线观看等喜好后，以低廉的价格进行链接或转载，与正版网络视频企业进行博弈。运作手法包括采取第一时间盗版赢得流量；雇用大量“上传手”上传相关节目；利用“避风港”原则规避版权方的追究；购买部分正版放在首页作为伪装；使用封闭海外 IP 的办法规避欧美版权机构的维权等。

评议会上，搜狐、优酷、爱奇艺等视频网站以充分的事实揭露了近期被客户端视频盗版的情况。搜狐称 2012 年引进众多美剧，搜狐视频全球同步首播了《国土安全》等 31 部美剧，同时独家引进多部英剧，但这些视频节目在上线播出的同时立即就遭到盗播。优酷称，已经购买了电视连续剧《北京青年》的独家网络传播权，且在媒体上预发了声明，向各视频网站发了预警函，但每天仍遭到不少盗播。2012年不少公司开发了基于iPad等平板电脑的客户端程序，个别严重者盗链超过2 000条。相比PC终端，iPad终端盗播视频的行为更为猖獗。

评议会指出，视频传播方式和终端的多样化使用户获得了更多的选择，也必然带来市场格局的变化，但竞争应体现在自身能够提供丰富优质的节目内容和更好的用户体验方面，而不是靠盗版等不正当手段。节目正版化是整个视频行业良性发展之大势所趋，仍然不愿放弃盗版、追逐短期利益的经营者犹如饮鸩止渴，势必会被边缘化，甚至会被逐出市场。网站经营者必须树立"从现在做起，从我做起"的理念，在经营行为上不能超越行业规范和国家法规的底线。

评议会强调，打击行业的盗版行为包括打击视频盗版行为刻不容缓，任重道远。加强网络版权法律宣传教育力度，及时曝光网络侵权盗版典型案例，鼓励社会积极举报和提供案件线索，并加大打击非法盗版行为的处罚力度，使版权人的正当权益得到切实的保护，使盗版行为受到应有的惩罚、受到业界乃至全社会谴责，从而不断推进中国互联网健康、有序的发展。

（《中国版权年鉴》编辑部）

**【杭州推进版权知识进校园】** 2012年11月15日下午，由杭州市版权局、杭州市教育局联合推出的"版权知识进校园——《版权达人》宣传读本进校园"首发式在杭州采荷一小钱江苑校区举行。

首发式上，杭州市版权局副局长张朋向学生代表赠送了《版权达人》漫画知识读本。该读本从生活中抽取鲜活事例，通过生动有趣的漫画和图文并茂的小故事，深入浅出地向学生普及版权法律知识。来自杭州市属8个区的8名在校教师受聘为版权宣传辅导员，他们承担起日常向学生宣传版权知识的责任。

（资料来源：《中国新闻出版报》
作者：吴重生　许旭阳）

**【第三届第二期全国版权经纪人专业实务培训班在京举办】** 2012年12月4—7日，由中国版权保护中心主办，北京东方雍和国际版权交易中心协办的"第三届第二期全国版权经纪人（经理人）/代理人专业实务培训班"在京举办。来自北京、上海、山东、云南等全国14个省、自治区、直辖市的知识产权代理机构、律师事务所、出版单位、文化工作室、音乐影视公司的近百名代表参加了本次培训。

培训期间来自新闻出版总署（国家版权局）相关司局、中国版权保护中心、国际版权交易中心、盛大文学、优酷土豆网、中视新科动漫等版权界知名单位负责人以及文化创意产业界领军机构的企业资深经纪人分别为学员授课。中国版权保护中心主任段桂鉴等领导出席了培训班结业式，并向学员颁发了新闻出版总署人事司教育培训证书和"全国版权交易共同市场"认可的版权经纪人/代理人证书。

除课堂授课外，培训班还安排学员参观了位于中关村科技园雍和园内的国际版权交易中心和CPCC版权登记大厅，实地观摩了现代版权交易系统和著作权登记管理信息系统的工作流程。

（资料来源：中国版权保护中心　作者：姜　川）

**【技术创新与法律环境学术报告会在京召开】**
2012年12月26日，技术创新与法律环境学术报告会在京召开，与会者探讨搜索技术和云计算给网络版权保护带来的新挑战，寻求解决云计算服务商的侵权风险防范以及侵权责任界定等版权保护问题的方法。

北京中搜网络技术股份有限公司首席执行官陈沛就搜索技术和云计算等问题进行了主题报告。陈沛认为，云计算的核心价值不在于技术本身，而是一个产业分工。在云计算中，云计算服务商为用户提供基本设施以及软件服务，用户只需负责运行管理即可。谈及新一代搜索技术的版权问题时，陈沛表示，中搜公司只是为用户提供一个开放平台和技术支持，并不是网络内容提供商，如果权利人通知删除有版权问题的内容，中搜公司会按照相关程序及时删除。中国知识产权法学研究会理事熊文聪则认为，如果中搜公司在提供搜索服务时没有对内容进行编辑整合，则不存在侵权问题，一旦对内容进行重组加工，就会从网络服务提供商成为网络内容提供商，从而无法受"避风港"原则保护。

中国知识产权法学研究会会长刘春田表示，技术带来的问题总会通过技术的方式去解决，技术解决之后法律也会相应地改变。法律应该是为所有的技术创新、文化创意和制度创意保驾护航的，应该对所有不遗余力去创新的人提供保障和关爱，让他们没有任何顾忌地去发展生产，制度的存在不是束缚生产力而是解放生产力、激发生产力，给人提供方便、规范、引导、促进，这才是法治的目的。

（资料来源：《中国新闻出版报》
作者：哈妮帕　魏　芳）

**【打击网络侵权盗版专项治理“剑网行动”新闻通气会召开】** 2012 年 12 月 28 日，国家版权局、公安部、工信部、国家互联网信息办公室联合在京召开 2012 年打击网络侵权盗版专项治理“剑网行动”新闻通气会。四部门在会上公布了一系列数据：集中查办 282 起网络侵权盗版案件，其中挂牌督办了 14 起重点案件；没收服务器及相关设备 93 台，关闭侵权盗版网站 129 家；国家版权局重点监控网站增加至 20 家，包括爱奇艺网（百度）、苹果商店（App Store），范围从视频网站扩展到网络销售平台。这标志着 2012 年 7 月初开展的为期 4 个月的“剑网行动”已经收网。

在各地报送的案件中，涉及音乐作品案件 61 件、文字作品案件 34 件、影视作品案件 66 件、游戏私服案件 60 件、动漫作品案件 10 件、软件案件 14 件、网络交易平台销售盗版制品案件 37 件。其中，国家版权局、公安部等部门联合挂牌督办 3 起重大案件，国家版权局督办 7 起重点案件，公安部治安局挂牌督办 4 起重点案件。北京、上海、江苏、山东、浙江、四川、安徽等省市查办了 20 起较为典型的网络侵权案件。

开展视频网站主动监管是 2012 年“剑网行动”的重点。国家版权局重点监控网站已经增加至 20 家，范围从视频网站扩展到网络销售平台。此外，国家版权局初步建立了影视剧版权授权信息库，目前信息库已有影视剧 1 000 部。国家版权局版权管理司在总结前期工作经验的基础上，正在组织起草《互联网传播影视作品著作权监督管理办法》。

（资料来源：《中国新闻出版报》　作者：赖名芳）

**【《上海版权产业报告（2006—2010）》发布】** 2012 年年底，上海市版权局发布《上海版权产业报告（2006—2010）》，对“十一五”期间，上海版权产业对国民经济的贡献进行了统计分析，为政府决策、企业经营和社会投资提供参考。报告指出，2006—2010 年，上海版权产业的增加值从 969.38 亿元人民币上升到 1 821.43 亿元人民币，占当年上海 GDP 的比重从 9.35%上升到 10.61%，其中，核心版权产业的增加值从 488.81 亿元人民币上升到 1 104.85 亿元人民币，占当年上海 GDP 的比重从 4.72%上升到 6.44%；上海版权产业的从业人数从 60.75 万人上升到 88.68 万人，占当年上海全社会各行业从业人数的比重从 7.26%上升到 8.33%，其中核心版权产业的从业人数从 42.13 万人上升到 64.33 万人，占当年上海全社会各行业从业人数的比重从 5.03%上升到 6.04%；上海版权产业的商品出口额从 288.79 亿美元上升到 522.37 亿美元，占当年上海市出口贸易总额的比重从 25.43%上升到 28.89%；上海核心版权产业的服务贸易出口额从 25.61 亿美元上升到 61.05 亿美元，占上海服务贸易出口额的比重从 13.29%上升到 14.46%。2006—2010 年，上海版权产业发展呈现出总体发展态势良好、产业增加值对 GDP 的贡献显著、就业增长的贡献显著高于各行业平均水平、对外贸易总体上持续保持贸易顺差、核心版权产业引领作用明显、相比于全国处在较高发展水平、与美国版权产业的差距正在缩小等七大特点。

（资料来源：上海市版权局　作者：吴瑾君）

## ◆ 交流研讨

**【国家版权贸易基地举办第 23 期版权人沙龙】** 2012 年 2 月 24 日，中国人民大学国家版权贸易基地召开第 23 期版权人沙龙，探讨版权争议调解的发展空间与路径。

与会者认为，在版权争议调解的长效发展机制方面，有必要完善配套政策，研究非诉讼机制在区域特色案件中的立法与应用，帮助企业从争议走向合作。在调解程序方面，必须建立起公平有效的规则，确定明确的调解范围。

与会者同时提出，调解成功的标准并非双方当事人是否达成和解，而是和解协议的最终履行，这也是取得客户信任的关键所在。在此方面，调解工作有必要做到与司法审判和行政执法对接、与仲裁机构对接，建立诉讼与非诉讼相衔接的纠纷解决机制。此外，也有专家建议把调解工作放到网络上进行，使“在线调解”作为线下调解的补充，突破地域限制，以更好地解决国际版权纠纷。版权争议调解可有效缓解司法压力，但其权威性、公信力还有待提高。

（资料来源：《中国新闻出版报》　作者：方　圆）

**【网络著作权保护与行业发展研讨会在京举行】** 2012 年 3 月 16 日，由工业和信息化部电子知识产权中心主办的“网络著作权保护与行业发展研讨会”在京举行。与会专家围绕网络服务提供商的侵权法律责任进行了探讨。

法律规定网络著作权纠纷中网络服务商收到权利人侵权通知后的删除与反删除规则，以及基于技术中立原则基础上的“避风港”原则。与会专家通过分析网络视频的侵权案例，具体说明了司法审判中在网络服务提供者没有接到删除通知情况下，如何判断网络服务提供者客观上能够通过接触知道侵权作品的存在，主观上能够认识到该作品未经权利人许可，从而判定其因主观过错承担共同侵权责任。来自日本的专家介绍了日本对网络侵权行为的民事和刑事保护，同时指出以往按照数字千年版权法案规定的通知删除程序，有了进一步简化的趋势。

当未经许可上传版权内容成为侵权的重要方式，权利人希望能和P2P、搜索链接、视频网站等在内的各类网络服务提供者加强合作，共同净化网络版权环境。日本内容产品海外流通促进机构有关负责人介绍说，该机构2009年开始向用户上传侵权内容的中国视频网站发送通知，要求删除未经许可上传的日本内容产品。为迅速有效地删除侵权内容，该机构已采用自动监控并识别内容的检测系统。

（资料来源：《中国知识产权报》　作者：刘　仁）

**【2012全国新闻出版（版权）法制工作座谈会举行】**　2012年3月29日，全国新闻出版（版权）法制工作座谈会在广西桂林举行。新闻出版总署副署长、国家版权局副局长阎晓宏作书面报告。阎晓宏在书面报告中，对2010年以来新闻出版法制工作取得的成绩给予充分肯定，并对2012年的重点工作作出安排部署。

阎晓宏指出，2010年以来，新闻出版法制工作按照《国务院关于加强法治政府建设的意见》的决策部署和工作要求，适应新闻出版改革、发展、管理等各项工作不断变化的新形势，紧紧围绕新闻出版中心工作任务，积极主动履行工作职责，立法工作实现新突破，依法行政长效机制不断健全，行政复议工作有效推进，新闻出版“六五”普法工作扎实展开，法制工作的基础性和全局性作用得到充分发挥。一个以宪法为指导、3部行政法规为核心、25部部门规章为配套、251件规范性文件为补充的中国特色新闻出版法律体系基本建立，为加强法治政府建设、推进新闻出版改革发展提供了牢固的基础性制度保障。

阎晓宏强调，2012年新闻出版法制工作要以推动立法和执法监督、提升管理效果、迎接十八大为主线，针对突出问题，抓住关键环节，集中精力、明确重点、采取措施，扎扎实实做好五项重点工作：要加强调研，切实推动新闻出版立法工作，全力推动《著作权法》及相关配套法规的制修订工作，加快推动《印刷业管理条例》、《民间文学艺术作品著作权保护条例》的制修订，加快《互联网出版管理暂行规定》、《普通中小学教材出版发行管理规定》、《中小学教辅材料管理办法》等规章和规范性文件的制修订；要规范执法，完善依法行政制度体系，规范行政执法行为，强化执法队伍建设，全面提高依法行政能力；要加强监督，扎实做好行政复议工作，不仅加强对行政处罚案件的监督把关，切实履行好行政复议职能，而且要加强监督检查，健全信访与行政复议工作联动机制；要继续深入开展普法宣传工作，抓好“4·23”世界图书与版权日、“4·26”知识产权宣传周和“12·4”法制宣传日等法制宣传活动的组织实施工作；要继续推动法制机构基础建设上水平。

新闻出版总署法规司司长王自强作会议总结，对落实会议精神、做好新闻出版法制工作提出具体要求。他说，法制工作是一项基础性、综合性、全局性工作，在贯彻依法治国基本方略、建设法治政府、推动新闻出版改革发展管理方面有着不可替代的重要地位和作用。各级新闻出版行政部门要切实深化认识，提高法律意识，增强能力素质，强化责任意识，进一步提高法制工作服务水平。

会上，来自北京、黑龙江、湖南、陕西、广西等5个省（区、市）的负责同志作了交流发言。会议期间，还进行了小组讨论，讨论中既交流了工作经验，也反映了遇到的问题，同时提出了许多创新性思路。

（资料来源：《中国新闻出版报》　作者：冯文礼）

**【粤港版权产业交流活动在香港召开】**　2012年5月9—10日，为促进粤港两地版权产业的发展，由广东省版权局、香港特别行政区知识产权署共同组织的粤港版权产业交流活动在香港成功举行。该活动主要围绕“版权管理与知识产权贸易”的主题开展交流。广东省版权局、广东省南方文化产权交易所、珠江电影集团有限公司、北京版银科技有限公司、深圳市版权协会、东莞市出版印刷业协会的相关代表一行13人交流团赴港参加了此次交流活动。

在港期间，交流团一行还在香港特别行政区知识产权署组织下，先后赴香港海关、香港商业价值评估工会、国际版权保护协会（大中华区）有限公司、美中商业协会、香港工业总会、香港影业协会、香港电影制作发行协会、香港贸易发展局、亚洲专利授权业协会、美国电影协会等相关部门、行业协会进行了深入的交流。活动让大家充分了解到香港特别行政区政府以及行业组织、企业在版权管理、版权保护、版权贸易、版权产业发展等方面做出的努力和取得的成绩，同时也获得世界最新关于知识产权价值评估、无形资产管理、知识产权授权等方面的前沿资讯。为进一步提升版权管理的实际应用水平，促进粤港两地版权贸易合作，打下良好基础。

（资料来源：广州市版权协会网站　作者：周　卓）

**【“版权与创意文化产业发展研讨会”在深圳召开】**　2012 年 5 月 18 日，为进一步推动版权产业发展，探讨版权与文化创意产业发展的内在联系，在第八届中国（深圳）国际文化产业博览交易会举办期间，主办方召开了“版权与创意文化产业发展研讨会”。新闻出版总署副署长孙寿山在致辞中表示，版权法律制度在建设创新型国家中的作用越来越突出，希望通过《著作权法》的修订，为全国版权产业，尤其是文化创意产业的发展提供制度保障。

孙寿山指出，当前国家经济社会正处在一个重要的战略机遇期，知识产权制度在激励创新、推动经济社会发展进步中的支撑作用日益凸显，知识产权日益成为国家发展的战略性资源和国际竞争力的核心要素。中国的版权制度从无到有、逐步完善，建立起了既符合国情，又与国际规则相衔接的版权法律体系，建立了具有中国特色的司法与行政并行的版权保护制度，打击各类侵权盗版取得了重大成效。但与此同时，作品传播技术的日新月异，对版权法律制度提出了新的挑战。现行《著作权法》已经不能完全适应当前形势的要求，需要及时做出相应调整，为此国家启动了《著作权法》第三次修订工作，希望聚集社会各界的智慧，适应形势需要，为全国版权产业，尤其是文化创意产业的发展提供制度保障，促进中国版权工作的全面发展。在这一时代大背景下，通过文博会这一平台，探讨国家版权工作和文化创意产业未来发展的大计，有利于进一步推动中国版权制度的完善和文化创意产业的发展，有利于国家知识产权战略的深入实施。在文化创意产业发展方面，深圳已领先一步，取得了很好的成效。新闻出版总署（国家版权局）将继续支持深圳在文化创意产业和版权工作方面不断探索实践，为国家知识产权战略的实施积累新的经验。

国家版权局版权管理司司长于慈珂就版权制度与文化创意产业发展作了主题演讲。北京东方雍和国际版权交易中心有限公司，深圳市文体旅游局，腾讯、盛大文学相关负责人就版权流通、运营和管理进行了研讨。

（《中国版权年鉴》编辑部）

**【“第二届中国律师版权实务论坛”在浙江杭州举行】**　2012 年 5 月 26—27 日，由中华全国律师协会知识产权专业委员会与浙江省律师协会联合主办的“第二届中国律师版权实务论坛”在浙江杭州举行。来自国家版权局、北京市高级人民法院、广东省高级人民法院等单位的 200 余名版权界人士参加了此次论坛。

此次论坛围绕影视、动漫、游戏、软件等版权产业发展现状出现的问题，从政府管理以及司法裁判、企业需求和律师法律服务等多个角度对版权产业发展的问题进行探讨。会议期间还举办了版权侵权案件权利证据的举证以及赔偿金额的司法认定、中外动漫产业发展路径选择和中国动漫产业发展的法律及政策环境等多场分论坛。

（资料来源：中国知识产权资讯网　作者：王　康）

**【“版权战略与文化大发展大繁荣”研讨会在沪举行】**　2012 年 6 月 8 日，上海市版权局携同上海市文学艺术界联合会在上海图书馆组织召开“版权战略与文化大发展大繁荣”研讨会。上海学界专家，业界专业人士，文艺作品创作单位、相关社团组织的代表，以及政府部门、法院系统的有关部门负责人参加了会议。

研讨会围绕“在创新转型中推进上海版权产业发展”、“《著作权法》修改与版权战略发展趋势”、“知识产权与文化产权交易”、“知识产权战略与上海文化创意产业”等四大主题，结合当前上海“创新驱动、转型发展”的大环境，针对著作权法修改、上海文化创意产业所遇到的困境和文化产权交易的前景和重要性等进行了充分研讨。演讲嘉宾和与会人员还就一些理论和实务问题进行了互动交流。

（资料来源：上海市新闻出版局网站）

**【影视金融论坛在沪举行】**　2012 年 6 月 13 日，首届上海国际电视电影节—上海文化产权交易所影视金融论坛在沪举行。吸引了来自国内外知名影视机构，以及银行、保险、基金等 20 多家金融机构积极参与。

与会代表深入探讨了包括影视版权融资、影视版权交易、影视基金等一系列文化金融创新话题，而上海文交所作为文化要素流转的重要平台，被与会人士普遍认为是实践这些创新、促成影视与金融对接的载体。

在此次论坛上，1 000多项影视版权项目集中推介，借助上海文交所影视合作平台，吸引众多买家参与。同时，上海文交所联手世界500强企业——特纳传播系统有限公司，将其打造的全电脑动画电视电影《Ben10歼灭外星怪》引入中国市场，实现在上海成功首映。

（《中国版权年鉴》编辑部）

**【国台办就两岸知识产权保护合作协议执行情况举行新闻发布会】** 2012年6月27日，国务院台湾事务办公室举行新闻发布会，发言人范丽青表示，两岸知识产权保护合作协议自2010年6月29日签署，9月12日生效，执行情况良好，提升了两岸知识产权保护与合作的水平：

一是优先权申请，大陆方面共受理要求台湾优先权的专利申请6 042件，商标申请59件。二是案件协助，大陆方面受理了台湾方面提请商标协助案件共计60余件，其中“台盐生技”、“台银”等商标专用权这些案件已经获得了妥善解决。此外，还处理了一批涉及台湾音乐制品的侵权案件。三是著作权认证方面，中国版权保护中心完成来自台湾授权的音像制品合同登记共计126件，采用台湾著作权保护协会开具的证明文件高达94.1%。四是品种权申请，大陆方面已经受理5件台湾地区蝴蝶兰品种权申请。五是业务交流，在专利、商标、著作权及品种权4个工作组已经形成了年度会晤制度，两岸专利文献交换以自动化数据合作进展顺利，预计2012年10月完成建立两岸科技术语对照表。

（资料来源：人民网　作者：刘洁妍　申亚欣）

**【知识产权六协会（研究会）召开首次战略合作会议】** 2012年8月3日，中国知识产权研究会、中国版权协会、中国专利保护协会、中华商标协会、中国知识产权法学研究会、国际保护知识产权协会中国分会在中国人民大学国际学院召开第一次“中国知识产权六协会（研究会）战略合作会议”。

六协会（研究会）达成的6项共识包括：一是联合成立知识产权讲师团，在国内有计划地举行面向政府机构、产业界和各地区的知识产权知识和理论宣讲，并开展社会调查研究；二是联合举办知识产权沙龙，就知识产权领域的热点、难点问题，以及突发的有重大社会影响的知识产权案件、事件和国内外动态，进行专题研讨。三是共同举办有重大影响的知识产权活动，如在“4·26”世界知识产权日等大型活动中，提高国民的知识产权意识，扩大中国知识产权工作在国内外的影响。四是组织国内外知识产权民间交流活动，加强知识产权各界间的紧密联系和相互沟通，打通知识产权各领域的知识融通与工作合作，建立立体的、能动的、系统的、全息的知识产权工作网络；促进中外知识产权对话与交流，在国际社会发出中国的声音。五是联合开展面向知识产权决策者、管理者、研究者、权利人、工作者的教育与培训活动，促进全国知识产权人才队伍建设，特别是知识产权高端人才队伍建设。六是加强联谊活动，定期召开六协会（研究会）的协调会，互相通报工作情况，密切交流。

与会代表经讨论一致认为，六协会（研究会）在知识产权领域有极大的合作空间，其战略合作必要而适时。希望借此提高中国知识产权发展的凝聚力，融合各知识产权法律部门的资源，加强知识产权领域非政府机构在制度建设和实施国家知识产权战略中的交流合作，促进中国知识产权理论与实践整体水平和综合能力的提高。

国家知识产权局局长、中国知识产权研究会理事长、国际保护知识产权协会中国分会会长田力普，国家版权局原副局长、中国版权协会理事长沈仁干，中国专利保护协会会长王景川，中华商标协会会长刘凡，中国知识产权法学研究会会长刘春田等出席会议。

（资料来源：《中国新闻出版报》　作者：赖名芳）

**【第五届海峡两岸著作权保护研讨会在西安召开】** 2012年8月22日，由中国版权协会、海峡两岸商业协调会共同主办的第五届海峡两岸著作权保护研讨会在西安举行。新闻出版总署副署长、国家版权局副局长阎晓宏，中国版权协会理事长沈仁干，新闻出版总署法规司司长王自强，陕西省新闻出版局局长薛保勤等出席研讨会并发言。

此次研讨会以“推进版权保护、鼓励创新创造、促进产业发展、共谋两岸福祉”为主题，交流的议题有：回顾两岸智慧财产保护合作协议签订两年以来，两岸版权合作交流情况；研究完善两岸协同打击侵权盗版的机制；推动两岸著作权集体管理合作；推动两岸智慧财产保护协议实施等相关议题。

研讨会上，两岸专业人士还就著作权集体管理运作机制、著作权法修订的实践需求及运作经验、盗版查处机制等问题进行了演讲和探讨。

（资料来源：中国新闻网　作者：杨小玲　程　拓）

**【2012 BIBF 北京国际版权贸易研讨会在京召开】** 2012 年 8 月 31 日，由国家版权局主办的 2012 BIBF 北京国际版权贸易研讨会在京召开，主题为“共性与差异——数字时代版权贸易的创新与发展”。新闻出版总署副署长、国家版权局副局长阎晓宏在致辞中表示，版权的使用在市场经济条件下，主要通过版权贸易实现，版权贸易对出版社而言至关重要，出版机构要把这项工作作为战略性、长远性、基础性工作来抓。

阎晓宏指出，进入数字时代，版权贸易的形式多种多样，但目前中国进行的主要还是纸质图书的版权贸易，数字版权贸易仍是一个新课题。数字版权贸易的开展需要注意两方面问题：一方面，数字出版需要事先获得内容版权的授权；另一方面，数字时代作品的创作群体和创作方式也在发生着变化，出版社需要对数字作品的价值进行判断，还需要对作品的权利进行选择和掌握。

阎晓宏强调，数字时代下的传统出版领域存在挑战和商机。中国要迈向数字出版，还应保持传统出版的优势，在这方面，国际很多著名出版企业已经成功转型，为中国树立了成功的榜样。为推动版权贸易发展，中国正在加强版权登记，以便掌握作品创作的情况和数量，同时，将这些作品情况通过一些平台公布出去，让使用者可以便捷地获得作品信息，从而改变过去点对点的经验主义贸易形式。另外，中国也在尝试对版权价值进行评估，希望能探索出一些新经验。

（资料来源：《中国新闻出版报》 作者：方 圆）

**【华东片区版权工作交流会在皖召开】** 2012 年 10 月 24 日，由安徽省新闻出版（版权）局承办的第八届华东片区版权工作交流会议在合肥市召开。新闻出版总署（国家版权局）版权管理司领导及华东地区六省一市版权部门相关负责人近 30 人参会，就华东地区版权行政执法、政府机关和企业软件正版化工作情况进行经验交流与研讨。

会议传达了国务院有关“双打”工作和软件正版化工作的最新指示精神，介绍了国务院关于两法衔接和行政执法信息公开的要求，新闻出版总署版权管理司副司长王志成介绍了软件正版化、“双打”工作、“剑网行动”、视频网站主动监管、版权信息报送等版权工作情况。

会议强调华东片区是版权工作的重点地区，希望各地继续在抓源头、清市场、打网络、查处大案要案等方面创出自己的特色。版权部门要将软件正版化工作纳入市、县信息化工作建设范围，争取于 2013 年上半年之前完成市级政府机关检查整改任务，10 月底前完成县级政府机关检查整改任务，同时要重视企业软件正版化工作的推进。各地要不断加大版权工作宣传力度，及时按要求报送有关工作信息，发挥带头作用。

（资料来源：《中国新闻出版报》 作者：哈妮帕）

**【内地代表团赴香港就著作权问题进行交流】** 2012 年 12 月 17 日，受香港知识产权署和香港海关邀请，北京大学法学院张平教授，国家版权局副巡视员高思、副处长许炜等组成的代表团，先后参访了香港知识产权署办公室和香港海关版权及商标调查科，与相关单位进行了对话和交流。

12 月 17 日上午，代表团拜访了位于香港湾仔皇后大道东 213 号胡忠大厦的香港知识产权署办公室，会见了香港知识产权署署长张锦辉等香港官员。双方就香港著作权法的修订进展、计划表、面临的主要问题，香港对著作权集体管理组织的监管，香港著作权法对强制许可制度的规定，香港加入著作权相关国际条约的基本情况，香港著作权产业的基本情况，香港社会在著作权领域的热点和焦点问题等展开了深入交流。

12 月 17 日下午，代表团拜访了位于香港北角渣华道 222 号的香港海关总部大楼，会见了香港情报及调查处版权及商标调查科的官员。代表团详细了解了香港海关主动查处和当事人著作权侵权投诉的处理程序、查封扣押程序、追究刑事责任程序以及是否存在调解程序等情况，就内地与香港地区的著作权执法合作、网络环境下的著作权执法问题、技术保护措施和权利管理信息的执法等话题展开了友好对话。

此次参访是第四届两岸四地著作权制度发展研讨会后续工作交流的一部分，对加强和促进内地与香港在著作权领域的官方和学界交流具有重要意义。

（资料来源：国家教学版权研究基地）

## ◆ 社会管理与服务

**【中国版权保护中心免征小微企业软件著作权登记费】** 2011 年 12 月 27 日，为贯彻执行财政部、国家发展改革委员会《关于免征小型微型企业部分行政事业性收费的通知》要求，减轻小型微型企业负担，促进小型微型企业健康发展，中国版权保护中心发出《关于免征小型微型企业软件著作权登记费的通告》，自2012年1月1日起至2014年12月31日止，在计算机软件著作权登记环节暂免征收小型微型企业登记费用。预计3年期间免征登记费总额会达到近亿元，切实达到减轻小型微型企业负担的目的。

《通告》明确规定对申请免征计算机软件著作权登记费的小型微型企业实行登记备案制。经审核符合小型微型企业划型标准的登记人可以暂免征收软件著作权登记费、合同登记费、信息查询费等8项费用。《通告》还详细规定了登记备案和免征登记费的办理程序、注意事项。

随着版权相关产业的迅猛发展，中国版权保护中心计算机软件著作权登记总量连年急剧增长，此项免征优惠政策会有利于软件著作权登记量呈现爆发式增长。

（资料来源：《中国新闻出版报》 作者：贺 文）

**【上海艺谷出资千万元为权利人提供版权登记保护】** 2012年1月4日，主题为“观·文化”的首届上海（艺谷）文化创意产业高峰论坛暨艺谷集团上海文化创意产业园开园活动在上海举行。论坛围绕“中国文化产业如何做大做强”及“文化产业园区如何成为文化产业的引擎”两个主题展开讨论。

艺谷文化产业园的主要职能是为权利人提供全方位版权服务，与中国版权保护中心达成协议，出资1 000万元为1万名中国当代艺术家提供作品登记，并与中国文联共同启动中国文学艺术基金会艺谷专项基金。此外，艺谷文化产业园还与首都博物馆、南京故宫博物院、陕西历史博物馆等一级博物馆达成协议，对其馆藏国宝进行二次创意设计，向市场推出大量艺术衍生品。同时，艺谷文化产业园线上线下营销渠道全面展开，位于北京前门大街的“艺谷中华文化设计商品旗舰店”和电子商务网站“艺术之城”均已完成初步建设。

（资料来源：《中国知识产权报》 作者：王 康）

**【全国首家专业版权评估中心成立】** 2012年1月6日，全国首家专业版权评估中心——中国人民大学国家版权贸易基地版权评估中心成立仪式在北京举行，这标志着中国版权评估从理论探索正式向实践领域迈进。新闻出版总署副署长、国家版权局副局长阎晓宏，中国人民大学党委常务副书记牛维麟出席成立仪式，并共同为版权评估中心揭牌。

阎晓宏在讲话中指出，版权评估中心的成立为科学客观地评估版权资产价值，为版权作品交易、版权企业投融资、版权纠纷处理等环节的评估服务提供了一条现实途径，在中国版权发展史上具有里程碑意义。中国人民大学国家版权贸易基地是国家版权局授牌建设的第一个国家版权贸易基地，在版权产业集聚、版权交易平台建设、版权相关行业交流等各方面做了积极的探索，其中版权资产评估就是一项很有亮点、具有开创性的工作。2010年，中国资产评估协会发布的《著作权资产评估指导意见》，就充分吸收和借鉴了该基地有关“版权资产评估准则”的研究成果。

阎晓宏指出，随着以版权资源为核心的出版、动漫、影视、软件、网络与计算机服务等文化创意产业的迅猛发展，版权创造、运用、管理和保护对版权作品价值评估的需求也不断增加。在企业融资中，著作权资产的价值评估正在成为文化企业与金融机构关注的重点，成为促进文化创意产业发展、控制风险的关键点。版权评估中心的成立，在著作权人与银行、投资人间搭建了一个服务平台和桥梁。阎晓宏表示，国家版权局会一如既往地支持中国人民大学国家版权贸易基地的建设和发展，尤其支持版权评估中心的发展。他希望版权评估中心在政府相关部门的支持和指导下，先易后难地开展服务性工作，帮助以版权为核心要素的文化创意类企业获得更多的融资机会。

（资料来源：《中国新闻出版报》 作者：赖名芳）

**【数字出版平台“亿部文化”发布“云战略”】** 2012年1月11日，数字出版平台亿部文化有限公司在京召开新闻发布会，发布亿部文化未来发展战略——“云战略”，同时推出国内首个面向版权方服务的全媒体数字出版发行服务平台。

亿部文化针对版权方实施的“云出版战略”，是通过全媒体数字出版发行服务平台，为版权方提供无门槛、高效率的数字出版发行一站式服务，在帮助版权方实现出版过程高效化、产品制作定制化和产品定价灵活化的同时，还可以让发行渠道自主化，实现服务营销整合化和结算数据透明化。亿部文化已基于iOS、安卓平台开发出集图、文、影像、声音、互动体验为一体的应用软件50余款，同时，亿部文化已与中国移动、中国联通和中国电信三大运营商达成合作，为更多用户提供移动阅读服务。

（资料来源：《中国知识产权报》 作者：窦新颖）

**【“2011搜狐视频电视剧盛典”在京举行】** 2012年1月11日，“2011搜狐视频电视剧盛典”在京举行，现场揭晓最佳电视剧、最佳男女演员等12项大奖。

搜狐视频电视剧盛典已经成功举办了8届，搜狐视频举办电视剧盛典并非只是娱乐事件，实际上是为影视剧版权运营和进一步差异化竞争作铺垫、是与其“2012年内容战略”有着不可分割的契合关系。在“2012年内容战略发布会”上，搜狐视频明确提出了“Media（媒体）＋Entertainment（娱乐）”战略，其中一大战略重点就是搜狐视频将会融合影视投资、艺人经纪、商务开发等实体化运作，完成娱乐传媒全产业链和版权运营上的纵深布局。

搜狐视频首席执行官邓晔表示，搜狐会在媒体平台和娱乐产业两方面进行有效的纵横捭阖，以对娱乐产业的深耕培育媒体平台，以媒体平台的辐射力进一步带动对娱乐产业的深度开发。

（资料来源：《中国知识产权报》 作者：姜 旭）

**【版权联合采购战略合作签约仪式在京举行】** 2012年1月12日，迅雷网络技术有限公司与航美传媒集团联合在北京喜来登长城酒店召开了“版权联合采购战略合作签约仪式暨新闻发布会”。迅雷网络董事长兼CEO邹胜龙与航美传媒董事会主席兼CEO郭曼分别致辞，国家版权局版权管理司副司长王志成，国家广播电视电影总局电影管理局副局长喇培康，北京电影学院党委书记、博士生导师侯光明等主管机构领导和中国电影业界人士出席了签约仪式。

在双方版权联合采购签约仪式的新闻发布会上，航美传媒CEO郭曼表示双方在电影采购市场上成为战略联合体，实现强强联手。迅雷网络CEO邹胜龙强调，迅雷网络与航美传媒的合作是双方优势互补，因为各自定位及用户人群都比较相似，所以才促成了此番战略合作。

2012年，迅雷网络与航美传媒成为电影版权采购的“联合体”，电影片方在售出互联网传播版权的同时，得到最高端的电影宣发资源。可以说，这是传统媒体与新媒体整合营销的一次全新尝试，为电影产业的发展贡献力量。

（资料来源：新浪网 作者：徐 菲）

**【音著协与32家电视台集体签订使用音乐付酬协议】** 2012年1月12日，中国音乐著作权协会（以下简称音著协）与中国广播电视协会电视版权委员会成员单位音乐付酬集体签约仪式在京举行。继2010年中央电视台与音著协签署付酬协议，迈出中国广播组织音乐付酬工作第一步后，本次集体签约成为此项工作向全国辐射的又一重要事件。新闻出版总署副署长、国家版权局副局长阎晓宏，国家广播电影电视总局副局长张丕民出席仪式并讲话。

根据《著作权法》和2009年颁布的《广播电台电视台播放录音制品支付报酬暂行办法》（以下简称《付酬办法》）的有关规定，广播组织应就播放音乐作品向著作权人支付报酬，支付方式、数额可与集体管理组织约定。此次集体签约是对《付酬办法》的具体落实。

此次签署合作协议的电视版权委员会成员单位共有32家，包括绝大多数省级电视台和部分市级电视台。此前央视与音著协采用的解决音乐作品著作权问题的“一揽子许可”模式，是国际通行的许可授权模式，可以从根本上为广播组织解决因大量使用中外音乐作品而需要逐一获得授权的难题。但由于中国东中西部、省市县差异明显，经济发展水平不均，由音著协与各电视台逐一谈判签约、发放许可的方式面临诸多实际困难。2011年4月，中国广播电视协会电视版权委员会成立，使通过行业磋商的方式全面实现使用者与权利人组织合作成为可能。在音著协与电视版权委员会的共同努力下，各省级电视台逐步化解了现阶段面临的困难。

阎晓宏在讲话中表示，如何在保障著作权人权利的前提下，实现作品的方便快捷传播，是实践中需要解决的现实问题。要充分发挥著作权集体管理制度在发放海量作品方面成本低、效率高的优势，既要保护著作权人的合法权益，又要最大化地促进作品传播。要根据实践要求，逐步调整完善《付酬办法》，使著作权人和使用者利益达到平衡。此次音著协与全国各主要电视台集体签约，正是贯彻落实党的十七届六中全会精神、保护知识产权、推动文化大发展的具体举措，对于加强版权保护、促进音乐作品传播、推进中国著作权集体管理建设都具有重要意义。

对于此次签约，张丕民指出，广电组织和音乐作者在文化发展和文化传播方面的目标是一致的，双方利益完全可以互相兼顾，双方的合作实现了可持续发展。

作为音乐作者代表、音乐人张亚东深有感触地说，电视台的付酬行为对音乐作者非常重要，这意味着社会整体的版权保护意识有了极大的提高。只有对作者及其版权的尊重逐渐成为社会风尚，音乐作者的春天才会到来。山东电视台副总编辑潘士强代表签约电视台表示，版权管理关系到广电组织的发展，通过电视版权委员会的协调，各成员台均与音著协签约，有效解决了自身存在的音乐著作权法律问题，为全行业树立了样板。

（资料来源：《中国新闻出版报》　作者：邹　韧）

**【青岛国际版权交易中心揭牌成立】** 2012年1月12日，青岛国际版权交易中心在青岛开发区揭牌。该中心由利顿版权咨询公司与青岛开发区合作建设，项目总投资6亿至10亿元，主要提供以版权为核心的文化产品的确权、登记、评估、交易、咨询、培训、贸易、保护、质押、投融资等服务。

（资料来源：《青岛日报》　作者：韩光亮　赵　冉）

**【《互联网知识产权纠纷调解手册》正式发布】** 2012年1月13日，中国互联网协会调解中心积极探索建立互联网知识产权纠纷调解机制，在北京市高级人民法院及北京市各级人民法院的指导和帮助下，发布了《互联网知识产权纠纷调解手册》，旨在加强网络环境下的知识产权司法保护、更好地化解社会矛盾，《调解手册》于2月1日起正式实施。

《调解手册》分为网络纠纷调解的性质和实践内容、纠纷调解管理制度、法院委托调解机制构架和调解工作规范文本四个部分，涵盖了当事人告知程序、法院与调解中心案件流转程序、纠纷调解流程、各类纠纷的解决机制、调解档案、调解员队伍建设等多方面内容，进一步完善了诉讼与非诉讼相衔接的知识产权纠纷解决机制。

（资料来源：《中国知识产权报》　作者：王　康）

**【中国音乐著作权协会公布2011年度许可总收入】** 2012年1月17日，中国音乐著作权协会在其官方网站公布了2011年度许可总收益，收益额再次创出新高，达到人民币8 889.31万元，较2010年增长30.69%。其中表演权许可收益为人民币4 378.89万元，广播权许可收益为人民币2 025.61万元，复制权许可收益为人民币815.66万元，信息网络传播权许可收益为人民币1 107.08万元，海外许可收益为人民币562.07万元。

（资料来源：中国音乐著作权协会　作者：朱严政）

**【中国音像协会唱工委换届】** 2012年2月14日，中国音像协会唱片工作委员会（以下简称唱工委）换届会议在京举行。会上宣布要联合音乐产业95%的版权方，力争与渠道方重新建立良性合作关系，同时宣布中国音乐产业从实体唱片模式完全进入数字音乐时代。

新闻出版总署副署长、国家版权局副局长阎晓宏在会上表示，政府支持并会积极推动音乐产业的健康发展，尊重、鼓励音乐创作，积极推广音乐作品有序使用，同时要加大打击音乐侵权盗版力度，也需要协会和有关社会组织充分发挥纽带作用，积极主动地为会员维权，增强会员服务功能。

阎晓宏指出，充分发挥协会等社会组织的作用，既是政府职能转变的要求，也是社会主义市场经济发展的客观需要。唱工委自2003年成立以来，为促进中国唱片行业健康有序发展发挥了重要作用。《著作权法》出台21年来，中国版权产业发展已经进入新阶段，包括音乐作品在内的文化要素越来越广泛，流动性也越来越快，良好的版权秩序尚未建立。音乐产业要实现繁荣发展，亟待建立音乐著作权人和渠道使用者利益平衡的良好的版权秩序。

著名音乐人宋柯说，他仍然十分看好音乐行业，唱片只是音乐行业的一个种类，唱片或许不行了，但音乐行业还是很好的。他认为，唱片不再是音乐行业的盈利点，而版权增值服务才是行业未来的核心所在。

此次换届会议选举出臧彦斌为新任理事长，宋柯为常务副理事长。中国音像协会会长于永湛等出席会议。

（资料来源：《中国新闻出版报》　作者：方　圆）

**【中国国际标准录音制品编码中心揭牌】** 2012年2月16日，中国ISRC（国际标准录音制品编码）中心揭牌仪式在2012 CPCC中国版权服务年会开幕式上举行。该中心通过对ISRC编码的分配，实现相关制品在数字网络环境下的有效检索、版权信息确认及监测和版权费用结算认证等。新闻出版总署副署长、国家版权局副局长阎晓宏为中国ISRC中心揭牌。

中国ISRC中心是新闻出版总署批准设立的中国标准录音制品编码（GB/T 13396—2009）国家标准的执行机构，由中国版权保护中心建设和管理，具体负责录音制品和音乐录像制品的国际唯一标识符——ISRC编码的分配、管理与维护以及相关数据库的建立和运行维护；同时遵守国际ISRC管理机构章程，履行中国国家注册中心的相应职责。

针对数字网络环境下音像产业发展面临的版权问题，中国ISRC中心在建立、维护ISRC数据库的基础上，依托中国版权保护中心以版权登记为核心的公共服务职能，通过对 ISRC 编码的分配，保证每一个录音制品、音乐录像制品都能够有一个唯一的编码，并以先进技术手段为辅助，实现相关制品在数字网络环境下的有效检索、版权信息确认及监测和版权费用结算认证等，从而系统管理数字网络环境下音像制品的版权，保障制品相关权利人利益。

（资料来源：《中国新闻出版报》　作者：方　圆）

**【2012 CPCC 中国版权服务年会在京举行】**
2012 年 2 月 16 日，由国家版权局指导，中国版权保护中心、江苏凤凰出版传媒集团主办，中国出版协会版权保护工作委员会、北京东方雍和国际版权交易中心有限公司协办的 2012 CPCC 中国版权服务年会在京开幕。新闻出版总署副署长、国家版权局副局长阎晓宏出席并致辞。

开幕式上，举行了“2011 CPCC 十大中国著作权人年度评选”颁奖典礼。中国电视剧制作中心有限责任公司、北京电影学院动画学院、大业传媒集团、华录出版传媒有限公司、央视动画有限公司、北京御景江山影视文化有限公司、天津中青意达软件技术有限公司、积成电子股份有限公司、中国艺术研究院国画院研究院苗再新和中央音乐学院副院长叶小钢当选。北京汉仪科印信息技术有限公司、上海今日动画影视文化有限公司、河北西柏坡影视中心被授予专家特别提名奖。深圳市盛讯达科技股份有限公司荣获版权先锋奖。同时，还举行了中国版权保护中心与江苏凤凰出版传媒集团战略合作协议签约仪式和中国 ISRC 中心揭牌仪式。中国版权保护中心与凤凰出版传媒集团双方一致同意在国家数字版权产业基地、DCI 体系建设及其他项目上开展全方位的战略合作。中国 ISRC 中心将在促进录音制品和音乐录像制品的有序传播，推动数字网络环境下音像产业的发展与繁荣等方面发挥更大的作用。该届年会期间，还举行了“第二届 DCI 体系论坛——DCI 体系与数字音乐”、“企业版权资产管理论坛”、“全国版权交易共同市场论坛”、“中日创意产业促进联盟发起仪式”、“2012 CPCC 中国软件服务年启动仪式”等多项活动。

（资料来源：人民网　作者：徐子涵）

**【“全国版权交易共同市场”发展论坛在京举行】**
2012 年 2 月 17 日，“全国版权交易共同市场”发展论坛在京举行。新闻出版总署副署长、国家版权局副局长阎晓宏在论坛致辞中表示，国家版权局高度关注和支持文化产权交易活动，希望通过版权交易平台推动版权贸易常态化。

在“全国版权交易共同市场”发展论坛上，来自全国 16 家版权交易中心和文化产权交易所的代表表示，要推进全国版权交易共同市场建立统一的交易制度，实现文化要素在更大范围内的流转，促进文化产业发展。

国家版权局版权管理司司长于慈珂，中国版权保护中心主任段桂鉴，上海、山西、广州等省、市版权局负责人出席论坛。

（《中国版权年鉴》编辑部）

**【中国版权保护中心启动“软件服务年”活动】**
2012 年 2 月 17 日，中国版权保护中心在京正式启动“2012 CPCC 软件服务年”活动。活动旨在全面提升版权公共服务能力和水平，进一步增强软件产业自主创新原动力，促进软件版权登记工作可持续发展。活动期间，中国版权保护中心严格按照行业规模认定标准，全面免征小微型企业申请人软件登记费用。

此次服务年活动以“促创新、促发展”为主题，全面展现以软件版权登记为核心的各项公共服务内容：开展“2012 CPCC 中国软件创新企业年度评选”活动，研讨《计算机软件保护条例》和《计算机软件著作权登记办法》的修订，为在新形势下全面推进软件登记工作的开展提供法律依据；对软件著作权登记数据进行系统的整理、统计、分析，形成软件创新分析研究报告，同时包括软件著作权质权登记的数据分析报告；以灵活多样的形式，宣传软件登记和软件版权保护；发布软件服务年纪念刊，回顾总结中国 20 年软件登记发展历程；开展质押融资交流活动，为银行与软件企业搭建互相沟通的平台；广泛开展软件登记实务的宣传与培训，扩大软件登记服务的影响；打击虚假登记，维护软件版权登记公信力。

（《中国版权年鉴》编辑部）

**【中日创意产业促进联盟在京发起】**　2012 年 2 月 17 日，中日创意产业促进联盟在 2012 CPCC 中国版权服务年会上发起，中国版权保护中心领导以及中日两国数十家创意产业相关企业代表出席了发起仪式。

中国版权保护中心副主任范继红为中日创意产业促进联盟的发起致辞，阐释了在当今环境下创意产业发展对文化繁荣和经济发展的重要意义，表达了中心对联盟发起的重视，以及对联盟未来的期待。联盟日方发起人代表石川好就联盟对于睦邻友好的中日两国建立双赢关系的重要意义，阐述了自己的想法和推进联盟工作的计划。联盟日方发起人之一石村满宣读了联盟倡议书。倡议书提出，中日创意产业促进联盟旨在通过建立中日新媒体正版授权渠道，共同打击网络侵权盗版行为，以促进中日优秀作品能够得到更加广泛的传播，加强中日文化的交流和共同繁荣。

发起仪式上，中国版权保护中心主任段桂鉴与日方发起人代表石川好共同签署了联盟倡议书，倡议更多的企业和有识之士加入联盟，为促进中日两国创意产业的发展以及中日文化广泛交流做出努力。

（《中国版权年鉴》编辑部）

**【海峡文化产权交易所在福州揭牌成立】** 2012年2月25日，海峡文化产权交易所在福州正式揭牌成立。该文交所由福建日报报业集团、海峡出版发行集团、海峡都市报社、福建东南拍卖有限公司等福建主要文化企业联合出资成立。

（资料来源：《中国新闻出版报》 作者：温 晔）

**【《推动广东广播影视先行先试转型升级合作协议》在京签署】** 2012年3月12日，国家广播电影电视总局与广东省政府在京签署《推动广东广播影视先行先试转型升级合作协议》，提出计划用3年的时间，以“中国（广州）国际纪录片节”为依托，打造国内权威的纪录片交易展销平台——中国（广州）纪录片交易平台项目。

该交易平台由国产纪录片出口交易及国内交易、境外纪录片引进、国内纪录片版权交易登记等4个子平台构成，实现对出口境外的国产纪录片、国产纪录片在国内进行版权交易、节目交流交换及引进境外纪录片等进行实时登记，并与南方产权交易所或广东知识产权局合作，开办一个24小时的纪录片版权交易登记和实时网上交易的付费平台。

《协议》还提出，国家广播电影电视总局鼓励各纪录片交易播出机构、影视制作机构完成在该平台的实时登记，建立24小时纪录片实时产权交易数据库。

（资料来源：《中国新闻出版报》 作者：邱 明）

**【上海文交所与上海文化会展方签署战略合作协议】** 2012年3月21日，上海文化产权交易所与上海九大文化会展承办方在上海图书馆签署战略合作协议。这是上海文交所根据国家要求，让地方交易所的定位升级为服务全国的交易所后的重要举措。市委常委、宣传部部长杨振武出席签约仪式并致辞。

参加此次签约的上海文化会展包括上海国际电影节、上海电视节、上海国际艺术节、“上海之春”国际音乐节、中国国际动漫游戏博览会、中国国际数码互动娱乐产品及技术应用展览会、上海书展、上海艺术博览会和上海春季艺术沙龙。这九大文化会展会聚了国内外丰富的文化资源，涵盖电影、电视、演艺、音乐、动漫、出版、书画等文化产业领域。

上海文交所可以为各会展提供担保、信贷、保险、投资等多层次金融服务，提供专业律师的版权保护服务，在交易、咨询、融资、版权保护等方面深入合作，共同创新文化交易品种，催生文化商业新业态。

（《中国版权年鉴》编辑部）

**【上海文交所北京总部成立】** 2012年3月27日，上海文化产权交易所北京总部揭牌成立，同时启动中央文化企业国有产权交易系统。上海市委常委、宣传部部长杨振武，市新闻出版局、版权局局长方世忠出席了揭牌仪式。

仪式上，首批14家中央文化企业分别与上海文交所签署了战略合作协议，包括中国出版集团公司及旗下人民文学出版社、商务印书馆、中华书局有限公司、人民音乐出版社、生活·读书·新知三联书店等。上海文化产权交易所还与深圳文化产权交易所签订了战略合作伙伴协议。首批中央文化企业的200多个文化项目挂牌交易，涉及版权、股权、物权等领域。

上海文交所北京总部面积达2 000平方米，设有1个受理中心、6个针对不同业务的交易部，以及1个创新交易中心，将在国资交易、增资扩股、投资交易、权益交易、产权评估、法律保护、融资担保、创新产品等方面，为中央文化类企业国有产权交易提供零距离服务，为文化产业对接国内外各类资本服务，为全国文化大发展大繁荣服务。

3月21日，上海文交所与上海书展、上海国际电影节、上海电视节、上海国际艺术节、中国国际数码互动娱乐产品及技术应用展览会（China Joy）等沪上九大重要文化会展签订了战略协议。

（《中国版权年鉴》编辑部）

**【青岛市版权保护协会向企业赠送价值 720 万元软件】** 2012 年 3 月 28 日，青岛市版权保护协会在市中小企业服务中心举行版权管理培训暨设计工具软件 CAXA 赠送仪式，配合市文化市场行政执法局与软件生产商家，向海尔集团、海信集团和青岛软控股份有限公司等近百家企业赠送正版设计软件。每套软件价值 6 000 多元，赠送 1 200 余套，总价值超过了 720 万元。

（资料来源：《半岛都市报》 作者：王法艳）

**【中国音乐著作权协会与奥康鞋业达成音乐使用许可合作协议】** 2012 年 3 月 28 日，中国音乐著作权协会（以下简称音著协）与奥康鞋业销售有限公司举行了使用音乐作品著作权许可协议签约仪式。奥康也成为中国鞋类行业首批向音著协获得播放音乐使用许可的企业。根据所签协议，奥康取得音著协管理的全部音乐作品的播放使用权，并在奥康旗下各直营品牌专卖店统一播放获得合法授权的背景音乐。

奥康法律事务中心高级总监罗贤忠说，近年来，奥康十分重视品牌形象维护和知识产权管理工作，并成立了专门的部门负责知识产权管理。除了加强产品的专利技术和商标、品牌形象等自有知识产权的法律保护外，奥康还积极要求各业务部门在使用他人的知识产权过程中，严格遵守相关法律法规，尊重他人的合法权益。

出席当天签约仪式的音著协副总干事杨东锴表示，音乐作品的合法化、规范化使用是趋势所向。奥康作为鞋服行业标杆企业，这次与音著协的著作权合作，充分体现了该公司强烈的社会责任感，以及注重知识产权、尊重他人权益的企业文化。

（资料来源：中国音乐著作权协会 作者：朱严政）

**【唱片工作委员会和音乐家协会在北京召开媒体通气会】** 2012 年 4 月 11 日，中国音像协会唱片工作委员会和中国音乐家协会流行音乐学会在北京召开媒体通气会，谷建芬、付林、金兆钧、刘欢、宋柯、小柯以及环球、华纳、索尼唱片相关负责人等共 47 位唱工委代表出席会议。

通气会上唱工委代表主要针对《著作权法（修改草案）》第四十六条中的无视著作权人权益，第四十八、六十、七十条中的强制集体管理和第六十九条中的关于互联网侵权三方面的条款提出分析和建议。对《草案》第四十六、四十八、五十六、五十九、六十九、七十二条提出修改意见，对第六十、七十条要求直接删除。

《草案》第四十六条中称，“录音制品首次出版 3 个月后，其他录音制作者可以依照本法第四十八条规定的条件，不经著作权人许可，使用其音乐作品制作录音制品”。音乐人认为应该把 3 个月改为 3 年，同时建议增加“著作权人声明不许使用的不得使用”的排除条件。《草案》第七十条中提到，“使用者依照与著作权集体管理组织签订的合同或法律规定向著作权集体管理组织支付报酬后，对权利人就同一权利和同一使用方式提起诉讼，不承担赔偿责任，但应当停止使用，并按照相应的集体管理使用费标准支付报酬”。唱工委代表人周亚平认为，这一条，没有任何先例，一旦实施，音乐著作人的权利会被架空，这一条应该整体删除。

（《中国版权年鉴》编辑部）

**【字体厂商和字体设计师代表呼吁保护汉字字体知识产权】** 2012 年 4 月 23 日，由中国中文信息学会及其汉字字形信息专业委员会主办的“《著作权法（修改草案）》中的部分条款媒体沟通会”在北京召开，呼吁国家法律对中文字体给予知识产权保护。中国工程院院士、中国中文信息学会原理事长倪光南，中国中文信息学会副理事长兼秘书长孙乐，北京北大方正电子有限公司字库业务部总经理张建国等参加会议。国家新闻出版总署法规司副巡视员高思出席会议并听取了建议。

在此次媒体沟通会上，与会专家一致建议，应该在现行《著作权法实施条例》第四条第（八）项美术作品定义中增加“字形设计（或称字形绘画）”的内容，即“美术作品，是指绘画、书法、字形设计、雕塑等以线条、色彩或者其他方式构成的有审美意义的平面或者立体的造型艺术作品”，并对计算机字库是否属于软件做出明确限定。

（《中国版权年鉴》编辑部）

**【搜狐、腾讯、爱奇艺三大视频巨头结盟】** 2012 年 4 月 24 日，继土豆、优酷宣布合并之后，搜狐视频、腾讯视频、爱奇艺三大视频平台联手组建“视频内容合作组织”（Video Content Cooperation，VCC），实现资源互通、平台合作，在版权和播出领域展开深度合作。此次 VCC 的组建不涉及股权及资金方面的合作，三方表示，版权采购会按照各家三分之一的原则进行支付。

根据协议，三方携手对国内外优质视频版权内容进行采购，同时就过去各平台已采购的影视剧作品开展合作。业界预计，这种“联合采购”模式会进一步推动版权价格回归理性，网络版权费用下行几成定局。

（《中国版权年鉴》编辑部）

**【江苏首家版权交易中心在南京揭牌】** 2012年4月24日，南京“世界知识产权日宣传活动暨江苏紫金版权交易中心、南京版权登记中心揭牌仪式”在江苏紫金文化产权交易所隆重举行。南京市市委常委、副市长郑泽光，江苏省版权局副局长傅杰三出席活动并讲话。

此次世界知识产权日活动，包括江苏紫金版权交易中心、南京版权登记中心揭牌和部分项目的签约。签约项目涵盖图书、影视、动漫、游戏等一系列版权项目，包括与南航文化产业研究中心和南大国家文化产业研究中心签订的成果转化及人才实践合作协议，与南京飞麟动漫影视公司签署的关于动画片《马可波罗》、《蹦吧蹦吧俱乐部》等图书与动漫APP运用的相关版权项目。其中，《马可波罗》是国内第一部与国外合作制作的长篇三维动画，由中央电视台、意大利国家电视台、飞麟动漫及意大利L&T动画公司联合制作，耗资1.7亿元。世界非物质文化遗产国家级代表性传承人张方林，知名旅美艺术家、美国国际艺术家摄影协会主席黄甦也与版权交易中心签署了合作委托协议。

江苏紫金版权交易中心的揭牌，是江苏省文化产业大发展、大繁荣的一次具体工作落实。作为省内首个拥有版权登记、版权增值服务、版权保护和版权质押四大功能的版权交易平台，中心将多方位挖掘每一件作品的内在价值，打造新型文化产业链，为文化强省作出积极的贡献。

（资料来源：江苏省版权局　作者：万进萍）

**【天津首家国际版权交易市场揭牌】** 2012年4月26日，天津国际版权交易市场正式揭牌。这是天津市首家版权交易市场，该市场面向企业和个人，提供包括版权登记、交易、融资、维权在内的全程服务。

该市场坐落于天津国家数字出版基地内，注册资金为5 000万元人民币，主要依托天津国家数字出版基地，专注于综合交易平台环节，为天津乃至整个渤海地区提供数字版权产业及金融服务。该市场计划5年内打造成国家级的数字版权管理平台和数字版权交易所，吸引100家以上的数字内容企业入驻，力争实现年交易额100亿元、综合规模经济效益600亿元，形成国内领先、国际一流的版权交易中心。

（资料来源：《中国新闻出版报》　作者：樊国安）

**【重庆艺术品版权交易中心揭牌】** 2012年4月26日，重庆艺术品版权交易中心揭牌仪式在重庆市工艺美术学校举行。在重庆市新闻出版（版权）局的支持下，在中国著名艺术聚集区——九龙坡区黄桷坪，重庆市九龙坡区人民政府与重庆昇龙文化传播有限公司联合打造重庆艺术品版权交易中心。

该中心采取“政府指导、社会参与、市场动作、专业管理”模式进行运作，以版权云端服务平台为技术支撑，向社会提供各类艺术品版权登记、版权保护、展示交流、研讨培训、价值评估、拍卖交易、司法鉴定、专业宣传、包装策划及版权综合服务。

重庆市新闻出版（版权）局局长杨恩芳、重庆市新闻出版局副局长吴绍阶、重庆市九龙坡区区委副书记郑和平、重庆邮电大学副校长符明秋等出席仪式，为重庆艺术品版权交易中心揭牌，并为重庆市黄桷坪艺术园区版权服务工作站授牌。

（资料来源：重庆市版权局　作者：许家伟）

**【首笔艺术品版权许可交易签约仪式举行】** 2012年5月3日，上海京粹艺术品发展有限公司与中国工艺美术（集团）公司在上海文化产权交易所举行签约仪式，完成首笔艺术品版权许可交易。

此次交易对象为著名画家刘令华11幅油画作品在刺绣、织锦、缂丝、地毯、漆画等5个品类方面的授权，期限为15年，交易双方为上海京粹艺术品发展有限公司与中国工艺美术（集团）公司。

（资料来源：《上海证券报》　作者：温　婷）

**【深圳启动正版软件采购平台】** 2012年5月19日，深圳市版权协会在深圳会展中心举办了深圳市正版软件采购平台启动仪式。该平台已获得全球主要商业软件企业的授权，企业可通过其低价团购正版软件，从而降低正版化成本。

该平台是按照国家版权局和广东省版权局的要求，为推进企业使用正版软件而开发的。主要包含政府信息、软件信息、团购平台、租赁平台以及企业案例等板块。深圳市市场监督管理局（知识产权局）联合深圳市版权协会搭建的这一团购平台，可减少企业经营风险，降低企业软件正版化的购买成本。

除为企业采购正版软件提供优惠外，平台还设有侵权投诉功能，提供软件正版化备案、企业软件资产管理培训等配套服务。深圳市场监督管理局和深圳市版权协会还为企业上市提供知识产权评估及软件纠纷法律援助。

（资料来源：《中国新闻出版报》　作者：方　圆）

**【中国音像协会第三届理事会第二次代表大会召开】** 2012年5月30日，中国音像协会在人民教育出版社召开中国音像协会第三届理事会第二次会员代表大会。来自全国70多家会员单位的代表应邀出席了会议。

会议由中国音像协会副会长、上海新汇文化娱乐集团副总裁臧彦彬主持。该届会议中心议题是新闻出版总署关于同意中国音像协会更名为中国音像与数字出版协会的批复而征求会员单位的意见。中国音像协会常务副会长王炬就该问题从国内外音像出版业的发展概况进行分析阐述，并表示把中国音像协会更名为“中国音像与数字出版协会”，主要是为了适应时代发展和技术进步，进一步促进音像产业的发展。最后，全体与会代表进行表决，全票通过了新修订的“中国音像与数字出版协会章程”。

（资料来源：中广网　作者：冯赣勇）

**【江西成立网络侵权研究中心】** 2012年6月30日，江西省高级人民法院、江西财经大学合作成立研究机构——网络侵权研究中心。该中心揭牌仪式在江西财经大学举行。江西省高级人民法院院长张忠厚和江西财经大学党委书记廖进球、校长王乔等出席揭牌仪式。

与研究中心同时成立的还有法学教学科研实践基地、知识产权侵权研究中心。此次实践基地与研究中心的成立，架起了法律理论界和审判实务部门之间的桥梁，成为促进审判机关和专业院校良性互动、法学理论与法律实务有机结合的交流平台，对加强江西司法审判工作水平，促进司法建设长足发展有着积极作用。

江西省高级人民法院于2011年4月在全国率先制定了《关于审理网络侵权纠纷案件适用法律若干问题的指导意见（试行）》，2012年年初，又确定在南昌市青山湖、莲花、都昌、鄱阳、井冈山等5个县（市、区）法院进行试点，成立“网事审判庭”，专司网络侵权案件的审理。

（《中国版权年鉴》编辑部）

**【长三角知识产权维权联盟成立】** 2012年5月28日，上海举办“2012长三角知识产权调解文化之道”专家论坛暨“长三角知识产权维权联盟”首次工作会议。在论坛上，众多专家就知识产权纠纷的和解共赢问题发表看法，近200位来自长三角地区的专业人士参加会议。“长三角知识产权维权联盟”由江浙沪的知识产权保护协会、各类型纠纷调解中心等12家机构发起，倡导通过调解而非诉讼的方式解决知识产权纠纷。该联盟成立后，江浙沪三地将共享知识产权调解的专家资源，以更和谐的方式处理知识产权纠纷，形成有关协调的工作机制。

（资料来源：上海市知识产权局办公室）

**【淘宝网与京版十五社签约】** 2012年6月8日，阿里巴巴集团旗下淘宝网与京版十五社反盗版联盟在杭州共同签订反盗版联盟图书版权保护合作备忘录。此次签约合作，是加强电子商务领域图书出版行业版权保护合作的开创之举，为保护知识产权、繁荣文化市场创造有益的实践经验。同时，淘宝网正式对外宣布，为打击盗版，按照法律规定，此后，在淘宝网经营书籍、杂志、报纸的商家需持有《出版物经营许可证》。

从2009年10月，淘宝网和反盗版联盟初次合作以来，共查处销售高教社盗版图书网店6 126家，关闭店铺482家，总计删除盗版高教社商品8.77余万件、26.32余万册。2011年，淘宝网共处理侵权商品信息6 320万条，其中接受投诉受理的商品信息处理量为870万余条，淘宝网主动通过专项打击、神秘购买鉴定等方式处理量超过5 400万条，处罚会员70万余人次。其中在一季度淘宝网开展的“涉嫌假冒伪劣和侵犯知识产权商品专项”行动中，就处理相关信息约2 500万条。

（《中国版权年鉴》编辑部）

**【天津市版权协会正式成立】** 2012年6月9日，天津市版权协会召开第一届会员大会，宣布该协会正式成立。天津市副市长张俊芳致信祝贺，中国版权协会理事长沈仁干、天津市委宣传部副部长赵鸿友、天津市新闻出版局局长荣新海、国家版权局版权管理司副司长汤兆志等出席了成立大会。

会议审议通过了《天津市版权协会章程》和天津市版权协会第一届理事名单。同时举行了版协网站开通仪式。

（《中国版权年鉴》编辑部）

**【2012 CPCC十大中国著作权人年度评选活动关注设计】** 2012年6月15日，由中国版权保护中心

主办的“2012 CPCC 十大中国著作权人年度评选”活动正式启动，“关注设计”是2012年度评选活动的主题。

在国家知识产权战略、建设创新型国家政策推动下，自主知识产权创新和成果得到快速增长，创意设计已渗透到社会生活的方方面面，在引领社会进步与产业变革，从中国制造到中国创造的转变过程中，创意设计以及产品推广将发挥越来越重要的作用。从中国版权保护中心作品著作权登记信息显示，与设计相关的作品登记量与日俱增，设计作品涉及的范围也十分广泛，从工业设计到广告设计、从建筑工程到机械制造、从软件系统工程到视觉传达设计、从家电服装纺织到动漫游戏等，充分表明了设计业者的版权保护意识明显增强和设计行业的快速发展。

2010年，工业和信息化部等11个部委联合颁布了《关于促进工业设计发展的若干指导意见》，提出“鼓励企业和个人就工业设计申请专利和进行著作权登记”，引导人们充分认识设计水平对社会发展的重要性，全面提升设计服务的自主创新能力，激发著作权人的创造力。为此，该届CPCC十大中国著作权人评选活动以“关注设计”为主题，旨在搭建为各领域优秀设计企业和个人提供展示设计成果的平台。

（《中国版权年鉴》编辑部）

**【中国电影著作权协会分配境外著作权使用费】** 2012年7月，中国电影著作权协会分别把来自西班牙的45万余元著作权使用费，通过中国导演协会和中国电影文学学会转付给张艺谋、陈凯歌、冯小刚、何平、陆川、贾樟柯、张扬等18位导演和曹保平等编剧。涉及《满城尽带黄金甲》、《和你在一起》、《大腕》、《南京！南京！》、《三峡好人》、《向日葵》等31部影片的导演和编剧。对于尚未成为中国导演协会和中国电影文学学会会员的作者的著作权使用费，通过《中国电影报》（2012年8月2日第30期第5版）和中国电影著作权协会网站（www.cfca-c.org）进行了公示并请相关作者与中国电影著作权协会联系领取相关报酬。

（资料来源：中国电影著作权协会 作者：史文霞）

**【广州设立服装版权交易中心】** 2012年7月13日，广州国际服装展贸中心“欧韩服装精品馆”正式开业，同时宣布广州服装版权交易中心正式成立。该中心主要是为服装设计师提供版衣展示、服装版权交易的场所，促进设计师与服装厂家对接和设计成果的效益转换。

该交易中心吸引了COCO、HAPPY CHANCE、D. Asleey等近200个中、欧、韩等国家和地区的设计师服装品牌进驻，其中韩国品牌占到60%。

在成立仪式上，广百流花世贸交易中心流花公司董事朱清国表示，广东不乏优秀的服装设计师，但没有把这些设计师的优势转化为品牌资源。很多设计师与服装企业老板的合作并没有发挥出应有优势，而且很多企业对服装设计仍不够重视，使得广东的服装品牌风格难以定型。广州服装版权交易中心的成立，有望改变这一现状。

（资料来源：《信息时报》 作者：林建敏）

**【上海市作协、文化产权交易所和版权服务中心签署合作协议】** 2012年8月16日，上海市作家协会、上海文化产权交易所和上海版权服务中心在上海签署战略合作协议。三方充分利用自身优势，在作品登记、版权评估、项目推介和交易等方面展开合作，共同推动版权产业的保护、开发和运营，促进原创文学市场健康繁荣的发展。

上海市作家协会的电影剧本《春华秋实》、中篇小说《遇见一百个女孩》、长篇小说《女红》等3个项目作为首批重点项目，在上海版权服务中心进行著作权登记，上海市新闻出版（版权）局副局长蔡纪万为3位作家颁发了登记证书。同时3个项目也会在上海文化产权交易所平台进行信息发布，寻找合作方。

签约仪式后，举行了由上海市版权局主办，上海版权服务中心和上海文化产权交易所承办的“数字时代的版权跨界运营”研讨会。吸引了来自银行、基金等金融机构以及国内出版、影视、动漫、娱乐跨界领军企业积极参与。

面对数字化的挑战和全版权跨界运营的趋势，如何改变对版权资源的传统粗放式经营，实现对版权资源的跨媒体立体开发和深度加工，延伸并打通产业链上下游成为业内外热议的话题。

（《中国版权年鉴》编辑部）

**【重庆版权云端服务平台上线运行】** 2012年8月23日，重庆版权云端服务平台上线暨作品免费登记启动仪式在重庆邮电大学举行，这标志着全国首个政学企研携手，运用云计算和信息安全等技术开发建设的，集版权登记、评估、交易、监管、侵权证据保全等功能于一体的综合性平台正式上线运行。

作品免费登记启动后，在重庆市范围内，所有机关、企事业单位及个人符合《著作权法》规定的普通作品，均可向市版权保护中心申请免费登记，版权拥有者足不出户，就可以通过互联网完成作品登记，成本费用由市财政专项资金补助，此举改变了重庆市版权登记、保护、交易的落后面貌。重庆市委常委、宣传部部长徐海荣认为，由市版权局与重庆邮电大学联合开发的版权云端服务平台上线暨作品免费登记正式启动，为广大权利人、传播者、使用者提供集约式、便捷化、高效率的服务。

重庆市新闻出版局局长杨恩芳表示，重庆版权云端服务平台的正式上线运行，是在重庆“云端计划”下，运用云计算及信息安全等现代科技解决版权管理难题、促进版权产业发展的有益探索。版权平台上线和作品免费登记，全面整合重庆版权资源，逐步实现政府主导、社会参与的版权工作新格局，打造在西部乃至全国领先的版权服务平台和版权产业环境。

（资料来源：《中国新闻出版报》　作者：李子木）

**【上海互联网企业版权自律公约成员增至 17 家】** 2012 年 8 月 24 日，上海市版权局、公安局、通信管理局、文化市场行政执法总队、互联网信息办公室等 5 部门联合召开 2012 年“剑网行动”工作会议暨 2011 年度查处侵权盗版案件先进表彰会议，正式启动上海打击网络侵权盗版专项治理“剑网行动”。

在 2012 年上海市“剑网行动”工作会议上，百视通、淘米网、巨人网络、优度网、沪江网、悠游网、火游网、上海安畅、VeryCD 等 9 家沪上知名互联网企业作为新成员，签约加入上海互联网企业版权自律公约。至此，上海互联网企业版权自律公约成员单位扩容至 17 家。同时，PPS、PPTV、土豆网、激动网、百视通和 VeryCD 等 6 家成员单位共同签署《互联网内容版权战略合作框架协议》，就作品备案、版权置换、联合采购等内容达成共识。这标志着上海市互联网版权自律公约建设已由“定纷止争、共创氛围”的基本目标向“合作共赢、共同发展”的长远目标推进。

（资料来源：上海市版权局　作者：王　骞）

**【第二届中国版权拍卖大会在 BIBF 期间举办】** 2012年 8 月 30 日，第二届中国版权拍卖大会在北京国际图书博览会举行。该届拍卖大会由中国人民大学国家版权贸易基地联合中国图书进出口（集团）总公司共同主办。大会拍卖权利以图书书稿出版权为主，还包括中外图书的翻译权及影视作品的图书改编权。众多国内外图书出版单位、文化传媒公司以及相关行业知名人士参与其中。

该届版权拍卖大会作品征集于 2012 年 7 月启动，共征集图书版权作品 500 余部，包括小说、传记、剧本、少儿作品等。经认真挑选，最终产生了 30 部具有较高水平和良好商业前景的作品参与此次拍卖大会的竞拍。其中有被称为“中国版哈利·波特”的“仙剑迷踪”系列神话幻想小说的出版权、正在热映的《战火西北狼》电视剧的图书改编权以及众多已出版图书的海外翻译出版权等。

该届拍卖大会共有 6 部作品成功拍出，总成交额达 15.3 万元。多部未成交作品也受到多方买家的竞拍，但由于该届拍卖大会的拍卖作品均设有保留价，作者对作品的预期较高，导致作品未能拍卖成功，这也反映出作者对于作品价格设定与作品实际市场价值不符的现状。

（《中国版权年鉴》编辑部）

**【全国数字版权服务平台集文网正式上线】** 2012 年 9 月 11 日，在浙江省新闻出版局、杭州市文广新局以及杭州国家数字出版基地的指导下，由杭州集文数字科技有限公司承建的全国数字版权服务平台——集文网（www.ijiwen.com）正式上线发布。杭州集文数字技术有限公司由浙江出版集团数字传媒有限公司和杭州舒讯信息技术有限公司合资成立。

集文网主要提供数字版权交易以及数字内容加工、发行和运营推广等服务。平台会和中国移动手机阅读基地、中国电信数字阅读产品基地联合推出“手机出版直通车”计划，作者可以通过集文数字版权服务平台直接把作品接入两大阅读基地进行运营，缩短手机出版的产业链条，提高作者从手机出版中获得的收益。同时，作者还可以更深入自主地参与手机出版的各个环节，通过平台随时了解作品的点击信息、运营信息等。

集文数字版权服务平台还推出了“数字内容走出去计划”，以快捷、专业的方式，帮助国内出版机构和作者通过 Apple、Kindle、Nook、Sony Reader 等全球数字发行渠道，将作品推向全球华语读者。目前，集文数字版权服务平台已经完成与 Apple iBookstore、Amazon Kindle、B&N Nook、Sony Reader、OverDrive 等海外数字内容发行渠道的对接，计划在 1 年内实现 1 000 部作品的数字化加工和海外发行推广工作，帮助国内出版机构和作者以最低的成本实现数字出版物的海外发行，使全球华语读者可以在同一时间内读到最新的国内数字出版物。

（《中国版权年鉴》编辑部）

**【重庆市版权司法鉴定中心开展版权司法鉴定服务】** 2012年10月11日，经重庆市司法局批准，重庆市版权司法鉴定中心成立并面向社会开展版权司法鉴定服务。受司法机关委托，对1 246种涉及游戏、软件、电影、音乐、戏剧等作品的光盘进行司法鉴定，并出具法律意见书，开局良好。

重庆市版权司法鉴定中心是国内唯一一家专业从事版权司法鉴定的机构，其鉴定范围为：作品同一性或相似性鉴定，同时对版权行政执法、司法、版权纠纷和侵权案件涉及的专业性和技术性问题进行鉴定，并接受委托人的委托，对版权纠纷、侵权等版权案件涉及的专业性、技术性和法律适用等问题出具法律意见书。

自2012年上半年成立以来，中心广泛开展版权调研、学术探讨，加强版权司法鉴定的研究，接受来电来信来人咨询百余人次，有效满足了社会对版权司法鉴定服务的各种需求，全面提升了重庆市版权创造、运用、保护和管理的综合水平，助推了重庆市经济社会健康快速发展。

（资料来源：重庆市版权局　作者：许家伟）

**【福建省版权协会成立大会在福州召开】** 2012年10月15日，福建省版权协会成立大会在福州召开。

该协会是在福建省版权局版权处的倡议下，由福建人民出版社、福建电子音像出版社、福建省网龙计算机网络信息技术有限公司、福州业通家居制造有限公司、福建天狼星动漫有限公司等5家单位共同发起成立的，行政主管部门为福建省版权局。

协会目前有会员213名，其中个人会员62名，单位会员151名。个人会员涵盖政府有关部门、法院、高校、研究机构的工作人员，单位会员涵盖新闻出版、广播影视、计算机软件、游戏动漫、工艺美术、知识产权中介服务等行业的版权相关企业。

协会成立为著作权人和与著作权有关的权利人、版权产业单位等协会会员提供一系列服务，包括著作权法律咨询、办理作品登记、办理各类版权合同的备案、协助会员对侵权盗版活动进行调查取证、协调相关的行业和部门开展反盗版工作等。

（资料来源：《中国新闻出版报》　作者：张福财）

**【全国首家县级版权保护协会成立】** 2012年10月25日，山东平度市版权保护协会成立，这标志着全国第一家县级版权保护协会诞生。平度市版权保护协会是平度市文化市场行政执法局主管的由行业自发成立的非营利性社会组织，现有会员单位35家。大会选举出会长1名，副会长5名，秘书长1名。

（《中国版权年鉴》编辑部）

**【全国文化产权交易共同市场成立】** 2012年10月28日，来自北京、天津、广东、浙江、江苏、山东等18个省、自治区、直辖市的25家文化产权交易平台机构齐聚三亚，共同发起成立第一个全国性文化产权交易行业自律组织“全国文化产权交易共同市场”，同时第一届第一次理事会同期举行。

会议通过了共同市场章程，发布了《共同诚信自律宣言》，选举广东南方文化产权交易所为轮值主席单位，选举北京东方雍和国际版权交易中心首席顾问彭中天为秘书长。

彭中天表示，全国文化产权交易共同市场是由国内25家文交所和相关交易机构自发组织、共同发起成立的国内首个行业自律组织，这是一个开放的平台，欢迎更多的文化产权交易机构加入。共同市场成立的宗旨是在严格遵守国务院38号、37号文规定的前提下，主动服务于“推动社会主义文化大发展大繁荣”的国家战略，推动文化产权交易市场发展和繁荣，推动各成员单位诚信自律、协同创新、聚合分享、发展共赢。共同市场的发展目标是逐步实现共同市场成员机构间统一交易模式、统一交易规则、统一收费标准、统一会员体系，力争3年内实现全国文化产权交易统一市场，为振兴文化产业，促进文化产权规范、高效、有序流转作出贡献。

（《中国版权年鉴》编辑部）

**【中国音像著作权集体管理协会在京召开理事会】** 2012年11月19日，中国音像著作权集体管理协会在北京召开第一届理事会第五次会议。新闻出版总署（国家版权局）版权管理司和人事教育司领导列席本次会议。会议审议通过了《2011年度工作报告》、《2011年度财务工作报告》、《2011年度卡拉OK著作权使用费分配细则》，并提交第四次会员大会审议。理事会还通过了《关于召开第四次会员大会的提议》，定于2013年年初，召开中国音像著作权集体管理协会第四次会员大会。

（资料来源：中国音像著作权集体管理协会
作者：马继超）

**【北京国际版权交易中心版权评估委员会成立】** 2012 年 11 月 23 日，北京国际版权交易中心版权评估委员会正式成立。评估委员会包含影视版权评估、艺术品版权评估、原创文学评估、音乐版权评估、计算机互联网软件评估、版权交易及投融资、法律咨询及维权七大工作委员会。其中影视版权评估工作委员会率先建立，为全产业提供了全方位、专业化的版权保护、交易、评估及投融资一站式服务。

在评估委员会成立仪式上，由该工作委员会聘请的首批影视版权专家在现场共同签署了北京版权评估诚信宣言，在遵守国家相关法律法规和资产评估准则的前提下秉持公正、公开、公平的原则，勤勉尽职，共铸版权评估诚信，为文化创意产业的发展和繁荣做出努力。

（《中国版权年鉴》编辑部）

**【辽宁增设版权工作站】** 2012 年 11 月，辽宁省版权局连续建立两个版权工作站，挂牌成立辽宁省版权局沈阳芝麻开门科技有限公司版权工作站和辽宁省版权局沈阳众智网络科技有限公司版权工作站。新成立的两个版权工作站旨在以科学和务实的服务，促进网络版权创意企业增强知识产权创造、运用能力，助推辽宁版权产业良性发展。

新成立的两个版权工作站的主要服务项目包括版权作品登记，版权法律服务，版权信息服务，提供版权交流平台，协助和支持版权行政管理部门开展版权宣传、版权调研等多项工作。版权工作站将围绕网游、动漫以及教育领域众多智力资源的版权保护开展工作。

沈阳芝麻开门科技有限公司和众智网络科技有限公司属于新兴网络文化创意企业，分别致力于网络游戏产品和网络教育产品研发及运营，在发展中版权瓶颈问题日益突出。为解决版权问题，2012 年下半年两家公司与辽宁省版权局就设立版权工作站草签了《建站备忘》，并根据《建站备忘》提出了设站申请。

（资料来源：《中国新闻出版报》 作者：方 圆）

**【纪念计算机软件登记制度实施 20 周年座谈会在京举行】** 2012 年 12 月 17 日，由中国版权保护中心举办的纪念中国计算机软件著作权登记制度实施 20 周年座谈会在京举行。

与会专家指出，计算机软件著作权登记制度是中国软件知识产权保护体系的重要组成部分。20 年来，软件著作权登记工作取得了重大进展。尤其是近年来，登记机构通过开发应用著作权登记信息系统、建设版权登记大厅、完善登记工作规则等创新方式，初步实现了登记工作的信息化、标准化和规范化，提升了著作权登记服务能力和服务水平，适应了中国软件著作权登记量迅猛增长的发展变化，在促进软件产业发展方面发挥了越来越重要的作用。同时与会者也提到，新形势下软件登记工作也面临着重大挑战，急需在人员配置和技术条件方面加以改进，以支撑未来中国软件著作权登记发展的需要。他们希望登记机构强化自身建设，以更好地应对未来中国软件产业的发展。

针对软件著作权登记制度的完善，专家们表示，近年来，随着中国软件产业的快速发展，新技术、新问题不断涌现，现行软件登记办法的部分条款已无法完全适用于当前软件著作权登记工作以及软件产业发展的客观实际，尤其是在软件著作权转让和专有许可合同登记的效力、登记的作用、登记种类的交叉、登记文件的交存方式等方面表现出的突出问题，需要加以解决，应尽快启动对现行软件登记办法的修订工作。

（资料来源：《中国新闻出版报》 作者：方 圆）

**【华中国家版权交易中心揭牌运营】** 2012 年 12 月 28 日，华中国家版权交易中心正式在中南财经政法大学首义校区揭牌运营。揭牌仪式上，交易中心与中国南山开发集团签订了战略合作协议，并进行了首场版权交易，促成中信建筑设计研究总院与武汉长江航运中心签订了价值 4 300 万元的建筑设计作品交易协议，同时还与著名作家熊召政及长江广电传媒集团签订版权代理协议，使其成为交易中心首批会员单位。交易中心的揭牌运营引起了业内各界的广泛关注，《中国新闻出版报》、《湖北日报》、湖北卫视等媒体先后进行了专题报道。

（《中国版权年鉴》编辑部）

## ◆ 国际交流与合作

**【“著作权集体管理圆桌会议”在北京举行】** 2012 年 1 月 11 日，由中国音像著作权集体管理协会主办的“著作权集体管理圆桌会议”在北京举行。来自国家版权局、最高人民法院、北京各级人民法院、国内五家著作权集体管理组织、国际作者作曲者协会联合会（CISAC）以及澳大利亚、加拿大、挪威等著作权集体管理组织的中外专家共30余人参加了会议。与会专家紧紧围绕“中国著作权集体管理发展现状及司法实践中的问题”、“和著作权集体管理有关的仲裁机制”、“著作权集体管理类型和延伸集体管理”3个议题进行了主题发言并展开讨论，特别指出实践中碰到的困难和问题，共同探讨解决途径，并分享国内外相关经验。

（资料来源：中国音像著作权集体管理协会 作者：马继超）

**【中南传媒集团与法兰克福书展主办方在京签署战略伙伴框架协议】** 2012年2月6日，中南出版传媒集团股份有限公司与法兰克福书展主办方在京签署战略伙伴框架协议。中南出版传媒集团董事长龚曙光、新闻出版总署外事司对外交流处处长赵海云、法兰克福书展主席兼总裁尤根·博思和法兰克福书展副总裁霍格尔·佛兰德等出席了签约仪式。双方计划在资源共享、版权交易、出版培训、业务交流等方面展开全方位合作。

（《中国版权年鉴》编辑部）

**【时代出版携手英国Opus共同开拓中英文化产品市场】** 2012年2月9日，时代出版传媒股份有限公司与英国Opus传媒集团在安徽合肥签署战略合作协议。根据战略合作协议，双方在纸质出版、数字出版、服务印刷、资本合作等方面达成全方位合作，共同开拓中英及全球文化产品市场业务。这是新闻出版总署出台《关于加快我国新闻出版业走出去的若干意见》之后首个国有文化上市企业与海外知名传媒集团签约。

（资料来源：《中国新闻出版报》 作者：冯文礼）

**【阎晓宏会见美国电影协会主席克里斯托弗·多德一行】** 2012年3月9日，新闻出版总署副署长、国家版权局副局长阎晓宏在北京会见美国电影协会主席兼首席执行官克里斯托弗·多德一行，双方就目前各国在版权保护方面面临的问题和挑战、各国政府在打击侵权盗版方面如何加强合作等议题交换了意见。

阎晓宏对克里斯托弗·多德一行来华访问表示欢迎。他说，中国打击侵犯知识产权和假冒伪劣工作已经常态化和制度化，国家版权局在其中主要负责软件正版化和打击互联网领域的侵权盗版。中国互联网领域的版权保护虽然存在一些问题，但进展也是显著的。在国家版权局的主动监管和积极引导下，中国视频网站的版权状况已经有了根本性好转，在18家最大的视频网站当中，正版率最低也已达到76%以上。

克里斯托弗·多德对中国政府在版权保护方面所做的努力表示感谢。他说，根据中美两国签署的《中美双方就解决WTO电影相关问题的谅解备忘录》，进入中国的美国电影会更多，中美两国合拍电影的机会也会增多，而这些都离不开良好的版权保护环境，反盗版事关中美两国的利益。他说，如今侵权盗版已成为全球性问题，网络的无国界性使得侵权更为容易，包括电影在内的各个产业都因此受到冲击，这需要各国政府之间在版权执法方面加强合作。

阎晓宏对此表示赞同。他指出，版权保护需要国际合作。国家版权局与美国专利商标局、美国版权局为此签署过双边协定，根据协定，两国之间可通过定期交流信息和经验，共同开展培训和其他合作，加强版权保护的有效性。美国电影协会为两国之间的交流起到了积极作用。

新闻出版总署法规司司长王自强、版权管理司副司长汤兆志，美国电影协会亚太区总裁艾理善、中国区总裁兼首席代表冯伟等参加会见。

（《中国版权年鉴》编辑部）

**【中韩签署视频网站版权监测及法律问题研究项目协议书】** 2012年3月13日，由韩国著作权委员会北京代表处主办的“著作权保护说明会暨网络快速维权服务协议签订仪式”在韩国文化院举行。中韩双方共同签署了《韩国作品在中国视频网站版权监测项目委托协议书》。中国版权保护中心副主任邹建华、驻华韩国文化院金辰坤院长及韩国版权企业代表等参加了签订仪式。

2011年，为开展网络影视作品维权服务，中国版权保护中心接受韩国著作权委员会委托，实施韩国作品在中国视频网站版权监测及相关法律问题研究项目，签署并实施了《韩国作品在中国视频网站版权监测及相关法律问题研究项目委托协议书》。该项目于2011年年底结束。此次签订的项目委托协议书系双方在圆满完成2011年委托项目的基础上，为进一步巩固网络视频维权的成果而展开的一项长期合作。

（《中国版权年鉴》编辑部）

**【柬一中云南新闻出版版权贸易洽谈暨滇版图书推介会在柬举行】** 2012年4月6日，由云南省新闻出版局主办、昆明新知集团承办的“柬埔寨—中国云南新闻出版版权贸易洽谈暨滇版图书推介会”在柬埔寨金边市新知华文书局隆重举行。

展会设立 12 个展位，展出云南人民、云南大学、云南民族、云南美术、晨光、德宏民族等多家出版社近年来出版发行的农业、旅游、民族、文学等优秀出版物与音像制品 1 100 余种，10 万多码洋，涵盖了少儿、生活、文学、艺术、工具书等种类。推介会期间，图书销售收入达 6 000 多美元。

（资料来源：《中国新闻出版报》 作者：章红雨）

**【阎晓宏出席中美知识产权圆桌会议】** 2012 年 4 月 12 日，新闻出版总署副署长、国家版权局副局长阎晓宏出席中美知识产权圆桌会议开幕式，并发表了题为《合作共赢 营造网络版权保护良好环境》的致辞。

阎晓宏在致辞中指出，中美知识产权是中国最重要的知识产权双边关系，构建一个良性、繁荣的互联网知识产权环境，符合中美两国国家利益，符合中美两国企业和人民利益，希望双方共同推进互联网版权保护与创新。

阎晓宏向与会者介绍了中国在网络著作权立法和版权保护方面取得的成绩。他说，中国在网络领域的版权立法已经基本成型并符合国际规则。同时，不断加大互联网版权监管力度，严厉打击互联网侵权盗版行为。2005 年以来，国家版权局联合公安部、工业和信息化部等连续 7 年开展打击网络侵权盗版专项行动，共查办互联网侵权盗版案件 3 769 起，依法关闭非法网站 1 569 个，并追究了一批侵权者的刑事责任。现在，权利人和使用者的版权意识有很大提高，他们既有谈判、争论、维权，又有务实合作，越来越多的互联网企业依靠良好的商业模式运作版权资源获益，越来越多的权利人也从网络使用中获得收入。

阎晓宏还分析了目前互联网领域主要存在的三大版权问题：一是数字网络技术削弱了著作权人对作品的控制，网络环境下大量未经授权使用作品的现象仍很突出，权利人在网络环境下相对处于弱势地位；二是传统的版权授权模式受到挑战，进一步引发了著作权人与作品使用者、作品传播者的利益冲突，使侵权与维权的矛盾更加凸显；三是数字网络技术日新月异，新的网络应用层出不穷，这给网络环境下版权保护的基本原则、保护机制、权利结构提出了挑战。

针对上述问题，阎晓宏提出了五大解决方案。第一，进一步完善互联网法律制度。国家版权局会同有关部门启动了著作权法的第三次修订工作，并向社会发布了征求意见稿，并要借鉴国际社会相关立法的成熟经验和做法。第二，不断提高版权执法力度，旗帜鲜明地打击各类网络侵权盗版，特别是恶意的、规模性的侵权盗版行为必须追究其刑责。第三，积极探索建立适合互联网特征的授权机制，着力改变目前网络环境下作品授权难、使用难的状况，以促进网络海量作品的授权与使用。第四，充分利用先进的数字技术手段强化版权保护，加快构建数字网络反盗版监管平台，提高网络版权执法的主动性、有效性和执法效率。第五，加强互联网版权保护的国际交流合作，特别是在立法、执法、培训、宣传等多个领域的全面合作。

（资料来源：《中国新闻出版报》 作者：赖名芳）

**【2012 年伦敦书展在伯爵宫开幕】** 2012 年 4 月 16—18 日，伦敦书展在伦敦伯爵宫举行。中国以“市场焦点”主宾国的身份亮相伦敦书展。这是继 2009 年成功担任法兰克福书展主宾国后，中国再次成为伦敦书展的主宾国。

该届伦敦书展，有 57 个国家的 1 543 家参展商参加，其中中国有 181 家出版单位、超过 600 名出版业界领袖和版权经理参加此次书展，开展贸易洽谈并寻求商务合作。参展的中国出版单位中，仅中国国际出版集团就携 972 种图书参展，其中新书 380 种，重点图书 598 种。

（《中国版权年鉴》编辑部）

**【柳斌杰与高锐对话“出版与版权保护”】** 伦敦当地时间 2012 年 4 月 17 日上午，一场以“出版与版权保护”为主要内容的高端对话在伯爵宫会议中心举行。新闻出版总署署长、国家版权局局长柳斌杰和世界知识产权组织总干事弗兰西斯·高锐作为对话嘉宾出席，围绕“数字时代的版权保护与版权价值”主题进行了互动交流。

在谈到数字版权问题时，柳斌杰指出，数字领域的版权保护问题非常值得关注。近年来，中国在数字版权保护方面有法可依，但因种种原因，对侵犯版权的行为处罚力度比较小，没有起到惩罚的目的，这是困扰版权执法的一大问题。他强调，在知识产权保护三大领域，诉讼案件 90%集中在版权领域、文化领域。因此，下一步中国会不断完善法律体系和执法准则，加大执法力度，加大版权保护力度，使包括著作权人在内的各方权益得到更好的保护。

高锐对中国在版权保护方面采取的措施、取得的成果给予充分肯定。他说，中国政府高度重视版权保护工作，采取了诸多措施和办法，效果明显。高锐十分赞赏中国在数字领域版权保护方面的探索和实践。他认为，随着数字时代的到来，既有机遇，也有挑战，数字版权保护问题的确是一个值得关注的实际问题。一方面需要立法，另一方面也应进一步加大惩处力度。另外，一个很重要的工作就是提高人们的版权保护意识。

（资料来源：《中国新闻出版报》　作者：冯文礼）

**【索尼22亿美元收购百代版权业务获欧盟批准】** 2012年4月20日，索尼牵头的财团以22亿美元收购百代音乐（EMI）旗下版权业务的交易已获得欧洲反垄断机构的批准。欧盟委员会的批准使得索尼的该项交易避免遭到较长时间的反垄断调查。为了使得该收购获得批准，索尼此前向欧盟提出让步：因为该收购使得索尼成为音乐行业最有力的竞争者，故此索尼提出准备出售百代版权部门旗下可产生2 500万欧元（约合3 300万美元）年收入的业务。

欧盟委员会宣布批准这笔交易，通过收购百代音乐的版权部门，索尼在音乐市场实际获得31%的份额。索尼方面此番收购成功后会裁去EMI版权60%的员工（300人左右），这样会为公司每年节省7 000万美元的开支。

百代音乐旗下的版权公司是全球规模最大的音乐版权公司之一，拥有约130万首歌曲版权。而索尼的版权部门索尼/ATV拥有约75万首音乐，其中包括甲壳虫乐队的音乐词曲版权。

（资料来源：网易娱乐　作者：小　易）

**【王岐山会见美国微软公司首席执行官史蒂夫·鲍尔默】** 2012年5月23日，中国国务院副总理王岐山在京会见美国微软公司首席执行官史蒂夫·鲍尔默。王岐山指出，保护知识产权关乎创新型国家建设。中国政府高度重视保护知识产权，努力为企业创新发展营造良好的环境。

王岐山说，2011年以来，中国政府大力推进政府机关软件正版化工作，中央国家机关软件正版化已顺利完成。各级政府均要把软件采购经费纳入财政预算，建立健全软件资产管理和审计监督等制度，确保政府机关软件正版化不倒退、不反复。对市场上出现的盗版软件进行可持续打击，积极推动事业单位和国有企业实施软件正版化，做到年年有进步。

鲍尔默认为，中国政府在保护知识产权和软件正版化方面成效卓著，表示愿进一步扩大对华合作，为推动中美经济关系健康发展作出贡献。

“十一五”期间，中国推进企业使用正版软件工作成效显著，全国129个中央大型企业总部全部实现了软件正版化，超过1.22万个大中型企业实现了使用正版软件的工作目标。

（《中国版权年鉴》编辑部）

**【中美知识产权司法审判研讨会在京举行】** 2012年5月28—30日，由中国法学会主办、中国知识产权法学研究会承办的“2012年中美知识产权司法审判研讨会”在中国人民大学举办。中国法学会党组书记、常务副会长陈冀平，最高人民法院常务副院长沈德咏，商务部副部长、国际贸易谈判副代表崇泉，国家知识产权局局长田力普，新闻出版总署副署长、国家版权局副局长阎晓宏，中国人民大学校长陈雨露，美国驻中国大使骆家辉，美国联邦巡回上诉法院首席法官兰德尔·雷德，美国商务部副部长兼美国专利商标局局长大卫·卡波斯，美国联邦巡回上诉法院律师协会会长史蒂文·兰伯特，美国商务部副部长兼美国专利商标局局长高级顾问马克·柯恒等中美两国从事知识产权法制研究和司法实务的代表及专家学者出席此次研讨会。

此次研讨会持续3天，分别就“知识产权审判”、“专利诉讼中的案件管理”、“专利判决的实施”、“驰名商标保护的新进展”、“计算机软件著作权的保护”等19个专题进行了讨论。

（《中国版权年鉴》编辑部）

**【中文数字图书进驻海外图书馆】** 2012年5月29日，中国（北京）国际服务贸易交易会开幕，世界知名出版科技与服务提供商——英国出版科技集团与中文在线共同签署“海外数字图书馆”项目合作协议。双方在教育、科技、医学类中文数字图书展开合作：中文在线的版权资源和服务平台与英国出版科技集团所拥有的英捷特全球数字图书馆平台实现对接，前者数字内容图书通过英捷特平台实现在2.5万家海外图书馆的阅读、销售，并通过跨库检索技术、用户行为分析技术，及时获知国外数字图书馆用户的使用情况，不断优化内容和服务。

（《中国版权年鉴》编辑部）

**【中国国际版权博览会在京举行】** 2012年6月21日晚，“世界知识产权组织版权金奖颁奖盛典暨第四届中国国际版权博览会开幕式”在人民大会堂隆重举行，宣告版博会正式开幕，世界知识产权组织总干事弗朗西斯·高锐，中国新闻出版总署署长、国家版权局局长柳斌杰，北京市委副书记、市长郭金龙共同为开幕式剪彩。

本届中国国际版权博览会（以下简称版博会）于6月22—24日举办，以专项洽谈、招商推介、产业展览、主题活动等为主要内容，共设立了序厅（国家版权局展区、世界知识产权组织（WIPO）展区和朝阳文化创意展区）、国际展厅、城市展厅和版权相关产业展厅4个区域、80个展位，吸引了来自15个国家和地区、国内12个省市的100多家音像、影视、设计、艺术等方面的机构和企业前来参展，3万观众参观。

作为该届版博会的主宾国，俄罗斯给观众带来具有浓郁俄罗斯风情的油画和雕塑艺术品。其他国家如乌克兰、韩国、日本等也集中展示了本国的文化艺术精华。

城市展厅充分展示了中国版权产业对区域经济的促进作用。北京董陶窑展示了现场陶器制作；苏州市共组织23家版权重点企业参展，涵盖当地刺绣、丝绸印染、工艺品等传统版权企业以及软件、动漫、网游等新兴版权企业；福建省以福建土楼为特装形象，集中展示了寿山石雕、软木画、工艺陶瓷、漆画、油画、3D画等100多种版权创意精品力作；昆山以会跳舞的机器人、卡通形象介绍地名文化等创意产品全面展示了昆山版权经济的风貌；青岛展出了多部原创制作并拥有自主产权的动画短片及互动游戏。

版权相关产业展厅分为“视频网站展区”、“图书引进输出展区”、“音乐、影视展区”、“软件企业展区”和“著作权集体管理展区”五大主题展区。爱奇艺、乐视、搜狐、腾讯等视频网站，FAB精彩集团、盛大文学、中文在线等数字内容企业，CAXA、中望、永中等软件企业集中展示了中国版权相关产业的快速发展；音著协、音集协、文著协、摄著协、影著协等著作权集体管理组织展位吸引了大批观众参观咨询；中国图书“引进输出”展示区，不仅展示了近年来中国在引进出版国际优秀作品方面与国际日趋同步，而且吸引了一批国内外版权经纪人现场洽谈。

版博会期间，主办方举办了中国网络文学数字出版论坛、第四届全国大学生版权征文颁奖仪式、推动中国演出市场版权保护及交易高峰论坛、第四届中国国际版权博览会（CICE）金慧奖颁奖仪式等多项活动。这些活动通过深入交流与对话，强调了版权作为文化创意产业生产要素和财富资源的重要性，分享了影视、音乐、数字出版等各个版权领域的新趋势和新思想，探讨了互联网环境下演出、出版、音乐版权市场等存在的问题和解决方案。

（《中国版权年鉴》编辑部）

**【安徽出版集团与澳大利亚版权局签署版权协议】** 2012年8月10日，中国安徽“中澳文化周”推广活动在悉尼举行，活动中安徽出版集团与澳大利亚版权局签署了有关加强双方版权合作的协议。

安徽出版集团与澳大利亚版权局在版权、出版、数字传媒、产业开发等方面开展交流与合作。双方共同开发两国非物质文化遗产等文化教育资源，打造中澳文化合作新平台，创建国际文化交流新模式。

安徽省省委副书记孙金龙、澳大利亚版权局总裁安东尼出席了当天的签约仪式。

（资料来源：新华网　作者：张小军　岳冉冉）

**【《舌尖上的中国》版权贸易签约仪式举行】** 2012年8月29日，光明日报出版社与北京国际图书博览会主宾国出版商——韩国海星国际出版机构举行《舌尖上的中国》版权贸易签约仪式。

新闻出版总署副署长邬书林出席签约仪式并讲话。邬书林指出，《舌尖上的中国》与韩国海星国际的版权签约，进一步反映了中韩两国在文化交流与合作方面的关系日益密切。

光明日报出版社已分别与来自中国台湾、香港地区和美国的出版商签署了中文繁体字版和英文版《舌尖上的中国》的版权贸易协议。光明日报出版社在图博会上还推出了《舌尖上的中国》的英文版图书，委托中国图书进出口（集团）总公司对外发行，实现了出版“走出去”。

（《中国版权年鉴》编辑部）

**【第19届BIBF达成版权贸易协议3 298项】** 2012年8月29日至9月2日，第19届北京国际图书博览会（BIBF）在中国国际展览中心（新馆）举办。此次图博会首次推出了主宾城市，北京成为首个主宾城市。

该届BIBF来自75个国家和地区的2 000多家中外出版单位展出了约20万种精品图书，共达成中外版权贸易协议3 298项，同比增长11.68%。其中，达成各类版权输出与合作出版协议1 867项，比去年同期增长13%；达成引进协议1 431项，引进与输出之比为 1∶1.3。

另外，在北京展区，版权外交会议展集中展示了保护音像表演外交会议的成功举办等相关内容。

（资料来源：新华网　作者：隋笑飞）

**【“大飞机出版工程”版权输出签约仪式在京举行】** 2012 年 8 月 29 日，“大飞机出版工程”版权输出签约仪式在第 19 届北京国际图书博览会（BIBF）隆重举行。上海交通大学出版社与爱思唯尔出版集团正式签署协议，一次性输出“大飞机出版工程”5 种精品学术专著的英文版版权。新闻出版总署副署长邬书林，国家出版基金规划管理办公室主任李潞，上海市新闻出版局局长方世忠，“大飞机出版工程”总主编、中国航空工业集团公司科技委副主任顾诵芬院士等出席签约仪式。

邬书林在讲话中指出，作为国家“十二五”重点图书，“大飞机出版工程”的成功出版，为大飞机的研究、制造和人才培养提供了高价值的决策参考、技术支撑和知识基础，体现了国家意志，并进一步发展成为优秀学者的聚集枢纽、学术著作的传播平台、科研成果的发布中心和学术水平的高地，是出版服务于国家经济社会发展的典范。方世忠表示，这项战略合作标志着中国的大飞机研发成果和学术著作获得了国际主流学术界的充分认可，是上海出版高端学术“走出去”的一项盛事。希望上海交大出版社以精品为带动，以学术为归依，进一步拓展和深化与国际主流出版商的战略合作，不断推动中国精品学术图书走出去。上海交通大学出版社社长韩建民、爱思唯尔出版集团亚太区总裁李美仪分别代表双方出版社在“大飞机出版工程”版权输出协议上签字。

（资料来源：上海市新闻出版局版权处）

**【美国电影协会和淘宝网签订合作协议】** 2012 年 9 月 7 日，中国电子商务龙头企业淘宝网正式与美国电影协会签订协议，共同规范在线电影点播市场，打击侵权盗版现象。

淘宝网要求广大卖家出示有效的“版权内容许可证”，对于一些不良买家采取一些更为透明的处理措施。淘宝网也与执法部门合作，积极主动地清除淘宝网上的假冒侵权内容。

（《中国版权年鉴》编辑部）

**【第八届中韩著作权研讨会在韩国召开】** 2012 年 9 月 17 日，由国家版权局与韩国文化体育观光部主办，中国版权保护中心与韩国著作权委员会承办的第八届中韩著作权研讨会在韩国召开。来自中韩两国出版、传媒、影视、游戏、动漫等各领域的团体、企业代表近百人参会，两国代表以“中韩建交 20 周年，著作权领域新合作”为主题展开讨论。开幕式上，新闻出版总署副署长、国家版权局副局长阎晓宏，韩国文化体育观光部第一次官郭溁镇等先后致辞。

阎晓宏指出，在中韩建交 20 周年之际，中韩两国在政治、经济、文化等领域的交流合作不断深入发展。在版权交流合作方面，双方积极落实 2006 年签署的《中华人民共和国国家版权局与大韩民国文化观光部交流合作协议》，不定期举办中韩著作权研讨会，该活动已成为两国开展版权交流合作的主要平台，也为产业界提供了版权保护状况调研、版权纠纷解决、版权贸易合作的良好服务机制。

阎晓宏强调，在 21 世纪知识产权已经成为经济发展的战略性资源和国际竞争力的核心要素。在全球经济放缓的不利形势下，中国出版、动漫、影视、软件、网络与计算机服务等以版权资源为核心的版权产业出现了明显的逆势发展态势。保护知识产权是中国转变经济发展方式、提升国家核心竞争力的内在要求，中国政府保护知识产权的决心是坚定不移的。阎晓宏指出，中韩两国作为友好近邻，民族习惯相似，文化交流源远流长，中方愿意加强与韩国政府、企业界、权利人组织的沟通，增强战略互信，发展互利合作。他希望中国版权界代表借助研讨会平台，学习借鉴韩方在互联网版权保护与创新方面的成功经验和有效做法。此外，阎晓宏还介绍了《著作权法》第三次修订的有关情况。

中韩著作权研讨会已成为中韩两国版权界开展常态化、深度化交流合作的主要平台，它所提供的集版权保护状况调研、版权纠纷解决、版权贸易合作等内容于一体的服务机制，受到了两国业界的普遍认可。

来自中韩两国的代表就双方在版权立法、执法、保护、贸易等领域的发展新情况与合作前景进行了深入研讨。

（《中国版权年鉴》编辑部）

**【中国图书展销暨版权贸易洽谈会在越南开幕】** 2012 年 9 月 17 日，由新闻出版总署主办、广西壮族自治区新闻出版局承办的 2012 中国图书展销暨版权贸易洽谈会在越南河内国际展览中心开幕。在展销洽谈会举行的中越版权贸易签约仪式上，广西科学技术出版社等出版单位与越南太河图书股份公司等出版单位签订了向越南输出一批图书出版版权的合同。

此次展销洽谈会是新闻出版总署第四次委托广西壮族自治区新闻出版局赴东盟国家承办的中国图书展销暨版权贸易洽谈会，旨在纪念《中国—东盟全面经济合作框架协议》签署10周年和中国—东盟科技合作年，深化中国与东盟之间的出版交流与合作，进一步推动中国出版、广西出版走向东盟。该届展销洽谈会共展出中国近年出版的有关中国历史文化、科学技术、汉语教学、中国—东盟自由贸易区等方面题材的优秀图书1 500册，总码洋近12万元人民币。

展销洽谈会开幕当天，众多越南读者涌入中国图书展厅，兴致勃勃地在科普、农业、历史、文学、艺术、旅游、医疗保健、中医知识、中文教材教辅、少儿读物及中国—东盟交流合作等门类图书专柜前浏览、选购。

（《中国版权年鉴》编辑部）

**【第64届法兰克福书展开幕】** 2012年10月10—14日，第64届法兰克福书展在德国法兰克福举行。

在该届法兰克福书展上，中国代表团版权输出数量达2 409项。这是中国出版界自2009年在法兰克福书展担任主宾国之后，连续两年在这一国际最大书展上版权输出超过2 000项。中国国际出版集团、中国出版集团公司、凤凰出版传媒集团有限公司、北京语言大学出版社、南方出版传媒股份有限公司在此次法兰克福书展上表现出色，版权输出数量位居前五。其中，排在首位的中国国际出版集团输出版权数达342项；南方出版传媒股份有限公司版权输出进步最大，比上届增加了70%以上。在输出图书中，介绍当代中国发展的图书及文学类、汉语学习类、少儿类图书受到国际出版界的青睐。中国国际出版集团出版的《历史的见证：中国共产党如何治理国家?》、“21世纪中国当代文学书库”、“互动汉语”系列、“经典少年游”系列等一批重点图书与美、法、德、意、西班牙等国家和地区签订版权输出协议。

（《中国版权年鉴》编辑部）

**【中国音乐著作权协会加入国际复制权组织联合会】** 2012年10月21日，中国音乐著作权协会（以下简称音著协）总干事屈景明赴阿根廷首都布宜诺斯艾利斯参加国际复制权组织联合会（IFRRO）召开的世界大会和全体代表大会。

参加此次会议旨在探讨IFRRO组织以后如何更好地应对未来的挑战并不断满足成员的需求。屈景明总干事代表音著协参加大会下设的相关国际会议，包括IFRRO业务介绍会议、亚太委员会会议、音乐版权研讨会、全体代表大会等活动。在全体代表大会上，音著协正式成为IFRRO的联系会员，并以会员身份，参加选举了IFRRO的新主席、副主席和3位执委。目前IFRRO在中国大陆地区共有两家联系会员，一为中国音乐著作权协会，另一为中国文字著作权协会。

（资料来源：中国音乐著作权协会　作者：朱严政）

**【中欧著作权法专题研讨会召开】** 2012年11月8—9日，由国家版权局与欧盟驻华使团主办，华东政法大学知识产权学院承办的“中欧著作权法专题研讨会”在上海巴黎春天大酒店隆重召开。新闻出版总署法规司司长王自强、欧盟驻华代表团知识产权高级专员马明皓以及华东政法大学副校长刘晓红出席开幕式并致辞。

此次研讨会共邀请中欧相关政府部门官员、专家学者和企业界人士近80人，围绕追续权制度、著作权集体管理制度、孤儿作品以及数字环境下著作权保护4个议题展开讨论。会议除听取来自欧盟和国内知名专家专题报告外，与会的国家版权局领导和专家还进行了充分深入的交流和讨论，并希望会议成果能对正在进行的著作权法修改具有参考价值。

（资料来源：《法制日报》　作者：夏　滩）

**【阎晓宏在京会见国际出版商协会主席池永硕一行】** 2012年11月13日，新闻出版总署副署长、国家版权局副局长阎晓宏在京会见了国际出版商协会主席池永硕一行，双方就中国《著作权法》修订、版权行政执法等情况进行了交流。

阎晓宏首先介绍了中国版权保护工作所取得的最新进展。他说，国家版权局承担《著作权法》第三次修订的基础工作，在立足中国实际的基础上，借鉴国际版权立法好的经验，经过多方征求意见，最终形成的《著作权法》修改草案在2012年年底提交国务院。阎晓宏表示，在版权行政执法方面，版权行政执法管理部门联合公安、文化等多部门严厉打击侵权盗版，特别是网络侵权盗版，成效显著。同时，中国政府积极推动政府和企业使用正版软件，并已取得阶段性成果。他还表示，中国政府高度重视国际版权合作，2012年世界知识产权组织在华举办了保护音像表演外交会议，并成功签署《北京条约》。这对提升中国知识产权国际影响力、促进中国版权保护工作都有着重要意义。阎晓宏表示，欢迎国际出版商协会的成员不断深化与中国的版权贸易、版权保护方面的合作，共同推动国际版权事业的发展。

池永硕表示一直很关注中国版权保护情况，他认为，中国在世界知识产权领域的地位越来越重要，希望中国政府能够发出更多的声音，在版权保护领域发挥更大的作用。池永硕表示在华国际出版商版权保护联盟希望能在中国版权协会旗下建立分会，从而进一步加强国际合作、维护出版商权益。对此，阎晓宏表示中国政府支持任何有益于版权保护的组织的建立。

（资料来源：《中国新闻出版报》　作者：哈尼帕）

**【英国Future传媒集团访问中国版权保护中心】** 2012年11月13日，英国Future传媒集团的国际版权与企业合作经理米盖尔·加兰·戴维斯以及理查德·比恩一行访问了中国版权保护中心，中国版权保护中心副主任范继红及中华版权代理中心出版事业部及综合事业部业务负责人进行了会见。双方还就中国版权保护中心的数字领域版权保护工作及中国作品走向国际市场的版权代理工作进行了交流。

（资料来源：中国版权保护中心　作者：周　旭）

**【数字环境下版权集体管理国际研讨会在杭州举行】** 2012年11月29—30日，由国家版权局和国际复制权组织联合会（IFRRO）举办，中国文字著作权协会承办的“数字环境下版权集体管理国际研讨会”在浙江杭州举行。这是双方首次在华合作举办的国际会议。新闻出版总署副署长、国家版权局副局长阎晓宏，浙江省副省长郑继伟，中国文字著作权协会会长、中国作家协会副主席陈建功，国际复制权组织联合会秘书长奥拉夫·斯托克莫等出席会议并致辞。阎晓宏在致辞中表示，在数字环境下，集体管理对分散的权利集中管理的优势得以凸显，国际社会越来越多地认识到，著作权集体管理或将成为解决数字环境下版权授权难题的关键。

阎晓宏表示，下一步在推进集体管理制度建设上要加强五方面工作：一是完善法律制度，积极推动《著作权法》第三次修订，尽快出台《教科书法定许可付酬办法》和《出版文字报酬规定》；二是加强监管，严格规范集体管理组织的收费、分配、信息公开等业务活动，推动建立规范、透明、高效的集体管理秩序，依法查处未经批准开展的集体管理业务行为；三是推动集体管理组织自身建设，切实为权利人服务；四是积极开展集体管理相关知识宣传，营造良好的社会氛围；五是加强集体管理组织的国际交流与合作。

奥拉夫·斯托克莫在致辞中表示，国际复制权组织联合会和国家版权局有着长期的合作关系。他对国家版权局在合作中所体现出的开放、真诚态度表示感谢。他认为，通过版权集体管理而分配给创作者和出版商的收益，对刺激和促进新作品的创作起着决定性作用。

国家版权局版权管理司司长于慈珂出席研讨会并介绍了中国著作权集体管理组织有关情况。于慈珂说，中国的著作权集体管理组织在实践中，摸索适合管理的权利类型和管理方式，开展集体管理使用费收取和分配业务；积极发展会员，增强著作权集体管理组织的代表性，集体管理业务不断拓展，影响力逐步扩大。中国音乐著作权协会作为中国第一家著作权集体管理组织，发展会员人数最多，2011年已拥有6 523名会员，收入达到8 889.31万元，创历史新高；中国音像著作权集体管理协会收入最高，2011年超过1.1亿元；中国文字著作权协会会员发展最快，2011年新发展会员1 715人，会员总数达6 084人，会员授权作品达28 928部。

2011年，中国著作权集体管理组织总计收取著作权使用费21 119.60万元，分配著作权使用费17 386.20万元。

（资料来源：《中国新闻出版报》　作者：方　圆）

**【中美首次召开网络版权执法研讨会】** 2012年12月4—5日，由中国国家版权局和美国专利商标局联合主办的“中美网络版权执法研讨会”在北京开幕。这是中美两国首次在网络版权执法合作及研究方面举办的国际性研讨会。双方围绕中美数字环境下版权侵权的主要类型及相关法律法规、网络执法的合作与协调、版权保护执法实践、权利人怎样与执法机关合作等议题进行了探讨。

国家版权局版权管理司司长于慈珂表示，打击网络侵权盗版活动已经成为世界各国知识产权保护的一项重要内容。如何在现有法律框架下破解数字环境下的版权难题；如何在使权利人能有效支配和管理其作品权利的基础上，让尽可能多的网民合法使用更多知识创作成果；如何实现对互联网版权更为有效的管理、运用和保护，是中美两国需要认真对待、深入思考的课题。近年来，中国在打击网络侵权盗版方面采取了许多行之有效的措施，如完善互联网法律制度、不断加大版权执法力度、积极促进网络海量作品的授权与使用、大力加强国际版权合作等，取得了明显成效。

在研讨会上，国家版权局版权管理司有关负责人还介绍了版权行政执法情况。截至 2012 年 10 月中旬，各地版权行政执法部门共报送查办案件 633 起，其中行政结案 305 起，移送司法机关追究刑事责任的 328 起。在 2012 年的“剑网行动”中，国家版权局共收到各地报送的网络侵权盗版案件 282 起，其中行政结案 210 起，移送司法机关追究刑事责任的 72 起，没收服务器及相关设备 93 台，共关闭违法网站 183 家。

美国专利商标局知识产权专员、美国驻上海总领事馆领事芮杰德说，近年来，中国在版权保护领域的成就有目共睹。此次研讨会可促进中美两国版权领域进一步合作，以更好地鼓励创新、保护创新成果。

此次研讨会是第 22 届中美商贸联委会后续工作之一，并被列入中国国家版权局与美国专利商标局、美国版权局签署的《版权战略合作备忘录》2012 年工作计划。

（资料来源：《中国新闻出版报》　作者：方　圆）

## ◆ 产业发展

**【中国出版传媒江西新华注资 4 亿元打造跨区域发行平台】**　2012 年 1 月 7 日，中国出版传媒股份有限公司与江西新华发行集团有限公司在京签署战略合作协议，双方重组中国出版传媒旗下的出版发行业务平台——新华联合发行有限公司。

新华联合发行有限公司于 2010 年 5 月由中国出版集团公司投资设立，旨在整合集团出版物发行业务，实现规模化、集约化运营。重组后的新华联合发行有限公司由中国出版集团公司旗下的中国出版传媒股份有限公司控股 51%，江西新华发行集团持股 49%，公司注册资本增至 4 亿元。

重组后的新华联合发行有限公司第一个重大项目是建设大型现代化物流中心。中心落户于北京顺义，建筑面积为 20 万平方米，总投资约 10 亿元，图书年发货设计能力为 50 亿码洋。

（资料来源：《中国新闻出版报》　作者：刘蓓蓓）

**【第九届中国文化产业新年论坛在北京大学召开】**　2012 年 1 月 7—8 日，由北京大学主办、北京大学文化产业研究院（国家文化产业创新与发展研究基地）承办的第九届中国文化产业新年论坛在北京大学英杰交流中心举行。该届论坛以“文化立国：我国文化发展新战略”为主题，旨在从不同层面深入探讨新时代条件下，中国文化强国的建设方略与发展路径。十届全国人大常委会副委员长、中华炎黄文化研究会会长许嘉璐出席论坛并致辞。400 名来自政产学研各界的与会嘉宾参加了此论坛。

此次论坛为期两天，除开幕式暨主论坛外，另有 5 场不同议题的主题论坛，围绕世界城市与现代生态休闲新城建设、非物质文化遗产的保护与活化、文化产业金融分析与展望、区域文化发展模式与路径、聚焦文化产业人力基石等热点议题展开，共同探讨新的历史条件下中国文化发展新战略中文化产业的角色与实践方式。

在论坛上，《中国文化产业年度发展报告》对外发布。报告显示，2011 年，中国文化产业总产值预计超过 3.9 万亿元，占 GDP 比重将首次超过 3%，文化产业对国民经济增长的贡献不断上升。报告指出，文化产业中数字出版、云电视等新业态不断发展，部分旧的业态开始走下坡路，最突出的就是实体书店和民营书店的接连倒闭。报告还指出，在某些地方官员的思维中，产业结构调整与搞文化产业既现成又时髦，文化产业成了一个“筐”，“什么都可以往里装”，至于“搞文化产业”，则变成了另外一回事。“文化产业项目里究竟有多少文化，值得深思”。

（资料来源：《中国新闻出版报》　作者：曾革楠）

**【中国出版集团在京举办“双推计划”大会】**
2012 年 1 月 9 日，中国出版集团公司在京举办“双推计划”新书推介暨 2011 年度优秀图书表彰大会。

《古炉》、《姥姥语录》、《希腊神话故事》等 10 种图书荣膺“2011 年度优秀畅销书奖”；《囚徒天子光绪皇帝》、《现代中国的历程》等 20 种图书获“2011 年度优秀常销书奖”。会上还向广大读者推荐了 2012 年度最新出版的 28 种重点图书。

“双推计划”不仅帮助集团公司有意识、有目的、系统化地开发出诸如《哈利·波特》、《于丹〈论语〉心得》等一批全国知名的畅销书和常销书，还通过市场需求引导图书出版方向，通过资源合理配置优化集团各出版单位的出版结构，培养锻炼了一支业务精、作风正的编辑发行队伍，提高了集团公司的内容创新能力和产业引导力。

（资料来源：《中国新闻出版报》　作者：王坤宁）

**【中国动漫游戏产业股权投资管理有限公司成立】**　2012年1月10日，中国动漫游戏产业股权投资管理有限公司在京成立，这标志着动漫游戏产业体系的关键基础平台正式启动。

该公司以如何帮助创意类企业获得资本的支持并规范化发展为服务宗旨，搭建动漫游戏产业投融资平台，力求能为动漫游戏产业体系建设打好坚实的基础。

该公司计划建立运营专项的私募基金。动漫游戏产业私募基金的基本思路是对社会投资者、机构投资者的大量资本进行打包并投资于具有发展潜力的动漫游戏产业单一或多个资产或项目，尽可能地对冲单个项目的特定风险，从而实现较低平均风险和较高平均回报的投资目的。

在当天举行的成立大会上，北京银行、中国工商银行、农业银行、华夏银行分别与动漫游戏公司签署了《银企战略合作协议》；中国文化产业基金管理有限公司、清科集团有限公司、深圳东方富海投资管理有限公司、北京京西创业投资基金管理有限公司、信中利资本集团、启迪创业投资管理（北京）有限公司与动漫游戏公司分别签署了《战略合作协议》；动漫游戏公司还与6家动漫游戏公司分别签署了《项目投资意向协议》。

（资料来源：《中国新闻出版报》　作者：周　玮）

**【人民网股份有限公司首次公开募股获通过】**　2012年1月13日，在中国证券监督管理委员会发行审核委员会2012年第13次会议上，人民网股份有限公司首次公开募股获得通过。这意味着，人民网成为首家A股上市的国家重点新闻网站。

（资料来源：《中国新闻出版报》　作者：李雪昆）

**【长江文艺社北京图书中心2011年销售码洋突破4亿元】**　2012年2月1日，长江出版传媒股份有限公司透露，长江文艺出版社北京图书中心2011年继续书写“出好书、出效益”的精彩：出版85种新书，销售图书1 931万册，实现销售码洋4.36亿元。

2003年，长江文艺出版社在北京开辟了这块试验田，运用“国有资本，市场运作，经理人参与”的新型出版模式，中心组建当年便实现盈利。2006年，北京图书中心又实行了股份制改造。产权多元化充分调动了所有从业人员的积极性，进一步迸发出发展活力。

从2003年至2010年，北京图书中心共出版图书233种，实现销售码洋过10亿元。根据监测数据，青春文学畅销前500名中，该中心占58%；纯文学前500名中，该中心占8.9%。长篇小说《狼图腾》无论在国内销售还是版权输出，都创下了中国出版的多个第一。

（资料来源：湖北省版权局　作者：卢文俊）

**【乐视网进驻中移动手机电视平台　三大运营商全覆盖】**　2012年2月1日，乐视网进驻中国移动旗下手机电视平台，中国移动用户可以通过移动梦网视频专区和中国移动手机视频客户端观看乐视网享有版权的内容。至此，乐视网与国内三大运营商达成合作，成为国内首家进驻三大运营商手机电视平台的视频网站。

乐视网首席运营官刘弘表示，乐视网有最全的影视剧版权资源，版权范围覆盖手机、电视、PC等多个终端。与中国移动、中国联通、中国电信三大运营商的合作，是乐视网在移动互联网领域的重要布局，这不仅能够让更多的手机用户观看乐视网的丰富内容，更将成为乐视网在移动互联网时代的营收增长点。

（资料来源：通信世界网　作者：战　钊）

**【网易与乐视网达成视频战略合作】**　2012年2月7日，网易与乐视网达成视频战略合作，出资1亿元购买乐视网全部正版影视剧版权，双方还通过共建的“网易视频”平台获得分成广告等其他收益。这意味着网易成为正式进军影视剧长视频业务的“最后一个大佬”。

1亿元为乐视网获得的保底收入，网易获得乐视网云视频平台使用权，即获得乐视网以后所代理的全部影视剧版权，双方共建的视频网站仍以“网易视频”的品牌由网易进行运营。

按照合作协议，乐视网负责为该平台提供视频内容及视频播放技术支持。网易在合作平台上优先选用乐视网提供的独家视频内容并在优势位置推荐，并负责合作平台、合作项目播放页面所有视频广告的经营。除了上述保底版权费用，根据网易对该平台的经营业绩，乐视网还可按播放次数获得分成收入。

（资料来源：《北京商报》　作者：张绪旺）

**【苏州借版权质押助推动漫产业发展】** 2012年2月28日，苏州天堂卡通数码制作有限公司在收到由中国版权保护中心邮寄来的16张著作权质权登记证书后，顺利拿到民生银行提供的授信资金1 000万元，为公司新项目的开发提供了坚实的基础。

苏州是江苏省动漫企业集聚地区之一。苏州市版权局在得知一些动漫企业在发展过程中遇到资金困难后，根据企业特点，为企业出谋划策，探索通过版权质押融资的方式为动漫企业后续发展创造条件，帮助动漫企业快速发展，推动版权产业转型升级。苏州天堂卡通数码制作有限公司就是其中的受益者之一。

（《中国版权年鉴》编辑部）

**【焦岗湖影视城打造国内首个微电影创意基地】** 2012年3月6日，安徽省自建的最大影视基地、国家3A级旅游景区、独具“淮风汉韵”的焦岗湖影视城与中国电影家协会正式签约，在淮举办中国微电影大典和创立中国微电影创意产业园。

此次签约之后，焦岗湖影视城与中国电影家协会将联袂举办中国微电影大典，实现市场、产业和人才的集聚效应和孵化功能。同时，通过项目合作，在焦岗湖影视城打造中国第一个微电影创意基地，不仅“输出”电影，还要“输出”人才。项目先期投资20亿元，项目建成后计划成为该区繁荣文化的重要载体、转型发展的重要支撑。

（《中国版权年鉴》编辑部）

**【动漫产业发展成果展在京举办】** 2012年3月10日，“十七大以来中国动漫产业发展成果展”在中国国家博物馆拉开帷幕，国家扶持动漫产业发展部际联席会议召集人、文化部部长蔡武对爱奇艺作为原创动漫发布平台所取得的成绩给予了肯定。教育部、科技部等10部委的领导出席了本届“成果展”的开幕式。

此次“成果展”展区面积4 000平方米，分为4个厅，通过文字、图片、图表、实物、多媒体展示技术、动漫生产技术模拟演示环境等形式，全面展现动漫产业在内容创意、企业主体、技术创新、社会应用等方面取得的丰硕成果。

在此次“成果展”中，动漫作品的版权问题也引起了广泛关注，特别是在发布平台，视频网站的盗播现象仍然不容乐观，相关的版权纠纷愈演愈烈。全国人大代表、北京市海淀区人民法院副院长宋鱼水表示，视频网站版权纠纷案件自2007年开始出现，到2009年集中爆发，此后案件数量仍快速上升。

（《中国版权年鉴》编辑部）

**【国内首个文化保税区落户北京】** 2012年3月11日，国内首个“文化保税区”——国家对外文化贸易基地暨北京国际文化贸易服务中心，在北京天竺综合保税区奠基动工。

北京国际文化贸易服务中心由天竺综保区管委会与歌华集团合作建设，包括国际文化商品展示交易中心、国际文化贸易企业集聚中心、国际文化仓储物流中心3个功能区，总投资超过50亿元，建筑面积51万平方米，两年内陆续建成投入使用。2015年，全部建成并正常运营后，每年为北京贡献产业增加值100亿元。该项目计划在5年内打造成为国家对外文化贸易创新示范区、国家级文化贸易口岸、亚洲最大文化产品交易市场和中国文化走出去的能力培养区，并以此推动北京文化产业的繁荣和进一步发展。

（资料来源：《中国新闻出版报》
作者：刘浦泉　侯春晓）

**【江苏提出建设数字出版千亿级产业群目标】** 2012年3月15日，江苏省新闻出版局发出《关于加快江苏数字出版产业发展的意见》。

《意见》提出，到“十二五”期末，江苏要实现建成“国家数字出版千亿级产业群”的目标。主要任务是打造若干集书报刊和音像电子出版物于一体的海量数字内容投送平台，培育两家年销售额超100亿元、5～10家年销售额超50亿元、20～30家年销售额超亿元、百家年销售额超千万元的数字出版企业，全省数字出版业总产出力争达到新闻出版业总产出的30%左右，基本形成要素完整、结构合理、水平先进、效益良好、多方共赢的数字出版产业发展格局。

为实现这一目标，江苏省人民政府办公厅给各市、县（市、区）人民政府，省各委办厅局，省各直属单位正式下发通知，转发该《意见》，并要求各地各单位认真组织实施。

（资料来源：《中国新闻出版报》　作者：叶明生）

**【盛大文学重启IPO发布预警清扫版权障碍】** 2012年3月19日，盛大文学重启IPO程序，各项上市前准备工作正在稳步推进。为了扫清可能在版权问题上遇到的障碍，盛大文学在版权保护上又有新动作。针对可能发生的侵权情况，盛大文学对外发出预警通知函，公布了第一批享有独家信息网络传播权的作品清单，此举进一步推动了版权保护、维护原创文学作者的合法权益。

（《中国版权年鉴》编辑部）

**【山东省新闻出版局明确数字出版产业发展总体目标】** 2012年4月2日，山东省新闻出版局出台《关于加快我省数字出版产业发展的若干意见》，明确提出了山东省数字出版产业发展的总体目标、主要任务、保障措施。此举旨在促进数字出版产业发展，使之成为新闻出版产业新的重要支撑点和经济增长点。

《意见》提出，到“十二五”末，山东省数字出版总产值力争达到新闻出版产业总产值的25%，建设青岛数字出版基地，济南、烟台、淄博等数字出版创意产业园区，山东手机出版基地等重点项目；到2020年，基本完成传统出版单位的数字化转型。同时，以数字化带动产业现代化，鼓励自主研发、创新数字出版高新技术，推动新闻出版产业与高新技术融合发展，把数字出版产业打造成新闻出版支柱产业。

《意见》还提出加快数字出版发展的10项主要任务，包括积极推动传统出版单位向数字化出版转型；加快推动书报刊出版单位数字化升级；加快内容资源整合利用；加快推动传统印刷复制发行企业数字化改造；积极发展民族动漫出版产业；积极推动新闻出版公共服务项目的数字化建设；加快数字出版高科技重大项目研发；推动数字出版产业聚集区建设；支持非公有制企业从事数字出版活动；推动数字出版走出去战略。

（资料来源：《中国新闻出版报》　作者：朱烨洋）

**【移动游戏发展联盟在京成立】** 2012年4月27日，由移动游戏开发商、运营商、电信运营商、终端制作商、行业研究机构、媒体等多方共同发起的“移动游戏发展联盟”在北京成立。该联盟旨在加强业内合作，促进行业自律，共谋行业良性发展。

在联盟成立大会上，包括人民网、中国电信、中国移动、腾讯、新浪等在内的首批30余家联盟成员单位共同签署了《移动游戏联盟宣言》，承诺自觉遵守法律法规，积极促进行业自律，倡导健康文明游戏理念，加强产业链各方的交流与合作，共同推动移动游戏市场的健康有序发展。

（资料来源：《中国知识产权报》　作者：蒋　朔）

**【杭州国家数字出版产业基地揭牌】** 2012年4月29日，“杭州国家数字出版产业基地”授牌仪式在浙江省人民大会堂举行，新闻出版总署副署长孙寿山为“杭州国家数字出版产业基地”授牌并讲话。

孙寿山指出，杭州国家数字出版产业基地会聚了一批国内知名企业，产业集中度和专业化协作水平迅速提高，形成了成效显著的数字出版集聚区，取得了令人瞩目的成绩。希望基地利用资源优势和政策优势，打造版权保护机制完善、技术措施过硬、商业模式清晰合理、覆盖多网络通道、集书报刊音像制品于一体的大型综合性数字出版物内容投送平台，培育一批主营业务收入超过10亿元的具有国际竞争力的数字出版骨干企业，进而形成年产值超百亿元的国家级数字出版基地，最大限度地满足人民群众的数字化阅读需求。

新闻出版总署科技与数字出版司司长张毅君宣读了关于同意建立“杭州国家数字出版产业基地”的批复。杭州市政协主席叶明、浙江省新闻出版局局长陈昆忠、杭州市副市长陈小平、浙江省新闻出版局副局长陈克韶、杭州市文化广电新闻出版局局长陈建一等出席授牌仪式。

（资料来源：《中国新闻出版报》　作者：吴重生）

**【方正阿帕比云出版服务平台正式投入运营】** 2012年4月，致力于为出版社及渠道商服务的方正阿帕比云出版服务平台正式投入运营。为让出版社进一步掌握云平台的加工制作流程和运营管理机制，实现出版社在云平台的自主运营以及与渠道商的“无缝连接”，方正阿帕比举办了一场由11家出版社近30位数字出版人参加的云出版服务平台培训会。

阿帕比云出版服务平台已经有上百家出版集团、报业集团等出版单位加入，也得到了新华书店、汉王、歌华有线、长城宽带、新华瑞德、淘花网等众多数字出版渠道商的支持。平台除了为出版商和渠道商降低数字出版各项成本，还计划打通跨媒体多终端阅读应用，持续为读者打造高质量的数字内容阅读体验，维护和加强数字出版产业的版权环境，打击盗版侵权行为，推动数字出版产业健康、可持续发展。

云出版服务平台还可以有效解决令出版社感到困扰的数字资源版权保护难题，这也是出版社选择云出版服务平台的原因之一。通过该平台，出版商在自主完成数字资源加工的同时，还可以在线完成资源的加密、发布，以确保授权多个渠道发行的时候实现数字资源的安全发行，并可以监控数字资源的实际发行量以及透明结算。

（资料来源：《中国新闻出版报》　作者：任晓宁）

**【中国联通与乐视网签署战略合作协议】** 2012年5月23日，中国联通与乐视网签署战略合作协议。根据协议，乐视网可以租用中国联通IDC机房，为中国联通提供视频内容点播、定制版客户端等在内的全方位移动互联网视频服务。此外，双方还利用各自的技术、网络、渠道等优势展开联合营销，共同就移动客户端推广、视频增值业务等层面进行深度合作。

此次中国联通与乐视网的战略合作共涉及三大领域：一是在基础通信服务方面展开合作。中国联通协调资源，在全国范围内为乐视网提供优质的IDC机房资源和互联网接入资源，提供乐视网业务发展所需的各类专线服务。乐视网办公所需要的办公语音、移动通信等语音服务则优先与中国联通合作。二是双方合作开发新产品。乐视网为中国联通经营的IPTV、互联网、移动通信终端等提供影视剧内容服务。此外，双方还联手探讨开发视频客户端。三是双方进行联合营销，共同探讨加强“乐视影视”的联合推广，充分利用中国联通优势资源，促使双方的业务量进一步提升。此外，双方还探讨对各自重点产品以及联合开发的新产品进行交叉销售和服务的模式。

（《中国版权年鉴》编辑部）

**【中视丰德获8 000万贷款授信】** 2012年5月28日，随着《摩西密码》、《借问英雄何处》等独播大戏的强势出击，新疆卫视“中视丰德热播剧场”的收视率节节走高，收视同比上升358%，排名跃升了11个名次。

中视丰德将把这笔8 000万元的贷款授信，全部用于购买优质版权作品，进一步打造影视版权公司中的“超级战舰”。中视丰德版权运营的理念与模式，冲击着以往电视剧运营的陈旧套路，对中国电视剧的产业化发展有着很大的促进作用。

（《中国版权年鉴》编辑部）

**【京交会推出全国首个文化艺术OTO交易平台】** 2012年5月29日，上海文化产权交易所全球文化资本财富中心与鄂尔多斯文化产权交易所共建的全国首个艺术OTO交易平台——国际艺术综合交易平台（www.ibaotui.com），在首届“京交会”上正式亮相。国际艺术综合交易平台首次提出“十二大艺术交易特色服务模式”，为中国艺术品市场打造了一个全新交易模式。该交易平台力争用3年时间打造成为全国乃至全球覆盖门类最广的文化艺术品在线交易服务平台之一。

该交易平台致力于打造全国最顶尖的艺术品线上展厅、最完善的艺术家服务平台、最完备的风控体系和多类覆盖最全面的网络艺术品交易平台。交易平台通过搭建全国统一性的线下经纪机构网络，预计在3年内在国内发展100～150家经纪机构，使之成为符合中国区域和国际艺术品流通及交易标准的顶级OTO文化艺术交易品牌机构。

（资料来源：千龙网　编辑：亦　仁）

**【2011年上海广播电视台对外输出版权数据公布】** 2012年6月20日，上海市委对外宣传办公室发布，2011年，上海广播电视台对境外输出版权13 272.94小时，内容涉及娱乐、财经、英语、生活时尚、纪实、体育、影视剧、素材等八大类节目。其中，电影共计2.94小时；电视节目13 270小时，其中包含电视剧47小时。至2011年年底，上海广播电视台国际发行总签约金额约为95万美元，较2010年增长约15%。

（资料来源：上海市委外宣办）

**【无锡金融业计划5年支持文化企业500亿元资金】** 2012年8月9日，无锡市文化广电新闻出版局与中国工商银行无锡分行举行“金融支持全市文化产业发展战略合作协议签约仪式”。该协议计划在未来5年内，为无锡市文化和相关企业提供500亿元的意向性融资支持，建设文化产业项目投融资信息平台，扶持文化产业健康持续发展。

（资料来源：《中国新闻出版报》　作者：苏　文）

**【江西发放首笔动漫版权质押贷款】** 2012年8月16日，北京银行南昌分行向江西泰豪动漫有限公司发放1 000万元贷款，抵押物为泰豪动漫的动漫作品《阿香日记》的形象（设计）版权。这是江西省首笔动漫版权质押贷款，也是江西省金融机构积极服务高成长的文化创意中小企业、全力支持文化产业发展的又一创新举措。

（资料来源：《江西日报》　作者：夏　晓）

**【首届“动漫北京”民族动漫游戏推介会举行】** 2012年8月21日，由北京市文化局、石景山区委、石景山区人民政府、中国动漫集团共同主办的首届“动漫北京”民族动漫游戏推介洽商会在石景山举办。

该届推介洽商会共吸引了近200家国内外知名动漫游戏、多媒体、娱乐企业及文化创意产业行业相关领域内企业超过300个项目参加。其中包括中国移动手机动漫基地、中广传播集团、腾讯科技（北京）有限公司、人人网、当乐网、游戏谷、万方幸星、中视金桥国际传媒集团有限公司等诸多知名企业。洽商会期间共达成成交意向55亿元人民币，取得了丰硕成果。

（资料来源：中国广播网　作者：李文蕊）

**【天翼阅读与首都社科签数字化战略合作意向书】**　2012年8月29日，中国电信天翼阅读与首都社科十联十二社数字化战略合作意向签约仪式在北京举行，双方就数字出版未来在保护版权、推动正版阅读以及充分整合多种阅读方式等问题上达成共识，并且树立了共同打造数字阅读社科内容第一品牌的目标。

天翼阅读是中国电信重点打造的一站式综合数字阅读平台，自成立以来，一直坚持“正版阅读，绿色阅读，品质阅读”的理念，致力于与各大出版集团、出版社、互联网文学网站、版权机构等多渠道合作，并倡导内容供应商自主定价、建立互利共赢的价值链利益分配模式，把更多、更精彩的正版书籍带给广大用户。截至目前，已有200多家合作伙伴签订协议，建立了书籍、漫画、杂志报纸、有声阅读等正版内容产品库。此次引入重量级内容提供商，一举让种类众多、内容丰富的社科类正版书籍加入天翼阅读平台内容库，再次促进了天翼阅读绿色品质内容的会聚，使天翼阅读绿色健康品牌形象更加深入人心，扩大了行业影响力。

首都社科十联十二社是由人民出版社、人民文学出版社、中共中央党校出版社、中国大百科全书出版社等多家中央部委直接管辖的出版社组成的联合体。其发源于20世纪末，成长于21世纪伊始。各大出版社风格各异，题材包罗万象，内容涵盖社会科学、文化艺术、现当代文学、百科全书、新闻时政等国内外题材，可以组合变化出任何精彩的画面，但又在相同的出版理想下传播知识、传承思想，可以说是中国出版界泰斗们的联盟。通过与天翼阅读的合作加快了部委出版社数字化步伐，为以后传统出版社数字化进程树立了标杆。同时，它也扩大了传统社科内容受众范围，通过天翼阅读业内领先的“三屏双媒”（“三屏”：PC屏、手机屏和TV屏；“双媒”：图文、音频）数字阅读解决方案丰富客户体验，有助于阅读增长率大大提高。

（资料来源：中国知识产权资讯网　作者：冯　飞）

**【《中国动漫产业发展报告（2012）》发布】**
2012年9月18日，《中国动漫产业发展报告（2012）》在北京电影学院发布。报告指出，国内新媒体动漫市场发展潜力巨大，但动漫内容相对匮乏，缺少富有创意的精品内容，是业界公认的行业现状，背后的深层次原因是高层创意人才匮乏。

报告通过定量与定性两方面研究显示，在“微小说”、“微电影”、“微访谈”等“微文化”引领下，“微动漫”作为一种新的情感表达、互动方式，已受到动漫行业关注，并会成为未来新媒体动漫的发展趋势。

报告称，微动漫已成为一种独立艺术形态，微动漫的形态为动画，但艺术语言更接近漫画，即用简洁夸张的手法来描绘或演绎生活与社会时事。通常运用变形、夸张、比喻、象征、暗示、影射、调侃，以及跨越时空的人物嫁接与互动方法，微动漫构成了具有强烈讽刺性或幽默感的画面。与此同时，微动漫的概念决定了其受众绝非低幼化的儿童，而是具较高文化水准、对各类时事与资讯敏感、热衷于移动互联网等IT文化与现代生活方式的社会主流群体。

（资料来源：北京卫视　作者：王　乐）

**【2012文化创意产业（北京）峰会在京举行】**
2012年9月19日，以“新战略·新驱动·新发展”为主题的2012文化创意产业（北京）峰会在京举行。此次峰会由北京市委宣传部、北京市国有文化资产监督管理办公室指导，新京报社主办。文化部部长蔡武，北京市委常委、宣传部部长、副市长鲁炜出席会议并讲话。

蔡武在讲话中指出，中国文化产业的发展要以满足人民群众日益增长的精神文化需求为出发点和落脚点，以建设中国特色社会主义核心价值体系为根本任务，致力于提高全民族的科学文化文明素质。因此，必须坚持社会主义先进文化的前进方向，弘扬主旋律，提倡多样化，坚持把社会效益放在首位，努力实现社会效益与经济效益的辩证统一。

鲁炜在讲话中表示，近年来，在国务院、中央各部委的正确领导下，北京市把文化创意产业作为科学发展的支柱性产业，特别是确定了文化与科技的双轮驱动战略。他希望与会专家、企业家为本次论坛所确定的“新战略·新驱动·新发展”主题献计献策，也欢迎有志于文化创意产业投资的企业到北京发展，共同打造文化之都。

由北京市国有文化资产监督管理办公室策划的《北京文化创意产业发展白皮书》在峰会上举行启动仪式。该白皮书将记录北京文化创意产业的发展轨迹，分享创意产业的实践经验，宣传推介优秀的产业模式。

（资料来源：《中国新闻出版报》　作者：李子木）

**【第五届中国家纺画稿交易会在南通举办】** 9月28—29日，第五届中国（川姜）家纺画稿交易会在南通家纺城举行，共展出家纺画稿3.6万余件，成交作品3 760件，成交额达750万元，较上届增长63%。

此次交易会的整体规模、设计单位参展数量、参展作品量、成交量和成交额均创历史新高。来自国内外的263个家纺画稿设计机构、高等院校、家纺成品企业和460多名客商代表参会。其中本地设计单位110家，外地设计单位56家，高等院校17家，成品企业36家，来自美国、法国等国家和地区的设计单位44家。

南通家纺城已成功举办了五届家纺画稿交易会，累计成交作品12 440件，成交额达2 500万元。大量画稿的版权交易促进了家纺创新元素不断涌现，催生了版权贸易的发展，中国家纺画稿交易会也成为国内知名的家纺版权贸易盛会。

（《中国版权年鉴》编辑部）

**【第五届中国动漫版权交易会在广州举行】** 2012年9月28—30日，为进一步大力推动广州市动漫产业和文化创意产业的发展，经新闻出版总署批复同意，第五届中国国际漫画节·动漫版权交易会在广州TIT创意园举办。

第五届中国国际漫画节·动漫版权交易会是由新闻出版总署（国家版权局）联合广东省人民政府主办，省新闻出版局（版权局）、市人民政府承办的一次文化创意产业版权交易盛会。此次交易会的主要活动有：动漫版权交易会开幕式、“2012广州垃圾分类动漫创作大赛”颁奖典礼、动漫版权交易展览、版权交易签约仪式、动漫版权交易会闭幕式及颁奖典礼。与此同时，此次展览会组委会还邀请了两岸三地的行业专家为业界解构内地版权转让、许可之道，以及参加最新《著作权法》的研讨会。组委会希望通过此次动漫版权交易会，为各地文化产业的企业、个人提供一个专业的版权交易平台的同时，提高人们的版权保护意识，促进版权经济价值的实现、增值，以及产业的升级和转型。

（《中国版权年鉴》编辑部）

**【第五届中国国际漫画节在穗举行】** 2012年9月28日至10月8日，由新闻出版总署和广东省人民政府联合主办的第五届中国国际漫画节在广州举行，期间举办了第九届金龙奖颁奖典礼。该届比赛共颁出漫画类奖项11个，动画类奖项5个，单项奖7个，并有1部作品获得组委会特别奖，而该届金龙奖评选首度设立的“中国漫画大奖”奖项则最终空缺。

该届漫画节以“漫画丰富生活，快意创造未来”为主题，内容包括“金龙奖”原创漫画动画艺术大赛颁奖典礼及系列活动、第六届中国漫画家大会、2012动漫版权交易会、第五届中国国际漫画节闭幕式暨2012大学生原创动画大赛颁奖典礼等活动。

（资料来源：《中国新闻出版报》
作者：方　圆　魏晓薇）

**【第四届中国国际影视动漫版权保护和贸易博览会举行】** 2012年10月5日，第四届中国国际影视动漫版权保护和贸易博览会在东莞市落下帷幕。在7天的正式展览期间，共促成现场签约金额逾28亿元人民币，入场参观和直接参与的观众超过56万人。

该届漫博会，共有海内外参展企业382家，举办了20多项主题活动。众多参展企业中，不乏海外知名动漫企业的身影，包括美国迪士尼、英国BBC、新西兰维塔工作室、澳大利亚漫画家协会等。展会的“品牌化、专业化、国际化、市场化、产业化”特色达到了预期效果。

漫博会期间举行的中国影视动漫产业高峰论坛、大师签售活动，分别邀请国外著名动漫专家、国际动漫企业CEO与国内动漫界专家、知名企业家登台论道，共同探讨动漫产业新的发展趋势和新的商机。

与国内别的动漫展会相比较，版权交易是东莞漫博会的重要主题。该届漫博会通过与国际知名授权机构达成合作，按国际化、专业化运作方法，在主会场设置了占地4 500平方米的国际品牌授权展区，配套500平方米的投融资及版权服务专区，突出了展会品牌授权业务。

针对动漫创意产业中存在“抄袭模仿”的侵权现象，漫博会特地在主、分会场分别设置了著作版权服务工作站，由广东省、东莞市版权局派出业务骨干，现场为参展、参观企业提供版权登记、版权交易、版权咨询服务的一站式专业服务平台。该届漫博会共为参展商的120多件作品进行了著作权免费登记，并创造了连续四届展会期间著作权纠纷“零投诉”的记录。

（资料来源：《深圳商报》　作者：王海荣）

**【深圳：文化创意产业项目最高可获800万元】**　2012年10月8日，深圳市发改委网站发布通知，第三批文化创意产业专项资金开始接受申报，申请成功的项目最高可获800万元无偿资助。此次专项资金重点支持创意设计、文化软件、动漫游戏、新媒体及文化信息服务、数字出版、影视演艺、文化旅游、非物质文化遗产开发、高端印刷、高端工艺美术十大领域，涉及分离设立创意设计企业、核心技术研发及建设公共技术服务平台三大类别。相较于前两次申报，此次申报明确了最高可资助额度。

（资料来源：《南方日报》　作者：张仁望）

**【江苏昆山7企业版权质押首获1.2亿元银行授信】**　2012年10月17日，由中国银行昆山分行通过担保公司担保、版权质押、资产抵押和股东担保等多种模式，对神州图骥、魔卡童、周庄文画等7家版权相关企业给予1.2亿元规模的授信。这是银行业支持地方版权产业发展的积极探索，也是资本对接版权产业的“破冰”之举。

2012年4月，昆山市文广新局（版权局）、中国银行昆山分公司及昆山市文化产业联合会共同举办了版权产业银企对接座谈会。会上，昆山市文化产业联合会与中行昆山分行签订了框架性战略合作协议，就中行昆山分行支持版权产业发展达成多项合作意向，并就版权质押贷款合作进行探讨和探索。此后，中行昆山分行专门召开版权产业项目对接推动会，用两个月的时间进行了实地走访与沟通交流，详细了解版权企业的实际情况和融资需求，并结合当前授信政策制定了相应的授信方案。目前，这笔资金已陆续发放到企业，有效地缓解了版权相关企业的资金需求，推动了版权产业的快速、健康发展。

（资料来源：江苏省版权局　作者：万进萍）

**【北京近50家文化创意企业赴港参加京港洽谈会】**　2012年11月5日，第16届京港洽谈会首度推出北京文化创意板块，近50家优秀文化创意企业首度赴港，并与香港优秀的文化创意企业进行一对一接洽。

此次京港洽谈会上除了针对重点文创项目、文创发展区域特点等进行推介外，还有北京文创企业与香港的文创企业进行项目签约及现场洽谈和对接。

北京市文化创意产业促进中心主任梅松表示，此次选取了一批最优秀的文创企业赴港参加活动，包括文化科技融合类企业，如大唐云动力、歌华文化、光线传媒、FAB精彩集团等。同时，还有在业界有名的各家拍卖公司、资产经营公司，比如东方信达、国际版权交易中心等。此外，北京市级文化创意产业集聚区，包括798、宋庄、751、中国乐谷、八达岭长城旅游集聚区等，都做重点的展示和洽谈。

（资料来源：新华网　作者：郭宇靖）

**【万达文化产业集团在京成立】**　2012年12月1日，北京万达文化产业集团在北京举行成立仪式。万达文化产业集团注册资本为50亿元，资产为310亿元。

新成立的万达文化产业集团旗下共有11家公司，涉及9个行业，包括中国万达院线、财经类周刊《华夏时报》、商业类月刊《全球商业经典》和《大众电影》杂志等。

成立仪式上，万达集团董事长王健林表示，根据全球知名咨询机构罗兰·贝格的报告，万达文化产业集团2012年收入进入世界文化企业前40名；计划2016年收入达到400亿元，进入世界文化企业前20名；2020年收入达到800亿元，进入世界文化企业前10名。

王健林还表示，万达集团决心在做大做强实业、10年内成为全球一流跨国企业的同时，把文化产业作为集团支柱产业重点发展。

（资料来源：《证券时报》　作者：张　达）

**【2012中国文化金融创新峰会在京举办】**　2012年12月14—15日，由中国北京国际文化创意产业博览会组委会办公室、北京市金融工作局、北京市文化创意产业促进中心、北京银行携手清科集团举办的“2012中国文化金融创新峰会”在北京嘉里大酒店举行。

峰会上，清科集团、北京银行与北京市文化创意产业促进中心联合发布了文创行业首个最具投资价值文化创意企业榜单，并为入围榜单的30家企业授牌。活动现场，北京银行还分别与入围榜单的欢瑞世纪影视传媒股份有限公司和北京文传世纪国际广告有限公司签署战略合作协议，累计提供2亿元意向性授信支持。

（资料来源：《华夏时报》 作者：舟 子）

**【2012首都文化产业发展论坛在京举办】** 2012年12月21日，2012首都文化产业发展论坛在京举办。论坛以“文化科技资本融合之道”为主题，着重讨论了一直困扰文化产业界发展的文化与金融、科技融合的难题。北京市委宣传部副部长张淼在作主题演讲时表示，北京要完善投融资服务，设100亿元投资专项资金助力文化创意产业发展。

该届论坛共举办了五大类助力文化资本融合的签约仪式，包括：北京市文资办与国家开发银行北京市分行、中国建设银行北京市分行签署《文化创意产业统贷平台建设合作协议》，北京市文资办与中国进出口银行北京分行、交通银行北京市分行签署《文化金融创新发展合作协议》，北京市文资办与北京银行签署全面战略合作协议，北京市文资办与西城区人民政府签订《共同推动文化金融创新发展合作备忘录》。

其中，《文化创意产业统贷平台建设合作协议》的签署，标志着北京市文化创意产业统贷平台正式启动建设。文化创意产业统贷平台是针对中小文化企业，尤其是处于发展期的文化企业融资难问题而设立的资金支持平台。

（资料来源：《中国新闻出版报》
作者：王坤宁 尹 琨）

**【全国创意经济与版权保护圆桌会议召开】** 2012年12月22日，2012全国创意经济与版权保护圆桌会议在中国国家博物馆召开，会议通过项目推介、项目签约、优秀表彰三个环节，会聚业界精英才智，搭建产融合作平台，表彰杰出贡献榜样。

作为会议的重要内容，文化创意产业推介会围绕“中国文化走出去的理想与实践”这一主题进行。北京歌华文化发展集团与北京天竺综合保税区管委会合作的“国家对外文化贸易基地”成为中国首个“文化保税专区”。

会议期间，“龙腾奖——2012第七届中国创意产业年度大奖”同期揭晓。该届评选委员会把调查范围扩大至全国创意产业发达的10多个省的50多个城市，最终评出包括“中国创意产业终身成就奖”、“中国创意产业国际贡献奖”、“中国创意产业杰出贡献奖”、“中国创意产业领军人物奖”、“中国创意产业领军企业奖”、“中国创意产业推动奖”和“中国创意产业最佳园区奖”等多个奖项。

（资料来源：《中国新闻出版报》
作者：王坤宁 李婧璇）

**【第七届中国北京国际文化创意产业博览会在京举办】** 2012年12月19—23日，由文化部、国家广播电影电视总局、新闻出版总署和北京市人民政府共同主办的第七届中国北京国际文化创意产业博览会在京隆重举办。

该届文博会围绕“文化融合科技，创新引领转型”的主题，举办综合活动、展览展示、论坛峰会、推介交易、创意活动和分会场活动六大系列共百余场活动。该届文博会的主展场设在中国国际展览中心，同时在全市设立14个分会场。除了展览展示，该届文博会还举办了中国文化创意产业发展国际论坛等10场论坛峰会，举办动漫游戏、艺术授权等17个专题项目推介交易会，以及“华礼奖”中国礼仪休闲用品设计大赛等14场创意主题活动。

主展场的动漫游戏、设计创意、新闻出版等展馆集中展出数字广播、数字影视、全媒体出版、数字动漫等领域的高科技文化产品。数字图书馆展区的集数字阅读、高清数字应用系统于一体的数字社区，以及大兴展区的全球首家深度影视互动体验主题乐园——中国影视大乐园等文化科技创新产品在该届文博会中一一亮相，使参观者在互动中感受文化科技生活的魅力。

此外，该届文博会还有5个国际组织和来自德国、英国、丹麦、澳大利亚、韩国等12个国家和地区的近50个境外政府和专业代表团参会，俄罗斯、伊朗、尼泊尔等国家也组团参展。

（资料来源：中国国际动漫网 作者：蘑菇王）

# 港澳台版权信息

## ◆香　港

**【互联网上的知识产权标语创作比赛颁奖礼举行】** 2012年2月3日，“2011尊重互联网上的知识产权标语创作比赛”颁奖礼在知识产权署举行。知识产权署署长张锦辉向表现出色的学生及学校颁发奖状。此次标语创作比赛共有2 191名来自18所小学的学生参与，反响十分积极。标语创作比赛由知识产权署举办，是“互动剧场”的附属活动。“互动剧场”旨在提高学生对互联网上侵权行为的影响的认知，以及对创意、原创作品及知识产权的尊重。“互动剧场”自2009年推出以来，共吸引216所中学及小学、超过46 600名学生欣赏。超过九成的参与学校认为，有关话剧能有效地向学生传递尊重互联网上的知识产权及鼓励创意的讯息。

（资料来源：香港知识产权署网站）

**【修订《版权条例》使香港版权制度与世界接轨】** 2012年5月9日，商务及经济发展局局长苏锦樑表示，政府会从整体考虑审议《2011年版权（修订）条例草案》的优先次序，他也会与相关部门及立法会议员沟通，讨论优先次序。

苏锦樑出席立法会会议后，就《2011年版权（修订）条例草案》会见媒体时表示，本届立法会会期时间非常紧凑，有多项政府法案及议题需要通过及讨论，所以需要与不同部门讨论会议的优先次序，处理有关法案。

他说，会继续与议员交流，讨论如何修订《版权条例》，使香港的版权制度与世界接轨。

（资料来源：香港知识产权署网站）

**【中小企研讨会加强粤港企业保护知识产权意识】** 2012年6月5日，“2012粤港知识产权与中小企业发展（佛山）研讨会”在广东省佛山市举行。研讨会以广东省内的香港中小企业和内地企业为对象，主题是“知识产权贸易与资本化”，旨在加强企业保护知识产权的意识，并借此向企业推介如何运用知识产权贸易提高竞争优势。知识产权署副署长梁家丽在研讨会开幕礼上表示，研讨会为两地中小企业提供了了解区内知识产权最新发展的平台。

梁家丽说，企业要面向世界市场，不仅要保护知识产权，还要懂得运用知识产权贸易加强竞争力，创造财富。希望通过研讨会，凭借香港和内地知识产权制度的最新发展及香港的专业知识产权服务，并介绍知识产权的管理和贸易概念，让区内企业了解保护和管理知识产权的重要性，明白如何运用知识产权贸易更有效地协助企业建立品牌、提高竞争优势及创造价值，开拓更多商机。研讨会吸引200多名粤港中小企业代表和政府官员参与，这是本年度粤港知识产权合作的重要项目之一。研讨会由香港特别行政区政府知识产权署、香港贸易发展局、广东省知识产权局及佛山市人民政府合办，佛山市知识产权局承办，香港特别行政区政府驻粤经济贸易办事处协办，并得到“粤港保护知识产权合作专责小组”其他成员单位及香港工业总会的支持。

（资料来源：香港知识产权署网站）

**【粤港保护知识产权合作专责小组第11次会议举行】** 2012年7月19日，粤港保护知识产权合作专责小组在香港举行第11次会议。专责小组同意继续深化及积极推动粤港知识产权合作与发展，以增强两地的经济实力、自主创新能力和国际竞争力。

2012—2013年度合作计划包括：继续推动粤港知识产权贸易；为两地企业举办知识产权研讨会和交流活动；继续鼓励在粤港资企业申请认定广东省著名商标；以及为两地执法人员举办知识产权专题活动。

会议上，双方代表分别汇报两地在知识产权合作的最新进展及总结过去一年完成的项目，包括举办“粤港知识产权与中小企业发展研讨会”、积极推动粤港知识产权贸易发展、支持在粤港资企业申请认定广东省著名商标、组织粤港知识产权相关民间机构交流项目，以及联合谱写粤港知识产权合作十周年纪念歌曲等。

知识产权署署长张锦辉在新闻发布会上说：在粤港双方共同努力下，2011年各个项目已顺利完成。当中一个亮点是粤港双方共同推动发展知识产权贸易这个崭新领域，相关合作项目包括 2012 年 6 月在佛山市举办的“粤港知识产权与中小企业发展研讨会”及增加“粤港澳知识产权资料库”中有关两地知识产权贸易及执法的资讯。

担任广东省代表团团长的广东省知识产权局局长陶凯元表示，双方在过去十年的共同努力下，合作领域不断拓宽，合作层次不断提升。2012—2013 年，双方要进一步完善现有合作机制，并根据形势发展的需要，计划开展一系列新的合作专案，包括加强商标品牌建设交流合作，举办粤港两地执法人员交流活动以及打击跨境网路侵权执法交流活动等。

2012 年亦是粤港知识产权合作十周年，在粤港合作十周年庆典新闻发布会上，商务及经济发展局常任秘书长（工商及旅游）黄灏玄及广东省人民政府副秘书长江海燕及专责小组组长为过往对专责小组有贡献的机构或人士颁发奖状，以表扬他们对专责小组工作的支持。此外，还播放了为庆祝粤港知识产权合作十周年而制作的音乐影片——《粤港携手共创未来》。

广东省代表团由广东省知识产权局局长率领，成员包括广东省公安厅、广东省对外贸易经济合作厅、广东省工商行政管理局、广东省版权局、海关总署广东分署以及广东省人民政府港澳事务办公室的官员。香港代表团则由知识产权署署长带领，成员包括商务及经济发展局及香港海关的官员。

（资料来源：香港知识产权署网站）

**【香港海关打击机构使用盗版软件活动】** 2012 年 11 月 5 日，香港海关宣布，在过去两个月展开的打击公司使用盗版电脑软件的行动中，共拘捕 12 人，包括 11 名公司董事和 1 名职员。

行动共搜查 7 家公司，检获 35 台装有盗版软件的电脑，当中包括操作系统软件、办公室应用软件和设计软件，总值约 13 万元。涉案公司业务包括设计、刊物出版和广告。

根据香港《版权条例》，任何人在业务过程中管有侵犯版权的物品，不论该业务是否涉及侵犯版权物品的交易，均会构成刑事罪行，最高刑罚监禁四年及就每件侵权物品罚款 5 万元。香港海关版权及商标调查（行动）课监督关煜群表示，公司使用盗版电脑软件情况近期有轻微上升趋势，显示这些机构对使用正版电脑软件的意识薄弱。海关会密切留意“机构盗版”情况，需要时会加强打击。

（资料来源：人民网　作者：葛瑜玮）

**【青网大使和“我承诺”会员携手捍卫知识产权】** 2012 年 12 月 29 日，2 800 名“青少年打击网上盗版大使”（简称青网大使）、“我承诺”会员及其他嘉宾参加香港海关及知识产权署在海洋公园联合举办的“我承诺·青网大使缤 Fun 海洋夜”。该活动的主要目的就是提升社会大众，尤其是青少年，对尊重和保护知识产权的意识。

知识产权署署长张锦辉及香港海关助理关长谭耀强为活动担任主礼嘉宾。

张锦辉表示知识产权署很高兴再次与香港海关携手举办“我承诺·青网大使缤 Fun 海洋夜”，活动得到青网大使、“我承诺”行动会员，以及其家人、朋友的支持及参与，凝聚社群力量，共同宣扬尊重知识产权的信息。

谭耀强在典礼上表示青网大使计划从 2006 年开始至今，保护知识产权的意识随着青网大使的发展融入社会不同层面，营造一个孕育创意的环境，让香港的创意工业得以持续发展。

主礼嘉宾在典礼上颁发了 3 个青网大使计划团体奖及 11 个个人奖项，以表扬香港青少年制服团体及其会员积极参与青网大使计划的活动。此外，亦同时颁发奖项予“知识产权保护伞”及“2012 中学生网 Game”设计比赛的得奖者，以鼓励青少年继续支持原创。当天活动中，还邀请本地唱作歌手到场表演，与参加者分享保护知识产权的信息。

（资料来源：香港知识产权署网站）

## ◆ 台　湾

**【台湾“智慧财产局”就网络电台 Now. in 涉嫌侵犯著作权进行说明】** 据 2012 年 3 月 7 日报载，因财团法人台湾唱片出版事业基金会 RIT 以 Now. in 侵害著作权等事由提出诉讼，Now. in 网站为配合检警调查，已自 2012 年 3 月 2 日起停止服务。此事引起社会大众广泛关注，由于涉及网站使用作品如何取得授权许可及合法使用等著作权问题，为此，台湾“经济部智慧财产局”对此特予澄清说明如下：

（1）据了解，Now. in 提供了近 20 个音乐频道 24 小时免费播放国内外的各类音乐作品，每天有近 20 000 人以上随时在线免费收听，吸引世界各地的网友成为其会员参与使用及联机收听，也获得厂商的广告赞助，使其成为颇具规模及国际化的在线音乐网站，其网络创意已成功地被推广出去，网站建置者的努力与创意当然值得鼓励肯定，但如同其他经营在线音乐的电台一样，要把别人的音乐、录音著作上传到网络上供人收听或下载，仍应致力于就其所使用的作品向著作权人取得合法授权，毕竟网站上使用到的音乐都是词曲作者、唱片公司创作的智慧结晶，受到著作权法的保护，这也是全世界共通的使用者付费及授权利用原则，以示对智慧财产创作的尊重。

（2）著作权法为了保护各类著作（包括音乐、电影、美术、摄影、计算机软件、书籍等）在网络上的合法利用，规定著作权人享有把自己的作品放在网络上，提供别人浏览、观赏、聆听或下载的权利，这是著作财产权人独享的权利，我们称它为“公开传输权”与“重制权”。换句话说，网友在网络上固然可以使用自己创作的著作，但如果网友要把他人之音乐、录音等著作上传到网站让网友分享利用，纵然对著作有实质推广、宣传的效果，还是应该要得到著作财产权人的同意或授权，才是尊重著作权人的合法行为。同样的，经营网络平台的业者如果明知网站有上载侵害他人著作权的内容或资料，仍予以上载或采取放任态度，平台业者也有管理责任，否则，也可能要与实际上载之人负起共同侵权之法律责任。

（3）本件个案已因相关权利人提出诉讼而进入司法程序，由司法机关进行审理，个案中 Now.in 网站的经营者究竟有无侵权的故意、是否构成著作权侵害等，因涉及事实认定问题，应静待司法机关的调查认定。“智慧财产局”也会持续关注此事件的后续发展，同时也会更积极地加强相关倡导，以协助网友更加了解在网络上利用他人著作应注意的著作权问题。

（4）网络著作权的保护关系到数字出版、媒体、视听、娱乐等创意产业之发展，著作权法的目的在于建构优质的著作权保护环境，促进著作权人与利用人双赢局面，大家尊重保护著作权，才能进一步鼓励创新，达到促进经济、文化发展等目的。

（资料来源：http://www.tipo.gov.tw/ct.asp?xItem=318565&ctNode=7123&mp=1　信息搜集、编译：王召闻）

**【台湾连续第 5 年未被列入美国特别 301 名单】** 2012 年 5 月 1 日，美国贸易代表署（USTR）公布“特别 301”检讨名单，台湾地区保护智慧财产权成效受到肯定，已经连续第 5 年未上榜。

值得注意的是，乌克兰被列入 2013 年指定优先国家，成为 7 年来首度被纳入这项最严重关切名单，主要是因为政府使用盗版软件和网络侵权严重。代理贸易代表马伦提斯（Demetrios Marantis）呼吁乌克兰政府应该尽快解决严重恶化的知识产权保护与市场准入问题。

USTR 2012 年总计检讨 95 个贸易伙伴，总计有 41 个国家被纳入指定优先国家、优先观察国家以及一般观察国家名单。

2012 年列榜的萨尔瓦多与西班牙纳入不定期检讨名单；加拿大从优先观察国家降级到一般观察国家，主要是因为著作权保护方面有显著进步；文莱与挪威则自特别 301 名单中除名。

2013 年纳入优先观察国家名单的包括中国、阿尔及利亚、阿根廷、智利、印度、印尼、巴基斯坦、俄罗斯、泰国与委内瑞拉等 10 个国家。

（资料来源：《西城时报》(*Seattle Chinese Times*)）

**【2012 台港两地“短片由我创”制作大赛成绩揭晓】** 2012 年 10 月 13 日，由财团法人台湾著作权保护基金会及香港知识产权会联合主办，“经济部智能财产局”及香港知识产权署共同指导的“2012 台港两地‘短片由我创’制作大赛”在香港九龙塘创新中心举行颁奖典礼。台湾代表团囊括了社会组的金、银、铜奖，大专院校组的金奖及优异奖以及高中（职）组的金、银、铜、优异等 9 项大奖，可谓大获全胜，也让影视产业发达的香港朋友看见台湾创作者无可限量的软实力。

本届比赛，台港两地总计收到 258 件作品报名参加竞赛，参赛者在拒绝网络侵权，拒绝非法影印教科书，提倡文化创意产业，拒绝使用盗版品、仿冒品等知识产权相关主题下发挥创意，并通过 30 秒的短片来传达知识产权保护的观念，共同为知识产权保护努力。评审团表示，今年得奖的作品较往年在创意及技巧的运用上更为纯熟，尤其在加入国际元素方面更是令人激赏，例如社会组得奖作品《请支持智能财产的保护》，运用动画技巧呈现冲击性的画面并借此表达知识产权保护的重要，令人印象深刻。评审团也勉励得奖人，除了尽情发挥创意及技巧外，对于保护及尊重知识产权的内涵也要特别着墨，尤其在创作前应充分了解尊重及知识产权保护的正确观念，才能够清楚地表达欲传达的精神。

（资料来源：http://www.tipo.gov.tw/ct.asp?xItem=318830&ctNode=7123&mp=1　信息搜集、编译：王召闻）

**【台湾“经济部智慧财产局局长”王美花接受中新社记者专访】** 2012 年 12 月 26 日下午，台湾“经济部智慧财产局局长”王美花女士在台北接受中新社记者专访。

王美花表示，截至 2012 年 9 月 30 日，台湾共受理要求大陆地区优先权的专利申请 5 770 件、商标 251 件；大陆共受理要求台湾地区优先权的专利申请 8 601 件、商标 78 件、植物品种 3 件。

另据统计，2011 年，台湾受理大陆企业、个人在台申请专利 1 329 件，2012 年 1—11 月受理申请案为 1 691 件，同比大幅增长；2011 年，大陆受理台湾企业、个人专利申请 22 702 件，2012 年 1—8 月，受理 15 065 件。

在商标方面，台湾 2011 年受理大陆企业申请商标共 1 968 件，2012 年 1—11 月已超过上年全年，计 2 350 件；大陆 2011 年受理台湾企业、个人申请商标 70 214 件，2012 年 1—9 月，已突破 1.3 万件。

王美花表示，2010 年 6 月底，《海峡两岸知识产权（智慧财产权）保护合作协议》签署，两岸于同年 11 月开始相互受理优先权请求。两年多以来，双方成立专利、商标、著作权、品种权 4 个工作组，运作相当顺畅，协议执行情况良好，为深化两岸产业合作发挥了积极作用，颇受社会大众肯定。

她以著作权为例说，协议签署后，台湾地区影音制品无须再通过第三方来认证，可直接由社团法人台湾著作权保护协会（TACP）办理，认证时间缩短为 1～3 天，对台湾文化创意产业的发展大有助益。截至 2012 年 11 月底，TACP 接受台湾影音业者请求认证的案件有录音制品 304 件、影视制品 13 件。

对于两岸知识产权界的双向交流，王美花以“频繁、善意、有默契”来概括。她介绍，2012 年 7 月，台湾工总在台北举行“两岸专利代理实务交流合作论坛”，国家知识产权局局长田力普以民间身份与会；8 月，她率团赴西安参加“第五届两岸著作权论坛”与著作权工作组会晤，双方就两岸音像表演版权保护成果共用、建立两岸情资交换与侦办两岸著作权侵权犯罪机制及联系窗口、台北“故宫”馆藏《富春山居图》侵权案等，达成相当共识；9 月，两岸专利工作组会晤在北京举行；11 月，她率“两岸智慧财产权保护合作协议交流参访团”访问北京，同月两岸商标工作组在江苏无锡会晤；12 月初，国家知识产权局副局长贺化以民间身份来台参加“2012 年两岸专利论坛”。

记者在采访时提到，近年来，台湾一些知名商标得以在大陆成功申请，这有赖于两岸关系和平发展的大环境，在以前是业者难以想象的。对此，王美花表示赞同。她说，通过两岸协处机制，在台湾颇具知名度的“MSI 微星科技”、“台银”、“台盐生技”等商标在大陆遭恶意抢注的个案，已加速获得解决。

而在台湾，曾有人试图注册大陆驰名的“全聚德”商标，台“智慧财产局”认为此为明显的抢注行为，亦拒绝受理。

2012 年以来，鸿海集团董事长郭台铭多次呼吁台当局加速“修法”，保障台湾企业智慧财产权，两岸可携手共同制定标准。对此，王美花表示，这反映出产业界人士对智慧财产权及加大两岸合作必要性、紧迫性的重视。

王美花指出，近年来，两岸都面临知识经济时代的挑战，包括因应智慧财产权及标准相互融合与影响的趋势，来自国际大厂或非专利实施实体的国际专利诉讼等。两岸可通过建立两岸资讯交换平台、推动制定共通标准、智慧财产权管理与运用的经验交流甚至成立专利联盟等，持续深化合作，共同积极因应。

（资料来源：中新社　作者：董会峰　路　梅）

## ◆澳　门

**【创意共享与著作权保护国际论坛在澳门举行】** 2012 年 4 月 26 日，由澳门科技大学法学院主办、“澳门创意共享”项目组承办的“创意共享与著作权保护”国际论坛在澳门科技大学图书馆举行。

本次国际论坛邀请到知识产权法领域的专家学者、澳门本地文创人士和相关领域专业人士，以及来自中国大陆、中国香港、中国台湾、葡萄牙、韩国等多个法域的创意共享组织成员出席会议，分别就“创意共享的现状与趋势”、“文化创意产业发展与创意共享”、“网络环境下著作权保护的限制与例外”及“跨域知识产权的法律协作”等 4 个主题展开了富于创见而卓有成效的交流和讨论。

（资料来源：澳门科技大学）

**【内地律师王政出任澳门版权协会监事长】** 2012 年 6 月 30 日，依据《澳门版权协会章程》，内地律师王政出任澳门版权协会监事长。

王政为中国惠诚律师集团（苏州）律师事务所

主任，中国全国版权共同市场代理/经纪人，中国（苏州）文化创意设计产业交易博览会法律顾问，江苏国家数字出版基地（苏州阳澄湖文化创意产业园）法律顾问，人民日报社《江南时报》法律专栏特约评论员，苏州市平江区总工会劳动法律监督专家委员会委员，苏州市宁海商会、苏州市平江区工商联、苏州市相城区温州商会常年法律顾问。

（资料来源：澳门版权协会秘书处　作者：刘　俊）

**【中国版权保护中心姜川出任澳门版权协会副理事长】** 2012年6月30日，中国版权保护中心综合事业部负责人姜川应邀担任澳门版权协会副理事长。

姜川毕业于中国传媒大学国际传播学院西班牙语/英语专业（学士）和中国传媒大学国际传播学院国际新闻专业（硕士），曾到西班牙穆尔西亚大学研修。主要从事新闻出版与版权保护工作。曾参与组织第15、16、17届北京国际书展和第60届法兰克福国际书展；组织西班牙、英国等知名出版社与中国的版权贸易工作；参与国际复制权组织联合会（IFRRO）、巴西书商协会（CLB）、西班牙塞万提斯学院、德国书商学院、德国图书信息中心等国际版权组织和文化组织与中国的版权保护工作联络合作事宜。

（资料来源：澳门版权协会秘书处）

**【澳门立法会表决通过修改著作权法案】** 2012年3月29日，澳门立法会举行全体大会，细则性表决通过修改《著作权及相关权利的法律制度》法案，定于2012年6月1日生效。

修改著作权法案自2010年10月在立法会全体大会一般性通过后，交由立法会第三常设委员会分析及讨论，历经1年多，由于法案涉及大量技术性问题，立法会及政府的法律顾问做了大量工作，解决技术上的分歧，形成最后的工作文本。列席会议的经济局代局长戴建业表示，有关知识产权、表演和录音制作国际公约，内地及香港分别在2007年及2008年生效，澳门朝着世界旅游休闲中心发展，有必要逐步与国际接轨，履行国际义务。

经济财政司司长谭伯源指出，著作权法案的修订，一方面使澳门特区的著作权保护制度更贴近现时的国际标准，解决互联网技术不断发展所衍生出各种关于著作权保护的问题，另一方面提升艺术工作者及制作人的相关权利保障，也平衡了著作权人与使用者和公众之间的利益。

该法案获通过后，会为《世界知识产权组织版权条约》及《世界知识产权组织表演和录音制品条约》两份国际公约延伸至澳门实施，打下良好的基础。

（资料来源：中新社　作者：龙土有）

# 版权产业发展

BAN QUAN CHAN YE FA ZHAN

# 2006—2010 年中国版权相关产业经济贡献报告

赵　冰

近年来，随着版权对经济的影响日益广泛深刻，版权问题受到国际社会的高度关注。世界各国越来越重视版权的经济特性，而且已在利用科学的统计方法来定量地描述版权在国民经济中的贡献率。对于我国这样一个知识产权正日益得到重视、创新意识与能力不断提高的发展中国家而言，揭示版权在我国的经济增长中的重要作用，以及以版权制度为基础的创新活动对于经济、社会发展的重要意义，对进一步增强全社会尊重知识、尊重创造、尊重法律的意识，增强社会各界对版权保护事业与版权产业发展的认知与支持具有重要意义。

受国家版权局委托，中国新闻出版研究院自2007年开始，连续对版权产业对国民经济的贡献进行调研，形成了系列调研报告，本文对2006—2010年中国版权相关产业经济贡献的调研结果进行了综合分析。

## 一、2006—2010 年我国版权产业对国民经济的贡献

2006—2010年五年间，我国版权产业的经济贡献一直保持平稳增长态势，行业增加值、就业人数、出口额都连年递增。

### (一) 行业增加值

2006年为13 489.33亿元人民币，占全国GDP的6.39%；到2010年增长到26 370.26亿元人民币，占全国GDP的6.57%。总量增加12 880.93亿元人民币，翻了近一番，平均年增速为18.24%。各年度的行业增加值数据见表1。

**表1**　**2006—2010年中国版权产业的行业增加值**　单位：亿元人民币

| | 2006年 | 2007年 | 2008年 | 2009年 | 2010年 |
|---|---|---|---|---|---|
| 版权产业行业增加值 | 13 489.33 | 16 790.41 | 19 568.40 | 22 297.98 | 26 370.26 |
| 占全国GDP比重 | 6.39% | 6.53% | 6.51% | 6.55% | 6.57% |
| 核心版权产业行业增加值 | 6 471.56 | 8 879.21 | 10 240.42 | 11 928.04 | 14 141.04 |
| 占全国GDP比重 | 3.06% | 3.45% | 3.41% | 3.50% | 3.52% |

其中与版权关系最为密切的核心版权产业发展较快，明显高于其他产业组。五年间我国核心版权产业的行业增加值从6 471.56亿元人民币、占全国GDP的3.06%，增长至14 141.04亿元人民币、占全国GDP的3.52%，总量增加了7 669.48亿元人民币，翻了一番多，平均年增速21.58%（见图1）。其中软件和数据库等和网络相关的新兴产业发展迅速，成为经济活动中最有活力的领域之一，在推动国民经济增长方面具有重要作用。以软件登记为例，2006—2011年，我国软件著作权登记量保持高速增长态势，登记量从2万余件逐年递增到8万余件，翻了两番。"十一五"时期，我国软件和信息技术服务业年均增速达28.3%，产业规模不断扩大，创新能力显著增强，产业集聚日益明显。

互联网还在其他许多方面影响到版权产业的发展。根据中国互联网络信息中心（CNNIC）最新发布的报告①，截至2012年12月底，我国网民规模达到5.64亿，互联网普及率为42.1%。特别是手机网络各项指标增长速度全面超越传统网络，手机网络各项指标在微博用户及电子商务应用方面也出现较快增长。基于云计算、物联网、移动互联网等新兴服务模式、商业模式的不断兴起，信息通信技术的应用渗透到经济和社会生活各个领域，培育了众多新的版权产业的增长点，如网络已越来越普遍地被用来直接向消费者发行文本信息、音乐、影像制品等。

---

① 参见第31次《中国互联网络发展状况统计报告》，见中国互联网络信息中心网站，http://www.cnnic.net.cn/hlwfzyj/hlwxzbg/hlwtjbg/201301/t20130115_38508.htm。

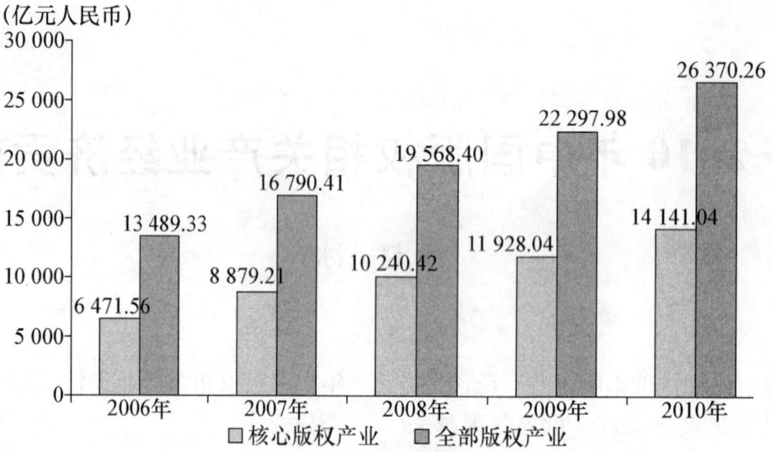


**图1　2006—2010年我国版权产业的行业增加值**

### (二) 就业人数

2006年我国版权产业就业人数为762.92万人，占全国就业人数的6.52%；到2010年递增到1 041.54万人，占全国就业人数的7.98%。各年度就业人数数据见表2。

**表2　2006—2010年中国版权产业的就业人数**　　单位：万人

| | 2006年 | 2007年 | 2008年 | 2009年 | 2010年 |
|---|---|---|---|---|---|
| 版权产业就业人数 | 762.92 | 903.67 | 946.57 | 991.40 | 1 041.54 |
| 占全国就业人数比重 | 6.52% | 7.52% | 7.76% | 7.89% | 7.98% |
| 核心版权产业就业人数 | 367.91 | 455.70 | 476.00 | 506.23 | 534.79 |
| 占全国就业人数比重 | 3.14% | 3.79% | 3.90% | 4.03% | 4.10% |

同行业增加值一样，核心版权产业的就业人数在全部版权产业中占有重要地位。2006年核心版权产业就业人数为367.91万人，占全国就业人数的3.14%；到2010年增长到534.79万人，占全国就业人数的4.10%（见图2）。

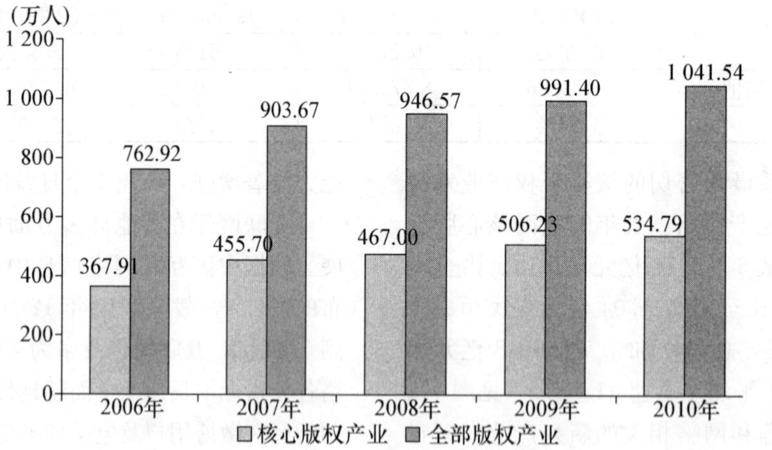


**图2　2006—2010年中国版权产业的就业人数**

### (三) 出口额

与行业增加值和就业人数不同，在出口额中我国相互依存的版权产业出口额占当年版权产业商品出口总额比重占绝对优势，2006—2010年均在90%以上。说明我国版权产业的外贸出口仍以制造业为主（见表3、图3）。

**表3　2006—2010年中国版权产业的海关商品出口额**　　单位：亿美元

| | 2006年 | 2007年 | 2008年 | 2009年 | 2010年 |
|---|---|---|---|---|---|
| 版权产业出口额 | 1 492.62 | 2 157.34 | 2 283.76 | 2 103.17 | 2 662.96 |
| 占全国商品出口总额比重 | 15.40% | 17.72% | 15.96% | 17.50% | 16.88% |

续前表

| | 2006 年 | 2007 年 | 2008 年 | 2009 年 | 2010 年 |
|---|---|---|---|---|---|
| 相互依存的版权产业出口额 | 1 363.82 | 1 973.94 | 2 064.54 | 1 917.90 | 2 450.77 |
| 占全国商品出口总额比重 | 14.08% | 16.21% | 14.42% | 15.96% | 15.53% |
| 占版权产业商品出口总额比重 | 91.37% | 91.50% | 90.41% | 91.19% | 92.03% |

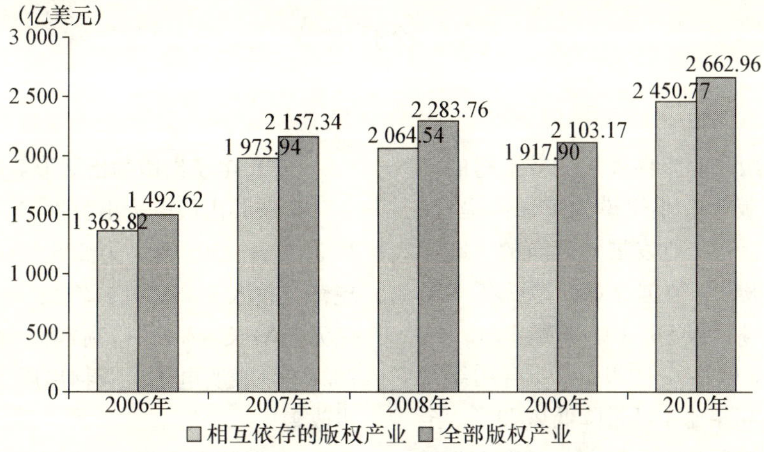


**图 3　2006—2010 年中国版权产业的海关商品出口额**

我国核心版权产业的海关商品出口额、服务贸易出口额及其占当年海关商品出口总额、服务贸易出口总额的比重都较低，五个年度核心版权产业的出口总额（商品与服务贸易）均不到当年全国对外贸易出口总额的 1%。详细数据见表 4。

**表 4　　2006—2010 年中国核心版权产业的出口额**　　单位：亿美元

| | 2006 年 | 2007 年 | 2008 年 | 2009 年 | 2010 年 |
|---|---|---|---|---|---|
| 服务贸易出口额 | 26.02 | 36.83 | 48.00 | 46.33 | 62.33 |
| 占全国服务贸易出口总额比重 | 2.83% | 3.01% | 3.26% | 3.58% | 3.84% |
| 海关商品出口额 | 24.94 | 33.72 | 42.35 | 41.16 | 41.90 |
| 占全国海关商品出口总额比重 | 0.26% | 0.28% | 0.30% | 0.34% | 0.27% |
| 合计（服务贸易与海关商品） | 50.96 | 70.55 | 90.35 | 87.50 | 104.23 |
| 占全国外贸出口总额比重 | 0.48% | 0.53% | 0.57% | 0.66% | 0.60% |

## 二、我国版权产业发展状况的比较分析

调研表明，通过多方面的措施，我国版权创造、运用、保护、管理的水平在不断提高。我国版权制度在经历了法律建立、推行阶段后，进入了以促进经济、文化发展为重点的全面发展的新阶段，版权产业发展的内外部环境逐步改善，在促进经济增长、创造就业机会、扩大对外贸易等方面发挥着日益明显的作用。

同时也应看到，我国版权产业与发达国家特别是与美国相比还有较大差距。2010 年，美国版权产业的行业增加值为 16 269 亿美元，折合人民币约为 99 807.06 亿元，我国为 26 370.26 亿元人民币，只有美国的 1/4。其行业增加值占全美 GDP 的比重为 11.10%，我国为 6.57%。

我国版权产业外贸出口仍以制造业为主，2006 年至 2010 年均在 90%以上，核心版权产业出口额较小，与美国相比差距很大。2010 年我国核心版权产业的出口总额约为 104.23 亿美元，只占当年全国对外贸易出口总额的 0.60%。而 2010 年美国几个重要的核心版权产业——录音产业、电影产业、计算机软件产业和非软件出版产业（包括书报刊）的海外销售额就为 1 340 亿美元，它们的海外销售额一直明显高于美国其他主要行业，如飞机、汽车、农产品、食品以及药品等。这说明尽管改革开放以来我国的版权事业、版权产业取得了很大成就，但同发达国家相比较，我国版权产业的核心竞争力仍有待提高，还面临着一些深层次问题。为赶超世界先进水平，我国仍需持续不断地加强版权工作，促进版权产业的又好又快发展。

（作者单位：中国新闻出版研究院）

# 2012 年中国出版产业发展报告

徐升国

2012 年是中国出版产业整体发展比较平稳的一年，在本年度新闻出版业产业规模继续保持提升。据国家新闻出版广电总局产业发展司发布的《2012 年新闻出版产业分析报告》数据显示，2012 年全国出版图书 414 005 种，期刊 9 867 种，报纸 1 918 种，三类出版物总印张为 3 074.01 亿印张，折合用纸量为 711.36 万吨，与上年相比用纸量降低 0.79%。全国出版、印刷和发行服务实现营业收入 16 635.3 亿元，较 2011 年增加 2 066.7 亿元，增长 14.2%；增加值为 4 617.0 亿元，较 2011 年增加 595.3 亿元，增长 14.8%；利润总额为 1 317.4 亿元，增长 16.8%；不包括数字出版的资产总额为 15 729.6 亿元，增长 9.1%；所有者权益（净资产）为 8 164.2 亿元，增长 11.2%；纳税总额为 873.4 亿元，增长 10.9%。表明在社会主义文化强国建设和推动文化产业成为国民经济支柱性产业的总体要求下，新闻出版产业继续保持平稳较快增长。

## 一、2012 年全国出版业发展状况

据国家新闻出版广电总局发布的统计数据和分析报告显示，2012 年全国出版业整体发展良好，各项指标出现较大幅度增长，行业发展态势喜人。

### （一）图书品种突破 40 万种，继续保持较快增长

2012 年，全国共出版图书 41.4 万种，较 2011 年增加 4.4 万种，增长 12.0%。其中，文化、科学、教育和体育类图书增加 2.6 万种，增长 19.6%；文学类图书增加 1.0 万种，增长 30.4%；少年儿童读物增加 0.9 万种，增长 40.4%；天文学、地球科学类图书增长 21.1%；航空、航天类图书增长 36.4%，反映出内容创作与出版的繁荣。

### （二）图书、报纸、期刊总印数增长趋缓

全国图书总印数为 79.3 亿册，较 2011 年增长 2.9%；期刊总印数为 33.5 亿册，增长 1.9%；报纸总印数为 482.3 亿份，增长 3.2%；增长速度均低于 2011 年水平。

### （三）电子出版物出版形势趋好

全国共出版电子出版物 11 822 种，较 2011 年增长 5.7%；出版数量为 2.6 亿张，增长 23.5%。实现营业收入 9.2 亿元，增长 48.6%；增加值为 4.6 亿元，增长 47.7%；利润总额为 2.3 亿元，增长 76.8%，表明电子出版物出版发行的市场环境进一步改善。

### （四）数字出版收入在全行业占比首次突破 10%

数字出版实现营业收入 1 935.5 亿元，较 2011 年增加 557.6 亿元，增长 40.5%，占全行业营业收入的 11.6%，较 2011 年提高 2.1 个百分点，表明在经历长期高速增长之后数字出版仍有较大的成长空间。电子书、数字期刊、数字报纸的营业收入增长 52.6%，超过数字出版整体增长速度，传统出版数字化转型的效果日益显现。以网络动漫和在线音乐为代表的新型数字内容服务形态发展迅猛，营业收入增速高达 291.2%。

### （五）印刷复制收入超过万亿元

全国印刷复制实现营业收入 10 360.5 亿元，较 2011 年增加 1 055.1 亿元，增长 11.3%，占全行业营业收入的 62.3%，减少 1.6 个百分点；增加值为 2 679.5 亿元，较 2011 年增加 354.6 亿元，增长 15.3%，占全行业增加值的 58.0%，提高 0.2 个百分点。从总体上看，印刷复制业作为新闻出版业支柱产业的地位没有变化。

### （六）出版物发行整体效益有所改善

出版物发行实现营业收入 2 418.7 亿元，较 2011 年增加 255.8 亿元，增长 11.8%；实现利润总额 196.0 亿元，增加 10.9 亿元，增长 5.9%，实现重新增长。需要引起高度关注的是，出版物发行单位数量较 2011 年减少 4 900 余家，其中个体经营户减少 4 100 余家。

### （七）版权输出和实物出口再上新台阶

版权引进品种与输出品种比例由 2011 年的 2.1∶1 降至 1.9∶1；全国共输出版权 9 365 种（其中出版物版权 7 831 种），较 2011 年增加 1 582 种，

增长20.3%。全国累计出口图书、报纸、期刊、音像制品、电子出版物和数字出版物数量为2 087.9万册（份、盒、张），较2011年增加530.4万册（份、盒、张），增长34.1%；金额为9 474.1万美元，增加2 077.5万美元，增长28.1%。

**（八）产业基地（园区）集聚效应显现**

已统计的15家国家新闻出版产业基地（园区）共实现营业收入777.2亿元，拥有资产总额为793.6亿元，实现利润总额为86.8元。其中9家国家数字出版基地（园区）共实现营业收入624.7亿元，较2011年同口径增长40.2%，占数字出版全部营业收入的32.3%；实现利润总额为85.1亿元，同口径增长12.2%。上海张江国家数字出版基地、广东国家数字出版基地和江苏国家数字出版产业基地营业收入超过100亿元。产业基地（园区）建设取得积极成效。

**（九）出版物消费与人均拥有水平同步增长**

全国居民和社会团体出版物零售总额为626.6亿元，较2011年增长7.6%；每百万人均拥有当年出版图书306种，增长11.6%；人均年拥有图书5.9册，增长2.3%；人均年拥有期刊2.5册，增长1.3%；每千人日均拥有报纸97.6份，增长2.7%。表明出版物的消费与供给能力相互协调发展，同步增强。

## 二、2012年出版业的主要特征与趋势

**（一）十八大吹响文化大发展大繁荣的号角，提出文化与科技相融合的战略方向**

2012年11月8日，党的十八大在北京召开。十八大报告通篇贯穿了科学发展观的重要思想，对经济建设、政治建设、文化建设、社会建设、生态文明建设作出了全面部署。在十八大报告中，文化发展被放在一个非常高的位置，对建设社会主义文化强国进行了全面的阐述，作出了新的部署，再次吹响了新闻出版大发展大繁荣的号角。十八大报告还强调了科技与文化融合的重要性，指出要增强文化整体实力和竞争力，促进文化和科技融合，发展新型文化业态，提高文化产业规模化、集约化、专业化水平。

十八大报告对进一步推动包括新闻出版业在内的文化产业大发展，推动文化与科技的融合，将起到巨大的推动作用。2013年3月，新闻出版总署与国家广播电影电视总局撤并成立国家新闻出版广电总局。合并后的总局将打破过去媒体业务分割管理的局面，初步实现“大传媒”的统一管理体制，为新闻出版广电企业实现全产业链发展打开空间。伴随管理体制的融合，新媒体传播业态间的融合趋势将取得更加快速的发展。未来，传统出版与数字出版的融合，互联网与移动互联网的融合，虚拟与现实、线上与线下的融合，渠道与平台、平台与终端、终端与内容的融合将全方位展开，融合是未来媒介发展的重要趋势。

在第三次工业革命背景下，科技与文化的融合实际表现为信息产业与文化产业的融合。在当今社会，这两个产业是“互为表里的超级产业”。信息产业所体现的是形式，是表；文化产业则是内容，是里。以技术提升文化价值，用文化增加技术内涵，技术与文化融合共进，共生共长，将是未来产业经济的发展方向。

**（二）出版集团与上市公司规模不断扩大，多元化发展成为集团的共同选择**

集团化发展是世界出版业发展的潮流，也是中国出版业发展的重要方向之一，现在出版集团和上市公司正在成为中国出版业的主力军。2012年，出版传媒集团骨干作用进一步凸显。全国图书出版、报刊出版和发行集团共实现主营业务收入2 333.9亿元，较2011年增加239.2亿元，增长11.4%，占全国书报刊出版和出版物发行主营业务收入的57.9%，提高0.4个百分点；拥有资产总额4 202.2亿元，增加522.1亿元，增长14.2%，占全国出版发行全行业资产总额的73.7%，提高0.3个百分点；实现利润总额194.3亿元，增加21.0亿元，增长12.1%，占全国出版发行全行业利润总额的44.6%，提高1.4个百分点。江苏凤凰出版传媒集团有限公司、湖南出版投资控股集团有限公司、安徽出版集团有限责任公司和山东出版集团有限公司主营业务收入和资产总额均突破100亿元，“双百亿”集团数量翻番，另有8家集团资产总额超过100亿元，较2011年增加3家。

除出版集团外，上市公司也正在成为引领行业增长的引擎。以2012年12月31日收盘价计算，16家在上海和深圳上市的书报刊出版和发行企业共实现营业收入499.3亿元，较2011年增加91.4亿元，增长22.4%；拥有总资产772.9亿元，增加105.7亿元，增长15.8%；实现利润总额56.8亿元，增加6.8亿元，增长13.6%。增长速度均高于出版传媒集团整体水平。

出版集团和上市公司在发展中，都不约而同地将多元化作为战略方向，将更多的精力放在了数字出版、文化地产、投资理财和教育培训等方面的拓

展上，这也在一定程度上为各家打开今后的发展成长储备了空间。在多元化发展中，凤凰传媒是其中的典型。凤凰传媒一是大力发展文化地产，五大文化 MALL 募投项目进展顺利，其中苏州文化 MALL 率先投产；二是以凤凰创壹为实施主体，该公司与省内 38 所国家级职教示范校签订 2 000 万元研发合同，奠定了职教数字化教育领域的领先地位；三是出资 800 万元成功收购游侠网 54.5%的股权，加大与网游及文学公司的合作，并利用“天线宝宝”品牌授权涉足早教业务，成功开设环亚、万达旗舰店，获得超预期收入。

时代出版投资 1.5 亿元打造的文化地产项目时代数码港工程已经封顶，建成后将用于综合性研发商务办公；其影视业务也进展顺利，十余部影视剧正在积极参与投资拍摄，多部作品通过著作权交易进入拍摄阶段；除获批成立全国首个省级数字出版行业生产力促进中心以及第一家文化类企业工程技术研究中心——合肥市数字出版工程技术研究中心，为其新媒体出版业务的发展以及争取政府政策支持打下了坚实基础外，其旗下时代新媒体出版社打造的全国首个 iTV“健康频道”也已上线，以电信 iTV 电视为平台，通过互动点播向观众提供各类主流、实用、原创的健康养生内容服务，目前仅安徽省已经拥有超过 100 万的 iTV 电视用户；“时代 e 博”数字出版运营平台开发的数字教育和数字图书馆等业务模块已延伸至行业运用。中文传媒的物流业务和影视业务也是其今后的发展亮点，目前其商用客户物流能力仅次于江西邮政；2012 年发行 2 部电视剧，为其贡献千万利润；旗下二十一世纪出版社近日发布的国内首款励志网络游戏《魔法仙踪》，预计 2013 年运营收入将不低于 1 亿元。皖新传媒除在卖场业态创新外，已在全省建成投入运营 14 块 LED 屏，收入、利润较上年同期分别增长 81% 和 74%。

**（三）数字出版产业化进程加快，移动互联网成为新热点**

中国互联网络信息中心发布的第 31 次中国互联网发展状况统计报告显示，截至 2012 年 12 月底，我国网民规模达 5.64 亿，全年新增网民 5 090 万人，互联网普及率为 42.1%，手机上网用户为 4.20 亿，较上年底增加约 6 440 万人，这为数字出版特别是移动互联网出版发展奠定了坚实的用户基础，并直接推动了阅读方式的改变。

近年来，我国数字出版继续高歌猛进，产业收入逐年大幅度递增，数字出版收入在全行业占比首次突破 10%，其中手机出版收入规模发展到 2012 年的 486.5 亿元，同上年相比，发展势头依然强劲。随着智能手机 CPU 的运行能力开始超过 PC 机，大众数字出版阅读平台在全面迈向移动化，并且逐步向数据化深拼、电商结合方向延伸。越来越多的数字内容提供商正在为移动终端量身定制移动应用等数字出版产品。比起传统互联网，移动互联网可以让人随时随地获取资讯，这种便利也是数字出版产业快速增长的重要原因。付费优势成就数字出版产业。付费问题一直是传统互联网时代困扰数字出版发展的主要瓶颈之一，但是现在随着移动互联网时代的到来，这个问题可以迎刃而解，现在移动阅读已经成为部分传统出版单位数字出版收益的主要来源，也成为盛大文学为代表的原创网络文学最主要的收入来源。

除了移动手机阅读，数字出版新技术层出不穷，不断推动数字出版向纵深发展。2012 年柔性显示技术受到广泛关注，随着智能手表和智能眼镜这些可穿戴设备的应用，数字终端从固定的玻璃显示屏中解放，进化成外观各异、屏幕可以附着到不平整的表面上，甚至被拉伸的形式。三星也宣布正准备打造一款可弯折的全屏幕平板电脑，韩国科学家制造出一款可弯曲的锂电池，性能非常稳定，开启了新业态。此外，3D 打印技术受到重视，3D 打印在 2012 年来势凶猛，数字化和模拟化让 3D 印刷从设计到产品造纸，从人体器官到数字烹饪，纵横多个领域。此外，大数据分析与挖掘也正在逐步走进数字出版。数字出版正步入一个大规模生产、分享和应用数据的时代。社交网络、电子商务与移动通信把人类社会带入了一个以 YB 为单位的结构与非结构的数据信息时代。其中结构数据是指来自于企业的 ERP、CRM 等各类数据库，非结构性数据是指越来越多来自互联网与移动互联网的日志、音视频、图片、地理位置等信息。

**（四）教辅新政使民营书业企业发展进入震荡期**

2012 年上半年，各个教辅新政的陆续推出使正在寻求规模化发展的民营书业进入了新的格局震荡期。从 2011 年全国开始了教辅出版整治工作，教辅出版资质收紧、教辅图书限价、“一科一辅”以及教辅内容质量审查等管理细则连续出台，教辅出版发行整顿大幕全面拉开，教辅出版发行这一民营书业最大的蛋糕面临重新分割的局面，许多民营公司因为缺乏资质及经营方式不规范，被大面积清理出局。

除了教辅整顿，教辅授权问题也成为民营教辅企业头上的一道紧箍咒。从 2011 年年初开始，人民教育出版社带头开始通过各种方式进行中小学教材的授权和维权工作，对那些配套本版教材的同步类教辅的出版征收版权使用费，并通过内容审查等手段保障授权配套教辅的内容质量。教辅授权必将对教辅出版市场的未来产生更为深远的影响。许多文教类图书出版社、民营策划公司积极探索转型，在收缩教辅业务的同时，进行业务的多元化探索，寻求在少儿图书出版、教育服务、数字出版等方向转型。

民营教辅书企呈现出两种趋势：一是萎缩，不少教辅书企退出了市场；二是观望，很多教辅商参加各种会议观察教辅产品的新变化。一些有实力的民营教辅书企开始升级与转型：一方面，由单纯宣传推介产品发展至全面提升品牌；另一方面，由教辅策划商向教育内容服务提供商转型。此外，在畅销书越来越难出新的情况下，一些以策划畅销书见长的社科类民营书企纷纷将重点向数字出版倾斜，打造自己的数字出版平台，与手机阅读平台合作成为它们的新盈利点。

（作者单位：中国新闻出版研究院应用理论研究室）

# 2012 年中国数字出版产业分析报告

中国新闻出版研究院

经过 2011 年“十二五”的平稳开局，我国数字出版产业步入“十二五”的快速发展阶段，在文化产业中的比重逐年上升，已经成为新闻出版业的战略性新兴产业和出版业发展的主要方向，也是国民经济和社会信息化的重要组成部分。

## 一、数字出版收入再创新高

1. 总体收入情况

2012 年，我国数字出版继续保持强势增长势头，全年收入规模达 1 935.49 亿元。其中，互联网广告、网络游戏与手机出版依然占据收入榜前三位。值得注意的是，过去的一年，数字报纸、电子书均保持了高速的增长势头，增长幅度均超过 30%以上。

2. 分类收入情况

2012 年国内数字出版产业整体收入规模为 1 935.49 亿元，比 2011 年整体收入增长了 40.47%。其中：互联网期刊收入达 10.83 亿元，电子书（含网络原创出版物）达 31 亿元，数字报纸（不含手机报）达 15.9 亿元，博客达 40 亿元，在线音乐达 18.2 亿元，网络动漫达 10.36 亿元，手机出版（含手机彩铃、铃音、手机游戏等）达 486.5 亿元，网络游戏达 569.6 亿元，互联网广告达 753.1 亿元（见图 1）。

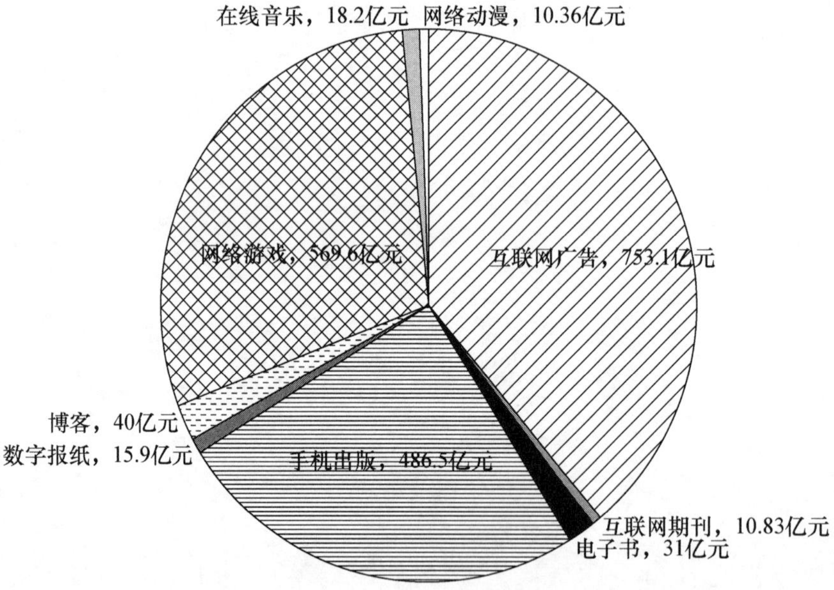


**图 1　2012 年数字出版产业收入情况**

手机出版和网络游戏的收入在数字出版总收入中所占比例分别为 25.14%和 29.43%，两者合计占据半壁江山，这说明手机出版和网络游戏依然是拉动数字出版产业收入的主力军，也意味着娱乐化产品在数字出版产业中占据相当比重。

## 二、数字出版产业发展态势喜人

1. 政府主管部门推进产业壮大

2012 年，我国数字出版产业在快速发展的同时，在诸多领域也取得了新的进展与突破。在数字出版产业发展壮大的过程中，政府主管部门一直都是引导者和推动者。2012—2013 年，政府主管部门大力推动具有现代企业制度和法人治理结构的市场主体的形成，促进数字出版市场快速发展。

2. 数字出版企业积极求新求变

作为数字出版产业的主体，2012—2013 年，数字出版企业加快发展步伐，积极求新求变，形成了显著特色。

传统出版与科技融合步伐加快，数字出版盈利模式日渐清晰。现在，许多传统出版从业者已经摆脱了盲目跟随的角色，开始应用数字技术进行自主探索的道路。他们积极投入到数字出版的实战中来。特别值得一提的是，随着移动互联网时代的到来，移动互联网出版成为传统出版获取数字出版收入最重要的一块业务。

新兴技术公司向新闻出版领域渗透，数字出版业务获得较大进展。知名电子商务网站当当、京东、淘宝都分别在近两年开始运营电子书分销平台业务，亚马逊也正瞄准中国电子书市场。

以盛大文学为代表的原创内容网站已经供应了网络文学百分之七八十的内容。腾讯、搜狐、新浪等大型门户网站也早早开始布局，向内容领域扩张。同时，电信运营商借助渠道优势，纷纷成立了手机阅读、手机动漫、手机游戏等基地，不断聚合内容资源。

3. *数字出版内容平台迈向开放性未来*

随着智能手机CPU的运行能力已远远超过PC机，大众数字出版阅读平台正在全面迈向移动化，并且逐步向数据化深耕、电商结合方向延伸。

互联网的发展，使数字出版平台的开放性逐渐成为行业发展的新兴服务模式，具体表现为：对具有出版资质的内容提供商开放，实现让内容提供者自主上传开放、定价机制开放、平台销售数据及客户数据开放；对著作权人和相关权利人开放，提供版权交易、作品经营等情况，推动数字内容在法律保障的机制下最大限度地在各类数字出版平台上传播；对各种渠道和终端产品开放，以实现多元产品形态、多渠道传播。

4. *新技术应用开启数字出版全新业态*

2012年柔性显示技术受到广泛关注。随着智能手表和智能眼镜这些可穿戴设备的应用，数字终端从固定的玻璃显示屏中解放，进化成外观各异、屏幕可以附着到不平整的表面上甚至被拉伸的形态。

3D打印技术受到重视。3D打印在2012年来势凶猛，数字化和模拟化让3D印刷纵横多个领域。增强现实（AR）技术得到初步应用。AR技术将在人工智能、遥感、游戏娱乐、信息互动等许多领域投入应用，其影响必将日益扩大。

5. *数字出版重心向移动互联网转移*

随着硬件技术的不断更新换代，以苹果iPad/iPhone引领的终端革命的到来，拉开了平板电脑与智能手机代替台式电脑的序幕。数字出版的重心已经从台式电脑向平板电脑和智能手机转移，与之相关的移动应用研发也正在成为IT界主流。

目前，通过移动互联网获取信息的用户越来越多。手机已经成为用户上网第一终端，用户数大大超过了通过台式机上网的网民数。随着终端的普及，移动互联网也已经进入2亿用户时代，这是任何一个从业者都无法忽视的市场基础。并且，移动阅读已经成为部分传统出版单位数字出版收益的主要来源，也成为以盛大文学为代表的原创网络文学最主要的收入来源。因为良好的付费模式，附着在其上的其他各种商业应用也如雨后春笋般发展起来，不断完善着移动互联网的各种服务，满足着用户各种各样的需求。

6. *智能终端格局基本形成*

手机阅读的不断普及，移动互联网应用的不断开发，加上微博、微信等移动社交产品的兴起，极大地推动了智能手机这一终端市场的发展。手机当前已超越台式电脑，成为我国网民的第一大上网终端。

凭借其丰富的阅读体验、多元化的功能和良好的视觉效果等优势，平板电脑在2012年迅速崛起，发展势头并不亚于智能手机。而电子阅读器则呈现出小众化、专业化的趋势。近年来，电子阅读器的发展相比智能手机、平板电脑等终端而言，稍显沉寂。2012年，电子阅读器市场依然算不上火热，但似乎有回暖趋势。虽然大众市场眼下难以突破，但在小众化和某些特定领域，电子阅读器仍有一定的发展空间。

7. *数字出版保障体系不断完善*

2012年，我国数字出版产业保障体系在诸多方面得以完善与丰富，尤其是在标准建设和版权保护方面取得了较好的成绩。

2012年是我国数字出版标准体系建设取得突破的一年。全国版权保护标准化技术委员会的筹建，标志着我国新闻出版行业标准化机构体系正在形成与确立。《新闻出版数字资源唯一标识符PDRI》、《中国标准名称标识符ISNI》、《中国标准乐谱出版物号ISMN》、《手机出版标准体系表》、《动漫出版标准体系表》、《手机出版物质量规范》、《手机出版内容数据格式表》等和4项电子书内容标准的发布，将有效保障手机等出版物内容质量与出版信息的传递，满足产业参与者的标准需求。

与此同时，2012年，我国数字版权保护标准建设正在重点推进，社会保护、数字版权立法保护工作取得新进展，司法与行政保护力度加强，成效显著，技术保护进一步推进。司法、行政、行业协会、技术企业等都成为数字版权保护的重要力量。

## 三、数字出版产业的问题与对策

2012年，尽管我国数字出版产业发展势头强劲，产值再创新高，但产业链尚不健全，盈利模式、版权保护、行业标准、品牌影响、渠道建设、人才队伍等困扰数字出版产业多年的问题仍未完全解决。在数字出版快速发展的形势下，我国数字出版从业者应认清形势，找寻对策，共同促进数字出版行业健康有序发展。

1. 完善数字出版产业链条

无论在传统出版时代还是在数字出版时代，出版的核心价值都是内容，相对于内容来说，技术应是第二位的。数字出版单位必须把握好内容提供方的角色，以联合的方式与技术提供商签订数字出版合作协议，建立起互惠共赢的数字出版模式，以提高数字出版收入所占比例。同时，应以体制改革为契机，通过资本运营的方式，聚集优质内容资源，创新数字出版机制，走集约化、集团化的发展道路，对产业链的各部分进行整合，加快数字出版业务的发展步伐。

2. 加大数字出版科技研发力度

传统出版单位网站若为独自经营，从点击率和下载率获得的收益往往是微不足道的，只有多个出版单位联合起来，形成具有一定规模的群体，实行差异化定位，以数据库的形式集成出版，同时利用专业优势组织营销，才能获得理想的收益。我们应加大对数字化建设的投入，建立集数字出版、信息发布等各类资源于一体的一站式数字出版平台，并提高其使用效率，实现数字出版产业升级。

3. 增强数字出版盈利能力

作为新兴业态，数字出版是新闻出版未来的发展方向，必须不断加强市场实践，总结经验，增强营收能力，以保证自身的发展、壮大。

首先要满足用户需求，提高产品的易获得性。其次要利用专业化，提高生产效率，创造更大价值。在信息充足的情况下，为了被受众发现并尽可能减少受众获得内容的费力程度，传统出版单位在情况允许的条件下可以采用联合的模式。这样，一方面可以解决传统出版单位数字出版技术上的难题，另一方面借助优势组织的营销平台，也有利于产品的推广。二者各取所需，并专注于自己的特长，能大大提高生产效率，从而创造出更大的价值。

4. 加大监管与版权保护力度

数字出版侵权规模大，侵权手段复杂，增长速度快，危害程度深，已经威胁到版权产业的生存和发展。同时，移动应用软件造成的用户隐私的泄露问题，将应用软件的安全问题摆在了我们面前。为了净化数字出版的生存发展环境，全社会应当积极行动起来，探讨建立以制度、服务、技术等因素相结合的版权保护体系，消除个人隐私安全隐患，更好地保证产业链中的各环节健康有序发展，将数字出版产业做强做大。

5. 加大扶持民营数字出版企业力度

2012年6月，《新闻出版总署关于支持民间资本参与出版经营活动的实施细则》的发布，为民营企业创造良好的发展环境打下了政策基础，进一步激发了民营企业市场竞争的动力。然而，政策的推行和落实还需要一个过程，同时，仅仅依靠政策引导是不够的，民营企业的地位还需得到业内的进一步正视。建议管理部门进一步对民营企业给予政策扶持和引导，为数字出版产业发展构建良性竞争机制和开放的市场环境。

## 四、数字出版产业趋势分析

1. 管理机构合并进一步推动媒介融合

2013年3月，新闻出版总署与国家广播电影电视总局撤并成立国家新闻出版广电总局。合并后的总局将打破过去媒体业务分割管理的局面，初步实现“大传媒”的统一管理体制，为新闻出版广电企业实现全产业链发展打开空间。伴随管理体制的融合，新媒体传播业态间的融合趋势将取得更加快速的发展。今后，传统出版与数字出版的融合，互联网与移动互联网的融合，虚拟与现实、线上（电子版手机报）与线下（实体刊物）的融合，产业链间渠道与平台、平台与终端、终端与内容的融合将全方位展开，融合是未来媒介发展的重要趋势。

2. 科技与新闻出版融合趋势加强

2012年，对于中国数字出版业来说是一个政策利好年。作为科技与出版业融合的典范，数字出版获得史上最好的政策机遇期，必将迎来新一轮的高速增长。

在数字出版领域，最早涉足数字出版的技术提供商，都已加快向内容提供商拓展的布局，如方正、同方、谷歌、百度、盛大。以百度为例，百度文库版权纠纷的解决说明百度已然开始了从网络服务提供商向内容服务提供商的发展步伐。

3. 传统新闻出版单位将深化数字转型

传统新闻出版单位是我国文化产业的主力军与重要支柱，其数字化转型的速度与质量，关系着数字出版产业的市场主体构成与规模效益。目前，国家新闻出版广电总局已经开展了推动传统新闻出版单位数字化转型工作的尝试——传统新闻出版单位数字化转型示范评选，希望通过总结推广现有转型成功经验，带动产业的整体转型。下一步转型工作将继续深化，通过组建数字出版专业社团，加强企业间的交流与合作；通过数字出版基础工程建设，打造转型的良好环境；通过项目扶持，增强转型实力；通过新技术研发，推动转型企业的技术应用；通过新产品研制，探索企业发展重心所在；通过对终端与渠道特性的把握，扩大传播领域。以新闻出版业发达地区带动欠发达地区，从而实现我国传统新闻出版业整体转型升级。

4. 社交化传播成为数字出版的重要方式

数字阅读平台与社交网络平台相结合，将成为未来数字出版发展的一个重要趋势。这种结合，是在传统的以“内容”为核心的架构上，增加了“关系”要素，这种社交加内容传播的方式，一改过去单纯依靠内容为主体的平台建构方式，增加了用户主体建构。多重建构的社会化阅读平台，使平台建构更加立体化。数字出版不再仅仅停留在满足人们静态阅读的需求层面，还满足着人与人之间关系拓展的需求，满足着信息构建与社群传递的需求，满足着内容欣赏与互动展示的需求。

5. 大数据分析与挖掘将走进数字出版

随着大数据挖掘与分析技术的不断提升，海量数据在经过精确分析后会产生出巨大的价值，比如依据客户购买与阅读行为的全数据分析，对之进行精准内容投送、个性化、精确化营销定位；对数字内容进行定位与改进，提升内容价值；提高使用效率等。处于大数据时代的数字出版，在大量繁复的信息内容中，探索数字出版领域新型产品、服务、商业模式与投资机会，将是全新的挑战。

6. 微传播的角色地位越来越高

通过互联网、移动互联网的实时交互，微传播使不同价值观在同一时空发酵、交织，进而聚集弥散在民众中的细微力量，从而获得社会的持续关注力。在过去的一两年中，通过微传播（如微博传播）引爆的社会公众事件屡见不鲜，且呈现出不断攀升之势。伴随时间的发展，微传播所爆发出的媒介公信力与影响力，将会越来越重要，大有与大众传播抗衡之势。

微时代的出现使今天网民的欲望和诉求更加多元，在一个价值多元的时代，他们希望以自己的努力，影响舆论与公众，共建一个和谐、美好的社会。微博、微信、QQ、MSN、SNS、BBS等这些微传播渠道在聚合散乱力量、表达碎片化的思想方面，正体现出其强大的力量。重用微传播，并对微传播进行有效管理，在未来数字出版领域，乃至整个互联网、移动互联网领域，都是一个不容忽视的课题。

（注：本报告原载《中国新闻出版报》，原标题为《2012—2013中国数字出版产业年度报告摘录》。）

# 2012 年中国广播电视产业发展报告

国家新闻出版广电总局发展研究中心

## 一、2012 年中国广播电视产业发展的宏观环境及基本状况

2012 年是实施“十二五”规划承上启下的关键之年。受全球复杂严峻的经济形势影响，中国经济增速回落，全年国内生产总值（GDP）同比增长 7.8%，增速降低 1.4 个百分点。虽然宏观经济发展紧缩，但受政策推动、科技驱动、需求拉动，全国广播电视系统不断改革创新，加快转变发展方式，广播电视产业平稳发展，实现较快增长。2012 年全国广播电视行业总收入 3 268.79 亿元，首次突破 3 000 亿元，比 2011 年增长 20.29%。中国广播电视行业自 2008 以来持续快速发展，年均增长率达 20%，远远高于同期 GDP 的增长（见图 1）。

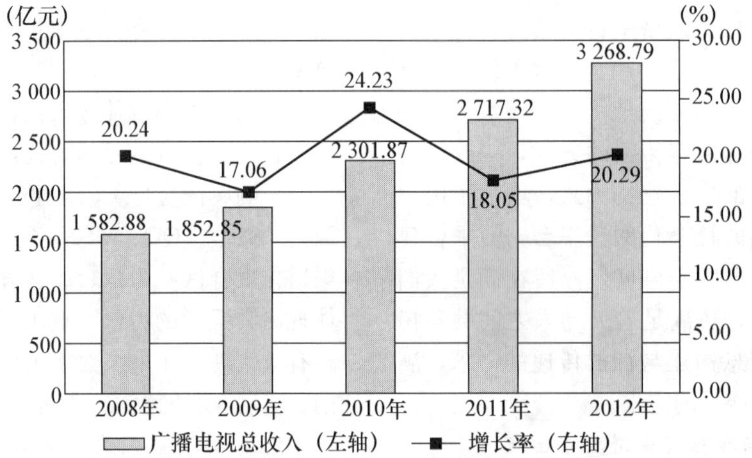


**图 1　2008—2012 年全国广播电视总收入及增长情况**

资料来源：国家新闻出版广电总局规划财务司。

2012 年广播电视创收收入为 2 803.35 亿元，比上年增长 18.23%，增幅降低 0.16 个百分点。其中，中央直属广播电视创收收入为 513.49 亿元，同比增长 24.14%，增幅增长 6.89 个百分点；各省（区、市）广播电视创收收入为 2 289.86 亿元，同比增长 16.98%，增幅降低 1.65 个百分点。从各省（区、市）来看，东部和南部经济发达的省份创收能力明显高于中部、西部经济相对落后的省份。上海、北京、江苏、浙江、广东等五省市创收收入均超过 200 亿元，上海市广播电视创收收入继续领跑全国，达 268.16 亿元，同比增长 13.44%（见图 2）。

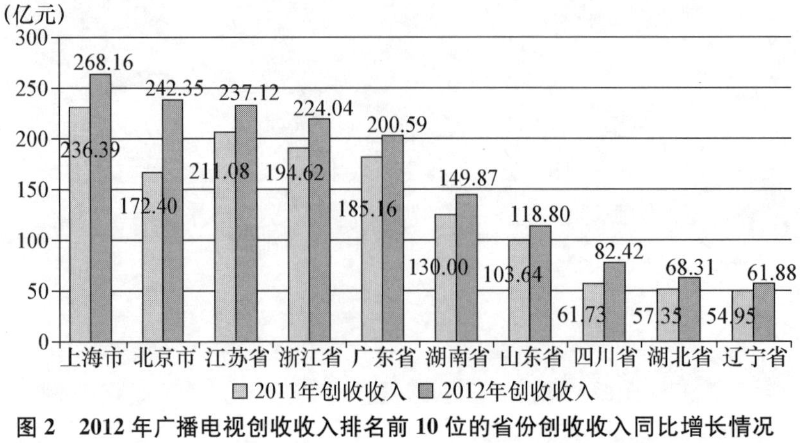


**图 2　2012 年广播电视创收收入排名前 10 位的省份创收收入同比增长情况**

资料来源：国家新闻出版广电总局规划财务司。

在广播电视创收收入构成中，广告收入1 270.25亿元，比上年增长13.12%，增幅降低6.34个百分点；网络收入660.98亿元，比上年增长17.24%，增幅增长1.58个百分点。广告和网络收入仍然是广播电视创收收入的主要来源。五年来，广播电视广告收入在创收收入中的比重从2008年52.01%下降到2012年的45.31%；网络收入所占比重从2008年的27.37%下降到2012年的23.58%；其他收入呈逐步上升趋势，从2008年的20.62%上升到2012年的31.11%，广播电视创收收入结构正逐步调整和改善（见表1）。

**表1　2008—2012年广播电视各项收入在创收收入中的比重变化情况**

| 年份 | 广告收入 | 网络收入 | 其他收入 |
|---|---|---|---|
| 2008 | 52.01% | 27.37% | 20.62% |
| 2009 | 49.42% | 26.48% | 24.10% |
| 2010 | 46.93% | 24.34% | 28.73% |
| 2011 | 47.36% | 23.78% | 28.86% |
| 2012 | 45.31% | 23.58% | 31.11% |

资料来源：国家新闻出版广电总局规划财务司。

## 二、2012年中国电视剧产业发展趋势及特点

2012年，中国电视剧产业继续保持健康快速发展，进入转型升级阶段。围绕提升品质这条主线，广电行政部门加强电视剧创作引导，加强题材、市场等方面的宏观调控，电视剧创作持续活跃，品质不断提升，播出平台多样化，受众需求进一步扩大，产业投资和规模继续增加，电视剧产业活力十足，呈现出许多新亮点。

### （一）电视剧产业发展情况

1. 电视剧创作生产持续向好，产量继续增加

2012年，全国获得发行许可证的电视剧总计506部17 703集，比2011年增加37部2 761集，同比增长约7.89%和18.48%，再创历史新高（见图3）。

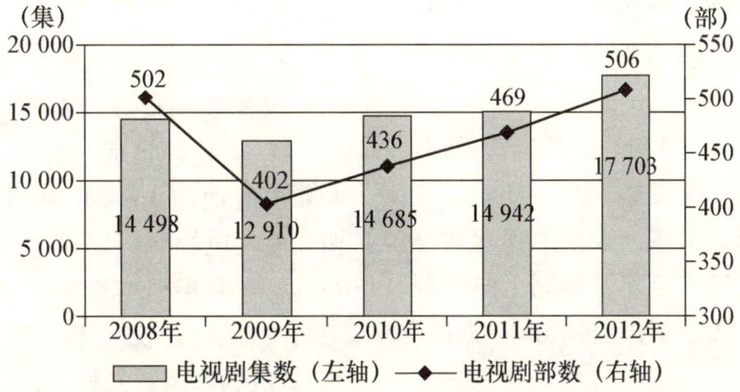


**图3　2008—2012年全国生产完成并获得发行许可的电视剧数量**

资料来源：国家新闻出版广电总局电视剧管理司。

从题材分布上看，现实题材剧目284部，占总剧目的56%；历史题材剧目216部，占43%；重大题材剧目6部，占1%。从播出上看，2012年，全国卫视频道黄金时段播出电视剧共计784部27 011集。其中，现实题材占42%，革命题材占45%，古代题材占11%，近代题材占2%。在重大题材创作上，革命历史题材表现更加活跃。2012年，全国创作生产完成重大题材电视剧共计6部243集，其中4部141集为重大革命历史题材；审查通过重大题材电视剧剧本共计8部262集，其中7部211集为重大革命历史题材。

2. 电视剧品质稳步提升，优秀作品不断涌现

随着电视剧产业规模的发展壮大，追求品质提升、原创价值和制作精良，已成为电视剧全行业的共同目标。2012年电视剧题材、风格和样式进一步多样化，质量不断提升。围绕庆祝党的十八大，制作了一批优秀红色剧目，例如《我们的法兰西岁月》、《五星红旗迎风飘扬2》、《国家命运》、《刘伯承元帅》、《知青》、《青海花儿》、《铁血男儿夏明翰》、《石榴红了》、《温州一家人》等，这批作品不落窠臼，打破陈规，整体上体现出主旋律作品在追求思想深度、艺术创新和贴近性上的不懈追求和努力。

优秀现实题材电视剧作品不断涌现。比如《焦裕禄》、《杨善洲》、《北京青年》、《金太狼的幸福生活》等。这些现实题材作品涵盖了社会生活的方方面面，在题材的当代性和思想的现实观照性上，不断有新的发现和开掘，为电视观众提供了积极审美参照和源源不断的正能量。

一批大制作、高水准作品应运而生。2012 年，《悬崖》、《圣天门口》、《甄嬛传》、《木府风云》等大制作、高水准的电视剧陆续引发收视热点，成为社会关注焦点和热议话题。总体来看，这些电视剧占据了年度中国电视剧艺术水准的制高点，其中一些作品在艺术手法上突破传统和常规，给人以全新的审美体验和强烈的视觉冲击，呈现出电视剧艺术的独特个性。

3. 强势媒体自制剧溢出效应明显，媒体联合“抱团”谋发展

2012 年，电视剧的竞争与合作呈现新特点，中央电视台和部分有实力的省、地市级广播电视台以及知名视频网站更加注重强化电视剧制作优势，要么单兵作战，要么联合出击，自制剧风生水起，甚为耀眼。一些有实力的强势媒体加大了自制剧创作生产力度。江苏卫视在上一年推出的“新海岩三部曲”、《断刺》等自制剧基础上，将自制剧与卫视品牌栏目结合，推出了《非诚勿扰之新恋爱时代》，并在卫视内部进行了一系列的资源整合。湖南广播电视台制作了《麻辣女兵》、《宫锁珠帘》、《青瓷》、《我的青春不简单》等 11 部自制剧。总体来看，自制剧为省级卫视赢得了独家竞争优势，并带来了植入广告等多元化收益。

此外，为应对激烈的市场竞争，降低运营成本，一些媒体纷纷联合“抱团”求发展。2012 年，天津卫视、上海东方卫视、湖北卫视、云南卫视达成合作意向，除了联合购剧，还将合作延伸到上游的制作部分，进行联合投资、联合制作电视剧，“抱团”作战，共同应对挑战。

4. 电视剧网络版权价格缩水，市场机制下竞争回归理性

2012 年视频网站一方面大幅度降低购片价格，一方面加大自制剧创作生产力度，电视剧网络版权的价格缩水。2012 年第一季度，在电视剧网络版权成交量锐减至同期 30%～40%的同时，版权价格也明显回落到高位时期的 30%～40%，有的甚至跌至 20%。[①] 此外，联合购买也成为视频网站提高版权议价能力、降低节目成本的主要方式。2012 年，优酷、土豆、爱奇艺、腾讯和聚力网五家网站联合购买了江苏卫视热播剧《囧人的幸福生活》，从而改变了以往独家卖给视频网站，再由视频网站进行版权分销的模式。网络版权的“团购”模式，不仅有利于摊薄版权成本，也有利于避免版权的过度竞争。

视频网站对电视剧的购买日趋理性。比如，乐视网建立了一套专业的电视剧购买评估体系；优酷网也参考电视台的买剧标准，并针对网络受众的特点做出自己的选择。视频网站除版权购买以外，还与影视制作企业开展深层次的合作。如，搜狐网采用单个电视剧项目与制片公司合作的方式，获取剧集选择的主动权。

**（二）电视剧产业发展特点**

1. 周播、栏目剧等成为电视剧播出新特点

2012 年，一些省级卫视纷纷推出周播剧场和季播概念，掀起一股收看热潮，开创电视剧播出的新局面。比如湖南卫视推出“第一周播剧场”，最先推出《轩辕剑之天之痕》，播出期间收视率居高不下，周末首播平均收视率为 1.86%，位列全国同时段榜首，整体平均收视率也达到了 1.62%，一度成为 2012 年暑期电视剧收视率冠军。[②] 随后，“第一周播剧场”又播出了《新白发魔女传》、《艾米加油》、《姐姐立正向前走》等电视剧，由于抓住了青少年的收视特点，吸引了青少年收视群体，均取得较好的收视效果。

栏目剧制作成本低于电视剧，贴近当地百姓生活，收视效果较好，逐渐成为一些电视台的选择。2012 年 4 月，北京、上海、重庆以及深圳、长春、哈尔滨等地的 15 家电视台，成立了栏目剧合作联盟。联盟电视台可以通过投拍、购买等多种方式参与运营，并根据本地方言、本地故事等进行“再加工”，由武汉影视艺术传媒公司打造的《街坊那些事》，成为联盟首档栏目剧，受到了观众的欢迎。

2. 网络剧反向输出电视台

视频网站进军内容产业上游，其影视剧等内容生产能力大幅提升。2012 年网络剧反向输出电视台成为电视剧播出的显著特点。如，2012 年 4 月，青海卫视重磅打造了全国卫视首档微电影展播栏目——《幸福微剧场》，连续播出了数部由华影盛视精心制作的微电影。优酷土豆网自制偶像剧《爱啊哎呀，我愿意》在深圳卫视播出，爱奇艺出品的喜剧《奇异家庭》在江西卫视播出，均收到不错的效果。网络视频行业的快速发展，使网络剧、微电影等网络视频内容的自制能力和水平大幅提升，影响也越来越大。

---

① 参见刘牧：《谁能熬到最后》，载《中国广播影视》，2012（6）。

② 参见邹韶军、付娇娇：《内地周播剧：敢问路在何方》，载《当代电影》，2013（2）。

3. 台网联动拓展电视剧市场价值

台网联动的深度营销使“大剧”播出效果显著。电视剧从电视频道播出平台拓展到网络媒体，并借助网络媒体的传播优势，极大提高了传播力和影响力。2012年湖南卫视与爱奇艺同步播出古装剧《深宫谍影》，两机构在该剧播出前后同时利用各自平台资源，如官方微博等举办“看剧吐槽”活动进行全媒体推广①，使得《深宫谍影》的市场价值、收视率与影响力显著提升。尽管该剧在大剧云集的2012年春季开播，湖南卫视依然创下2.12%的高收视率，爱奇艺的点击量超过2亿次。这种台网联动播出与营销方式，已成为电视剧的普遍选择。

4. 影视剧公司积极与资本市场对接

影视剧投资风险大，融资困难一直是困扰影视企业发展的难题。在政策的支持下，影视剧公司不断创新思路，积极寻找新的融资渠道，影视剧投资市场初步形成，资本市场成为电视剧产业的重要支撑。比如，浙江文化艺术品交易所在电视剧产业融资领域进行新的探索，为影视基金发起人杭州海业投资管理公司提供融资服务。这种规范、高效的融资模式将为国内影视产业与各类资本有效对接以及第三方融资创造新的模式。② 江苏省积极推动江苏有线、幸福蓝海集团上市，无锡慈文传媒、江苏天堂卡通等已启动上市工作。2012年7月，民营公司上海新文化传媒在深交所创业板上市。8月，广东省成立了第一家影视融资公司。③ 到2012年10月底，中国银行金华市分行在横店影视产业实验区推出的“影视通宝”，已经累计为14家东阳影视文化企业核定授信总量11.3亿元，先后支持了《悬崖》、《北京爱情故事》、《向东是大海》等20多部影视作品，培育了6家拟上市企业。④

## 三、2012年中国电视动画产业发展趋势及特点

2012年，中国动画产业强化政策支持和引导，积极推进改革创新，大力实施动画精品工程，逐步从产量、规模增长向质量效益提高转变，展现出更加广阔的发展前景。

### （一）电视动画产业发展情况

1. 政策扶持力度不断加大，国产动画由数量增长向品质提升转变

2012年扶持动漫产业发展的优惠政策进一步健全。许多地区加大对动画产业的政策和资金扶持力度，先后出台了包括国家级项目财政配比、前期补助、播出奖励、精品奖励等扶持政策和举措。如贵州省贵阳市财政设立每年1 000万元的数字内容产业发展专项资金，用于打造包括动漫产业在内的数字内容产业链和产业集群。浙江省温州市、广东省东莞市、福建省福州市、天津滨海新区等地纷纷出台相关政策，如设立原创优秀动画奖励基金、原创精品项目前期政策和资金补贴扶持、企业贷款贴息、黄金时段播出奖励等，促进原创动画生产。

2012年全国制作完成的国产电视动画片共395部22.29万分钟，同比减少9.20%和14.66%。在经历连续8年高速增长后，中国动画逐步由产量、规模增长向质量、效益提高方向转变（见图4）。

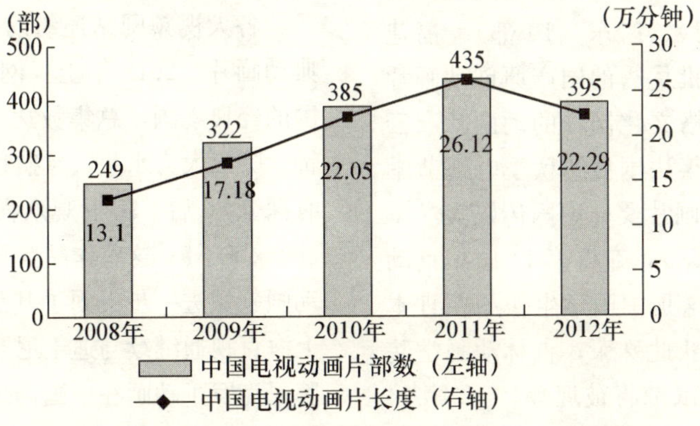


**图4　2008—2012年全国制作完成电视动画片数量及长度**

资料来源：国家新闻出版广电总局宣传管理司。

① 参见《台网联动营销价值显现　爱奇艺六部大剧播放连破2亿》，见 http://www.cnetnews.com.cn/2012/0306/2082050.shtml。

② 参见叶根琴：《浙江文交所探索电视剧产业融资新模式》，见 http://news.hexun.com/2012-07-31/144154881.html。

③ 参见《广东首家影视融资公司成立》，见 http://roll.sohu.com/20120824/n351389592.shtml。

④ 参见张华钢、沈新昌：《“影视通宝”累计为14家影视文化企业授信11.3亿元》，载《金华日报》，2012-12-21。

2012 年，全国共有 24 个省份以及中央直属有关单位生产制作了国产电视动画完成片。其中，全国动画片创作生产数量排在前五位的省份分别是广东、江苏、浙江、福建和安徽（见表 2）。广东赶超上一年动画片产量最大的浙江，跃居榜首；江苏仍稳居第二，浙江回落第三位，福建晋级第四位，安徽跻身前五。

**表 2　2012 年全国动画片创作生产数量（TOP 10）**

| 排序 | 省（区、市） | 部数 | 分钟数 |
|---|---|---|---|
| 1 | 广东 | 57 | 48 542 |
| 2 | 江苏 | 85 | 47 923 |
| 3 | 浙江 | 46 | 26 375 |
| 4 | 福建 | 44 | 23 464 |
| 5 | 安徽 | 39 | 18 585 |
| 6 | 北京 | 23 | 9 952 |
| 7 | 河南 | 14 | 8 995 |
| 8 | 辽宁 | 12 | 7 227 |
| 9 | 内蒙古 | 4 | 4 930 |
| 10 | 天津 | 8 | 4 576 |

资料来源：国家新闻出版广电总局宣传管理司。

*2. 动画质量不断提升，国产原创动画逐渐获得国际认可*

国产电视动画经过多年的快速增长与积淀，创作水平、艺术质量不断提高。《熊出没》、《小狐狸发明记》等一批制作精良、构思巧妙、独具风格的原创国产动画，不仅备受国内观众喜爱，而且赢得国际市场的青睐。2012 年度，国家广电总局共向全国电视播出机构推荐播出 81 部优秀国产动画片。其中，推荐播出数量居前五位的省（市）分别是：浙江（15 部）、江苏（14 部）、广东（10 部）、福建（7 部）、北京（6 部）。一批优秀的国产原创动画片频获国际大奖。哈尔滨品格文化制作的动画片《云奇飞行日记》，获得 2012 年法国戛纳秋季电视节学龄前组（3～6 岁）最佳动画片奖；中国传媒大学学生制作的动画《纪念日快乐》，夺得第 11 届东京动画大奖"特别赏"大奖，这是中国学生作品在日本最高水平动画大赛中首次获此殊荣；吉林动画学院选送的动画短片《猫和老鼠谁将被埋葬》，在第 14 届日本广岛国际动画节上获得了广岛国际动画节的最高奖项；《秦时明月之诸子百家》获得"2012 亚洲电视大奖赛（ATA）"3D 动画片最佳推荐作品奖。

深圳华强制作的电视动画片《熊出没》早在制作阶段就进行了国际版权的预售；2012 年，又与俄罗斯、美国、意大利等地的客户签订了覆盖 99 个国家和地区的电视版权销售合同。① 福建厦门大拇哥动漫打造的《小瑞与大魔王》500 集全三维动画，目前已制作完成三季。该片除在中国内地电视台和新媒体平台播出外，还先后发行到东南亚、中东等 30 多个国家和地区，受到所在国家和地区用户的欢迎。广东原创动力与迪士尼落实第二份广播协议，自 2012 年 3 月 1 日开始，新增 100 集"喜羊羊"电视动画，在亚太地区包括韩国、澳大利亚、新西兰、印度等 45 个国家和中国台湾地区独家播放。据了解，该片的翻译语言将超过 20 种，其中仅在印度就有 4 种方言版本。②

*3. 商业视频网站进军动画市场，新媒体成为重要播放渠道*

2012 年商业视频网站竞相进军动画市场。优酷、土豆、乐视网等视频网站通过出品原创动漫产品、加大海外动画引进力度等方式，加速市场布局。2012 年优酷推出了《泡芙小姐》、《BB 象》等一批原创动画。乐视网则与广东奥飞动漫达成独家战略合作，获得奥飞动漫旗下《开心宝贝》、《蛋糕精灵》、《巨神战击队》等动漫品牌的独家版权。2012 年，北京多家公司联合成立了"国产动漫新媒体联播平台"，计划在 3 年内每年投入 1 亿元，会聚 50 万分钟优秀国产动漫，覆盖 4 000 万户家庭。该平台落地百度、腾讯等新媒体后，点击率居高不下，打破了传统媒介播出难等问题。

各大视频网站还纷纷引进日本、美国等国的经典动画片。2012 年土豆网引进了 120 余部日本、美国的经典动画，总集数达 4 006 集，时长 7.7 万多分钟。除《大力水手》、《猫和老鼠》等经典片目外，还有深受 80 后、90 后观众喜爱的《夏目友人帐》以及《网球王子》。这些作品登陆土豆网，标志着土豆网在动画领域进一步巩固了其品牌和内容优势。2012 年，上海百视通继续与迪士尼开展合作，获得美国知名品牌尼克罗丁动画在中国内地 IPTV、互联网电视端的独家版权，引进了《功夫熊猫》电视版、《忍者神龟》、《海绵宝宝》等累计 1 200 集的海外动画精品。腾讯游戏与日本株式会社集英社达成战略合作，腾讯动漫发行平台获得集英社《火影忍者》、《海贼

① 参见《我国政策扶持引航原创动漫发展》，见中国动漫产业网，http://www.cccnews.com.cn/2012/1101/14711.shtml。

② 参见《〈喜羊羊与灰太狼〉进迪士尼频道》，见中国中漫网，http://www.zhongman.com/animation/newdt/gnnews/20120328/11272871656.html。

王》、《龙珠》、《银魂》、《网球王子》等 11 部经典漫画的电子版发行权。

4. 国内动画产业投融资活跃，动漫衍生产品开发力度加大

动画产业资本运作活跃。一些有实力的动漫企业通过收购、兼并、版权质押、发行债券等多元化方式进行投融资和产业扩张。2012 年广东奥飞动漫以 1 600 万元收购广东明星动画 70% 的股权，与“喜羊羊”团队强强联合打造全产业链，这将对中国内地动画产业产生深远影响。此外，从事动漫衍生品细分产品动漫服饰开发、生产和销售的美盛文化，成功登陆深圳证交所中小板市场。江西泰豪动漫公司以《阿香日记》的动漫形象设计版权作为质押，获得了北京银行南昌分行的 1 000 万元银行贷款，用于后续动漫产品的研发创作。2012 年，中国动漫游戏产业股权投资管理公司在北京成立，一方面，帮助社会投资者和机构投资者，打包投资具有发展潜力的动漫游戏产业资产或项目；另一方面帮助创意类企业获得资本的支持，搭建动漫游戏产业投融资平台。此外，它还与北京银行、中国工商银行等签署银企战略合作协议，为动漫产业投融资平台夯实了基础。

动画衍生产业发展取得新成效。在动漫企业以原创品牌形象推进动漫产业化，授权开发生产各类衍生商品的同时，玩具、服装、食品、日化等相关行业企业开始斥资打造专属动漫形象，开展动漫营销。双汇集团与升环动漫达成合作，联合制作 200 集电视动画片《双汇大森林》；大拇哥动漫目前已开发包括图书、音像、文具、玩具、家具、用品、服装、鞋帽等在内的各类动漫衍生产品品种 1 000 多个，建立了大拇哥动漫时尚馆连锁店百余家，打造了一条完整的卡通产业链。

### （二）电视动画产业发展特点

1. 3D 动画、微动画、手机动漫成新亮点

中国 3D 动画增多，呈现蓬勃发展的新气象。2012 年 1 月，中央电视台 3D 频道正式试播，浙江中南卡通创作完成的中国首部立体电视动画片《锋速战警》成为首部登陆 3D 频道的国产电视动画片。北京大土文化等联合投资打造百集 3D 动画连续剧《参宝》；华夏电影发行公司、上海基美影业与法国 Same Player 制作公司联合将《水浒传》改编拍成 3D 动画《王子与 108 煞》。

微动画以小体量大创意为优势，借助互联网和社交媒体平台的口碑传播创造受众新体验。“2012 土豆映像节”力推热门网络动画《地铁大逃杀》、《鸡先生》和《功夫料理娘》以及创意动画《十分钟了解中国》等国产原创微动画，受到网友热捧。

此外，移动终端成为动画布局的重点。中国移动手机动漫基地利用自身的动漫信息交互平台，尝试将微小说和微动漫相结合形成产业链条，编剧可在平台上标价出售微小说，绘制者可购买剧本改编成微动漫，并将其上传至动漫基地门户网即可赚取付费点击收入。2012 年新浪微漫画频道还与中国移动飞信同窗、UC 手机浏览器等达成战略合作，将多部漫画精制成简洁易用的飞信应用，开展嵌入式插件推广应用服务。随着智能手机的广泛应用，苹果商店、安卓商店中的动漫应用软件均已有上千款。

2. 动画产业聚集效应凸显

2012 年，国家动画产业基地自主制作完成国产动画片 210 部 123 715 分钟，制作完成动画片的时长约占全国总产量的 55.5%。生产数量排在全国前列的国家动画产业基地是：南方动画节目联合制作中心、苏州工业园区动漫产业园、福州动漫产业基地、深圳市动画制作中心、无锡国家动画产业基地。目前，长三角、珠三角地区已经形成了成熟的动画产业集群，中部、华北和东北地区动画产业迅速崛起。东莞水木动画、福建神画时代、深圳华强等十大动画制作生产机构主要集中在华东与华南地区，2012 年，它们制作完成的动画片时长约占总产量的 32.44%。

作为动漫产业发展的载体和基础，动漫基地产业园区纷纷落户各大城市，并在资金、人才、税收、用地、投融资政策等方面获得了政府部门的大力支持。上海、江苏等地已经在动漫创意产业上形成了较大的规模，“产业高地”效应已初步显现。江苏 6 个动漫基地生产原创电视动画占江苏省动画创作总量的 80% 以上。2012 年上海已有的张江动漫谷、宝山动漫衍生产业园等得到迅速发展，园区规模不断扩大。其中，张江动漫谷年产值突破 30 亿元；宝山产业园区吸引了淘米动画、今日动画、酷漫居、京鼎动漫、拾荒动画等知名动漫企业入驻，入驻企业超过 200 家，年产值突破 10 亿元。

## 四、2012 年中国纪录片产业发展趋势及特点

2012 年，纪录片产业进入快速发展的新时期。在国家的大力倡导和扶持下，在以播出平台建设为龙头拉动纪录片生产的政策引导下，国产纪录片创作生产活力得到空前释放，品质和影响力显著

提升。

（一）纪录片产业发展情况

2012年，在以《舌尖上的中国》、《超级工程》、《故宫100》、《货币》、《环球同此凉热》等为代表的一批精品力作的带动下，国产纪录片品牌效益凸显，不仅在国内取得良好的社会效益和经济效益，而且走出国门，蜚声海外，成为展示中国国家形象的亮丽名片。中国纪录片产业迎来了蓬勃发展的春天。

1. 纪录片创作活力进一步释放

据不完全统计，2012年中国纪录片首播总量为1.75万小时左右[①]，纪录片制作总量约为3 000小时，制作总量和播出总量均为2010年的3倍[②]；市场总投资约为13亿元，总收入超过15亿元，纪录片市场收入在2009—2012年4年间翻了近两番[③]。在政策的引导下，纪录片创作生产异常活跃。中央电视台、中央新影集团以及上海、陕西、广东等主要的省级制作机构成为纪录片生产的重要力量。2012年中央电视台纪录频道推出了《舌尖上的中国》、《超级工程》、《china·瓷》、《故宫100》、《春晚》等一批纪录片，并积极筹拍《习仲勋》、《丹顶鹤》、《牡丹》等重大纪录片。为迎接党的十八胜利召开，中央电视台精心制作推出了大型纪录片《科学发展铸辉煌》、《为时代放歌》、《中国之路》；上海广播电视台推出了《为了人民的福祉》、《黄浦江》等，这些节目播出后，立刻成为各媒体及广大观众关注的焦点。

纪录片的创作生产方式更加多样。电视播出机构创新纪录片生产机制，实现纪录片创作生产的多元化。如，2012年中央电视台纪录频道首批播映的14部作品，都是面向社会招标制作的，它还以联合摄制、委托制作等多种方式，启动制作20多部纪录片。青海广播电视台制作的8集大型文化纪录片《东方彩虹》，首次采取与省内影视公司合作，以项目运作的方式合作生产。在政策的支持下，未来地方纪录片的创作生产能量必将进一步释放。

2. 纪录片品质显著提升

2012年被称为中国纪录片的品牌元年。中央电视台纪录频道制作的一批高品质的自制纪录片播出后，引起强烈社会反响，掀起国内纪录片收视新高潮，极大地提高了纪录片的影响力。以《舌尖上的中国》为例，其平均收视率为0.48%，最高收视率为0.75%，收视份额比以往同时段电视剧高出30%，几乎可与英国BBC纪录片的收视纪录相媲美。[④] 该片播出后，成为社会公众广泛热议的文化事件，创造了中国纪录片本土品牌。目前中央电视台纪录频道在全球60余个国家和地区落地，其观众规模已达6.6亿人，国际用户超过4 000万户，电视观众满意度在全国所有科教类频道中名列第一，网络观众满意度在中央电视台所有频道中排名第一。

各地方台也涌现一大批优秀纪录片，获得各界高度评价。如，河北电视台推出的党的十八大献礼剧大型文献纪录片《西柏坡来电》，北京广播电视台制作推出的《笔墨春秋》，青海台的《脑山》、《多彩家园》等。陕西广播电视台为纪念毛泽东同志《在延安文艺座谈会上的讲话》发表70周年，创作5集大型文献纪录片《大鲁艺》，在中央电视台科教、综艺、综合、中文国际频道联动播出，引起强烈社会反响。2012年，国家广电总局推荐播出156部优秀国产纪录片，包括中央电视台纪录频道《舌尖上的中国》、《超级工程》，中央新影集团《环球同此凉热》，中国教育电视台《圆梦百年》，重庆电视台《红星照耀中国》，天津电视台《白芳礼的故事》，陕西广播电视台出品的《大鲁艺》等。

国产纪录片逐渐获得国际认可。2012年，纪录片《花朵》以吴桥杂技小演员为题材，以其兼容并蓄、巧妙的叙事策略及高超的视听艺术表达，荣获联合国儿童基金会大奖；《归途列车》获得美国第33届艾美奖最佳纪录片和商业报道奖；《中国有个暑立里》获得四川电视节"金熊猫"国际纪录片亚洲制作奖、意大利米兰国际体育电影电视节荣誉奖等10个海内外奖项；纪录片《三姊妹》获第69届威尼斯电影节最佳影片大奖。

3. 纪录片的国际合作与交流方式不断创新

国内纪录片制播机构与国际纪录片制播机构加强合作，利用对方的海外发行渠道，让中国纪录片进入更多的海外播出平台。比如，中央电视台纪录频道与BBC、国家地理频道、韩国KBS、意大利国家电视台、法国国家电视台等国际影视机构联合摄制《改变地球一代人》、《秘境中国之天坑》、《新中国人传》、《利玛窦，延续至今的传奇》等多部纪录

① 参见张同道、胡智锋主编：《中国纪录片发展研究报告（2013）》，北京，科学出版社，2013。
② 数据源自国家新闻出版广电总局宣传管理司。
③ 参见张同道、胡智锋主编：《中国纪录片发展研究报告（2013）》，北京，科学出版社，2013。
④ 参见《国产纪录片：面朝市场 春暖花开》，见中国纪录片网，http://docuchina.cntv.cn/20130216/100097.shtml。

片。除联合摄制外，中央电视台纪录频道还通过版权购买、委托制作等方式，向海外推出了很多优秀纪录片。纪录频道与BBC联合摄制的纪录片《改变地球的一代人》和《生命的奇迹》，由BBC旗下两个顶尖团队负责节目的制作，BBC环球负责全球发行；与美国国家地理频道联合制作了《春晚》60分钟的国际版，国家地理频道将在全球120个国家播出。江苏国际频道与美国多家传媒公司联合承制了大型纪录片《神秘中国系列之江苏》，向世界展示了江苏形象。

**（二）纪录片产业发展特点**

1. 纪录片播出平台不断扩展，广告价值凸显

2012年，各级电视台纷纷增开纪录片栏目，将纪录片作为提升频道文化品质的重要节目类型。如中央电视台综合频道在晚间黄金时段开办《魅力·纪录》的日播栏目，北京广播电视台开办午间《博览》和晚间《光阴》两个纪录片栏目，广西电视台开办纪录片栏目《走南闯北广西人》等，这些栏目的开办，促进了纪录片的生产和播出向主流频道的回归。

此外，网络视听媒体也日益成为纪录片播映的重要平台。以《我的抗战》网络首播为先例，各类纪录片、微纪录片在新媒体风行。2012年，爱奇艺购得《舌尖上的中国》、《环球同此凉热》等纪录片精品力作的网络播出版权，实现了多部纪录片与中央电视台纪录频道的同步独家首播。中国网络电视台、搜狐、新浪、爱奇艺等网站纷纷开设纪录片频道，打造优质纪录片视频内容，提高平台黏性。

随着纪录片产业的快速发展，优质国产纪录片的商业价值日益得到市场的认可。中央电视台纪录频道2011年尚没有广告，2012年广告招标达到了2亿元，2013年签约额翻一番，突破4亿元。在2013年广告招标中，《舌尖上的中国》（第2部）单片获得9 000万元的广告①，呈现出巨大的品牌价值。纪录片网络版权价格从原来的一分钟30元迅速提升到100元、200元，个别佳作甚至高达上千元。纪录片网络版权价格的上扬，也折射出纪录片对视频网站的商业价值在不断增大。

2. 视频网站成为原创纪录片创作生产的重要力量

近年来，加大优质纪录片视频资源的储备与创作生产，已成为视频网站拓展品牌价值、开展高端领域竞争的一个重要趋向。视频网站日益成长为原创纪录片生产制作的重要力量。截至2012年年底，搜狐纪录片频道存量4万部集，其中，2012年自制节目《搜狐视频大视野》共120集，50个小时左右。2012年伦敦奥运会期间，搜狐制作播出的《亚军的故事》，让《搜狐视频大视野》在业界树立了良好口碑。2012年12月，《搜狐视频大视野》一举获得由中国电视艺术家协会颁发的"第十八届中国电视纪录片十优栏目"奖，这是迄今为止视频网站纪录片自制栏目获得的行业最高荣誉。2012年优酷网首发的禁毒纪录片《凤凰路》，短短4个小时点击量便超过百万次，创网络纪录片点击量新高。优酷纪录频道还筑巢引凤吸引"亚洲新导演计划"落户优酷，以提供资金、指导创作、搭建平台等形式扶植纪录片新秀导演，这将进一步促进纪录片的发展。截至2012年年底，爱奇艺纪录片上线内容1万余集，囊括热纪录、观军事、看社会等多个品类和热门纪录片资源。

3. 纪录片海外销售和传播渠道不断拓展

2012年，中国纪录片海外出口达2 200万元，占影视文化产品海外销售额的14%；中央电视台纪录频道的开播直接拉动中央电视台纪录片海外销售额，2012年海外销售额同比涨幅达180%，总金额突破248万美元，创造了历年来中国纪录片海外发行的最好成绩。中央电视台纪录频道积极参加法国戛纳电视节、荷兰阿姆斯特丹国际纪录片节等近20个全球知名的主流影视及纪录片节展，拓展国产纪录片的海外传播、国际合作与投融资渠道，不断提升中国纪录片参与国际对话的实力。《南海Ⅰ号》、《故宫100》、《春晚》、《舌尖上的中国》、《超级工程》等十余部节目以集群的方式发力，已实现在全球60多个国家和地区的销售播出。其中，《舌尖上的中国》海外首轮发行额达35万美元，共发行到东南亚、欧美等27个国家和地区，创中国纪录片海外首轮发行单集最高纪录。

优质国产纪录片的传播渠道不断拓展延伸。截至2012年4月，中央电视台纪录频道国际版在全球超过60个国家和地区落地，拥有超过2 500万国际用户。中央电视台纪录频道还与美国国家地理频道签署了互播意向协议，将在美国国家地理频道的3个时段播出。许多优秀国产纪录片相

① 参见吴晓东：《中国纪录片发展研究报告发布　免费纪录片无影响力》，载《中国青年报》，转引自人民网，http://media.people.com.cn/n/2013/0402/c40606-20992759.html。

继走出国门，如广东电视台的《珠江纪事》、《南粤大地》等栏目先后在东南亚、美洲等国家和地区落地播出。以上海为主题的5部电视纪录片《上海世博园》、《上海虹桥交通枢纽》、《上海都市更新》、《杭州湾跨海大桥》和《上海，灵感之城》在美国探索频道展映1个月，覆盖亚洲和太平洋地区100多个国家和地区，有力地提升了上海的城市形象。

## 五、2012年中国广播电视节目生产与交易情况及特点

### （一）节目生产与交易概况

2012年，广播电视节目创作生产能力不断提升，创新创优节目亮点纷呈，涌现了一批体现主流价值观，具有较高思想品位和艺术水准的优秀广播电视节目。在品牌节目的引领下，广播电视节目交易市场表现活跃，节目代理发行和版权销售日趋规范化，节目交易时长和交易金额再创新高。

1. 节目制作机构情况

截至2012年年底，全国共有“电视剧制作许可证（甲种）”机构137家；“广播电视节目制作经营许可证”机构6 175家，比上一年度增加812家，增幅为15.14%。其中，民营影视制作机构超过5 000家，已成为节目制作的重要力量，多种所有制共同发展的格局已经形成。从广播电视节目制作经营机构的分布看，北京持有广播电视节目制作经营许可证的机构为1 577家，居全国第一，比上年新增414家，同比增长35.60%。浙江有690家，居全国第二；广东共有607家，位居第三。上海542家，比上年新增95家，同比增长21.25%。江苏共有338家，其中民营280家，占比82.84%。[①] 60%以上的广播电视节目制作机构集中在北京、浙江、广东、上海、江苏等经济文化较发达的省份。良好的政策环境有力地促进了节目制作机构的发展。北京、天津等地的广播电视节目制作经营机构的增长速度超过35%。天津共有持证机构137家，同比增长39.80%。

2. 广播节目生产与播出情况

2012年，全国广播节目产量稳步上升，总产量达718.82万小时，同比增长3.62%。其中产量居前三位的节目类别是专题服务类、综艺类和新闻资讯类节目，产量分别为204.41万小时、197.38万小时和133.31万小时，占节目总产量的比重分别为28.44%、27.46%和18.55%（见图5）。

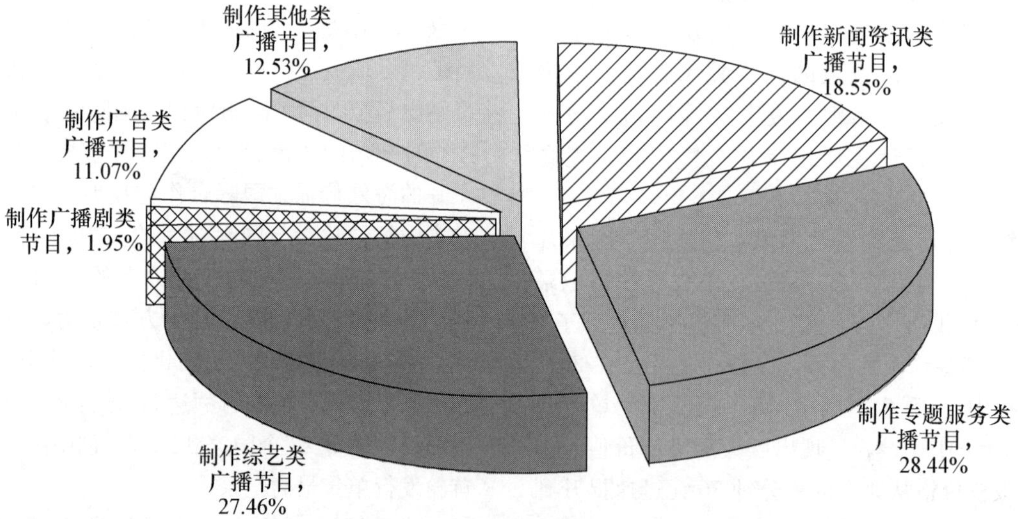


**图5　2012年全国制作的各类广播节目时间分类构成情况**

资料来源：国家新闻出版广电总局规划财务司。

2012年全国公共广播节目播出时间总量为1 338.37万小时，其中，居前三位的是综艺类、专题服务类和新闻资讯类节目，播出时间分别为366.49万小时、303.31万小时和271.00万小时，占全年广播节目播出时间的比重分别为27.38%、22.66%、20.25%（见图6）。

① 数据源自国家新闻出版广电总局传媒机构管理司。

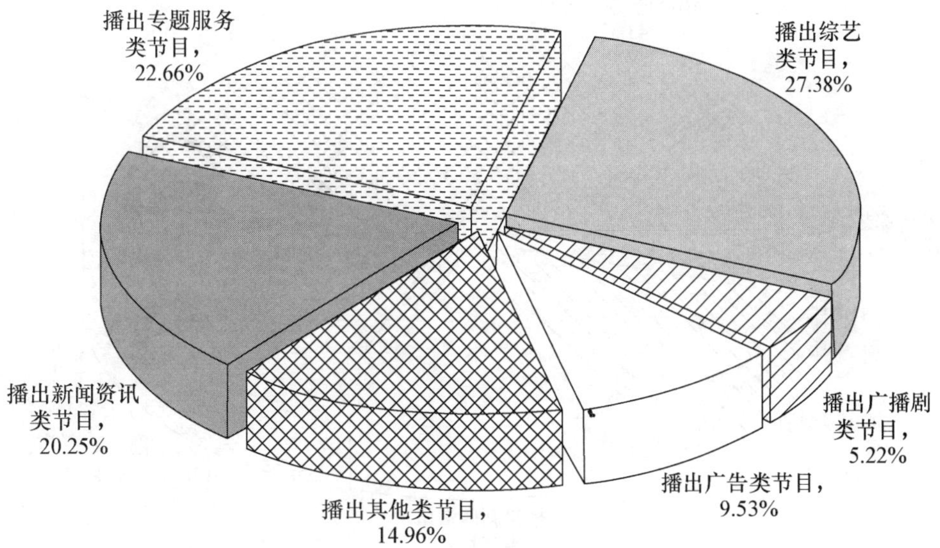


**图6　2012年全国公共广播播出时间按节目类别构成情况**

资料来源：国家新闻出版广电总局规划财务司。

3. 电视节目生产与播出情况

2012年，全国电视节目总产量达到343.63万小时，同比增长16.47%。其中，产量居前三位的是专题服务类、新闻资讯类和广告类电视节目，产量分别为89.25万小时、88.69万小时和55.52万小时，占节目总产量的比重分别为25.97%、25.81%和16.16%（见图7）。

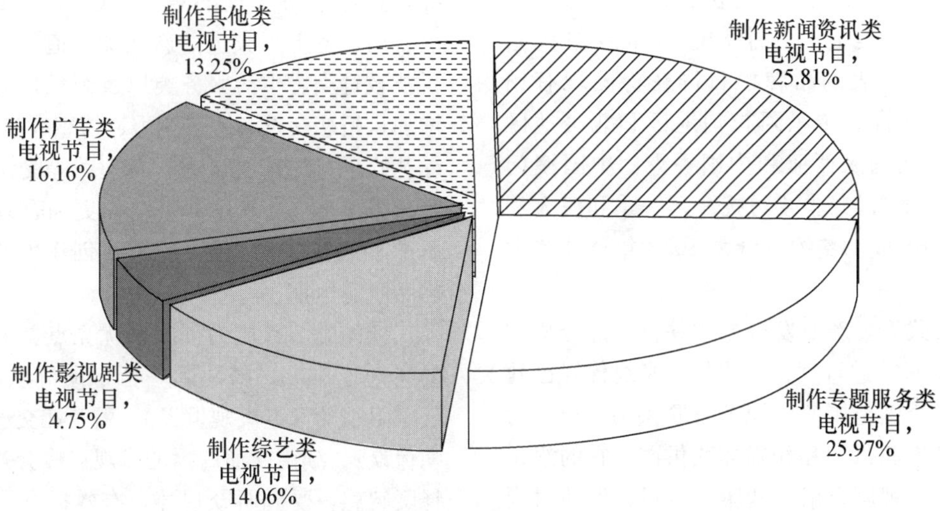


**图7　2012年全国制作的各类电视节目时间分类构成情况**

资料来源：国家新闻出版广电总局规划财务司。

2012年全国公共电视播出时间总量为1 698.53万小时，其中，居前三位的是影视剧类、新闻资讯类、专题服务类节目，播出时间分别为735.95万小时、230.40万小时和202.22万小时，占全年电视节目播出时间的比重分别为43.33%、13.56%、11.91%（见图8）。

4. 节目交易市场的发展情况

随着网络视频行业和各类移动终端的快速发展，内容产品的销售渠道更加多元，价值日益凸显，节目交易市场表现活跃。

从销售区域看，国内国际齐头并进。2012年，中国国际电视总公司实现节目营业收入4.54亿元。其中，海外销售超过200万美元，同比增长33.33%。上海东方传媒集团（SMG）旗下全资子公司五岸传播，已与全国300多家电视台和大部分互联网公司建立了合作关系。2012年，五岸传播公司国际发行总签约金额逾107万美元，发行时长超过3 000小时。湖南广播电视台全台节目销售总额约合7.9亿

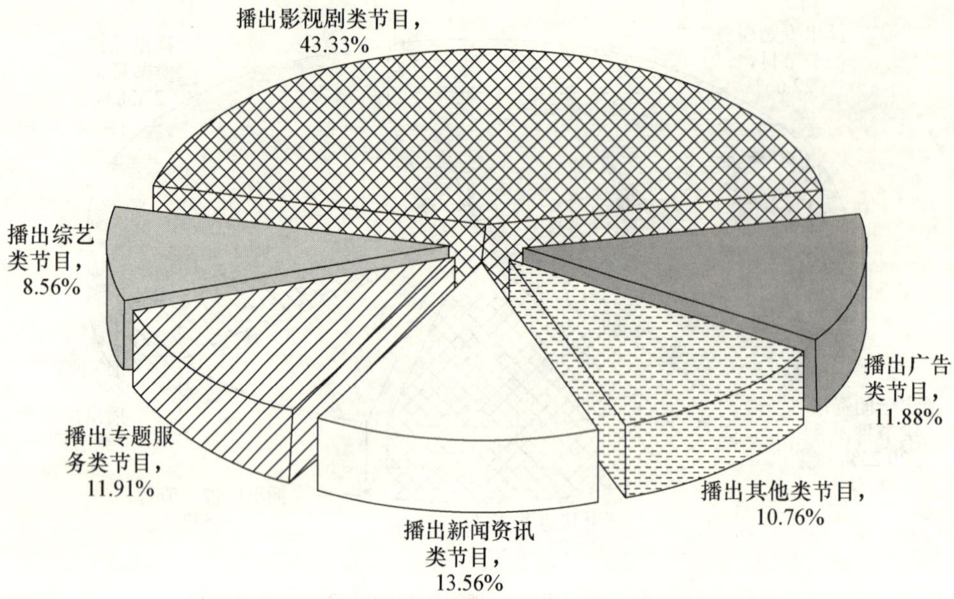


**图8　2012年全国公共电视播出时间按节目类别构成情况**

资料来源：国家新闻出版广电总局规划财务司。

元，较上一年增长163%。全年销售栏目《变形计》1部、《钱多多嫁人记》等买断版权电视剧16部、《我的青春在延安》等自制剧7部，销售节目集数共3 507集。江苏广播电视总台海外版权贸易创收近100万美元，其中，以《非诚勿扰》、《非常了得》为代表的品牌栏目群在稳固现有销售渠道，覆盖亚洲、中东阿拉伯地区和北美地区之外，还实现在马来西亚和中国香港、中国澳门地区电视平台播出。《非诚勿扰》第一季和澳大利亚主流媒体SBS成功签约，计划2013年登陆澳大利亚媒体。

从发行方式看，新旧发行方式并行，部分机构依托节目联供网等进行发行。比如，光线传媒已建立起基本覆盖全国范围的电视节目联供网，包括时段联供网、频道联供网和新媒体联供网。它的娱乐资讯、音乐、影视剧资讯、健康类节目、生活时尚类节目已在全国300多个电视频道播出，每天首播频次超过1 200次。

从销售渠道看，新媒体成为广播电视节目的重要销售渠道。2012年，央广视讯积极布局移动媒体节目发布渠道，签约视频内容提供商210家，储备节目时长10万多小时，成为国内最大的正版手机电视节目版权集成运营平台，全年营业收入首次突破1亿元。北京电视台积极推进互动新媒体业务和全国电视栏目版权交易电子商务平台开发，实现对外传输2 000小时、存储8 000小时，将节目销售渠道拓展至新浪、搜狐、土豆等32个新媒体平台，初步建立了新媒体版权发行媒资库。

### （二）节目生产与交易的特点

1. 节目生产进入创新创优的品质竞争期

自原国家广电总局《关于进一步加强电视上星综合频道节目管理的意见》（广发［2011］83号）出台后，各上星频道的新闻类、道德建设类、文化科技教育类、生活服务类以及纪录片等节目大幅度增加，婚恋交友、才艺竞秀、情感故事、游戏竞技、综艺娱乐、访谈脱口秀、真人秀等受调控的7类节目减少了2/3，节目类型结构更加合理，内容样式更加丰富多彩。广播电视节目创作生产步入创新创优品质竞争期。

新闻类节目成为创新创优亮点。上海新闻广播的《直通990》，搭建起一个帮助群众的信息平台。辽宁卫视的《老梁观世界》、黑龙江交通广播的《朝朝侃谈》、湖南交通广播的《观点峰会》等，为听众释疑解惑，受到听众追捧，有效提升了媒体的引导力和影响力。中央人民广播电台的《最美新闻人》、北京卫视的《好人故事》、上海东方卫视的《大爱东方》、湖南卫视的《平民英雄》等道德栏目，创新道德宣传、核心价值观传播的形式和理念，逐渐成为观众心中的名牌节目。湖北省的《垄上行》对农服务节目，把演播间搬到田间地头，把主持人送到乡村农家，成为全省16个州市共同的电视品牌。深圳卫视的《直播港澳台》、《军情直播间》在全国新闻类节目中名列前茅。

部分优秀栏目通过节目流程再造和升级改版，品牌影响力不断提升。中央电视台自办栏目《谢天谢地，你来啦》、《魅力·纪录》、《开讲啦》、《综艺盛典》等播出后反响良好，迅速成为中央电视台各频道的收视主力和品牌栏目；《梦想合唱团》以其公益性和清新的音乐合唱形式，引起社会巨大反响，获得了收视效果和社会效益双丰收。上海广播电视台《中国达人秀》、《声动亚洲》、《百里挑一》等自制综艺节目不断刷新收视纪录。山东广播电视台的电视节目《歌声传奇》以及广播节目《财富早班车》等渐成品牌。浙江卫视《中国好声音》一经推出，火遍全国。

2. 节目生产交易联盟促进资源整合

近年来，优质节目版权价格高涨，为降低运营成本，一些广播电视机构主动结成节目生产交易联盟，采取联合购买、联合播出、联合制作等方式共谋发展。山东省青岛、东营、烟台、潍坊、威海、日照等6家城市台成立了山东蓝色传媒股份有限公司，实行“中央厨房、统一配送”的生产模式，在青岛设立节目制作基地，6家电视台共同参与策划，并整合全国优秀电视机构，制作整频道优质节目，向各地市统一传送。在此基础上山东蓝色传媒统一运营6城市台广告资源，提升区域传媒价值，探索联合发展模式。中国国际电视总公司旗下的国际电视电影节目交易中心创办了由海内外百家电视台、千家版权单位共同参与的ITFPEC节目团购中心，通过国际电视电影节目交易中心官网平台组团采购版权节目，以求获得最优价格、最佳选片。广播电视节目也能像普通商品一样进行团购，开创了影视节目“团购”新模式，成为2012年节目交易发展的新亮点。

3. 微博、社交媒体互动营销提升节目价值和影响力

传统广电媒体利用微博、社交媒体进行互动营销，提升节目价值和影响力成为节目交易和推广的新趋向。如，2012年热播的《中国好声音》，通过网络视频创造了13亿次以上的点击量，许多好声音学员的视频片段更是通过酷6网、优酷网等视频分享网站被“滚雪球式”传播。江苏广播电视总台研发推出“乐享电视”社交电视手机客户端，将社交媒体同电视进行深度结合，针对热门节目定制个性化互动需求，开发投票竞猜、微博分享等社交电视功能，聚合关注同一节目的人群，实时在线沟通，让观众能方便地通过手机共享和讨论正在观看的电视节目。

## 六、2012年中国广播电视广告产业发展态势及特点

2012年是全面实施《〈广播电视广告播出管理办法〉的补充规定》（国家广播电影电视总局令第66号）的第一年。广电系统进一步加强广告管理，全面规范广告播出秩序，促进了广播电视广告产业的健康发展。广播电视机构克服宏观经济走低等多种不利因素影响，进一步创新营销模式，提升品牌价值，优化广告投放，使广播电视广告整体保持平稳增长态势。

2012年，全年广播电视广告总收入达1 270.25亿元，同比增长13.12%，增幅明显回落，比2011年下降6.34个百分点（见图9）。

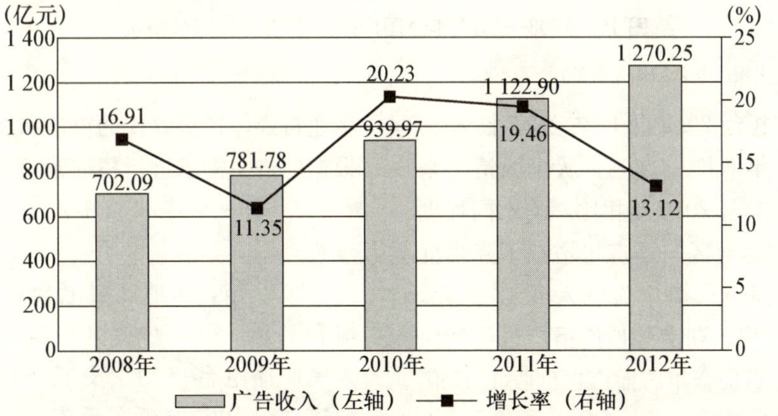


**图9 2008—2012年广播电视行业广告收入及增幅走势**

资料来源：国家新闻出版广电总局规划财务司。

一方面，由于受宏观经济影响，消费市场购买力偏弱，投资和出口均不乐观，企业广告预算和广告投入都日益谨慎；另一方面，新媒体的广告价值日益凸显，使企业的媒体广告预算结构发生变化，广告投放转向新媒体广告和自媒体广告，传统媒体广告市场不断被分流。

从广播电视广告收入分布情况看，2012年省级广播电视广告收入在全国广告收入中占比52.45%，中央直属占比24.77%，地市级占比18.23%，县级占比4.55%。从地区分布看，东部地区广播电视广告收入占比最高，为45.01%；其次是中央直属和中部地区，分别为24.77%和20.73%；西部地区占

比为 9.49%。

从广播电视广告的收入构成来看，2012 年电视广告收入占广电行业广告收入的比重是 82.37%，广播广告占比 10.72%，其他广告收入占比 6.91%。近五年来，电视广告收入的占比情况从 2008 年的 86.81%下降到 2012 年的 82.37%，广播波动不大，始终保持在 10%左右；随着视听新媒体业务的逐步开展，其他广告收入从 2.90%上升到 6.91%，在广播电视广告产业中的份额逐年提升（见表 3）。

**表 3　2008—2012 年广播电视广告收入构成及占比情况**

| 年份 | 广播广告收入（亿元） | 占总比重（%） | 电视广告收入（亿元） | 占总比重（%） | 其他广告收入（亿元） | 占总比重（%） |
|---|---|---|---|---|---|---|
| 2008 | 72.23 | 10.29 | 609.16 | 86.81 | 20.36 | 2.90 |
| 2009 | 81.46 | 10.42 | 675.82 | 86.45 | 24.50 | 3.13 |
| 2010 | 99.58 | 10.59 | 796.59 | 84.75 | 43.80 | 4.66 |

续前表

| 年份 | 广播广告收入（亿元） | 占总比重（%） | 电视广告收入（亿元） | 占总比重（%） | 其他广告收入（亿元） | 占总比重（%） |
|---|---|---|---|---|---|---|
| 2011 | 123.32 | 10.98 | 934.54 | 83.23 | 65.04 | 5.79 |
| 2012 | 136.20 | 10.72 | 1 046.29 | 82.37 | 87.76 | 6.91 |

资料来源：国家新闻出版广电总局规划财务司。

**（一）广播广告产业**

2012 年，广播广告产业克服经济增长回落等不利因素影响，不断优化经营模式，提高营销水平，在传统媒体广告资源总量缩减的情况下，仍保持增长势头。

*1. 广播广告收入平缓增长，增幅回落*

2012 年，全国广播广告收入 136.20 亿元，同比增长 10.44%。相对 2011 年 23.84%的增长率，广播广告增幅回落了 13.4 个百分点（见图 10）。广播广告收入排名前三位的省份分别是江苏、广东和浙江。

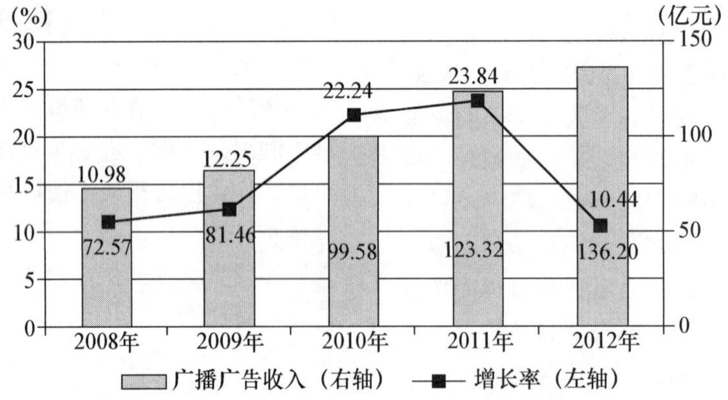


**图 10　2008—2012 年全国广播广告收入及增长情况**

资料来源：国家新闻出版广电总局规划财务司。

中央人民广播电台 2012 年广告经营收入为 7.19 亿元，比 2011 年增长 24.6%。从全国情况来看，各地广播广告增幅与 2010 年相比，均不同程度地有所下降。经济发达地区广播广告增幅下降幅度较大，如 2012 年上海市广播广告收入 5.48 亿元，同比下降 5.38%。重庆、湖南等地广播广告依然保持了较高的增长率。重庆全年广播广告创收 1.47 亿元，较上年增幅达 24.22%。

*2. 广告资源总量缩减，创新营销方式谋求广告增长*

根据央视市场研究股份有限公司（CTR）数据，2012 年广播电台广告资源总量同比下降明显，第一季度同比下降 13%，第二季度同比下降 11%，第三季度同比下降 13%。广播媒体通过创新营销方式，促进广告增长。中央人民广播电台通过多种渠道扩展广播广告品牌。一方面，通过公关和广告资源为企业自媒体提供宣传的窗口和展示平台。另一方面，根据广告主需求进行精准营销，吸引广告投放。

*3. 进一步净化频率广告，不断优化广播广告结构*

2012 年，各地广播电台通过优化广告发布环境和平台，进一步提升广告时间的含金量。广东人民广播电台启动了交通频道、股市频道、音乐频道“绿色广告频率示范点”工作，提升了品牌知名度，加快了广告经营发展方式的转变。辽宁广播电视台通过价格杠杆将一些占用时间多、实力不强、广告内容低俗的客户摒弃在外，从而提高了广播广告播出质量，优化了广告整体结构。“绿色频率”带动了品牌广告的增长，也使听众满意度明显增加。浙江广电集团不断优化广告结构，广播频道品牌广告比例达 92%，广播交通之声创收突破 1 亿元。

### （二）电视广告

1. 电视广告收入保持增长，增幅下降

2012年电视广告继续保持增长，全年收入首次突破1 000亿元，达到1 046.29亿元，同比增长11.96%，增幅比2011年下降5.36个百分点（见图11）。上海、江苏、湖南等广播电视机构电视广告收入均有所下降，如上海广播电视台电视广告收入54.6亿元，与2011年相比下降3.9%。

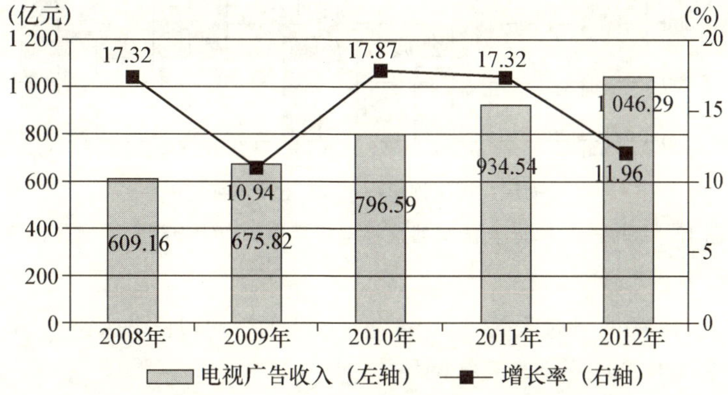


**图11　2008—2012年全国电视广告收入及增长情况**

资料来源：国家新闻出版广电总局规划财务司。

2. 电视广告资源紧缩，营销模式创新力度加大

2012年电视广告资源总量出现大幅下降。根据CTR媒介智讯数据，第一季度同比下降12%，第二季度同比下降7%，第三季度同比下降10%。同时，网络视频广告也分流传统媒体广告市场。2012年5月网络视频的网民渗透率已经超过搜索，成为中国互联网第一大网络应用。互联网上超过70%的流量来自视听节目服务。艾瑞咨询数据显示，2012年中国在线视频行业市场规模达92.5亿元，其中广告收入占72.6%，网络视频广告成为网络广告市场增长的核心驱动力之一，正快速分割广告市场份额。

面对广告资源紧缩和新兴媒体的冲击，各电视台加大广告营销创新。一是推出品牌节目，强化广告价值；二是加快媒体融合，在融合中扩大受众规模；三是创新广告经营方式，推行各节目、各频道“协同作战”；四是整合区域广告资源，“抱团”发展。如，青岛广播电视台牵头，联合半岛其他5家广播电视台组建广告运营联盟，以山东蓝色传媒为主体，代理和联合经营电视广告、平面广告、网络移动媒体以及户外广告等，扩大各加盟城市台的广告经营收益。浙江广电集团大力推进广告经营方式“从量的扩张向质的提高转变，从时段营销向节目、栏目和活动营销转变”，电视频道品牌广告比例超过95%。2012年浙江卫视创收增长27.8%，钱江都市、浙江经视、教育科技、民生休闲等频道创收均突破2亿元。

## 七、2012年中国传输网络产业发展趋势及特点

2012年，在三网融合政策的促进下，有线网络加速整合和双向化改造，移动多媒体广播电视快速发展。2012年11月，国家发展和改革委员会、国家广电总局印发了《有线数字电视基本收视维护定价成本监审办法（试行）》（发改价格［2012］3505号），为有线数字电视长期健康发展创造了良好的价格政策环境。同时，各地认真落实《有线广播电视运营服务管理暂行规定》（国家广播电影电视总局令第67号）的各项要求，服务质量和品质不断提升，有线电视网络产业步入新的发展阶段。

### （一）有线广播电视网络产业的发展情况

在三网融合试点和有线网络整合以及数字化双向化改造的推动下，全国有线网络产业获得快速发展。截至2012年年底，全国有线广播电视用户数为2.15亿户，同比增长6.14%；数字电视用户数为1.43亿户，同比增长24.49%。其中，双向网络覆盖用户超过7 000万户，开通双向业务用户超过2 000万户。近五年来，全国有线广播电视用户和数字电视用户数量都实现了快速增长，全国有线广播电视用户年均增长7.02%，数字电视用户年均增长33.32%，数字化渗透率由2008年的27.61%提升到2012年的66.50%（见图12）。

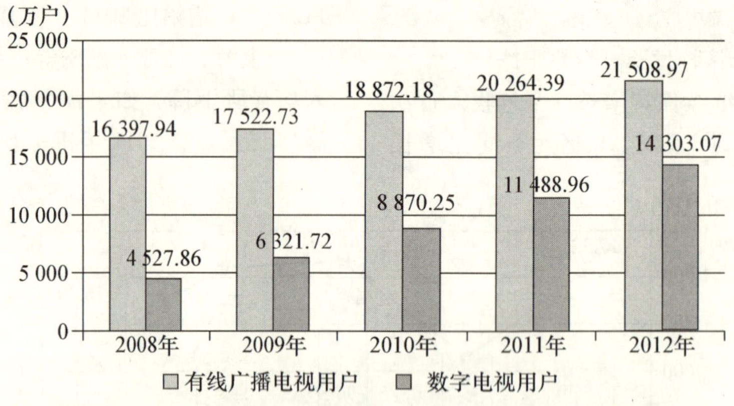


**图 12　2008—2012 年全国有线广播电视用户和数字电视用户增长情况**

资料来源：国家新闻出版广电总局规划财务司。

2012 年全国有线广播电视网络收入为 660.98 亿元，同比增长 17.24%。自 2008 年以来有线网络收入的平均增长率达到 15.65%（见图 13）。

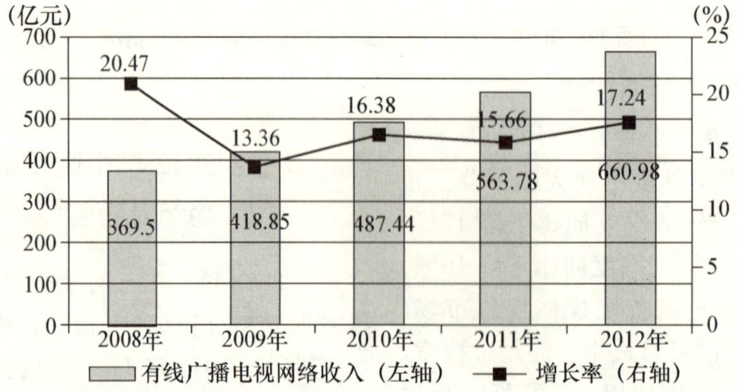


**图 13　2008—2012 年全国有线广播电视网络收入及增长情况**

资料来源：国家新闻出版广电总局规划财务司。

*1. 三网融合稳妥推进，广电电信开始双向进入*

2012 年，三网融合第一批试点地区广电、电信业务双向进入工作取得实质性进展，第二批试点地区（城市）也已启动。9 月 17 日，国家广电总局和工信部同步批准了在第一批试点地区（城市）广电、电信企业进行业务融合。中国电信集团公司获准从事互联网视听节目服务、IPTV 传输服务和手机电视分发服务经营许可；工信部也向第一批试点地区（城市）的有线网络公司发放了基于有线电视网络开展互联网接入业务、互联网数据传送增值业务、国内 IP 电话业务三项业务的准入许可。

作为三网融合的重要业务，IPTV 正在稳步推进当中。IPTV 集成播控总平台与第一批、第二批大部分试点地区所在省份分平台完成对接。针对目前 IPTV 集成播控总分平台技术标准不统一，各分系统不能满足统一运营要求等问题，国家新闻出版广电总局研究编制了用户管理系统、电子节目指南（EPG）管理系统接口技术要求，为全国 IPTV 播控平台统一规划、统一标准、统一建设，总分平台统一运营奠定了基础。流媒体网数据显示，截至 2012 年年底，国内 IPTV 用户已达 2 300 万户。

*2. 有线网络整合和数字化双向化改造加快推进*

截至 2012 年 9 月，全国各省（区、市）基本完成有线电视网络整合，基本实现了“一省一网”。2012 年，全国双向网络覆盖用户超过 7 000 万户，占全国有线电视用户的 32.71%；开通双向业务用户规模仍小。面对新形势，江苏、四川等地有线网络公司加快推进网络改造。江苏数字电视用户达 1 450 万户，互动电视用户达 206 万户，高清互动电视用户达 96 万户；有线数字电视整转率达到 67%，网络双向化率达 70%。苏州、南通、常州等地率先完成数字电视整转，实现城乡一体化。浙江省整体转换率达到 97.1%，省内大中城市有线网络双向化改造率达到 98.5%，其他城市达到 90.8%。四川省有线广播电视网络公司与国家开发银行四川省分行签署了综合信息网络建设技术改造（一期）项目 30 亿元贷款合同，用于四川广电数字化整体转换和网络双向改造。截至 2012 年年底，天津、内蒙古、浙江、湖南、贵州、宁夏、西藏等省（区、市）数字化率达到 90%左右，基本完成了数字化，北京、天津、浙江、广西等省（区、市）双向网络覆盖率接近或超过了80%。2012年10月31日，国务院正式批准组建中国广播电视网络有限公司，明确了国家级网络公司的组建方式和经营范围等重要事项。

3. 下一代广播电视网建设取得新成效

下一代广播电视网（NGB）建设扎实推进，相关技术标准陆续颁布。针对NGB发展需求，广电系统内外产学研用单位联合攻关，开展了关键技术研究、标准制定和设备研发等工作，推动了NGB业务平台系统、宽带接入系统、关键设备的开发。2012年国家广电总局加强标准制定，编制并发布了下一代广播电视网视频点播系统、宽带接入系统、终端中间件、可下载条件接收系统等13个行业技术标准。

各地积极推进下一代广播电视网建设。2012年，上海、北京、江苏、浙江、重庆、安徽、湖北、海南和深圳、大连等省市开展了NGB示范网络建设。上海NGB建设覆盖用户数近400万户。上海将建设下一代广播电视网纳入《上海推进文化和科技融合发展行动计划（2012—2015）》。按照该计划，上海市将完成全市580万户下一代广播电视网建设，预计2015年覆盖全上海。湖南电广传媒“建设下一代广播电视网，实现全业务运营升级改造项目”获湖南省发改委核准，项目总投资37.27亿元。截至2012年年底，NGB示范网络覆盖用户超过5 000万户，双向业务用户超过1 000万户，在示范区全网内基本实现点播、宽带和IP电话等三种交互业务的互联互通。

4. 有线电视增值业务发展迅速，各地加快新业务开发

各地有线电视网络在提供基本数字电视服务之外，大力发展高清电视、3D电视、互动电视以及多种信息服务，双向高清业务日渐成为主流。格兰研究调查数据显示，截至2012年11月底，全国31个省级行政区中，宁夏、内蒙古、新疆、山西、贵州、海南、青海、黑龙江等21个省（区、市）的有线数字化程度超过全国平均水平。2012年新增有线电视用户中，近30%为高清电视用户。[①] 截至2012年年底，北京高清交互机顶盒用户达到310.85万户，居全国第一位。深圳天威视讯共拥有有线数字电视用户终端数为113.21万个；交互电视用户终端数为43.44万个，其中高清交互电视用户终端数为41.21万个，比上年增加26.29%；付费频道用户终端数为5.38万个；有线宽频在网用户数为36万户。[②] 江苏以云媒体电视为载体，在常州建设“智慧社区”。截至2012年12月底，常州智慧社区覆盖用户已超过10万户。除常州外，江苏广电还在南京、无锡、苏州等地进行了多项智慧城市建设项目的试点。

2012年1月1日，中国首个3D电视试验频道正式开播；云南昆明有线广电网络在昆明市开通3D电视试验频道；河北广电网络集团邯郸公司在全省率先推出了包括互动点播、3D节目等内容的数字电视全新体验。3D试验频道和服务开通对包括纪录片、动漫、体育、专题片、影视剧、综艺等类型的3D电视节目内容的需求进一步扩大，此举一方面有利于培育市场，另一方面将会带动中国3D视听产业的大发展。

**（二）移动多媒体广播电视产业发展情况**

2012年，移动多媒体广播电视（CMMB）产业发展取得新成果。中广传播公司通过大力加强内容建设，积极发展新业务新业态，努力打造全产业链平台，不断提高发展水平和竞争力。CMMB全年新增覆盖人口5 360万。截至2012年年底，CMMB已基本覆盖全国336个地级及以上城市和855个县级城市，覆盖人口超过5亿。全年累计发展用户4 700万，其中付费用户2 300万。

1. 大力拓展新业务新业态

为满足移动人群多样化的需求，中广传播积极拓展新业务新业态，比如开展“定时推送”业务，使睛彩报纸、睛彩杂志、睛彩资讯、政府公共信息、专业频道等7类新业务产品更加精准，并具备了广告、用户数据采集等商用功能。如，“睛彩阅读”每天通过移动电视广播网定时向CMMB手机电视、手持电视用户免费推送多达10份当天报纸，同时向用户推送多达40份电子期刊；江苏CMMB继续与江苏电信等合作开展视频推送业务。中广传播还推出了“睛彩商城”，湖南CMMB推出了睛彩互动购物服务，为用户参与网购提供便利。此外，CMMB全媒体业务运营平台可为移动终端用户提供CMMB云媒体服务等新业务。这些以用户需求为目标推出的新业务新业态，增强了移动多媒体广播电视的吸引力，带动了用户规模的增长。

① 参见格兰研究：《2012年度中国数字电视行业盘点：变局》，载《中国数字电视》，2013（1）。

② 参见天威视讯公司的《2012年业绩快报》，2013年2月1日。

2. 着力构建全产业链平台

为进一步加强全产业链布局，中广传播与中央电视台、中国移动等联手搭建融渠道、内容、运营为一体的CMMB全产业链平台，至2012年年底发展CMMB合作伙伴超过200家。随着CMMB技术的不断完善，中广传播还通过合作方式在海外推动CMMB业务，2012年上半年中国香港CMMB业务正式运营。至2012年年底，非洲已建成8个试验网，泰国曼谷的试验网也已建设完成。菲律宾、新加坡、柬埔寨、蒙古、乌克兰、塔吉克斯坦等国家以及阿拉伯地区的多家机构都已开始调研并洽谈技术合作事宜。

此外，为丰富终端产品以及为用户提供多样化的选择，中广传播继续与终端厂商合作推出了一系列新型终端产品。截至2012年年底，双向终端方面，与三星、诺基亚、中兴、华为等知名企业合作，共推出了210余款TD-CMMB手机；单向终端方面，与300余家企业合作推出了千余款终端产品。同时，还与奔驰、宝马、上汽、现代等30多家汽车生产厂商合作，共有200余款车型配备了移动多媒体广播电视接收装置。2012年2月，与爱国者旗下的aiPowo、Apple共同研发了全球首款苹果iOS平台观看CMMB数字电视的配件。

## 八、2012年中国广播电视会展产业发展趋势及特点

### (一) 广播电视会展产业总体情况

1. 广播电视节展活跃，参展节目和参展商数量不断增加

2012年广播电视节展热度不减，无论是参展节目数量还是参展商数量及交易规模，都比上一年有大幅提升。以中国国际影视节目展为例，2012年第十届中国国际影视节目展参展节目共计16 245部，比2011年提高91.84%。展会交易金额（含意向）为39.16亿元，同比增长30.01%。有来自英国、美国、日本、越南、印度等国家以及中国香港、中国澳门和内地广电机构、企业1 400余家参展，比上一年增加了100余家。其中，中国内地民营影视企业成为展会主角，占参展商的70.7%。

一些成长型的节展市场表现不俗，如2012年首都（北京）电视节目推介会，共有191家制作机构展出365部、约1.1万集电视剧作品，成交金额达30多亿元。2012年秋季首都（北京）电视节目推介会，有200余家制作机构展出430部、约1.5万集电视剧作品，达成合作意向金40多亿元。参展节目数量和交易金额大大超过上一年。2012年首届华语国际广播影视节目交易会吸引了50多家来自海内外的影视机构、企业参展交易，各类项目总交易量达到了1.3亿元。

2. 新技术新业态成为会展新亮点

第21届北京国际广播电影电视设备展览会（BIRTV 2012）吸引了近500家中外参展商，3D、超高清（4K）、高清、三网融合、全媒体、云计算、数字电影等方面的最新技术及设备亮点纷呈。在2012年的上海电视节上，上海东方传媒集团（SMG）展台以“电视新魅力”为主题，搭建多媒体透明演播室，采用AIVI、前后虚拟景及多线进多线出的网络及设备，充分体现SMG全媒体应用的实力和魅力。

3. 动画、纪录片等专业展会影响不断扩大，一些节展渐成品牌

2012年动画、纪录片等专业展会举办规模和影响力不断扩大。比如，第八届（杭州）中国国际动漫节共有日本集英社、台湾漫画协会、香港贸易发展局等461家境内外企业参展，此次动漫节上共有285个项目达成采购意向，其中境外发行机构达成意向7.18万分钟，占达成采购意向总量的44%。

2012年第四届中国国际影视动漫版权保护和贸易博览会展会规模、经济效益、品牌影响不断提升。此次博览会参展企业共382家，比上届增长38.9%；观展人数超过56万人次，比上届增长12%。展会期间现场签约金额达28亿元，比上届增长21.7%。

2012年中国（广州）国际纪录片节参展节目数量首次突破1 000部，共有1 488部2 608集节目参加评优与展播，较2011年增加800多部，参评参展影片的数量、质量和国际化程度均创历届之最。此次纪录片节还首次设立“金红棉奖”，进一步打造纪录片节的品牌形象。十年来，中国（广州）国际纪录片节参展参评的中外纪录片数量达3 800多部，已经成为国产纪录片参与国际交流的重要平台。

### (二) 广播电视会展产业发展特点

1. 广播电视节展交易模式不断创新

2012年，动画、纪录片等一些专业展会纷纷开通了网络交易平台，采取“线上+线下”相结合的方式，为交易双方提供全方位服务。比如，中国（广州）国际纪录片节与广东省南方文化产权交易所合作，南方文交所首次开设“中国（广州）国际纪录片节网上交易平台”，在线提供作品征集提交、作品展播、作品方案预售等，面向全球提供纪录片版

权信息发布和相关交易服务，突破了一直以来纪录片交易节展的时限性，打造全天候“永不落幕的国际纪录片节”。2012年第八届（杭州）中国国际动漫节首次开通了中国国际动画片交易网，实现买卖双方线上交易。首都（北京）电视节目推介会也创新性地推出了网上交易推介模式。这些节展通过“网上展台”，为参展商提供可更新的节目宣传和展示信息，为进一步与国际先进展会接轨奠定了基础。

2. 广播电视节展交易内容逐步覆盖全产业链

从交易内容看，广播电视节展交易从以节目版权为主逐步向全产业链延展。2012年第八届中国国际动漫游戏博览会的交易内容覆盖动漫行业全产业链，辐射玩具、服装、出版、影音、生活家居等各个领域。博览会期间，共有113家行业制造商与动漫品牌接洽，现场对接次数达300余次。动漫游戏商洽会吸引了创意项目52个，品牌授权商洽会吸引近百家公司参与，两场商洽会意向金额超过10亿元。此次展会参观总人次超过20万，展会交易总金额超过14亿元。[①]

第四届中国国际影视动漫版权保护和贸易博览会通过搭建动漫版权交易平台，将海外动漫原创企业、网络游戏企业与中国内地衍生品生产企业对接。除组织“动漫原创企业与东莞衍生品制造企业对接会”等活动外，还为原创企业和制造企业寻求产业对接机会。其间，300多家企业达成动漫品牌授权、创意设计、销售渠道等项目合作意向。第四届中国西部动漫文化节吸引了300多家中外企业参展，动画、漫画、玩具等近10万个品种的动漫产品销售总额达5 000万元，签约项目金额达100亿元，比上届增长85%；还新增了动漫人才交流平台，在重庆、西安等9个城市开展了中国角色扮演（cosplay）大赛，提升其辐射力和影响力。[②]

3. 广播电视会展日趋专业化规模化，海外影响力不断增强

2012年广播电视节展规模不断扩大、效益不断提升、影响力和号召力显著增强，日益向专业化、规模化、国际化发展。中国（广州）国际纪录片节开办10年来，不断扩大中国纪录片与国际纪录片界的交流与合作，得到越来越多国际同行的认可。2012中国（广州）国际纪录片节共吸引了50多位国际知名纪录片人参加，来自法国、德国、加拿大等65个国家和地区的1 000多部集纪录片报名参评、展播和方案预售，参评纪录片节“金红棉奖”的影片共509部，其中国外作品达316部。

从近几年的广播电视节展看，海外参展商不断增多，中国广播电视节展的海外影响力逐年提升。如第八届（杭州）中国国际动漫节不仅吸引了美国、日本、意大利等61个国家和地区的企业前来参展，还首次吸引了瑞士、意大利、法国等欧洲5大出版机构前来参加。英国驻华大使馆教育处还牵头组织了18家英国院校参展，成为规模最大的境外展团。展会期间，国际动漫节杭州峰会聚集了美国梦工厂动画、法国昂西国际动画节、韩国富川及首尔动画节等10余个世界知名动漫机构，影响力不断扩大。第四届东莞漫博会共吸引美国、英国、韩国等国家和中国台湾、中国香港地区的54家境外企业参展，比上届增长25.6%。

---

① 参见《观展人次突破20万　交易总额逾14亿元　第八届中国国际动漫游戏博览会完美落幕》，见中国文化传媒网，http://www.ccdy.cn/zhuanti/2012zt/2012dongman/xinwen/201207/t20120718_335751.htm。

② 参见《西部动漫文化节闭幕　13万人观展　合作金额达百亿》，见人民网，http://cq.people.com.cn/news/2012105/20121058585858502728.htm。

# 2012 年中国电影产业发展报告

国家新闻出版广电总局发展研究中心

2012 年，中国电影挑战和机遇并存。年初，中美两国签署《关于用于影院放映之电影的谅解备忘录》（以下简称中美电影协议），规定每年新增 14 部进口分账高新技术格式大片，中国电影面临前所未有的压力。这一年，电影界以迎接党的十八大胜利召开为契机，积极贯彻落实“全国影视创作座谈会”精神，推动电影生产、发行、放映持续创新，主要指标均创历史新高，中国电影整体保持健康、稳定、快速发展的良好态势。

## 一、电影创作生产

2012 年，中国电影创作生产保持活跃势头，电影类型化探索不断深入、日渐成熟，艺术电影拓展更大发展空间，青年导演迅速成长为市场主力。

### （一）电影产量稳步增长，高新技术格式电影增量明显

2012 年，中国电影创作生产持续繁荣，全年生产各类电影总量达 893 部，再创历史新高。其中，故事片产量 745 部（含电影频道节目中心出品的数字电影 92 部）[①]，位居世界前列（见图 1）。

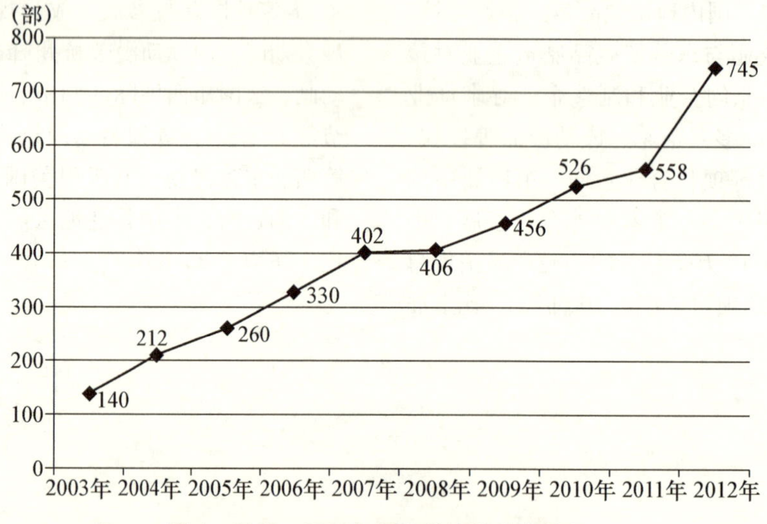


**图 1　2003—2012 年国产故事片生产情况**

资料来源：国家新闻出版广电总局电影管理局。

此外，全国生产动画电影 33 部，纪录电影 15 部，科教电影 74 部，特种电影 26 部（见表 1）。

**表 1　2007—2012 年中国故事片以外的其他影片生产情况**　单位：部

| 电影种类/年份 | 2007 | 2008 | 2009 | 2010 | 2011 | 2012 |
|---|---|---|---|---|---|---|
| 动画电影 | 6 | 16 | 27 | 16 | 24 | 33 |
| 纪录电影 | 9 | 16 | 19 | 16 | 26 | 15 |
| 科教电影 | 34 | 39 | 52 | 54 | 76 | 74 |
| 特种电影 | 9 | 2 | 4 | 9 | 5 | 26 |
| 合计 | 58 | 73 | 102 | 95 | 131 | 148 |

资料来源：国家新闻出版广电总局电影管理局。

① 从 2012 年开始，国家新闻出版广电总局电影频道节目中心出品的数字电影正式纳入国家新闻出版广电总局电影管理局故事片创作生产管理体系和统计范畴。

在进口影片数量增加的背景下，国产大片积极面对技术转型的挑战，制作高新技术格式影片。2012年，国产3D制式影片达到11部，较2011年增加5部。《龙门飞甲》、《黄金大劫案》、《画皮Ⅱ》、《一九四二》、《十二生肖》等影片制作了各种巨幕版，大幅提升观影感受，实现了片方、影院、观众的多赢。

**（二）献礼十八大，主流影片①创作成绩突出**

2012年，为迎接党的十八大召开，电影界精心筹备了26部题材丰富、风格多样、艺术精致、制作精良的献礼影片，着力提高艺术性，增强亲和力，将主流电影创作推上崭新高度，实现了社会效益与经济效益双丰收。以《忠诚与背叛》为代表的重大革命历史题材影片，恰如其分地融合了现实主义和革命浪漫主义的表现手法，在主流市场取得良好反响。《雨中的树》、《南平红荔》、《生死罗布泊》、《许海峰的枪》、《索道医生》、《青春雷锋》等反映先进人物感人事迹的电影一反以往同类影片“高大全”式的英模人物塑造手法，人物形象鲜活生动，真挚感人。

**（三）商业电影创作题材多元，类型化探索日趋成熟**

2012年，国产商业电影在类型多样化道路上积极探索，创作水平不断提高。古装、喜剧、爱情、动作、灾难、惊悚等类型均有多部新片产出，影片类型元素突出（见表2）。《画皮Ⅱ》、《太极1：从零开始》、《太极2：英雄崛起》等古装大片，《泰囧》等喜剧片，《我愿意》、《爱Love》等爱情片商业元素丰富，明星阵容强大，市场定位准确，制作质量上乘。《大魔术师》、《双城计中计》等影片开拓了魔术、骗术与古装等类型的融合，《杀生》以悬疑与荒诞喜剧为叙事手段，这些有益尝试都得到观众的认可。

**表2　2012年票房排名前6名的电影类型**

| 排名 | 类型 | 数量（部） | 场次（万） | 人数（万人） | 票房（万元） |
|---|---|---|---|---|---|
| 1 | 动作 | 38 | 430.96 | 11 448.54 | 405 116.00 |
| 2 | 爱情 | 53 | 612.64 | 7 044.32 | 271 419.20 |
| 3 | 科幻 | 9 | 194.62 | 5 260.13 | 204 753.00 |
| 4 | 喜剧 | 53 | 176.53 | 5 401.67 | 172 455.50 |
| 5 | 动画 | 33 | 183.22 | 3 944.33 | 138 539.00 |
| 6 | 奇幻/冒险 | 6 | 99.35 | 3 089.47 | 123 445.00 |

资料来源：刘嘉：《2012年中国电影市场票房综述》，载《影博·影响》，2013（3），8页。

**（四）青年导演迅速成长，成为应对进口影片冲击的重要力量**

2012年，面对14部进口高新技术格式影片的压力，青年导演主动迎击，逐步成长为国产电影市场的主力。徐峥、乌尔善、冯德伦、钮承泽、李玉、宁浩、陆川、赵林山、梁乐民和陆剑青等青年导演的作品票房均过亿元。其中，乌尔善的《画皮Ⅱ》票房过7亿元，一度创造华语片本土票房新纪录。徐峥的喜剧片处女作《泰囧》以本土化、接地气、小成本、贴近现实生活等元素赢得市场，观影人次超过《变形金刚3》和《阿凡达》，成为中国电影市场化以来首部票房超过10亿元的国产影片。此外，韩延的爱情片《第一次》票房为3 620万元，张琦的《Hold住爱》票房为4 645万元，也是青年导演中小成本作品的成功典范。

## 二、电影放映与票房

2012年，中国国内电影票房收入首次超过日本②，成为全球仅次于美国的第二大市场。面对复杂多变的市场形势，国产电影积极应对，通过市场竞争检验并提高自身实力。

**（一）电影票房持续大幅增长，新兴市场锋头更劲**

2012年，全国电影票房收入达到170.73亿元（约合27亿美元），同比增长30.18%，已连续10年保持平均增幅超过30%，远高于世界电影票房6%的年度增幅（见图2）。中国内地电影票房总量相当于北美市场108亿美元的1/4，占全球票房347亿美元的7.78%，对世界电影市场的贡献越来越大。

① 主流影片通常指国家政策倡导的，以反映时代主旋律为中心的电影作品。

② 参见www.eirin.co.jp。2012年度日本电影票房为1 951.90亿日元，约合20.70亿美元。

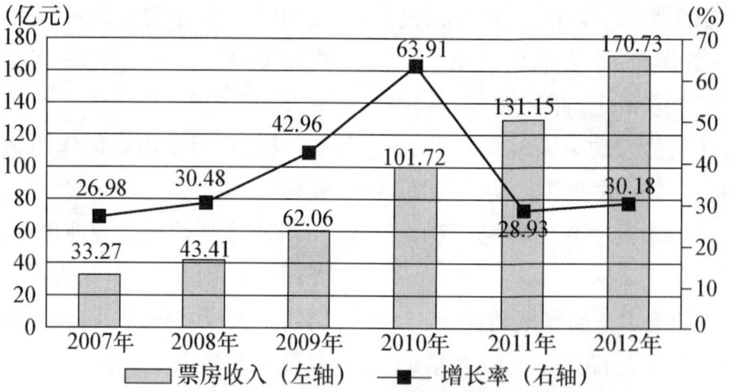


**图 2　2007—2012 年全国电影票房及增长率**

资料来源：国家新闻出版广电总局电影管理局。

从城市院线月度数据来看，2012 年有 11 个月的票房超过 10 亿元。除 7 月、8 月略低于上年同期外，各月度票房较 2011 年均有明显增长。在贺岁档带动下，票房力量集中在 12 月井喷，达到 25.584 亿元，成为历年来最高的单月纪录。2012 年暑期档票房产出不如预期的原因，一方面是大多数国产影片类型特点不够突出，另一方面是受进口大片如《蝙蝠侠：黑暗骑士崛起》、《超凡蜘蛛侠》等的影响，未能对票房起到明显拉动作用（见图 3）。

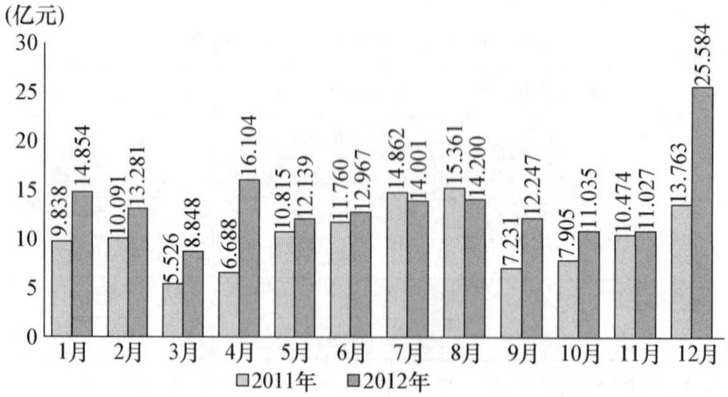


**图 3　2012 年与 2011 年城市院线月度票房走势对比**

资料来源：国家新闻出版广电总局电影管理局。

全国各地区电影票房均呈快速增长趋势。广东、北京仍位居票房前两名，上海的票房由 2011 年的 11.03 亿元上升到 2012 年的 13.49 亿元，但名次下降了两位，被江苏和浙江两省超越（见表 3）。在京沪粤这三大传统票仓，影院建设基本饱和，市场成熟度较高，因此三地票房的增幅均在 30％以下。由于影院建设的快速推进、新兴市场的开发、观影习惯的逐渐培养，青海、河北、安徽、江西、山西、宁夏、内蒙古、湖南、河南、甘肃、重庆、山东等省（区、市）票房增速高于全国增速。

**表 3　2010—2012 年地区票房前 10 名对比**

| 序号 | 2012 年 | | | 2011 年 | | | 2010 年 | |
|---|---|---|---|---|---|---|---|---|
| | 地区 | 票房收入（万元） | 同比增长（％） | 地区 | 票房收入（万元） | 同比增长（％） | 地区 | 票房收入（万元） |
| 1 | 广东 | 237 120 | 27.11 | 广东 | 186 544 | 14.84 | 广东 | 162 434 |
| 2 | 北京 | 161 160 | 19.42 | 北京 | 134 952 | 12.76 | 北京 | 119 676 |
| 3 | 江苏 | 156 348 | 43.43 | 上海 | 110 339 | 13.15 | 上海 | 97 512 |
| 4 | 浙江 | 137 511 | 35.60 | 江苏 | 109 007 | 44.12 | 江苏 | 75 635 |
| 5 | 上海 | 134 865 | 22.23 | 浙江 | 101 413 | 37.41 | 浙江 | 73 802 |
| 6 | 四川 | 87 232 | 29.99 | 四川 | 67 106 | 7.85 | 四川 | 62 224 |
| 7 | 湖北 | 81 265 | 38.58 | 湖北 | 58 643 | 31.29 | 湖北 | 44 666 |
| 8 | 辽宁 | 65 747 | 35.66 | 辽宁 | 48 466 | 29.54 | 辽宁 | 37 414 |
| 9 | 山东 | 57 476 | 42.20 | 重庆 | 42 908 | 41.15 | 重庆 | 30 399 |
| 10 | 重庆 | 55 420 | 29.16 | 山东 | 40 418 | 35.39 | 山东 | 29 853 |

资料来源：国家新闻出版广电总局电影管理局。

### （二）观影人次与票房增幅基本同步，高新技术格式影片带动票价小幅上扬

2012年，城市主流电影院线观影人次达到4.658亿，比2011年增加1.11亿，同比增长31.29%。观影人次增幅与电影票房增幅（30.18%）基本保持同步。若按照2012年全国城镇人口7.1182亿人[①]来看，城镇居民年均观影次数已达到0.65次，为电影产业化改革以来最高值。随着国产电影质量的不断提升和电影市场的快速发展，国内观影人次未来仍有巨大增长空间。

随着城市影院建设的推进，中部一些地区观影人次增幅较大，甚至超过60%（见表4）。研究表明，在经济较发达地区，城镇居民观影人次已达到或接近世界发达国家水平。如广东省东莞市2012年人均观影次数为4.57次，浙江省绍兴市则为3.64次。[②] 在一些热门影片上映期间，许多影院“排长队”已是常态。观影习惯的逐步养成，将推动电影产业进一步发展。

**表4　2012年度票房和观影人次增幅较大的部分地区**

| 地区 | 票房 | | | 观影人次 | | |
|---|---|---|---|---|---|---|
| | 2012年（亿元） | 2011年（亿元） | 同比增幅（%） | 2012年（亿元） | 2011年（亿元） | 同比增幅（%） |
| 安徽 | 3.7 | 2.245 | 64.81 | 1175 | 724 | 62.29 |
| 江西 | 2.71 | 1.646 | 64.64 | 803 | 494 | 62.55 |
| 河北 | 2.84 | 1.61 | 76.40 | 861 | 523 | 64.63 |
| 河南 | 5.09 | 3.4 | 49.71 | 1622 | 1164 | 39.35 |
| 湖南 | 4.29 | 2.80 | 53.21 | 1331 | 891 | 49.38 |

资料来源：中国电影发行放映协会。

2012年中国平均电影票价约为35.70元，较上年有1.88%的小幅上涨，低于同期居民消费价格总水平（CPI）的涨幅（见表5）。《泰坦尼克号（3D）》、《画皮Ⅱ》、《少年派的奇幻漂流》等高新技术格式影片数量较多、票房号召力较强，带动平均票价上涨。在各类文化消费中，电影依然是比较低廉的娱乐项目。

**表5　2007—2012年中国电影平均票价**

| 年份 | 2007 | 2008 | 2009 | 2010 | 2011 | 2012 |
|---|---|---|---|---|---|---|
| 票房（亿元） | 33.27 | 43.41 | 62.06 | 101.72 | 131.15 | 170.73 |
| 平均票价（元） | 24.46 | 27.55 | 30.03 | 34.69 | 35.04 | 35.70 |

资料来源：根据公开数据整理。

### （三）放映数量增加，国产影片迎难而上

2012年，电影放映市场总体呈平稳上升态势，影片放映数量增加。全年进入院线放映的中外新片有315部[③]，其中国产故事片229部，进口片86部，较2011年分别有25.14%、34.38%的增长。全年累计有44部影片票房过亿元，其中国产片21部，进口影片23部（见表6）。

**表6　2007—2012年中国内地票房过亿元影片数量**

单位：部

| 年份 | 2007 | 2008 | 2009 | 2010 | 2011 | 2012 |
|---|---|---|---|---|---|---|
| 票房过亿元影片总数 | 7 | 11 | 21 | 27 | 38 | 44 |
| 票房过亿元国产片 | 3 | 8 | 12 | 17 | 20 | 21 |

资料来源：中国电影发行放映协会。

进口分账大片配额的提高使国产影片生存空间进一步受到挤占。国产影片票房为82.73亿元，市场份额为48.46%，份额比2011年下降了5.15个百分点。这是国产电影票房在连续9年超过进口片之后，首次跌入50%以下（见表7）。但总的说来，国产影片市场份额超出中美电影协议签订之初的市场预期，成就来之不易，坚定了电影人的自信心。

**表7　2007—2012年国产电影和进口电影市场份额情况**

单位：亿元

| 年份 | 2007 | 2008 | 2009 | 2010 | 2011 | 2012 |
|---|---|---|---|---|---|---|
| 国产电影票房 | 18.01 | 25.63 | 35.15 | 57.34 | 70.31 | 82.73 |
| 进口电影票房 | 15.26 | 17.78 | 26.91 | 44.38 | 60.84 | 88.00 |

资料来源：国家新闻出版广电总局电影管理局。

面对进口大片的压力，国产影片迎难而上。排名前10的国产片票房收入占全国总票房的22.31%。全年票房过亿元国产影片中，6部影片超过2亿元，2部影片超过7亿元，1部影片超过10亿元，拉动作用明显（见表8）。其中，《泰囧》总票房达到12.6739亿元，是国内电影市场历年来首部单片破10亿元的华语电影。该片观影人次逾3000万，超过《阿凡达》等进口影片，是近年来中国内地观影人次最高的一部电影。

---

① 数据源自国家统计局。

② 参见博纳星光研究院：《2012年城市观影上座率指标》，见 http://blog.sina.com.cn/s/blog_99dca30f0101814p.html。

③ 参见《中国电影报》，2013-01-06，第20版。

表 8　　2012 年票房收入排名前 10 名的国产影片

| 排名 | 片名 | 观影人次（万人） | 票房收入*（万元） | 上映日期 |
|---|---|---|---|---|
| 1 | 《人再囧途之泰囧》 | 3 068.38 | 100 461 | 12 月 12 日 |
| 2 | 《画皮Ⅱ》 | 1 710.43 | 70 451 | 6 月 28 日 |
| 3 | 《十二生肖》 | 1 304.14 | 53 533 | 12 月 20 日 |
| 4 | 《一九四二》 | 837.70 | 37 200 | 11 月 29 日 |
| 5 | 《寒战》 | 798.37 | 25 361 | 11 月 8 日 |
| 6 | 《听风者》 | 674.21 | 23 374 | 8 月 7 日 |
| 7 | 《四大名捕》 | 638.70 | 19 217 | 7 月 12 日 |
| 8 | 《大魔术师》 | 506.91 | 17 412 | 1 月 12 日 |
| 9 | 《搜索》 | 537.68 | 17 354 | 7 月 6 日 |
| 10 | 《喜羊羊与灰太狼之开心闯龙年》 | 541.27 | 16 595 | 1 月 12 日 |
| 合计 | 票房收入占全国总票房的 22.31% | 10 617.79 | 380 958 | |

*票房收入统计截至 2012 年 12 月 31 日。
资料来源：国家新闻出版广电总局电影管理局。

2012 年，进口片的市场表现较往年活跃。除因中美电影协议增加 14 部高新技术格式进口片外，2012 年也恰逢好莱坞“大年”，多部新制巨片集中上映。排名前 10 的进口片票房收入占全国总票房的 29.81%（见表 9）。《泰坦尼克号（3D）》以“怀旧”为卖点，票房高达 9.475 8 亿元，远超该片在美国本土和其他市场的产出。进口买断的小成本电影《机械师》全国票房约 9 000 万元，显示出“批片”具有相当大的市场潜力。在中美电影协议中关于进口大片分账比例上调到 25%的规定影响下，中国已成为好莱坞电影最主要的海外市场。

表 9　　2012 年票房收入排名前 10 名的进口影片

| 排名 | 片名 | 票房收入（万元） | 观影人次（万人） | 上映日期 |
|---|---|---|---|---|
| 1 | 《泰坦尼克号（3D）》 | 94 758 | 2 130 | 4 月 10 日 |
| 2 | 《碟中谍 4》 | 67 471 | 1 921 | 1 月 28 日 |
| 3 | 《少年派的奇幻漂流》 | 57 105 | 1 446 | 11 月 22 日 |
| 4 | 《复仇者联盟》 | 56 792 | 1 361 | 5 月 5 日 |
| 5 | 《黑衣人 3》 | 50 415 | 1 244 | 5 月 25 日 |
| 6 | 《冰川时代 4》 | 44 913 | 1 179 | 7 月 27 日 |
| 7 | 《地心历险记 2：神秘岛》 | 38 849 | 925 | 2 月 10 日 |
| 8 | 《蝙蝠侠：黑暗骑士崛起》 | 34 012 | 912 | 8 月 27 日 |
| 9 | 《敢死队 2》 | 33 406 | 1 025 | 9 月 4 日 |
| 10 | 《超凡蜘蛛侠》 | 31 151 | 766 | 8 月 27 日 |
| 合计 | 票房收入占全国总票房的 29.81% | 508 872 | 12 909 | |

资料来源：国家新闻出版广电总局电影管理局；中国电影发行放映协会。

**（四）档期竞争日益激烈，业界积极探索市场协调机制**

2012 年，国产影片产量持续增长，进口影片数量增加，使业界感到“万块银幕有点挤”，档期无序竞争现象较为突出。2012 年，平均每 1.15 天即有新片上映，每 4.6 天有 1 部进口电影上映，市场还多次出现了一天上映 7～9 部新片的情况。一方面，影片扎堆上映争抢部分档期。如国庆档有《铜雀台》、《太极 1》、《危险关系》、《二次曝光》、《环形使者》、《飓风营救 2》等 6 部大片，贺岁档有《少年派的奇幻漂流》、《一九四二》、《王的盛宴》、《十二生肖》、《血滴子》、《大上海》等同时上映，竞争激烈。另一方面，由于部分市场主体尚未掌握档期规律，造成一些“空档”。如第 14 周仅有 1 部新片，第 36 周仅有 2 部新片。档期的混乱易造成影片“内耗”，使影片难以释放应有能量。

在进口电影压力之下，业界充分认识到，当前中国电影市场亟须建立公开的信息平台，避免同期题材、角色出现撞车现象，让产业各方在有序、健康的竞争环境中和谐发展。2012 年 8 月，中国电影发行放映协会召开理事单位座谈会，探讨建立电影档期协调机制，逐步使影片合理分布于全年的各个档期，充分发挥热门档期的市场效应，争取国产影片的生存空间。2013 年 1 月，华谊兄弟、光线影业、博纳、乐视、小马奔腾、DMG、大盛国际、福建恒业等公司自发公布档期，为探索档期协调机制迈出了第一步。

## 三、院线与影院

2012年，国内银幕建设突破万块大关，电影终端建设不断完善。市场竞争压力加大，促使院线与影院探索个性化经营。

**（一）城市院线竞争激烈，市场结构未有明显变化**

城市院线竞争日益激烈。在城市主流院线中，万达院线以24.56亿元票房、逾5 800万观影人次居于全国院线排名首位，领先优势突出。万达、上海联和、中影星美、中影南方、广州金逸、广东大地等6条院线年度票房均超过10亿元，且观影人次均超过3 000万。还有5条院线年度票房约在5亿～10亿元（不含10亿元）（见表10）。2012年共有25条院线票房超过亿元，比2011年增加1条。票房收入前20名的院线，其收入总和达到152.53亿元，占全国票房总额的89.33%，余下的20条院线只占有10.67%的市场。因此，走差异化发展道路、争取市场空间成为院线的生存原则。

**表10　2012年票房收入过5亿元的电影院线公司**

| 排名 | 院线名称 | 场次（万场） | 总票房（万元） | 总人次（万人） | 平均票价（元） |
|---|---|---|---|---|---|
| 1 | 万达 | 167.27 | 245 600 | 5 841 | 42.05 |
| 2 | 上海联和 | 147.16 | 165 035 | 4 468 | 36.94 |
| 3 | 中影星美 | 155.90 | 162 024 | 4 388 | 36.92 |
| 4 | 深圳中影南方新干线 | 142.18 | 132 629 | 3 464 | 38.29 |
| 5 | 广州金逸珠江 | 112.32 | 117 513 | 3 059 | 38.42 |
| 6 | 广东大地 | 187.71 | 110 538 | 3 850 | 28.71 |
| 7 | 北京新影联 | 83.85 | 82 596 | 2 207 | 37.42 |
| 8 | 浙江时代 | 88.88 | 71 613 | 1 958 | 36.57 |
| 9 | 四川太平洋 | 59.68 | 60 315 | 1 648 | 36.60 |
| 10 | 浙江横店 | 83.44 | 56 768 | 1 713 | 33.14 |
| 11 | 中影数字 | 96.36 | 52 541 | 1 652 | 31.80 |

资料来源：中国电影发行放映协会。

大院线巩固既有发展路线。万达院线主打大城市、大体量、高端经营，旗下共有115家影院1 000块银幕，平均每家影院8.7块银幕，为十大院线中院均银幕数量之首。地方中小院线扎根本土和中小城市，努力拓展市场空间。浙江横店院线拓展县级城市影院建设，到湖北省黄冈县等地建设影院，获得了快速成长。2012年票房为5.68亿元，比上年同期增长61.77%，全国排名从2011年的第11位上升至第10位；总观影人次为1 713万人，比上年同期增长56.01%。

**（二）影院数字化建设逐渐普及，全国影院和银幕布局更加均衡**

2012年，全国银幕总数达到13 118块，全年新增银幕3 832块，平均日增10.5块①（见表11）。银幕科技含量高，2012年新增的全部为数字银幕，全国2K数字银幕超过1.2万块；3D银幕有1.04万块，约是2011年5 382块的2倍。中国已成为银幕总数和数字银幕总数继美国之后的全球第二大国，数字化放映覆盖率高达99%，位居全球第一，远超北美的75%、欧洲的60%、亚太的44%、拉美的34%。②

**表11　院线制改革以来中国电影市场院线和银幕增长情况**

| 年份 | 院线数（条） | 银幕数（块） | 新增银幕（块） |
|---|---|---|---|
| 2003 | 32 | 2 197 | 110 |
| 2004 | 33 | 2 396 | 199 |
| 2005 | 36 | 2 668 | 272 |
| 2006 | 33 | 3 034 | 366 |
| 2007 | 34 | 3 527 | 493 |
| 2008 | 34 | 4 097 | 570 |
| 2009 | 37 | 4 723 | 626 |
| 2010 | 38 | 6 256 | 1 533 |
| 2011 | 39 | 9 286 | 3 030 |
| 2012 | 40 | 13 118 | 3 832 |

资料来源：国家新闻出版广电总局电影管理局；中国电影发行放映协会。

2012年，全国各地积极贯彻中宣部和国家广电总局的工作部署，把县级城市影院建设工作纳入重要议事日程。中小城市、中西部地区新增银幕数占全国新增银幕数的50%以上。全国县级城市共拥有数字影院近千座，银幕数超过3 000块，县级城市数字影院普及率达到35%以上。县级城市影院建设的快速推进，大大提升了电影服务的辐射范围，为今后中国电影市场的持续发展创造了条件。

**（三）影院格局发生变化，新兴影院发展势头良好**

2012年，影院放映市场持续活跃，排名前10的影院格局发生变化（见表12）。票房在4 000万元以上的影院有50家，较2011年增长10家。

① 数据源自国家新闻出版广电总局电影管理局。

② 参见刘嘉：《梦想从这里开始——中国电影的2012》，载《中国电影报》，2013-01-06。

表 12　　2011—2012 年票房收入前 10 名电影院排名情况　　单位：万元

| 2012 年 | | | 2011 年 | | |
|---|---|---|---|---|---|
| 排名 | 影院名称 | 票房 | 排名 | 影院名称 | 票房 |
| 1 | 北京耀莱成龙国际影城 | 8 169 | 1 | 北京耀莱成龙国际影城 | 7 632 |
| 2 | 深圳嘉禾影城 | 7 786 | 2 | 首都华融电影院 | 7 310 |
| 3 | 首都华融电影院 | 7 700 | 3 | 深圳嘉禾影城 | 6 871 |
| 4 | 上海万达国际电影城五角场店 | 7 404 | 4 | 北京 UME 华星国际影城 | 6 740 |
| 5 | 北京 UME 华星国际影城 | 6 703 | 5 | 上海万达国际电影城五角场店 | 6 495 |
| 6 | 北京 UME 国际影城双井店 | 6 384 | 6 | 重庆 UME 国际影城（江北） | 6 398 |
| 7 | 上海永华电影城 | 6 369 | 7 | 广州飞扬影城正佳店 | 6 090 |
| 8 | 北京万达国际电影城 CBD 店 | 6 326 | 8 | 北京万达国际电影城 CBD 店 | 6 071 |
| 9 | 广州万达影城白云店 | 6 142 | 9 | 上海永华电影城 | 6 031 |
| 10 | 广州飞扬影城正佳店 | 6 000 | 10 | 上海星美正大影城 | 5 924 |

资料来源：国家新闻出版广电总局电影管理局。

无论是在经济发达的东部城市，还是在武汉、成都等一些中西部省会城市，最近几年新建的影院都显示出较大的发展潜力。北京耀莱成龙国际影城 2012 年 12 月 22 日单日票房达 92.6 万元，刷新单影城单日成绩。2012 年 3 月 28 日开业的重庆金逸影城是中国首家全 IMAX 影城，该影城投资 4 000 余万元，总建筑面积达 6 000 平方米，8 个豪华影厅分别拥有 IMAX 3D、Sony 4K 等特色设备。影城开业不到一年，即获得 2 049.4 万元的票房。

## 四、电影发行

2012 年，电影发行主体协调市场资源，创新营销手段，丰富营销形态，成为连接电影制片与放映、推动电影产业快速发展的核心力量。

### （一）国企民企形成合力，大力发行国产电影

2012 年，中国电影股份有限公司（以下简称中影股份）、华夏电影发行有限责任公司（以下简称华夏）等国有电影发行公司继续做大做强，新片发行量和市场份额均有所增长。中影股份积极搭建数字网络发行平台、开拓数字二级市场建设，共主导或联合发行 298 部国产影片。[①] 中影股份还全力推动《忠诚与背叛》、《走过雪山草地》等献礼影片的发行，组织全国看片会及相关落地活动。华夏积极策划“国产电影占据主流市场动员大会”，高扬发行国产影片的旗帜，共发行影片 120 部，其中国产影片 68 部。《搜索》、《铜雀台》、《泰囧》在业内产生了广泛影响。

民营发行公司快速发展壮大，大力发行国产影片。华谊兄弟发行了《一九四二》、《太极》、《十二生肖》等影片。光线影业花 4 年时间打造的全国 120 个城市发行落地系统已逐步成熟，据统计，使用该系统可为影片增加约 30%的票房收入，其作用已在发行《泰囧》时有所体现。此外，星美影业、小马奔腾、盛世新影、美亚华天下、乐视影业等也充分利用自身优势，积极协调市场资源发行国产影片（见表 13）。

表 13　　2011—2012 年发行主体市场份额占比

| 年度 \ 公司 | 中影股份 | 华夏 | 华谊兄弟 | 光线影业 | 博纳影业 | 美亚华天下 | 乐视影业 | 安乐影业 | 星美影业 | 其他 |
|---|---|---|---|---|---|---|---|---|---|---|
| 2011 | 38.6% | 24.3% | 2.0% | 4.2% | 8.1% | 1.6% | 0.1% | 0.2% | 1.1% | 19.8% |
| 2012 | 42.0% | 25.6% | 9.3% | 6.3% | 3.3% | 2.5% | 1.5% | 1.2% | 1.0% | 7.3% |

资料来源：《当代电影》杂志社。

### （二）推动多平台、数字化发行，电影发行向网络延伸

在云计算、互联网和移动互联网等新技术支持下，电影网络发行逐步规范化。2012 年 6 月，包括 M1905 电影网、优酷网、新浪网、土豆网在内的十多家视频网站讨论并通过了由中国电影制片人协会发起的《促进电影网络院线发展的若干意见》，规定影片从院线下片后，片方与各家网络院线协商网络上映日期，进行为期 60～90 天的互联网付费播放；网络院线在播出时不得插播任何形式的广告，且应

① 数据源自中影股份有限公司。

具备完善的数字版权保护系统。

数字化发行成为重要的发行方式。2012年，影院电影数字拷贝卫星传输技术进入实验后期阶段，已有200余家影院安装了卫星接收机，并完成了346部电影共507个版本的传输工作，电影发行卫星传输实验初见成效。

## 五、电影投融资

2012年，中国电影投融资环境不断改善，国有企业、民营企业齐头并进，吸引国外资本进入，市场化程度不断提高。

### （一）国有企业、民营企业加快上市步伐

国营电影机构转制为企业后，加快推进上市步伐。2012年11月，中影股份正式向中国证监会报送上市申请整套文件并获国务院批准，这标志着中影股份向上市迈出了重要一步。上海电影集团组建上海电影股份有限公司后，于11月12日将申请上市的材料报送中国证监会审核。在两大国有企业的示范作用下，西影、潇影也积极探索与金融资本的融合发展。

电影产业的市场化程度越高，民营企业的活力就越能得到释放。民营电影公司在资本运作、植入广告、版权质押贷款、基金、风险投资等方面做出了新尝试。除华谊兄弟、华策影视、光线传媒、华录百纳等4家A股上市的民营企业外，长城影视等影视制作公司，万达、广州金逸等院线公司也在筹备上市。

### （二）多层次融资模式进一步完善，电影投融资形式日趋多样化

金融行业继续大力支持电影业。2012年6月，为贯彻上海市政府出台的《关于促进上海电影产业繁荣发展的实施意见》精神，上海市文广影视局与中国工商银行、中国建设银行、中国银行、交通银行、上海浦东发展银行、上海银行、南洋商业银行（中国）、天津银行等8家银行达成战略合作协议。8大银行在未来5年向上海市影视业提供总额130亿元的综合授信额度，努力将上海打造成为电影投融资中心。西部电影集团与国家开发银行、进出口银行开展战略合作，国家开发银行给予西影集团2 000万元的贷款，支持重点影片《钱学森》的拍摄。

电影版权预售方面也有所突破。2012年6月，《大唐玄机图》以浙江文化产权交易所为融资平台，以电影版权所蕴含的未来预期收益为基础保证，使投资者和制片方作为利益共同体和一致行动人共享影视作品的版权和收益，成为国内首个通过权益共享集合投资方式实现融资创新的电影项目。

除包括直接投资、银行债权融资、广告投入、产业基金、版权预售、政府出资在内的多层次融资体系[①]之外，演员股份制的融资模式初现端倪。演员股份制即演员将片酬作为资本参股电影的投资新模式。《泰囧》、《匹夫》、《幸福额度》、《厨子、戏子、痞子》等影片均采用演员股份制模式，其中《厨子、戏子、痞子》3位主演均以片酬投资入股。演员股份制在一定程度上缓解了当前电影产业发展过程中部分演员片酬高涨的困境，解决了电影融资难的问题，实现了风险共担。预计演员股份制将成为一种较为常用的电影投融资模式。

国内电影市场的活跃越来越吸引海内外资本关注。第15届上海国际电影节期间，达成的投资意向超过750项，仅国影基金、航美迅雷-壹基金、华谊战略合作、红利基金等几大基金就签订了价值32亿元的合作项目。美国电影融资担保公司、英国渣打银行、澳大利亚电影融资等纷纷抢滩中国市场，使中国电影金融日趋国际化、市场化和专业化。

### （三）世界著名电影公司渐次引入，国内龙头企业走向海外

2012年，国内外电影企业通过收购、控股、投资等形式相互渗透、合作多赢。2012年2月，上海东方传媒等3家企业和美国梦工厂动画公司组建了上海东方梦工厂影视技术有限公司。2012年8月，卡梅隆-佩斯集团与天津北方电影集团等2家企业在天津滨海新区建立中国总部。美国传媒巨头新闻集团买入博纳影业19.9%的流通股，其旗下20世纪福克斯电影公司与博纳签署了合作意向书。米高梅公司与乐视网达成版权合作协议，将其旗下《律政俏佳人》、《终结者》、《冷血悍将》、《机械战警》、《洛奇》等经典影片的独家网络版权交付乐视网。

有实力的中国电影企业加快境外投资步伐。2012年5月，万达集团并购全球第二大院线AMC，一举成为世界瞩目的院线运营商。11月，小马奔腾公司联手印度媒体巨头“信实媒体”，以3 020万美元收购美国著名特效制作公司“数字王国”及其子公司“航母传媒”的核心资产。华谊兄弟投资北美的华狮电影发行公司，可实现中国的电影在美国同时上映。

电影投资与合作的国际化，意味着中国电影已

---

① 参见李佩森：《中国电影产业的融资江湖》，载《中国文化报》，2012-12-15，第2版。

经走上全球化发展之路。

## 六、电影管理

2012年，电影行政部门深化改革，创新管理和政策，有力地推动电影业发展繁荣。

**（一）从源头抓电影创作，加大力度提高电影创作质量**

2012年2月召开的全国影视创作座谈会提出以科学发展为主题，以提高质量为重点，进一步促进影视创作繁荣发展。为积极落实该座谈会精神，电影行政部门注重电影创作从源头抓起，切实提高电影创作质量。面向高校的第四期“扶持青年优秀电影剧作计划”已经启动，继续每年投入近300万元作为奖学金。国家广电总局电影管理局和剧本规划策划中心采取多种手段，结合“走转改”组织开展培训活动，全年累计培训超过百人次。国家广电总局确定设立的每年3 000万元的优秀影视剧本创作的扶持资金已在积极推进和实施中，计划对重点项目、青年人才和精品力作进行有针对性的扶持。

**（二）综合利用政策手段，推动电影产业健康发展**

2012年，国家电影行政部门和相关部门综合利用政策手段，在既有促进政策的基础上，出台多项措施推动电影产业健康发展。

一是加强电影市场的规范管理。国家广电总局电影管理局出台《关于进一步规范电影市场票务管理的指导意见》，对存在“偷、漏、瞒、虚”报票房问题的影院加大处罚力度。国家电影事业发展专项资金管理委员会办公室（简称电影资金办）实施建设的新“全国电影票务综合信息系统”（以下简称新平台），于2012年2月正式上线运行。新平台保障了影院票务数据的准确、完整、及时、权威和国家电影专项资金收缴工作的顺利进行。

二是加强电影制作和放映管理。2012年9月，国家广电总局发布《关于切实加强摄制、放映电影活动管理的通知》（广发［2012］87号），要求各省级电影主管部门严格电影摄制管理程序，加强电影放映的巡查力度，规范电影交流的申报制度，增进部门之间的信息沟通，强化电影法规的宣传教育。该通知的出台，进一步加强了对违规摄制、放映“地下电影”、“独立电影”活动的查处力度。

三是加强民间投资引导。为贯彻落实《国务院关于鼓励和引导民间投资健康发展的若干意见》（国发［2010］13号）的要求和发改委的工作部署，2012年8月3日，国家广电总局出台《广电总局关于鼓励和引导民间资本投资广播影视产业的实施意见》（广发［2012］36号），鼓励和引导民间资本投资广播电视节目制作领域，鼓励和引导民间资本投资电影制片、发行、放映领域，鼓励和引导民间资本投资建设、改造电影院。该政策对进一步发挥民间资本重要作用、促进广播影视产业健康发展具有重要意义。

此外，财政部、国家税务总局出台《关于交通运输业和部分现代服务业营业税改征增值税试点应税服务范围等若干税收政策的补充通知》（财税［2012］86号），规定2013年12月31日之前，各级广播电影电视行政主管部门按照各自职能权限批准从事电影制片、发行、放映的电影集团公司（含成员企业）、电影制片厂及其他电影企业，属于试点纳税人的，对其转让电影版权免征增值税。该政策有助于减轻电影企业税负，提高电影制作积极性和制作能力。

**（三）电影发展专项资金政策杠杆作用日益显现**

2012年，电影发展专项资金管理部门实现全国30个省份（除西藏外）每月足额、及时上缴的目标。全年专项资金征缴额超8.25亿元，比2011年增加2.05亿元，同比增长33%，收缴额的增大直接带动补助资金的增多。这一年，专项资金返还各省份3.05亿元，新建影院先征后返1.81亿元，影院安装数字机补贴1 820万元，国产新技术格式影片补贴1 400万元，国产影片放映奖励、影院改造补贴、少数民族语译制等资金2 770万元。这些资金政策导向明确，有力促进了电影事业产业的发展。

2012年，电影资金办连续下发文件，多方面支持国产电影的制作和放映。一是从生产环节支持高新技术格式影片生产制作。电影资金办下发《关于对国产高新技术格式影片创作生产进行补贴的通知》，对进入市场发行的国产高新技术格式影片，按票房收入情况对制片方进行奖励。这一政策的实施标志着电影资金办恢复针对制片业的奖励，将对国产高新技术格式影片的发展起到助推作用。二是对影院放映国产影片进行补贴。电影资金办下发《关于返还放映国产影片上缴电影专项资金的通知》，对放映国产影片占全年票房收入较高份额的影院，分级返还该影院所缴纳的专项资金。这项政策的实施，有力提升了影院放映国产影片的积极性，优质国产影片进入市场的渠道更加宽广。

# 2012 年中国软件产业发展报告

工业和信息化部电子知识产权中心

## 一、2012 年中国软件产业发展的宏观环境

2012 年，国际政治经济形势复杂多变，全球经济仍处于复苏过程中，欧债危机和美国“财政悬崖”进一步加大了不确定性，拉低了全球经济增长率，导致全球 IT 支出增速下滑。国内经济发展困难增多，我国软件产业发展速度有所放缓，但在党中央、国务院“稳中求进”的工作总基调指引下，在全行业各方共同努力下，产业发展呈现缓中趋稳态势，效益状况不断好转，产业结构调整步伐加快，继续为推动信息化发展和促进两化深度融合发挥积极作用，在国民经济中的重要性进一步提高。

各部委及地方政府围绕《国务院关于印发进一步鼓励软件产业和集成电路产业发展若干政策的通知》（国发［2011］4 号，以下简称 4 号文）出台了一系列促进软件产业发展的配套政策和措施。财政部、国家税务总局出台《关于进一步鼓励软件产业和集成电路产业发展企业所得税政策的通知》（财税［2012］27 号），明确了软件企业享受的税收优惠政策及细则。上海市出台《关于本市进一步鼓励软件产业和集成电路产业发展的若干政策》（沪府发［2012］26 号），从投融资政策、企业培育政策、研发政策、人才政策、知识产权政策、进出口政策、产业布局与管理政策等多个方面推动软件产业发展。自《营业税改征增值税试点方案》发布以来，2012 年，北京、上海、天津、江苏等多个省市开始试点交通运输业和部分现代服务业营业税改征增值税，“中小微”软件企业税负明显减轻，但是税改过程中也可能出现部分软件企业税负增加的情况。

## 二、2012 年中国软件产业发展基本情况及特点

### （一）产业规模持续扩大，出口依然低迷

2012 年，我国软件产业总体保持平稳较快发展，收入增长稳中趋升。全年共实现软件业务收入 2.5 万亿元，同比增长 28.5%（见图 1），增速比电子信息制造业高出 15.5 个百分点，但低于上年同期 3.9 个百分点。

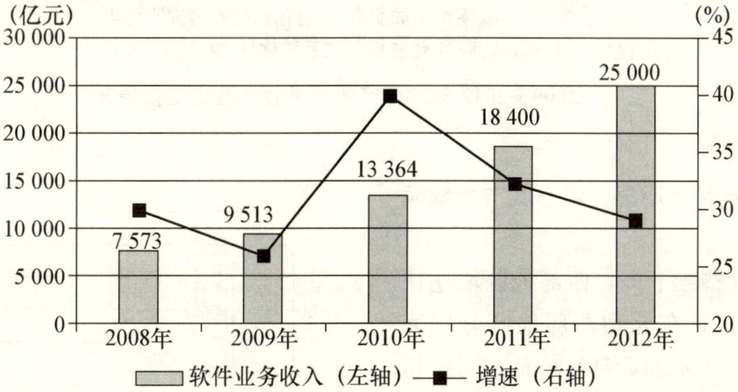


**图 1　2008—2012 年软件产业规模及增速变化情况**

资料来源：工业和信息化部。

软件出口依然低迷。全年实现出口 368 亿美元，同比增长 18%，增速分别低于上年和前年同期 0.3 和 18.7 个百分点，低于全行业 10.5 个百分点（见图 2）。其中，嵌入式软件出口增长 13%，增速继续处于低位；外包服务出口增长 54%，对软件出口增长贡献率达到 60%。

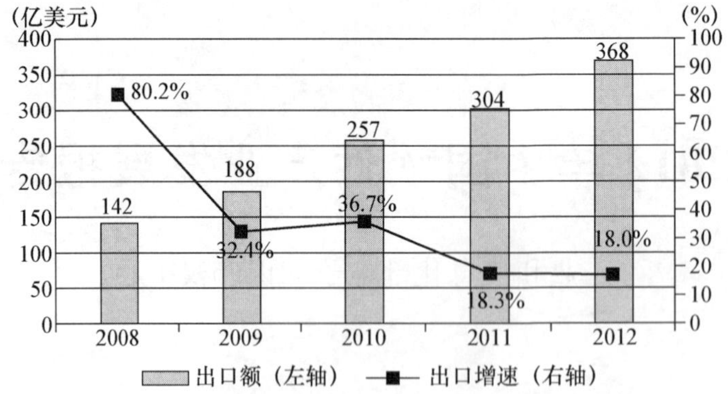


图 2　2008—2012 年软件产业出口变化情况

资料来源：工业和信息化部。

**（二）数据处理和运营服务类收入增长较快，产业结构进一步优化**

数据处理和运营服务类收入增长突出，达到 4 285 亿元，同比增长 35.9%，比重达 17.1%；随着制造业形势企稳向好，嵌入式系统软件增速加快，实现收入 3 973 亿元，同比增长 31.2%，高出全行业 2.7 个百分点；集成电路设计在有利的产业政策带动下，实现收入 808 亿元，同比增长 25.5%；软件产品、系统集成服务和信息技术咨询服务平稳增长，分别增长 27.9%、24.8%和 24.1%（见图 3）。

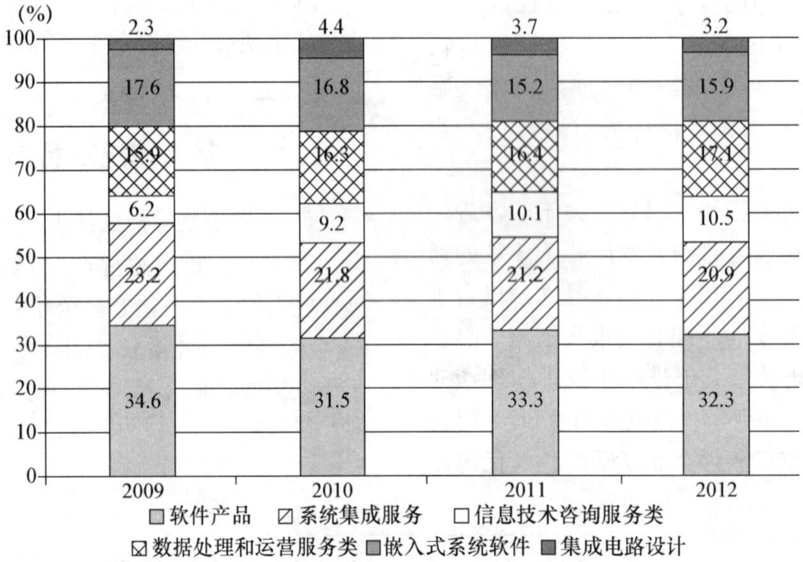


图 3　2009—2012 年软件产业分类收入占比变化情况

资料来源：工业和信息化部。

**（三）产业集聚发展特点明显，中心城市持续领先发展**

东部地区所占比重持续下降，西部地区增速快于中东部地区。2012 年，东北和西部地区分别完成软件业务收入 2 473 亿元和 2 664 亿元，同比增长 39.2%和 29.6%，在全国的比重上升为 9.9%和 10.6%；中部地区软件产业增长相对较慢，完成软件业务收入 794 亿元，同比增长 21.5%，占比下降为 3.2%；东部地区软件产业保持平稳增长，完成软件业务收入 1.9 万亿元，同比增长 27.4%（见图 4）。

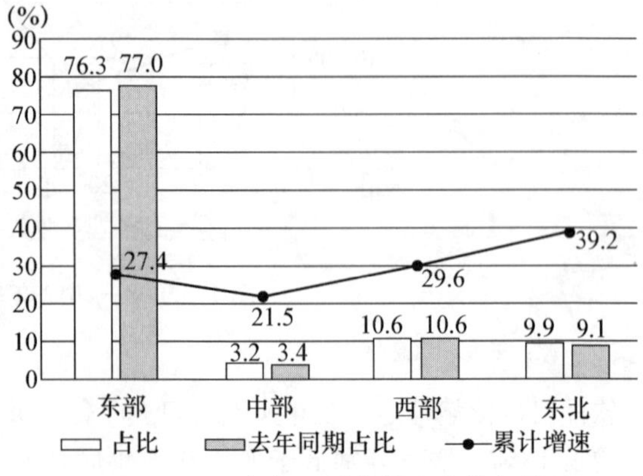


图 4　2012 年各区域软件业务收入情况

资料来源：工业和信息化部。

软件产业规模较大地区仍主要集中在东部沿海，四川、重庆和陕西等中西部省份也位列前十。排名前三的省份保持稳定，江苏省软件业增速较快，从2010年的第三位跃居第一位；广东省增速相对平稳，近三年排名未跌出前二，2012年位列次席；北京市软件业增速小幅放缓，排名自2010年首位跌至第三。排名靠后的省份中，重庆、陕西、天津仅分别在2012、2011和2010年挤进前十。

中心城市（副省级城市）持续领先发展。2012年，全国15个中心城市共实现软件业务收入1.37万亿元（见图5），占全国比重（55%）较上年同期提高近1个百分点，同比增长31.4%，增速快于全国2.9个百分点。中心城市的软件产业构成中，软件产品的比重高于全国1.4个百分点，增速高出3.2个百分点；数据处理和运营服务收入增长达43.7%，高出全国7.8个百分点；软件出口占全国比重超过70%，增长18.8%，高出全国0.8个百分点。

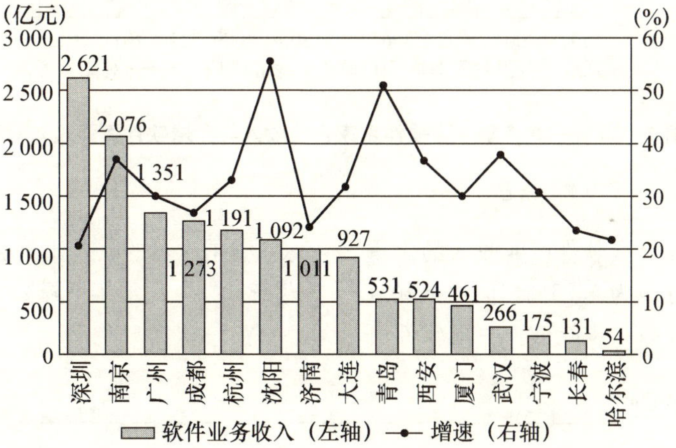


**图5　2012年中心城市软件业务收入及增速情况**

资料来源：工业和信息化部。

软件名城的聚集效应日趋明显。2010年，南京、济南、成都等城市先后被授予“中国软件名城”称号，广州、深圳、杭州、上海、北京先后成为软件名城创建试点城市。2011年，软件名城实现软件信息服务业收入8 110亿元，占全国业务收入的44.1%。2012年，软件名城实现软件业务收入达15 222亿元，占比提高至60.9%（见图6）。

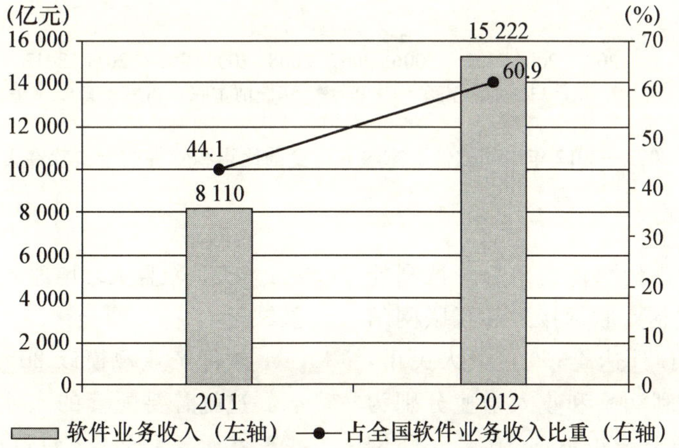


**图6　2011—2012年软件名城软件业务收入及占比情况**

资料来源：工业和信息化部。

**（四）软件龙头企业增速放缓，互联网企业快速成长**

软件产业龙头企业收入持续提高，竞争力明显增强。2012年，我国软件业务收入前百家企业（简称中国软件百家）实现软件收入3 401亿元，同比增长8.48%，保持了近年较快的增长势头。近十年来，中国软件百家企业收入与全球软件百强企业的对比参考值（中国百强收入/全球百强收入）呈快速上升趋势，近两年有小幅下降，2012年中国软件百家企业收入是全球百强收入的9.4%（见图7）。

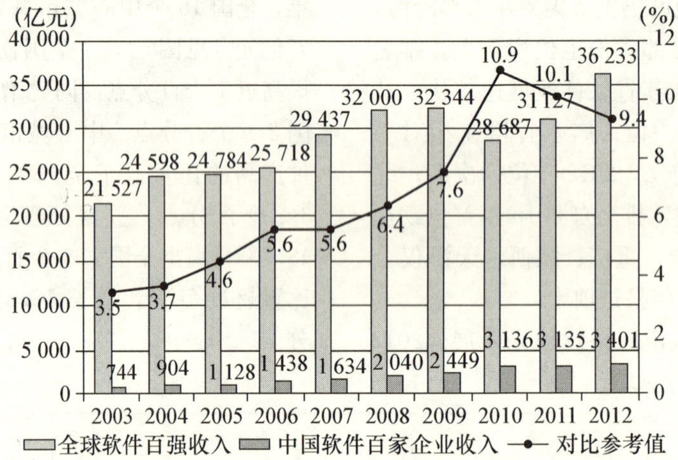


**图 7 2003—2012 年中国软件百家企业收入与全球软件百强收入对比**

资料来源：工业和信息化部，美国《软件杂志》。

中国软件百家企业在全国软件产业收入的比重持续下降。2012 年，该比重为 13.6%，同比下降近 4 个百分点，市场集中度进一步降低。中国软件百家企业前十名的收入比重稳中有降。2012 年占比约为 58.5%，比上年下降 2.5 个百分点（见图 8）。

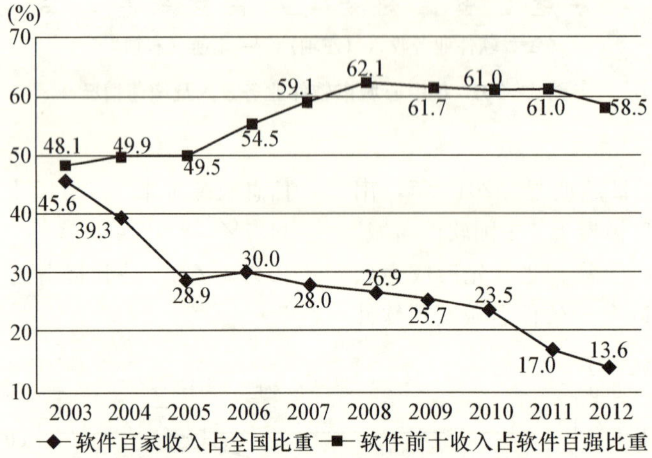


**图 8 2003—2012 年中国软件百家收入占全国比重和软件前十占软件百强比重**

资料来源：工业和信息化部。

互联网领军企业营业状况持续向好，盈利能力逐步提高。2012 年包括互联网接入和互联网信息服务在内的产业规模预计达 4 500 亿元人民币，中国互联网上市公司的利润率和收入增速分别为 33.7%和 32.8%，高于全球市值前 30 名互联网公司的 13.5%和 27%。2012 年互联网信息服务收入前百家企业共实现互联网信息服务收入约 700 亿元，实现利润总额 118 亿元，利润率为 15%。其中，利润总额超过 1 亿元的企业有 30 家；利润率超过 10%的企业有 68 家，超过 5%的企业有 83 家。百家企业实现税金总额 29 亿元，从业人员 5.6 万人。

**（五）软件人才增速低于产业增速，高端人才严重缺乏**

软件产业规模以 20%以上的速度保持快速增长，这就需要配套的人才规模支撑其发展（见图 9）。然而，无论人才总量还是质量都不能满足软件产业发展需要，尤其是软件系统分析师、高级软件工程师、系统架构师等高端人才严重缺乏。根据中国软件行业协会教育与培训委员会的数据，到 2015 年预计人才需求达 600 万，而 2012 年人才总量仅 400 万左右。总体来说，软件人才规模增长率低于软件产业增长率，软件行业面临着人才缺口越来越大的问题。

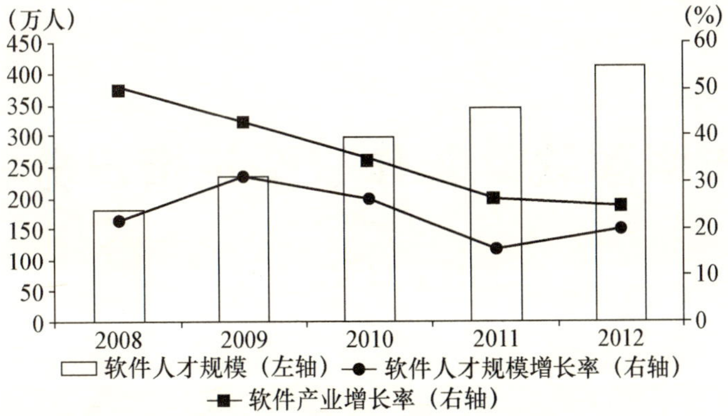


**图 9　2008—2012 年中国软件业从业人员规模与软件产业增长率**

资料来源：中国软件行业协会。

## 三、2012 年中国软件正版化工作开展情况

中国政府高度重视软件正版化工作。2001 年以来，适时发布和实施了一系列推进使用正版软件工作政策措施，建立了部际联席会议制度，制定了切实可行的工作方案、年度计划和监督检查制度，开展了一系列专项行动。软件市场行为得以有效地规范，市场环境得以净化，创新环境切实得到改善和优化。推进使用正版软件长效机制逐步建立，使用正版软件逐步成为全社会的自觉行动。

中国推进使用正版软件工作部际联席会议发布的《中国推进使用正版软件工作状况》报告显示，135 个中央国家机关按期完成软件正版化检查整改，并不断完善软件使用日常监管、软件资产管理等长效机制，确保软件正版化工作制度化、常态化。2012 年各部门新采购操作系统、办公及杀毒三类软件 15.07 万套，采购金额达 1.3 亿元。

2012 年 6 月，31 个省（区、市）省级政府机关按期完成检查整改，北京、上海、浙江、广西、山东、四川、江苏 7 省（区、市）完成省、市、县三级政府机关检查整改，海南、安徽、广东、贵州 4 省完成省、地市两级政府机关检查整改。截至 2013 年 3 月底，59.11％的地市级政府和 32.28％的县级政府完成检查整改。中央及地方政府机关检查整改期间共采购操作系统、办公及杀毒三类软件 306.62 万套（许可数），采购金额达 19.4 亿元，其中办公软件的采购套数和金额分别为 182.25 万套、11.9 亿元。

从 2006 年中国政府全面启动企业软件正版化工作以来，全国累计列入年度完成工作目标企业 26 280 家，累计完成软件正版化企业 17 782 家，累计举办培训班 1 494 次，参训企业 4.29 万家（次），培训人员 8.41 万人次。中央企业三级以上企业、政策性银行、大型商业银行、股份制商业银行、邮储银行、大中型保险企业、新闻出版行业企业集团总部全部实现软件正版化，煤炭、旅游饭店、网吧、勘察设计、新闻出版等重点行业取得突破性进展。423 家企业获得“全国软件正版化工作示范单位”称号。同时，部际联席会议办公室会同有关部门，指导企业软件资产管理试点项目工作组，基本完成对 23 家企业的试点工作，正准备收尾验收，初步建立起符合中国企业实际的软件资产管理制度，为长效推进企业软件正版化工作提供了重要经验。

# 2011 年中国软件著作权登记情况分析报告

中国版权保护中心

自 1992 年全国实施软件著作权登记制度以来，软件著作权登记在明确权属关系、避免发生纠纷、保障交易安全、减轻诉讼成本以及顺利解决纠纷等方面发挥了重要作用。近十多年来，国务院发布的鼓励发展软件产业的重要政策，始终强调软件著作权登记，明确要求对已登记软件予以重点保护，软件著作权登记证书成为落实软件产业政策的重要证明，软件著作权登记的作用得到了软件著作权人的认可。截止到 2012 年 6 月，中国版权保护中心累计完成软件著作权登记 474 633 件，其中 2011 年登记软件 109 342 件，再创历史新高。

软件著作权登记数据虽然不能完全体现我国软件研发创新的整体情况，但在宏观上，登记数据还是客观地体现了我国软件产业的发展状况。近年来，我国软件著作权登记量与软件产业营业收入的变化趋势十分相近。2006 年至 2011 年软件著作权登记量年均增速为 36.80%，软件产业业务收入增速为 29%，2011 年软件著作权登记量同比增长 33.40%，软件产业业务收入同比增长 32.00%，两组数据基本吻合，都从不同角度直观地反映了我国软件产业的发展情况。

中国版权保护中心作为国家版权局认定的唯一软件著作权登记机构，在顺利完成软件著作权登记工作的同时，有效利用登记信息，通过对 2011 年中国软件著作权登记数据进行深度挖掘，对全国及部分省、自治区、直辖市以及部分城市软件创新的特点进行分析研究，编写了《2011 年中国软件著作权登记情况分析报告》。本报告内容涉及全国软件著作权登记数量增长情况、区域分布情况和重点类别软件著作权登记情况，将为国家软件产业发展战略提供重要的决策依据。

## 一、2011 年软件著作权登记数量分析

2011 年是我国“十二五”规划的开局之年。在软件产业快速发展的背景下，软件著作权登记首次突破 10 万件，登记量再创历史新高。由于经济基础、发展条件和政策环境的差异，我国软件著作权登记区域分布并不均衡，形成了东、中、西的梯次格局。

### （一）软件著作权登记量高速增长

2011 年，我国软件著作权登记首次突破 10 万件，达到 109 342 件，同比增长 33.40%，较 2006 年增长 4.1 倍，延续了“十一五”期间的高速增长态势。

我国大部分地区软件著作权登记量均呈现出了快速增长态势。广东登记数量增长最多，广西登记增速最快，另外，甘肃、安徽、山西、贵州和湖北增速均超过 50%。

各类软件著作权登记量均呈现出了不同程度的增长。其中，物联网、云计算和游戏软件增长尤为突出，均实现登记量翻倍。

### （二）区域分布不均衡，聚集效应明显

1. 东部地区远高于中西部地区

2011 年，东部地区软件著作权登记量近 9 万件，约占全国登记总量的 80%，约为中部地区的 8 倍，西部地区的 10 倍。其中，北京、广东、上海、江苏和浙江包揽了我国软件著作权登记量地区排名的前 5 位。

2. 北京、广东、上海的登记量占全国一半以上

2011 年，北京市登记软件 30 036 件，位居全国之首，广东省登记 19 572 件，位居第二，上海市排名第三，登记软件 10 181 件，上述三地登记量均超过万件，合计 59 789 件，约占全国登记总量的 55%。

3. 成都、西安的登记量占西部地区六成以上

2011 年，成都市软件著作权登记量约为西部地区的 33%，西安市软件著作权登记量约为西部地区的 28%，两市软件著作权登记量合计约占西部地区总量的六成以上，聚集效应明显。

## 二、2011 年软件著作权登记类型分析

### （一）应用类软件占比高

按操作系统、中间件软件、应用类软件和嵌入

式软件对全年登记软件进行分类，其中，应用类软件约占登记总量的83%，嵌入式软件约占登记总量的17%，中间件软件和操作系统登记相对较少，占登记总量不足0.3%。

应用类软件作为满足用户不同领域、不同需求而开发的软件，在我国应用广泛，是国内软件行业研发的主要产品类型，近年来，在我国登记软件中一直占有很高的比重。

**（二）嵌入式软件应用领域广泛**

近年来，随着我国软件和信息化技术水平的不断提高，嵌入式软件行业实现了快速发展。目前，嵌入式软件广泛应用于移动通信、医疗电子、消费电子、汽车电子和工业控制等领域。其中，应用于工业控制领域软件著作权登记量最大，应用于移动通信领域软件增长最快。另外，应用于汽车电子领域的嵌入式软件增长也很快，同比增长超过80%。

**（三）地理信息软件增幅超六成**

2011年，在我国地理信息软件著作权登记中，北京地区登记数量最多，约占全国同类软件著作权登记总量的三成，广东和江苏紧随其后，分列全国第二、第三位，另外，湖北、上海、浙江和山东登记量均超过百件。

地理信息软件技术在定位导航方面的应用较为突出。2011年，定位导航类软件著作权登记量约占地理信息软件著作权登记量的33%，其中，绝大部分都是基于GPS定位导航系统的软件。

**（四）游戏软件迅速增长**

自2006年以来，在国家一系列相关产业政策的扶持和推动下，游戏类软件呈现出了快速发展态势，其中软件著作权登记量高速增长。特别是2011年，游戏软件著作权登记量再创新高，延续了“十一五”期间的高速发展态势，较2006年增长近8倍。

在2011年游戏软件著作权登记中，北京市、广东省和上海市登记量位列全国前三位，共占全国游戏软件著作权登记总量的66%，其中，北京以1 860件的登记量排名第一，占全国总量的33.41%。

随着平板电脑、智能手机等移动设备的兴起，以手机游戏为代表的移动互联网游戏表现突出，2011年手机游戏类软件著作权登记量近1 000件，同比增长约150%。

**（五）物联网类软件增速最快**

在我国计算机软件著作权登记中，2009年开始出现与物联网技术相关软件，全年登记仅2件。进入2010年后，物联网类软件著作权登记量快速增加。特别是2011年，物联网类软件著作权登记量迅速增至688件，同比增长409.62%，在我国登记的各类软件中增速最快。

**（六）云计算软件快速兴起**

2011年我国云计算软件著作权登记数量迅速增加。全年完成软件著作权登记近900件，较2010年增长近4倍，成为继物联网软件之后，增速最快的一类软件。

从区域分布上看，部分经济发达地区云计算软件著作权登记量全国占比很高。2011年，北京市云计算软件著作权登记量位居全国首位，广东省紧随北京之后，登记量位列全国第二位，上海市、江苏省和浙江省分列第三至第五位。上述五地区登记量约占全国云计算软件著作权登记量的75%。

## 三、部分地区软件著作权登记分析

**（一）北京市**

近年来，北京市软件著作权登记数量一直位居全国榜首，特别是2011年，软件著作权登记量首次突破3万件，再创历史新高。

1. 国内领先地位稳固

目前，北京市软件著作权登记量国内领先优势明显，其他地区与之相比存在较大差距。2011年，北京市软件著作权登记量全国最多，超过了第二名（广东）和第三名（上海）登记量的总和，约为中、西部地区登记总量的1.5倍，始终保持着在国内的领先地位。

2. 大部分类别软件著作权登记量全国第一

2011年，在北京市登记的各类软件中，绝大多数类别软件著作权登记量都高居全国榜首。其中，信息安全软件、游戏软件、中间件和地理信息等软件，占全国同类软件著作权登记量比重均超过三成。

3. 信息安全软件著作权登记量全国占比近四成

2011年，北京市信息安全类软件著作权登记量全国排名第一，约占全国同类软件著作权登记量的四成。其中，防火墙、反病毒、信息加密、安全认证和手机安全等类别软件著作权登记量均为全国第一。

**（二）广东省**

2011年，广东省软件著作权登记量为19 572件，全国占比17.90%，登记量仅次于北京，位列全国第二位。

1. 软件著作权登记增速高于全国

近年来，广东省软件著作权登记量增速明显高于全国整体水平。2007年至2011年，广东省软件著作权登记平均增长率约为50%，高出全国增速约

10 个百分点，其中，2011 年登记增长率为 45%，高出全国增速约 11 个百分点。

2. 嵌入式软件著作权登记量全国第一

2011 年，广东省大部分类别软件著作权登记量均处于全国前列，其中嵌入式软件著作权登记量全国第一，约占全国此类软件著作权登记总量的 1/4。在广东省的各类嵌入式软件中，数字电视、汽车电子和移动通信等软件著作权登记量均较为突出。

**（三）江苏省**

2011 年，江苏省软件著作权登记量为 8 719 件，同比增长 43.12%，约占全国登记总量的 7.97%。软件著作权登记量首度超过浙江，位列全国第四。

1. 软件著作权登记量快速增长

近年来，江苏省软件著作权登记量呈现出了快速增长的趋势，增速高于全国平均水平。2007 年至 2011 年的五年间，江苏省软件著作权登记量年平均增速明显高于全国平均水平，特别是 2011 年，登记量增长 43.12%，高出全国增速近 10 个百分点。

2. 物联网软件著作权登记量居全国第二

2011 年，在江苏登记的各类软件中，物联网、医疗卫生、教育和云计算等软件全国占比较高。其中，物联网软件尤为突出。

2011 年，江苏省物联网类软件量仅次于北京，位列全国第二。其中，无锡市登记量最大，其次是南京市、苏州市和常州市，上述四地登记量约占全省同类软件著作权登记量的九成。

**（四）深圳市**

1. 登记量首次突破 1 万件

近年来，深圳市软件著作权登记量呈现出了高速增长态势，特别是 2011 年，登记量首次突破 1 万件大关，同比增长接近 50%，在我国 2011 年主要城市软件著作权登记量排名中，仅次于北京市，位列全国第二。

2. 嵌入式软件著作权登记量全国占比接近两成

2011 年，深圳市登记嵌入式软件约占全国的两成，登记量仅次于北京，位居全国第二。在嵌入式软件各应用领域中，工业控制领域软件著作权登记数量最多，约占深圳市嵌入式软件总量的近四成。另外，数字电视、医疗电子和移动通信等领域软件在广东省同类软件著作权登记量中占有很高的比重。

在数字电视领域个别公司表现非常突出，其一家公司的软件著作权登记量就占到了深圳市同类软件著作权登记量的近三成。

3. 金融软件著作权登记量居全国第二

2011 年，深圳市金融类软件著作权登记量仅次于北京，位居全国第二。其中，银行行业应用软件和证券行业应用软件占比较高，两类软件共占深圳市金融软件著作权登记量的近七成，另外，保险、信托等其他金融行业应用软件著作权登记量相对较少。

**（五）杭州市**

2011 年，杭州市在我国主要城市软件著作权登记量排名中，位于上海市之后，全国排名第四。

1. 软件著作权登记量占浙江省七成

近年来，杭州市软件著作权登记量一直在浙江省占有很高比重。2011 年，杭州市软件著作权登记约 6 000 件，占浙江省软件著作权登记量的七成。

2. 嵌入式软件著作权登记量占比高

2011 年，杭州市登记嵌入式软件约占杭州市软件著作权登记总量的近两成，在各类软件中占比最高。其中，工业控制领域嵌入式软件著作权登记量较大，移动通信、汽车和数字电视等领域嵌入式软件著作权登记数量相对较少。

**（六）成都市**

2011 年，成都市软件著作权登记量快速增长，在全国主要城市登记量排名中比 2010 年上升一位，位列全国第六。

1. 中、西部地区登记量最大的城市

2011 年，成都市软件著作权登记量在中西部地区排名第一，约占西部地区登记量的三成，占中、西部地区登记总量的近两成，登记量领先排名第二的西安约 500 件。

2. 游戏软件著作权登记量全国第四

成都市作为我国重要的动漫游戏产业基地，其游戏软件发展规模位居国内前列。2011 年，成都市游戏软件著作权登记量位居北京、上海和深圳之后，全国城市排名第四，约占四川全省游戏软件著作权登记总量的 98%。

## 四、软件产业环境分析

“十一五”以来，在软件产业发展扶持政策和软件知识产权保护措施的积极推动下，我国软件产业环境不断优化，产业规模不断扩大，软件产品数量迅速增加。这是近年来我国软件著作权登记数量高速增长的根本原因。

**（一）国家软件产业发展扶持政策**

国家实施积极的产业发展扶持政策，在我国软件产业快速发展中起到了关键作用。2011 年作为

"十二五"规划的开局之年，国家为进一步推动软件产业快速发展，在积极落实原有优惠政策的同时，加大了扶持力度，相继出台并实施了《国务院关于印发进一步鼓励软件产业和集成电路产业发展若干政策的通知》（国发［2011］4号）、《关于软件产品增值税政策的通知》（财税［2011］100号）和《关于进一步鼓励软件产业和集成电路产业发展企业所得税政策的通知》（财税［2012］27号）等一系列新的软件产业发展扶持政策。

**（二）部分地区软件产业政策**

为大力发展软件产业，提升产业的总体竞争力和影响力，推动地区软件产业实现跨越发展，我国部分省市结合各自产业发展实际情况，制定了区域性软件产业政策。

北京市制定了《关于落实软件产品增值税政策相关的软件检测机构认可管理办法》，浙江省颁布了《浙江省国家税务局关于规范软件产品增值税征收管理有关问题的通知》（浙国税函［2011］336号）和《浙江省经济和信息化委员会　浙江省财政厅关于印发〈浙江省信息服务业发展专项资金项目验收管理暂行办法〉的通知》（浙经信软件［2011］601号），江苏省颁发了《关于进一步落实推进全省软件和信息服务业发展政策的意见》，南京市委、市政府出台了《关于以打造"一谷两园"软件产业集聚区为重点高标准建设中国软件名城的意见》，苏州市制定了《关于推进软件产业和集成电路产业跨越发展的实施意见》和《关于推进软件产业和集成电路产业跨越发展的若干政策》，深圳市发布了《深圳市软件产品增值税即征即退管理办法》等。

**（三）知识产权保护措施**

在各级政府的积极推动下，我国版权事业不断发展，社会公众版权意识不断提高，侵权盗版行为得到了较好抑制，为软件产业发展营造了良好的环境，进一步激发了软件企业的自主创新积极性。

2011年，国家版权局、公安部、工业和信息化部等4部门联合组织了打击网络侵权盗版专项治理"剑网行动"，规范了互联网视频内容等网站的经营行为，净化了网络版权环境。国家版权局会同工业和信息化部、商务部、财政部、国务院机关事务管理局等部门，按照国务院的部署，积极推进软件正版化工作，提高了政府、企业和社会公众的软件版权保护意识。

2011年1月8日，中国版权保护中心发起"中国网络游戏版权保护联盟"。该联盟通过与政府相关部门建立绿色通道，代理侵权取证、进行举报投诉、打击非法"外挂"与"私服"等侵权盗版行为。

**（四）著作权登记机构加强自身建设，提升服务水平**

随着我国软件著作权登记制度的不断完善，中国版权保护中心积极加强登记机构的自身建设，不断提升服务水平，较好地满足了广大权利人的软件著作权登记需求。

2011年，在原有版权登记信息系统的基础上进行功能扩展、系统优化，完成了登记信息系统的二期建设，实现了权利人可在全国任意时间、任意地点进行网上填报、登记申请办理状态在线查询、登记档案自动建档等功能；还制定了《软件登记工作手册》，建立科学规范、标准的版权登记服务体系，规范了软件著作权登记工作程序，强化业务培训考核，提高了工作人员业务水平；同时优化版权登记大厅岗位设置，新增两个软件著作权登记受理窗口，并根据登记申请数量适时灵活调整各岗位人数，为权利人带来方便、快捷、高效的服务，大力提升了版权公共服务能力。

# 2011 年中国软件著作权质权登记情况分析报告

中国版权保护中心

著作权质权登记是依据我国《物权法》、《担保法》和《著作权法》设立的强制性登记制度，登记是著作权质权依法设立的必要前提。著作权质权登记制度实施以来，对规范著作权出质行为，保护债权人合法权益，维护著作权交易秩序发挥了重要的法律作用。

近年来，在国家相关政策的积极扶持下，我国软件著作权质押融资规模迅速扩大。尤其是 2011 年软件著作权质押融资金额近 13 亿元，再创历史新高。这充分反映了我国软件著作权质押融资的快速发展，为企业持续进行软件技术创新注入了新的活力，为企业持续发展创造了条件，进而提升了企业的核心竞争力。

软件著作权质权登记真实地记载了出质著作权权利范围，涉及软件概况、质权担保金额、出质人、质权人等基本信息，客观地反映了我国软件著作权质押融资的基本情况。

中国版权保护中心对 2011 年软件著作权质权登记信息进行了深度发掘和研究，编写了《2011 年中国软件著作权质权登记情况分析报告》。本报告分析了我国软件著作权质权登记的基本状况，剖析了软件著作权质押融资政策环境和质押融资制约因素，并提出了发展软件著作权质押融资的有关建议，从整体上客观地反映了我国软件著作权质押融资的基本现状，为国家软件产业发展战略提供决策依据。

## 一、2011 年全国软件著作权质权登记整体情况

2011 年，全国软件著作权质权登记涉及合同和软件数量、出质人数量均有新突破，融资金额创历史新高。全年软件著作权质权登记涉及合同数量为 114 件，涉及软件数量 396 件，出质人数量达到 100 位。这三项数据同比增长均超 54%。涉及的质押融资金额为 126 908.8 万元，与 2010 年相比增加 3.5 亿元。

2011 年全国有 98 家企业和 2 个自然人通过出质软件财产权获得融资总额 126 908.8 万元，单笔融资金额最高为 24 285 万元，最低融资金额为 40 万元，软件著作权人融资金额平均为 1 269 万元。

### （一）出质软件的著作权人数量增长显著

2011 年全年出质软件著作权涉及的出质人数量为 100 位，同比增长 58.7%，与 2009 年出质人数量 25 位相比，增加了 3 倍，是 2008 年 27 位数量的 3 倍多。利用软件著作权进行质押融资的权利人逐年增多。

### （二）涉及质权合同数量大幅攀升

2011 年全年软件著作权质权登记涉及合同数量为 114 件，分别是 2008 年 26 件、2009 年 27 件的 4 倍多，与 2010 年的 74 件相比增长 54.05%。软件著作权质权合同数量快速增长的趋势说明，在国家相关政策、措施的鼓励和扶持下，软件著作权作为无形资产的价值逐渐得到金融机构的认可，企业获得软件贷款或授信数量不断增加，尤其以 2010 年、2011 年变化最为突出，呈现出成倍增长的态势。

### （三）涉及软件数量成倍增长

2011 年软件著作权质权登记中涉及软件 396 件，同比增长 93.17%，增加了近一倍，是 2009 年软件数量的 5 倍。这一变化表明，软件著作权作为无形资产通过质押获得融资的企业发展模式正在我国兴起。

### （四）质押融资金额较大幅度增长

2008—2011 年，全国软件著作权质押融资金额年平均增长幅度超 64%，呈现出较大幅度的增长，尤其是 2011 年质押融资金额是 2008 年35 913.49 万元的 3.5 倍，达到 126 908.8 万元。其中，单笔融资金额最高为 24 285 万元，最低融资金额为 40 万元，软件著作权人融资金额平均为 1 269 万元。质押融资金额的大幅度增长表明，近几年软件著作权质押融资对企业持续开发创新和发展发挥着越来越重要的作用。

### （五）涉及地区有所增加

2011 年软件著作权质权登记按照出质人和质权

人所在地区进行分析，登记涉及地区的范围已遍布全国主要省市，包括北京、上海、天津、重庆4个直辖市，还有广东、江苏、山东、广西、安徽、四川、湖北、浙江、贵州等省和自治区。2011年，天津市、重庆市、广西壮族自治区、湖北省、贵州省等均首次出现软件著作权质权登记。

2011年软件著作权质押融资中涉及软件作品数量较多的有北京、上海、山东和江苏，分别是219件、53件、37件和33件，其中北京的数量是上述其他地区的4倍到6倍。

2011年软件质押融资金额最多的是北京，达到8.4亿元，其次是广东，达到2.8亿元，上海为4 775万元，山东为3 000万元，江苏为2 050万元。

## 二、2011年各地软件著作权质权登记情况分析

### （一）北京

2011年北京共有1名自然人和62个企业出质了219件软件，获得了84 250万元融资额度，占全国质押融资金额的66.39%。这些出质共涉及77件合同，占全年合同总量的67.54%，涉及219件软件，占全年软件总量的55.30%。北京软件著作权质权登记涉及的合同数量、软件数量、融资金额均位居全国首位。

北京地区软件著作权质权登记呈现出担保为主，多种贷款形式竞相发展的新局面，为全国的质权登记业务开展起到了积极的示范作用。北京软件著作权质押呈现出以下特点：

1. 质押融资以第三方担保为主

北京软件著作权质权登记涉及质权合同数量为77件，其中有54件合同中的质权人为担保机构，占北京登记量的70.13%，其中又有40件质押融资是某担保有限公司为权利人进行的担保，占该地区全部担保机构的74.07%；其余14件涉及其他担保机构。

2. 质押融资金额居全国首位

2011年北京软件著作权质押融资共获得近8.5亿元融资金额，涉及12家银行等金融机构。其中，某银行质押融资金额超过3亿元，涉及合同40件。

### （二）其他部分地区质权登记的变化

继北京之后，上海质权登记涉及14件合同、53件软件，位居第二。其中涉及的12件合同的质权人是担保机构，占全部登记总量的85.71%。上海累计软件质押融资金额为4 775万元，单笔融资最高1 500万元。

江苏涉及质权合同8件、软件33件，排在第三位。其中，质权合同中有2件涉及担保机构。江苏累计软件质押融资金额2 050万元，单笔融资最高500万元。

质权登记涉及软件数量全国排名前三位的是北京、上海和山东。其中，山东质权登记涉及软件数量为37件，质权登记涉及的质权人均是银行，未涉及担保机构。山东累计软件质押融资金额为3 000万元。

广东质权登记涉及合同3件、软件5件。但全国软件著作权质押融资涉及的单笔融资金额最高的出现在广东省深圳市，最高融资金额达24 285万元。

浙江的质权登记数量与上年持平，涉及质权合同2件、软件16件，浙江累计软件质押融资金额为1 400万元，较之上年融资金额大幅提高。该地区软件质押融资未涉及担保机构，质权人均为银行。

与2010年相比，安徽、四川的质权登记量与去年持平，都是1件，涉及的质权人都是担保机构。

此外，2011年全国软件著作权质权登记涉及新增地区有天津、重庆、广西、湖北、贵州等。这些新增地区的质权登记涉及的质权人均是担保机构，其中天津的质权登记涉及软件1件，质押融资金额为1 000万元；重庆涉及质权合同2份、软件16件，质押融资金额为850万元；湖北仅1件软件著作权质权登记，涉及软件3件，质押融资金额为783.8万元。

## 三、软件著作权质押融资政策环境

2011年，全国有98家企业及2个自然人通过出质软件著作权获得融资，总额达12.69亿元，与2008年相比增加了2.5倍，这种变化充分反映了我国对软件著作权质押融资各项政策和措施的有效落实。

2011年1月国务院出台并发布了《进一步鼓励软件产业和集成电路产业发展的若干政策》。有关部门及地方政府为有效落实该项政策，纷纷出台支持和引导知识产权质押融资的相关政策和措施，鼓励企业技术创新，为企业融资提供渠道和帮助。

为鼓励企业技术创新，特别是为促进小微企业持续健康发展，国家出台了促进小微企业发展的相关金融、财税政策，金融机构提供创新服务产品和适合软件产业发展的信贷品种，以此为符合条件的软件企业提供融资支持。

## 四、软件著作权质押融资的制约因素

尽管 2011 年全国软件著作权质押融资额有较大增长，但软件著作权质押融资的瓶颈仍十分突出，软件著作权质押融资的广泛实施仍受诸多因素影响，其中包括软件著作权市场价值难以确定、地方政府对知识产权融资政策的落实不够，以及各地银行和担保机构对软件融资缺乏参与的积极性等。

**（一）融资政策措施落实有待完善**

全国各地软件著作权质押融资发展不平衡，北京、上海、江苏以及部分沿海城市发展相对迅速，尤其是北京中关村科技园区作为创新园区在无形资产融资业务方面起到了良好的示范作用。而其他多数地区的软件著作权质押融资业务发展仍不理想。今后国家应当加强地区产业政策配套措施的落实和完善，帮助本地区中小型企业进行无形资产融资，为企业获得发展资金提供有力的支持。

**（二）软件著作权价值衡量难度大**

由于计算机软件著作权权利的复杂性和未来收益的不确定性，致使著作权资产评估一直是无形资产评估业务的难点。由于软件著作权没有可参照的国家或市场方面的价值标准，缺乏国家或行业的规范性软件著作权评估标准，因此目前评估机构采用的评估方法、评估程序等各不相同，造成银行及社会对软件资产评估结果的认可度存在差异。

**（三）银行授信考量因素多**

对于仅有软件资产的企业，银行在给予授信或贷款时，普遍认为存在较大风险。例如有些银行推出的“软件贷”业务，除要求借款企业以合法有效的软件著作权中的财产权作质押外，同时还要求辅助应收账款质押以及主要控制人提供个人无限连带责任保证作为辅助担保方式。在软件著作权质押的同时，还对企业的情况进行多方面考量，包括企业成立时间或主要控制人本行业从业时间、企业信用和按期还本付息能力、信用记录、固定住所和生产经营场所、自主研发和创新能力、核心团队人员和员工队伍、企业技术及产品是否成熟、自主研发的产品或技术是否形成经营收入，以及是否获得稳定现金流等。

**（四）开展软件融资担保业务的担保机构数量有限**

据北京信用担保协会的官方网站统计数据显示，目前北京设立的融资性担保机构已经达到 110 家，但这些担保机构中仅有 8 家开展了软件著作权质押融资贷款担保业务，占北京全部融资性担保机构的 7.27%。上海的担保机构有 4 家，共开展了 12 件软件著作权质押融资贷款担保业务。全国开展软件著作权质押融资担保业务的担保机构仅有 21 家，相对于我国数十万家的软件中小企业来说，其数量远远不足。对此，我国应当进一步制定鼓励和支持担保机构开展软件融资担保的相关政策、措施，从政策上促进担保机构开展软件质押担保业务，让这些金融中介服务机构为企业和银行之间的信贷提供可靠的服务和保障。

## 五、对软件著作权质押融资的相关建议

促进我国中小企业软件著作权质押融资，促进我国软件技术创新发展，鼓励金融机构开展软件融资业务，支持和扶持担保机构开展软件融资担保业务，是解决软件创新企业持续发展的关键所在。各地政府应当进一步贯彻落实《进一步鼓励软件产业和集成电路产业发展的若干政策》文件精神，将无形资产融资可能涉及的各环节安排相应的配套政策机制，形成以政府为主导，金融机构、担保机构等中介服务为辅助的融资担保机制。通过各种形式的宣传和培训，培养软件企业的知识产权意识，促进软件企业自主创新能力的提高。各地软件产业园也应吸引优秀软件企业，积极推动本地科技软件企业的发展。

# 2012年中国动漫产业发展报告

牛兴侦

2012年是“十二五”时期承上启下的一年，也是中国动漫转型升级的一年。党的十八大明确了建设中国特色社会主义的总依据、总布局、总任务，特别指出要扎实推进社会主义文化强国建设，增强文化整体实力和竞争力，提高文化产业规模化、集约化、专业化水平，推动文化产业快速发展，使文化产业成为国民经济支柱性产业。动漫产业作为文化产业的重要组成部分，在文化强国建设中的重要作用更加凸显。2012年，中国动漫进入新的发展阶段，取得了新的进步和成绩，呈现出新的发展态势。提升、转型、融合、创新，共同构成了2012年的中国动漫产业的发展主题。

2012年，我国动漫产业尽管受到产业外部宏观经济形势下行的压力和产业内部政策效应衰减等因素的影响，但是，在产业规划颁布实施、产业政策优化调整、产业融合加速发展、产品和技术创新等有利条件的推动下仍旧实现了较好发展，中国动漫产业整体步入新的发展阶段。同时，动漫产业结构开始优化，产业集聚效应更加凸显，企业群体实力持续增强，动漫产品和服务的竞争力不断提高，拉开了我国动漫产业转型升级的序幕，为创造优秀国产动漫品牌，促进文化产业融合发展，推动动漫和社会各行业的产业融合，加快我国经济发展方式转变和产业结构调整奠定了良好的基础。

## 一、2012年中国动漫产业发展的主要特点

### (一) 产业政策体系日益完善，为中国动漫产业提供了良好的产业环境

1.《国家“十二五”时期文化改革发展规划纲要》引领动漫产业发展方向

2012年2月发布的《国家“十二五”时期文化改革发展规划纲要》(以下简称《规划纲要》)，围绕建设社会主义文化强国的宏伟目标，明确了“十二五”时期我国文化改革发展的指导思想、方针原则、具体目标任务和重大举措，对文化改革发展做出了全面部署。《规划纲要》对于发展动漫产业提出了三项明确意见，包括：推进文化科技创新，提高我国出版、印刷、传媒、影视、演艺、网络、动漫游戏等领域技术装备水平，增强文化产业核心竞争力；构建现代文化产业体系，加快发展文化创意、数字出版、移动多媒体、动漫游戏等新兴文化产业；健全现代文化市场体系，重点发展图书报刊、电子音像制品、演出娱乐、影视剧、动漫游戏等产品市场。随后，文化部先后出台了《文化部“十二五”时期文化产业倍增计划》、《文化部“十二五”时期文化改革发展规划》，对于动漫产业的发展进一步提出了明确的发展目标、主要举措和政策支持。

2012年6月26日，扶持动漫产业发展部际联席会议办公室发布《“十二五”时期国家动漫产业发展规划》(动漫办发〔2012〕1号)，这是我国首个动漫产业单列规划。《规划》提出，“十二五”期间我国将着力打造5～10个知名国产动漫品牌和骨干动漫企业，同时完善动漫产业扶持政策，改善动漫企业经营环境，提高动漫产业规模化、集约化、专业化水平，促进产业由量的增长到质的提升，推动我国从动漫大国向动漫强国跨越发展。

2. 各地因地制宜制定本地动漫产业发展规划和产业扶持政策

为促进当地动漫产业发展，全国各地纷纷制定出台促进动漫产业发展的规划及相关政策。2012年，在全国31个省级行政区（未计港澳台在内）中，包括北京、天津、河北、吉林、黑龙江、上海、江西、山东、河南、湖北、湖南、广东、广西、海南、重庆、四川、贵州、陕西、甘肃、宁夏、新疆等21个省市区均在省市区政府工作报告中明确提出要大力发展动漫产业。9月21日，河南省扶持动漫产业发展厅际联席会议办公室印发《河南省“十二五”时期动漫产业发展规划》，这是继《“十二五”时期国家动漫产业发展规划》之后出台的首份地方性动漫产业规划。6月25日，北京市文化局印发《北京市原创动漫作品扶持办法（试行)》(京文网发

[2012] 512号)；7月26日，上海市文化广播影视管理局发布《上海动漫游戏产业发展扶持奖励办法(2012年版)》；12月21日，天津滨海新区出台《关于鼓励和扶持动漫游戏产业发展的若干意见》，各地因地制宜制定本地产业发展规划和更有力度的产业扶持政策，为动漫产业的持续发展创造更好的发展环境。

3. 扶持政策开始转向重点扶持动漫精品和品牌

《“十二五”时期国家动漫产业发展规划》明确提出，鼓励原创、打造精品，结合一系列评优活动完善评价体系和激励机制。从中央和各地扶持情况来看，从关注原创数量到原创精品的思路转变已经有了实质性进展。在中央财政的支持下，文化部会同国家广播电影电视总局（以下简称广电总局）、新闻出版总署共同实施了2011年国家动漫精品工程，经扶持动漫产业发展部际联席会议办公室组织评审并研究通过，《西柏坡》等37个动漫产品项目和《封神传奇》等40个动漫创意项目获得扶持。9月24日，文化部公布2012年通过认定的重点动漫产品名单，此次通过认定的重点动漫产品共31部。随后，文化部还开展了“2012年国家动漫品牌建设和保护计划”，对《喜羊羊与灰太狼》动画电影等20个动漫品牌项目和《长歌行》等30个动漫创意项目进行扶持。广电总局在2012年度少儿精品发展专项资金及国产动画发展专项资金项目评审中，对6大类190个项目奖励资金共计1 765万元。此外，新闻出版总署继续实施“原动力”中国原创动漫出版扶持计划，2012年对评选出的80个入选项目进行扶持。各部门和各地扶持措施纷纷转向动漫精品和动漫品牌，有助于推动我国原创动漫作品大幅提升创意、研发、制作能力，培育出更多的动漫精品力作和国产动漫品牌。

4. 持续开展动漫市场专项整治行动，稳步推进知识产权保护工作，进一步优化产业环境

针对动漫市场存在严重的侵权盗版问题，文化、工商部门自2009年以来，多次组织开展动漫市场专项整治行动。2012年2月，文化部、国家工商总局、广电总局、新闻出版总署、国家版权局等部门联合开展动漫市场专项整治行动，加大动漫领域知识产权保护力度，依法惩处侵犯著作权违法行为。专项行动开展期间，全国文化行政部门和文化市场综合执法机构共出动执法人员95万余人次，检查经营单位51.2万余家（次）；立案调查2 835件、办结案件2 046件，涉案金额773.7万余元；没收各类违法物品721.6万余件，吊销许可证36家。其中，北京、天津、上海、江苏、浙江、湖南、湖北、广东等重点地区的文化市场综合执法机构依法查缴了一批违法动漫产品，关闭了一批违法动漫网站，办理了一批动漫市场重大案件，使动漫市场侵权盗版行为得到有效遏制。

**（二）动漫产业规模持续扩大，产业发展方式酝酿新变革**

1. 动漫产业快速发展，产业规模不断扩大

在动漫产业化和产业动漫化的共同推动之下，我国动漫产业继续保持快速增长的态势。近年来，我国动漫产业快速发展，产值从“十五”期末不足100亿元，到2010年达470.84亿元，年均增长率超过30%。我国动漫产业链经济价值已经初步显现，2012年，我国动漫产业总产值达759.94亿元，较2011年的621.72亿元增长22.23%。产业结构进一步优化，以手机（移动终端）动漫为代表的新媒体动漫日益成为我国动漫产业发展的重要突破口；动漫产业“走出去”步伐加快，核心动漫产品出口额达8.3亿元，国际竞争力不断提升。随着我国动漫服务化趋势的不断加深，中国动漫新兴应用服务也在快速增加，应用动漫服务规模持续加速增长。

2. 动画内容产品创作生产数量不断增长，开始向质量提升型转变

随着动画精品工程的实施，国产电视动画片正逐步由注重产量、规模向注重质量、效益方向转变。全年备案公示的国产电视动画片剧目数量为580部、470 721分钟，全国制作完成的国产电视动画片共395部222 938分钟（见图1）。备案数量和制作生产数量同比分别下降4.3%、14.7%，这是本世纪以来国产电视动画片制作生产数量的首次减产。随着国产动画企业市场意识、品牌意识进一步提升，动画片创作水平、艺术质量不断提高，一些优秀国产动画片受到观众的热烈欢迎。全年共有81部优秀国产动画片获得广电总局推荐播出，总片长为63 104分钟，占总体的28.3%，为2006年以来最高比例。我国已形成了以6个少儿动画卫星频道和30个少儿地面频道为主体，部分省级卫视和各地市级电视台动画栏目为补充的动画播映体系。2011年，全国电视动画片播出数量为28万小时，其中国产片26.5万小时，进口片1.5万小时。随着中国3D电视试验频道在2012年元旦开始正式开播，《锋速战警》等立体电视动画片争相推出，动画制作正在加速实现立体化、高清化。

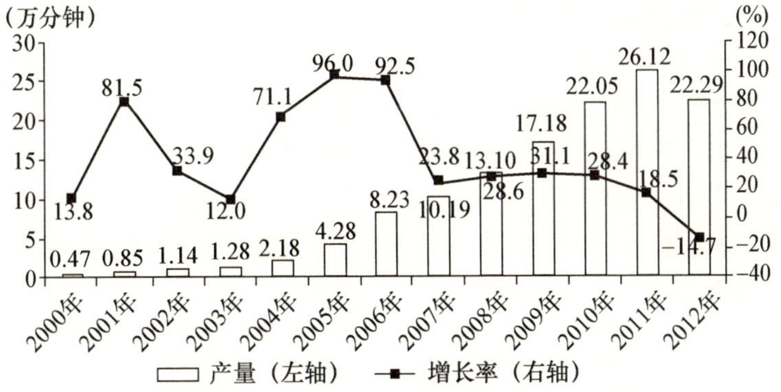


**图 1　2000—2012 年全国电视动画片生产数量**

国产动画电影精品大片数量稳中有升，票房收入持续攀升。2012 年，我国动画电影制作发行和票房市场持续发酵，全年共有 32 部动画电影在国内上映，合计票房收入为 14.4 亿元，同比下降 14.8%（见图 2），这主要是缺少像 2011 年的《功夫熊猫 2》、《蓝精灵》等高票房影片所致。全年国产动画电影制作备案 70 部，制作完成国产动画电影 33 部，其中公开上映 21 部，实现票房收入 4.8 亿元，同比增长 47.8%，国产动画电影票房收入创历史新高。与往年相比，国产动画电影与进口动画电影的票房收入差距正在逐步缩小。随着动画电影市场竞争的加剧和动画品牌发展的需要，动画电影制作越来越开始倾向于系列化和品牌化的发展路线，涌现出《喜羊羊与灰太狼》、《麦兜》、《赛尔号》、《摩尔庄园》、《潜艇总动员》等国产动画品牌系列，《喜羊羊与灰太狼》系列电影持续走高，其第四部影片《开心闯龙年》再次创造国产动画电影票房收入的新高，达到前所未有的 1.66 亿元。

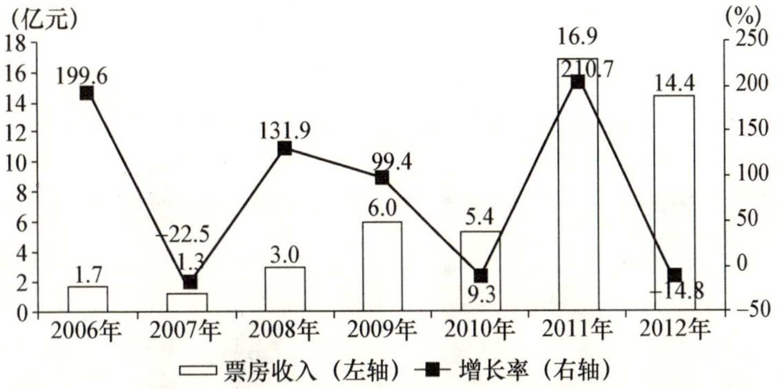


**图 2　2006—2012 年中国动画电影票房收入**

3. 漫画图书杂志出版数量不断增长，创造较好销售业绩

漫画创作生产活跃，漫画报刊图书销售持续火爆。据统计，2012 年，我国共出版动漫类图书 3 071 册（套），其中漫画图书 1 879 册，动画图书 1 210 册（交叉数量 18 册），占全年图书在版编目（CIP）数据数量（320 794 册）的 0.96%。在全国 581 家出版社中，有 255 家涉足动漫出版业务，人民邮电、新世纪、中国致公、连环画、黑龙江美术、安徽少年儿童、二十一世纪、清华大学、上海人民美术、中国水利水电出版社出版数量较多，10 家出版机构合计出版数量占总体的 38.2%；北京、广州、上海、南京、长春五大城市出版数量较多，5 市合计出版数量占总体的 66.4%。

根据当当网统计数据显示，截止到 2012 年年底，该网站在销动漫幽默类图书共有 12 067 种，占所有在销图书总量（1 693 127 种）的 0.7%，与上年基本持平；在销品种与 2011 年的 10 414 种相比，增长 15.9%，比上年增加 2 个百分点。在 2012 年度图书畅销榜前 200 名中，《滚蛋吧，肿瘤君》、《星空》、《一个人的美食之旅 2》等 11 种漫画图书占到了图书总销量的 5.5%，显示出漫画图书的巨大魅力。总体来看，近几年来，国产漫画出版物所占市场份额正在稳步提升。从当当网近年来畅销图书前 200 名情况来看，大陆作者作品数量所占比例已从 2008 年的 39.5%稳步上升到 54.5%。

据统计，我国漫画市场上存在 30 余种具有正规刊名的漫画杂志，以及一些非正式漫画杂志。创刊于 2006 年的《知音漫客》杂志，经过 7 年时间，已由一本发行量 4 万册的漫画月刊发展为月发行量

650 万册的漫画周刊杂志。在漫画杂志社和漫画图书出版社的倾力打造下，中国漫画界已经涌现出一大批优秀的漫画作者。在 2012 年第七届漫画作家富豪榜中，著名漫画家周洪滨、朱斌、朱德庸分别以 1 815 万元、1 300 万元、710 万元的单年版税收入，位列“漫画作家富豪榜”前三甲。

4. 动漫企业认定数量持续增长，企业实力明显增强

作为动漫市场主体的动漫企业快速成长，规模实力持续强化。动漫企业数量不断增加，2012 年又有 110 家动漫企业通过文化部、财政部、国家税务总局的认定，16 家跻身重点动漫企业行列，全国通过认定的动漫企业累计数量达到 500 家，重点企业 34 家，其中有 211 家近年来制作生产过国产电视动画片。2012 年，国产电视动画片制作生产机构共有 214 家，占 2012 年度取得广播电视节目制作经营许可证的影视节目制作机构数量（5 363 家）的 4%。随着动漫企业谋求金融资本支持的加剧，动漫企业上市取得了新的突破。动漫服饰制造商美盛文化（002699）获准 IPO 首发上市，首次公开发行股票 2 350 万股，募集资金净额 4.26 亿元，2012 年，实现营业收入 2.05 亿元，同比减少 5.71%，归属于上市公司股东的净利润为 0.49 亿元，同比增长 1.49%。奥飞动漫（002292）2012 年实现营业收入 12.9 亿元，同比增长 22.18%；实现归属于上市公司股东的净利润 1.81 亿元，同比增长 37.21%；基本每股收益 0.44 元。拓维信息（002261）实现营业收入 4.36 亿元，同比增长 17.33%；实现归属于上市公司股东的净利润 0.34 亿元，同比减少 48.16%；基本每股收益 0.12 元。

**（三）动漫产业格局发生变化，行业洗牌日益加剧**

1. 东部引领全国动漫产业发展，华东板块集聚效应凸显

因经济发展水平和产业化进程的差异，我国东部地区一直是引领全国动漫产业发展的核心区域。综合近五年来国产电视动画片制作发行情况来看，东部 11 个省市合计产量约占全国的 80%，中部 8 个省市约占 15.7%，西部 12 个省市区约占 4.3%；从地理区域来看，华东地区约占全国的 50.2%，华南约占 15.7%，华北约占 12.3%，华中约占 10.2%，东北约占 8.4%，西南约占 2.6%，西北约占 0.7%。从发展趋势来看，华东、华南板块利用区域优势已经逐步形成了产业集聚，且在市场份额上处于扩张趋势，而华中板块则收缩较为明显，华北、东北、西南、西北板块则显现出时高时低的不稳定发展态势（见图 3）。

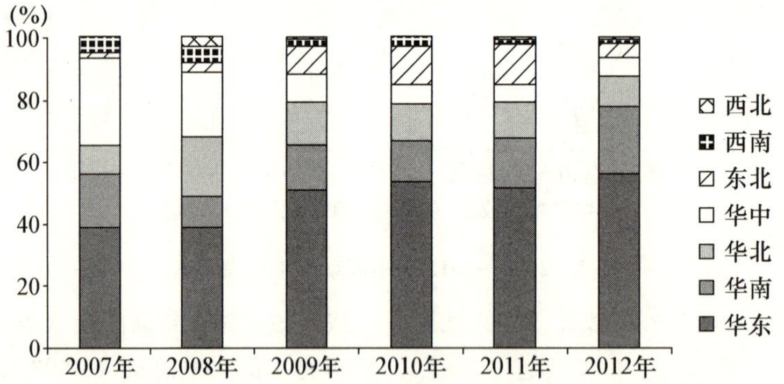


**图 3　2007—2012 年主要区域国产电视动画片产量份额对比**

2. 东部省市竞争格局日趋激烈，多地动漫产业基地发展乏力

东部省市和中心城市已成为我国发展动漫产业的主要集聚地。从国产电视动画片制作发行情况来看，全国除了海南、贵州、甘肃、青海、西藏之外，其他 26 个省区市都有生产制作国产电视动画片。综合近五年制作情况来看，全国十大省市和中央直属机构动漫产品合计产量占全国的 90%以上。从发展趋势来看，江苏、广东、福建等省份持续保持增长势头，安徽等省份近几年来增长幅度较大，浙江、辽宁等省份处于不稳定的增长状态；北京等省市相对波动变化不大，而湖南、上海等省市则处于明显的下降趋势（见图 4）。

从城市竞争格局来看，只有广州、北京等少数城市保持较好的增长态势，苏州、宁波、福州等城市近几年来增长幅度较大，而长沙、杭州、无锡、深圳、沈阳等城市在经过几年快速扩张之后，又呈现出明显的高台跳水式下降趋势（见图 5）。从各地方频频出台短期政策和相互角力的情况来看，中国动漫产业的城市集聚效应未能较好实现，这与各地缺乏长远发展规划、良好产业发展环境和短期扶持政策同质化有很大关系。这一点在国家动画产业基

地格局上表现得更加明显，在现有的24个国家动画产业基地中，除了南方动画节目联合制作中心、苏州工业园区动漫产业园之外，绝大多数基地无论是在制作数量还是市场份额方面，都呈现出下降趋势（见图6）。值得注意的是，近三年来，新增加了福州动漫产业基地、天津滨海新区国家影视网络动漫实验园、黑龙江动漫产业（平房）发展基地、张家港（动漫）产业园、昆山软件园5个基地，减少了三辰卡通集团1个基地，长影集团有限责任公司、中国电影集团公司等多年来持续零产量的国企仍然在列。

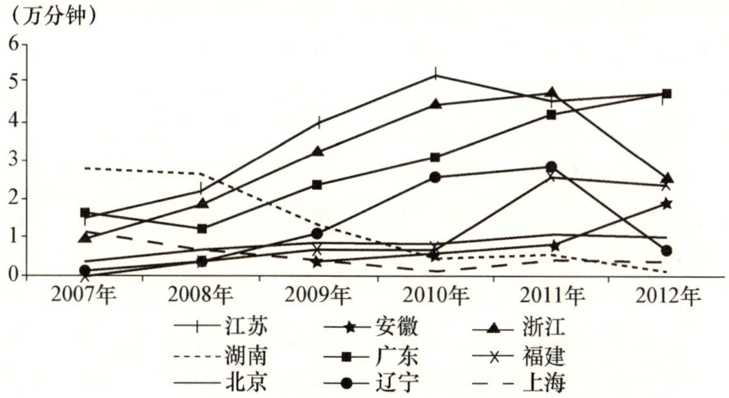


**图4　2007—2012年主要省份国产电视动画片产量**

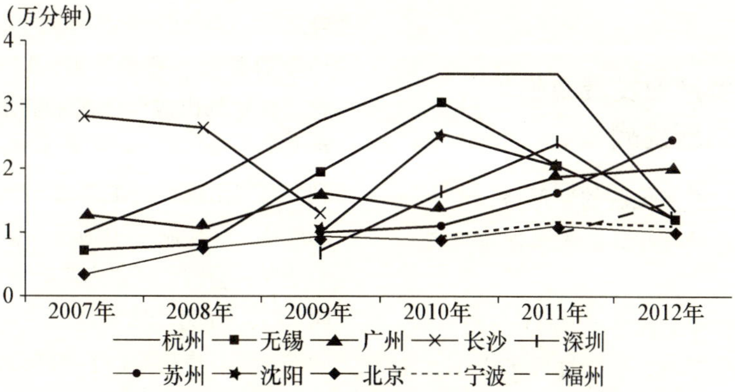


**图5　2007—2012年主要城市国产电视动画片产量**

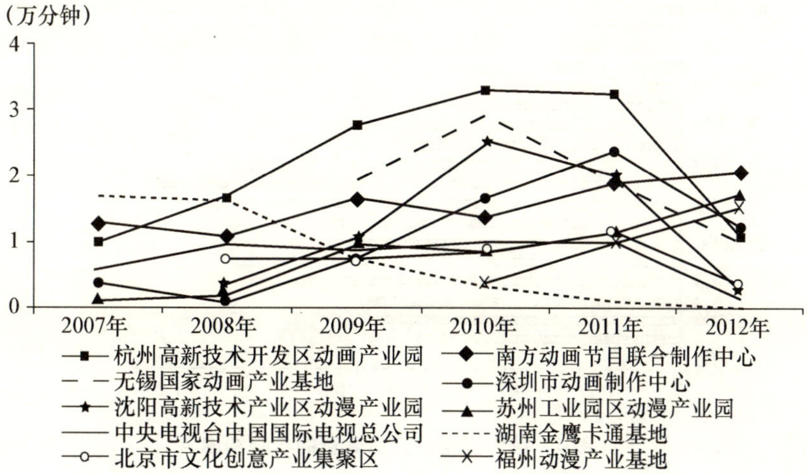


**图6　2007—2012年主要基地国产电视动画片产量**

3. *行业洗牌愈演愈烈，行业集中度开始提升*

根据统计，历年来取得国产电视动画片发行许可证的制作机构共有656家，最近五年来无产量的有100家（占15.2%），最近四年来无产量的有155家（占23.6%），最近三年来无产量的有217家（占33.1%），最近两年来无产量的有303家（占46.2%），2012年无产量的有439家（占66.9%）。再加之国产电视动画片投资制作备案数量与实际最终完成数量之间的较大差距，这说明国产电视动画片制作机构的淘汰率和退出率比较高。统计显示，在超过五年的国产动画品牌中，《天上掉下个猪八戒》、《火星娃》、《天眼》等项目在最近几年里没有再推出新作。

中国动漫经过多年的积淀发展，已经开始涌现出包括蓝猫卡通、宏梦卡通、江通动画、奥飞动漫、炫动卡通、卡酷动画、水木动画、精英影视、神笔动画等跨区域、跨行业、子公司众多的大型动漫集团企业。随着行业竞争的加剧，大型动漫企业开始频频采取收购、兼并等手段整合行业优质资源，从而达到延长产业链、增强竞争力的发展目标。2012年，奥飞动漫收购了广东明星创意动画有限公司、深圳市精合动漫有限公司、北京万象娱通网络科技有限公司的部分股权，以此加强在国产优秀动画制作、儿童动漫舞台剧演艺业务、移动互联网和智能电视等数字终端动画内容播出的影响力，强化公司的核心竞争优势。

## 二、中国动漫产业发展面临的新形势、新挑战

### （一）中国动漫产业发展面临的新形势

1. 少年儿童人口持续减少，成人动漫市场开始升温

当前，我国人口结构正在发生着巨大的变化，受近20年来低生育率的影响，直接导致了少年儿童人口数量的持续下降。根据第六次全国人口普查，0～14岁人口占16.60%，比2000年第五次人口普查下降6.29个百分点，比1990年下降11.09个百分点。2012年年末全国总人口为13.54亿人（不含港澳台地区），全年出生人口1 635万人，出生人口性别比为117.70，0～14岁（含不满15周岁）人口2.23亿人（见图7），占总人口的16.5%，比2011年年末提高0.01个百分点。虽然1985—1990年出生的“独一代”即将进入集中生育期，但恐怕很难带来新一轮生育高峰，特别是从长期来看，国内保持低生育率的态势难以根本扭转。动漫在欧美日韩等发达国家已经实现了全民化，但在国内仍然主要针对少年儿童，随着儿童动漫产品的大幅激增，同类型产品之间的竞争日益白热化。少年儿童人口数量的持续下降会直接导致儿童动漫消费市场的萎缩，这一点已经在日本得到了明显体现。受日益严重的“少子化”问题的影响，日本动漫产业整体市场规模在2006年达到顶峰之后，连续几年呈下降趋势。与此同时，国内成人动漫消费市场开始升温，以“时尚漫画”为办刊理念、针对都市成年读者的高端漫画杂志《Vista锋绘》自2011年创刊以来表现强劲，在2012年改版为半月刊；现代出版社也在2012年10月创办了成人漫画连载出版物《现代派·中国成人漫画志》，以情感、职场、生活和社会四大板块内容针对成人漫画阅读需求。《我叫mt》、《十万个冷笑话》、《啦啦啦德玛西亚》等微动画的走红，更是契合了网络时代青年人群的观看需求。

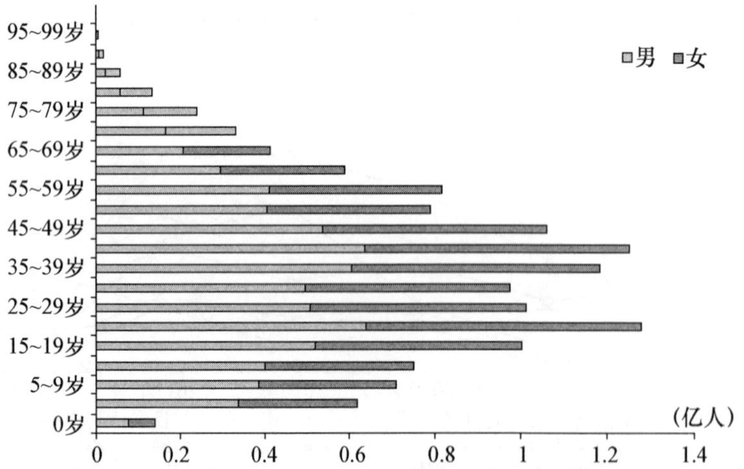


**图7 第六次全国人口普查的年龄构成**

2. 网络新兴媒体加速发展，形成新的动漫传播格局

在信息经济和新媒体技术革命的推动下，新兴媒体的网络化、移动化、全球化、社会化、融合化发展态势更为显见，新媒体在人类社会生活中的影响日益深远。中国互联网络信息中心（CNNIC）第31次《中国互联网络发展状况统计报告》显示，截至2012年12月底，我国网民规模达到5.64亿，互联网普及率为42.1%。随着数字网络媒体的兴起，网络视频用户规模已经达到3.72亿，网民使用率达

到65.9%；动漫传播渠道也在不断拓展，初步形成了由影视、出版、网络、新媒体等构成的立体化传播渠道，特别是网络在动漫传播中的主导性与日俱增。新浪、腾讯等门户网站大举进军在线漫画阅读业务，推出了微漫画等网络漫画发布平台，腾讯、搜狐等门户网站和优酷、酷6、我乐（56）、乐视、土豆、爱奇艺、中国网络电视台、迅雷看看等主流视频网站大力拓展动画视频业务，国产动漫新媒体联播平台揭牌成立，酷米网（kumi.cn）、乐看儿童动画（lekan.com）、爱看动漫乐园（ikan.cn）等一批网络动画播出平台风生水起。

微博现已成为中国网民使用的主流应用，且呈现出明显的移动化发展趋势，庞大的用户规模推动着微博正在重塑网络舆论传播机制。根据新浪和腾讯等主要微博平台发展统计，漫画家蔡志忠、猫小乐、阿桂、颜开、夏达、慕容引刀、赖有贤、十九番、黑背、水陌格子、黄玉郎、寂地、单伟和动漫形象及产品阿狸、张小盒、达达兔、阿囧、喜羊羊与灰太狼、兔匪匪、知音漫客、呆呆动漫、胖兔子粥粥、炮炮兵、悠嘻猴等的粉丝数量均已达到了百万级，著名漫画家朱德庸的粉丝数量更是达到了千万级别，微博已经成为国产动漫开展互动营销的得力工具。

基于网络而兴的新媒体正呈现出明显的移动化发展趋势，目前我国手机网民数量已经达到4.2亿，手机作为第一大上网终端的地位更加稳固。以智能手机为主流的数字终端，因其全新的终端交互方式与用户使用环境和习惯，为互联网从业者提供了广阔的创新空间，2012年，出现了许多受到用户欢迎的移动应用。在苹果应用商店和Google Play商店中，动漫类APP应用均超过了上千款，人气度比较高的APP应用包括布卡漫画、有妖气漫画、Vista锋绘、漫画魔屏、开卷漫画、新浪微漫画等。传统动漫书刊出版发行业务和有线电视视频业务面临来自网络动漫内容传播平台的竞争压力。

3. *3D高清电视节目与服务方兴未艾，数字立体电影加速发展*

随着高清频道和3D频道在国内的持续推广，我国动画制作正在加速实现立体化、高清化。截至2012年年底，我国共批准央视综合频道、综艺频道、体育频道、电影频道、电视剧频道和北京卫视、天津卫视、黑龙江卫视、东方卫视、江苏卫视、浙江卫视、山东卫视、湖南卫视、广东卫视、深圳卫视、湖北卫视、广西卫视等12个省市卫视频道进行高标清同播，还批准北京广播电视台文艺频道、上海广播电视台电视剧频道和娱乐频道、济南市电视台新闻综合频道、武汉市电视台文艺频道、四川广播电视台影视文艺频道等6个地面频道进行高标清同播，在本省（市）数字有线网传输；此外，还有央视高清综合频道、北京广播电视台纪实高清频道2个高清频道。随着2015年我国基本停止模拟电视信号播出的临近，高清数字电视一体机的广泛普及应用，即将全面实现数字高清信号的有线、无线和卫星播出，国产电视动画片的制作也将逐步走进16：9的宽屏幕、高达1920×1080的画面分辨率的高清化时代。

2011年以来，3D电视的发展成为全球电视业的亮点，3D电视频道和3D电视节目在全球范围内引发广泛兴趣。2012年元旦，中国3D电视试验频道正式开播，这是我国首个立体电视节目综合性试验频道，由中央电视台、北京广播电视台、上海广播电视台、天津广播电视台、江苏电视台、深圳电视台等6家单位联合开办。3D电视试验频道的节目内容主要包括动画、体育、专题片、影视剧、综艺等类型的3D电视节目，以及重大活动现场转播的3D信号播出。2012年，浙江中南卡通股份有限公司在2011年制作《锋速战警3D版》的基础上，又相继推出了《乐比悠悠3D版》、《梦幻镇3D版》，浙江蓝巨星国际传媒有限公司制作完成了《蓝巨星和绿豆鲨（3D版）》，并实现了在3D电视试验频道上的播出。

同时，随着人们对观影需求的日益多样化，高端观影体验已经成为人们追求品质生活的必要因素，特别是以奇观性见长的动画电影对于观影体验的要求更高。现今，4K（分辨率可达4096×2160，885万像素，约为2K放映机分辨率的4倍）数字电影技术与设备日趋成熟完善，我国电影业在现有1.3K（分辨率1280×1024、131万像素）、2K（分辨率2048×1080、221万像素）的基础上，也在加快4K电影、数字立体电影技术的运用。在2012年国内上映的33部动画电影中，有15部为3D电影，约占总体的45%，票房收入约占72%，《快乐的大脚2》、《老雷斯的故事》等影片更是在IMAX大屏幕上大放异彩。

**（二）中国动漫产业发展面临的新挑战**

1. *娱乐方式的多样化直接挑战动漫的可选择性*

随着社会经济、文化、科技水平的提高，人们的文化娱乐生活正在快速实现多元化、多样化，从以前的读书看报、看电视、看电影，到现在的各式娱乐活动爆炸式激增。特别是随着安卓手机系统的快速大规模普及应用，大量低端智能手机被推向市场，3G、Wi-Fi等高速移动网络流量资费价格走低，吸引着越来越多的网民随时随地接入移动互联网。移动互联网的高速发展给动漫带来的挑战远大于机遇，一方面是即时通信、微博、社交网站等交流沟通类和网络游戏、网络视频、网络文学等休闲娱乐类应用发展强劲，用户黏性不断增强，移动互联网使用时间的增加稀释了人们对于动漫的使用时长；另一方面，动漫是资金密集型、知识密集型和劳动密集型的体验性服务产品，其经济成本远大于文字、视频等，在手机平台上的显示效果也制约了其发展空间。此外，与动漫“同源而异流”的游戏也因其无所不在的交互性而超越了动漫，并进一步挤占原本可能流向动漫产业的资金、人才和商机。

2. 国外优秀动漫产品严重挤压国产动漫产品的生存和发展空间

动漫是一种全球通用的国际化语言符号，可以被不同地域、种族、年龄和信仰的人们接受。动漫产品是国际化程度很高的文化产品，美国、日本、欧洲等动漫产业发达国家和地区往往以其雄厚的制作实力向全球市场渗透。由于我国动漫产业起步晚、基础差，整体实力和竞争力低，长期以来受到国际优秀动漫产品的挤压，虽然对国产动漫产品在传统媒体传播方面采取了一定保护措施，但由于新媒体的开放性和观众长期受国外动漫产品熏陶所形成的审美取向，国产动漫产品即便是在国内市场也面临着国外动漫产品的巨大挑战。动漫产业的准入门槛很高，是国际公认的资金密集型、技术密集型、知识密集型和劳动密集型文化创意产业，较高的准入门槛和发展要求，对我国动漫产业提出了较高要求。同时，随着WTO对文化领域的逐步开放，进口电影配额数量大幅增加，国际动漫巨头试图以各种方式进入国内，2012年，美国梦工场动画、华特·迪士尼、孩之宝，日本讲谈社等公司加快进军中国市场的步伐，以合资、合作等方式展开经营业务，国外优秀动漫产品大举进军国内影院、网络视频等播出平台，《冰河世纪》、《马达加斯加》等动漫品牌在中国市场斩获颇丰，对国产动漫形成了强大挑战。截至2012年年底，根据百度搜索风云榜数据显示，在动漫产品排行榜TOP 50中，国产动漫产品占18席，搜索份额占26.3%，国外动漫产品占32席，搜索份额占73.7%；其中，日本动漫产品占25席，搜索份额占总体的70.0%，欧美动漫产品占5席，搜索份额占3.2%，其他国家动漫产品占1席，搜索份额占0.5%。

3. 动漫内容产品竞争力不强，亟待从注重数量向注重质量转型

从数量上看，中国现已成为动漫大国，动漫产量居全球第一，但我国还不是动漫强国，行业产值较低，有影响的精品力作不多，优秀的知名动漫形象更是屈指可数。当前动漫项目的投资制作带有很大的盲目性，题材类型严重同质化，国产电视动画片实际制作完成数量不足立项备案数量的一半，动漫投资烂尾项目较为严重，完工后的库存积压品更是令人揪心。自2004年以来，在财政支持和投资拉动下，国产电视动画片累计产量已经达到近3万小时，短缺现象得到根本性扭转，且呈现出相对过剩的局面。

中国动漫生产的粗制滥造现象较为严重，盲目上马、闭门造车之作不在少数。很多动画制作公司和地方政府对“唯数量论”和“分钟数排名”青睐有加，从根本上导致“神司”、“神编”、“神导”等荒唐之举层出不穷。如，东莞水木动画衍生品发展有限公司2012年以5部、13 740分钟的产量成为原创电视动画片制作生产冠军，但该公司并没有任何一部片子入选全国推荐播出优秀动画片目录。近年来跻身全国原创电视动画片生产企业前十位、但同样没有入选优秀动画片的单位还有：苏州卡酷影视动画科技有限公司、大连卡秀数字科技有限公司、平潭水木动画有限公司、福州翰格文化传播有限公司等。自2004年以来，中国电视动画片经过多年的积累发展，原创数量大幅增加，现今再盲目追求产量可谓毫无意义。电视动画片已经开始由注重产量向注重质量转变，质、量共举才是国产电视动画片发展之道。

4. 国产动漫商业价值低，动漫产业实力较弱

动漫产业是集成的文化创意产业，属于资金密集型、知识密集型、科技密集型的新兴产业，具有极大的产业融合特性。动漫产业比传统产业更加强调资本的价值，倍加看重由人的创意才华结晶而成的动漫内容版权和动漫商业品牌。动漫企业经过多年的发展，无论在产品研发、品牌推广还是产业化运作方面，都具备了一定基础，但“大而全”、“小而全”的全产业链思维已成为发展阻力，需要进一步分化内容制作与品牌运营，强化专业化水平。现今，动漫企业已经开始注重品牌效应，但对于品牌内涵的理解还较为肤浅，普遍停留在知名度等浅层次上，下一步仍需强化品牌特质，增强情感认同和商业价值。按照我国动漫产业发展的规律，动漫企业未来需要把发展重心从制造产品转向营销品牌。

动漫产业实力是市场竞争力的基础，我国动漫企业相对较为弱小，与国际知名动漫企业差距较大（见表1）。根据文化部统计显示，2010年全国831家动漫企业营业总收入为58.15亿元，2011年全国297家国家认定动漫企业营业总收入为47.55亿元，平均单家企业营业收入为1 601万元。整体而言，我国动漫企业的商业模式较为单一，主要停留在内

容版权的深层开发上，动漫品牌形象授权的商业价值偏低，难以创造出高附加值。

表 1　中外主要动漫上市企业规模对比

| 分类 | 企业名称 | 2012 财年总收入（亿元人民币） | 2012 财年净利润（亿元人民币） |
|---|---|---|---|
| 美股 | 迪士尼（DIS） | 2 668.8 | 389.7 |
| | 梦工厂动画（DWA） | 47.3 | −2.3 |
| 日股 | 东映动画（4816） | 24.6 | 2.4 |
| | Bandai Visual（4325） | 15.6 | 1.5 |
| | Marvelous AQL（7844） | 12.8 | 1.4 |
| 深股 | 奥飞动漫（002292） | 12.9 | 1.8 |
| | 拓维信息（002261） | 4.3 | 0.3 |
| 港股 | 意马国际（00585） | 1.3 | −0.7 |
| | 环球数码（08271） | 0.9 | 0.7 |

注：数据来源于各企业 2012 财年年报。为便于比较，将国外企业按照 2012 年平均汇率换算为人民币，1 美元=6.312 5 元人民币，100 日元=7.304 9 元人民币，1 港元=0.810 85 元人民币。

*5. 国产动画片平均交易价格持续走低，严重制约产业良性发展*

在专业频道品牌化的战略指导下，我国上星少儿动画频道纷纷走向了全产业链的运营模式，与电视频道传统模式以广告收入为主不同，产业营销模式对于广告业务收入的依存度大大降低，而产业创收则占到了一半以上甚至绝大部分。随着少儿频道和动画频道成为重要的动画播出平台，电视播出机构不断加强自身建设，采取多元化经营手段，获得了良好的市场回报，一些少儿频道和动画频道在收入方面已经迈入了“亿元俱乐部”。金鹰、炫动、卡酷、优漫等卡通频道已经全部涉足产业运营业务，特别是与动画片播出息息相关的玩具等衍生产品的区域代理销售业务更是成为香饽饽。以卡酷为例，自 2007 年以来驶入了发展的快车道，三年时间年收入从 2006 年的 3 050 万元增加到 2009 年的 1.13 亿元，总资产由 4 000 万元变成近 2.4 亿元，净利润则由亏损 600 万元转为盈余 3 442 万元；2011 年收入达到了 1.96 亿元，其中衍生产品的销售额超过 1.04 亿元，实现了跨越式发展。

根据广电总局统计数据显示，近年来全国广播电视节目交易金额一路走高（见图 8），2006 年电视动画片销售总额为 11 834 万元，2007 年为 23 740 万元，2008 年为 2 0214 万元，2009 年为 41 579 万元，2010 年为 81 954 万元。但电视播出收入额与动画片投资额之间的缺口差额仍旧偏大，而且很多动画制片人士普遍认为，动画制作单位面临的生态环境存在恶化的倾向。近年来，国产电视动画片交易价格出现了明显的下降，据抽样调查显示，平均交易价格仅相当于五年前的 1/4 至 1/5，与此同时，因制作质量提升和人力资源使用所产生的制作成本却在成倍递增。在内容动画片遭遇卖片难、卖价低、音像图书授权走低和衍生商品授权难以入局的整体困局的同时，所谓的“产业动画片”却格外红火。近年来，大量玩具、网游、服装、日化等行业大举进入动画片领域，以此拉动原有商品的销售。很多电视频道的黄金频道被这些产业动画片所占据，而原本需要购买的动画片却被免费送播甚至是被反向搭钱的动画片所取代。一些不良的“明规则”、“潜规则”浮出水面，带有极强广告色彩的“产业动画片”在黄金时段的电视屏幕上大放光彩。

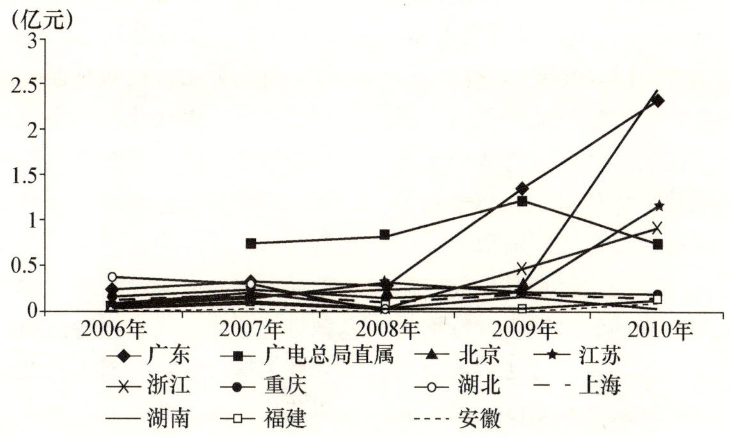


**图 8　2006—2010 年国内主要省份电视动画节目销售额**

6. 网络动漫产品内容良莠不齐，新业态内容存在低俗化倾向

受社会文化风潮和功利思想的影响，动漫领域同样存在着低俗文化流行的现象。这主要表现在以下方面：一是部分动漫产品同时面向青少年和成年人市场，在桥段、台词等设计上过度成人化，并不适合未成年人群体欣赏；二是部分媒体（包括一些主流网络媒体在内）过度追求眼球效应，故意通过制作和传播低级趣味内容来片面迎合网民；三是移动互联网的兴起造就了大量面向智能移动终端的应用 APP，这些新兴动漫业态和传播渠道尚未得到有效监管，导致大量低俗色情动漫内容大行其道。正因如此，造就了《十万个冷笑话》、《黑瞳》、《春哥传》、《菊花笑典》、《尸兄》等网络动漫和内涵漫画、漫画 H、BL 漫画、邪恶内涵漫画、搞笑内涵漫画等应用 APP 火爆盛行。

## 三、中国动漫产业发展的对策与建议

为推动中国动漫实现转型升级，进一步优化产业发展的效率和效益，持续增强中国动漫产业的市场竞争力和影响力，就必须适应产业转型发展的要求，以创新思维和方法来实现动漫产业的突破和跨越，以提高产业增长质量和效益为中心，从规模扩张式发展转为质量效益型发展。动漫产业要实现有质量、有效益、可持续的发展，其关键在于增强创新驱动发展的新动力，加快科技创新，加强产品创新、品牌创新、产业组织创新和商业模式创新。

### （一）培育壮大动漫产品消费群体，持续扩大动漫产品和服务消费

动漫内容产品和应用服务消费作为动漫产业链的终端环节，是推动动漫产业发展的根本动力，对于提升动漫产业发展规模和发展水平、推进产业结构升级和优化调整具有重要意义。

以有效市场需求作为推动我国动漫产业发展的基本战略，就必然要求极大关注动漫产品消费群体，深入了解和掌握目标群体的消费需求和消费特征，丰富动漫产品类型和种类，以适配的动漫产品和服务来满足他们多方面、多层次、多样化的精神文化需求。加强对动漫产品消费群体的研究，通过基于用户消费习惯的分析，掌握他们在不同消费环境中的消费影响因素，从而确定动漫内容产品开发、制作、传播和营销等一系列活动的针对策略。特别是在网络时代，以大数据分析的理念和方法，全面洞察消费行为，提供个性化、分众化的动漫产品和服务，创造出更多的动漫产品消费机会。

动漫产品消费规模与消费群体的消费能力和消费观念密切相关，因此，只有不断提升动漫产品消费群体的文化修养和消费观念，积极培育和壮大动漫消费群体，才能有效带动我国动漫消费水平的持续发展。一是要把动漫文化活动纳入到公共文化服务体系建设当中，优先把适合全民鉴赏的动漫产品纳入公共财政经常性支出预算的采购序列，为民众提供免费公共动漫产品。二是要继续大力发展文化教育，普遍提高我国民众的整体文化层次和综合素质，为动漫产品消费提供必要的能力和素养。三是要通过媒体宣传、公益性文化活动等手段积极引导民众的动漫文化消费观念，培养动漫产品消费习惯，逐步形成稳定的动漫产品消费市场。四是要统筹理顺教育、工作与休假的关系，尽量为民众创造更多的休闲娱乐时间，使其有足够的精力进行动漫文化消费。

### （二）丰富动漫产品类型，切实提高动漫产品整体质量

多样化、高品质的动漫内容产品是动漫产业发展的重中之重，是动漫产业进行商业运营的基石。

第一，要丰富动漫产品种类，提供多元化、个性化、分众化的动漫产品和服务，满足不同收入层次、不同文化层次和不同地区民众的动漫消费需求。加强动漫产品的题材规划管理，以类型化策略努力开拓具有中国特色的动画片类型，鼓励开展教育、童话、历史、现实、科幻、神话等多元题材的产品创作，尽量避免同一题材的“撞车”。根据动漫产品消费群体的人口特征、地理特征、消费心理特征和消费行为特征进行市场细分，针对不同年龄、性别、居住区域等细分群体开发更为契合他们需求的动漫产品，现阶段尤其值得考虑在幼儿、儿童、青少年这三大消费群体的基础上积极开拓青年消费群体，特别是开发以网络为主要传播平台的青年微动漫产品，推动中国动漫快速走向全年龄化和全民化。

第二，要提高动漫产品质量，不断推出质量过硬、特色鲜明、民众喜闻乐见的动漫产品。根据动漫产品作为大众流行消费文化的属性，强化动漫产品的创意、策划和制作，以成功的故事叙事模式来彰显动漫与生俱来的娱乐性。鼓励动漫企业以联合制作（含中外联合制作）的方式共同打造优秀动漫产品，引导漫画、动画、游戏、小说等不同内容体裁进行互动，优秀内容进行跨体裁改编。进一步优化政策扶持方式，探索改变以往多侧重对内容成品以奖代补的扶持方式，重点以动漫项目前期创意扶持为主，资助原创性强的动漫内容产品的创作、生

产和推广、传播。

第三，要加大动漫市场监管力度，遏制低俗动漫产品的生产和传播，净化动漫消费环境。严格防止和坚决抵制低劣庸俗、胡编乱造、违背史实、色情暴力等不良动漫内容的制作和传播，加强和完善网络管理，依法惩处传播有害信息行为，严厉打击各类侵权盗版行为。

**（三）积极发展网络新兴媒体，构建动漫内容立体传播体系**

动漫产业是由技术传播转向内容传播的典型代表，其传播渠道几乎涵盖了包括报刊、书籍、电视、电影、音像制品、电子出版物、互联网络、移动互联网等在内的信息传播载体。媒体形态的多元化、媒体数量的规模化、媒体网络的立体化，都会有力推动动漫内容的创作、传播和消费，促进动漫产业的发展。

第一，加强动漫网络媒体建设，鼓励支持各类资本进入新兴媒体，形成一批在国内外有较强影响力的动漫类综合性门户垂直网站和特色网站，培育一批网络动漫内容生产和传播服务骨干企业。加快推进动漫与新兴媒体的融合发展，积极发展网络漫画、动画视频、动漫表情贴图、动漫背景壁纸、动漫主题皮肤、手机应用APP等新应用新服务，不断增强网络动漫的吸引力、辐射力和影响力。引导动漫产品出版、视听等传统媒体联合发展新媒体，通过内部机构重组和业务流程再造，打造传统媒体与新媒体融合发展的立体化多媒体传播平台。

第二，制定电视动画片购买指导价格制度，逐步提高动画企业制片播出收入，形成国产电视动画片的正常商业循环机制。广电行政管理机构要探索建立符合行业长远利益和切合实际的电视动画片交易机制和播出权采购指导价制度，指导各级动画片播出机构按照优质优价、优质优时原则采购播出国产动画片，不得向国产动画制作机构和发行机构要求免费播放国产动画片，严格禁止向国产动画制作机构或发行机构收取或变相收取播出费用。省级以上电视播出机构除按照最低指导价购买国产动画片播出权之外，还应按照每年收入额的一定比例投资影视动画项目。鼓励电视播出机构以共同投资、独播、定制等方式参与影视动画项目投资，探索发展影视动画的预售交易机制。

**（四）树立动漫品牌形象战略，实施更加立体的营销模式**

动漫产业从属于注意力经济，既需要以品牌战略奠定长远商业价值，又要以各种手段抓住大众的注意力，以使得优质品牌动漫产品能够在日益丰富和过剩的信息社会中得以脱颖而出。针对当前动漫产业营销薄弱的问题，需要加强动漫营销环节，使之成为动漫产品除制作、发行和消费三个传统环节之外的第四个细分服务流程，成为推动动漫产业快速增长的助推力。

第一，探索建立国产动漫品牌培育机制，以创意形象作为品牌内核和主要符号，建立中国知名动漫品牌数据库。完善动漫企业品牌培育管理体系，提升动漫产品的品牌价值，全面提升动漫品牌的产品知名度、品牌美誉度和客户忠诚度。完善动漫品牌评价体系和激励机制，把民众评价、专家评价和市场检验统一地有机结合起来，建立公开、公平、公正的动漫品牌评价褒奖机制。以拥有自主知识产权、技术含量高、附加值高、品牌影响大的动漫产品和服务项目为重点，探索培育一批能与国际顶尖品牌相媲美的“中国制造”和“中国服务”高端品牌。

第二，重视动漫产品的营销工作，从项目筹备立项开始，制定贯穿全程的整体营销策划和推广计划，整合资源，制造话题，持续推动动漫产品的营销传播深度展开。除媒体宣传、海报、片花、展会、活动等常规营销方式之外，还可借助新媒体平台，利用微博、微信等新微营销科技工具开拓新市场，提升品牌价值。动漫企业可借助专业营销公司，专门策划实施结合动漫品牌形象的病毒式营销等口碑传播方案，从大众媒体、圈子、个人体验等多方面共同影响动漫群体的消费态度。

**（五）强化动漫产业顶层设计，推动产业实现深度融合**

中国动漫产业要摆脱传统动漫作品制作的窠臼，从规模扩张式发展转为质量效益型发展，进而构建形成中国动漫的根本发展动力和核心竞争能力。

第一，按照系统工程的发展思想，强化动漫产业的顶层设计，形成完整的动漫产业循环链条。动漫产业的发展是一项系统工程，包含动漫项目策划、形象设计、剧本编创、制片管理、发行传播、营销推广、品牌授权、商品开发、渠道拓展等多个子系统。因此，我们要高度重视顶层设计和总体规划，要以市场为导向，建立起品牌驱动发展战略，从顶层开始精心设计和有效拼合每一个模块，以集成电路的管理思维模式建立起一个互联互通、高效运转、协调发展的系统集成体系。按照总体协调的原则，对漫画、动画、衍生产品等不同行业的发展进程和发展目标进行权衡，并使得动漫产业各环节能够最大限度地相互协调，从而达到总体效果最优的发展目标。

第二，加强动漫产业与文教、玩具、服饰、箱包、食品、饮料、软件、游戏、广告等关联行业之间的跨界互动和渗透融合，进一步扩大动漫产业的盈利空间和市场规模。鼓励动漫企业联手外部战略投资者，共同开发商业动漫形象，以专业化的动漫营销服务于玩具、服装、食品、日化等相关行业企业，以全方位、立体化的动漫营销来推动传统产业的升级发展，并利用产业盈利来反哺动漫品牌形象和创意内容的成长，促进动漫产业化与产业动漫化的嫁接发展。

（作者单位：郑州大有动漫产业有限公司、河南省中原动漫研究院）

# 2012 年中国网络游戏产业发展报告

易观国际

## 一、2012 年中国网络游戏产业发展概况

### （一）中国网络游戏市场高速发展

2012 年，中国广义游戏市场收入规模达到 619 亿，环比增长 27.06%。预计 2015 年会突破千亿元大关。

在这当中，2012 中国单机游戏市场收入规模为 0.7 亿元人民币。

2012 年，中国网络游戏产业继续保持高速增长，市场规模不断放大，至 2012 年年底达到 585.65 亿元人民币（见图 1），无论是在用户规模还是营收能力方面，都有着长足的进步。具体表现如下：

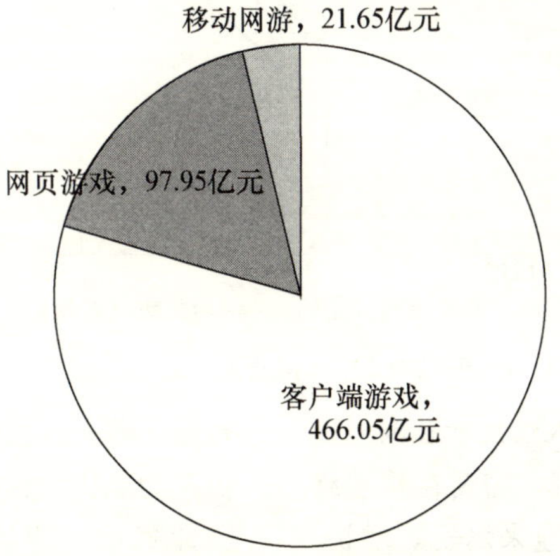


**图 1　2012 年中国各类网络游戏市场规模**

从中国网络游戏各细分领域的角度看，客户端网络游戏经历十年的发展后，进入成熟期，市场的增长速度在逐步放缓，但是面对市场的变化，各主要运营商都在着力进行新的探索；网页游戏经过 3～5 年的深耕，在 2012 年度已经产生了运营超过 3 年的经典产品出现，市场进一步扩容的同时，行业集中度在提高；而在移动网络游戏领域，2012 年进入一个高速成长时期，无论是用户规模还是游戏产品质量，都有长足进步。

### （二）网络游戏各细分领域市场规模变化情况

1. 客户端游戏市场小幅增长

传统的客户端网络游戏业务依然为中国网络游戏产业的最主要力量，至 2012 年年底，客户端游戏市场规模达到 466.0 亿元人民币（见图 2），占整体

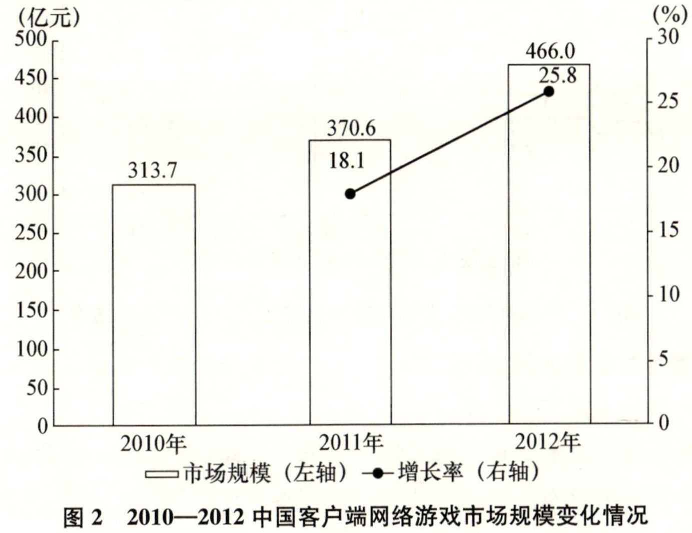


**图 2　2010—2012 中国客户端网络游戏市场规模变化情况**

市场规模的 79.58%，但是就市场增长来说，2012 客户端游戏市场同比增长 25.8%，增长速度放缓甚至停滞已经成为行业共识。面对用户需求及游戏承载方式的变化，客户端游戏厂商在积极适应变化，在保证产品品质的同时，满足不同的用户需求。

2. *网页游戏增长平稳市场走向成熟*

2012 年，网页游戏市场继续高速发展，较 2011 年同比增长 76.9%（见图 3），细分市场规模达 98.0 亿元人民币，占中国整体网络游戏市场的比例达 16.73%。依靠联运平台以及研发厂商的共同推动，市场保持高速增长，而运营超过 3 年的经典产品出现，成为市场走向成熟的标志。此外，在本年度，众多的网页游戏厂商开始试水跨平台游戏，依靠网页游戏以及移动游戏的多屏运营，取得了良好的市场效果，易观智库预计这一模式在 2013 年继续深化发展。

**图 3　2010—2012 中国网页游戏市场规模变化情况**

3. *移动网络游戏初露锋芒进入爆发增长期*

作为网络游戏的一个细分领域，需要在移动终端联网的移动网络游戏在 2012 年迎来爆发式增长，市场规模达到了创纪录的 21.7 亿元人民币（见图 4），虽然在整体网络游戏市场中的占比仅为 3.7%，但是其创造了同比 79.3%的高速增长。市场的火热也吸引着大批的传统客户端游戏厂商、网页游戏厂商、功能机时代的厂商以及资本的进入。易观智库预计 2013 年市场会继续保持高速增长态势，在整体网络游戏市场中的占比也会进一步扩大，而发力移动网络游戏也成为众多客户端游戏以及网页游戏厂商的共同选择。

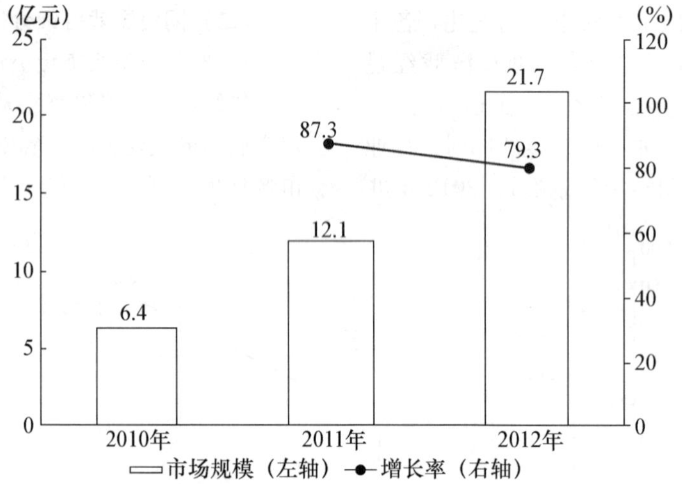


**图 4　2010—2012 中国移动网络游戏市场规模变化情况**

### （三）中国网络游戏海外市场发展状况

网络游戏作为一种典型的文化创意产品，与文学、电影等产品类似，越来越多地承载着中华文化输出的重任，成为中华文化输出最为活跃，提升中国影响力最重要的渠道之一。

经过十多年的发展，中国的网络游戏海外出口越发成熟，在美国、日韩、东南亚、欧洲等市场快速发展，2012 年，共计有 40 家中国网络游戏企业开发的177款产品进入海外市场，实现收入30.1亿元人民币，较2011年同比增长49.75%。

盛大游戏、完美世界、腾讯游戏、网龙等都成为中国网络进入海外输出的重点企业，海外市场也在逐步成为其主要的市场之一。

## 二、2012年中国网络游戏市场发展新变化

从2012年中国网络游戏细分市场来看，客户端游戏、网页游戏、移动游戏增长率变化起伏基本一致，成熟的商业模式加上稳定的玩家群体使中国网络游戏市场形成了较为健康稳定的产业环境。客户端游戏依然是行业的基础，但整个市场已经进入稳定的存量市场阶段。网页游戏和移动游戏等细分领域成为网络游戏行业新的增长机遇（见图5）。

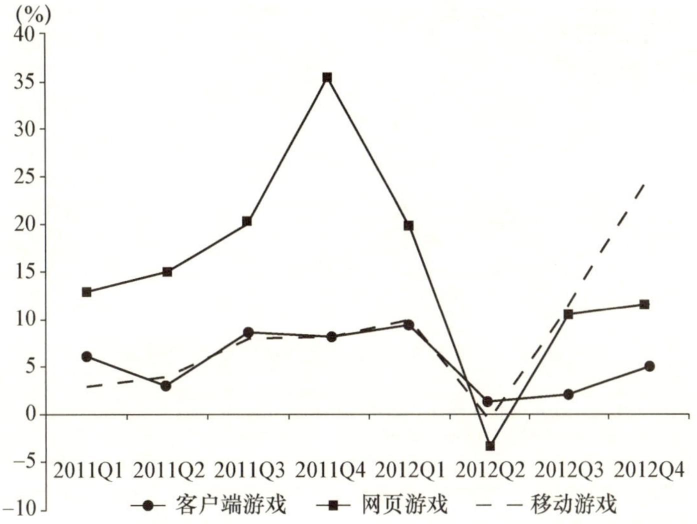


**图5 2011—2012中国客户端、网页、移动游戏增长率变化情况**

易观智库分析认为，市场盘整有以下几点值得关注：

1. 休闲竞技类游戏异军突起

中国客户端网络游戏经历了数十年的发展，行业已经成熟，从现状来看，即使近几年用户活跃性有所下降，但是客户端游戏仍然是市场的主流。近三年来，休闲竞技及对战类游戏得到快速发展，吸引了大量用户，扩大了客户端网络游戏整体的占有率。从游戏的品质和用户体验来看，客户端网络游戏占有一定的优势，同时，客户端的用户基本稳定。易观智库预计，未来几年，客户端游戏将继续保持60%的占有率，剩余占有率会被其他领域划分。

2. 网游新产品艰难突围，获新用户难度加大

客户端网络游戏用户对游戏产品要求不断提高，单一无味的游戏内容已无法满足用户的需求，因此，易观智库分析认为，即使客户端网络游戏是中国互联网的经济支柱，但是，整个网游行业进入红海状态已成定局。而海外的广阔市场同样会成为国内企业争先抢夺的资源。

## 三、中国网络游戏市场集中度及竞争状况研究

在企业之间的发展竞争中，当今企业已经不仅仅局限于客户端游戏市场的争夺，而是把整个战火蔓延到了各个细分领域市场。无论是目前的大中型游戏企业，还是小型研发公司，甚至是互联网的其他从业公司，都纷纷参与其中。

企业与企业之间除了竞争以外，其实还有合作，像运营商、研发商、渠道商等的合作与资源整合也成为当今的主流，不仅仅国内或者企业内如此，在海外和游戏行业外也如此。

就整体趋势来说，客户端网络游戏仍然保持着领先位置，从业者也在向合作、共赢的关系发展，整体网游市场会随着行业地位和覆盖率提高。

### （一）中国客户端游戏厂商竞争格局

2012年，中国客户端游戏厂商的竞争格局基本稳定，经过10年发展，中国的客户端游戏市场集中度较高，行业内TOP15厂商占据了95.93%的市场份额（见图6），大型客户端游戏厂商无论是在品牌、用户影响力、资本、产品研究能力以及资源的调动协调能力上，都要领先于其他厂商，行业已经形成较高的进入门槛。

而在2008年、2009年之后，整体细分领域陷入增长瓶颈，留给小厂商的空间更加狭窄，大量的客户端游戏企业把业务重点转型至网页游戏及移动

游戏领域，进一步促进了整体网络游戏市场的繁荣与发展。

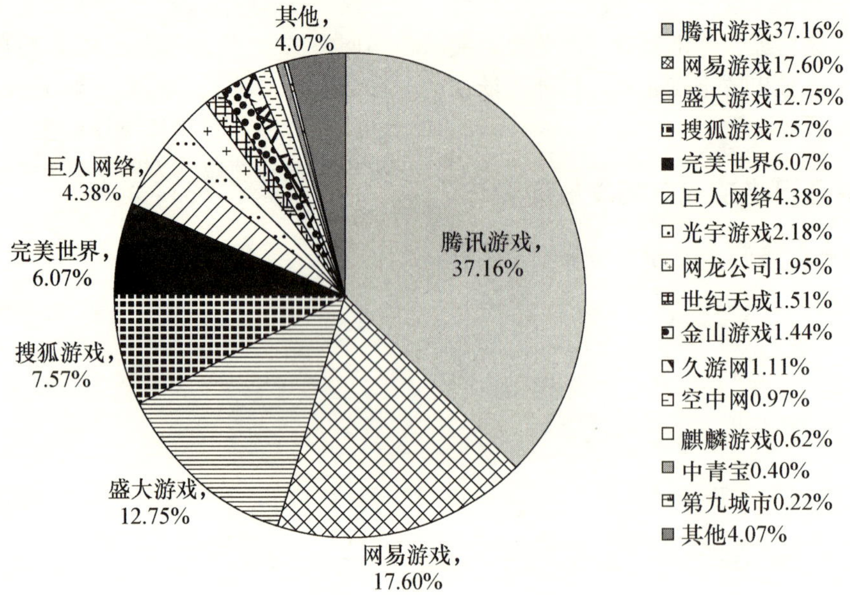


**图6　2012年中国客户端游戏厂商竞争格局**

注：1. 中国客户端游戏厂商TOP15，以其营收规模计，即中国网络游戏企业在客户端游戏业务方面的营收总和，具体包括其运营及代理运营的客户端游戏产品所创造的用户付费收入以及企业间的游戏研发与代理费用、游戏周边产品授权费用、内容外包与海外代理授权费用的总和。

2. 客户端游戏厂商营收规模，不包括厂商在网页游戏、移动游戏等业务方面的收入，仅与其客户端游戏业务相关。

资料来源：根据上市公司财务报告、专家访谈、厂商深访以及易观智库推算模型得出。

**（二）腾讯游戏**

2012年，腾讯在游戏业务方面继续表现抢眼，全年营收达228.5亿元，占全年438.9亿元营收的52.06%。尽管如此，腾讯游戏作为中国最大、增长速度最快的客户端游戏企业，其季度增长率依然在下滑，这与大环境的变化不无相关。

易观智库分析认为：腾讯游戏主要的营收来自于旗下以《穿越火线》、《DNF》为主的休闲竞技类产品，在保持多年的快速增长情况下，营收能力面临挑战。

在MMORPG类型游戏方面，2012年度腾讯国战类型产品《御龙在天》在年中取得60万人同时在线的成绩，成为腾讯在MMORPG类游戏方面的重要突破，而其代理自韩国厂商NCsoft的热门大作《剑灵》会在2013年发布，拥有较高的市场关注度，而其商业化运营之后的效果如何，还需市场及行业的观察。

**（三）网易游戏**

2012年，网易游戏实现营业收入73亿元人民币（12亿美元），2011年为66亿元人民币，同比增长10.6%。

与中国客户端游戏市场的大环境相关，2012年，网易游戏的整体业务依然处在相对低增长的状态，连续三个季度为负增长，面对市场及环境的变化，网易游戏于下半年有多款游戏产品推向市场，而其类型也更为丰富，包括《魔兽世界》的新资料片《熊猫人之谜》及《斩魂》等，对提振市场、增强营收起到一定的效果。而网易游戏在研发方面的能力得到证明，也为网易游戏在2013年发展提供了持续的保障。

**（四）盛大游戏**

盛大游戏2012年全年营业收入为46.82亿元，较上年的52.82亿元下滑11.4%；净利润为11.13亿元人民币，较上年的12.65亿元下滑12%。

就2012年市场表现看，盛大游戏基本处于增长停滞状态，第二季度更是出现18.6%的负增长，而公司管理层的动荡更是加剧了这种影响，游戏产品线的布局急需完善。

盛大游戏在持续专注客户端游戏业务的同时，也在进行网络游戏其他细分领域的拓展，盛大游戏在移动游戏领域的进入时间较早，有多款产品投向市场，这些对于市场拓展的动作值得肯定，但是从短期来看，这些新的细分市场的产品策略，依然充满变数，尚难以承担拉动盛大游戏营收的重任。

**（五）搜狐畅游**

2012年，搜狐畅游全财年营收为6.234亿美元，同比增长29%。

2012年，搜狐畅游表现抢眼，全年的营收增长率高于行业平均水平，保持着良好的上升势头，本年度内连续发布了多款产品，包括主打次世代概念的Game+系列，以及与国际大型游戏厂商EA合作的FPS游戏《战地风云OL》等。良好的增长势头使得搜狐畅游在2012年第四季度超过盛大游戏，首次跻身中国网络游戏厂商前三甲。

**（六）完美世界**

2012年，完美世界实现营业收入27.71亿元，2011年为29.83亿元，同比下降7.1%。

2012年，完美世界的整体营收规模有所下滑，三个季度的营收增长率为负，主要原因在于完美世界此前的产品策略以快进快出为主，而整个2012年，完美世界并未有新产品推出，经典产品如《诛仙》、《完美世界》等获取新用户增长乏力，致使2012年度完美世界的整体营收为负增长，同比下滑7.1%。

**（七）巨人网络**

2012年，巨人网络实现净营收21.52亿元，较上年增长20.1%。

2012年，巨人网络的整体发展可圈可点，就其产品线来看，公司的主要营收压力在单款产品之上，继《征途》取得巨大成功之后，巨人网络于2011年年底推出《征途2S》，并进行了大规模的宣传推广。2012年中期取得50万最高同时在线用户，而后产品迅速进行成长平台期。但是依靠《征途》系列产品稳定的用户规模，巨人网络在2012年实现全年四个季度的连续增长，公司业务好于行业平均水平。

## 四、中国网络游戏产业趋势预测

### （一）中国网络游戏市场规模变化预测

自2009年以后，中国的客户端网络游戏市场结束了连续多年的高速增长，市场规模的高速增长态势急剧变化，至2012年季度环比年增长率降到10%以下，且在本年度，行业内几家大型厂商营收出现负增长。一方面面临网页游戏、移动游戏对客户端游戏的分流；另一方面，又因为游戏核心玩法及形式的老化，创新性不足，以及用户需求的变化。多种因素共同促使其增长速度开始放缓，10%以下的市场增长率处于基本停滞状态。

而在网页游戏方面，市场增长速度将结束50%以上的年增长率，有放缓的趋势，因在产品层面的生命周期问题，对于渠道过度依赖等原因，使得市场的发展速度放缓。

随着中国智能手机渗透率的不断提高和移动互联网的普及，2012年，移动游戏迎来了一个快速发展的阶段，预计在2013年，随着智能手机在中国市场的渗透率超过50%，这一市场会迎来一个爆发期。

易观智库预计，到2013年，中国网络游戏市场的整体规模达737.6亿元，较上年增长19.3%；2014年达869.1亿元，同比增长17.8%；2015年达1 025.7亿元，同比增长18.0%。其中，中国客户端游戏市场规模2013年达540亿元人民币，同比增长15.9%，2014年达610亿元，同比增长13.0%，2015年达685亿元，同比增长12.3%；中国网页游戏市场规模2013年达120.6亿元，同比增长23.1%，2014年达150.6亿元，同比增长24.9%，2015年达185.3亿元，同比增长23.0%；移动游戏市场规模2013年达77亿元，同比增长41.8%，2014年达108.5亿元，同比增长40.9%，2015年，市场规模达155.4亿元，同比增长43.2%（见图7）。整体而言，未来三年，网页游戏的增长速度将趋缓，移动游戏市场规模会保持50%左右的高速增长。

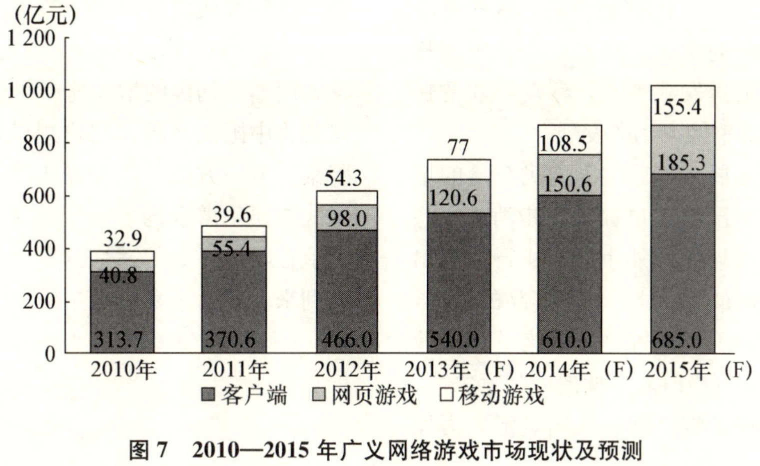


**图7　2010—2015年广义网络游戏市场现状及预测**

**（二）中国网络游戏市场用户规模变化预测**

在用户方面，其增长速度下滑的情况更加明显，中国市场人口红利期的结束是一个方面，人们生活及上网娱乐方式更加丰富是另一个重要原因。

易观智库预计，2013 年中国客户端游戏市场用户规模为 2.31 亿人，环比增长 14.93%；2014 年，为 2.59 亿人，同比增长 12.12%；2015 年，用户规模将达到 2.89 亿人，同比增长 11.58%（见图 8）。用户层面的变化，对于中国客户端网络游戏市场的规模长远来看产生深远的影响。

2013 年，中国网页游戏市场的用户规模预计达到 0.87 亿人，同比增长 16%；2014 年，用户规模为 0.98 亿人，同比增长 12.6%；2015 年，为 1.07 亿人，同比增长 9.2%。网页游戏用户规模增速放缓将更加明显。

在移动游戏方面，预计 2013 年的用户规模为 2.8 亿人，增长 30.23%；2014 年为 3.6 亿人，较上一年度增长 28.57%；2015 年，用户规模将达到 4.55 亿人，较上年增长 26.39%。

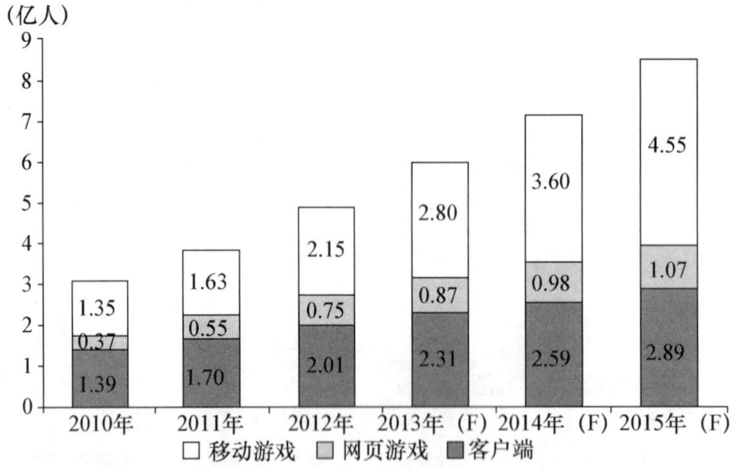


**图 8　2010—2015 年中国网络游戏市场用户规模及预测**

**（三）中国网络游戏市场发展的促进因素**

对于未来三年的中国网络游戏市场整体来说，行业发展的促进因素在于：

（1）新产品、新模式的变化。行业的发展在近两年陷入低谷，而各主要网络游戏厂商纷纷进行产品的优化升级，并部分开始了转型的步伐。作为文化创意产品的一类，网络游戏随着产品的创新、模式的创新，进一步促进市场的发展。

（2）移动互联网爆发，移动终端产品适应用户需求的变化。游戏的承载方式由红白机、街机、主机、掌机、PC 直至马上到来的移动终端，这些终端产品的变化适应了市场的发展，而随着未来中国移动互联网及智能手机的爆发式增长、移动游戏的快速发展，将进一步促进整体市场的发展。

（3）海外市场的发展。随着中国网民数量的增长达到一定的瓶颈，中国的人口红利逐步消失，各主要网络游戏厂商纷纷瞄准海外市场，实行“走出去”战略，进行国际化布局，这不仅是产品的输出，也是中华文化的输出，不但促进中国网络游戏产业的发展，也锻炼了中国网络游戏厂商的国际竞争力。

（4）政策性因素的影响。随着中国确定大力发展文化创意产业，网络游戏在中国市场的发展更加便利，政策性因素的倾斜、更多资源的投入，都成为网络游戏市场发展的促进因素。

**（四）中国网络游戏市场发展的阻碍因素**

阻碍行业发展的因素在于：

（1）行业的无序竞争，产品良莠不齐。网络游戏行业厂商众多，每年有大量的新产品推向市场，而产品良莠不齐，成为市场发展的一个隐忧，仅就网页游戏来说，其对于渠道平台的依赖过多，产品到达用户的成本过高，为行业的无序竞争提供了条件。这些都成为阻碍网络游戏发展的因素。

（2）用户增长的难度加大。就国内市场来说：一方面整体网民的增长速度在放缓，人口红利消失，这成为中国网络游戏用户规模增长放缓的一个重要因素。另一方面，随着新生代用户的成长，其娱乐方式与娱乐需求均发生了深刻的变化，网络游戏的需求在降低，如何适应这种变化，吸引更多新用户的到来，成为未来三年互联网厂商发展的主基调。

（本报告涉及金额处除注明币种外，均为人民币。）

# 版权

# 典型案件选编

DIAN XING AN JIAN XUAN BIAN

**【编者按】** 本栏目刊登四部分内容：1. 2012年4月23日，最高人民法院公布了2012年中国法院知识产权司法保护十大案件、50件典型案例和十大创新性案例，其中涉及著作权的案件共20起；2. "4·26"知识产权宣传周期间，北京市高级人民法院、广东省高级人民法院、上海市版权局公布的著作权保护典型案件；3. 中国新闻出版报、《中国版权》杂志共同发布的"2012年度查处侵权盗版十大案件"；4. 2012年部分省、自治区、直辖市查处的著作权侵权盗版案件。本栏目涉及金额处除注明币种外，均为人民币。

# 2012年中国著作权司法保护典型案件

**一、北京北大方正电子有限公司诉暴雪娱乐股份有限公司、上海第九城市信息技术有限公司、九城互动信息技术（上海）有限公司、北京情文图书有限公司侵害著作权纠纷案**［北京市高级人民法院（2007）高民初字第1108号民事判决、最高人民法院（2010）民三终字第6号民事判决］

**【案情摘要】** 北京北大方正电子有限公司（以下简称北大方正公司）是方正兰亭字库V5.0版中的方正北魏楷体GBK、方正细黑一GBK、方正剪纸GBK，方正兰亭字库V3.0版中的方正隶变GBK，方正兰亭字库V1.0版中的方正隶变GB等5款方正字体的权利人。暴雪娱乐股份有限公司（以下简称暴雪公司）是网络游戏《魔兽世界》的版权所有人，其授权上海第九城市信息技术有限公司（以下简称第九城市公司）对网络游戏进行汉化，并由第九城市公司在中国大陆地区运营该网络游戏。九城互动信息技术（上海）有限公司（以下简称九城互动公司）从第九城市公司经营该游戏的收入中进行分成并作为2005年、2006年该游戏的会计核算主体。北京情文图书有限公司（以下简称情文公司）是第九城市公司授权的网络游戏《魔兽世界》客户端软件光盘经销商之一。安装网络游戏《魔兽世界》客户端软件后，通过点击相应的操作，可以在计算机屏幕上显示出涉案5款方正字体的信息。暴雪公司、九城互动公司、第九城市公司对网络游戏《魔兽世界》中使用涉案5款字体以及标有GBK的各款字体包含21 000个汉字，标有GB的字体包含7 000个汉字的事实无异议。北大方正公司诉称：暴雪公司等在该游戏客户端中，未经北大方正公司许可，擅自复制、安装了北大方正公司享有著作权的方正兰亭字库中的方正北魏楷体、方正剪纸等5款方正字体；在该游戏运行过程中，各种游戏界面的中文文字分别使用了上述5款方正字体。暴雪公司等前述行为侵犯了北大方正公司对上述5款方正字体计算机软件著作权以及上述5款字体中每个汉字的美术作品著作权，请求判令其停止侵权、赔礼道歉、赔偿北大方正公司经济损失4.08亿元并负担本案的全部诉讼费用。

**【判决结果】** 一审法院认为，字库是为了使计算机等具有信息处理能力的装置显示、打印字符而收集并按照一定规则组织存放在存储设备中的坐标数据和函数算法等信息的集合。字库中对数据坐标和函数算法的描述并非计算机程序所指的指令，并且字库只能通过特定软件对其进行调用，本身并不能运行并产生某种结果，故字库不属于《计算机软件保护条例》所规定的程序或者文档。对北大方正公司关于暴雪公司等侵犯其涉案5款方正兰亭字库计算机软件著作权的主张不予支持。字库的制作通常经过字体设计、扫描、数字化拟和、人工修字、质检、整合成库等步骤，其中，字体设计是指由专业字体设计师依字体创意的风格、笔形特点和结构特点，在相应的正方格内书写或描绘的清晰、光滑、视觉效果良好的字体设计稿。每款字库的字体必须采用统一的风格及笔形规范进行处理。因此，字库中每个字体的制作体现出作者的独创性。涉案方正兰亭字库中的每款字体的字型符合著作权法规定的美术作品的条件，属于受著作权法保护的美术作品。第九城市公司在网络游戏《魔兽世界》客户端软件和相关补丁程序中使用涉案方正兰亭字库的5款字体并向消费者进行销售的行为及通过计算机网络向网络游戏《魔兽世界》玩家提供包含涉案方正兰亭字库5款字体的客户端软件或者相关补丁程序的行为，侵犯了北大方正公司对涉案方正兰亭字库中的字体的美术作品著作权中的复制权、发行权、信息网络传播权及获得报酬权。暴雪公司、九城互动公司应与第九城市公司承担连带责任，判决暴雪公司、九城互动公司、第九城市公司停止侵权并赔偿北大方正公司经济损失 140 万元及诉讼合理支出 5 万元。北大方正公司、暴雪公司、第九城市公司不服，提起上诉。

二审法院认为：1. 关于本案诉争的方正兰亭字库是否是著作权法意义上的作品的问题。诉争字库中的字体文件的功能是支持相关字体字型的显示和输出，其内容是字型轮廓构建指令及相关数据与字型轮廓动态调整数据指令代码的结合，其经特定软件调用后产生运行结果，属于计算机系统软件的一种，应当认定其是为了得到可在计算机及相关电子设备的输出装置中显示相关字体字型而制作的由计算机执行的代码化指令序列。因此，其属于《计算机软件保护条例》第三条第（一）项规定的计算机程序，属于著作权法意义上的作品。2. 暴雪公司等未经北大方正公司的许可，将北大方正公司享有著作权的涉案兰亭字库装入其游戏客户端并销售的行为侵犯了北大方正公司对诉争字库计算机软件的复制权、发行权和获得报酬权，将该客户端通过计算机网络向其玩家提供的行为，侵犯了北大方正公司对诉争字库计算机软件的信息网络传播权，应当承担停止侵权、赔偿北大方正公司因其侵权行为而受到的损失等民事责任。3. 关于诉争方正兰亭字库是否是著作权法意义上的美术作品的问题。本案中，诉争方正兰亭字库由方正兰亭字库 V5.0 版中的方正北魏楷体 GBK、方正细黑一 GBK、方正剪纸 GBK，方正兰亭字库 V3.0 版中的方正隶变 GBK，方正兰亭字库 V1.0 版中的方正隶变 GB 字体组成。每款字体均使用相关特定的数字函数，描述常用的 5 000 余汉字字体轮廓外形，并用相应的控制指令及对相关字体字型进行相应的精细调整，因此每款字体均由上述指令及相关数据构成，并非由线条、色彩或其他方式构成的有审美意义的平面或者立体的造型艺术作品，故其不属于著作权法意义上的美术作品。4. 关于计算机中文字库经相关计算机软件调用运行后产生的单字是否属于著作权法意义上的作品的问题。根据诉争相关字体（字库）的制作过程，字库制作过程中的印刷字库与经编码完成的计算机字库及该字库经相关计算机软件调用运行后产生的字体属于不同的客体，且由于汉字本身构造及其表现形式受到一定限制等特点，经相关计算机软件调用运行后产生的汉字只有具有著作权法意义上的独创性时方能认定其构成美术作品。5. 关于暴雪公司、第九城市公司在其网络游戏《魔兽世界》运行游戏界面中使用 5 款方正字体是否侵犯了北大方正公司的相关权利的问题。鉴于汉字具有表达思想、传递信息的功能，由于暴雪公司、第九城市公司在其游戏运行中使用上述汉字是对其表达思想、传递信息等功能的使用，无论前述汉字是否属于著作权法意义上的美术作品，其均不能禁止他人正当使用汉字来表达一定的思想，传达一定的信息的权利。因此，暴雪公司、第九城市公司在其游戏运行中使用上述字体相关汉字并不侵犯北大方正公司的相关权利。二审法院于 2012 年 5 月 30 日改判：暴雪公司等停止侵权并赔偿北大方正公司经济损失 200 万元及诉讼合理支出 5 万元。

**【典型意义】** 本案厘清了计算机中文字库的法律属性认定及计算机中文字库运行后单字的著作权保护等相关疑难法律问题，该案的判决对计算机字库相关产业及广大字库使用者具有重要的意义。

**二、胡进庆、吴云初诉上海美术电影制片厂著作权权属纠纷案**［上海市黄浦区人民法院（2010）黄民三（知）初字第 28 号民事判决、上海市第二中级人民法院（2011）沪二中民五（知）终字第 62 号民事判决］

**【案情摘要】** 胡进庆、吴云初是上海美术电影制片厂（以下简称美影厂）的职工，20 世纪 80 年代，美影厂指派胡进庆、吴云初担任国产系列动画片《葫芦兄弟》的造型设计，二人共同创作了“葫芦兄弟”的角色造型形象。胡进庆、吴云初诉称，“葫芦兄弟”形象作为美术作品可以独立于影片而由作者享有著作权，该美术作品属于一般职务作品，在双方未就著作权进行约定的情况下，“葫芦兄弟”角色造型形象的美术作品著作权应归二人所有。请求法院确认《葫芦兄弟》及其续集《葫芦小金刚》系列剪纸动画电影中“葫芦娃”（即“葫芦兄弟”和“金刚葫芦娃”）角色形象造型原创美术作品的著作权归胡进庆、吴云初所有。

**【判决结果】** 一审法院认为，“葫芦娃”角色造型构成美术作品，胡进庆和吴云初共同创作了“葫芦娃”角色造型美术作品。根据系争造型创作当时的时代背景、历史条件和双方当事人的上述行为，可以认定“葫芦娃”角色造型美术作品的著作权由美影厂享有，胡进庆、吴云初仅享有表明其作者身份的权利。从民法的公平原则角度出发，对于“葫芦娃”形象的整体性和知名度所作的贡献均应归功于美影厂，故对胡进庆、吴云初关于影片中“葫芦娃”形象的著作权归其所有的主张，不予支持，判决驳回胡进庆、吴云初的诉讼请求。胡进庆、吴云初不服，提起上诉。

二审法院认为，针对本案动画电影的整个创作而言，完成工作任务所创作的成果归属于单位，是符合当时人们的普遍认知的。且双方均认可美影厂有权对动画电影的角色形象造型进行支配，故从诚信的角度出发，胡进庆、吴云初不应在事后作出相反的意思表示，主张系争角色造型美术作品的著作权。“葫芦娃”形象依法应当认定为“特殊职务作品”，由胡进庆、吴云初享有署名权，著作权的其他权利由美影厂享有。判决：驳回上诉，维持原判。

**【典型意义】** 本案涉及动画造型美术作品著作权的认定，一般职务作品与特殊职务作品的比较和区分等法律问题，以及计划经济时代著作权归属的司法政策问题。法院综合考虑了作品创作之时的特定历史条件和规章制度以及当事人的具体行为及其真实意思表示等各个层面，认定由单位职工创作的动画角色造型属于“特殊职务作品”，单位享有除署名权之外的著作权。

**三、韩寒诉北京百度网讯科技有限公司侵犯著作权纠纷案**［北京市海淀区人民法院（2012）海民初字第5558号民事判决］

**【案情摘要】** 韩寒在百度文库中发现有多位网友将其代表作《像少年啦飞驰》（以下简称《像》书）上传至百度文库，供用户免费在线浏览和下载，其多次致函经营百度文库的北京百度网讯科技有限公司（以下简称百度公司）协商处理未果。韩寒认为百度公司侵犯了其《像》书的信息网络传播权，向海淀区法院提起诉讼，请求立即停止侵权、采取有效措施制止侵权，关闭百度文库，赔礼道歉，赔偿经济损失25.4万元并承担律师费、公证费等。百度公司认为百度文库属于信息存储空间，其中的文档由网友自行上传，百度公司收到韩寒投诉后，及时删除了投诉链接和相关作品，并将投诉作品纳入百度文库反盗版系统正版资源库，采用技术措施预防侵权，不存在过错，不应承担侵权责任。

**【判决结果】** 法院认为，百度公司经营百度文库，一般不负有对网络用户上传的作品进行事先审查、监控的义务，但并不意味着百度公司对百度文库中的侵权行为可以不加任何干预和限制。考虑到涉案作品为知名作家的知名作品，韩寒曾于2011年3月作为作家代表之一就百度文库侵权一事与百度公司协商谈判，百度公司理应知道韩寒不同意百度文库传播其作品，也应知道百度文库中存在侵害韩寒著作权的文档，百度公司对韩寒作品负有较高的注意义务。对于负有较高注意义务的《像》书侵权文档，百度公司消极等待权利人提供正版作品或通知，未能确保其反盗版系统正常运行之功能，也未能采取其他必要措施制止该侵权文档在百度文库传播，主观上存在过错，故判决百度公司赔偿韩寒经济损失39 800元及合理开支4 000元。一审判决后，当事人均未提起上诉。

**【典型意义】** 本案系与作家维权联盟诉百度文库商业模式侵权案相关联的案件。本案百度公司作为信息存储空间网络服务提供者，一般不负有对网络用户上传的作品进行事先审查、监控的义务，但这不意味着百度公司对百度文库中的侵权行为可以不加任何干预和限制。根据本案具体的事实，可以认定百度公司应知涉案作品侵犯韩寒相关作品信息网络传播权，百度公司未尽到合理注意义务并采取其控制能力范围内制止侵权的必要措施，具有过错，应当承担相应的侵权责任。

**四、腾讯科技（深圳）有限公司、深圳市腾讯计算机系统有限公司与上海虹连网络科技有限公司、上海我要网络发展有限公司、许子华侵害计算机软件著作权及不正当竞争纠纷案**［武汉市江岸区人民法院（2009）岸知民初字第4号民事判决、湖北省武汉市中级人民法院（2011）武知终字第6号民事判决］

**【案情摘要】** 腾讯科技（深圳）有限公司（以下简称腾讯科技公司）开发了QQ即时通信软件，并将QQ软件及其各升级版本授权深圳市腾讯计算机系统有限公司（以下简称腾讯计算机公司）在腾讯网（www.qq.com）进行运营。2008年初，上海虹连网络科技有限公司（以下简称虹连公司）针对腾讯QQ软件开发了彩虹显IP软件，并在其开办的网站提供该软件的官方免费下载。上海我要网络发展有限公司（以下简称我要网络公司）参与了彩虹显软件的后期开发和运营，并为该软件的官方网站提供服务器等物质支持。彩虹显IP软件的主要功能在于改变腾讯QQ软件用户上线时具有的隐身功能（以下简称显隐身）和显示在线好友的IP地址及地理位置（以下简称显IP）。彩虹显IP软件无法独立运行，必须“依附”于腾讯QQ软件运行。经技术鉴定：1. 彩虹显软件将其与微软msimg32.dll同名的文件置于QQ软件安装目录下，利用QQ软件运行需要加载微软msimg32.dll文件的机理进入QQ进程空间，从而加载彩虹显的主功能文件CaiHong.dll，完成“导入”；2. 运行中，CaiHong.

dll 修改了 QQ 软件的 19 处目标程序指令；3. 彩虹显软件在前述修改腾讯 QQ 软件目标程序的基础上，实现了“显 IP”、“显隐身”功能，从而破坏了腾讯 QQ 软件的隐 IP、隐身功能。许子华在个人开办的网站（www.itmop.com）上提供彩虹显 IP 软件的下载服务。腾讯科技公司、腾讯计算机公司诉至法院，请求判令：1. 许子华立即停止侵犯两原告著作权的行为，停止在 www.itmop.com 上提供彩虹显 IP 功能软件的下载服务；2. 虹连公司和我要网络公司立即停止侵犯两原告计算机软件著作权的行为及不正当竞争行为，在全国性媒体上对两原告公开道歉；3. 虹连公司赔偿两原告经济损失 50 万元，我要网络公司承担连带赔偿责任。

**【判决结果】** 一审法院认为，虹连公司和我要网络公司侵犯了腾讯科技公司的著作权之修改权，应赔偿经济损失及合理费用 30 万元，同时构成对两腾讯公司的不正当竞争，应赔偿经济损失及合理费用 20 万元。许子华构成对腾讯科技公司著作权的共同侵权，应立即停止侵权行为，公开道歉。虹连公司、我要网络公司不服，提起上诉。

二审法院认为，计算机软件的功能必须通过计算机程序的运行实现，功能的改变是计算机程序改变的外在表现形式。彩虹显 IP 软件改变了 QQ 软件目标程序中必备的相关代码、指令及其顺序，导致 QQ 软件的部分功能缺失或发生变化。此行为侵犯了腾讯科技公司对其软件作品的修改权。虹连公司、我要网络公司开发彩虹显 IP 软件并将其寄生于腾讯 QQ 软件，分享了两腾讯公司经过长期经营而拥有的用户资源。彩虹显 IP 软件改变腾讯 QQ 软件的原有功能，有可能导致该部分客户弃用腾讯 QQ 软件，基于双方之间的同业竞争关系，虹连公司、我要网络公司的行为同时违反了诚实信用原则，构成不正当竞争。判决：驳回上诉，维持原判。

**【典型意义】** 随着信息技术的发展，对于如本案中 QQ 软件那样主要通过网络方式传播的软件，侵害软件修改权的司法认定不应仅局限于传统上对计算机程序或有关文档的比对，还应考虑到软件与互联网等网络环境的互动关系以及信息技术的发展导致计算机软件侵权纠纷呈现的新趋势。在法律适用上，本案未将《计算机软件保护条例》第八条中关于“修改权”的定义仅理解为对源程序或目标程序静态的修改，而是综合考虑了修改的具体行为、手段与修改后的技术效果、功能等因素，将本案中的行为纳入软件著作权人修改权的调整范围。

**五、中国体育报业总社与广东音像出版社有限公司、广东豪盛文化传播有限公司、北京图书大厦有限责任公司著作权权属、侵权纠纷案**［北京市西城区人民法院（2012）西民初字第 14070 号民事判决］

**【案情摘要】** 国家体育总局群众体育司具体负责中华人民共和国第九套广播体操的创编工作，2011 年 6 月 27 日，群众体育司代表国家体育总局与中国体育报业总社（以下简称体育报业总社）签订合同，将第九套广播体操系列产品复制、出版、发行和网络信息传播权独家授予体育报业总社。经国家体育总局审定批准，《第九套广播体操图解手册 DVD CD》由人民体育出版社于 2011 年 8 月出版。广东音像出版社有限公司（以下简称广东音像公司）出版了《第九套广播体操》DVD 产品，广东豪盛文化传播有限公司（以下简称豪盛公司）总经销。其中演示、讲解的动作与第九套广播体操的动作基本相同，并使用了第九套广播体操的伴奏音乐。北京图书大厦有限责任公司（以下简称图书大厦）销售了上述 DVD。体育报业总社认为，上述行为侵犯了其对于第九套广播体操动作设计编排、伴奏音乐、口令以及相关音像制品享有的专有复制、发行权，请求法院判令：1. 三被告停止侵害，广东音像公司、豪盛公司在《人民法院报》刊登声明，消除影响；2. 三被告赔偿原告经济损失 49 万元并承担原告为打击侵权行为而支出的公证费、调查费、律师费、交通费、住宿费等合理开支共计 17 585 元。

**【判决结果】** 法院认为，被控侵权 DVD 与授权出版物中演示教学片的示范人员不同、影像迥异，并非同一录像制品，但使用了相同的第九套广播体操动作和带口令的伴奏音乐，故本案的关键问题在于第九套广播体操的动作是否属于著作权法意义上的作品以及对伴奏音乐的使用是否构成侵权。第九套广播体操的动作不是文学、艺术、科学领域内的智力成果，本质上属于一种健身方法、步骤或程序，不具备作为作品的法定要件，故不属于著作权法意义上的作品，不受著作权法保护。单纯示范、讲解或演示第九套广播体操的动作以及录制、发行相关录像制品的行为不构成侵犯著作权。但是第九套广播体操的伴奏音乐属于国家体育总局享有著作权的职务作品，体育报业总社获得相关音乐作品和录音制品的专有使用权，广东音像公司、豪盛公司使用该配乐制作录像制品构成对其著作权的侵犯。判决：广东音像公司、豪盛公司停止侵权，赔偿体育报业总社经济损失及合理支出共计 10 万元，图书大厦停止销售侵权产品。一审判决后，当事人均未提起上诉。

**【典型意义】** 本案系我国法院对于体育动作是否享有著作权问题的首次认定，具有较强的理论和实践意义。广播体操本质上属于一种健身方法、步骤或程序，而方法、步骤和程序均属于著作权法不保护的思想观念范畴。因此，法院认定第九套广播体操的动作不属于著作权法意义上的作品。本案的审理对体操、瑜伽等功能性肢体动作是否应受著作权法保护的问题进行了有益探索。

**六、中国科学院海洋研究所、郑守仪诉刘俊谦、莱州市万利达石业有限公司、烟台环境艺术管理办公室侵害著作权纠纷案**［青岛市中级人民法院（2010）青民三初字第145号民事判决、山东省高级人民法院（2012）鲁民三终字第33号民事判决］

**【案情摘要】** 郑守仪系中国科学院海洋研究所（以下简称海洋研究所）研究员，其于2006年前制作完成了包括涉案模型在内的一批有孔虫模型。2007年，刘俊谦曾向郑守仪借走相关有孔虫模型。2008年6月，郑守仪发现，刘俊谦与莱州市万利达石业有限公司（以下简称万利达公司）未经许可复制由海洋研究所和郑守仪享有著作权的十个有孔虫模型，制成十座“有孔虫”雕塑，并由烟台环境艺术管理办公室（以下简称烟台环境办）购买安置在烟台滨海中路。海洋研究所和郑守仪认为，刘俊谦、万利达公司和烟台环境办侵害了其著作权，请求法院判令其停止侵权、赔礼道歉、消除影响并赔偿损失及制止侵权合理支出50万元。

**【判决结果】** 一审法院认为，郑守仪在对有孔虫进行科学研究的过程中，发现特定生长阶段的有孔虫所体现的自然形态具有艺术美感，并在此基础上制成了有孔虫放大模型。涉案有孔虫模型系郑守仪独立创作完成，是其智力劳动的成果，体现了其对有孔虫特定生长阶段、色彩与表达方法的个性化选择及其观察能力、绘图能力和雕刻能力，构成著作权法意义上的作品。经比对，被诉侵权的澳大利亚似块心虫雕塑因与郑守仪变纹长口虫模型在整体结构、线条及各个侧面均有明显差异，故不构成对海洋研究所、郑守仪作品著作权的侵犯。被诉侵权的诺凡笑口虫雕塑等九座雕塑与郑守仪的模型作品仅在局部有细微差别，整体上并无明显的视觉差异，构成实质性相似。鉴于刘俊谦在设计被诉侵权雕塑前接触过郑守仪的模型作品，其又未能充分举证证明被诉侵权雕塑系由其独立创作完成，故构成对海洋研究所、郑守仪著作权的侵害。又因郑守仪创作有孔虫模型的目的是使社会公众了解有孔虫的自然形态和真实名称，因此其作品与名称之间的唯一对应关系属于郑守仪作品的应有之义，应当受到著作权法的保护。刘俊谦将侵权雕塑错误命名，割裂了郑守仪作品与其名称之间的对应关系，歪曲了郑守仪作品所反映的事物内容，违背了郑守仪创作的原意和思想感情，构成对著作权人享有的保护作品完整权的侵犯。诺凡笑口虫雕塑等九座被诉侵权雕塑侵犯了郑守仪对相关模型作品享有的署名权，以及海洋研究所享有的相关复制权、修改权、保护作品完整权，判决烟台环境办将诺凡笑口虫等九座侵权雕塑底座上的相关介绍移除，并在显著位置注明“根据中国科学院海洋研究所、郑守仪的有孔虫模型，对局部进行变形处理制作而成”，同时指明有孔虫的具体名称（依次为叶编织虫等）；烟台环境办向海洋研究所支付作品使用费5万元；刘俊谦在《烟台日报》或《烟台晚报》向海洋研究所、郑守仪公开赔礼道歉；万利达公司、烟台环境办在《烟台日报》或《烟台晚报》向海洋研究所、郑守仪刊登声明消除影响；刘俊谦赔偿海洋研究所经济损失及合理费用共计6万元。刘俊谦不服，提起上诉。二审法院判决：驳回上诉，维持原判。

**【典型意义】** 本案涉及对复制行为与演绎行为区分判断问题，以及对演绎作品的侵权认定问题。复制行为与演绎行为的最重要区别在于是否增加新的“创作”内容。复制行为是指对原作的再现，无论是不改变原作载体的复制，还是从无载体到有载体的复制，抑或是从平面到立体的复制，均不增加任何“创作”的内容；演绎行为则是指在原作基础上的创作，演绎作品虽未改变原作之创作思想的基本表达形式，但含有后一创作者的创作成分。演绎作品著作权的行使应取得原作者的许可，且不得损害原作品的著作权。

**七、薛华克诉燕娅娅、北京翰海拍卖有限公司侵害著作权纠纷案**［北京市朝阳区人民法院（2011）朝民初字第20681号民事判决、北京市第二中级人民法院（2012）二中民终字第11569号民事调解书］

**【案情摘要】** 薛华克发现燕娅娅未经许可擅自将其所创作的摄影作品《次仁卓玛》演绎为油画作品《阿妈与达娃》进行展览、出版，且燕娅娅还通过北京翰海拍卖有限公司（以下简称翰海拍卖公司）高价拍卖了该油画作品。薛华克以燕娅娅的行为侵犯了其改编权，翰海拍卖公司拍卖侵权作品亦构成侵权为由，请求法院判令：燕娅娅停止侵权，赔礼道歉，赔偿经济损失1.5万元，并与翰海拍卖公司共同收回已拍卖成交的侵权作品并予以销毁。

**【判决结果】** 一审法院认为，涉案油画作品与涉案摄影作品在构图，光线对比，人物细微的姿势、神态、服饰以及物品摆放的状态等方面高度相似。鉴于薛华克的摄影作品在先发表，燕娅娅创作涉案油画时有机会接触到该摄影作品，且燕娅娅未能充分举证证明涉案油画系其独立创作，故应认定燕娅娅在绘制涉案油画时不仅参照了薛华克涉案摄影作品的主题，还使用了该作品中具有独创性的表达，燕娅娅的行为系在不改变作品基本内容的前提下，将作品由摄影作品改编成油画作品的行为，构成了对薛华克摄影作品的改编，侵害了薛华克的改编权。判决燕娅娅停止使用涉案侵权油画的行为，并赔偿薛华克经济损失 15 000 元。薛华克、燕娅娅均不服，提起上诉，后双方达成调解协议，并由二审法院出具调解书予以确认。

**【典型意义】** 本案系对参照他人摄影作品绘制油画行为作出侵权认定案件，具有一定的典型意义，受到了法学界、美术界、摄影界以及新闻媒体的广泛关注。通过本案的审理，法院明确了未经许可参照他人摄影作品绘制油画、在油画中使用摄影作品具有独创性的画面形象并对油画进行商业使用的行为，构成对摄影作品改编权的侵犯，属于侵害著作权的行为。

### 八、上海玄霆娱乐信息科技有限公司与王钟、北京幻想纵横网络技术有限公司著作权合同纠纷案

[上海市浦东新区人民法院（2010）浦民三（知）初字第 424 号民事判决、上海市第一中级人民法院（2011）沪一中民五（知）终字第 136 号民事判决]

**【案情摘要】** 2010 年 1 月 18 日，甲方上海玄霆娱乐信息科技有限公司（以下简称玄霆公司）与乙方王钟签订《白金作者作品协议》一份，约定乙方同意并确认将自该协议生效之日起四年内所创作的所有作品在全球范围内的信息网络传播权及协议作品电子形式的汇编权、改编权、复制权、发行权等全部永久转让于甲方。同日，玄霆公司与王钟还签订了《委托创作协议》一份，约定乙方为甲方的专属作者，专属作者是指在协议期间内未经甲方书面许可，乙方不得以任何名义，将乙方在协议期间内创作的包括协议作品在内的各类作品交于或许可第三方发表、使用或开发，或者为第三方创作各类作品。2010 年 2 月 10 日，玄霆公司依约向王钟预付了 10 万元创作资金。2010 年 6 月 18 日，王钟（乙方）与北京幻想纵横网络技术有限公司（以下简称幻想公司）（甲方）签订《劳动合同书》一份，约定王钟在幻想公司处担任游戏策划部门总监一职，乙方按照甲方要求创作的职务作品著作权归幻想公司所有。2010 年 7 月 18 日，王钟以“梦入神机”的笔名开始在纵横中文网上发表作品《永生》。截至 2011 年 3 月 3 日止，该作品的发表字数为 1 792 144 字，且目前仍在连载中。玄霆公司请求法院判令：王钟继续履行《白金作者作品协议》及《委托创作协议》，停止在其他网站发布其创作作品的行为，赔偿违约金 101 万元，并确认王钟创作的《永生》著作权归玄霆公司所有。王钟反诉请求判令：撤销《白金作者作品协议》，解除《委托创作协议》。

**【判决结果】** 一审法院认为，《白金作者作品协议》系依法成立的合同，受法律保护，对当事人具有法律约束力。该协议不存在显失公平的情形，不符合《合同法》规定的撤销条件。委托创作协议所涉及的文学作品必须依赖于作者的创造性智力劳动，委托人不能取代受托人的智力创造，故其不同于《合同法》中委托合同。因而本案《委托创作协议》不适用《合同法》第四百一十条关于“委托人或者受托人可以随时解除委托合同”的规定。鉴于玄霆公司不同意解除合同，故对王钟关于解除《委托创作协议》的诉讼请求不予支持，双方应继续履行该协议。根据《白金作者作品协议》和《委托创作协议》中的相关约定，王钟应停止在其他网站上发表相关作品，《永生》著作权依约属于玄霆公司。判决玄霆公司与王钟继续履行《白金作者作品协议》和《委托创作协议》，王钟停止在纵横中文网上继续发表《永生》的行为并支付玄霆公司违约金 20 万元，王钟创作的《永生》著作权（除法律规定不可转让的权利以外）归玄霆公司所有。王钟、幻想公司不服，提起上诉。

二审法院认为，在委托创作协议中，双方约定王钟为玄霆公司的“专属作者”，只能创作“协议作品”，不得为他人创作作品或者将作品交于第三方发表等。这些义务，涉及王钟的创作自由，具有人身属性，在性质上并不适于强制履行，且若强制王钟不得创作协议作品以外的作品，也不符合著作权法鼓励创作的立法目的。故虽然玄霆公司主张依据合同享有《永生》著作权于法有据，但其不得请求王钟继续履行合同，只能请求王钟支付违约金或者赔偿损失。由于前述合同义务在性质上不适于强制履行，合同目的因王钟的违约行为不能实现，故而王钟请求解除合同可予以支持，但王钟应当承担支付违约金等违约责任。二审法院改判：王钟创作的

《永生》著作权（除法律规定不可转让的权利以外）归上海玄霆娱乐信息科技有限公司所有，《白金作者作品协议》、《委托创作协议》于判决生效之日予以解除，王钟向玄霆公司支付违约金60万元。

**【典型意义】** 本案系网络文学网站经营者和网络写手之间发生的争议，其争议焦点在于准确评价网站经营者“买断”网络写手未来所有作品的法律关系的定性、合同效力、违约责任判定等问题。当事人就未来作品的权利转让所达成的协议之效力，目前著作权法尚无规定，法院依据当事人合同意思自治原则认定其具有法律效力。同时，法院还认定，由于创作属于作者的智力创造活动，具有人身属性，当合同义务涉及作者的创作行为或创作自由时，对方当事人不得主张强制履行。

**九、周传康、章金元等与浙江省戏剧家协会等侵害著作权纠纷案**［浙江省杭州市中级人民法院（2011）浙杭知初字第967号民事判决］

**【案情摘要】** 周传康、章金元等五原告系七龄童（本名章宗信）的妻儿，均为七龄童的合法继承人。五原告认为，贝庚执笔的《孙悟空三打白骨精》，是由原浙江省文化局《孙悟空三打白骨精》整理小组从七龄童改编的绍剧《孙悟空三打白骨精》和《大破平顶山》两剧改编而来的作品。由浙江省戏剧家协会、浙江省文化艺术研究院合编，中国戏剧出版社出版的《陈静贝庚金松剧作选》，将《孙悟空三打白骨精》作为贝庚个人作品编入该书，未注明任何出处或改编自何处，侵害了七龄童的著作权。为此请求法院判令：三被告以任何方式再使用贝庚执笔的《孙悟空三打白骨精》时，须在该剧本前注明“根据七龄童（本名章宗信）戏剧作品《孙悟空三打白骨精》、《大破平顶山》改编”；销毁库存的《陈静贝庚金松剧作选》，并在相关新闻媒体上公开发表启事，说明《陈静贝庚金松剧作选》中的错误及贝庚执笔的《孙悟空三打白骨精》系根据七龄童（本名章宗信）戏剧作品《孙悟空三打白骨精》、《大破平顶山》改编；赔礼道歉，并承担5万元的连带赔偿责任。

**【判决结果】** 法院对吴承恩所著之《西游记》第二十七回——“尸魔三戏唐三藏　圣僧恨逐美猴王”、第三十一回“猪八戒义激猴王　孙行者智降妖怪”，与七龄童署名的1958年版《孙悟空三打白骨精》，以及贝庚署名的1993年版《孙悟空三打白骨精》绍剧剧本，从人物、剧情、台词、场次四个方面进行比对后认为，1993年贝庚版的《孙悟空三打白骨精》绍剧剧本是以1958年七龄童、顾锡东版的《孙悟空三打白骨精》为母本，在此基础上对人物、情节、台词、场次等作了较大的改动后形成的带有贝庚鲜明特色和主题思想的《孙悟空三打白骨精》绍剧剧本，即认定贝庚版的《孙悟空三打白骨精》绍剧剧本是根据1958年七龄童、顾锡东创作的《孙悟空三打白骨精》绍剧剧本改编而来。鉴于《陈静贝庚金松剧作选》一书的序言中明确记载“《孙悟空三打白骨精》离不开绍剧表演艺术家六龄童、七龄童的高超艺术精彩表演，也离不开七龄童提供两个绍剧脚本的基础”，故三被告应当注意到该剧本可能存在在先的改编者，有义务去核实在先改编者七龄童或其继承人的情况。三被告未尽到合理的注意义务，侵害了七龄童的著作权。判决：浙江省戏剧家协会、浙江省文化艺术研究院、中国戏剧出版社在《钱江晚报》上发表声明，说明1993年6月出版的《陈静贝庚金松剧作选》中收录的贝庚所作的《孙悟空三打白骨精》绍剧剧本，系改编自七龄童（章宗信）的同名剧本；销毁库存的涉案《陈静贝庚金松剧作选》；若再次使用贝庚所著的《孙悟空三打白骨精》绍剧剧本时，需为原改编者七龄童（章宗信）署名；共同赔偿周传康、章金元等经济损失及制止侵权合理支出共计15 000元。一审判决后，当事人均未提起上诉。

**【典型意义】** 著作权人的合法继承人，有权依法维护七龄童的著作权免受侵犯。法院在通过详尽的论证分析后认定贝庚版《孙悟空三打白骨精》绍剧剧本是根据1958年七龄童、顾锡东创作的《孙悟空三打白骨精》绍剧剧本改编而来的，并依法判令三被告承担停止侵权、赔偿损失的责任，综合考虑了该绍剧作品的特殊历史沿革、三被告的主观过错程度、可能获得的利益等因素。

**十、孙根荣与冯绍锦侵害复制权、发行权纠纷案**［江西省景德镇市中级人民法院（2011）景民三初字第16号民事判决］

**【案情摘要】** 孙根荣于2005年12月3日独立创作完成“春雪楼阁图”陶瓷作品，依法享有著作权。2010年6月21日，孙根荣发现冯绍锦在其经营场所销售仿冒的“春雪楼阁图”陶瓷产品。孙根荣认为冯绍锦的行为侵害其作品复制权、发行权，遂诉至法院，请求判令冯绍锦立即停止侵权、销毁仿冒“春雪楼阁图”的陶瓷制品，在《景德镇日报》上公开赔礼道歉，赔偿经济损失及合理开支共计15 000元。

【判决结果】 法院根据孙根荣的申请，到冯绍锦的经营场所对其销售的被诉侵权产品进行了拍照固定，并到景德镇市新闻出版局调取了冯绍锦因侵犯“春雪楼阁图”美术作品著作权而被行政处罚的查封（扣押）通知书、询问笔录、行政处罚决定书、被控侵权产品等证据材料。法院经审理认为，孙根荣是美术作品“春雪楼阁图”的作者，依法对该作品享有著作权。被诉侵权产品与孙根荣的“春雪楼阁图”美术作品相比，除底色略有不同外，树木、房屋、人物的排列结构以及组合效果等方面均相近似。冯绍锦未经孙根荣许可，生产、销售被诉侵权产品的行为侵犯了孙根荣对“春雪楼阁图”美术作品所享有的著作权。综合考虑涉案作品类型，冯绍锦主观过错程度、侵权行为性质，判决冯绍锦立即停止生产、销售侵犯孙根荣享有的“春雪楼阁图”美术作品著作权的产品，销毁全部侵权产品，并赔偿孙根荣经济损失 15 000 元。一审判决后，当事人均未提起上诉。

【典型意义】 本案涉及仿冒陶瓷产品上所载美术作品的著作权保护，法院在诉讼中根据当事人的诉讼请求，积极采取财产保全和证据保全措施，较好地解决了权利人取证难、案件审结后执行难等问题。

**十一、上海世纪华创文化形象管理有限公司与湖北新一佳超市有限公司侵害著作权纠纷案**［武汉市中级人民法院（2011）武知初字第 378 号、湖北省高级人民法院（2012）鄂民三终字第 23 号］

【案情摘要】 圆谷制作株式会社（以下简称日本圆谷）1996 年 4 月 7 日制作完成《迪迦奥特曼（1～52 集）》系列影视作品，1996 年 9 月 7 日在日本首次公映。2006 年 11 月 20 日日本圆谷在中国国家版权局版权保护中心进行著作权登记。2009 年 2 月 13 日，日本圆谷将上述系列影视作品及其形象在中国（不含港、澳、台地区）复制权、发行权、出租权、商品化权等权利及上述权利的再许可独占性的权利授予上海世纪华创文化形象管理有限公司（以下简称上海华创），授权期限自 2007 年 2 月 1 日至 2012 年 1 月 31 日。2009 年 4 月 13 日，上海市版权局对上述授权证明进行备案，备案证书载明的内容与授权证明相比，去掉了日本圆谷将奥特曼系列影视作品的商品化权及作品中人物形象的复制权、发行权、商品化权等权利授予上海华创的内容。2010 年 7 月 8 日，上海华创发现湖北新一佳超市有限公司（以下简称新一佳超市）销售的名为“百变超人”的玩具涉嫌侵犯其迪迦奥特曼形象著作权，遂诉至法院。上海华创认为，新一佳超市应知上海华创对该作品享有著作权，仍然销售这些带有“迪迦奥特曼”形象的侵权商品，主观上具有过错，应承担侵权的民事责任。请求法院判令新一佳超市立即停止销售涉案被控侵权玩具，并赔偿经济损失 3 万元等。

【判决结果】 一审法院认为，影视角色形象“迪迦奥特曼”作为可以脱离《迪迦奥特曼》影视作品而独立行使著作权的作品，其著作权的归属必须予以证明。上海华创对“迪迦奥特曼”角色形象设计者身份及权利归属未提交证据证实，应承担举证不能的不利后果。判决：驳回上海华创的诉讼请求。上海华创不服，提起上诉。二审法院判决：驳回上诉，维持原判。

【典型意义】 具有独创性的影视角色形象属于独立于影视作品的美术作品，该美术作品的作者享有单独行使著作权的权利。在无证据证明的情况下，不能简单地或当然地推定影视作品的著作权人享有影视角色形象的著作权。裁判法院即是以上海华创未能举证证明其享有涉案影视角色形象的著作权为由，驳回其诉讼请求。

**十二、上海激动网络股份有限公司与武汉市广播影视局、武汉网络电视股份有限公司侵害信息网络传播权纠纷案**［武汉市中级人民法院（2012）武知初字第 3 号民事判决、湖北省高级人民法院（2012）鄂民三终字第 184 号民事判决］

【案情摘要】 上海激动网络股份有限公司（简称上海激动公司）诉称，其斥资 160 万元购得 42 集电视连续剧《老大的幸福》之独家信息网络传播权。该剧于 2010 年 3 月 4 日“两会”期间在央视一套首播。由被告武汉市广播影视局备案、被告武汉网络电视股份有限公司（以下简称武汉网络公司）实际经营的“黄鹤 TV”网站未经许可，擅自提供该剧的在线播映服务，严重冲击了该剧在互联网领域的收视以及上海激动公司对该剧网络版权的分销，影响到上海激动公司与商业伙伴的合作信誉和经济利益。请求法院判令两被告刊登启事消除影响，并赔偿上海激动公司损失合计 55 000 元。

【判决结果】 一审法院认为，上海激动公司享有涉案电视剧的信息网络传播权。武汉网络公司所经营网站播放的涉案电视剧系由北京新浪互联信息服务有限公司（以下简称新浪公司）的合作伙伴（即北京若博佰思咨询有限公司）提供的互联网云视频视听服务。双方合作的技术实现方式及特点表现为：1. 新浪公司的合作伙伴提供“云视频”代码及其放置方法，将播放器代码嵌入武汉网络公司的网站终端页，形成播放页播放器模块；2. 当用户点击武汉网络公司网站终端页时，页面统一跳转到新浪公司的网站播放页上，武汉网络公司网站广告等自身内容仍予保留；3. 武汉网络公司网站无须安装播放器，可自定义页面风格；4. 当新浪公司贮存作品的网络服务器出现故障或停止所有新浪云视频内容的在线访问与播放输出时，被控侵权网站也就无法继续获取并播放作品。因此，被控侵权网站利用云视频技术与新浪公司网站形成了链接，实现了播放涉案作品的目的。被控侵权网站中可观看涉案作品的事实，系运用“新浪云视频”技术的结果。武汉网络公司网站虽提供了涉案作品在线播放服务，但并未在自己的服务器上贮存涉案作品，也未通过其服务器向互联网上传作品，因此其行为尚不属于直接侵权。新浪公司与上海激动公司之间签订的合同约定：新浪公司取得涉案电视剧一定期限的信息网络传播权，有权将该作品上传至互联网或以其他方式将其置于向公众开放的网络服务器中。因此，新浪公司上传作品的行为合法。上述行为一旦完成，必然导致公众通过互联网在选定的时间和地点获得该作品的可能性存在。武汉网络公司的网站利用“新浪云视频”技术及相关代码获取并播放已被新浪公司上传至互联网的涉案作品，是其自愿接受“新浪云视频”服务的行为，该行为不属于间接侵权。判决：驳回上海激动公司的诉讼请求。上海激动公司不服，向二审法院提起上诉。在二审期间，上海激动公司撤回上诉。

**【典型意义】** 在“三网融合”过程中，“云视频”技术的出现，对信息网络传播权的司法保护提出了新的要求。本案的判决，正确把握了立法精神，判决结果对鼓励新技术发展和文化事业繁荣具有积极意义。

**十三、游戏天堂电子科技（北京）有限公司与三亚鸿源网吧著作权纠纷案**［三亚市中级人民法院（2011）三亚民二初字第49号民事判决、海南省高级人民法院（2012）琼民三终字第39号民事判决］

**【案情摘要】** 涉案游戏软件《三国群英传V》由宇峻奥汀科技股份有限公司（以下简称宇峻奥汀公司）于2005年2月1日开发完成，该公司对此享有著作权。2010年6月20日宇峻奥汀公司将涉案游戏软件授权给游戏天堂电子科技（北京）有限公司（以下简称游戏天堂公司）使用，即将包括游戏（含繁体版和简体版）的信息网络传播权、复制权等著作权及相关权利独家授权给游戏天堂公司。授权区域：中国大陆地区；授权期限：两年（自2010年6月20日起至2012年6月19日）。游戏天堂公司拥有对所涉及知识产权的侵权行为（包括但不限于针对互联网的下载、传播、各种形式的使用）进行维权的权利；2011年3月9日国家版权局核发《计算机软件著作权专有许可合同登记证书》载明上述内容，但授权期限为2009年12月31日至2012年12月31日。

2010年11月11日，游戏天堂公司委派代理人王柳向北京市方正公证处申请证据保全公证。该公证处指派公证员杨立庄、工作人员邹坤华与游戏天堂公司委托代理人王贵平前往涉案三亚鸿源网吧（以下简称网吧），对该网吧启动相关游戏过程的情况进行保全证据公证。2011年2月9日该公证处出具《公证书》载明：王贵平以普通消费者的身份在网吧办理上机手续后，杨立庄随机选择了009号计算机，并监督王贵平在该电脑上进行操作。主要操作内容为：在009号计算机操作桌面上新建名为“1117－鸿源网络城”的word文档，对当前操作系统桌面进行截屏，将截屏文件粘贴于word文档内；双击桌面上“单机游戏”，对操作窗口进行截屏并保存于word文档内；点击对话框内的“立即运行”，截屏显示另一新对话框并保存于word文档内；点击该新对话框内的“OK”，截屏出现“宇峻奥汀”字样和《三国群英传V》的游戏画面，并保存于word文档内；点击鼠标左键，进入该游戏的另一画面，对该画面进行截屏并保存于word文档内；点击操作界面中的“征战天下”、“军团出城”、“讨伐”、“准备作战”、“开始战斗”、“进入战场”、“作战指令”、“全军冲锋”、“全军撤退”等，对相关界面进行截屏并保存于word文档内；点击操作系统菜单中的“离开游戏”，然后点击显示的“确定”，退出游戏，返回桌面，再点击桌面下方的消费信息查询，对前述操作进行逐一截屏并保存于word文档内。同时，公证员杨立庄对网吧建筑外观进行了拍照。证据保全结束后，杨立庄将该word文档和网吧外观照片使用公证处计算机记录至光盘内。游戏天堂公司请求法院判令网吧：1. 停止对涉案游戏软件的侵权行为，卸载电脑上所安装的该游戏软件；2. 赔偿游戏天堂公司损失1万元；3. 赔偿游戏天堂公司为制止侵权而支出的费用6 400元；4. 负担本案的诉讼费。

网吧辩称：网吧使用的是一个由网维大师公司提供的付费平台，《三国群英传V》游戏不是网吧下载的，即使侵权也与网吧无关，游戏天堂公司应起诉网维大师公司。《三国群英传V》是一个可以复制拷贝的游戏，《公证书》并未表明是在其网吧的电脑上截图，公证人员也未到网吧现场，该《公证书》无效。法院应当驳回游戏天堂公司的诉讼请求。

**【判决结果】** 一审法院认为，网吧否认公证人员到过网吧现场而举出上网收费清单，因该上网收费清单是网吧自制作，不足以推翻《公证书》效力。根据《公证书》及所附光盘载明的内容，网吧未经游戏天堂公司许可，在其经营的场所内，利用其系统平台的局域网向不特定的公众提供涉案游戏软件的使用服务，侵犯了游戏天堂公司的信息网络传播权和复制权。判令网吧：停止侵权行为，卸载网吧电脑上安装的涉案游戏软件；赔偿游戏天堂公司经济损失及合理费用共 2 500 元。游戏天堂公司不服，提起上诉。请求改判网吧赔偿 16 100 元及负担两审诉讼费用。二审法院判决：驳回上诉，维持原判。

**【典型意义】** 有关网吧侵害权利人游戏软件信息网络传播权纠纷案件时有发生，本案具有典型性。本案权利人为证明涉案网吧存在侵权行为，提交了证据保全公证书，因涉案网吧没有提交充分证据推翻该公证书所载相关事实，据此，法院认可了公证书的证据效力，判令涉案网吧承担侵权责任。

**十四、重庆帝华广告传媒有限公司与四川美术学院委托创作合同纠纷案**［重庆市第一中级人民法院（2011）渝一中法民初字 623 号民事判决、重庆市高级人民法院（2012）渝高法民终字第 115 号民事判决］

**【案情摘要】** 2009 年 7 月 2 日，重庆帝华广告传媒有限公司（以下简称帝华公司）（甲方）与四川美术学院（以下简称四川美院）签订《委托创作合同》，约定四川美院为帝华公司制作暂定名“熊乐乐与小马哥”（后确定为《嘻哈游记》）的动画片 1～5 集，每集价格为 1.5 万元；该项目产生的一切成果归甲方所有，乙方保留署名权等。四川美院按约向帝华公司交付了该五集动画片。同年 9 月 15 日，双方又签订了一份《委托创作合同》，约定委托创作内容：三维动画片《嘻哈游记》95 集的制作；每集 10 分钟，部分画面由二维绘制；制作费每集 1.5 万元，总金额 142.5 万元。合作时间从《嘻哈游记》五集样片制作完成，双方验收合格交付甲方之日起自动生效，至 2010 年 6 月 1 日止。质量标准以《嘻哈游记》前五集样片合同约定为依据。双方还就合作协定、工作计划及付款进度和违约责任等作了明确约定。合同还约定了该项目产生的一切成果归甲方所有，乙方保留署名权，并有权使用画面作为科研成果宣传和用于非营利性学术活动中等条款。2010 年 5 月 19 日，帝华公司与案外人签订了剧本合作协议，委托第三人对《嘻哈游记》剧本进行修改。2010 年 12 月 14 日，《嘻哈游记》前 25 集在央视首播。2011 年 9 月 27 日，四川美院提起诉讼称：其按照两份《委托创作合同》的约定，向帝华公司交付了涉案作品，帝华公司却未按约支付制作费。请求法院判令帝华公司：给付尚欠制作费 64 万元；支付违约金 15 万元；负担本案诉讼费用及合理费用 3 万元。

帝华公司答辩并反诉称：根据双方签订的《委托创作合同》及《〈嘻哈游记〉生产计划备忘录》，四川美院应于 2010 年 8 月 1 日前完成全部涉案作品的制作，但该院在该日前只交付了 1～25 集，而帝华公司此时已支付了制作费 63 万元，超过按合同应支付的 25 集制作费 37.5 万元。四川美院直至 2011 年 1 月才交付全部涉案动画片，应承担合同约定违约金 15 万元。同时，合同约定“该项目产生的一切成果归甲方所有”，“乙方在剧本的编写及动画片制作过程中必须遵守国家的法律法令及行业规范”。而动画行业有一个约定俗成的行业规范，即动画片制作过程中所产生的源文件作为动画片的基础文件和核心内容，是组成动画作品最重要的、不可分割的一部分，是整个动画片以及后续动画片制作的依据文件，如果遗失，不但无法进行续集的制作生产，而且会极大地影响图书、音像制品等衍生产品的制作质量，还会导致泄密和著作权纠纷，给权利人带来巨大的损失。四川美院一直以遗失源文件为由不交付源文件，给帝华公司带来了巨大的损失。据此提出反诉，请求判令四川美院：支付违约金 15 万元；交付动画制作过程中的源文件；如不能交付源文件，则应免除帝华公司 64 万元制作费的交付义务，并赔偿帝华公司经济损失 52 万元；负担全部诉讼费用。

**【判决结果】** 一审法院认为，本案争议的焦点是：合同所约定的迟延履行责任条款的理解及双方迟延履行的相应法律责任问题；帝华公司主张四川美院应当履行源文件的交付义务是否成立，以及四川美院不能交付源文件的相应法律后果问题。因帝华公司未能举示充分证据证明“交付动画片源文件系动画行业约定俗成的行业规范”的事实，其要求四川美院交付动画片源文件，既无合同约定义务，也无行业规范所致的合同附随义务，对此不予支持。四川美院已经按约履行了全部合同义务；帝华公司反诉四川美院交付动画片源文件或免除制作费 64 万元并赔偿经济损失52万元，缺乏事实及法律依据，不予支持。判决：1. 帝华公司支付四川美院制作费64万元；2. 驳回四川美院的其他诉讼请求；3. 驳回帝华公司的全部反诉请求。帝华公司不服，提起上诉。

二审法院认为，本案当事人双方在合同履行中事实上已达成了互不追究违约责任的一致意思表示，在本案中又分别以原合同约定主张违约责任，没有合同基础，不予支持。关于四川美院是否应向帝华公司交付源文件的问题，三维动画片是借助计算机技术制作的动画片，其人物、动作、场景等是用专门的三维动画制作软件制作的，动画片的摄制是利用计算机软件虚拟的摄像机完成拍摄并最终通过专业软件制作完成的，属于著作权法规定的“以类似摄制电影的方法创作的作品”，依法享有著作权。两份《委托创作合同》明确了著作权归属于帝华公司，四川美院享有署名权及在特定条件下的合理使用权。该条并非合同双方对交付内容的约定，因此，不能仅依据“一切成果归甲方所有”即认定双方已就源文件交付达成了一致。从合同其他条款的内容来看，双方就《嘻哈游记》的质量、长度、价格、完成时间以及付款进度、双方义务等进行了约定，丝毫没有提及源文件，也没有关于源文件的任何约定，可见，合同双方在订立合同时并没有要求交付源文件的意思表示，帝华公司要求四川美院交付源文件，超出了四川美院对合同履行的正常预期。三维动画片的源文件是在制作三维动画片的过程中运用计算机技术所产生的所有过程文件，包括角色模型文件、场景模型文件、动作文件、渲染后的文件、后期合成文件等，其与最终可以视频播放的动画片之间是过程与结果的关系，不是一一对应的关系，我国现行法律没有对三维动画片源文件与动画片是同一作品作出界定。因此，帝华公司不能因其是三维动画片《嘻哈游记》的著作权人当然享有对所有源文件的权利。此外，帝华公司亦未能举示充分的证据证明动画影视业有交付源文件的行业惯例。就动漫行业而言，通常投资主体投资动画片制作，影院票房或电视播出的收益仅是其收入预期的一部分，其收入预期还来自动画片的直接衍生产品（如图书、音像）和间接衍生产品（如玩具、服装、游戏等动漫形象商品），而动画片中主要人物的建模文件（包括模型、贴图和绑定文件）以及特有场景的建模文件（包括模型和贴图文件）对于续集制作和衍生产品开发非常重要；同时，这部分动画源文件容量不大，易于保存，在动画片制作完成后一般不会被删除。考虑动漫行业有其区别于传统文化产业的特殊性，为了促进动漫产业的发展，在保护投资人（委托方）利益，促成其合同目的实现的同时，应当充分衡量源文件给付的必要性和可行性，公平合理地确定受托方给付源文件的内容，不能对受托方加以过重的给付义务。根据《中华人民共和国民法通则》第四条以及《中华人民共和国合同法》第六十条第二款的规定，四川美院应向帝华公司交付三维动画片《嘻哈游记》主角五人（孙一空、宾果、熊大大、哇咔和无言长者）的建模文件（包括模型、贴图和绑定文件）和特有场景（飞船）的建模文件（包括模型和贴图文件）。综上，四川美院已按约完成了三维动画片《嘻哈游记》的制作并交付帝华公司使用，帝华公司应按约支付尚欠的制作费64万元。四川美院应当向帝华公司交付该片主角及特有场景的建模文件。判决：1. 维持一审判决第一项；2. 撤销一审判决第二项、第三项；3. 四川美院向帝华公司交付三维动画片《嘻哈游记》主角五人（孙一空、宾果、熊大大、哇咔和无言长者）的建模文件（包括模型、贴图和绑定文件）以及特有场景（飞船）的建模文件（包括模型和贴图文件）；4. 驳回四川美院、帝华公司的其他诉讼请求。

**【典型意义】** 本案争议较大的问题是委托创作作品的受托人应否向委托人交付三维动画片源文件的问题。由于委托创作合同中对此没有约定，当事人亦未能举示充分的证据证明有交付源文件的行业惯例。鉴此，法院综合考虑动漫行业有区别于传统文化产业的特殊性，动画片投资人的主要收入不仅来源于图书、音像等直接衍生产品，还来源于游戏、服装、玩具等间接衍生产品，源文件中的建模文件对投资人实现合同目的至关重要等因素，从平衡当事人利益，促进动漫产业发展的角度出发，适用公平原则和诚实信用原则，判令受托方向委托方交付三维动画片主角的建模文件（包括模型、贴图和绑定文件）和特有场景的建模文件（包括模型和贴图文件）。

**十五、外语教学与研究出版社有限责任公司与王后雄、中国青年出版社、四川凯迪文化有限公司侵害著作权纠纷上诉案**［成都市中级人民法院（2011）成民初字第589号民事判决、四川省高级人民法院（2012）川民终字第472号民事判决］

**【案情摘要】** 外语教学与研究出版社有限责任公司（以下简称外研社）认为王后雄、中国青年出版社（以下简称中青社）、四川凯迪文化有限公司（以下简称凯迪公司）未经其许可编辑、出版并在全国销售《高中英语解读1》的行为，侵犯了其对涉案教材享有的著作权，给其带来了严重的经济损失和不良社会影响。请求判令凯迪公司立即停止销售王后雄编写、中青社出版发行的《高中英语解读1》；王后雄、中青社停止出版并收回在全国发行的《高中英语解读1》；王后雄、中青社赔偿外研社经济损失30万元及维权合理开支3 000元。

**【判决结果】** 一审法院认为，《高中英语解读1》在每个单元的“Section Ⅰ”、“Section Ⅲ”栏目中直接复制了涉案教材“Topic and Task”及“Skills”中的短文原文，构成了对其相应内容的复制。王后雄作为该书主编、中青社作为出版发行者，侵犯了外研社对涉案教材的著作权。判决凯迪公司立即停止销售《高中英语解读1》；中青社立即停止出版发行《高中英语解读1》；王后雄、中青社连带赔偿外研社经济损失及维权合理开支55 000元。王后雄不服，提起了上诉。

二审法院认为，涉案教材包括7个模块，每个模块设置一个中心话题，围绕该话题又分别设置有10个不同方面的内容，并根据不同内容所要求实现的教学目的，配有相应的阅读、语法、词汇、听力等多方面的练习，涉案教材对以上模块的设计及相应内容的选择与编排，体现了独立的创作构思。涉案教材在其中17页编入的英文短文，是为配合各模块中相关内容的教学功能，在题材、所含词汇、语法内容、阅读难度、文化背景等方面进行了有针对性的创作或选择，具有独创性，应受我国著作权法的保护。即使其中确有短文来自其他作者创作的作品，也属于外研社作为涉案教材著作权人与原作品著作权人之间的另一法律关系，不影响涉案教材对其所编入短文在内容的选择及编排顺位方面体现的独创性。判决驳回上诉，维持原判。

**【典型意义】** 近年来，教材出版社与教辅材料出版社之间的著作权纠纷愈演愈烈。教辅材料是配合教材对有关知识的教学进行辅导的材料，不可避免地使用到教材中的内容，教辅材料对教材内容的合法与非法使用的界定对规范和引导这类市场行为至关重要。在汇编作品侵权认定的司法实践中，法院多以大而化之的方式认定汇编作品在内容的选择或编排上具有独创性，而对侵权客体及其具有何种独创性缺乏明确的界定和具体说明，其侵权认定思路不甚明晰。本案在侵权认定中正确区分了作为汇编作品的整部教材和作为被汇编作品的局部内容，同时对涉案作品在选择与编排上的独创性所在作了具体分析，使得作品的归属及权利保护范围界定清楚、一目了然，随后的侵权论证过程逻辑清晰明确，结论水到渠成。该案在汇编作品侵权案件中具有较好的示范意义。

**十六、中国电影集团公司电影营销策划分公司与成都市金牛区星空牧羊星网吧侵害信息网络传播权纠纷案**［四川省成都市中级人民法院（2012）成民初字第1093号民事判决］

**【案情摘要】** 中国电影集团公司电影营销策划分公司（以下简称电影营销公司）经中国电影集团公司授权依法享有《未来警察》、《财神到》等电影的著作权。2010年初电影营销公司发现成都市金牛区星空牧羊星网吧（以下简称牧羊星网吧）未经其授权，在其经营的网吧内将其电影作品私自下载到自己网吧服务器上或者与某些公司合作在网吧电脑里安装了这些公司的影视院线，非法使用上述电影作品，电影营销公司为此聘请了工作人员及律师事务所对牧羊星网吧的侵权行为进行调查取证，查获了侵权证据。请求法院判令赔偿电影营销公司经济损失2 000元，维权合理开支律师费2 000元、调查费1 000元。

**【判决结果】** 法院认为，电影营销公司经授权获得了行使《未来警察》、《财神到》两部影片的著作权及维权权利，有权提起本案诉讼。电影营销公司指控牧羊星网吧实施侵权行为的证据为华神事务所（2010）华神见字第0045号律师见证书。律师见证行为采取了类似于公证机构保全证据的方式固定证据，该见证行为实为保全证据行为，而律师事务所并非法律规定的保全证据机构，律师见证书不具有法律规定的保全证据的证明效力。华神事务所接受电影营销公司单方委托进行见证，是为了维护其单方利益进行的有偿见证，华神事务所进行见证行为的中立性存疑。存有疑点的视听资料不能单独作为认定案件事实的依据。在无其他相关证据予以佐证的情况下，电影营销公司主张牧羊星网吧实施侵权行为的证据不足，判决驳回电影营销公司的诉讼请求。

**【典型意义】** 本案涉及对律师见证书的证据效力的认定。鉴于律师事务所并非法律规定的保全证据机构，律师事务所接受当事人单方委托进行有偿见证，其出具的律师见证书不具有等同于公证书的法律地位和效力，故对此应从严把握，一般不能单独作为认定案件事实的依据。

**十七、张弓与兰州市城关区人民政府、中共兰州市城关区委党史资料征集研究委员会办公室、马莉侵害著作权纠纷案**［兰州市中级人民法院（2012）兰法民三初字第5号民事判决、甘肃省高级人民法

院（2012）甘民三终字第87号民事判决］

**【案情摘要】** 2011年2月，中共兰州市城关区委党史资料征集研究委员会办公室（以下简称城关区委党史办）、兰州市城关区人民政府（以下简称城关区政府）下属的城关区地方志办公室为迎接建党90周年和辛亥革命100周年，拟编辑一本画册，经沟通，城关区委党史办委托张弓具体创作。2011年3月底，张弓完成该书的文字创作。作品初稿完成后，张弓认为城关区政府、城关区委党史办、马莉在未经其同意的情况下，对初稿多处内容包括文字和图片选用进行篡改及删除，将该书名《大河印》后缀“图文魅力城关”等字样出版，构成对其作品著作权的侵犯，请求判令城关区政府、城关区委党史办、马莉立即停止《大河印》的发行，召回已发行的《大河印》；交还张弓三次彩色、黑白纸质修改稿和《大河印》电子版；公开向张弓赔礼道歉；赔偿张弓经济损失30.5万元并负担全部诉讼费用。

**【判决结果】** 一审法院认为，《大河印》一书从政治、经济、文化等方面记录了兰州市城关区的历史、发展和现状。作品内容来源于历史资料、地方志书、报刊文章以及作者的再创作，作品从形式上属于对已有作品、历史资料和现有资料的编辑、整理，该诉争作品属于汇编作品。《大河印》一书的编纂计划列入了城关区委党史办当年的工作目标和工作职责范围，在该书编辑之初，城关区委党史办与张弓就该书的创作意图进行了沟通，创作过程中，城关区委党史办为张弓提供了办公设施和部分资料，编辑完成后，城关区委党史办向张弓支付了18 000元稿酬，并出资25万余元委托出版社和印刷单位出版图书，摄影人员高峰也参与了图片拍摄工作，故该书属于法人作品，由相关单位享有整体著作权。城关区委党史办在书中署了张弓名字，故城关区委党史办出版该书的行为并不构成侵权。张弓从内容上否定诉争图书为史志类图书，不符合双方约定的创作意图和图书本身内容。张弓完成《大河印》一书的编辑、整理和创作工作，付出了创造性的劳动，理应获得相应报酬。由于双方在创作之初未签订书面合同，未对稿酬总额做出明确约定，张弓主张按版权页记载的644千字计算稿酬具有合理性，扣减城关区委党史办已支付的18 000元后还应支付张弓稿酬46 400元。马莉在《大河印》一书编辑、出版过程中，系代表党史办为工作职责的职务行为，其行为后果应由单位承担。判决：城关区委党史办、城关区政府支付张弓稿酬46 400元；驳回张弓对城关区委党史办、城关区政府的其他诉讼请求及对马莉的全部诉讼请求。城关区委党史办、城关区政府不服，提起上诉。二审法院参照新闻出版总署《图书质量管理规定》，认为一审法院按图片、文字全部计算字数并计付稿酬是正确的，判决驳回上诉，维持原判。

**【典型意义】** 涉案图书属于史志类图书，系由城关区委党史办主持，并由该办向张弓支付编纂报酬，提供部分史料，承担图书出版、印刷费用等完成的作品。在没有明确约定的情况下，法院认定该图书为汇编作品，该作品整体著作权应归属城关区委党史办适当，符合现行著作权法有关著作权权利归属的相关规定。

**十八、伍迪兵侵犯商业秘密罪，李玉峰、宋明阳等侵犯著作权罪刑事案**［北京市海淀区人民法院（2012）海刑初字第3240号刑事判决］

**【案情摘要】** 北京市海淀区人民检察院指控被告人伍迪兵涉嫌侵犯商业秘密；被告人李玉峰、孙笑天、宋明阳、袁江力、熊志成涉嫌犯侵犯著作权罪，提起公诉。2010年，伍迪兵担任珠海金山软件有限公司（以下简称金山公司）高级开发经理期间，违反其与公司签订的保密合同约定，将该公司享有著作权的《剑侠世界》网络游戏软件的源代码向李玉峰披露。2011年6月至10月间，李玉峰伙同孙笑天、宋明阳利用非法获得的游戏软件源代码，私自架设服务器，经营游戏《情缘剑侠》，注册会员达1万余人，非法经营额为110余万元。2011年10月，孙笑天、宋明阳二人将《情缘剑侠》私服游戏以58万元的价格销售给袁江力、熊志成、袁志刚（另案处理）、袁柳兵（另案处理）四人。2011年11月至2012年2月间，袁江力、熊志成伙同袁志刚、袁柳兵继续运营购得的《情缘剑侠》私服游戏，注册会员达4万余人，非法经营额为40余万元。经鉴定，从《情缘剑侠》私服游戏提取的代码同金山公司《剑侠世界》游戏的相应代码内容完全一致。案发后，孙笑天已赔偿被害单位北京金山数字娱乐科技有限公司50万元。宋明阳退赔6万元，现已扣押在案；另有赃款11万余元已冻结在案。

**【判决结果】** 法院认为，伍迪兵为获取他人手中的游戏引擎程序，违反约定及违反权利人有关保守商业秘密的要求，将其掌握的计算机源代码程序用于交换，给权利人造成重大损失，其行为已构成侵犯商业秘密罪，应予惩处；李玉峰、孙笑天、宋明阳、袁江力、熊志成以营利为目的，未经计算机软件著作权人许可，复制其计算机软件，并在私自架设的服务器上运行，获取巨额利润，情节特别严重，其行为已构成侵犯著作权罪，应予惩处。检察院指控伍迪兵犯有侵犯商业秘密罪，李玉峰、孙笑天、宋明阳、袁江力、熊志成犯有侵犯著作权罪的事实清楚、证据确凿，指控罪名成立。袁江力、熊志成从孙笑天、宋明阳处购得《情缘剑侠》私服游戏，后继续经营和维护该私服游戏网站，招揽和发展玩家登录该私服游戏，收取客户充值费的行为，实质上仍是以营利为目的，通过互联网向公众提供属于权利人的网络游戏服务，系未经该游戏的正版软件《剑侠世界》著作权人许可而擅自复制发行，其行为完全符合侵犯著作权罪的犯罪构成。袁江力、熊志成与袁志刚等人实施侵犯著作权犯罪的经营数额高达 40 余万元，私服游戏网站注册会员达 4 万余人，应认定具有其他特别严重情节；虽然各被告人分工不同，但均共谋实施犯罪，且相互协作、配合，应认定为共同犯罪。李玉峰不仅与孙笑天、宋明阳合谋实施犯罪，且其将非法获取的涉案源代码编译成盗版软件程序，为其三人顺利架设和运营私服游戏网站提供了核心基础和前提，在整个侵犯著作权的共同犯罪中地位与作用至关重要，不宜认定为从犯。考虑到李玉峰蓄意将涉案程序源代码编译为私服游戏软件，对整个侵犯著作权犯罪活动起着源头性影响，作用较大，法院在量刑时亦酌予体现。判决：伍迪兵犯侵犯商业秘密罪，判处有期徒刑二年，罚金 20 万元。李玉峰犯侵犯著作权罪，判处有期徒刑五年六个月，罚金 100 万元。宋明阳犯侵犯著作权罪，判处有期徒刑四年六个月，罚金 90 万元。孙笑天犯侵犯著作权罪，判处有期徒刑三年，罚金 30 万元。袁江力犯侵犯著作权罪，判处有期徒刑三年，罚金 30 万元。熊志成犯侵犯著作权罪，判处有期徒刑三年，罚金 30 万元。

**【典型意义】** 借助网络进行犯罪已经成为当前侵犯知识产权犯罪案件的新形式。本案系北京地区网络私服游戏“第一案”，被告人伍迪兵作为金山公司员工，私自通过网络将金山集团公司的网络游戏源代码非法提供给他人，最终被他人利用境外服务器架设私服游戏营利，发展玩家，给被害单位造成重大经济损失。被告人李玉峰等通过网络提供、传送信息侵犯商业秘密，作案手段新颖，受众面广，涉案数额巨大。该案曾引起社会广泛关注，法院判决对于遏制通过网络实施侵犯知识产权犯罪行为具有重要意义。

**十九、燕亚航侵犯著作权罪刑事案**［深圳市南山区人民法院（2012）深南法知刑初字第 15 号刑事判决、深圳市中级人民法院（2012）深中法知刑终字第 35 号刑事判决］

**【案情摘要】** 《弹弹堂》游戏的著作权人是深圳第七大道科技有限公司（以下简称第七大道公司）。2011 年 10 月至 2012 年 1 月，被告人燕亚航通过修改在网上下载的第七大道公司的《弹弹堂》游戏源代码，调整了该款游戏的难易程度以及降低游戏道具价格后，以“52 弹弹堂”、“霸气弹弹堂”和“11 弹弹堂”为游戏名分别发布在域名为 www.52175.info、www.87ddt.com 和 www.11ddt.com 的服务器上进行运营。经鉴定，提取的燕亚航电脑里的《弹弹堂》游戏服务器端中的程序 Bussiness.dll、Game.Base.dll、Game.Logic.dll、Game.Server.dll 和 Road.Service.exe 与深圳第七大道科技有限公司提供的相应程序具有同源性，相似率在 99%以上。深圳市南山区人民检察院指控燕亚航犯侵犯著作权罪，提起公诉。燕亚航认可公诉机关指控的其获取非法利益 146 401 元。

**【判决结果】** 一审法院认为，被告人燕亚航无视国家法律，以营利为目的，未经第七大道公司的许可，复制发行其享有著作权的计算机软件《弹弹堂》游戏，经公诉机关和被告人燕亚航共同确认，非法经营数额达 146 401 元，其行为已构成侵犯著作权罪，情节严重。公诉机关指控的犯罪事实清楚，证据确实、充分，指控罪名成立。判决：被告人燕亚航犯侵犯著作权罪，判处有期徒刑一年六个月，并处罚金 8 万元。宣判后，燕亚航提起上诉，二审法院认为，鉴定结论证明从燕亚航电脑里提取的《弹弹堂》游戏服务器端中的程序 Bussiness.dll、Game.Base.dll、Game.Logic.dll、Game.Server.dll 和 Road.Service.exe 与被害人提供的相应程序具有同源性，相似率在 99%以上。燕亚航认为如果其下载的程序为被害人第七大道公司所有，则与第七大道公司所提供程序比对应是完全相同。根据燕亚航的供述，其通过网络下载《弹弹堂》游戏源代码后对游戏内容进行了修改，调整了该款游戏的难易程度并降低了游戏道具价格。燕亚航实际对被害人的游戏源代码进行了局部修改，但没有对游戏数据文件进行实质性改动，故鉴定结论认为两者相似率为 99%符合事实。燕亚航称其下载游戏的目的仅为本人学习和研究使用的上诉意见有悖于事实。判决驳回上诉，维持原判。

**【典型意义】** 网络游戏作为一种新型的产业模

式，在为人们提供一种新的娱乐方式的同时，也因为其高额的经济利益构成了诱使违法犯罪分子铤而走险的经济动力。随着网络技术的不断进步和推广普及以及网络产品的大量应市，建立“私服”所需要的技术障碍越来越容易消除，违法犯罪的成本越来越低。司法实践中，常常因难以对情节严重的私服行为进行确定的刑法评价，从而导致实际上被追究刑事责任的情况并不多，长此以往将可能扰乱网络游戏市场的正常经营，严重损害游戏开发商和运营商的积极利益，极大影响我国网络游戏产业的发展。本案的判决，也在司法实践中对通过非法架设、运营网络游戏私服牟利的犯罪行为的准确定性提供了有益的参考。

## 二十、赵学元、赵学保侵犯著作权罪刑事案

[连云港市中级人民法院（2011）连知刑初字第0009号刑事判决、江苏省高级人民法院（2012）苏知刑终字第0003号刑事判决]

**【案情摘要】** 2009年2月，被告人赵学元、赵学保以营利为目的，未经《热血传奇》游戏中国运营商上海盛大网络发展有限公司许可，租用网络服务器，私自架设网络游戏服务器运营《热血传奇》，用银行卡绑定支付平台，供网络游戏玩家通过网银转账、游戏点卡充值等方式付费。至案发，赵学元运营私服游戏的非法经营数额为629 113.70元，赵学保非法经营数额为79 663.70元。

**【判决结果】** 一审、二审法院均认为：被告人赵学元、赵学保以营利为目的，未经著作权人许可，复制发行其计算机软件作品，情节严重，其二人行为均已构成侵犯著作权罪。对于非法经营额的认定，根据汇款方提供的相应证据，证实通过漯河一五一七三网络科技有限公司、北京通融通信息技术有限公司、天空支付平台、青岛雷网网络科技有限公司、盘锦久网通信网络有限公司等环节，汇入赵学元及赵学保账户中的相关款项均系其从事涉案私服游戏的收入，并不包含被告人从事其他业务的收入，因此，上述款项均应计入本案非法经营数额。被告人赵学元具有立功表现，依法可对其从轻处罚；被告人赵学保认罪态度较好，具有悔罪表现，可以对其适用缓刑。据此判决被告人赵学元、赵学保犯侵犯著作权罪，分别判处有期徒刑三年、并处罚金40万元，有期徒刑一年六个月、缓刑两年、并处罚金7万元等。

**【典型意义】** 私自架设、租用网络游戏服务器从事“私服”活动是目前利用互联网实施侵犯著作权犯罪的主要手段之一。本案通过司法裁判准确界定了此类犯罪的性质，同时结合能够证实汇款方汇款性质的系列证据，对被告人非法经营数额作出准确认定，有效维护了网络游戏作品权利人的著作权，规范了互联网游戏经营行为，有力打击了犯罪。

（撰稿：于晓白、王艳芳、李嵘、董晓敏、廖继博）

# 北京市、广东省和上海市公布的2012年著作权保护典型案件

## 2012年北京市高级人民法院公布的著作权司法保护典型案件

### 一、韩寒诉百度文库侵犯著作权案

案件详情，参见本栏目“2012年中国著作权司法保护典型案件三”（269页）。

### 二、《次仁卓玛》摄影作品著作权案

案件详情，参见本栏目“2012年中国著作权司法保护典型案件七”（271页）。

### 三、微软软件著作权案

法院经审理认为：铭万信息技术有限公司复制涉案计算机软件的行为侵犯了微软公司的著作权，应当承担停止侵害、赔偿损失的民事责任。铭万智达科技有限公司的计算机中并未安装涉案计算机软件，微软公司主张其侵犯涉案计算机软件著作权的证据不足，不予支持。具体赔偿损失依据涉案计算机软件的性质、侵权行为的情节予以确定。据此，判决铭万信息公司停止侵权、赔偿经济损失200万元及合理支出8 000元。

**【点评】**本案涉及计算机软件最终用户侵害著作权问题，计算机软件案件在主体、客体及侵权行为等方面的举证与传统著作权案件相比具有更大的难度和隐蔽性。该案审理中，法院及时有效地采取了证据保全措施，准确进行侵权判定，保障了权利人的合法权益。在当今计算机和信息技术全面应用、深入发展的过程中，计算机软件在社会生产、生活中的重要作用日益彰显。正确处理好该类案件，对维护软件开发者与使用者之间的利益平衡、促进软件行业和谐发展、有序经营具有积极作用。

### 四、“狼蛛（Tarantula）”魔术作品著作权案

法院经审理认为，原告Yigal Messika（音译：伊格尔·麦锡卡）表演的狼蛛魔术有一定的独创性，整体上属于著作权法所保护的魔术作品，原告对涉案狼蛛魔术作品享有著作权。由于被告北京爵克文化发展有限公司未经许可复制、发行狼蛛DVD的行为，是对以狼蛛DVD为载体的整体作品的使用，而不是脱离整体作品单独使用狼蛛魔术作品的行为，即便原告享有狼蛛魔术作品的著作权，其亦无权主张被告未经许可复制、发行狼蛛DVD的行为侵犯了其对狼蛛魔术作品享有的著作权。据此，判决驳回原告提出的与狼蛛魔术作品著作权有关的诉讼请求。

**【点评】**本案是国内首例以判决方式结案的魔术作品著作权案。将魔术作为作品给予保护，是我国著作权法的特色，世界上少数国家采用此种模式。该案通过对魔术特点的分析和对著作权法保护独创性表达的把握，初步厘清了魔术作品保护的内容，明确了魔术作品的内涵和保护范围、魔术作品作者身份的推定规则、魔术作品作为电影作品中“小作品”时的维权规则。此案的审理丰富了我国著作权法的司法实践，对魔术作品的知识产权保护起到了推动作用。

### 五、第九套广播体操著作权案

案件详情，参见本栏目“2012年中国著作权司法保护典型案件五”（270页）。

（以上案件摘自《北京高院发布2012年十大知识产权案例》，原载2013年4月3日《中国知识产权报》）

# 2012年广东省高级人民法院公布的著作权司法保护典型案件

## 一、央视诉世纪龙侵犯著作权案

中央电视台把2008年北京奥运会开幕式、闭幕式及与奥运相关之所有赛事直播或录播节目等的信息网络传播权授权原告央视公司独占行使，被告世纪龙公司未经许可，在其网站上通过信息网络，实时转播中央电视台CCTV奥运频道正在直播的2008年北京奥运会首场正式比赛，原告央视公司认为世纪龙公司侵犯其作为录音录像制作者的权利和广播组织专有权。法院审理认为：世纪龙公司作为网络内容提供者，其行为侵犯了央视公司作为录像制作者享有的信息网络传播权，据此判决世纪龙公司赔偿央视公司经济损失及合理费用20万元。

**【点评】网络转播不等于免费盛宴**

对于体育赛事及相关活动节目的电视转播或网络媒体的转播，涉及诸多知识产权问题，本案通过机位的设置、镜头的选择、主持、解说和编导的参与等细节内容对涉案奥运赛事节目的独创性进行分析，认定权利人的邻接权范围，肯定了权利人作为录像制作者享有的信息网络传播权，并且对世纪龙公司以其属于提供点对点技术的网络服务提供者所作的抗辩予以详细分析，逻辑严谨，具有前瞻性。

## 二、完美诉阿里巴巴侵犯著作权案

原告完美公司在被告阿里巴巴广告公司的网站上，发现以“完美公司”的企业名称、字号作为关键字搜索商家信息，可看到众多不知名的个人或者企业用户未经完美公司的许可而使用其公司名称做宣传。完美公司向阿里巴巴广告公司寄送了有关删除侵权广告信息的律师函，阿里巴巴广告公司作出了一定的制止措施，但在本案判决前还有一部分涉嫌侵权的信息未删除。完美公司由此提起诉讼。法院认为阿里巴巴广告公司在诉讼中未提交证据证明使用完美公司企业名称的广告信息得到完美公司的授权，故这些广告信息均构成对完美公司企业名称的擅自使用，侵害了其合法权益。阿里巴巴广告公司在接到完美公司通知后的合理期限内没有完全删除侵权信息，理应承担停止侵权、赔礼道歉、赔偿损失的民事责任。法院判决阿里巴巴广告公司停止侵权，赔偿损失。

**【点评】知识产权共同侵权典型案**

知识产权共同侵权案件多集中于利用网络侵害著作权的案件，本案正是参照侵害著作权案件中的共同侵权理论认定网络服务提供者应承担的法律责任。判决查明的事实清楚，说理透彻、充分，对规范电子商务经营及相关知识产权保护具有示范作用。

## 三、弹弹堂诉燕亚航侵犯著作权案

案件详情，参见本栏目“2012年中国著作权司法保护典型案件十九”（280页）。

（以上案件摘自《粤2012年度十大知识产权案例昨公布　电子商务侵权等新型案件增多》，原载2013年4月18日《南方日报》）

# 上海市版权局公布的2012年十大著作权保护典型案件

## 一、上海真彩多媒体有限公司侵犯他人信息网络传播权案

上海真彩多媒体有限公司在2010年6月到2012年6月期间，在上海市国定路335号2号楼1312室经营互联网站：千寻网，网址：www.1kxun.com。当事人未经著作权人国际唱片业协会成员许可，擅自在制作和经营的计算机软件《千寻音乐盒》中，将他人合法拥有著作权的17首音乐作品，以手机、平板电脑等移动设备为终端，利用移动信息网络，向公众提供上述侵权音乐作品的搜索、浏览、点播、下载，并通过登载广告的方式获利。上海市文化市场行政执法总队依据《信息网络传播权保护条例》第十八条第（一）项和《中华人民共和国行政处罚法》第二十七条第一款第（一）项的规定，对当事人未经权利人许可，擅自通过信息网络向公众提供他人音乐作品的违法行为作出责令停止侵权行为，并罚款28 000元的行政处罚。

**【点评】**本案是近年来上海市查处的第一起利用Android手机和平板电脑等移动终端实施著作权侵权活动的案件，也是一起典型的无证以手机及移动终端通过移动互联网提供在线音乐和在线视听服务的案件。案件的查处，对于规范移动互联网在线音乐和在线视听服务市场秩序，具有积极的指导意义和较强的示范作用。

## 二、胡某、吴某诉上海美术电影制片厂著作权权属、侵权纠纷案

案件详情，参见本栏目“2012年中国著作权司法保护典型案件二”（268页）。

## 三、微软公司诉上海瑞创网络科技股份有限公司及韩某等人侵犯计算机软件著作权案

自2008年上半年起，被告上海瑞创网络科技股份有限公司（以下简称“瑞创公司”）为推广其2345导航网站，未经著作权人微软公司许可，经事先商议，公司负责人韩某等人指使公司员工钱某等人非法复制并制作微软的系统操作软件，且将浏览器首页修改设置为2345网站首页，再以网上免费下载侵权软件、线下免费发放侵权软件光盘的方式推广2345网站，据此吸引百度、谷歌、腾讯等各网站在2345网站上加载有偿链接，从中获取利益。经查，瑞创公司提供的网上微软侵权软件点击下载数共计720余万次，线下发放侵权软件光盘共计127万余张，2345网站上102个侵权域名带来的搜索量，经折算为瑞创公司带来收入为2 387万余元。

微软公司诉称，被告在互联网上未经授权非法传播其享有著作权的计算机软件，吸引实际点击数达3 200万余次，盗版下载1 132万余次。被告向全国电子市场发送盗版光盘1 278 890张。为此，微软公司认为瑞创公司等三被告的行为严重侵害了其享有的计算机软件著作权，向上海市高级人民法院提起诉讼，要求三被告承担停止侵权、公开赔礼道歉、连带赔偿经济损失1亿元的民事责任。

上海市浦东新区人民法院对本案作出判决：被告单位瑞创公司犯侵犯著作权罪，罚金1 000万元；被告人韩猛等7人犯侵犯著作权罪，判处有期徒刑三年至一年六个月不等，罚金100万元至10万元不等。另上海高级人民法院民事调解结案，瑞创公司承担了包括赔礼道歉、赔偿3 600万元等民事责任，并承诺今后将充分尊重微软公司包括计算机软件著作权在内的知识产权权益。

**【点评】**本案具有侵权时间长、侵权行为涉及区域较广、侵权软件数量巨大、涉及赔偿额较高等特点，法院经过调解与审理，促使侵权公司赔偿金额达3 600万元，同时以侵犯著作权罪依法判处涉案被告人有期徒刑三年至一年六个月不等。该案的成功查处切实有效地保护了外资企业知识产权合法权益，维护了良好的软件市场秩序，同时对深入推进企业软件正版化工作起到了良好的示范作用。

## 四、某外籍人员通过分运行李携带盗版物品进出境案

2012年，上海海关结合日常监管和国际合作掌握情况，了解到外国常驻机构人员及留学生常通过分运行李携带大量盗版光盘等侵权商品进出境。为加强该渠道监管，上海海关着重分析分运行李渠道

侵权盗版物品的特点，通过分析梳理该渠道进出境物品数据，掌握了该渠道存在侵权盗版物品通过分运行李进出境情势并将侵权盗版，特别是盗版光盘作为该渠道的查缉重点。

2012年5月，现场查验关员通过X光机检测发现一日本籍旅客携带的分运行李中有类似光盘状物品，但申报清单却没有光盘一项；现场查验关员认为该批行李存在一定的侵权嫌疑，遂决定打开核查，当场查获了一批百余张的盗版光盘。另2012年6月，在墨西哥籍旅客的行李中一举查获了600余张盗版光盘。海关办案人员在案件办理过程中，对相关当事人宣传相关法律法规及海关知识产权保护制度，通过耐心的说服教育，当事人最终都承认了侵权事实，并选择放弃携带的盗版侵权物品。

**【点评】**上海海关在该案的查处过程中，突破办案常规，成功运用风险分析手段，不放过任何蛛丝马迹，严查细验，主动依职权对版权实施保护，连续查获外籍人员通过分运行李渠道携带的盗版物品，堪称打击侵权盗版的成功案例。该案的查处也从侧面宣传了海关打击盗版的执法行动，震慑了心存侥幸的不法分子，净化了上海口岸进出境分运行李渠道，树立了我国知识产权保护的良好形象。

## 五、上海玄霆娱乐信息科技有限公司与王某等著作权合同纠纷案

案件详情，参见本栏目“2012年中国著作权司法保护典型案件八”(272页)。

## 六、“3·16”侵犯著作权案

2009年12月至2010年11月，被告人曹某未取得上海盛大网络发展有限公司的许可，非法架设www.920gg.com等私服广告网站，为彭某等人提供服务，代理发布《传奇》私服广告并提供私服网址链接，并向彭某等人收取广告费用牟利。为逃避打击，2010年12月起，曹某还伙同他人至缅甸掸邦东部第四特区小勐拉地区，以长期租住的勐利宾馆、凯旋大酒店等客房为犯罪窝点，以支付工资或者根据收入提成等形式雇用他人，在境外远程操控其租用的国内服务器，继续经营www.920gg.com等非法网站，公开招募《传奇》私服广告代理。案发后查明，曹某团伙非法经营额合计3 600余万元。2012年5月21日，徐汇区人民法院依法作出判决：曹某、周某等人犯侵犯著作权罪，判处有期徒刑三年至四年不等，并处罚金5万至150万元不等。

**【点评】**本案中的相关犯罪团伙分工严密，涉及私服架设者、广告代理商和网站经营者三个层次，对此，专案组研究确定具体作战思路，分段突破，使警力布置更加合理、目标更加明确、侦查脉络更加清晰，为最终成功突破案件提供了重要保障。同时，该案涉案网站和犯罪嫌疑人均位于境外，专案组打破常规，展开跨境合作，为及时抓获境外犯罪嫌疑人以及缴获电脑、服务器等作案工具奠定了坚实基础。

## 七、余某等人侵犯著作权案

2010年7月，被告人余某等人通过反编译手段破译了上海盛大公司运营的《龙之谷》游戏客服端程序及相应的通讯协议，利用从客户端程序中复制的1 000余个涉及地图、物品、怪物、触发事件等代码的游戏核心数据库文件、登录文件及完全模拟的通讯协议，编写了能实现自动多开登录、动作操作、转移物品等作弊功能的脱机外挂软件。2010年7月底至2011年1月，被告人余某等人先后招募被告人张某等六人成为加盟商，由加盟商利用前述外挂软件登录大量账号“生产”《龙之谷》游戏金币，此后统一汇总并在“淘宝”、“5173”等网站销售。经查，余某等人共计收入4 637 448.3元。2012年10月，徐汇区人民法院判决认定余某等人均已构成侵犯著作权罪，对11名被告人分别判处有期徒刑一年九个月至四年不等，并处罚金。

**【点评】**本案是一起较为新型的外挂类侵犯著作权案件，具有鲜明的现代网络犯罪特点，被告人利用计算机技术手段，反编译游戏程序后，编写特定外挂程序，并通过发展加盟商非法牟利。通过该案的查处，有效打击了一个利用计算机技术实施跨省市犯罪的团伙，为司法机关打击网络侵权类犯罪提供了典型范本。

## 八、双叶株式会社诉上海恩嘉经贸发展有限公司等侵犯著作权纠纷案

“蜡笔小新”是日本国公民臼井义人于1990年7月创作完成并于同年9月4日首次发表的漫画作品。原告通过作者授权取得“蜡笔小新”卡通形象的著作权。“蜡笔小新”书法作品（以下简称涉案书法作品）系东立出版社有限公司在出版该漫画书中文版时指派其员工设计，原告通过受让取得该作品的著作权。被告广州市诚益眼镜有限公司（简称诚益公司）于1997年在第25类商品分别注册了“蜡笔小新全身像”及与涉案书法作品相同的两个图形商标，上述两个注册商标于2004年经核准让与被告

响水县世福经济发展有限公司（简称世福公司），被告世福公司授权恩嘉公司使用上述商标。2004 年起，恩嘉公司在其生产、销售的童鞋产品及包装上使用了“蜡笔小新”卡通形象全身像、头像图形及涉案书法作品的相同文字。被告恩嘉公司还在媒体上以国际知名品牌“蜡笔小新”的名义寻求加盟商，在其加盟手册中多处使用了“蜡笔小新”卡通形象的全身像、半身像及涉案书法作品的相同文字。同时，恩嘉公司在其公司网络宣传中也使用了“蜡笔小新”的图形及涉案书法作品相同文字。

原告遂起诉要求判令：被告诚益公司、世福公司、恩嘉公司立即停止侵害其著作财产权；被告恩嘉公司赔偿原告经济损失 50 万元，被告诚益公司、世福公司连带赔偿原告经济损失 50 万元；三被告共同承担原告为制止侵权所支出的合理费用 6 万余元。法院判决如下：1. 被告恩嘉公司停止对原告著作权的侵犯并赔偿原告双叶株式会社经济损失 25 万元及原告制止侵权所支付的合理费用 5 万元；2. 驳回原告双叶株式会社的其余诉讼请求。

**【点评】**本案系一起涉及著作权与商标权权利冲突的新类型疑难案件。本案从保护在先权利、保护诚信方合法权益的原则出发，通过判决依法合理地划定了著作权和商标权各自的权利边界。

## 九、“6·8”特大侵犯著作权案

自 2011 年 10 月起，犯罪嫌疑人罗某、喻某等人为达到垄断网络销售盗版 CFA（注册金融分析师）、ACCA（注册会计师）类书籍市场的目的，牵头组建“联盟”，由罗某负责购买 CFA、ACCA 类书籍电子版并伙同朱某印制供货，喻某负责仓库发货结账、结算账目等工作。“联盟”共分成 9 个销售小组，采取统一供货、统一价格的方式在沪、京、皖三地，利用淘宝网开设 78 家网店销售。各小组在互联网通过“阿里旺旺”、QQ 等聊天软件与买家进行联系，达成交易协议后，由仓库统一发货。由喻某负责每日统计“联盟”各网店当天的发货量、销售额，并汇总全部货款、发放分红。截至案发，共计销售盗版 ACCA、CFA 考试资料用书 2 万余册，涉案总值逾 2 亿元。

2012 年 12 月 21 日和 2013 年 2 月 1 日、4 日，杨浦区人民法院依法作出判决：罗某等 18 人分别犯侵犯著作权罪、销售侵权复制品罪，其中判处游某有期徒刑三年，缓刑三年，并处罚金 3 万元；判处刘某有期徒刑九个月，缓刑一年，并处罚金 1 万元；判处朱某有期徒刑三年八个月，并处罚金 15 万元；判处罗某有期徒刑一年六个月，缓刑一年六个月，并处罚金 7 万元等。

**【点评】**本案无论从犯罪手段、涉案金额、涉案人员数量以及波及区域等方面来看，都是近年来比较罕见的一起典型网络侵权盗版大要案件。由于本案具有犯罪涉案人员众多、犯罪行为较为隐蔽且跨地域等难点，为追根溯源，除恶务尽，上海版权执法部门领导高度重视并迅速责成有关单位成立联合专案组，通过定期召开案件研讨会，细化线索排摸、落地核查、源头打击等工作措施，为成功摧毁整个犯罪网络奠定了基础。

## 十、葛某等人销售侵权复制品案

犯罪嫌疑人葛某通过“天地华宇”等物流，以邮递文具、礼品等名义，从广东广州、东莞等地上家处购进大量各类盗版音像制品光盘，并租借江场西路 570 号一仓库作为囤积窝点，向罗某等人批发销售。专案组通过深挖扩线，摸清了犯罪嫌疑人涉及广东、浙江的犯罪网络。2012 年 8 月 23 日，在广东、浙江公安机关的大力配合下，上海警方抓获犯罪嫌疑人 18 名，打掉犯罪团伙 3 个，捣毁生产、销售、仓储窝点 6 处，现场缴获盗版音像制品、软件光盘 180 多万张，涉案价值 2 407 万元，摧毁了这一涉及沪、粤、浙三地销售侵权复制品的犯罪网络。2012 年 12 月 11 日、12 日和 2013 年 1 月 9 日，闵行区人民法院分别依法作出判决：葛某、马某等人犯销售侵权复制品罪，判处拘役四个月至六个月不等，并处罚金 5 000 元至 1 万元不等。

**【点评】**本案侦查人员充分运用人流、物流、资金流、信息流的“四流”技战法，拓展案件线索，印证查证结果，成功发现了隐藏在案件背后的销售网络，为后续发起集群战役、实现“打源头、摧网络”奠定了坚实基础。

（以上案件于 2013 年 4 月 26 日上海市版权局举办的新闻发布会上发布）

# 2012年度查处侵权盗版十大案件

**一、北京天线视频网站侵犯著作权案**

**【案情摘要】** 2008年至2010年期间，北京赛金传媒科技有限公司在明知没有授权的情况下，将大量侵权影视作品上传到天线视频网站供用户在线播放，涉及影视作品5 000余部。2012年7月30日，北京市朝阳区人民法院作出判决，判处该公司侵犯著作权罪罚金200万元；陈海涛侵犯著作权罪有期徒刑4年，并处罚金5万元；杨明、刘岩侵犯著作权罪有期徒刑3年6个月，并处罚金4万元；郝宪强侵犯著作权罪有期徒刑3年，并处罚金3万元；矫捷、赵宏伟侵犯著作权罪有期徒刑1年8个月，缓刑2年。

**【典型意义】** 此案系我国第一起典型的以涉嫌侵犯信息网络传播权而追究刑事责任的重大版权侵权案件。此案对网络视频点播行业乱象产生了很大震慑力，规范了我国互联网视频点播服务的经营秩序。

**二、河南新乡贾邦杰等盗版印刷侵权案**

**【案情摘要】** 2010年4月1日至9月12日，贾邦杰等人在没有印刷许可和承印人委托的情况下，在河南省新乡市非法印刷复制装订各类书籍、试卷等共计392万余册。2012年7月19日，河南省新乡市中级人民法院判处贾邦杰侵犯著作权罪有期徒刑6年，并处罚金50万元；王永川侵犯著作权罪有期徒刑5年，并处罚金50万元；赵得全侵犯著作权罪有期徒刑4年，并处罚金30万元；张勇侵犯著作权罪有期徒刑2年，并处罚金10万元；高云飞侵犯著作权罪有期徒刑2年、缓刑3年，并处罚金10万元。

**【典型意义】** 此案对于打击非法印刷复制等违法行为具有积极示范作用，较好地保护了出版单位的合法权益。

**三、浙江杭州世纪联线网络传播影视作品案**

**【案情摘要】** 自2006年12月开始，杭州世纪联线公司未经著作权人许可，通过网络向公众传播他人的录音录像制品，涉及侵权作品数量巨大。2012年12月23日，杭州市滨江区法院判处世纪联线公司侵犯著作权罪罚金50万元；李德义侵犯著作权罪有期徒刑4年，并处罚金10万元；方成文侵犯著作权罪有期徒刑3年6个月，缓刑3年。

**【典型意义】** 此案对未经权利人许可，擅自向公众传播他人影视作品的违法行为予以严厉处罚，对于净化网络版权环境具有重要意义。

**四、内蒙古准格尔旗“4·12”团伙非法销售音像制品案**

**【案情摘要】** 被告人李健未经著作权人许可，复制发行音乐录像制品。2012年，执法部门共扣押盗版光碟108万余张、电脑主机1台、刻录机3台、音箱5套。2012年11月19日，内蒙古准格尔旗人民法院依据《刑法》第二百一十七条，判处李健侵犯著作权罪有期徒刑3年，并处罚金5 000元。

**【典型意义】** 此案涉案盗版音像制品数量较多，对开展少数民族地区版权保护工作起到了很好的示范作用。

**五、江苏南京“4·16”制售盗版教辅图书案**

**【案情摘要】** 2011年11月29日，南京超诚公司陈超在未经著作权人许可的情况下，委托金灿公司复制《小学课课通·课时作业》丛书16个品种46 349册。金灿公司童世民明知超诚公司未取得合法委印手续，仍要求员工按要求完成复制行为。2012年1月至2月，超诚公司将上述图书12 587册销售给扬州大百科书店等14家书店。2012年9月24日，南京市鼓楼区人民法院判决南京超诚公司和金灿公司两单位侵犯著作权罪，各处罚金8万元。判处陈超侵犯著作权罪有期徒刑3年4个月，并处罚金2万元；童世民侵犯著作权罪有期徒刑3年，并处罚金1.5万元。

**【典型意义】** 通过查处非法印刷行为，有效保护了教材教辅的版权，维护了出版社合法权益。

**六、上海瑞创非法复制办公软件案**

**【案情摘要】** 韩猛等人为推广上海瑞创公司2345导航网站，未经权利人许可，指使员工非法复制Windows XP等软件，并据此制作“萝卜家园”等各种版本的Windows操作系统软件，将浏览器首页修改设置为2345网站首页，再以提供免费下载和线下免费发放侵权软件光盘的方式推广该网站。侵权域名带来的搜索量经折算为该公司带来收入2 387万多元。2013年2月6日，浦东新区人民法院判决上海瑞创公司侵犯著作权罪罚金1 000万元；韩猛等侵犯著作权罪，分别判处有期徒刑3年至1年6个月不等、缓期执行，罚金100万元至10万元不等。

**【典型意义】** 此案对推广使用正版软件起到了积极的促进作用。

**七、重庆《传奇》私服网络游戏侵权案**

**【案情摘要】** 2009年年初，蔡文伙同他人经营《传奇》私服游戏广告业务，通过代理和开办《传奇》私服游戏广告发布网站，大量发布广告非法获利4 000万元。2012年6月20日，重庆市渝北区人民法院判处蔡文侵犯著作权罪有期徒刑3年、缓刑3年，并处罚金5 000万元；判处其他9人侵犯著作权罪1年6个月至2年6个月不等的有期徒刑（缓刑），并分处罚金。

**【典型意义】** 网络游戏领域侵权盗版案件多发，此案罚金金额较高，对打击私服游戏、维护正版游戏起到了重要的作用。

**八、安徽宿州“7·25”销售侵权复制品案**

**【案情摘要】** 自2008年起，周强等人通过淘宝网销售盗版职称考试书籍。安徽省宿州市执法部门现场查缴盗版书籍、光盘等48 873册，涉案金额21万余元。2012年7月25日，宿州市埇桥区法院依据《刑法》第二百一十八条，判决被告人周强、周萍、宋先武、郭雪莹销售侵权复制品罪，分别判处6个月至1年6个月不等的有期徒刑，并处罚金20万元至40万元不等。

**【典型意义】** 近年来通过淘宝网等网上平台销售盗版图书案件多发，此案跨省办案难度较大，为以后查处类似案件提供了较好的参考。

**九、北京《剑侠世界》私服网络游戏侵权案**

**【案情摘要】** 2010年金山公司高级开发经理伍迪兵在任职期间，私自将该公司的网络游戏《剑侠世界》软件源代码向李玉峰披露。李玉峰遂伙同孙笑天、宋明阳利用该源代码架设私服游戏，非法经营额达110余万元。2012年9月，北京市海淀区人民法院，判处伍迪兵有期徒刑2年，并处罚金20万元；以侵犯著作权罪判处李玉峰、孙笑天、宋明阳等人有期徒刑3年至5年6个月不等，罚金30万元至100万元不等。

**【典型意义】** 网络游戏领域侵权案件多发，此案通过打击私服游戏，对治理网络游戏领域侵权盗版行为、促进游戏产业健康发展起到了积极的引导作用。

**十、山东青岛澳丰非法复制办公软件案**

**【案情摘要】** 2012年3月，青岛市文化市场行政执法局执法人员发现青岛澳丰网络信息有限公司未经权利人授权，在市北区包头路等15所学校非法复制281套Windows XP、731套Windows Word、689套Photoshop。2012年4月12日，青岛市文化市场行政执法局依据《计算机软件保护条例》第二十四条规定，责令青岛澳丰网络信息有限公司立即删除非法软件，停止侵权行为，并处17万余元的罚金。

**【典型意义】** 版权行政执法部门主动出击，有力打击了非法复制正版软件的行为，维护了软件权利人的利益。

（以上案件由《中国新闻出版报》、《中国版权》杂志共同发布）

# 2012年部分省、自治区、直辖市著作权案件

## 河北省

### 一、涿州市鹏业印刷有限公司印刷盗版图书案

2012年2月21日，保定市文化市场行政执法大队执法人员在对涿州市鹏业印刷有限公司检查时，发现该公司正在印刷海豚出版社的《影响你一生的名校励志演讲》和世界知识出版社的《世界上最伟大的推销员》内文，现场发现的内文分别为30令纸和16令纸，且均无委印手续。经询问，该公司负责人承认系盗印他人出版物。执法人员依据《中华人民共和国著作权法》对该公司做出没收盗版出版物、罚款3万元的行政处罚。

### 二、石家庄市中悦歌厅侵犯音乐作品著作权案

2012年3月20日，石家庄市版权局、裕华区文体局在例行检查中，发现该区中悦歌厅在公共场所以营利为目的，向公众传播未经授权的《为了谁》等音乐作品，违反了《中华人民共和国著作权法》第四十八条之规定。依据《中华人民共和国著作权法》第四十八条、《著作权行政处罚实施办法》第四条及《中华人民共和国著作权法实施条例》第三十六条之规定，执法人员对该歌厅做出责令停止侵权行为、罚款1 000元的行政处罚。

### 三、邢台市高考书店、光明书店销售盗版图书案

2012年7月12日，邢台市桥西区文化新闻出版体育局接到举报，称辖区育才路高教书店、光明书店正在销售盗版图书。该局立即派出执法人员，对涉案两书店进行突击检查。检查中在两书店分别发现盗版图书52册和230册，当日便对涉案两书店销售盗版图书案进行立案调查。24日，桥西区文化新闻出版体育局根据《中华人民共和国著作权法》第四十八条、《邢台市行政处罚自由裁量权量化标准》之规定，对涉案两书店做出没收全部盗版图书并分别处以3 000元、2 000元罚款的行政处罚，同时要求其法定代表人做出深刻检讨，提交书面保证书，保证以后守法经营，不再销售盗版图书。

### 四、赵县北部湾歌厅侵犯音乐作品著作权案

2012年7月22日，石家庄市版权局、赵县文广新局在例行检查中，发现该县北部湾歌厅使用未经合法授权的音乐作品《小白杨》、《北国之春》等，违反了《中华人民共和国著作权法》第四十八条之规定。依据上述法律条款，赵县文广新局对涉案单位做出责令停止侵权行为、罚款5 000元的行政处罚。

### 五、石家庄铭诗网络中心、赢大网吧侵犯影视作品著作权案

2012年8月20日、23日，石家庄市版权局、裕华区文体局在例行检查中，发现该区铭诗网络中心和赢大网吧以营利为目的，在公共场所向公众传播未经合法授权的《阿凡达》、《唐山大地震》等电影作品。执法人员依据《中华人民共和国著作权法》第四十八条、《著作权行政处罚实施办法》第四条及《中华人民共和国著作权法实施条例》第三十六条之规定，对铭诗网络中心、赢大网吧均做出责令停止侵权行为、罚款1 000元的行政处罚。

### 六、鹿泉市王福强制作、网络销售盗版图书案

石家庄市版权局接到群众举报，反映鹿泉市上庄镇龙泉花园王福强在淘宝网上涉嫌非法经营盗版图书。8月20日，石家庄市版权局会同石家庄市文化市场稽查大队、鹿泉市文广新局对涉案地进行了检查。现场查获复印设备若干、销售单若干、已经完成装订的涉嫌盗版图书6套。经询问，涉案人王福强夫妇共从淘宝网出售涉嫌盗版图书350套以上，经营收入5.5万元左右。鉴于案情复杂，执法人员将此案移交给上庄公安分局处理。

### 七、石家庄市慧源书店销售盗版图书案

2012年9月19日，石家庄市新华区文体局接到群众举报，称该区景秀路588号的慧源书店涉嫌销售盗版图书。石家庄市版权局、新华区文体局对该书店进行了检查，发现该书店销售侵权图书300余册。依据《中华人民共和国著作权法》第四十八条、《著作权行政处罚实施办法》第四条及《中华人民共和国著作权法实施条例》第三十六条之规定，执法人员做出责令停止侵权行为、罚款2万元的行政处罚。

（河北省版权局）

## 湖北省

### 一、武汉市江岸区刘秀书涉嫌侵犯著作权案

根据举报，2012年6月4日，武汉市江岸区文化市场综合执法大队联合江岸区公安分局破获一起

涉嫌侵犯著作权案件。当场抓获犯罪嫌疑人刘秀书（男，武汉市人），以及光盘刻录机5台、光盘共计12个品种56 210张。经省版权局鉴定，查获的光盘均系侵权复制品。经查，刘秀书以营利为目的，未经著作权人许可，擅自复制他人音像制品，情节严重，涉嫌犯有侵犯著作权罪。目前，刘秀书已被批捕，此案已移送江岸区人民检察院办理。

**二、杨莲英侵犯著作权案**

2012年1月5日，武汉市江汉区文化执法部门在该市楚宝巷2号，查获杨莲英批销的各类侵权复制品光盘15 360张、淫秽光盘926张。2012年5月18日，杨莲英被武汉市江岸区人民法院以侵犯著作权罪、贩卖淫秽物品牟利罪判处有期徒刑三年，罚金2万元。

**三、丁萍违法销售盗版音像制品案**

2012年4月25日，武汉市文化市场综合执法支队联合公安部门捣毁一盗版音像制品窝点，抓获犯罪嫌疑人丁萍，查缴盗版音像制品31 000余张，其中淫秽制品1 200余张。2012年12月31日，被告人丁萍被江岸区人民法院以侵犯著作权罪、贩卖淫秽物品牟利罪判处有期徒刑四年，并处罚金35 000元。

**四、荆门"10·12"网络游戏私服侵权案**

2011年10月12日，根据上海盛大网络科技有限公司举报，荆门市公安局立案侦查诚信网络传奇私服网站从事私服架设经营侵权案件。经查，2011年6月，罗银华（湖北荆门市人）、张雪松（湖北荆门市人）等人在荆门市城区架设私服网站，为他人架设私服100余个，修改《传奇》游戏版本数百件，非法经营额达500余万元，个人非法获利百余万元，其租赁服务器及其下载私服游戏网站等涉及广东、福建、江西、浙江等省。2012年5月24日至7月5日，公安部门先后对罗银华、钟海峰、段洋、张雪松、古立志、廖明、廖春、胡逻岚、李亚军等9名犯罪嫌疑人实施抓捕，缴获作案工具电脑10余台。上述9人中，取保候审8人、刑事拘留1人（李亚军）。此案已进入公诉司法程序阶段。

**五、黄石"6·11"系列侵犯著作权案**

2012年6月11日，根据外语教学与研究出版社有限责任公司举报，黄石市公安局立案侦查一起涉嫌侵犯著作权案。8月下旬，湖北、北京、河南等涉案地警方分别对涉案人员、窝点、印刷厂采取了统一行动。黄石警方在武汉、咸宁、黄石等地查处印刷厂1家，查获存储和销售窝点10个，抓获犯罪嫌疑人9人（其中印刷厂老板1人、中间批发商3人、个体书店老板5人），现场查获《新概念英语》、《牛津英汉双解词典》、《新华字典》、《现代汉语词典》等涉嫌盗版图书10万余册（计55个品种、涉及16个出版单位），摧毁盗版图书发行网络3个。经查，自2008年8月以来，犯罪嫌疑人王艳军、汤艳霞、汪志宏等人长期在武汉市武昌区武珞路三巷租用民房，从北京、河南郑州、湖北咸宁等地购进或直接委托印刷盗版图书，然后销往全省各地书店或书贩获利，涉案金额达1 000余万元。黄石市公安局已将汤艳霞、汪志宏逮捕，将王艳军等7人取保候审，其中，已依法移送检察机关审查起诉5人。北京、河南涉案地警方也已分别立案。

**六、湖北天鸿文化传播有限责任公司、湖北博识达文化传播有限公司发行非法盗版图书案**

2012年2月27日，黄冈文化市场综合执法支队根据举报在黄冈职业技术学院医药卫生院图书仓库查处《内科学》等8种侵权图书，并展开调查，确认了两家公司发行侵权图书的事实。2012年3月9日，黄冈市版权局对两当事人做出没收侵权图书，罚款共计12万元的行政处罚，2012年5月7日两当事人履行完处罚决定。

**七、荆州红门路图书城涉嫌销售淫秽盗版光盘案**

2012年9月20日，荆州市"扫黄打非"办根据举报，联合市文化市场综合执法支队、市公安局治安支队，对位于沙市区红门路图书城二楼的一家影碟歌碟店进行了突击检查，现场查获"法轮功"宣传光碟1张、淫秽光盘100张、涉嫌盗版光碟1 366张。经查，该经营门店未办理《出版物经营许可证》，属无证经营。犯罪嫌疑人汪光明（店主）已被公安部门传唤接受进一步调查处理。

**八、朱三中侵犯著作权案**

2012年6月2日，荆州市公安局沙市区分局解放路派出所民警在工作中发现，有人非法经营上海盛大公司享有版权的《传奇》电游软件，当日即予以立案。经广泛调查取证，查明嫌疑人朱三中通过向游戏玩家销售游戏元宝的方式获利，非法经营额达200余万元，违法所得20余万元的犯罪事实。2012年11月23日，荆州市沙市区人民法院作出如下判决：1. 被告人朱三中犯侵犯著作权罪，判处有期徒刑三年，缓刑四年，并处罚金102万元；2. 违法所得22万元，予以没收。

**九、周永兴、王云美销售侵权复制品案**

根据湖北省版权局移转国家版权局的举报材料，

省公安厅指定天门市公安局管辖淘宝网“三国书城”等209家淘宝店涉嫌销售侵权图书案。天门市公安机关在武汉抓获周永兴、王云美等4名犯罪嫌疑人，扣押各类盗版图书近10万册。

2012年11月3日天门市人民法院判决被告人周永兴犯销售侵权复制品罪，判处有期徒刑一年，缓刑一年，并处罚金40万元；被告人王云美犯销售侵权复制品罪，判处有期徒刑一年，缓刑一年，并处罚金40万元。

（湖北省版权局）

## 湖　南　省

### 一、黄政、陈思私服侵犯著作权案

2012年5月初，常德市文化市场综合执法局在工作中发现，常德市有人开设火龙传奇私服侵犯著作权，同年5月9日对黄政、陈思开设火龙传奇私服侵犯著作权进行立案，并与常德市公安局网技支队成立黄政、陈思开设火龙传奇私服侵犯著作权专案组共同办理此案。行动小组兵分两路，一路由常德市公安局网技支队10名干警直奔犯罪嫌疑人所开设私服的出租房，将两名犯罪嫌疑人黄政、陈思当场抓捕归案，并收缴了大量电脑、光盘等作案工具；另一路由文化执法局工作人员和网技支队干警抽调人员共4人出差到上海盛大公司对嫌疑人的网上侵犯著作权案行为进行调查，通过调取盛付通数据，获取嫌疑人的网上非法资金往来明细，并通过盛大公司确认黄某、陈某侵犯著作权的事实。同时，通过公安部三所司法鉴定中心对私服游戏软件进行了侵权鉴定。

经过调查发现，2011年12月至2012年3月间，犯罪嫌疑人黄政、陈思未经《传奇》游戏著作权人上海盛大公司许可，在常德市武陵区一出租房内私自下载私服火龙1.08版本，提供游戏平台供玩家游戏，并从网易交易平台收取玩家的游戏费。非法获利66 000元。其行为已触犯了《中华人民共和国刑法》第二百一十七条第（一）项之规定。2012年11月16日由常德市武陵区检察院向常德市武陵区人民法院提请公诉，2013年1月16日，常德市武陵区人民法院对黄政、陈思依法判处有期徒刑三年。

### 二、郴州市志合计算机系统服务有限公司侵犯软件著作权案

2012年，根据微软（中国）公司的举报函和申请书，郴州市文化市场综合执法局对郴州境内网吧使用的Windows XP产品进行检查。经对郴州市城区四通开心网络会所、冲浪天堂网络会所、竹林网络会所、盛世网络会所、新东方网络会所、新好景网络会所和桂阳侠客网络会所进行现场检查和调查确认，郴州市志合计算机系统服务有限责任公司以营利为目的，未经著作权人许可，擅自通过信息网络下载Windows XP安装到各网吧终端中（1 210台），并修改微软OEM的行为，侵犯了他人著作权。根据《中华人民共和国著作权法》第四十八条第（一）项、《计算机软件保护条例》第二十四条第一款、《最高人民法院、最高人民检察院关于办理侵犯知识产权刑事案件具体应用法律若干问题的解释（一）》第五条第一款第（二）项、《行政执法机关移送涉嫌犯罪案件的规定》、《全国人民代表大会常务委员会关于惩治侵犯著作权的犯罪的决定》、《最高人民法院适用〈全国人民代表大会常务委员会关于惩治侵犯著作权的犯罪的决定〉若干问题的解释的规定》，郴州市文化市场综合执法局于2012年6月13日将郴州市志合计算机系统服务有限责任公司侵犯他人著作权案移送司法机关，7月18日，该公司法人代表被郴州市公安部门依法逮捕收押。

### 三、“华容DJ站”网站侵犯音乐作品著作权案

8月15日，接群众举报，岳阳市文化市场综合执法局查处了华容DJ站涉嫌未经授权非法传播音乐作品案。执法人员前往市电信公司确定其网站IP地址，并向市电信公司发了《关于协助调查华容DJ站涉嫌非法传播音乐的函》。经市电信公司技术部门锁定，华容DJ站的域名为www.dj0730.com，IP地址为：222.242.227.79，户名为：孟令全，位于华容久久网吧。久久网吧后更名为啡尼斯网络会所，法人代表更换为陈长峰。经调查，发现该网站是网吧工作人员肖海在网吧管理人员万义方的指导下，将服务器放在湘阴平和小区女朋友的住宅里面，采用VPN技术即借用互联网进入网吧服务器而私自建设的网站。该网站已开办将近两个月时间，未与尅曲网签订授权协议，私自采集惠州DJ永涛、吉安DJ优仔、钦州DJ宝哥等700多首歌曲。当事人的行为违反了《中华人民共和国著作权法》第四十八条、《信息网络传播权保护条例》第十八条之规定，依据《信息网络传播权保护条例》第十八条之规定，经研究决定，对当事人给予以下处罚：一是责令立即停止侵权行为，没收服务器；二是对当事人处以1万元的罚款。

### 四、“怀化小说网”侵犯文字作品著作权案

2012年9月5日，根据群众举报，怀化市文化

市场综合执法局对怀化市华夏信息科技公司开办的“怀化小说网”（www.hx0745.com）检查时，发现该网站涉嫌未经著作权人许可，复制、传播他人文学作品。9月6日立案调查，由怀化市文化市场综合执法局版权执法科负责案件查处。经查实：怀化小说网于2007年5月至2012年9月期间，未经著作权人同意，擅自复制、传播《凡人修仙传》、《超级仙医》等共计432部小说，供网络用户在线阅读和下载，从而提高该网站的流量，赚取广告费用。依据《中华人民共和国著作权法》第四十八条第（一）项之规定和《信息网络传播权保护条例》相关规定，9月17日怀化市文化市场综合执法局对怀化市华夏信息科技公司做出了以下行政处罚：立即停止侵权行为，罚款2万元。

**五、株洲市鑫锛腾电脑网络有限公司侵犯软件著作权案**

2012年下半年，株洲市文化市场综合执法局对株洲市酒店、建筑设计行业开展软件正版化检查。在天元区泰山路九五八一酒店进行检查，发现当事人使用的操作系统涉嫌侵权盗版。经过调查发现，该酒店的计算机系统系株洲市鑫锛腾电脑网络有限公司承建，操作系统也由该公司提供。10月16日，对鑫锛腾电脑网络有限公司立案调查。经过调查发现，鑫锛腾公司在承建九五八一酒店计算机系统时，为节省成本，给客户大量安装未经授权的操作系统和办公软件，同时查明，鑫锛腾公司在经营活动中给多个网吧、公司安装未经授权的操作系统和办公软件。鑫锛腾公司的行为违反《计算机软件保护条例》第二十四条第（一）项之规定。10月31日，株洲市文化市场综合执法局下达处罚决定，给予鑫锛腾电脑网络有限公司停止侵权行为、罚款1万元的行政处罚。当事人对此无异议，并积极履行处罚决定，此案于11月1日结案。

**六、“看玄幻小说网”侵犯文字作品著作权案**

2012年6月27日，根据群众举报，衡阳市文化市场综合执法局对“看玄幻小说网”未经许可转载“红袖添香小说网”百余部小说的行为进行了立案调查，经查，“看玄幻小说网”确实在其网站上未经“红袖添香小说网”许可，转载了“红袖添香小说网”的小说百余部。2012年7月13日，根据《信息网络传播权保护条例》第十八条第（一）项的规定，衡阳市文化市场综合执法局做出行政处罚：责令停止违法违规的侵权行为；警告；并处罚金1万元。

**七、怀化大春潮娱乐有限公司侵犯影视作品著作权案**

2012年5月15日，根据群众举报，怀化市文化市场综合执法局对怀化大春潮娱乐有限公司检查发现涉嫌侵权，决定立案，由版权局执法科负责案件查处。查实：2012年该公司为了拓展经营业务和吸引更多消费者，由该公司技术人员唐春杰在未经著作权人许可的情况下将影视作品复制在机房服务器，通过内部局域网传送到115个包厢的太白多媒体娱乐平台上供消费者观看，已构成违规事实。依据《中华人民共和国著作权法实施条例》第三十六条之规定和《中华人民共和国著作权法》第四十八条所列侵权行为之规定，对怀化大春潮娱乐有限公司做出了停止侵权行为、罚款1万元的行政处罚。

**八、金天亿等电脑公司侵犯软件著作权案**

衡阳市文化市场综合执法局在检查网吧时发现金天亿电脑经营部、翔羽网络科技技术中心、新科信电脑公司三家公司涉嫌对32家网吧安装、复制涉嫌侵权的计算机操作系统，并于6月11日、6月15日分别对该三家公司立案调查。该三家公司安装了32家网吧的51套侵权计算机Windows操作系统软件，衡阳市文化市场综合执法局依据《计算机软件保护条例》第二十四条第（一）项之规定，对该三家公司分别做出行政处罚：1. 停止侵权行为，卸载侵权Windows操作系统；2. 罚款5 000元。该三家公司于9月13日全部自觉履行上述处罚措施。

（湖南省版权局）

## 吉 林 省

**一、延吉市金海龙网络游戏侵权案**

2012年9月25日，有群众举报称延吉市站前街有一家从事韩国网络游戏经营活动的黑窝点，要求延吉市文化市场综合执法大队进行查处。根据举报情况，延吉市文化市场综合执法大队成立了“7·16”专案小组对该窝点进行了检查，对该场所内情况进行了拍照取证以及查扣了经营设备。经调查，该场所是于2011年末开始经营的，老板叫金海龙，35岁，延吉市人，共有员工25人，经营的是韩国《永恒之塔》游戏，共有240台电脑利用外挂进行游戏练级，无合法的经营手续，每台电脑挂4个账号，通过安装外挂手段一个人管理10台电脑。2012年10月8日，依据《中华人民共和国著作权法》第四十八条，《信息网络传播权保护条例》第十九条有关规定，延吉市文化市场综合执法大队对该场所做出了行政罚款3万元的处罚。

**二、延吉市李青海网络游戏侵权案**

2012年7月16日下午，延吉市文化市场综合执法大队接到群众举报，称位于站前街的李青海网络游戏厅涉嫌严重侵权。接到群众举报后，延吉市文化市场综合执法大队前往调查，执法人员来到李青海网络游戏厅检查发现，游戏厅内共有60台电脑和大量人员正在利用外挂进行游戏练级，通过游戏练级获取经济收益。该场所经营的是韩国《天棠》游戏，没有办理合法的经营手续。由于是盗版，韩国方面经常对该账户进行封号，该游戏厅经营处于亏损状态，只有通过外挂形式，才能营利。执法人员当场对该游戏厅进行查封，扣留涉案电脑进行调查取证。7月25日，延吉市文化新闻出版局依据《中华人民共和国著作权法》第四十八条，《信息网络传播权保护条例》第十八条有关规定，对李青海网络游戏厅做出罚款2万元的行政处罚。处罚决定已执行完毕，此案件于2012年7月26日结案。

**三、公主岭市范家屯镇庄强书店经营盗版图书案**

2012年11月20日，公主岭市文化广电新闻出版局接到群众举报，称范家屯镇庄强书店有经营盗版图书现象。接到举报后，公主岭市文化市场综合执法大队立即赶往范家屯镇庄强书店进行检查核实。执法人员通过走访、暗查等方式，在该书店仓库中发现并查获盗版图书1200余册，包括盗版的《365夜故事》、《雍正王朝》、《安徒生童话》等。执法人员当即扣留了盗版图书，并责令该书店经营者于3日内接受调查处理。经调查取证，该案事实清楚，证据确凿，按照《中华人民共和国著作权法实施条例》第三十六条，公主岭市文化市场综合执法大队做出行政处罚：罚款1万元。

**四、公主岭市百合印业盗版图书案**

2012年6月9日，公主岭市文化市场综合执法大队在对全市印刷业进行日常检查时发现，位于电缆厂院内的百合印刷厂有盗印他人出版物的行为，其中盗印《明朝那些事儿》850册，《盗墓笔记》600册。公主岭市文化市场综合执法大队立即责令其停止违法行为，3日内接受处理。按照《中华人民共和国著作权法实施条例》第三十六条、《中华人民共和国著作权法》第四十八条和《印刷业管理条例》第三十八条第（三）项相关规定，公主岭市文化市场综合执法大队对该印刷厂做出罚款14000元的行政处罚。

**五、四平市百惠书苑贩卖盗版教材案**

2012年1月2日，有群众电话举报称，四平市铁西区十四中学附近的百惠书苑非法经营盗版教材，希望四平市文化市场综合执法支队前去查处。接到群众举报电话后，四平市文化市场综合执法支队前往调查处理。经调查，发现该书店非法经营中小学盗版教材：语文九年级下册、物理九年级上册、化学九年级下册等11种，共31000套。综合执法人员对盗版教材当场予以扣留，并对店主王军进行了调查取证。王军承认盗版教材是一个面包车送的货，人不认识，从哪里来的也不知道，只是感觉便宜便进了货，也不知道是不是盗版教材。因店主王军不能说明教材的合法来源，同时也不能提供相关的合法手续，违反了《出版物市场管理规定》第四十五条有关规定。根据《中华人民共和国著作权法》第五十三条、第四十八条，《中华人民共和国著作权法实施条例》第三十六条有关规定，四平市文化新闻出版局给予当事人王军罚款1万元的行政处罚。

**六、敦化市实验中学使用盗版教辅材料案**

2012年9月8日，敦化市文化市场综合执法大队接到学生家长和安徽科技出版社长春代理商的举报，称敦化市实验中学使用盗版教辅材料《新课标高考总复习》，希望敦化市文化市场综合执法大队前去查处。接到举报后，敦化市文化广电新闻出版和体育局专案组前去市实验中学进行调查核实。

在学校的配合下，执法人员在学生上课的班级发现了安徽科技出版社出版发行的教辅材料《新课标高考总复习》辅导材料，包括政治、英语、语文三种，共3200册。每册定价24元，成本价13元左右，学校按照定价出售给学生，共赢利32000元左右。执法人员当场收缴盗版教辅材料2000余册，事后又从学生手中收回1200余册。

鉴于学校不能说明盗版教辅材料的来源，敦化市文化广电新闻出版和体育局根据《中华人民共和国著作权法》第五十三条、第四十八条有关规定，责令学校退回学生购买教辅材料的全部费用，盗版教辅材料由市文化市场综合执法大队收回并销毁，同时对学校做出了罚款5万元的行政处罚。

**七、通化市宏新书店经销盗版教辅材料案**

2012年10月24日，通化市文化市场综合执法支队在日常检查中发现，光明路696号宏新书店存放有大量教辅材料，均为内蒙古出版社出版，包括《高中课外训练步步高》（高一、高二、高三）1138册，单价11.7元；《高中课外训练步步高》数学、《高一英语伴你读》；《高中课标教材同步导学丛书》

一、二、三册 564 本，单价 14.4 元；《五年高考三年模拟》（数学、语文、英语、物理、化学、地理六种）。以上涉案图书共计 7 213 册，总码洋共 121 298 元。执法人员提取样本上网查询并与内蒙古出版社出版的教辅材料进行核对，发现上述材料与原出版社出版教辅材料不符，且出版社根本就没出版过该类教辅材料，版权页上的联系电话根本不存在。由于宏新书店既无发行委托书，又无进货存单，也说明不了进货渠道，通化市文化广电新闻出版局依据《中华人民共和国著作权法》第四十八条第（一）项和《中华人民共和国著作权法实施条例》第三十六条有关规定，没收盗版教辅材料共计 7 213 册并全部销毁，行政处罚 4 万元。

**八、扶余市农职教中心使用盗版教材案**

2012 年 7 月 5 日，吉林省松原市文化广电新闻出版局接到高等教育出版社的举报，称扶余市农业职业技术教育中心涉嫌使用侵犯其权益的盗版教材。当日，松原市文化广电新闻出版局决定成立专案组，立即前往该教育中心突击检查取证。专案组对该教育中心库房内和高一、高二年级学生课堂使用的 8 种各 1 册教材进行抽样提取，经技术比对，确认为盗版教材。经调查核实，该教育中心于 2011 年秋季、2012 年春季分别购置盗版教材《计算机应用基础》等 8 个品种、共 1 000 余册教材。该校上述行为已构成对高等教育出版社著作权的侵害，应承担相应的侵权责任。扶余市文化广电新闻出版局根据《中华人民共和国著作权法》四十八条第（一）项和《中华人民共和国著作权法实施条例》第三十六条之规定，对该教育中心做出立即停止侵权行为、没收全部盗版教材、罚款 1 万元的行政处罚。上述处罚已执行完毕。

**九、河北游商张立东盗版教辅材料案**

2012 年 4 月 15 日，镇赉县文化市场综合执法大队接到群众举报，称河北游商张立东正在向镇赉县一中销售盗版教辅材料。镇赉县文化广电新闻出版局指派专人前往调查核实，发现张立东正在向一中老师销售内蒙古人民出版社出版的教辅材料《高中文言文全解与赏析》（定价 25.8 元），共 1 670 本，码洋总计 43 086 元。执法人员当场将盗版教辅材料扣留，将当事人张立东带回镇赉县文化市场综合执法大队接受调查处理。张立东本人对销售盗版教辅材料一事供认不讳，并且承认其教辅材料是通过配货站从河北沧州发货过来的，在河北是谁印刷的不清楚，也不能提供正规的委托发行书。张立东家租住在白城市学士院小区，鉴于张立东非法经销盗版教辅材料事实清楚，证据确凿，依据《中华人民共和国著作权法实施条例》第三十六条有关规定，镇赉县文化广电新闻出版局给予张立东没收盗版教辅材料 1 670 本，罚款 5 万元的行政处罚。当事人于 2012 年 6 月 16 日缴纳了行政罚款。

（吉林省版权局）

## 江 苏 省

**一、南京“6·4”特大地下非法批销盗版光碟案**

2012 年 6 月 4 日，地铁南京站派出所民警在地铁红山动物园站抓获正在贩卖盗版光碟的犯罪嫌疑人李杰。根据李杰的交代，南京地铁警方与文化执法、版权等部门采取联合行动，一举捣毁了南京市江宁区一偏僻乡村特大地下非法批销盗版光碟窝点，当场抓获犯罪嫌疑人 7 名，收缴非法盗版光碟约 60 万张，并循线追踪至山东烟台和广东广州，一举查获两个生产窝点，18 条涉及制造、刻录、印刷、品检光盘生产线，20 台大型刻录机，抓获犯罪嫌疑人 23 名。同时在南京和安徽芜湖等地抓获购买光盘用于贩卖的音像商店和音像点 9 家，抓获犯罪嫌疑人 11 人。经侦查，该团伙近一年来涉案盗版侵权光盘数量达 160 万张，侵权金额在 3 000 万元以上，涉案流水线价值在 5 000 万元以上。

南京市雨花台区人民法院于 2013 年 3 月 27 日初审判决：以侵犯著作权罪判处主犯王某有期徒刑 10 年，并处罚金 13 万元。

**二、南京“9·04”制售非法音像制品案成功告破**

2012 年 8 月 2 日，南京市文化综合执法总队接到江苏省“扫黄打非”办转来的全国“扫黄打非”的举报线索，称：由最高人民检察院中国检察出版社音像中心出版的警示教育电视专题片《诱发公职人员职务犯罪的 20 个认识误区》被盗版发行。

经查，盗版发行单位“江苏省主旋律教育片发行管理中心”为一个虚假单位，负责人为祝某。全国有几十家单位收到了其要求征订《诱发公职人员职务犯罪的 20 个认识误区》盗版音像制品的伪造文件。该“中心”在多家银行申请了账号，并有大量的销售记录。在掌握大量证据后，9 月 4 日、5 日，执法人员分别对其办公地点和仓库进行了突击查处。现场查获涉嫌盗版电视教材 169 套共 1 690 盘，私刻的“中国保护消费者权益促进会”、“中国企业质量协会江苏企业质量监督委员会”等印章 25 枚，涉嫌用来诈骗的铭牌、证书几十个及大量涉嫌犯罪的证据，涉案金额达百万余元。公安机关对祝某等两名主要嫌疑人实施了拘捕。为迅速侦破此案，市“扫黄打非”办公室决定，成立由总队、鼓楼公安分局、华侨路派出所、鼓楼区文化局执法人员组成的“南京‘9·04’侵权盗版国家警示教育电视教材”案专案组。

案件侦办伊始，为案情需要，专案组决定对其中一名涉案嫌疑人付某（祝某供货商）暂缓抓捕。一方面由南京市公安局通过技侦手段实施监控，另一方面由执法人员进一步收集证据。

经过两个多月的监控和侦查，执法人员掌握了大量的线索和证据。11月16日，市文化综合执法总队会同市公安局鼓楼分局、华侨路派出所、鼓楼区文化局执法人员，在“9·04”专案组的指挥下，对付某的作案场所进行了突击检查。现场查获多碟组合式刻录机7台，用于制作光盘的电脑2台，各类专用打印机6台，扫描仪1台和已制作完成的光盘数千张，银行卡数张、网上银行U盾1个、部分出入账单据和付某使用的通讯工具等，犯罪嫌疑人付某被公案机关带回。

南京市鼓楼区人民法院于2013年3月25日作出初审判决：以侵犯著作权罪判处祝某有期徒刑3年，缓刑5年，并处罚金50万元；以侵犯著作权罪判处付某有期徒刑3年，缓刑3年，并处罚金1万元。

**三、扬州“简单游平台网”非法外挂游戏版权案**

2012年6月，江苏省扬州市公安局广陵分局接北京畅游时代数码技术有限公司称：福州天下创世数码有限公司非法制作侵犯该公司《天龙八部3》、《鹿鼎记》、《剑仙》等多款网络游戏版权的外挂，并通过“简单游绿色游戏脚本交易平台”（网址为：www.jdyou.com，www.jdyou.net）进行销售，牟取非法利益，请求依法处理。广陵分局接报后高度重视，当日向扬州市文广新局汇报了案情并于2012年7月26日立案，成立专案组进行侦查。于2012年8月30日，至福州、上海等地将主要涉案嫌疑人李玮、张潇颖、陈安平、林道桢、邹丹等五人抓获，现该五人均以非法经营罪名被逮捕。经过公安部三所下属的上海辰星电子数据司法鉴定中心鉴定，“简单游”软件及外挂脚本均为破坏性程序，且经原新闻出版总署鉴定均为非法出版物。经查证福州天下创世数码有限公司自2009年1月至2012年8月通过“简单游”平台出售外挂脚本的非法经营额达6 394万元。

2013年2月5日，江苏省扬州市广陵区人民法院判决：被告单位福州天下创世数码有限公司犯非法经营罪，判处罚金2 200万元；被告人李玮犯非法经营罪，判处有期徒刑3年，缓刑4年，并处罚金500万元；被告人陈安平犯非法经营罪，判处有期徒刑2年，缓刑3年，并处罚金40万元；被告人张潇颖、林道桢、邹丹犯非法经营罪，均判处有期徒刑2年，缓刑2年，并处罚金40元。

**四、常州“星吧音乐网”未经授权擅自提供侵权歌曲案**

2012年6月27日，江苏省常州市文化综合行政执法支队接到江苏省版权局转交的关于国际唱片业协会北京代表处投诉“星吧音乐网”未经授权擅自提供侵权歌曲予公众下载和试播试听的举报材料后，组织人员对“星吧音乐网”进行了调查。调查发现“星吧音乐网”存在上万首涉嫌侵权歌曲，其中经国际唱片业协会北京代表处确认，该网站侵犯其著作权的歌曲超过500首。2012年6月29日此案被移送常州市公安局网络警察支队侦办。

2013年1月14日，常州市中级人民法院对此案进行了判决，判决如下：1. 被告人阎晓明犯侵犯著作权罪，判处拘役4个月，缓刑1年，并处罚金2万元。2. 查扣的涉案赃物予以没收。

**五、泰州郑菁华等人侵犯著作权案**

2012年2月至3月，郑菁华、刘珠青在明知上海盛大网络发展有限公司是《传奇世界》游戏的运营公司且未取得《传奇世界》著作权人合法授权的情况下，分别将非法取得的《传奇世界》网络游戏版本更名为《纵横江湖》、《王者无敌》和《乱世英雄》等名称。龙明军明知郑菁华等侵犯他人著作权，仍为其私服提供技术服务并对其中部分非关键程序做了修改，并架设了《传奇世界》私服，为其开区合区，为玩家提供客户端下载、安装充值平台等服务，非法经营数额计33.8万元。郑菁华、刘珠青为招揽玩家、牟取利益，通过曾勇、刘彩分别在数个《传奇世界》私服发布网站发布广告、宣传其《传奇世界》私服游戏以招揽玩家。

江苏省泰州市中级人民法院2012年12月28日一审判决如下：郑菁华、刘珠青、曾勇、龙明军的行为均构成侵犯著作权罪。被告人龙明军犯侵犯著作权罪，判处有期徒刑3年，缓刑4年，并处罚金6万元；被告人郑菁华犯侵犯著作权罪，判处有期徒刑2年，缓刑3年，并处罚金6万元；被告人曾勇犯侵犯著作权罪，判处有期徒刑3年，缓刑3年，并处罚金 5 万元。

**六、淮安“3·28”淘宝网店侵犯著作权案**

2012 年 2 月 3 日，网络举报反映淮安市内有人制作大量盗版光盘在淘宝网 5 家网店进行销售。经数日周密调查，淮安市版权局执法人员于 3 月 28 日对位于淮安市大庆路淮堤庵巷 5 号的当事人制作光盘场所进行突击检查，现场查获《乐智小天地》等涉嫌盗版 DVD 光盘 138 种 23 478 张，暂扣用于生产制作非法光盘的 DVD 刻录机 7 台，光盘表面彩色打印机 4 台，台式电脑 3 台，笔记本电脑 1 台。经调查取证和鉴定，该批光盘均为未经著作权人许可，擅自复制、发行他人音像制品，且数量较大。

据查，犯罪嫌疑人刘某、汤某、高某等人自 2011 年 7 月份以来，先后在淮安市清河区河堤路 140 号 19 排 104 室、淮安市清浦区大庆路淮堤庵巷 5 号非法复制大量盗版光盘后在自己经营的淘宝网店上销售，非法经营额达 160 多万元。

淮安市版权局于 2012 年 4 月 5 日下达行政处罚决定书：给予刘明没收《乐智小天地》等盗版 DVD 光盘 138 种 23 478 张，用于生产制作非法光盘的 DVD 刻录机 7 台、光盘表面彩色打印机 4 台、台式电脑 3 台的行政处罚，并移送公安机关依法追究刑事责任。

2012 年 10 月 19 日，淮安市中级人民法院作出判决：被告刘明犯侵犯著作权罪，判处有期徒刑 3 年，缓刑 5 年，罚金 85 万元；被告汤剑平犯侵犯著作权罪，判处有期徒刑 2 年，缓刑 3 年，罚金 50 万元；被告高伟犯侵犯著作权罪，判处有期徒刑 1 年，缓行 1 年，罚金 30 万元。

**七、南京“4·16”教辅图书侵权盗版案**

案件详情，参见本栏目“2012 年度查处侵权盗版十大案件五”(287 页)。

**八、连云港市灌云县朱海涛等四人侵犯著作权案**

朱海涛、朱国亮、赵辉，以营利为目的，未经著作权人许可，使用租赁的服务器空间，私自架设《传奇》网络游戏，同时朱海涛、朱国亮通过互联网代理其他《传奇》网络游戏私服广告发布业务，情节特别严重；王志以营利为目的，明知朱海涛等人运营《传奇》网络游戏私服，仍为其代理《传奇》网络游戏私服广告发布业务。以上四人非法经营额达 753 万元，属情节特别严重，均已构成侵犯著作权罪。

江苏省连云港市中级人民法院判决如下：判处朱海涛有期徒刑 3 年，缓刑 4 年，并处罚金 60 万元；判处朱国亮有期徒刑 1 年，缓刑 1 年，并处罚金 3.3 万元；判处赵辉有期徒刑 10 个月，缓刑 1 年，并处罚金 3 万元；判处王志有期徒刑 9 个月，缓刑 1 年，并处罚金 4 万元。

**九、张家港市邹军销售盗版音像制品案**

2012 年 3 月 29 日下午，江苏省张家港市文化行政综合执法大队执法人员在张家港市杨舍镇泗港闸上集场检查时，发现一辆三轮车搭架设摊摆放有大量的音像制品供消费者购买，现场经营者邹军不能提供《工商营业执照》、《出版物经营许可证》，同时，现场经营者提供不出上述涉案音像制品的合法进货票据以便查验，涉案的音像制品涉嫌侵权盗版。执法人员现场将涉嫌非法经营的音像制品封存至张家港市城西派出所进行清点，共计5 174 张光盘。3 月 30 日，苏州市知识产权局将涉嫌侵权盗版音像制品 4 490 张 DVD、EVD 鉴定为侵权盗版音像制品，涉嫌淫秽色情的 684 张音像制品由张家港公安局城西派出所暂扣。当事人违反了《中华人民共和国著作权法》第四十八条第（一）项的规定，张家港市版权局对此进行立案查处，对当事人依法进行了调查询问和取证，同日组织对案件处理的集体讨论。讨论结果：根据最高人民法院、最高人民检察院、公安部《关于办理侵犯知识产权刑事案件适用法律若干问题的意见》(法发［2011］3 号）规定，达到刑法追诉标准。2012 年 3 月 30 日，张家港市版权局将此案移交公安机关继续侦办，追究当事人的刑事责任。经苏州市公安局鉴定，暂扣的音像制品中，101 张为淫秽色情音像制品，余下 583 张非淫秽色情的提请苏州市知识产权局对涉嫌侵权的音像制品进行鉴定，公安局对嫌疑人做出了取保候审的决定并移交检察院进行起诉。

2012 年 7 月 16 日，张家港市人民法院作出判决：被告人邹某犯侵犯著作权罪，判处有期徒刑 3 年，缓刑 4 年，并处罚金 3 万元。

**十、昆山市双叶软件科技公司安装使用盗版软件案**

江苏省昆山市联合执法工作组对该市双叶软件科技有限公司进行执法检查，对其未经著作权人许可，擅自复制或者部分复制著作权人软件的电脑进行调查取证。根据执法人员取证的侵权证据和昆山探路人软件技术有限公司《软件购买合同》提供的软件销售价格，昆山市联合执法人员经多方核查，认定上述涉案公司复制侵权软件 Windows 7、Office，价值为每台电脑 4 250 元。

昆山市版权局依据《计算机软件保护条例》第

二十四条第二款的规定，责令昆山市双叶软件科技公司停止侵权行为，销毁侵权复制品，并处罚款6.8万元。

（江苏省版权局）

## 辽 宁 省

### 一、“2·26”销售盗版图书案

2011年2月19日，沈阳市公安局经济犯罪侦查支队（以下简称沈阳市经侦支队）获取了一条案件线索：一名叫于风的男子通过货运形式非法出售盗版书籍。2月26日，沈阳市经侦支队将犯罪嫌疑人李广权（化名于风）抓获，并在其租用的库房内查获《数学》等115种盗版出版物。

经审讯，犯罪嫌疑人李广权供认其于2009年至案发通过货运站配货方式从河北省河间市乔双进，河南省新乡市孙培敏、王丽娟处购进大量盗版图书后进行销售。三年间，其销售盗版图书已达百万余册，总涉案金额达1 000余万元。2011年3月6日，市经侦支队成立专案组后，在河南新乡将犯罪嫌疑人王丽娟等抓获，并当场查获《小学课程全解》等盗版教辅图书近200万册。2011年6月、7月，乔双进和孙培敏投案自首。

经专案组的突审，犯罪嫌疑人交代了以乔双进、王丽敏（王丽娟妹妹）、孙培敏为首的团伙贩卖盗版图书的犯罪事实。该团伙自2008年以来，每年销售盗版图书300余万册，4年批发盗版教辅图书达1 000余万册，涉案金额过亿元。其销售网络遍及南至广东，北至黑龙江，西至新疆等20余个省（自治区、直辖市）。据犯罪嫌疑人交代，涉嫌书店仅在被查封日即销售1万余册盗版图书，价值12万余元。经过一年多的工作，沈阳市经侦支队打掉制假窝点2个（其中跨省窝点1个），共抓获犯罪嫌疑人16人。该案主要犯罪嫌疑人乔双进、孙培敏于2012年1月12日、13日被沈阳市大东区人民法院以侵犯著作权罪分别判处有期徒刑3年，缓刑3年，罚金5万元。

全国“扫黄打非”办和公安部高度重视此案，将此案列为全国“扫黄打非”办挂牌督办案件。经查明，这些盗版图书来自河南省新乡市。专案组又紧急赶赴河南，连续作战，于2011年3月7日，在河南省警方的配合下，成功捣毁了“2·26”案的源头——河南省新乡市非法制售盗版教辅图书的窝点，抓获犯罪嫌疑人2名，查获盗版教辅图书107种，计36万余册，涉案码洋500余万元，查扣销售账目200余本，销售网络遍及20余个省（自治区、直辖市）。同时，专案组根据河南省查获的线索，在辽宁省范围内又成功侦破了朱忠湖、陶丽等一批销售盗版教辅图书系列案件，共抓获犯罪嫌疑人12人。

被告人李广权以营利为目的，未经著作权人许可，非法发行他人作品，情节特别严重，其行为已构成侵犯著作权罪。2012年8月21日，沈阳市大东区人民检察院向沈阳市大东区人民法院提起公诉。11月8日，沈阳市大东区人民法院依据《中华人民共和国刑法》第二百一十七条、第七十二条第一款、第七十三条之规定，以侵犯著作权罪，判处被告人李广权有期徒刑3年，缓刑3年，并处罚金5万元。

### 二、韩广富刻录、租售盗版光碟案

2012年3月18日18时许，沈阳市公安局经济技术开发区分局翟家派出所民警在治安巡查时，于沈阳市铁西区大青乡得胜村滨河社区胖哥超市内，现场抓获韩广富向张楠出售盗版光碟，当场查获盗版光碟5 168张。根据《中华人民共和国刑法》第二百一十七条之规定，沈阳市公安局经济技术开发区分局于3月18日当晚将该案立为侵犯著作权案侦查。经讯问，犯罪嫌疑人韩广富对自己刻录并出租、出售盗版光碟的犯罪事实供认不讳。2012年9月18日，经济技术开发区人民检察院对韩广富涉嫌侵犯著作权一案提起公诉。

2012年10月19日，韩广富因侵犯著作权罪，被沈阳市经济技术开发区人民法院判处有期徒刑3年，缓刑4年，并处罚金6万元。

（辽宁省版权局）

## 内蒙古自治区

### 一、杨建平涉嫌侵犯著作权案

2012年3月23日，包头市公安局公共交通治安分局治安大队侦破杨建平涉嫌侵犯著作权案，抓获杨建平、刘利芳两名犯罪嫌疑人，当场查获26种5 397册非法出版物。经鉴定，该批非法出版物价值223 213.7元。8月27日，依据《中华人民共和国刑法》第二百一十七条等的有关规定，被告人杨建平以侵犯著作权罪，被判处有期徒刑3年，缓刑3年，并处罚金11万元；被告人刘利芳以侵犯著作权罪，被判处有期徒刑1年6个月，缓刑2年，并处罚金5万元。

### 二、李健侵犯著作权案

案件详情，参见本栏目“2012年度查处侵权盗

版十大案件四”（287 页）

**三、蓝磨坊音乐空间擅自使用音乐作品案**

2012 年 2 月 3 日，赤峰市文化市场综合执法局对被投诉擅自使用著作权人音乐作品的蓝磨坊音乐空间进行了检查，经查证，该歌厅未经著作权人许可，擅自使用著作权人的音乐作品。依据相关法律法规，赤峰市文化市场综合执法局对蓝磨坊音乐空间做出罚款 3 万元的行政处罚。

**四、欣诺酒吧擅自使用音乐作品案**

2012 年 6 月 16 日，赤峰市文化市场综合执法局执法人员对欣诺酒吧进行执法检查，发现该歌厅未经著作权人许可，擅自使用著作权人的音乐作品。依据相关法律法规，赤峰市文化市场综合执法局对欣诺酒吧做出罚款 2 万元的行政处罚。

（内蒙古自治区版权局）

## 山 东 省

**一、“12·1”济南特大非法复制发行《热血传奇》服务器软件侵犯著作权案**

被告人韩超，先后招募被告人黄磊、高姝影、刘海滨、于滨、魏星，未经网络游戏《热血传奇》著作权人上海盛大网络发展有限公司许可，在某小区以“玫瑰小组”的名义架设互联网网站并发布广告，租用网络服务器空间，为他人非法复制发行《热血传奇》服务器软件，于 2011 年 12 月 13 日被抓获。截至案发，“玫瑰小组”非法经营数额达 291 万余元。2012 年 11 月 12 日，济南市市中区人民法院以侵犯著作权罪判处韩超有期徒刑 3 年 3 个月，并处罚金 15 万元；判处黄磊有期徒刑 2 年 6 个月，并处罚金 10 万元。

**二、牛烽论坛网络侵犯著作权案**

牛烽论坛（http：//www.niuiphone.com，鲁 ICP 备 11035971）通过出售 VIP 会员资格、登载广告、兑换网站内使用的虚拟货币等方式营利，注册会员达 5 万余人。该网站提供两大门类 21 个品种共计 1 500 余部软件供会员下载，截至案发已非法获利 1.5 万元。济宁市文化市场综合执法局没收网站服务器和维护网站的笔记本电脑各一台，没收非法所得 1.5 万元，并处罚款 11 万元。共计执行罚款 12.5 万元。

**三、“5·10”特大网络侵犯著作权案**

2012 年 5 月 7 日，青岛市文化市场综合行政执法局接到上海盛大网络发展有限公司的举报，称青岛市内的网站 55w0001.com 未经授权，私自架设网络游戏服务器（简称“私服”），通过网络非法销售使用《传奇世界》，请求青岛局对该网站进行查处。

青岛市文化市场综合行政执法局执法人员与青岛市公安局网警支队迅速成立“5·10”网络侵权专案组，对案件进行深入调查。专案组在被告人房某老家河南省将其抓获，缴获台式计算机一台，及开设私服的工具一宗。经查实，房某买了一套正版的《传奇世界》网络游戏后，模仿抄袭、仿造架设了一台服务器，以通过支付交易平台售卖虚拟游戏币和游戏装备的方式进行牟利，8 个月内非法获利 44 万余元。根据缴获服务器里的信息，以及其他线索，专案组又在河南、浙江等省市，将为其提供支付交易平台和广告发布站在内的多名犯罪分子抓获。

2013 年 3 月 13 日，青岛市市北区人民法院对房某等六名主犯进行了依法判决如下：1. 被告人房某犯侵犯著作权罪，判处有期徒刑 3 年，罚金 4 万元；2. 被告人杨某犯侵犯著作权罪，判处有期徒刑 3 年，罚金 6 万元；3. 被告人刘某犯侵犯著作权罪，判处有期徒刑 3 年，罚金 6 万元；4. 被告人李某犯侵犯著作权罪，判处有期徒刑 3 年，罚金 3 万元；5. 被告人洪某犯侵犯著作权罪，判处有期徒刑 10 个月，罚金 2 万元；6. 被告人马某犯侵犯著作权罪，判处有期徒刑 9 个月，罚金 1 万元；另外，涉案人员李某等其他 5 人另案处理。

该案为公安部和国家版权局督办案件，抓捕了分布在 3 省 5 市的 11 名犯罪嫌疑人；扣押了 10 多台涉案计算机、1 宗架设私服的工具和汽车 2 辆，涉案价值达 2 000 余万元；缴获涉案资金 134 万元。

**四、“青岛中孚”计算机流通领域涉嫌侵犯著作权案**

2012 年 10 月 8 日，平度市文化市场行政执法局接到电话举报，称青岛中孚电子有限公司在给平度市 21 所中小学 1 076 台电脑预装的软件中，使用了盗版的 Windows XP 操作系统和 Office 2003 办公软件。执法人员对全市涉及使用该批次电脑的 21 所中小学微机室依法进行了现场检查，共检查电脑 1 076 台，每台电脑上检获 Windows XP、Office 2003 软件各一套。11 月 1 日，微软（中国）有限公司出具鉴定证明：经鉴定，执法人员检获的两种产品没有微软公司的相应正版证明和授权协议。11 月 28 日，中国人民大学物证技术鉴定中心对登记保存的两台电脑主机出具司法鉴定意见书：经鉴定，两台主机硬盘中所装操作系统、办公系统软件与提供的正版软件的运行界面和软件功能相同。12 月 12 日，平度市文化市场行政执法局对青岛中孚电子有限公司进行了现场检查，该公司法定代表人李某承认实施了侵权盗版行为。平度市文化市场行政执法局随后对青岛中孚电子有限公司依法作出罚款15万元的行政处罚决定。

2013年1月19日，平度市公安局根据平度市文化市场行政执法局的案件移送申请，对此案依法立案侦查。3月5日，李某主动到平度市公安局投案，归案后如实供述其不法事实。据李某供述，其在安装过程中，未经微软（中国）有限公司同意，从互联网上下载了Windows XP操作软件和Office 2003办公软件，并雇用他人将下载的软件复制安装到1 076台电脑上。

5月10日，平度市人民法院对此案作出最终判决：青岛中孚电子有限公司及其法定代表人李某在未经权利人同意的情况下，以营利为目的，复制他人计算机软件，情节严重，构成侵犯著作权罪，故判决青岛中孚电子有限公司犯侵犯著作权罪，判处罚金15万元；判决被告人李某，犯侵犯著作权罪，判处有期徒刑2年，鉴于被告人李某系自首，且有悔罪表现，对其缓刑2年，并处罚金5万元。

**五、顾江等侵犯著作权案**

自2010年11月开始，顾江以营利为目的成立“长城网络科技有限公司”（公司网站http：//www.55gm.com，以下简称长城数据），并雇用何冲、杜莹莹、张晓霞等人，未经《热血传奇》游戏的著作权人上海盛大公司授权，向客户提供“私服”架设、代理租赁服务器、广告推广、“私服”后期维护等内容的“传奇私服一条龙”服务。自2011年7月至12月，顾江等共同非法经营额为170 810.10元，其中张晓霞参与非法经营额66 395元。经鉴定，在“长城数据”的电脑中提取的《热血传奇》游戏“私服”服务器端程序与盛大公司的样本程序数据文件存在实质性相似。2012年9月13日，济南市历城区人民法院以侵犯著作权罪分别判处顾江有期徒刑1年6个月，缓刑2年，并处罚金8.6万元；判处何冲有期徒刑1年3个月，缓刑1年6个月，并处罚金2万元；判处杜莹莹有期徒刑1年，缓刑1年，并处罚金2万元；判处张晓霞有期徒刑10个月，缓刑1年，并处罚金1.1万元。

（山东省版权局）

## 四　川　省

**一、四川成都“5·14”侵犯著作权案**

2012年5月14日，四川省“扫黄打非”办组织成都市、金牛区版权及公安部门对成都市城隍庙电子市场两套居民房进行突击检查，现场查获各种侵权盗版音像制品282个品种、5.5万余张，其中涉嫌淫秽光盘近1 000张，现场抓获朱某等涉案人员4名。该4名涉案人员于5月15日被成都市金牛区公安分局刑事拘留。6月20日，经成都市人民检察院批准逮捕。11月30日，成都市金牛区法院以被告人朱晓燕犯侵犯著作权罪和贩卖淫秽物品牟利罪，判处其有期徒刑4年6个月，并处罚金3.3万元；以被告人朱建英犯侵犯著作权罪和贩卖淫秽物品牟利罪，判处其有期徒刑4年6个月，并处罚金3.3万元；以被告人罗雪梅犯侵犯著作权罪和贩卖淫秽物品牟利罪，判处其有期徒刑1年6个月，并处罚金6 000元；以被告人刘明芬犯侵犯著作权罪和贩卖淫秽物品牟利罪，判处其有期徒刑1年6个月，并处罚金6 000元。

**二、四川科技职业学院发行盗版教材案**

根据权利人举报，经四川省出版物市场稽查总队调查核实，2011年7月，四川科技职业学院所购《建筑工程制图与识图》、《建筑施工技术》两种图书教材，均不能提供相关进货手续，经权利人北京大学出版社鉴定系盗版。同年9月5日该学院将以上两种图书教材共2 300册（总码洋72 700元）发给学生使用，书款由校方在学生每学年交付的“代收费”中以实际购买价扣除。该校上述行为已构成对北京大学出版社著作权的侵害，应承担相应的侵权责任。2012年3月22日，四川省版权局根据《中华人民共和国著作权法》第四十八条第（一）项之规定，对四川科技职业学院作出以下行政处罚：责令停止侵权行为，没收全部盗版图书共计2 300册，罚款72 700元。

**三、四川成都“10·12”销售侵权复制品案**

2011年10月12日，成都市文化市场综合执法总队会同成都市青羊区版权局、青羊区公安分局，对成都市大安西路58号11栋3楼1单元2号房进行了突击检查，现场查获涉嫌盗版音像制品109 664张，涉嫌淫秽音像制品3 890张，当场挡获陈禅叶等4名当事人，并查明自2009年至2011年10月间，陈禅叶等4人共计销售侵权音像制品203 270张。当日成都市公安局将陈禅叶等4人刑事拘留，11月18日，由青羊区人民检察院批准逮捕。2012年3月12日，成都市青羊区人民检察院向青羊区人民法院对陈禅叶等4人提起公诉。2012年4月4日，青羊区人民法院以被告人陈禅叶犯销售侵权复制品罪判处其有期徒刑1年1个月，缓刑1年6个月，并处罚金9万元；以被告人陈旭东犯销售侵权复制品罪，判处其有期徒刑6个月，缓刑8个月，并处罚金 3 000 元；以被告人陈慰宁犯销售侵权复制品罪，判处其有期徒刑 8 个月，缓刑 10 个月，并处罚金 4 000 元；以被告人陈伟燃犯销售侵权复制品罪，判处其有期徒刑 7 个月，缓刑 9 个月，并处罚金 3 000 元。

**四、四川成都“12·27”侵犯著作权案**

2011 年 12 月 27 日，成都市金牛区版权局对金牛区城隍庙电子市场金房 B 座 7 楼和 5 楼两个房间进行突击检查，现场查获王胡碧等人销售的非法出版光碟 51 038 张、淫秽光碟 2 000 张。经成都市金牛区人民检察院起诉，成都市金牛区人民法院于 2012 年 8 月 8 日对该案作出判决，以被告人王胡碧犯侵犯著作权罪判处其有期徒刑 3 年 6 个月，并处罚金 1 万元，以犯贩卖淫秽物品牟利罪，判处其有期徒刑 3 年 6 个月，并处罚金 3 000 元，决定执行有期徒刑 5 年 6 个月，并处罚金 1.3 万元；以被告人范叔君犯侵犯著作权罪判处其有期徒刑 1 年，并处罚金 5 000 元，以犯贩卖淫秽物品牟利罪判处其有期徒刑 1 年，并处罚金 1 000 元，决定执行有期徒刑 1 年 6 个月，并处罚金 6 000 元；以被告人余晓丽犯侵犯著作权罪判处其有期徒刑 10 个月，并处罚金 5 000 元；以被告人范正兰犯侵犯著作权罪判处其有期徒刑 10 个月，并处罚金 5 000 元。

**五、四川成都“8·23”非法销售盗版音像制品案**

2012 年 8 月 23 日，成都市金牛区版权局会同区公安分局对金牛区解颐路 9 号 1 栋 2 单元 14 号房间进行突击检查，现场查获涉嫌盗版音像制品 44 500 余张、涉嫌淫秽音像制品 5 000 余张，并当场挡获谭海蓉、谭钊、梁冬琼（系未成年人，另案处理）3 名当事人。2013 年 1 月 4 日，成都市金牛区人民检察院向成都市金牛区人民法院提起公诉。2013 年 1 月 15 日，成都市金牛区人民法院以被告人谭海蓉犯侵犯著作权罪、贩卖淫秽物品牟利罪判处其有期徒刑 5 年，并处罚金 3.3 万元；以被告人谭钊犯侵犯著作权罪、贩卖淫秽物品牟利罪，判处其有期徒刑 2 年，并处罚金 3.3 万元。

**六、四川乐山“春天在线”私服侵犯著作权案**

2010 年 9 月，乐山市公安局网警支队查明，乐山市有两个团伙在市中区内大规模开设 20 余个“传奇私服”网站牟利。乐山市“扫黄打非”办要求网警支队全力查处，并对案件进行全程督办。2011 年 1 月 4 日，乐山市公安局成立专案组，对上述两个团伙开设“传奇私服”网站进行立案侦查。经侦查查明，分别以罗乾隆、李佳蓥为首的两个团伙，未经著作权人许可，在互联网上开设“传奇私服”网站，通过“春天在线”支付平台收取玩家在游戏中支付的费用牟利，涉嫌侵犯著作权罪。其中，罗乾隆获利 68 万余元，李佳蓥团伙 3 人获利 63 万余元。2012 年 4 月 13 日，乐山市市中区人民法院以被告人罗乾隆犯侵犯著作权罪，判处其有期徒刑 3 年，宣告缓刑 5 年；以被告人李佳蓥、杨智翔、唐诚等 3 人犯侵犯著作权罪，分别判处其有期徒刑 2 年 6 个月至 3 年。

**七、四川遂宁大英中学侵犯著作权案**

2012 年 3 月 12 日，经遂宁市文化市场综合执法支队与大英县文化市场综合执法大队查明，遂宁市大英中学高中二年级理科班使用的《普通高中课程标准实验教科书（数学选修 2-2）》，是该校于 2012 年 3 月 3 日，从成都七中东方闻道网校（网址 www.eastedu.org）下载人民教育出版社出版的《普通高中课程标准实验教科书数学选修 2-2》中的第一章导数电子版图书，下载后由该校油印室排版印制 1 200 册，并统一发给学生使用。该书经权利人人民教育出版社鉴定为非法出版物。该校上述行为已构成对人民教育出版社著作权的侵害，应承担相应的侵权责任。2012 年 5 月 30 日，遂宁市版权局依据《中华人民共和国著作权法》第四十八条第（一）项之规定，对遂宁市大英中学作出以下行政处罚：1. 立即停止侵权行为；2. 没收非法复制的侵权图书 1 200 册；3. 罚款 1.8 万元。

**八、四川绵阳平武县杨伟侵犯著作权案**

经绵阳市平武县文化市场综合执法大队查实，2012 年 4 月 29 日，当事人杨伟（重庆市合川区人）未办理音像制品经营许可证，于“2012 年平武县商品购物节”上租用摊位大量销售音像制品。2012 年 5 月 8 日，平武县公安局网安大队将当事人杨伟摊位上的音像制品 3 373 张予以扣押。经绵阳市新闻出版局鉴定，该批音像制品均为非法出版物。2012 年 5 月 9 日，当事人杨伟因涉嫌犯罪被平武县公安局刑事拘留，8 月 16 日，平武县人民检察院向平武县人民法院提起公诉。2012 年 9 月 11 日，平武县人民法院以被告人杨伟犯侵犯著作权罪，判处其有期徒刑 3 年，缓刑 5 年，并处罚金 5 000 元。

**九、四川泸州古蔺职业高级中学侵权盗版案**

2012 年 4 月 16 日，根据权利人高等教育出版社投诉，泸州市文化市场综合执法支队查明，古蔺职业高级中学于 2011 年向成都瑞锦图书有限公司订购并出售给本校学生使用的由高等教育出版社出版的《语文（基础模块）》上册和下册两种图书（共2 169

册，合计码洋37 007.6元)，经高等教育出版社鉴定为盗版。该校上述行为已构成对高等教育出版社著作权的侵害，应承担相应的侵权责任。2012年5月14日，泸州市新闻出版局依据《中华人民共和国著作权法》第四十八条第（一）项之规定，对泸州古蔺职业高级中学作出以下行政处罚：1. 没收《语文（基础模块）》上册和下册两种盗版图书共2 169册；2. 罚款37 007.6元。

**十、四川德阳高巧侵犯著作权案**

2011年1月21日，德阳市公安局会同德阳市版权局对当事人高巧在德阳市旌阳区花园巷26号的租住房进行突击检查，现场查获涉嫌盗版光碟34 984张、涉嫌淫秽光碟523张并予以扣押。经查实，当事人高巧自2009年10月以来，从事贩卖盗版和淫秽光碟活动，共销售盗版光碟6 000余张。德阳市旌阳区法院以犯侵犯著作权罪，判处被告人高巧有期徒刑3年6个月，并处罚金1万元，以犯贩卖淫秽物品牟利罪，判处被告人高巧有期徒刑6个月，并处罚金2 000元，决定对被告人高巧合并执行有期徒刑3年8个月，并处罚金1.2万元，查获的涉案光碟予以没收。

（四川省版权局）

## 天 津 市

2012年5月，在天津市“扫黄打非”办统一协调指挥下，天津市文化市场行政执法总队与天津市公安局南开分局联合捣毁了天津市南开区鞍山西道名利达电子商城内一涉嫌贩卖盗版、淫秽光盘窝点，当场查扣涉嫌盗版、淫秽及非法光盘16 000余张，犯罪嫌疑人黄金生被当场抓获。在查扣的光盘中，经天津市版权局鉴定，有盗版音像制品和盗版软件573张（部）；经天津市新闻出版局鉴定，有非法音像制品4 051张，非法电子出版物842张；经公安部门鉴定，有淫秽光盘3 009张。天津市南开区人民法院最终判决黄金生犯侵犯著作权罪，判处有期徒刑3年，并处罚金1万元，犯贩卖淫秽物品牟利罪，判处有期徒刑10年，并处罚金2万元，决定执行有期徒刑11年，并处罚金3万元。2012年8月，国家版权局将此案列为全国重点案件进行督办。

（天津市版权局）

版

# 规章文件

GUI ZHANG WEN JIAN

权

# 最高人民法院关于审理侵害信息网络传播权民事纠纷案件适用法律若干问题的规定

法释［2012］20号

## 中华人民共和国最高人民法院公告

《最高人民法院关于审理侵害信息网络传播权民事纠纷案件适用法律若干问题的规定》已于2012年11月26日由最高人民法院审判委员会第1561次会议通过，现予公布，自2013年1月1日起施行。

最高人民法院

2012年12月17日

为正确审理侵害信息网络传播权民事纠纷案件，依法保护信息网络传播权，促进信息网络产业健康发展，维护公共利益，根据《中华人民共和国民法通则》《中华人民共和国侵权责任法》《中华人民共和国著作权法》《中华人民共和国民事诉讼法》等有关法律规定，结合审判实际，制定本规定。

**第一条** 人民法院审理侵害信息网络传播权民事纠纷案件，在依法行使裁量权时，应当兼顾权利人、网络服务提供者和社会公众的利益。

**第二条** 本规定所称信息网络，包括以计算机、电视机、固定电话机、移动电话机等电子设备为终端的计算机互联网、广播电视网、固定通信网、移动通信网等信息网络，以及向公众开放的局域网络。

**第三条** 网络用户、网络服务提供者未经许可，通过信息网络提供权利人享有信息网络传播权的作品、表演、录音录像制品，除法律、行政法规另有规定外，人民法院应当认定其构成侵害信息网络传播权行为。

通过上传到网络服务器、设置共享文件或者利用文件分享软件等方式，将作品、表演、录音录像制品置于信息网络中，使公众能够在个人选定的时间和地点以下载、浏览或者其他方式获得的，人民法院应当认定其实施了前款规定的提供行为。

**第四条** 有证据证明网络服务提供者与他人以分工合作等方式共同提供作品、表演、录音录像制品，构成共同侵权行为的，人民法院应当判令其承担连带责任。网络服务提供者能够证明其仅提供自动接入、自动传输、信息存储空间、搜索、链接、文件分享技术等网络服务，主张其不构成共同侵权行为的，人民法院应予支持。

**第五条** 网络服务提供者以提供网页快照、缩略图等方式实质替代其他网络服务提供者向公众提供相关作品的，人民法院应当认定其构成提供行为。

前款规定的提供行为不影响相关作品的正常使用，且未不合理损害权利人对该作品的合法权益，网络服务提供者主张其未侵害信息网络传播权的，人民法院应予支持。

**第六条** 原告有初步证据证明网络服务提供者提供了相关作品、表演、录音录像制品，但网络服务提供者能够证明其仅提供网络服务，且无过错的，人民法院不应认定为构成侵权。

**第七条** 网络服务提供者在提供网络服务时教唆或者帮助网络用户实施侵害信息网络传播权行为的，人民法院应当判令其承担侵权责任。

网络服务提供者以言语、推介技术支持、奖励积分等方式诱导、鼓励网络用户实施侵害信息网络传播权行为的，人民法院应当认定其构成教唆侵权行为。

网络服务提供者明知或者应知网络用户利用网络服务侵害信息网络传播权，未采取删除、屏蔽、断开链接等必要措施，或者提供技术支持等帮助行为的，人民法院应当认定其构成帮助侵权行为。

**第八条** 人民法院应当根据网络服务提供者的过错，确定其是否承担教唆、帮助侵权责任。网络服务提供者的过错包括对于网络用户侵害信息网络传播权行为的明知或者应知。

网络服务提供者未对网络用户侵害信息网络传播权的行为主动进行审查的，人民法院不应据此认定其具有过错。

网络服务提供者能够证明已采取合理、有效的技术措施，仍难以发现网络用户侵害信息网络传播权行为的，人民法院应当认定其不具有过错。

**第九条** 人民法院应当根据网络用户侵害信息网络传播权的具体事实是否明显，综合考虑以下因素，认定网络服务提供者是否构成应知：

（一）基于网络服务提供者提供服务的性质、方式及其引发侵权的可能性大小，应当具备的管理信息的能力；

（二）传播的作品、表演、录音录像制品的类型、知名度及侵权信息的明显程度；

（三）网络服务提供者是否主动对作品、表演、录音录像制品进行了选择、编辑、修改、推荐等；

（四）网络服务提供者是否积极采取了预防侵权的合理措施；

（五）网络服务提供者是否设置便捷程序接收侵权通知并及时对侵权通知作出合理的反应；

（六）网络服务提供者是否针对同一网络用户的重复侵权行为采取了相应的合理措施；

（七）其他相关因素。

**第十条** 网络服务提供者在提供网络服务时，对热播影视作品等以设置榜单、目录、索引、描述性段落、内容简介等方式进行推荐，且公众可以在其网页上直接以下载、浏览或者其他方式获得的，人民法院可以认定其应知网络用户侵害信息网络传播权。

**第十一条** 网络服务提供者从网络用户提供的作品、表演、录音录像制品中直接获得经济利益的，人民法院应当认定其对该网络用户侵害信息网络传播权的行为负有较高的注意义务。

网络服务提供者针对特定作品、表演、录音录像制品投放广告获取收益，或者获取与其传播的作品、表演、录音录像制品存在其他特定联系的经济利益，应当认定为前款规定的直接获得经济利益。网络服务提供者因提供网络服务而收取一般性广告费、服务费等，不属于本款规定的情形。

**第十二条** 有下列情形之一的，人民法院可以根据案件具体情况，认定提供信息存储空间服务的网络服务提供者应知网络用户侵害信息网络传播权：

（一）将热播影视作品等置于首页或者其他主要页面等能够为网络服务提供者明显感知的位置的；

（二）对热播影视作品等的主题、内容主动进行选择、编辑、整理、推荐，或者为其设立专门的排行榜的；

（三）其他可以明显感知相关作品、表演、录音录像制品为未经许可提供，仍未采取合理措施的情形。

**第十三条** 网络服务提供者接到权利人以书信、传真、电子邮件等方式提交的通知，未及时采取删除、屏蔽、断开链接等必要措施的，人民法院应当认定其明知相关侵害信息网络传播权行为。

**第十四条** 人民法院认定网络服务提供者采取的删除、屏蔽、断开链接等必要措施是否及时，应当根据权利人提交通知的形式，通知的准确程度，采取措施的难易程度，网络服务的性质，所涉作品、表演、录音录像制品的类型、知名度、数量等因素综合判断。

**第十五条** 侵害信息网络传播权民事纠纷案件由侵权行为地或者被告住所地人民法院管辖。侵权行为地包括实施被诉侵权行为的网络服务器、计算机终端等设备所在地。侵权行为地和被告住所地均难以确定或者在境外的，原告发现侵权内容的计算机终端等设备所在地可以视为侵权行为地。

**第十六条** 本规定施行之日起，《最高人民法院关于审理涉及计算机网络著作权纠纷案件适用法律若干问题的解释》（法释［2006］11号）同时废止。

本规定施行之后尚未终审的侵害信息网络传播权民事纠纷案件，适用本规定。本规定施行前已经终审，当事人申请再审或者按照审判监督程序决定再审的，不适用本规定。

# 国务院办公厅关于印发2012年全国打击侵犯知识产权和制售假冒伪劣商品工作要点的通知

国办发［2012］30号

各省、自治区、直辖市人民政府，国务院各部委、各直属机构：

《2012年全国打击侵犯知识产权和制售假冒伪劣商品工作要点》已经国务院同意，现印发给你们，请认真贯彻执行。

国务院办公厅

二〇一二年五月十五日

## 2012年全国打击侵犯知识产权和制售假冒伪劣商品工作要点

2012年全国打击侵犯知识产权和制售假冒伪劣商品工作要坚持标本兼治、突出重点，全面落实《国务院关于进一步做好打击侵犯知识产权和制售假冒伪劣商品工作的意见》（国发［2011］37号）精神，围绕侵权假冒突出问题，开展专项整治，强化刑事司法打击，建立完善长效机制，加强基础建设，强化宣传引导，确保工作实效。

**一、大力开展专项整治**

（一）开展商标权保护专项整治。以驰名商标、涉外商标为重点，严厉打击假冒他人注册商标行为。严厉打击非法印制和非法加印、出售商标标识行为。严厉打击仿冒知名商品特有的名称、包装、装潢等“傍名牌”行为。加大对恶意抢注商标案件的审理力度，有效制止恶意抢注商标行为。

（二）开展版权保护专项整治。加强印刷复制企业监管，严肃查处非法生产、印刷、复制软件、图书、音像制品行为。加大对文化等领域侵权盗版行为的惩治力度，严厉打击在重点市场、重点场所、重点区域和通过互联网销售盗版软件、图书、音像、动漫出版物及其衍生制品等行为。继续加大打击网络侵权盗版“剑网行动”力度，大力整治网络视频、网络音乐、网络文学、网游动漫、软件侵权盗版行为，进一步做好视频网站监管工作，保持打击侵权盗版活动的高压态势。

（三）开展专利权保护专项整治。开展生产、流通环节的专利执法专项整治，科学指导研发环节的专利保护工作，加大对涉及民生、重大项目及涉外等领域专利侵权行为的打击力度。严肃查处群体侵权、反复侵权、假冒专利及专利诈骗行为。突出展前排查、展中巡查、快速调处、跟踪整治等环节，做好重要展会的执法维权工作。加大对专业市场的执法与检查整治力度。

（四）开展网络商品交易网站专项整治。加强对提供网络商品交易平台服务网站的监管，严格网站备案核验，对侵权假冒案件实施溯源查处。加强对网络交易主体、客体、行为的搜索检查，重点强化对涉嫌违法行为人网站（网店）的检查，依法查处利用互联网散布虚假信息、销售侵权假冒伪劣商品及其他违法行为，坚决取缔网络黑市。以假冒伪劣化妆品、服装为重点，查处曝光一批网络商品交易违法案件。

（五）开展进出口环节侵权假冒专项整治。以“国门之盾”行动为抓手，深入开展打击进出口环节侵权假冒违法活动，加强对食品、药品、化工产品、汽车配件等重点商品进出口的监管，在海运、邮递快件等重点运输渠道和北京、上海、天津、深圳、广州等重点口岸进行集中整治。依法查处进出口侵权假冒商品企业。加强进出口货物检验检疫，严厉打击骗取、假冒或伪造检验检疫证书行为，严肃查处逃避检验检疫监管行为。加强进出口商品装运前检验，加大原产地标记查验与管理力度，严厉打击冒用、乱用和买卖原产地证书等违法行为。

（六）开展药品化妆品打假专项整治。加强对药品生产企业、城乡药店药品采购渠道和医疗卫生机构的整治，严肃查处制售假劣药品行为；严厉打击利用互联网非法收售药品行为。部署开展中药材专业市场专项整治。加强化妆品生产企业原料供应商审核，严格化妆品生产经营单位索证索票和台账管理，以美白、祛斑类化妆品为重点，依法查处违法违规使用禁限用物质行为。

（七）开展农资打假专项整治。严把农资市场准入关，依法清查农资生产经营主体，坚决取缔制售侵权假劣农资“黑窝点”；加强对农资批发市场、集散地、经营门店和物流配送中心、乡镇游商的监控巡查；加强对农资质量和品种真实性的监督抽查，追溯并查处制售侵权假劣农资源头；严肃查处利用互联网销售侵权假劣农资行为。加强林木种苗质量抽查和执法检查，严厉打击以假充真、以次充好、侵犯品种权等违法行为。

（八）开展汽车配件打假专项整治。严厉打击无生产许可证生产汽车配件行为，严肃查处不符合生产条件的企业。从严审查强制性产品认证，加强对重点产品获证企业的检查，依法查处违法生产行为。严厉打击无证出厂、销售CCC认证（即中国强制性产品认证）产品和伪造、冒用认证标志行为，坚决取缔无证生产“黑窝点”。集中整治汽车配件制假售假以及质量问题突出产品的生产聚集区，加强对流通领域汽车配件的质量监测和监督检查，对不合格商品及时作退市处理，依法查处销售假冒伪劣和不合格汽车配件行为。

（九）开展地理标志保护专项整治。加强地理标志注册后续监管，强化不合格产品退出机制。严肃查处伪造、冒用、超范围使用专用标志行为，严厉打击假冒地理标志专用权行为。

（十）开展有机产品认证标志专项整治。加强对获证企业的监督检查，严禁获证企业超范围、超数量使用有机产品认证标志；加强对流通领域的监督检查，严肃查处假冒、伪造、超期和超范围使用认证标志行为，严禁在认证证书标明的生产、加工场所外对有机产品进行二次分装、分割，擅自加贴有机产品认证标志；加强有机产品认证标志备案系统建设和宣传，方便消费者和监督部门查询监督。

（十一）开展农村市场重点商品专项整治。针对家电、食品、日化用品、液化石油气钢瓶等与农民生活密切相关的重点商品，加强生产源头和县以下区域批发市场、集贸市场、销售门店风险隐患排查，重点清理、取缔制假售假“黑作坊”、“黑窝点”，依法查处违法违规生产经营企业。有针对性地开展识假辨假知识宣传，进一步增强农民的维权意识。

同时，以盗窃、利诱、胁迫等不正当手段获取商业秘密的违法行为为重点，依法加大打击侵犯商业秘密违法行为力度。依法加大打击侵犯集成电路布图设计、奥林匹克标志等知识产权违法行为的力度。

**二、保持刑事司法打击高压态势**

（一）开展打击假冒伪劣“破案会战”。以打击制售假冒伪劣食品、药品、农资、酒类、消防器材以及网上售假等关系群众切身利益的突出犯罪为重点，每季度发起一次对各类假冒伪劣犯罪的专案集群战役行动，全链条、全覆盖摧毁制假售假犯罪网络和窝点。加大对侵权假冒犯罪背后商业贿赂和职务犯罪案件的立案侦查力度。

（二）加大对侵权假冒犯罪案件的刑事司法打击力度。加大涉嫌犯罪案件移送及受理工作力度。依法及时批捕、起诉涉嫌侵权假冒犯罪案件。加强对行政执法机关移送涉嫌犯罪案件、公安机关刑事立案和侦查活动的监督。依法从快审理侵权假冒案件。

**三、建立完善长效机制**

（一）加强打击侵权假冒工作综合协调。各地打击侵犯知识产权和制售假冒伪劣商品工作领导小组要落实情况通报、工作督查、案件督办等制度，做好对本地区重点区域、重点市场整治的统一领导和协调。

（二）健全强化监督考核机制。把打击侵权假冒工作纳入社会管理综合治理考评范围，研究制定打击侵权假冒工作政府绩效考核办法和实施细则，督促地方逐级建立考核体系。研究提出行政执法部门依法及时公开本系统查办案件相关信息的具体意见，督促各地抓好落实。严肃行政监察和问责，强化打击侵权假冒工作责任。督促各有关部门对可能引发的区域性、系统性风险苗头及时研判，加强监控，牢牢把握工作主动权。

（三）完善相关法律制度和标准。落实修改完善打击侵权假冒有关法律制度的工作安排，加快推动完善有关法律制度；积极完善相关法规和部门规章。健全重点领域、重点产品检验、鉴定标准，完善执法监管的技术指导依据。

（四）强化行政执法与刑事司法衔接机制。加强对行政执法与刑事司法衔接工作的领导和督促指导，明确市、县级政府衔接工作牵头单位。出台打击侵权假冒领域行政执法与刑事司法衔接工作文件，完善线索通报、联合办案、提供专业支持等机制制度，加强对案件移送办理的监督和监察；针对不同领域、案件特点进一步细化相关操作规范。制定打击侵权假冒领域中央和地方行政执法与刑事司法衔接信息共享平台建设方案及技术标准，选择部分地区和部门开展试点。

（五）完善跨地区跨部门行政执法协作机制。通过信息统计通报、工作交流、定期会商、统一执法行动和建立跨地区执法协作网络等方式建立跨地区执法协作机制；通过联络员会议、跨部门信息沟通、案件协查、疑难案件会商、联合督办、证据互认等方式建立跨部门执法协作机制；加强执法协作监督，加大对跨地区、跨领域侵权假冒行为的打击合力。建立假冒伪劣商品销毁全过程环境无害化管理机制。

**四、夯实工作基础**

（一）加强执法能力建设。开展执法工作检查和绩效评估，强化执法队伍管理。组织以案代训、案例分析会等形式的执法培训。推动加强联合执法。研究制定具体措施，加强对跨境涉外侵权、互联网侵权、有组织侵权假冒等问题的监管。积极推行驻点巡查、交叉执法和网格化管理等监管模式，强化基层执法人员责任。

（二）加快诚信体系建设。开展生产经营企业诚信评价，逐步建立生产经营主体诚信档案。制定推动信用信息共享的工作方案和相关标准。探索健全失信企业“黑名单”，推动企业诚信与银行授信挂钩。制定信用信息查询和披露工作制度。开展全国商务领域信用建设试点。研究促进政府机关软件正版化工作与信息化工作结合问题。

（三）加强国际交流合作。通过多双边对话等多种方式，加强知识产权执法信息交流和执法合作；推动双边知识产权合作协议的启动和落实，增强各领域能力建设；组织赴海外开展知识产权宣传活动，举办知识产权国际合作论坛、政府业界知识产权圆桌会议等；发挥企业知识产权海外维权援助中心作用，做好海外重点展会知识产权工作，开展企业培训和重点热点问题研究，更新完善国际知识产权制度和动态信息资料库，不断建立健全海外预警、维权和争端解决机制，提升企业知识产权创造、保护、运用和管理能力。

（四）加强知识产权法律服务。引导律师协助知识产权密集型行业、企业建立健全知识产权创新、使用和保护机制，增强企业自主保护知识产权的能力。指导各地搭建服务平台，开展适应强化知识产权保护、打击侵权假冒需求的专项法律服务活动。

**五、强化宣传引导**

（一）广泛开展宣传教育培训。发挥打击侵权假冒工作网站主阵地作用，加强对打击侵权假冒工作的宣传。利用召开新闻发布会、组织新闻媒体采访报道、在主流媒体和网站开辟宣传专栏等形式，进一步扩大打击侵权假冒工作社会影响。在重要时点、重大活动前后，集中组织对内对外宣传。加强舆情监测，做好舆论引导。做好工作简报编发，交流经验、推进工作。广泛开展知识产权法律宣传进企业、进社区、进学校、进网络活动。

（二）积极引导公众参与。加强举报投诉平台和举报处置指挥信息化平台建设；完善举报受理处置机制，落实有奖举报制度，加强跟踪抽查，切实做好举报投诉信息受理和案件查办工作。

（三）切实加强社会监督。将依法查办侵权假冒案件公开作为政务公开的重要内容，接受社会公众全程监督。

# 关于省级政府机关软件正版化检查整改工作情况的报告

新出政字［2012］42号

国务院：

《国务院办公厅关于进一步做好政府机关使用正版软件工作的通知》（国办发［2010］47号）和《国务院办公厅关于进一步做好政府机关软件正版化检查整改工作的通知》（国办函［2011］130号）印发后，推进使用正版软件工作部际联席会议各成员单位及各地区高度重视软件正版化检查整改工作，认真贯彻落实国务院部署和要求，继中央和国家机关之后，各省级政府机关全面完成软件正版化检查整改工作，取得阶段性成效。有关情况报告如下：

**一、完成情况**

截至2012年6月底，全国31个省（区、市）均按时完成省级政府机关软件正版化检查整改工作，其中上海、北京、广西、浙江、安徽、江苏、新疆、重庆等8个省（区、市）提前于2011年年底前完成检查整改任务。上海、新疆、江苏、广西、安徽、山西、陕西、福建、海南、吉林、河北、广东、黑龙江、贵州、辽宁、西藏、宁夏、内蒙古、青海、四川等20个省（区、市）同时完成了省级政府、党委、人大、政协、法院、检察院和民主党派等国家机关的任务。各地上报的2 358个省级机关共采购三类通用软件59.925 6万套（许可数）（国内软件32.121 9万套，占比53.6%），采购金额4.339 3亿元（国内软件1.372 9亿元，占比31.64%），其中办公软件36.777 9万套（国内软件25.024 5万套，占比68.04%）、采购金额2.848 6亿元（国内软件1.251 2亿元，占比43.92%）。（详见附件）

上海、北京、广西、浙江、山东等5个省（区、市）同时完成了市、县两级，海南完成了所有地市级政府机关软件正版化检查整改工作。各地共上报432个市（地）级政府，已完成130个，占比30.09%；各地共上报2 747个县级政府，已完成442个，占比16.09%。

截至6月底，中央、省、地市、县四级政府机关共采购三类通用软件219.559 1万套（许可数）（国内软件122.695 9万套，占比55.88%），采购金额15.140 6亿元（国内软件4.023 0亿元，占比26.57%），其中办公软件132.334 3万套（国内软件87.254 2万套，占比65.93%）、采购金额9.743 6亿元（国内软件3.427 1亿元，占比35.17%）。（详见附件）

**二、主要经验**

推进政府机关使用正版软件是保护知识产权的重要内容，是实施国家知识产权战略、促进软件产业发展、建设创新型国家的内在要求，是回应国际社会关切、维护国家形象的现实需要。国务院高度重视软件正版化工作，反复强调保护知识产权、打击侵权假冒行为仍是一项长期、艰巨、复杂的任务，政府机关要带头使用正版软件。自2010年温家宝总理亲自部署工作以来，中央和国家机关于2011年5月底完成了检查整改任务。之后，国务院不断加大指导力度，2012年年初批复同意建立“推进使用正版软件工作部际联席会议”。2012年上半年，王岐山副总理两次主持召开打击侵权假冒工作领导小组会议，专题研究部署了软件正版化工作。他指出，打击侵权假冒直接关乎保障民生，关乎转方式、调结构和创新型国家建设，是一个历史时期的任务，也是当前一项经常性的工作。他要求各地、各部门要按照稳中求进的总基调扎实推进政府机关软件正版化，营造良好的发展环境，要坚持标本兼治，“宁断一指不伤九指”。他强调，这项工作必须抓，而且要从实际出发，各地要分级完成。正是考虑到正版化工作的复杂性和各地推进不平衡问题，国务院从实际出发，及时调整了省、市、县完成的时限，并要求国办专题研究软件采购经费纳入财政预算、建立软件资产管理和审计监督制度，责成相关部门认真落实上述事项，还要就软件正版化与信息化工作结合、扶持国产软件企业发展、促进软件兼容、开展软件价格谈判等问题进行落实。国办连续两次召集相关部门对软件正版化问题进行深入研究并取得重要成果。一是将政府机关软件采购经费纳入财政预算，在预算科目中专列“信息网络及软件购置更新”科目；二是政府机关采购的软件纳入资产管理，入账建档，责任到人，未经批准不得随意更换软件；三是软件采购资金及软件资产管理等情况纳入审计监督，审计结果依法向社会公告；四是认真落实计算机出厂时预装正版操作系统的规定；五是督促软件生产商做好软件兼容和售后服务等工作；六是建立推进使用正版软件工作协调机制，由新闻出版总署牵头组织有关部门及时研究、解决软件正版化工作中的问题，每年开展例行检查并形成年度报告。与此同时，针对进展较慢的12个省（区、市），王岐山副总理亲自给各省（区、市）政府主要负责同志去电询问，国办召集12个省（区、市）的政府副秘书长和相关部门负责同志与会汇报工作进展。国务院还加大了督查力度，继2011年国办牵头对16个省（区、市）开展督查后，于今年7月初对各地省级政府机关软件正版化检查整改工作完成情况进行检查，并多次对部际联席会议督查工作给予强有力的指导，成效非常明显。全国打击侵权假冒工作领导小组办公室专门编发8期工作简报，及时反映各地软件正版化工作进展情况。在国务院的精心组织和有力指导下，各地、各部门共同努力，初步建立起政府机关软件正版化长效机制。以上情况充分说明，中国政府推进软件正版化工作的信心是坚定的、态度是坚决的。

部际联席会议各成员单位按照国务院要求，密切配合，共同推动各地软件正版化工作顺利开展。财政部继制定解决软件采购经费和软件资产管理两个政策文件后，及时对政府收支分类科目进行修订，印发了《财政部、中国人民银行、国家税务总局关于修订2012年政府收支分类科目的通知》（财预［2012］64号），将原政府收支分类科目中的“信息网络购建”的科目名称修改为“信息网络及软件购置更新”。国管局在利用正版软件采购网为各地做好服务的同时，专门就软件采购价格会同相关部门拟定了与软件企业谈判的方案，并将正式开启谈判。审计署印发《审计署办公厅关于加强政府机关使用正版软件审计监督工作的通知》（审办行发［2012］61号），加强了对软件采购资金管理使用和软件资产管理情况的审计监督工作，并要求将相关审计结果纳入审计报告。中直管理局开通中直系统正版软件采购网，指导软件集中采购工作。工业和信息化部进一步加大了新出厂计算机预装正版操作系统工作力度，督促提高软件产品质量、做好售后服务。工商总局会同相关部门研究反不当竞争问题，积极维护软件市场公平竞争秩序。其他各成员单位也能够按照各自分工，积极协调解决推进工作中遇到的困难和问题。部际联席会议办公室在开展日常工作中，一是强化了信息通报，通过完善正版化数据库软件实时统计信息、及时编发快报，总结各地成功经验和做法，并从今年5月开始，将每月信息通报调整为每周通报，督促指导各地按期完成检查整改工作。二是会同各成员单位分两次对各地软件正版化工作进行了督导和检查，还以办公室名义给20个省（区、市）负责同志写信、去电，督促协调各地推进工作。三是扩大新闻宣传。通过召开新闻发布会、通气会、答记者问、电视专题节目及多层次国际交流等形式，全方位宣传软件正版化工作成果，营造软件正版化工作良好舆论环境。四是以《著作权法》和《计算机软件保护条例》为法律依据，加大协同执法力度和对计算机软件预装领域的日常监管，规范软件销售环节的市场经营行为。

各地狠抓落实、扎实推进。上海、北京、广西、浙江、新疆、江苏、安徽、重庆、山西、陕西、江西等省（区、市）主要负责同志明确要求要从讲政治、讲大局的高度，充分认识进一步做好政府机关使用正版软件工作的重要性和紧迫性，提前于2012年5月底前完成了省级政府机关使用正版软件工作。部分地区前期推进遇到一些问题，但均能及时调整工作，确保按时完成任务。山东省姜大明省长对政府机关软件正版化工作提出明确要求，三级政府机关软件正版化工作齐头并进，全部完成；广东省朱小丹省长于2012年3月专门召开全省推进政府机关使用正版软件工作会议推动工作；海南省加大工作力度，提前完成省级和地市级政府机关软件正版化检查整改任务；河北省加大督查，积极筹措经费，确保质量；四川省采取有效措施，进一步强化和落实部门一把手责任制；湖南省加强需求调研、强化资金保障；青海省积极筹措采购经费、优先选购国产软件、努力降低采购成本；福建省及时部署、抓紧落实、加大督查；河南省加强组织领导、明确工作进度、巩固整改成果；云南省及时传达精神，明确目标措施，全面部署工作；湖北省明确时间进度，加强工作统计、通报和督办；贵州省边督导、边整改、边验收；甘肃省摸清需求、统一采购、建章立制、稳步推进；天津市部门协作推进、财政保障经费、政府集中采购；西藏自治区统一采购、统一整改、分批实施；黑龙江省任务分解、责任落实、部门推进；吉林省统一预算、集中采购、分别配给；辽宁省将软件正版化工作列为省直机关目标绩效考核；宁夏回族自治区统一采购、层层负责；内蒙古自治区统一招标、集中采购、统一安装。此外，各地在推进工作过程中，结合工作实际，不断创新思路，为软件正版化推进创造了可借鉴的经验，如：上海“明确分工、共享信息、层层负责、落实到人”，浙江“三级联动、分级负责，统谈价格、多样化采购”，重庆“保障经费、明确节点、简化流程”，江苏“统一采购、奖励补贴、长效管理”，新疆“以奖代补、推进工作”，安徽“摸查到位、统一采购、严格验收”，广西“加强保障、集中推进、狠抓督查”，山西“领导督办、方案先行、设定时限、制度保障”，江西“集中采购、科学采购、勤俭节约、同步升级”，陕西“统一领导、统一步伐、统一采购、统一安装、统一管理”，广东“强化分工协作、严格检查督促、确保责任落实”，山东“组织保障有力、责任落实到位、创新工作思路、三级齐头并进”，云南“经费落实及工作情况与部门预算安排挂钩”等。

**三、存在的问题**

各地政府机关软件正版化工作取得了阶段性成效，但仍还存在一些问题和不足。一是对软件正版化工作的认识有待提高，部分地方还存在等待观望、应付检查的心理，没有充分认识软件正版化工作在加强自主创新和建设创新型国家、保护文化创新、促进民族软件产业发展以及维护国家利益等方面的重要意义，没有把它作为一项常态化工作来抓。二是责任逐级落实还不到位，不能很好地贯彻落实和严格执行相关文件要求，自查清理工作不彻底，推进工作进展较慢。三是对软件正版化工作保障政府机关信息安全认识不足，没有充分认识软件决定信息存储格式和信息处理方法，使用不适当软件难以保证机密数据的安全性，存在在不被察觉的情况下泄露重要信息的隐患。四是软件资产管理制度还不完善，没有在财政部关于软件资产管理的指导文件基础上，结合本地区、本部门的实际情况制定详细的软件资产管理实施方案。五是软件正版化长效机制建设还有待加强，软件正版化工作中涉及的软件摸查、经费预算、审计、年度报告等关键环节还没有完全实现常态化。

**四、下一步工作安排**

推动地市、县级政府按时完成软件正版化工作任务是下一步工作的重点，也仍然是十分艰巨的任务。按照国务院有关工作要求，部际联席会议办公室协调各成员单位要继续发挥联络、协调、服务、指导、督查、汇报、总结等作用，在巩固中央和国家机关以及省级政府机关软件正版化工作成果的同时，重点协调推动各省（区、市）按时于2013年年底前完成地市级、县级政府机关软件正版化工作任务，并继续推动省级政府机关序列外机关力争于今年年底前完成检查整改任务。

（一）层层落实责任。中央层面主要是加强制度建设，明确目标、任务和责任。各省（区、市）要切实落实一把手责任，更要落实各级机关一把手、具体操作部门主要责任人的责任。各省（区、市）政府作为主要责任单位，要全面制定实施本省（区、市）省、市、县三级政府机关推进软件正版化工作方案，负起督查、指导和服务责任，在建立机构、落实资金、采购软件、价格谈判、安装维护、宣传培训等方面统筹考虑，进一步提高效率、降低成本、保证质量。各地市、县政府要建立起主要负责人为第一责任人的目标责任制度，确保各项工作任务按期完成。部际联席会议办公室将会同相关部门适时开展督查。

（二）确保将软件资产管理要求落到实处。根据财政部财行［2011］7号、财预［2012］64号、国管资［2010］491号、国管资［2011］280号等软件资产管理方面的文件要求，加强对各地、各部门的督导检查，确保将软件资产管理相关要求落到实处。同时加大软件正版化培训工作力度，进一步提高政府机关工作人员对软件正版化工作的认识和政府机关软件资产管理水平。

（三）纳入信息化建设工作中。推动各地各部门将软件正版化工作纳入信息化工作中，充分发挥软件在信息化建设中的关键作用和信息化工作对软件正版化工作的重要保障作用，使两者相辅相成，相得益彰。

（四）进一步加强审计工作。根据审办行发［2012］61号文件要求，重点做好对软件采购资金管理使用和软件资产管理情况的审计工作，相关审计结果纳入审计报告，确保审计工作取得实效，防止政府机关使用正版软件工作出现反弹。

（五）完善集中采购机制。在认真做好中央国家机关软件集中采购基础上，指导各地区认真做好将通用软件列入政府集中采购目录工作，实行政府集中采购。

（六）建立表彰机制。软件正版化工作是一项艰巨复杂的工作，难度大、责任重，协调推进非常困难。为激励各地、各部门推进软件正版化工作的积极性，部际联席会议将适时对工作开展好的单位和个人给予表彰，通过表彰，总结经验，巩固成果。

（七）加强宣传动员。软件正版化工作在国务院领导亲自指挥下迎来了难得机遇，要抓住当前各省领导重视软件正版化工作的有利时机，进一步强化责任、借势而上。部际联席会议将适时召开一次全国软件正版化工作推进会议，通过做好上半年工作总结和下一步工作部署，向全社会进行宣传动员。

特此报告。

推进使用正版软件工作部际联席会议
新闻出版总署（国家版权局）代章
2012年7月26日

附件：

# 地方政府机关软件采购情况表

**一、省级机关软件采购情况**

制表日期:2012 年 7 月 5 日

| 软件类别 | 操作系统软件 | | | | 办公软件 | | | | 杀毒软件 | | | | 合计 | | | |
|---|---|---|---|---|---|---|---|---|---|---|---|---|---|---|---|---|
| | 套（许可数） | 占比 | 金额（万元） | 占比 | 套（许可数） | 占比 | 金额（万元） | 占比 | 套（许可数） | 占比 | 金额（万元） | 占比 | 套（许可数） | 占比 | 金额（万元） | 占比 |
| 国内 | 3 172 | 2.43% | 180 | 1.36% | 250 245 | 68.04% | 12 512 | 43.92% | 67 802 | 66.99% | 1 037 | 63.37% | 321 219 | 53.60% | 13 729 | 31.64% |
| 国外 | 127 099 | 97.57% | 13 089 | 98.64% | 117 534 | 31.96% | 15 975 | 56.08% | 33 404 | 33.01% | 600 | 36.63% | 278 037 | 46.40% | 29 664 | 68.36% |
| 合计 | 130 271 | | 13 270 | | 367 779 | | 28 486 | | 101 206 | | 1 637 | | 599 256 | | 43 393 | |

**二、中央和地方累计软件采购情况**

| 软件类别 | 操作系统软件 | | | | 办公软件 | | | | 杀毒软件 | | | | 合计 | | | |
|---|---|---|---|---|---|---|---|---|---|---|---|---|---|---|---|---|
| | 套（许可数） | 占比 | 金额（万元） | 占比 | 套（许可数） | 占比 | 金额（万元） | 占比 | 套（许可数） | 占比 | 金额（万元） | 占比 | 套（许可数） | 占比 | 金额（万元） | 占比 |
| 国内 | 51 666 | 10.89% | 2 389 | 4.90% | 872 542 | 65.93% | 34 271 | 35.17% | 302 751 | 76.08% | 3 570 | 68.44% | 1 226 959 | 55.88% | 40 230 | 26.57% |
| 国外 | 422 663 | 89.11% | 46 365 | 95.10% | 450 801 | 34.07% | 63 165 | 64.83% | 95 168 | 23.92% | 1 646 | 31.56% | 968 632 | 44.12% | 111 176 | 73.43% |
| 合计 | 474 329 | | 48 754 | | 1 323 343 | | 97 436 | | 397 919 | | 5 216 | | 2 195 591 | | 151 406 | |

# 关于深入开展打击侵犯知识产权和制售假冒伪劣商品工作及进一步推进使用正版软件工作的通知

新出联［2012］12号

各省、自治区、直辖市新闻出版（版权）局、“扫黄打非”工作领导小组办公室，新疆生产建设兵团新闻出版（版权）局、“扫黄打非”工作领导小组办公室，北京、上海、天津、重庆文化市场行政执法总队：

为贯彻落实《国务院关于进一步做好打击侵犯知识产权和制售假冒伪劣商品工作的意见》（国发［2011］37号）、《国务院办公厅关于进一步做好政府机关软件正版化检查整改工作的通知》（国办函［2011］130号）和国务院有关会议精神，继续在新闻出版领域深入推进打击侵权盗版和使用正版软件工作，确保工作取得实效并建立常态化工作机制，结合新闻出版、版权、“扫黄打非”工作实际通知如下：

**一、进一步巩固2011年专项行动工作成果**

2010年10月以来在打击侵权假冒专项行动期间立案查处的案件，各级“扫黄打非”办公室要继续协调新闻出版、版权、文化综合执法、公安、检察、法院等部门，在总结前一阶段查办大案要案工作经验的基础上，继续加大对专项行动期间查办的未结案件的结案工作力度，确保件件有着落。在查办侵权盗版案件过程中，对违法行为要依法及时作出行政处罚决定，对涉嫌犯罪的要及时移送司法机关追究刑事责任。有关案件信息请按《关于做好版权执法相关信息报送与案件信息公开工作的通知》（新出厅字［2012］152号）的要求报送并公开，同时做好宣传。

**二、切实加大行政监管力度，营造良好版权环境**

（一）开展迎接世界知识产权组织保护音像表演外交会议专项治理行动。将北京、天津、河北、上海、陕西、广东等作为重点地区，新闻出版（版权）部门要会同“扫黄打非”、文化综合执法、公安、工商等部门重点打击销售侵权盗版软件和图书、音像制品等出版物；重点监管重点部位、重点时段的游商地摊，会议举办宾馆、会场及相关场所的使用正版软件情况。

（二）继续加大对印刷复制企业的源头治理。各地新闻出版（版权）部门继续会同“扫黄打非”、文化综合执法、公安、工商等部门，结合当前开展的印刷复制发行监管专项行动进一步加强对印刷复制企业的监管，对印刷工具书和教材教辅等各类出版物、包装装潢印刷品及商标标识标签的企业和复制光盘及计算机软件的企业进行专项检查，严厉查处非法印刷复制和出售标识标签等印刷品的行为。

（三）继续加大对出版物的市场监管。各地“扫黄打非”办公室继续组织协调新闻出版、版权、文化综合执法、公安、工商、城管、交通运输等部门，采取暗访、回头访、交叉检查等方式进一步加大对图书、软件、音像制品的市场监管，重点查缴盗版教材教辅出版物、工具书、畅销书、影视和音乐音像制品、计算机软件。加强对运输物流环节的日常检查。建立健全出版物经营单位及执法检查情况台账，夯实市场监管基础。

（四）强化网络侵权盗版治理。启动2012年打击网络侵权盗版专项治理“剑网行动”。拟从2012年5月至8月，国家版权局继续联合工信部、公安部开展第八次为期四个月的打击网络侵权盗版专项治理“剑网行动”，对各类网络侵权盗版违法行为进行严厉打击。继续深入开展视频网站主动监管工作。加大对视频网站和其他新媒体传播影视等作品的版权授权情况和提供搜索链接、存储空间行为的主动监管，加强对提供互联网接入、服务器托管、通讯传输渠道、代收费、费用结算等服务的公司的监管和查处。配合商务、工信、公安、工商等部门开展网络购物领域打击侵权假冒专项治理行动，加大对通过网络销售盗版图书、音像制品、计算机软件等违法行为的打击力度。

（五）加大刑事打击力度、督办一批大案要案。“扫黄打非”办公室、新闻出版（版权）部门要协调文化综合执法、公安、检察、法院等部门加大行政执法与刑事司法的衔接配合，切实加大对侵犯著作权违法行为的刑事打击力度。协调公安、检察、法院建立完善侵犯著作权重大案件协调机制，依法及时侦查、起诉、审判一批侵犯著作权大案要案。全国“扫黄打非”办公室、新闻出版总署、国家版权局将会同有关部门联合挂牌督办一批涉案标的大、犯罪情节严重、社会影响恶劣的侵权盗版大案要案，各地“扫黄打非”、新闻出版、版权部门也要挂牌督办一批重点案件，及时结案。

**三、全面推进政府机关和企业使用正版软件工作**

按照《国务院办公厅关于进一步做好政府机关软件正版化检查整改工作的通知》(国办函〔2011〕130号)、《国务院关于同意建立推进使用正版软件部际联席会议制度的批复》(国函〔2012〕1号）和国务院有关会议要求，新闻出版（版权）部门要会同推进使用正版软件联席会议各成员单位认真开展推进政府机关和企业使用正版软件工作。确保各省级政府机关于2012年6月30日前全部完成软件正版化检查整改任务，推进各地市、县级政府机关于2013年底前全部完成。开展好中央和国家机关软件正版化年度检查和报告工作。全面建立国家机关软件正版化长效工作机制。继续推动企业使用正版软件工作，完成企业软件资产管理试点。

**四、工作措施和要求**

（一）加强组织领导。按照国务院部署，新闻出版总署调整成立了“新闻出版总署、国家版权局、全国‘扫黄打非’工作小组办公室打击侵犯知识产权和制售假冒伪劣商品工作领导小组”（见附件），办公室设在版权管理司。各地要相应成立领导机构，制订并部署常态化工作方案，确保取得实效。

（二）明确责任分工。新闻出版、版权、“扫黄打非”部门要按照以下分工开展工作：办公室牵头负责本部门使用正版软件、信息宣传和后勤保障工作，会同财务部门负责本部门经费保障、软件资产管理工作；政策法规部门牵头负责案件查处、行政处罚等法律适用工作；印刷发行部门牵头负责复制企业源头治理和出版物网络发行企业监管工作；“扫黄打非”办公室牵头负责图书、软件、音像制品等市场巡查和大案要案的协调督办工作，版权部门牵头负责网络专项治理、推进使用正版软件、执法奖励、宣传培训和领导小组办公室的日常工作。

（三）开展督导检查。新闻出版总署、国家版权局、全国“扫黄打非”办公室将在2012年7月下旬对各地打击侵权盗版工作开展情况进行督导检查。各省级新闻出版、版权、“扫黄打非”部门要于2012年7月15日前完成对各市（地）、县开展的打击侵权盗版工作的督导检查工作，对工作开展不力的单位要予以通报，限期整改。

（四）巩固协调机制。各地新闻出版（版权）部门要配合相关部门加快完善各地行政执法与刑事司法衔接工作信息共享平台建设，巩固完善版权行政执法与刑事司法衔接工作机制及六部门重大侵权盗版案件联合挂牌督办机制。继续开展对版权、公安、检察系统的版权执法培训工作，加强对版权执法人员特别是基层一线执法人员的培训工作，提高办案水平和能力。

（五）做好信息报送与宣传。各地要做好打击侵权盗版及推进使用正版软件工作信息统计和进展情况汇总，向新闻出版总署打击侵权假冒领导小组办公室及时按要求报送。要做好信息公开工作，及时通过新闻媒体报道打击侵权盗版及软件正版化工作的进展和成果。

（六）加强举报、表彰奖励。用好“12390”侵权盗版举报电话，完善举报受理制度，认真核实举报内容，及时发现并快速处理违法犯罪行为线索。加大对举报侵权盗版案件的奖励力度，及时公布奖励办法及结果，调动社会公众特别是权利人举报投诉的积极性。做好对大案要案的个案奖励工作，将此项工作的案件作为2012年度版权有功单位及个人和“扫黄打非”先进集体与先进个人评选的重要依据。对表现突出的地方和部门给予通报表扬和适当奖励。

（七）制订方案、及时总结。各地要根据本通知精神并结合实际，按照规定的各项任务和时间要求，制订实施方案，切实做到整体推进、突出重点、务求实效。具体实施方案应于5月10日之前报新闻出版总署打击侵权假冒工作领导小组办公室。各地要及时总结打击侵权盗版和推进使用正版软件工作经验，侵权盗版案件查办情况及软件正版化检查整改情况要按要求报送，工作总结要在2012年11月30日前报送到新闻出版总署打击侵权假冒工作领导小组办公室。

附件：新闻出版总署、国家版权局、全国“扫黄打非”工作小组办公室打击侵犯知识产权和制售假冒伪劣商品工作领导小组成员名单及办公室成员名单（略）。

新闻出版总署、国家版权局

全国“扫黄打非”工作小组办公室

二〇一二年四月十七日

# 关于开展迎接世界知识产权组织保护音像表演外交会议集中治理工作的通知

新出联［2012］17号

北京、天津、上海、陕西、广东省（市）新闻出版（版权）局、“扫黄打非”工作领导小组办公室，北京、天津、上海文化市场行政执法总队：

世界知识产权组织（WIPO）保护音像表演外交会议（以下简称“外交会议”）将于2012年6月20日至26日在北京召开，为有效遏制侵权盗版行为蔓延势头，树立中国版权保护良好的国际形象，给外交会议的成功举办营造良好的氛围，按照全国“扫黄打非”工作小组和全国打击侵权假冒工作领导小组的工作部署和要求，决定自本通知下发之日起至6月30日，在全国重点地区、重点领域开展集中治理工作，现将有关工作通知如下：

**一、工作目标**

通过开展集中治理工作，有效遏制重点区域、重点部位、重要时段侵权盗版违法行为的蔓延势头，为外交会议的成功举办营造良好的版权保护环境；推动行业自律，进一步规范市场秩序，强化日常监管，完善监管措施，建立长效监管机制，进一步提高公众的版权保护意识。

**二、主要任务和工作措施**

将北京、天津、上海、陕西、广东等作为重点地区，以软件、网络传播的影视剧作品、图书、音像制品、电子出版物、假冒他人署名书画作品等为重点领域，在重点地区对侵权盗版行为进行彻查。

（一）上述地区的版权执法部门会同新闻出版、“扫黄打非”、文化综合执法、公安、工商、文化、广电等部门严厉打击重点地区、重点领域的侵权盗版行为，对重点部位、重要时段的经营实体、游商地摊等对象进行监控和清查，重点地区要重点监控、全面清查。对清查中发现的重要线索以及群众举报反映的有关情况等，要严查彻究，尤其是要抓好重点案件的查办，严惩违法犯罪分子。

（二）北京市版权局和北京市文化市场行政执法总队要联合对外交会议召开地点周边的图书、报刊、音像制品、书画等经营实体、摊点进行执法检查，对举办外交会议的宾馆、会场及相关场所使用的各类计算机软件进行正版化检查，确保使用的计算机软件全部为正版软件，发现侵权盗版行为要严肃查处。

（三）国家版权局将会同有关部门对重点地区进行检查。

**三、责任分工**

1. 新闻出版总署（国家版权局）负责此次集中治理工作的部署、督查、指导和协调工作。

2. 重点地区的新闻出版（版权）局负责本地区相关工作的组织和协调、法律咨询、宣传报道等相关工作。

3. 重点地区版权执法部门负责本地市场的清理，包括书店、音像制品店、书画经营店，以及兜售非法出版物、假冒他人署名书画的游商、摊点和无照经营者。重点查处涉嫌侵权制品的进货渠道，包括制作、销售、仓储、运输等环节的公司和负责人。加大对销售软件、网络传播作品内容、网络购物等领域的版权监管和查处力度。各地“扫黄打非”办公室要将打击侵权盗版活动纳入当前正在开展的重点工作当中，积极抓好任务落实，重点加强对查办侵权盗版重点案件的协调、督办。

**四、时间安排**

本次治理工作分两个阶段。第一阶段为市场集中整治阶段。从6月5日至6月15日，各地对重点市场进行检查清理，对涉嫌实施侵权盗版的单位和个人要依法严肃查处。清理查处结果及时上报。第二阶段为检查验收阶段，从6月16日至6月30日，新闻出版总署（国家版权局）组织检查验收，通过分析各地情况、暗访等形式，检查各地特别是重点地区的开展情况，各地对检查中发现的问题要及时纠正。

**五、工作要求和保障措施**

（一）加强组织领导，落实工作责任。各地明确领导责任，加强对集中治理工作的组织领导。北京市要成立迎接外交会议集中治理工作领导小组和工作小组，加强工作的组织领导。

（二）建立工作机制，形成治理合力。各级新闻出版、版权、“扫黄打非”部门要与综合行政执法、公安、工商等部门形成联动工作机制，形成治理合力，确保取得实效。

（三）重拳出击，严厉惩处。集中治理期间，要对侵权盗版违法行为严厉打击，依法从重从快处理，形成强大的威慑力。

（四）信息报送。各地要按照《关于做好版权执法相关信息报送与案件信息工作的通知》（新出厅字［2012］152 号）的要求及时上报案件及有关信息。

（五）广泛宣传，营造氛围。要充分利用报刊、广播电视、网络等媒体，大力宣传集中治理工作，营造全社会参与、全民监督的良好氛围和社会环境。

（六）奖励。本次集中治理工作将纳入 2012 年版权执法有功单位及个人奖励范围。

新闻出版总署
国家版权局
全国“扫黄打非”工作小组办公室
二〇一二年六月四日

# 关于印发推进使用正版软件工作 2011 年工作总结、2012 年工作计划、部际联席会议办公室工作制度、督促检查工作方案和柳斌杰同志讲话的通知

新出字［2012］22 号

各省、自治区、直辖市人民政府，推进使用正版软件工作部际联席会议各成员单位：

《2011 年推进使用正版软件工作总结》、《2012 年推进使用正版软件工作计划》、《推进使用正版软件工作部际联席会议办公室工作制度》、《2012 年第一次督促检查工作方案》和柳斌杰同志《在推进使用正版软件工作部际联席会议第一次全体会议上的讲话》已经推进使用正版软件工作部际联席会议第一次全体会议审议通过，现予印发，请认真贯彻执行。请于 3 月 15 日前，将你单位实施计划报送部际联席会议办公室（新闻出版总署办公厅）。

附件：2011 年推进使用正版软件工作总结
2012 年推进使用正版软件工作计划
推进使用正版软件工作部际联席会议办公室工作制度
2012 年第一次督促检查工作方案
柳斌杰同志《在推进使用正版软件工作部际联席会议第一次全体会议上的讲话》
（详见“专文”栏目，27 页）

推进使用正版软件工作部际联席会议
新闻出版总署（国家版权局）代章
二〇一二年二月二十日

**附件 1：**

## 2011 年推进使用正版软件工作总结

2011 年是推进使用正版软件工作不平凡的一年。根据国务院的部署，推进使用正版软件工作在两个方面取得重要进展，一是政府机关软件正版化检查整改工作取得阶段性成效，二是推进企业使用正版软件工作向纵深推进。有关情况如下：

### 一、政府机关软件正版化检查整改工作情况

按照《国务院办公厅关于进一步做好政府机关使用正版软件工作的通知》（国办发［2010］47 号）、《国务院办公厅关于进一步做好政府机关软件正版化检查整改工作的通知》（国办函［2011］130 号）和国务院有关会议精神要求，中央国家机关应于 2011 年 5 月底前完成检查整改任务，省级、地市级、县级政府机关应分别于 2012 年 6 月底前、2012 年 12 月底前、2013 年 12 月底前完成检查整改任务。在国务院的部署指导下，新闻出版总署（版权局）会同有关职能部门集中推进政府机关软件正版化检查整改工作，中央和国家机关率先按时完成，地方政府机关扎实推进，取得阶段性成效。

（一）取得的成效

截至 2011 年 5 月底，中央办公厅、国务院办公厅等 135 个中央和国家机关按时完成机关本级软件

正版化检查整改工作，共采购操作系统、办公、杀毒三类软件 9.18 万套（许可数）、采购金额 7 723 万元，其中办公软件的采购套数和金额分别为 6.56 万套、6 031 万元，国外办公软件的采购套数和金额分别为 3.71 万套、4 843 万元，国外办公软件分别占比 56.6%和 80.3%。

截至 2012 年 1 月底，上海、北京、广西、浙江、新疆、江苏、安徽、重庆等 8 个省（区、市）已完成全部省级政府机关检查整改工作，其中上海、北京、广西、浙江已完成全部省、地市、县三级政府机关软件正版化检查整改工作任务；海南完成了三级政府机关办公软件（不包括其他软件）的正版化。在全国 432 个地市级政府（含开发区、管委会）中，已有山东青岛、安徽淮南等 100 个地市级政府完成所有市级政府机关检查整改工作，占所有地市级政府总数的 23%。在全国 2 732 个县级政府中，已有广西、浙江等地 373 个县级政府完成所有县级政府机关检查整改工作，占所有县级政府总数的 14%。各地共已支付采购资金 9.09 亿元、采购软件 111.72 万套（许可数）。其中国内、国外办公软件采购套数、金额分别是 39.23 万套、1.67 亿元，26.82 万套、4.06 亿元。

（二）具体做法

1. 各相关职能部门密切协作、积极推进。新闻出版总署（国家版权局）与工业和信息化部、财政部、商务部、国家工商总局、知识产权局、国管局、国务院法制办等部门积极参加国务院打击侵权假冒工作督查组，对各有关地区的政府机关软件正版化等工作情况进行专项督查；会同各成员单位对 48 家中央和国家机关、16 个省（区、市）的政府机关软件正版化检查整改工作进行了督促检查；配合国务院法制办起草使用正版软件工作相关法规；会同工业和信息化部、商务部、国管局等成员单位积极开展使用正版软件宣传工作。工业和信息化部继续加强软件产品管理和对预装正版操作系统软件的监督管理工作，会同国家版权局、商务部开展计算机厂商在生产及销售过程中预装正版操作系统软件情况的专项检查；加强政府信息安全管理工作。财政部指导各级财政部门做好政府机关正版软件采购经费保障，积极规范和加强政府机关软件资产管理和正版软件采购工作；积极研究制订软件产业发展财政扶持政策和软件资产管理制度。商务部利用中美商贸联委会、中美知识产权政府业界圆桌会议等多双边知识产权交流合作渠道，积极对外宣传我软件正版化工作成果。审计署对各级政府机关软件采购资金管理使用和软件资产管理情况的审计工作作出部署，并明确要求将相关审计结果纳入审计报告以强化监督。国家工商总局根据国务院领导指示对软件市场的公平竞争问题进行专题研究，提出了有针对性和操作性的重要建议，积极维护软件市场公平竞争秩序和消费者合法权益。国家知识产权局积极参加对各地使用正版软件工作的督促检查。国管局积极推动中央行政事业单位软件资产管理工作，开通正版软件采购网，认真做好软件集中采购保障服务，完善集中谈判、集中采购和协议供货的采购模式。国务院法制办积极推进《政府机关使用计算机软件条例》等使用正版软件相关法律、行政法规草案的起草工作。中直管理局对中央直属机关根据政府采购的规定采购通用软件工作提出具体要求，认真做好软件集中采购服务。

2. 中央和国家机关率先按时完成任务。中央和国家机关各部门、各单位按照国务院的要求切实履行管理监督责任。中宣部、财政部等 6 个部门召开专题会议进行部署。农业部、商务部等 11 个部门成立专门工作组进行推进。中宣部、国务院办公厅、工业和信息化部、财政部、农业部、商务部、国资委、税务总局、新闻出版总署（国家版权局）等 15 个部门主要领导同志作出批示，要求加强组织领导、确保按期完成。中宣部、国务院办公厅等 31 家打击侵权假冒专项行动领导小组和推进企业使用正版软件工作部际联席会议成员单位率先于 2010 年 12 月底前完成工作任务，为推进软件正版化工作作出表率。

国家知识产权局从 2008 年起连续投入软件采购资金约 1.6 亿元，长期坚持机关本级软件正版化。国务院办公厅、农业部、国家发改委、财政部、商务部、卫生部、文化部、国家税务总局、国家工商总局、国管局、新闻出版总署（国家版权局）等部门，从不同渠道有效解决正版软件采购资金问题。中宣部“使用正版、统筹推进”、农业部“集中部署、集中推进”、国家知识产权局“长效管理、长期保持”、国资委“正版化与信息化协调推进”等成为中央和国家机关使用正版软件工作的范例。

3. 各地区加强领导、扎实推进。各地区按照国办发［2010］47 号、国办函［2011］130 号文件和国务院有关会议精神要求，明确了政府在推进使用正版软件工作中的职责，新闻出版局（版权局）会同工业和信息化、财政、商务、工商、机关事务管理、知识产权等部门扎实推进政府机关软件正版化检查整改工作。2011 年，北京市市长郭金龙、山西省省长王君、江苏省省长李学勇、浙江省省长吕祖善、安徽省省长王三运、山东省省长姜大明、湖北省省长王国生、湖南省省长徐守盛、广西壮族自治区主席马飚、四川省省长蒋巨峰等明确要求本省（区、市）各级政府机关工作人员要带头使用正版软件，认真做好政府机关软件正版化检查整改工作。安徽省副省长花建慧亲自给全省17个市市长写信，广西壮族自治区使用正版软件工作领导小组办公室分别致信14个市分管领导，山西省政府副秘书长孙跃进给相关地市市长打电话督促工作，切实加快了相关地市级政府的软件正版化工作进度。

4. 各地区加强督导检查、狠抓工作落实。北京、上海等25个省（区、市）都组成多个督查组，对省级机关和地市级、县级政府软件正版化工作进了实地督查。北京组织10个检查组，对市属委办局使用正版软件工作开展了检查；上海对9个区的政府机关软件使用情况进行了检查；山西组成5个督查组，对11个市的政府机关软件正版化工作进行了全面督查；安徽成立8个督查组，在全省范围内开展了4轮全面督查。

各地区积极推进软件资产管理工作，建立推进工作长效机制。江苏省制定《江苏省省级机关软件资产管理办法》；新疆维吾尔自治区制定《新疆维吾尔自治区本级政府机关软件资产管理暂行办法》；山西省制发《关于进一步加强政府机关软件资产管理工作的通知》；上海市部分区县制定《政府机关正版软件使用管理办法》，并考虑将软件正版化工作纳入区县年度目标考核体系；江西省要求将达到固定资产价值和使用年限标准的正版软件，纳入各单位固定资产进行核实和管理，建立固定资产账卡；贵州省贵阳市在全市试行《贵阳市市级机关软件资产管理办法》；四川省成都市出台《加强政府机关软件管理办法》。广西“加强制度保障、集中统筹推进、狠抓督促检查”、浙江“分级负责、三级联动、细致核查”、上海“覆盖面广、资金保障有力、制度完善”、海南“统一谈判、集中采购、场地授权”、青岛“集中领导、场地授权、一揽子解决”、克拉玛依“统筹安排、分批推进、分别支付”、淮南“注重性价比、混合采购国产国外软件、低成本推进”等成为地方政府推进软件正版化工作的范例。

（三）存在的不足

政府机关软件正版化检查整改工作在取得显著成效的同时，还存在一些不足和问题：一是一些地方政府认识不到位、思想有松懈、工作进展缓慢，认为这项工作可以放缓甚至做不做没关系；二是部分地方财政经费紧张，缺乏统筹安排，没有将软件购置经费及时、全面纳入财政预算；三是存在不注重软件产品性价比，脱离实际需求，盲目采购高价软件或超范围采购软件的现象；四是软件资产管理工作不到位，长效机制建设滞后。

**二、推进企业使用正版软件工作情况**

各地区、各部门按照推进企业使用正版软件工作部际联席会议第五次全体会议的要求，在巩固2006年以来企业软件正版化工作成果的基础上，进一步完善工作机制、形成工作合力，与政府机关软件正版化检查整改工作形成互动，协调推进企业软件正版化工作，取得显著成效。

（一）取得的成效

2011年全国共有4 819家企业列入年度完成使用正版软件工作目标，其中2 484家企业完成检查验收；共举办培训班230余次，参训企业数量近8 000家，培训人员近1.4万人。截至2011年12月，全国累计列入年度完成工作目标企业达到23 101家，累计完成软件正版化企业15 256家，累计举办培训班1 230余次，参训企业数量近3.8万家，培训人员近7.3万人；国资委所监管的中央企业完成软件正版化的达15 930家（含一、二、三级企业），大型银行机构和保险企业基本实现软件正版化，煤炭、旅游饭店、网吧、勘察设计等重点行业取得了突破性进展。

同时，部际联席会议办公室会同有关部门，审定出版《软件资产管理手册》，对30家试点企业进行软件资产管理集中培训，组成工作组入驻试点企业进行一对一指导，推进试点企业深入开展软件资产管理试点工作，初步建立起符合中国企业实际的软件资产管理制度，为长效推进企业软件正版化工作提供了重要保障。

（二）具体做法

1. 各成员单位密切协作、积极推进。新闻出版总署（国家版权局）认真做好联席会议办公室协调服务工作，会同各成员单位对16个省（区、市）的企业软件正版化工作落实情况进行重点督查；会同国资委、银监会、保监会、中勘协、中机联及地方有关部门开展企业使用正版软件培训工作；同时开展打击侵权假冒专项行动和网络专项治理“剑网行动”，严厉打击各类软件侵权盗版活动，净化了软件市场环境。工业和信息化部积极配合国务院出台《进一步鼓励软件产业和集成电路产业发展的若干政策》，积极研究起草通用软件技术标准。财政部积极参加对企业使用正版软件情况的检查和督导工作，为推进使用正版软件工作提供了经费保障。商务部协调外商投资企业协会等行业协会，积极推进外商投资和外贸企业软件正版化工作。国资委积极开展中央企业软件正版化工作，中央企业总部完全实现软件正版化，二、三级企业基本实现正版化，四级企业软件正版化率超过 50%，400 余家中央企业（其中一级企业 84 家，二级及二级以下企业 300 多家）在中央企业正版软件集中采购平台上采购正版软件，累计采购金额达 8 600 多万元。银监会制定《“十一五”期间推动银行业金融机构使用正版软件工作总结及“十二五”软件正版化工作规划要点》，将软件正版化工作统筹纳入银行业信息科技风险监管体系，举办“城市商业银行软件正版化培训班”，大力推进银行业金融机构软件正版化工作，大型银行机构已全面实现软件正版化，城市商业银行、省级农村信用联社中小银行机构总部大多数已基本完成软件正版化。证监会继续做好上市公司因使用盗版软件被处罚或涉诉事项的相关信息披露工作，协调证券业协会等行业组织逐步推进证券相关机构软件正版化工作。保监会坚持软件正版化与保险业信息化相结合，加强软件正版化检查和信息化工作通报，开展企业使用正版软件情况自查自纠和软件正版化培训工作，各保险公司（总部）软件正版化基本完成。全国工商联组织《中华工商时报》等行业媒体和直属行业商会，加大软件正版化宣传，推进民营企业使用正版软件工作。

2. 各地区统筹协调、逐步推进。湖北省将 413 家企业列为年度目标企业，对 400 家企业进行检查验收，处罚了 41 家违规企业；推动长江证券公司投入 300 万元，以场地授权方式购置金山 WPS 软件，全面实现软件正版化。河北省要求第一批、第二批完成的 200 家企业报送软件正版化开展情况，及时整改问题、巩固成果，并确定了第三批 200 家目标企业。山西省按照《山西省年度目标责任考核试行办法》对 2011 年度推进企业使用正版软件工作目标责任进行分解落实，完成 110 家企业的软件正版化工作，超额完成了 100 家企业软件正版化年度目标责任。天津市注重发挥行业协会作用，全市 92 家勘察设计企业基本实现使用正版 CAD 设计软件的目标。重庆市在确定第五批 66 家中型企业作为推进目标的同时，认真开展企业软件清理、核查、登记工作，掌握企业使用软件情况，为使用正版软件工作的深入推进打下坚实基础。黑龙江省组织有关部门深入 100 家推进使用正版软件目标企业，对软件正版化工作的组织机构、制度建设、工作进展情况进行督导检查。四川省不断拓展推进企业使用正版软件工作的行业领域，从国有企业、勘察设计行业、外资企业、宾馆等行业企业中确定了第三批 141 家目标企业。湖南省教育、执法并重，对 156 家企业进行专题培训，对 11 家多次警告拒不整改的企业进行立案查处，督促其实施软件正版化整改工作。宁夏回族自治区在巩固已有工作成果的基础上，积极推进机械制造行业和装饰企业软件正版化工作，确定目标企业 300 家。西藏自治区坚持依法行政与优化服务有机结合，搭建企业使用正版软件的信息查询、投诉举报、纠纷调处、沟通协调平台，促进企业自觉使用正版软件。

（三）存在的不足

在推进企业使用正版软件工作领域，需要注意的问题有三个：一是部分地方政府对企业软件正版化工作的认识有待提高，对协调推进企业正版化工作重视不够；二是受经济危机影响，一些企业经营状况不好，致使部分企业不重视软件正版化工作、不投入资金，甚至有抵触情绪；三是软件市场秩序不规范、授权混乱、销售市场混乱等问题仍未有效解决。

总之，在联席会议各成员单位、各地区的大力协作下，2011 年推进使用正版软件工作取得了阶段性成效，为圆满完成政府机关软件正版化检查整改工作、深入推进企业使用正版软件工作奠定了坚实基础。在 2011 年年末，国务院第 180 次常务会议要求建立健全推进使用正版软件工作会议制度，明确了下一步工作的目标和要求。因此，2012 年推进使用正版软件工作任务更重、要求更高，各成员单位和各地区要密切配合、形成合力，扎实推进政府机关和企业使用正版软件工作，确保按时完成国务院交办的各项工作任务，为转变发展方式和建设创新型国家作出新的贡献。

## 附件 2：

## 2012 年推进使用正版软件工作计划

2012 年推进使用正版软件工作总的思路是：发挥好联席会议制度作用，以推进省和地市级政府机关使用正版软件为工作重点，确保按期完成国务院部署的地方政府机关软件正版化检查整改工作任务，同时加强统筹协调，对推进企业使用正版软件工作进行同部署、同督查、协调推进。

2012 年是推进使用正版软件工作的关键一年。《国务院关于同意建立推进使用正版软件工作部际联席会议制度的批复》（国函［2012］1号）正式批准成立推进使用正版软件工作部际联席会议，要求联席会议扎实推进政府机关和企业使用正版软件工作。有关工作安排如下：

**一、按时完成政府机关软件正版化检查整改工作**

1. 要高度重视政府机关软件正版化检查整改工作。各省（区、市）政府要按照国办发［2010］47号、国办函［2011］130号和新出联［2011］20号等文件有关要求，特别是主要负责同志要切实履行第一责任人责任，抓好政府机关软件正版化检查整改工作；要负责督促本辖区内省、市两级政府机关完成好软件正版化检查整改工作，确保按时完成。中央和国家机关要巩固软件正版化工作成果，加强软件资产管理，完善长效机制。

2. 各级有关职能部门要密切协作、履行职责，继续做好检查整改推进工作。财政部门要督促指导落实政府机关正版软件采购经费，把通用软件列入政府集中采购目录，完善软件资产管理相关制度。集中采购部门要做好通用软件集中采购工作，重视软件产品性价比和售后服务，切实降低软件采购成本。

审计部门要做好对本级政府机关软件采购资金管理使用和软件资产管理情况的审计工作，相关审计结果纳入审计报告。

新闻出版（版权）部门要会同工业和信息化、财政、商务、审计、工商、知识产权、机关事务管理、法制等相关部门做好对软件正版化工作的督促检查和宣传，加大对地方政府相关人员的教育培训。

3. 要做好信息通报工作。要督促各省（区、市）政府办公厅按时向新闻出版总署（国家版权局）报送《软件正版化检查整改工作落实情况表》和新完成的省级机关名称和地市级、县级政府名称；分别于2012年6月底前、2012年12月底前、2013年12月底前将省级、地市级、县级完成检查整改工作情况报送国务院并抄送新闻出版总署（国家版权局）。新闻出版总署（国家版权局）将及时汇总各地情况，以信息专报、月度汇总通报（每月5日前）、专项通报等形式及时向国务院领导、有关省（区、市）政府领导通报进展情况。

4. 要加大督促检查力度。联席会议办公室将于2012年3月、8月采取实地督查和书面督查相结合的形式，对各省（区、市）工作进展情况进行全面督查，及时总结经验、发现问题，对于督查发现的问题要求限期解决，并向国务院汇总报告、向各省（区、市）政府汇总通报；于5月、10月对工作进度慢的部分省（区、市）进行专项督查，现场协调解决制约工作进度的突出问题，确保整体工作按时完成。

**二、协调推进企业使用正版软件工作**

5. 巩固已取得的工作成果。进一步巩固中央企业、大型银行机构和大型保险企业等大型企业软件正版化工作成果。

探索建立企业使用正版软件工作统计制度，汇总统计完成软件正版化任务的企业数量、企业人员数量、使用计算机设备数量、使用正版软件数量和软件采购数量，建立真实可用、动态更新的企业使用正版软件信息统计数据库；督促相关企业及时解决因人员、计算机设备数量变化而引起的使用非正版软件的问题。

6. 建立完善推进企业使用正版软件工作长效机制。总结2006年以来推进企业使用正版软件工作经验和问题，抓住列入目标企业、开展培训、制订时间表、保障进度、确保按时完成、建立长效机制等重要环节，加强推进工作的规范化和制度化，实现常态化推进。

积极推进企业软件资产管理试点工作，研究起草《企业软件资产管理工作指导意见》，探索建立并推广应用符合中国企业实际的企业软件资产管理制度。

对中小银行机构和机械行业企业等开展专题调研，探索推进中小企业使用正版软件工作的思路和措施，逐步拓宽使用正版软件工作的行业企业领域。

7. 开展第三批“全国软件正版化示范企业”评选工作。发挥示范企业的示范引导作用，按照科学的评选标准和程序，将各地新涌现出的有代表性、有借鉴性的企业筛选出来，进行总结梳理，将有效的经验、做法和模式加以推广应用。

8. 平衡推进相关行业企业使用正版软件工作。综合考虑国际应对压力、行业企业承受能力、国产软件产业竞争力等因素，平衡推进国有企业、外资企业、新闻出版企业、证券期货相关企业、机械制造和勘察设计企业等行业企业的使用正版软件工作。

**三、构建推进使用正版软件工作服务保障平台**

9. 加大计算机预装正版操作系统软件监管工作力度。加强对计算机预装软件情况的专题调研，加强对新出厂计算机预装正版操作系统软件的监督管理，督促计算机制造商和操作系统软件提供商进一步改善预装结构，规范销售渠道。

10. 完善政府机关购置预装正版操作系统软件

计算机办公设备的资金保障和采购机制。加强对政府机关采购计算机办公设备的专题调研，研究修改《关于政府部门购置计算机办公设备必须采购已预装正版操作系统软件产品的通知》（国权联［2006］1号），进一步完善政府机关采购计算机办公设备及相应正版软件的预算保障和采购机制。

11. 完善打击软件侵权盗版专项治理机制。将严厉打击软件侵权盗版行为作为重要内容纳入打击侵权假冒专项治理工作、打击网络侵权盗版“剑网行动”。加强日常监管和专项检查，重点检查北京音像表演外交会议相关企业使用正版软件情况，严厉打击会议相关场所周边的侵权盗版活动。

12. 探索建立为政府机关、企业采购正版软件提供有效服务的软件采购机制。充分发挥软件集中采购的优势和作用，推动解决软件销售中存在的价格垄断、价格歧视、价格混乱等问题，构建价格合理、产品质量好、服务有保障的软件集中采购服务平台。

13. 探索建立使用正版软件纠纷调解机制。综合运用行政、司法、调解等多种纠纷解决手段，妥善解决列入软件正版化推进目标的企业遇到的投诉或诉讼，将软件企业的自发维权纳入推进使用正版软件工作机制，形成健康、统一、有效的使用正版软件工作推进秩序。

14. 探索建立软件市场反垄断、反不正当竞争工作机制，积极维护公平竞争市场秩序和消费者权益。

15. 研究起草《政府机关使用计算机软件条例》。

**四、加强国际应对和宣传培训**

16. 加强国际应对。充分利用知识产权多双边合作机制和场合，围绕一些发达国家关注的重点问题和领域，及时梳理、传达和发布使用正版软件工作成果，维护我国良好国际形象，缓解国际压力，营造有利于我国发展的外部环境。

17. 加强主动宣传。通过在主要媒体开设宣传专版、专栏，开设专题网站或网站专栏等多种形式，发布重大工作部署、重要活动等，普及使用正版软件和维权知识，宣传推进使用正版软件工作措施和成效，介绍各地区、各成员单位工作经验，推介正面典型，曝光典型案件。

18. 做好对外宣传。通过外文网站、媒体发布，召开新闻发布会，适时组织对外宣讲团进行沟通交流等多种形式，及时发布工作成果、沟通信息、增进共识，最大化地运用好推进使用正版软件工作成果。

19. 继续做好培训工作。举办各种形式的培训班，逐步提高各级政府机关及相关企业对使用正版软件工作的认识，增强使用正版软件的积极性和主动性。

## 附件3：

## 推进使用正版软件工作部际联席会议办公室工作制度

为加强推进使用正版软件工作部际联席会议办公室（以下简称“联席会议办公室”）工作的规范化制度化建设，强化联席会议办公室工作职责，承担好联席会议日常工作，根据《国务院关于同意建立推进使用正版软件工作部际联席会议制度的批复》（国函［2012］1号）精神，制定以下工作制度。

**一、会议制度**

办公室会议包括联络员全体会议、联络员专题会议、联络员助手会议三种形式。全体会议由办公室主任或主任委托的同志主持，全体联络员参加，适时召开。专题会议由办公室主任或主任委托的同志主持，相关联络员参加，适时召开。全体会议和专题会议主要内容包括：分析推进使用正版软件工作形势，协调推动重点工作，通报有关情况，讨论拟提交联席会议全体会议审议的事项，研究提出解决重大问题及相关工作的建议等。全体会议和专题会议以会议纪要形式明确议定事项，会议纪要由办公室主任或主任委托的同志签发，报送联席会议领导成员，印发各成员单位。办公室适时召开联络员助手会议，由办公室主任或主任委托的同志主持，相关成员单位联络员助手参加，通报情况，协商工作。

**二、信息通报制度**

各地领导小组或联席会议办公室、各成员单位可每月向联席会议办公室报送工作动态，重大事项、重要信息及时报送，为办公室全面掌握情况、研判形势、制订决策提供支撑。办公室及时编发简报，通报各地、各成员单位工作进展、经验做法等，交流经验，推进工作。

**三、督促检查制度**

办公室组织相关成员单位对部分地区、单位或部分领域适时开展专项督促检查，以推动某些地区或某个领域工作的落实；对联席会议确定的阶段性重点工作，在总结阶段组织开展督促检查，检查工作落实情况，督促整改存在的问题，落实相关工作责任，确保工作成效。办公室应将督查工作情况形成报告，报联席会议领导成员并视情况编发简报通报督查情况。

**四、宣传培训制度**

加强主动宣传，通过在主要媒体开设宣传专版、专栏，开设专题网站或网站专栏等多种形式，发布重大工作部署、重要活动等，普及使用正版软件和维权知识，宣传推进使用正版软件工作措施和成效，介绍各地区和各成员单位工作经验，推介正面典型，曝光典型案件。积极开展培训工作，逐步提高各级政府机关及相关企业对使用正版软件工作的认识，增强使用正版软件的积极性和主动性。

**附件4：**

## 2012年第一次督促检查工作方案

根据《国务院办公厅关于进一步做好政府机关使用正版软件工作的通知》（国办发［2010］47号）、《国务院办公厅关于进一步做好政府机关软件正版化检查整改工作的通知》（国办函［2011］130号），新闻出版总署（国家版权局）等部门《关于政府机关软件正版化检查整改工作情况的通报》（新出联［2011］20号）及《关于印发〈推进企业使用正版软件工作的实施方案〉的通知》（国权联［2006］2号）文件精神，拟于3月底前对各地区使用正版软件工作进展情况进行督促检查。

**一、督查目的**

通过督促检查各地推进使用正版软件工作情况，查找软件正版化工作推进不平衡的原因，督促、指导各地落实软件正版化工作责任，建立健全软件正版化长效工作机制，确保政府机关软件正版化检查整改工作任务按时完成；进一步巩固和扩大企业软件正版化工作成果。

**二、督查内容**

坚持突出重点、点面结合的原则，重点督查以下内容：

（一）政府机关软件正版化有关情况

1．管理监督责任落实情况。地方各级政府、部门主要负责人履行第一责任人责任情况；推进使用正版软件工作各职能部门密切合作，按照职责分工推进软件正版化工作情况。

2．推进软件正版化工作的时间节点及完成情况。地方各级政府软件正版化工作方案的制定和落实情况；新出联［2011］20号文件要求填报的《软件正版化检查整改工作进度时间表》的落实情况；实地督查、软件采购和整体完成情况。

3．软件采购资金安排和到位情况。各地将软件采购经费列入财政预算的工作安排；已到位的软件采购经费情况；软件采购经费存在的问题和解决措施。

4．软件正版化工作长效机制构建情况。各地软件正版化工作协调机制、经费保障机制、软件集中采购机制、软件资产管理制度及年度报告制度等的建立情况。

5．相关单位的进展情况。会同相关专家和技术人员对相关单位的进展情况进行实地抽查。

（二）企业软件正版化工作情况

各地贯彻落实国权联［2006］2号文件的情况；各有关职能部门的职责分工、协调及监管落实等情况；各地2011年企业软件正版化工作进展情况；各地2012年企业软件正版化工作计划和具体措施；抽查若干企业的完成情况。

（三）工作机构落实情况

国务院于2012年1月3日以国函［2012］1号文件批复同意建立推进使用正版软件工作部际联席会议制度后，各地的工作机构落实情况。

**三、督查组组成及分工**

督查由推进使用正版软件工作部际联席会议组织，新闻出版总署（国家版权局）、工业和信息化部、商务部、国资委、国家工商总局、国家知识产权局、国管局、银监会等8个单位的负责同志带队，同时从财政部、国务院法制办、审计署、证监会、保监会、中直管理局、全国工商联等部门抽调人员，组成8个督查组，从2月底开始对上述16个省（区、市）进行实地督查。督查组组成人员另行通知。

**四、督查地区和督查时间**

（一）督查地区。对天津市、河北省、内蒙古自治区、辽宁省、吉林省、黑龙江省、江西省、湖北省、广东省、四川省、贵州省、云南省、陕西省、甘肃省、青海省、宁夏回族自治区等16个省（区、市）进行实地督查；对其他15个省（区、市）进行书面督查，相关省（区、市）政府按照本方案要求进行自查并提交自查报告。

（二）督查时间。2012年2月底至3月底。具体到达时间由各督查组另行通知。

**五、督查方式**

（一）听取政府汇报和交换意见。听取地方政府机关和企业使用正版软件工作情况汇报；就督查情况与地方政府负责同志交换意见。重点是各省（区、市）为确保于 2012 年 6 月底前和 12 月底前按时完成省、地市级政府机关软件正版化检查整改工作所采取的措施。

（二）抽查相关单位完成情况。每个省抽查 3 个省级政府机关、省会城市政府办公室、1 个地市级政府办公室及 3 家企业。

（三）召开座谈会。与当地政府机关工作人员代表、企业经营人员、软件正版化推进部门工作人员等进行座谈，了解软件正版化工作的成效和问题，听取意见和建议。

**六、督查准备工作**

督查组出发前，对督查人员进行集中培训，解读有关文件，介绍相关情况，提出督查重点。各督查组负责细化督查方案，确定日程安排，进行任务分工，并与各省（区、市）协商行程。

**七、督查情况反馈**

各督查组对督查过程中掌握的情况、发现的问题以及提出的意见建议进行整理汇总，在实地督查结束后 3 日内向推进使用正版软件工作部际联席会议办公室提交督查报告。联席会议办公室根据各组报告和相关省（区、市）自查报告，汇总报告国务院。

**八、组织协调工作**

督查工作由联席会议办公室牵头组织，负责印发督查工作通知、动员培训、宣传等具体工作。

# 关于印发《2012 年打击网络侵权盗版专项治理“剑网行动”实施方案》的通知

新出明电［2012］10 号

各省、自治区、直辖市版权局、公安厅（局）、通信管理局、网信办（网宣办、网管办），新疆生产建设兵团版权局、公安局，北京市、天津市、上海市、重庆市文化市场行政执法总队：

为认真贯彻落实党的十七届六中全会精神，进一步加强网络环境下版权执法和监管工作，打击网络环境下的各类侵权盗版行为，保护权利人合法权益，净化网络版权环境，促进互联网产业的健康发展，根据《国务院关于进一步做好打击侵犯知识产权和制售假冒伪劣商品工作的意见》（国发［2011］37 号）的部署，国家版权局、公安部、工业和信息化部、国家互联网信息办公室定于 2012 年 7 月初至 10 月底联合开展第八次打击网络侵权盗版专项治理“剑网行动”。现将《2012 年打击网络侵权盗版专项治理“剑网行动”实施方案》印发给你们，请结合本地实际，周密部署、认真落实，并及时上报有关工作进展情况。

国家版权局
公安部
工业和信息化部
国家互联网信息办公室
二〇一二年七月三日

## 2012 年打击网络侵权盗版专项治理“剑网行动”实施方案

**一、工作目标**

本次专项治理行动针对提供作品、表演、录音录像制品等内容的网站，提供存储空间或搜索链接服务的网站以及提供网络交易平台的网站，围绕网络文学、音乐、影视、游戏、动漫、软件等重点领域以及图书、音像制品、电子出版物、网络出版物等重点产品，加强监管力度，以查破办结一批大案要案为目标，有力维护网络环境下健康、规范的版权秩序，有效遏制网络环境下侵权盗版违法行为的高发势头，建立网络环境下版权保护长效工作机制，进一步促进互联网产业繁荣发展。

**二、主要任务**

（一）查办一批大案要案。各地版权执法部门、公安机关要确定一批网络侵权盗版重点案件，集中突破、快速查办。处罚一批违法企业和个人、关闭一批违法网站，涉嫌犯罪的，依法追究刑事责任，加大行政及刑事惩处力度。

（二）继续开展视频网站主动监管工作。各地版权管理部门要继续开展视频网站主动监管工作，加大对本地有影响的各类提供视频内容、搜索链接、存储空间服务的视频网站的监管力度，规范视频网站经营者的经营行为，对发现的违法行为要严肃查处。

（三）加强对网络交易平台的版权监管。各地版权管理部门要加强对本地有影响力的各类电子商务交易平台的版权监管工作，要求此类交易平台经营企业建立完善的版权保护制度和交易规则，通过提供相关经营者身份地址和交易记录等信息、断开或删除侵权盗版商品信息链接、取消相关经营者会员资格等措施积极配合版权执法部门的执法工作。积极推动权利人及组织与网络交易平台企业建立版权保护协作机制，方便权利人维权。对发现的各种利用网络交易平台销售侵权盗版制品等违法行为，要严厉查处，涉嫌犯罪的，要及时移送司法机关追究刑事责任。

（四）完善督办协调机制。国家版权局将会同公安部、工业和信息化部、国家互联网信息办公室联合挂牌督办一批网络侵权盗版重点案件，对列入督办范围的案件采取派员参加专案组、巡视督促、跨区域协调等方式，形成便捷高效的办理机制。

（五）加强宣传教育，提高企业和公众在网络环境下的版权法律意识。加大网络版权法律宣传教育力度，曝光一批网络侵权盗版典型案件，开展警示教育，对检查、督查中发现的违法企业、个人进行法律教育，使其自觉遵守相关法律法规。

**三、职责分工**

（一）健全领导及工作机构。为加强对本次专项行动的组织与领导，四部门成立“全国打击网络侵权盗版专项治理工作领导小组”，新闻出版总署副署长、国家版权局副局长阎晓宏担任组长，领导小组成员由国家版权局版权管理司、公安部治安管理局、工业和信息化部电信管理局、国家互联网信息办公室网络新闻协调局相关司局级干部组成，统一部署涉及全局的主要任务，协调解决专项治理行动中的重大问题，指导各地开展相关工作；领导小组办公室设在国家版权局版权管理司。各地要成立相应的工作领导小组，协调指导本地区工作的开展，组成情况于7月20日前报国家版权局版权管理司。

（二）版权管理部门负责专项治理行动的牵头工作。版权管理部门要协调公安、通信管理部门、互联网信息内容主管部门开展工作；负责组织梳理网上侵权信息、收集案件线索，查处违法行为，移送涉嫌犯罪案件，提请通信管理部门予以暂停网站接入或者关闭网站；开展视频网站主动监管及网络交易平台版权监管工作；组织专项治理行动的宣传和奖励工作；协调、指导文化市场综合执法机构开展版权执法工作。

（三）公安机关要加大对网络环境下侵权盗版犯罪案件的线索收集、立案查处工作；严厉打击网络侵权盗版犯罪行为；参加网络侵权盗版案件联合执法工作；及时受理版权部门移送的涉嫌犯罪的网络侵权盗版案件。

（四）通信管理部门配合版权、公安部门开展打击网络侵权盗版工作，协助开展网络侵权盗版案件调查取证工作，协助提供查处网络侵权盗版案件涉及网站的备案信息，对经版权、公安部门查处且侵权盗版情节严重的网站依法吊销电信业务经营许可证或者注销备案，并通知相关接入服务商停止为其提供网站接入服务。组织开展行业自律活动。

（五）各级互联网信息内容主管部门负责指导、协调、督促有关部门加强网络内容管理、依法从严查处侵权盗版违法网站，利用版权手段加强网络监管。

**四、工作要求**

（一）继续充分发挥社会各界和有关权利人组织的积极性。要发布举报奖励公告，鼓励社会各界积极提供案件线索，尤其是大案要案的重要线索，集中查处一批有影响的大案要案。

（二）继续加大对网络侵权盗版案件的处罚力度。要充分发挥网络专项治理的体制机制优势，积极主动办案。对于顶风作案、多次实施侵权盗版活动或者有其他严重情节的网站，要一律从严查处，特别要加大涉嫌犯罪案件的移送力度，确保在办理大案要案方面取得新的突破。

（三）突出重点领域，精确打击。要重点围绕音乐、视频、文学、游戏、动漫网站以及网络电子商务平台，严厉打击未经许可非法上载、传播他人作品以及通过电子商务平台销售盗版图书、音像、软件制品等的违法行为；严厉打击为侵权盗版分子提供搜索链接、信息存储空间以及服务器托管、网络接入等服务的违法行为；严厉打击利用手机等移动媒体侵权盗版的违法犯罪活动。

（四）密切协作、加强联动。各地版权、公安、通信、互联网信息内容主管部门要进一步加强配合，联合办案，按照分工认真开展工作。各地版权局要做好工作部署和协调，版权执法部门特别是已单独设立并承担版权执法任务的文化综合执法机构要切实承担版权行政执法任务，公安部门要加大网络侵权盗版案件的侦查力度，通信管理部门要配合加大对违法网站的查处力度，互联网信息内容主管部门要利用版权手段加强网络监管并做好指导、协调、督促工作。

要加强制度建设，完善网络版权行政执法工作流程。为了进一步提高网络版权监管水平和执法工作效率，加强和改善网络版权保护工作，各省级版权部门要在总结历次专项行动成功经验的基础上，对有效的监管举措和执法经验进一步归纳、整理，形成统一、规范的执法监管工作流程。

做好计划，周密部署。各地版权管理部门要根据本地情况，协调版权执法、公安、通信管理、互联网信息内容主管部门周密部署、制定具体的详尽的工作计划，并于7月20日前上报国家版权局版权管理司。

加强和完善执法信息报送。各有关部门要高度重视执法信息汇总和上报工作。省级版权局、文化市场执法总队整理、汇总地方各级版权行政执法部门案件查处及视频网站主动监管情况，统一填写附件1、附件2、附件3、附件4，从8月份起每两周向国家版权局版权管理司报送一次；省级公安厅(局)、通信管理局、互联网信息内容主管部门分别整理、汇总地方各级公安、通信、互联网信息内容主管部门查处或配合查处案件情况，统一填写附件3，按月分别报送到公安部治安局、工信部电信管理局、国家互联网信息办公室网络新闻协调局。各地、各部门上报的执法情况材料将作为评价各地、各部门执法工作以及奖励查处侵权盗版有功单位和个人的重要依据。

**五、实施步骤**

2012年打击网络侵权盗版专项治理行动分四个阶段进行。

（一）工作部署阶段（7月3日—7月31日）。1. 召开工作会议，四部门共同召开工作会议，全面动员部署专项治理工作。2. 各地落实会议精神，上报专项治理工作领导小组办公室组成情况和具体工作安排。各地确定主动监管网站名单。3. 宣传专项行动方案，制定整个专项行动期间宣传方案，按计划组织媒体宣传相关法律法规与政策，宣传打击网络侵权盗版典型案例。

（二）自查自纠与收集案源阶段（8月1日—8月31日)。1. 进行自查自纠，组织引导合法经营的互联网企业和重点网站开展自查自纠活动，查找侵权盗版隐患。2. 收集案件线索，组织动员国内外权利人组织和社会公众投诉举报网络侵权盗版行为，充分利用12390反盗版举报电话等途径以及各地的投诉举报平台，收集案件线索。3. 开展执法培训，组织各有关部门行政执法人员的培训工作。编辑印发专项治理行动法律政策、业务指南和案例汇编。

（三）集中治理阶段（9月1日—9月30日）。1. 限期整改，各地有关部门要责令本地确定为主动监管的互联网企业和网站对自查出来的问题进行限期整改，对未按期完成整改的要依法查处。2. 集中执法，四部门确定一批重点案件进行挂牌督办。各级版权、公安、通信管理部门要根据上级移交和自行收集到的案件线索开展打击行动，特别是对专门从事侵权盗版的非法网站，要充分发挥联合执法机制，加大行政处罚力度，加强刑事移送工作，集中办理一批大案要案，始终保持集中打击的高压态势。

（四）督查总结阶段（10月1日—10月31日）。1. 各地汇总专项治理工作情况，填写统计表。2. 开展督查，四部门对重点地区、重点企业进行督导检查，调研专项治理行动情况。3. 新闻通报，四部门联合召开新闻通气会，对外宣传我国政府为打击网络侵权盗版所做的努力和取得的成绩；通报专项治理行动中的典型经验和典型案例。4. 总结奖励，四部门及时总结专项治理行动成果；依据《举报、查处侵权盗版行为奖励暂行办法》对专项治理行动中工作突出的单位和个人予以奖励，纳入2012年度版权执法有功单位和个人奖励范围，对重大典型案件进行专项奖励。

附件：

1. 2012年打击网络侵权盗版专项治理行动主动监管网站名单统计表（省级版权局、文化市场行政执法总队汇总填报）（略）

2. 2012年打击网络侵权盗版专项治理行动工作情况统计表（省级版权局、文化市场行政执法总队汇总填报）（略）

3. 2012年打击网络侵权盗版专项治理行动案件统计表（省级版权局、公安厅（局)、通信管理局、网信办（网宣办、网管办)、文化市场行政执法总队汇总填报）（略）

4. 2012年主动监管网站现场检查情况统计表（省级版权局、文化市场行政执法总队汇总填报）（略）

5. 2012年“剑网行动”侵权盗版案件举报奖励办法（略）

# 关于印发 2012 年全国版权工作报告和 2012 年版权工作要点的通知

国版发［2012］1号

各省、自治区、直辖市版权局，新疆生产建设兵团版权局，解放军总政治部宣传部版权局，北京、天津、上海、重庆、云南文化市场行政执法总队，中国版权保护中心，中国版权协会、中国音乐著作权协会、中国音像著作权集体管理协会、中国文字著作权协会、中国摄影著作权协会、中国电影著作权协会：

现将柳斌杰同志在2012年全国版权工作会议上题为《深入贯彻十七届六中全会精神 努力做好版权工作 推动文化大发展大繁荣》的报告和《2012年版权工作要点》印发给你们，请结合本地区、本部门实际，认真学习领会，切实抓好贯彻落实。

二〇一二年一月二十九日

## 深入贯彻十七届六中全会精神 努力做好版权工作 推动文化大发展大繁荣

——在2012年全国版权工作会议上的报告

柳斌杰

2011年是“十二五”开局之年，版权工作按照党中央、国务院的部署和要求，围绕版权执法、公共服务、法制建设、国际应对等重点方面，积极开拓、成效显著，为推动文化大发展大繁荣发挥了重要作用。在新的一年，版权工作要抓住机遇、应对挑战，突出重点、统筹布局，全面贯彻落实十七届六中全会精神，奋力实现新跨越、开创新局面，为社会主义文化强国建设做出新贡献。

**一、“十二五”开局之年版权工作积极开拓、成效显著**

（一）版权政策法规建设取得新进展

1. 制定、颁布《版权工作“十二五”规划》。规划回顾了“十一五”时期版权工作取得的成就，分析了“十二五”时期版权工作面临的新形势，从强化版权公共服务功能、促进版权产业健康发展、提高公众版权保护意识、加强版权执法监管能力、维护国家根本利益等方面确定了今后五年我国版权工作的发展目标、主要任务和战略举措，为今后五年全面推进版权工作指明了方向。

2. 版权法规工作进一步加强。正式启动了《著作权法》第三次修订工作，印发《关于进一步规范作品登记程序等有关工作的通知》，起草《版权执法指导意见》、《教科书法定许可付酬办法》并广泛征求意见，起草《政府机关使用计算机软件条例》、研究制订保护字库计算机软件著作权工作方案并提交国务院，参与《刑法》有关著作权条款实施意见的修改等，版权法律法规和政策体系不断完善。

（二）版权执法监管成效显著

1. 打击侵犯知识产权和制售假冒伪劣商品专项行动取得明显成效。新闻出版总署、国家版权局、全国“扫黄打非”工作小组办公室按照国务院部署联合开展抓源头、清市场、打网络、查办大要案等重要工作。专项行动期间，各地共立案查处3 381起案件，移送司法机关追究刑事责任案件179起。新闻出版总署、国家版权局、全国“扫黄打非”工作小组办公室、公安部、最高人民法院、最高人民检察院联合挂牌督办、查破了35起重大案件，充分发挥了行政、司法联合办理重大案件的效能。在由版权、公安、工信三部门联合开展的第六次和第七次打击网络侵权盗版专项治理“剑网行动”中，各地共立案查处网络侵权盗版案件1 148起，对466起案件依法作出行政处罚，将36起案件移送司法机关追究刑事责任。在加强网络版权保护工作中，对新浪等18家重点视频网站进行主动监管，有效规范了视频网站行业的版权经营秩序。

2. 政府机关使用正版软件检查整改工作取得阶段性成果。一是中央办公厅、国务院办公厅等135个中央和国家机关按时于2011年5月底前完成任务。二是截至12月底，上海、北京、广西、浙江完成本辖区内任务，海南完成本辖区内办公软件正版化任务，新疆、江苏、安徽、重庆完成全部省级机关任务。山东青岛、新疆克拉玛依、安徽淮南等24个市（地）级政府完成检查整改工作。三是围绕软件摸查、经费保障、采购、使用及资产管理等核心环节探索建立使用正版软件工作长效机制。

3. 深入推进企业使用正版软件工作。召开国家版权局、工信部、商务部、财政部等9部委推进企业使用正版软件工作部际联席会议第五次全体会议，就巩固强化部际联席会议制度、加大督导检查工作力度、加强国际应对等工作作出统一部署，全面推进30家试点企业软件资产管理试点工作。会同相关部委对16个省（区、市）的政府机关和企业使用正版软件工作进行督导检查。联合银监会、保监会、国资委、中国勘察设计协会、中国机械工业联合会等开展企业使用正版软件培训工作。正式启动新闻出版行业上市企业和出版集团（总部）使用正版软件工作。

4. 加强版权执法培训和表彰。一是为加强网络侵权盗版治理的有效性，分别在宁夏、河南、天津、北京举办了4期版权执法培训班，对31个省（区、市）近600名省级、地市级、县级版权行政执法和公安机关、检察院相关负责同志进行了集中执法培训。二是严格标准和程序，对2010年度查处侵权盗版案件的137家有功单位和122名有功个人进行奖励，并向社会公布了“安徽骑士音乐网侵权案”等版权执法十大案件。

（三）版权公共服务体系建设有新突破

1. 规范作品登记工作。通过深入调研，研究制订并颁布了《关于进一步规范作品登记程序等有关工作的通知》，对《作品自愿登记试行办法》没有规定或者规定不明确的作品登记申请受理、作品登记申请审查、作品登记时限、不予登记决定等登记程序性问题加以明确，解决了作品登记证书不统一、作品登记信息统计不及时、无法统一公告查询等重点问题，从受理、审查、登记、证书、信息统计等方面统一标准，规范了全国的作品登记工作，进一步强化了版权公共服务的职能，为维护权利人权益、促进产业发展迈出了重要一步。全国32家作品登记主体积极开展作品登记工作，北京、上海、山东、广东、浙江等地作品登记工作取得重大进展。计算机软件著作权登记数量增长迅速，2011年，计算机软件著作权登记量为109 342件，比去年增长33.4%，为实现“十二五”时期的既定目标开了好局。

2. 全面开展版权示范建设工作。首次就版权示范创建工作在青岛召开“推进全国版权示范城市、示范单位和示范园区（基地）创建工作座谈会”，总结了版权示范建设工作的经验，细化了版权示范建设工作的方式方法，为进一步做好版权示范建设工作奠定了坚实基础。授予青岛市为“全国版权示范城市”，批复指导广州市创建“全国版权示范城市”，批准青岛创意100产业园等8家全国版权示范单位和园区，有力推动了版权示范创建工作在全国范围内扎实、有序开展。

3. 大力推进版权产业基地建设，加强对著作权集体管理组织的监管。版权交易公开市场和文化金融服务平台建设取得长足发展，中国版权保护中心和北京东方雍和国际版权交易中心累计实现版权交易额18亿元，投融资服务额13亿元，并推出限量收藏品交易平台、数字版权云分发平台等创新版权交易模式，新推出的版权质押贷款服务累计实现信贷服务16亿元。北京国际版权贸易中心建立了国内首个“版权保险箱”，为著作权人和相关使用者提供权利证明和电子证据。中国人民大学国家版权贸易基地建设的国家版权交易网站运营一年实现挂牌交易15亿元，积极开展版权资产评估工作，举办了首届版权拍卖大会。上海版权交易中心全年共为5 000个版权交易项目挂牌，涉及全国25个省区市，实现版权交易总额23亿元。发挥著作权集体管理组织和相关协会的作用，定期召开著作权集体管理工作座谈会，支持著作权集体管理组织的业务活动，加强对著作权集体管理组织的监管。

4. 开展版权相关产业对国民经济贡献的调研。完成“中国版权相关产业的经济贡献（2007—2009年度）”调研统计工作，调研显示，版权相关产业行业增加值占GDP比重从2006年的6.4%增加到2009年的6.55%，版权相关产业在促进经济发展和文化繁荣中发挥了重要的作用。

（四）积极开展版权宣传教育活动

1. 充分展示专项行动的成就。为保证信息沟通、报送、宣传的及时有效，专项行动建立了紧密的信息联动机制，所有的案件随办、随报、随宣传，充分利用报刊、电台、电视台、网络、手机等媒介，通过新闻发布会、专访等手段进行广泛宣传，达到了较好的宣传效果。

2. 重点加强版权主题宣传。围绕“4·26知识产权宣传周”、新中国《著作权法》实施20周年、非法出版物集中销毁活动等主题，组织中外媒体集中采访、报道；配合全国“扫黄打非”工作小组办公室和中央电视台在京启动了“绿书签行动2011——拒绝盗版，从我做起”系列宣传活动；与中央电视台法制频道合作录制了5期《一线》版权保护特别节目，解读版权工作热点问题，宣传版权保护知识；举办第三届全国大学生版权征文颁奖仪式暨《版权保护小卫士》赠书仪式；广东、云南、江西等各地版权行政管理部门开展版权知识交流、版权保护知识竞赛、版权保护进校园签名活动等宣传活动，在全社会营造出“尊重知识、尊重劳动、尊重创作、尊重版权”的良好舆论氛围。

3. 妥善应对突发事件。就歌曲《春天里》版权侵权风波、“十三名音乐作词作曲家集体退出音著协”、《富春山居图》台湾媒体炒作等突发事件，积极与文化部、演出家协会、中国音乐著作权协会等相关方沟通磋商，并及时通过媒体澄清事实，消除了社会公众的误解和负面影响。

4. 深入开展版权知识培训。举办媒体记者版权相关热点问题媒体研讨班，正确引导宣传导向。组织全国核心版权经理人、代理人宣教研修活动，进一步规范我国版权经理人、代理人的经营活动。举办“2011 BIBF北京国际版权贸易研讨会”，有效提升版权贸易机构和出版单位的版权贸易水平和实务能力。

（五）版权国际应对能力进一步提高

1. 不断提高多边体制下的合作与应对水平。成功申办了世界知识产权组织（WIPO）保护音像表演外交会议；积极参与WIPO民间文艺、发展议程、版权常设会议等议题的相关工作；与WIPO共同开展版权保护推动产业发展调研，举办数字环境下版权管理与执法研讨。认真应对世界贸易组织（WTO）有关版权争端，积极配合商务部开展WTO对华贸易政策第四次审议应对以及WTO对华过渡性审议的有关工作，并积极参与对WTO其他成员如日本、澳大利亚、加拿大、欧盟等的贸易政策审议工作。积极应对亚太经合组织（APEC）框架下有关版权问题的挑战，有力抵制美国等发达经济体利用APEC推行知识产权强保护的图谋，切实维护国家利益。

2. 积极促进版权双边关系和交流合作。积极开展中美商贸联委会、中美战略与经济对话和中欧知识产权对话，针对美方在多个场合对我软件正版化、版权执法、版权立法等方面提出的诉求，深入分析权衡，有理有据积极回应，切实维护了国家利益。积极落实中美、中英、中日等版权合作战略备忘录相关工作。积极参与中瑞、中哥自由贸易区谈判和中巴、中俄经贸分委会知识产权工作组会议工作。加强与东盟国家在版权领域的合作。加强与港澳台地区版权相关部门的密切沟通协作。

**二、抓住机遇、应对挑战，为实现版权工作新跨越、推动文化大发展大繁荣打牢思想基础**

党的十七届六中全会提出了中国特色社会主义文化发展道路和建设社会主义文化强国的战略目标，明确了文化改革发展的指导思想、重要方针、目标任务、政策措施，具有重要的历史意义和现实意义。我们要用全会精神武装思想、提高认识、指导实践、推动发展，认真分析版权工作面临的新形势、新机遇，深入研究版权相关产业发展的新态势，把中央的重大战略决策切实贯彻到版权工作中，为推动社会主义文化大发展大繁荣做出积极贡献。我们要抓住机遇、迎接挑战，不断增强做好版权工作的自觉性和责任意识，着力提高全社会的版权保护水平，推动版权工作取得新跨越。

要从统筹国际国内大局的高度，提升做好版权工作的自觉性。当前，随着经济全球化的不断深入和高新技术的快速发展，全世界已进入了一个依靠智力成果来推动经济和社会发展的阶段，知识产权作为鼓励和保护创新、促进经济社会发展的基本法律制度，已成为国家发展的战略性资源和国际竞争力的核心要素。胡锦涛总书记强调，“要充分发挥知识产权在增强国家经济科技实力和国际竞争力、维护国家利益和经济安全方面的重要作用，为我国进入创新型国家行列提供强有力的支撑”。温家宝总理多次指出，“世界科技和经济的竞争很大程度上是知识产权的竞争，无论是增强我国自主创新能力和核心竞争力，还是应对知识产权国际规则变革的挑战、维护国家利益和经济安全，都必须把知识产权战略作为国家发展的重要战略”。做好包括版权在内的知识产权工作，是统筹国际国内两个大局的必然要求，是加快转变经济发展方式、提高自主创新能力的重要保障和有力支撑。

要根据文化大发展大繁荣的要求，强化做好版权工作的责任意识。六中全会通过的《决定》要求，要加大知识产权保护力度，依法惩处侵权行为，维护著作权人合法权益。这是文化发展繁荣的重要因素。版权是知识产权三大支柱之一，它不仅具有独特的社会属性，更具有显著的经济属性。版权制度一方面通过激励创作，推动优秀文化成果的不断涌现；一方面通过作品的版权贸易和使用，推动作品的广泛复制与传播。版权作为文化发展的战略性、基础性资源，它所具有的复合财产权利的独特经济属性，直接关系着新闻出版、广播影视、文学艺术、文化创意、广告设计、计算机软件、信息网络等相关产业的生存和发展。美欧等发达国家一方面把版权问题与经贸问题挂钩，为维护其经济利益，不断以版权问题向我国施压，另一方面又利用版权对我国进行文化渗透，输出其意识形态和价值观，挑战我国的社会制度。做好版权工作，已关系到我国文化内容管理、传播渠道管理和意识形态安全。

要准确把握版权工作自身面对的新情况、新挑战，着力提高全社会的版权保护水平。近几年来，我国的版权保护有了长足的发展，但仍面临着挑战，亟待加强与进一步完善。在法制建设方面，现在已形成“一法六条例”和加入六个国际公约的较完整的版权法律体系。但随着互联网的快速发展和云计算时代的到来，新技术也对现有版权法律制度、管理模式、社会规范带来了冲击和挑战，版权法律制度还不能适应网络时代的新情况、新要求。在执法方面，一是国内版权保护水平与经济社会发展需求不相适应，侵权盗版问题还比较突出。二是版权执法在思想认识、业务水平、执法责任和机制等方面亟待加强，版权行政执法和刑事司法的衔接、版权行政管理和版权民事诉讼与调解的衔接亟须完善。在国际应对方面，美欧等发达国家将发展版权产业作为国家利益，一方面在国内建立完善的保护体系，另一方面在世界各地强力推行知识产权强保护政策。发达国家对我版权政策趋于强硬，把版权问题作为贸易保护工具，片面夸大中国侵权盗版现象及给其造成的损失，通过版权向我施压，将版权问题政治化。此外，在版权多边场合，美欧等发达国家在世界知识产权组织和世界贸易组织中无法完全实现其知识产权特别是版权强保护的意图，于是转向亚太经合组织等区域性国际组织寻求突破，在近年来主导“反假冒贸易协定”(ACTA) 谈判并最终于 2011 年签署该协定，意图在国际推行并贯彻其知识产权强保护理念。以美国为首的发达国家在国际版权领域的新动向，应予以高度关注，积极应对。在全民的版权保护意识方面，由于我国历史上长期处于农业社会，新中国成立后又几十年实行计划经济，缺乏产权尤其是无形产权的观念，虽经过了改革开放和市场经济的短暂洗礼，社会公众整体的版权认知水平有了较大提升，但还没有形成全民自觉支持和保护版权的氛围。当前，必须把提升全社会版权意识作为版权工作的长期任务，不断加强宣传教育，着力提高全社会的版权意识。

**三、突出重点、统筹布局，紧密围绕文化大发展大繁荣、不断开创版权工作新局面**

2012 年是认真贯彻十七届六中全会精神、迎接党的十八大胜利召开的重要一年。做好 2012 年版权工作总的要求是：认真学习贯彻党的十七届六中全会精神，以邓小平理论和“三个代表”重要思想为指导，深入贯彻落实科学发展观，紧密围绕文化大发展大繁荣这个主题，以着力实施《版权工作“十二五”规划》为抓手，不断推进版权工作六大体系建设，切实抓好第三次《著作权法》修订、网络版权执法、使用正版软件、作品登记、世界知识产权组织保护音像表演外交会议等重点工作，推动版权工作再上新台阶，不断开创版权工作新局面。

（一）加大版权保护力度，依法惩处侵权行为

1. 加强重点领域版权监管工作。认真贯彻六中全会《决定》和中办发［2011］37 号文件，加大版权保护力度。会同有关部门开展专题调研，适时向中央提出加强和改进文化领域版权保护工作的意见和建议，强化对出版发行、影视制作、动漫游戏等重点领域的专项保护，注重运用版权手段加强文化管理、推进社会主义核心价值体系建设，促进文化发展繁荣。

2. 深入推进使用正版软件工作。这项工作虽然取得了阶段性成效，但各地推进程度不平衡，必须高度重视，采取有力措施，按照国务院要求，会同有关部门大力推进，防止思想松懈、措施不到位，确保省级政府机关、地市级、县级政府机关分别于 2012 年 6 月底前、2012 年 12 月底前、2013 年年底前完成使用正版软件检查整改工作。同时，继续做好软件资产管理试点工作，将使用正版软件工作向纵深推进，建立使用正版软件工作长效机制。继续分步骤扎实推进企业使用正版软件工作，今年要突出国资、银行、保险、证券、工商联、新闻出版等系统和机械、勘察设计等行业，启动第三批企业使用正版软件示范单位评选工作。

3. 继续开展打击侵犯知识产权和制售假冒伪劣商品专项治理工作。根据全国打击侵犯知识产权和制售假冒伪劣商品工作领导小组的部署，会同新闻出版、“扫黄打非”以及工信、公安、检察院、法院等相关部门分阶段、有重点地推进印刷源头治理、出版物市场监管、打击网络侵权盗版、查处大要案等重点工作，建立完善打击侵权盗版长效工作机制，巩固专项行动工作成果，实现专项行动工作常态化。

4. 联合公安部、工信部开展第八次打击网络侵权盗版专项治理行动。认真贯彻中央领导同志关于加强网络版权管理的重要批示精神，配合文化领域知识产权保护工作的深入开展，针对重点文化领域、重点作品类型、重要网络领域的侵权盗版行为积极开展专项治理。

5. 继续做好网络版权主动监管工作。深入开展对作品网络传播的版权监管工作，建立、完善对各类作品网络传播进行版权监管的长效机制；继续做

好对18家视频网站的主动监管工作，在总结经验的基础上进一步规范监管工作，拓宽监管范围，适时启动对文学作品网络传播和手机媒体的版权监管；加强对热点难点版权问题的分析研判和执法监管，切实维护权利人的合法权益，进一步规范网络版权秩序。

6. 运用技术手段提高版权管理工作水平。在国家版权监管平台一期工程完成建设并推广应用的基础上，适应网络发展的新趋势，做好国家版权监管平台（二期）的相关工作。要从公共服务和运用技术手段两个方面，加强版权执法监管，大力推进工程建设。同时，要整合利用现有网络版权监管资源，提升版权监管能力。

（二）强化版权公共服务与管理

1. 进一步做好作品登记工作。作品登记制度是版权工作体系中的一项基础性制度，是我国版权公共服务的核心内容。2012年要严格按照《关于进一步规范作品登记程序等有关工作的通知》精神，进一步理顺关系，抓住重点城市和重点领域，推动各地制订推进作品登记工作的方案和时间表，统一作品登记证书，规范作品登记程序，建立各种有效的作品登记资助激励机制，争取在登记范围和登记数量、质量上实现较大的突破。中国版权保护中心要做好信息统计公告工作，建立全国统一的作品登记信息数据库，及时汇总、整理、公告作品登记查询信息；各地要高度重视、认真做好信息统计报送工作，按《通知》要求的时间和格式准时向中国版权保护中心报送作品登记信息，并在全国范围内逐步实现数据联网和实时报送。国家版权局将选择北京、上海、重庆、广东、江苏、浙江、福建、山东、四川等省市作为推动作品登记工作重点地区，加强对这些重点省市作品登记工作的指导，并探索将作品登记工作向省会城市、中心城市等纵深延伸。同时，根据作品登记信息汇总情况，开展作品分类研究和作品登记城市排名工作，充分发挥作品登记制度在预防作品权利归属法律风险，降低作品市场交易成本，促进智力成果转换和市场运用，推动文化产业大发展大繁荣等方面的积极作用。

2. 深入推进全国版权示范城市、示范单位、示范园区（基地）创建工作，全力将北京市打造成“版权之都”。按照《版权工作“十二五”规划》的要求，贯彻落实《全国版权示范城市、示范单位、示范园区（基地）管理办法》，探索建立版权示范建设工作的长效机制，制定示范点的量化考核指标，充分发挥版权示范城市、示范单位和示范园区（基地）自主创新能力，提升城市和单位创新能力、促进地方经济发展的引导作用。加大对版权示范城市、示范单位、示范园区（基地）的宣传力度，鼓励各地积极评选本省的版权示范单位、示范园区（基地），积极争取地方政府对版权示范建设工作的重视和支持，进一步推动这项工作有层次、有步骤地在全国开展。充分发挥首都的全国文化中心示范作用，支持北京市组建有力的领导和工作机构，整合版权资源，抓住版权保护、公共服务体系建设、产业发展、宣传教育、国际合作等重点工作，借助世界知识产权组织保护音像表演外交会议在京召开的有利时机，全力把北京打造成“版权之都”，并以此带动全国版权工作。

3. 积极支持，依法规范，推进版权交易健康有序发展。版权交易是作品传播使用的重要方式，是版权价值实现的基本形式，也是版权产业发展的主要载体。随着版权作用的日益凸显，各地越来越重视版权交易，据不完全统计，全国各种形式的版权交易机构有十几个，还有更多的交易机构正在筹建当中。对此，应予以高度重视。要对全国版权交易情况进行调研，摸清底细，及时总结、交流版权交易的有益经验，同时依法规范版权交易行为，保障版权交易有序进行，促进版权产业繁荣发展。

4. 加强对行业协会、著作权集体管理组织和在华权利认证机构的监督指导。加强对行业协会、著作权集体管理组织的监督指导，进一步规范各组织内部管理，不断降低营运成本，不断提高各组织内部决策、收费、分配透明度，切实维护权利人权益，切实发挥行业协会和集体管理组织在行业管理和产业发展中的重要作用。加强对在华权利认证机构的监管，使其能够按照中国的法律开展工作，到位不越位，维护国外权利人权利和国内版权秩序。

5. 做好版权相关产业对国民经济贡献（2010年度）调研工作。及时了解版权相关产业的发展动态，完善现行版权统计制度，切实为版权产业发展提供数据支持。

（三）努力办好世界知识产权组织保护音像表演外交会议

世界知识产权组织（WIPO）关于《保护音像表演条约》的讨论始于1996年，其核心为对表演者声音和形象给予全面保护。2000年，在各成员国对条约的20条实质性条款基本达成一致的基础上，WIPO曾举行外交会议促成该条约的签署，由于美国和欧盟在表演者权利归属问题上的各持己见而未能通过，但就其中19个条款达成了临时协议。此后，WIPO 一直将重新讨论《保护音像表演条约》作为其版权与相关权常设委员会的重要议题。经过十几年的谈判，2011 年 9 月，WIPO 成员国大会正式决定于 2012 年召开保护音像表演外交会议，缔结给予表演者全面保护的《保护音像表演条约》。2011 年 12 月 1 日，WIPO 保护音像表演外交会议筹备委员会会议一致同意于 2012 年 6 月在中国北京举办这次会议，由国家版权局和北京市人民政府共同承办。

此次外交会议是 12 年来 WIPO 在版权领域的首个外交大会，对提高表演者的权利保护，促进文化创意产业发展，推进国际知识产权合作，具有里程碑式的意义。我国承办此次外交会议，有利于推动创新型国家建设，促进我国知识产权和文化创意产业发展，有利于扩大我国在知识产权领域的国际影响，对我国进一步提升国际版权话语权具有重要意义。要尽早全面启动会议筹备工作，加强同 WIPO 和主要国家的沟通协调，并与国内相关部门加紧协调、精心准备，集中力量、狠抓落实，确保会议顺利、成功举行。

（四）完善版权法律法规

1. 加快修订《著作权法》。深入贯彻十七届六中全会精神，充分认识著作权法律制度对推动文化发展繁荣的积极作用，高度重视高新技术发展对著作权法律制度的挑战，加快推进《著作权法》第三次修订工作。按照独立性、平衡性、国际性的原则，立足中国国情，妥善处理好创作者、传播者和社会公众利益的基本平衡，处理好保护著作权与保障传播的关系，充分借鉴国际社会相关立法的成熟经验和做法，积极应对网络数字等高新技术挑战，为进一步改善我国版权保护环境提供坚实的法律保障。

2. 起草、修订有关规章和规范性文件。认真贯彻国发［2011］37 号文件，加快推进打击侵权盗版长效机制建设，认真总结专项行动的成功经验，及时解决存在的突出问题，修订《举报、查处侵权盗版行为奖励暂行办法》，尽快出台《版权执法指导意见》，对修订《著作权行政处罚实施办法》进行调研；抓紧推进《教科书法定许可付酬办法》和《出版文字作品报酬规定》修订工作，尽快颁布实施。

（五）拓展版权宣传教育培训

1. 充分利用各种媒介，采取多种形式，做好版权各项重点工作的宣传。与全国“扫黄打非”工作小组办公室共同开展“4·26 知识产权宣传周”活动，集中办好中国国际版权博览会、“世界知识产权组织版权金奖”评选和展示城市版权保护、创建版权示范城市的主题展览等重要活动，彰显版权创作、运用和保护中的先进典型，使“尊重知识、崇尚创新、诚实守信”的文化成为社会群体的价值观念，在全社会逐步形成有利于推动创新、有利于和谐社会建设、有利于公平竞争、有利于维护经济秩序的良好版权文化氛围。

2. 加强对版权执法人员的执法培训和对社会各界版权知识的培训。通过分类分层培训，切实提高执法人员的水平和能力，提高版权代理人、版权作者和使用者、新闻媒体工作者对版权保护相关知识的了解，提升各级主管领导对版权保护战略意义的认识，整合资源、凝聚合力，为版权工作的快速发展提供支持和保障。

（六）推动版权国际应对与交流合作

1. 继续加强与世界知识产权组织（WIPO）、世界贸易组织（WTO）等多边机构的交流与合作。与 WIPO 共同办好 2012 国际版权论坛，积极推进 WIPO 在华继续设立版权保护优秀案例示范点调研。积极应对 WTO 有关知识产权事务，做好 WTO 第四次贸易政策审议的相关工作。认真做好 APEC 知识产权专家组会、高官会、部长会、领导人峰会的相关工作，加强分析研究，制定工作预案，有效回击美方利用 APEC 来推行其知识产权强保护的图谋。

2. 巩固、推进重要版权双边关系。积极参与中美战略经济对话和中美商贸联委会相关工作，进一步落实“中美版权战略合作备忘录”的实施计划；积极应对中欧经贸高层对话、中欧知识产权对话，以及中欧知识产权工作组等涉及版权的相关事项；积极推进《中英版权战略合作备忘录》相关工作；进一步落实中日、中韩版权战略合作备忘录的相关工作计划，积极推进发展其他版权双边关系。

3. 加强国际版权研究，提高主动应对能力。当前，无论多边、双边，还是区域场合，国际版权形势日趋复杂严峻，应对任务越来越重，应对难度越来越高，这就迫切要求我们健全版权国际应对体系，提高主动应对能力。基于版权管理机关机构人员严重不足的现状，必须整合利用社会资源，设立国际版权研究机构，全面跟踪国际版权发展变化，深入开展国际版权战略研究，及时提出有效的应对之策，尽快实现从被动应付到主动应对的转变。

（七）大力加强队伍建设和党风廉政建设，为版权工作提供有力保障

当前版权工作任务越来越重，也就更要重视强化版权行政机关的队伍建设。在文化市场综合行政执法的情况下，要配合有关部门进一步健全文化市场综合行政执法机构，特别是要进一步落实文化市

场综合行政执法机构的版权行政执法责任，强化基层版权执法队伍和执法能力建设，构建精干高效的版权行政执法体系。在努力解决机构和人员编制不足问题的同时，还要调整充实人员，进一步改进工作方法、提高工作能力、挖掘工作潜力，确保实现版权工作的各项任务、目标。要积极推动建立版权人才库、专家库，设立版权专家咨询委员会，围绕版权监管、服务贸易、市场运用和涉外版权等领域，努力整合、造就一支版权理论基础深厚、实践经验丰富、具有世界眼光的高层次人才队伍，为全面提升版权工作整体水平服务。做好版权工作，要求我们将党风廉政建设贯穿“创先争优”、学习型党组织建设和版权各项工作始终，通过党风党纪教育、行风政风教育，建立完善党风廉政建设的长效机制，保障、促进版权工作水平的不断提升。

2012年版权工作面临的形势更加复杂，任务更加繁重，使命更加光荣。我们一定要坚持以邓小平理论和“三个代表”重要思想为指导，深入贯彻落实科学发展观，推进实施《国家知识产权战略纲要》，坚持用党的十七届六中全会精神指导实践，积极谋划，统筹布局，把握重点，注重实效，努力实现版权工作新跨越，推动文化大发展大繁荣，以优异的成绩迎接党的十八大召开。

## 2012年版权工作要点

2012年是版权工作认真贯彻落实十七届六中全会精神的重要一年。版权工作将坚持以邓小平理论和“三个代表”重要思想为指导，深入贯彻落实科学发展观，推进实施《国家知识产权战略纲要》，坚持用党的十七届六中全会精神、中央经济工作会议精神指导实践，以着力实施《版权工作“十二五”规划》为抓手，突出使用正版软件工作、作品登记、《著作权法》修订、世界知识产权组织保护音像表演外交会议和网络版权执法等重点工作，全面推进版权工作六大体系建设，更好地推动文化大发展大繁荣，以优异的成绩迎接党的十八大召开。

**一、加大版权保护力度，依法惩处侵权行为**

1. 加强文化领域的版权专项执法。结合六中全会《决定》的贯彻实施，会同有关部门，研究并集中开展特定文化领域的版权专项执法。

2. 推进政府部门和企业使用正版软件工作。继续推进政府机关使用正版软件工作，确保省级政府机关、地市级政府机关分别于2012年6月底前、2012年12月底前完成软件正版化检查整改工作；突出行业重点，重视行业协会，将企业使用正版软件工作向纵深推进。

3. 会同有关部门继续开展打击侵犯知识产权和制售假冒伪劣商品专项治理工作。根据全国打击侵犯知识产权和制售假冒伪劣商品工作领导小组的部署，分阶段、有重点地推进印刷源头治理、出版物市场监管、打击网络侵权盗版、查处大要案等重点工作，巩固专项行动工作成果。

4. 继续联合公安部、工信部开展第八次“打击网络侵权盗版专项治理行动”，针对网络文学、音乐、视频、游戏、动漫、软件等侵权盗版积极开展专项治理。

5. 继续做好对视频网站的主动监管工作，健全监管规范，拓宽监管范围，启动对文学作品网络传播和手机媒体的版权监管，进一步规范网络版权秩序。

6. 运用技术手段，提高版权管理工作水平。协调落实国家版权监管平台（二期）的相关工作，大力推进工程建设。整合利用现有网络版权监管资源，提升版权监管能力。

**二、加强版权公共服务与管理**

7. 大力做好作品登记工作。在规范登记的基础上，进一步理顺关系，抓住重点城市和重点领域，力争在登记数量和质量上有新的突破。开展作品登记分类研究，推动作品传播使用。开展作品登记城市排名，为文化产业发展提供数据资源。

8. 加强与北京市的版权合作，充分发挥首都的全国文化中心示范作用，研究采取具体有效的办法措施，着力打造“版权之都”，带动全国版权工作。

9. 推进版权示范工作。修订、完善《全国版权示范城市、示范单位、示范园区（基地）管理办法》，制定示范点的量化考核指标，使示范点确实在全国版权工作和当地经济、文化发展中起到示范带动效应。

10. 推动、规范版权交易。开展全国版权交易调研，交流版权交易经验，依法规范版权交易行为，推动版权交易有序开展，促进版权产业发展。

11. 加强对著作权集体管理组织和在华权利认证机构的监督指导，充分发挥行业协会和版权中介机构的作用。

12. 做好版权相关产业对国民经济贡献（2010年度）调研工作，及时了解版权相关产业的发展动态，完善现行版权统计制度。

**三、完善版权法律法规政策**

13. 做好第三次《著作权法》修订工作，进一步完善我国版权法律制度。

14. 起草、修订有关规章和规范性文件。修订《举报、查处侵权盗版行为奖励暂行办法》，出台《版权执法指导意见》，颁布实施《教科书法定许可付酬办法》，抓紧修订《出版文字作品报酬规定》。

**四、扩大版权宣传教育培训**

15. 充分利用各种媒介，采取多种形式，做好版权各项重点工作的宣传。开展“4·26 知识产权宣传周”活动。举办展示城市版权保护和创建版权示范城市的主题展览。办好《版权工作信息》、《版权专报》等专刊。

16. 加强对版权执法人员的执法培训和对社会各界版权知识的培训。提高执法人员的水平和能力，提高版权代理人、版权作者和使用者、新闻媒体工作者对版权保护相关知识的了解，提升各级主管领导对版权保护战略意义的认识。

**五、推动版权国际应对与交流合作**

17. 积极协调世界知识产权组织和北京市政府等有关部门，努力办好世界知识产权组织保护音像表演外交会议。

18. 继续加强与世界知识产权组织的交流与合作，办好第四届北京国际版权博览会和“2012 国际版权论坛”，积极推进在华继续设立版权保护优秀案例示范点调研。

19. 积极应对世界贸易组织有关事务，做好世界贸易组织第四次贸易政策审议的相关工作。认真做好亚太经合组织的相关工作，有力回击美方利用亚太经合组织来推行其知识产权强保护的图谋。

20. 认真处理重要版权双边关系，做好涉及中美、中欧、中英、中日、中韩等双边版权事务，进一步发展其他版权双边关系。

21. 整合利用社会资源，推动国际版权研究机构建设，全面跟踪国际版权发展变化，提高版权国际应对能力。

**六、加强机构、人才、队伍建设和党风廉政建设**

22. 配合有关部门进一步健全文化市场综合行政执法机构，明确版权行政执法职能，强化基层版权执法队伍和执法能力建设。

23. 强化自身机构、队伍建设，调整充实人员，挖掘工作潜力。

24. 研究建立版权人才库、专家库，设立版权专家咨询委员会制度。

25. 强化党风廉政建设，将党风廉政建设贯穿版权各项工作始终，通过党风党纪教育、行风政风教育，保障、促进版权工作顺利开展。

# 关于同意授予北京中文在线数字出版股份有限公司等全国版权示范单位、园区（基地）称号的批复

国版发［2012］2 号

北京、上海、浙江、江西、山东省（市）版权局：

为贯彻落实《国家知识产权战略纲要》，充分发挥版权先进典型的示范引导作用，不断提升版权创造、运用、保护和管理的整体水平，2009 年 12 月，国家版权局颁布《全国版权示范城市、示范单位和示范园区（基地）管理办法》（简称《办法》）。《办法》颁布以来，各地版权行政管理部门积极响应，大力扶持、培育、打造并推荐上报了一批具有鲜明特色的版权示范单位、示范园区（基地）。

根据《办法》规定，我局经对推荐的部分全国版权示范单位、园区（基地）考核验收，认为以下单位、园区（基地）符合规定条件，同意授予北京中文在线数字出版股份有限公司、上海版权服务中心/上海版权纠纷调解中心全国版权示范单位称号；授予（浙江省）中国轻纺城、景德镇国际陶瓷艺术创意中心、章丘市龙山黑陶研制中心全国版权示范园区（基地）称号。

希望你们以科学发展观为指导，认真贯彻落实《国家知识产权战略纲要》和《版权工作“十二五”规划》，加强对当地全国版权示范单位、园区（基地）的监督管理，充分发挥版权示范单位、园区（基地）的示范和引导作用，推动智力成果的创新与运用，促进区域经济、文化、科技和社会事业的全面发展。

国家版权局

二〇一二年四月十三日

# 关于同意确认杭州市为全国版权示范城市的批复

国版发［2012］3号

浙江省版权局：

你局《关于确认杭州市为全国版权示范城市的请示》（浙权［2012］2号）收悉。根据国家版权局《全国版权示范城市、示范单位和示范园区（基地）管理办法》第十五条规定，同意确认杭州市为全国版权示范城市。

国家版权局

二○一二年五月四日

# 关于同意建立“华中国家版权交易中心”的批复

国版发［2012］4号

湖北省人民政府：

你省《关于申请建立华中国家版权交易中心的函》（鄂政［2012］64号）收悉。

经研究，同意你省建立“华中国家版权交易中心”。希望该中心充分利用建设中部崛起重要战略支点的战略优势，依托丰富的文化智力资源，积极探索，努力实践，完善机制，规范运作，为推进优秀文化产品的广泛传播，推动文化创意产业的发展积累成功经验，为权利人和使用者提供合法、高效、便捷的服务，为推动社会主义文化大发展、大繁荣做出积极贡献。

国家版权局

二○一二年五月二十日

# 关于同意建立“台儿庄国家版权贸易基地”的批复

国版发［2012］5号

山东省版权局：

你局《关于在台儿庄古城建立国家版权贸易基地的请示》（鲁权字［2012］8号）收悉。

为贯彻党的十七届六中全会精神，加速推进齐鲁地区文化产业的发展，充分利用古城传统和现代文化参与产业资源，发挥文化产业资源的集聚效应，枣庄市市委、市政府和相关各部门高度重视台儿庄文化产业发展和版权贸易工作，目标明确、措施得力、狠抓落实，在政策资金配套、搭建交易平台、形成产业集群等方面做了大量卓有成效的工作。

经研究，我局同意建立“台儿庄国家版权贸易基地”。希望你局继续加强对基地版权工作的指导，推动基地充分依托丰富的文化智力资源，积极探索，努力实践，完善机制，规范运作，加快版权资源优势向版权产业优势的转变，实现版权资源共享和版权使用价值最大化，促进智力成果转化为生产力，推进版权相关产业发展，为社会主义文化大发展大繁荣做出积极贡献。

国家版权局

2012年8月6日

# 关于作品登记工作有关情况的通报

国版办字［2012］20号

各省（区、市）版权局，新疆生产建设兵团版权局，解放军总政治部宣传部版权局：

为贯彻落实《版权工作“十二五”规划》，加强版权公共服务体系建设，完善作品登记制度，国家版权局于2011年10月24日发布了《关于进一步规范作品登记程序等有关工作的通知》（简称《通知》）。现将各地贯彻落实《通知》的情况及存在的问题通报如下：

**一、各地作品登记总体情况**

《通知》下发后，各地版权行政管理部门积极响应，认真贯彻落实，努力采取各种措施，宣传著作权登记制度，全面推进作品登记工作。为扩大登记数量，各登记机构开拓思路、增加渠道，为权利人提供高效便捷的服务。截至2012年3月15日，中国版权保护中心收到1—2月登记机构上报作品登记数量共计70 867件（各地上报的具体情况见附件）。

**二、作品登记工作中存在的问题**

从上报作品登记情况看，在执行《通知》中存在以下问题：

（一）个别省市领导不重视作品登记工作。截至目前有的省市尚未开展作品登记工作，有的省市作品登记数量甚少。

（二）《通知》要求，2012年1月1日起各地要启用新的登记表证，但个别省市仍然还在沿用以前的表证，在操作上没有执行《通知》要求，存在地区编号、登记序号、表格、证书不统一的情况。

（三）登记机构没有建立完善的作品登记信息统计及报送制度。部分省市不能按时将本地区作品登记情况以电子版方式在每月的最后一天前报送到中国版权保护中心，给其后报刊、网站统一公告和查询工作带来不便。

**三、进一步做好作品登记工作**

各地版权局领导要高度重视作品登记工作。强化版权公共服务职能，增强版权公共服务队伍建设，规范版权公共服务行为。

（一）各省要支持有条件的省会、中心城市和地级市开展作品登记业务，积极探索为重点地区、行业、企业及团体提供便捷高效的作品登记服务方式，不断加大作品登记覆盖面，扩大作品登记数量。

（二）各省要将作品登记纳入版权工作考核的重点内容，指定专人负责，定期对作品登记机构进行监督指导。必须按《通知》要求使用新地区编号、登记序号、表格、证书，每月的最后一天前将本地区作品登记情况报送到中国版权保护中心。作品登记量及报送情况将作为考核省级及国家级版权示范城市、单位和园区（基地）的重要条件。

（三）国家版权局已批准中国版权保护中心开发建设“全国作品著作权登记数据库及公告查询网站”，请各省（区、市）版权局登录中国版权保护中心网站 http://www.ccopyright.com.cn/cpcc/进入全国作品登记信息数据库管理平台 http://124.193.201.194:8082/，及时报送作品登记信息。各省市用户名为省市名称，如“北京市”用户名为“北京市”，初始密码为“123456”，也可自行修改密码。

（四）国家版权局将按季度将汇总的各地作品登记情况公告于国家版权局网站 http://www.ncac.gov.cn。

附件：1. 全国作品登记情况月度统计表（一月）（略）

2. 全国作品登记情况月度统计表（二月）（略）

国家版权局办公厅

二〇一二年四月一日

# 关于做好版权执法案件信息报送与信息公开工作的通知

新出厅字［2012］152号

各省、自治区、直辖市版权局，北京、上海、天津、重庆市文化市场行政执法总队：

为贯彻落实《国务院关于进一步做好打击侵犯知识产权和制售假冒伪劣商品工作的意见》（国发［2011］37号），加强版权行政执法与刑事司法衔接工作，实现版权领域打击侵权假冒工作常态化，现就版权执法案件信息报送与案件信息公开工作通知如下：

**一、案件信息报送**

（一）报送主体

地方各级版权执法部门将本单位立案查处的案件数量、案件信息向上一级版权执法部门报送，由省（自治区、直辖市）版权局汇总后报送到国家版权局；北京、上海、天津、重庆市各级文化综合执法机构将本单位查处的版权执法案件向上一级版权执法部门报送，由省级文化综合执法总队汇总后报送到国家版权局，并抄送同级版权局。

（二）报送范围

1. 各级版权行政执法机构依据《著作权行政处罚实施办法》的规定立案查办的行政处罚案件。

2. 各级版权行政执法机构依据《行政执法机关移送涉嫌犯罪案件的规定》向公安机关移送并立案的涉嫌侵犯著作权的刑事案件。

（三）报送时间

2011年内结案的案件，应在2012年4月15日之前报送到国家版权局；2011年年底前已立案未结案的案件，应在2012年4月30日之前报送到国家版权局；2012年内新立案的和已结案的案件，一般案件应于每个季度最后一周周五之前按季度报送（第一季度应在4月30日之前报送），重大案件即时报送。

（四）具体要求

1. 案件报送应填写案件报送信息表，见附件1。

2. 已经结案的案件，报送案件时应附结案相关法律文书的复印件（行政处罚决定书、刑事判决书或裁定书）；新立案的案件应附相关立案法律文书的复印件。

3. 报送案件信息，除报送纸质文件外，还应将电子文档发送到指定电子邮箱。

**二、案件信息公开**

（一）公开主体

地方各级版权行政执法部门要及时做到将查办的版权行政执法案件处理结果和已结案的版权刑事案件判决结果通过互联网等媒体进行公开。对新立案的案件，应按照相关规定，将符合刑事追诉标准的案件及时移送到司法机关立案处理。

（二）公开信息范围

案件名称、办案单位、案情概要、处罚结果、判决结果等，见附件2。

（三）具体要求

各级版权行政执法部门应及时将案件信息录入本部门和各地行政执法与刑事司法衔接工作信息共享平台，定期维护更新，确保共享信息的准确。

附件：1. 案件报送信息表（略）

2. 案件公开信息表（略）

新闻出版总署办公厅

二〇一二年三月二十六日

# CNTV 中国网络电视台

2012年伦敦奥运会“5+北京奥运夜”

中国网络电视台（简称CNTV）是中国国家网络电视播出机构，是全球化、多语种、多终端的网络视频公共服务平台，对国际国内重大政治、经济、社会、体育等活动和重大事件进行报道转播，为全球用户提供客户端、新闻台、体育台、综艺台、爱西柚及爱布谷等内容产品。

CNTV在重大体育赛事转播前，与多家互联网站共同发起组建版权保护联盟，落实反盗版行动计划。2012年，CNTV与北京市版权主管部门展开“奥运版权保护战略合作”，通过行政手段强力打击伦敦奥运期间的盗版情况。

近两年来，CNTV共向国家知识产权主管部门提交视频播放技术和互动技术专利申请十三项；获得八项作品及软件著作权（著作权登记号：2011L049958，2012SR009124等）。

随着新媒体的版权建设和国民版权意识的逐年提高，CNTV作为独家享有中央电视台所有电视频道及其全部电视节目信息网络传播权的机构，在加强版权经营的同时努力保护合法权益，领导行业规范化，促进产业的健康有序全面发展。

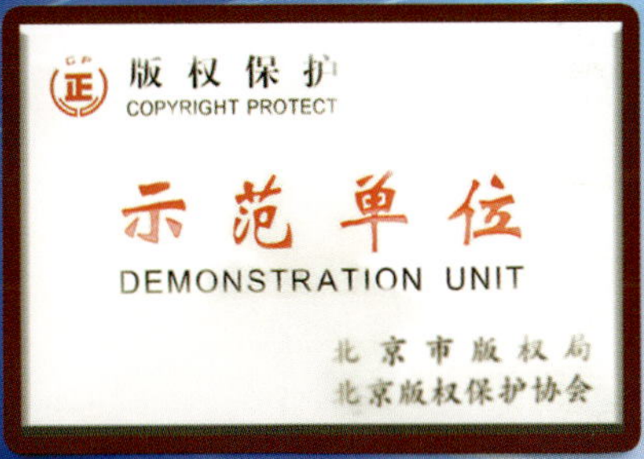

# 百度版权管理中心简介

百度版权管理中心于 2013 年 6 月成立，是公司版权资源归口管理部门，旨在通过对公司版权资源的清理和确权，汇总产品版权信息数据，以此为基础搭建版权信息管理系统；指导公司产品部门规范内容生产与传播，维护公司享有的内容权利；帮助公司整体引入版权资源并进行渠道版权合作。在尊重和保护版权的基础上，推动作品的广泛传播，从而让人们平等、便捷地获取信息，找到所求。

# 百度版权管理中心工作分解

## 版权管理
资源梳理、有序整合
高效利用、规避风险

## 版权保护
版权备案、认证登记
检测预警、维护权利

## 版权引进与分发
需求梳理、洽谈合作
全面引进、择优分发

## 版权开发
渠道拓展、最优利用
资源互换、共力双赢

版权管理

版权开发

版权保护

版权引进与分发

Alibaba Group 阿里巴巴集团

# 阿里巴巴集团协同五部委
# 共建知识产权保护体系

“4·23”新闻发布会

随着内需逐渐成为中国经济未来发展的主要动力，作为国内电子商务生态圈构建者的阿里巴巴集团正积极推进电商领域的知识产权保护体系建设。

2013年4月23日，阿里巴巴集团宣布成立“知识产权保护和打击制售假冒伪劣商品”常设行动小组，该常设机构直接向CEO负责，并协同公安、工商、质监、版权局、知识产权局等国家五部委，用互联网的技术和手段全面开展对于知识产权保护和打击制售假冒伪劣商品行为的管理，共同建设电商知识产权保护体系。

“互联网上每一笔交易都有迹可循，在大数据和技术支撑下，作为渠道的电子商务为解决中国商业诚信问题创造了最佳途径。”阿里集团首席风险官邵晓锋表示。

## 协同五部委 对制假者“零容忍”

阿里巴巴集团这次成立常设行动小组，在信息的上报，违法信息的挖掘，团伙性制售假冒伪劣商品行为的打击，新型互联网违法犯罪行为的研讨等方面与公安、工商、质监、版权局、知识产权局等行政执法部门建立深入协同，对制假、售假者斩草除根，真正做好对知识产权保护和打击制售假冒伪劣商品的管理。

与此同时，阿里巴巴集团2013年加强平台主动管理，包括：加强账期管理，增强对于恶意售假并拒绝提供售后服务的卖家的限制能力；增加保证金缴纳比例在高危类目准入制度中的个性化条款以及售假卖家处罚完结后的限制条款；增加搜索排序算法中对于售假信息的判断，限制售假用户参加平台营销活动以及占用推广资源；主动披露卖家经营指数和售后数据以及抽检信息。

阿里巴巴的规则体系将既体现管理的人性化，又规范情节严重、主观恶意售假突出的行为。阿里巴巴集团2013年采取了一套类似“驾照扣分”制的会员管理体系，对于因为侵犯知识产权而被处罚的会员扣除一定积分，当积分累计达到相应处罚节点时，会员将会受到不同程度的网站权限限制，严重的会被冻结账号。开创了电子商务平台知识产权保护的新举措。

## 用互联网的力量保护知识产权

“相比较于线下，互联网技术的快速发展，为我们提供了进行知识产权保护和打击制售假冒伪劣商品更为有利的条件，”邵晓锋说，“对于平台上的制售假冒伪劣商品的人员定位、销售渠道、历史销售金额确认等问题，阿里巴巴通过互联网技术手段和信息整合，能够快速发现和定位问题，并且采取措施进行针对性的管理和打击。”据统计，2012年，阿里巴巴集团共处理了侵权行为9 448.6万起。

事实上，由于假货的隐蔽性和流传广的特点，线下打假在调查取证等方面一直存在相当大的困难，假

淘宝网与京版十五社反盗版联盟签约仪式

化妆品权利人大会参会人员合影

货也一直是屡治不愈的顽疾。而在电子商务平台上，由于每一笔交易在技术后台都有记录，这意味着每个售假者的信息都是有迹可循的，所以在互联网环境下，平台、企业、消费者和监管机构将可以联动，线下源头和线上渠道并进，共同改善整个中国商业诚信体系。

正是依靠互联网的力量，阿里巴巴已将知识产权保护发展到线下实体，配合执法部门开展线下打击工作。2012年以来，阿里巴巴向警方提供的线索共涉及72个品牌商品，涉案总金额1.7亿元，抓获嫌疑人324人，破获团伙43个。

## 邀权利人共建知识产权保护体系

除了协同五部委在法律层面对制假、售假者实施正面打击外，阿里“知识产权保护和打击制售假冒伪劣商品”常设行动小组还将肩负和品牌权利人、行业协会、第三方合作伙伴等建立更全面联动机制的职责，与权利人建立良性互动，共同制定标准，形成更为广泛的合作联盟。

据介绍，阿里巴巴集团现已上线知识产权保护系统平台，任何权利人通过连接互联网即可登录系统平台，实现线上知识产权侵权投诉的提交和查看，提高了权利人、投诉方的用户体验度，完善了投诉的流程，使权利人能够一网完成从注册到处理反通知的所有活动。该系统不仅改变了知识产权权利人维权需采用发邮件或律师函的传统形式，其功能和作用在全球电子商务知识产权保护领域也居于领先水平。

目前，阿里巴巴已和23 000个权利人在知识产权保护方面建立了互动关系，其中既包括路易威登、阿迪达斯、三星等知名品牌权利人，也包括美国电影协会、国际反假冒联盟、京版十五社反盗版联盟、外资出版商联盟等国内外重要的权利人协会组织。2012年12月14日，阿里巴巴长期不遗余力的打假举措获得了美国贸易代表办公室的高度认可，在特别301报告“恶名市场”名单中被移除。

淘宝网组织浙江省网络购物领域知识产权培训

阿里集团组织的3C数码家电会议参会人员合影

Letv乐视
乐视网微博
乐视网微信
EMPRESSES IN THE PALACE
上次观看
一个鬼子都不留03
1080p
高清专区
3D
3D影院
首页
电影
电视剧
动漫
综艺
赛事直播
体育资讯
网络
平台
Cloud Platform
内容
Video Content
终端
Smart Terminal
应用
Interactive TV Application
Letv乐视网
乐视TV®
Levp乐视影业
wangjiu网酒网

风行FUNSHION
看电影用风行
看电影，
用风行！
每天，1 020万名用户通过风行观赏4 000万部/集影视作品，平均使用时长为4.6小时。
影迷中，高学历的中青年男性居多，25~40岁用户比例达到82.3%，
在整个网络视频领域位居前列。数据来源：艾瑞咨询集团2009年9月
请登录 www.funshion.com 或 风行 搜索
风行在线技术有限公司 | FUNSHION ONLINE TECHNOLOGIES CO.,LTD. | 北京市海淀区知春路6号锦秋国际大厦B座1201 | T 8610-82961228 | F 8610-82961216

# 北京盛世骄阳文化传播有限公司

北京盛世骄阳文化传播有限公司成立于2009年7月31日，是中国领先的集新媒体节目采购、发行和运营为一体的综合性文化传播公司。经过几年的积累，公司拥有海量节目库，涵盖了国内外优秀的影视、娱乐、科教等门类正版视频节目资源，库存节目总量达35 000集(部)，与国内外数百家影视节目制作公司缔结了战略合作关系。目前公司在新媒体版权节目领域占有率已达80%，基本覆盖了国内主流的视频类网站、数字电视等新媒体运营机构。公司引进的节目内容种类丰富，包括同步国产电视剧、同步国产电影、韩剧、港台剧、幼教节目等，其中多为高品质节目，如：新版四大名著系列，知名历史剧《精忠岳飞》、《赵氏孤儿案》等。

在稳固发展的同时，公司积极拓展更多内容渠道资源，新近获得5 000小时特色类综艺娱乐及教育健康节目，包括热门幼教益智、经典流行相声、魔术表演、戏曲、美食等，不断丰富节目类型，增强公司整体版权节目实力。

盛世骄阳公司一直秉承“正版共赢，树立责任；行业共赢，回馈社会”之经营理念，不遗余力地为维护版权、倡导绿色网络版权环境而努力，在业内外赢得了良好口碑。获得“影视节目新媒体突出贡献奖”、“版权保护示范单位”等诸多荣誉，被中关村科技园区管理委员会认定为“中关村高新技术企业”，获得过六项计算机软件著作权。

在国际新媒体行业飞速发展之际，盛世骄阳公司将以新媒体影视版权领军企业为目标，携手合作伙伴，在国家文化发展事业中，充分发挥行业优势，努力创造企业价值并回馈社会。

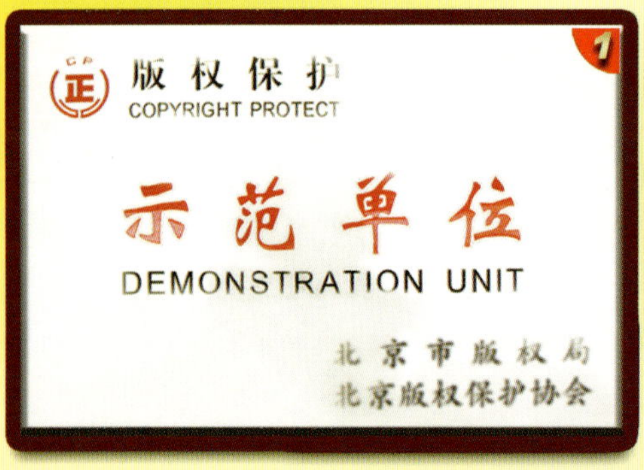

**图片注释：**1.北京市版权保护示范单位； 2.《中国版权》理事单位； 3.文创法律委员会理事单位； 4.2010年数字环境下新媒体版权保护与合作研讨会； 5.2012年第二届文化创意产业法律保护高峰论坛； 6.百城联动—正版共赢计划。

# 中视丰德影视版权代理有限公司

## CHINA FENGDE MOVIE AND TV COPYRIGHT AGENCY

北京中视丰德影视版权代理有限公司成立于2011年3月，是国内率先以电视剧版权运营为主业的专业公司。2012年7月23日经国家工商管理部门批准更名为“中视丰德影视版权代理有限公司”。

版权运营即运用市场元素的创意性配置和产业化挖掘，使文化产品实现产业链价值和市场效益。影视版权运营，就是以版权采购和版权代理的方式获取影视版权作品的运营权益，以市场分销、渠道营销和品牌营销的专业手段，实现版权产品的产业价值和市场收益。

中视丰德影视版权代理有限公司目前已组建了省级卫视版权联盟、省会城市电视台版权联盟，合力打造有市场影响力和超强营利能力的电视媒体，以“渠道营销”和“品牌运营”的产业模式，实现版权运营的跨越式发展。公司已与新疆卫视合作强力推出 “热播剧场”以及电视栏目《剧剧有理》、《剧剧有戏》和《剧剧有你》，同时与山西卫视、陕西卫视、安徽卫视洽谈合作，并达成合作意向。

两年来，中视丰德影视版权代理有限公司成功运作了多部电视剧，包括《永不消逝的电波》、《新安家族》、《一一向前冲》、《五星红旗迎风飘扬》、《野鸭子》、《下海》、《奢香夫人》、《咱家那些事》、《国门英雄》、《阳光路上》、《红军东征》、《我的父亲是板凳》、《摩西密码》、《借问英雄何处》、《川军团血战到底》、《中国远征军》、《夜隼》、《大祠堂》等剧已成功登陆央视和地方卫视。公司共有5部版权作品获得2011年度中国电视剧飞天奖，4部版权作品获得2012年度全国“五个一工程”奖。

中视丰德影视版权代理有限公司将与多方合作，在深圳组建中国影视版权引导基金，建设中国影视版权产业基地，建立中国影视版权数据库和中国影视版权网上交易平台；以版权产业基地模式建设中国影视版权产业北京基地、上海基地和西安基地，完成总部基地模式的输出和品牌化拓展；力推深圳中国影视版权产业总部基地建设，做中国影视版权产业的引领者、缔造者和领导者。

1

2

# 中国外文局
## ——我国图书版权输出的领头雁

中国外文局，又称中国国际出版集团(China International Publishing Group，CIPG)，前身为1949年10月成立的中央人民政府新闻总署国际新闻局，是承担党和国家图书、期刊、网络对外宣传任务的新闻出版机构，在美国、英国、法国、德国、比利时、俄罗斯、埃及、南非、墨西哥、秘鲁、日本、香港等国家和地区设有21个海外分支机构，形成了涵盖翻译、出版、印刷、发行、互联网和多媒体业务、理论研究等领域的事业格局。现有在职员工3 000余名，其中包括外籍雇员百余名。每年以10多种文字出版4 000多种图书、50多种纸质及电子期刊，拥有中国网(www.china.org.cn) 等30多家网站，书刊发行到世界180多个国家和地区，网络受众遍及世界各地，多次在海外组织大型书展和文化交流活动。中国外文局对外传播的信息，全面反映了中国悠久的历史文化，真实展现了中国改革开放取得的新进展、新成就，为增进中外理解和友谊发挥了积极作用。

2006—2012年，本局（所属七个出版社）图书版权输出数量连创新高，一直领先全国同业，每年输出数量均占全国500多家出版单位输出总量的10%以上，2012年输出图书版权609种，同比增长24.5%，稳居全国同业第一。七年来，本局图书输往五大洲50多个国家和地区，其中输往欧美发达国家的数量逐年提高。2012年，输往欧美发达国家的数量占本局输出总数量的60%。2013年有望进一步稳定输出数量，提升输出质量。

3

4

## 图片注释

1 2013年3月，中国外文局局长周明伟（右）会见俄塔社总编辑阿布尔哈金；

2 2013年4月伦敦书展期间，中国外文局常务副局长郭晓勇（左）接受香港凤凰卫视采访；

3 2013年6月，中国外文局副局长兼总编辑黄友义主持本局与美国耶鲁大学合作出版项目《环球汉语》首发典礼；

4 2013年5月，中国外文局副局长陆彩荣（右五）参加韩文《中国》创刊5周年纪念活动；

5 2013年阿布扎比书展期间，中国外文局所属外文出版社与阿拉伯科学出版社签约；

6 2013年伦敦书展期间，中国外文局所属华语教学出版社与黎巴嫩出版商签约。

5

6

外文出版社

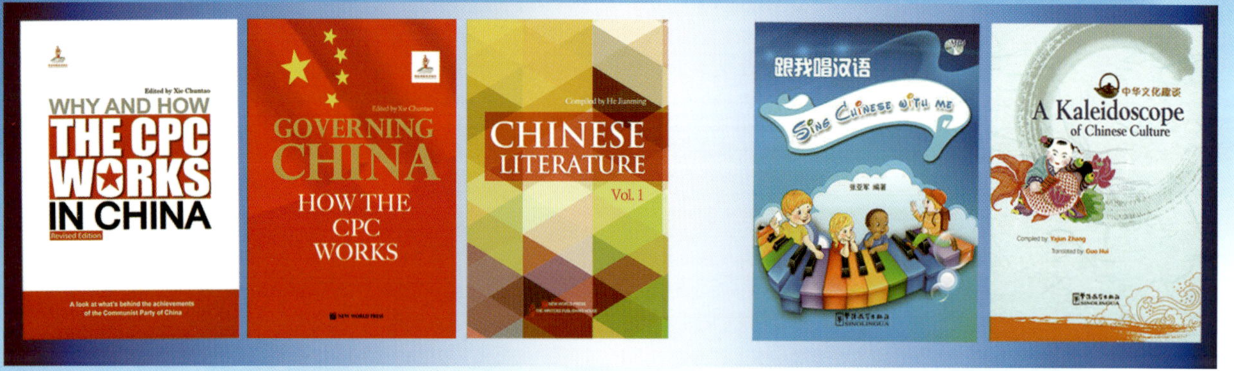


新世界出版社　　华语教学出版社

七年多来，中国外文局版权输出呈现如下特点：

1.输出图书产品题材广泛、门类齐全。题材涵盖中国基本概况、时政经济、文化艺术、中国文学、中国医药、少儿读物、语言工具书、汉语教材、历史地理、生物科学等近20个门类。反映当代中国改革与发展、城市和乡村多彩生活的优秀图书的输出数量明显增长。如外文社《中国道路——从科学发展观解读中国发展》、《20个当代中国重要事件》、《20个当代中国的基本问题》、《唐家璇回忆录》、《中国当代女作家作品选》，新世界出版社《对话：中国模式》、《当代百姓生活实录》、《世界500强企业CEO谈中国攻略》、《足迹》、《一百个中国人的梦》、《新闻背后的故事》、《漫游中国》，海豚出版社《中国读本》、《认识中国》，新星出版社《我和父亲季羡林》、《北京的美丽村庄》，中国画报出版社“走近北京”系列，华语教学出版社《中国进行时》、《认识中国人》。

2.版权输出的语种多，覆盖的国家和地区广泛。2006年至今，本局输出的图书文种包括英文、法文、德文、意大利文、西班牙文、葡萄牙文、阿拉伯文、俄文、日文、韩文、越南文、荷兰文、波兰文、罗马尼亚文、捷克文、匈牙利文、乌克兰文、拉脱维亚文、土耳其文、印地文、

中国画报出版社

海豚出版社

朝华出版社

新星出版社

印尼文、泰文、蒙古文、僧伽罗文、泰米尔文、马来文、希伯来文、希腊文等40余个文种，覆盖全球五大洲50多个国家和地区，为中国文化更全面、广泛地走向世界打下了坚实的基础。

3.经典、精品图书越来越多，已形成国际品牌。本局下属各出版社立足自身专业特色和优势，精心规划，合理定位，在版权贸易中形成了自己的体系和品牌，涌现了一大批社会效益和经济效益俱佳、经得起市场检验和时间考验的优秀外销图书。例如：《红楼梦》、《本草纲目》等经典图书至今被世界公认为最权威译作；出版于20世纪70年代的《中国针灸学》至今仍畅销于国际市场，被称为“海外研究中国针灸的《圣经》”；以数十种语言文字出版的“互动汉语”教学丛书，受到众多国家和读者的欢迎，有的国外发行商一次订购数千套、上百万元；国家重点出版项目《大中华文库》，以及“21世纪中国当代文学书库”、“四大名著”、“中国民间遗产”、“大中国上下五千年”、“中国古代哲学思想全集”、“中国城记”系列丛书等一大批外文图书在国际市场产生了重要影响。外文出版社出版的《你了解中国共产党吗？》出版后即输出阿、英、法、西、德、日、俄、韩、繁体中文等九个文版版权。新世界出版社出版的《历史的轨迹：中国共产党为什么能？》、《中国共产党如何治理国家？》出版后均引起国内外很大反响，截至2013年7月，英、法、日、西、阿、葡、意、德、繁体中文等十多个文版版权成功输出。

# 中国教育出版传媒集团有限公司

2012年北京国际图书博览会中国教育出版传媒集团展区

中国教育出版传媒集团有限公司成立于2010年12月18日，控股企业包括中国教育出版传媒股份有限公司、人民教育出版社、高等教育出版社、语文出版社、中国教学仪器设备有限公司、中国教育图书进出口有限公司等单位。

集团公司成立两年多来，积极响应国家“走出去”战略，努力对外推荐、输出本土优秀图书作品。2012年，集团公司在输出品种、产品形态、合作伙伴开拓等方面均有新的突破，全年共向美国、英国、加拿大、德国、马来西亚、土耳其、新加坡、印度尼西亚、荷兰、波兰、韩国等国家输出版权274项。股份公司还获得商务部“2011—2012年度国家文化出口重点企业”称号。

2012年，人民教育出版社版权输出107项。在传统文化类选题领域，人教社另辟蹊径，抓住珠心算这一方兴未艾的国际市场机遇，大力推进《徐思众珠心算》一书的海外合作出版事宜，先后与马来亚大学签署了系列课本及练习册中、英、马来语及中、英、印尼语三语对照版合作出版协议，并与土耳其捷拉丁公司签署了《徐思众珠心算》汉英对照版的合作出版协议，首印量预计将超过20万套。

同年，高等教育出版社共输出版权167项。在维护与既有合作伙伴关系的同时，高教社努力寻求新的合作伙伴，开拓新的合作项目，在电子书和数字化课程等方面锐意进取，探索出新的合作之路。包括与印度Scientific International Pvt. Ltd.进行英文版生命科学和医学图书的版权合作，与美国EBSCO进行中英文电子书的国际销售合作，以及与美国CCC进行图文并茂图书的引用授权合作等。借助国际知名数字运营商的平台，开辟电子书的国际市场。

目前，集团公司正在进一步深化文化体制改革，推动股改上市工作，努力成为中国出版业有主导力的龙头企业、有竞争力的现代企业、有影响力的跨国企业。

2012年4月17日，人民教育出版社与国家汉办就人教版《跟我学汉语》、《快乐汉语》版权输往印度尼西亚PT. WAHANA KARUNIA SEJAHTERA集团，在伦敦书展举行签约仪式

2012年8月29日，高等教育出版社《中国文学概论》（韩文版）首发式在第19届北京国际图书博览会举行

湖南出版投资控股集团自组建以来，秉承中央文化体制改革精神，主动改革改制，奋力创新创业，取得了跨越式的发展业绩，主营业务保持年均近20%的增长率，资产和销售双过100亿元。特别是承接传媒主业的中南出版传媒集团股份有限公司在上交所挂牌上市后，成为市值过200亿元的中国出版传媒龙头股。

近年来，集团获“五个一工程”奖、中国出版政府奖、中华优秀出版物奖、中国新闻奖等奖项40余项，30余种图书登上畅销书排行榜，版权输出500余项，5家单位荣获“全国百佳图书出版单位”。连续两年被评为全国文化体制改革先进企业、连续三次获评全国文化出口重点单位、连续三次入围“全国文化企业30强”前三，创造的改革发展经验多次在全国会上被典型推荐。2010年中南传媒荣获中国版权产业最具影响力企业奖。

面向未来，集团以传承文明、创造价值、产业报国为己任，以文化和资本同步增值为目标，重点发展传统出版、新传媒业务、文化地产和金融投资四大板块，把集团打造成为世界知名的华文全媒介内容运营商、信息服务和传播解决方案提供商、重要的文化产业战略投资者。

地址：长沙市营盘东路38号　邮编：410005　电话：0731-84302515　传真：0731-84302518

CHINA SOUTH PUBLISHING & MEDIA GROUP 中南出版传媒集团

**湖南出版投资控股集团有限公司**

**中南出版传媒集团股份有限公司**

本书为国家社科基金特别委托项目中国民间文化遗产抢救工程系列成果之一

青岛出版集团
QINGDAO PUBLISHING GROUP

## 东方大地上的人文奇花
## 历时十载终得涌泉见金

近千年来，人类地球东部的山川大地上，一直绽放着一种美丽又绚烂的人文和艺术之花，它就是中华民族伟大的民间创造——年画，其影响曾衍至东亚和南亚一些国家，并早在一个世纪之前就成为欧美及日本人文学者关注与研究的对象。自2002年起，我国将年画视为珍贵的文化遗产进行了地毯式的田野调查，以及科学整理和系统保护，从而使我们得以全面审视中国木版年画的历史与现状，并深刻地认识到它在中华文化中重要的位置及所拥有的非凡的价值。

《中国木版年画代表作》乃是将其中近万张画作，摘精选萃，精印成集。为使读者赏读有序，分作南北两卷，由此可看出两地风物人情之迥异；每卷又以产地自成篇章，从中以获知各产地个性审美之独特。

此次成集，不但由田野普查获得珍品甚多，还邀请俄罗斯院士李福清先生和日本中国文化学者三山陵女士，分别从两国各大博物馆的中国年画藏品中甄选精华。其中日本各博物馆关于清代早期姑苏版年画的收藏，俄罗斯各博物馆关于清末民初中国各地年画的收藏，绝大部分在国内已无从得见，属于珍稀孤本，因此亦为本集选入之重点。

这部画集，作为21世纪中国木版年画遗产抢救的画作精华，其本身也深具遗产的意义。

定价：3980.00元（精装全二卷）
8800.00元（木函精装全二卷）
书号：978-7-5436-9632-7

中国木版年画代表作

冯骥才 主编

地址：青岛市海尔路182号 邮编：266061 电话：0532-68068608 传真：0532-85814750 网址：www.qdpub.com

# 中国建筑工业出版社
CHINA ARCHITECTURE & BUILDING PRESS

## 我社4种图书被评为第十二届“输出版引进版优秀图书”

### 输出版优秀图书

《图说世界建筑史》（日文版）

《中国古建筑之美》（英文版、共5册）

### 引进版科技类优秀图书

《住房政策法规文库》（共10册）

《可持续太阳能住宅》（上、下册）

中国建筑工业出版社创建于1954年，至今已走过半个多世纪的历程，作为专业科技出版社，59年来一直致力于建筑学、城乡规划、园林景观、村镇建设、建筑工程、建筑设备、市政与环境工程、工程管理、房地产、工业设计、艺术、旅游等方面学术著作、应用图书、工具书、画册、教材、标准规范以及电子音像的出版，为祖国、为社会、为读者奉献了2万多种优秀出版物，为弘扬中华民族优秀的建筑文化与艺术、传播建筑理论与科学技术、引进先进的建筑科技成果，进行了不懈的探索和追求，打造了一块在读者心中闪光的出版品牌。

地址：北京市百万庄三里河路9号　邮政编码：100037　营销中心电话：010-58337346
客服/邮购电话：010-62238334　传真：010-58337345　网址：www.cabp.com.cn

# 商務印書館
创于1897 The Commercial Press

**《精选西汉汉西词典》荣获2011年度“输出版优秀图书奖”。**
**《人权的发明：一部历史》、《牛津初阶英汉双解词典》（第3版）荣获2011年度“引进版优秀图书奖”。**

2012年商务印书馆引进版权200余项，品种涉及外语工具书、社科学术著作、经管类图书等，与英、美、德、日等十余个国家的一流出版机构，如牛津大学出版社、培生教育出版集团、德国德古意特出版社、荷兰威科集团、哈佛商学院出版公司、日本小学馆等国际知名的出版机构保持着密切的合作关系，引进的高质量的图书产品受到了广大读者的欢迎。

在输出方面，商务印书馆积极向德国、英国、荷兰、新加坡、马来西亚、韩国、日本以及港、澳、台等地推出商务印书馆拥有自主知识产权的作品尤其是汉语教学辞书、教学读物以及优秀的学术著作，如《汉语图解词典》、《汉语图解小词典》、《新汉语水平考试真题集》、《阳光汉语》、《微观西藏》等。2012年，商务印书馆输出版权34项，许多输出产品在海外市场颇受好评。

2012年，商务印书馆参加了北京国际图书博览会、伦敦书展、法兰克福书展等各种版权贸易和交流活动，这些活动推动了版权引进与输出工作，扩大了商务印书馆的品牌影响力。

2012年，经国家相关部门共同审定，商务印书馆被评为“2011—2012年度国家文化出口重点企业”。作为文化出口重点企业，商务印书馆将在市场开拓、技术创新、海关通关等方面得到国家的有力支持。

## 图片注释

1.商务印书馆在第19届北京国际图书博览会上举行《牛津高阶英语词典》（第8版）发布会

2.商务印书馆与德古意特出版社在第19届北京国际图书博览会上签订战略合作协议

3.2012年商务印书馆与牛津大学出版社进行业务洽谈

4.2012年商务印书馆与荷兰威科集团进行业务洽谈

# 陕西师范大学出版总社有限公司

SHAANXI NORMAL UNIVERSITY GENERAL PUBLISHING HOUSE CO.,LTD.

陕西师范大学出版总社由陕西师范大学主办，是集图书、期刊、电子音像、数字出版于一体的综合出版传媒企业。在人文学术、大众文化、基础教育、高等教育等出版领域形成了鲜明特色，具有良好的市场影响。

建社近30年来，已出版图书6 000余种，300余种学术著作和教材获得国家或省部级大奖。《神话学文库》等多个项目入选国家“十二五”重点出版规划，《中国民间泥彩塑集成》等项目获得国家出版基金资助，电子书包、校园触摸机等数字出版项目获得国家文化产业专项资金资助。有着40年办刊历史的“中学教学参考”系列期刊群，集一线学科专家团队和高端平台资源于一身，八种学科期刊中有六种是全国中文核心期刊。

出版总社重视版权贸易，积极实施“走出去”战略，加强对外合作，加快“走出去”步伐，以国际化视野、专业化开发、系统化运行、同步化操作积极开展版权贸易，近年来，引进版权150余种，输出版权130余种。

在中国出版业大变革的背景下，陕西师大出版总社按照“发展优势特色、加快数字化转型、实施多元化发展”的思路，正沿着创新、创优、创业的道路，朝着做强、做大、做长的目标，锐意进取，不懈努力。

## 输出成果展示

## 引进成果展示

中国石化出版社
CHINA PETROCHEMICAL PRESS
中国石化出版社成立于1984年，是世界500强企业中国石油化工集团公司直属的中央级科技出版社。2010年12月，中国石化出版社转制为中国石化出版社有限公司。
中国石化出版社主要出版石油炼制、石油化工、精细化工、油气田勘探开发、石油化工产品、化工机械与设备、安全生产、环境保护、企业经营管理等领域的科技图书、高等院校教材、职工培训读物和行业标准规范等。
中国石化出版社
地址：北京市东城区安定门外大街58号
邮编：100011
电话：010-84271850
传真：010-84289982
网址：www.sinopec-press.com
邮箱：press@sinopec.com

# 中国致公出版社

## China Zhigong Press

中国致公出版社成立于1993年，是由中国致公党中央委员会主管、主办的中央级出版社。20年来，中国致公出版社坚持为读者大众服务、为爱国统一战线服务、为致公党员服务的原则，在宣传中国共产党领导的多党合作和政治协商制度、弘扬中华传统文化、密切海内外同胞关系方面发挥了独特作用。目前，在致公党中央和知音集团的双重领导下，中国致公出版社不断创新思维、规范管理、遵循市场规律，推进改革、促进出版社整体发展，坚持正确的出版方向，着力打造动漫、教育和社科图书三大板块，形成自主开发为主、联合开发为辅的经营模式，不断提升致公出版社的地位和竞争实力，努力开创社会效益、经济效益双丰收的局面。

致公党员读本

社科读物

社长：黄理彪　　总编辑：陈琦

副社长：周云　　社长助理：裴路

青少读物

英语读物

地址：北京市朝阳区八里庄西里100号，住邦2000商务中心1号楼B座15层　　邮编:100025

社长总编办公室：010-82259658　　编辑中心：010-62082811

发行部：010-66122636　66121708

1953~2013
人民邮电出版社成立60周年

品读·品质

# 进取 六十载品质追求 感恩 出版路有您同行

人民邮电出版社是成立于1953年10月1日的大型专业出版社。60年来，人民邮电出版社坚持“立足信息产业、面向现代社会、传播科学知识、服务科教兴国，为走中国特色新型工业化道路服务”的出版宗旨，锐意改革探索，不断发展壮大，已成为集图书、期刊、音像电子出版物和网络出版于一体的，在国内外具有专业特色和品牌影响的综合性科技出版大社。

目前，人民邮电出版社年出版通信、计算机、电子技术、教材、少儿、经管、摄影、集邮、旅游、心理学、生活等图书约6 000种，其中，通信、电子类图书以其权威性和先进性在国内同行业中保持领先地位，计算机、摄影、旅游等门类的图书零售市场占有率位居前列，少儿图书已在国内少儿读物中形成质优物美的品牌特色。出版《通信世界》、《电信技术》、《新风范》、《互联网天地》、《无线电》、《集邮》、《摩托车》、《高保真音响》、《现代通信》、《米老鼠》、《童趣》、《尚漫》、《通信学报》、《电信科学》、《漫趣》、《喜羊羊与灰太狼》等16种期刊；年出版音像电子出版物1 000余种，网络出版物1 000余种。

人民邮电出版社在国内外出版业中享有盛誉，曾被政府主管部门授予“中国出版政府奖先进出版单位”、“全国百佳图书出版单位”、“全国优秀出版社”、“全国新闻出版行业文明单位”、全国“讲信誉、重服务”出版单位、“全国图书对外版权贸易先进单位”、“诚信经营 优质服务”出版单位等一系列荣誉称号。历年来，有300余种图书、期刊和音像电子出版物获得省部级以上奖项，高水平、高质量的各类出版物受到广大读者的热爱。

经过长期的积累，人民邮电出版社拥有了一支素质高、能力强、善于创新的员工队伍，拥有了遍及全国四通八达的发行渠道，也拥有了遍及国内外的众多合作伙伴。

近十多年来，人民邮电出版社累计引进优秀外版图书3 500余种，内容涉及计算机、通信电子、经济管理、心理学、英语学习和少儿等多个领域，输出图书300余种。

目前，人民邮电出版社本着“以出版为核心，以专业和专业教育为主要出版领域，以数字出版为未来发展方向，成为专业特色明显的，集图书、期刊、数字出版等多媒体、多元化出版业务为一体的，国内著名、国际知名的出版集团”的发展战略，正朝着经营多元化、出版立体化、管理现代化、专业特色鲜明的现代传媒集团阔步前进！

**60年耕耘积累，60年收获芳华。**

# 北京大学出版社
PEKING UNIVERSITY PRESS

北京大学出版社是一家综合性大学出版社，其前身是1902年设立的京师大学堂译书局编书处。北大出版社坚持“教材优先、学术为本、争创一流”的出版理念和“立足北大、面向全国、走向世界”的发展思路，强调学术创新和文化积累，致力于出版高水平的高等教育教材和学术著作。北大出版社现年出版新书1 800多种，再版图书4 000多种，出版范围涵盖人文、社科、理工、经管、法律、语言等学科领域。

北京大学出版社把发展版权贸易作为走向世界、融入国际社会、参与国际竞争的重要途径。近20年来，北京大学出版社已同美国、英国、德国、法国、加拿大、俄罗斯、西班牙、意大利、日本、韩国、菲律宾、新加坡、泰国、马来西亚等十几个国家以及中国台湾、香港、澳门地区100多家出版社建立了业务往来，共向海外输出版权1 000多种，引进各种版权超过2 000种。北京大学出版社在版权贸易工作中坚持“输出与引进并举”的工作思路，致力于版权引进和版权输出两方面的平衡发展，并积极探索国际出版合作的新思路。

《中国儒学史》

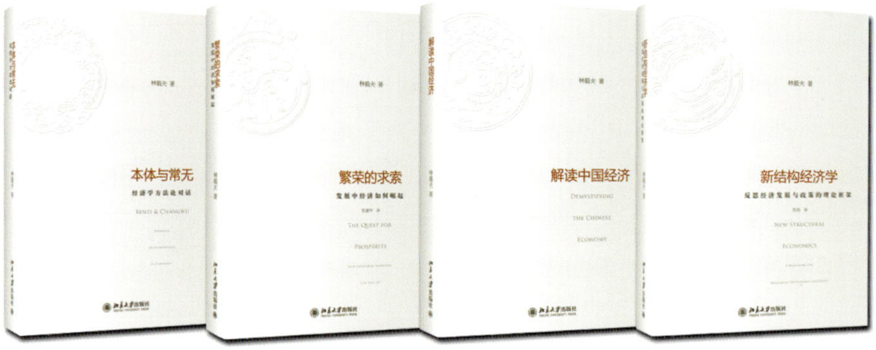


林毅夫作品集

地址：北京市海淀区成府路205号　电话：+86-10-62752036　传真：+86-10-62765015
网址：www.pup.cn　E-mail：rights@pup.cn

教育科学出版社版权输出精品推介

# 让世界了解中·国·教·育

《嵌入村庄的学校——仁村教育的历史人类学探究》司洪昌 著，49.00元

以历史人类学的方法“解剖麻雀”以小见大，呈现华北村落学校教育百年变迁，为乡村教育的宏观历史变迁描绘一个微观的历史图景。

《历史的背影——一代女知识分子的教育记忆》姜丽静 著，62.00元

寻觅一代女性知识分子成长的特殊履迹及其心路历程，透视和探悉社会、学术和教育等诸多因素与女性知识分子产生之间丰富复杂的纠葛关系。

《这样教书不累人》严育洪 著，27.00元

一位教师多年的教书心得，帮助一线教育工作者远离倍感疲累的教学生活，从中找到可以受益整个职业生涯的教育建议。

《今天怎样做班主任——点评100个典型案例》王晓春 著，29.80元

今天怎样做班主任？这个问题是从“今天”两个字引发的，通过100个典型案例，它解决了如今学生和家长普遍关注的问题。

《当代学校心理健康指导》张玲 著，39.00元

专业性与理论性支撑可读性，增加了当代学校关注的新问题，案例分析深入浅出，能够为当前学校心理健康的指导提供实用可行的对策。

教育科学出版社
ESPH Educational Science Publishing House
地　址：北京市朝阳区安慧北里安园甲9号　邮　编：100101
电　话：(86)-(010)-64989003　64989009　传　真：(86)-(010)-64891796
网　址：http://www.esph.com.cn

# 中国人民大学出版社

CHINA RENMIN UNIVERSITY PRESS

中国人民大学出版社成立于1955年，是中华人民共和国成立后的第一家大学出版社。1982年被教育部确定为全国高等学校文科教材出版中心，2007年获首届中国出版政府奖先进出版单位奖，2009年获首届全国百佳图书出版单位荣誉称号，是中国最重要的高校教材和学术著作出版基地之一。

人大出版社依托中国人民大学的综合优势，始终高扬人文社会科学的旗帜，秉承“出教材学术精品，育人文社科英才”的出版理念，实施精品战略，以优秀的出版物传播先进文化，目前年出书3 000余种，发行码洋8亿多元。建社50多年来，人大出版社已累计出书万余种，出版了一大批具有文化传播、文化累积价值的优秀教材和学术著作。

新世纪以来，人大出版社继续实施新的发展战略，以体制改革为契机，把出版工作同我国教育事业、文化事业的发展，同我国经济、社会的发展紧密结合，不断创新机制，着力培养核心竞争力，形成了鲜明的出版特色，成为图书、音像、电子、网络和数字出版物等多种媒体兼营的大型综合性出版社。

## 李瑞环同志重要著作

## 看法与说法

卓越的领导智慧·丰富的理政经验

深刻的人生感悟·全面的思想展现

“凡事都要有一个看法。

看法是头脑改造过的认识、观点、主张。看法的形成有一个过程，即由浅入深、由片面到更多方面。

不断地追求反映事物本质的看法，对于训练思维能力、提高理论水平、搞好工作有着极其重要的意义。

说法是看法的表达，在坚持准确性的前提下，力求通俗、简洁、鲜明、生动和富有个性。”

《看法与说法》是李瑞环同志的又一重要著作，全书共分为四册，以摘要的形式集录了作者对经济、政治、文化、社会、生活等各方面问题的观点和主张。本书全面地反映了李瑞环同志多年从事领导工作的思想观点、工作方法和经验智慧，具有很高的理论价值和很强的可读性，不论对于领导干部还是普通读者而言，都具有十分重要的学习和指导价值。

地址：北京市海淀区中关村大街31号 / 邮编：100080 / 电话：010-62515195 62511173（销售部）010-62514148（门市部）

# 胡华文集

- 国家出版基金重点资助项目
- 袁宝华任编委会名誉主任
- 纪宝成、戴逸、高放任编委会主任
- 一部文集，彰显大家风范，还原历史岁月

《胡华文集》共六卷，收录了胡华生前撰述的学术著作、论文、讲稿、书信、笔记、访问记录等作品，其中包括问世于新中国诞生之际、被译成多种文字、发行数百万册的传世之作《中国新民主主义革命史》等著作。这些作品是其从事党史研究和教学近半个世纪经验的凝结，也是中共党史学的宝贵精神财富，较为全面地反映了胡华的治学精神、学术思想和理论贡献，为人们学习和了解中国共产党的光辉历史提供了丰富的素材和资料。

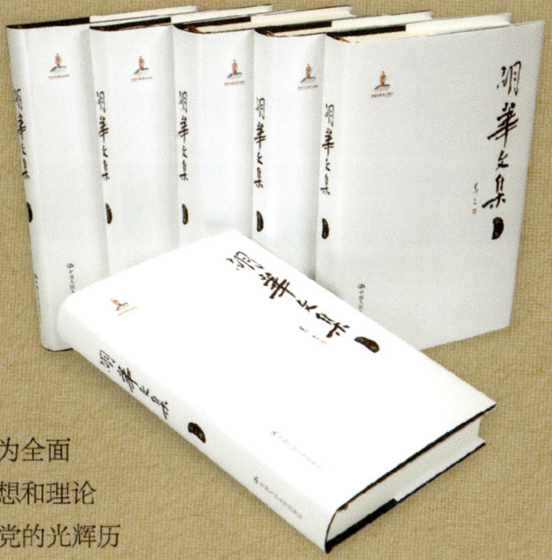

# 国外毛泽东研究译丛（典藏本）

阅读毛泽东·感悟大历史

探寻中国道路·达致天下大同

在众多国外毛泽东研究的学术著作中，我们精选翻译了部分佳作，编成“国外毛泽东研究译丛（典藏本）”，以纪念毛泽东这位旷世伟人，并进一步推动毛泽东及其思想研究的深入扩展。本套丛书严格尊奉学术理据和研究逻辑，精选经过历史检验，具有较强理论价值和持久影响，持论较为公允客观，论说严谨缜密的名著。

**已出版：**

毛泽东传

毛泽东的思想

中国的共产主义与毛泽东的崛起

历史与意志：毛泽东思想的哲学透视

毛泽东的政治哲学

马克思主义、毛泽东主义与乌托邦主义

毛泽东政治思想的基础（1917—1935）

从革命到政治：长征与毛泽东的崛起

毛泽东的诗词、人生和思想

毛主义的崛起：毛泽东、陈伯达及其对中国理论的探索（1935—1945）

## 毛泽东传

作者：［美］罗斯·特里尔

本书是西方数百种《毛泽东传》中的经典之作，以八种文字在不同国家出版。作者采取了常见的以叙述为主的传记笔法，但在史料甄别、背景分析和观点评价等方面，都经过深思熟虑和精雕细琢。本书不仅体现出作者对于历史事件高度的敏感性，而且也渗透着政治学视角的理论穿透力，对于人物的情景分析更是出神入化，引导读者体味“故事”背后的时代困惑。

学术沃土 思想摇篮

# 全国百佳图书出版单位
# 中国出版政府奖先进出版单位

## 20周年

20年前，星球地图出版社伴随着改革开放的春风，加入了国家和军队出版队伍的行列。20年来，星球地图出版社始终坚持正确的出版方向，忠实履行“传播地图文化精髓，引领地理信息应用，服务官兵百姓生活”的使命，秉承“团结、奉献、求实、创新”八字社风，依托专业优势，艰苦创业、勇于创新，努力打造文化精品，精心培育星球品牌，在改革和发展中取得了可喜的成果。

建社20年，年轻的“星球社”经历了创业的艰辛、成长的历练和成功的喜悦。图书产品从早期的十几种发展到覆盖地图、教材教辅、科技图书、数字出版物、特种地图和军事测绘导航保障等多个业务领域，年出版图书1 300多种，产品规模3 800余种，年发行图书约1亿册（张），发行码洋逾5亿元，先后有30余种图书入选国家重点图书出版项目、“三个一百”原创图书出版工程和重点出版物，百余种图书获得国家和军队奖励，2009年被评为国家一级出版社、全国百佳图书出版单位，2010年荣获第二届中国出版政府奖先进出版单位奖。

星球地图出版社的建设和发展，凝聚着军队各级领导和国家相关部委的亲切关怀与大力支持，凝聚着广大读者和部队官兵的深切厚爱与真诚信赖，在此向你们表示衷心的感谢。站在新的起点，“星球人”将不辱使命，牢记文化担当，为广大官兵和百姓奉献更多健康向上的精神食粮。

地址：北京市北三环中路69号　邮编：100088　电话：010-62035038　传真：010-62055929

# 图遍天下　书香万里

《中国分省系列地图集》被新闻出版总署评为新中国成立60周年百种重点图书，并获第三届中华优秀出版物提名奖、第七届中国人民解放军图书奖、2010年全国优秀地图作品装帧奖金奖。

《国防教育图集》获第四届中华优秀出版物提名奖、第六届总参优秀出版物奖、2012年优秀地图作品装帧奖金奖、首届中国人民解放军出版奖图书奖。

《中国战争史地图集》被新闻出版总署评为“三个一百”原创图书，并获第二届中华优秀出版物奖、第二届中国出版政府奖图书提名奖、2008年优秀地图作品装帧奖金奖。

《中国共产党90年地图集》入选中共中央宣传部、新闻出版总署、北京市委宣传部、总政宣传部新闻出版局“迎接党的十八大主题出版”重点项目，并获国家重点出版基金项目资助。

# 学习出版社

学习出版社成立于1993年11月，20年来，共计出版千余种图书、期刊、音像电子出版物，形成了精品制作、特色鲜明、创新进取、专业专注的出版风格。中国特色社会主义理论学习读本系列、“理论热点面对面”系列、“学习”理论文库、国家哲学社会科学成果文库等一批精品出版物的推出，使学习出版社具有较强的社会影响力和品牌号召力。

学习出版社获得了中国出版政府奖、全国百佳图书出版单位等荣誉。作为率先完成转企改制工作的文化创意企业，学习出版社将继续按照“导向正、高品质、有特色、优而强”的发展方针，以传承中华民族优秀传统文化、传扬党的革命传统和红色文化、传播社会主义先进文化为己任，“专注传播先进文化、致力弘扬主流价值”，为建设中华民族共有精神家园恪尽职守，作出新的贡献。

# 外语教学与研究出版社有限责任公司

外语教学与研究出版社有限责任公司（简称外研社）是一家以外语出版为特色，涵盖各学科出版、汉语出版、科学出版、少儿出版等领域的综合性教育出版集团，也是全国规模领先的大学出版社和外语出版机构，并正在实现从出版向综合教育服务提供的转型。从2008年到2010年，外研社连续三年入选世界品牌实验室（World Brand Lab）发布的《中国500最具价值品牌排行榜》。面对信息化时代新的发展契机，外研社开创传统出版新航道，从教育出版迈向教育服务。转型的过程中，外研社将继续坚持以出版为中心，教育培训和信息技术为两翼，为教育机构以及学习者提供全面的教育解决方案，努力发展成为国际化的、领先的教育服务提供商。

**图片注释**

1.外研社与施普林格启动“中华学术文库”项目；2.由外研社率先发起的公益基金——中国宋庆龄基金会外研文化教育基金于2013年成立，致力于教育普及和文化传播；3.外研社承办“首届北京惠民文化消费季”阅读版块——北京家庭阅读季；4.全国新概念英语技能大赛创办于2004年，2013年参赛人数约100万。

# 阔步迈向现代传媒文化集团

河南日报报业集团于2000年7月28日成立，2003年6月，集团被确定为中央文化体制改革试点单位。2004年，河南日报报业集团有限公司成立，建立起党委领导与法人治理相结合的体制。2007年，集团提出了由“报业集团向传媒集团、文化集团跨越”的奋斗目标，并围绕这一目标制定了“3368”阶段性任务，即着力打造纸质媒体、网络媒体、移动媒体三种媒体，加快构建报纸发行商务网、书报刊发行网、酒店管理服务网三个网络，培育壮大报业、新媒体、图书发行与物流配送、印刷、酒店旅游、房地产六大支柱产业，力争尽快打造出八个年收入超亿元企业。

在这一目标的指引下，河南日报报业集团深化改革，加强管理，创新宣传，拓展经营，舆论引导能力、总体经济实力迈上了新台阶。

把握正确导向，巩固壮大党的舆论阵地。集团现有十报两刊三网站，十报是《河南日报》、《河南日报》（农村版）、《大河报》、《大河文摘报》、《大河健康报》、《河南商报》、《河南法制报》、《今日消费》、《期货日报》和《河南手机报》，两刊是《漫画月刊》和《新闻爱好者》杂志，三网站是大河网、大豫网、河南一百度，形成了较为完整的传媒体系。近几年，河南日报报业集团围绕中心，服务大局，加大新闻创新力度，舆论引导水平得到提高。集团所属媒体围绕中原经济区建设、郑州航空港经济综合实验区推出了以“一论”、“九评”、“十八谈”、“起飞的中原梦”、“奋飞特刊”等为代表的一系列大型报道，在社会上引起强烈反响，为中原崛起、河南振兴营造了良好的舆论氛围。集团积极发展网络媒体、移动媒体等新媒体，大河网影响力不断增强，《河南手机报》用户已达150万，与腾讯合作创办大豫网，与腾讯、新浪合作开办《河南日报》官方微博，与百度合作创办河南一百度网站，构建起报网互动、互补、互融的舆论引导新格局。

河南日报报业集团坚持“报业为本，多元经营”的理念，在巩固报刊广告、发行、印刷等传统业务的同时，依托自身优势，积极发展相关产业，大力培育户外广告、物流配送、书报刊发行、房地产、酒店旅游、教育产业、能源产业、动漫影视等新的经济增长点，改变了报业一业独大的格局，形成了产业发展的多点支撑，经济结构得到优化，总体实力和抗风险能力明显增强。经过多年的发展，河南日报报业集团现投资控股21家子公司，经营领域涉及广告、报纸发行、印刷、新闻物资贸易、酒店旅游、物流配送、书报刊发行、教育、动漫产业、房地产与物业管理等，其中，非报产业收入占集团总收入的比重接近50%。2012年，集团完成经营收入19.53亿元，实现利润2.49亿元，总资产近30亿元。集团新闻宣传与产业发展两翼齐飞，各项事业快速发展，正在向传媒集团、文化集团的发展目标大步迈进。

**图片注释：**

上图：河南日报报业集团与天伦集团签署战略合作协议，共同投资组建车用燃气投资公司，联手打造加气站网络，推动清洁能源产业发展。图为报业集团党委书记、董事长、社长朱夏炎在签约仪式上致辞。

底图：绿树红花掩映中的报业大厦。

版权

# 表彰评奖

BIAO ZHANG PING JIANG

# 2012 世界知识产权组织版权金奖（中国）

［编者按］ 2012 年 6 月 21 日晚，世界知识产权组织版权金奖颁奖盛典在北京人民大会堂举行。版权金奖分设作品奖、推广运用奖、保护奖三个奖项，每两年评选一次。本年度共有 6 件作品和 9 家机构获奖。

## 一、作品奖

1.《于丹〈论语〉心得》

【创作者】于丹

【获奖理由】《于丹〈论语〉心得》以中央电视台"百家讲坛"栏目同名电视讲座为基础，加以修改润色而成。从人生之道、处世之道、理想之道、交友之道、心灵之道等七个方面总结《论语》和孔子的智慧，并分析儒家思想对现代生活的启示，国内总销量已突破 500 万册。该书已通过多家代理机构以及麦克米伦等知名出版公司向海外输出 28 个语种、34 个版本的国际版权，成为当代社会弘扬中国传统文化的代表作品以及中国文化"走出去"战略实施的重要成果。

2. WPS Office

【创作者】珠海金山软件股份有限公司

【获奖理由】WPS 是珠海金山软件股份有限公司于 1988 年开发的一款办公软件，24 年来一直坚持自主创新，已申请软件著作权登记 56 项，软件产品登记近 30 项，申请国内专利超过 53 项。2011 年，WPS 销售首次突破 1.7 亿元。WPS 在我国政府软件正版化采购中占据 56%的市场份额，排名第一，超越微软 Office，领先于其他国产办公软件。WPS 曾获"中国软件最具应用价值的软件产品"、"国家高技术产业化十年成就奖"等一系列荣誉称号。

3.《大闹天宫 3D》

【创作者】上海美术电影制片厂

【获奖理由】2011 年，上海美术电影制片厂在经典国产动画片《大闹天宫》的基础上重新制作了《大闹天宫 3D》，用高科技让传统经典重新焕发了生机。全新《大闹天宫 3D》保留了中国传统的艺术风格，除 2D 到宽银幕转换工作外，还将影片重新剪辑、配乐、配音，手绘大量镜头与 3D 效果融合。第 62 届柏林电影节，《大闹天宫 3D》入围"新世代"单元。2012 年 3 月，《大闹天宫 3D》受邀成为纽约国际儿童电影节闭幕影片。

4.《长江之歌》

【创作者】王世光作曲、胡宏伟作词

【获奖理由】《长江之歌》由著名音乐家王世光作曲、胡宏伟作词。整首歌曲旋律激昂，歌词气势磅礴，表现出长江的源远流长、壮丽博大、多姿多彩和无穷力量。《长江之歌》传唱 20 多年经久不衰，随着时代的发展被不断赋予新的情感，歌曲中表达出的豪迈情怀，代表了中华儿女的精神风貌。2010 年，在上海世博会开幕式上，《长江之歌》与《蓝色多瑙河》联合奏响，巧妙流转变奏，用音乐表达出"当今中国与世界和谐完美的交流"。

5.《母与子》系列雕塑

【创作者】韩美林

【获奖理由】《母与子》系列雕塑由著名美术家韩美林先生创作，包含 60 多件不同造型表现母爱的雕塑作品。《母与子》系列是韩美林先生送给自己母亲的礼物，也是最具有情感穿透力、影响力、传播力的雕塑作品。全国政协副主席孙家正评价："他（韩美林）善于以神奇的想象、独特的视角和个性，表达民族的情感……每次我看他的《母与子》系列，都让我感动不已。"《母与子》系列雕塑曾在"国际雕塑双年展"等展览多次展出，均受到高度评价。

6.《飞天》

【创作者】中国人民解放军八一电影制片厂

【获奖理由】《飞天》是国内首部反映载人航天工程的大型故事片，填补了我国影视作品中描写航空航天方面的一大空白。作为向建党九十周年献礼的重点影片，电影局局长童刚同志用"八一飞天一小步，中国电影一大步"来盛赞这部影片，认为《飞天》填补了中国太空科幻电影创作的空白，也开创了主旋律电影创作的新类型。该片获得第十四届中国电影华表奖、第二十八届中国电影金鸡奖等殊荣。

**二、推广运用奖**

1. 二十一世纪出版社

【获奖理由】二十一世纪出版社近年来在开发利用本土版权资源、版权引进输出方面，作出了开拓性的贡献。二十一世纪出版社率先提出了“从经营作品向经营作家转变”，自 2006 年以来持续经营“童话大王”郑渊洁，《皮皮鲁总动员》系列丛书先后推出九大系列共 70 册，迄今累计销量超过 2 700 万册。二十一世纪出版社迄今已引进出版国外作品 1 000 多种，输出版权数百种，正逐步发展成为带领中国文化“走出去”的领军企业之一。

2. 新华文轩出版传媒股份有限公司

【获奖理由】新华文轩出版传媒股份有限公司是我国第一家在海外上市的出版发行企业，拥有 12 家专业出版机构，14 种期刊、报纸。在出版物发行方面，拥有直营零售连锁门店近 200 家，教育教学服务分公司 114 个，覆盖全国主要城市的中盘分公司 24 个；出版物网络销售平台“文轩网”位居全国图书类电子商务网站销售前列。新华文轩综合实力位居全国同行业前列，荣获首届和第二届“中国政府出版奖先进出版单位奖”。

3. 中国移动通信有限公司手机阅读基地

【获奖理由】中国移动通信手机阅读基地是国内最大的手机阅读数字内容汇集和分发平台。目前，基地汇集正版数字内容 30 万册，涵盖图书、杂志、漫画、图片、听书等，覆盖各类综合榜单 80%以上；目前每月访问用户达 7 000 万，日均点击量超 4.5 亿次，合作的出版单位已超过 160 家。中移动手机阅读基地因此获全国工商联 2010 年度数字出版特殊贡献奖、第四届中国数字出版博览会“数字出版年度示范企业”、2011 年度版权产业“新锐企业”等十数项荣誉。

4. 合一信息技术（北京）有限公司（优酷网）

【获奖理由】合一信息技术（北京）有限公司（优酷网）致力于快速化、多元化、正版化的版权内容发展，2008 年到 2011 年间通过版权资源合作战略，整合国内视频、音频版权市场 80%的流通版权，2010 年首度推出“优酷出品”原创战略思路，斥资超过千万元，制作并出版《老男孩》等优秀作品，受到市场欢迎。截至 2012 年第一季度共购买电视剧 6 万集，与 300 余家媒体、1 500 余家电视剧制作单位、43 家电视台建立了长期版权合作关系。

5. 北京图书大厦有限责任公司

【获奖理由】北京图书大厦营业面积 16 000 余平方米，出版物陈列品种达 40 万种，年销售额雄踞全国出版物零售卖场首位，是全国最大的出版物零售中心，被称为北京市文化地标。开业 14 年来，大厦累计接待读者上亿人次，日最高峰接待读者超过 7 万人次。北京图书大厦多次获得“北京出版物发行行业诚信企业”、“全民阅读活动先进单位”、“讲信誉、重服务”社店互评“全国第一店”等荣誉。

**三、保护奖**

1. 山东省青岛市文化市场行政执法局

【获奖理由】近两年来，山东省青岛市文化市场行政执法局先后开展了清理整治“侵权盗版出版物”、“剑网”、“盗版软件”、“计算机软件非法预装”、“版权保护与执法”等多项专项行动，共查缴各类非法出版物 60 余万册（盘）、各类非法设施 800 余个（台），查处违规违法经营行为 600 余起，维护了权利人的合法权益，有力地震慑了犯罪，执法局连续多年被国家版权局评为全国版权工作先进单位。

2. 上海市高级人民法院知识产权庭

【获奖理由】上海市高级人民法院知识产权庭是全国最早一批设立的知识产权审理机构，至今共有 21 件知识产权民事案件和 1 件知识产权行政案件因为具有法律适用上的示范意义而被作为“示范案例”在《最高人民法院公报》公布。近两年，上海市高级人民法院知识产权庭审理并指导下级法院审理了微软公司诉大众保险公司、《冒险岛》网络游戏外挂程序案件等一系列著名案件，这些案件对于推动著作权保护司法实践，都具有重要意义。

3. 中国版权保护中心

【获奖理由】中国版权保护中心，是国家级版权公共服务机构，我国唯一的计算机软件著作权登记机构。中心通过开发完成著作权登记信息系统，全面实现了版权登记工作的规范化、标准化和信息化。针对互联网视频音频作品维权困难，中心建立了“网络视频音频版权监测及调查取证服务平台”，已累计删除侵权链接 41 万余条，有效删除率达到 97%，为网络视频音频版权著作权保护作出了重要贡献。

4. 公安部治安管理局

【获奖理由】2010 年以来，公安部治安管理局会同新闻出版、版权、工商等部门，组织了多轮专项打击行动，有效地衔接了行政执法与刑事司法，取得显著成效。公安部治安管理局还成功督办了一批有影响的大要案件，如“骑士音乐网”侵犯著作权案，从接到举报到行政受理、刑事立案、侦查破案、移送起诉仅用了 30 余天，被美国政府在《301 特别报告》中引用，也得到了国际知识产权联盟、国际唱片业协会的好评。

# 2012年度查处侵权盗版案件有功单位及个人

［编者按］ 2013年7月2日，国家版权局下发《关于奖励2012年度查处侵权盗版案件有功单位及个人的决定》，对在2012年度查处侵权盗版案件工作中作出突出贡献的安徽省公安厅治安行动队等230家有功单位、万洪东等157名有功个人给予奖励。

## 2012年度查处侵权盗版案件有功单位名单

**【特等奖】**

1. 北京天线视频网站侵犯著作权案专案组（北京市版权局版权保护处、北京市公安局经侦总队、北京市朝阳区人民检察院公诉二处、北京市朝阳区人民法院刑事审判第二庭）
2. 山东省青岛市文化市场行政执法局

**【一等奖】**

1. 最高人民法院刑事审判第二庭
2. 最高人民检察院侦查监督厅立案监督处（保护知识产权处）
3. 最高人民检察院公诉厅起诉二处
4. 公安部治安管理局一处
5. 工业和信息化部电信管理局市场管理处
6. 中国版权保护中心法律部
7. 安徽省公安厅治安行动队
8. 安徽省版权局
9. 安徽省阜阳市新闻出版局
10. 安徽省宿州市文化广电新闻出版局
11. 北京金山数字娱乐科技有限公司网络游戏被侵权案专案组（北京市文化执法总队、海淀区人民检察院知识产权检察处、海淀区人民法院刑二庭、北京市公安局海淀分局治安支队、北京市公安局海淀刑侦支队网络案件侦查队）
12. 北京赵金伟盗印图书案专案组（北京市公安局治安管理总队行动支队、十二总队、北京市文化执法总队）
13. 北京“9·27”制销淫秽书刊及其他非法出版物团伙案专案组（北京市公安局治安管理总队行动支队、十二总队、朝阳分局，北京市文化执法总队）
14. 重庆蔡文等人侵犯著作权案专案组（重庆市人民检察院第一分院侦监处、渝北区人民检察院刑事检察局）
15. 福建省厦门市文化市场综合执法支队
16. 广东省东莞市文化市场综合执法大队
17. 贵州省贵阳市南明区新闻出版（版权）局
18. 河北张志强等侵犯著作权案专案组（廊坊市中级人民法院刑事审判第二庭、廊坊市安次区人民法院刑事审判庭）
19. 河北“11·16”销售侵权复制品案专案组（石家庄市公安局治安支队、辛集市公安局商场街派出所）
20. 河南省郑州市文化市场综合执法支队
21. 河南省新乡市中级人民法院刑二庭
22. 河南省巩义市文化新闻出版管理办公室
23. 湖北省公安厅经侦总队
24. 湖北刘秀书非法复制音像制品案专案组（武汉市江岸区文化体育和旅游局、武汉市江岸区人民检察院）
25. 江苏省版权局版权管理处
26. 江苏省徐州市公安局网警支队案件侦查队
27. 江苏省常州市文化行政综合执法支队
28. 江苏南京“4·16”制售盗版教辅图书案专案组（南京市文化综合执法总队三支队、南京市公安局鼓楼分局治安大队、南京市鼓楼区人民检察院、南京市中级人民法院民三庭）
29. 江苏省南通市通州区人民法院知识产权庭
30. 江苏省南京市公安局沿江工业开发区分局山畔派出所
31. 江苏闫猛等人侵犯著作权案专案组（南京市

公安局雨花台分局经济犯罪侦查大队、雨花台分局刑警大队、雨花台区人民检察院）

32. 江西省版权局版权管理处
33. 江西九江九九音像店网络盗版音像制品系列案专案组〔庐山管理局新闻出版（版权）局、庐山文化市场管理稽查大队〕
34. 内蒙古准格尔旗“4·12”团伙非法销售音像制品案专案组（准格尔旗文化广播电影电视局、准格尔旗公安局）
35. 山东省版权局
36. 山东省济南市文化市场综合行政执法局
37. 山东省济宁市文化市场综合执法局
38. 上海市文化市场行政执法总队
39. 上海市公安局文保分局刑侦大队
40. 上海市黄浦区人民检察院金融犯罪案件检察科
41. 上海市浦东新区人民检察院公诉二处
42. 上海市徐汇区人民检察院侵犯知识产权犯罪案件专业办案组
43. 上海市通信管理局信息安全处
44. 上海市版权局版权管理执法处
45. 天津黄金生贩卖盗版、淫秽光盘案专案组（天津市“扫黄打非”办公室、市文化市场行政执法总队、市新闻出版局、市版权局、市公安局南开分局、南开区人民检察院、南开区人民法院）
46. 浙江省版权局
47. 浙江省杭州市文化市场行政执法总队
48. 浙江省舟山市文化市场行政执法支队
49. 浙江省丽水市文化市场行政执法支队

**【二等奖】**

1. 公安部网安局网侦行动处
2. 公安部经济犯罪侦查局知识产权处
3. 海关总署政法司知识产权处
4. 人民日报社政治文化部文化采访室
5. 《中国新闻出版报》版权监管部
6. 安徽省通信管理局
7. 安徽淮南杨志生案专案组（淮南市文化广电新闻出版局、淮南市公安局治安支队）
8. 北京唐雪梅贩卖盗版光盘案专案组（丰台区人民检察院公诉一处、丰台区人民法院刑二庭、北京市公安局治安管理总队行动支队、北京市公安局丰台分局治安支队行动中队、丰台区文化委员会行政执法队）
9. 北京市文化执法总队执法五队
10. 重庆市大渡口区文化市场行政执法大队
11. 重庆市渝中区文化市场行政执法大队
12. 福建省福州市文化新闻出版局版权处
13. 福建省人民检察院侦查监督处
14. 广东省惠州市文化市场综合执法大队
15. 河北陈建彬等侵犯著作权案专案组（廊坊市中级人民法院刑事审判第二庭、三河市人民法院刑事审判庭）
16. 河南省版权局版权管理处
17. 河南省安阳市文化市场综合执法支队
18. 河南“1·13”案专案组（获嘉县文化市场综合执法大队、获嘉县公安局治安大队）
19. 湖北省版权局版权管理与政策法规处
20. 湖北省武汉市江汉区新闻出版（版权）局
21. 湖北省武汉市文化市场综合执法支队
22. 湖北省黄冈市文化市场综合执法支队
23. 湖北省荆州市公安局沙市区分局解放路派出所
24. 湖北省武汉市江岸区人民法院知识产权审判庭
25. 湖北省宜昌市文化市场综合执法支队
26. 湖南省常德市文化市场综合执法局
27. 吉林省公主岭市文化广电新闻出版局
28. 吉林省镇赉县文化市场综合执法大队
29. 吉林省敦化市文化市场综合执法大队
30. 江苏省张家港市文化行政综合执法大队
31. 江苏江阴市“5·26”案专案组（江阴市版权局、“扫黄打非”领导小组办公室、公安局、江阴市人民法院）
32. 江苏省淮安市文化广电新闻出版局（版权局）
33. 江苏省徐州市公安局治安支队案件查处一大队
34. 江苏省公安厅治安总队
35. 江苏省涟水县版权局
36. 江苏“4·11”特大侵犯著作权案专案组（无锡市版权局、无锡市公安局、江苏省公安厅治安总队等）
37. 江苏省连云港市版权局版权管理处
38. 江苏省连云港市新浦区文化体育旅游局
39. 江苏省南通市崇川区版权局
40. 江苏省南通市通州区公安局
41. 江苏省南京市公安局玄武分局后宰门派出所
42. 江苏省南京市雨花台区文化局文化市场管理科
43. 江苏省泰州市公安局医药高新区分局治安大队
44. 江苏郭兰霞、何凯旋侵犯著作权案专案组（南京市下关区文化局、南京市公安局下关分局小市派出所、南京市公安局下关分局二板

桥派出所）
45. 辽宁省沈阳市公安局经济犯罪侦查支队
46. 辽宁省沈阳市公安局经济技术开发区分局翟家派出所
47. 辽宁省丹东市文化市场综合执法支队
48. 内蒙古赤峰市文化市场综合执法局
49. 内蒙古包头市公安局公共交通治安分局治安大队
50. 山东省德州市文化市场综合执法局
51. 山东省济南市长清区文化市场综合行政执法大队
52. 山东张俊刚、张少娟侵犯著作权案专案组（临沂市文化市场管理执法局、临沂市罗庄区文化市场管理执法局）
53. 山东省平度市文化市场行政执法局
54. 山东省莱西市文化市场行政执法局
55. 山东省济宁市市中区文化市场综合执法局
56. 山东省胶州市文化市场行政执法局
57. 山东省青岛市城阳区文化市场行政执法局
58. 山西省版权局版权管理处
59. 陕西西安“6・20”贩卖盗版光盘案件专案组（西安市版权局、市“扫黄打非”办公室、市公安局治安局特行科）
60. 陕西省西安市雁塔区检察院侦查监督科
61. 上海游海豹、游志明、刘仲云等侵犯著作权案专案组〔上海市杨浦区人民检察院金融检察科、上海市杨浦区人民法院民三庭（知识产权审判庭）〕
62. 上海市徐汇区人民法院民三庭
63. 上海《热血传奇》游戏“私服”侵犯著作权案专案组（上海市公安局治安总队治安行动队、上海市公安局网安总队三支队）
64. 四川省“扫黄打非”工作领导小组办公室
65. 四川省出版物市场稽查总队
66. 四川高巧、唐清燕侵犯著作权案专案组（德阳市中级人民法院刑二庭、德阳市“扫黄打非”工作领导小组办公室）
67. 四川“8・23”非法销售盗版音像制品案专案组〔成都市版权局、成都市金牛区广播电视新闻出版（版权）局、成都市公安局金牛区分局〕
68. 四川乐山“1・1”“1・2”侵犯著作权案专案组（乐山市“扫黄打非”办公室、乐山市公安局网络警察支队）
69. 四川省平武县文化广播影视新闻出版和旅游局
70. 四川省达州市文化市场综合执法支队
71. 天津市文化市场行政执法总队执法二队
72. 浙江省温州市瓯海区文化市场行政执法大队
73. 浙江省义乌市文化市场行政执法大队
74. 浙江省永嘉县文化市场行政执法大队
75. 浙江省嘉善县文化市场行政执法大队
76. 浙江省温岭市文化市场行政执法大队
77. 浙江省温岭市人民检察院

**【三等奖】**

1. 公安部光盘生产源鉴定中心
2. 国家工商总局反垄断与反不正当竞争执法局反不正当竞争处
3. 国家互联网信息办公室网络新闻协调局专项处
4. 北京市文化执法总队执法四队
5. 重庆市荣昌县文化广电新闻出版局
6. 重庆市九龙坡区文化市场行政执法大队
7. 重庆市奉节县文化市场行政执法大队
8. 福建省漳州市文化市场综合执法支队
9. 福建省泉州市文化市场综合执法支队
10. 福建省宁德市文化市场综合执法支队
11. 福建省通信管理局互联网管理处
12. 福建省福州市鼓楼区人民法院知识产权庭
13. 甘肃省庆阳市文化市场综合执法支队
14. 广西壮族自治区版权局版权管理处
15. 广西南宁市擅自发行中国建筑工业出版社享有专有出版权的图书案专案组（南宁市文化新闻出版局、南宁市文化市场综合执法支队）
16. 广西贵港市版权局
17. 广西桂林市程春姑侵犯著作权案专案组
18. 广西梧州市“6・15”陈胜芝侵犯著作权案专案组
19. 广西贺州市“9・6”刘国梅等贩卖盗版光盘系列案专案组
20. 海南符恒义、梁文忠侵犯著作权案专案组（昌江县公安局经侦大队、昌江县检察院侦查监督科）
21. 河北省保定市文化广电新闻出版局
22. 河北省石家庄市新华区文广新局
23. 河北石家庄北部湾歌厅音乐作品侵权案专案组（石家庄市版权局、石家庄赵县文广新局）
24. 河北省通信管理局市场监管处
25. 河北省版权局版权管理处
26. 河南省新乡市牧野区教育文化体育局文化市场综合执法大队
27. 河南省汝州市文化市场新闻出版办公室
28. 河南省汝阳县文化市场综合执法大队

29. 黑龙江省哈尔滨市文化和新闻出版局版权管理处
30. 黑龙江省鸡西市文化广电新闻出版局
31. 黑龙江省齐齐哈尔市文化市场综合执法支队出版物印刷管理科
32. 黑龙江省双鸭山市文化市场综合执法支队
33. 黑龙江省鹤岗市文化市场综合执法支队
34. 黑龙江省牡丹江市文化市场综合执法支队
35. 黑龙江省哈尔滨市文化市场行政执法局
36. 湖北省崇阳县文化市场综合执法大队
37. 湖北省襄阳市文化市场综合执法支队
38. 湖北省潜江市新闻出版局
39. 湖北省十堰市文化市场综合执法支队
40. 湖北省通信管理局网络与信息安全处
41. 湖南省岳阳市文化市场综合执法局
42. 湖南省怀化市文化市场综合执法局
43. 湖南省株洲市文化市场综合执法局
44. 湖南省衡阳市文化市场综合执法局
45. 湖南省桃江县文化市场综合执法大队
46. 吉林省版权局版权管理处
47. 吉林省通化市文化市场综合执法支队
48. 江苏省南通市版权局版权管理处
49. 江苏省徐州市版权局
50. 江苏省镇江市文化广电新闻出版（版权）局
51. 江苏省南京市文化广电新闻出版（版权）局
52. 江苏省扬州市文化行政综合执法支队
53. 江苏陈荣林侵犯著作权案专案组（南京市江宁区文化广电局文化市场管理办公室、南京市公安局江宁分局汤山派出所）
54. 江苏刘玉珍、陈军、朱海燕侵犯著作权案专案组（南京市栖霞区文化旅游局、南京市公安局栖霞分局经侦大队）
55. 江西省吉安市文广新局
56. 江西省南昌市文化市场综合执法支队
57. 辽宁省版权局版权处
58. 辽宁省通信管理局市场监管处
59. 辽宁省新民市文化市场行政执法队稽查队
60. 辽宁省沈阳市文化市场行政执法总队直属执法四大队
61. 宁夏新闻出版局版权管理处
62. 宁夏银川市文化市场综合执法队
63. 山东省东营市版权局
64. 山东省潍坊市文化市场综合执法局
65. 山东省淄博市文化市场执法局
66. 山东省聊城市文化市场综合执法局
67. 山东省临沂市兰山区文化市场管理执法局
68. 山东省济南市公安局历城区分局网警大队
69. 山西省太原市版权局版权处
70. 山西省忻州市文化广电新闻出版局新闻出版（版权）科
71. 陕西省版权局版权管理处
72. 陕西省西安市文化市场行政执法总队
73. 陕西省通信管理局信息安全处
74. 上海市互联网信息办公室网络管理处
75. 上海市文化市场行政执法总队稽查三处
76. 上海市文化市场行政执法总队稽查五处
77. 上海市文化市场行政执法总队稽查二处
78. 上海海关查处外籍人员通过分运行李携带盗版物品进出境专案组（上海海关现场业务二处、上海海关法规处、上海海关现场业务二处海运行李物品监管科、上海海关法规处知识产权保护科、上海虹桥机场海关物流监控科、上海浦东国际机场海关通关三科）
79. 上海刘豪壮等 3 人销售侵权复制品案专案组（上海市闵行区人民检察院金融检察科、上海市公安局闵行区公安分局经侦支队）
80. 上海市公安局经侦总队四支队
81. 四川省版权局版权管理处
82. 四川省高级人民法院刑二庭
83. 四川省成都市中级人民法院刑二庭
84. 四川省成都市文化市场综合执法总队
85. 四川省成都市武侯区新闻出版（版权）局
86. 四川省仪陇县文化体育和广播影视新闻出版局
87. 四川遂宁大英中学侵犯著作权案专案组〔遂宁市文化市场综合执法支队、大英县新闻出版（版权）局〕
88. 四川省泸州市文化市场综合执法支队
89. 四川省简阳市文化市场综合执法大队
90. 西藏“10·11”联合专案组（日喀则市公安局、日喀则地区“扫黄打非”办公室、日喀则地区文化执法支队、日喀则市公安局城南派出所、西藏自治区“扫黄打非”办公室、西藏自治区新闻出版局）
91. 新疆“7·10”高某发行淫秽、侵权盗版音像制品案专案组（乌鲁木齐市文化市场稽查支队、自治区版权局版权处）
92. 新疆新闻出版局版权处
93. 新疆出版物市场稽查队
94. 新疆阿勒泰市北屯镇文化市场稽查大队
95. 新疆喀什市文化市场稽查大队

96. 浙江省宁波市文化市场行政执法总队
97. 浙江省嘉兴市文化市场行政执法支队
98. 浙江省金华市文化行政综合执法支队
99. 浙江省龙游县文化市场行政执法大队
100. 浙江省平阳县文化市场综合执法大队
101. 浙江省金华市金东区教育（文体）局
102. 浙江省杭州市文化市场行政执法总队经济开发区大队

## 2012年度查处侵权盗版案件有功个人名单

**【一等奖】**

1. 王　珅（最高人民法院刑事审判第二庭）
2. 元　明（最高人民检察院侦查监督厅）
3. 李　莹（最高人民检察院公诉厅起诉二处）
4. 张　钧（公安部治安管理局一处）
5. 王志广（公安部经济犯罪侦查局知识产权处）
6. 裴　玮（工业和信息化部电信管理局市场管理处）
7. 孙　洁（中国版权保护中心法律部）
8. 万洪东（安徽省宿州市公安局网监支队）
9. 北京天线视频网站侵犯著作权案专案组个人（韩志宇、张俊杰、王永利、刘　涛、赵　宇、王　巍、李　鹏）（北京市版权局、北京市公安局经侦总队、北京市公安局经侦总队三大队、北京市朝阳区人民检察院公诉二处、高等教育出版社）
10. 周　雷（贵州省贵阳市公安局南明分局治安大队）
11. 刘　强（河北省邯郸市人民检察院侦查监督处）
12. 陆煌辉（江苏省南通海门市公安局经济案件侦查大队）
13. 高　巍（江苏省徐州市公安局治安支队案件查处一大队）
14. 江西“6·24”网络销售软件侵权复制品案专案组个人（王　荣、平家铭）（上饶市版权局、上饶市公安局治安支队）
15. 高　睿（山东省版权局）
16. 王　骞（上海市版权局版权管理执法处）
17. 严　骏（上海市黄浦区人民法院知识产权庭）
18. 金义强（上海市文化市场行政执法总队稽查三处）
19. 杨　慧（上海市人民检察院金融检察处）
20. 林志智（上海市通信管理局）
21. 皇传刚（四川省成都市金牛区人民法院刑庭）
22. 贾龙军（四川省成都市武侯区人民法院刑庭）

**【二等奖】**

1. 陈　弘（公安部治安局六处）
2. 宋诗琴（公安部网安局互联网安全管理处）
3. 保护音像表演制品知识产权特别行动月系列案专案组个人（李群英、王丽婷、李　丹、黄建华、解新红）（海关总署）
4. 郑晓红（中国版权保护中心《中国版权》编辑部）
5. 胡建辉（法制日报社经济部）
6. 张春玲（中央电视台）
7. 赖名芳（《中国新闻出版报》版权监管部）
8. 吴安宁（安徽省版权局）
9. 安徽阜阳“4·26”销售侵权音像制品案专案组个人（王会议、吴滕飞、赵　晨、张　坡、张家森）（安徽省“扫黄打非”办公室、安徽省公安厅治安行动队、阜阳市公安局颍泉分局治安行动队、阜阳市文化广电新闻出版局新闻出版版权管理科、阜阳市文化市场综合执法大队）
10. 北京金山数字娱乐科技有限公司网络游戏被侵权案专案组个人（哈　威、翟宝宇、王金光、白云山、覃　波、李钦俭、杨　铁）（北京市公安局海淀刑侦支队网络案件侦查队、北京市公安局海淀分局治安支队、北京市海淀区人民检察院知识产权检察处、北京市海淀区人民法院刑二庭、北京市文化执法总队执法一队、北京市文化执法总队执法二队）
11. 北京“9·27”制销淫秽书刊及其他非法出版物团伙案专案组个人（张晓光、韩东涛、杨春华、叶　萍、吴小军、邵大明、熊　伟）（北京市公安局治安管理总队行动支队、北京市公安局朝阳分局治安支队行动中队、北京市朝阳区人民检察院公诉二处、北京市朝阳区人民法院刑一庭、市文化执法总队执法一队、市文化执法总队执法五队）
12. 北京赵金伟盗印图书案专案组个人（邱培毅、王志峰、赵自力、刘砺兵、郭　佳、刘　男、康小松）（北京市文化执法总队执法一队、北京市公安局治安管理总队行动支队、北京市朝阳区人民法院刑二庭、北京市朝阳区人民

检察院侦查监督二处、北京市公安局朝阳分局治安支队行动中队、北京市公安局治安管理总队行动支队协调执法大队）
13. 郭　强（福建省“扫黄打非”稽查队）
14. 叶建福（福建省厦门市文化市场综合执法支队一大队）
15. 姚　颖（福建省晋江市人民检察院侦查监督科）
16. 郑会武（广东省惠州市文化市场综合执法大队）
17. 龙　毅、石　卫（广西壮族自治区版权局）
18. 李小龙（河南省巩义市文化新闻出版管理办公室）
19. 湖北省侵犯著作权罪系列案专案组个人（夏　露、吴丰敏）（武汉市江岸区人民法院知识产权审判庭）
20. 徐毅英（江苏省政协委员会）
21. 江苏刘明等网络制作销售侵权光盘案专案组个人（井　军、孙　坚）（淮安市公安局治安支队案件查处大队、淮安市中级人民法院）
22. 江苏南京“4·16”制售盗版教辅图书案专案组个人（沙东海、陈　晖、周文豪、王文水、闫　军、张红伟、丁　洋、张志敏、顾明君、衣硕朋）（南京市文化综合执法总队、南京市版权局、南京市公安局鼓楼分局治安大队、南京市鼓楼区大方巷1号鼓楼派出所、南京市鼓楼区人民检察院、南京市鼓楼区人民法院）
23. 刘山来（江苏南通市海安县文化广电新闻出版局文化市场稽查队）
24. 高凌云（江苏省人民检察院）
25. 刘　鲲（江苏省徐州市公安局网警支队案件侦查队）
26. 王振忠（内蒙古赤峰市文化市场综合执法局）
27. 山东“12·1”济南特大非法复制发行《热血传奇》服务器软件侵犯著作权案专案组个人（张　意、周　虎、田　昕、周　浩、刘建峰、宋　涛）（济南市公安局市中分局刑警大队三中队、济南市市中区文化局、济南市文化市场综合行政执法局）
28. 陈　琛（山东省青岛市文化市场行政执法局）
29. 山东“6·10”侵犯著作权案专案组个人（孙宗超、付伟祖、张莉莉）（青岛市文化市场行政执法局、青岛市公安局、青岛市通信管理局）
30. 山东“7·20”侵犯著作权案专案组个人（刘成爱、付　晓、郭好立、陈竹强、李树新）（平度市文化市场行政执法局、平度市法院、平度市检察院、平度市公安局）
31. 吴明哲（山东省临沂市文化市场管理执法局）
32. 宋明国（山东省济宁市文化市场综合执法局）
33. 付伟祖（山东省青岛市公安局）
34. 孟　杰（山东省济宁市市中区文化市场综合执法局）
35. 刘　晓（山东省德州市文化市场综合执法局）
36. 王德生（山东省寿光市文化市场综合执法局）
37. 秦　钊（山东省日照市文化市场综合执法局）
38. 黄祖浩（山东省即墨市文化市场行政执法局）
39. 李汉洲（山东省胶南市文化市场行政执法局）
40. 徐　明（山东省高密市文化市场综合行政执法局）
41. 王　浩（上海市文化市场行政执法总队稽查五处）
42. 王云兴（上海市公安局技术侦察总队四支队）
43. 胡　昱（上海市公安局杨浦分局治安支队）
44. 张克军（四川省德阳市旌阳区人民法院）
45. 王　强（天津市公安局南开分局万兴派出所）
46. 吾晓红（浙江省版权局版权处）
47. 浙江侵权盗版专案组个人（程爱萍、包国焕、陈晓燕）（永嘉县文化市场行政执法大队）
48. 周　浩（浙江省嘉善县文化市场行政执法大队）
49. 浙江瓯海打击侵犯知识产权专案组个人（周和敏、张　耀、应慧义、叶淑勤）（温州市瓯海区文化市场行政执法大队）

**【三等奖】**

1. 苏　娜（工业和信息化部电信研究院泰尔实验室）
2. 刘　昕（中国互联网协会备案部）
3. 齐砚秋（国家工商总局反垄断与反不正当竞争执法局案件督查协调处）
4. 田　军（人民出版社）
5. 潘　晨（高等教育出版社有限公司法律事务部）
6. 李先锋（安徽省“扫黄打非”办公室）
7. 晁静春（安徽省淮南市文化市场综合执法大队）
8. 王兰兰（安徽省马鞍山市文化市场综合执法大队）
9. 邵钢生（安徽省安庆市望江县文化市场综合执法队）

10. 北京唐雪梅贩卖盗版光盘案专案组个人（王玉、张晋全、岳　园、黄　飞、仇春子、梅春生）（北京市公安局治安管理总队行动支队、北京市公安局丰台分局治安支队行动中队、北京市丰台区人民检察院公诉一处、北京市丰台区人民法院刑二庭、北京市丰台区文化委员会行政执法队）
11. 赵国明（北京市文化执法总队执法五队）
12. 陈　炼（重庆市大渡口区文化广电新闻出版局）
13. 林　婺（福建省通信管理局互联网管理处）
14. 海南符恒义、梁文忠侵犯著作权案专案组个人（曾文林、孙志行）（昌江县公安局经侦大队、昌江县检察院侦查监督科）
15. 蒋绮芳（河北省版权局）
16. 王丽峰（河北省石家庄市版权局）
17. 王玉恒（河北省邢台市桥西区文化新闻出版体育局执法队）
18. 河南新乡市获嘉县“1·13”侵犯著作权案专案组个人（王俊磊、夏国利）（获嘉县公安局治安大队、获嘉县文化市场综合执法大队）
19. 河南“2·11”专案组个人（靳党育、张建武、李现明）（新乡市牧野区文化市场综合执法大队）
20. 张鑫彤（黑龙江省大庆市林甸县文化市场综合执法大队）
21. 华毓军（黑龙江省鹤岗市文化市场综合执法支队）
22. 邹喜玲（湖北省版权局版权管理与政策法规处）
23. 袁保华（湖北省武汉市江汉区文化市场综合执法大队）
24. 彭　骏（湖北省通信管理局网络与信息安全处）
25. 湖北5起书店销售盗版图书案专案组个人（郭建盛、杨万涛、许　俊）（宜昌市文化市场综合执法支队）
26. 湖北周永兴、王云美销售侵权复制品案专案组个人（周进军、王　丰、陈　建）（天门市公安局网络安全保卫支队侦察大队、天门市公安局竟陵派出所）
27. 湖南黄政、陈思私服侵权案专案组个人（张士强、肖　何、王政勇、左光鑫、唐　刚、伍千喜、王用权、杨　光）（常德市文化市场综合执法局、常德市公安局）
28. 湖南怀化大春潮专案组个人（张中伟、张昌柚、胡　巍、杨武强、朱　潇、彭　亮）（怀化市文化市场综合执法局）
29. 郑国桢（湖南省株洲市文化市场综合执法局）
30. 湖南“一起看看漫画网”侵权案专案组个人（李长文、文　晖、廖明宏、唐泰华、胡超、陶月山、屈　鹏、郭　平）（永州市文化市场综合执法局）
31. 湖南“21中文网”侵权案专案组个人（谢建军、陈　炜、龙　胜、邓三益、符　超、颜双全、陈　超）（衡阳市文化市场综合执法局）
32. 湖南金天亿等电脑公司侵犯软件著作权案专案组个人（唐能平、刘意福、尹忠国、邓洺）（衡阳市文化市场综合执法局）
33. 赵新宇（吉林省公主岭市文化广电新闻出版局）
34. 何大光（吉林省长春市版权局）
35. 孟宪勇（吉林省四平市文化市场综合执法支队）
36. 刘　丽（吉林省通化市文化市场综合执法支队）
37. 吉林网络游戏侵权案专案组个人（朴哲宽、金　敏）（延吉市文化市场综合执法大队）
38. 吉林扶余市农职教中心盗版教材案专案组个人（张喜群、高文升、傅立书）（扶余市文化广电新闻出版局）
39. 邢燕慧（吉林伊通满族自治县文化市场综合执法大队）
40. 江苏KTV经营者侵犯王海成著作权系列案专案组个人（陈彩芬、李　明、王　蔚、方金海）（张家港市版权局、张家港市文化行政综合执法大队、张家港市人民法院民事三庭、张家港市文化市场行业协会）
41. 江苏金某、胡某侵犯软件著作权案专案组个人（陈永刚、李宏骏）（常州市文化行政综合执法支队）
42. 赵　云（江苏省通信管理局互联网管理处）
43. 江苏南京“8·30”钟宝平非法经营、侵犯著作权案专案组个人（李俊平、徐　芯、汤昌蓓、葛　翔）（南京市雨花台区文化局、南京市公安局雨花台分局、南京市版权局）
44. 江苏闫猛等人侵犯著作权案专案组个人（蔡慎、白雪飞、周朝阳、许　佳）（南京市公安局雨花台分局赛虹桥派出所、南京市公安

局雨花台分局刑警大队、南京市雨花台区检察院、南京市雨花台区文化局）
45. 江苏“传奇三”等共4起私服案专案组个人（赵秉祥、刘　华）（镇江市文化广电新闻出版局文化综合执法支队）
46. 唐海宁（江苏省扬州市文化行政综合执法支队）
47. 江苏邹军侵犯著作权案专案组个人（周　军、董建芳、毛　健）（张家港市文化行政综合执法大队、张家港市公安局城西派出所）
48. 赵　强（江苏省南通市崇川区文化新闻出版局）
49. 章澄越（江苏省苏州市版权局行政执法处）
50. 张　平（江西省吉安市文广新局）
51. 曾　发（江西省吉安市永丰县文化市场综合执法大队）
52. 辽宁“星脉音乐网”网络侵权案专案组个人（李安庆、石　帅、田大鹏、刘红雨、张文利、王　奇）（辽宁省版权局版权处、大连市通信管理局、省通信管理局市场监管处）
53. “看辽宁”等三网站网络侵权案专案组个人（陈　戬、林晓春、王英巍、王　琳、李海燕）（辽宁省沈阳市公安局沈河分局丰乐派出所、沈阳市文化市场行政执法总队东陵区大队）
54. 赵利军（辽宁省葫芦岛市文化市场综合执法支队法规科）
55. 内蒙古准格尔旗“4·12”团伙非法销售音像制品案专案组个人（杨忠义、程　强、郝智杰、秦　飞）（准格尔旗文化市场综合执法大队、准格尔旗公安局）
56. 张秀年〔宁夏新闻出版（版权）局〕
57. 刘国松（山东省东营市新闻出版局）
58. 李炳平（山东省淄博市文化市场执法局）
59. 牛兆星（山东省潍坊市文化市场综合执法局）
60. 龙清达（山东省聊城市文化市场综合执法局）
61. 范桂忠（山东省潍坊市文化市场综合执法局）
62. 赵骑韬（山东省济南市文化市场综合行政执法局）
63. 狄月清（山西省版权局）
64. 洪仲校（山西省太原市版权局）
65. 高迎新（山西省吕梁市版权局）
66. 陕西袁英宇、雷建光侵犯著作权案专案组个人（石新娟、杨伟光、黄卫洪、王卫武、张小虎）（陕西省“扫黄打非”办公室、陕西省版权局、西安市文广新局、西安市“扫黄打非”办公室、西安市版权局、西安市公安局治安局特行科）
67. 沙庆超（陕西省版权局版权管理处）
68. 陕西对涉及侵权盗版网站进行关闭和注销备案专案组个人（史军怀、杨兴武）（陕西省通信管理局）
69. 陕西华祥图书有限公司销售侵犯他人专有出版权的出版物等共计4案专案组个人（李亚光、程原力、何勇刚、丁　博、苏团齐、毛凤凤）（西安市文化市场行政执法总队）
70. 李　楠（陕西省西安市碑林区检察院）
71. 谷申安、林明富（上海市文化市场行政执法总队稽查三处）
72. 徐　勤（上海市公安局经侦总队四支队）
73. 上海旅游交通图盗版侵权案专案组个人（陈秋萍、徐伟立）（上海市公安局文保分局刑侦大队、上海市测绘院第四分院）
74. 张子系（上海市公安局青浦分局网安支队）
75. 王志坚（四川省版权局版权管理处）
76. 李　巍（四川省成都市文化市场综合执法总队新闻出版执法大队）
77. 陈　波（四川省绵阳市平武县公安局网安大队）
78. 李洪军（天津市文化市场行政执法总队）
79. 杨建新〔新疆新闻出版（版权）局版权处〕
80. 王晓红（浙江省杭州市文化市场行政执法总队一处）
81. 赵建权（浙江省嘉兴市文化市场行政执法支队）
82. 杨春虎（浙江省平阳县文化市场综合执法大队）
83. 张锡斌（浙江省丽水市文化市场行政执法支队）
84. 蒋妙珍（浙江省义乌市文化市场执法大队）
85. 陆春芳（浙江省金华市文化行政综合执法支队）
86. 曾柏松（浙江省龙游县文化市场行政执法大队）

# 2012 年度全国知识产权保护最具影响力人物

［编者按］ 2013 年 4 月 23 日，2012 年度全国知识产权保护重大事件、案件及有影响人物评选活动结果在北京揭晓。其中，陶鑫良等 12 人当选 2012 年度全国知识产权最具影响力人物。

**1. 陶鑫良**

上海大学知识产权学院院长。陶鑫良从事知识产权教学、研究近 30 年，现担任国家知识产权专家咨询委员会委员、中国法学会知识产权法研究会副会长等职。2012 年，作为国家版权局著作权法修改专家委员会委员，积极为商标法修改提供立法意见，作出了积极贡献。

**2. 黄　峰**

四川省知识产权局局长。2012 年，黄峰带领四川省知识产权局围绕工业强省、创新型四川建设，一手抓知识产权创造、促进自主创新，一手抓知识产权宣传执法、营造良好环境，取得显著成绩；她主持开展的“四川省中药行业知识产权战略研究”获全国优秀专利调查研究报告一等奖。

**3. 尹志尧**

中微半导体设备（上海）有限公司董事长兼首席执行官。2012 年，尹志尧沉着应对中微公司在美遭遇的应材公司和科林研发两国际巨头的专利侵权诉讼，在美国提出反诉，并在中国国内提起不正当竞争诉讼，最终获胜，为中国企业依靠知识产权“走出去”写下了精彩一笔。

**4. 陈学军**

上海市工商行政管理局副局长。2012 年，陈学军作为上海市工商局“双打”专项行动领导小组组长，带队深入推进“双打”专项行动，着力构建商标保护长效机制；他指导制定的上海市商标战略纲要和相关法律法规颁布实施。

**5. 许瑞察**

福建省泉州市工商局局长。2012 年，许瑞察带领泉州市工商局与国家工商总局签订支持企业商标国际注册工作的协作备忘协议，建立了泉州商标馆和商标交易服务中心，25 家企业获得商标专用权质押贷款 6.958 亿元，驰名商标拥有量达 105 件，居全国地级市首位。

**6. 张树国**

辽宁省工商局商标处处长。2012 年，张树国荣获省“知识产权战略实施工作先进个人”称号；在他和同事们的努力下，辽宁全年新增驰名商标 57 件、马德里国际注册申请 41 件、地理标志商标 16 件，查处制售假冒伪劣商品案 4 439 件，并搭建了辽宁驰著名商标展示平台，作出了突出成绩。

**7. 陈一丹**

腾讯科技（深圳）有限公司原首席行政官。2012 年，在陈一丹的领导下，腾讯科技有限公司获得世界知识产权组织颁发的版权金奖；他倡导设立的深圳版权金奖成为国内首个城市版权表彰项目；作为国家版权局著作权法修改专家委员会委员，他对著作权法修改提出了真知灼见。

**8. 王　迁**

华东政法大学知识产权学院教授。2012 年，王迁作为著作权法修改专家委员会成员参与了著作权法修订工作，他编著的《知识产权法教程》荣获上海市高校优秀教材二等奖；作为中国代表团成员，他参与了 WIPO 多次重要会议，为版权保护作出了积极贡献。

**9. 万　捷**

雅昌集团有限公司董事长兼总裁。2012 年，在万捷的带领下，雅昌集团公司创建了全球最大的“中国艺术品数据库”，保护引述品版权资源，建立了艺术家数字资产管理系统，推动了艺术行业的知识产权保护。

**10. 张　伟**

厦门海关法规处处长。2012 年，张伟带领部门强化风险管理，狠抓专项整治，扎实推进知识产权海关保护工作，办理各类侵权案件 284 批次，涉案货值约 1 977 万元，向公安机关通报侵权案件线索

22 条，取得明显成效。

**11. 曾旭岩**

广东省公安厅经侦总队知识产权犯罪侦查科科长。2012 年，曾旭岩带领部门继续严厉打击制假售假犯罪行为，多措并举，扎实推进，指导各地侦破公安部督办案件 38 宗、大要案件 1 478 宗，取得突出工作成效，得到上级领导的充分肯定。

**12. 姚建军**

陕西省西安市中级人民法院知识产权审判庭庭长。姚建军十多年如一日辛勤耕耘，审理了美国通用电气公司与中国企业知识产权纠纷案等一批有影响的案件，其中多例入选“改革开放 30 年影响中国的 100 件典型案例”及《中国知识产权年鉴》，具有典型、代表意义。

# 2012 CPCC 十大中国著作权人

［编者按］ 2013 年 2 月 27 日，中国版权保护中心主办的 2012 CPCC 十大中国著作权人评选活动结果揭晓。服装设计师曾凤飞、雕塑家刘永刚、美术师周智慧、漫画家黄伟明和中国建筑设计研究院、北京东道形象设计制作有限责任公司、北京华美时空文化传播有限公司等 10 位著作权人入选。

**1. 曾凤飞——用传统诠释时尚**

曾凤飞，中国服装设计师协会理事，时装艺术委员会委员，亚洲时尚联合会中国委员会委员。受聘清华大学美术学院、北京工业大学、福建师范大学美术学院和厦门理工学院客座教授。

2012 年，曾凤飞的 2012 春夏新品“龙颜大展”发布会先后在北京和哈尔滨举行，其代表作《龙吟》备受关注，并被中国丝绸博物馆收藏。随后，曾凤飞的《龙吟》在中国版权保护中心进行了作品著作权登记。

曾凤飞的代表作《龙吟》，以中式立领礼服设计为风格，以博大精深的中国传统文化作为作品设计的灵感来源，吉祥图案的构思把中国元素多样而妙趣横生的识别性符号巧妙地运用到产品设计中，同时穿插了龙图腾，旨在用龙吟创意来演绎中华传统文化的精髓。作品的设计，还展示了手工艺细节风格化的修饰及精致点缀，将传统刺绣与西方版型相结合，释放出东方文明古国的神秘气息，用传统经典诠释现代时尚，引领潮流。

曾凤飞在中式男装设计上的独特创意和精益求精，为他赢得了国内外多项荣誉。2012 年，获得中国时装设计师最高奖项“金顶奖”，并于此后获得中国十佳时装设计师、中国服装设计大师勋章，他还是全国唯一四届荣膺“中国最佳男装设计师”美誉的设计人才。他自己创立的 FENGFEI·Z 品牌，仅用两年时间就获得业界高度认可，连续两年获得中国最佳男装设计奖，这在同行业开创了先河。曾凤飞的品牌成为福建省唯一一家进驻全国高端奢侈品商场的男装本土品牌。

**2. 刘永刚——创构群雕新“线相”**

刘永刚，著名雕塑家、油画家，中国美术家协会会员，中国美术学院客座教授。1986 年毕业于中央美术学院，1997 年毕业于德国纽伦堡美术学院，早年曾以油画《北萨拉牧羊女》崭露头角。

刘永刚始终关注着原创设计作品的版权保护。2005 年从海外回到祖国后，他第一时间就带着自己独创完成的《爱拥》大型装置群雕系列作品到中国版权保护中心进行了著作权登记。2012 年他又将最新创作成果《永刚线相》和《昆虫王国》等进行了著作权登记，表现了他对作品登记的高度重视和强烈的版权保护意识。

他锐意创新，不但在学术上提出了“线相”主张，在艺术创构上摆脱了西方近百年艺术教育体系对我国的影响，倡导向中国传统文化学习，在中西文化的反复比较中，努力寻找着一种对中国传统文化理解和对生命力量展示的完美艺术表达。最终，他从中国古老的文字中发现了创作的源泉，运用甲骨文、金文等多种文字造型，以中国文字为符号语言，用石头、钢铁为材料，设计出一种全新的视觉样式，让独立的汉字在结构上加以改变，从平面上站立起来，立体地在空间中传达自己的意象，被称为“站立的文字”。102件主题为“爱拥”的大型装置群雕，穿越时空，相聚一起，壮观无比，形象地展示了一个多民族大国博大精深的辉煌文化，引起了参观者的强烈共鸣。《站立的文字》获得了刘开渠优秀奖。

刘永刚还热心于版权宣传，鼓励周围的人对原创作品进行著作权登记，以自己的行动唤起更多的人关注版权、关注设计。

**3. 周智慧——“泼水”成海**

周智慧，国家一级美术师，中国大海画院院长，亚洲第一位俄罗斯艺术科学院院士。

美术作品《锦绣江山竞朝晖》，是周智慧独自一人，日夜挥毫泼彩，耗时3个多月创作完成的一幅长12米、高6米的巨幅国画，其以精湛技艺，完美展现了美丽中国多姿多彩的新面貌，被专家称赞是继傅抱石、关山月合作创作的《江山如此多娇》后，又一划时代的惊世之作。他将自己的大海系列美术作品第一时间在中国版权保护中心进行了登记。

在艺术领域，周智慧是个多面手，兼善油画、壁画、版画、宣传画、装潢设计等，曾参与第十一届亚运会的总体设计，全国第七届运动会场馆的美化设计，为我国首次南极考察设计了纪念章，奇思妙想的创意设计，彰显出他的艺术才华，带给人们的是美的遐想。大海题材的美术作品创作难，但周智慧知难而上，大海里捞“针”，探索出“泼水法”来描绘大海的壮美和多情。艺术贵在创新，他敢于突破，大胆探索，让大海画作呈现出变化万千、多姿多彩的神韵，为中国当代画苑增添了一朵耀眼的奇葩。在2012年联合国公共行政日庆典及表彰大会上，他的大海题材绘画受到与会联合国官员和贵宾们的高度关注，荣获了“世界文化艺术大奖”，赢得了世界赞誉。

周智慧十分重视作品的版权保护，他希望通过作品著作权登记来保护自身权益，让凝结着自己智慧和心血的精品佳作发挥最大价值，传播得更加久远。

**4. 黄伟明——“喜羊羊之父”再启程**

黄伟明，中国著名连载漫画家，动画片导演、编剧。现任广东明星创意动画有限公司总导演、总经理。2010年荣获“中国设计业十大杰出青年奖”。被誉为“喜羊羊之父”。

品牌动画系列《开心超人》是“喜羊羊之父”黄伟明继“喜羊羊”之后，精心打造的又一中国原创品牌长篇动画大作。该作品除沿用一贯的搞笑与可爱手法外，还增添了情感元素，获得了大众的好评。

黄伟明以“开心传世界”为创作理念，致力于为中国原创动漫打造更多脍炙人口的卡通形象，制作更多优质动漫与故事，为更多家庭和小朋友带来欢乐及美好回忆。黄伟明的创作灵感源于生活，关注平凡人平凡事，并融入了幽默元素，格调积极向上，因此赋予了作品持久的生命力。根据营销计划，黄伟明还与网游公司——ILEMON强强联合，合作搭建版权产业链，开发了多款开心超人网络游戏。正是由于对版权的了解、创造和运用，黄伟明的原创动漫作品取得了可观的市场效益。《开心宝贝之开心超人》也被列为广东省第二批重点文艺项目，荣获第七届金龙奖“最佳系列动画奖”、中国年度十大最具产业价值动画形象奖、2012亚洲动画创投会优秀作品奖等，2012年被国家广电总局评为“优秀国产动画片二等奖”，剧中主角开心超人和甜心超人成功被第16届广州亚运会录取为亚运动漫志愿者，为广州亚运努力宣传。

黄伟明一直致力于维护版权事业，坚持原创，并将自己的动漫作品在中国版权保护中心进行了著作权登记，积极向社会宣传版权保护的重要性，成为设计界倡导版权保护的表率。

**5. 中国建筑设计研究院**

中国建筑设计研究院（CAG），隶属于国务院国有资产监督管理委员会，是2000年4月组建的大型骨干科技型中央企业。作为建筑行业的引领者，他们始终将锐意创新作为发展的助推器，以此提升企业核心竞争力。中国建筑设计研究院十分重视对创新设计人才的培养激励和对版权价值的挖掘与保护，鼓励设计者努力创作撼动人心的设计作品，把握了先机，占领了行业发展制高点。

2012年，中国建筑设计研究院就《一村一品一村一景》、《二维协同CAD制图标准》、《二维协同CAD制图标准实施细则》、《保障性住房能力建设项目标识》等6件作品在中国版权保护中心进行了著作权登记。其中《一村一品一村一景》在《村庄景观环境工程技术规程》暨乡村景观建设立法推进研讨会上第一次发布和使用，推动了《村庄景观环境工程技术规程》的广泛实施，形成品牌效应，迈开了乡村景观建设立法工作的第一步。《二维协同CAD制图标准》及《二维协同CAD制图标准实施细则》的编制完成和实施应用，对全面提高中国建筑设计研究院计算机协同设计水平，提升设计质量与工作效率起到了推动作用。

中国建筑设计研究院在研究开发和工程实践中，日益重视版权保护工作，加大版权自我保护。它设立专门机构组织和建立知识产权档案，注重培养员工的版权保护意识，每年在本单位举办知识产权概况、成果转化介绍会，引导员工充分认识版权对社会发展、企业发展、自身发展的重要性。目前，该院科研成果累计获得省部级奖励 31 项，其中一等奖 6 项；获实用新型专利 10 项、软件著作权 3 项、商标注册 1 项。截止到 2012 年 4 月，中国建筑设计研究院共获得授权专利/软件著作权 141 项，其中发明专利 63 项，实用新型 78 项，商标注册 24 项。

**6. 宇朔工业设计公司**

宇朔工业设计公司（以下简称宇朔）成立于 2001 年，为中关村高新技术企业，是一家拥有以工业设计为核心竞争力的设计研发团队、在先进技术和成熟生产工艺的基础上整合技术和制造业等产业链资源、为客户提供产品设计开发整体解决方案的创新型设计服务企业。

《5 寸全功能工业级三防手持终端 PDA 六视图》是该公司在中国版权保护中心登记的重要作品之一。该项目定位于全功能 PDA 的设计研发和应用，替代了传统低端的手持 PDA 和昂贵的进口设备，为我国电力系统巡检管控系统与巡检人员对数据和图像的采集、监控和即时传输等通信和互动，提供了全新的手持移动互联终端设备解决方案。项目实施期间完成 4 000 台销售，累计销售收入 1 200 万元，累计净利润 121.6 万元，填补了我国电力系统应用领域的空白，并拥有多项自主知识产权。公司长期以“ESER 宇朔模式”为国内外许多著名品牌商、制造商、外贸出口商和渠道商，提供产品研究、规划、设计、开发和产业化实施服务，并已拥有了 50 多项具有自主知识产权的产品及相关的专利权。2012 年，伴随着中国创新事业的发展和宇朔自身的成长，公司逐步形成了完整的国内外项目，创立了从规划设计研发到产品化以及商品化的“一站式”产业化的工业设计服务体系。公司荣获中国工业设计十佳设计公司。

自成立以来，宇朔始终坚持原创设计，维护自己的权益。多年来，宇朔主动利用国家法律武器来维护自身的合法权益，维权诉讼百余起。通过法律手段，宇朔设计产品的知识产权权益得到了有力保护，也为企业带来了应有的收益，摸索出了版权保护的实践经验和有效维权方法。

**7. 上海欧迪芬内衣精品股份有限公司**

上海欧迪芬内衣精品股份有限公司（以下简称欧迪芬）1993 年成立以来，始终重视知识产权的开发与管理，重视产品设计研发的科技创新，并一直以创新的经营理念和前卫的设计风格，引领着中国内衣的时尚与潮流。

2012 年，欧迪芬在中国版权保护中心登记了“太极石健康美磁场”、“咖啡新语”两件作品。设计研发的“太极石健康美磁场”内衣，将自然科技置入现代内衣的设计中，在保持女衣外观时尚设计的同时关注内衣保健功能，成为欧迪芬 2012 年最畅销款内衣，年度销售总额达到了 2 260 万元。欧迪芬推出的咖啡新语“无钢圈”文胸，以咖啡渣为原料制成的面料，促进了绿色环保文化的发展；同时突破传统内衣设计概念，自主研发“无钢圈”专利设计，更加显著表现出内衣设计的健康概念，给新时代内衣设计开拓了更广阔的天地。这两款设计作品，是 2013 年市场具有最新概念、最为环保的作品，这种设计体现了欧迪芬坚持公益、环保、文化、多品牌的发展思路，以时尚和创新的研发理念为内衣界开辟了全新亮点 。

欧迪芬在重视品牌塑造、产品营销的同时，及时对重要产品进行版权登记，充分挖掘作品版权的价值，使品牌无形资产不断增值。

**8. 北京东道形象设计制作有限责任公司**

北京东道形象设计制作有限责任公司（以下简称东道公司）成立于 1997 年，是中国具有一定规模和影响力的综合性品牌战略咨询和设计公司。先后为国家游泳中心——水立方、2008 中国奥林匹克委员会、中华人民共和国商务部、中华人民共和国司法部、中国国际航空公司、杭州市等超过 1 000 家客户提供品牌设计服务。

东道公司积极主动进行设计作品著作权登记保护工作。2012 年，公司对水立方标志、水立方宣传册、桂林银行 SI 等十余件作品做了全面的著作权登记。他们为桂林银行的品牌标识进行全新设计后，使其崭新的品牌形象成为城市景观的亮点。东道公司为歌尔声学集团设计的方案覆盖了从品牌到产品等多个环节，使之品牌形象焕然一新，不仅提升了品牌形象，也为歌尔声学集团实现飞跃式发展提供了强大助推力。2012 年伦敦奥运会期间，东道公司为国家体育馆设计的宣传片在伦敦展出，带去了中国国际化新风貌，也带去了一个东方大国的深厚底蕴和文化。

东道公司于 2010 年制定了知识产权经营管理战略和知识产权保护体系，建立了以法务部和知识管理部为主导的知识产权职能管理中心，同时通过内刊和培训多渠道地进行版权保护宣传，加强公司各级人员的版权管理意识。

东道公司拥有一批由国内外著名专家学者组成的顾问团队和设计精英团队，近400名设计师队伍多次在国内、国外获得VI设计和标志设计的大奖，为国家和设计界赢得了荣誉。东道曾在LOGO 2000国际商标标志双年奖评选中荣获VI设计唯一金奖；在亚洲平面设计大赛上，两枚标志设计获“标志类”最高奖项；荣获中国平面设计艺术大展评委提名奖，作品被广东美术馆典藏；在第二届华人平面设计大赛中，VI作品获优秀奖；荣获国际商标标识双年奖银奖，2008年第29届奥运会会徽设计第三名，杭州市徽设计金奖。

**9. 正邦文化艺术发展有限责任公司**

北京正邦文化艺术发展有限责任公司（以下简称正邦）成立于1996年，是国内品牌策略行业的一流企业，现有员工人数573人，拥有中国本土最大的品牌策略团队。公司2011年营业收入过亿元，资产总额已达近亿元，最近3年利税增长率均在40%以上。

正邦先后为中国石化、步步高、北京银行、方太厨电、首旅集团、国家博物馆等企业机构服务，完成了网站群整合构建、APP应用与移动网站设计开发、虚拟互动体验、品牌数字识别规范等项目，是中国一流企业的首选网站与数字平台营销服务商，累计成功帮助上百家企业完成网站建设，助推品牌成长；目前，正邦已经帮助上千家企业提升了品牌形象、重塑品牌内涵，其标志VI设计达到行业顶尖水平；品牌顾问部已经为中国上千家企业提供了品牌咨询服务，包括品牌调研、品牌诊断、品牌架构梳理等项目内容，助力中国品牌腾飞。正邦对版权有比较深入的认识，并充分挖掘和发挥版权的内在价值。正邦积极维权，不仅保护了自主设计研发成果，也有效抑制了侵权行为的蔓延和负面影响。公司先后在中国版权保护中心登记了7件作品：“创意项目管理系统”、“品牌管理系统”、“企业网站内容管理系统”、“企业网站招聘系统”、“企业项目工时统计系统”、“网站后台管理系统”以及“用户管理系统”，这些作品被用于互联网协同工作平台，实现了创意产业规模化管理并建立了创易网，打造互联网创意产业新模式平台。

正邦多年的勤奋开拓获得了市场肯定，业绩逐年提高，荣获2009年丰台区经济发展突出贡献奖。设计作品“北京银行品牌形象”荣获2011年北京国际设计周年度设计奖，被各类行业协会授予奖项共计100余项。

**10. 北京华美时空文化传播有限公司**

华语电影节的新军北京华美时空文化传播有限公司（以下简称华美时空）是影片《失恋33天》的著作权人，并凭借此影片一炮走红，产生了巨大的社会反响。影片《失恋33天》与诸多好莱坞大片同期上映，首周票房即登顶冠军，最终该片在中国内地的放映共收获票房3.498 0亿元，而影片制作成本却不到1 000万元人民币，区别于近年来的国产大片模式，创造了国产小成本电影的神话。影片获得了第31届大众电影百花奖优秀故事片奖和第49届台湾电影金马奖最佳改编剧本奖。

华美时空自成立以来，公司在每部影视剧的剧本、拍摄制作、后期宣传发行等阶段对版权保护给予高度重视，不仅如此，还更加注重对影视版权的保护、运用和管理，将其视为公司的核心资源。公司为了最大限度保护版权，第一部影片《失恋33天》就在中国版权保护中心办理了版权登记，借助国家版权登记服务，理清法律关系，明确权利主体，避免由此可能产生的纠纷，并为后期利用影视版权进行投融资奠定了良好基础。为避免电影公映或者电视剧首播期间在互联网平台出现的大量盗版现象，华美时空维权团队在影视剧公开传播前以及上映期间，密切关注互联网平台的盗版现象，研究开发版权保护的技术手段，并将版权保护工作贯穿影视作品的制作发行全过程。公司在电影公映、电视剧转播及出版音像制品时，均与合作方签订严密的版权合同，明确责任，尽可能地杜绝版权侵权风险。通过这些制度和措施，华美时空形成了一套较为完整且有效的版权保护体系，在版权制度的有效支撑下，华美时空的发展速度不断加快，企业规模日益壮大，取得了较大的经济效益和社会效益，得到众多业内人士的肯定和普通观众的欢迎。

在影视创作前期，华美时空积极购买热销产品的摄制权，确保手中掌握优势创作资源。在后期发行阶段，除传统的院线放映和电视台放映外，华美时空顺应数字网络环境下观众欣赏作品方式的改变，与乐视、土豆签约，开拓作品的信息网络传播新渠道。影视剧剧本的编写、人物外形设计、编导演摄像以及演员合同的订立，包括后期对剧本的改编，都由专门的法律人士负责，保证每一个环节都不涉及版权纠纷。

# 2012 中国软件创新企业奖

［编者按］　2013 年 2 月 27 日，由中国版权保护中心举办的“纪念计算机软件著作权登记制度实施 20 周年 2012 中国软件创新企业颁奖”活动在北京举行。北京金山软件有限公司等 20 家企业被评为“中国软件创新力 20 强”，北京数码视讯科技股份有限公司等获“中国软件创新潜力奖”。

## 中国软件创新力 20 强企业名单

### 1. 北大方正集团有限公司

【代表性软件作品】方正阿帕比数字资源版权保护与运营平台；方正阿帕比云阅读器软件。

北大方正集团有限公司，由北京大学 1986 年投资创办，是中国信息产业综合实力前三强的大型控股集团公司，是国内最具实力的软件产品、技术和服务供应商。方正集团近年来不断创造并拥有着对中国 IT 产业发展和大规模应用至关重要的核心技术，注重研发适应市场需求的自主软件产品，已在国内软件开发领域占据了领先地位。

方正阿帕比数字版权保护系统是方正集团 IT 软件业务的重要组成部分，基于此技术的方正 Apabi 数字图书馆已建成 1 000 家，合作出版社 400 多家。方正畅流数字化工作流程管理系统代表了目前我国印前和印刷流程的最新技术水平及成果，整体技术已达到国际先进水平，该系统在激烈的市场竞争中市场占有率高达 46.5%，在全国大型报社或报业集团中市场占有率高达 91%。方正集团非常重视企业软件版权的保护和管理，目前已在中国版权保护中心登记软件作品 600 余件。

### 2. 中国软件与技术服务股份有限公司

【代表性软件作品】中软防水墙系统；中软税收分析系统。

中国软件与技术服务股份有限公司，是国内软件行业的先行者之一，现已形成较为完善的自主软件发展体系，成为国内领先的综合 IT 服务提供商。在全国税务、信访、交通、金融、能源等国民经济重要领域拥有上万家客户群体，在国家信息化“金”字系列工程中发挥着重要作用。

中国软件与技术服务股份有限公司始终坚持以科技创新为龙头，开展了多项基础性、前瞻性和关键性的软件技术攻关，并致力于打造一体化国产软件集成应用平台，开发了许多自主创新的软件产品。其中，以防水墙系统为例，在国内率先提出了“网络内部信息安全管理”理念，该产品已在国家涉密部门、核心技术研究机构，以及政府、国防等多个领域成功应用，目前国内市场占有率第一。中国软件与技术服务股份有限公司十分重视版权的保护和管理工作，对公司创作的软件作品在第一时间进行登记，目前拥有软件著作权登记证书 1 000 余件。

### 3. 北京金山软件有限公司

【代表性软件作品】金山 WPS Office 2009 专业版办公软件；金山毒霸网络版应用软件。

北京金山软件有限公司，创建于 1988 年，是中国最知名的软件企业之一，是中国领先的应用软件和互联网服务提供商。金山在应用软件领域的技术实力一直保持着领先地位，营业规模持续高速增长。

金山公司自主开发的 WPS Office、金山毒霸等应用、安全、游戏软件是国内成功软件的代表性作品。作为国内应用最为广泛的国产办公软件之一，金山 WPS 产品被列入我国政府软件正版化采购计划，成为国内市场占有份额最大的国产办公软件。金山首款中华武侠网游作品《剑侠情缘网络版》，突破了国产网络游戏缺乏自主知识产权的产业发展瓶颈，在国内民族武侠类游戏中占据领先地位。此外，金山积极创新业务领域，于 2010 年发布金山云战略。目前金山快盘用户已超过 1 600 万，居国内同行业第一。金山公司对软件版权的重视程度不断提高，软件登记作品覆盖了金山各个业务领域，目前累计登记软件著作权 302 件。

### 4. 亿阳信通股份有限公司

【代表性软件作品】亿阳数据通信网管系统软

件；亿阳移动网络管理系统软件。

亿阳信通股份有限公司成立于1995年，致力于电信管理、信息安全、增值业务和智能交通等方面的行业应用软件开发、解决方案提供和技术服务，是中国最大的应用软件开发和集成商之一。亿阳信通在电信运营的OSS/BSS/MSS领域拥有完整、成熟的产品线，多年来公司协助中国移动在国际网络管理领域从跟随者成长为引导者，提高了中国通信行业在国际通信领域的地位。

通过多年自主创新，亿阳信通掌握了众多核心技术，其网络管理产品在中国通信行业的深入应用，提升了中国自主知识产权产品在电信行业中的运维管理水平。亿阳信通公司一直关注自身的创新与发展，通过与北京邮电大学的产学研合作，联合微软、IBM等国际知名公司，实现了在人才、技术和研发等方面的强强联合，使公司始终保持强劲的创新发展动力。亿阳信通公司积极推进软件版权保护工作，已登记软件著作权292件。

**5. 太极计算机股份有限公司**

【代表性软件作品】突发公共事件应急指挥平台；太极Web应用防护系统。

太极计算机股份有限公司成立于1987年，成功实现了从小型机研制生产向行业信息技术应用与服务提供的转型，现已成为行业信息化建设的领军企业。太极是我国重大信息系统总体设计和工程建设的主要承担者，在国家金融、外交、宏观经济管理和民生保障等领域的信息化建设中发挥了重要作用。

经多年实践积累，太极将创新融合于技术变革的大潮，形成了领先的IT咨询能力和科技创新能力，拥有数百项行业解决方案和百余项自主软件产品，在推动企业和技术创新方面作出了表率。早在上世纪80年代，太极突破技术壁垒成功研制并批量生产太极2000系列超级小型机系统产品，连续6年市场占有率超过50%，打破了我国小型机市场由国外产品垄断的局面。太极公司在注重创新的同时也十分重视企业版权管理和保护工作，关注研发成果的产权化，目前已登记软件著作权215件。

**6. 亚信联创科技（中国）有限公司**

【代表性软件作品】亚信联创综合业务监控系统；亚信联创橘云大数据计算平台系统 。

亚信联创科技（中国）有限公司于2009年成立，是中国最大、全球收入和市值均第二大的电信BSS/OSS提供商。

亚信联创为全球电信及广电运营商提供咨询规划、系统建设及运营一体的端到端的强大全面服务，其提供的软件方案和服务覆盖客户信息化运营的全部环节。其核心软件产品独具的大用户量和系统复杂性都堪称世界第一。其创新研发的软件系统支撑用户规模超过5.2亿，有力地支持了电信运营商移动互联网等新兴业务的发展。公司坚持持续创新、因需而变的发展策略，关注企业技术创新工作的每个阶段，公司管理层组成了创新委员会，并设立“创新基金”，扶持具有成长潜力的创新项目，为具有创新精神和才能的员工提供了创业平台。在具备卓越的市场前瞻力和业务创新力的同时，公司更加重视各项知识产权保护工作，已登记软件著作权289项。

**7. 北京启明星辰信息安全技术有限公司**

【代表性软件作品】天清入侵防御系统；天镜计算机系统漏洞库及管理信息系统。

北京启明星辰信息安全技术有限公司成立于1996年，是国内最具实力的、拥有完全自主知识产权的网络安全产品、可信安全管理平台、安全服务与解决方案的综合提供商。自2002年起，启明星辰就持续保持国内入侵检测、漏洞扫描市场占有率第一，安全网关和入侵检测类产品分别占到国内整体信息安全市场份额的40%和10%。

作为信息安全行业的领军企业，启明星辰深知创新对企业成功的重要意义，积极利用上市后带来的巨大资源和品牌优势，加大研发投入，持之以恒地进行技术突破和产品创新，不断打造核心技术和用户需求的结合点和产品服务模式，现已成为国内安全领域最具技术创新和产品研发实力的企业之一。启明星辰拥有我国规模最大的国家级网络安全研究基地，参与多项国家及行业网络安全标准的制定，创造了百余项专利和软件著作权。

**8. 广州华多网络科技有限公司**

【代表性软件作品】YY语音软件；YY音乐社区软件。

广州华多网络科技有限公司成立于2005年，是国内最专业、最具成长性的互联网企业之一。作为全球首个富集通讯业务运营商，广州华多坚持创新取胜，重视在自主知识产权技术上的投入，其推出的一系列创新软件产品都取得了较大的商业成功。

公司拥有国内最大、最具影响力的游戏门户网站多玩游戏网，现已成为游戏玩家首要选择的游戏资讯专业门户之一。其自主研发的拳头软件产品YY语音平台在多人语音数据分组转发、传输质量和规模等方面的核心技术均处于国际领先地位，是国内第一大游戏语音通信软件。目前注册用户超过

4 亿人，占国内 84%的市场份额，已成为全球最大的综合性语音服务平台，赢得了游戏用户的广泛认可。广州华多高度重视知识产权的保护工作，建立了一整套的版权激励、风险防范机制，激发了研发团队的创新积极性。公司对创作的所有软件作品均及时办理著作权登记。

**9. 浪潮集团山东通用软件有限公司**

【代表性软件作品】浪潮 ERP-PS 企业管理软件；浪潮 eHR 人力资源管理软件。

浪潮集团山东通用软件有限公司（以下简称浪潮通软）成立于 1992 年，是中国著名的企业管理软件、分行业 ERP 及服务供应商。该公司是国内最早涉足集团管理信息化应用领域的软件厂商，起步于大型 MIS 系统的浪潮 ERP，是中国最早基于大型关系型数据库开发的企业级管理软件，现为中国领先的企业管理软件品牌，连续 9 年蝉联中国集团管理软件市场占有率第一。

创新始终是浪潮通软发展不竭的动力，2010 年公司向云计算整体方案和服务商全面转型，率先发布云海战略，提出行业云理念，并推出中国首款自主研发的云操作系统，推出浪潮企业云解决方案，协助集团企业以私有云、行业云和公有云等部署模式搭建环境，以雄厚的技术实力在云计算领域走出了一条创新之路。公司高度重视自有产品和技术的知识产权保护，现已登记软件著作权 98 件，取得了显著的经济效益和社会效益。

**10. 信雅达系统工程股份有限公司**

【代表性软件作品】信雅达企业电子银行系统；信雅达金融档案进件管理软件。

信雅达系统工程股份有限公司成立于 1996 年，是国内最早从事金融信息化建设的 IT 厂商之一，现已成为我国金融软件和金融信息服务业的龙头企业。

十几年来，信雅达不断致力于我国金融信息服务领域技术和产品的持续原创性创新和自主开发，在金融软件行业最大的四领域市场：业务运营、电子渠道、风险管理与信息安全领域都深具影响，发挥着行业领头羊的作用。其中，信雅达企业电子银行系统技术水平国内领先，市场占有率位居国内第一。在应用软件、嵌入式软件和信息服务三大领域，信雅达也掌握了一大批具有自主知识产权的核心技术，包括银行电子支付安全体系关键技术、数字水印技术、加密算法、影像识别及处理技术等，积累了丰富的技术优势和品牌优势。经过潜心研发，公司已拥有软件著作权登记证书 90 余件，使自主软件版权得到了更好的保护。

**11. 北京华胜天成科技股份有限公司**

【代表性软件作品】企业移动办公系统软件；华胜天成服务电子化管理系统。

北京华胜天成科技股份有限公司成立于 1998 年，是中国领袖级的 IT 综合服务提供商，是中国最早提出 IT 服务产品化的公司，业务涵盖 IT 产品化服务、应用软件开发、系统集成及增值分销等多种 IT 服务业务，在电信、能源、交通等领域拥有大量成功案例。

公司注重拥有自主知识产权的产品研发，并通过不断整合创新资源，逐步形成了独具特色的科研创新体系，为保持公司可持续创新能力提供了保证。其创新性产品广泛应用于移动互联网、IT 系统信息处理和集成、云计算、物联网等方面。尤其是在移动互联网技术方面，公司致力于基础软件的研发和服务平台结构的创新，提出了下一代云计算构架下的企业级移动信息化服务平台解决方案，实现了在中国移动和新华社的推广使用，极大地推动了移动信息化的创新与发展。公司目前共取得软件著作权登记证书 149 件，专利 3 件。

**12. 北京中创信测科技股份有限公司**

【代表性软件作品】中创信测七号信令测试仪软件；中创信测 3G 网络监测系统。

北京中创信测科技股份有限公司于 1995 年成立，是专业致力于研发和生产通信网运维管理产品的高科技企业，于 2003 年在上海证券交易所上市。经过 17 年的技术积累和产业化实践，中创信测公司已形成通信网测试仪器仪表和网络智能监测系统两大类 6 个系列 30 多种产品，并全部拥有自主知识产权，产品全面覆盖交换、接入与传输、移动通信、IP 数据通信、七号信令、3G 等国家重点鼓励发展的通信产业领域。公司自主研发、自主品牌、自有知识产权的产品在国内市场已实现较高的占有率，现已成为国内最大、最专业的通信运维厂商。中创信测始终坚持技术创新战略，提升数据挖掘和运用能力，以创新推动组织成长，及时根据行业发展趋势进行技术攻关，以过硬的产品质量和出众的技术实力为我国通信运维领域技术水平的提高作出了贡献。目前，中创信测已登记 212 件软件著作权。

**13. 蓝盾信息安全技术股份有限公司**

【代表性软件作品】蓝盾 DDOS 防御网关系统；蓝盾防火墙软件等。

蓝盾信息安全技术股份有限公司成立于 1999 年，是国内最早从事信息安全产品研发并且拥有自主知识产权的专业网络安全企业，专注于企业级信息安全领域，以完整的业务体系和丰富的产品种类服务于不同行业客户系统化、个性化的信息安全需求。

在多年的探索和实践积累中，蓝盾始终坚持以自主创新为发展的原动力，以技术研发领先抢占市场，目前已掌握了信息安全领域内的主要核心技术，其中蓝盾DDOS防御网关所采用的“零积累智能识别”等技术达到国际先进水平。凭借领先的技术实力，蓝盾先后承担并实施了多项国家级及省部级的重点信息安全科研项目，研发了多件具有自主知识产权的安全软件产品，有力地保障了我国信息化建设的健康安全发展。蓝盾高度重视研发成果的产权化，目前已获得100项与主营业务紧密相连的软件著作权，有效保护了公司的核心技术与研究成果。

**14. 南京擎天科技有限公司**

【代表性软件作品】擎天数据采集系统软件；擎天网上纳税申报软件。

南京擎天科技有限公司创立于1988年，是专业从事软件产品研究开发、推广、运营，IT咨询及服务的软件企业，是国内首家在英国伦敦上市的软件公司。公司精心耕耘于电子政务信息化领域，依靠工作流和数据交换等自主创新的核心技术，在电子政务、税务信息化、数字通信和系统集成四大业务中形成了核心竞争力。公司重视科技的创新，更珍视科技的完善与应用，其在网络数据分析与还原技术、数字语音处理技术、通信协议解析技术方面均处于国际领先水平，赢得了约10万客户的赞誉和好评。在激烈的互联网市场竞争中，公司以技术创新为战略主导，2011年总收入比去年增长近30%，走出了一条自主研发与市场相结合的良性循环、可持续发展的创新之路。公司还非常重视版权保护和管理工作，对80件软件作品积极进行版权登记，为企业的快速发展提供了有力保障。

**15. 北京四方继保自动化股份有限公司**

【代表性软件作品】CSC低压测控软件；CSC大型变压器保护软件。

北京四方继保自动化股份有限公司成立于1994年，是为电力行业、公共事业及大型行业客户提供电力及综合自动化整体解决方案、优质产品和服务的高新技术企业。作为中国电力自动化行业当之无愧的龙头企业，四方公司秉承“技术领先，永远创新”的企业宗旨，把握电力改革开放的历史性机遇，先后在城乡电网改造、西电东送、青藏铁路、北京奥运会、上海世博会等国家重点工程项目中作出了突出贡献。四方公司基于完全自主知识产权的丰富产品体系，开拓性地在国内实现了技术成就的多个“第一”，主要产品多次荣获国家科技进步奖及省部级科技进步奖，并主持或参与制定了100多项国际、国家和行业标准。四方公司重视软件版权在质量、数量上的积累，目前已将141件软件作品进行著作权登记，凭借一系列自主创新的技术产品在激烈的市场竞争中脱颖而出，取得了优良的市场表现。

**16. 中金数据系统有限公司**

【代表性软件作品】中金业务持续风险评估软件；中金数据云资源智能负载均衡管理软件。

中金数据系统有限公司于2005年成立，是国内领先的云计算运营服务商和信息系统服务专业提供商，是为金融、政府、电信和交通等重要行业客户提供专业化的信息技术服务的企业。

公司凭借雄厚的软硬件实力，依托自有的高等级数据中心和开放的云计算技术，在关键技术领域不断探索和创新，研发出智能语音云软件、云运营技术服务平台等在内的云后台，为用户提供云咨询、云集成、云运营的全方位、一站式服务。其自主研发的CeBCM软件是目前国内唯一一款针对业务持续和应急管理的软件化服务产品，广泛应用于金融行业，为金融行业的信息化建设发挥着重要作用。此外，中金数据在云服务商业模式上也不断地尝试和创新，赢得了市场竞争优势，为推动我国云计算产业的发展树立了良好的典范。中金数据在知识产权管理方面开展了卓有成效的工作，及时对公司软件作品进行著作权登记。

**17. 远光软件股份有限公司**

【代表性软件作品】远光财务管理新纪元系统；远光集团报表系统。

远光软件股份有限公司成立于1998年，从单一的财务软件服务提供商转变为全面电力信息化解决方案提供商，现已成为中国管理软件的领军品牌。2011年，公司营收达到6.4亿元，市值超过70亿元。远光软件深知创新为公司发展之源，始终坚持技术创新、管理创新和服务创新，并不断加大远光集团资源管理软件家族的产品升级和新产品研发投入，生产经营的软件产品均拥有完全自主知识产权。公司深刻把握电力行业发展脉搏，精准剖析电力信息化市场对“集团管控”的重点需求，为包括两大电网、五大发电集团在内的电力央企用户提供成熟的远光集团资源集约化GRIS解决方案，在电力行业企业管理软件领域占有85%以上的市场份额。远光软件十分注重软件著作权的保护，建立版权工作的长效机制，至今已办理71件软件著作权登记。

**18. 深圳天源迪科信息技术股份有限公司**

【代表性软件作品】天源迪科客户关系管理软件；天源迪科公安情报信息资源群系统软件。

深圳天源迪科信息技术股份有限公司成立于1993年，自创建以来一直致力于为电信、公安等行业用户提供优质解决方案、产品和服务，现已发展成为国内电信业务支撑软件领域和公安行业应用软件领域的领先企业。

公司坚持自主创新的发展战略，始终重视技术研发，每年将不低于营业收入的10%用于对软件产品的研发和升级。作为电信业务支撑系统的主流供应商，深圳天源迪科信息技术股份有限公司在联机交易、实时系统、联机分析应用等应用领域，形成了自主创新的系统设计和建设方法，在业务支撑软件的细分市场占有率名列前茅，已成为中国电信和中国联通IT支撑系统领域的核心合作伙伴。同时在公安行业应用软件领域，天源迪科围绕情报线索系统进行产品和服务创新，解决方案在行业保持领先，树立了公司在国内同行业竞争中的优势地位。目前已将85件软件作品在中国版权保护中心进行了登记。

**19. 广联达软件股份有限公司**

【代表性软件作品】广联达施工项目成本管理信息系统；广联达全过程造价管理系统。

广联达软件股份有限公司成立于1998年，是国内建设工程领域信息化服务产业的领军企业。十几年来，广联达立足建设工程领域，以客户需求为导向，产品从单一的预算软件发展到工程造价、工程施工、企业管理、工程采购、工程教育、电子政务与互联网等七大类、30余种，并被广泛使用于房屋建筑、工业与基础设施等三大行业。在举世瞩目的鸟巢、国家大剧院、上海东方明珠等工程中，广联达产品均得到深入应用，并赢得用户好评。公司在产品研发、人才培养方面形成了独特优势，建立了完善的自主研发和技术管理体系，公司主要产品均具有自主知识产权，多项核心技术达到国际领先水平。广联达十分重视软件的著作权保护，截至2012年底已登记的软件著作权达到87件，2011年度广联达应用收入达到7.4亿元，其中99%的收入来源于登记软件的销售为企业带来的经济收益。

**20. 北京紫光华宇软件股份有限公司**

【代表性软件作品】数字法院审判管理系统；检察院信息管理系统等。

北京紫光华宇软件股份有限公司成立于2001年，专注于电子政务领域的软件与信息服务，为客户的信息化事业提供全方位的解决方案与服务。自成立以来，紫光华宇以行业应用系统作为企业的核心竞争力，始终专注于电子政务应用系统的开发与服务，在电子政务市场占有显著的竞争优势，是电子政务解决方案的龙头企业之一。在法院、检察院信息化建设领域，紫光华宇连续多年市场占有率第一，客户遍及全国。其中，法院核心业务软件系统的市场占有率达到44%，检察院核心业务软件系统市场占有率为36%，多个软件产品在全国3 600余家法院得到全面应用。公司坚持自主创新，目前拥有近200项具有自主知识产权的软件产品，主要产品和技术居于国内领先地位。公司高度重视企业的版权保护和管理工作，已登记138件软件著作权。

## “中国软件创新潜力奖”获奖企业名单

| 编号 | 获奖企业名称 |
|---|---|
| 01 | 北京数码视讯科技股份有限公司 |
| 02 | 福建榕基软件股份有限公司 |
| 03 | 东信和平科技股份有限公司 |
| 04 | 广东同望科技股份有限公司 |
| 05 | 京华信息科技股份有限公司 |
| 06 | 广州海格通信集团股份有限公司 |
| 07 | 深圳市华威世纪科技股份有限公司 |
| 08 | 山东中孚信息产业股份有限公司 |
| 09 | 广州中望龙腾软件股份有限公司 |
| 10 | 长春迪瑞医疗科技股份有限公司 |
| 11 | 荣科科技股份有限公司 |
| 12 | 广州广电运通金融电子股份有限公司 |

续前表

| 编号 | 获奖企业名称 |
|---|---|
| 13 | 合肥未来计算机技术开发有限公司 |
| 14 | 广州银联网络支付有限公司 |
| 15 | 浙江宇天科技股份有限公司 |
| 16 | 深圳市长亮科技股份有限公司 |
| 17 | 珠海优特电力科技股份有限公司 |
| 18 | 深圳市彩讯科技有限公司 |
| 19 | 长园共创电力安全技术股份有限公司 |
| 20 | 北京同方软件股份有限公司 |

# 2012年（第五届）全国大学生版权征文获奖名单

［编者按］ 2013年4月25日，由国家版权局主办、《中国版权》杂志承办的第五届全国大学生版权征文活动评选结果揭晓，活动分为研究生组和本科生组，各评选产生一等奖10名，二等奖20名，三等奖30名，入选奖60名。

## 研究生组

**一等奖**

彭　珊　　华中师范大学
黄海奇　　厦门大学
王晨安　　厦门大学
延　静　　西北政法大学
翁奇震　　华东政法大学
常公元　　中南财经政法大学
黄　桢　　上海大学
戴　琳　　云南大学
曲畾囡　　中国政法大学
倪朱亮　　西南政法大学

**二等奖**

肖声高　　武汉大学
凌　雯　　华东政法大学
蔡崇山　　华东政法大学
袁　锋　　华东政法大学
阮开欣　　华东政法大学
胡　昂　　华东政法大学
张　龙　　华东政法大学
钟晓媚　　西南政法大学
练虹怡　　北京航空航天大学
马驰升　　中南大学
徐　文　　中国传媒大学
李　强　　中国传媒大学
酒莉莉　　重庆理工大学
黄　钰　　暨南大学
姚泓冰　　中国政法大学
柴耀田　　中国人民大学
文诚公　　中国人民大学
史兆欢　　中国人民大学
李　乾　　华南理工大学
全婷婷　　中南财经政法大学

**三等奖**

翟全军　　西安交通大学
许　旭　　中国传媒大学
苏　熳　　中国政法大学
刘自钦　　中国政法大学
龚雯怡　　华东政法大学
舒　叶　　南京大学
彭　敏　　中国社会科学院
郝克勤　　中国社会科学院
胡彦涛　　华南理工大学
罗唐超　　华南理工大学
王珑澔　　西南政法大学
张　颖　　中南财经政法大学
邱江涛　　北京师范大学
张祥志　　华中师范大学
黄钱欣　　厦门大学
鲁　虎　　中南民族大学
王鲁帅　　上海大学
王正赟　　上海大学
林　遥　　武汉大学
李国庆　　武汉大学
饶先成　　安徽大学
冯　靓　　河北经贸大学
肖　萍　　中南民族大学
初小菲　　北京航空航天大学
陶冠东　　清华大学
张　凯　　中南大学
杜　煖　　北京印刷学院
陈　曦　　北京印刷学院
洪俊杰　　浙江大学
乔　攀　　北京理工大学

**入选奖**

| | |
|---|---|
| 刘　迪 | 中国政法大学 |
| 项方方 | 中国政法大学 |
| 杜　靓 | 中国政法大学 |
| 王　进 | 中国政法大学 |
| 刘检玲 | 中国政法大学 |
| 彭耀进 | 中国社会科学院 |
| 左　媞 | 中国社会科学院 |
| 胡　霞 | 中国人民大学 |
| 温　迪 | 中国人民大学 |
| 孙红优 | 北京大学 |
| 邢文静 | 对外经济贸易大学 |
| 朱文龙 | 对外经济贸易大学 |
| 彭宏艳 | 北京印刷学院 |
| 杨　萌 | 北京印刷学院 |
| 周　葛 | 北京印刷学院 |
| 姜　曼 | 北京印刷学院 |
| 李　姣 | 北京印刷学院 |
| 李　楠 | 北京印刷学院 |
| 邱家骏 | 北京外国语大学 |
| 于　楠 | 北京理工大学 |
| 卢范强 | 北京航空航天大学 |
| 韩璐玮 | 北京航空航天大学 |
| 张园晟 | 中国矿业大学 |
| 杨　洁 | 上海大学 |
| 龚佳慧 | 上海大学 |
| 李　欢 | 上海大学 |
| 刘杨东 | 华东政法大学 |
| 胡　超 | 复旦大学 |
| 李雪源 | 天津商业大学 |
| 苏任远 | 河北经贸大学 |
| 赵　鹏 | 河北经贸大学 |
| 宋向婷 | 河北经贸大学 |
| 焦爱军 | 河南科技大学 |
| 伊成儒 | 武汉大学 |
| 胡　强 | 华中师范大学 |
| 沈贺琴 | 华中师范大学 |
| 秦　朝 | 中南财经政法大学 |
| 姚国馨 | 中南财经政法大学 |
| 张　星 | 中南民族大学 |
| 刘名洋 | 中南大学 |
| 郑浩宇 | 中南大学 |
| 邓　嵘 | 湖南师范大学 |
| 陈先球 | 湘潭大学 |
| 谭　玲 | 重庆工商大学 |
| 罗　婷 | 西南科技大学 |
| 曹　博 | 西南政法大学 |
| 张惠彬 | 西南政法大学 |
| 张晓飞 | 西安交通大学 |
| 车　辉 | 西安交通大学 |
| 董园媛 | 西北政法大学 |
| 王　林 | 西北政法大学 |
| 郑淑云 | 浙江大学 |
| 李　慧 | 浙江工商大学 |
| 梁启星 | 广东商学院 |
| 王影航 | 华南理工大学 |
| 许健聪 | 华南理工大学 |
| 陈步凡 | 厦门大学 |
| 黄　萍 | 厦门大学 |
| 王婷婷 | 安徽师范大学 |
| 崔孟宁 | 新疆农业大学 |

## 本科生组

**一等奖**

| | |
|---|---|
| 顾威豪 | 华东政法大学 |
| 王诗漫 | 中国传媒大学 |
| 肖姗营 | 华南师范大学 |
| 郑梦露 | 武汉大学 |
| 付丽霞 | 南京师范大学 |
| 马　骉 | 安徽师范大学 |
| 郑源良 | 南方医科大学 |
| 姚远志 | 南方医科大学 |
| 阎维博 | 西北政法大学 |
| 陈　璐 | 中南财经政法大学 |

**二等奖**

| | |
|---|---|
| 张葳葳 | 华东政法大学 |
| 张　敏 | 华东政法大学 |
| 孙斐然 | 华东政法大学 |
| 王德慧 | 南京理工大学 |
| 赵晨翔 | 武汉大学 |
| 吴穗峰 | 湘潭大学 |
| 周家保 | 安徽师范大学 |
| 储昭鑫 | 安徽师范大学 |
| 黄闻晓 | 安徽师范大学 |
| 朱经纬 | 西北大学 |
| 陈锦帛 | 西北大学 |
| 吴　娇 | 中南民族大学 |
| 戚梦琴 | 杭州师范大学 |
| 王　蔚 | 北京理工大学 |
| 何　悦 | 北京理工大学 |

毛姗姗　　浙江工业大学
范庆云　　中南财经政法大学
陈琼章　　中南财经政法大学
宋颖琪　　上海商学院
程　静　　南京师范大学

**三等奖**

刘红姝　　河北经贸大学
朱　翔　　华东政法大学
张洁琼　　华东政法大学
邹　凡　　华东政法大学
郑文初　　上海外国语大学
李紫微　　中国人民大学
黄依心　　中国传媒大学
凡　响　　中国传媒大学
郭　佳　　对外经济贸易大学
胡志强　　安徽师范大学
黄雨婷　　安徽师范大学
余　珍　　中南民族大学
符　斯　　中南民族大学
柯　欢　　湖北文理学院
杨仕民　　湖北文理学院
吴　昊　　中南大学
黄　亮　　中南大学
杜鹤凯　　华中农业大学
高　天　　中南财经政法大学
杨影叶　　中南财经政法大学
吴艳亭　　中南财经政法大学
邹一葵　　武汉大学
马志达　　华南理工大学
吴堉琳　　中山大学
叶　琼　　重庆理工大学
梁　尧　　南京理工大学
赵思静　　河南科技大学
王天宇　　暨南大学
王辛宇　　天津商业大学
龙雪菲　　杭州师范大学

**入选奖**

刘　达　　重庆理工大学
沈　丹　　华东政法大学
张　航　　北京理工大学
黄　鑫　　安徽师范大学
宣元帅　　安徽师范大学
侯　璐　　中南民族大学
徐美倩　　中南财经政法大学
何莉泓　　重庆工商大学
周笑笑　　南京理工大学
罗小惠　　河南科技大学
唐恬恬　　浙江工商大学
吴华军　　浙江工业大学
许文君　　杭州师范大学
杨翔宇　　中国传媒大学
戴夕雨　　南京师范大学
张　桃　　华东政法大学
蒲冠宇　　重庆理工大学
徐　敏　　湘潭大学
徐坤宇　　华南理工大学
余凌波　　湖北文理学院
朱佳国　　安徽师范大学
张　润　　西北政法大学
吴晨霖　　浙江工业大学
李　峰　　安徽师范大学
姜　帆　　南京审计学院
王　荡　　西北大学
王　欢　　西北大学
张慧姗　　南方医科大学
王秀英　　中南民族大学
马　然　　中南民族大学
高健儿　　杭州师范大学
侯竹君　　北京理工大学
陈竟之　　北京理工大学
张乃馨　　北京理工大学
严宇斐　　暨南大学
郭　铮　　暨南大学
林思洁　　暨南大学
王乾坤　　中南财经政法大学
曾　洁　　中南财经政法大学
刘　洋　　中南财经政法大学
陈梓煊　　华南师范大学
骆嘉鹏　　对外经济贸易大学
叶　芬　　安徽师范大学
赵　悦　　安徽师范大学
赵允龙　　安徽师范大学
王　卉　　天津商业大学
李庆良　　南方医科大学
黄　燕　　南方医科大学
李　曦　　中南民族大学
岳　烨　　北京理工大学
王露梦　　北京理工大学
郭大有　　北京理工大学
张冰洁　　暨南大学

章梦艺　　中国传媒大学
唐张枫　　中国传媒大学
刘　豪　　北京师范大学
黄天航　　北京师范大学
郭　曼　　武汉工程大学
黄霁帆　　浙江大学
钮效崇　　中央民族大学

国家版权交易网
www.copyrightmall.com
版权作品查询？版权作品管理？版权作品交易？版权作品认领？版权资源下载？
上国家版权交易网！
丰富的版权作品资源库，务实的版权交易服务平台
国家版权交易网（www.copyrightmall.com）于2010年8月创建，由中国人民大学国家版权贸易基地主办，旨在为优秀作品的创作方与使用方搭建信息平台和沟通桥梁，促进版权交易与版权相关产业的发展，是国内外作品类型最齐全的作品信息查询平台和版权交易服务平台。
国家版权交易网首页
作品认领
版贸基地
国家版权交易网
版权作品资源库 版权交易服务平台
IT'S A RICH COPYRIGHT REPOSITORY!
INTEGRATED SERVICE PLATFORM FOR COPYRIGHT TRADING
咨询电话：010-62519147
邮箱：copyrightmall@126.com banmao@cspruc.com

GstarCAD 浩辰
专 注 所 以 信 赖
苏州浩辰软件股份有限公司（以下简称浩辰软件）成立于1992年，是亚太地区领先的CAD产品及解决方案提供商，全球掌控CAD核心技术的软件厂商之一；也是行业率先形成“CAD一体化”服务体系、提出协同设计概念及推行整体解决方案的CAD软件企业。在全球范围内，浩辰软件的产品已经覆盖100多个国家和地区，全球正版用户超过40万家。
浩辰CAD8采用的是全新引擎和大量创新技术，相比浩辰CAD之前的版本，其图形显示速度和用户设计体验提升3到5倍，并降低内存占用40%～50%。浩辰CAD8的全球领先内核架构使其性能在未来有了更大提升空间，并在短时间内成为备受全球瞩目的CAD平台软件。
GstarCAD MC是苏州浩辰软件股份有限公司推出的iOS和Android版手机CAD绘图软件，从此设计师在安装iOS和安卓系统的各种智能手机、平板电脑及其他各类设备上也同样可以享受GstarCAD MC手机CAD软件带来的便利。
浩辰CAD 8
GstarCAD浩辰
浩辰CAD
正在初始化
GstarCAD MC
浩辰CAD移动客户端软件
GstarCAD MC

中望CAD+
高性价比的 CAD平台软件
持续领航
助力中国企业以合理成本解决CAD软件正版化
中望一直在努力
ZWSOFT中望软件
● 技术创新
致力提供全新自主研发的中望CAD+平台软件及机械、建筑专业CAD软件，中国拥有完全自主知识产权的中望3D CAD/CAM软件领先技术。
● 全球客户的认可
目前已经赢得全球80多个国家和地区超过32万正版用户的一致信赖，其中不乏宝钢股份、中国移动、华润集团、东方航空等中国乃至世界知名企业。
ZWSOFT中望软件
广州中望龙腾软件股份有限公司（简称“中望软件”）是国内领先的CAD/CAM软件供应商、CAD行业国家重点软件企业，产品畅销全球80多个国家和地区，积累了32万正版用户。
咨询热线：4008-800-819 免费下载使用：www.zwcad.com
中望CAD+是中望软件旗下子公司广州中望数字化设计软件有限责任公司的软件产品

领航
立足版权 携手产业 共谱辉煌
出版传媒 广告公关 培训会展 网络资讯……
Kingbond
金版国际文化传播(北京)有限公司
联系电话：010—58604520
《中国版权》杂志 《中国版权年鉴》 中国版权产业网 中国版权年会

中国版权产业网
WWW.CNCRI.COM
关注版权产业
解读行业资讯
搭建服务平台
助推产业发展
促进交流协作
提升品牌价值
版权产业服务 / 新闻资讯 / 产业联盟 / 产业巡礼 / 媒体出版……

中国版权
CHINA COPYRIGHT
立法建议
热点话题
本刊特稿
人物访谈
产业报告
理论探索

## 暴风看电影——让桌面，更创新！

**视频聚合**
先进的爬虫和视频搜索技术

**精准服务**
领先的推荐系统和运营系统

**炫酷桌面**
创新的桌面技术

**清晰享受**
创造性的“金左眼”技术

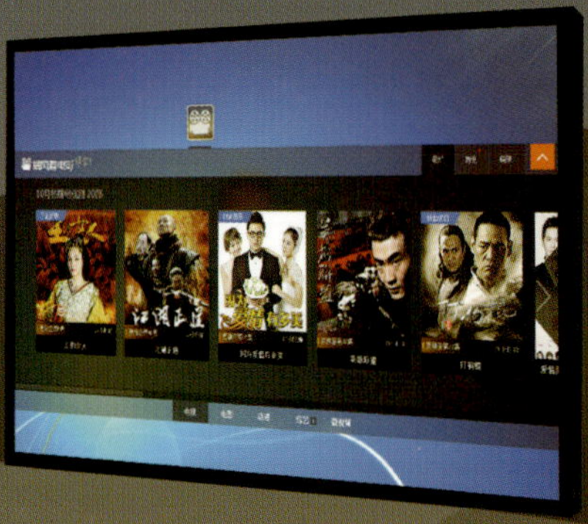

北京暴风科技股份有限公司，是一家以“软件技术”为核心的网络视频服务企业。现有员工620余人，是国家认定的高新技术企业、软件企业，中关村国家自主创新示范区“瞪羚计划”重点培育企业，中关村“十百千工程企业”，北京市信息网络30强企业。公司秉承让用户“更好地享受电影”的企业愿景，支持正版、重视知识产权工作，是国内视频行业专注视频技术研发的公司，自主研发成果“左眼高清”、“3D播放”、“环绕声”等均达到全球领先水平，拥有21项发明专利、53项软件著作权、51个商标（专利号：ZL 2010 1 0034243.9等）。最新推出产品“暴风看电影”与多家主流视频企业进行版权合作，覆盖全网95%以上的影视资源。“暴风看电影”自发布以来，不断进取，已成为视频聚合领域的领先者。

**北京暴风科技股份有限公司**
Beijing Baofeng Polytron Technologies Inc.

## GUANGXI NORMAL UNIVERSITY MEDIA CORPORATION 广西师范大学报刊传媒集团

地　址：广西桂林市普陀路广西师范大学校园内
联系电话：0773-5840334
网　址：www.zwdw.com

了解更多内容 请扫描二维码

### 广西师范大学报刊传媒集团简况

广西师范大学报刊传媒集团是广西师范大学出版社集团全资子公司。集团前身广西师范大学杂志社成立于1993年6月，是全国三个高校改革试点杂志社之一，在全国期刊界率先完成转企改制工作。

集团目前拥有新营销杂志社、规划师杂志社，教育观察、作文大王、英语大王、数学大王编辑部，以及北京贝贝特出版顾问有限公司等多家书刊出版、文化经营子企业；拥有“作文大王网”门户网站。

20年来，集团期刊发行总量超过1亿册。《作文大王》发行逾百万，居全国期刊发行量排行榜前列；少儿期刊《英语大王》率先进入台湾地区发行。集团所属期刊质量在国家主管部门的检测中进入优秀行列，并多次获得广西期刊奖等奖项。在推进报刊出版单位体制改革过程中，《规划师》等学术期刊并入集团。

集团将着力打造以学术期刊出版和教育报刊出版为特色的报刊集群，力争成为国内有较大影响力的报刊传媒集团。

《作文大王》

《英语大王》

《数学大王》

《教育观察》

《广西师范大学校报》

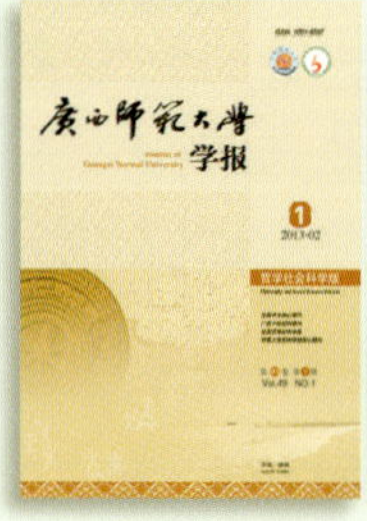

《广西师范大学学报》（哲学社会科学版）

《广西师范大学学报》（自然科学版）

《新营销》

《规划师》

《广西物理》

# 酷狗音乐

酷狗音乐是中国领先的数字音乐交互服务提供商、互联网技术创新的领军企业，致力于为互联网用户和数字音乐产业发展提供顶级的解决方案。历经8年的迅猛发展，酷狗音乐现已拥有4亿注册用户。

公司创建以来，一直在数字音乐发展上大胆尝试，与唱片公司、版权管理机构合作探索发展思路，积累了海量的数字版权，并为推动更大范围内的跨行业、跨平台合作而努力，在全球音乐数字化进程中作出自身的贡献。

在技术推动领域，公司创造了多项国际领先的技术。先进的共享交互网络、数据传输方案、高效的分布式无集中化搜索、全球仅有的歌曲识别技术、精确动感卡拉OK歌词功能及音乐推荐管理系统等填补了国内技术空白，引领新一代互联网络构架技术的发展。

其中，在PC音乐客户端这一传统优势产品上，酷狗音乐沿袭一贯精雕细琢的产品风格，不但拥有友好的产品交互设计和亮丽美观的皮肤外形而且拥有动感krc逐字歌词、全屏精美写真、海量的曲库和高清MV资源，在播放器的基本功能之外为用户带来了出乎意料的惊喜体验。

近年来，酷狗音乐大举进军移动互联网音乐市场，先后推出基于ios、安卓两大移动平台的客户端应用。酷狗Andriod 5.1 及酷狗iPhone 3.1 两大版本不但拥有与PC客户端同步更新的海量曲库和歌手、专辑信息，还支持电脑与手机通过wifi无线传输歌曲，具有创新型抽屉式操作界面、高效简洁的播放列表及专业实用的音效均衡插件等。同时，两大版本独创性地支持手机播放高清MV的功能，成为国内仅有的可以播放高清MV的音乐客户端。

另外，酷狗还将“云音乐”技术引入酷狗各产品，致力以创新科技打造互联互通的云享结构，只需登录账号，各平台珍藏的海量音乐便能一键同步。酷狗未来的目标是打造“基于云计算的数字娱乐一体化整合传播互动平台”，项目覆盖整个产业链，成为一个集唱片公司、音乐人、用户、研发团队、数字音乐运营商、游戏公司、线下演出为一体的全新数字娱乐平台和互动社区。

酷狗音乐PC版

酷狗音乐安卓版

酷狗音乐ios版

# 雅昌文化集团

——传艺术之美

ARTRON / 雅昌二十周年 点亮艺术梦想

雅昌制作的艺术图书

雅昌创建于1993年，现集团总部位于中国深圳市。拥有北京、深圳、上海三大运营基地，以及杭州艺术服务中心，广州、广西、香港三个办事处，产品和服务遍及全球几十个国家和地区。二十年来，雅昌将“通过‘为人民艺术服务’实现‘艺术为人民服务’”确定为企业宗旨，将成为卓越的艺术服务机构作为企业愿景，始终以“让艺术走进每个人的生活”为使命，致力于成为中国新经济文化产业的开拓者，不断追求先进的科学技术、创新的经营管理模式，为中国及世界文化艺术界提供综合服务，为广大消费者提供文化艺术产品。

雅昌独特的“传统印刷＋现代IT技术＋文化艺术”的商业模式，将企业的经营战略和社会责任有机结合，将为艺术家和艺术机构的服务与为大众提供艺术普及教育紧密结合起来，为创意文化产业探索了一种新的发展模式。

雅昌多次获得印刷界奖项“班尼奖”

网址：http://www.artron.com.cn　电话：（北京）010-80486788　（上海）021-68798999　（深圳）0755-86083235

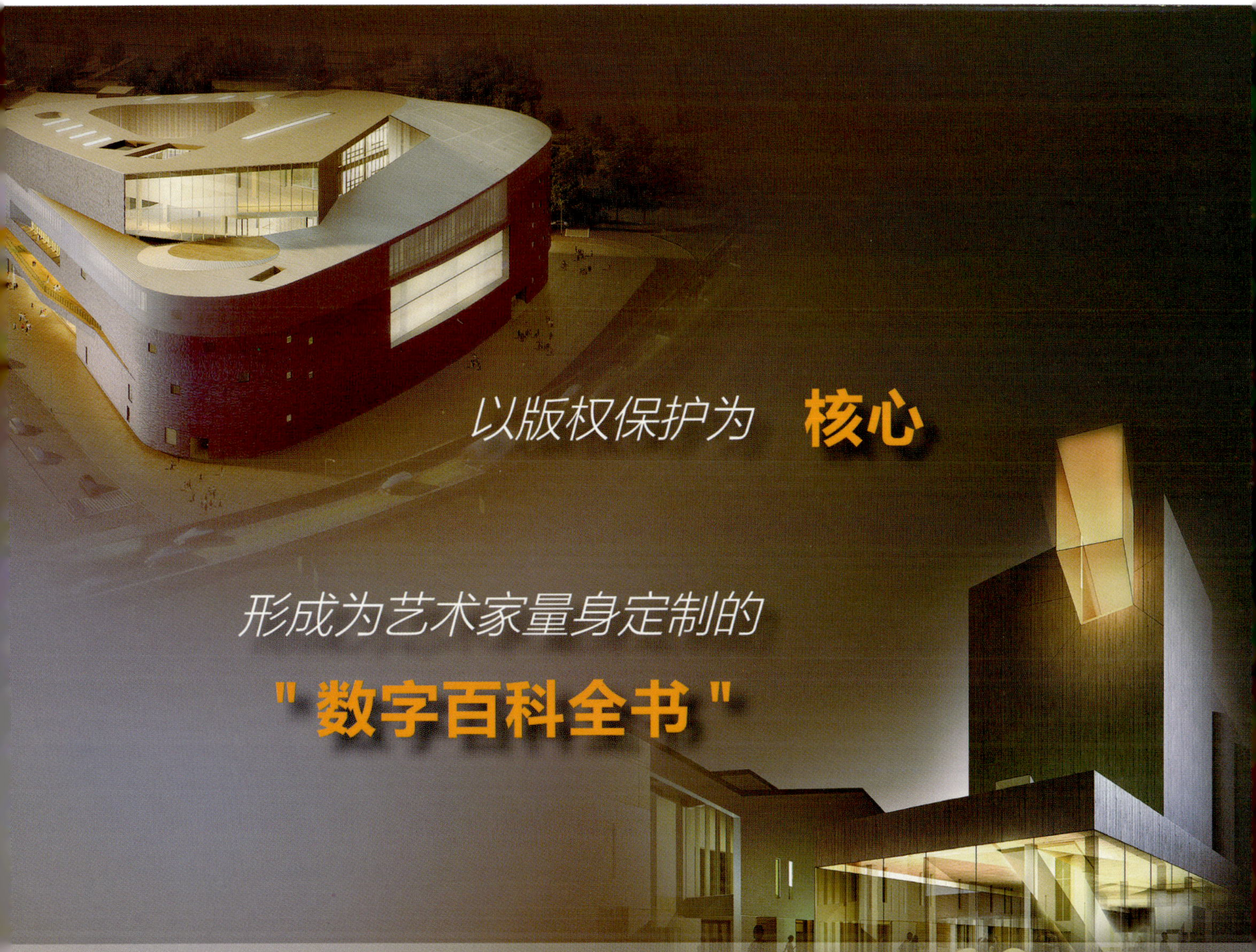

# 以版权保护为核心

# 形成为艺术家量身定制的"数字百科全书"

"艺+"是雅昌为艺术家提供的综合服务品牌，它以"艺术家个人数据库"为基础，通过专业"管家团队"将艺术家的原作、文献以及相关艺术成果进行数字化储存与应用，形成为艺术家量身定制的"数字百科全书"。以此为支撑，"艺+"还提供包括艺术家文献管理及出版、官方网站、线下展览在内的一站式服务。

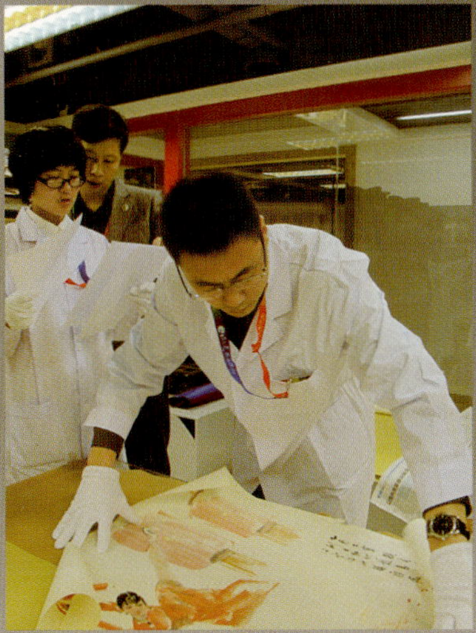

中国艺术品鉴定备案服务

雅昌为规范中国艺术品市场而推出了"中国艺术品鉴定备案服务"，以维护艺术家的知识产权、防止艺术品侵权盗版为核心，从艺术品鉴定、备案、认证切入，对艺术品采取艺术家本人鉴定、版权登记、高清图像采集、作品DNA数据提取、数据存储备案等措施，为每一件艺术品建立唯一、权威的"身份证"信息。从现在开始，让中国艺术品传承有序！

雅昌集团董事长万捷获评2012全国知识产权保护影响力人物

网址：http://www.artron.com.cn　电话：（北京）010-80486788　（上海）021-68798999　（深圳）0755-86083235

# 优扬
uyoung

创造和传播童真的欢乐

www.uyoung.com.cn

## 公司介绍

优扬传媒多年来一直致力于打造中国领先的以儿童、家庭为目标对象的传媒娱乐公司。并以电视业务为龙头，建立文化传媒业务的产业链，同时驱动动漫业务、电影业务的协同发展。

优扬传媒高度重视知识产权开发与保护，着重培养动漫内容原创能力，已成功推出深受儿童喜爱的《星游记》、《魔角侦探》、《甜心格格》、《外星小子哆布哆》等作品，全力打造中国家喻户晓的动漫卡通品牌；借助专业的动漫品牌管理经验及授权行销经验，先后成为英国BBC《花园宝宝》，英国阿德曼《小羊肖恩》、《小小羊提米》，腾讯公司儿童网络游戏品牌《洛克王国》中国大陆独家品牌授权代理商。

优扬传媒连续5年参与投资《喜洋洋与灰太狼》系列动画电影，屡次刷新新中国原创动画电影票房记录。同时出品、营销发行《洛克王国1》、《洛克王国2》、《大闹天宫3D》、《赛尔号2》、《奥特曼2》、《我爱灰太狼》、《宝贝女儿好妈妈》等优秀中外影片，均取得票房佳绩。

## 运营媒体资源

| | | | | |
|---|---|---|---|---|
| 央视少儿 | 北京卡酷 | 江苏优漫卡通 | 电视网 | 付费数字电视 |

cnki 中国知网
www.cnki.net
中国知识基础设施工程
远洋号
中国专业出版与国际专业图书馆的数字化无缝对接
中国知网十五年造就数字出版物出口巨轮
国际机构市场不是想象的那么小！
国际高端市场营销体系
B2B 数字出版物国际营销平台
中国数字化专业出版物直达全球10万个专业图书馆
中国专业出版
学术期刊 历史人物
学术专著 方志史鉴
研究报告 医药典籍
技术标准 经典教材
工程设计 思想文化
国情地理 风土人情
经济概况 ……
改革进展
云出版
中国知网B2B平台
发现引擎
&
作品评价
定向推送
机构数字图书馆
数字馆藏
发现平台
增值服务
数字出版物超市
资源评价
价格政策
产品遴选
产品试用
订单合同
数字物流
支付平台
云数图
全球专业图书馆
高校 0.8万 协会 0.3万
科研 0.3万 学会 0.2万
国会 0.05万 企业 2万~3万
政府&智囊 0.05万 职院 0.5万
党派 0.15万 中小学 2万~5万
军队 0.03万 公共图书馆 3万~6万
医院 3.5万 ……
从这里起航：
“中国知网”在全球42个国家和地区的1300个高端专业图书馆用户。

上海盛聚网络科技有限公司
盛扬网络公正
聚合网络正义
私服外挂
盗号诈骗
假冒伪劣
侵权网站
重拳打击网络侵权
捍卫绿色网络环境

4399
领先的休闲娱乐平台
The Advanced Online Entertainment Platform
西普大陆
XP.4399.COM
童年梦幻旅途，尽在快乐西普！
《西普大陆》是4399游戏专为青少年量身打造的虚幻国度。在这片大陆上，冒险者们都将化身为勇敢的小西普，为了寻找神圣拼图碎片而展开神奇历险。游戏集合宠物养成、形象装扮、益智问答、科普知识、互动娱乐等寓教于乐的特殊玩法于一体，展示了一个全新多元化的综合互动娱乐平台。

Happy哈特 Happy000.com

神州图骥
地名信息技术股份有限公司

**神州图骥**地名信息技术股份有限公司(China TuJi Toponym Information Technology Co.,Ltd)成立于2010年5月，注册资本5,000万元，是一家集软件研发、应用、销售、服务于一体的高新技术企业。主要从事地名数据软件开发、地名数据运营、地名数据信息服务、地名数据文化信息服务、数字动漫制作等。

Happy哈特

**Happy哈特**是神州图骥地名信息技术股份有限公司旗下的儿童品牌，面向3~15岁儿童，以卡通人物“哈特”为核心打造一系列儿童产品，产品以APP互动产品为主，并涉及图书出版、卡牌、影视动画电影等。

“哈特”儿童品牌以“健康成长、快乐学习、提高创造力与想象力、学习分享”为主题，并自始至终都坚持这样的原则：为每一个成长中的孩子带去快乐！成为每个家庭的良师益友。

# 广东原创动力文化传播有限公司

## ——国家权威机构认定"重点动漫企业"

广东原创动力文化传播有限公司成立于2004年，是一家集影视制作、卡通动漫创作于一体的专业影视制作公司。作为中国十大动漫企业之一，公司目前拥有一支强大的创作团队，在动漫创作、设计、制作、发行、人偶音乐剧创作演出等方面形成了完整的产业链。原创动力开发的“喜羊羊与灰太狼”动漫形象在海内外受到广泛欢迎，在几年间已走出了一条具有中国特色的动漫产业发展道路，提升了中国动漫产业在国际上的地位。近年来企业以及作品分别获颁“国家动画产业基地称号”、“重点动漫企业认定”、“华表奖”优秀动画片奖、“五个一工程”奖、“中国文化艺术政府奖”首届动漫奖、“白玉兰”奖等众多奖项和荣誉。

喜羊羊系列大电影自2009年连续5年登陆春节档大银幕，累计总票房超6亿元，不但成为颇受欢迎的国产原创动画品牌，更成为影响当代社会的文化事件。

第五届中国年度十大优秀动画歌曲奖

第九届中国国际动漫节

“金猴奖”

动画电影金奖

爱奇艺金花瓣奖

电话：(+8620)-83809609 83829735
地址：广州市越秀区北较场横路物资大厦12号14楼

## 原创动力2013年作品展

### 【电视作品】

《喜羊羊与灰太狼之开心方程式》
时长：15分钟×60集

《喜羊羊与灰太狼之懒羊羊当大厨》
时长：25分钟×52集

### 【电影作品】

《喜羊羊与灰太狼之喜气羊羊过蛇年》

### 【儿童舞台音乐剧】

《喜羊羊与灰太狼之奇幻音乐之旅》

《喜羊羊与灰太狼》新浪微博

《喜羊羊与灰太狼》腾讯微博

《喜羊羊与灰太狼》官方微信

版权

# 理论研究

LI LUN YAN JIU

# 2012年中国著作权法研究综述

向　波

我国著作权制度是舶来品，并非本土传统文化中的自然产物。对于这样缺乏本土文化根基的社会制度来说，很难真正地落实于行为人的社会交往当中。从相当长的一个时期来说，著作权制度乃至整个知识产权制度的本土化都是一个重要的社会课题。可以说，我国学者基于中国社会现实而对著作权制度所展开的学术研究活动本身也是著作权制度本土化的一个重要途径。2012年，借着第三次修改《著作权法》的缘由，我国学界、实务界及各相关行业人士都对修改《著作权法》涉及的重要问题展开了激烈的讨论。在这场激烈的争论中，我们欣喜地看到，来自不同行业、有着不同利益诉求的利益群体开始大规模地介入到本次《著作权法》修改的讨论当中。这种现象本身也是著作权制度逐渐本土化的表现。当然，除了对于著作权法修改的有关争论以外，学界对于著作权法基本理论问题和具体问题的探讨也非常活跃，并产生了大量的学术成果。①

## 一、第三次《著作权法》修改的学术争论

### （一）与时俱进的中国著作权法律制度

1.《著作权法》修改的历史背景。2012年3月和7月，国家版权局在其网站上公布《著作权法（修改草案）》第一稿和第二稿，由此引发中国社会民众对《著作权法》修改问题的大讨论。有学者提出，要进一步推进著作权制度的改革和发展，就必须将之放在我国甚至全球政治、经济、文化等社会大环境和我国著作权司法发展大背景中来考量。②本次《著作权法》的修改，既非基于加入国际公约的需要，也非源于国际社会的压力，而更多地是立足本土国情做出的主动性安排。③ 当然，在修改《著作权法》过程中，需要借鉴国际社会相关立法的成熟经验和做法，妥善处理好创作者、传播者、使用者与社会公众利益的基本平衡。④

2. 修改《著作权法》的基本思路。有学者主张此次修改著作权法的目的在于“去计划经济”、建设创新型国家及迎接新技术带来的挑战。⑤ 有学者主张废除《计算机软件保护条例》，重新梳理著作权的权利体系，突出规定相关权，以及强化对于著作权和相关权的保护。⑥ 有学者从制度设计的角度，重点探讨了数字技术、网络技术对著作权权利体系带来的挑战、技术措施的法律属性、信息网络传播权的实质内涵等问题，为著作权法律制度的修改提出了初步建议。⑦ 有学者认为，《著作权法》修改应遵循基本的法律制定原则，在引进其他国家已有规定的过程中，注重遵循法律制定基本原则以及激励原则和利益平衡原则。此次《著作权法》修改过程中，

---

① 笔者在国家图书馆网站分别以“著作权”和“版权”为关键词进行搜索，除开案例分析方面的著作，共搜索到2012年出版的以下学术专著：梅术文：《著作权法上的传播权研究》，北京，法律出版社，2012；何怀文：《著作权侵权的判定规则研究》，北京，知识产权出版社，2012；牛静：《视频分享网站著作权风险防范机制研究》，武汉，华中科技大学出版社，2012；杨小兰：《网络著作权研究》，北京，知识产权出版社，2012；段晓梅：《商标权与在先著作权的权利冲突》，北京，知识产权出版社，2012；吕炳斌：《网络时代版权制度的变革与创新》，北京，中国民主法制出版社，2012；段维：《网络版权保护论纲》，武汉，华中师范大学出版社，2012；[美] 艾因霍恩：《媒体、技术和版权：经济与法律的融合》，赵启杉译，北京，北京大学出版社，2012。在中国知网上分别以“著作权”和“版权”为关键词进行篇名搜索，共搜索到669＋812＝1 481个结果。经过作者的初步挑选和写作过程中基于论文相关度、代表性的考量，最终以其中的近300篇论文作为本研究综述的写作范围。

② 参见刘春田：《〈著作权法〉第三次修改是国情巨变的要求》，载《知识产权》，2012（5）。

③ 参见吴汉东：《〈著作权法〉第三次修改的背景、体例和重点》，载《法商研究》，2012（4）。

④ 参见阎晓宏：《〈著作权法〉第三次修改的几个问题》，载《知识产权》，2012（5）；王迁：《著作权法借鉴国际条约与国外立法：问题与对策》，载《中国法学》，2012（3）。

⑤ 参见许超：《关于修改著作权法的初步想法》，载《中国版权》，2012（1）。

⑥ 参见李明德：《我国〈著作权法〉的第三次修改与建议》，载《知识产权》，2012（5）。

⑦ 参见宫士友：《我国著作权法律制度面临的困惑——写在著作权法修订之际》，载《知识产权》，2012（2）。

利益平衡和著作权权能变化是最值得关注的两大问题。[①] 还有学者从《视听表演北京条约》的角度对本次《著作权法》的修改提出了建议。[②]

**（二）对于修改《著作权法》具体问题的讨论**

1. 著作权的对象。有学者认为，时事新闻和时事新闻作品是内容与表达的关系。只要时事新闻作品具有独创性，虽然受到合理使用的限制，但仍然可以受到著作权法的保护。[③] 另有学者主张“时事新闻”仍然保留于《著作权法》规定的不适用对象中，但对其进行限制性解释，即适用于各种传播媒体单纯事实的文字消息，而刊登、传播、转载者应当注明出处。[④] 还有学者讨论了实用艺术品[⑤]、孤儿作品[⑥]的保护模式。

2. 著作权的归属。有学者认为，我国在第三次修订《著作权法》时，应该采纳创作者立法例，规定电影作品的作者享有著作权，制片者通过与作者签订合同获得电影作品的独占使用许可权。[⑦] 有学者对修改草案中委托作品的著作权归属规则表达了看法，认为应在尊重意思自治的基础上，区分不同情况进行区别对待。[⑧] 还有学者对职务作品[⑨]、视听作品[⑩]权利归属规则提出了修改意见。

3. 著作权的权项。有学者认为著作权包括复制权、发行权、信息网络传播权等专有权利，每一个专有权利又分别包括使用权能、收益权能、处分权能。获得报酬权即为专有权利的收益权能的体现。[⑪] 有学者认为《著作权法（修改草案）》中规定的视听作品“二次获酬权”权利主体与权利范围不够清晰，对此可借鉴美国影视行业中的相关规则。[⑫] 还有学者就“播放权”和“信息网络传播权”之间的关系提出了自己的看法。[⑬]

4. 著作权的限制。有学者认为，《著作权法（修改草案）》对于合理使用制度的规定不仅符合我国著作权法国际化的要求，而且有助于发挥著作权合理使用制度的功效，但还需完善合理使用的相关具体规则。[⑭] 另有学者简要探讨了《著作权法（修改草案）》在合理使用制度中出现的开放式规定。[⑮]

有学者认为，著作权法定许可存在定价效率上的缺陷，有必要借助“去官方性”和“去唯一性”的集体管理组织来构建集中许可机制，以替代法定许可的功能。[⑯] 法定许可以法定条件代替协商虽能直接提高许可效率，但却在信息成本与商业模式上带来了新问题。[⑰] 还有学者指出，我国现行法律法规对法定许可与默示许可的“杂糅式”规定不尽合理，《著作权法（修改草案）》中的“分离式”规定相对可取，应在公益事业和体现互联网开放性与共享性的行为中扩大默示许可的适用范围。[⑱]

---

① 参见孙国瑞：《完善的法律何处寻？谈我国〈著作权法〉的修改》，载《电子知识产权》，2012（12）。

② 参见马利：《论〈视听表演北京条约〉权利转让条款——兼论〈中华人民共和国著作权法〉视听表演权利转让的修订》，载《社会科学》，2012（11）；王迁：《〈视听表演北京条约〉争议问题及对我国国际义务的影响》，载《法学》，2012（10）；王迁：《〈视听表演北京条约〉视野下著作权法的修订》，载《法商研究》，2012（6）；左玉茹：《〈视听表演北京条约〉：表演者权保护体系的进一步完善》，载《电子知识产权》，2012（7）；胡开忠：《〈世界知识产权组织音像表演条约〉及其对我国著作权立法的影响》，载《知识产权》，2012（5）。

③ 参见李国泉、凌宗亮：《著作权法时事新闻条款的审视、适用与追问——兼谈〈著作权法〉的第三次修改》，载《科技与法律》，2012（1）。

④ 参见曹新明：《论〈中华人民共和国著作权法〉第5条第2项之修改》，载《法商研究》，2012（4）。

⑤ 参见管育鹰：《实用艺术品法律保护路径探析——兼论〈著作权法〉的修改》，载《知识产权》，2012（7）。

⑥ 参见赵锐：《论孤儿作品的版权利用——兼论〈著作权法〉（修改草案）第25条》，载《知识产权》，2012（6）。

⑦ 参见张春艳：《论我国电影作品著作权的归属》，载《法学杂志》，2012（9）；罗施福：《论电影作者的法律确认——以我国〈著作权法〉第15、21条的修改为背景》，载《时代法学》，2012（6）。

⑧ 参见石金钢：《委托作品的著作权归属——兼评〈著作权法修改草案〉相关规定》，载《中南民族大学学报》（人文社会科学版），2012（6）。

⑨ 参见周艳敏：《职务性作品的著作权归属暨我国〈著作权法〉的修改》，载《中国出版》，2012（21）。

⑩ 参见周洪涛：《著作权法修改草案第二稿第三十六条的缺陷及修改建议》，载《电子知识产权》，2012（12）。

⑪ 参见李国泉、凌宗亮：《权能而非权利：走出著作权人获得报酬权的认识误区——兼谈我国〈著作权法〉的第三次修改》，载《中国版权》，2012（5）。

⑫ 参见宋海燕：《论中国版权法修改稿中涉及视听作品的“二次获酬权”》，载《中国专利与商标》，2012（4）。

⑬ 参见姚岚秋：《浅议传播权的完善——对〈著作权法〉第三次修订的建议》，载《中国出版》，2012（3）；赵玉忠：《视听作品著作权属、权项及保护期限的立法思考》，载《重庆理工大学学报》（社会科学），2012（9）。

⑭ 参见黄玉烨：《著作权合理使用具体情形立法完善之探讨》，载《法商研究》，2012（4）；胡良荣：《论海峡两岸著作权法对合理使用的规范和不断完善——以我国大陆著作权法第三次修改为视角》，载《知识产权》，2012（10）。

⑮ 参见薛虹：《论开放的版权限制与例外》，载《中国版权》，2012（6）。

⑯ 参见熊琦：《著作权法定许可的误读与解读　兼评〈著作权法〉第三次修改草案第46条》，载《电子知识产权》，2012（4）。

⑰ 参见熊琦：《著作权许可的私人创制与法定安排》，载《政法论坛》，2012（6）。

⑱ 参见王国柱、李建华：《著作权法定许可与默示许可的功能比较与立法选择》，载《法学杂志》，2012（10）。

5. 关于著作权集体管理。有学者指出，我国目前集体管理组织许可使用费决定机制忽视使用人知情参与权，著作权主管机关审查仅流于形式，有关许可使用费争议在当前法律机制下难以得到有效解决。① 著作权集体管理组织具有先天的垄断性，应逐步改革现行的著作权集体管理模式，引入适度竞争机制。② 还有学者反思了我国《著作权法（修改草案）》中规定的延伸性集体许可制度，主张放弃宽泛的延伸性集体许可规则，仅规定特定领域使用作品可适用延伸性集体许可制度。③

6. 关于著作权的保护。有学者认为，无论是现行《著作权法》还是征求意见稿都没有就侵犯著作权行为责任承担的构成要件做出一般性规定，将排除妨害性质的责任与损害赔偿性质的责任进行区分，针对其不同的性质分别规定构成要件。④ 基于损害赔偿计算方法和大陆法系无过错责任适用的特殊限制考虑，有学者不赞成在我国对"直接侵害版权和相关权的行为人"科以严格责任，建议赋予未经许可之行为人以证明自己没有过错的机会。⑤ 还有学者对法定赔偿的适用条件⑥、惩罚性赔偿的社会功能⑦及网络存储服务提供者承担的审查义务⑧进行了比较深入的讨论。

## 二、对著作权法基本理论问题的探讨

### （一）著作权的正当性

有学者指出，传统版权理论只能解读狭义的权利合理性，并未触及财产权利取得的真正实质依据。⑨ 有学者重新审视了知识产权制度的"激励"作用对知识财产创造者的行为选择的影响，运用经济分析的方法探究了知识财产创造者行为选择的方式。⑩ 版权制度的经济作用在于通过法律将知识产品转化为私有财产，使版权具有经济价值并通过市场进行合法交易产生经济效益。⑪ 另有学者主张，创造行为可以作为著作权的一般赋权依据，只有在交易成本高到阻碍交易顺利进行而且又不能通过"润滑"的方式降低交易成本的情形下，才允许把权利直接配置给投资者，而不能将这种做法普遍化。⑫ 还有学者从自然法观念⑬、公共利益原则⑭的角度重新审视了著作权法的道德困境及发展前景。

### （二）著作权对象的属性

有学者认为，作品必须依存于物质载体才能存在，作品属于客观精神世界，该物质载体属于客观物质世界，两者分属不同法权保护对象，因此，在某些时候，著作权与物权的冲突不可避免。⑮ 有学者指出，作品观是多元的，而被著作权法所采纳的作品观只有浪漫主义表现说和产品说两种。此两种作品观被采纳的原因在于：基于此作品观可以将作品上利益的源头追溯至作者，以满足作品上利益有序分配的需要。⑯ 还有学者提出，著作权保护的对象就是著作权的客体，不仅包括作品的表达，还包括作品的思想，但是也不能不加选择地对思想和表达进行保护。⑰

### （三）著作权权利体系的构建

有学者主张，我国民法应抛开"对象—权利"对应的预设，将著作人格权、著作财产权分别纳入民事人格权和民事财产权的范畴，从而消除著作权

---

① 参见倪静：《我国著作权集体管理组织许可使用费决定机制检讨与改革》，载《河南财经政法大学学报》，2012（2）。

② 参见杨德兴：《论著作权集体管理组织的反垄断规制》，载《湖北科技学院学报》，2012（11）。

③ 参见梁志文：《著作权延伸性集体许可制度的移植与创制》，载《法学》，2012（8）。

④ 参见刘晓春：《侵害著作权责任构成要件的体系化》，载《电子知识产权》，2012（4）。

⑤ 参见黄武双：《侵犯著作权及相关权行为归责要件再辩》，载《中国版权》，2012（6）。

⑥ 参见朱启莉：《我国知识产权法定赔偿适用情形存在的问题与对策研究——兼评〈著作权法〉（草案）第72条》，载《当代法学》，2012（5）。

⑦ 参见徐聪颖：《论侵害著作权的惩罚性赔偿——兼评国家版权局著作权法修改建议稿的相关规定》，载《中国版权》，2012（5）；王坤：《惩罚性赔偿在著作权侵权领域的引入》，载《中国版权》，2012（5）。

⑧ 参见侯杰：《网络侵权背景下的著作权法修改——评〈中华人民共和国著作权法修改草案〉第69条》，载《法制博览》，2012（9）。

⑨ 参见李君：《版权合理性考量：权利VS制度》，载《理论月刊》，2012（9）。

⑩ 参见杨明：《知识产权制度与知识财产创造者的行为选择》，载《中外法学》，2012（4）。

⑪ 参见曾绚琦、汪曙华：《论版权制度对版权产业发展的经济影响》，载《编辑之友》，2012（5）。

⑫ 参见向波：《关于"比较优势"的赋权理论》，载《知识产权》，2012（9）。

⑬ 参见唐毅：《著作权扩张的自然法思考》，载《理论界》，2012（11）。

⑭ 参见严永和、甘雪玲：《知识产权法公共利益原则的历史传统与当代命运》，载《知识产权》，2012（9）。

⑮ 参见杨述兴：《论作品与载体的关系》，载《知识产权》，2012（6）。

⑯ 参见陈杰：《论著作权法视野下的作品观》，载《知识产权》，2012（6）。

⑰ 参见杨林侠：《论著作权保护的对象》，载《北京化工大学学报》（社会科学版），2012（1）。

作为民事权利的特殊性。[①] 有学者认为，著作财产权的支配权能并非指向独占之作品，而是限制他人对作品的某些使用行为。[②] 还有学者认为，我国著作权法中邻接权区别于著作权而存在，但二者的权利对象区分模糊，引起我国著作权法律制度内部的不协调。以独创性标准为最终着眼点，邻接权与著作权权利对象属性具有高度的统一性。[③]

### （四）著作权登记制度

有学者主张，作为财产权利登记制度的著作权登记制度的构建，考量公示公信原则、现有法律制度基础和统一登记制度理念等因素，应优先考虑选择著作权登记生效模式。[④] 另有学者主张，著作权转让与登记制度的型构离不开对我国民法物权理论的借鉴与扬弃，著作权登记公示因其较低的权利表征概率而不宜被赋予公信力。著作权登记宜采用公示对抗主义，登记不具有公信力。[⑤] 还有学者分析了公示公信原则在著作权许可制度中的具体体现。[⑥]

### （五）中国古代的版权争论

有学者认为，中国古代图书的版权意识出现很早，但由于各种原因，中国并没有形成现代意义上的版权法。[⑦] 早在宋朝时期，我国就有了保护版权的文告，这也是中国古代版权保护的主要形式。但它是一种行政保护而不是制度保护，在制度层面上对版权的保护在我国古代长期处于缺失状态。[⑧] 中国历史上并未颁布过成文的版权保护法，传统法律文化中却萌生了著作权观念。著作权观念集中表现在古代知识分子在作品上署名的行为，出版商排除他人翻印的行为，以及官府所发布的保护版权、控制作品传播的禁止性规范。[⑨] 中国封建时代，从汉魏至唐宋元明清，国家逐步建立了著作机构。国家著作机构的长期存在，和清末《大清著作权律》制定颁行之际借用古代的著作概念，不无关联。[⑩] 另有学者则指出，中国未能成为著作权法发源地的原因除了立法技术、法制观念等因素外，中国古代对于文化的专制禁锢也是重要缘由。[⑪]

## 三、对著作权具体对象的讨论

### （一）电影作品

有学者认为，在电影作品著作权立法问题上，应采用电影作品和其他视听作品的分类，赋予含义单纯化之后的录像制品以邻接权。我国著作权法将电影作品的原始著作权归属于制片者的做法，既不合法理，又漠视了作者的权利。[⑫] 对此问题，应借鉴法国的立法实践，还原导演的原始著作权主体地位。[⑬] 关于境外影视作品的法律保护，有学者主张放弃只保护引进版境外影视作品或者合法作品版权的保护模式，应对引进版影视作品与原版境外影视作品给予同样保护。[⑭]

### （二）合作作品

有学者认为，现行《著作权法》及其实施条例关于合作作品的规定存在三大缺失：一是忽视了当事人之间的合作创作意图；二是将合作创作混同于单独创作；三是用实际创作取代当事人的贡献。[⑮] 有学者主张应将可分割使用的合作作品与不可分割使用的合作作品区别开来，对这两种不同类型的作品规定不同的权利行使规则。[⑯] 对于行使合作作品著作权的问题，当事人之间的约定优先，在无约定或者约定不明时，合作作者一方可单独行使或普通

---

① 参见潘天怡、谭琪瑶：《著作权中的“人格权、财产权”二元分立论》，载《知识产权》，2012（8）。

② 参见李杨：《著作财产权客体结构中的使用行为——审视著作权法权利作用“焦点”的一个阐释进路》，载《法制与社会发展》，2012（3）。

③ 参见刘洁：《论我国著作权法律制度的内部协调》，载《法学论坛》，2012（4）。

④ 参见苏平：《著作权登记制度完善的思考》，载《电子知识产权》，2012（8）。

⑤ 参见唐艳、苏平：《论著作权转让与登记制度型构——兼论对民法物权理论的借鉴与扬弃》，载《徐州师范大学学报》（哲学社会科学版），2012（6）。

⑥ 参见杨明：《著作权许可中的公示公信——从对〈中华人民共和国著作权法修改草案〉第57条的质疑谈起》，载《法商研究》，2012（4）。

⑦ 参见杨文森：《浅论中国古代的版权意识》，载《兰台世界》，2012（21）。

⑧ 参见赵晓兰：《从古代萌芽到近代初熟——我国版权保护制度的历史演变》，载《中国出版》，2012（11）。

⑨ 参见张晓笑、陈林林：《权利保护抑或思想控制——中国传统文化中的著作权规范检讨》，载《浙江社会科学》，2012（12）。

⑩ 参见李明山：《现代著作权理念视阈中的古代著作机构》，载《韶关学院学报》，2012（5）。

⑪ 参见马颖杰：《著作权法未诞生于中国之原因探究》，载《湖北警官学院学报》，2012（8）。

⑫ 参见衣庆云：《电影作品著作权立法问题之异见》，载《知识产权》，2012（9）。

⑬ 参见罗施福：《论著作权法对电影导演权利配置的制度选择》，载《中国版权》，2012（1）。

⑭ 参见李冬梅、丛胜男：《论境外影视作品版权的二元保护》，载《行政与法》，2012（4）；秦小双：《未经行政审批境外影视作品侵权案件的司法裁判标准——美亚文化公司与荆州电视台著作权纠纷案评析》，载《科技与法律》，2012（1）。

⑮ 参见曹新明：《合作作品法律规定的完善》，载《中国法学》，2012（3）。

⑯ 参见卢海君：《我国合作作品立法模式的缺陷与改革——以我国〈著作权法〉第13条的修订为背景》，载《中国出版》，2012（3）。

许可他人行使著作权中的财产权，重大事项须经全体一致同意才可以行使。①

（三）试题

有学者指出，试题是由命题人员经过创造性劳动完成的，一般具有较高的独创性。具有独创性的试题属于著作权法意义上的作品，学校试题著作权应受我国法律保护。② 有学者认为，试题符合知识性、独创性和可复制性的特征，是著作权法意义上的作品。但从国家机关或法律法规授权组织的职能角度看，国家考试试题不宜获得著作权法的保护。③

（四）建筑作品

有学者认为，建筑作品不包括建筑设计图和建筑模型，建筑作品与图形作品和模型作品是著作权法两类不同的保护客体。建筑作品的侵权与否主要取决于两个作品之间是否存在实质性相似。④ 另有学者主张将建筑作品设计图、建筑物、建筑模型等不同表现形式的建筑作品作为一类进行保护，对于建筑作品著作权的人身权做出必要的限制。⑤

（五）表演作品

有学者认为表演是表演者思想或情感的表达，具有作品所要求的独创性和可复制性，属于作品的一种类型。⑥ 另有学者将表演区分为创作性表演、再现性表演和与作品无关的表演，认为与作品无关的表演不属于著作权法保护的对象。⑦

（六）实用艺术品

有学者以实用艺术作品为视角，分析了当实用艺术作品的思想或功能与表达重叠合并时著作权法不仅不能保护思想或功能，也不能保护表达的现实障碍，进而提出了实用艺术作品思想与表达的具体判定方法。⑧ 有学者认为，如果能从实用艺术品中抽象地分离出受著作权法保护的思想表达，当这种表达具有可选择性、美感和独创性时，就可以判断这件产品具有可版权性，能纳入著作权法的保护范围。⑨

（七）电视节目版式

有学者认为电视节目版式不是戏剧作品，它可能构成文字作品，但他人依版式制作节目则不构成侵权。⑩ 有学者认为，可将电视节目模式划分为拍摄计划和制作安排、板块设计、流程安排、概括性设想四个部分，其中节目整体的流程安排与具体的板块设计可能成为著作权法保护的对象。⑪

还有学者探讨了“央视春晚”⑫、临摹作品⑬、教学辅导材料⑭、视频公开课⑮、专利说明书⑯、药品说明书⑰、计算机软件⑱、侵权作品⑲、网

---

① 参见王瑞龙、鲁虎：《〈著作权法实施条例〉第九条评析》，载《中国版权》，2012（2）。

② 参见商志超：《学校试题著作权问题研究》，载《中国考试》，2012（10）。

③ 参见朱同琴：《论考试试题的著作权保护——国家医学考试中心系列诉讼案引发的思考》，载《教育与考试》，2012（2）；李明辉：《论公共考试试题不能赋予著作权的理由及意义——以利益平衡原理为视角》，载《理论月刊》，2012（11）。

④ 参见刘瑛：《再论建筑作品的著作权保护——从“盛放鸟巢”烟花侵权纠纷案谈起》，载《知识产权》，2012（2）。

⑤ 参见郑丽娜：《建筑作品著作权保护体系的构建》，载《河北联合大学学报》（社会科学版），2012（6）。

⑥ 参见卫绪华：《解读著作权法中的作品——从“表演”的角度》，载《理论界》，2012（5）。

⑦ 参见李宗辉：《论“表演”的类型》，载《中国版权》，2012（1）。

⑧ 参见黄燕霞：《论著作权法中的思想与表达二分法——以实用艺术品为视角》，载《湖北财经高等专科学校学报》，2012（1）。

⑨ 参见王灿红：《实用艺术品的可版权性及其独创性判断——“玩具汽车底座”著作权侵权案引发的思考》，载《广东广播电视大学学报》，2012（4）。

⑩ 参见夏朝羡：《电视版式版权保护的困境——以国外典型判例为研究视角》，载《中国版权》，2012（4）。

⑪ 参见申耘宇、向萌朦：《论电视节目模式的著作权保护》，载《中国出版》，2012（15）。

⑫ 参见刘晓晓、刘杨东：《著作权法视域下“央视春晚”之性质界定》，载《甘肃警察职业学院学报》，2012（1）；祝建军：《春节联欢晚会的著作权法定性》，载《人民司法》，2012（20）。

⑬ 参见潘天怡：《以独创性为标准判断临摹作品的著作权法保护》，载《贵州大学学报》（社会科学版），2012（5）。

⑭ 参见冯术杰：《试论汇编作品的保护范围与侵权认定——对与教学辅导材料相关判决的分析》，载《知识产权》，2012（7）。

⑮ 参见袁杏桃：《视频公开课建设中的著作权问题研究》，载《中国版权》，2012（3）。

⑯ 参见毛祖开：《专利说明书的“可著作权性”分析》，载《科技与法律》，2012（2）。

⑰ 参见丁文严：《药品说明书著作权问题的成因及解决路径》，载《法律适用》，2012（6）。

⑱ 参见蔡楠：《对开源软件著作权归属的思考》，载《知识经济》，2012（20）；夏露：《第三方软件侵犯主程序软件修改权及构成不正当竞争的法律认定——彩虹显IP软件侵犯QQ软件著作权及不正当竞争纠纷案评析》，载《科技与法律》，2012（4）；江海、石冠彬：《论第三方插件与软件著作权保护——以扣扣保镖事件为视角》，载《中国矿业大学学报》（社会科学版），2012（4）；贾引狮、宋志国：《软件商业模式的变革对著作权制度的影响》，载《知识产权》，2012（12）；刘鹏：《商业使用软件著作权问题分析——兼评“微软诉大众保险案”》，载《山东审判》，2012（6）；朱丹：《软件最终用户侵犯软件著作权的民事责任》，载《人民司法》，2012（8）；周天汉：《第三方插件侵犯著作权问题研究》，载《安庆师范学院学报》（社会科学版），2012（1）；于志强：《论软件产品知识产权保护技术手段的优先性》，载《政法论坛》，2012（3）。

⑲ 参见邱宁：《在合法与非法之间——未经许可创作的演绎作品之著作权辨析》，载《法学杂志》，2012（4）。

页[①]、计算机字库[②]、科学作品[③]、滑稽模仿[④]、京剧脸谱[⑤]、广告语[⑥]、创意[⑦]、古籍整理作品[⑧]、孤儿作品[⑨]、动漫角色[⑩]、民间文学艺术作品[⑪]等的著作权保护问题。

## 四、关于著作权法主要制度的分析

### （一）著作权的主体

有学者认为，创作作品的自然人是作者，法人或者其他组织基于法律规定或合同约定成为著作权主体，继承人、继受人和国家在特定情况下成为著作权主体。[⑫] 英美法系国家的版权法从商品生产者维度假定了一种“小写的作者”，而大陆法系国家的著作权法则假定了一种为人格表达而写作的“大写的作者”。大陆法系国家著作权法中的作者假定对于繁荣文化市场相对不利；英美法系国家的版权法则过于强调市场，对于非市场化的作品缺乏必要保护。[⑬] 有学者通过考察各主要文明的发展历程发现，书写、传播成本在相当程度上决定了作者的身份是否独立，而身份独立则是思想自由的前提。著作权制度就是以法律的形式保障了这种独立身份。[⑭]

### （二）著作权的内容

有学者主张，作者人格权与其他权利一样皆为功能性建构，服务于特定的公众需求、经济水平及社会目标，而论证其正当性的哲学观念仅仅发挥着隐藏某一价值取向说服他人接受的修辞作用，而非揭示事物本质或科学真理。[⑮] 事实上，作品并非体现作者全部人格且著作人身权满足物的外在性，这决定了著作人身权与作者是可以分离的。[⑯] 还有学者讨论了署名权[⑰]、收回权[⑱]的相关问题。

有学者主张著作财产权可大致分为有形利用权、无形利用权与演绎权三个类别。[⑲] 有学者认为，从“传播”的内涵与著作财产权体系的结构划分出发，“传播”是著作权人实现利益回报的主要方式，著作财产权体系的权利基础应为控制作品“传播”所享有的利益——传播权。[⑳] 有学者建议整合现行的传播权类型，引入“向公众传播权”概念。[㉑] 由于

① 参见谭玉：《论网页的著作权法保护》，载《广西社会主义学院学报》，2012（4）；周春慧、杨华权：《3B大战中涉及的网页著作权分析》，载《电子知识产权》，2012（11）。

② 参见宁小军、吴猛：《字体的著作权法与专利法保护之我见——浅谈利用专利法外观设计保护字体的必要性》，载《电子知识产权》，2012（10）；苗雨：《字体、字库与单字的保护问题》，载《中国版权》，2012（5）；姚兵兵、卢山：《字库单字的美术作品性质》，载《中国版权》，2012（1）；韩志宇、邵劲风：《再谈计算机字体的保护原则》，载《中国版权》，2012（1）；陈丽苹：《论著作权保护与字体产业的发展》，载《人民司法》，2012（9）；李洪杰、舒梦凡：《论计算机字体单字的版权保护》，载《云南大学学报》（法学版），2012（3）。

③ 参见黄小洵：《新媒体环境下学术作品版权保护模式的反思与探索》，载《科技与法律》，2012（3）。

④ 参见汤凌燕：《探寻滑稽模仿的法律定位——以著作权法为视角》，载《福建农林大学学报》（哲学社会科学版），2012（2）。

⑤ 参见黑小兵：《经过独创设计的京剧脸谱应受著作权法保护》，载《人民司法》，2012（18）。

⑥ 参见段芸蕾、谢晓尧：《广告语：短句中的法律复杂性》，载《知识产权》，2012（12）。

⑦ 参见袁博：《创意纠纷案件版权法保护的困境与司法保护》，载《上海政法学院学报（法治论丛）》，2012（5）。

⑧ 参见张今：《古籍整理作品的著作权问题》，载《出版参考》，2012（21）。

⑨ 参见杨佩霞：《论版权制度下孤儿作品的保护》，载《中国版权》，2012（3）。

⑩ 参见刘晶明：《论知识产权法中动漫角色之界定与保护》，载《法学杂志》，2012（3）。

⑪ 参见王蓓蓓、龙治宇：《民间文学艺术的著作权保护问题》，载《滨州学院学报》，2012（4）；宋振华：《民间文学艺术的著作权保护探析》，载《广东广播电视大学学报》，2012（6）；马忠法、宋秀坤：《论民间文学艺术作品的著作权主体及其权利行使主体》，载《民俗研究》，2012（4）；郑智武：《论民间表演艺术表演者集体权主体》，载《现代法学》，2012（1）；赵蓉、刘为民：《论敦煌民间文学艺术表达的法律表征——基于敦煌民间文学艺术表达成果权之基础考察》，载《知识产权》，2012（10）；周安平、龙冠中：《公法与私法间的抉择——论我国民间文学艺术的知识产权保护》，载《知识产权》，2012（2）；吕睿：《“安顺地戏”案署名权认定的逻辑之证》，载《中国版权》，2012（5）。

⑫ 参见李明德：《著作权主体略论》，载《法商研究》，2012（4）。

⑬ 参见王烈琦、唐艳：《论作者假定》，载《法商研究》，2012（6）。

⑭ 参见孙山：《书写、传播成本与作者的独立身份——著作权制度产生之前作品传播略考》，载《河北法学》，2012（5）。

⑮ 参见熊文聪：《作者人格权：内在本质与功能构建的法理抉择》，载《法制与社会发展》，2012（6）。

⑯ 参见余秀宝：《论著作人身权与作者的分离》，载《电子知识产权》，2012（9）。

⑰ 参见关永红：《署名权行使方式探微》，载《中国出版》，2012（23）；张伟君、张韬略：《署名权等于作者身份权吗？韩寒诉方舟子一案引发的思考》，载《电子知识产权》，2012（5）；王迁：《“署名”三辨——兼评“安顺地戏案”等近期案例》，载《法学家》，2012（1）。

⑱ 参见李克明、单文峰：《著作权语境中的收回权分析》，载《合肥工业大学学报》（社会科学版），2012（6）。

⑲ 参见张今、郭斯伦：《著作财产权体系的反思与重构》，载《法商研究》，2012（4）。

⑳ 参见李杨：《从“复制”到“传播”：著作财产权的权利基础审视》，载《中国出版》，2012（12）。

㉑ 参见万勇：《〈著作权法〉传播权修改建议》，载《上海交通大学学报》（哲学社会科学版），2012（2）。

“信息网络传播权”和“广播权”的衔接存在缺陷，有学者主张扩张我国《著作权法》中“广播权”的定义，使其能够控制各种“非交互式”传播行为。① 还有学者讨论了追续权②、报酬修改权③、出租权④、技术措施⑤、版式设计权⑥的相关问题。

**（三）著作权的归属**

在判断职务摄影作品是否属于著作权归单位所有的特殊类型的职务作品时应当从严认定。在单位所支付的工资中已经包含有创作职务作品的对价的情况下，单位对职务摄影作品的优先使用应当为免费使用。⑦ 在劳务派遣的情形下，由于其三方主体间的特殊关系，可以在明确三方主体间法律关系性质的基础上对现行著作权法规定做出相应的补充和修正。⑧

**（四）著作权的限制**

关于著作权的保护期限，有学者认为当前西方社会公共利益制衡力量的减弱应该是导致其著作权保护期延长的真实原因，但对于中国等发展中国家，由于其知识公共领域储备及其他公共支持机制并不成熟，而且在国际版权贸易中仍然处于劣势，因此暂时还不宜全面延长著作权保护期。⑨ 还有学者探讨了延长著作权保护期限、合作作品的保护期限与孤儿作品的保护期限等问题。⑩

有学者认为，著作权的强势扩张导致使用者的权利空间不断被压缩，应从保护人权的角度来反思著作权的合理使用制度。⑪ 另有学者主张某种行为是否属于合理使用应根据是否符合效率标准来判断，同时应考虑到不从整体上消除知识生产的激励机制。⑫ 有学者认为交易成本理论和价格歧视理论对合理使用范围的缩小具有一定的解释力。当存在正外部性无法有效内部化的市场失灵，或者基于维护公共利益，也应考虑适用合理使用规则，以确保作品正外部性的充分释放。⑬ 对于合理使用制度，提供详尽的例外清单不仅是大陆法系著作权法传统的延续，也是克服一般条款局限性的内在需要。⑭ 还有学者分析了网络环境下的合理使用制度⑮、公益性数字图书馆的合理使用问题⑯。

有学者指出，从《伯尔尼公约》到TRIPS协议，三步检验法经历着从复制权限制的反限制到所有权利限制的反限制的扩大过程。三步检验法成为著作权限制制度适用的一个大前提，突出了背后著作权人权利扩张的趋向。⑰ 还有学者深入探讨了我国著作权强制许可制度的完善⑱、“三网合一”下广播组织法定许可问题⑲、首次销售原则对数字化作

---

① 参见汤辰敏：《论我国〈著作权法〉中“信息网络传播权”和“广播权”的重构——以“非交互式”网络传播为视角》，载《河南理工大学学报》（社会科学版），2012（1）。

② 参见李雨峰：《我国设立追续权制度的必要性》，载《中国版权》，2012（6）。

③ 参见姚莉、胡开忠：《论作者的报酬修改权》，载《中国出版》，2012（3）。

④ 参见倪朱亮：《SaaS模式下的出租权制度研究》，载《电子知识产权》，2012（4）。

⑤ 参见蔡晓东：《数字化作品版权保护技术措施与法律规制》，载《编辑之友》，2012（3）；赵丽莉：《论版权技术保护措施信息安全遵从义务——以法国〈信息社会版权与邻接权法〉第15条为视角》，载《情报理论与实践》，2012（12）；马利：《版权技术措施的反思与完善——以“使用者权”为研究视角》，载《郑州大学学报》（哲学社会科学版），2012（2）；于淼、尚志红：《版权技术保护措施的限制》，载《经济研究导刊》，2012（3）。

⑥ 参见吕炳斌：《著作权法关于版式设计权的修改研究》，载《中国出版》，2012（19）；马利：《论网络时代我国版式设计权制度的困境与对策》，载《中国出版》，2012（19）。

⑦ 参见李自柱：《职务摄影作品的认定及单位优先使用的含义——孙照筠诉中国电影博物馆侵犯著作权纠纷案评析》，载《科技与法律》，2012（6）。

⑧ 参见赵洋：《试论职务作品著作权归属规则在劳务派遣中的适用》，载《广西政法管理干部学院学报》，2012（4）。

⑨ 参见程松亮：《著作权保护期延长的合理性探究》，载《湖北社会科学》，2012（7）。

⑩ 参见何华：《著作权保护期限研究三题》，载《法商研究》，2012（4）；王芳：《美国版权保护期限的演变及困境》，载《理论界》，2012（9）。

⑪ 参见向凌：《著作权合理使用制度的人权法反思——基于必要性的考量》，载《知识产权》，2012（4）。

⑫ 参见黄锫：《著作权合理使用判断的效率标准——法律经济学视角的分析》，载《浙江社会科学》，2012（1）。

⑬ 参见姚鹤徽：《交易成本和价格歧视理论在著作权合理使用中的定位与适用》，载《知识产权》，2012（3）。

⑭ 参见梁志文：《著作权合理使用的类型化》，载《华东政法大学学报》，2012（3）。

⑮ 参见刘巧静：《浅论网络环境下著作权的合理使用》，载《前沿》，2012（20）；李富民：《互联网环境下的著作权合理使用制度》，载《甘肃社会科学》，2012（4）。

⑯ 参见郭育艳：《论我国数字图书馆著作权合理使用制度的构建》，载《河南财经政法大学学报》，2012（4）。

⑰ 参见张曼：《TRIPS协议第13条“三步检验法”对著作权限制制度的影响——兼评欧共体诉美国“版权法110（5）节”案》，载《现代法学》，2012（3）。

⑱ 参见高兰英：《国际视野下的著作权强制许可制度探析》，载《知识产权》，2012（3）。

⑲ 参见梅术文：《“三网合一”背景下的广播权及其限制》，载《法学》，2012（2）。

品的适用问题[①]、版权的平行进口问题。[②]

**（五）著作权的交易**

有学者认为，法律与市场应该形成一种良性的互动关系，法律保护应激励市场创新而非导致市场惰性，应提升市场效率而非加大交易成本。对于网络环境下著作权交易和保护所面临的诸多问题，可以交由市场来加以解决。[③] 有学者指出，版权制度主要通过对产权的调节来影响生产者之间的关系，通过对交易成本的影响来间接调节市场中的交易行为，最终通过对市场交易行为的影响来达到调节经济资源有效配置的目的。[④]

著作权在许可过程中面临交易安全的保护问题，需要在一定程度上借鉴物权的“善意取得”制度来确立“善意使用”规则。[⑤] 有学者认为，只有确立默示许可作为开放性原则的地位，才能在数字时代的网络环境下保障已被社会公众普遍接受的行为不因法律的缺位而受到过多的限制。[⑥] 有学者指出，社交网络服务商应选择公共许可作为“意定”著作权规则，同时调整“法定”著作权规则，使公共许可得以与著作财产权制度相协调，并保证公共许可的开放性与同一性。[⑦]

还有学者就未来作品的权利转让问题[⑧]、“枪手代笔”行为的法律性质[⑨]、SaaS模式下的许可问题[⑩]、音乐著作权的许可问题[⑪]、“在先许可”问题[⑫]、著作权的质押[⑬]、著作权的信托[⑭]展开了比较深入的分析。

## 五、著作权的法律保护

**（一）侵犯著作权的民事责任**

1. 侵犯著作权行为的判定。有学者主张“接触＋实质性相似”是判断侵犯著作权行为成立的基本标准。作品间存在相同或近似内容只是构成实质性相似的必要条件而非充分条件，只有在该相同或相似已经达到一定程度，使读者在阅读过程中对两作品产生了整体近似的联想时，才宜认定构成实质性相似。[⑮] 还有学者以发型、服装、试题等若干有争议的著作权客体为切入点，类型化地探索著作权侵权判定的几种路径：作品的适格性审查、作品的功能性区分、剥离作品中的公知因素与作品的合理使用豁免等。[⑯]

2. 关于剽窃行为的法律定性。有学者认为将“剽窃”作为著作权的侵害类型规定在《著作权法》中的立法体例，不仅引发了体系上的矛盾，而且还因其浓厚的道德色彩而影响了对著作权侵害的判断，并给司法鉴定带来了混乱。解决这一问题的根本之策是将“剽窃”驱逐出《著作权法》。[⑰] 对此问题，有学者主张剽窃是一种混淆作品或作品中部分要素出处的行为。在著作权法上，剽窃行为的要害就在于不当署名。剽窃行为可能损害作者的私益，必然损害社会公益，因而需要被全部纳入到著作权法的规制范围。[⑱] 还有学者分析了剽窃行为的法理基础[⑲]、反向剽窃的法律定性问题[⑳]。

3. 侵犯著作权行为的赔偿责任。有学者认为，著作权侵权具有易发性、高获利性特点，传统的补偿性赔偿不利于规制恶意、重复侵权行为。我国应在现行法定赔偿制度框架内构建惩罚性赔偿制度，并严格限定适用条件，以实现对著作权的适度保护

① 参见唐艳：《数字化作品与首次销售原则——以〈著作权法〉修改为背景》，载《知识产权》，2012（1）。

② 参见周晓唯、白芸：《版权平行进口立法取向的经济学分析》，载《国际贸易问题》，2012（2）。

③ 参见李琛：《网络环境下著作权法与市场的互动》，载《中国版权》，2012（4）。

④ 参见刘祥国：《版权制度的产权界定对版权经济的影响》，载《山东社会科学》，2012（S2）。

⑤ 参见李宗辉：《论著作权的绝对权性质、交易安全保护与默示许可——兼评方正诉宝洁字体侵权案二审判决》，载《电子知识产权》，2012（10）。

⑥ 参见郭威：《默示许可在版权法中的演进与趋势》，载《东方法学》，2012（3）。

⑦ 参见熊琦：《社交网络中的著作权规则》，载《法学》，2012（11）。

⑧ 参见刘军华：《处分未来作品权利合同的效力判断与违约责任》，载《电子知识产权》，2012（9）。

⑨ 参见梅术文：《“枪手代笔”的著作权问题与消费者利益保护》，载《知识产权》，2012（7）。

⑩ 参见董颖：《解决云计算SaaS模式下版权问题的另一途径》，载《电子知识产权》，2012（12）。

⑪ 参见熊琦：《音乐著作权许可的制度失灵与法律再造》，载《当代法学》，2012（5）。

⑫ 参见何天翔：《音视频分享网站的版权在先许可研究——以美国YouTube的新版权商业模式为例》，载《知识产权》，2012（10）。

⑬ 参见代水平、景彦军：《完善著作权质押融资平台建设的思考》，载《电子知识产权》，2012（11）。

⑭ 参见刘丹冰：《版权信托的误解与定位》，载《电子知识产权》，2012（11）。

⑮ 参见许波：《著作权保护范围的确定及实质性相似的判断——以历史剧本类文字作品为视角》，载《知识产权》，2012（2）。

⑯ 参见郑志柱：《论著作权侵权的判定路径》，载《华南理工大学学报》（社会科学版），2012（5）。

⑰ 参见解亘：《驱逐搅乱著作权法的概念：“剽窃”》，载《华东政法大学学报》，2012（1）。

⑱ 参见王坤：《剽窃概念的界定及其私法责任研究》，载《知识产权》，2012（8）。

⑲ 参见陆燕：《著作权法上剽窃行为的认定标准探析》，载《中国版权》，2012（4）。

⑳ 参见王坤：《论反向剽窃》，载《电子知识产权》，2012（9）。

和利益平衡。[①] 有学者认为，为了著作权法定赔偿的适用能贯彻全部赔偿原则，应建立对作品价值的正确理解，设定适应社会经济发展水平的法定赔偿幅度，强化举证程序，并在法定赔偿额的计算上考虑权利人为制止侵权支付的合理费用。[②] 还有学者分析了美国版权法定赔偿裁决中的相关问题。[③]

有学者简要阐述了SOPA议案[④]、影视作品著作权侵权认定[⑤]涉及的相关问题，就音乐作品[⑥]、禁播电影[⑦]的著作权保护提出了看法，还讨论了盗版行为[⑧]、转载作品行为[⑨]、艺术伪造行为[⑩]、损毁美术作品原件行为[⑪]、将摄影作品绘制成油画的行为[⑫]的法律性质及其规制问题。

**（二）网络环境下的著作权保护**

1. 网络环境下侵犯著作权行为的判定。有学者认为，网络作品有两类：一类是网络原创作品，另一类是网络转载作品。将某些改动作品的行为视为合理使用，不构成侵犯精神权利。网络版权侵权认定，应对侵权行为和被控侵权作品进行综合性评价，鉴别的关键点应集中在对实质性相似的认定上。[⑬] 另有学者指出，网络环境下对待私人复制的态度应以利益平衡原则为指导，在原则上将其纳入合理使用范畴时，给予一定限制。网络环境下私人复制及相关行为应区分不同情况确定其行为性质。[⑭] 还有学者主张有必要重塑网络服务提供者责任的法理基础，即采纳传统的安全保障义务理论为网络服务提供者注意义务的基本原则。[⑮]

有学者认为，可以根据侵权的特点将网络环境下的版权侵权分为直接侵权和间接侵权两种类型。在认定间接侵权行为的责任时，应考虑侵权人的主观过错、客观行为、法定的免责条件等因素，并适当考虑网络产业发展的现实。[⑯] 网络服务提供者间接侵权判定的主观要件是维护知识产权间接侵权制度平衡机制的关键阀。间接侵权的主观判定必须以对特定侵权行为的知晓为条件，仅仅概括知晓存在侵权行为一般不宜认定构成侵权。[⑰] 还有学者认为，对网络版权间接侵权的行为追究责任是对网络版权进行司法保护和民事法律救济的体现。网络版权间接侵权人主要是网络技术服务提供者。“明知”和“应知”是判定侵权人过错的一般标准。“避风港”原则是过错判断的具体适用规则，“红旗”标准则是其例外。[⑱]

2. 网络环境下著作权保护的举证责任。有学者认为，法院在确定互联网上著作权人的举证责任时对著作权人初步证据的举证要求不宜过严。在认定互联网上著作权归属时，法院应该以优势证据规则为标准，确定原告初步证据的举证范围，并对该初步证据以及被告提供反驳证据的证明力予以判断。[⑲] 在网络著作权侵权证据方面，我国应该效仿其他大陆法系国家，在原有诉讼法体系中不断发展和完善我国现有的证据制度，从动态与静态两个方面对法官认定事实所依据的证据加以区分。[⑳]

① 参见陈霞：《比较法视角下我国著作权惩罚性赔偿制度之构建》，载《山东大学学报》（哲学社会科学版），2012（5）。

② 参见卫绪华：《论全部赔偿原则对著作权法定赔偿制度的指导价值》，载《广西大学学报》（哲学社会科学版），2012（2）。

③ 参见张春艳：《论美国版权法定赔偿的适用》，载《理论月刊》，2012（9）。

④ 参见王杰：《美国SOPA议案评析及其对我国网络知识产权立法的启示》，载《知识产权》，2012（8）。

⑤ 参见孙双秀、王金贵：《试论我国影视作品著作权保护法律适用的问题》，载《西北民族大学学报》（哲学社会科学版），2012（2）。

⑥ 参见崔立红：《音乐作品抄袭的版权侵权认定标准及其抗辩》，载《山东大学学报》（哲学社会科学版），2012（1）；徐鹤薇、张雅光：《论音乐作品的著作权保护》，载《行政与法》，2012（9）。

⑦ 参见刘戈：《禁播电影国内传播的版权问题研究——兼论网络服务商的法律责任》，载《黑龙江省政法管理干部学院学报》，2012（2）。

⑧ 参见姚兵：《论购买盗版行为的法律规制》，载《中国出版》，2012（6）。

⑨ 参见张朝霞：《作品被转载引发的权利困境及对策研究》，载《法学杂志》，2012（12）。

⑩ 参见韩赤风：《德国法律对艺术伪造行为的规制——兼与我国相关法律的比较》，载《知识产权》，2012（3）。

⑪ 参见李爽：《美术作品原件毁损是否必然侵犯著作权——从〈赤壁之战〉诉讼之争谈起》，载《知识经济》，2012（9）。

⑫ 参见苏志甫：《参照他人摄影作品绘制油画行为的司法认定》，载《中国版权》，2012（6）。

⑬ 参见张建华、魏重斌：《网络时代的版权法律保护问题研究》，载《电子知识产权》，2012（6）。

⑭ 参见冯晓青：《网络环境下私人复制著作权问题研究》，载《法律科学（西北政法大学学报）》，2012（3）；王博远：《对避免私人复制享有著作权保护的作品的立法建议》，载《电子知识产权》，2012（12）。

⑮ 参见刘文杰：《网络服务提供者的安全保障义务》，载《中外法学》，2012（2）。

⑯ 参见胡开忠：《网络环境下版权侵权的民事责任》，载《重庆社会科学》，2012（5）。

⑰ 参见曹阳：《知识产权间接侵权责任的主观要件分析——以网络服务提供者为主要对象》，载《知识产权》，2012（11）。

⑱ 参见杨小兰：《论网络版权间接侵权人的过错标准》，载《社科纵横》，2012（5）。

⑲ 参见陈发、郑旭：《以优势证据规则析网络环境下著作权人的举证责任》，载《人民司法》，2012（6）。

⑳ 参见李富民：《网络著作权侵权证据能力研究》，载《河南财经政法大学学报》，2012（5）。

3. 反假冒贸易协议（ACTA）的相关问题。反假冒贸易协议是一个数边贸易协议，旨在协议成员方之间建立知识产权执法的新机制和标准，主要是针对产品假冒和盗版问题。[①] 有学者指出，ACTA虽然是知识产权执法的最新国际标准，但是，其关于数字环境下的知识产权执法规则与 WCT 以及 WPPT 的要求并没有实质差异。我国现行知识产权法的有关规定虽然与 ACTA 之间有一定的差异，但并不存在深刻的矛盾，甚至在大多数方面已经符合 ACTA 的标准。[②]

4. “三振出局”规则。国外学者提出了两种截然相反的新机制，即以“激励创作、保护著作权人利益”为中心的“三振出局”机制和以“激励传播、保护共享用户利益”为中心的“补偿金制度”，其中“三振出局”已在许多国家得以实施，而“补偿金制度”目前仍只是学者的构想。[③] 法国“三振出局”法案规定，对于两次警告后仍不改正的非法下载用户可以断网并课以相应处罚。该法案有利于从根源上遏制不断蔓延的网络侵权盗版行为，但也存在只针对 P2P 非法下载行为等明显缺陷，饱受侵犯公民通信自由的质疑。[④]

还有学者就网络环境下学术作品的法律保护[⑤]、搜索引擎的侵权问题[⑥]、电影版权的保护问题[⑦]等进行了比较深入的分析。

**（三）侵犯著作权罪的法律问题**

1. 侵犯著作权罪的构成问题。有学者认为，侵犯著作权罪是以“复制发行”为入罪行为，以“情节严重”为入罪门槛。与此同时，该罪在主观方面并不再适合“以营利为目的”为构成要件，必须取消“以营利为目的”的犯罪要件。[⑧] 另有学者指出，设置“以营利为目的”要件契合刑法谦抑性的特点，具有坚实的哲学依据，有助于利益平衡机制的贯彻，原则上应予保留。[⑨]

2. 侵犯著作权罪的解释问题。有学者认为，关于侵犯著作权罪的解释中仍然存在着主客观方面的纠结。解决此问题，在主观方面，提高网络信息服务提供者的审查义务；在客观方面，将“利用他人上传的侵权作品”涵盖在“发行”的外延中。[⑩] 有学者指出，著作权产品的数字化及其网络传播侵蚀了以复制权为核心建立起来的传统著作权法体系，所以刑法司法解释将信息网络传播权纳入到复制发行权中，并引入点击量标准，借此重构复制权的纽带地位。[⑪] 还有学者讨论了侵犯著作权罪“发行”行为的内涵[⑫]、“以营利为目的”要件的意义[⑬]、非法经营数额的计算问题及侵犯著作权罪的形态问题[⑭]。

3. 网络环境下的侵犯著作权罪问题。有学者认为，P2P 技术在应用中会自动实施侵犯著作权的“复制发行”行为，P2P 网络服务提供者对其范围内的所有侵权作品具备支配能力，所以应当由网络服务提供者来承担主要刑事责任。[⑮] 针对网络资料私人共享问题，有学者指出应当将上传行为规定为侵权行为，将通过 P2P 技术上传未经版权人授权或无法律规定的侵权都规定为犯罪。同时承认一部分用于私人用途的下载是合法的，只有“以商业规模”下载才会被诉诸民事和刑事案件。[⑯]

4. 侵害技术措施行为的刑事责任。有学者主张基于风险刑法的理念，著作权的保护时点必须适当提前，所以无论何种规避行为都有入罪的必要。[⑰]

---

① 参见孙益武：《论 ACTA 与网络环境中的知识产权执法》，载《电子知识产权》，2012（2）。

② 参见张伟君、方华、赵勇：《ACTA 关于“数字环境下知识产权执法”规则评析》，载《知识产权》，2012（2）。

③ 参见曾斯平：《从“三振出局”及“补偿金制度”看网络共享平台上著作权利益的平衡》，载《电子知识产权》，2012（4）。

④ 参见田扩：《法国“三振出局”法案及其对我国网络版权保护的启示》，载《出版发行研究》，2012（6）。

⑤ 参见苏雪梅：《论学术作品的网络传播与著作权保护》，载《四川师范大学学报》（社会科学版），2012（6）。

⑥ 参见郭寿康、马宁：《网络服务提供者侵权责任的思考——读“泛亚诉百度案”二审判决》，载《知识产权》，2012（11）。

⑦ 参见张清、张小强：《网络环境下中国电影版权的保护途径》，载《重庆邮电大学学报》（社会科学版），2012（2）。

⑧ 参见谢向英：《“利用信息网络传播手段侵犯著作权罪”的罪罚适用及其完善》，载《成都理工大学学报》（社会科学版），2012（2）；崔建华：《完善侵犯著作权罪立法建议》，载《西南农业大学学报》（社会科学版），2012（10）。

⑨ 参见王骏：《著作权犯罪“以营利为目的”要件“主废论”质疑》，载《山西财经大学学报》，2012（S1）。

⑩ 参见肖扬宇、何国强：《从“百度文库案”窥侵犯著作权罪的立法纠结——兼评 2011 年〈关于办理侵犯知识产权刑事案件适用法律若干问题的意见〉》，载《河北法学》，2012（3）。

⑪ 参见于志强：《网络空间中著作权犯罪定罪标准的反思》，载《中国刑事法杂志》，2012（5）。

⑫ 参见谢杰、秦天宁：《侵犯著作权罪发行行为的刑法解释》，载《福建警察学院学报》，2012（4）。

⑬ 参见刘科、朱鲁豫：《侵犯著作权犯罪中“以营利为目的”要素的规范阐释与完善方向》，载《中国刑事法杂志》，2012（9）。

⑭ 参见李文广、刘晓虎：《侵犯著作权犯罪非法经营数额以及犯罪停止形态的认定》，载《人民司法》，2012（20）。

⑮ 参见周莉：《P2P 网络服务提供者刑事责任问题研究——以侵犯著作权为视角》，载《湖北警官学院学报》，2012（3）。

⑯ 参见谢焱：《游走于法律边缘的网络著作权——网络资料私人共享在德国的刑事立法和实践》，载《中国版权》，2012（6）。

⑰ 参见杨彩霞：《规避著作权技术措施行为刑法规制的比较与思考》，载《政治与法律》2012（12）。

直接侵害技术措施行为具有严重的社会危害性，而其他惩罚机制无法满足对技术措施的保护需要。间接侵害技术措施行为为直接侵害行为提供技术服务和设备工具，比直接侵害行为的危害性更大。所以，有必要将直接与间接侵害技术措施的行为纳入刑法规制之中。①

## 六、新技术条件下的著作权保护问题

### （一）微博作品的法律保护

有学者认为，微博言论只要具有独创性就应该受到著作权法的保护，不应局限于作品的刊载媒介，著作权法意义上的合理使用在微博著作权中需要重新进行界定。② 有学者认为，应把握微博博文版权保护的核心价值，从尊重作者的署名权入手，对中国著作权法中的著作人格权规定进行修改，并引入自由许可机制。③ 还有学者认为，微博世界里奉行自由分享的游戏规则。对于复制、转发行为，作者应更多地给予宽容，司法介入也应适当谨慎。④

### （二）博客作品的法律保护

有学者认为，博客与传统作品一样满足独创性和可复制性等受版权保护的实质要件，其版权属于博客作者。⑤ 有学者指出，对于博客作品著作权的法律保护，司法实践中需要明确权利人要件、权属要件、权属辅助要件。⑥ 还有学者分析了我国博客著作权保护存在的问题，并就问题的解决提出了自己的建议。⑦

### （三）视频网站的著作权问题

有学者认为，视频分享网站实施的行为属于信息存储空间服务提供行为，其侵权认定的关键在于网站经营者是否主观明知或应知网络用户上传的内容构成侵权。⑧ 对于视频网站经营者侵犯著作权行为的认定，必须以具有逻辑关系的两个基本理念为基础：（1）履行注意义务是过错责任认定的核心；（2）“合理人”标准与“红旗”标准是尽到注意义务的判断标准。⑨ 还有学者指出，在Viacom vs YouTube二审判决中，法院从几方面澄清或发展了认定视频分享网站侵权责任的规则。⑩

### （四）云计算技术之下的著作权问题

有学者认为就互联网公司在云计算和开放平台方面的主要技术应用和业务来讲，并没有突破目前著作权制度特别是信息网络传播权制度的规则体系，仍然主要扮演着单纯的提供技术服务的网络服务提供者的角色。⑪ 有学者主张对于云计算服务提供者的法律责任，不能简单按照其在经营活动中采用的技术手段来考量，应该根据具体情况，考虑各项因素进行综合判定。⑫ 还有学者指出，云计算技术的全面运用将会改变当前网络的经营模式，同时也将会对网络服务商所承担的间接侵权责任认定原则提出重大的挑战，传统的三要件将不能完整地体现间接侵权适用规则。⑬

还有学者就P2P传输方式⑭、“WAP搜索”⑮、视频播放器经营行为⑯、苹果商店⑰涉及的侵犯著作

---

① 参见董琳：《网络版权技术措施刑事保护研究》，载《中国版权》，2012（7）。

② 参见孟庆吉：《微博著作权及其侵权的认定》，载《学术交流》，2012（2）；刘文杰：《微博平台上的著作权》，载《法学研究》，2012（6）；刘涵：《报刊利用微博内容涉及的版权问题探析》，载《中国编辑》，2012（2）。

③ 参见吴雨辉：《微博博文的版权保护问题研究》，载《西北工业大学学报》（社会科学版），2012（4）。

④ 参见邹举：《微博版权冲突及其治理》，载《国际新闻界》，2012（3）。

⑤ 参见杨小兰：《博客版权探析》，载《理论界》，2012（2）。

⑥ 参见曹英：《博客作品著作权之司法判定——以〈见与不见〉权属之诉为视角》，载《人民司法》，2012（2）。

⑦ 参见方舟、杨海平：《我国博客著作权保护研究》，载《中国出版》，2012（7）；王潘：《浅谈博客著作权法律保护》，载《法制与经济》，2012（2）。

⑧ 参见芮松艳：《论视频分享网站主观过错的认定》，载《电子知识产权》，2012（1）。

⑨ 参见王光文：《论视频网站UGC经营者的版权侵权注意义务》，载《国际新闻界》，2012（3）。

⑩ 参见王迁：《认定视频分享网站侵权责任规则的最新发展——评Viacom诉YouTube案二审判决》，载《电子知识产权》，2012（5）。

⑪ 参见张钦坤：《云计算、开放平台与服务商版权责任》，载《电子知识产权》，2012（12）。

⑫ 参见李雨峰、张惠彬：《云计算环境下的著作权司法保护》，载《人民司法》，2012（17）。

⑬ 参见罗斌：《云计算环境下的著作权间接侵权规则探讨——从“索尼案”到“Cablevision案”的适用原则变更》，载《中国版权》，2012（3）。

⑭ 参见尚志红：《P2P流媒体的版权困境及解决之道》，载《北方工业大学学报》，2012（2）；张玲玲：《P2P服务提供者侵权责任问题研究》，载《知识产权》，2012（4）。

⑮ 参见王迁：《“WAP搜索”及相关服务著作权侵权问题研究》，载《知识产权》，2012（1）。

⑯ 参见权成宇：《播放器经营方式及其侵权责任分析》，载《中国版权》，2012（5）。

⑰ 参见赵红仕：《苹果商店著作权问题对策研究》，载《中国版权》，2012（3）；苏嫚：《苹果应用商店侵权风险法律分析》，载《中国版权》，2012（4）。

权问题展开了比较深入的讨论。

## 结 语

从 2012 年我国学者对于著作权法的研究整体态势来看，学者们大多执着于具体问题、技术问题的回应性研究，比较热衷于引进国外——特别是美国——在著作权制度方面的立法经验和司法经验，而缺乏对于著作权制度的体系化思考。著作权属于民事权利，著作权法属于民法，但学界鲜有从民法的角度来研究著作权制度的学术成果，两者之间的沟通仍然不畅。从我国第三次《著作权法》修改过程中发生的激烈争论可以看出，我国学者之间的学术交流呈现方兴未艾之势，这也有助于一个学术共同体的发展和成熟。有学者指出，《著作权法》修改中经常发生激烈争论，这多是因文化碰撞而起。① 或许，从文化的角度来理解著作权制度也是我国学者不得不面对的一个课题。

（作者单位：南开大学法学院）

① 参见夏扬：《〈著作权法〉修改中的文化冲突》，载《中国出版》，2012（18）。

# 2012年版权热点问题研究

［编者按］ 2012年，对版权界来说是一个“大事年”。这一年，世界知识产权组织保护音像表演外交会议在北京召开并顺利缔结《试听表演北京条约》、《著作权法》进行第三次修订、苹果商店陷入版权纠纷、电视节目与微博的版权问题引发热议……对这些重大事件与热点问题，学术界均给予了高度关注与迅速反应，并形成了系列研究成果。本部分特别选录了11篇代表性论文，以飨读者。本书选录时，作者对已发表的论文做了适当修改。

## 《视听表演北京条约》争议问题及对我国国际义务的影响

王 迁

著作权法意义上的“表演者”传统上是指以各种方式表演文学艺术作品的人。由于表演者对传播作品发挥着无可替代的关键作用，在著作权法中保护作品的表演者成为国际社会的共识。

然而，保护表演者邻接权的三大国际条约《保护表演者、录音制品制作者和广播组织的国际公约》（简称《罗马公约》）、《与贸易有关的知识产权协定》（简称TRIPS协定）和《世界知识产权组织表演与录音制品条约》（简称WPPT）均对以音频形式利用表演的行为和以视频形式（因绝大多数视频有伴音，因此也称为“视听”形式）利用表演的行为区别对待。对以复制、发行等方式利用录制在CD等“录音制品”中的表演的行为，三大条约均要求获得表演者的许可，但对于利用已录制在DVD、录像带等“视听录制品”中的表演，三大条约则均不要求获得表演者的许可。

例如，《罗马公约》第19条明确规定：“一旦表演者同意将其表演纳入视觉或视听录制品中，第7条（赋予表演者禁止他人未经许可录制其现场表演、复制其表演的录制品的权利）即不再适用”。这里的“视觉或视听录制品”（以下统称为“视听录制品”[①]）指一切用摄录设备进行视频拍摄的结果，无论其是否构成作品。据此，一位歌手只要许可他人在演唱会现场对表演摄像，则另一缔约方对于他人未经许可复制录像带的行为，没有义务向该歌手提供法律救济；但如果有人经过许可用录音机录下了歌声并制作成录音制品，则另一缔约方对于他人未经许可的复制，必须向这名歌手提供法律救济。

为了解决这种歧视“视听表演”的问题，世界知识产权组织试图制定新的国际条约加以解决，但引发了激烈争议；直至2012年6月26日在北京缔结《视听表演北京条约》，这一问题才得以解决。

### 一、“视听表演”的国际保护问题

#### （一）“视听表演”概念的正确界定

“视听表演”（audiovisual performance），并非是字面上用视觉和听觉欣赏的表演，也并非指“表演价值”来源于依靠视觉感知而非依靠听觉感知的表演。因为前一种定义几乎包括了所有表演形式，并无实际讨论价值，而后一种定义方式无法区分“视听表演”和“声音表演”的界限。“视听表演”指他人对表演的利用方式包含了表演者的形象或动作（以视频方式），而非仅仅利用了表演者的声音（以纯音频方式）的表演。

#### （二）“视听表演”国际保护问题的产生根源

《罗马公约》缔结于上世纪60年代，当时摄像机尚未普及，能够对表演活动以视频方式进行录制的主要是影视公司。而《罗马公约》第7条赋予了表演者广泛权利，即使表演者已经许可录制其表演，仍然有权禁止为其他目的对由此形成的录制品进行再复制。这就意味着即使演员已经许可出于播放影视剧的需要

① 《罗马公约》是区分了“视觉录制品”（visual fixation，也即记录了表演者形象，但无伴音的录制品）和“视听录制品”（audio-visual fixation，也即同时记录了表演者声音和形象的录制品）的，但在世界知识产权组织自1994年起的讨论中，出于用语简洁的需要，以及多数视频均有伴音的现实，不再对两者加以区分，而是统一使用“视听录制品”的概念。《视听表演北京条约》第2条也相应地将“视听录制品”定义为有伴音或无伴音的视频录制品。下文也统一使用“视听录制品”的术语。

而录制其表演，影视公司仍然不能擅自制作和销售影视剧的录像带。为了维护影视产业的利益，《罗马公约》规定“视听录制品”中的表演不受保护。

随着摄录设备的普及，对表演的摄录变得极为简单易行，影视产业之外也产生了大量的“视听录制品”，而这些作品中表演者的利益未能受到合理保护。同时，表演者权集体管理组织的建立和完善，使得给予表演者全面保护而不损害影视产业成为现实可能。

然而，由于在这一问题上争议太多，在缔结TRIPS协定时，为吸引更多国家加入，求同存异，协定仍然未能向“视听表演”提供全面保护。于是，“视听表演”问题被遗留至2012年6月在北京举办的外交会议上。

**二、关于《视听表演北京条约》保护范围的争议**

在世界知识产权组织召开的历次会议中，在表演者是否应对录有其表演的“视听录制品”享有复制权、发行权等“专有权利”（即是否应当对“视听录制品”中的表演提供充分国际保护）的问题上，以欧共体为代表的多数国家，与以美国为代表的少数国家分歧严重。多数国家都认为应当对录制在“视听录制品”中的表演进行充分保护，而美国反对在新条约中拓展表演者权利。

笔者认为，除了因为美国政府倾向于保护国内发达的影视产业之外，还与美国《版权法》不区分版权和邻接权的传统架构有密切关系。美国版权判例法中，音乐作品的表演者是“作者”，享有完整的版权专有权利而非邻接权，而音乐作品之外的作品表演者，则并非“作者”。由于美国并无“邻接权”，这些表演者只能借助表演者工会等集体管理组织，作为雇员受到劳动法和合同法保护。

在1996年谈判缔结WPPT的外交会议中，由于绝大多数国家都赞同对“视听录制品”中的表演提供全面保护，美国不再坚持原先立场，却提出以扩大“国民待遇”范围和规定“推定表演者向视听录制品制作者转让权利”等条件作为前提①，以确保自身利益不受影响。为了尽快缔约，WPPT增加了新的表演者权利，但却继续拒绝保护“视听录制品”中的表演。

**三、关于《视听表演北京条约》中“国民待遇”范围的争议**

在1996年外交会议之后，争论焦点就转移至美国提出的两个前提条件上。对于“国民待遇”范围，美国认为，新条约的保护范围不应限于条约规定的“专有权利”（即表演者禁止和授权利用其表演的权利），而是要扩大到缔约方为本国国民规定的其他所有权利（包括条约未作规定的专有权利和获酬权）。而欧共体则坚决反对美国的要求。

笔者认为，美欧分歧的主要原因在于，美国是视听产品的最大出口国，但国内法并没有向表演者提供完整的版权或邻接权保护；而欧共体及各成员国立法已经对表演者提供了超过未来新条约的高水平保护。如果新条约按照美国的要求规定“国民待遇”，就意味着美国的视听产品出口至欧共体后，美国表演者在欧共体不但能够享受到条约规定的专有权利，还能享受其成员国给予本国表演者的、超出条约要求的额外权利。而欧共体的视听产品出口到美国之后，欧共体的表演者却只能享受条约规定的权利，因为美国没有为本国表演者规定额外权利。因此美国的要求对欧共体是非常不利的。

经过艰苦的谈判，美国和欧共体就一项折中方案达成了妥协：条约原则上仅对条约规定的“专有权利”实行“国民待遇”。这就意味着对于欧共体成员国为本国表演者规定的超出条约范围的其他“专有权利”，美国表演者在欧共体无法享受。但作为例外，对于条约为表演者规定的“广播获酬权”，也即表演者对于广播视听录制品而获得报酬的权利，也实行“国民待遇”。这就意味着只要美国规定欧共体的表演者在美国能够享受“广播获酬权”，美国的表演者在欧共体也能享受同样的获酬权。对这一问题的争议获得了解决。

**四、关于《视听表演北京条约》中表演者权利归属的争议**

视听表演者权利的归属是各方争论最为激烈的问题。美国要求，除非有相反约定，表演者一旦同意将其表演录制在“视听录制品”上，就推定将其权利转让给视听录制品的制作者，希望以此保证条约缔结后其影视产业对电影DVD等“视听录制品”的后续使用不受表演者权的影响，而美国《版权法》不致被迫大幅修改。

笔者认为，由于“推定权利转让”是美国自身的关键利益所在，按照美国的提案，表演者一旦同意以视频方式录制其表演，其表演者权就被推定转让给制作者，其他国家的表演者集体管理组织将无

① See WIPO, Doc. CRNR/DC/34, Diplomatic Conference on Certain Copyright and Neighboring Rights Questions, Scope of Coverage for Audiovisual Performers, Proposed by the Delegation of the United States of American, pp. 1-3.

"权"可管理，并且在谈判"获酬权"数额时将处于弱势。而美国借助工会集体合同保障表演者利益的机制在世界范围内极为罕见，因而美国的方案遭到了以欧共体为首的大多数国家的激烈反对。

在2000年的外交会议上，美国和欧共体都做出了一些让步。双方同意应由缔约方自行选择规定"推定权利转让"或表演者的权利由制作者行使，但表演者和制作者可以就表演者权利归属作出约定。但是，美国还要求在条约正文中明确规定：表演者与制作者约定权利归属的合同，应由与该合同有最密切联系的国家的法律管辖。但欧共体认为：该项准据法的规定与条约无关，纯属国际私法领域的问题，因此反对在正文中加以规定，只同意对该条增加一项以注释形式出现的"议定声明"，将上述准据法的内容纳入其中。

笔者认为，根据《维也纳条约法公约》，在外交会议上经各代表团一致同意而通过的"议定声明"，具有解释条约的法定效力，因此在正文中规定准据法与在"议定声明"中用相同的语言规定准据法并没有实质性差异。同时，以"最密切联系原则"来确定合同的准据法，本来就是国际私法中的基本规则，条约中无论是否作明文规定，都不会影响该规则的实际适用。由此可见，美欧双方对准据法条款的争议，已经无关实质内容了，而纯粹是针对形式，甚至可以说是脸面之争。由于美国和欧共体各持己见，互不相让，该条未获通过。2000年外交会议以失败告终。

直至2011年，美欧双方才最终就权利转让条款达成了共识。由于在缺乏国际条约的情况下，在欧洲等海外市场播放美国的影视剧无须向美国演员（权利由美国影视公司享有）付酬，经济不景气的美国需要条约尽快缔结，以便根据"国民待遇"的规定从海外市场取得向美国演员支付的报酬。因此美国不再坚持写入准据法的内容，缔结条约的最终障碍由此消除。2012年6月，在北京召开的外交会议上，成功缔结了《视听表演北京条约》。

**五、《视听表演北京条约》对我国国际义务的影响**

（一）对表演者专有权利的保护应延伸至其他缔约方国民

我国现行《著作权法》没有对利用"视听表演"与"声音表演"的行为加以区分。换言之，我国《著作权法》已经对"视听录制品"中的表演提供了全面保护。

目前我国没有义务规定就使用"视听录制品"的行为向外国表演者提供保护。但是，在我国批准加入《视听表演北京条约》且条约生效之后，就需要履行条约义务，保护其他缔约方的视听表演。《著作权法（修改草案第二稿）》第二条第五款规定："外国人、无国籍人的……表演……根据其所属国或者经常居住地国同中国签订的协议或者共同参加的国际条约，受本法保护"，这是适当的。

（二）无保护其他缔约方表演者二次获酬权的义务

《视听表演北京条约》第11条（"广播和向公众传播的权利"）规定，缔约方既可以选择为表演者规定"广播和向公众传播表演"这一"专有权利"，也可以不规定"专有权利"只规定"获酬权"，还可以声明保留，既不规定"专有权利"也不规定"获酬权"。这一规定与WPPT第15条是类似的。我国在批准加入WPPT时，考虑到《著作权法》没有规定表演者对已录制的表演享有就广播和以其他方式向公众传播而获得报酬的权利，因此决定对WPPT第15条声明保留。在我国《著作权法》并未对以"录音制品"和"视听录制品"录制的表演加以区分的情况下，不太可能在两类表演的"获酬权"问题上加以区分。其次，一旦为表演者规定"广播获酬权"，根据条约的"国民待遇"条款，必须向其他缔约方的表演者付酬，考虑到外国视听产品的进口量远超中国视听产品出口量的贸易现实，我国在批准加入《视听表演北京条约》时，应对第11条规定的权利声明保留。

《著作权法（修改草案第二稿）》第三十六条第三款规定，视听作品中的主要表演者"有权就他人使用该视听作品获得合理报酬"。该项获酬权被业界称为"二次获酬权"。但是，根据《视听表演北京条约》对"国民待遇"的规定，仅对"广播获酬权"实行国民待遇，对于缔约方国内法规定的其他获酬权不实行国民待遇。这就意味着，只要中国在批准加入《视听表演北京条约》时对其第11条规定的"广播获酬权"声明保留，对于《著作权法（修改草案第二稿）》规定的"二次获酬权"，则只有中国的表演者可以享有，其他缔约方国民不能在我国享有此项获酬权。

当然，这并不意味着中国不能主动选择在此方面向其他缔约方提供"国民待遇"。但是，笔者认为：在没有条约义务的情况下，是否选择扩大"国民待遇"的范围需要权衡利弊。在外国视听产品的进口量远超中国视听产品出口量的情况下，扩大"国民待遇"的范围，实际上会有利于美国等视听产品出口大国。考虑到我国视听产品贸易的现实，严格遵循根据《视听表演北京条约》规定的“国民待遇”范围，不向非本国表演者提供“二次获酬权”，才是较为明智的选择。

（原载《法学》，2012（10），本文有删节。
作者单位：华东政法大学）

## 著作权延伸性集体许可制度的移植与创制

梁志文

我国《著作权法（修改草案）》于 2012 年 3 月 31 日一经公布就引起了音乐作品著作权人的极大反响，尤其是第六十、七十条试图建立的著作权延伸性集体许可制度。要解决音乐作品著作权人对于著作权延伸性集体许可制度的质疑，需要回答以下基本问题：始创于北欧的著作权延伸性集体许可制度究竟是否适合我国？修改草案第二稿所建立的制度与北欧的制度相比有何异同？应该如何构建具有中国特色的延伸性集体许可制度？

### 一、北欧各国的著作权延伸性集体许可制度

延伸性集体许可（extended collective licenses）是对丹麦著作权法中的“aftalelicens”、挪威著作权法中的“avtalelisens”、瑞典著作权法中的“avtal-slicens”等术语的字面翻译。一般而言，它是指在著作权与邻接权领域，在全国范围具有代表性的著作权人组织（通常包括作者和一些制作者）与使用者达成的作品使用协议，法律规定其约束力也同样及于不是该组织成员的权利人。通常认为，延伸性集体许可的立法首次出现在北欧著作权法中的时间是在 1960 至 1961 年间，当时北欧五国（丹麦、芬兰、挪威、瑞典和冰岛）共同建立了一个法律修正委员会，并最终创设了该制度。最初该制度主要适用于音乐作品的广播使用，但现今其适用范围大都予以了扩张。

最早规定著作权延伸性集体许可规则的是瑞典 1960 年 12 月 30 日通过的《著作权法》第 26（i）条（后已于 2009 年 4 月 1 日修订为第 3a 章第 42a 条），此后挪威于 1961 年 5 月 12 日通过、2006 年 12 月 22 日修订的《著作权法》第 36 条也有类似规定。冰岛于 1972 年 5 月 29 日通过、2010 年 4 月 21 日修订的著作权法第 15（a）条也有类似的规定，但与瑞典的相关规定相比，它有允许权利人选择退出的条款。丹麦于 2010 年 2 月 27 日修订的《著作权法》第 50 条至 52 条规定了延伸性集体许可的共同适用条件，并设立有专章予以规范，这在北欧各国的著作权法中最具有代表性。

尽管北欧各国的著作权法对延伸性集体许可的规定略有差异，但也有其共同特点，主要包括五个方面。

第一，适用著作权延伸性集体许可制度的集体管理组织必须在该作品使用领域的全国范围内具有广泛代表性。首先，尽管北欧各国法律规定略有不同，但该组织必须确能通过许可协议代表权利人的利益。其次，其代表性主要体现为本国权利人，而不包括外国人。

第二，适用著作权延伸性集体许可制度的集体管理组织与作品使用者（个体或组织）通过自由谈判，达成了特定领域内特定作品的许可使用协议。集体许可合同必须在作品类型和作品使用行为上具有特定性，而不能是概括性的、包括所有作品的利用方式。此外，集体许可合同也仅限于法定的作品类型，例如企业或其他组织为内部信息交流目的复制的作品仅限于已出版的文字作品及与其内容相关的艺术作品。

第三，已经达成的集体许可协议能够有效地约束非成员的权利人，即不仅能够约束本国的权利人，也同样能够约束其他国家的权利人。相应的非该组织成员的权利人享有与成员权利人同等的权利，对于外国权利人也是如此。使用者依据协议合法使用协议覆盖的所有作品，不承担侵犯著作权的任何民事责任或刑事责任。

第四，非属该组织成员的权利人的权利得到保障。如果没有相应的制度保障非成员的权利人，则延伸性集体许可在本质上就是法律规定的强制许可了。北欧各国的著作权法大都考虑到了这一点，因而规定了非成员的权利人有权单独主张报酬请求权和选择退出。

第五，不同的北欧国家使用不同的解决方案，促成可能达成的非合同形式（调解、仲裁或无其他救济）。例如，丹麦《著作权法》第 52 条详细地规定了调解的程序和权限。在北欧五国中，仅瑞典没有规定此类程序。

### 二、著作权延伸性集体许可的制度环境

任何一项制度和它所依存的整体构成一个平衡的生态环境。北欧著作权法所创设的延伸性集体许可也有整体上的制度环境，这包括它在著作权限制体系中的地位以及所依存的文化因素。

#### （一）北欧著作权延伸性集体许可属于解决外部人问题的法律方案

在北欧，著作权延伸性集体许可是用以解决外

部人问题的一种方案。外部人即不属于著作权集体管理组织成员的权利人，主要包括三类：(1) 未加入著作权集体管理组织的本国作者（权利人）；(2) 外国权利人，在欧盟还区分为欧盟成员国的外国权利人和非欧盟成员国的外国权利人；(3) 对于难以确定权利人的版权作品（即孤儿作品）而言，外部人也指孤儿作品（orphan works）中未能确认的权利人。著作权延伸性集体许可的正当性就在于降低了作品使用者与外部人单独谈判作品使用所花费的交易成本。

（二）北欧著作权延伸性集体许可是法律许可制度的替代品

在著作权法上，为克服大量使用他人作品情形下高昂的交易成本的缺陷或避免受个别权利人的遏制，可选择的制度除了北欧采取的著作权延伸性集体许可制度之外，还包括强制性的集体管理制度和法律许可制度。北欧国家认为，著作权延伸性集体许可相比于强制性的集体管理制度和法律许可制度更具优越性，因为它是权利人自治与国家干预的精妙混合。一方面，它具有强制权利人许可作品使用的效果，但另一方面，它也允许权利人控制对其作品的利用。因而它对于作为外部人的权利人而言更为有利。因此，在本质上，延伸性集体许可是对著作权的一种限制。从形式上来看，瑞典、丹麦、挪威、芬兰等国的著作权法均是在“权利限制”章节中予以规范的。

（三）北欧著作权延伸性集体许可建立在特定的文化因素之上

“在某种程度上讲，延伸性集体许可的规则之所以能够创设出来，是和北欧社会组织的一般特点密切相关的。北欧著作权延伸性集体许可之所以能够取得成功，更深的社会文化背景包括高度发达的社会组织，以及劳动法处理劳工组织和雇主组织之间集体协议的社会传统。也许，还包括烙印在北欧社会和其法律之上的现实主义以及实用主义这一北欧共同传统。”具体到著作权集体管理方面，在北欧社会已经形成良好和组织有序的集体组织，同时，这些不同的集体管理组织之间存在着高度的合作，也存在与使用者签订的大量共同协议，并发展成大量的集体许可协议。此外，北欧国家是典型的小型同质社会，其政策建立在高度互信和透明的社会基础之上，这也是著作权延伸性集体许可制度产生的社会原因。

**三、著作权延伸性集体许可的法律定性**

著作权的延伸性集体许可是属于权利人行使权利的方式，还是属于权利的限制？不同的法律定性将产生不同的制度设计，对著作权人利益的保护将产生不同的法律后果。

与著作权集体管理不同，延伸性集体许可并非权利人行使权利的结果，因为权利人并非签订集体许可协议的集体管理组织的成员，后者对其权利的代理，即集体许可协议对权利人的约束力来自法律的规定。事实上，在北欧各国的著作权法中，延伸性集体许可也被视为是一种权利限制制度，只是相比法定许可、强制许可或合理使用等权利限制制度而言，其限制力度要低一些。

作为一种权利限制制度，著作权延伸性集体许可应该符合《与贸易有关的知识产权协定》等国际条约上规定的“三步测试法”，即“在特殊情况下，不得影响该作品的正常使用，也不得不合理地损害著作权人的合法利益”。首先，著作权延伸性集体许可的适用范围必须是明确的，仅限于“特殊情况”。北欧各国著作权法规定的延伸性集体许可的适用范围虽然各有不同，但是明确了所适用的具体作品类型和作品使用方式。我国《著作权法（修改草案第二稿）》第六十条相比第一稿而言，明确了其具体的适用范围，限定于两种情形：一是广播电台、电视台播放已经发表的文字、音乐、美术或者摄影作品，二是适用于卡拉OK行业使用音乐作品或视听作品的情形。该规定体现了“三步测试法”中“特殊情况”下利用作品的要求，是较为妥当的。

其次，为保证著作权人“对作品的正常利用”，法律应该尊重权利人行使权利的自由。因为著作权延伸性集体许可通常涉及大量作品使用情形下的利用效率问题，而不涉及表达自由等公共利益。延伸性集体管理不影响专有权仍然属于权利人所有这一事实，但是它影响了权利的行使方式。在北欧著作权法上，学界一般认为，权利人无须履行特别的手续即可退出协议或自动延伸，因而符合《伯尔尼公约》第5条第2款所规定的“无手续”原则。

再次，作为权利限制制度的著作权延伸性集体许可，其实施“不得不合理地损害著作权人的合法利益”。为保证著作权人获得合理利益，法律应该完善著作权集体管理组织的付酬机制。过去由于没有明确的法律规定，著作权集体管理组织很可能区别对待作为成员的权利人和非成员的权利人。

**四、我国著作权法上延伸性集体许可制度的建立**

著作权集体管理组织对于著作权保护的重要性毋庸置疑。对于使用者而言，著作权集体管理组织许可使用的作品范围的大小具有很重要的意义。如果未能涵盖满足使用要求的作品数量，著作权集体管理在降低交易成本方面的作用就不明显了。

对我国而言，著作权延伸性集体许可的移植还具有重要的现实价值。我国著作权法上存在广泛的法定许可制度，这一直备受诟病：人们认为它导致著作权人丧失了作品交易条件的决定权，使得依据作品市场供求关系建立的交易机制难以真正建立。建立延伸性集体许可制度，将在功能上部分取代法定许可制度。相比于法定许可，它强调了权利人自治的重要性，从而使得著作权人掌握了作品交易条件的决定权；同时，它又具有集体许可协议所具有的灵活性和成本节约性。《著作权法（修改草案第二稿）》将现行《著作权法》规定的“法定许可播放”修改为延伸性集体许可的内容，与北欧著作权法创设该制度的设想不谋而合，也符合国际发展的基本趋势。此外，立法者还必须考虑如何为卡拉OK等需要大量使用作品的行业节约交易成本。相比于制定新的法定许可类型，延伸性集体许可则是较为完美的替代方案。

故而，我国在《著作权法》第三次修订案中引入该制度也是妥当的，但其具体规则的构建是否妥当，则应结合我国著作权法的整体结构和社会环境来综合评价。我国著作权集体管理组织的运行并不规范，这既导致了权利人对其许可使用费标准与分配方案的不满，也导致了使用者指责集体管理组织的高额收费标准已经完全超出了其承受范围。此外，我国著作权法上还存在广泛的法定许可制度。对于大量需要使用他人作品的情形，我国著作权法大都将其纳入了法定许可使用的范围，基于利用效率对孤儿作品的使用也在《著作权法（修改草案第二稿）》第二十六条中予以了规范。这是延伸性集体许可制度在我国与北欧各国著作权法整体环境中的重要差异。《著作权法（修改草案第二稿）》以著作权集体管理组织为主导的延伸性集体许可将强化其与使用者、权利人之间的裂痕。因此，延伸性集体许可的适用范围必须严加限制，著作权集体管理组织的许可实践也必须严加监管。

对于必须大量使用他人作品才能正常运转的产业如卡拉OK行业，应适用著作权延伸性集体许可制度。但是对于需要使用他人作品的宾馆、饭店、商场、超市、机场、车站、码头、公共交通运输企业等而言，则无须予以适用。因为具有全国代表性的著作权集体管理组织本身拥有了实质性的作品数量，足够满足这些使用者正常运营的需求。这些作品的使用系出于满足消费者的文化娱乐需要或其他目的（比如促销），消费者是否能够选择其偏好的作品，并不影响这些行业的正常运营。但卡拉OK行业的运营不同，如果消费者不能选择到偏好的音乐作品，则不可能前往消费。由于消费者所偏好的音乐作品有很大部分不属于该领域著作权集体管理组织成员的作品，也有很大部分作品的权利人还有可能是外国人，著作权延伸性集体许可确是解决授权困境的重要制度。但是在卡拉OK业之外，是否还有有类似需求的产业？在不能确定的情况下，立法者应该鼓励权利人和使用者之间的利益交换，以达成在著作权延伸性集体许可适用范围上的共识。在共识未能达成之前，立法应该持谨慎态度，将该制度的适用范围限定于达成共识的部分。

即使立法者决定采取适度前瞻的立法政策，其具体规则的构建也不能突破延伸性集体许可的法律属性，即它是对权利的一种限制，其正当性必须符合国际条约对于权利限制的规则。同时，鉴于我国著作权立法惯例，可在著作权法上对延伸性集体许可规则做出原则性规定，而具体制度的构建应在《著作权集体管理条例》中予以专章规范，其内容主要包括：（1）著作权集体管理组织主张代表全体权利人的条件、程序，以及集体管理组织之间的协调；（2）集体许可协议的透明度；（3）非成员权利人的法律地位与权利行使；（4）使用者的权利与义务；（5）国务院著作权行政管理部门对适用延伸性集体许可的监督、管理；（6）与延伸性集体许可有关的争议解决。

（原载《法学》，2012（8），本文有删节。
作者单位：南京师范大学法学院）

## 网络环境下私人复制著作权问题研究

冯晓青

复制权是自世界上第一部著作权法诞生以来受各国著作权法保护最重要的一种著作财产权。随着复制和传播技术的进步，特别是当代信息网络技术的发展，复制权的范围也得到了前所未有的扩张。著作权法律制度的发展以著作权的扩张为鲜明特色，实际上是以复制权内容的不断延伸为核心的。甚至可以认为，“值得复制的就是值得保护的”。与此同时，著作权法作为平衡著作权人和社会公众利益的知识产权法，其始终追求在充分保障著作权人利益的前提下促进思想、知识和信息的共享、传播和利用，因而对著作权的限制也成为著作权法律制度发展的另外一道风景线。复制权保护与复制权限制的对立统一在很大程度上凸显了著作权法的平衡精神。私人复制则作为著作权法中使用作品的一种极为普遍的形式，由于其牵涉到错综复杂的利益关系，特别是私人利益与公共利益之间的平衡等重大问题，而成为当代著作权立法、理论和实践中一个颇富争议和备受关注的重要话题。在我国《著作权法》第三次修订工作拉开序幕之际，私人复制及其相关行为如何规范，也是颇具现实意义的问题。

## 一、网络环境下私人复制在著作权法中的定位及规制私人复制的理论基础

### （一）私人复制的概念、特点及其与技术发展的关系

私人复制是基于私人或者说个人使用的目的，复制他人作品的行为。在著作权法语境下讨论私人复制问题，显然是针对复制他人享有著作权作品的行为。私人复制的"私人"性质，决定了其具有以下显著特点：一是复制的目的具有非商业性、非营利性。二是复制在数量上通常是少量的，因为私人复制以满足个人或者其家庭范围内对作品的需要为限。这两个特点也决定了在一般情况下，私人复制不会对著作权人利益产生实质性损害，构成不受著作权人专有权控制、限制的合理使用行为。

然而，技术的发展会引起法律制度的变革，著作权法律制度本身作为技术特别是印刷传播技术发展的产物，其每一次变革都深受技术特别是传播作品技术发展的影响。与技术发展的轨迹和复制权的变革相适应，私人复制作为复制形式之一，在技术发展的不同阶段对著作权人的影响大为不同，其相应的法律地位也不同。具体言之，在模拟时代，或者说传统著作权法时代，一般认为私人复制属于典型的合理使用范畴。技术的发展则打破了著作权法原有的利益平衡关系，随着录音录像技术的发展，利用录音录像设备方便而廉价地复制作品的行为变得日益普遍，以致自20世纪60年代以来，德国等一些国家开始针对私人录制行为征收私人复制补偿金，以补偿因为私人录制行为给著作权人利益造成的损失。

### （二）网络环境下私人复制及其在著作权法中的基本定位

网络环境下之所以仍然需要对私人复制"网开一面"，是因为在很多情况下用户也需要享受网络技术进步带来的分享知识和信息的利益，而以法律限制私人复制自由的成本很高。网络环境下的私人复制在著作权法中的基本定位，除了上述仍然作为合理使用行为看待以外，就是将其视为受复制权严格限制的行为，针对私人复制的不同情况进行不同的规范。对于网络环境下私人复制行为，在赋予其合理使用基本定位的同时，应给予相应的限制，此即学术界所言"反限制"。无疑，"三步检验法"是基本的原则和规范。除此之外，还应当特别明确网络环境中的私人复制的合法性应以被复制、传播的作品的合法性为基本前提，明确这一点对于公平、合理地规范作品著作权法律关系，充分保障著作权人利益，在网络空间重构著作权法的利益平衡机制具有非常重要的意义。

### （三）规制包括网络环境下的私人复制的理论基础

著作权法的立法宗旨决定了既要充分保护著作权人的利益，以激励优秀作品的创作，也要保障社会公众对受保护作品的必要的接近，以确保基于作品的思想、知识和信息的广泛传播和利用，促进国家科学文化事业的发展与繁荣。换言之，著作权法律制度的基点和核心是建构著作权人利益与公众利益的平衡机制。事实上，这一点无论是在国际立法还是司法实践中都得到了充分肯定。上述著作权法中的利益平衡机制，不仅可以从法理学的角度加以理解，而且可以从经济学的视角加以认识。在经济学上，赋予著作权人对作品的专有权利与保障公众合理接近作品的法律机制是经济而有效地分配著作权客体这一知识产品稀缺资源的模式。经济学上受著作权保护的作品首先是一种公共产品，这种公共产品本身具有非竞争性和非排他性。作者为了实现其作品的经济和社会价值，需要将其推向市场，但在不受法律保护的前提下很容易被擅自复制和剽窃，从而导致面临智力资源枯竭的危险。因此，即使是从经济学的角度看，赋予作品以著作权也具有充分的合理性。但另一方面，作品作为公共产品，广大公众对其也有合法的需求，为了最大化地提高作品的利用效率，实现著作权法促进知识传播和学习的社会目标，著作权法制度设计必须保障公众合理接近受保护的作品。在著作权法的激励机制与合理接近的对价之间，利益平衡成为一个根本的适用原则。由此可见，无论是在法理学上还是在经济学层面，在著作权法中建构专有权利保护与权利限制对立统一机制和利益平衡机制，始终是著作权法的基本价值构造。

## 二、网络环境下私人复制及相关行为

网络环境下私人复制仍然是限制著作权的主要形式之一。网络环境下出于非商业性目的的私人复制极为普遍，但这些行为由于被复制作品性质、复

制目的和方式等的不同而表现出一定的复杂性。

（一）网上浏览以及浏览后打印复制件

浏览本身并未使数字化作品永久地固定于计算机终端的存储设备上，而只是通过用户点击作品的链接，在用户计算机随机存储器中暂时复制一份。在著作权人对上网的作品没有采取技术措施的情况下，任何人通过正常的上网方式可以获得其作品，并进行浏览，应推论为著作权人的默示许可。这一推论符合网络的开放性和人们有权分享技术进步带来的福利的基本人权理念。同时，原则上浏览者除非知道网上作品包含了著作权信息，否则不应受到侵权的指控。在司法实践中，这一点也是肯定的。不过，若著作权人为某种目的而对放置在网络中的作品设置了浏览限制则另当别论。例如有的作品只能浏览梗概，详细内容需要在付费后才能获取全文。实际上，在商业性数据库中，权利人控制用户浏览是其基本的盈利模式。在这种情况下，用户不得以获取信息自由作为免费浏览的合法理由。另外，浏览应符合合理使用原则。如果浏览会对作品发行市场造成不当影响，则权利人有权采取措施予以限制或者实行有偿浏览制度。

（二）网上下载

从我国《信息网络传播权保护条例》的规定看，其具有“只管上载，不管下载”的特点，即虽然规定了未经著作权人许可擅自在网络上提供他人作品的行为构成侵权，但并没有规定未经许可下载未经许可而传播的作品的行为性质。从一般的法理来说，下载行为的合法性应以被下载的作品属于合法复制品为前提。不过，在实践中，用户下载作品前并不一定知道或应当知道其准备下载的作品是否为被非法传播的作品。当然，在很多情况下，用户对拟下载的作品属于被非法传播的作品也是明知或者应当知道的，例如下载网络上的热门电影。在这种情况下，下载者因为具有主观过错，其行为的合法性则值得怀疑。事实上，有的国家著作权立法已对个人下载非法传播的作品的行为有明确的规定。

从上面的论述可知，在网络上下载作品的行为属于复制。对于下载行为的研究，主要是要看哪些下载行为或者下载行为在什么条件下属于不受著作权人复制权控制的私人性质的行为；哪些行为受到复制权控制，在未获得著作权人授权的前提下构成著作权侵权。商业性与非商业性是一个基本的分水岭。除此之外，还应在下载的直接目的、方式和手段上予以限制。原则上，正常的网络传输中涉及的下载著作权作品不应包含在受复制权控制的范围内，以免影响网络空间作品的正常传播和利用。

**三、私人复制的著作权法规制**

前面的讨论表明，网络环境下私人复制的基本定位仍然是纳入合理使用制度。但是，鉴于网络环境下私人复制的新特点以及在网络空间重构著作权法利益平衡机制的需要，私人复制合理使用制度应做必要的限制。另外，临时复制尽管不属于私人复制行为，基于其在网络空间利用作品的普遍性，也有必要明确通过立法规制给予定性。以下将以完善我国《著作权法》规定为宗旨，进一步探讨私人复制及相关问题的立法规制。

（一）在《著作权法》中明确引入“三步检验法”

三步检验法不仅在《伯尔尼公约》第9条作了规定，而且在《与贸易有关的知识产权协定》（TRIPS协定）中扩大到除复制权以外的其他著作权。由于我国已经加入这两个国际公约，在国内立法中确认该原则是我国的国际义务。我国目前在《著作权法实施条例》中规定了这一原则：“依照著作权法有关规定，使用可以不经著作权人许可的已经发表的作品的，不得影响该作品的正常使用，也不得不合理地损害著作权人的合法利益。”但由于该条例的立法层次不及《著作权法》，因而有必要利用第三次修订《著作权法》的机会，将上述规定的内容融入到著作权法中。同时，可以在条例中作出进一步解释，确保私人复制行为不会构成对著作权人作品市场的严重损害。《条例》可以规定，合理使用制度下的复制行为，包括网络环境下的私人复制行为，不应对著作权人作品市场产生替代效应。

（二）取消“为个人欣赏目的使用他人已发表作品”合理使用情形

由于以娱乐为目的的消费性使用对著作权人利益存在明显损害，应考虑取消现行《著作权法》第二十二条第一款第（一）项中涉及的为欣赏目的的个人性使用。值得注意的是，我国《信息网络传播权保护条例》没有像《著作权法》第二十二条第一款第（一）项那样明确规定为个人学习、研究或者欣赏，可以使用他人已经发表的作品，属于合理使用。笔者则认为，《信息网络传播权保护条例》“只管上载，不管下载”，其第六条规定的合理使用行为就不包含私人复制行为等下载行为。因此，一概否定为个人目的（特别是为个人学习、研究的目的）以私人复制形式获取网络空间的作品不妥，完全按照现行《著作权法》机械地理解也有问题。在网络环境下，公众取得资源的方式虽然大多数是免费的，但实际上可能损害著作权人利益，在这种情况下“私人复制”不能再被归为合理使用，因而需要通过修改法律或者通过对“合理使用”的解释来重新界定私人复制：在《著作权法》中不再明确以个人欣赏为目的的私人复制等使用作品的行为为合理使用。

（三）明确规定私人复制的合法性以被复制的作品具有合法性或者复制人以合理的理由知道被复制的作品具有合法性为前提

现行《著作权法》第二十二条第一款第（一）项对私人复制一类合理使用规定，除了上述将出于个人欣赏目的的使用已发表作品纳入合理使用范围外，仍然存在的问题是：该项没有明确使用者使用作品的性质和手段，没有限定已发表作品的形式和使用者使用方式，特别是没有明确未经著作权人许可而传播的作品，是否可以基于个人目的使用。《信息网络传播权保护条例》也仅规定了未经著作权人许可在网络空间提供他人作品是非法行为，而没有规定在网络空间下载未经著作权人许可的作品也系非法而应被禁止。这样，无论是在网络空间还是模拟空间，合法的私人复制是否应禁止来源非法的作品，难以得出肯定结论。这也是网络空间大量下载盗版音乐作品、电影作品和其他作品难以禁止的立法漏洞所在。加之实践中，著作权人一般是向网络服务提供商等间接侵权人提起诉讼，较少见到向私人终端用户提起诉讼的情况，这在一定程度上也助长了下载未经授权传播的作品的现象。笔者建议在下一步修改我国《著作权法》时，明确规定私人复制的合法性以被复制的作品具有合法性或者复制者以合理的理由知道被复制的作品具有合法性为前提。同时，考虑到与技术措施保护的协调，还可以进一步规定，私人复制也限于向公众提供的没有采取防止复制保护措施的作品。

（四）适时考虑引进西方国家实行多年的私人复制著作权补偿金制度

为解决私人复制给著作权人利益造成的损失，从20世纪60年代以来，德国、法国、意大利、西班牙、加拿大等40多个国家逐步引进了著作权补偿金制度。其主要内容是，在出售复制设备和媒介时，应按照一定的标准向著作权人支付补偿金，以弥补消费者利用该设备或复制媒介进行的复制行为给著作权人造成的损失。由于我国著作权集体管理制度，特别是网络空间著作权集体管理制度还不够健全，本次《著作权法》修订引进该制度可能还不具备现实性。不过，随着我国著作权集体管理制度的完善，未来我国著作权法引进该制度是可行的。

（原载《法律科学》，2012（3），本文有删节。
作者单位：中国政法大学）

## 苹果商店著作权问题对策研究

赵红仕

苹果商店著作权问题关系到一种新兴作品传播商业模式与现行著作权法规则的融合，它所涉及的不仅仅是苹果公司的商业利益，而且是这种商业模式能否被著作权法接纳的问题。

**一、苹果商店著作权问题的由来——全球市值最大的公司为何深陷盗版漩涡？**

作为依赖知识产权发展起家的科技类企业，苹果公司无疑是知识产权制度最大的受益者。据彭博社报道，苹果公司的市值即将超过西班牙、希腊和葡萄牙这三个国家总计近500家上市公司的市值总和，截止到2012年2月底，苹果公司拥有的现金及有价证券达762亿美元，远超过美国联邦政府财政部的账户余额。用富可敌国这句话来形容，一点也不过分。然而，就是这样一个实力雄厚、全球市值第一的跨国公司，苹果最近却因为涉嫌侵犯文字作品著作权，被部分中国作家推上了被告席。

这一切要从苹果推出的一项新业务——苹果商店开始说起。2008年，苹果首创的一种数字共享模式App Store面市，中文名叫苹果应用商店。在这个数字商店里，提供电子书籍、游戏等各类应用程序的下载，其中不乏中国作家的作品。然而，这一切都未经过著作权人的合法授权。换句话说，苹果商店正在销售“盗版制品”。

为了维护自身的合法权益，2011年7月，部分中国作家成立了“作家维权联盟”，要求苹果公司删除相关侵权作品并赔礼道歉、赔偿损失。2012年3月15日，中国中央电视台曝光了苹果商店涉嫌盗版的问题。随后，该公司发表语焉不详的声明称：“作为一个拥有知识产权的公司，我们理解保护知识产权的重要性。当我们接到投诉时，我们都会给予及时和恰当的回应。”这一回应，也是截止到目前，苹果公司的最新官方表态。

与苹果公司的沉默和语焉不详相对应的，是国内著作权人的强烈不满和媒体的持续关注。2012年4月24日上午，在国务院新闻办举行的新闻发布会上，新闻出版总署副署长、国家版权局副局长阎晓宏就中国作家和美国苹果公司之间的知识产权纠纷问题回答了记者的提问。阎晓宏介绍说，最近一些权利人主要是一些著名的作家和一些著名的出版单位，反映苹果商店出售的一些由作品编辑成应用程序的软件中有一些未经授权的作品。经初步调查，反映的情况是属实的。

事实上，这已经是国务院著作权行政管理部门近一个月以来第三次就苹果商店涉嫌侵权问题发表观点。这说明苹果商店涉嫌侵权的问题已经演化成版权界的热点问题，引起了有关部门的高度关注。

苹果商店涉嫌侵权问题持续发酵，成为媒体关注的版权热点问题，除了“苹果”、“乔布斯”、“盗版”这些足以吸引公众眼球的元素以外，还有如下问题值得关注：

第一，作为一个靠知识产权起家，有着良好商业信誉和公众形象的公司，苹果为什么会陷入“涉嫌侵权盗版”的漩涡？

第二，为什么苹果在美国没有遭遇这么大规模的“涉嫌侵权盗版”的问题？

第三，如果苹果“涉嫌侵权盗版”的事实成立，它应当受到什么样的处罚？

上述问题困扰着媒体和公众，同样也困扰着正在维权的广大著作权人和处在舆论漩涡之中的苹果公司。要回答这些问题，必须回到《著作权法》的规定和苹果公司的商业模式上来。

**二、苹果商店著作权问题的本质——现行《著作权法》规则和新兴作品传播技术的冲突**

按照《著作权法》的一般规则，除法律另有规定的以外，使用他人作品应当取得著作权人的许可，否则就构成侵权行为。按照这一规则，如果苹果商店销售了未经著作权人许可的作品，就应当认定侵权成立。然而事情却远非这么简单。

近年来，信息网络技术的飞速发展从根本上改变了传统的作品传播和使用模式，一些网络服务提供者不直接提供内容，只提供搜索链接、信息存储空间等服务，在这种情况下，真正传播作品的是网络用户。网络服务提供者们声称自己没有能力审查作品的版权状况，不应当对侵权行为承担责任。但是，在《著作权法》调整以前，这一辩解并不能得到《著作权法》的支持。一旦发生侵权行为，网络服务提供者无一例外地都被判承担责任。

为了平衡著作权人和作品使用者之间的权利义务关系，《著作权法》引入了“避风港原则”。其基本含义是，网络服务提供者不对网络用户上传的作品承担版权审查义务。除非事先明知或接到通知后未及时删除，网络服务提供者不对侵权行为承担赔偿责任。

苹果正试图援引这一原则为“涉嫌侵权盗版”开脱。苹果声称自己只是应用软件发布平台，真正提供作品的是“应用软件开发者”。所以，苹果商店也应当适用避风港原则。著作权人只需要按照规定向苹果发通知即可依法维权，根本没有必要组成维权联盟，更没有必要到法院起诉。难道是中国的著作权人不懂得避风港原则？要解决这一问题还需要进一步探讨苹果商店的经营模式。

苹果商店的经营模式共涉及三个主体，即苹果公司、应用程序开发者、用户。在上述三方中，苹果公司居于主导地位。首先，苹果商店由苹果公司控制和运营，开发者想要通过苹果商店销售作品必须向该公司支付一定的服务费用（目前为每年 99 美元）才能取得“发布者资质”（以下简称发布者）；其次，发布者和苹果公司签署包括产品运营分成比例在内的合作协议后才能在应用平台上发布作品；第三，发布者发布的作品要经过苹果公司的人工或者技术审核以后才能正式上线销售。

从以上分析可以看出，苹果公司的角色比较复杂。对于发布者来说，它不仅是“信息存储空间服务提供者”，同时还是在线销售作品的合作伙伴；对于用户来说，它不仅提供了信息存储空间服务，同时还是在线应用程序的卖方。对于“身兼数职”的苹果来说，不同的角色对应的是不同的行为准则和法律关系。具体到“信息存储空间服务提供者”这个角色，苹果公司的行为超越了法律的界限，不能适用避风港原则。

从苹果公司与发布者签署利润分成协议以后，其就已经主动舍弃了“避风港”的庇护。这一选择，在给苹果公司带来巨大商业利益的同时也隐含着巨大的法律风险——苹果有义务为发布者的侵权行为买单。

通过以上分析，我们可以看出，依据现有法律规定，苹果商店涉嫌侵权纠纷不适用避风港原则，无论著作权人是否发出“通知”，苹果公司均应当对销售的侵权产品承担法律责任。

这样的结果显然是苹果公司难以接受的。让苹果公司对苹果商店出现的侵犯著作权行为承担责任，是“苹果”不可承受之重。苹果公司每天接收到的来自世界各地的应用程序多达上万，苹果事实上没有能力也不可能一一甄别其知识产权状况，而某一款热销应用程序每天的销售下载量可能多达几十万乃至上百万次。如果让苹果对潜在的侵权行为承担完全的法律责任，其赔偿、罚款数额有可能是连苹果都支付不起的天文数字。这也将使得“苹果商店”

这种商业模式不再具有持续发展的可能，这显然不符合著作权法的精神。

苹果公司涉嫌侵权问题在本质上属于现行《著作权法》规则和新兴作品传播方式的冲突，这一冲突有其必然性。妥善解决这一纠纷，需要以更大的视野和更包容的心态对现行著作权法律规范作出调整。而这种冲突和调整就是著作权法不断丰富、发展的内在动力源泉。

**三、苹果商店著作权问题的对策——以包容的心态共同解决侵权纠纷**

著作权法的核心思想在于“保护作者合法权益的同时鼓励作品的传播和使用”。它总是试图在作者权益和新兴传播技术之间找到最佳的利益平衡点，使得既能维护作者权益，又能鼓励新兴传播技术的应用，从而推动优秀作品的创作和传播，推动人类文明的发展。

苹果商店这种新兴的作品传播模式，比传统的作品传播模式更加高效、经济、便捷。但它同时也打破了现行《著作权法》关于创作者和传播者之间的平衡关系。现行《著作权法》在制定的时候尚没有出现苹果商店这类作品传播模式，所以，用现行《著作权法》去规范苹果商店的侵权行为总是会出现“捉襟见肘”的情况——要么失之于宽，无法有效妥帖地维护著作权人的合法权益；要么过于严苛，不适当地限制了新兴作品传播模式的应用推广。

**立法机关的对策。**我国正在进行《著作权法》的第三次修订工作，立法机关应当充分考虑苹果商店这类作品传播模式给现行《著作权法》规则带来的挑战，及时调整相关法律规则，可以参考现行法律规则中有关“信息存储空间”的规定，专门对“在线应用程序商店”的著作权法适用问题作出规定。使得著作权法具有更大的前瞻性和包容性，在充分维护著作权人合法权益的同时，又给苹果商店这类新型作品传播模式留下法律空间。

立法机关需要考虑的第二个问题是，为什么苹果公司在美国或者其他国家没有遭遇到像中国这么激烈的“侵权纠纷”？

造成此次苹果商店侵权纠纷的直接原因在于，有一些应用程序开发者未经著作权人许可擅自将他人作品上传到苹果商店进行营利活动，且侵权盗版作品数量多、持续时间长，造成了恶劣的社会影响，而同样的情况在美国却很少发生。

造成这一状况的根本原因在于我国的著作权法律体系不健全，著作权保护制度存在一定的漏洞和薄弱环节，容易给侵权违法分子以可乘之机。这突出地表现在著作权刑事司法保护不能适应信息网络环境的快速发展，许多发生在网络环境下的严重侵权盗版行为不能纳入刑事制裁的轨道，客观上纵容和助长了侵权盗版行为（我国刑法关于侵犯著作权罪的相关规定制定于1991年，20多年来，作品的传播和使用技术发生了翻天覆地的变化，而相关条款却从未修改。详细分析参见赵红仕：《“避风港”困境与对策研究》，载《中国版权》2011年第5期）。当务之急，是尽快完善著作权刑事保护制度，修改刑法有关侵犯著作权犯罪的法律规定，不给侵权盗版分子以可乘之机。

**司法机关的对策。**司法审判机关应当认真研究苹果商店的商业模式和这类侵权纠纷的特点，如果查清苹果商店中确实存在未经著作权人许可销售他人作品的情况，就应当果断认定苹果公司的侵权责任，排除避风港原则在此类案件适用的法律空间。

同时，也要充分考虑到苹果商店经营模式和作品传播手段的特殊性，在认定侵权成立的基础上，从轻判定苹果公司的赔偿责任。这样做，不仅仅是宽宥苹果公司，也是对新兴作品传播技术的包容。

**著作权行政管理部门的对策。**我国的著作权行政管理部门担负着打击侵权盗版、维护作品传播秩序的重要职责。对于苹果商店涉嫌侵权事件，著作权行政管理部门应当依法受理著作权人的投诉、举报，及时启动对苹果公司涉嫌侵犯著作权案件的调查程序。

在案件查处过程中，要将打击的矛头指向那些通过苹果商店上传侵权作品的违法行为人，追踪侵权盗版的源头，对于涉嫌犯罪的要坚决移送司法机关追究其侵犯著作权罪的刑事责任，以期通过典型案件的查处、曝光，教育、震慑潜在违法分子，进一步规范作品的传播和使用秩序。同时，要将苹果商店涉嫌侵权事件纳入到正在进行的“网络侵权盗版主动监管工作”中，帮助、指导苹果公司进一步优化、规范其苹果商店的作品接收和发布程序，加强防范，堵塞侵权盗版的制度漏洞。

**著作权人的对策。**著作权人应当认识到，只要有违法利润的诱惑，侵权盗版行为就将长期存在。无论对方是走街串巷的小商贩，还是富可敌国的跨国公司，只要实施了侵权行为，我们就要勇敢地站出来维护自己的合法权益。

在苹果商店涉嫌侵权事件中，著作权人除了积极搜集证据向人民法院起诉以外，还可以以普通消费者的身份，从苹果商店购买涉嫌侵权产品，然后依据《合同法》、《消费者权益保护法》的相关规定，向苹果公司提起诉讼。这不仅可以在法律和道义上取得先机，同时也有助于进一步揭露苹果公司的侵权事实。

**苹果公司的对策。**对于苹果公司来说，首先要认清以下两点事实：

第一，苹果商店的经营模式不适用现行《著作权法》有关避风港的规定，无论著作权人是否发出“通知”，苹果公司均应当对苹果商店中出现的侵权盗版行为承担法律责任；

第二，作为一个跨国公司，应当根据所在国的法律制度和社会环境调整相应的经营策略和经营模式。

如果苹果公司能认识到以上事实的话，它就能理解，即便苹果商店里出现的侵权产品不符合它的本意，也不能成为它为自己辩解的理由。毕竟，是苹果商店为这些侵权盗版分子提供了营销平台；毕竟，苹果商店从这些侵权产品的销售中获取了经济利益；毕竟，苹果应当学会适应所在国的法律环境而不是相反。

如果苹果公司能够认识到以上事实的话，它就会更加积极、坦诚地面对著作权人，力争通过友好协商，妥善解决问题，而不是像现在这样对著作权人的质疑继续保持“沉默”。

“从苹果公司创立之初，我们就意识到我们的成功来自知识产权。偷窃是不道德的，这样做会伤害其他人，也有损自己的名誉。”——这是美国苹果公司创始人乔布斯的一句名言。用这句话作为本文的结尾，希望苹果商店著作权问题能够得到妥善解决。

（原载《中国版权》，2012（3），本文有删节。
作者单位：北京市新闻出版（版权）局）

## 论视频网站 UGC 经营者的版权侵权注意义务

王光文

难以摆脱版权侵权一直是视频网站 UGC 经营者的最大劣势和困局。为了减少侵权可能，视频网站 UGC 经营者应根据现实要求和未来预见改进其注意义务。

### 一、视频网站 UGC 经营的优劣势分析

（一）视频网站 UGC 经营的优势

相较于专业内容经营和自制内容经营，视频网站的 UGC 经营有不可撼动的两大优势：（1）能满足用户个性化的内容记录、创制和分享需求；（2）内容的海量性、多样性和低成本。

（二）视频网站 UGC 经营的劣势

视频网站 UGC 经营的最大劣势，就是常常要承担由于用户直接侵权而连带产生的间接侵权责任。用户未经授权而向视频网站上传他人作品，即构成直接侵权。但是，这只是法理意义上的侵权，而非现实意义上的适用。其原因有以下三点：一是侵权用户数量庞大、分布广泛，且注册资料不能确切反映其真实身份，因而其侵权责任难以追究。二是世界各国的民众对版权侵权行为大多不会给予严厉的否定性评价，用户也没有明显的自律意识，因而其侵权责任追究缺乏道德支撑。三是各国法律法规对版权侵权赔偿责任的认定，除主观故意外，还往往要考虑侵权者的营利。由于用户上传侵权视频一般不以营利为目的，而是为了网络共享、吸引他人的注意力或点击率、提高自己的网络地位和声望、戏谑、嘲讽他人作品等，所以其侵权责任难以认定，经济赔偿也难以兑现。基于以上原因，UGC 就成为版权侵权的“高发区”。既然无法在针对用户的诉讼中实现自己的权利，而又不能放任其侵权，版权方就只能起诉为用户提供服务的视频网站经营者。于是，作为有过错的第三方主体，视频网站 UGC 经营者就成为实际上的侵权责任承担者。

### 二、履行注意义务：过错认定的核心、减免责任的前提

（一）视频网站 UGC 经营者的版权侵权注意义务

根据《牛津法律大辞典》，注意义务“是一个人对他人造成损害后，只有法院判定被告在当时的情况下，对原告负有不为加害行为或不让加害行为发生的法律义务，而被告却未加注意，或未达到法律所要求的注意标准，或未采取法律所要求的预防措施，而违反此种义务时，他才在法律上对受害人承担间接责任”。

笔者将视频网站 UGC 经营者的版权侵权注意义务简要概括为：视频网站经营者为避免 UGC 侵害版权人的权益而在一定程度上有所作为或有所不作为的义务。该义务包括防范义务和发现义务。其中，防范义务是指经营者应在其能力范围内预见 UGC 经营可能带来的版权侵权风险并采取适当的防范措施；发现义务是指经营者应在其能力范围内及时发现 UGC 经营中的侵权行为和侵权作品并采取适当的应对措施。在不同的诉讼案件中，应视具体情形确定注意义务的内容，并设置高低不同的注意义务标准以调节主观过错的认定。

（二）以履行注意义务为过错责任认定的核心

对视频网站UGC经营而言，如果大部分的侵权行为可由经营者履行注意义务予以避免，那么，以履行注意义务为核心的过错责任认定就足以发挥侵权法的功能，因而也就无须采用无过错责任原则；反之，如果忽略视频网站UGC经营者履行注意义务的重要性，不以履行注意义务的情况来认定其过错责任，就只能通过严苛的无过错责任认定迫使其“因噎废食”地减少UGC经营，进而危及相当部分的视频网站的存在基础和发展空间。

以履行注意义务为过错责任认定的核心，就是要根据个案的具体情形，灵活而恰当地确立视频网站UGC经营者尽到注意义务的标准及其用户侵权是否可控的分界，进而以此认定过错责任。这就避免了目前关于视频网站UGC经营者侵权归责“从宽还是从严”的无谓之争，有利于主管部门和司法部门在保护版权方合理利益的同时，兼顾社会公众创制、分享视频的合理权利，并有条件地支持视频网站UGC经营的发展。

（三）以履行注意义务为减免间接侵权责任的前提

根据“避风港”免责条件，如果视频网站经营者不知道用户上传侵权视频，或知道侵权视频的存在后立即删除了该视频，就能减免侵权责任。需要强调的是，“避风港”免责条件中的“不知道”和“知道”，必须在视频网站UGC经营者按照一定标准履行了注意义务之后才能够予以判定。也就是说，必须以履行注意义务为减轻和免除视频网站UGC经营者间接侵权责任的前提。如果其消极对待甚至逃避注意义务，是不适用“避风港”免责条件的。对UGC疏于监管，没有按照应有的标准履行注意义务，对用户的侵权行为采取自掩耳目的“鸵鸟政策”，对明显的侵权视频佯装不知，以“没有能力”为借口降低标准，将注意义务完全转嫁给版权方，版权方发来侵权通知后没有及时删除通知中的侵权视频，等等，都是消极对待和逃避注意义务的表现。

如果是要免除而非仅仅减轻视频网站UGC经营者的间接侵权责任，那就不仅仅是履行而是要尽到对版权侵权的注意义务。这就对履行注意义务的标准提出了要求，即注意义务的履行达到什么标准和程度，才算是“尽到”？

## 三、尽到注意义务：基于“合理人”标准、“红旗标准”的判断

（一）基于“合理人”标准的判断

在对视频网站UGC经营者是否尽到了版权侵权注意义务的判断中，应拟制一个与其涉案情况相同的“合理人”。该“合理人”的拟制根据主要有两个：一是视频行业从业者具备的一般知识、经验和技能；二是具体的案件环境。如果视频网站UGC经营者未尽到该“合理人”应尽的注意义务，甚至对侵权事实佯装不知或采取故意不作为的“鸵鸟政策”，就可判定其负有主观过错，就要承担间接侵权责任。

因为UGC的海量性和多样性，作为“合理人”的视频网站经营者不可能注意到每一视频的版权信息并核对相关证明。所以，美国国会在对DMCA进行解释时明确指出：网络服务提供者没有寻找侵权活动的义务。根据我国广播电影电视总局和原信息产业部于2007年12月颁布的《互联网视听节目服务管理规定》（以下简称《规定》），视频网站要取得《信息网络传播视听节目许可证》才能营业。而要保有这一“执照”，就必须确保其内容不违反宪法、法律和损害社会公德。不过，《规定》并未明确要求视频网站经营者注意UGC的版权信息。

（二）基于“红旗标准”的判断

“合理人”发现侵权的能力标准即为“红旗标准”，其形象化描述是：当侵权信息像一面红旗公然飘扬，以至于普通用户都能据此发现侵权事实或怀疑有侵权可能时，具有一定专业素养的或是采用一定技术防范手段的“合理人”却发现不了，这是明显不合逻辑的。

那么，什么样的侵权信息能够成为被“合理人”注意到的“红旗”？DMCA及其解释对此都没有具体说明。在世界各国的立法中，似乎只有新西兰版权法对此做出了一些指引性说明。该法规定，视频本身并不构成“红旗”，使视频成为“红旗”的是版权方或其他人的行为及社会现象，如公开的权利声明、对相关视频的宣传、影视的热播等。因此，当UGC中出现了大规模宣传或热播的电影、电视剧，以及影响力较大的综艺节目、专家授课、体育赛事等内容时，视频网站UGC经营者就有合理理由应当知道这些很可能是“红旗”视频；反之，如果UGC中的侵权视频不构成“红旗”，视频网站UGC经营者就有合理理由不知道其侵权。也就是说，不能因为UGC中存有侵权视频，就据此认定视频网站经营者没有尽到注意义务。目前，一些国家开始尝试将“红旗标准”法定化、具体化，这既能避免对视频网站UGC经营者赋予不恰当的注意义务，又能防止因标准模糊而导致的法规滥用、错用和误用。

（三）“合理人”与“红旗标准”的弥补

作为“合理人”，视频网站UGC经营者履行注意义务的能力是“合理”而非“完美”的，这就意味着其会有疏漏，其网站不可能杜绝侵权视频。至于“红旗标准”，更是无法推动经营者标识“非红旗”视频的存在。对此，版权方与视频网站UGC经营者应协调利益、互相配合，合理运用“通知—删除”规则，及时删除UGC中的侵权内容，以弥补“合理人”与“红旗标准”的不足。

但在实践中，相当多的版权方在发现其作品被非法上传至视频网站后，并不是首先通知网站经营者，而是直接到法院起诉并索取赔偿，法院也往往支持版权方的这种做法。在此情况下，“通知—删除”规则的作用就形同虚设，其应有的法律价值也大打折扣。对于尽到了注意义务但没有发现侵权视频的经营者而言，其主观上并无过错。如果因不可避免地出现侵权视频而被追究法律责任，就不符合“过错责任原则”及“免责条款”的立法本意。

笔者认为，若要发挥“通知—删除”规则应有的效力，相关各方就必须做到以下三点：一是视频网站UGC经营者尽到了注意义务，否则，就等于把本应由其承担的注意义务转嫁给版权方。二是法院首先要查明版权方是否履行了通知义务。视频网站用户侵权后，如果版权方没有通知网站经营者或发出了错误、恶意通知，且经营者主观上无过错，就应免除其间接侵权责任；同时，发出错误或恶意通知的版权方也要承担责任。三是视频网站UGC经营者应及时删除版权方通知的侵权内容，否则，对侵权损害的扩大部分承担赔偿责任。对于“及时”与“扩大部分”，立法者应有明确的量化规定或说明。

## 四、改进注意义务：减少侵权可能的几条建议

（一）改进用户提示和注册系统

基于技术支持的“合理人”之勤勉可能，视频网站UGC经营者应该对用户提示和注册系统做出如下改进，以更好地履行注意义务中的防范义务：一是在用户注册“使用协议”中，以及在用户上传视频时，突出显示防止侵权的提示语言。例如，YouTube显示有“请勿上传任何影视、音乐等未经许可的视频，除非它们完全是由你自己创制”的警示。二是发现用户上传侵权视频时，应对其提出警告；若用户仍继续上传侵权视频，经营者应采取更为严厉的应对措施，如锁定侵权用户信息、冻结账户、取消注册新账户的资格等；若用户通过改变注册信息获得新账户并继续上传侵权视频，则超出了视频网站经营者作为“合理人”的防范义务。三是实行前台匿名、后台实名的注册管理制度，这样就可以锁定侵权用户的真实身份，并对其上传视频的权限进行有效限制。四是对不同用户实行分类注册管理。例如，通过技术手段甄别大批量上传长视频的用户，并以“完善真实身份信息”作为其上传长视频的条件，以防范可能出现的侵权行为并有利于追究侵权责任；一旦发现用户上传侵权视频，就将其账户列为“警告账户”；对跟踪记录长期良好的用户，可提供高级别账户的注册资格。不过，以上措施必须统一实行，否则先实行的网站就会因管理严格而造成用户流失。

（二）不显示吸引、便利用户上传侵权作品的主观意图

YouTube初创的意图，是让用户上传、交换、分享、评论自制的录像。但由于发现用户上传的长视频大多是未经授权的影视作品，所以其经营者自2006年3月起就将上传视频的时间限定在10分钟以内。2010年7月后，YouTube才将这一时限由10分钟增至15分钟。为了避免产生“吸引、便利用户上传影视作品”的嫌疑，YouTube没有设置“影视”栏目和分类索引。为了便于运用“通知—删除”规则，YouTube向版权合作方开放了后台数据库，并利用“Audible Magic数字指纹识别系统”自动发现和删除侵权视频。基于以上作为，尽管众多版权方对YouTube“讨伐”不断，但“无法判断经营者有吸引用户上传侵权作品的主观意图”保障了其生存的合法性。反观我国的一些视频网站，其UGC部分不但设置了专门的“影视”栏目，而且不限制上传视频的时长，其意图显然是吸引、便利用户上传完整的影视作品，这种帮助侵权的恶意行为是很难进入“避风港”免责范围的。这也是我国视频网站在诉讼中败多胜少的主要原因。如果视频网站一定要设置“影视”栏目，那么，就应以获得授权的影视作品为内容。

（三）积极采用识别和过滤侵权内容的技术

目前，国外开发出一项新型的视频“基因”（Video DNA）识别技术。应用这项技术的视频网站，可以将其UGC的某些“基因”提取出来，然后和特定视频“基因”数据库进行比照，一些未授权的UGC就会被标识或删除。这项技术可以在几天内处理数千小时的视频。2010年1月，优酷网站建成版权识别管理平台。该平台可根据用户上传视频的颜色组合和亮度等特征生成识别代码，并以此判断该内容是否涉嫌侵犯版权。2011年3月7日，优酷

网站又宣布应用视频“基因”识别技术。该类技术的应用，必然提高经营者作为“合理人”履行注意义务的能力标准。但是，任何先进的识别和过滤技术都有其局限性，都会被侵权者规避或破解，因而UGC中就必然存在难以被识别和过滤的“灰色地带”。尽管如此，视频网站仍要以合理的技术投入尽可能地履行注意义务。当视频行业有条件普及某项识别和过滤技术时，只要某视频网站经营者积极应用了该技术，其就具备了减免侵权责任的“技术应用”要件。

（四）对“排行榜”履行较高程度的注意义务

为了凸显符合特定标准的视频并使之有序化，许多视频网站都在显眼处设置了各类“排行榜”。其多数是软件和程序运行的结果，但也有一些是人为编排而成。笔者认为，如果排行榜是软件和程序运作的结果，基于其位置的显著性和数量的可控性，经营者理应对其给予更多的注意。一旦其中出现了达到“红旗标准”的侵权视频并且没有被及时删除，即可判定经营者未尽到注意义务；如果“排行榜”是人为编排，作为“合理人”的编排者，理应能够判断被编排的视频是否侵权并将侵权视频及时删除，否则，也可认为编排者未尽到注意义务。当然，其中会有特殊情况，这就要具体问题具体分析。总之，与UGC的海量内容不同，UGC排行榜中的视频数量少但点击量高。一旦榜单中有侵权视频出现，其扩散和损害程度也相对严重。因此，视频网站的UGC经营者对排行榜应履行较高程度的注意义务。

（原载《国际新闻界》，2012（3），本文有删节。
作者单位：内蒙古大学艺术学院）

## 微博版权冲突及其治理

邹　举

微博作为新兴的网络应用，因其表达简单、操作便捷、参与自由等特点而备受网民青睐。在微博热烈景象之下涌动的是信息的大量生产和传播，但这些海量信息并非都是原创，很多源自复制和转发，且未经过作者的同意。很多人认为微博的媒介特性允许甚至鼓励此类行为，但也有人担心这么做涉及版权侵权，现实之中微博版权的冲突也频频发生。那么，微博到底是否享有版权？如果有，又该如何调和它与微博自由精神之间的矛盾？

### 一、微博是否享有版权

微博是否享有版权，这是解决微博版权冲突的首要问题。有人认为，微博是不折不扣的社交媒体，人们通过微博展现生活、记录心情、结交朋友，其基本精神是自发贡献、自由互动和自主共享，其间并不存在着营利的动机。但是，微博的“精神”与微博内容的法律属性并不是一回事，微博用户具有自由精神和共享意识并不意味着微博的内容失去了版权保护。

其实，早在自由、草根精神之化身的博客出现之时，就有过版权的争论。通过多起判例，博客版权已经获得了法律的确证。2011年7月，北京市丰台区法院审理的郑锋诉北京某女性网站博客版权侵权案，最终500字博文获赔5 000元，创造了国内博客版权诉讼赔偿的最高纪录。相对于博客，微博突破了用户必须使用电脑上网的局限，使手机等简单、便捷的通讯工具也成为发布信息的终端，其4any（anytime，anywhere，anyway，anyone）的特性使参与和互动功能得到进一步加强，但这丝毫没有改变其内容上需要智力投入的特点，因此也并不能成为剥夺其版权的理由。

2006年公布的《最高人民法院关于审理涉及计算机网络著作权纠纷案件适用法律若干问题的解释》第二条明确规定：“受著作权法保护的作品，包括著作权法第三条规定的各类作品的数字化形式。在网络环境下无法归于著作权法第三条列举的作品范围，但在文学、艺术和科学领域内具有独创性并能以某种有形形式复制的其他智力创作成果，人民法院应当予以保护。”与传统作品一样，独创性、固定性和可复制性是网络版权作品的三个实质性要件。对于微博，固定性和可复制性自然不成问题，争议的焦点应集中在“独创性”上。140字是否足够体现独创性？

版权法意义上的独创性，首先要求作品是由个人独立创作；其次要求作品有最低限度的创造性，能体现作者的个性。很多微博内容是对日常生活和个人心情做的流水账似的记录，这种记录文字的创造性微不足道，自然不能受到版权保护。但创造性并不完全受制于字数的限制，有些诗歌、短散文、小小说以微博为载体表达出来，同样具备一定的文学价值和审美意蕴；140字以内的观点、评论也常常能体现出令人叹服的智慧和思想；再加上微博功能的拓展，发布内容的样式不断增加，微博独创性的表现形态越来越多，很多内容都是具有明显的版权特性的。可见，微博是否享有版权，并不能简单地回答是与否，而应当看发表的具体内容。只要符合独创性要求，微博主张版权完全是合情合理的。

还有另一个问题，即用户对自己微博账户的整体内容是否享有版权？换言之，用户微博整体能否构成著作权法所指称的“汇编作品”？我国《著作权法》规定：“汇编若干作品、作品的片段或者不构成作品的数据或者其他材料，对其内容的选择或者编排体现独创性的作品，为汇编作品。”应该说，人们写作微博并不存在对内容刻意的选择取舍和先后安排，其创作过程是按照日常生活的时间顺序自然而随机地发生的。但是，发微博看似漫无目的，其实有其内在的深层动机，人们不仅仅是展示自我，更重要的是获取他人及时的反馈，并很好地激发他人传播的兴趣。微博中除了“无目的的自语”，用户还通过关注、转发、回帖、@对话等策略创造互动性内容。这种策略贯穿于微博生成的持续性过程中，只不过因为内容的写作和发表是同步完成的，所以作者在写作微博的同时也完成了总体性的编辑工作。故而，我们应把微博整体当作汇编作品来看待，无论其中的具体内容是否为具有独创性的版权作品，作者都应对微博的整体享有版权。

**二、微博版权冲突的基本类型**

（一）普通用户复制而不转发。微博的互动性以及传播的快速性和广泛性主要来自其特有的转发功能。转发的特点在于，在显示微博内容的同时显示原始发帖人的署名，很容易区分转帖与原创帖。鉴于微博的媒介特性在于信息分享，并且转发是每个微博平台最基本的功能设置，使用微博便可认为对转发行为有默示许可，因此该行为一般不应认定为侵权。

存在隐患的是直接复制而不保留原作者署名的行为。有的微博会被复制成百上千次而均无出处，完全阻断人们认识原初作者的路径。同时，该行为还容易产生一种误导——是复制者“原创”了该内容，有时人们出于信任还通过转发帮复制者署上大名，并同时增加了其粉丝数和转发数。

（二）传统媒体未经同意而进行商业出版。微型文学、微博段子虽然在创作上呈现碎片化的特点，但其中也时常闪动着智慧的灵光，随着微博影响力的扩大，碎片化的阅读也逐渐成为一种时尚。不少报纸杂志和出版机构纷纷将目光投向微博，将微博内容汇编成传统的纸质出版物。由于主观上对微博版权的忽略，或者客观上某些微博作品因为被匿名复制太多遍而成为了“公共资源”，一些机构在进行商业出版时直接抄袭或引用他人微博作品。相对于人们对普通用户个人抄袭行为的宽容态度，出版商侵权性的商业出版行为一般难以得到作者的谅解。

（三）发生在不同微博平台间的批量抄袭。其具体方式主要有两种：一是所谓“僵尸粉”抄袭，即由技术手段产生批量的虚假用户，将A平台上某一用户的某个帖子转至B平台中，并进行若干次的复制或转发。比如2011年7月，刘翔在腾讯发布庆生微博，仅一分钟后，新浪微博用户“Zhan 鞍山炯哥”便复制了该内容。随后，这条微博又被315位新浪微博用户一字不差地抄袭转发，转发者大都为一些粉丝极少的沉默用户。批量抄袭的第二种方式是设立“山寨账号”，就是将A平台上某一用户的所有内容（包括名字、头像、帖子、粉丝，甚至版权申明）整体复制转入B平台中，并保持同步更新。这种抄袭实质是对汇编作品版权的侵害。2010年曾爆发过数十位新浪微博名人集体维权事件，声明自己并未在其他门户网站开设微博。

以上两种批量抄袭的方式有着共同的特点：首先，抄袭对象往往是名人微博，注重内容的显著性；其次，制造虚假用户或虚假粉丝，以虚假身份进行复制，虽然未经过真实的传播，却能通过粉丝数、转发数显示出传播面的广泛性和影响力的巨大性。究其原因，乃是因为微博“围观效应”的商业价值，越是关注度、转发数高的名人微博或者名人帖子，越容易聚集人气、扩大用户群，也就越显示出较高的营销价值。于是，各大微博运营商通用的竞争策略都不外乎争夺名人用户，并努力争取和其签订排他性版权合作协议，使其将自己作为独家微博发布平台。但名人资源毕竟是有限的，当其被别人所垄断而又无法分享时，抄袭便成为常用的灰色竞争手段。

**三、微博版权法律保护的困难**

微博上的抄袭、剽窃因为篇幅不大，其后果常常被人所忽视。但实际上，这些行为同样会对作者造成权利的侵害，微博平台之间的抄袭还会给对手带来商业上的“竞争性损害”。因此，对微博版权进行适当保护是完全必要的。但是，客观地看，微博版权的法律保护还存在着一定的实际困难。

（一）侵权主体难以认定。除了传统媒体的商业抄袭行为可以明确认定侵权主体外，其他侵权方式的认定难度都普遍较高。因为有些侵权帖转发量巨大，难以找到最初的侵权者。在大量“僵尸粉”存在的情况下，更难调查清楚侵权者到底是软件生成的虚假用户还是恶意注册的真实网民。

（二）举证成本高。权利人一般是在与侵权人难以达成和解协议后，才会选择诉讼维权。但此时，侵权者通常会将侵权内容删除，从而使权利人陷入举证不能的困境。因此，权利人必须在诉讼之前对相关证据进行保全。而网络案件证据一般具有易篡改、易毁灭的特征，其证明力往往被质疑。权利人就必须采取成本较高的公证取证方式，由公证机关将网络上的有关信息逐一打印并将这些信息的获得方式、过程、时间、地点等详细予以记录。

（三）赔偿金额低。根据著作权法的相关规定，未经许可使用他人作品构成侵权的，可以参照国务院版权行政管理部门制定的付酬标准计算权利人的损失；在考虑了作者和作品的知名度、创作难度、创作成本等因素后，可以按该标准的2～5倍认定损失。而所谓的"付酬标准"乃是1999年制定的《出版文字作品报酬规定》，距今已超过10年。根据该规定，支付基本稿酬不足千字部分按千字计算，每千字30～100元。即使按照其上限，并且按5倍计算，140字的微博最高赔偿也只有500元，而打一场版权官司，律师费和公证费就需要万元左右。

**四、微博版权治理的基本策略**

网络传播时代，实现了"信息创造"和"信息传播"的分离，而在微博世界里，分享原则使传播力实则大大超过了创造力，信息的原创者从一开始就失去了对内容的控制力。但是，若只注重传播，而不保护创造，优秀的微博内容以及寄于其上的企业商业价值都将成为无源之水。笔者认为，自治与法治相协调应是微博版权治理的基本策略。

（一）倡导版权意识，加强各方自律。微博体量的短小以及微博世界自由分享的游戏规则都容易造成用户对其版权的忽略，再加上某些人具有强烈的炫耀才华和渴望被关注的心理动因，"复制不转发"行为非常普遍。笔者认为，为了维护正常的版权秩序，微博运营商有必要进行版权意识的宣传，并对用户进行告知和提醒，倡导转发，抵制直接复制，增强用户的版权自律。对于商业出版机构，版权观念更要加强，引用微博作品时应主动征求作者授权。如果实在联系不到作者，应将稿酬交由版权集体管理组织进行统一管理和转付。微博运营商也需要加强自律，尤其体现在对待"僵尸粉"的态度上。运营商可以通过改进机器算法和加强人工举报等措施，对其进行一定程度的封杀和清理。

（二）引入"知识共享协议"，鼓励版权自治。绝大多数微博用户是愿意看到自己的信息被转发的，他们只是反对删除署名和篡改内容。但也可能存在例外情况，比如作家孙钥洋称，"四大名爹"一词由他最先在微博中提出，"不经本人授权无权使用"。作者格外珍视自己的版权而排斥转发，在法律上也是无可非议的。但在网络中，人们常常以己度人，作者没有明示可否，他们便认为其本意是默许转发的，结果却"出乎意料"导致了侵权。可见，作者意思表示的不明确性也是导致网络版权侵权的重要诱因。

部分博客采用知识共享协议（Creative Commons）明示版权许可方式的做法，或许可以给微博一些启发。知识共享协议是一种弹性的版权授权方式。在传统版权法环境下，版权通常位于两种极端，一端是"保留所有权利"，另一端则是"不保留任何权利"。知识共享协议则试图在中间广泛的灰色地带保有弹性，通过提供多种可供选择的授权方式，让作者可以自主保留部分权利，并对外予以明示。

在博客中，知识共享协议由博主个人选择、发布。考虑到微博操作的简单性及其界面的简洁性，可以将这个协议打包，转由微博平台统一选择确定。在用户注册、签订格式合同的过程中予以确认，并在微博界面固定位置用统一标识进行明示。微博中的授权方式一般应采用"署名—非商业性使用—相同方式共享"模式，但允许用户在此基础上进行授权的增加或删减。比如，若作者不同意转发，可以在帖子中进一步添加版权申明，或者在申明的同时由系统自动阻止他人转发。

（三）区别侵权主体，追究侵权责任。首先，对于普通用户纯粹分享性的复制、转发行为造成侵权的，考虑到对作者权利的侵害极其轻微，若无主观上明显的恶意可予以免责。这样做有利于避免司法手段过度介入而造成对微博文化的伤害。对于报纸杂志、出版机构的抄袭侵权，考虑到其主观故意性和明显的营利性，则应实行严格责任，在赔偿损失方面除应适当提高付酬标准外，还应考虑侵权者的实际违法所得。

其次，微博运营商的责任承担应视具体情况而定。通常看来，微博平台是一个为用户提供信息交流和存储的空间，其本身并不产生内容。所以一般发生侵权案件，微博运营商应承担的是因帮助他人侵权而造成的间接责任。同时，由于微博中信息数量巨大、更新迅速，运营商难以对版权内容进行一一审查和删选，根据"避风港原则"，微博运营商只需承担"通知—删除"的义务，即一旦权利人发现他人微博上存在侵犯其版权的内容，可以通知微博运营商采取删除、屏蔽的措施，只有在其怠于采取措施的情况下，才需承担法律责任。

适用“避风港原则”是对微博文化特性的充分尊重，如果要求微博平台和其他网站一样严格审查、主动删选信息，无疑相当于取消了它的根本功能。但笔者认为，前述设立“山寨账号”的做法应作为例外。所谓“山寨账号”，表面看来是普通用户之间的抄袭，但其实质则应是系统的“机械复制”行为，因为普通用户一般是难以将别人的微博进行整体复制和搬移的。鉴于其侵权的明显性，以及微博运营商在此过程中有实际获利，可适用“红旗标准”，确认微博运营商“有合理理由”知晓侵权行为的存在，从而赋予微博运营商主动审查和删除的义务，否则应对自身疏于管理、放任侵权的行为承担相应的责任。此外，“山寨账号”事实上造成了对原微博的替代，对原微博运营商的利益产生了实质性的损害。其行为违背了公认的商业道德，扰乱了网络环境下的市场秩序，已构成《反不正当竞争法》所禁止的不正当竞争行为，也应对此承担相应的责任。

（原载《国际新闻界》，2012（3），本文有删节。作者单位：南京师范大学新闻与传播学院）

## 论孤儿作品的版权利用*

——兼论《著作权法（修改草案）》第二十五条

赵　锐

2012年3月31日，国家版权局公布了《著作权法（修改草案）》①，该草案对近年来科学技术进步和经济发展给著作权制度带来的诸多挑战，给予了切实有效的回应，其中对于因数字网络技术和新商业模式的发展而引发的“孤儿作品”利用问题，也做出了相应的立法设计。随着数字技术的蓬勃发展，特别是数字图书馆的资源整合能力不断加强，孤儿作品成为版权商业化利用制度的瓶颈，并进而产生（或可能产生）出诸多版权纠纷。因此，从这个意义上而言，此次著作权法的修订关注孤儿作品版权利用问题，无疑是及时的。然而，结合Google“数字图书馆计划”引发的如潮官司以及美国、加拿大等国家（地区）关于孤儿作品问题的解决方案，《著作权法（修改草案）》第二十五条的立法设计的科学性、可操作性仍然值得商榷。故而我们有必要重新审视孤儿作品的范围、利用模式等问题。

### 一、我国版权制度框架下孤儿作品的基本范畴

由于网络环境下作者信息的隐蔽性、法人作品中权利人主体变更的频繁性以及版权自动保护和较长保护期的制度性原因，导致版权的商业化利用过程中，使用人常常陷于无法寻找作者和获得授权的困境。孤儿作品版权问题也由此浮出水面。

“孤儿作品”（orphan works）一词来源于美国《2006年孤儿作品法案》议案和《2008年孤儿作品法案》议案，上述议案把孤儿作品定义为：特定主体需要以获得版权保护的方式使用作品，而该受版权保护的作品作者无法界定。② 孤儿作品问题的实质是作品使用人无法与作品版权人建立有效联系，从而无法获得作品使用的合法授权，造成了作品使用人使用作品时的困境和无法跨越的鸿沟。本文认为，结合我国著作权制度，以下三种情形下的作品使用人无法与版权人建立有效联系，从而构成了孤儿作品的基本范畴：

（一）版权主体身份不明且无法找到原件所有人的作品

作品使用人寻求版权主体的授权之前，是从作品表面呈现的信息开始搜索权利人信息的。然而，在网络环境下，作者常常会隐匿自己的真实身份。例如，作者不署名、署假名或笔名等。同时，各国版权制度的共性在于自动保护原则，即作品创作完成之后，即会受到版权法的保护。相对于专利权申请才能获得保护的规则，自动保护原则使得作品的权利主体信息缺失，作品使用人陷入寻找版权主体的困境。这种情况表现最突出的莫过于网络上的图片、摄影照片和音乐作品。当然，我国现有的著作权制度似乎规避了作者身份不明作品的使用困境，《著作权法实施条例》第十三条规定：“作者身份不明的作品，由作品原件的所有人行使除署名权以外的著作权。”但是，接踵而来的一个问题是，原件所有人的信息并不比作品版权人信息更公开，更容易获得。换言之，上述条文并没有克服在版权人信息和作品原件所有人信息双重缺失的情况下，社会公众使用受版权法保护的作品所面临的孤儿作品困境。

（二）版权主体身份确定但下落不明的作品

一般而言，作品的版权主体身份信息全面，且是真实的，不会发生孤儿作品的利用困境问题。然

* 本文系山西省社科联重点课题“山西省文化创意产业发展中的知识产权保护研究”的研究成果。项目编号：SSKLZDKT7010045。

① 我国《著作权法》于1990年9月7日由第七届全国人大常委会第十五次会议审议通过，并于1991年6月1日起正式实施。为适应我国经济、文化的发展，满足世界贸易组织的直接需要，分别于2001年10月27日和2010年2月26日对著作权法进行了两次修改，相对于前两次立法修改，此次“修改草案”涉及著作权制度诸多方面，是一次主动、全面的调整。

② 韩莹莹译、支振锋校：《〈2006年孤儿作品法案〉议案及〈2008年孤儿作品法案〉议案》，载《环球法律评论》，2009（1）。

而，如果版权主体下落不明，则同样使得社会第三人利用该作品面临无法与版权人建立有效联系的困境，从而造成获得许可的障碍。

（三）版权人死亡（或消灭）但无人继承（或无组织承受）其权利的作品

在我国现有的著作权法律框架下[①]，尚处于版权保护期内的作品，自然人主体死亡后无人继承又无人受遗赠的，著作财产权归国家；法人或其他组织为权利主体的，在其变更、终止后，无权利承受者的，著作财产权也归国家。

从表面上来看，上述作品的版权主体是国家，似乎不属于本文讨论的孤儿作品。但问题在于，我国版权制度设计中，并未对管理孤儿作品的部门及其职责进行清晰定位。换言之，没有一个实实在在的法律主体主张和维护国家版权权益。这样的境况同样导致了受版权法保护的孤儿作品和处于公有领域作品的界限模糊，造成了作品使用人获得版权使用许可的障碍和困境。因此，审视我国现有著作权制度关于此类作品的模糊界定，可以得出的明显结论是版权人死亡（或消灭）但无人继承（或无组织承受）其权利的作品亦属于孤儿作品。

## 二、Google案与孤儿作品利用模式的审视

### （一）Google案与孤儿作品问题

2004年，谷歌公司实施了一项名为“Google Library Project”的计划，该计划将哈佛大学图书馆、斯坦福大学图书馆、纽约公共图书馆等世界最大的几所图书馆的藏书进行数字化扫描。谷歌公司称，推行这一计划的目标在于：“与出版商、图书馆共同为所有语言著成的图书形成一个综合的、易搜索的虚拟卡片式目录，以此帮助用户发现新的图书和出版商发现新的读者。”[②] 在被谷歌公司数字化的作品中，存在诸多无法确定权利人的孤儿作品。2005年，美国作家协会和作者以版权侵权为由对谷歌提起了集团诉讼。

2008年10月，谷歌与美国作家协会和出版商协会达成涉及孤儿作品解决途径的和解协议（google book settlement）。协议设立版权登记处，负责查找作品权利人，并且代表孤儿作品权利人为作品发放“非独占性”使用许可，登记处向谷歌收取许可费用，并将收益分配给作者和出版商。和解协议的创新之处在于对孤儿作品的“择出”（opt-out）政策，即登记处有权通过筛选从大量作品中提取出孤儿作品，并决定将其交给谷歌公司扫描使用。谷歌公司求助于补偿法则，通过先使用后补偿的模式，避免了先授权后使用带来的寻求权利人成本高昂的作品利用瓶颈。

从公众利益角度而言，和解协议确实可以大大地拓宽公众接近图书的渠道。然而，和解协议只针对谷歌案，不具有解决孤儿作品问题的普适性。且通过和解协议解决孤儿作品问题取决于网络出版商、第三方中介机构等主体利益博弈，其预期结果具有不确定性和不可预测性。

### （二）比较法视野下孤儿作品利用困境解决方案的审视

其一，侵权责任模式。美国《2008年孤儿作品法案》确立了“合理勤勉寻找”原则与“合理补偿”原则。所谓“合理勤勉寻找”，即作品使用人能够举证其在作品使用前，主观上善意、勤勉搜索作品权利人，但仍然无法找到，则未经授权的作品使用人可以抗辩权利人的金钱损害赔偿的起诉。所谓“合理补偿”，即作品权利人与使用者分别作为通情达理的有意售卖者和通情达理的有意购买者，在通常的作品使用时所能同意的使用费数额。[③] 然而，该方案并非尽善尽美。首先，“合理勤勉寻找”标准模糊，不够清晰的标准会使司法实践无所适从，对于我国成文法传统的司法体系而言，其消极效应可能更为明显。其次，虽然理论上界定了合理补偿的数额，但在实际损失无法计算的情形下，又不能援引侵权利润确定补偿数额，这样一来，司法实践中必然给审判者带来过大的司法自由裁量权，这是否可以在中国司法实践中得到允许颇受质疑。

其二，强制许可模式。根据加拿大版权法（Copyright Act of Canada）第77条之规定，如果申请人经过相当合理的努力仍无法寻找到已出版作品的作者或权利人，则申请人可获得版权委员会（Copyright Board of Canada）的一项对该作品进行使用的许可，并由版权委员会来确定版税。如果权

---

① 《中华人民共和国著作权法》第十九条第一款规定：“著作权属于公民的，公民死亡后，其本法第十条第一款第（五）项至第（十七）项规定的权利在本法规定的保护期内，依照继承法的规定转移。”而《继承法》第三十二条则规定：“无人继承又无人受遗赠的遗产，归国家所有。”《著作权法》第十九条第二款规定：“著作权属于法人或者其他组织的，法人或者其他组织变更、终止后，其本法第十条第一款第（五）项至第（十七）项规定的权利在本法规定的保护期内，由承受其权利义务的法人或者其他组织享有；没有承受其权利义务的法人或者其他组织的，由国家享有。”

② Google Books Library Project Overview，http://www.google.com/googlebooks/library.html，2012-04-12。

③ See U.S. COPYRIGHT OFFICE，Report on Orphan Works (2008)，p. 103.

利人复出，则可以向版权委员会主张版税补偿或者直接提起侵权诉讼。显然，公权机关的介入是加拿大解决孤儿作品利用困境的主要途径和特征。

其三，法定许可模式。英国《1988 版权、设计和专利法案》第 57 条规定："经过合理调查（reasonable inquiry）仍不能确定作品权利人身份，并且有合理的理由推定版权保护期已过，或者作者应该于五十年或更长的时间以前就去世了，那么对作品的利用就不属于侵权行为。"① 从作品使用人利益角度来看，该模式无疑大大降低了使用人的成本，仅需要保存合理调查证据就可以抗辩将来有可能的诉讼。但是，该模式采用推定的方式，将孤儿作品武断地纳入公共领域，有对作品权利人权益漠视之嫌疑。

**三、《著作权法（修改草案）》第二十五条的困惑与解读**

国家版权局公布的《著作权法（修改草案）》第二十五条规定，下列著作权的保护期尚未届满的作品，使用者可以向国务院著作权行政管理部门申请提存使用费后使用作品：（一）作者身份不明且作品原件的所有人经尽力查找无果的；（二）作者身份确定但经尽力查找无果的。前款具体事项，由国务院著作权行政管理部门另行规定。从法条解释角度而言，上述制度确立了孤儿作品的基本利用模式，即事前勤勉查找——提存费用——自由使用。不难看出，草案的制度设计借鉴了西方国家相对成熟的孤儿作品利用机制。然而，看似关于孤儿作品利用问题的完备立法设计也留下诸多困惑。

（一）如何界定"尽力查找无果"

如同美国《孤儿作品法案》，草案把勤勉搜索作品权利人作为孤儿作品利用的前提条件。然而，"尽力查找无果"本身是一个模糊性的法律技术难题，限于我国以成文法为传统的司法体制，不宜把该法律技术难题交由法院自由裁量。立法可以采用"列举式"，明确尽力查找的具体方式与途径。第一，向版权主管机关提出书面查询；第二，向相应的著作权集体管理组织提出查询申请；第三，对于以匿名方式出版的作品，需向出版发行机构提出查询；第四，在全国性报刊和网络媒体上公开征询作者，法定期限届满后，仍未有结果。这四种途径逻辑上应为并且关系，即"尽力查找无果"应是穷尽上述查询途径，仍然没有结果。

（二）无人继承或承受权利的作品，是否应进入公有领域

如前文所述，无人继承或承受权利的作品版权归属国家，但由于具体主管机构和职责的缺失，使得看似有归宿的作品又"沦落"为孤儿作品。笔者认为，其一，把无人继承或承受权利的作品武断地划归为国家所有，并无法理依据。其二，"存在国有资产权利行使主体虚化的问题"②。因此，这样的制度设计不但武断，而且使得问题更加复杂化。与其使此类作品版权"悬而未决"，不如使其进入公有领域，使作品更能服务于社会公众，从而也契合了版权法作者利益与社会公众利益的协调与平衡。

（三）孤儿作品利用模式应采用法定许可还是行政强制许可

就《著作权法（修改草案）》第二十五条而言，对孤儿作品利用需要使用人"申请提存使用费"。从解释论角度而言，作品使用人申请的事项是提存作品使用费用，而非版权主管部门的许可证。此外，相对于法定许可而言，强制许可需要有一套复杂的"申请——许可"程序设计以及当事人权利救济途径的立法规定。显然，草案并未对此作出相应的设计。故草案关于孤儿作品利用模式采用法定许可，即提存费用后即可自由使用，只不过草案中是先付费后使用，与现有《著作权法》法定许可在使用费支付时间上有所区别。③ 如前文所述，加拿大采用行政强制许可模式，版权委员会可以对符合条件的作品使用人颁发孤儿作品使用许可证明。笔者认为，相对于法定许可模式而言，公权力介入孤儿作品利用困境的解决，有如下优势，第一，"尽力查找无果"本身是一个模糊性的法律标准，前文列举了现实中可能的查找路径，但任何列举式的立法方式都无法克服法律的不周延性。勤勉查找义务实际上是专业性极强的法律课题，在作品备案制度缺失和搜索途径有限的情形下，这一难题表现得尤为突出。由版权管理机构颁发强制许可实质上是把孤儿作品的利用条件交由相对于法院更为专业的版权机构来审查。

① Copyright, Designs and Patents Act 1988 (c. 48): http://www.wipo.int/wipolex/zh/text.jsp? file_id=127294（世界知识产权组织网站）英国 The Duration of Copyright and Rights in Performances Regulations 1995（《1995 版权和表演权利保护期条例》）第 5 条，将版权保护期延长至 70 年。

② 赵力：《孤儿作品法理问题研究——中国视野下的西方经验》，载《河北法学》，2012（5）。

③ 参见《中华人民共和国著作权法实施条例》第三十二条："依照著作权法第二十三条、第三十二条第二款、第三十九条第三款的规定，使用他人作品的，应当自使用该作品之日起 2 个月内向著作权人支付报酬。"

这样一来，可以使“尽力查找无果”的判断结论更为客观和专业，也可以使法院避免其并不擅长的专业判断。第二，孤儿作品使用人获得强制许可，可以成为权利人复出后有效的侵权抗辩。强制许可模式给使用人提供了可预测的法律后果，从而有利于权利义务的稳定和作品的二次使用。第三，版权管理机构颁发强制许可之前可以设定异议期，如果在异议期内没有权利人主张权利，发给使用人许可证并予以公告；如果在异议期内权利人主张著作权，可以终止许可程序，由著作权人和作品使用人自行协商授权利用问题。

（原载《知识产权》，2012（6），本文有删节。
作者单位：太原科技大学法学院）

## 国际视野下的著作权强制许可制度探析

高兰英

著作权制度自产生之日起，就力图在保护著作权人权利和维护公共利益之间维系平衡。著作权人的专有权利制度与著作权的权利限制制度，正是私权利益与公权利益在著作权制度中相互博弈的结果。著作权强制许可制度即为著作权权利限制制度中的重要部分。[①] 基于国际的视野，该制度历经了国内产生——国际推广——国内借鉴的应用过程。

### 一、国外立法中的著作权强制许可制度

（一）英美法系国家的著作权强制许可制度

著作权强制许可制度为美国所首创，它首次出现在1909年的《美国版权法》中，1976年的美国新著作权法又对该制度作出了系统的规定，其中第111条至118条详尽地规定了强制许可制度的使用范围。[②] 随着数字传播的兴起，美国1995年的《录音制品数字表演权法案》与1998年的《数字千年版权法案》也涉及了录音制品的强制许可制度。

《英国版权法》则在第7章规定了著作权强制许可的颁发条件与程序，列举了可以颁发强制许可证的几类情况。[③]

《加拿大版权法》中亦有关于著作权强制许可制度的规定，其主要内容包含适用前提、适用目的和许可内容。

（二）大陆法系国家的著作权强制许可制度

德国的强制许可证主要针对音乐作品，使用方式为录制。根据《德国版权法》第61条的规定，为了营利而授权他人制作、销售音乐作品的录音制品时，则该作品的权利所有人也应该向其他的录制人授予同样的许可证。但该条款在三种情况下不适用。[④]

《日本著作权法》第67条至第74条明确而详细地规定了强制许可的范围、程序、付费标准和方法。第70条至第74条还详细规定了裁决的程序和标准、补偿金的数额等事项。[⑤]

《意大利著作权法》第51条至第56条规定了著作权强制许可制度。意大利的强制许可方式主要是播放，且必须向著作权人支付一定的报酬。

（三）国外立法分析

两大法系国家在著作权强制许可制度方面，存在共同之处，比如强制许可属于行政许可，而不是法律直接授权；强制许可的对象只能是他人已经发表的作品；强制许可证只能经申请而获得；使用人应向权利人支付法定报酬等等。但也有不同之处，以美国为代表的英美法系由于没有或很少在其著作权法中规定法定许可制度，因而对强制许可制度的规定就比较详尽，从作品的范围到颁证的种类，再到适用程序都做出了具体的规定；而大陆法系国家则把上述内容限制在最小的范围内，这是由于大陆法系国家在其著作权法中，大多采用法定许可与强制许可并行使用的原则，以法定许可为主，强制许可为辅。[⑥]

### 二、国际公约中的著作权强制许可制度

在著作权强制许可的问题上，国际知识产权公约确认强制许可制度就是文化处于弱势地位的发展中国家迫使处于文化强势地位的发达国家做出让步与妥协的结果。[⑦]

《伯尔尼公约》第11条第2款和第3条第1款分别规定了广播作品和音乐作品的强制许可制度。但《伯尔尼公约》这两个条款的内容都相对简单。

《世界版权公约》第5条第2款规定了翻译权强

① 参见吴汉东：《著作权合理使用制度研究》（修订版），157～158页，北京，中国政法大学出版社，2005。
② 参见谢海燕：《论著作权的强制许可使用》，25页，湘潭大学硕士学位论文，2008。
③ 参见傅迎春：《论著作权法中的强制制度》，15页，江西财经大学硕士学位论文，2006。
④ 参见胡开忠：《知识产权法比较研究》，166页，北京，中国人民公安大学出版社，2004。
⑤ 参见杨红军：《版权强制许可制度论》，载《知识产权》，2008（4）。
⑥ 参见钦国巍：《构建我国著作权强制许可使用制度》，载《郑州轻工业学院学报》（社会科学版），2010（5）。
⑦ 参见邓永妍：《论我国著作权法不应放弃强制许可制度》，载《合肥工业大学学报》（社会科学版），2008（1）。

制许可，即任一缔约国根据其国内法可限制文字作品的翻译权，但必须遵循的条件是强制许可的前提和强制许可的程序。

WTO 框架下的《与贸易有关的知识产权协定》（以下简称 TRIPS 协定）中涉及著作权强制许可制度的条文主要为第 13 条，对著作权的强制许可采取非常严格的限制态度。事实上，TRIPS 协议对著作权强制许可的规定只是再次强调了《伯尔尼公约》和《世界版权公约》的相关规定。①

可以看出，以国际公约为基础的国际著作权保护体系已初步形成。第一，适用主体，有权颁发强制许可证的国家，只能是据联合国大会惯例被视为发展中国家的公约成员国。第二，目的，即申请人只能出于教学、科研以及维护国家利益或社会公共利益等目的，才能申请强制许可。第三，范围与义务，申请人在获得强制许可证后，不得影响该作品的正常使用，也不得不合理地损害著作权人的合法权益，并且应向著作权人支付使用费。第四，程序，申请人必须事先遭受著作权人的拒绝许可或者在穷尽各种途径仍未能找到著作权人的情况下，才能提出强制许可的申请。第五，性质，著作权强制许可是一种非独占性许可，不具有排他性，所以缔约国的任何公民都可以从版权主管部门获得。

**三、我国著作权强制许可制度的困境与出路**

（一）我国著作权强制许可制度缺失的尴尬

我国曾对是否设置著作权的强制许可制度有过激烈的争论。② 2011 年 7 月，国家版权局启动了《著作权法》第三次修订工作，但是否会将强制许可制度纳入其范围还需拭目以待。可见，著作权强制许可制度在我国立法中仍是空白，这种缺失状况给我国带来诸多尴尬。

第一，从国际层面来看，著作权强制许可制度的缺失不仅使我国未能享受国际公约给予发展中国家的优惠政策，同时造成了国外申请人和国内申请人的差别待遇。我国已于 1992 年分别加入了《伯尔尼公约》和《世界版权公约》，又是发展中国家，可以适用公约中关于强制许可制度的有关规定，但由于我国著作权法中没有强制许可制度，缺少具体的实施细则，国内的申请人就无法根据著作权法向政府部门提出强制许可使用申请，从而无法享受国际公约给予发展中国家的优惠政策。另一方面，国内申请人无法对外国著作权人的作品提出强制许可申请，而国外申请人却可以对我国著作权人的作品提出强制许可申请。

第二，从国内层面来看，著作权强制许可制度的缺失将有损著作权人的利益，阻碍了教育、学习、科研的发展，从而从整体上影响国家科技水平的提高。比如，我国目前有一定数量的已发表作品署名为集体作品。若要使用这些作品，则有可能难以找到作者，或有可能遭到拒绝，由于著作权法中强制许可制度的缺失，或将导致作品的利用走向困境，或将导致部分人利用这种情形钻法律漏洞，使用他人作品而不支付合理报酬，从而损害著作权人的利益。另外，我国图书馆在努力满足我国公众信息需求的同时遇到了前所未有的困难。倘若著作权法有强制许可制度，就不仅能让图书馆得到更多的好作品，还能帮助图书馆节省经费，这对促进我国图书馆事业发展具有重大意义。

（二）构建我国著作权强制许可制度的建议

在借鉴国外的立法经验的基础上，为充分遵循国际公约的规定并利用其对发展中国家的制度倾斜，我国可以从以下几个方面来完善著作权法强制许可制度。

1. 完善立法

（1）章节结构与条文调整

因为强制许可、合理使用及法定许可均属著作权权利限制制度，因此，强制许可制度应规定在《著作权法》的第二章第四节权利限制部分。从条文的调整上看，《著作权法》第二十二条中规定的合理使用制度和第二十三条及其他条文中的法定许可制度有多处应该进行调整。

对第二十二条的合理使用制度，在 12 项情形下即可合理使用，范围未免过于宽泛，因此应做出以下调整：第（四）项和第（五）项都规定有“但作者声明不许刊登、播放的除外”，这些例外不能与公共利益相违背，因此，如果是出于公共利益的目的，如教育科研等用途，也应纳入强制许可的范畴；第（六）项教育科研目的的合理使用、第（七）项国家机关为执行公务的合理使用、第（十一）项和第（十二）项的“翻译”、“改编”权利，一般情况下应为普通许可，但在涉及公共利益时，应为强制许可。

对法定许可制度，除《著作权法》第二十三条的专门规定之外，其他条文中还有许多相关内容，如第三十二条第二款的转载条款、第三十九条第三

① 参见胡通碧：《论著作权的强制许可》，载《科技进步与对策》，2002（4）。

② 参见张伟：《略论知识产权强制许可制度》，载《公民与法》（法学版），2010（6）。

款的录制条款、第四十三条的广播条款，这些条款均属法定许可的情形，但都有例外规定，即著作权人可通过发表声明来禁止他人使用，在这种情况下可参考英美法系国家的做法，将基于公益目的而使用的情形规定在强制许可的范畴里。第四十二条第二款中广播电台、电视台播放他人已经发表的作品，也可在支付合理报酬的条件下适用法定许可制度，但该条规定缺乏科学性。该条款应当纳入普通许可的范畴，只有在涉及重大公共利益时，才纳入强制许可的范围。

2. 内容上的完善

第一，适用对象。强制许可的适用对象只能是他人已经发表的作品，包括文字、音像作品。对于尚未发表的作品，无论基于何种原因都不得颁发强制许可证。第二，适用条件。强制许可的适用必须具备两个必要的前提条件。首先，基于公共利益的需要，如出于学习、教育、科研等目的。其次，存在无法联系著作权人或者著作权人拒绝许可的情形。[①] 第三，主管机关。建议由国家版权局负责实施，负责强制许可的审核和授权。但如果涉及重大公共利益，可以借鉴外国的做法，即由法院进行判决授权。第四，申请程序。申请人须尽到最大限度的谨慎义务后才能向主管机关提出申请，并提供著作权人拒绝授权或未能联系著作权人的充分证据，版权主管机关在调查核实后，在赋予著作权人一定的抗辩权之后，予以授权。涉及重大公共利益时，可按行政许可程序举行听证，保障公众利益。第五，报酬标准。当今世界各国对报酬的规定并不一致。首先，强制许可使用实质上类似于合同，应先由当事人相互协商，体现当事人意志；其次，在双方难以协商一致时由仲裁庭就报酬标准进行仲裁，体现国家公权力对私权益的适当干预。

3. 加强执法和司法

(1) 规范执法上的自由裁量权

颁发著作权强制许可证是一种行政行为，但由于法律规定的缺失或措辞的模糊性，必然会赋予行政机关很大的自由裁量权。对行政执法的自由裁量权应设定标准和边界，通过事前预防、事中控制和事后救济，加强对行政自由裁量权的监督。如有学者建议，双方就强制许可的使用费达不成协议时，由国家版权局裁定。而双方对国家版权局的裁定不服的，可以自收到通知之日起三个月内向人民法院起诉。[②]

(2) 通畅法律救济机制

著作权强制许可制度的法律救济机制可分为行政系统内部的救济机制和司法系统的救济机制。行政系统内部的救济主要是行政复议。我国颁发著作权强制许可证的机关是国家版权局，它作为最高的著作权管理部门，是国务院的直属机构，因此，从理论层面上讲，对国家版权局进行复议的只是国务院，在实践中如若将此种争议均交由国务院处理，无疑会严重增加国务院的负担，完全不符合实际情况。因此，对著作权强制许可设置行政复议制度并不具有可操作性。

另一种法律救济机制是司法救济，这是保护公民利益的最后一道防线。我国行政诉讼的一个基本原则是合法性审查原则，而国家版权局在是否颁发强制许可证方面拥有很大的自由裁量权，即存在大量的行政合理性，如果此类争议进入法院，法官也会束手无策。因此只有确立合理性审查原则，才能将行政自由裁量行为纳入受案范围，这样既能使著作权强制许可中的裁量行为受到司法审查的约束，又能对著作权强制许可当中的裁量行为进行有效的救济，有利于防止版权主管机关滥用职权，也有利于保护公民的合法权益。[③]

总之，完善我国的著作权强制许可制度，必须在立法过程中注意法律之间的协调，包括国内部门法之间的协调，也包括国内法与国际公约的衔接。同时，只有将立法、执法、司法三方面整合成一套有机协调、操作性强的体系，才能使著作权强制许可制度得到切实有效的运行。

（原载《知识产权》，2012（3），本文有删节。
作者单位：桂林电子科技大学法学院）

## 浅析电视节目版权保护对策

刘宏宇　张日臻

近年来，我国电视产业快速发展，呈现出一片繁荣景象。然而，相伴而生的是电视节目日益严重的相互模仿。这里的模仿指有意识地仿效别人的行为，当然它是社会学习的一种形式。但常常是一档新的电视节目刚推出，马上就出现大批模仿者，导

① 参见黄丽萍：《论著作权强制许可的适用范围和条件》，载《华南师范大学学报》（社会科学版），2010（2）。
② 参见谢函余、孙婉清：《论著作权强制许可使用制度》，载《云南科技管理》，2008（4）。
③ 参见奚铎：《试析我国著作权强制许可制度》，18～19页，东北师范大学硕士学位论文，2009。

致电视节目同质化现象日益严重，由此引发的节目知识产权侵权纠纷也逐渐增多。目前，电视节目的侵权之风，已经严重威胁到电视节目的原创性，影响到行业的健康发展。为此，笔者试分析电视节目侵权的原因及保护的对策。

**一、节目创意被模仿，损害节目创新与品牌价值**

一些电视节目之间的模仿现象，严重损害了有些电视台的长远利益。在一些电视节目制作、播出后，权利人的利益得不到保障，也影响到相关电视台的社会形象。特别是近年来，伴随着上海、江苏、浙江、北京、深圳等地方广电体制改革的推进，电视台之间的竞争日益激烈，“一招鲜”的电视娱乐节目被抄袭、模仿，使权利人的先发优势日渐削弱，这已经深刻影响到电视台的节目创新与品牌价值，进而损害其核心竞争力。

在国外，由于一些国家的知识产权保护得力，电视娱乐节目不乏常青树。比如法国电视台创办的体育娱乐节目《城市之间》至今已40多年，但一直是法国电视台收视率很高的节目。然而在我国，电视台之间相互的模仿却让电视娱乐节目的生命周期大大缩短，原本有生命力的节目被扎堆过度开发而提前失去了活力，因为这违背了电视节目品牌需要较长时间的积累与建设的基本规律。

电视台之间的竞争多体现于内容的竞争，内容竞争最终体现在节目创意竞争上。如果电视节目不能持续创新，节目的成长能力弱化，节目的品牌生命周期不长就会影响到频道的生命周期，最终将导致整个电视产业的创新能力下降。

**二、电视节目频繁被模仿的原因**

事实上，广播电视产业经营模式的改变、市场化运作和市场竞争的加剧，都是导致电视节目被模仿现象严重、知识产权遭频繁侵权的主要原因。在观众数量稳定的情况下，一家电视台收视率的上升，就意味着其他电视台的受众流失和收视份额减少，而这将直接影响其他电视台的广告收入，威胁到其他电视台的生存和发展。

电视节目作为电视内容的主要载体，是通过创意电视节目模板而制作出来的。如今，任何一种传媒模式，其核心都在于具有竞争力的内容。内容建设的好坏直接决定了电视传媒企业整体运营处于良性还是恶性循环的状态。不管选择什么样的电视运营模式，内容都是立身之本。所以，我国的电视市场竞争主要就体现在电视节目是否得到市场认可上，体现在电视节目的独特性与创新性上。

电视台要想实现平稳经营，模仿目前电视市场中已经成功获得受众认可的节目创意模式，是化解电视节目创新过程中的风险与不确定性的理想途径，特别是在资金不足的条件下，这不仅表现在电视娱乐节目上，其他电视节目上的例子也比比皆是。

中国，可以说是世界上电视市场竞争最为激烈的国家之一，但在电视节目版权意识不足、配套法律尚不完善的背景下，市场机制不够完善，市场主体意识不强，市场自律机制不健全，这些必然会加剧电视节目的侵权现象。

**三、保护电视节目产权的对策**

1. 利用现有知识产权法律体系，审慎制定新法律

电视作品本身可以得到版权法的保护，但是电视模板作为一个整体，目前很难受到法律的保护。如果能适当保护电视节目模板，就可以使电视节目的创作者和投资者对于节目形式的开发、制作、传播等的投入得到预期的回报。电视节目版权所有人，若能提高产权意识，恰当地运用知识产权法等法律武器，就能在现行的法律框架下保护自己的利益。模板创作者和投资者应当将自己的创意用尽可能详细的文字进行表达，拥有对模板脚本的著作权者还可以为自己的节目名字或口号申请商标；应当尽量为自己的创意保密，通过与员工签订保密合同以及竞业禁止合同，防止员工在为自己工作期间或之后泄露模板创意以及一些制作细节。另一方面，在签订使用许可合同时与对方签署一个保密条款，避免对方在获得创意后即终止谈判、自行制作节目。

目前，我国版权保护更多的是企业之间的一种利益博弈，大众的利益仍然缺乏代言人。从行政保护的角度来说，管理者的管理目标主要是为了促进产业的发展，技术保护措施是为了保护企业和版权人的商业利益，这些利益明显地带有与大众利益不尽相同的倾向，即电视组织权与公众言论自由权存在着既统一又对立的关系。由于电视组织在电视活动中进行了投资并付出了一定的劳动，其利益应当得到法律的保护。但另一方面，过强的保护可能导致电视组织权利的滥用，妨碍社会公众正常使用信息。法律在两者的利益中应当保持适度的平衡。由于电视节目模板自身要素的不确定性以及表现形式的不稳定性，盲目地对思想性要素进行保护，可能导致模板制作者对其思想性的垄断，阻碍他人的再

创作。对模板脚本的保护可以在一定程度上维护模板制作者的利益，同时也需要兼顾模板制作者与社会公众的利益平衡，实现知识产权法保护创新，促进知识产品的传播和利用。为此，制定新的相关法规一定要审慎。

2. 建立行业自律组织，加强制度建设，敦促企业自律

法律不是万能的，法律的困境可以通过道德来化解，这应该成为我国解决电视产业发展过程中存在的问题的一个重要方式。市场不仅需要法律制度，更需要良好的行业自律、企业自律，以及从业人员良好的职业道德与操守。行业自律的建立是一个博弈过程，必须由广大组织、企业共同参与、合作，进而形成一个良好的发展环境。先建立区域性的行业自律组织，比如行业协会等，进而发展成全国性的行业自律组织，建立全国广播电视业行业协会，通过协商、讨论达成共识，建立行业规范和从业人员的职业操守，建立健全非正式的制度体系，可以加速这种良好局面的形成，推动我国电视产业、文化产业的逐步成熟。我国电视节目山寨、克隆的现象必将逐渐消失。

行业自律组织的建立可以由政府主管部门通过行政力量来推动，但存在着一种形式主义的风险，行业自律组织应有的功能可能大打折扣。笔者倾向于由实力强大的电视台，如中央电视台、湖南广播电视台、上海广播电视台等以平等民主的姿态牵头，其他电视台基于共同的利益去参与，推动行业自律组织的成立与发展。

3. 提升创新能力，建立竞争有序的节目市场

为电视节目创新提供良好的市场环境和激励机制，是我国文化产业整体改革的目标之一。作为电视市场的主体，电视台在产业化发展到一定程度后，产权是个最根本的问题。及早进行确立市场主体的改革，才能在电视市场中获得、整合、利用好各种资源，尽快转变媒体发展方式，积极融合新媒体，打造内容产业链和媒体产业链，不断拓展创意产业和新空间、新业态。

当前，提升电视节目的创新能力是解决电视节目模仿问题的一个优选方法。节目创新能力得到提高，节目成长能力就能持续，品牌节目生命周期就会延长，进而最终延长频道的生命周期，提升或保持电视台的核心竞争能力。

（原载《知识产权》，2012（3）。
作者刘宏宇单位：青岛广播电视台；
作者张日臻单位：青岛友华律师事务所）

## 从“百度文库案”窥侵犯著作权罪的立法纠结*

——兼评2011年《关于办理侵犯知识产权刑事案件适用法律若干问题的意见》

肖扬宇　何国强

### 一、“百度文库案”的启示

（一）案情简介

2009年11月，百度推出了百度知道“文档分享平台”。当年12月，这一平台正式更名为“百度文库”。就在百度文库正式发布之后的1个月，中国文字著作权协会与盛大文学召开联合发布会指责百度文库侵权，盛大文学就旗下5部网络小说向百度提起诉讼。2011年3月15日，中国“消费者权益日”，贾平凹等50位中国知名作家向百度发出了《“3·15”中国作家讨百度书》，指出“百度文库”在没有授权的情况下收录了众多作家的作品并免费开放下载，侵害了创作者、权益人的利益，要求百度文库承担法律责任。3月29日，百度称文库非授权文学类作品基本清空。

目前，社会各界对本案性质的认识莫衷一是。百度认为，其行为并没有构成侵权，因为《信息网络传播权保护条例》规定了避风港原则，百度在接到通知之后就移除了相关非授权文字类作品。① 另有观点认为，即使百度等网络服务提供商事后删除了侵权作品，也并不能抹去侵权事实的存在。② 更有法律专家公开发表了《就百度公司及其负责人涉嫌侵犯著作权应依法追究责任的声援书》，认为百度公司及其负责人在其运营的、包括百度文库在内的网站中，利用他人上传的大量侵权作品，增加自身流量及广告收益的行为，已涉嫌《中华人民共和国刑法》第二百一十七条规定之侵犯著作权罪，属单位犯罪，且情节特别严重，百度公司及其负责人应按照现有法律规定承担相应的刑事责任。③

* 本文为2010年公安部软科学理论研究项目“知识产权刑事法律适用问题研究”的阶段性研究成果。

① 参见邢世伟：《最高院回应百度文库侵权案　将起草网络著作权司法解释》，见http://news.xinhuanet.com/edu/2011－04/20/c_121324683.htm，2011－08－10。

② 参见侯琰霖、陈娇娜：《小议百度文库侵权的法律责任》，载《出版发行研究》，2011（6）。

③ 参见《百度罪与罚》，见http://blog.sina.com.cn/s/blog_4bccaa3201017jea.html，2011－08－17。

（二）立法现状

事实上，百度的行为不仅是它自身的行为，而且是网络信息服务提供者这一类主体的代表。网络信息服务提供者是网络领域中的关键因素，他们能使用户和内容提供者在网络上相互联系起来。[①] 同时，它们也使得信息产品更容易在没有被授权的情况下被使用，这对神圣的著作权领域而言又是一个严峻的挑战。[②] 为此，一方面，国家为了保障信息产业的发展，于2006年在《信息网络传播权保护条例》中正式引用避风港原则；另一方面，国家又无法忽视版权的保护，最高人民法院、最高人民检察院、公安部于2011年1月11日又制定了《关于办理侵犯知识产权刑事案件适用法律若干问题的意见》（以下简称《若干意见》）来应对日益增加的侵犯知识产权行为。其中，对网络信息服务提供者的行为是否构成侵犯著作权罪也作了更加明确、细致的规定，但笔者认为《若干意见》在对侵犯著作权罪明确解释方面存在着立法纠结，如下所述。

## 二、《若干意见》的立法纠结

（一）关于网络信息服务提供者主观方面的立法纠结

百度认为其行为没有构成侵权的主要依据是“网络避风港原则”，即2006年《信息网络传播权保护条例》第二十三条规定的“网络服务提供者为服务对象提供搜索或者链接服务，在接到权利人的通知书后，根据本条例规定断开与侵权的作品、表演、录音录像制品的链接的，不承担赔偿责任；但是，明知或者应知所链接的作品、表演、录音录像制品侵权的，应当承担共同侵权责任”。此规则的核心是明知或应知则侵权；反之，则可以豁免。在此规则下，网络信息服务提供者并没有对网络内容进行审查的义务。如此，网络信息服务提供者的主观意图就被立法者推定为不明知或者不应知。在本案中，由于没有证据证明百度在主观方面存在明知或者应知，而事实上对网络信息服务提供者主观方面的判断无法进行，所以百度的主观意识就被推定为不明知或不应知。

根据我国《刑法》第二百一十七条的规定，侵犯著作权罪的主观要件为“以营利为目的”，这就决定了行为人对于侵犯著作权的行为必然是明知的。2011年《若干意见》第十条又进一步解读了网络信息服务提供者侵犯著作权犯罪案件中“以营利为目的”的认定问题，即“除销售外，具有下列情形之一的，可以认定为‘以营利为目的’：……（二）通过信息网络传播他人作品，或者利用他人上传的侵权作品，在网站或者网页上提供刊登收费广告服务，直接或者间接收取费用的；（三）以会员制方式通过信息网络传播他人作品，收取会员注册费或者其他费用的；（四）其他利用他人作品牟利的情形”。据此，当网络信息服务提供者利用他人上传的侵权作品，在网站或者网页上提供刊登收费广告服务，直接或者间接收取费用时，网络信息服务提供者的行为也可以构成侵犯著作权罪。在此，网络信息服务提供者的主观方面也应当表现为对侵权作品的明知。

当网络信息服务提供者在网站或者网页上提供刊登收费广告服务，直接或者间接收取费用时，并不明知或应知上传者的内容是否侵权，就不能认定为侵犯著作权罪中的“以营利为目的”。而通常情况下，对网络信息服务提供者“明知”的主观方面的证明十分困难，所以一般情况下只能依据避风港原则推定网络信息服务提供者的主观方面为不明知且不应知，进而将其在网站或者网页上提供刊登收费广告服务，直接或者间接收取费用等牟利行为排除在“以营利为目的”之外。如此推断，将网络信息服务提供者“利用他人上传的侵权作品”作为“以营利为目的”的一种表现方式的解释形同虚设。

（二）关于网络信息服务提供者客观行为的立法纠结

我国《刑法》第二百一十七条侵犯著作权罪的构成要求行为人在主观方面具备以营利为目的，在客观方面实施未经著作权人许可复制发行其文字作品及其他作品的行为等。为了应对网络侵犯著作权行为骤增的现状，2011年《若干意见》除了对侵犯著作权罪中的“以营利为目的”作了明确规定之外，还对“发行”等客观要素作了详细的解释。《若干意见》第十二条规定关于刑法第二百一十七条规定的“发行”，“包括总发行、批发、零售、通过信息网络传播以及出租、展销等活动”。

在此立法背景下，上文认为一般情况下网络信息服务提供者在网站或者网页上提供刊登收费广告

① See David Ludwing, Shooting the Messenger: ISP Liability for Contributory Copyright Infringement. Intellectual Property & Technology Forum at Boston College Law School 2006, 2006, F. 478.

② See Geraldine Szott Moohr, “The Crime of Copyright Infringement: an Inquiry Based on Morality, Harm, and Criminal Theory,” *Boston University Law Review* 4 (83): 731, 753.

服务直接或者间接收取费用，或者实施其他利用他人作品牟利时不能构成侵犯著作权罪。那么，当网络信息服务提供者明知他人作品是侵权作品，并且具有利用他人上传的侵权作品，在网站或者网页上提供刊登收费广告服务直接或者间接收取费用，或者实施其他利用他人作品牟利情形时，其行为是否构成侵犯著作权罪？

笔者认为，仍然不能构成侵犯著作权罪。虽然行为具有营利的目的，但其行为是否属于侵犯著作权罪的客观构成要件还需分析。如果“发行”包括“利用他人上传的侵权作品”，那么当网络信息服务提供者以营利为目的时，其利用他人上传的侵权作品的行为即可构成侵犯著作权罪；反之，则不构成侵犯著作权罪。根据《若干意见》第十二条的规定，“通过信息网络传播”属于“发行”的一种行为方式，而《若干意见》第十条则将“通过信息网络传播他人作品”和“利用他人上传的侵权作品”作为两种不同的行为方式。因此，我国《刑法》第二百一十七条规定的“发行”行为应不包括“利用他人上传的侵权作品”的行为。

《若干意见》第十条将“利用他人上传的侵权作品”解释为“以营利为目的”的一种行为方式，其意图显然是为了进一步打击网络侵犯著作权的行为，将网络信息服务提供者利用他人上传的侵权作品作为侵犯著作权罪的客观行为对待。但是，《若干意见》对侵犯著作权罪的客观方面的解释却导致了侵犯著作权罪客观方面的纠结。

综上所述，2011年《若干意见》对网络信息服务提供者的规定存在主客观方面的立法纠结：主观方面，《若干意见》将网络信息服务提供者“利用他人上传的侵权作品”认定为“以营利为目的”的解释将一般情况下无法证明网络信息服务提供者主观明知的情况排除在外；客观方面，《若干意见》又将网络信息服务提供者“利用他人上传的侵权作品”的行为排除在“发行”的外延之外，造成网络信息服务提供者即使明知他人上传的是侵权作品也不符合侵犯著作权罪的客观方面。这种主客观方面的立法纠结使得网络信息服务提供者的行为无论在何种情境之下都不能构成侵犯著作权罪。结合本案，笔者认为，百度的行为无论是从主观方面还是客观方面都不构成侵犯著作权罪，只能依据避风港原则作进一步分析。

### 三、《若干意见》的解结路径

#### （一）关于网络信息服务提供者主观方面的解结路径

从域外经验来看，世界范围内越来越强调网络信息服务提供者的审查义务，如果网络信息服务提供者没有履行其审查义务就推定其明知或应知。在2009年著名的海盗湾案件中，瑞典斯德哥尔摩上诉法庭驳回了海盗湾网站合伙人的上诉请求，认为海盗湾网站向用户提供帮助使得非法文件在网站中共享，因此提供服务商必须负法律责任。根据海盗湾提供的证据，法院完全可以认为网站在不同程度上参与帮助侵权。① 在此案中，无论海盗湾网站是否知道非法文件被上传都被推定为参与帮助侵权。另外，TRIPS协定第61条规定的知识产权犯罪标准中的主观方面要求行为人具有“商业规模的蓄意”，而国际社会一般认为，行为人“商业规模的蓄意”的主观方面的认定，不仅指那些在市场上为获取商业回报而从事商业活动的人，而且还包括经营到一定商业规模而不论是否有主观商业动机或目的的人。② 也就是说，只要行为人的客观行为达到了一定规模即可推定其具有商业动机。

结合我国国情，笔者认为网络信息服务提供者的审查义务应当在现有避风港原则的基础上适当提高。当网络信息服务提供者不以营利为目的时，为了使正常的网络技术得到发展，应当降低网络信息服务提供者应当承担的义务，适用避风港原则。当网络信息服务提供者以营利为目的直接或者间接收取费用时，其义务责任应当提高，承担对他人上传内容的审查义务。

#### （二）关于网络信息服务提供者客观方面的解结路径

从上文可知，《若干意见》将“利用他人上传的侵权作品”作为“以营利为目的”的一种认定方式，其意图是为了将该行为作入罪处理。但《若干意见》将“利用他人上传的侵权作品”行为排除在侵犯著作权罪的客观构成要件“发行”之外显然有悖于立法意图，无法从单独犯罪的角度来规范网络信息服务提供者的刑事责任。

此外，从共同犯罪的角度来看，“海盗湾案”中将海盗湾认定为“在不同程度上参与帮助侵权”的判例并不适用于我国。《若干意见》第十五条规定：

① 参见《美国迫使瑞典打击盗版及“海盗湾”》，见 http://www.ipr.gov.cn/guojiiprarticle/guojiipr/guobiehj/gbhjnews/201012/1184622_1.html，2011-09-01。

② see Annex a Submissions of the United States. A-5-6.

"明知他人实施侵犯知识产权犯罪，而为其提供生产、制造侵权产品的主要原材料、辅助材料、半成品、包装材料、机械设备、标签标识、生产技术、配方等帮助，或者提供互联网接入、服务器托管、网络存储空间、通讯传输通道、代收费、费用结算等服务的，以侵犯知识产权犯罪的共犯论处。"网络信息服务提供者只有在明知他人实施侵犯知识产权犯罪的前提下，才能与内容提供者构成共犯。司法实践中，内容提供者通常不具有营利的目的，不构成侵犯著作权罪。

因此，应当对《若干意见》进行修改，将网络信息服务提供者"利用他人上传的侵权作品"的行为包含在"发行"的含义之内。只有这样，才能实现侵犯著作权罪主客观原则相统一的构成要件，才能切实贯彻罪刑法定原则对网络信息服务提供者此类主体的犯罪行为进行规范，才能与 TRIPS 协定相对接，顺应国际知识产权保护的潮流。

（原载《河北法学》，2013（3），本文有删节。
作者单位：广东警官学院法律系）

## 计算机艺术字体的可版权性

张 今

近来，计算机字体的著作权在社会上引起了高度关注，学界对于计算机字体是否构成作品存在不同意见，法院的相关判决也不尽相同。计算机字库中的单字能否构成作品？如何判断计算机艺术字体的独创性和审美意义？本文试对上述问题阐述个人见解。

### 一、保护什么——具有审美意义的汉字艺术表达

1. 字义、字形与字体——思想与表达

思想表达两分法是著作权法的基本原理，指著作权只保护作品的原创性表达，而不保护表达反映的思想。两分法的功能在于，划分一部作品中"受保护的要素"和"不受保护的要素"，确定著作权保护的对象。讨论计算机字体的著作权，首先要解决的是，可以给予著作权保护的对象是什么。对此，须运用两分法分析和解构汉字的属性。

汉字单字具备三重属性：一是字义，即汉字作为信息交流媒介所表达的意思；二是字形，即汉字固有的写法；三是字体，即汉字写法的不同表现形态，如手写的楷书、行书，印刷的宋体、黑体等。

在日常生活中说到汉字，通常是指字义层面的文字，即表达思想情感、传递信息的符号系统，此种意义的汉字属于不受著作权保护的"思想"的范畴。

字形，是汉字的固有写法。同一个汉字，其写法有一定规范，不能随意改变，如偏旁部首不可缺少，上下结构不能颠倒，先里后外、先上后下的写法也不能无序，否则就是错别字或者使人难以辨认。因此，字形是有限的或者唯一的表达方式，无法获得著作权保护。

字体，是汉字的不同书写风格和艺术表现。汉字在字形规范的前提下，间架结构的搭配，笔画的粗细、弯度等外观形态具有无限的想象和创作的空间，可以有丰富多样的表达形式。因此，书法成为我国特有的美术作品。

可见，即使给予计算机艺术字体著作权保护，受保护的也仅是字体，而不涉及汉字的写法，更不涉及汉字的字义。因此，保护字体的著作权不会造成对汉字的垄断，也不会妨碍人们对汉字的使用。

2. 单字、字库、软件——美术作品、数据库、计算机程序

著作权保护的美术作品中包括书法。计算机艺术字体与书法作品一样，都是汉字书写艺术的表达形式。二者的区别在于作品的展示及利用方式上的差异：计算机字体经过数字化处理后存储于光盘中，通过计算机显示、下载和打印的方式重复和再现；书法作品通过展示手稿或复制件、字帖的影印等方式重复和再现。但这只是复制方式的不同，并不影响著作权对复制行为的控制。

字库是含有相同特征的字体单字的集合物。由于汉字字库是按照国家规定的汉字数量和字形规范制作的，在内容及数量的选择和编排上不具有独创性，因此，计算机字库并非汇编作品，而是数据库。

字库软件是一组对字库数据进行编译调用的计算机程序，计算机安装了字库软件后可以在应用程序和操作系统中显示并打印相应的字体。字库软件受软件著作权保护。

单字、字库和字库软件分别对应的是美术作品、数据库和计算机程序，三者之间的关系是：单字由字体设计师逐个绘制，绘制的过程是作品的创作；字库是将绘制好的单字转换成计算机代码、数据文件形式的集合物；字库软件是一组指令代码，供用户在计算机上显示、调用字库及单字。使用字库软件在计算机上调用和显示单字，是对作品的接触和利用。一个字库软件光盘，内含两个以上的著作权客体——单个的艺术字体和计算机程序。但是它们

各自具有独立性，软件著作权保护的是字体文件的程序代码，美术作品著作权保护的是具有审美意义的单字艺术表达。

**二、为何保护之一——计算机艺术字体具有独创性**

1. 字体独创性的判断

著作权法保护的作品须具备独创性，即独立创作又具有个性特征。字体设计是一门综合艺术，既要求字形规范，又要求字体具有艺术特色能够产生美的视觉效果。计算机艺术字体和书法作品一样，是以线条和结构组成的平面造型艺术。字体的创意可体现柔美、优雅或庄重、古朴，也可营造现代时尚、个性趣味。字体设计通过安排笔画位置，变化线条造型，使文字具备了或柔和优雅、或苍劲古朴、或随意洒脱的不同面貌和特征。经过设计的每一款字体都具有不同的外观形态，形成一种特有的艺术风格，可满足作品独创性的要求。

2. 独创性与创作过程

独立创作且具有最低限度的创造性，这两个方面互相结合，构建起著作权保护的基本标准。"独立创作"，关注的是有无创作行为或作品产生的过程；"最低限度的创造性"，关注的是最终结果即对象本身。由于每个作者都是独特的，只要是独立创作，都会把个性特征烙印在作品中。因此，从作品亦即对象本身寻找个性特征是判断独创性有无的主要方法。分析计算机字体的独创性，应当关注该字体是否具备个性特征，是否明显不同于现有字体，而不应当孤立地追问其制作过程中是否存在创作行为。一款字体只要具有特色鲜明的形体外观，而这种独特性是独立创作而产生的，就足以证明该字体具备独创性。

3. 独创性与创作工具

著作权法保护的对象是体现在作品上的独立创作和有个性的最终结果，它与作品表现的物质材料无关，也与实现作品的技术和手段无关，一个创作成果是以何种工具实现的，不应对著作权产生影响。比如，摄影作品、电影作品，是通过机器制作的作品的代表，其制作技术从最初的电子设备发展到现代数字设备。在这些作品刚刚出现时也受到过能否成为作品的质疑，但终因其符合独立创作且具备最低限度创造性的要求而在著作权法中占据一席之地。既然不因摄影作品、电影作品的制作借助于计算机和数字技术而否认其作品性，那么，何以苛责计算机艺术字体的独创性呢？

计算机艺术字体的创作过程加入了计算机和软件的运用，但计算机和软件是辅助性的，并没有代替也不可能代替设计师对字体的造型设计。字体设计通常从手绘字稿到形成6 000多个单字的字库，每个单字都经过多次修改，每一次修改都是靠设计师对字体美感的把握，最终完成的字体是设计师取舍、安排和组合的结果。因此，在科学技术辅助创作的领域，只要人类行为在作品的形成过程中发挥了主导作用，创作出的作品仍然可以获得著作权法保护。

4. 独创性与技术标准

技术标准是同一行业共同使用的既定的客观准则，体现为数据指标。计算机艺术字体的设计和制作，没有一个既定标准可遵循，也不可能依据既定标准进行。计算机艺术字体的设计先是设计师手绘数百个汉字的手稿，分解出基本笔画，再根据基本笔画和偏旁部首组成合体字，由于每一个字的偏旁部首比例不同，仅仅将基本笔画拼接不可能完成新单字的创作，必须根据重心、留白和结构的匀称进行修改调整。合体字之外还有几百个独体字须单独绘制。字体设计依据的是设计师主观的审美眼光，这种主观选择的结果因时而异，以致字体的修改也会表现出差异。这一过程完全是主观的创作活动，其结果也必然是体现独特风格的创作成果。

其实，正确区分了字形和字体，就可以理解字形才是通用的形式法则，而字体是汉字的艺术表达，字体设计者依照汉字标准的写法设计字体，只要独立创作且制成的字体具有独特风格，就可以享有著作权。

**三、为何保护之二——计算机艺术字体具有审美意义**

1. 字体审美意义的判断

具有"审美意义"是构成美术作品的又一条件，但"审美意义"并没有客观标准。著作权法上"审美意义"的要求，可以看作独创性判断的另一种视角，只要创作者将其独特的美学观点以视觉可感知的形式表现出来，即符合最低限度创造性的要求，就可以成为美术作品。

计算机艺术字体以汉字书法为根基，通过线条的变化、结构的搭配和组合以及实画和虚白的布置，表现出汉字的美感。因此，计算机艺术字体只要在外观形态上明显不同于公有领域的通用字体，并且为字体使用者接受和喜爱，其审美意义就应当得到承认。

2. 审美意义与实用功能

计算机字体属于实用艺术作品，既具有传递信息的实用性，又具有视觉美感的艺术性。实用艺术品受著作权保护的前提是“可分离性”，即如果实用艺术品的实用性和艺术性不可分离地交织在一起，则无法构成独立的作品。

“可分离性”是一个抽象的标准，主观性很强。为了避免受主观的影响，人们试图将可分离标准建立在客观的普通观察者如何认知之上：如果物品的外观能够激起消费者的注意，引起其对美的感知，该设计即满足了可分离性标准。如果存在多种设计，设计之间的变化差异代表的是不同的美学选择，而不是实用方面的必然结果，则该设计具有作品性。

计算机艺术字体能够满足“可分离性”的条件。首先，汉字字体品种日趋多元化，既有楷、宋、黑等通用字体，也有多种个性化的字体，既有已成为公有物的字体，也有反映现代美学观念的新型艺术字体，丰富多样的字体完全可供使用者自由选择。其次，将优美的字体用于产品，能够产生外观吸引力，发挥了汉字以形表意、以形取胜的功能，且该外形设计可增加产品实用方面的竞争力。由此可见，汉字字体的审美意义和字义的实用性是可以分离的，具有审美意义的艺术字体可构成独立的作品，获得著作权法保护。

（原载 2011 年 10 月 12 日《人民法院报》。
作者单位：中国政法大学）

# 2012年版权相关图书简介

**《著作权法上的传播权研究》**，梅术文著，北京：法律出版社，2012。

本书以传播权为主线研究著作财产权的本质、体系和基础，提出了“传播权整合论”、“传播权勃兴论”和“传播权区别保护论”等学术观点。

**《著作权侵权的判定规则研究》**，何怀文著，北京：知识产权出版社，2012。

本书从著作权制度体系出发，讨论著作权制度下的抽象主体——“普通受众”，并根据这一抽象主体标准，系统地研究讨论统一的独创性标准和著作权侵权的判定规则，批判中国和美国代表性著作权侵权判例。

**《著作权案件实务案例解析》**，曹丽萍、陈坚著，北京：世界图书出版公司北京公司，2012。

本书从司法审判实务的角度，以人民法院生效裁判文书中的观点为基础，归纳总结诉讼中的著作权案件所反映出的典型问题并加以探讨解析。

**《案说著作权法（第2版）》**，刘春田著，北京：知识产权出版社，2012。

本书以《中华人民共和国著作权法》法条次序为编排顺序，对每一法条通过“相关法条”、“相关知识”、“实例分析”三部分进行解读。

**《著作权、专利权疑难问题与典型案例》**，北京市律师协会编，北京：北京大学出版社，2012。

本书内容包括：论中国标准的著作权和专有出版权、浅论“网络虚拟财产”的法律属性、论著作权在网络环境下的侵权与保护、天津天士力公司诉东莞万成制药及北京易安时代等发明专利侵权案等。

**《视频分享网站著作权风险防范机制研究》**，牛静著，武汉：华中科技大学出版社，2012。

本书在分析目前视频分享网站侵权现状的基础上，以国内主要视频分享网站优酷、土豆、我乐、酷6、六间房等与著作权方发生的50例侵权纠纷案为分析对象，探讨视频分享网站在内部管理控制和商业模式方面存在的问题，并提出著作权风险防范措施。

**《网络著作权研究》**，杨小兰著，北京：知识产权出版社，2012。

本书试图解读、解决网络传播中的著作权问题。网络作品如何界定、网络著作权主体如何认定、网络著作权的内容、如何对其限制才能实现作者利益与社会利益的平衡、网络著作权的直接侵权和间接侵权的责任构成与认定、如何通过私力和公力手段合理地救济网络著作权的侵权等所涉及的法规、法理和实务为本书所讨论的主要内容。

**《商标权与在先著作权的权利冲突》**，段晓梅著，北京：知识产权出版社，2012。

本书从商标权与在先著作权冲突的基本概念出发，从立法逻辑、行政与司法的关系、法律调整范围、行政无效程序、商标权保护等方面，比较研究中日解决商标权与在先著作权冲突的法律制度。并结合实践，就如何更审慎妥当地解决商标权与在先著作权的冲突、著作权或商标权的真正权利人如何保护自己的权利提出相关建议。

**《媒体、技术和版权》**，[美] 迈克尔·A·艾因霍恩（M. A. Einhorn）著，赵启杉译，北京：北京大学出版社，2012。

本书作者选取了版权法领域若干最具争议性也是受相关产业经济状况和技术发展影响最大的法律问题进行剖析。全书以独特的经济学视角，结合翔实的背景材料对相关案例进行了分析，以提醒人们关注在版权立法和司法活动中被忽略的若干关键经济要素，并告诉人们如何将经济分析运用到版权领域的立法和司法实践之中。

**《国际著作权制度发展趋向与我国著作权法的修改》**，丛立先著，北京：知识产权出版社，2012。

本书力图对国际著作权制度发展的总体趋势作出总结分析，以完善我国现行著作权制度为目标，以我国著作权法的修改为研究核心，探讨了著作权法第二次修改中的诸多具体问题，从而为深入研究“国际著作权制度发展趋向与我国著作权法的修改”作出实际贡献。

**《美国版权法案例选评》**，陈剑玲编著，北京：对外经济贸易大学出版社，2012。

本书以案例分析的方式对美国版权法律进行了系统和易懂的阐述和介绍。包括版权的客体、版权的期限、作品的类型、版权的内容、侵权和救济、版权的限制等内容。

**《美国版权法与音乐产业》**，黄虚峰著，北京：法律出版社，2012。

本书研究了美国版权法与音乐产业之间的关系。对美国音乐版权制度进行了深入分析和评价；从历史角度考察了美国流行音乐产业发展进程中版权的作用和影响；借鉴美国音乐版权制度，提出了中国音乐产业发展中版权的可完善和可作为之处。

**《著作权的宪法之维》**，李雨峰著，北京：法律出版社，2012。

尽管有关财产权与宪法的论述林林总总，但基于著作权与有体财产权的区别并进而从作品本身的特性进行论证的文献尚属少数。本书基于有体财产与作品的区别提出了与之前有关财产与宪政论述不同的进路与方法。这不仅是一种“知识增量”，也是有关宪政论述的一个组成部分。从学科研究方法上看，本书突破了部门法研究中研究方法单一的障碍，力图实现私法与公法相结合的路径，既在宪法这一人权基本法中寻求著作权的基础，又在著作权法这一部门法中寻求宪法权利的落实。严格说来，任何权利都首先是一个宪法上的权利，然后，才能在私法中加以落实；否则，对私法中民事权利的保护就没有正当性基础。从功能上看，本研究有益于从部门法的视角理解乃至实现宪政国家这一政法目标。如果宪政不仅是一种政治话语，还是一种结构性安排，那么本研究的内容就是这种结构性安排的一个组成部分。

**《〈著作权法〉专家建议稿说明》**，李明德、管育鹰、唐广良著，北京：法律出版社，2012。

本书以面向实务、解决问题为基本思路，提出了我国《著作权法》第三次修订的一些重要建议，包括废除《计算机软件保护条例》，明确规定作品的定义，重新梳理著作权的权利体系，突出规定相关权，强化著作权和相关权保护，以及删除法人作品和录像制品，增加合理使用的规定，以专门章节规定著作权和相关权合同，等等。

**《视频分享网站著作权侵权问题成案研究》**，聂振华著，北京：法律出版社，2012。

本书实践考察和理论分析并重，实体和程序兼顾，问题导向鲜明，通过对视频分享网站著作权侵权案件进行梳理，提出了完善制度设计的基本思路和具体建议。强调样本作用，即注重从典型案例中提炼、归纳和抽象理论，并且强调量化意识，通过综合运用定性、定量与司法统计等多种研究方法，总结出成案研究的一般理论，基于对大量成案的梳理分析以及系统的理论研究，设计了完善视频分享网站著作权制度的司法指导意见建议稿，为视频分享网站著作权侵权问题的相关审判活动和理论研究提供了有益借鉴。

**《著作权合理使用制度研究——应对数字网络环境挑战》**，于玉著，北京：知识产权出版社，2012。

本书首先对著作权合理使用制度的基本问题进行学理上的探讨，并对传统环境下著作权合理使用制度“合理性”的判断标准从案例实证的角度进行了论述，然后再从理论与实务两个角度对数字网络环境下著作权合理使用制度遇到的挑战与重构进行论证，最后对一些涉及合理使用的案例进行了介绍和评论。

**《中华人民共和国著作权法（实用问题版）》**，法律出版社大众出版编委会编，北京：法律出版社，2012。

本书由三部分组成：一是最新《著作权法》及相关解释的文本；二是与《著作权法》相关的实用问答；三是附录（包括流程图和文书范本）。读者既能看到权威的法律文本，又能找到自己想问的问题的答案，可以用最短的时间、最少的钱、最快地找到问题的答案。

**《著作权法学》**，郑国辉主编，北京：中国法制出版社，2012。

本书涵盖了最新《著作权法》的全部内容，按照本章概要、学习目标、学术视野、理论思考、实务应用、案例评析与参考文献的体例编排，科学新颖。全书理论与实务融会贯通、相得益彰，论述深入浅出、通俗易懂，让读者不仅易于更系统地掌握著作权法学理论体系，也能从中运用著作权法学原理去分析和解决实际问题。

**《为了音乐有价值——中国音乐著作权协会二十年维权案例汇编（1992—2012）》**，中国音乐著作权协会法律部编著，北京：法律出版社，2012。

本书是中国音乐著作权协会成立20年来进行的各类诉讼案件的忠实记录。毋庸讳言，在我们所处的现实环境下践行《著作权法》，开展音乐著作权许可收费工作，其艰难可想而知。在面对社会各行业的音乐使用者时，中国音乐著作权协会一直坚持普法、说理、交涉、谈判为先，只有当这样的努力完全不能奏效时，法庭上的据理力争才会成为无奈之选。而这被迫成为其工作必要组成部分的诉讼活动，反而成为产业界、文化界、司法界、学术界以及社会公众认识中国音乐著作权协会、了解音乐作者权益的重要窗口之一。

**《网络时代版权制度的变革与创新》**，吕炳斌著，北京：中国民主法制出版社，2012。

本书从理论、实践两个维度探讨了网络时代版权制度的变革与创新。在理论上，本书提出了网络时代版权保护的中心是传播权，对大一统的“传播权”进行构建，并对“网络习惯法”作为制度变革的路径进行了探索。在实践上，本书探讨了海量作品的版权许可难题及其解决方案、网络版权侵权归责原则和一些特殊的、有争议的网络环境下的版权问题。

**《版权保护制度理论与实证研究》**，彭辉著，上海：上海社会科学院出版社，2012。

本书在借鉴前人理论研究成果的基础上，创新构建了版权保护指标体系并对其强度进行了测定，梳理了版权保护重要性的内在机理，量化分析了版权保护对社会经济发展的具体影响，构建了版权保护立法完善的制度进路，阐释并实证分析了版权保护有限性命题，揭示了版权保护多维性的基础理论，并在此基础之上，针对我国版权保护现状与存在的问题，提出了富有创新意义的版权制度对策和具体的解决方案。

**《中国古代版权史》**，李明山主编，北京：社会科学文献出版社，2012。

本书梳理了中国古代版权保护观念产生和发展的源和流；将中国古代各个主要时期（春秋战国、秦汉魏晋南北朝、隋唐五代、宋元明清）的版权观念和辨伪实践的特点按照历史发展的顺序显示了出来；通过挖掘探讨中国古代古籍辨伪学的相关理论方法和实践，结合现当代版权保护的理论和方法，把中国封建时代的版权保护的成就和贡献凸显出来。本书的完成，使“中国版权史”的古代部分的系统研究空缺得到填补，凸显了中国古代版权史在世界版权史上的地位，驳斥了“中国版权西来说”和外国学者的中国古代只有精神控制没有版权保护的谬论。

**《出版企业版权战略管理》**，王志刚著，北京：社会科学文献出版社，2012。

出版企业版权战略管理相关问题研究，在宏观层面是知识经济时代的必然选择，也是中国出版产业“走出去”的战略需要；在微观层面则是我国出版单位企业化转型后必须面对的课题。本书关于出版企业版权战略管理的研究，即是在这种背景下以我国出版企业版权业务管理为对象进行的初步探索。研究主题意在强调知识经济时代我国出版企业对于版权业务开展战略化管理的必要性及重要性，重点内容在于探讨我国出版企业如何实现版权业务的战略化管理。基于这个研究目的，本书运用了战略管理和版权管理等理论，采用了调查研究、文献研究、比较分析和案例研究等方法，对我国出版企业版权战略管理问题进行了深入分析和总结。

**《国内外标准版权保护政策文件选编（第2版）》**，国家标准化管理委员会、中国标准化研究院编，北京：中国标准出版社，2012。

本书主要分为国内标准版权保护政策和国外标准版权保护政策两大部分，国内部分主要包括《中华人民共和国著作权法》及其实施条例，《中华人民共和国刑法》的相关章节，《标准出版管理办法》等；国外部分主要包括ISO、IEC和ITU三大标准化组织的标准版权保护政策和欧洲标准版权保护政策。

**《网络版权保护论纲》**，段维著，武汉：华中师范大学出版社，2012。

网络的应用日益成为人们离不开的“空气”和“水”，网络版权纠纷就像噩梦一般挥之不去。而现行的版权法律法规却相对滞后，常常令作者、使用者、传播者，甚至司法界徒唤奈何。本书立足于网络时代的版权保护与文化建设，特别是精神文明建设的关系这样一个大背景，从版权保护的法理分析入手，厘清了网络时代的版权主体及其权利内容发生的新变化，探讨了版权保护的新发展与权利限制的复杂化问题，归纳了侵权类型与侵权责任，阐述了版权保护措施与版权管理模式，并就最为复杂的版权司法管辖问题展开了讨论。

**《版权与文化产业发展研究》**，姚林青著，北京：经济科学出版社，2012。

本书通过对版权保护强度指数测算以及对版权保护强度与文化产业增加值的回归分析得出：2000—2007年我国的版权保护强度指数表现为上升的趋势，2007年我国不同地区版权保护强度与文化产业增加值负相关。这意味着，单纯地强调提高版权保护水平，不仅不会推动文化产业的发展，还会产生相反的效果。

**《新媒体时代我国版权保护制度的优化研究：基于新制度经济学视角》**，朱鸿军著，苏州：苏州大学出版社，2012。

本书以新媒体时代我国版权保护制度为研究对象，借助新制度经济学关于制度框架的定义，将我国版权保护制度分为正式制度、非正式制度和实施机制三个部分。在分析研究的基础上，提出优化我国版权保护制度的发展思路，指出我国完全能自主设计一套既适合新媒体时代要求，又符合国情的版权保护制度。

**《境外影视作品版权二元保护论》**，王利民主编，北京：法律出版社，2012。

境外影视作品的审查与引进，产生了引进境外影视作品与非引进境外影视作品版权承认与保护的冲突问题。对此，根据我国现行法律无法实现对境外电影作品版权的均衡保护。本书提出境外影视作品版权“二元”承认与保护的理论，并在对这一理论进行多维分析的基础上，阐明了其合理价值及其对于完善我国涉外版权关系调整与保护的必要性和重要性。本书论述了非引进境外影视作品版权的各项具体权利在“二元”保护理论中的配置，提出了非引进境外影视作品在中国境内“享有的版权”和“禁止的版权”的版权二分法，认为不论对非引进境外影视作品的何种版权以“侵权”方式行使，均应当承担民事责任并应当赋予版权人以相应的救济权，这不仅是当代国际贸易关系条件下版权保护的一般需要，而且客观上有利于禁止境外“违禁作品”在中国境内的非法传播。据此，本书给出立法建议以期完善我国的境外影视作品版权保护制度。

**《中国版权相关产业的经济贡献（2007—2008年）》**，柳斌杰主编，北京：中国书籍出版社，2012。

本书是继世界知识产权组织与中国国家版权局联合调研之后，由国家版权局第二次组织开展并隆重推出的有关中国版权相关产业的经济贡献的权威调研成果，增加了几个部分的内容：2004、2006、2007、2008四个年度我国版权相关产业经济贡献调研数据的纵向对比分析；与美国、澳大利亚、新加坡三国版权相关产业经济贡献调研最新成果的介绍与横向对比分析；凤凰出版传媒、中国电影集团、腾讯公司等版权相关领域优秀企业的典型案例剖析介绍。

**《数字版权管理生态系统中的安全、信任与风险》**，张志勇著，北京：科学出版社，2012。

本书以一个有趣的跨学科视角探讨了DRM（数字版权管理）系统中的安全、信任和风险问题。本书首先提及了最新的DRM技术，然后提出了平衡DRM安全和实用的折中性意见，即在保证良好的成本效益的前提下采用和配置安全政策和机制，这也是为了实现安全和效用的平衡，并建立起多方利益者对DRM系统的信任。同时，本书也对受版权保护内容价值链的安全风险管理做了一个深入的调查。最后，作者还介绍了数字家庭网络方面的一个综合性的多媒体DRM应用案例。

**《GIS矢量数字产品版权认证技术》**，李安波、闾国年、周卫编著，北京：科学出版社，2012。

本书围绕当前GIS矢量数字产品版权认证中存在的问题，在系统梳理版权认证理论与技术体系、分析GIS矢量数据及其产品特征的基础上，论述了GIS矢量数字产品版权标记的生成、嵌入、检测、提取、攻击及认证技术，以及GIS矢量数据版权认证系统和GIS矢量数据版权权威认证算法性能测评系统的构建过程，并形成了GIS矢量数字产品版权保护方案。

本书可供GIS、测绘、信息安全等方向的研究人员、工程技术人员、教师、研究生和本科生学习与参考。

**《加拿大版权法概要》**，杨士虎编译，兰州：甘肃人民出版社，2012。

本书以19章的篇幅，概要介绍了加拿大的版权法，具体内容包括：加拿大知识产权保护状况，如何得到版权保护，国际版权保护的运作机制，版权保护什么，谁拥有版权，版权期限，版权所保护的权利，对权利的一些限制，利用版权权利等。

**《知识产权：法理论与战略》**，刘斌斌著，北京：北京大学出版社，2012。

本书在内容结构上分为走进知识产权的世界、产业创作保护与知识产权、维护市场秩序的法规制、学术文化创作的保护、数字化社会与知识产权、知识产权战略等六部分，从比较新颖和实用的角度，论述了专利权、商标权和著作权的法律保护，并重点论述了数字化时代出现的知识产权保护的新问题和企业知识产权战略的意识培育、确立和施行问题，富有理论价值和实践意义。本书在体系结构上编排新颖，具有其他同类作品所不具备的内容上的新颖性，将会有效地丰富我国知识产权战略的理论认知和实践操练。

**《原住民遗产与知识产权：遗传资源、传统知识和民间文学艺术》**，[德国]莱万斯基（Silke Von Lewinski）编著，廖冰冰、刘硕、卢璐翻译，北京：中国民主法制出版社，2012。

在当今经济全球化、文化多样化的背景下，知识产权制度在促进创新、建设创新型国家的过程中具有极为重要的作用。如何利用、保护我国传统的民间文学艺术形式，鼓励创新，并从与知识产权相关的角度进行合理的制度设计安排，已经成为重要的立法工作任务。本书汇集、翻译了国际上有关国家、地区在保护遗传资源、传统知识和民间文艺方面的相关资料，并以此为基础进行了比较研究，系统地阐述了现行知识产权、特别解决方案（suigenerissolution）及各种法律机制在充分保护遗传资源、传统知识和民间文艺方面的可能性。

**《最高人民法院知识产权审判案例指导（第四辑）》**，奚晓明主编，北京：中国法制出版社，2012。

本书为《最高人民法院知识产权审判案例指导》系列图书的第4辑。本系列图书（每年一册）收录了最高人民法院每年发布的知识产权年度报告和该报告所涉及的所有裁判文书。该报告已经成为最高人民法院指导知识产权审判工作的重要载体和社会公众了解最高人民法院知识产权审判发展动态的重要渠道，并日益受到社会的普遍关注和有关方面的高度重视。案件年度报告在明晰法律规则、指导审判实践、统一法律适用方面的作用和意义也越来越大。

**《中华人民共和国最高人民法院公报知识产权案例全集（1987—2011）》**，中国人民大学知识产权教学与研究中心、武汉人民大学知识产权学院编，武汉：华中科技大学出版社，2012。

本书由中国人民大学知识产权教学与研究中心、中国人民大学知识产权学院编写，内容包括《最高人民法院公报》迄今为止登载的所有知识产权案例，包括民事、行政和刑事案例，内容全面。

**《知识产权与竞争策略》**，[英]史蒂文·D·安德曼（Steven D. Anderman）编，梁思思、何侃译，国家知识产权局专利管理司组编，北京：电子工业出版社，2012。

保护知识产权并不是社会发展的最终目标，也不是唯一的目标。知识产权是一把双刃剑，过度保护将助长权利的扩张，并可能导致权利被滥用，从而不正当地限制市场竞争，影响一个开放、繁荣的市场经济的形成。所以，我们不应忘记运用竞争法这一有效的规制手段。本书由三部分组成：主要贸易区域内的知识产权法与竞争法；中小型开放经济体下的知识产权法与竞争法；关于知识产权法与竞争法交互影响的一些问题。

**《知识产权与竞争法研究》**，张伟君、张韬略主编，北京：法律出版社，2012。

本书致力于推进中国知识产权法与竞争法研究，围绕知识产权与竞争法的交叉领域，聚焦国内热点问题，有选择性地译介国外相关领域的最新成果，并试图汇集学界和业界的不同观点，从多个视角审视知识产权法与竞争法的关系。本书此次选取的研究主题为"知识产权滥用"和"计算机字体知识产权保护"。

**《创意产业的知识产权保护研究》**，赵锐著，北京：知识产权出版社，2012。

本书以创意产业与知识产权的内在关联机制为出发点，形成知识产权是创意产业的核心资产和制度保障的核心观点；分别分析了创意产业的著作权、专利权和商标权的保护路径；论证了创意企业知识产权战略管理模式；结合学科前沿，分别论证会展业、电视节目模板及作品标题的版权保护路径；借鉴国外创意产业知识产权保护经验，提出了我国创意产业知识产权保护制度对策和政府在文化创意产业发展中的作用及公共政策选择。

**《最高人民法院知识产权司法解释理解与适用》**，孔祥俊主编，北京：中国法制出版社，2012。

本书记述了最高人民法院对于在审判过程中如何具体应用法律、法令等问题进行的解释。司法解释已经成为人民法院裁判案件的重要依据。为准确适用知识产权和竞争实体法与有关程序法，正确审理知识产权和竞争纠纷案件，最高人民法院在不断总结各级人民法院审判经验的基础上，及时制定司法解释和有关指导性文件，由此建立和完善了一系列重要的知识产权和竞争审判制度及裁判案件的法律适用原则，对于指导各级人民法院正确审理知识产权和竞争纠纷案件，发挥了十分重要的作用。

**《网络知识产权案件审判实务》**（附光盘），杨柏勇主编，北京：法律出版社，2012。

网络环境下知识产权体现出前所未有的新形态，传统的保护手段与措施遭遇技术和现实的尴尬，对网络环境下知识产权法律保护的研究也凸显出其重要性与紧迫性。本书分别从网络著作权案件、数字图书馆案件、涉搜索排名案件、涉网页快照案件、涉“恶意软件”案件和网络知识产权案件损害赔偿数额确定六方面对网络知识产权案件审判实务进行梳理和总结。全书既包括网络知识产权案件审判实务经验的总结，又包括对相关案件的收集和加工，对法院网络知识产权案件的审判工作具有重要的参考价值和借鉴意义，也可供知识产权管理人员、研究人员，网络媒体工作者及相关人员，高等院校相关专业师生学习和参考。

**《文化产业知识产权》**，董雪梅编著，福州：福建人民出版社，2012。

本书为“高等院校文化产业基础教材”之一，系统介绍了知识产权的相关概念及法律问题，并对具体行业，如纸质传媒产业、广播影视产业、网络文化产业等的知识产权保护案例进行了分析。

**《北京市高级人民法院知识产权审判新发展》**，北京市高级人民法院知识产权庭编，北京：知识产权出版社，2012。

随着经济快速发展，国内外涉及知识产权的争议和纠纷大量增加，新类型的案件层出不穷。新类型案件的出现也对审判工作提出了更高要求。本书中，北京市高级人民法院知识产权庭在回顾2006—2011年知识产权审判工作的基础上，集纳了涉及商标、专利、著作权和不正当竞争等领域的新类型案件，给出了法院对新类型案件的审理意见，对其他法院审理同类案件具有很强的借鉴意义。

**《知识产权基本原理》**，张勤著，北京：知识产权出版社，2012。

本书分10章，从哲学、法学、经济学、管理学、伦理学和自然科学诸多领域入手，分别从关于知识产权的科学理论、知识产权20问、知识产权客体的哲学基础、知识产权之财产权的经济学基础、创设知识产权之财产权的基本原则、知识产权之精神权、知识产权的道德基础、推荐的知识产权定义、知识产权规则国际化、自主创新与自主知识产权等方面全方位系统分析论述了知识产权的基础理论。

**《民间文化传承中的知识产权》**，苏喆著，北京：社会科学文献出版社，2012。

本书系统探讨了民间文化的知识产权问题，分析了民间文化在使用和传播过程中不同主体的权利义务关系。作者特别侧重从非物质文化的角度来表述，所分析的对象主要是民间文学艺术。

**《中国知识产权司法保护年鉴（2011年）》**，中国知识产权司法保护年鉴编辑委员会编，北京：法律出版社，2012。

本书是反映2010年中国知识产权司法保护工作全貌的综合性文献。它不仅提供了一个便于公众查找资料、及时了解中国知识产权司法保护现状的渠道，也忠实记录了中国知识产权司法保护工作的发展历程，有利于扩大知识产权司法保护工作的影响，有利于营造保护知识产权的良好氛围。

**《知识产权疑难问题专家论证（2010—2011）》**，程永顺主编，北京：知识产权出版社，2012。

本书为系统梳理知识产权领域的典型疑难问题并组织专家对疑难问题进行论证分析的知识产权实务图书。本书针对具体案例中存在的知识产权典型疑难问题，采用专家论证的形式，针对提出的问题展开讨论，并出具有价值的可供参考的意见和建议，具有很强的实践指导意义。

**《知识产权审判实务研究》**，郭俭主编，北京：知识产权出版社，2012。

本书是浦东法院的第三册知识产权审判文选，

汇集了浦东法院在2008—2011年的最新知识产权审判实务和理论研究的成果——23件典型知识产权案例及10篇论文，全面总结了浦东法院作为知识产权案件“三审合一”审判的先行者十几年“浦东模式”的经验，充分展示了知识产权法官们的法律智慧。本书具有入选案例极具代表性、审判经验总结全面深入、着重显示知识产权刑事审判的力度等特点，是了解知识产权司法实践的参考用书。

**《民族文化与遗传资源知识产权保护》**，王景、周黎著，北京：知识产权出版社，2012。

本书在对国内外民族文化与遗传资源知识产权保护状况和发展趋势进行分析研究的基础上，以云南丰富的民族文化与遗传资源为主要对象，对国内民族文化与遗传资源的状况及其知识产权保护取得的成就，以及实践中遇到的问题进行了全面而深入的研究，不仅有利于改善云南民族文化与遗传资源知识产权的保护工作，而且可以为国内其他地区民族文化与遗传资源知识产权保护工作的开展提供参考意见。

**《知识产权变动模式研究》**，苏平著，北京：法律出版社，2012。

本书主要以基于法律行为产生的知识产权变动行为及其模式为研究对象。知识产权作为财产权的一种，其变动亦遵循财产权利变动的规则。由于知识产权的客体具有无形性的特点，使得知识产权权利人在知识产权变动中被他人侵权的可能性大大高于以有形财产作为客体的物权。基于知识产权交易安全性考虑，知识产权的变动需要有法律特别规定相应的范式，即知识产权变动模式。借鉴物权变动立法主义和立法实践，结合当下各国知识产权变动的有关立法例和实践模式，知识产权变动模式一般可分为意思主义、债权形式主义和知识产权形式主义三种模式。我国专利法、商标法相关法条均有形式主义的立法实践或痕迹，著作权法则根据其权利产生性质而采意思主义。本书认为，我国知识产权转让、许可、质押等变动行为宜优先采知识产权形式主义，促使权利移转有序，确保知识产权交易安全。

**《知识产权与竞争法部分：民事办案手册（第4辑）》**，河南省高级人民法院研究室编，郑州：河南人民出版社，2012。

本书以修正后的《民法通则》、《民事诉讼法》和部分与之密切相关的民事法律为主干，以2008年2月最高人民法院公布的《民事案件案由规定》为主线，紧密结合民事审判工作实际，将梳理后的民事法律规范分成三编，即实体法编、程序法编和制度法编，并分别予以筛选。全书共分六辑出版。随着民事法律立、改、废的不断变化和进展，《知识产权与竞争法部分：民事办案手册（第4辑）》将以续编方式不断满足民事审判工作的需要。

**《知识产权法学》**（中英双语），李正华编著，北京：知识产权出版社，2012。

本书以中英双语的方式，结合国内最新立法动态、社会现实中出现的新问题以及学科的发展趋势，对知识产权法相关知识点进行系统化阐述。本书既是一本知识产权法中英双语学习教材，也是一本法律英语学习读物。

**《遗传资源知识产权保护法律问题研究》**，张海燕著，北京：法律出版社，2012。

本书对国际、国内遗传资源法律保护的探索与实践进行概括性分析，从权利性质角度对遗传资源的法律保护现状进行理论探讨，归纳出对遗传资源知识产权保护的现实需要以及传统知识产权制度对遗传资源保护存在的理论困惑，从法哲学、经济学视角以及对现行知识产权基本理论超越的基础上论述知识产权制度对遗传资源保护的正当性，扫除遗传资源知识产权保护的理论障碍；提出构建新的知识产权类型——遗传资源权，对遗传资源权的权利主体提出复合式权利主体的构想，并提出对我国遗传资源保护的立法建议；在正确评价TRIPS的基础上展望TRIPS对遗传资源保护的前景，提出发展中国家促成TRIPS修改的可行性途径。

**《文创产业中商品化权与知识产权研究》**，谌远知著，北京：经济科学出版社，2012。

文化创意产业的产品呈现出无形性、非竞争性、非排他性以及生产高成本与传播低成本等特性，这些都需要恰当的制度为其保驾护航。知识产权制度恰好可以解决这些内在需求，满足文化创意产业这些内在、客观要求。知识产权制度既可以保障和激励文化创意主体的价值实现，提供一种激励、补偿机制，又能够保证和满足公众自由分享、合理消费知识产品公众利益的理性诉求。

**《世界知识产权组织知识产权指南：政策、法律及应用》**，世界知识产权组织编著，北京大学国际知识产权研究中心翻译，郑胜利、王晔主编，北京：知识产权出版社，2012。

本书全面、具体、详尽地介绍了知识产权法律各个领域所涉及的基础知识、基本理论和前沿问题，并具体介绍了知识产权领域所涉及的国际公约和条约，是普适性很强的知识产权法律研究、教学及实务的权威著作。

**《知识产权研究（第 21 卷）》**，周林主编，北京：知识产权出版社，2012。

本书共分 6 个栏目：著作权法修订专题研究，外国立法研究，学术视点，字体版权研究，外国立法，立法草案。内容包括：信号盗窃背景下的广播组织权问题；俄罗斯邻接权法律制度与我国相关立法的完善；中国与世界知识产权组织；关于字体版权的对话等。

**《知识产权年刊（2011 年号）》**，吴汉东主编，北京：北京大学出版社，2012。

本书择取以"创新型国家建设与知识产权战略"为主题的 2011 知识产权南湖论坛的部分论文，同时精选学者投寄的佳作。其内容涉及民间文学艺术作品著作权保护、国家知识产权战略实施、广播影视出版行业知识产权保护、企业知识产权管理和境外知识产权制度比较等多个方面，探讨知识产权法领域的热点问题。

**《知识产权实施：国际视角》**，李轩、[阿根廷]卡洛斯·M·柯莱亚（Carlos M. Correa）编著，李轩、张征等翻译，北京：知识产权出版社，2012。

本书从国际视角出发，研讨了知识产权实施在国家和地区层面的最新发展趋势，以及相关国际论坛的最新动态。全书尤其比较和分析了发达国家与发展中国家在知识产权法国际实施中的不同地位和受到的不同影响，指出发展中国家应当更加主动和积极，与发达国家形成真正的对话。

**《知识产权法学》**，王晓先主编，厦门：厦门大学出版社，2012。

本书共分六大部分，其中"知识产权总论"部分着重论述了知识产权法的概念、原则和历史沿革等；"著作权法"部分详细阐述了著作权法的基本内容；"专利法"部分详细阐述了专利法的基本内容；"商标法"部分详细介绍了商标法的具体内容。参与本书编写工作的大部分作者是广东省内年轻的知识产权法学者，在学习前人知识产权法成果的基础上，提出了一些自己的观点。

**《自主知识产权的创造、运用与法律机制》**，林秀芹、刘铁光著，厦门：厦门大学出版社，2012。

本书认为，自主知识产权的内容十分丰富，不是一个约定俗成的法律概念，难以在法律上清晰地界定，应当根据实践的要求灵活掌握。从法律角度看，对"自主知识产权"的判断可以兼采国际私法上的资本控制主义、实际控制主义和住所地主义等复合标准。简而言之，自主知识产权就是由中国人（法人和自然人）最终控制并能够为中国带来经济利益和竞争优势的知识产权，包括中国国民控股的企业所拥有的知识产权，主要是发明专利权，同时还包括非专利技术、计算机软件、集成电路布图设计、植物新品种等有关的知识产权。

**《国际知识产权法》**，王肃、李尊然主编，武汉：武汉大学出版社，2012。

与其他类似教材著作相比，本书有自己的鲜明特点。一是在内容上较为全面成系统，既对知识产权国际保护实体性规范进行论述，又对知识产权国际保护的程序规范以及国际争端与解决机制、知识产权的国际贸易等有所介绍，进一步拓展了国际知识产权法的知识领域。二是在编排体例上一改其他依国际公约的分类方法，按照国内知识产权法常规编排体例，分解知识产权保护的国际条约（公约），归类整理到相应知识产权种类之中分别撰写，体现与知识产权法一般教材的衔接。同时，实体法律规范与程序法律规范相对独立。三是力图实现理论实践相结合。阐述了国际知识产权法的一般理论，同时又辅之以国际知识产权法的案例分析。既对法学专业的深入研究有所引领，又兼顾非法学专业的实际需求，用语兼具学术性和通俗性，适应读者群体更为广阔。四是尽力涵盖前沿，具有一定新意。不仅详细阐述传统知识产权的国际保护，而且把新型知识产权客体如数据库、计算机软件、集成电路布图设计、生物技术、传统知识、遗传资源、民间文学艺术表达（WIPO 称为传统文化表达）等反映在教材之中，让读者掌握国际知识产权法发展的新动态，富有时代感。

**《美国知识产权法》**（第 2 版·英文版），陈剑玲编著，北京：对外经济贸易大学出版社，2012。

本书内容丰富，资料翔实，数据清晰，案例经典，语言简洁，风格质朴，可读性、实用性强。主要内容有美国版权法、版权保护的条件、表达和思想观念、作品的固定、作品的原创性等。

**《知识产权法判例与制度研究》**，熊英、刘筠筠、郝琳琳著，北京：法律出版社，2012。

本书采用“理论概说与争鸣—判例分析—制度适用”的模式进行专题研究。首先，就专题部分涉及的基本理论作简要的介绍，并就争议问题进行梳理；其次，选择与争议理论部分相关联的判例并进行相应的评析；最后，就判例涉及的理论争议问题，研究相关制度的适用。

**《知识产权法学生常用法律手册（2012应试版）》**，法律出版社法规中心编，北京：法律出版社，2012。

知识产权法是一门应用性较强的学科，在教学中通常以《著作权法》、《专利法》、《商标法》三部法律为核心，并强调配套法规和司法解释的学习；有的院校还要求学习植物新品种权、集成电路布图设计权、网络知识产权等新型知识产权。因此，《知识产权法学生常用法律手册（2012应试版）》以《著作权法》、《专利法》、《商标法》为主线，将与之紧密关联的重要法规、司法解释条文分解、拆入到主体法法条下，使读者仅通过阅读、查阅主体法就可以掌握与该法相关的其他重要内容。同时，兼顾到法规的整体性，对配套法规、司法解释及新型知识产权相关法律依据全文予以收录，以便读者查阅。

**《俄罗斯知识产权法：〈俄罗斯联邦民法典〉第四部分》**，张建文译，北京：知识产权出版社，2012。

为满足国内学术界、法律实务界对相关国家知识产权法律的了解、学习及研究需求，知识产权出版社组织国内外相关法学知名学者翻译出版了这套“外国知识产权法律译丛”，涉及的外国法律主要包括美国、法国、德国、日本等国家的最新专利法、商标法、著作权法。陆续出版的相关法律（中文译本）包括《外国专利法选译》、《日本商标法》、《日本著作权法》、《法国知识产权法典》、《美国专利法》、《美国商标法》、《美国著作权法》、《德国著作权法》、《德国商标法》等，其他具有代表性的国家或洲际的知识产权法律中译本也将适时分别推出。

**《京师知识产权法论丛》**，韩赤风主编，北京：北京师范大学出版社，2012。

本书为北京师范大学法学院主编的学术论丛，主要内容为国内外知识产权法学最新发展问题研究，以及实践工作中相关问题的解决。本书秉承《京师法律评论》的一贯宗旨，注重对国内现实法制问题的研究，同时也关注国际和域外法律变动及法学研究的最新发展，积极推动中国知识产权法研究的发展以及法学研究与实践的结合。

**《知识产权法学理论与实务研究》**，来小鹏主编，北京：中国政法大学出版社，2012。

知识产权法学作为一门新兴的私法学科，在我国走向创新型国家、迈向民主富强的进程中必将发挥重要的作用。在这一过程中，知识产权法学理论的发展进步应当跟上时代的步伐。回首过去的20年，老一辈知识产权法学学者通过不懈努力，为我们后代学者的学术研究打下了正确而坚实的基础。未来知识产权法如何发展？在现代社会中，知识产权法学如何面对和解决技术进步所带来的众多问题的挑战？本书中的研究成果将为此作出一定的贡献。

**《知识产权法政策学论丛（2010—2011年卷）》**，李扬主编，北京：知识产权出版社，2012。

本书是国内首创的从法政策学角度研究知识产权的论著。在重视知识产权理论研究的基础上更注重知识产权研究的政策性、应用性；学习借鉴国外研究成果，注重联系国外知名学者，强调译文对知识产权重要问题研究的深度与广度，为我国知识产权相关领域研究提供了重要的参考资料；精品案例的解读是知识产权理论研究和发展重要的支撑依据，促进了知识产权理论研究与司法实践的进一步融合。

**《美国知识产权法律制度研究》**，孙南申等著，北京：法律出版社，2012。

本书是一部全面论述美国知识产权法律制度的专著，亦是作者承担复旦大学美国研究国家哲学社会科学创新基地研究项目“美国知识产权法律制度研究”的最终研究成果。近年来美国不断加强知识产权的制度创新与法律保护，并在严格的知识产权管理体制下实现技术创新与成果转化。因此，对美国知识产权法律制度的内容体系、实施机制和成功经验进行专项研究，对完善我国知识产权法律制度具有重要借鉴意义。

# 统计资料

TONG JI ZI LIAO

版权

# 2012年中国版权统计资料

## 2012年全国作品自愿登记情况统计

单位：份

| | 合计 | 文字 | 口述 | 音乐 | 曲艺 | 舞蹈 | 杂技 | 美术 | 摄影 | 建筑 | 影视 | 设计图 | 地图 | 模型 | 其他 |
|---|---|---|---|---|---|---|---|---|---|---|---|---|---|---|---|
| **合计** | **586 180** | **181 891** | **0** | **4 205** | **58** | **41** | **4** | **107 201** | **239 885** | **102** | **30 620** | **4 024** | **364** | **38** | **17 747** |
| 北京市 | **370 724** | 156 065 | 0 | 2 014 | 1 | 18 | 0 | 13 280 | 170 471 | 0 | 18 286 | 61 | 169 | 1 | 10 358 |
| 天津市 | **38** | 38 | — | — | — | — | — | — | — | — | — | — | — | — | — |
| 河北省 | **227** | 73 | — | 12 | — | — | — | 132 | — | — | — | 1 | — | — | 9 |
| 山西省 | **211** | 57 | — | 31 | — | — | — | 77 | 9 | — | 34 | 2 | — | — | 1 |
| 内蒙古区 | **280** | 16 | — | 17 | 2 | 2 | — | 211 | — | 1 | 2 | 1 | — | — | 28 |
| 辽宁省 | **20 901** | 7 365 | 0 | 462 | 0 | 9 | — | 2 250 | 232 | 7 | 6 720 | 14 | 0 | — | 3 842 |
| 吉林省 | **1 400** | 565 | 0 | 39 | 1 | 0 | 0 | 119 | 40 | 0 | 0 | 4 | 0 | 0 | 632 |
| 黑龙江省 | **346** | 165 | — | 71 | — | — | — | 81 | — | — | 6 | 1 | — | — | 22 |
| 上海市 | **70 663** | 3 886 | — | 140 | — | — | — | 5 448 | 60 345 | 9 | 165 | 55 | 1 | 1 | 613 |
| 江苏省 | **20 558** | 3 969 | — | 54 | 15 | 6 | 1 | 13 965 | 1 191 | 65 | 532 | 400 | 5 | — | 355 |
| 浙江省 | **15 090** | 300 | — | 41 | — | — | — | 14 358 | 6 | — | 177 | 75 | 23 | — | 110 |
| 安徽省 | **568** | 100 | — | 6 | — | — | — | 183 | — | — | 132 | 145 | — | 1 | 1 |
| 福建省 | **15 343** | 206 | 0 | 41 | 8 | 0 | 0 | 14 998 | 2 | 1 | 2 | 18 | 11 | 0 | 56 |
| 江西省 | **347** | 23 | — | 24 | — | — | — | 281 | — | — | — | — | — | — | 19 |
| 山东省 | **16 018** | 909 | — | 42 | 17 | — | — | 4 381 | 4 673 | 3 | 3 987 | 1 993 | — | 2 | 11 |
| 河南省 | **190** | 85 | — | 7 | 1 | 1 | 1 | 78 | 2 | — | 8 | 3 | — | 2 | 2 |
| 湖北省 | **448** | 244 | — | 29 | — | — | 1 | 152 | 1 | — | 12 | 1 | — | 4 | 4 |
| 湖南省 | **633** | 119 | 0 | 43 | 9 | 0 | 0 | 446 | 0 | 0 | 16 | 0 | 0 | 0 | 0 |
| 广东省 | **8 237** | 461 | — | 178 | 2 | — | — | 6 517 | 84 | 16 | 210 | 332 | 18 | — | 419 |
| 广西区 | **239** | 88 | — | 57 | — | — | — | 92 | 1 | — | — | — | — | — | 1 |
| 海南省 | — | — | — | — | — | — | — | — | — | — | — | — | — | — | — |
| 重庆市 | **15 024** | 3 846 | 0 | 61 | 0 | 1 | 1 | 7 468 | 2 659 | 0 | 26 | 761 | 0 | 1 | 200 |
| 四川省 | **1 031** | 461 | — | 28 | — | 1 | — | 478 | 4 | — | 4 | 55 | — | — | — |
| 贵州省 | **212** | 43 | — | 4 | — | 2 | — | 161 | 1 | — | 1 | — | — | — | — |
| 云南省 | **260** | 49 | — | 78 | — | — | — | 133 | — | — | — | — | — | — | — |
| 西藏区 | — | — | — | — | — | — | — | — | — | — | — | — | — | — | — |
| 陕西省 | **268** | 86 | — | 46 | — | — | — | 118 | — | — | 12 | 1 | — | — | 5 |
| 甘肃省 | **64** | 36 | — | 9 | — | — | — | 16 | 1 | — | — | 1 | — | — | 1 |
| 青海省 | **11** | 11 | — | — | — | — | — | — | — | — | — | — | — | — | — |
| 宁夏区 | **186** | 14 | — | 8 | 2 | — | — | 63 | — | — | 3 | — | — | 1 | 95 |
| 新疆区 | **1 066** | 191 | — | 359 | — | 0 | — | 387 | 79 | — | — | 44 | — | — | 6 |
| 中国版权保护中心 | **25 597** | 2 420 | — | 304 | — | 1 | — | 21 328 | 84 | — | 285 | 56 | 137 | 25 | 957 |

# 2012 年全国版权合同登记情况统计

单位：份

| | 合计 | 图书 | 期刊 | 音像制品 | 电子出版物 | 软件 | 电影 | 电视节目 | 其他 |
|---|---|---|---|---|---|---|---|---|---|
| 合计 | **18 645** | **16 554** | **199** | **319** | **417** | **1 085** | **24** | **14** | **33** |
| 北京市 | **9 587** | 9 162 | 192 | — | 63 | 170 | — | — | — |
| 天津市 | **305** | 272 | — | — | — | 15 | — | — | 18 |
| 河北省 | **128** | 127 | — | — | 1 | — | — | — | — |
| 山西省 | **25** | 25 | — | — | — | — | — | — | — |
| 内蒙古区 | — | — | — | — | — | — | — | — | — |
| 辽宁省 | **279** | 266 | — | 2 | 1 | 10 | — | — | — |
| 吉林省 | **298** | 298 | — | — | — | — | — | — | — |
| 黑龙江省 | **50** | 50 | — | — | — | — | — | — | — |
| 上海市 | **1 177** | 909 | — | 136 | 119 | 13 | — | — | — |
| 江苏省 | **1 283** | 837 | — | 181 | 7 | 246 | 12 | — | |
| 浙江省 | **1 192** | 886 | — | — | 197 | 109 | — | — | — |
| 安徽省 | **161** | 158 | — | — | — | 3 | — | — | — |
| 福建省 | **150** | 131 | — | — | 18 | 1 | — | — | — |
| 江西省 | **592** | 592 | — | — | — | — | — | — | — |
| 山东省 | **368** | 365 | — | — | — | 3 | — | — | — |
| 河南省 | **179** | 179 | — | — | — | — | — | — | — |
| 湖北省 | **252** | 236 | — | — | — | 16 | — | — | — |
| 湖南省 | **627** | 616 | 3 | — | — | — | — | 8 | — |
| 广东省 | **167** | 122 | — | — | 1 | 12 | 12 | 6 | 14 |
| 广西区 | **301** | 301 | — | — | — | — | — | — | — |
| 海南省 | — | — | — | — | — | — | — | — | — |
| 重庆市 | **223** | 223 | — | — | — | — | — | — | — |
| 四川省 | **259** | 240 | 4 | — | 10 | 5 | — | — | — |
| 贵州省 | **78** | 78 | — | — | — | — | — | — | — |
| 云南省 | **204** | 204 | — | — | — | — | — | — | — |
| 西藏区 | — | — | — | — | — | — | — | — | — |
| 陕西省 | **702** | 220 | — | — | — | 482 | — | — | — |
| 甘肃省 | — | — | — | — | — | — | — | — | — |
| 青海省 | — | — | — | — | — | — | — | — | — |
| 宁夏区 | **23** | 22 | — | — | — | — | — | — | 1 |
| 新疆区 | **35** | 35 | — | — | — | — | — | — | — |

## 2012年版权输出地汇总表

计量单位：册、盒、张、件、部、集

| 版权输出项目 数量 版权输出的国家和地区 | 合计 | 图书 | 录音制品 | 录像制品 | 电子出版物 | 软件 | 电影 | 电视节目 | 其他 |
|---|---|---|---|---|---|---|---|---|---|
| 美国 | 1 259 | 1 021 | 5 | 23 | 18 | — | — | 192 | — |
| 英国 | 606 | 606 | — | — | — | — | — | — | — |
| 德国 | 354 | 352 | — | — | — | — | — | 1 | 1 |
| 法国 | 130 | 130 | — | — | — | — | — | — | — |
| 俄罗斯 | 104 | 104 | — | — | — | — | — | — | — |
| 加拿大 | 122 | 104 | — | 14 | 1 | — | — | 3 | — |
| 新加坡 | 292 | 173 | 2 | — | 16 | — | — | 101 | — |
| 日本 | 405 | 401 | 3 | — | — | — | — | 1 | — |
| 韩国 | 310 | 282 | 24 | — | 4 | — | — | — | — |
| 香港地区 | 511 | 440 | 2 | 1 | 2 | — | — | 66 | — |
| 澳门地区 | 1 | 1 | — | — | — | — | — | — | — |
| 台湾地区 | 1 796 | 1 781 | — | — | 12 | — | — | 3 | — |
| 其他 | 3 475 | 2 173 | 61 | 13 | 62 | 2 | — | 1 164 | |
| 总计（项） | 9 365 | 7 568 | 97 | 51 | 115 | 2 | — | 1 531 | 1 |

## 2012年版权引进地汇总表

计量单位：册、盒、张、件、部、集

| 版权引进项目 数量 原版权所在国家和地区 | 合计 | 图书 | 录音制品 | 录像制品 | 电子出版物 | 软件 | 电影 | 电视节目 | 其他 |
|---|---|---|---|---|---|---|---|---|---|
| 美国 | 5 606 | 4 944 | 128 | 444 | 13 | 34 | — | 42 | 1 |
| 英国 | 2 739 | 2 581 | 42 | 34 | 3 | 4 | — | 73 | 2 |
| 德国 | 941 | 874 | 38 | 1 | 10 | 16 | — | 2 | |
| 法国 | 846 | 835 | 3 | 1 | 1 | 4 | — | 2 | |
| 俄罗斯 | 61 | 48 | — | 1 | — | — | 12 | — | — |
| 加拿大 | 138 | 122 | 11 | — | — | 5 | — | — | — |
| 新加坡 | 293 | 265 | 2 | — | — | — | — | 26 | — |
| 日本 | 2 079 | 2 006 | 23 | 7 | 25 | 15 | — | 1 | 2 |
| 韩国 | 1 232 | 1 209 | 6 | — | 10 | 3 | — | 4 | — |
| 香港地区 | 590 | 413 | 85 | 5 | 1 | 62 | — | 24 | |
| 澳门地区 | 5 | 5 | — | — | — | — | — | — | — |
| 台湾地区 | 1 558 | 1 424 | 108 | 8 | 15 | 3 | — | — | — |
| 其他 | 1 501 | 1 389 | 29 | 2 | 22 | 43 | — | 16 | |
| 总计（项） | **17 589** | **16 115** | **475** | **503** | **100** | **189** | **12** | **190** | **5** |

# 2012 年输出版权分类汇总表

单位：册、盒、张、件、部、集

| 图书 | | 录音制品 | | 录像制品 | | 电子出版物 | | 软件 | | 电影 | | 电视节目 | | 其他 | |
|---|---|---|---|---|---|---|---|---|---|---|---|---|---|---|---|
| 类别 | 数量 | 类别 | 数量 | 类别 | 数量 | 类别 | 数量 | 类别 | 数量 | 类别 | 数量 | 类别 | 数量 | 类别 | 数量 |
| 合计 | 7 568 | 合计 | 97 | 合计 | 51 | 合计 | 115 | 合计 | 2 | 合计 | 0 | 合计 | 1 531 | 合计 | 1 |
| 1. 科技类 | 1 255 | 1. 歌曲 | 2 | 1. 故事片 | 39 | 1. 马列毛泽东思想 | 0 | 1. 计算机操作系统 | 0 | 1. 故事片 | 0 | 1. 电视剧 | 22 | 1. 其他 | 1 |
| 2. 长篇小说 | 273 | 2. 乐曲 | 0 | 2. 戏曲片 | 3 | 2. 哲学 | 0 | 2. 计算机语言 | 0 | 2. 艺术片 | 0 | 2. 科技片 | 0 | | |
| 3. 人物传记 | 27 | 3. 戏曲 | 0 | 3. 风光片 | 0 | 3. 社会科学总论 | 4 | 3. 数据库 | 0 | 3. 风光片 | 0 | 3. 教育片 | 1 | | |
| 4. 工具书 | 110 | 4. 曲艺 | 0 | 4. 卡通片 | 0 | 4. 政治、法律 | 23 | 4. 科学计算 | 0 | 4. 科技教育片 | 0 | 4. 艺术片 | 0 | | |
| 5. 宗教 | 12 | 5. 教育 | 22 | 5. 音乐舞蹈 | 6 | 5. 军事 | 0 | 5. 工业设计与控制 | 0 | 5. 纪录片 | 0 | 5. 旅游风光片 | 1 | | |
| 6. 教辅读物 | 839 | 6. 语言 | 73 | 6. 卡拉 OK | 0 | 6. 经济 | 32 | 6. 管理 | 0 | 6. 卡通片 | 0 | 6. 卡通片 | 17 | | |
| 7. 图册 | 891 | 7. 科技 | 0 | 7. MTV | 0 | 7. 文、科、教、体 | 15 | 7. 金融财务 | 0 | 7. 其他 | 0 | 7. 纪录片 | 3 | | |
| 8. 课本 | 367 | 8. 体育 | 0 | 8. 社会科学 | 0 | 8. 语言、文字 | 26 | 8. 影视与美术设计 | 0 | | | 8. 其他 | 1 487 | | |
| 9. 其他 | 3 794 | 9. 文学 | 0 | 9. 教育 | 2 | 9. 文学 | 14 | 9. 电子游戏 | 0 | | | | | | |
| | | 10. 医药卫生 | 0 | 10. 语言 | 1 | 10. 艺术 | 0 | 10. 其他应用软件 | 2 | | | | | | |
| | | 11. 军事 | 0 | 11. 科技 | 0 | 11. 历史、地理 | 0 | | | | | | | | |
| | | 12. 综合 | 0 | 12. 体育 | 0 | 12. 娱乐 | 0 | | | | | | | | |
| | | 13. 其他 | 0 | 13. 文学 | 0 | 13. 家政 | 0 | | | | | | | | |
| | | | | 14. 医药卫生 | 0 | 14. 自然科学总论 | 0 | | | | | | | | |
| | | | | 15. 农业科学 | 0 | 15. 数理化 | 0 | | | | | | | | |
| | | | | 16. 工业技术 | 0 | 16. 天文地理 | 0 | | | | | | | | |
| | | | | 17. 交通 | 0 | 17. 生物科学 | 0 | | | | | | | | |
| | | | | 18. 航空 | 0 | 18. 医药卫生 | 0 | | | | | | | | |
| | | | | 19. 军事 | 0 | 19. 农林 | 0 | | | | | | | | |
| | | | | 20. 综合 | 0 | 20. 工业技术 | 1 | | | | | | | | |
| | | | | 21. 其他 | 0 | 21. 计算机技术 | 0 | | | | | | | | |
| | | | | | | 22. 交通运输 | 0 | | | | | | | | |
| | | | | | | 23. 航空、航天 | 0 | | | | | | | | |
| | | | | | | 24. 环境、劳保、安全 | 0 | | | | | | | | |
| | | | | | | 25. 其他 | 0 | | | | | | | | |

# 2012年引进版权分类汇总表

单位：册、盒、张、件、部、集

| 图书 | | 录音制品 | | 录像制品 | | 电子出版物 | | 软件 | | 电影 | | 电视节目 | | 其他 | |
|---|---|---|---|---|---|---|---|---|---|---|---|---|---|---|---|
| 类别 | 数量 | 类别 | 数量 | 类别 | 数量 | 类别 | 数量 | 类别 | 数量 | 类别 | 数量 | 类别 | 数量 | 类别 | 数量 |
| 合计 | 16 115 | 合计 | 475 | 合计 | 503 | 合计 | 100 | 合计 | 189 | 合计 | 12 | 合计 | 190 | 合计 | 5 |
| 1. 科技类 | 2 897 | 1. 歌曲 | 390 | 1. 故事片 | 345 | 1. 马列毛泽东思想 | 0 | 1. 计算机操作系统 | 8 | 1. 故事片 | 12 | 1. 电视剧 | 0 | 1. 其他 | 5 |
| 2. 长篇小说 | 1 367 | 2. 乐曲 | 65 | 2. 戏曲片 | 2 | 2. 哲学 | 0 | 2. 计算机语言 | 2 | 2. 艺术片 | 0 | 2. 科技片 | 0 | | |
| 3. 人物传记 | 239 | 3. 戏曲 | 0 | 3. 风光片 | 8 | 3. 社会科学总论 | 0 | 3. 数据库 | 6 | 3. 风光片 | 0 | 3. 教育片 | 0 | | |
| 4. 工具书 | 99 | 4. 曲艺 | 0 | 4. 卡通片 | 134 | 4. 政治、法律 | 0 | 4. 科学计算 | 25 | 4. 科技教育片 | 0 | 4. 艺术片 | 0 | | |
| 5. 宗教 | 49 | 5. 教育 | 20 | 5. 音乐舞蹈 | 1 | 5. 军事 | 0 | 5. 工业设计与控制 | 70 | 5. 纪录片 | 0 | 5. 旅游风光片 | 0 | | |
| 6. 教辅读物 | 704 | 6. 语言 | 0 | 6. 卡拉OK | 0 | 6. 经济 | 0 | 6. 管理 | 18 | 6. 卡通片 | 0 | 6. 卡通片 | 10 | | |
| 7. 图册 | 793 | 7. 科技 | 0 | 7. MTV | 12 | 7. 文、科、教、体 | 1 | 7. 金融财务 | 3 | 7. 其他 | 0 | 7. 其他 | 180 | | |
| 8. 课本 | 340 | 8. 体育 | 0 | 8. 社会科学 | 0 | 8. 语言、文字 | 20 | 8. 影视与美术设计 | 0 | | | | | | |
| 9. 其他 | 9 627 | 9. 文学 | 0 | 9. 教育 | 0 | 9. 文学 | 0 | 9. 电子游戏 | 3 | | | | | | |
| | | 10. 医药卫生 | 0 | 10. 语言 | 0 | 10. 艺术 | 0 | 10. 其他应用软件 | 54 | | | | | | |
| | | 11. 军事 | 0 | 11. 科技 | 0 | 11. 历史、地理 | 0 | | | | | | | | |
| | | 12. 综合 | 0 | 12. 体育 | 1 | 12. 娱乐 | 50 | | | | | | | | |
| | | 13. 其他 | 0 | 13. 文学 | 0 | 13. 家政 | 0 | | | | | | | | |
| | | | | 14. 医药卫生 | 0 | 14. 自然科学总论 | 0 | | | | | | | | |
| | | | | 15. 农业科学 | 0 | 15. 数理化 | 0 | | | | | | | | |
| | | | | 16. 工业技术 | 0 | 16. 天文地理 | 0 | | | | | | | | |
| | | | | 17. 交通 | 0 | 17. 生物科学 | 0 | | | | | | | | |
| | | | | 18. 航空 | 0 | 18. 医药卫生 | 0 | | | | | | | | |
| | | | | 19. 军事 | 0 | 19. 农林 | 0 | | | | | | | | |
| | | | | 20. 综合 | 0 | 20. 工业技术 | 0 | | | | | | | | |
| | | | | 21. 其他 | 0 | 21. 计算机技术 | 0 | | | | | | | | |
| | | | | | | 22. 交通运输 | 0 | | | | | | | | |
| | | | | | | 23. 航空、航天 | 0 | | | | | | | | |
| | | | | | | 24. 环境、劳保、安全 | 0 | | | | | | | | |
| | | | | | | 25. 其他 | 29 | | | | | | | | |

（注：以上数据由国家新闻出版广电总局版权管理司提供。）

# 2012年中国新闻出版产业统计资料

## 2012年全国各地区图书出版总量

| | 图书总计 | | | | | | | | | | | |
|---|---|---|---|---|---|---|---|---|---|---|---|---|
| | 种数（种） | | 租型种数（种） | 总印数（万册、张） | | | 总印张（千印张） | | | 定价总金额（万元） | | |
| | 合计 | 新出 | | 合计 | 新出 | 租型 | 合计 | 新出 | 租型 | 合计 | 新出 | 租型 |
| **全国总计** | **414 005** | **241 986** | **10 780** | **792 464** | **247 546** | **153 838** | **66 699 442** | **25 210 522** | **10 722 500** | **11 833 682** | **5 838 104** | **1 082 274** |
| **中　　央** | **170 203** | **101 402** | **80** | **212 256** | **82 168** | **430** | **23 733 235** | **10 395 677** | **27 559** | **4 782 490** | **2 592 398** | **3 335** |
| **地　　方** | **243 802** | **140 584** | **10 700** | **580 208** | **165 378** | **153 408** | **42 966 207** | **14 814 845** | **10 694 941** | **7 051 192** | **3 245 706** | **1 078 939** |
| 北　　京 | 9 431 | 5 611 | | 13 154 | 5 962 | | 1 336 633 | 674 402 | | 272 865 | 160 708 | |
| 天　　津 | 5 319 | 3 886 | 220 | 4 536 | 2 066 | 1 145 | 396 645 | 196 787 | 72 382 | 92 368 | 60 096 | 8 093 |
| 河　　北 | 3 976 | 2 340 | 990 | 19 719 | 3 652 | 11 567 | 1 342 836 | 232 060 | 821 473 | 159 143 | 41 461 | 79 371 |
| 山　　西 | 3 403 | 1 911 | 277 | 14 789 | 5 744 | 4 261 | 1 396 280 | 757 313 | 321 170 | 211 065 | 117 714 | 32 959 |
| 内 蒙 古 | 2 863 | 1 648 | 317 | 5 849 | 1 012 | 3 193 | 429 048 | 84 902 | 236 287 | 53 761 | 19 768 | 22 533 |
| 辽　　宁 | 9 998 | 5 596 | 5 | 11 682 | 4 586 | 6 | 959 806 | 456 776 | 401 | 187 773 | 103 937 | 42 |
| 吉　　林 | 22 263 | 13 803 | 486 | 28 512 | 13 795 | 3 635 | 2 578 900 | 1 307 182 | 262 852 | 482 845 | 273 836 | 26 157 |
| 黑 龙 江 | 4 218 | 3 113 | 340 | 6 353 | 1 457 | 2 372 | 527 206 | 179 390 | 163 765 | 81 991 | 35 238 | 17 416 |
| 上　　海 | 23 777 | 13 133 | 4 | 33 571 | 12 600 | 128 | 3 134 835 | 1 405 761 | 3 005 | 668 212 | 345 519 | 698 |
| 江　　苏 | 20 407 | 11 318 | 265 | 53 761 | 18 609 | 8 384 | 3 555 095 | 1 395 344 | 555 748 | 610 094 | 308 241 | 55 356 |
| 浙　　江 | 11 478 | 5 935 | 272 | 37 250 | 9 753 | 7 528 | 2 361 735 | 770 370 | 538 503 | 392 306 | 169 232 | 53 621 |
| 安　　徽 | 9 094 | 5 202 | 666 | 24 450 | 4 611 | 10 186 | 1 743 809 | 399 325 | 755 799 | 274 061 | 97 921 | 82 188 |
| 福　　建 | 3 413 | 2 329 | 212 | 9 078 | 3 905 | 3 078 | 683 579 | 314 097 | 217 612 | 106 475 | 62 805 | 20 102 |
| 江　　西 | 5 127 | 3 495 | 292 | 18 196 | 4 566 | 6 445 | 1 176 694 | 339 029 | 477 883 | 179 196 | 78 953 | 45 199 |
| 山　　东 | 11 654 | 5 428 | 411 | 43 151 | 8 944 | 11 508 | 2 766 016 | 648 266 | 572 725 | 400 901 | 144 980 | 62 197 |
| 河　　南 | 6 314 | 3 377 | 247 | 22 919 | 2 846 | 10 569 | 1 648 908 | 272 424 | 777 962 | 216 477 | 62 289 | 73 789 |
| 湖　　北 | 14 145 | 8 362 | 1 039 | 26 463 | 8 699 | 7 252 | 2 083 728 | 825 071 | 473 139 | 374 596 | 193 530 | 59 920 |
| 湖　　南 | 10 821 | 5 753 | 542 | 36 206 | 8 873 | 10 415 | 2 368 593 | 751 857 | 594 749 | 398 521 | 153 075 | 71 354 |
| 广　　东 | 9 851 | 7 454 | 141 | 29 622 | 9 056 | 8 123 | 2 228 062 | 789 802 | 657 924 | 325 714 | 177 326 | 58 093 |
| 广　　西 | 8 667 | 4 289 | 354 | 28 796 | 6 815 | 6 221 | 1 927 385 | 536 882 | 473 901 | 281 592 | 107 009 | 43 276 |
| 海　　南 | 3 315 | 1 484 | 181 | 7 865 | 1 950 | 1 125 | 478 241 | 154 969 | 71 149 | 86 238 | 32 388 | 8 338 |
| 重　　庆 | 5 052 | 2 155 | 263 | 13 944 | 3 691 | 2 730 | 877 072 | 254 037 | 173 480 | 157 449 | 56 529 | 21 602 |
| 四　　川 | 7 794 | 4 235 | 423 | 23 587 | 4 574 | 7 374 | 1 766 175 | 409 860 | 573 062 | 234 458 | 75 207 | 52 411 |
| 贵　　州 | 966 | 575 | 332 | 7 302 | 716 | 5 337 | 483 034 | 46 728 | 380 525 | 55 746 | 9 563 | 37 275 |
| 云　　南 | 7 901 | 5 430 | 298 | 16 737 | 5 431 | 6 158 | 1 281 233 | 479 861 | 455 171 | 195 616 | 100 962 | 42 535 |
| 西　　藏 | 546 | 259 | 302 | 1 354 | 120 | 781 | 106 834 | 20 556 | 59 616 | 11 863 | 2 309 | 6 053 |
| 陕　　西 | 8 468 | 4 470 | 487 | 19 640 | 5 033 | 5 202 | 1 680 576 | 542 419 | 386 713 | 283 667 | 121 554 | 37 139 |
| 甘　　肃 | 2 617 | 1 453 | 257 | 6 614 | 1 178 | 3 701 | 549 031 | 145 605 | 286 687 | 76 948 | 32 292 | 27 815 |
| 青　　海 | 557 | 319 | 216 | 1 114 | 180 | 696 | 88 124 | 18 156 | 49 648 | 10 170 | 3 796 | 4 916 |
| 宁　　夏 | 1 676 | 1 224 | 191 | 2 736 | 905 | 868 | 236 644 | 95 993 | 62 640 | 46 122 | 26 184 | 6 289 |
| 新　　疆 | 8 691 | 4 997 | 670 | 11 258 | 4 049 | 3 420 | 773 450 | 309 621 | 218 970 | 122 959 | 71 284 | 22 202 |

# 2012 年全国各级报纸出版数量

| | 合计 | | | | | 中央及省、自治区、直辖市级 | | | | |
|---|---|---|---|---|---|---|---|---|---|---|
| | 种数（种） | 平均期印数（万份） | 总印数（万份） | 总印张（千印张） | 总金额（万元） | 种数（种） | 平均期印数（万份） | 总印数（万份） | 总印张（千印张） | 总金额（万元） |
| **全国总计** | **1 918** | **22 762** | **4 822 568** | **221 100 305** | **4 343 896** | **1 022** | **16 757.84** | **3 254 590** | **145 878 281** | **3 061 563** |
| **中　央** | **220** | **3 219.71** | **767 358** | **21 874 104** | **811 974** | **220** | **3 219.71** | **767 358** | **21 874 104** | **811 974** |
| **地　方** | **1 698** | **19 542.29** | **4 055 210** | **199 226 201** | **3 531 922** | **802** | **13 538.13** | **2 487 232** | **124 004 177** | **2 249 589** |
| 北　京 | 37 | 505.35 | 127 571 | 8 142 594 | 117 886 | 37 | 505.35 | 127 571 | 8 142 594 | 117 886 |
| 天　津 | 27 | 324.52 | 90 788 | 5 181 590 | 84 246 | 27 | 324.52 | 90 788 | 5 181 590 | 84 246 |
| 河　北 | 66 | 872.49 | 150 446 | 4 391 110 | 101 146 | 30 | 663.32 | 98 814 | 2 666 329 | 62 222 |
| 山　西 | 60 | 2 209.8 | 210 779 | 2 852 928 | 158 676 | 35 | 1 927.13 | 171 744 | 2 058 292 | 126 919 |
| 内蒙古 | 61 | 127.48 | 27 033 | 713 928 | 25 099 | 26 | 78.39 | 13 793 | 440 137 | 14 638 |
| 辽　宁 | 69 | 947.68 | 165 968 | 9 896 648 | 128 862 | 19 | 677.14 | 96 367 | 5 529 790 | 66 061 |
| 吉　林 | 52 | 1 092.58 | 111 005 | 3 870 819 | 100 188 | 24 | 1 002.19 | 88 685 | 3 060 977 | 83 184 |
| 黑龙江 | 69 | 377.7 | 78 760 | 3 111 578 | 56 704 | 28 | 180.83 | 36 759 | 1 347 587 | 25 625 |
| 上　海 | 72 | 661.88 | 144 802 | 6 798 436 | 141 582 | 72 | 661.88 | 144 802 | 6 798 436 | 141 582 |
| 江　苏 | 81 | 1 236.13 | 288 662 | 14 048 741 | 256 390 | 27 | 701.98 | 158 256 | 8 584 922 | 146 123 |
| 浙　江 | 71 | 1 187.83 | 347 100 | 16 283 603 | 283 063 | 24 | 455.54 | 122 921 | 6 206 219 | 109 378 |
| 安　徽 | 51 | 514.05 | 125 807 | 5 265 087 | 84 605 | 19 | 269.2 | 57 373 | 1 701 488 | 42 946 |
| 福　建 | 43 | 574.65 | 118 783 | 5 388 393 | 109 619 | 20 | 412.68 | 65 260 | 3 143 671 | 63 671 |
| 江　西 | 41 | 323.17 | 75 878 | 3 135 897 | 56 616 | 19 | 234.35 | 46 448 | 2 198 111 | 32 665 |
| 山　东 | 87 | 1 170.21 | 339 826 | 18 511 401 | 222 175 | 29 | 679.47 | 202 077 | 12 237 538 | 131 815 |
| 河　南 | 78 | 1 519.1 | 214 763 | 7 172 167 | 190 933 | 32 | 1 233.92 | 146 166 | 4 843 264 | 126 558 |
| 湖　北 | 74 | 836.46 | 205 293 | 9 303 746 | 204 826 | 27 | 406.55 | 105 079 | 5 276 901 | 115 694 |
| 湖　南 | 50 | 620.33 | 131 455 | 5 252 695 | 110 146 | 24 | 467.7 | 90 464 | 4 042 983 | 84 642 |
| 广　东 | 101 | 1 830.08 | 453 166 | 41 319 186 | 525 028 | 34 | 936.08 | 223 828 | 20 628 667 | 294 573 |
| 广　西 | 54 | 264.84 | 69 531 | 2 564 980 | 56 060 | 21 | 134.48 | 31 750 | 1 471 822 | 26 642 |
| 海　南 | 12 | 91.59 | 24 427 | 761 387 | 24 660 | 8 | 74.29 | 20 204 | 627 010 | 20 447 |
| 重　庆 | 26 | 321.1 | 69 299 | 3 542 264 | 72 527 | 24 | 315.19 | 67 604 | 3 489 024 | 71 365 |
| 四　川 | 88 | 660.9 | 172 573 | 8 656 643 | 169 316 | 39 | 396.41 | 95 031 | 5 220 324 | 107 564 |
| 贵　州 | 31 | 164.21 | 41 664 | 1 777 019 | 37 938 | 14 | 74.85 | 17 803 | 700 468 | 12 739 |
| 云　南 | 42 | 228.08 | 65 314 | 3 124 561 | 46 623 | 18 | 173.97 | 48 683 | 2 772 317 | 37 097 |
| 西　藏 | 23 | 36.76 | 7 470 | 196 881 | 4 522 | 11 | 24.37 | 5 163 | 111 539 | 2 685 |
| 陕　西 | 44 | 303.94 | 70 922 | 4 538 896 | 66 723 | 29 | 190.65 | 42 774 | 3 504 394 | 40 014 |
| 甘　肃 | 50 | 217.08 | 49 910 | 1 106 466 | 38 327 | 24 | 139.05 | 26 580 | 606 200 | 23 736 |
| 青　海 | 27 | 45.58 | 11 077 | 363 158 | 7 890 | 15 | 33.22 | 7 642 | 270 030 | 6 151 |
| 宁　夏 | 14 | 45.5 | 10 674 | 308 079 | 11 045 | 9 | 32.54 | 6 630 | 183 500 | 7 050 |
| 新　疆 | 97 | 231.23 | 54 464 | 1 645 321 | 38 496 | 37 | 130.89 | 30 173 | 958 053 | 23 671 |

# 2012 年全国各级报纸出版数量（续表）

| | 地、市级 | | | | | 县级 | | | | |
|---|---|---|---|---|---|---|---|---|---|---|
| | 种数（种） | 平均期印数（万份） | 总印数（万份） | 总印张（千印张） | 总金额（万元） | 种数（种） | 平均期印数（万份） | 总印数（万份） | 总印张（千印张） | 总金额（万元） |
| **全国总计** | **878** | **5 973.73** | **1 559 835** | **75 059 315** | **1 276 213** | **18** | **30.43** | **8 143** | **162 709** | **6 120** |
| **中　央** | **—** | **—** | **—** | **—** | **—** | **—** | **—** | **—** | **—** | **—** |
| **地　方** | **878** | **5 973.73** | **1 559 835** | **75 059 315** | **1 276 213** | **18** | **30.43** | **8 143** | **162 709** | **6 120** |
| 北　京 | — | — | — | — | — | — | — | — | — | — |
| 天　津 | — | — | — | — | — | — | — | — | — | — |
| 河　北 | 35 | 208.36 | 51 451 | 1 721 165 | 38 702 | 1 | 0.8 | 181 | 3 616 | 222 |
| 山　西 | 24 | 281.31 | 38 774 | 793 330 | 31 627 | 1 | 1.37 | 261 | 1 306 | 131 |
| 内蒙古 | 32 | 47.29 | 12 911 | 269 424 | 10 364 | 3 | 1.8 | 329 | 4 368 | 97 |
| 辽　宁 | 47 | 268.84 | 69 314 | 4 365 421 | 62 594 | 3 | 1.7 | 287 | 1 437 | 206 |
| 吉　林 | 28 | 90.38 | 22 320 | 809 842 | 17 005 | — | — | — | — | — |
| 黑龙江 | 41 | 196.88 | 42 001 | 1 763 991 | 31 079 | — | — | — | — | — |
| 上　海 | — | — | — | — | — | — | — | — | — | — |
| 江　苏 | 54 | 534.15 | 130 407 | 5 463 819 | 110 267 | — | — | — | — | — |
| 浙　江 | 45 | 716.9 | 218 964 | 9 945 148 | 169 411 | 2 | 15.4 | 5 214 | 132 235 | 4 274 |
| 安　徽 | 32 | 244.84 | 68 434 | 3 563 599 | 41 659 | — | — | — | — | — |
| 福　建 | 23 | 161.97 | 53 523 | 2 244 722 | 45 948 | — | — | — | — | — |
| 江　西 | 20 | 85.56 | 28 924 | 932 716 | 23 609 | 2 | 3.25 | 507 | 5 070 | 342 |
| 山　东 | 58 | 490.73 | 137 748 | 6 273 863 | 90 361 | — | — | — | — | — |
| 河　南 | 46 | 285.18 | 68 597 | 2 328 903 | 64 376 | — | — | — | — | — |
| 湖　北 | 44 | 425.44 | 99 046 | 4 015 162 | 88 410 | 3 | 4.47 | 1 168 | 11 682 | 722 |
| 湖　南 | 26 | 152.63 | 40 992 | 1 209 711 | 25 504 | — | — | — | — | — |
| 广　东 | 67 | 894.01 | 229 337 | 20 690 520 | 230 455 | — | — | — | — | — |
| 广　西 | 33 | 130.36 | 37 781 | 1 093 158 | 29 418 | — | — | — | — | — |
| 海　南 | 4 | 17.3 | 4 223 | 134 378 | 4 213 | — | — | — | — | — |
| 重　庆 | 2 | 5.91 | 1 695 | 53 240 | 1 162 | — | — | — | — | — |
| 四　川 | 49 | 264.49 | 77 542 | 3 436 319 | 61 753 | — | — | — | — | — |
| 贵　州 | 17 | 89.36 | 23 861 | 1 076 551 | 25 198 | — | — | — | — | — |
| 云　南 | 24 | 54.11 | 16 631 | 352 244 | 9 526 | — | — | — | — | — |
| 西　藏 | 12 | 12.39 | 2 307 | 85 342 | 1 838 | — | — | — | — | — |
| 陕　西 | 15 | 113.29 | 28 148 | 1 034 501 | 26 709 | — | — | — | — | — |
| 甘　肃 | 26 | 78.03 | 23 329 | 500 266 | 14 592 | — | — | — | — | — |
| 青　海 | 10 | 10.96 | 3 263 | 90 368 | 1 627 | 2 | 1.4 | 172 | 2 760 | 112 |
| 宁　夏 | 5 | 12.96 | 4 044 | 124 579 | 3 996 | — | — | — | — | — |
| 新　疆 | 59 | 100.1 | 24 268 | 687 033 | 14 810 | 1 | 0.24 | 24 | 235 | 14 |

# 2012年全国各地区、各类期刊出版的种数、印数、总印张、总金额（1）

| | 合计 | | | | | 综合 | | | | |
|---|---|---|---|---|---|---|---|---|---|---|
| | 种数（种） | 平均期印数（万册） | 总印数（万册） | 总印张（千印张） | 总金额（万元） | 种数（种） | 平均期印数（万册） | 总印数（万册） | 总印张（千印张） | 总金额（万元） |
| **全国总计** | **9 867** | **16 767** | **334 798** | **19 601 005** | **2 526 846** | **370** | **1 218** | **25 487** | **1 322 523** | **164 190** |
| **中　央** | **2 894** | **5 746** | **99 409** | **7 395 718** | **988 711** | **68** | **167** | **3 992** | **319 159** | **58 056** |
| **地　方** | **6 973** | **11 021** | **235 390** | **12 205 287** | **1 538 135** | **302** | **1 051** | **21 495** | **1 003 364** | **106 135** |
| 北　京 | 170 | 194 | 3 733 | 272 179 | 38 000 | 2 | 0.40 | 1 | 198 | 91 |
| 天　津 | 251 | 252 | 3 802 | 193 212 | 27 888 | 3 | 1 | 15 | 866 | 146 |
| 河　北 | 229 | 248 | 5 353 | 243 490 | 30 990 | 9 | 3 | 27 | 1 662 | 379 |
| 山　西 | 198 | 182 | 3 733 | 236 566 | 33 453 | 3 | 1 | 27 | 2 049 | 401 |
| 内蒙古 | 148 | 127 | 2 939 | 139 658 | 15 714 | 3 | 1 | 15 | 979 | 204 |
| 辽　宁 | 320 | 551 | 9 840 | 417 155 | 55 361 | 6 | 9 | 127 | 11 612 | 1 275 |
| 吉　林 | 240 | 390 | 11 303 | 511 785 | 64 589 | 3 | 8 | 193 | 12 970 | 1 743 |
| 黑龙江 | 315 | 291 | 5 640 | 295 745 | 39 101 | 8 | 3 | 27 | 3 800 | 570 |
| 上　海 | 635 | 938 | 17 632 | 967 317 | 121 781 | 15 | 40 | 1 339 | 66 276 | 6 397 |
| 江　苏 | 467 | 488 | 12 559 | 478 365 | 75 790 | 21 | 6 | 107 | 6 891 | 1 864 |
| 浙　江 | 222 | 539 | 8 312 | 429 265 | 64 734 | 22 | 4 | 21 | 1 483 | 291 |
| 安　徽 | 186 | 405 | 6 172 | 256 574 | 46 008 | 23 | 3 | 13 | 1 353 | 302 |
| 福　建 | 176 | 202 | 3 660 | 162 052 | 22 482 | 8 | 3 | 27 | 1 235 | 274 |
| 江　西 | 161 | 269 | 7 217 | 233 298 | 29 406 | 6 | 3 | 98 | 6 404 | 664 |
| 山　东 | 269 | 485 | 11 476 | 600 819 | 73 159 | 19 | 11 | 322 | 16 598 | 2 656 |
| 河　南 | 246 | 405 | 9 566 | 441 153 | 55 733 | 21 | 3 | 16 | 1 831 | 218 |
| 湖　北 | 422 | 1 280 | 34 141 | 1 865 793 | 186 261 | 20 | 459 | 7 987 | 371 097 | 34 279 |
| 湖　南 | 248 | 557 | 12 449 | 549 072 | 69 218 | 14 | 2 | 10 | 1 147 | 204 |
| 广　东 | 389 | 863 | 18 572 | 1 121 048 | 159 311 | 28 | 34 | 593 | 46 007 | 7 124 |
| 广　西 | 186 | 193 | 4 517 | 179 985 | 28 304 | 13 | 10 | 343 | 16 259 | 2 070 |
| 海　南 | 43 | 49 | 803 | 60 541 | 8 443 | 2 | 4 | 40 | 5 306 | 803 |
| 重　庆 | 137 | 266 | 5 450 | 349 719 | 41 066 | 4 | 1 | 12 | 903 | 340 |
| 四　川 | 348 | 470 | 9 066 | 652 364 | 66 496 | 15 | 31 | 734 | 27 264 | 4 769 |
| 贵　州 | 88 | 86 | 1 485 | 70 619 | 9 979 | 6 | 3 | 22 | 1 566 | 353 |
| 云　南 | 127 | 222 | 3 890 | 240 777 | 30 134 | 6 | 1 | 21 | 1 166 | 328 |
| 西　藏 | 35 | 16 | 186 | 10 863 | 1 602 | 1 | 0 | 1 | 55 | 3 |
| 陕　西 | 283 | 334 | 6 708 | 452 606 | 61 594 | 5 | 2 | 13 | 1147 | 290 |
| 甘　肃 | 134 | 507 | 11 420 | 491 464 | 49 458 | 6 | 397 | 9 258 | 389 693 | 37 685 |
| 青　海 | 53 | 31 | 421 | 26 591 | 4 000 | | | | | |
| 宁　夏 | 37 | 63 | 1 833 | 177 538 | 18 471 | 1 | 1 | 8 | 668 | 154 |
| 新　疆 | 210 | 119 | 1 512 | 77 673 | 9 610 | 9 | 7 | 79 | 4 878 | 257 |

# 2012 年全国各地区、各类期刊出版的种数、印数、总印张、总金额（2）

| | 哲学、社会科学 | | | | | 自然科学、技术 | | | | |
|---|---|---|---|---|---|---|---|---|---|---|
| | 种数（种） | 平均期印数（万册） | 总印数（万册） | 总印张（千印张） | 总金额（万元） | 种数（种） | 平均期印数（万册） | 总印数（万册） | 总印张（千印张） | 总金额（万元） |
| **全国总计** | **2 559** | **7 319** | **144 317** | **7 480 547** | **1 014 147** | **4 953** | **3 240** | **48 567** | **3 794 308** | **520 736** |
| **中　央** | **858** | **3 415** | **60 536** | **3 170 260** | **466 402** | **1 503** | **1 290** | **18 155** | **1 942 696** | **256 327** |
| **地　方** | **1 701** | **3 905** | **83 780** | **4 310 287** | **547 745** | **3 450** | **1 950** | **30 412** | **1 851 612** | **264 409** |
| 北　京 | 48 | 69 | 1 430 | 111 975 | 12 674 | 77 | 45 | 614 | 49 277 | 7 472 |
| 天　津 | 46 | 66 | 968 | 43 827 | 5 806 | 148 | 73 | 835 | 55 004 | 9 330 |
| 河　北 | 59 | 118 | 2 388 | 111 170 | 12 047 | 112 | 57 | 842 | 60 155 | 10 043 |
| 山　西 | 52 | 63 | 1 124 | 62 813 | 9 881 | 91 | 55 | 830 | 63 631 | 8 375 |
| 内蒙古 | 52 | 65 | 923 | 35 080 | 4 710 | 52 | 13 | 160 | 10 592 | 1 244 |
| 辽　宁 | 70 | 294 | 6 098 | 234 833 | 30 019 | 183 | 114 | 1 334 | 75 186 | 12 367 |
| 吉　林 | 63 | 109 | 3 252 | 147 120 | 21 796 | 105 | 33 | 510 | 40 332 | 5 739 |
| 黑龙江 | 78 | 139 | 2 737 | 143 104 | 17 398 | 160 | 48 | 679 | 38 355 | 5 331 |
| 上　海 | 138 | 256 | 5 476 | 320 465 | 39 884 | 368 | 247 | 3 094 | 260 517 | 34 566 |
| 江　苏 | 100 | 176 | 4 628 | 160 140 | 26 819 | 263 | 142 | 2 732 | 107 308 | 17 736 |
| 浙　江 | 46 | 119 | 2 217 | 131 634 | 24 247 | 106 | 72 | 654 | 33 478 | 5 406 |
| 安　徽 | 36 | 71 | 1 139 | 54 161 | 8 051 | 89 | 58 | 691 | 41 445 | 5 540 |
| 福　建 | 55 | 120 | 1 825 | 80 966 | 11 498 | 71 | 20 | 179 | 12 878 | 1 964 |
| 江　西 | 43 | 70 | 1 351 | 48 177 | 6 464 | 70 | 32 | 604 | 27 066 | 3 377 |
| 山　东 | 72 | 270 | 5 402 | 343 355 | 41 289 | 131 | 68 | 1 466 | 70 892 | 8 991 |
| 河　南 | 66 | 182 | 4 209 | 219 300 | 25 614 | 115 | 63 | 1 392 | 69 765 | 9 267 |
| 湖　北 | 98 | 355 | 11 957 | 520 405 | 57 915 | 213 | 79 | 996 | 74 582 | 12 552 |
| 湖　南 | 54 | 134 | 2 866 | 119 277 | 15 345 | 126 | 113 | 1 583 | 77 312 | 11 237 |
| 广　东 | 101 | 362 | 8 547 | 471 559 | 62 656 | 183 | 274 | 5 865 | 296 017 | 40 135 |
| 广　西 | 52 | 65 | 1 316 | 54 736 | 8 271 | 75 | 37 | 564 | 26 532 | 4 313 |
| 海　南 | 12 | 19 | 255 | 15 627 | 2 428 | 15 | 9 | 174 | 11 801 | 1 545 |
| 重　庆 | 34 | 159 | 2 461 | 177 940 | 17 881 | 80 | 40 | 883 | 74 820 | 9 707 |
| 四　川 | 70 | 156 | 2 580 | 148 157 | 19 715 | 203 | 93 | 1 160 | 125 363 | 15 505 |
| 贵　州 | 25 | 54 | 891 | 49 241 | 6 887 | 33 | 7 | 65 | 4 524 | 638 |
| 云　南 | 37 | 108 | 1 398 | 123 298 | 14 678 | 51 | 24 | 356 | 17 797 | 2 561 |
| 西　藏 | 12 | 8 | 82 | 3 927 | 467 | 4 | 0.37 | 1 | 58 | 7 |
| 陕　西 | 54 | 115 | 2 246 | 127 407 | 16 359 | 172 | 91 | 1 766 | 100 370 | 15 537 |
| 甘　肃 | 35 | 68 | 1 365 | 53 936 | 5 330 | 67 | 17 | 194 | 15 113 | 2 154 |
| 青　海 | 18 | 9 | 145 | 5 854 | 923 | 18 | 2 | 10 | 610 | 87 |
| 宁　夏 | 14 | 45 | 1 489 | 146 088 | 14 600 | 11 | 3 | 34 | 2 517 | 505 |
| 新　疆 | 61 | 61 | 1 013 | 44 717 | 6 090 | 58 | 19 | 141 | 8 314 | 1 178 |

## 2012年全国各地区、各类期刊出版的种数、印数、总印张、总金额（3）

| | 文化、教育 | | | | | 文学、艺术 | | | | |
|---|---|---|---|---|---|---|---|---|---|---|
| | 种数（种） | 平均期印数（万册） | 总印数（万册） | 总印张（千印张） | 总金额（万元） | 种数（种） | 平均期印数（万册） | 总印数（万册） | 总印张（千印张） | 总金额（万元） |
| **全国总计** | **1 350** | **3 395** | **76 041** | **4 695 214** | **558 806** | **635** | **1 595** | **40 386** | **2 308 413** | **268 967** |
| **中　央** | **338** | **694** | **13 237** | **1 721 667** | **167 992** | **127** | **180** | **3 488** | **241 935** | **39 934** |
| **地　方** | **1 012** | **2 701** | **62 804** | **2 973 547** | **390 814** | **508** | **1415** | **36 898** | **2 066 478** | **229 033** |
| 北　京 | 31 | 67 | 1 369 | 92 145 | 15 697 | 12 | 13 | 320 | 18 585 | 2 066 |
| 天　津 | 37 | 54 | 1 254 | 46 048 | 7 383 | 17 | 58 | 730 | 47 466 | 5 223 |
| 河　北 | 35 | 56 | 1 803 | 55 337 | 6 385 | 14 | 14 | 293 | 15 166 | 2 136 |
| 山　西 | 32 | 32 | 988 | 62 900 | 7 995 | 20 | 30 | 763 | 45 173 | 6 800 |
| 内蒙古 | 19 | 13 | 418 | 20 382 | 2 113 | 22 | 36 | 1 424 | 72 626 | 7 444 |
| 辽　宁 | 44 | 109 | 1 493 | 53 315 | 7 159 | 17 | 27 | 788 | 42 209 | 4 541 |
| 吉　林 | 42 | 60 | 1 360 | 55 194 | 7 898 | 27 | 180 | 5 987 | 256 170 | 27 414 |
| 黑龙江 | 49 | 78 | 1 895 | 96 179 | 13 520 | 20 | 23 | 301 | 14 307 | 2 282 |
| 上　海 | 77 | 114 | 1 754 | 104 552 | 16 956 | 37 | 281 | 5 968 | 215 507 | 23 978 |
| 江　苏 | 55 | 132 | 4 465 | 168 237 | 24 074 | 28 | 32 | 627 | 35 790 | 5 296 |
| 浙　江 | 32 | 304 | 4 695 | 204 424 | 29 621 | 16 | 40 | 725 | 58 245 | 5 168 |
| 安　徽 | 26 | 245 | 3 892 | 116 744 | 16 370 | 12 | 28 | 438 | 42 871 | 15 744 |
| 福　建 | 29 | 32 | 941 | 36 532 | 4 762 | 13 | 27 | 688 | 30441 | 3 985 |
| 江　西 | 33 | 155 | 4 939 | 142 461 | 18 060 | 9 | 9 | 226 | 9 191 | 841 |
| 山　东 | 32 | 99 | 3 129 | 136 527 | 15 444 | 15 | 37 | 1 156 | 33 447 | 4 778 |
| 河　南 | 24 | 95 | 2 263 | 82 074 | 9 885 | 20 | 63 | 1 686 | 68 184 | 10 749 |
| 湖　北 | 62 | 132 | 3 459 | 165 697 | 18 921 | 29 | 254 | 9 741 | 734 012 | 62 594 |
| 湖　南 | 39 | 278 | 7 380 | 324 555 | 39 366 | 15 | 31 | 611 | 26 781 | 3 065 |
| 广　东 | 46 | 129 | 2 331 | 199 532 | 37 683 | 31 | 63 | 1 236 | 107 933 | 11 713 |
| 广　西 | 32 | 73 | 2 204 | 76 895 | 12 726 | 14 | 8 | 90 | 5 563 | 925 |
| 海　南 | 11 | 14 | 299 | 23 948 | 3 084 | 3 | 3 | 36 | 3 860 | 584 |
| 重　庆 | 16 | 59 | 1 970 | 92 729 | 12 674 | 3 | 6 | 123 | 3 328 | 464 |
| 四　川 | 41 | 169 | 4 071 | 299 632 | 20 745 | 19 | 21 | 521 | 51 948 | 5 762 |
| 贵　州 | 16 | 15 | 417 | 9 448 | 1 162 | 8 | 8 | 89 | 5 840 | 938 |
| 云　南 | 19 | 23 | 648 | 30 211 | 4 915 | 14 | 67 | 1 467 | 68 305 | 7 652 |
| 西　藏 | 13 | 6 | 98 | 6 590 | 1 104 | 5 | 1 | 4 | 233 | 20 |
| 陕　西 | 38 | 100 | 2 176 | 200 122 | 26 501 | 14 | 25 | 507 | 23 560 | 2 906 |
| 甘　肃 | 20 | 24 | 589 | 31 507 | 4 155 | 6 | 1 | 14 | 1 215 | 133 |
| 青　海 | 9 | 4 | 67 | 6 176 | 600 | 8 | 16 | 199 | 13 952 | 2 390 |
| 宁　夏 | 7 | 12 | 285 | 26 760 | 3 083 | 4 | 2 | 17 | 1 505 | 128 |
| 新　疆 | 46 | 16 | 152 | 6 698 | 774 | 36 | 15 | 126 | 13 067 | 1 311 |

## 2012 年全国电子出版物出版品种、数量汇总表

单位：种、万张

| | 电子出版物 | | | | | 只读光盘（CD-ROM） | | | |
|---|---|---|---|---|---|---|---|---|---|
| | 合计 | | 其中：新版 | | 发行数量 | 合计 | | 其中：新版 | |
| | 种数 | 数量 | 种数 | 数量 | | 种数 | 数量 | 种数 | 数量 |
| **全国总计** | **11 822** | **26 344.86** | **7 821** | **9 633.45** | **21 686.68** | **7 620** | **20 335.38** | **4 685** | **5 330.97** |
| **中　　央** | **7 896** | **18 644.99** | **5 011** | **7 245.16** | **12 759.54** | **4 614** | **13 935.13** | **2 668** | **3 512.27** |
| **地　　方** | **3 926** | **7 699.87** | **2 810** | **2 388.29** | **8 927.14** | **3 006** | **6 400.25** | **2 017** | **1 818.70** |
| 北　　京 | 87 | 44.01 | 87 | 44.01 | 23.76 | 32 | 31.31 | 32 | 31.31 |
| 天　　津 | 186 | 93.14 | 185 | 92.84 | 87.91 | 111 | 64.84 | 110 | 64.54 |
| 河　　北 | 47 | 79.40 | 47 | 79.40 | 19.15 | 17 | 8.30 | 17 | 8.30 |
| 山　　西 | 194 | 21.45 | 193 | 21.35 | 12.50 | 1 | 0.20 | 1 | 0.20 |
| 内 蒙 古 | — | — | — | — | — | — | — | — | — |
| 辽　　宁 | 260 | 314.87 | 161 | 49.94 | 412.55 | 234 | 307.54 | 144 | 46.68 |
| 吉　　林 | 103 | 19.35 | 103 | 19.35 | 26.50 | 103 | 19.35 | 103 | 19.35 |
| 黑 龙 江 | — | — | — | — | — | — | — | — | — |
| 上　　海 | 634 | 1 559.41 | 329 | 418.03 | 2 209.23 | 506 | 1 460.01 | 241 | 367.81 |
| 江　　苏 | 452 | 1 922.83 | 139 | 430.91 | 1 427.67 | 392 | 1 844.99 | 116 | 375.99 |
| 浙　　江 | 307 | 576.81 | 240 | 210.83 | 536.93 | 173 | 556.55 | 106 | 192.17 |
| 安　　徽 | 7 | 2.26 | 7 | 2.26 | 4.82 | 4 | 0.96 | 4 | 0.96 |
| 福　　建 | 63 | 19.06 | 19 | 14.65 | 19.63 | 58 | 7.06 | 14 | 2.65 |
| 江　　西 | 16 | 14.30 | 16 | 14.30 | 113.08 | 11 | 13.90 | 11 | 13.90 |
| 山　　东 | 320 | 157.54 | 297 | 130.65 | 815.96 | 314 | 155.43 | 291 | 128.54 |
| 河　　南 | 65 | 402.50 | 53 | 6.60 | 450.70 | 60 | 401.30 | 48 | 5.40 |
| 湖　　北 | 175 | 230.35 | 136 | 146.91 | 247.87 | 137 | 190.56 | 100 | 107.74 |
| 湖　　南 | 91 | 326.94 | 54 | 122.68 | 389.09 | 75 | 293.87 | 38 | 89.61 |
| 广　　东 | 189 | 744.09 | 107 | 94.82 | 929.97 | 153 | 713.62 | 71 | 68.85 |
| 广　　西 | 33 | 782.31 | 26 | 151.78 | 782.55 | 14 | 97.29 | 14 | 97.02 |
| 海　　南 | 2 | 0.50 | 2 | 0.50 | 1.00 | 1 | 0.20 | 1 | 0.20 |
| 重　　庆 | 126 | 51.31 | 52 | 13.54 | 103.77 | 78 | 26.24 | 32 | 4.28 |
| 四　　川 | 415 | 51.75 | 414 | 51.65 | 160.31 | 404 | 38.69 | 403 | 38.59 |
| 贵　　州 | — | — | — | — | — | — | — | — | — |
| 云　　南 | 47 | 15.42 | 47 | 15.42 | 10.29 | 38 | 7.94 | 38 | 7.94 |
| 西　　藏 | — | — | — | — | — | — | — | — | — |
| 陕　　西 | 96 | 177.90 | 85 | 163.50 | 54.61 | 87 | 158.93 | 79 | 145.50 |
| 甘　　肃 | 4 | 1.30 | 4 | 1.30 | 1.50 | 2 | 1.10 | 2 | 1.10 |
| 青　　海 | 4 | 0.40 | 4 | 0.40 | 0.30 | | | | |
| 宁　　夏 | 3 | 90.67 | 3 | 90.67 | 85.49 | 1 | 0.07 | 1 | 0.07 |
| 新　　疆 | — | — | — | — | — | — | — | — | — |

## 2012年全国电子出版物出版品种、数量汇总表（续表）

单位：种、万张

| | 高密度只读光盘（DVD-ROM） | | | | 交互式光盘（CD-I）及其他 | | | |
|---|---|---|---|---|---|---|---|---|
| | 合计 | | 其中：新版 | | 合计 | | 其中：新版 | |
| | 种数 | 数量 | 种数 | 数量 | 种数 | 数量 | 种数 | 数量 |
| **全国总计** | **3 352** | **5 058.44** | **2 609** | **3 918.35** | **850** | **951.04** | **527** | **384.13** |
| **中　央** | **2 599** | **3 816.76** | **1 980** | **3 405.73** | **683** | **893.10** | **363** | **327.16** |
| **地　方** | **753** | **1 241.68** | **629** | **512.62** | **167** | **57.94** | **164** | **56.97** |
| 北　京 | 20 | 11.00 | 20 | 11.00 | 35 | 1.70 | 35 | 1.70 |
| 天　津 | 62 | 24.40 | 62 | 24.40 | 13 | 3.90 | 13 | 3.90 |
| 河　北 | 18 | 68.80 | 18 | 68.80 | 12 | 2.30 | 12 | 2.30 |
| 山　西 | 190 | 21.25 | 189 | 21.15 | 3 | 0.00 | 3 | 0.00 |
| 内蒙古 | — | — | — | — | — | — | — | — |
| 辽　宁 | 18 | 7.13 | 9 | 3.06 | 8 | 0.20 | 8 | 0.20 |
| 吉　林 | — | — | — | — | — | — | — | — |
| 黑龙江 | — | — | — | — | — | — | — | — |
| 上　海 | 82 | 97.94 | 42 | 48.76 | 46 | 1.46 | 46 | 1.46 |
| 江　苏 | 59 | 77.54 | 22 | 54.62 | 1 | 0.30 | 1 | 0.30 |
| 浙　江 | 133 | 20.25 | 133 | 18.65 | 1 | 0.01 | 1 | 0.01 |
| 安　徽 | 1 | 0.30 | 1 | 0.30 | 2 | 1.00 | 2 | 1.00 |
| 福　建 | 5 | 12.00 | 5 | 12.00 | — | — | — | — |
| 江　西 | 5 | 0.40 | 5 | 0.40 | — | — | — | — |
| 山　东 | 6 | 2.11 | 6 | 2.11 | — | — | — | — |
| 河　南 | 4 | 0.70 | 4 | 0.70 | 1 | 0.50 | 1 | 0.50 |
| 湖　北 | 23 | 11.59 | 21 | 10.97 | 15 | 28.20 | 15 | 28.20 |
| 湖　南 | 16 | 33.07 | 16 | 33.07 | — | — | — | — |
| 广　东 | 9 | 13.07 | 9 | 8.57 | 27 | 17.40 | 27 | 17.40 |
| 广　西 | 19 | 685.02 | 12 | 54.76 | — | — | — | — |
| 海　南 | 1 | 0.30 | 1 | 0.30 | — | — | — | — |
| 重　庆 | 48 | 25.07 | 20 | 9.26 | — | — | — | — |
| 四　川 | 11 | 13.06 | 11 | 13.06 | — | — | — | — |
| 贵　州 | — | — | — | — | — | — | — | — |
| 云　南 | 9 | 7.48 | 9 | 7.48 | — | — | — | — |
| 西　藏 | — | — | — | — | — | — | — | — |
| 陕　西 | 6 | 18.00 | 6 | 18.00 | 3 | 0.97 | | |
| 甘　肃 | 2 | 0.20 | 2 | 0.20 | — | — | — | — |
| 青　海 | 4 | 0.40 | 4 | 0.40 | — | — | — | — |
| 宁　夏 | 2 | 90.60 | 2 | 90.60 | — | — | — | — |
| 新　疆 | — | — | — | — | — | — | — | — |

## 2012 年全国各地区录音制品出版品种、数量及发行总量（按载体形式分类）

单位：种、万盒、万张

| | 录音制品合计 | | | | | 录音带（AT） | | | |
|---|---|---|---|---|---|---|---|---|---|
| | 合计 | | 其中：新版 | | 发行数量 | 合计 | | 其中：新版 | |
| | 种数 | 数量 | 种数 | 数量 | | 种数 | 数量 | 种数 | 数量 |
| **全国总计** | **9 591** | **22 789.81** | **5 048** | **7 006.11** | **23 248.17** | **2 681** | **17 265.30** | **1 013** | **4 466.99** |
| **中　央** | **4 129** | **16 244.04** | **1 743** | **4 380.90** | **13 748.45** | **1 250** | **13 899.83** | **247** | **3 504.41** |
| **地　方** | **5 462** | **6 545.77** | **3 305** | **2 625.21** | **9 499.72** | **1 431** | **3 365.47** | **766** | **962.58** |
| 北　京 | 117 | 75.92 | 116 | 72.92 | 94.97 | 17 | 4.20 | 17 | 4.20 |
| 天　津 | 34 | 37.60 | 34 | 37.60 | 36.93 | 2 | 2.00 | 2 | 2.00 |
| 河　北 | 64 | 200.58 | 64 | 200.58 | 538.24 | 54 | 198.58 | 54 | 198.58 |
| 山　西 | 47 | 4.70 | 47 | 4.70 | 320.20 | | | | |
| 内蒙古 | 36 | 17.58 | 36 | 17.58 | 23.00 | | | | |
| 辽　宁 | 374 | 331.69 | 204 | 233.49 | 585.30 | 17 | 8.94 | 11 | 4.41 |
| 吉　林 | 63 | 45.38 | 63 | 45.38 | 100.61 | 4 | 18.34 | 4 | 18.34 |
| 黑龙江 | 11 | 4.10 | 11 | 4.10 | 4.60 | 1 | 0.00 | 1 | 0.00 |
| 上　海 | 1 928 | 2 322.32 | 769 | 694.11 | 2 093.96 | 482 | 1 241.06 | 106 | 264.67 |
| 江　苏 | 382 | 1 148.09 | 205 | 180.65 | 272.65 | 165 | 997.11 | 88 | 123.56 |
| 浙　江 | 73 | 276.69 | 34 | 13.24 | 334.89 | 46 | 264.49 | 7 | 1.04 |
| 安　徽 | 54 | 32.43 | 52 | 31.53 | 10.90 | 18 | 8.56 | 18 | 8.16 |
| 福　建 | 26 | 14.97 | 17 | 4.00 | 60.98 | 16 | 11.82 | 7 | 0.86 |
| 江　西 | 203 | 146.66 | 67 | 38.16 | 203.66 | 52 | 33.29 | 52 | 33.29 |
| 山　东 | 68 | 74.48 | 67 | 59.48 | 1 558.29 | 47 | 44.30 | 47 | 44.30 |
| 河　南 | 67 | 242.10 | 36 | 18.60 | 111.60 | 35 | 126.90 | 15 | 6.90 |
| 湖　北 | 140 | 89.43 | 118 | 59.36 | 425.31 | 48 | 41.41 | 45 | 18.21 |
| 湖　南 | 228 | 604.03 | 83 | 213.40 | 761.67 | 63 | 80.60 | 14 | 33.51 |
| 广　东 | 950 | 555.33 | 856 | 500.92 | 1 392.08 | 162 | 150.77 | 152 | 149.24 |
| 广　西 | 110 | 62.36 | 93 | 59.61 | 154.08 | 72 | 37.94 | 70 | 37.66 |
| 海　南 | 80 | 14.40 | 80 | 14.40 | 12.70 | | | | |
| 重　庆 | 110 | 58.61 | 33 | 12.25 | 142.28 | 35 | 29.24 | 12 | 5.14 |
| 四　川 | 13 | 5.03 | 12 | 4.53 | 23.09 | 3 | 2.50 | 3 | 2.50 |
| 贵　州 | 3 | 0.90 | 3 | 0.90 | 5.00 | | | | |
| 云　南 | 107 | 19.20 | 87 | 17.45 | 30.41 | 50 | 4.17 | 30 | 2.42 |
| 西　藏 | 4 | 1.20 | 4 | 1.20 | 1.20 | | | | |
| 陕　西 | 150 | 140.74 | 94 | 65.82 | 139.83 | 42 | 59.25 | 11 | 3.59 |
| 甘　肃 | 3 | 3.10 | 3 | 3.10 | 6.00 | | | | |
| 青　海 | 1 | 0.70 | 1 | 0.70 | 0.80 | | | | |
| 宁　夏 | 2 | 1.20 | 2 | 1.20 | 53.39 | | | | |
| 新　疆 | 14 | 14.25 | 14 | 14.25 | 1.10 | | | | |

## 2012年全国各地区录音制品出版品种、数量及发行总量（按载体形式分类）（续表）

单位：种、万盒、万张

| | 激光唱盘（CD） | | | | 高密度激光唱盘（DVD-A）及其他 | | | |
|---|---|---|---|---|---|---|---|---|
| | 合计 | | 其中：新版 | | 合计 | | 其中：新版 | |
| | 种数 | 数量 | 种数 | 数量 | 种数 | 数量 | 种数 | 数量 |
| **全国总计** | **5 029** | **3 545.61** | **3 085** | **1 840.24** | **1 881** | **1 978.90** | **950** | **698.88** |
| **中　　央** | **1 958** | **1 285.86** | **1 091** | **542.13** | **921** | **1 058.35** | **405** | **334.36** |
| **地　　方** | **3 071** | **2 259.75** | **1 994** | **1 298.11** | **960** | **920.55** | **545** | **364.52** |
| 北　　京 | 56 | 59.28 | 55 | 56.28 | 44 | 12.44 | 44 | 12.44 |
| 天　　津 | 31 | 35.30 | 31 | 35.30 | 1 | 0.30 | 1 | 0.30 |
| 河　　北 | 10 | 2.00 | 10 | 2.00 | | | | |
| 山　　西 | 41 | 4.10 | 41 | 4.10 | 6 | 0.60 | 6 | 0.60 |
| 内 蒙 古 | 35 | 16.38 | 35 | 16.38 | 1 | 1.20 | 1 | 1.20 |
| 辽　　宁 | 49 | 133.69 | 48 | 133.65 | 308 | 189.06 | 145 | 95.43 |
| 吉　　林 | 59 | 27.04 | 59 | 27.04 | | | | |
| 黑 龙 江 | 10 | 4.10 | 10 | 4.10 | | | | |
| 上　　海 | 1 106 | 763.43 | 503 | 330.20 | 340 | 317.83 | 160 | 99.24 |
| 江　　苏 | 205 | 145.42 | 106 | 52.08 | 12 | 5.56 | 11 | 5.01 |
| 浙　　江 | 27 | 12.20 | 27 | 12.20 | | | | |
| 安　　徽 | 25 | 19.77 | 25 | 19.77 | 11 | 4.10 | 9 | 3.60 |
| 福　　建 | 10 | 3.15 | 10 | 3.14 | | | | |
| 江　　西 | 151 | 113.37 | 15 | 4.87 | | | | |
| 山　　东 | 12 | 2.30 | 12 | 2.30 | 9 | 27.88 | 8 | 12.88 |
| 河　　南 | 32 | 115.20 | 21 | 11.70 | | | | |
| 湖　　北 | 72 | 42.27 | 66 | 39.65 | 20 | 5.75 | 7 | 1.50 |
| 湖　　南 | 115 | 263.38 | 42 | 129.73 | 50 | 260.05 | 27 | 50.16 |
| 广　　东 | 745 | 378.96 | 661 | 326.08 | 43 | 25.60 | 43 | 25.60 |
| 广　　西 | 37 | 22.02 | 22 | 19.55 | 1 | 2.40 | 1 | 2.40 |
| 海　　南 | 80 | 14.40 | 80 | 14.40 | | | | |
| 重　　庆 | 55 | 21.51 | 17 | 5.31 | 20 | 7.86 | 4 | 1.80 |
| 四　　川 | 8 | 1.70 | 8 | 1.70 | 2 | 0.83 | 1 | 0.33 |
| 贵　　州 | 3 | 0.90 | 3 | 0.90 | | | | |
| 云　　南 | 56 | 13.63 | 56 | 13.63 | 1 | 1.40 | 1 | 1.40 |
| 西　　藏 | 4 | 1.20 | 4 | 1.20 | | | | |
| 陕　　西 | 23 | 27.30 | 13 | 15.10 | 85 | 54.19 | 70 | 47.13 |
| 甘　　肃 | 2 | 1.10 | 2 | 1.10 | 1 | 2.00 | 1 | 2.00 |
| 青　　海 | | | | | 1 | 0.70 | 1 | 0.70 |
| 宁　　夏 | 2 | 1.20 | 2 | 1.20 | | | | |
| 新　　疆 | 10 | 13.45 | 10 | 13.45 | 4 | 0.80 | 4 | 0.80 |

# 2012 年全国各地区录像制品出版品种、数量及发行总量（按载体形式分类）

单位：种、万盒、万张

| | 录像制品合计 | | | | | 激光数码视盘（VCD） | | | |
|---|---|---|---|---|---|---|---|---|---|
| | 合计 | | 其中：新版 | | 发行数量 | 合计 | | 其中：新版 | |
| | 种数 | 数量 | 种数 | 数量 | | 种数 | 数量 | 种数 | 数量 |
| **全国总计** | **8 894** | **16 576.00** | **6 652** | **12 413.93** | **11 723.28** | **2 207** | **4 850.65** | **1 124** | **2 244.28** |
| **中　　央** | **4 164** | **6 569.80** | **2 780** | **3 724.34** | **6 349.64** | **960** | **3 261.17** | **276** | **1 474.81** |
| **地　　方** | **4 730** | **10 006.20** | **3 872** | **8 689.59** | **5 373.64** | **1 247** | **1 589.48** | **848** | **769.47** |
| 北　　京 | 128 | 133.87 | 128 | 133.87 | 63.05 | 4 | 0.50 | 4 | 0.50 |
| 天　　津 | 21 | 50.60 | 20 | 50.30 | 19.60 | 3 | 0.70 | 3 | 0.70 |
| 河　　北 | 47 | 25.05 | 47 | 25.05 | 9.15 | 1 | 0.15 | 1 | 0.15 |
| 山　　西 | 68 | 101.14 | 26 | 78.70 | 131.78 | 6 | 30.93 | 5 | 30.00 |
| 内 蒙 古 | 7 | 2.90 | 7 | 2.90 | 65.00 | | | | |
| 辽　　宁 | 303 | 4 332.77 | 300 | 4 332.47 | 116.01 | 55 | 34.74 | 55 | 34.75 |
| 吉　　林 | 50 | 13.43 | 47 | 10.83 | 55.78 | 18 | 5.76 | 18 | 3.76 |
| 黑 龙 江 | 1 | 0.30 | 1 | 0.30 | 0.50 | | | | |
| 上　　海 | 521 | 533.92 | 292 | 326.70 | 321.28 | 107 | 93.27 | 6 | 12.04 |
| 江　　苏 | 245 | 125.61 | 131 | 65.05 | 109.60 | 96 | 48.22 | 17 | 6.81 |
| 浙　　江 | 289 | 124.86 | 192 | 66.73 | 119.80 | 224 | 81.55 | 127 | 23.42 |
| 安　　徽 | 75 | 37.29 | 74 | 36.99 | 45.18 | 16 | 14.67 | 16 | 14.67 |
| 福　　建 | 109 | 88.60 | 58 | 69.25 | 117.80 | 21 | 26.25 | 14 | 24.20 |
| 江　　西 | 116 | 45.35 | 109 | 23.95 | 153.82 | 106 | 41.68 | 99 | 20.28 |
| 山　　东 | 144 | 148.86 | 144 | 148.86 | 197.37 | 3 | 0.90 | 3 | 0.90 |
| 河　　南 | 183 | 368.68 | 94 | 107.58 | 590.60 | 28 | 57.40 | 10 | 3.40 |
| 湖　　北 | 287 | 249.02 | 281 | 237.18 | 203.24 | 178 | 150.66 | 174 | 140.92 |
| 湖　　南 | 163 | 352.12 | 120 | 316.37 | 859.02 | 59 | 56.66 | 37 | 38.36 |
| 广　　东 | 1 265 | 2 098.16 | 1 138 | 1 519.30 | 1 133.51 | 181 | 732.51 | 151 | 229.97 |
| 广　　西 | 92 | 104.22 | 84 | 98.37 | 90.02 | 20 | 38.84 | 20 | 38.84 |
| 海　　南 | 19 | 7.00 | 19 | 7.00 | 4.40 | | | | |
| 重　　庆 | 81 | 42.76 | 61 | 28.77 | 60.05 | 20 | 14.70 | 1 | 1.00 |
| 四　　川 | 91 | 80.35 | 91 | 80.35 | 83.43 | 6 | 1.70 | 6 | 1.70 |
| 贵　　州 | 6 | 2.54 | 6 | 2.54 | 25.00 | | | | |
| 云　　南 | 226 | 831.83 | 223 | 830.20 | 716.63 | 69 | 135.80 | 68 | 135.60 |
| 西　　藏 | 9 | 3.90 | 9 | 3.90 | 2.70 | | | | |
| 陕　　西 | 87 | 54.77 | 73 | 39.78 | 39.57 | 25 | 19.89 | 12 | 5.50 |
| 甘　　肃 | 36 | 12.60 | 36 | 12.60 | 18.90 | | | | |
| 青　　海 | 8 | 23.80 | 8 | 23.80 | 5.00 | 1 | 2.00 | 1 | 2.00 |
| 宁　　夏 | 2 | 0.40 | 2 | 0.40 | 6.65 | | | | |
| 新　　疆 | 51 | 9.50 | 51 | 9.50 | 9.20 | | | | |

# 2012年全国各地区录像制品出版品种、数量及发行总量（按载体形式分类）（续表）

单位：种、万盒、万张

| | 高密度激光视盘（DVD-V） | | | | 录像带（VT）及其他 | | | |
|---|---|---|---|---|---|---|---|---|
| | 合计 | | 其中：新版 | | 合计 | | 其中：新版 | |
| | 种数 | 数量 | 种数 | 数量 | 种数 | 数量 | 种数 | 数量 |
| **全国总计** | **6 553** | **11 592.68** | **5 399** | **10 037.98** | **134** | **132.67** | **129** | **131.67** |
| **中　央** | **3 158** | **3 288.38** | **2 459** | **2 230.08** | **46** | **20.25** | **45** | **19.45** |
| **地　方** | **3 395** | **8 304.30** | **2 940** | **7 807.90** | **88** | **112.42** | **84** | **112.22** |
| 北　京 | 124 | 133.37 | 124 | 133.37 | | | | |
| 天　津 | 18 | 49.90 | 17 | 49.60 | | | | |
| 河　北 | 46 | 24.90 | 46 | 24.90 | | | | |
| 山　西 | 62 | 70.21 | 21 | 48.70 | | | | |
| 内蒙古 | 7 | 2.90 | 7 | 2.90 | | | | |
| 辽　宁 | 226 | 4 215.53 | 223 | 4 215.22 | 22 | 82.50 | 22 | 82.50 |
| 吉　林 | 32 | 7.67 | 29 | 7.07 | | | | |
| 黑龙江 | | | | | 1 | 0.30 | 1 | 0.30 |
| 上　海 | 375 | 423.95 | 247 | 297.96 | 39 | 16.70 | 39 | 16.70 |
| 江　苏 | 149 | 77.39 | 114 | 58.24 | | | | |
| 浙　江 | 65 | 43.31 | 65 | 43.31 | | | | |
| 安　徽 | 59 | 22.62 | 58 | 22.32 | | | | |
| 福　建 | 88 | 62.35 | 44 | 45.05 | | | | |
| 江　西 | 10 | 3.67 | 10 | 3.67 | | | | |
| 山　东 | 127 | 144.74 | 127 | 144.74 | 14 | 3.22 | 14 | 3.22 |
| 河　南 | 155 | 311.28 | 84 | 104.18 | | | | |
| 湖　北 | 109 | 98.36 | 107 | 96.26 | | | | |
| 湖　南 | 103 | 295.26 | 82 | 277.81 | 1 | 0.20 | 1 | 0.20 |
| 广　东 | 1 074 | 1 362.15 | 981 | 1 286.03 | 10 | 3.50 | 6 | 3.30 |
| 广　西 | 72 | 65.38 | 64 | 59.53 | | | | |
| 海　南 | 19 | 7.00 | 19 | 7.00 | | | | |
| 重　庆 | 61 | 28.06 | 60 | 27.77 | | | | |
| 四　川 | 85 | 78.65 | 85 | 78.65 | | | | |
| 贵　州 | 6 | 2.54 | 6 | 2.54 | | | | |
| 云　南 | 157 | 696.03 | 155 | 694.60 | | | | |
| 西　藏 | 9 | 3.90 | 9 | 3.90 | | | | |
| 陕　西 | 62 | 34.88 | 61 | 34.28 | | | | |
| 甘　肃 | 36 | 12.60 | 36 | 12.60 | | | | |
| 青　海 | 6 | 15.80 | 6 | 15.80 | 1 | 6.00 | 1 | 6.00 |
| 宁　夏 | 2 | 0.40 | 2 | 0.40 | | | | |
| 新　疆 | 51 | 9.50 | 51 | 9.50 | | | | |

## 2012 年全国新华书店系统、出版社自办发行单位出版物发行进、销、存情况

单位：万册（张、份、盒）、万元

| | 购进 | | 销售 | | 库存 | |
|---|---|---|---|---|---|---|
| | 数量 | 金额 | 数量 | 金额 | 数量 | 金额 |
| **全国总计** | **1 890 434** | **21 609 143** | **1 900 761** | **21 598 845** | **559 953** | **8 418 751** |
| **中　央** | **240 130** | **4 807 897** | **238 126** | **4 649 471** | **120 431** | **3 326 893** |
| **地　方** | **1 650 303** | **16 801 246** | **1 662 634** | **16 949 374** | **439 522** | **5 091 858** |
| 北　京 | 15 312 | 393 688 | 14 893 | 385 174 | 7 372 | 181 726 |
| 天　津 | 10 338 | 142 937 | 10 552 | 146 653 | 4 752 | 104 602 |
| 河　北 | 83 198 | 640 361 | 73 108 | 606 655 | 42 805 | 155 085 |
| 山　西 | 45 472 | 566 713 | 47 864 | 564 935 | 13 927 | 135 786 |
| 内蒙古 | 17 935 | 152 703 | 20 446 | 161 182 | 3 045 | 25 645 |
| 辽　宁 | 30 709 | 416 778 | 29 832 | 383 401 | 10 899 | 234 188 |
| 吉　林 | 33 840 | 375 462 | 33 993 | 356 907 | 7 405 | 105 753 |
| 黑龙江 | 19 569 | 202 168 | 19 574 | 205 605 | 5 747 | 50 910 |
| 上　海 | 44 674 | 603 670 | 50 963 | 756 581 | 15 990 | 360 326 |
| 江　苏 | 164 969 | 1 661 266 | 179 867 | 1 677 795 | 53 659 | 643 759 |
| 浙　江 | 109 314 | 1 270 950 | 99 260 | 1 147 333 | 58 315 | 753 432 |
| 安　徽 | 92 568 | 1 051 105 | 93 218 | 1 046 974 | 7 698 | 147 796 |
| 福　建 | 37 132 | 384 470 | 37 420 | 389 107 | 7 198 | 71 844 |
| 江　西 | 76 111 | 703 394 | 77 649 | 696 060 | 6 688 | 108 957 |
| 山　东 | 133 904 | 1 107 054 | 138 648 | 1 122 505 | 39 400 | 328 229 |
| 河　南 | 110 341 | 893 447 | 114 438 | 914 667 | 19 578 | 208 224 |
| 湖　北 | 69 356 | 665 843 | 69 489 | 665 645 | 14 720 | 204 835 |
| 湖　南 | 119 182 | 1 514 276 | 114 740 | 1 422 637 | 36 034 | 363 857 |
| 广　东 | 49 024 | 515 684 | 48 744 | 652 116 | 11 300 | 102 123 |
| 广　西 | 69 133 | 532 748 | 69 625 | 557 523 | 3 919 | 51 387 |
| 海　南 | 12 394 | 128 286 | 12 242 | 127 474 | 1 829 | 18 894 |
| 重　庆 | 27 797 | 324 527 | 26 705 | 376 793 | 6 779 | 67 302 |
| 四　川 | 64 633 | 627 063 | 61 603 | 641 473 | 15 559 | 206 082 |
| 贵　州 | 35 187 | 231 953 | 38 929 | 249 606 | 5 058 | 29 958 |
| 云　南 | 40 476 | 443 436 | 40 705 | 442 395 | 9 300 | 120 894 |
| 西　藏 | 3 234 | 20 178 | 2 083 | 17 405 | 2 070 | 7 603 |
| 陕　西 | 62 745 | 533 285 | 63 023 | 533 201 | 16 445 | 193 109 |
| 甘　肃 | 37 434 | 299 556 | 39 100 | 302 759 | 3 767 | 40 960 |
| 青　海 | 3 044 | 24 569 | 3 033 | 23 347 | 756 | 5 761 |
| 宁　夏 | 3 366 | 64 292 | 3 176 | 62 488 | 688 | 13 626 |
| 新　疆 | 27 912 | 309 385 | 27 713 | 312 976 | 6 821 | 49 208 |

注：本表中购进、销售为总购进、总销售（按国家商品流通企业统计口径，包括新华书店系统内购销）。

## 2012年全国图书、期刊、报纸进出口情况
（有出版物进口经营许可证的经营单位数据）

| 载体 | 类别 | 出口 | | 进口 | |
|---|---|---|---|---|---|
| | | 数量（万册、份） | 金额（万美元） | 数量（万册、份） | 金额（万美元） |
| **总计** | | **1 639.27** | **4 863.15** | **3 138.07** | **30 121.65** |
| 图书 | 合计 | 1 325.69 | 4 250.09 | 743.51 | 13 707.99 |
| | 哲学、社会科学 | 131.58 | 826.47 | 45.93 | 1 861.68 |
| | 文化、教育 | 177.72 | 669.34 | 138.78 | 2 420.40 |
| | 文学、艺术 | 196.53 | 778.54 | 165.18 | 1 861.16 |
| | 自然、科学技术 | 81.29 | 390.25 | 107.74 | 3 593.28 |
| | 少儿读物 | 489.54 | 446.79 | 76.14 | 440.31 |
| | 综合性图书 | 249.03 | 1 138.70 | 209.74 | 3 531.16 |
| 期刊 | | 220.31 | 556.00 | 490.33 | 14 120.03 |
| 报纸 | | 93.27 | 57.06 | 1 904.23 | 2 293.63 |

## 2012年全国音像、电子出版物进出口情况
（有出版物进口经营许可证的经营单位数据）

| 载体 | 类别 | 出口 | | 进口 | |
|---|---|---|---|---|---|
| | | 数量（盒、张） | 金额（万美元） | 数量（盒、张） | 金额（万美元） |
| 总计 | | 93 448 | 33.54 | 185 646 | 16 685.95 |
| 录音 | 合计 | 136 | 0.04 | 123 396 | 103.73 |
| | 录音带（AT） | 136 | 0.04 | 0 | 0.00 |
| | 激光唱盘 | 0 | 0.00 | 123 396 | 103.73 |
| | 数码激光唱盘 | 0 | 0.00 | 0 | 0.00 |
| 录像 | 合计 | 93 312 | 33.50 | 62 093 | 42.37 |
| | VT | 0 | 0.00 | 0 | 0.00 |
| | DVD-V | 91 574 | 30.97 | 62 093 | 42.37 |
| | VCD | 1 738 | 2.53 | 0 | 0.00 |
| 电子出版物 | | — | 0.00 | 157 | 106.73 |
| 数字出版物 | | — | 0.00 | — | 16 433.12 |

（注：以上数据由国家新闻出版广电总局出版产业司提供。）

# 2012 年全国广播电视发展主要指标一览表（一）

| | 节目制播情况 | | | | | | | | 覆盖情况 | | | | | 有线电视发展情况 | | | | | | |
|---|---|---|---|---|---|---|---|---|---|---|---|---|---|---|---|---|---|---|---|---|
| | 广播节目播出时间（万小时） | 增长率（%） | 电视节目播出时间（万小时） | 增长率（%） | 广播节目制作时间（万小时） | 增长率（%） | 电视节目制作时间（万小时） | 增长率（%） | 广播综合人口覆盖率（%） | 电视综合人口覆盖率（%） | 无线广播综合人口覆盖率（%） | 无线电视综合人口覆盖率（%） | 有线广播电视用户（万户） | 增长率（%） | 数字电视用户（万户） | 增长率（%） | 付费数字电视用户（万户） | 增长率（%） | 有线广播电视入户率（%） | 有线广播电视网络传输干线总长（万公里） |
| 全国合计 | 1 338.37 | 2.50 | 1 698.53 | 1.39 | 718.82 | 3.62 | 343.63 | 16.47 | 97.51 | 98.20 | 95.81 | 95.30 | 21 508.97 | 6.14 | 14 303.07 | 24.49 | 2 501.12 | 42.06 | 51.50 | 376.12 |
| 总局直属 | 29.21 | 6.37 | 26.85 | 6.57 | 28.75 | 28.59 | 33.85 | 180.90 | — | — | — | — | — | — | — | — | — | — | — | 4.19 |
| 北京市 | 17.22 | 43.13 | 12.54 | 10.78 | 13.51 | 14.31 | 23.62 | 135.90 | 100.00 | 100.00 | 100.00 | 99.75 | 498.60 | 4.77 | 378.83 | 9.65 | 0.94 | 660.32 | 100.54 | 16.90 |
| 天津市 | 14.44 | 4.58 | 17.81 | −2.42 | 7.58 | 0.31 | 2.46 | 11.69 | 100.00 | 100.00 | 100.00 | 100.00 | 277.94 | −4.39 | 241.59 | 6.14 | 18.98 | −13.31 | 80.37 | 0.67 |
| 河北省 | 63.66 | 4.83 | 78.14 | 3.46 | 32.76 | 2.36 | 15.23 | 9.23 | 99.33 | 99.26 | 98.35 | 96.87 | 792.61 | 10.15 | 582.93 | 27.72 | 13.23 | 102.19 | 35.08 | 16.93 |
| 山西省 | 37.75 | −0.13 | 47.64 | 0.89 | 16.42 | 0.81 | 9.20 | −1.27 | 95.36 | 98.10 | 95.33 | 97.97 | 474.76 | 2.63 | 305.94 | 12.97 | 9.11 | 1.43 | 38.50 | 9.81 |
| 内蒙古自治区 | 66.75 | 2.76 | 64.29 | 1.52 | 26.25 | 7.05 | 6.68 | −0.97 | 97.92 | 96.84 | 97.72 | 91.47 | 319.83 | 0.82 | 223.85 | 11.61 | 14.87 | 39.37 | 38.23 | 3.80 |
| 辽宁省 | 70.06 | −3.09 | 73.14 | 0.34 | 43.26 | −2.27 | 17.67 | −4.13 | 98.59 | 98.68 | 98.46 | 97.20 | 921.59 | 13.74 | 537.45 | 49.89 | 13.28 | 31.49 | 61.49 | 12.50 |
| 吉林省 | 45.17 | 1.22 | 50.14 | −0.19 | 24.85 | −2.90 | 8.56 | −1.98 | 98.55 | 98.69 | 98.30 | 93.48 | 512.17 | 5.13 | 404.26 | 24.22 | 79.60 | 229.36 | 52.91 | 9.23 |
| 黑龙江省 | 41.62 | −5.01 | 62.00 | −8.48 | 23.26 | −4.51 | 10.81 | 10.72 | 98.58 | 98.78 | 98.58 | 98.60 | 613.24 | 11.34 | 372.15 | 20.15 | 99.59 | 5.39 | 49.86 | 17.85 |
| 上海市 | 13.84 | 0.27 | 18.06 | 1.92 | 8.33 | 15.16 | 5.33 | 24.77 | 100.00 | 100.00 | 100.00 | 100.00 | 647.99 | 3.32 | 409.03 | 43.24 | 47.86 | 8.13 | 124.13 | 3.98 |

续前表

| | 节目制播情况 | | | | | | | | 覆盖情况 | | | | | 有线电视发展情况 | | | | | | |
|---|---|---|---|---|---|---|---|---|---|---|---|---|---|---|---|---|---|---|---|---|
| | 广播节目播出时间（万小时） | 增长率（%） | 电视节目播出时间（万小时） | 增长率（%） | 广播节目制作时间（万小时） | 增长率（%） | 电视节目制作时间（万小时） | 增长率（%） | 广播综合人口覆盖率（%） | 电视综合人口覆盖率（%） | 无线广播综合人口覆盖率（%） | 无线电视综合人口覆盖率（%） | 有线广播电视用户（万户） | 增长率（%） | 数字电视用户（万户） | 增长率（%） | 付费数字电视用户（万户） | 增长率（%） | 有线广播电视入户率（%） | 有线广播电视网络传输干线总长（万公里） |
| 江苏省 | 79.46 | 1.10 | 83.31 | 1.12 | 58.21 | 0.22 | 20.57 | 7.68 | 99.99 | 99.88 | 99.93 | 99.87 | 2 177.86 | 9.56 | 1 449.53 | 21.22 | 298.56 | 27.46 | 89.80 | 35.14 |
| 浙江省 | 71.46 | 0.20 | 73.38 | 1.63 | 46.47 | 2.05 | 16.51 | −8.95 | 99.54 | 99.60 | 98.80 | 98.91 | 1 357.34 | 1.98 | 1 179.79 | 21.62 | 268.27 | 25.73 | 83.89 | 25.16 |
| 安徽省 | 52.33 | 0.70 | 63.64 | −0.76 | 18.37 | −4.30 | 8.69 | 12.90 | 97.85 | 98.10 | 97.79 | 97.84 | 518.83 | 5.72 | 293.90 | 13.16 | 32.06 | 31.24 | 24.50 | 4.86 |
| 福建省 | 51.37 | 0.75 | 33.31 | −2.07 | 25.97 | −0.31 | 6.08 | −0.75 | 98.04 | 98.58 | 96.69 | 95.02 | 659.67 | 1.16 | 383.95 | 14.98 | 55.95 | 28.63 | 64.61 | 15.70 |
| 江西省 | 36.12 | 2.66 | 64.24 | 1.54 | 19.33 | 3.64 | 9.33 | 8.11 | 97.23 | 98.40 | 96.39 | 97.02 | 539.84 | 10.24 | 322.97 | 47.44 | 51.71 | 215.05 | 44.62 | 9.19 |
| 山东省 | 87.09 | 1.70 | 97.44 | 1.02 | 48.20 | 1.66 | 20.65 | 20.78 | 98.33 | 98.03 | 97.94 | 97.34 | 1 835.40 | 1.84 | 1 091.60 | 25.18 | 186.41 | 242.88 | 61.42 | 32.46 |
| 河南省 | 64.25 | 1.02 | 88.16 | 1.62 | 29.84 | 0.38 | 14.22 | 2.28 | 97.89 | 97.94 | 97.80 | 97.72 | 850.44 | 8.03 | 145.58 | 44.42 | 7.95 | −1.31 | 27.42 | 15.11 |
| 湖北省 | 46.13 | 3.20 | 68.68 | 1.96 | 23.07 | −2.36 | 10.84 | 10.30 | 98.72 | 98.75 | 98.33 | 97.91 | 1 048.38 | 6.14 | 824.69 | 22.21 | 137.59 | 47.24 | 51.64 | 23.65 |
| 湖南省 | 37.03 | 5.34 | 73.44 | 1.62 | 17.19 | 1.60 | 13.57 | 0.85 | 92.95 | 97.17 | 90.98 | 95.17 | 745.88 | 7.18 | 594.33 | 9.65 | 86.79 | 51.79 | 37.19 | 11.15 |
| 广东省 | 79.89 | 3.39 | 74.46 | −4.75 | 53.51 | 4.01 | 17.38 | 16.86 | 99.47 | 99.43 | 99.23 | 98.96 | 1 913.01 | 4.82 | 1 432.87 | 28.29 | 187.59 | −4.81 | 75.34 | 20.75 |
| 广西壮族自治区 | 31.37 | 5.59 | 52.94 | 9.09 | 18.89 | 11.54 | 8.84 | −13.97 | 96.05 | 97.74 | 93.26 | 94.60 | 622.99 | 42.81 | 349.98 | 23.87 | 66.18 | −16.14 | 45.83 | 7.66 |
| 海南省 | 11.85 | 8.85 | 8.97 | 9.65 | 5.52 | −3.47 | 1.69 | 0.15 | 96.48 | 95.45 | 96.30 | 95.13 | 95.08 | 11.23 | 75.89 | 11.60 | 8.22 | 72.64 | 36.59 | 0.87 |
| 重庆市 | 13.97 | 5.16 | 28.10 | 7.38 | 6.55 | 7.06 | 5.95 | 17.89 | 98.16 | 98.76 | 88.16 | 88.54 | 509.27 | 0.10 | 297.10 | 18.88 | 39.37 | 259.73 | 44.10 | 14.34 |
| 四川省 | 57.96 | 7.24 | 107.60 | 3.60 | 21.00 | 10.31 | 11.09 | 5.68 | 96.78 | 97.75 | 93.59 | 94.60 | 1 392.68 | 3.90 | 660.04 | 106.62 | 230.86 | 151.20 | 46.11 | 30.64 |
| 贵州省 | 20.87 | 10.28 | 24.00 | 5.66 | 12.94 | 26.42 | 4.61 | 48.66 | 88.46 | 92.99 | 69.24 | 58.96 | 396.61 | 0.01 | 357.69 | 2.29 | 99.56 | 19.10 | 32.93 | 5.23 |
| 云南省 | 28.05 | −0.11 | 77.31 | 0.68 | 15.13 | 0.24 | 9.76 | 2.38 | 96.03 | 97.04 | 93.88 | 88.97 | 551.90 | 3.40 | 404.42 | 28.04 | 256.12 | 21.90 | 43.11 | 9.08 |
| 西藏自治区 | 4.22 | 0.06 | 4.56 | 0.06 | 2.95 | 5.29 | 0.84 | 18.90 | 93.38 | 94.51 | 92.29 | 93.14 | 18.59 | 4.01 | 6.84 | 60.65 | 0.69 | 37.70 | 26.64 | 0.37 |

续前表

| | 节目制播情况 | | | | | | | | 覆盖情况 | | | | | 有线电视发展情况 | | | | | | |
|---|---|---|---|---|---|---|---|---|---|---|---|---|---|---|---|---|---|---|---|---|
| | 广播节目播出时间 | 增长率 | 电视节目播出时间 | 增长率 | 广播节目制作时间 | 增长率 | 电视节目制作时间 | 增长率 | 广播综合人口覆盖率 | 电视综合人口覆盖率 | 无线广播综合人口覆盖率 | 无线电视综合人口覆盖率 | 有线广播电视用户 | 增长率 | 数字电视用户 | 增长率 | 付费数字电视用户 | 增长率 | 有线广播电视入户率 | 有线广播电视网络传输干线总长 |
| | (万小时) | (%) | (万小时) | (%) | (万小时) | (%) | (万小时) | (%) | (%) | (%) | (%) | (%) | (万户) | (%) | (万户) | (%) | (万户) | (%) | (%) | (万公里) |
| 陕西省 | 41.76 | 1.73 | 59.80 | 2.05 | 22.91 | 16.61 | 10.21 | −4.88 | 97.15 | 98.12 | 95.72 | 95.72 | 596.28 | 8.20 | 471.19 | 23.47 | 150.59 | 52.47 | 48.68 | 7.06 |
| 甘肃省 | 29.50 | 4.18 | 43.58 | 2.97 | 11.39 | 4.68 | 5.82 | −2.02 | 96.89 | 97.56 | 92.54 | 92.47 | 201.17 | −8.75 | 161.76 | 9.46 | 27.70 | 169.52 | 26.07 | 4.72 |
| 青海省 | 6.07 | 10.51 | 8.93 | 28.76 | 3.20 | 4.70 | 1.91 | −12.98 | 94.14 | 96.33 | 94.14 | 96.19 | 60.92 | 51.72 | 59.41 | 62.99 | 9.39 | 35.20 | 38.62 | 0.51 |
| 宁夏回族自治区 | 10.19 | −0.30 | 15.37 | 0.41 | 4.38 | −1.02 | 2.40 | −4.48 | 95.20 | 98.90 | 94.64 | 97.61 | 83.21 | 4.59 | 83.21 | 4.59 | — | — | 39.27 | 1.31 |
| 新疆维吾尔自治区 | 77.72 | 2.51 | 96.71 | 1.88 | 28.82 | 6.40 | 9.25 | 8.82 | 95.34 | 95.62 | 94.92 | 94.93 | 216.81 | 4.23 | 200.28 | 6.28 | 2.08 | 268.73 | 35.78 | 3.55 |
| 新疆生产建设兵团 | — | — | — | — | — | — | — | — | — | — | — | — | 58.07 | 5.53 | — | — | — | — | — | 1.75 |
| 计划单列市合计 | 33.79 | 0.32 | 41.89 | 5.91 | 26.54 | 2.60 | 12.22 | 34.36 | 99.50 | 99.59 | 99.35 | 99.36 | 764.37 | 8.14 | 658.68 | 15.54 | 62.16 | 30.04 | 74.71 | 10.86 |
| 大连市 | 7.94 | 5.71 | 9.81 | 10.59 | 5.37 | 11.23 | 1.85 | 27.98 | 99.35 | 99.85 | 99.35 | 99.85 | 68.55 | 6.23 | 36.50 | 14.24 | 0.93 | 615.38 | 32.76 | 1.35 |
| 宁波市 | 9.02 | −1.70 | 8.58 | −0.19 | 7.14 | −0.28 | 1.87 | −12.67 | 100.00 | 100.00 | 100.00 | 100.00 | 227.87 | 4.20 | 191.57 | 21.54 | 17.96 | 193.84 | 101.82 | 4.12 |
| 厦门市 | 4.15 | 1.70 | 5.17 | −1.91 | 3.88 | 18.69 | 0.62 | −17.54 | 99.26 | 100.00 | 99.26 | 100.00 | 72.77 | 15.63 | 61.96 | 28.90 | 4.91 | 206.94 | 121.86 | 0.47 |
| 青岛市 | 8.71 | 0.55 | 9.21 | 3.40 | 6.58 | −0.29 | 1.67 | 28.93 | 98.62 | 98.41 | 98.01 | 97.47 | 151.96 | 2.74 | 125.98 | 3.03 | 3.70 | −39.29 | 61.34 | 2.50 |
| 深圳市 | 3.98 | −6.65 | 9.13 | 15.34 | 3.57 | −11.05 | 6.20 | 79.65 | 100.00 | 100.00 | 100.00 | 100.00 | 243.21 | 14.29 | 242.67 | 15.46 | 34.66 | 2.33 | 86.06 | 2.42 |

# 2012年全国广播电视发展主要指标一览表（二）

| | 总收入 | 增长率 | 实际创收收入 | 增长率 | 广告收入 | 增长率 | 广播广告收入 | 增长率 | 电视广告收入 | 增长率 | 网络收入 | 增长率 | 收视费收入 | 增长率 | 付费数字电视收入 | 增长率 | 资产总额 | 增长率 |
|---|---|---|---|---|---|---|---|---|---|---|---|---|---|---|---|---|---|---|
| | (亿元) | (%) | (亿元) | (%) | (亿元) | (%) | (亿元) | (%) | (亿元) | (%) | (亿元) | (%) | (亿元) | (%) | (亿元) | (%) | (亿元) | (%) |
| 全国合计 | 3 268.79 | 20.29 | 2 803.35 | 18.23 | 1 270.25 | 13.12 | 136.20 | 10.44 | 1 046.29 | 11.96 | 660.98 | 17.24 | 408.35 | 12.13 | 44.88 | 19.08 | 7 406.71 | 18.25 |
| 总局直属 | 580.78 | 20.02 | 513.49 | 24.14 | 314.67 | 16.31 | 7.73 | 24.20 | 302.24 | 16.36 | 21.86 | 6.07 | 12.01 | 63.42 | 2.99 | 1.27 | 1 097.82 | 18.27 |
| 北京市 | 307.93 | 46.34 | 242.35 | 40.58 | 108.19 | 35.89 | 10.93 | −11.57 | 48.39 | 15.74 | 32.13 | 48.05 | 10.04 | 2.16 | 0.47 | 6.98 | 801.12 | 40.29 |
| 天津市 | 43.50 | 9.96 | 37.66 | 11.85 | 16.46 | 127.62 | 5.00 | 23.67 | 11.33 | 260.92 | 9.48 | 15.23 | 5.70 | 2.15 | 0.17 | −10.44 | 96.07 | 12.17 |
| 河北省 | 52.67 | 11.17 | 45.29 | 9.18 | 22.01 | 2.39 | 4.34 | −23.73 | 15.96 | 15.88 | 17.19 | 12.19 | 14.67 | 14.76 | 0.43 | 96.67 | 117.97 | 2.96 |
| 山西省 | 34.13 | 25.95 | 23.17 | 17.05 | 10.87 | 12.59 | 2.08 | 32.04 | 8.40 | 9.74 | 10.43 | 38.00 | 9.74 | 55.05 | 0.05 | 37.04 | 72.99 | 12.46 |
| 内蒙古自治区 | 39.30 | 32.76 | 16.90 | 13.47 | 5.42 | 11.31 | 1.72 | 18.47 | 3.63 | 9.26 | 10.91 | 13.77 | 7.00 | 3.06 | 0.96 | 26.40 | 69.43 | 49.91 |
| 辽宁省 | 71.76 | 12.65 | 61.88 | 12.60 | 28.53 | −0.57 | 7.43 | 13.44 | 20.37 | −5.43 | 22.00 | 21.76 | 16.91 | 23.08 | 0.59 | 33.93 | 181.89 | 2.43 |
| 吉林省 | 40.58 | 12.66 | 33.62 | 14.15 | 13.46 | 8.58 | 2.71 | 10.63 | 10.73 | 8.12 | 18.31 | 13.88 | 10.81 | −12.23 | 1.97 | 93.27 | 131.86 | 28.24 |
| 黑龙江省 | 52.23 | 7.21 | 46.65 | 10.05 | 21.94 | 12.13 | 5.07 | 12.88 | 15.85 | 14.16 | 19.29 | 5.57 | 15.23 | 10.53 | 0.76 | 113.69 | 113.56 | 7.07 |
| 上海市 | 281.10 | 13.15 | 268.16 | 13.44 | 71.83 | −8.44 | 5.48 | −5.38 | 58.75 | −4.55 | 26.84 | 21.44 | 13.05 | 13.36 | 2.03 | 38.06 | 586.79 | 17.26 |
| 江苏省 | 252.87 | 13.17 | 237.12 | 12.34 | 103.11 | 9.24 | 13.40 | 4.25 | 86.78 | 10.28 | 67.56 | 20.33 | 38.99 | 13.43 | 3.98 | 16.48 | 697.39 | 15.34 |
| 浙江省 | 240.35 | 15.78 | 224.04 | 15.12 | 72.44 | 6.41 | 11.48 | 12.79 | 57.74 | 2.82 | 54.16 | 9.90 | 28.03 | 9.54 | 2.86 | −50.00 | 525.35 | 27.79 |
| 安徽省 | 71.53 | 16.96 | 61.73 | 14.59 | 38.96 | 5.75 | 3.10 | 11.78 | 34.93 | 4.54 | 11.89 | 11.74 | 4.04 | −2.04 | 5.09 | 21.00 | 140.63 | 24.18 |
| 福建省 | 65.92 | 17.27 | 45.26 | −2.65 | 20.87 | 3.06 | 3.00 | 20.47 | 15.63 | −0.65 | 14.62 | −11.65 | 9.65 | −5.31 | 1.19 | −5.33 | 152.55 | 9.66 |
| 江西省 | 47.48 | 38.47 | 41.44 | 39.93 | 17.86 | 27.17 | 1.34 | 8.36 | 15.75 | 27.12 | 15.01 | 35.46 | 10.73 | 44.01 | 1.72 | 83.58 | 95.72 | 22.12 |
| 山东省 | 125.78 | 17.72 | 118.80 | 14.63 | 60.61 | 13.61 | 9.72 | 17.79 | 48.64 | 13.50 | 41.30 | 10.99 | 29.68 | 6.41 | 1.91 | 150.70 | 367.32 | 12.47 |
| 河南省 | 62.01 | 22.92 | 51.05 | 25.40 | 31.93 | 30.85 | 3.78 | 13.16 | 26.97 | 35.00 | 12.58 | 28.71 | 8.59 | 12.02 | 0.33 | 38.64 | 138.43 | 8.89 |
| 湖北省 | 77.98 | 19.63 | 68.31 | 19.11 | 25.84 | 12.06 | 4.09 | 6.44 | 21.04 | 13.45 | 29.14 | 13.46 | 22.17 | 15.36 | 1.25 | −12.19 | 210.06 | 23.33 |

续前表

| | 总收入 | 增长率 | 实际创收收入 | 增长率 | 广告收入 | 增长率 | 广播广告收入 | 增长率 | 电视广告收入 | 增长率 | 网络收入 | 增长率 | 收视费收入 | 增长率 | 付费数字电视收入 | 增长率 | 资产总额 | 增长率 |
|---|---|---|---|---|---|---|---|---|---|---|---|---|---|---|---|---|---|---|
| | (亿元) | (%) | (亿元) | (%) | (亿元) | (%) | (亿元) | (%) | (亿元) | (%) | (亿元) | (%) | (亿元) | (%) | (亿元) | (%) | (亿元) | (%) |
| 湖南省 | 158.89 | 15.42 | 149.87 | 15.28 | 74.29 | 4.91 | 3.42 | 23.11 | 69.41 | 2.84 | 25.76 | 14.15 | 17.46 | 11.72 | 2.48 | 44.64 | 377.87 | 31.54 |
| 广东省 | 214.46 | 8.14 | 200.59 | 7.75 | 89.64 | 8.82 | 11.58 | 1.65 | 75.10 | 11.95 | 65.48 | 15.47 | 43.94 | 9.87 | 2.63 | 21.73 | 528.96 | 8.16 |
| 广西壮族自治区 | 44.06 | 21.30 | 33.38 | 19.31 | 12.30 | 10.99 | 1.54 | 24.68 | 10.13 | 6.44 | 16.99 | 30.22 | 8.76 | 1.55 | 1.15 | 91.21 | 96.61 | 15.64 |
| 海南省 | 12.69 | 2.82 | 9.95 | 8.88 | 6.20 | 8.31 | 0.36 | 21.52 | 5.72 | 17.45 | 3.51 | 8.37 | 2.56 | 6.26 | 0.06 | −40.16 | 27.22 | 6.65 |
| 重庆市 | 36.71 | 6.13 | 31.23 | 11.29 | 10.57 | 31.50 | 1.47 | 24.22 | 8.73 | 33.37 | 15.26 | 9.76 | 9.10 | 11.43 | 0.63 | −21.47 | 99.73 | 2.65 |
| 四川省 | 101.06 | 28.57 | 82.42 | 33.51 | 31.28 | 13.81 | 3.39 | 21.12 | 25.76 | 11.86 | 36.78 | 31.47 | 19.74 | 12.00 | 3.34 | 82.27 | 221.97 | 22.08 |
| 贵州省 | 49.18 | 30.67 | 42.69 | 32.07 | 12.14 | 48.18 | 1.51 | 173.17 | 10.52 | 39.39 | 12.90 | 46.12 | 7.24 | 20.35 | 1.58 | 71.82 | 74.55 | −21.82 |
| 云南省 | 51.66 | 21.89 | 35.30 | 11.14 | 15.33 | 7.40 | 1.57 | −4.31 | 13.52 | 9.61 | 16.27 | 14.53 | 9.68 | 25.74 | 2.62 | −3.23 | 142.06 | 12.18 |
| 西藏自治区 | 7.20 | 17.77 | 1.99 | 53.45 | 1.49 | 65.31 | 0.01 | 66.25 | 1.48 | 65.30 | 0.34 | 11.95 | 0.30 | 20.45 | 0.01 | −10.52 | 13.19 | 11.44 |
| 陕西省 | 57.82 | 62.54 | 43.14 | 14.91 | 18.77 | 12.25 | 5.90 | 54.29 | 12.83 | −0.23 | 17.47 | 20.51 | 11.13 | 15.21 | 1.36 | 76.02 | 96.04 | 37.12 |
| 甘肃省 | 28.54 | 80.92 | 12.10 | 42.92 | 3.78 | 34.22 | 0.71 | 38.03 | 3.01 | 33.93 | 4.94 | 3.31 | 4.27 | 4.51 | 0.12 | −30.92 | 38.73 | 10.29 |
| 青海省 | 7.85 | 27.11 | 3.07 | 12.27 | 0.54 | 26.27 | 0.11 | 8.87 | 0.43 | 34.80 | 1.88 | 12.22 | 1.37 | 1.50 | 0.10 | 138.69 | 12.30 | 28.63 |
| 宁夏回族自治区 | 17.98 | 64.94 | 8.12 | 22.64 | 3.48 | 12.06 | 0.22 | 36.19 | 3.14 | 8.11 | 2.79 | 7.99 | 2.49 | 7.00 | — | — | 22.01 | −30.73 |
| 新疆维吾尔自治区 | 31.77 | 32.61 | 11.69 | 14.27 | 5.11 | 36.98 | 2.00 | 61.65 | 3.02 | 22.96 | 5.51 | 6.46 | 2.85 | −17.60 | 0.04 | 416.61 | 58.50 | 15.84 |
| 新疆生产建设兵团 | 1.03 | 3.51 | 0.90 | 24.59 | 0.34 | 10.02 | — | — | 0.34 | 10.02 | 0.41 | 2.02 | 0.41 | 2.02 | — | — | — | — |
| 计划单列市合计 | 118.58 | 12.64 | 105.34 | 10.28 | 47.56 | 4.71 | 9.06 | 8.87 | 37.22 | 5.50 | 26.56 | 6.74 | 15.85 | 2.28 | 2.31 | −5.35 | 264.68 | 11.94 |
| 大连市 | 12.58 | 25.51 | 9.39 | 17.31 | 5.69 | −8.25 | 1.82 | −7.48 | 3.77 | −8.38 | 1.47 | 2.65 | 1.40 | 11.32 | 0.01 | — | 29.07 | 9.54 |
| 宁波市 | 17.54 | 7.72 | 13.96 | −1.37 | 5.28 | −8.72 | 1.00 | 17.45 | 4.13 | −14.32 | 7.25 | 17.93 | 4.19 | 4.28 | 0.42 | 23.82 | 50.62 | 19.14 |
| 厦门市 | 14.79 | 18.68 | 10.73 | 2.57 | 3.23 | 9.07 | 0.57 | 22.93 | 1.85 | −1.20 | 2.87 | −1.37 | 1.23 | −18.99 | 0.52 | 1.65 | 36.66 | 10.85 |
| 青岛市 | 13.78 | 8.61 | 13.11 | 8.93 | 7.80 | 11.25 | 2.53 | 16.27 | 5.21 | 11.55 | 2.87 | 6.36 | 2.34 | 3.43 | 0.05 | 26.29 | 37.19 | 8.42 |
| 深圳市 | 59.89 | 11.28 | 58.15 | 14.32 | 25.55 | 8.94 | 3.13 | 9.69 | 22.27 | 12.41 | 12.10 | 3.46 | 6.69 | 3.87 | 1.32 | −15.12 | 111.13 | 11.09 |

（注：以上数据由国家新闻出版广电总局发展研究中心提供。）

# 2012年中国软件产业统计资料

## 2012 年全国软件产业主要经济指标完成情况

单位：万元

| | 企业个数（个） | 软件业务收入 | | 软件产品收入 | | 信息系统集成服务收入 | | 信息技术咨询服务收入 | | 数据处理和运营服务收入 | | 嵌入式系统软件收入 | | IC 设计收入 | |
|---|---|---|---|---|---|---|---|---|---|---|---|---|---|---|---|
| | | 年度累计 | 同比增减（%） | 年度累计 | 同比增减（%） | 年度累计 | 同比增减（%） | 年度累计 | 同比增减（%） | 年度累计 | 同比增减（%） | 年度累计 | 同比增减（%） | 年度累计 | 同比增减（%） |
| 合计 | 28 327 | 250 223 421 | 28.5 | 80 909 910 | 27.9 | 52 303 371 | 24.8 | 26 342 153 | 24.1 | 42 852 489 | 35.9 | 39 731 255 | 31.2 | 8 084 243 | 25.5 |
| 北京市 | 2 752 | 36 120 936 | 20 | 13 264 751 | 17.3 | 9 126 350 | 16.9 | 3 184 129 | 18.1 | 9 505 868 | 30.1 | 804 474 | 6.2 | 235 364 | 12.3 |
| 天津市 | 535 | 5 135 895 | 34.9 | 1 163 524 | 39.3 | 510 247 | 39.5 | 623 709 | 39.8 | 311 513 | 39.4 | 1 641 527 | 31 | 885 375 | 29.6 |
| 河北省 | 252 | 1 249 431 | 6.1 | 288 639 | −7.2 | 884 081 | 11 | 22 092 | −56.1 | 7 584 | −27.6 | 44 815 | 374.5 | 2 220 | 2 640.7 |
| 山西省 | 146 | 230 239 | 19.1 | 117 345 | 34.6 | 61 201 | −16.8 | 21 464 | 26.5 | 12 594 | 238.6 | 17 360 | 48 | 276 | 31.6 |
| 内蒙古区 | 64 | 265 000 | 4.5 | 99 558 | 60.4 | 149 738 | −10.7 | 12 139 | −30.9 | 3 565 | −44.3 | | | | |
| 辽宁省 | 3 186 | 20 962 287 | 43.3 | 7 011 162 | 48.6 | 5 146 297 | 42.5 | 2 778 529 | 40.2 | 3 110 644 | 43.8 | 2 691 116 | 35.5 | 224 539 | 34.6 |
| 吉林省 | 877 | 2 700 000 | 21.6 | 594 000 | 18.8 | 657 000 | 4.3 | 518 000 | 26.3 | 345 000 | 187.5 | 586 000 | 4.6 | | |
| 黑龙江省 | 445 | 1 067 475 | 16.3 | 387 726 | 16.4 | 256 587 | 14.4 | 163 945 | 20.1 | 119 474 | 16 | 138 757 | 15.4 | 986 | 10.4 |
| 上海市 | 2 300 | 20 865 000 | 24.7 | 7 390 000 | 23.5 | 4 460 000 | 22.2 | 2 450 000 | 25.5 | 3 665 000 | 23.6 | 1 050 000 | 54.4 | 1 850 000 | 23.3 |
| 江苏省 | 3770 | 43 055 943 | 34.6 | 11 221 656 | 39 | 7 042 023 | 28.2 | 3 040 143 | 11.1 | 5 388 637 | 34.2 | 13 722 347 | 43.4 | 2 641 137 | 26.3 |
| 浙江省 | 1 03 | 14 110 325 | 31.9 | 3 851 586 | 31.6 | 2 036 140 | 19 | 436 088 | 14.8 | 4 152 534 | 66 | 3 442 427 | 14.7 | 191 550 | 7.1 |

续前表

| 单位名称 | 企业个数（个） | 软件业务收入 | | 软件产品收入 | | 信息系统集成服务收入 | | 信息技术咨询服务收入 | | 数据处理和运营服务收入 | | 嵌入式系统软件收入 | | IC设计收入 | |
|---|---|---|---|---|---|---|---|---|---|---|---|---|---|---|---|
| | | 年度累计 | 同比增减（%） | 年度累计 | 同比增减（%） | 年度累计 | 同比增减（%） | 年度累计 | 同比增减（%） | 年度累计 | 同比增减（%） | 年度累计 | 同比增减（%） | 年度累计 | 同比增减（%） |
| 安徽省 | 136 | 648 753 | 16.1 | 289 501 | 9.3 | 257 509 | 24.3 | 24 533 | —44.9 | 51 118 | 188.6 | 26 092 | 7.3 | | |
| 福建省 | 1 336 | 10 563 190 | 30.9 | 3 220 512 | 29.4 | 3 321 873 | 30.3 | 1 072 136 | 32.8 | 1 335 359 | 31.6 | 1 226 382 | 34.6 | 386 928 | 28.9 |
| 江西省 | 96 | 499 948 | 22.3 | 129 377 | 23.6 | 216 556 | 16.6 | 72 603 | 6.8 | 29 529 | 114.7 | 23 338 | 3.8 | 28 545 | 98.6 |
| 山东省 | 1 873 | 17 378 584 | 32.8 | 4 806 764 | 28.1 | 3 438 944 | 30.4 | 3 413 701 | 23.5 | 2 058 316 | 63.7 | 3 448 765 | 38.4 | 212 093 | 17.5 |
| 河南省 | 267 | 1 573 598 | 20.9 | 602 806 | 19 | 668 313 | 19.1 | 141 119 | 24.3 | 69 968 | 38.7 | 58 773 | 30.3 | 32 619 | 29.4 |
| 湖北省 | 847 | 2 702 702 | 37 | 1 301 746 | 36.1 | 762 711 | 30.9 | 131 384 | 62.2 | 255 201 | 55.8 | 238 768 | 34 | 12 892 | 31.5 |
| 湖南省 | 584 | 2 288 444 | 8.8 | 1 235 760 | 4.9 | 526 342 | 19.2 | 102 980 | 22.4 | 194 518 | 2.8 | 228 844 | 8.8 | | |
| 广东省 | 4 167 | 42 242 160 | 23.8 | 15 662 835 | 25.1 | 6 245 991 | 21.5 | 3 870 579 | 24.1 | 7 622 072 | 28.1 | 8 303 803 | 18.7 | 536 878 | 33.7 |
| 广西区 | 130 | 726 124 | 31.1 | 264 570 | 31.5 | 188 233 | 27.2 | 97 20 | 30.1 | 176 001 | 35.5 | | | | |
| 海南省 | 48 | 186 943 | 156.3 | 57 632 | 130.4 | 105 890 | 243.7 | 8741 | 50.3 | 8 264 | —11.3 | 2 653 | | 3 763 | 89.7 |
| 重庆市 | 461 | 5 523 669 | 31.6 | 922 486 | 31.1 | 1 285 848 | 27.8 | 1 159 336 | 32.5 | 1 073 333 | 36.4 | 1 062 279 | 31.3 | 20 386 | 18.2 |
| 四川省 | 856 | 13 097 311 | 27.3 | 5 134 085 | 29.4 | 2 257 798 | 15.5 | 1 654 012 | 27.1 | 3 054 165 | 31.1 | 418 882 | 68.2 | 578 369 | 19.1 |
| 贵州省 | 181 | 608 302 | 19.6 | 256 616 | 11.4 | 329 906 | 64.1 | 12 457 | —83.1 | 2 353 | 41.7 | 6 681 | 285.3 | 289 | 117.3 |
| 云南省 | 99 | 508 470 | 16.7 | 52 723 | —23.5 | 391 268 | 21.6 | 12 751 | 18.4 | 48 013 | 59.7 | 3 135 | 3 | 580 | —50.2 |
| 陕西省 | 1 160 | 5 244 000 | 37 | 1 451 000 | 38.5 | 1 548 000 | 37.1 | 1 260 000 | 35.8 | 215 000 | 36.9 | 532 000 | 36.1 | 238 000 | 36.8 |
| 甘肃省 | 77 | 194 493 | 0.5 | 58 619 | —12 | 104 729 | 2.9 | 11 041 | —15.2 | 18 917 | 69.1 | 6 | —97.4 | 1 181 | 73.9 |
| 宁夏区 | 69 | 63 488 | 20.7 | 23 395 | 14.3 | 25 791 | 27.9 | 4 860 | 18.7 | 4 597 | 8.1 | 4 845 | 33.2 | | |
| 新疆区 | 110 | 410 713 | 63.8 | 49 536 | 33.2 | 298 005 | 72.7 | 42 362 | 14.4 | 13 353 | 324.3 | 7 185 | 1 544.2 | 272 | —12.4 |

（注：以上数据由工业和信息化部软件服务业司提供，未含青海省和西藏自治区数据。）

# 版权名录

MING LU

# 版权行政管理部门

**国家版权局**

局　长：蔡赴朝

副局长：阎晓宏

地　址：北京市西城区宣武门外大街 40 号

邮　编：100052

电　话：010-83138740

传　真：010-83138740

邮　箱：copyright@ncac. gov. cn

网　址：www. ncac. gov. cn

**北京市版权局**

局　长：冯俊科

副局长：王野霏

版权管理处处长：卢志鹏

版权保护处处长：赵红仕

地　址：北京市东城区朝内大街 55 号

邮　编：100010

电　话：010-64081607，64081605

传　真：010-64081607

邮　箱：luzhipeng99@126. com

banquanju@qq. com

**天津市版权局**

局　长：荣新海

副局长：梁淳久

处　长：张露娜

地　址：天津市河西区尖山路 82 号

邮　编：300211

电　话：022-28335745

传　真：022-28331888

**河北省版权局**

局　长：李晓明

处　长：尹志军

地　址：石家庄市和平西路新文里 8 号

邮　编：050071

电　话：0311-67561039

传　真：0311-67561039，67561016

邮　箱：hebeibanquan@163. com

**山西省版权局**

局　长：林玉平

副局长：王吉敏

处　长：杨志云

地　址：太原市建设南路 21 号

邮　编：030012

电　话：0351-4922148

传　真：0351-4922148

邮　箱：sxsbqj@163. com

**内蒙古自治区版权局**

局　长：杨红岩

巡视员：王东生

处　长：牛焕炜

地　址：呼和浩特市如意开发区四纬路 9 号

邮　编：010010

电　话：0471-4167115

传　真：0471-4167337

**辽宁省版权局**

局　长：马述君

副局长：李世俊

处　长：李安庆

地　址：沈阳市和平区北一马路 108 号

邮　编：110001

电　话：024-23261003

传　真：024-23255549

邮　箱：TDP6666@163. com

**吉林省版权局**

局　长：胡宪武

副局长：董维仁

处　长：王培舒

地　址：长春市人民大街 4646 号

邮　编：130021

电　话：0431-85642537

传　真：0431-85644760

**黑龙江省版权局**

局　长：赵勤义

处　长：周美胜
地　址：哈尔滨市道里区森林街 68 号
邮　编：150010
电　话：0451-84615103，84616590
传　真：0451-84614852
邮　箱：hljbanquanju@163. com

**上海市版权局**

局　长：徐　炯
副局长：蔡纪万
版权管理执法处处长：薛　彬
版权产业促进处处长：陈琳琳
地　址：上海市绍兴路 5 号
邮　编：200020
电　话：021-64370176
传　真：021-64332452
邮　箱：bqc@sppa. gov. cn

**江苏省版权局**

局　长：周　琪
副局长：曹玉梅
处　长：张明明
地　址：南京市鼓楼区高云岭 56 号
邮　编：210009
电　话：025-83221565
传　真：025-83359836
邮　箱：jsbq2009@163. com

**浙江省版权局**

局　长：陈昆忠
副局长：单　烈
处　长：严庆荣
地　址：杭州市体育场路 178 号
邮　编：310039
电　话：0571-87163108
传　真：0571-87163107

**安徽省版权局**

局　长：郭永年
副局长：刘飞跃
处　长：吴安宁
地　址：合肥市廻龙桥路 1 号安徽新闻出版大厦
邮　编：230063
电　话：0551-62846150
传　真：0551-62850733
邮　箱：anhuibanquan@126. com

**福建省版权局**

局　长：郭振家
副局长：李闽榕
处　长：邱建宏
地　址：福州市东水路 76 号
邮　编：350001
电　话：0591-87532711
传　真：0591-87559325
邮　箱：fjbq001@163. com

**江西省版权局**

局　长：黄　鹤
副局长：白文松
处　长：王晓燕
地　址：南昌市红谷滩区翠林路 339 号
邮　编：330038
电　话：0791-86894610
传　真：0791-86894610

**山东省版权局**

局　长：宿　华
副局长：郭爱玲
处　长：张晓生
地　址：济南市省府前街 1 号
邮　编：250011
电　话：0531-86061783
传　真：0531-86061795
邮　箱：b86061783@126. com

**河南省版权局**

局　长：赵景春
副局长：来有功
处　长：王晓军
地　址：郑州市农业路 3 号
邮　编：450002
电　话：0371-69129706
传　真：0371-69129689
邮　箱：hnsbqj@sohu. com

**湖北省版权局**

局　长：张良成
副局长：陈　锋
处　长：卢文俊

地　址：武汉市武昌区黄鹂路 39 号
邮　编：430077
电　话：027-68892433
传　真：027-68892433

**湖南省版权局**
局　长：周用金
副局长：黄赞佳
处　长：谭　昕
地　址：长沙市营盘东路 38 号
邮　编：410005
电　话：0731-84302516
传　真：0731-84302558
邮　箱：hncopyright@126.com

**广东省版权局**
局　长：朱仲南
副局长：钱永红
处　长：张同英
地　址：广州市环市东路水荫路 11 号
邮　编：510075
电　话：020-37592388，37592356
传　真：020-37604405，37607671
邮　箱：gdsbqj@21cn.com

**广西壮族自治区版权局**
局　长：于　瑮
副局长：龙　毅
处　长：石　卫
地　址：南宁市金湖路 53 号
邮　编：530028
电　话：0771-5516107，5516083
传　真：0771-5516083

**海南省版权局**
局　长：范晓军
处　长：陈一新
地　址：海口市海府路 59 号
邮　编：570203
电　话：0898-65399213
传　真：0898-65337894
邮　箱：wtt.tuyin@hainan.gov.cn

**重庆市版权局**
局　长：杨恩芳
副局长：吴绍阶
处　长：左图强
地　址：重庆市渝北区金山路 8 号科创楼
邮　编：401147
电　话：023-67502723
传　真：023-67502722
邮　箱：cbjxw@163.com

**四川省版权局**
局　长：周国良
副局长：段建玲
处　长：张万富
地　址：成都市桂花巷 21 号
邮　编：610015
电　话：028-86697076，86697083，86697093
传　真：028-86697083
邮　箱：sccopyright@163.com

**贵州省版权局**
局　长：黄定承
副局长：耿　杰
处　长：王丽莎
地　址：贵阳市延安中路 5～9 号
邮　编：550001
电　话：0851-5813428，5827842
传　真：0851-5813428

**云南省版权局**
局　长：杨文虎
副局长：洪耀星
处　长：马云虹
地　址：昆明市环城西路 609 号
邮　编：650034
电　话：0871-4196648
传　真：0871-4196708
邮　箱：bqj@ynppb.gov.cn

**西藏自治区版权局**
局　长：索　林
副局长：次仁央金
处　长：张百忍
地　址：拉萨市江冲路 7 号
邮　编：850000
电　话：0891-6356150
传　真：0891-6356150

**陕西省版权局**
局　长：薛保勤
副局长：曹先觉
处　长：沙庆超
地　址：西安市北大街 147 号
邮　编：710003
电　话：029-87205031，87205022
传　真：029-87205022，87205031
邮　箱：sxsxwcbj@163.com

**甘肃省版权局**
局　长：张余胜
副局长：袁爱华
处　长：夏　玲
地　址：兰州市庆阳路 292 号
邮　编：730030
电　话：0931-8455793，8464480
传　真：0931-8464480
邮　箱：gsbqj@163.com

**青海省版权局**
局　长：曹　萍
副局长：司才仁
处　长：杨如龙
地　址：西宁市同仁路 10 号
邮　编：810001
电　话：0971-6143650
传　真：0971-6141890

**宁夏回族自治区版权局**
局　长：杨洪峰
副局长：黄洪乾
副处长：张秀年
地　址：宁夏银川市北京东路 139 号
邮　编：750001
电　话：0951-5014264/5052642
传　真：0951-5046836

**新疆维吾尔自治区版权局**
局　长：古力先·吐拉洪
处　长：施晓娟
地　址：乌鲁木齐市光明路 121 号建设广场 15 楼
邮　编：830002
电　话：0991-8842809
传　真：0991-8841822
邮　箱：xjbqj@sina.cn

# 版权综合服务机构

**中国版权保护中心**
主　任：段桂鉴
副主任：邹建华　索来军　魏　红　范继红
地　址：北京市西城区天桥南大街 1 号天桥艺术大厦 A 座 3 层
邮　编：100050
电　话：010-68003887
传　真：010-84195587
网　址：www.ccopyright.com

**北京版权保护中心**
主　任：薛　峰
地　址：北京市东城区朝阳门内大街 55 号新闻出版大厦
邮　编：100010
电　话：010-64081206，64081320
传　真：010-64081900
邮　箱：bcpc@bjcab.gov.cn
网　址：www.bjcopyright.org.cn

**北京计算机软件登记中心**
主　任：崔玉军
地　址：北京市东城区朝阳门内大街 55 号新闻出版大厦
邮　编：100010
电　话：010-64081391
传　真：010-64081204
邮　箱：bcpc@bjcab.gov.cn

**河北省版权保护中心**
副主任：刘　浏
地　址：石家庄市和平西路新文里 8 号
邮　编：050071
电　话：0311-67561197
传　真：0311-67561176

**浙江省版权服务中心**
主　任：傅丽英
地　址：杭州市庆春路 219 号
邮　编：310006
电　话：0571-88137853
传　真：0571-85062879

**江西省版权保护中心**
调研员：聂文星
地　址：南昌市红谷滩区翠林路 339 号
邮　编：330038
电　话：0791-86894615
传　真：0791-86894652

**湖北省版权保护中心**
主　任：郑凌辉
地　址：武汉市武昌区黄鹂路 39 号
邮　编：430077
电　话：027-68892433
传　真：027-68892433

**重庆市版权保护中心**
主　任：沈文忠
地　址：重庆市江北区洋河一村 78 号国际商会大厦 10 楼
邮　编：400020
电　话：023-67708231
传　真：023-67856872
邮　箱：cpc1604@yahoo.com.cn

# 版权协会

**中国版权协会**
理事长：阎晓宏
副秘书长：孙　悦
地　址：北京市西城区车公庄大街甲 4 号物华大厦 5 层
邮　编：100044
电　话：010-68003910
传　真：010-68003910

**北京市版权保护协会**
会　长：孙安民
副秘书长：王野霏
地 址：北京市东城区朝内大街 55 号 1006 室
邮 编：100010
电 话：010-64081076，64081075
邮 箱：bjbqbhxh@163.com

**天津市版权保护协会**
会　长：李树人
秘书长：陈燕丽
地　址：天津市河西区卫津路 241 号金桥国际宾馆
邮　编：300074
电　话：022-23377538
传　真：022-23377538
邮　箱：tca2011@126.com

**河北省版权协会**
会　长：李晓明
秘书长：张国岚
地　址：石家庄市和平西路新文里 8 号
邮　编：050071
电　话：0311-67561177
传　真：0311-67561176
邮　箱：hebeibanquan@126.com

**山西省版权协会**
会　长：李锐锋
副会长：王吉敏
秘书长：王葆柯
地　址：太原市建设南路 21 号
邮　编：030012
电　话：0351-4922148
传　真：0351-4922148

邮　箱：sxsbqj@163. com

**内蒙古自治区版权保护协会**

会　长：王东生
秘书长：牛焕炜
地　址：呼和浩特市如意开发区四纬路 9 号
邮　编：010010
电　话：0471-4167335
传　真：0471-4167117
邮　箱：519369499@qq. com

**辽宁省版权保护协会**

负责人：李世俊
秘书长：李安庆
地　址：沈阳市和平区北一马路 108 号
邮　编：110001
电　话：024-23259229
传　真：024-23255549

**吉林省版权保护协会**

会　长：董维仁
秘书长：王培舒
地　址：长春市人民大街 4646 号
邮　编：130021
电　话：0431-85644760，86037735
传　真：0431-85644760
邮　箱：brli@163. com

**黑龙江省版权保护协会**

理事长：陈景文
秘书长：周美胜
地　址：哈尔滨市道里区森林街 68 号
邮　编：150010
电　话：0451-84615103
传　真：0451-84614852
邮　箱：hljbanquanju@163. com

**黑龙江省反盗版联合会**

理事长：陈景文
秘书长：周美胜
地　址：哈尔滨市道里区森林街 68 号
邮　编：150010
电　话：0451-84654520
传　真：0451-84614852
邮　箱：hljbanquanju@163. com

**上海版权保护协会**

会　长：胡大卫
秘书长：任　彦
地　址：上海市绍兴路 5 号
邮　编：200020
电　话：021-64370176
传　真：021-64332452

**江苏省版权协会**

会　长：傅杰三
秘书长：陆幸生
地　址：南京市鼓楼区高云岭 56 号
邮　编：210009
电　话：025-83207838
传　真：025-83207838
邮　箱：bqxhhdm@126. com

**浙江省版权协会**

会　长：单　烈
秘书长：吾晓红
地　址：杭州市上城区庆春路 219 号
邮　编：310000
电　话：0571-88137853
传　真：0571-85062879
邮　箱：526161803@qq. com

**安徽省版权保护协会**

理事长：徐发成
常务秘书长：吴安宁
地　址：合肥市廻龙桥路 1 号安徽新闻出版大厦
邮　编：230063
电　话：0551-62846150，62850753
传　真：0551-62822677
邮　箱：anhuibanquan@126. com

**福建省版权协会**

会　长：白京兆
秘书长：谢振芳
地　址：福州市东水路 76 号
邮　编：350001
电　话：0591-87535956
传　真：0591-87535956
邮　箱：fjsbqxh@163. com

**山东省版权协会**

会　长：郭爱玲

秘书长：陈　钟
地　址：济南市省府前街 1 号
邮　编：250011
电　话：0531-86061783
传　真：0531-86061795
邮　箱：bqc@sdxwcb. gov. cn

**河南省版权学会**
会　长：来有功
秘书长：王晓军
地　址：郑州市农业路 3 号
邮　编：450002
电　话：0371-69129689
传　真：0371-69129689
邮　箱：hnsbqj@sohu. com

**湖北省版权保护协会**
会　长：吴汉东
秘书长：刘传生
地　址：武汉市武昌区黄鹂路 39 号
邮　编：430077
电　话：027-68892463
传　真：027-68892529
邮　箱：Tanghu1231@163. com

**湖南省版权保护协会（湖南省反盗版联盟）**
会　长：张树青
秘书长：张树青
地　址：长沙市营盘东路 3 号
邮　编：410005
电　话：0731-84302572
传　真：0731-84302572

**广东省版权保护联合会（广东省版权事务所）**
会　长：刘扳盛
秘书长：梁守坚
地　址：广州市环市东水荫路 44 号 2 楼
邮　编：510075
电　话：020-37667333，37638239
传　真：020-37638192
邮　箱：gdcopyright@126. com

**广西壮族自治区版权保护协会**
会　长：于开金
秘书长：石　卫
地　址：南宁市金湖路 53 号
邮　编：530028
电　话：0771-5516107，5516083
传　真：0771-5516087
邮　箱：gxbqbhxh@163. com

**海南省版权协会**
会　长：柳松华
秘书长：吕　军
地　址：海口市海府路 59 号
邮　编：570203
电　话：0898-65399213
传　真：0898-65337894
邮　箱：1975berlin@163. com

**四川省版权保护协会**
理事长：李正培
秘书长：张万富
地　址：成都市大石西路 36 号东楼 3 单元 405
邮　编：610075
电　话：028-87041970
传　真：028-87041970

**云南省著作权保护协会**
会　长：艾罕炳
秘书长：马云虹
地　址：昆明市环城西路 609 号
邮　编：650034
电　话：0871-64110371
传　真：0871-64110371

**陕西省版权保护协会**
会　长：冀东山
秘书长：张　静
地　址：西安市北大街 147 号
邮　编：710003
电　话：029-87205031
传　真：029-87205031
邮　箱：sxbqbh@163. com

**新疆维吾尔自治区版权协会**
会　长：古力先·吐拉洪
秘书长：施晓娟
地　址：乌鲁木齐市光明路 121 号
邮　编：830002

电　话：0991-2811832
传　真：0991-8841822
邮　箱：xj30993@163. com

**深圳市版权协会**
会　长：陈一丹
秘书长：陈　彦
地　址：深圳市南山区科技园南区高新南一道 TCL 大厦 B 座 9 层
邮　编：518060
电　话：0755-86185519
传　真：0755-86185516
邮　箱：scsorgcn@qq. com
网　址：www. scs. org. cn

**宁波市版权协会**
会　长：陆开江
秘书长：曹　云
地　址：宁波市解放北路 148 号新金穗大厦 C 座 9 楼
邮　编：315000
电　话：0574-87864970
传　真：0574-83860570
邮　箱：nbbq2011@126. com

**苏州市版权协会**
会　长：张　梅
秘书长：冯　坚
地　址：苏州市三香路 998 号 5 号楼 3 楼
邮　编：215004
电　话：0512-68615320
传　真：0512-68615314

**青岛市版权保护协会**
会　长：赵秀军
秘书长：胡明波
地　址：青岛市香港中路 19 号
邮　编：266071
电　话：0532-85913201
传　真：0532-85913204
邮　箱：qdqcpa@163. com

**大连市版权保护协会**
会　长：李东平
秘书长：王延生
地　址：大连市沙河口区西安路 107 号
邮　编：116621
电　话：0411-84522067
传　真：0411-84522055
网　址：www. dlcopyright. org. cn

**南京市版权保护协会**
会　长：赵德群
秘书长：冯　晶
地　址：南京市白下区瑞金北村 57 幢 5 楼
邮　编：210016
电　话：025-84592703
传　真：025-84592703
邮　箱：js_av2004@163. com

**郑州市版权协会**
会　长：董现仓
秘书长：王玉林
地　址：郑州市郑东新区商务内环路 17 号（郑州广电中心 1202 房间）
邮　编：450018
电　话：0371-69095848
传　真：0371-69095788

**厦门市版权保护协会**
副秘书长：王业晖
地　址：厦门市湖滨一里 26 号闽南大厦 20 楼
邮　编：361004
电　话：0592-5335200
传　真：0592-5046303
邮　箱：wyh. xnj@xm. gov. cn

## 著作权集体管理组织

**中国音乐著作权协会**
主　席：赵季平
总干事：屈景明
地　址：北京东单三条 33 号京纺大厦 5 层

邮　编：100005
电　话：010-65232656
传　真：010-65232657

电　话：010-65978905/06/16/17
传　真：010-65978926
邮　箱：chinacopyright@yahoo. cn

**中国音像著作权集体管理协会**
理事长：张振华
总干事：王化鹏
地　址：北京市朝阳区呼家楼京广中心商务楼 401
邮　编：100020
电　话：010-66086649
传　真：010-66086475
邮　箱：cavca@cavca. org

**中国文字著作权协会**
会　长：陈建功
总干事：张洪波
地　址：北京市朝阳区呼家楼京广中心商务楼 403
邮　编：100020

**中国电影著作权协会**
理事长：朱永德
秘书长：李国民
地　址：北京市西城区北展北街 5 号楼 5 层
邮　编：100044
电　话：010-62364640，62368086，62364675
传　真：010-62369799

**中国摄影著作权协会**
主　席：李前光
总干事：林　涛
地　址：北京市朝阳区呼家楼京广中心商务楼 411
邮　编：100020
电　话：010-65978100
传　真：010-65595720

## 版权相关行业协会

**中国软件联盟**
理事长：邹　忭
地　址：北京市海淀区学院南路 55 号中软大厦 A 座 4 层 1403
邮　编：100081
电　话：010-62187306
传　真：010-62187306
邮　箱：csachina@csachina. org

**中国互联网协会网络版权工作委员会**
主　任：高卢麟
秘书长：卢　卫
地　址：北京市朝阳区光华路 2 号阳光 100A 座 1610
邮　编：100026
电　话：010-51003146
传　真：010-51003149

**中国音像与数字出版协会**
理事长：孙寿山
常务副理事长兼秘书长：王　炬
地　址：北京市西城区莲花池东路 102 号天莲大厦 10 层
邮　编：100055
电　话：010-65122882，65125853，65125524（总机）
传　真：010-65127030
邮　箱：cava2008@163. com

## 版权代理公司

**中华版权代理总公司**
总经理：段桂鉴
地　址：北京市西城区天桥南大街 1 号天桥艺术大厦 A 座 3 层

邮　编：100050
电　话：010-68003908
传　真：010-68003541

**中国图书进出口（集团）总公司版权部**
主　任：李迎庆
地　址：北京市朝阳区工体东路 16 号
邮　编：100020
电　话：010-65086949，65866992
传　真：010-65866992
邮　箱：copyright@cnpiec. com. cn

**中国出版对外贸易总公司版权事务部**
地　址：北京市安定门外安华里 504 号
邮　编：100011
电　话：010-64210403
传　真：010-64214540

**中国国际电视总公司**
地　址：北京市海淀区羊坊店路 9 号京门大厦
邮　编：100038
电　话：010-63957153
传　真：010-63955916

**九洲音像出版公司版权贸易部**
负责人：王渊海
地　址：北京市朝阳区外馆斜街甲 1 号泰利明苑 A 座 510
邮　编：100011
电　话：010-85285399
传　真：010-85285698

**北京版权代理公司**
负责人：刘志伟
地　址：北京市海淀区知春路 23 号量子银座 1403
邮　编：100191
电　话：010-82357056/57/58/59

**山西省版权事务所**
所　长：吉　平
地　址：太原市建设南路 21 号 C 区 1804
邮　编：030012
电　话：0351-4922117

**上海版权代理公司**
负责人：王　艳
地　址：上海市张江路 69 号 6 楼
邮　编：201203
电　话：021-50278100
传　真：021-50278101
邮　箱：myyang@shbanquan. org

**湖南省版权代理公司**
负责人：刘跃伟
地　址：长沙市营盘东路 3 号
邮　编：410005
电　话：0731-82231655
传　真：0731-82231655

**广西万达版权代理中心**
负责人：邓　锟
地　址：南宁市金湖路 53 号
邮　编：530028
电　话：0771-5516127，5516044

**重庆市版权代理有限公司**
负责人：王　京
地　址：重庆市江北区洋河一村 78 号国际商会大厦 10 楼
邮　编：400020
电　话：023-67708231
传　真：023-67856872
邮　箱：cpc1604@yahoo. com. cn

**陕西省版权事务中心（陕西版权代理公司）**
负责人：沙庆超
地　址：西安市北大街 147 号
邮　编：710003
电　话：029-87205009
传　真：029-87205009
邮　箱：achao969@163. com

# 国家级版权交易机构

**中国人民大学国家版权贸易基地**
执行主任：彭　翊
地　址：北京市海淀区中关村大街59号文化大厦2104
邮　编：100872
电　话：010-62514334
传　真：010-62519147
邮　箱：banmao@cspruc. com
网　址：www. copyrightmall. com

**北京国际版权交易中心**
董事长：李　蘅
地　址：北京市朝阳区呼家楼京广中心商务楼501
邮　编：100020
电　话：010-65974890（总机）
传　真：010-65978017
邮　箱：banquan@e-bq. com
网　址：www. e-bq. com

**国际版权交易中心**
总经理：殷秩松
地　址：北京市东城区安定门东大街28号雍和大厦西楼1～2层
邮　编：100007
电　话：010-64097700
传　真：010-84195406
邮　箱：public@cbice. com
网　址：www. cbice. com

**华中国家版权交易中心**
主　任：卢文俊
地　址：湖北省武汉市武昌区黄鹂路39号
邮　编：430077
电　话：027-68892430
传　真：027-68892433

**台儿庄国家版权贸易基地**
负责人：孙作为
地　址：山东省枣庄市台儿庄区文化路258号
邮　编：277400
电　话：0632-6611762
传　真：0632-6611762

# 知识产权教学与研究机构

**中国人民大学知识产权学院**
地　址：北京市海淀区中关村大街59号
邮　编：100872
电　话：010-62511340，62511156
邮　箱：zsb@ruc. edu. cn
网　址：www. law. ruc. edu. cn

**北京大学知识产权学院**
地　址：北京大学凯原楼309
邮　编：100871
电　话：010-62751268
邮　箱：zscq@pku. edu. cn
网　址：www. iplaw. pku. edu. cn

**中国社会科学院知识产权中心**
地　址：北京市东城区沙滩北街15号
邮　编：100009
电　话：010-63602924

**中国政法大学民商经济法学院知识产权法研究所**
地　址：北京市海淀区西土城路25号
邮　编　100088
电　话：010-58909122
网　址：www. cupl. edu. cn

**中南财经政法大学知识产权学院**
地　址：湖北省武汉市东湖高新技术开发区南

湖大道 182 号
邮　编：430073
电　话：027-88386114
网　址：www. znufe. edu. cn

**上海大学知识产权学院**
地　址：上海市上大路 99 号
邮　编：200436
电　话：021-66134148
网　址：www. ips. shu. edu. cn

**华中科技大学知识产权学院**
地　址：湖北省武汉市武昌区珞瑜路 1037 号
邮　编：430074
电　话：027-87542228
邮　箱：stud201@hust. edu. cn
网　址：www. hust. edu. cn

**复旦大学知识产权研究中心**
地　址：上海市淞沪路 2005 号法学楼 410
邮　编：200438
电　话：021-51630042
传　真：021-51630112
邮　箱：zhangng@fudan. edu. cn
网　址：www. ipcenter. fudan. edu. cn

**华东政法大学知识产权学院**
地　址：上海市松江区龙源路 555 号
邮　编：200042
电　话：021-67790220
邮　箱：zsb@ecupl. edu. cn
网　址：www. ipschool. net

**暨南大学法学院知识产权学院**
地　址：广东省广州市黄埔大道西 601 号
邮　编：510632
电　话：020-85220130，85228929
邮　箱：ozsb@jnu. edu. cn
网　址：www. jnu. edu. cn

**同济大学法学院/知识产权学院**
地　址：上海市四平路 1239 号
邮　编：200092
电　话：021-65982200，65982200
邮　箱：webmaster@tongji. edu. cn
网　址：http://law. tongji. edu. cn

**武汉大学知识产权高级研究中心**
地　址：湖北省武汉市武昌区珞珈山街 16 号
邮　编：430072
电　话：027-68754231
邮　箱：wdzsb@whu. edu. cn
网　址：www. whu. edu. cn

**西安交通大学法学院知识产权研究中心**
地　址：陕西省西安市咸宁西路 28 号
邮　编：710049
电　话：029-82668320
邮　箱：xjtuzs@mail. xjtu. edu. cn
网　址：http://fxy. xjtu. edu. cn

**中国科学技术大学知识产权研究中心**
地　址：安徽省合肥市金寨路 96 号
邮　编：230026
电　话：0551-63602924
邮　箱：yangling@ustc. edu. cn
网　址：http://pas. ustc. edu. cn

**西北大学法学院/知识产权学院**
地　址：陕西省西安市太白北路 229 号（北校区）
邮　编：710127
电　话：029-88302211
邮　箱：zsb@nwu. edu. cn
网　址：http://fxy. nwu. edu. cn

**华南理工大学知识产权学院**
地　址：广东省广州市番禺区小谷围（南）
邮　编：510640
电　话：020-87110737
传　真：020-87111502
邮　箱：j2zb@scut. edu. cn
网　址：www. scut. edu. cn/iplaw

**南京理工大学知识产权学院**
地　址：江苏省南京市孝陵卫 200 号
邮　编：210094
电　话：025-84315260，84315761
传　真：025-84432546
网　址：http://ip. njust. edu. cn

**中山大学知识产权学院**

地　址：广东省广州市新港西路 135 号
邮　编：510275
电　话：020-84111598，84036491
邮　箱：adado@mail. sysu. edu. cn
网　址：www. sysu. edu. cn

**重庆知识产权学院（重庆理工大学知识产权学院）**

地　址：重庆市巴南区李家沱红光大道 69 号
邮　编：400054
电　话：023-68822995
传　真：023-68654964
邮　箱：cgzs@cqut. edu. cn
网　址：http://ipschool. cqut. edu. cn

**湘潭大学知识产权学院**

地　址：湖南省湘潭市雨湖区湘潭大学
邮　编：411105
电　话：0731-58293275
邮　箱：zhaosheng@xtu. edu. cn
网　址：http://ipf. xtu. edu. cn

**厦门大学知识产权研究院**

地　址：福建省厦门市思明南路 422 号
邮　编：361005
电　话：0592-21861100
网　址：www. iprixmu. com

**西南政法大学知识产权学院（民商法学院）**

地　址：重庆市渝北区宝圣大道 301 号西南政法大学集美楼 3 楼
邮　编：401120
电　话：023-67258088，67258828
邮　箱：xsczsb@supsl. cn
网　址：www. swupl. edu. cn/msfxy

**深圳大学知识产权学院**

地　址：广东省深圳市南山区南海大道 3688 号
邮　编：518060
电　话：0755-26536235
传　真：0755-26534482
邮　箱：zsb@szu. edu. cn
网　址：www. szu. edu. cn

**中南大学知识产权研究院**

地　址：湖南省长沙市麓山南路 932 号
编　码：410012
电　话：0731-8830555，8830995，8830804
邮　箱：admis@mail. csu. edu. cn
网　址：http://law. csu. edu. cn/zscq/

# 附录：国际版权动态

FU LU GUO JI BAN QUAN DONG TAI

# 2012 年全球著作权法制动态回顾

郭　禾

2012 年是世界知识产权法制发展的重要一年，国际国内层面的知识产权制度无不处于变动与调整之中，著作权制度亦是如此。相当一部分国家都已经启动或者正在酝酿本国著作权法的较大幅度的修改，世界知识产权组织《视听表演北京条约》的缔结，则反映了国际著作权法律体系在逐步完善。围绕着著作权领域内的基础与前沿问题，不同观点之间的交流和碰撞，在实务和学术领域展开了引人注目的讨论。与此同时，在纷繁复杂的著作权领域，我们还是能够发现和提炼出一条基本的主线：强化著作权保护的基本趋势进一步发展，同时人们对维护著作权领域作品使用者利益的诉求也更为强烈。在变动中维护著作权领域内多元价值与各方利益的平衡，仍旧是世界范围内著作权法制发展的主旋律。此外，在一系列著作权变革与争议中，除了对基础和既有问题的深度探讨，以互联网、云计算等技术要素为中心的讨论占据了相当的地位。换言之，过去的一年里，著作权领域有关作品权利人与使用者利益平衡问题的讨论，从另一个角度看，很大程度上与既有著作权制度如何应对新技术的发展直接相关。以此为主线，本文对 2012 年全球范围内著作权法制发展进行梳理，并展望著作权法的未来发展。

## 一、强化著作权保护的趋势

2012 年，国际著作权法制层面最重要的事件之一当属《视听表演北京条约》的缔结。2012 年 6 月 20 日至 26 日，世界知识产权组织（WIPO）主办、中国国家版权局和北京市人民政府承办的保护音像表演外交会议在北京举行，会议上各国代表正式签署了条约。该条约填补了视听表演领域国际著作权条约的空白，进一步完善了国际著作权保护体系，是 WIPO 在著作权保护方面的重要发展。从内容上看，条约详细地规定了表演者的精神权利、对其尚未录制的表演的经济权利、复制权、发行权、出租权、提供已录制表演的权利、广播和向公众传播的权利等，并且建立了体系比较完善的配套制度，是对《世界知识产权组织表演和录音制品条约》的进一步完善，反映了国际层面完善和推进著作权保护的趋势，必将对包括我国在内的世界各国著作权法律修订产生重要影响。

总的来看，我国著作权法律体系的一个基本发展趋势是加强对著作权人的保护。2012 年 3 月 31 日，为推进我国《著作权法》第三次修订工作，国家版权局公开《著作权法》修改草案文本和说明，向社会公开征求意见。在广泛征求意见的基础上，又于 7 月 6 日公布修改草案第二稿及其说明。修改草案无论从体系结构上看，还是从实质内容上看，都是对我国现行《著作权法》一次很大的改动。

2012 年 11 月 26 日，最高人民法院审判委员会第 1561 次会议通过了《关于审理侵害信息网络传播权民事纠纷案件适用法律若干问题的规定》，对人民法院在审理信息网络传播权纠纷案中行使自由裁量权的原则，侵害信息网络传播权行为的构成，网络服务提供者的教唆侵权、帮助侵权，司法实践中较为常见的信息存储空间网络服务提供者应知网络用户侵害信息网络传播权的判定标准以及人民法院对此类案件的管辖等问题进行了规定。

在国际社会，强化著作权的保护也是著作权制度的基本发展方向。2012 年 6 月 20 日，日本参议院通过了著作权法修订案，新法案于 2012 年 10 月 1 日开始实施。其修改内容最引人关注之处在于认定擅自下载网络音乐、影像行为违法，违反者可能面临刑事处罚。新法实施后，从网络下载未经授权的音乐和影像文件，可能面临两年以下拘役或 200 万日元以下的罚款；从防拷贝 DVD 中压缩影像文件到个人电脑终端也属于违法行为。新法案反映了日本著作权法在网络下载方面的规定日趋严格。近几年，日本著作权法的几次修改都体现了这一趋势。当然，日本社会各界对修订案的意见不一，日本唱片协会认为，此举能够减少侵犯著作权的行为；而反对意见认为，行为人可能对其行为违反刑事处罚的规定的后果难以预见，而且这种制度很容易被滥用。对于对此类属于私人范畴的行为进行刑事制裁，也有反对的声音。2012 年 6 月修订案通过后，日本财务省、最高法院、民主党等官方网站相继遭到黑客攻击，声称对这些攻击行为负责的国际黑客集团 Anonymous 宣称，反对对网络下载行为给予刑事处罚，应当废除相关条款，修改后的日本著作权法损害了网络自由。不过，新法案的实施以及对著作权保护的强化已成事实。

美国强化版权保护的动因是多元的，但版权经济在其整个国民经济中扮演越来越重要的角色是最为重要的因素之一。有效的统计数据显示，即便在全球经济明显波动时期，美国版权产业亦呈现出相对明显的发展趋势，经济结构的考量无疑是我们认识发达国家著作权法制发展方向的一个不可忽视的视角。2012 年，美国知识产权领域一个引人关注的事件是，美国参议院司法委员会于 9 月 20 日通过了《创新设计保护法案》（Innovative Design Protection Act，IDPA），拟把版权保护的范围扩展到时装设计领域。当然，法案如欲最终成为美国版权法的一部分，尚需美国参议院和众议院的批准，而这一过程依然困难重重。类似的提案已经提出很多年了，尽管一直未获通过，提案的反复提出就表明了部分群体扩张版权保护范围的诉求。更何况，知识产权制度的演变历程告诉我们，这种面向立法机关的不断游说以及面向社会公众的连续宣传，已经成为知识产权法变革的常态。所以，对于这种有可能在后续发展过程中影响到世界知识产权法制进程的讨论，应当尽早予以关注。另外，2012 年 10 月左右，美国版权信息中心推出了版权警告系统，重点打击非法下载以及网上侵权盗版行为。尽管人们对该系统的有效性存在质疑，但这无疑是在互联网环境下对抗侵权盗版的一次积极的尝试。

世界最大的下载辅助商的创始人，因侵犯著作权犯罪而在跨国抓捕下最终入狱，以及原本为共享文化标杆国家在法律政策上的强势和明显变动，对于同类网站乃至世界范围内的反版权运动无疑是一种威慑。2012 年 9 月，世界著名的文件共享网站“海盗湾”的联合创始人哥特弗里德·斯瓦托姆·瓦里开始在瑞典服刑。“海盗湾”是世界范围内资源共享网站的代表，此类网站无疑与常规媒体公司乃至大多数版权商之间存在明显的利益冲突，其行为往往游离在著作权法制边缘，以至于成为世界反版权运动的标志。“海盗湾”是盗版党的前身，瑞典则是盗版党的发源地。另有消息称，目前瑞典政府有意进行一项立法改革，扩大对文件共享行为的刑事处罚。从另一个角度看，这些事件似乎表明了世界范围内强化著作权保护已成为一种不可扭转的趋势。

**二、重视使用者权益的主张**

维护著作权人的利益与保障公众接触和使用作品的权益是著作权法律制度必须兼顾的两个方面。在当今世界各国著作权法的变革过程中，与强化著作权保护的呼声相伴随的是重视使用者以及社会公众权益的主张。就这一问题的讨论，往往同时存在多种观点。法律的最终规定总是各方观点博弈和妥协的结果。除此之外，2012 年，在世界范围内著作权保护发展的同时，也体现出对使用者权益的保护。这反映出著作权领域多元价值目标的存在。

国际法层面，近来 WIPO 积极推动关系著作权限制与例外制度的一系列问题磋商与条约制定工作。2012 年末，WIPO 大会特别会议做出决定，拟于 2013 年召开一次外交会议，完成一部条约的谈判，为全世界众多视力障碍者和印刷品阅读障碍者获取版权作品提供更多方便。尽管在作品的商业可获得性以及国家之间怎样进行无障碍作品跨境转让的问题上依然存在较大争议，但 WIPO 在保护视力障碍者获取资源的权益方面的积极努力是有目共睹的。从目前的情况来看，可以乐观地预见，制定一项与此相关的国际条约已势在必行。与此类似，2011 年 11 月，WIPO 版权委员会已决定制定一项有关图书馆和档案馆例外与限制的著作权条约，并在决议中指出：“限制与例外是法定的版权灵活性，能够提供版权制度中受保护作品使用者和创作者之间的平衡。我们应当让图书馆和档案馆能够保存其藏品，支持教育与研究，借出资料，帮助残疾人行使其获取作品内容的权利。关于图书馆和档案馆的著作权上的限制与例外，对于获取知识，对于人类、社会和经济发展意义重大。”总的来说，WIPO 在国际条约的制定上一个非常突出的方向就是针对不同类型的公共利益，推动著作权的限制和例外制度的构建和完善，这无疑对强势的著作权保护的扩张构成一种缓冲。

国内法层面，2012 年初，美国《2011 年防止实时线上对经济创新能力的威胁和对知识产权的盗窃的法案》（Preventing Real Online Threats to Economic Creativity and Theft of Intellectual Property Act of 2011，简称 PROTECT IP Act，缩写为 PIPA）和《禁止网络盗版法案》（Stop Online Piracy Act，SOPA）的立法进程被双双搁置。按照这两项法案，网络服务提供商必须屏蔽带有盗版内容的网站域名，阻止网民访问含有盗版内容的外国网站，否则会面临惩罚。提出这两项法案的原因比较复杂，其中，法案通过后，可能导致网络内容审查从而妨碍言论自由和阻碍技术创新，是人们考量的一个重要因素。

在另一重要经济体欧洲，2012年5月2日欧洲法院裁决，计算机软件的功能及其使用的编程语言不受版权保护。该裁决来自美国赛仕软件研究所诉世界编程有限公司一案。相关专业人士认为，对于网络这样一个开放的市场来说，这次判决具有里程碑式的意义，从这次判决中，传达出这样一个信息：没有人可以垄断程序语言的编写方式和功能。该判决对于维持互联网和信息技术领域的开放环境具有积极意义。当然，也有反对意见认为，这有可能导致计算机软件领域“逆向工程”泛滥，加剧软件领域的侵权态势。更为重要的是，2012年7月4日，欧洲议会以478对39票的投票结果拒绝通过《反仿冒贸易协议》（ACTA），这意味着这项背着发展中国家、由发达国家单方面起草、试图取代原有多边条约的法律文件的生效可能会被无限期搁置。这一事件让欧洲各国一些反知识产权的团体和人士欢欣鼓舞，甚至被视为欧洲民主历史上的一个里程碑事件。与此同时，欧盟还专门通过了孤儿作品的相关法律，这为在网络世界中使用无主作品提供了一定方便。所有这些都表明即使在发达国家，对于知识产权制度，各方的态度也是不同的。

在2012年世界各国著作权法的变革与讨论中，还有很多涉及使用者权益的细节。总的来说，对公共利益的主张，对使用者以相对便利、经济的方式获得作为文化载体作品的权益的维护，是国际法与各国国内法层面近年来的共同呼吁，并且这种努力已经取得了有目共睹的成绩。但对比前述著作权法制发展的基本趋势即对著作权的强化保护可见，目前对公共利益的维护还很难说是国际著作权法制发展的主流。当然，作者权益与社会公众利益从来都是著作权法必须兼顾的两个方面，强化著作权保护的效力，与著作权的限制和例外一道，构成了世界各国著作权法制发展的宏观进程。不过，目前对著作权法限制与例外的强调，很大程度上是对日益强化的著作权保护的一种自觉或不自觉的反弹。在不断强化的著作权保护之下，类似与视障人士、图书馆和档案馆等有关的著作权限制制度的出现，是不断严苛的著作权制度的一线喘息之机。

**三、著作权法制发展与技术进步息息相关**

从世界范围来看，已经或者马上对著作权法进行不同程度修改的国家和地区还大有所在，而与著作权相关的争议在全球各地更是层出不穷。除了前述法律制定和实施方面的变化，2012年，全球范围内著作权法制的变化还有很多，这些变化的背后都与新技术的发展和进步密切相关。比如，2012年5月22日，印度颁布了版权修正法案，旨在保护文学和音乐作品所有人的权利。该法案受到众多歌手、作家、作曲家的欢迎，但一些唱片公司认为，有些规定对其极不公平。在修正法案颁布实施之前，版税收入通常都属于唱片公司，而新法案规定，50%的收入分给唱片公司，25%的收入分给制作商，剩下25%的收入由作词者和作曲者分摊。如此，唱片公司的收入会减少一半。很显然，立法上做出如此安排对唱片制造业无疑是雪上加霜，因为唱片公司面对互联网技术的严峻挑战已经是力不从心了，法律上再把其利润划走一半，会使唱片制造业难以维系。或许印度政府正是为了催生新兴产业，才通过这一法案作为催产剂。又如，2012年9月，欧洲议会通过了欧盟孤儿作品指令，2012年10月，欧洲部长会议也通过了该法案，这意味着该法案在欧盟公报发布后两年内，各成员国必须在本国实施这一法案。这一法案的通过无疑在一定程度上缓解了电子数据库建立过程中海量授权的困境。

在诸多对著作权制度直接产生影响的新技术中，以云技术为代表的信息技术无疑是影响最大的。尽管新技术没有改变我们对于著作权法基本价值原则的判断，但技术的改变无疑丰富了作品的储存载体与传播手段，在纸媒时代建立起的一些具体的著作权法律制度和规则已经不能十分融洽地适应新的技术环境了。可以预见的是，著作权法乃至整个知识产权法在未来一段时间内的变革，很大程度上是对在坚持基本原则与架构的基础上如何应对新技术的讨论，我们甚至不能完全排除，新技术的不断出现所可能带来的对著作权法运行模式的冲击乃至动摇。以近年来发展迅速并引起著作权领域相当关注的云技术为例，该技术的出现和普及，改变了著作权法保护对象的储存与使用方式。由此可能带来的变化是，在传统媒体时代和互联网时代屡禁不止的盗版情况，在新的技术环境下有可能因为技术手段的革新得到缓解。如果云存储与云计算在作品的存储和使用中得到大范围推广，著作权人只要强化对“云”的监管，就有可能阻止侵权作品的传播和利用，而不必针对具体的互联网用户进行事实上不可能实现的一一监督。对于计算机程序作品，用户甚至不需要复制或传播该作品，只需把需求发至云端，待所有的计算在云端计算完毕，把结果传回用户终端即可。因此，对于计算机程序这类实用作品，复制权或传播权都没有实际意义了。但问题的另一方面是，云技术也有可能带来或强化信息时代的市场垄断和侵犯隐私问题，对此正反两方面我们都应当积极关注。

总而言之，著作权领域的最新发展，主要集中在两个维度上：横向来看，是著作权人与作品使用者利益关系的进一步博弈，这其中也包括了不同发展水平的国家在国际层面上就知识产权法制发展方向的博弈，多元力量的沟通与碰撞推动着著作权制度的构建及其实施走向成熟和细致；纵向地看，新技术的不断出现，冲击着现行著作权法律制度的运作环境，著作权法必须对新技术的相关问题进行回应。当然，著作权法制在这两个维度上的变革并不是截然分开的，而是紧密联系的，著作权人与社会公众利益的动态平衡，正是以技术革新为社会背景。在这两个维度上，世界著作权法律制度更会呈现出何等样态的波澜壮阔之景象，我们拭目以待。

（作者系中国人民大学知识产权学院副院长）

# 2012年国际版权动态

## ◆ 立法与行政

**【《反假冒贸易协定》在欧洲举步维艰】**

2012年1月26日，在东京举行的一项签约仪式上，欧盟及其22个成员国代表共同签署了《反假冒贸易协议》(the Anti-Counterfeiting Trade Agreement)。

《反假冒贸易协议》是一项多边贸易协定，它旨在通过建立新的、更严格的知识产权国际保护标准以对侵犯知识产权的行为进行有效制裁。此前共有澳大利亚、加拿大、日本、韩国、墨西哥、新西兰、新加坡和美国8个国家签署加入这一协定。

对该贸易协定持反对态度的人认为，这项贸易协定的相关条款超出了《与贸易有关的知识产权协定》(TRIPS协定) 中的知识产权保护水平，可能会对人们获取药品及在数字环境下的基本自由造成不利影响。

欧洲议会议长马丁·舒尔茨 (Martin Schulz) 亦表达了对该贸易协定未能就知识产权保护与网民的自由权利进行恰当平衡的担忧，认为现有贸易协定的内容并不太合适。

许多欧盟成员国如德国、波兰、捷克和斯洛伐克都推迟了各自的国内进程以便进行更广泛的讨论。不同的是，德国和斯洛伐克推迟了签字，而捷克和波兰则推迟了对该贸易协定的通过。

此外，2012年2月14日，荷兰议会要求在彻底查明该贸易协定不与基本权利相冲突之前政府不得签署。在部长会议决定是否采纳该贸易协定之前必须经欧洲议会的同意，欧洲议会计划在2012年夏季举行。

(信息搜集：朱苗苗；编译：裴景霄。

资料来源：http://www.mofa.go.jp/policy/economy/i_property/acta1201.html；http://ictsd.org/i/news/bridgesweekly/125547/)

**【欧盟委员会拟定版权框架时间表】**

欧盟委员会已经为版权管理阐明了新的欧盟法律框架图。

2012年1月30日，欧盟内阁专员（内部市场事务专员）米歇尔·巴尼耶 (Michel Barnier) 的副官克斯廷·卓尔娜 (Kerstin Jorna) 在音乐产业贸易中心Midem发布了上述消息。

卓尔娜证实欧盟打算在2012年4月提出版权集体管理欧盟法律框架，并计划在2012年9月开始修订实施指南。

德国音乐著作权协会 (GEMA) 称："未来的法律框架还应为协会创造一致条件以管理版权并简化在线领域的权利跨界管理。"

为管理版权的协会创造欧盟法律框架，GEMA首席执行官哈拉尔德·赫克 (Harald Heker) 对此消息表示欢迎。这是GEMA很长时间以来在布鲁塞尔所提倡的事情："为了创造良好的法律保护，让管理版权的协会彼此开展合作以及确保公平竞争的一致条件，有必要实施一项欧洲计划。"

瑞典作者集体管理组织 (STIM) 的首席执行官兼国际作者作曲者协会联合会 (CISAC) 的董事会主席肯斯·穆尔丁 (Kenth Muldin) 把欧盟委员会的计划描绘成"一个非常好的主意"。同时，他强调指出，就文化多样性而言，尤其是版权管理，中小协会依赖于互相合作。GEMA在德国代理着6 400多万成员（作曲家、文本作者和音乐出版人）的版权。

(信息搜集、编译：中国保护知识产权网。

资料来源：http://www.musicweek.com/story.asp?sectioncode=1&storycode=1048343&c=1)

**【在瑞典下载电影或许会被起诉】**

2012年2月16日，瑞典政府有意进行一项立法改革，这一改革有可能使瑞典成为世界上文件共享立法最严厉的国家之一。如果政府把这一改革付诸实践的话，入罪的门槛则会大为降低——文件共享行为可能构成犯罪。在不久的将来，即便只是简单地下载一部电影也可能被当局以及版权所有者找麻烦。

近十年来，瑞典网民一直置身于文件共享文化的大潮流中，近期更是与海盗湾及类似网站紧密相连。这一现象引起了世界著名娱乐公司的关注，这些公司在过去几年中不停地游说、要挟瑞典政府对文件共享网站以及文件共享者采取更为严厉的惩罚措施。

针对此提案，一位负责版权侵权行为调查的检察官亨里克·拉斯穆森（Henrik Rasmussen）说："我不必再对所调查的违法行为的严重程度进行评估了，有了 IP 地址，无论犯罪行为的轻重，我都可以得到嫌疑人的信息。即使你只是从一个非法资源处下载一部电影，也触犯了版权法。因此，可能被警方调查、审讯、指控和定罪。"

此外，瑞典盗版党（The Pirate Party，瑞典人发起的一个激进的版权改革政党，其宗旨是从根本上改革版权法，废除专有制度，确保公民的隐私权）的创立人瑞克·福克文奇（Rick Falkvinge）也对此发表了自己的看法。他认为，该提案的提出显示了瑞典政府对美国一如既往的言听计从。"美国驻瑞典大使馆的电报中一份清单上的第九条内容表明，瑞典政府这么做是为了避免美国的贸易制裁。"他还指出，"当我们把小说《1984》与数据保留指令（the Data Retention Directive）联系起来，会发现现实远比小说中描述的对公民的监控严重得多。在那本小说中，如果政府没有发现你在做某件坏事，那么即使你做了，你也是安全的。然而，现在有了这个法律和数据保留技术，即使没有在第一时间发现你的所作所为，政府也有能力回放你当时的行为。我们的公民权利摇摇欲坠，我们正在陷入一个非常危险的境地。"

（信息搜集、编译：黄祎。

资料来源：http://torrentfreak.com/single-movie-download-could-see-swedes-prosecuted-120216/）

**【美国发布年度特别 301 报告】**

2012 年 4 月 30 日，美国贸易代表办公室（the Office of the United States Trade Representative，OUSTR）发布了一年一度的"特别 301 报告"，其中对世界软件盗版现象最为猖獗的地方给予了政治关注（political attention），详细列举了对知识产权保护不足、执法不力的贸易伙伴的名单，显示了美国贸易代表办公室在世界范围内支持和促进知识产权保护的决心。该报告对一系列问题表达了广泛的担忧，包括可能会使在中国的美国权利人处于不公正和不利地位的"自主创新"政策，在加拿大、意大利、俄罗斯等国家持续存在的版权挑战，以及许多贸易伙伴正在面临的知识产权执法问题。

中国知识产权政策是中美两国贸易伙伴之间反复争论的焦点。2012 年，中国仍然是 13 个重点观察国家之一。

美国方面承认，2011 年中国的知识产权保护形势的确有所好转。特别是中国政府持续开展始于 2010 年的知识产权专项行动，目标领域取得了一些进步。2011 年 11 月，温家宝总理宣布，通过设立由国务院领导的知识产权执法机构，知识产权专项行动会长期进行下去。知识产权专项行动的一个重要部分就是计算机软件相关的立法工作，旨在保证政府机关所用的软件都是合法的、经过许可的。这些努力确有成效，美国软件公司认为，中国政府的软件销售量已经在平稳增长。此外，中国的网络巨擘百度与国际音乐著作权人达成了一项具有里程碑意义的协议，确保其在线音乐论坛传输内容的合法性。遵循该协议，美国贸易代表办公室把百度从"恶名市场"名单中移除。2012 年 4 月 22 日，中国最高人民法院全文公布了《关于审理侵犯信息网络传播权民事纠纷案件适用法律若干问题的规定（征求意见稿）》，美国对此深表赞赏。该规定旨在规范网络用户、网络服务提供者侵犯著作权的行为，以及对其他侵权情形的认定。美国期待着这一司法解释早日颁布实施。

尽管取得了这些进步，中国的知识产权保护和执法仍面临着重大挑战。肆虐的伪造、仿冒商标和猖獗的盗版，包括网络盗版，仍然是执法的重中之重。

中国知识产权保护的现状和知识产权政策，加上中国消费市场的规模、全球重要生产者的地位，意味着中国对知识产权的保护和执法情况必须处于美国贸易政策的特别关注之中。在可预见的未来，这些问题仍然是中美双方商讨的优先议题。

与往常一样，报告引发了不同的反应。支持者坚称这份报告是保护美国经济利益的关键。国际知识产权联盟（the International Intellectual Property Alliance）的律师史蒂文·梅塔利茨（Steven J. Metalitz）评论道："美国贸易代表办公室的报告，强烈显示着政府保护美国国家最宝贵财富的承诺。"与此同时，批评者认为，这份报告受行业组织的过多影响，它不妥当地推动发展中国家采用美国式的知识产权政策和立法，反而会损害到这些国家的公共政策目标。

（信息搜集、编译：刘丹。

资料来源：http://www.ustr.gov/about-us/press-office/reports-and-publications/2012-2；http://ictsd.org/i/news/bridgesweekly/132876/；http://www.bsa.org/country/News% 20and% 20Events/News% 20Archives/en/2012/en-04302012-special301.aspx；http://www.publicknowledge.org/blog/2012-special-301-report-continues-do-bidding-）

【韩国在菲律宾建立海外著作权办公室】

2012年5月10日，韩国为了在东南亚国家维护其版权作品和娱乐产业的利益，韩国著作权委员会在菲律宾马卡蒂市马尼拉金融中心建立了它的第四个海外著作权办公室。此前，韩国著作权委员会已经在北京、上海和泰国的曼谷建立了著作权办公室。韩国建立海外著作权办公室的目的在于加强韩国与海外国家之间的著作权保护和促进交易；加强双方著作权相关团体在实践方面的交流与合作；建立亚太地区著作权领域合作关系；保护韩国娱乐产业以及著作权人在海外的利益。

韩国著作权委员会希望通过马尼拉办公室的建立，促进菲律宾境内的韩国作品的合法消费。这些作品包括音乐、电影和电视剧等。韩国的流行音乐和电视剧在菲律宾大受欢迎。著作权委员会强调，他们希望通过著作权办公室的成立来教育艺术家和企业团体能够正确评估自己的作品，以便从音乐、电影、文学作品的使用中获益。

（信息搜集：姜丽丽；编译：甘露、姜丽丽。

资料来源：http://www.ip-watch.org/2012/05/14/amid-%e2%80%9ckorean-wave%e2%80%9d-korea-opens-ip-office-in-the-philippines/；http://www.ip-watch.org/2011/12/01/philippines-ip-office-cannot-issue-injunctions-on-counterfeit-claims/）

【印度版权修正法案受到音乐创作者欢迎】

2012年5月22日，印度议会颁布了版权修正法案（The Copyright（Amendment）Bill，2010），旨在保护文学和音乐作品所有人权利。该法案受到众多歌手、作家、作曲家的欢迎，但一些唱片公司认为有些规定对其极不公平。

2012年4月6日，因人力资源发展和信息广播部就某些规定提出异议，该版权法案被推迟审议，后在5月10日再次被审议，最终于5月22日由议会颁布。

该版权修正法案引发了娱乐界的诸多争议。创作者们对此法案纷纷表示支持，认为其颁布非常有必要，艺术家必须得到应有的回报。作曲家洛伊·门多萨（Loy Mendosa）认为，“这部法案涵盖了印度的每一位音乐家，包括一切为印度电影作出贡献的人，引入了国际规则”。但唱片公司对此法案并不欢迎，因为在修正法案颁布实施之前，100%的版税收入通常都属于唱片公司，而新法案规定，50%的收入分给唱片公司，25%的收入分给制作商，剩下的25%的收入由作词者和作曲者分摊。如此一来，唱片公司的收入会减少大半，由此引发了唱片公司的极大不满。有的唱片公司负责人表示，“这对电影和音乐行业极不公平，以后会成为大问题，导致很多诉讼，整个方案需要从头至尾重新评估”。

（信息搜集、编译：李婕。

资料来源：http://twocircles.net/2012may22/music_creators_welcome_copyright_amendment_industry_unhappy.html；http://www.firstpost.com/india/lok-sabha-gives-nod-to-strengthened-copyright-law-317758.html）

【加拿大版权法案在下议院获得通过】

加拿大哈珀政府期待已久的版权改革法案终于在下议院获得批准。

这部C-11法案在2012年6月18日晚间11点之前通过了下议院第三次审查的最终表决，表决结果是158票赞成，135票反对。

法案随后立即被提交给参议院。由于保守党在参议院占多数席位，法案有望能够快速通过参议院的所有审查阶段。法案对包括音乐、视频、电子书和软件在内的数字内容的生产、销售、分销和消费都会产生广泛的影响。法案允许消费者出于个人用途对受版权保护的作品进行复制或备份，但是其中也包含了“数字锁”规定，该规定将允许权利所有人对复制的权利进行限制或禁止，即便是出于个人用途的复制。

法案还禁止了规避上述数字锁的行为，并对个人侵犯版权的情况设置了罚金。

当C-11法案于2011年秋天被提出时，加拿大遗产部部长詹姆斯·摩尔（James Moore）曾说，他此次是重新提出这份法案，内容与之前提出的完全相同。2011年联邦选举时各方曾呼吁充分利用委员会讨论的时间，上一份法案就是在这一背景下被终止讨论的，其实当时委员会已经进入了对法案的审查阶段。

法案还经过了下议院一个特别小组的二次审查，该小组是专门为了审查比较复杂的条款而设立的。

下议院保守党议员们提出了八点修改意见，并且运用他们占多数席位的优势使这些意见获得了通过。这些修改大多数都是技术层面的，在有些情况下使得法案与行业标准更加相符。

保守党对这部法案再次使用了“时间分配议案”，使其终于在周一晚间通过了最后的投票。

*版权改革也是贸易问题*

人们对版权改革的呼声已经持续了很长时间。

自 1997 年起，加拿大《版权法》就没有进行过更新，而 1997 年以前，加拿大个人、艺术家和商人们如今广泛使用的数字技术甚至都还没有被发明出来。

加拿大更新版权法的缓慢步伐使欧盟和美国等加拿大贸易伙伴感到不快。

通过上述法案被视为加拿大加入新兴的《跨太平洋伙伴关系协议》（TPP）的一个重要先决条件。加拿大宣布全面加入 TPP 谈判的声明即将在 6 月 19 日墨西哥洛斯卡沃斯的 20 国集团峰会上进行发布。

为 C-11 法案进行游说的美国财产权人认为当前的法案条款还应该变得更加严格一些，但摩尔称，C-11 已经在内容创作者和用户之间架构了一个合理的平衡。

在 6 月 19 日的最终投票之前，摩尔称，"对消费者来说改变是巨大的"，他提醒记者关注那些对加强版权法规表示支持的艺术家。

这位遗产部部长说道："此次版权法案的通过对我们继续扩展优势、通过国际贸易获得更多就业岗位将是十分重要的。"

（信息搜集、编译：中国保护知识产权网。

资料来源：www.cbc.ca/news/politics/copyriqht-bill-finally-clears-commons-1.1191571）

**【日本著作权法修订案实施后各界反响不一】**

2012 年 6 月 20 日，日本参议院通过了著作权法修订案，于 2012 年 10 月 1 日开始实施。其修改内容最引人关注之处在于认定擅自下载网络音乐、影像行为违法，违反者可能面临刑事处罚。具体规定如下：

1. 从网络下载未经授权的音乐和影像文件，可能面临 2 年以下拘役或 200 万日元以下的罚款。

2. 从防拷贝 DVD 中压缩影像文件到个人电脑终端也属于违法行为。

修订案反映了日本著作权法在网络下载方面的规定日趋严格。事实上，日本著作权法的几次修改都体现了这一趋势。2009 年末，日本著作权法对违法上传行为作出刑罚处罚规定；2010 年 1 月，开始规定擅自下载为违法行为，但并未归入刑罚处罚范围；从 2012 年 10 月 1 日起，违法下载也被纳入刑罚处罚范围。对于日本著作权法修订案，社会各界反响强烈，意见不一。

日本唱片协会表示欢迎，希望能减少侵犯著作权的行为

对于修改后的著作权法中"违法下载可能面临刑事处罚"这一规定，日本唱片协会表示欢迎，希望能够减少侵犯著作权的行为。如今，互联网上充斥着未经授权的音乐、影像文件。虽然现行法律规定明知盗版还进行下载的行为违法，但是 2010 年通过下载网站或文件共享软件非法下载的文件多达 43.6 亿个，是正规合法下载的 10 倍，造成的损失超过 6 683 亿日元。

网民表示不满，认为处罚条款可操作性不强

对于"下载盗版作品属违法行为"的规定，2012 年 2 月进行的舆论调查显示，从高中生到 40 岁的人中有 47%对此并不了解。现在对此行为突然增设了罚则，理论上众多网民可能在毫无准备的情况下面临刑罚。

此外，处罚条款的可操作性也备受质疑。进行处罚的前提是知道下载的为盗版文件。但是一般网民难以分辨网上的文件何为正版，何为盗版。日本唱片协会推出过一个"L 标志"，只有获得授权的文件才可以使用，以此区分盗版。但是"L 标志"制度并没有完全普及，许多网民并不清楚是否有该标志。另外，在海外网站上、下载音像文件更无法辨别文件是否经过授权。即使确知为盗版并进行了下载，若面临诉讼时，一口咬定并不知情，对此也难以举证。大多数网民认为这是对自身权益的损害，表达了强烈的不满。

律师协会反对违法下载入刑，担心该项规定会被滥用

有法律界人士担心，该项规定会被滥用，侵犯网民的正当权益。由于违法下载属于自诉案件，提起诉讼后，被告电脑等终端设备就可能会作为证物被调查，隐私就可能受到侵犯。

日本律师联合会也发表声明，反对对违法下载进行刑事处罚。日本律师联合会认为，首先，对私人范畴的行为进行刑事处罚必须慎之又慎，个人违法下载不进行扩散的话，对知识产权的损害微乎其微，不至于进行刑事处罚。其次，加大对违法上传的处罚力度，普及保护著作权的知识等非强制手段也可以减少违法下载行为。日本律师联合会还对立法程序提出了质疑，指出针对互联网立法牵涉面广，对国民生活影响深远。

日本律师联合会还提出，著作权法修订案在提交众议院文部科学委员会后，没有经过充分论证就草率地加入了对非法下载给予刑罚的相关内容，只用了不到一周的时间就在两院强行通过，作为新的著作权法实施，有悖立法程序。

黑客集团主张网络自由，要求废弃相关规定

2012 年 6 月，修订案通过后，日本财务省、最高法院、民主党等官方网站相继遭到黑客攻击。国

际黑客集团 Anonymous 声称对此负责，宣称反对对非法下载给予刑罚，要求废除相关条款，否则不会停止行动。黑客攻击从日本时间6月26日凌晨2时左右开始。日本内阁官房信息安全中心首先发现日本财务省网站受到非法入侵。财务省确认网站被输入非法信息后，于下午2点关闭了“国有财产信息公开系统”网站。从6月26日上午开始，最高法院的网站处于无法登录的状态。

这些攻击人涉嫌违反《禁止非法存取法》，但对攻击事件的称赞正在互联网上迅速扩散。Anonymous 主张“互联网完全自由”，认为修改后的日本著作权法损害了网络自由，因此进行攻击。Anonymous 当时在其微博及网站上申明会将攻击一直持续下去，直到日本放弃对非法下载给予刑罚的条款。他们对著作权法本次的修订表示反对，“不管是谁下载了受著作权法保护的音乐和电影等都有可能受到刑罚处罚，这种法律会导致无数的无辜市民被判处不必要的刑罚”。Anonymous 还对日本音乐著作权协会要求互联网服务提供商引入自动检测盗版音乐文件的程序进行批评，称该程序是一种侵犯个人隐私的监控技术。

（信息搜集、编译：王召闻。

资料来源：http://www.finetpat.com.tw/chinese/default.asp? ID=2880；http://www.yomiuri.co.jp/komachi/feature/20120906-OYT8T00659.htm；http://www.yomiuri.co.jp/otona/life/law/20120723-OYT8T00960.htm；http://www.yomiuri.co.jp/otona/life/law/20120723-OYT8T00961.htm；http://www.ipr.gov.cn/guojiiprarticle/guojiipr/guobiehj/gbhjnews/201208/1692953_1.html）

**【瑞士规定非商业性下载盗版内容属合法】**

在瑞士的版权保护法律下，下载盗版内容，只要是个人使用而不是用来商业牟利就是合法的。瑞士政府委托独立的第三方对盗版下载的影响进行了研究，研究结果表明，盗版下载者把更多的钱花在了其他的合法娱乐产品上，因此，研究报告支持瑞士政府维持现存的版权保护法律。

在通常的行业研究报告里，充斥的都是盗版导致失业和收入损失的抱怨，瑞士政府委托的这项研究，与行业委托的研究结果截然不同。

研究报告称，在瑞士15岁以上的人口中，下载过盗版音乐、电影和游戏的约占1/3，然而这些人的消费并没有因此减少，他们将娱乐的预算都转移到了其他方面，这意味着盗版下载与其他娱乐产品存在着互补性，比如盗版音乐下载者会更频繁地去听现场音乐会，盗版游戏下载者同时会购买更多的正版游戏，而一些不太知名的乐队则通过文件分享扩大了知名度和影响力。

这份研究报告还对其他国家近期通过的反盗版法律法规进行了评论，比如法国的网络著作权保护法《创新与互联网法》（简称 HADOPI 法案），并且质疑了这些著作权法中的“三振条款”的合法性，因为联合国人权委员会已经将互联网接入认可为基本人权之一，ISP 禁止用户的网络接入有侵犯人权的嫌疑。

（信息搜集、编译：周益。　资料来源：百道网）

**【欧洲议会否决了《反仿冒贸易协议》】**

2012年7月4日，欧洲议会以478对39票的投票结果永久性拒绝通过《反假冒贸易协议》（以下简称《协议》），这意味着这项拥有争议性的协议也会在全球范围内被废止。这被欧洲和世界公民看作欧盟民主历史上一次新的胜利。在表决之前，一场抵制上述有争议性的协议，旨在加强知识产权执法的联合运动曾在欧洲各国轰轰烈烈地开展。

2008年，《协议》最初是为了处理全球贸易中的仿冒商品而拟定的，但是在4年的谈判过程中，它逐渐演变成了一项旨在处理互联网盗版的协议。虽然这项协议中的许多较具争议性的处理网络著作权侵权的措施后来被删除，如强制互联网服务提供商（ISP）切断重复侵权人的网络接口等，但是批评者认为，该协议仍然涉及对公民权利和互联网自由的侵犯。因此，欧洲各地包括波兰、德国等都掀起了大量的民间抗议活动，导致各国纷纷停止对该协议的签署。

2012年6月22日，欧洲议会委员会否决了该协议，给了其致命打击，紧接着联邦国际贸易委员会（INTA）提议欧洲议会也应否决这项决议，在7月4日的最终投票中，《协议》被永久性否决。这项协议之所以受到质疑乃至最终被否决，主要因为其中的很多规定过于宽泛，可能带来广泛的监控，进而侵犯网络用户的隐私权。正如欧洲议会委员会委员大卫·马丁所言，这不是一个反对知识产权的表决，欧洲必须保护自己的知识产权，但是《协议》留下了很多模糊之处，且其对违法版权的制裁是不合理的。该协议得到否决的过程并不是一帆风顺的，最终的结果反映了在知识产权保护与公民权利保护之间的协调，并不能因为对特殊利益阶层的过分保护而损害普通公众的利益。

（信息搜集、编译：孙仁玲。

资料来源：http://torrentfreak. com/acta-is-dead-after-european-parliament-vote-120704/; http://www. ipworld. com/ipwo/doc/view. htm? id = 285778&searchCode = S&searchPage = advanced _ search&allWords = ACTA&pageSize = 25&sort = date; http://www. ipworld. com/ipwo/doc/view. htm? id=286304&searchCode=S&searchPage=advanced _ search&allWords = ACTA&pageSize = 25&sort=date)

**【美国《创新设计保护法案》拟使版权保护范围扩至时装设计】**

2012 年 9 月 20 日，美国参议院通过了《创新设计保护法案》（Innovative Design Protection Act, IDPA)。该法案拟使版权保护的范围扩展到时装设计领域。时装设计的定义为：外观作为一个整体的服饰，包括男士、女士和儿童的衣服，包括内衣、外衣、手套、鞋类、首饰、手袋、皮包、钱包、手提包、皮带、眼镜框等。鉴于其他国家已经为时装设计提供了法律保护，该法案的通过会对美国的时尚产业提供潜在的鼓励和支持。

根据美国以往的判例，在不考虑设计的基础上，服饰的形式与形状被认为是功能性的，服饰一直以来通常被认为是实用性的并不受保护。该法案试图修正版权法第 13 条关于原创设计保护的规定，把时装设计作为一种特殊的受保护的设计类型。

该法案的通过并非毫无悬念，一些人士认为，该法案的通过会面临一场苦战，因为并非所有人都支持该法案，包括一些连锁商店和仿冒品销售商。当然，设计师和时装产业是该法案的忠实拥趸，诸如美国时尚设计师委员会（the Council of Fashion Designers of America）和美国服装与鞋类委员会（the American Apparel and Footwear Association）都非常支持该法案的通过。该法案的提交者——美国参议员查尔斯·E·舒默（Charles E. Schume）声称，该法案得到国内时尚界大股东们坚定不移的支持，他们会全力以赴，确保该法案的通过。

（信息搜集、编译：刘丹。

资料来源：http://www. govtrack. us/congress/bills/112/s3523/text; http://smallbusiness. jdsupra. com/post/innovative-design-protection-act-targets-fashion-knockoffs; http://cfda. com/the-latest/innovative-design-protection-act-reintroduced; http://www. iplawalert. com/2012/10/articles/copyright/protecting-fashion-designs-the-innovative-design-protection-act-of-2012/)

**【欧盟通过孤儿作品法案】**

2012 年 9 月，欧洲议会通过了《欧盟孤儿作品法案》，同年 10 月，欧洲部长会议也通过了该法案，该法案的通过意味着在欧盟公报发布后两年内，欧盟各成员国必须在本国实施这一法案。

孤儿作品是指可以作为著作权保护对象，但作者身份不明的作品。目前，许多孤儿作品保存在图书馆或其他公共机构中，此前由于著作权的限制，在著作权保护期内这些作品未经许可无法数字化或以其他方式使用。新通过的这项法案会促进这些作品的数字化使用以及合法的跨网利用。

作品被数字化后，前来主张著作权的权利人有权就作品的使用获得补偿，根据欧盟部长会议的说法，考虑到“受益机构的使用是非商业性质的”，补偿的标准和条件由各成员国自行确定。

英国在制定新的孤儿作品法案时有不同的计划，即收藏于图书馆、大学和博物馆等场所的作品不仅可以非商业性使用，也可以商业性使用，只不过在对孤儿作品进行商业性使用时需要支付一定的费用。

（信息搜集、编译：温迪、孙仁玲。

资料来源：http://www. out-law. com/en/articles/2012/october/eu-laws-on-orphan-works-given-final-approval/)

**【哥伦比亚修改知识产权法】**

2011 年至 2012 年间，哥伦比亚知识产权法几经修改，部分原因是需要吸纳不同的国际协定，例如，商标法条约、马德里协定以及与美国签订的自由贸易协定。其主要修改内容如下：

1. 2011 年第 1450 号法令规定，在作者同雇主或者委托方就作品中的财产权利未达成一致意见时，此权利属于后者。

上述财产权利的转移需要满足两个条件：

（1）存在书面的劳动合同或民事合同；

（2）作品必须与雇主或委托方一般性活动有关。

新规定明显借鉴了盎格鲁—撒克逊法系，在未就雇佣作品的版权达成合意的情况下，版权自动由雇主或公司享有。然而，此次修改并未就所涉及的作品种类做出区分。为此，新规定适用于依劳动合同或者民事合同所创作的各种作品。

2. 作者财产权转让合同或排他性许可协议的附

属条款。

在当事人就合同的签订地及履行期间未达成一致意见的情况下，根据2011年第1450号法令规定，适用当事人签订合同地法律，行使财产性权利的标准期限为5年。

3. 自由贸易协定在著作权法上的实施。

哥伦比亚法律中已存在大量有关著作权法实施的规定，把这些规定整合于一部法律中有些不切实际。然而，涉及一些实施规定的修改表现在以下几个方面：

法人著作财产权存续期间由50年延伸至70年；

哥伦比亚周末及假期公共频道电视节目比重由50%降低至30%；

对规避技术保护措施的行为作出一定的例外规定。

4. 履行马德里协定。

2012年8月20日，马德里协定在哥伦比亚生效，哥伦比亚成为自古巴之后第二个在其国内法中采用该国际协定的拉丁美洲国家。该协议的履行明显降低了本国及外国的申请成本，同时还对其他拉丁美洲国家就是否采纳此协定产生了示范作用。

5. 申请工业财产权的大量程序被废除，例如：

不再要求提交公证以及证明合法性的文书；

不再要求提交法律资格证书以及委托书；

不再要求提交正式译本。

6. 商标多类申请、分开申请、记录和存档日期。

多类申请不仅适用于商标，而且适用于商业标语；

允许对国际标准分类中的相同或不同种类的商品或服务进行分开商标申请注册；

与商标注册有关事项的费用降低50%；

取消商标申请再议程序；

对商标注册存档日期作出规定。

（信息搜集、编译：刘亚飞。

资料来源：http://www.herreradiaz.com/en/archives/1289）

**【美国版权局允许使用iPhone手机“越狱”，但不适用于iPad】**

2012年，美国版权局出台新的政策支持智能手机“越狱”的合法性，并且允许运行未经授权的应用程序，但是这一规定并不适用于平板设备。

这一规定对那些数字权利用户者来说未免有些失望，因为他们希望在游戏机、平板电脑、DVD放映机以及其他设备上享有同样的特权。该项规定是美国版权局对《数字千年版权法案》(DMCA)豁免审查中的一部分。此项审查每三年进行一次。《数字千年版权法案》于1998年通过时赋予版权局一定范围的修改权。此修改权只有在版权局认为该法案脱离消费者的需求时才得以行使。

最初，DMCA禁止规避数字锁，例如DVD上设置的限制在不同区域播放的数字锁。这种数字锁在Apple产品上尤为普遍，例如iPhone系列产品，因为Apple公司仅允许在其产品上运行由App Store提供的应用软件。美国苹果公司认为，允许所谓的“越狱”行为，侵害了该公司的版权。

电子自由基金会(EFF)曾经致信美国版权局说，“现在有许多法规可以证明使用者在某一设备上越狱或者改变root权限并没有侵权，范围不仅包括在设备上安装没有授权的应用程序，也包括根据消费者的需要改变手机的外观或者在手机里植入一个手电筒(程序)”。

然而，商业软件联盟(BSA)的成员包括苹果公司也向美国版权局致信要求制定更为严厉的法规。“越狱能够在移动设备上安装并运行盗版应用程序，这种剽窃行为与对TPM(技术保护措施)的规避行为有着直接联系，越狱是窃取应用程序价值的先决条件。”

版权局透露说，在2015年之前，消费者把小部分DVD和CD光盘内容用于非商业目的的行为是允许的，但是禁止把内容在格式上进行“空间位移”，例如把整个DVD内容复制到iPad上。

EFF对这一观点表示非常欢迎。但是另一数字权利组织“公共知识组织”对此表示非常失望，他们认为，非商业目的的“空间位移”并没有侵犯版权。

（信息搜集、编译：兰云、刘亚飞。

资料来源：http://www.ipworld.com/ipwo/doc/view.htm?id=312269&searchCode=C&channelID=copyright）

**【世界知识产权组织成员国计划达成保护视障人士的条约】**

2012年10月19日晚上，经过三天的非正式讨论，世界知识产权组织成员国会议结束。该次会议成功地拟定了一系列文件草案，这些内容可能会成为保护视障人士的条约内容，也留下了一些工作需要进一步落实。其中，饱受争议的是为视障人士提供阅读教育材料的机会，这对版权保护提出了一些例外和限制。

在最后达成的文本中，对部分条款已达成了共识，如关于条款 A 中“可访问的格式复制”的定义等问题。对有些问题也存在不同的意见，如条款 B 中关于义务的性质和范围。据消息人士透露，巴西、印度、欧盟、尼日利亚和美国已经同意携手努力达成同一种语言，并于下届世界知识产权组织著作权及相关权常设委员会（SCCR）会议时提交。

会议主席、利比亚的使者达林顿·姆瓦佩（Darlington Mwape）说道，其他成员国受邀于 10 月 29 日前把意见递交给工作组，这样 11 月 12 日之前就会有一些语言文本递交到世界知识产权组织秘书处了。另外，授权实体、跨境交流和《伯尔尼保护文学和艺术作品公约》中关于限制、例外的解释存在争议。还有一些条款并未充分讨论，原因是缺乏时间进行深入讨论，比如说条款中关于合理价格的定义。

在会议进程中，非政府组织并未参与协商，大部分讨论都没有公开进行，也无其他的观察员加入。美国出版者协会政府事务的总顾问及副主席艾伦·阿德勒（Allan Adler）说，由于整个过程无法听取，并且也很难从工作文件中获取信息，所以想要跟上节奏十分困难。世界盲人联合会的成员说，尽管他们并未参与直接讨论，但成员国常常向他们咨询，所以他们觉得自己也是其中一员。然而，世界盲人联合会的成员说，一个重要的方面是“授权实体”应当包括所有的组织，使其有权利为视障人士提供教育材料，应当包括发展中国家的小型组织。欧盟也正在积极地制定相关条约，但欧盟成员在制定条约前需要对本次会议文本进行评估。一些国家很有可能会选择加强知识产权保护，而不惜以数百万盲人的利益为代价。

在会议闭幕式上，一位工业界代表呼吁成员国应积极追求以下两大目标：1. 为视障人士增加获取图书的机会；2. 制定的文本与世界版权保护的框架保持和谐。

（信息搜集、编译：董芳。

资料来源：http://www.ip-watch.org/2012/10/19/minimal-progress-apparent-on-visually-impaired-treaty-text-at-wipo/）

**【菲律宾试图扩展版权法的保护范围】**

2012 年 11 月 13 日，菲律宾参议院批准了一项法案，该法案试图扩大版权法中侵权行为认定的范围，版权法侵权条款包括共同侵权、情节严重的规避技术措施和权利管理信息。该法案还包括有关技术保护措施和权利管理的新规定，这些规定均符合《世界知识产权组织版权条约》和《世界知识产权组织表演和录音制品条约》的规定。此外，这些新规定还赋予了菲律宾知识产权局新的使命——监督集体管理组织。

虽然该法案旨在加强版权执法，然而该法案还呼吁扩大版权法合理使用条款的范围，确保失明及视障人士可以非商业化地利用版权作品。

此外，在该法案获得批准的前一周，参议院批准了第 2842 号法案，呼吁成立一个专门的版权局，如果这项措施成为法律，那么新的版权局职能会高于目前负责监管知识产权保护的机构——菲律宾知识产权局。新的版权局的使命是进行政策和规则的制定、评审、研究和教育。

在菲律宾总统签署这项法案前，该法案还需要得到菲律宾众议院的批准。

（信息搜集、编译：李婕。

资料来源：http://www.nzherald.co.nz/nz/news/article.cfm?c_id=1&objectid=10799990；http://www.ehow.com/list_6705208_copyright-laws-philippines.html）

**【澳大利亚呼吁放宽版权保护范围】**

2012 年 11 月 26 日，澳大利亚法律改革委员会正在考虑彻底修改澳大利亚版权法，使之与数字信息时代接轨，正在对社会各界进行调查并听取反馈意见。

在澳大利亚法律改革委员会提交的反馈意见书中，澳大利亚竞争和消费者委员会（ACCC）以及澳大利亚第二大电信公司 Optus 公司均呼吁放宽版权保护范围，敦促尽快进行立法改革，允许数字版权资料可以在不同技术平台和设备之间共享。

此前，Optus 公司推出了 TV Now 服务项目，该项服务允许用户通过该公司的移动电话比直播延迟一小段时间播放体育赛事。上述服务项目激起了体育机构的愤怒，原因是该服务损害了体育机构的互联网独播权。2012 年初，联邦法院判决 Optus 并没有因转播 NRL 和 AFL 等赛事片段而侵犯版权，但是这一判决又被推翻了，法院做出了终止 Optus 公司 TV Now 服务项目的判决。Optus 公司试图进一步就此事向高等法院上诉的请求也在 9 月份最终被拒绝了。

在 Optus 公司的反馈意见书中，其认为目前澳大利亚的版权法过于严格，落后于国际水平，因此，需要进行法律改革，确保版权法保持技术中立，不会对新型技术造成不利影响。在意见书中，Optus公司试图对诸如ARL、NRL和Telstra等法庭对手进行毫不遮掩的打击，称版权法现有的形势是用来“以牺牲更广泛的经济和社会利益为代价来加强对既得经济利益的保护”。

在版权问题上，ACCC偏向公众而非版权所有人，在其要求对澳大利亚版权法进行审查的意见书中，提出像Optus' TV Now这种可让用户通过手机录制免费频道节目并在手机或个人计算机上播放的服务毕竟不是件坏事。TV Now服务涉及利用云技术进行个人视频录像（PVR）的合法性问题。消费者使用他们自己的PVR合法录制免费电视节目跟委托第三方为其录制电视节目没有什么差别。同时还提出，“版权所有人在有些情况下，对市场反应很迟钝，就是因为版权执法的缘故，消费者的期望和行为已经改变，导致违反版权法”。在另一份足以激怒版权所有人的意见陈述中，ACCC明确表示，应该允许个人自由录播，认为如果没有明确有说服力的证据证明个人录播行为有悖于版权法的立法初衷，那么就应该允许合法复制一些必需的资料供个人或家庭使用。

（信息搜集、编译：李婕。

资料来源：http://www. theregister. co. uk/2012/11/22/accc_alrc_copyright_submission/; http://www. alrc. gov. au/inquiries/copyright-and-digital-economy/submissions-received-alrc; http://www. alrc. gov. au/inquiries/copyright-and-digital-economy/submissions-received-alrc#ind; http://www. alrc. gov. au/inquiries/copyright-and-digital-economy/submissions-received-alrc#org）

**【俄罗斯加大打击侵犯数字版权的行为】**

2012年11月27日，俄罗斯总理梅德韦杰夫与法国总理艾罗在巴黎参加会议时表示，俄罗斯在网络规制方面的立法水平还不完善，期望世界各国能在本国与国际层面加强网络管理。事实的确如此，俄罗斯在数字版权保护方面的状况不容乐观，相关部门也在着力提高司法保护水平，加强执行力度。

国际顾虑

俄罗斯的数字盗版猖獗一直是国际组织的一大顾虑，尤其是俄罗斯境内的网站上频频出现未经作者许可的受版权保护的作品。此前美国对俄罗斯的数字盗版和非数字盗版进行了测评，认为其盗版水平已达到了“极其糟糕的程度”。美国贸易代表把俄罗斯列入重点观察名单（另外还有12个国家），要求俄罗斯提高知识产权保护与执行水平，尤其是对于“网络上与日俱增的数字版权威胁”。

在加入WTO的谈判过程中，各方都要求俄罗斯改革措施，“根据刑法，对于网络数字盗版、规避技术保护措施的行为应当采取刑事惩罚措施”。俄罗斯“入世”工作组特别强调：“网络盗版是一种令人日益担忧的、严重的侵权行为，权利人已经对俄罗斯境内大量提供盗版文件的网站提出了声讨。各成员国也指出，在网络盗版方面，俄罗斯的打击措施是不足的。”

国际先例

至今为止，只有一例外国当事人提起侵犯版权诉讼，导致俄罗斯网站被关闭的案件。2005年，一家名为Allofmp3. com的网站提供对未经权利人允许的作品的付费下载服务。一名外国权利人经由IFPI（伦敦国际唱片业协会）提出控告，由莫斯科代理人提交到莫斯科检察院。初期，诉讼并不顺利，但在美国贸易代表要求以此作为俄罗斯入世的条件后，网站最终被迫关闭了。

俄罗斯版权法

1996年，俄罗斯加入了世界知识产权组织互联网条约。2009年又加入了《世界知识产权组织版权条约》（WCT）和《世界知识产权组织表演和录音制品条约》（WPPT）。根据WCT第1条、WPPT第10条的规定，成员国有义务保护作品流通的权利，要使作者的作品和表演者的录音制品能“让公众在其任意选定的时间和地点接触到”。这一规定与俄罗斯联邦民法典（CCRF）的规定完全相同，特别是其中规定作品的第1270条，规定表演者的第1317条以及规定录音制品的第1324条。

值得注意的是，WCT和WPPT并没有直接规定网络服务提供商（ISP）的责任问题。WCT第8条提到：“不言而喻，仅仅为促成或进行传播提供实物设施不致构成本条约或《伯尔尼公约》意义下的传播。”

因此，ISP的责任问题由国内法进行规定，比如，在什么情况下认定“仅仅提供实物设施”会导致承担在线侵犯版权的“辅助责任”。

到2012年为止，俄罗斯的法律并没有对在线服务提供者行为进行规制的规定，也没有对在线使用受版权保护作品的行为进行规定。但是，此类规定曾在俄罗斯联邦民法（CCRF）修订草案中提出，并于2012年4月在国家杜马下议院首次审阅后即通过。（修订草案本应于2013年1月通过，但根据最新消息，修订草案被分为若干部分以进行深度审阅，目前还未透露下议院二次评议时间。）

需特别关注的是，在新提出的议案中，“关于网络服务提供商的特别责任”提案（CCRF 草案第 1253 条）把“信息中介人”（或“网络提供商”）定义为“在网络上进行内容传播或提供信息托管服务的主体”，应为版权侵权行为承担过错责任，除非适用免责条款。ISP 在线传播信息内容，在下列情况下免责：“1. 没有改变传播的内容，除非这些改变在传播技术过程中是不可避免的；2. 不知或不应知特定受版权保护的内容被首个传播者非法传播。”如果 ISP 为网络信息传播提供了设施，在下列情况下免责：“1. 网络服务提供商不知或不应知使用受版权保护的内容是不合法的；2. 如果权利人针对知识产权侵权发出了书面通知，网络服务提供商及时采取了必要且充分的措施移除了侵犯知识产权的内容。”

在某种程度上，这些提案可以说是由最近的判例孕育而生的。在过去几十年中发生了大量案例，在这些案例中，关于网络服务提供商责任的规则在不断发展并初步形成。

截至 2012 年，俄罗斯仅有 11 个合法的音乐网站，提供音乐下载、传播、音乐手机铃声服务。俄罗斯境内一个非法传播作品的网站（http://www.webkontrol.co.uk/analytics/market/）上一些特定数据证实了该领域的“开放性”，某些行为模式能对总理的疑惑进行解释，因为梅德韦杰夫在发言中说：“如果你问我应采取什么样的措施，实际上我也不清楚。我们必须好好考虑一下。”

（信息搜集、编译：陈丽佳。

资料来源：http://www.ip-watch.org/2012/12/03/special-report-on-russia-enforcement-against-online-copyright-infringement/）

**【英国政府放宽版权体系鼓励创新】**

在广泛磋商后，英国政府宣布给予版权体系更大的自由，允许第三方在未经权利人允许的情况下使用受版权保护的作品，从而鼓励创新。

2012 年 12 月 20 日，英国商务大臣文斯·凯布尔（Vince Cable）宣布了上述改变，这是政府对《哈格里夫斯审查报告》以及后续版权磋商的部分回应。伊恩·哈格里夫斯（Ian Hargreaves）教授在其审查报告中总结说：“英国现有体系落后于所需体系，特别是在版权领域。”他建议英国允许版权例外（欧盟法律下是允许的），此举会鼓励成功的新数字技术企业。

新措施包括允许个人将他们购买的作品复制到其所拥有的介质或设备上的条款，但严格意义上仅供个人使用。例如，将其音乐收藏或电子书转移到平板电脑、手机或云存储中。

将简化针对教育部门的版权许可，以便老师们更方便地在交互式电子白板上使用版权材料以及提供学习讲义材料。

另外，将更宽泛地允许引用版权作品，只要是“合理使用”以及来源有参考。同样地，允许仿作、讽刺画和模仿作品进行一定的复制。

其他条款包括：为了私人学习目的允许复制录音和电影；允许非商业研究者毫不违背版权法地使用电脑研究出版的研究结果及其他数据；让博物馆、画廊和图书馆更方便地保存不易被更换的作品。

政府保守估计这些新的措施在未来十年将给英国经济贡献 5 亿欧元，另加每年约 2.9 亿欧元的额外收益。

上述变化是与主要利益相关人和产业代表广泛磋商的结果。

文斯·凯布尔说：“使知识产权体系适合 21 世纪不仅是常识而且是好的商业意识。让法律符合普通人的合理期待将提高我们对创意产业所依赖的版权的尊重。我们感觉在改进方式让消费者从他们合法购买的版权作品中获利、增加商业机会和保护创造者权利中找到了平衡。”

（信息搜集、编译：中国保护知识产权网。

资料来源：www.wired.co.uk/news/archive/2012-12/20/vince-cable-copyright-framework）

**【美俄就打击盗版行动计划达成一致】**

美国和俄罗斯就打击知识产权侵权的行动计划达成一致，包括打击在线版权材料的盗版。美国贸易代表办公室于 2012 年 12 月 21 日宣布了上述行动计划的工作重点，包括：

打击网络盗版，包括：删除侵权内容、打击知识产权犯罪分子、与权利人协作、知识产权执法人员之间的合作和信息互换、安排资源和人力到执法机构以打击网络盗版。

加强知识产权执法，包括：打击假冒、盗版和规避技术保护措施；实施具有威慑力的惩罚和判决；进行突击检查、没收，在适当情况下，销毁侵权产品和制造侵权产品的设备和材料；提高知识产权执法行动的透明度和公众意识。

协调立法和其他问题，包括：俄罗斯有关互联网服务提供商打击互联网盗版责任的立法草案，参考俄罗斯世界贸易组织药品试验数据保护的承诺，行政处罚的实施，法官就执法机制和最佳做法交换信息。

在过去，美国贸易代表办公室一直认为俄罗斯在保护美国知识产权方面做得太少。2011年，美国贸易代表办公室发布了一个有关“恶名盗版市场”的报告，指责位于俄罗斯的一些市场从知识产权侵权中获利。

同样在2011年，在美国副总统乔·拜登（Joe Biden）访问俄罗斯之前，美国的一些国会议员在写给拜登的一封信中敦促他利用俄罗斯迫切希望加入世界贸易组织的强烈愿望作为谈判的筹码。

作为国会国际反盗版核心小组成员的国会议员们写道：解决流氓市场的问题还有很长的路要走，即展示俄罗斯依法运作的意愿与能力以及俄罗斯为履行世界贸易组织成员的义务所作的准备。

2012年8月，俄罗斯成功加入了世界贸易组织。在讨论有关人权问题之后，奥巴马总统授予俄罗斯“永久正常贸易关系”。此后不久，美国和俄罗斯向世界贸易组织申请撤回双方不适用的通知，并且同意世界贸易组织协定适用于彼此。

12月21日，美国贸易代表罗恩·柯克（Ron Kirk）在一份美俄就世界贸易组织原则的合作声明中说道：“通过此举，美国的企业和工人现在可以享受俄罗斯入世带来的所有好处。在美俄之间适用世界贸易组织协议使美国企业和工人可以更大程度地获得不断增长的俄罗斯市场，为我们提供了使俄罗斯履行世界贸易组织义务的手段。”

柯克在12月21日发表的单独声明中提到世界贸易组织有关打击盗版的协定时说：“由于俄罗斯最近刚刚加入世界贸易组织以及在美俄之间适用世界贸易组织协定，行动计划显得格外重要。俄罗斯在改善知识产权体制方面取得了令人称赞的进展，该行动计划是对保持解决知识产权问题的这种势头的一种承诺。”

该行动计划的正式名称为“知识产权行动计划”。

（信息搜集、编译：中国保护知识产权网。

资料来源：news. cnet. com/8301 - 13578 _ 3 - 57560621 - 38/v. s-russia-agree-on-action-plan-to-fight-piraly/）

**【英国政府推出新的版权免责条款】**

2012年12月28日，英国政府引入版权法例外条款，允许个人用户复制受版权保护的材料（包括电子书）到“任何媒体或设备”为自己私人使用。不过用户仍被禁止去共享和传播这些材料。

该条款还计划给正在进行自己的“计算机分析”——所谓的“数据挖掘”的学术研究人员提供复制受版权保护的作品的权利。

2011年5月，受总理委托的哈格里夫斯的审查宣布：“这些措施将作为版权法审查的一部分。”

政府表示，将允许研究人员有合法获得版权作品的权利。“这些作品的副本在某种程度上是他们的计算机分析所必需的。”特别指出，它将“允许非商业研究人员使用电脑来研究已发表的研究结果和其他数据而不受版权法限制。”

政府声明条款将允许“出版商控制他们的计算机系统的访问权限和通过他们提供的服务获得收益”，但目前关于用户仅供自己使用复制资料的权利细则还没有明确。政府说，这是“促进出版商和研究人员之间的讨论的准备，包括商业和非商业，这将有助于英国在文本和数据挖掘技术和服务方面建立世界领导地位”。

同样，出版商贸易和电子书零售方面正在引入电子书拷贝豁免权。尽管他们不会允许一个用户合法地打破单个文件的数字版权保护。

根据提议，出版商将电子书文件进行数字版权管理仍然能够防止复制，但政府将推出一个“吸引力条款”，这可能会使国务大臣有权对数字版权管理采取行动，包括强迫出版商提供一个无数字版权管理保护的文件。关于这一问题实施过程的“可行性”已经开始受到关注。

政府已表示，将制定明确的标准，国务大臣将考虑制作一个应用程序来覆盖TPM（技术保护措施，亦称为数字版权管理），如提供商业产品的可行性和商业决策的影响力，目标是通过用户行为限制来建立一个健壮的、现代的和灵活的系统。政府还推断，版权所有者可以通过允许私人分享来获得额外收费，并引用了音乐行业里的“刻录”功能，CD目前已经成为可接受的实践方式。

政府表示，它还打算允许教育机构在没有许可协议的情况下，进行“小规模复制”。它还将致力于让博物馆、美术馆、图书馆和档案馆保存任何类型的版权作品，这样资料将被永久收藏并不容易被替换——这意味着机构将有权使用其收藏的任何书籍的数字文件。另外它还特别指出：“根据保留需要，文件可以被多次复制。”

应对这些提议，出版商协会首席执行官理查

德·莫里克说，他感到高兴的是，有证据表明政府听取了版权持有人的建议，并指出其愿意促进进一步围绕“数据挖掘”这个问题的讨论。“我们很高兴地看到知识产权局终于承认版权的财产权利。”他说，“豁免权（私人复制）所提出的含义非常狭窄。这是好消息，但同时它们可能为音乐 CD 和可加工性电子书制作方面引入大量的实际问题”。

关于允许非商业研究人员使用电脑来研究已发表的研究结果的规定，莫里克非常欢迎关于促进数据文本挖掘讨论的提议。他说：“只供非商业使用是受欢迎的，并且用户有权访问已经十分必要了。”

介绍提案的商务大臣文斯·凯布尔说：“制定符合 21 世纪的知识产权框架不仅仅是公众意识，更是良好的商业意识。把普通人民的合理期望纳入法律将促进尊重版权，而这也是我们的创意产业的靠山。”

“我们觉得我们已经拥有了很好的权利平衡，一方面消费者从其合法付费的版权作品中受益的水平提高，另一方面也促进了商业发展和版权所有的保护。”

考虑到 2013 年的技术审查，政府将发布立法草案，但它希望这些措施在 2013 年 10 月生效。

（资料来源：中国图书出版网）

## ◆ 司法判例

**【海盗湾创始人终审被判入狱】**

从 2009 年第一次判决至 2012 年，海盗湾侵权案的审判已经持续了相当长的时间。2012 年 2 月 1 日，该案终于告一段落。瑞典最高法院对该案做出了终审判决，法院驳回被告的上诉请求，并维持 2010 年 11 月的判决。

虽然此案已经有了最终判决，但是海盗湾网站似乎未受判决影响，仍然处于运营状态。然而，在最高法院的判决公之于众几个小时以后，海盗湾网站把它的域名由之前的. org 更改为现在的. se（瑞典顶级域名），此举是担心美国当局会对网站采取封锁行动。

（信息搜集、编译：黄祎。

资料来源：http://torrentfreak. com/pirate-bay-founders-prison-sentences-final-supreme-court-appeal-rejected-120201/；http://torrentfreak. com/riaa-the-pirate-bay-is-the-worst-of-the-worst-120217/）

**【澳大利亚音乐家在互联网广播版权费支付案中败诉】**

唱片公司和音乐家们未能向在互联网上播放音乐的无线电台收取额外的版权费。

澳大利亚联邦法院于 2012 年 2 月 14 日裁定互联网实时播放受现有传统广播许可制约。

法官琳赛·福斯特（Lindsay Foster）表示：“在相同时间将同一无线电节目传播到调频发射台和网络流媒体服务器的服务属于同一服务。”

代表唱片公司和艺术家的澳大利亚音像表演公司（PPCA）试图声明它授予商业无线电台的非独占版权许可不包括信息网络传播权。

PPCA 的首席执行官丹·罗森正在考虑提起上诉，他表示：“法院从互联网播放技术性角度作裁定让我们很失望，但我们会继续努力为艺术家和唱片公司争取更好的交易。”

代表广播电台的产业机构澳大利亚商业电台对此判决表示欢迎。这是继联邦法院近期对体育视频镜头作出不利于权利人的判决后的又一判决。

这一广播案件纠结于 PPCA 和澳大利亚商业电台在 2000 年签署的一份总括协定的措辞。

福斯特法官考虑到对《版权法案》和《广播服务法令》的更改会如何影响总括协定所定义的“服务”。协定采用了两部法案对“服务”的定义。

福斯特说：“事实上，服务就是结合多种传递方法或平台传播使用广播服务波段的同一广播节目。”

PPCA 最近也上升到法制角度挑战一项长期存在的关于无线电台支付给唱片公司和音乐家的费用限度，高等法院尚未作出判决。罗森说艺术家和唱片公司从“通过使用音乐并播放节目和在线播放这些节目每年创收十亿美元的产业手上获得的费用过少”。

（信息搜集、编译：中国保护知识产权网。

资料来源：http://www. smh. com. au/business/musicians-lose-case-over-copyright-fees-for-internet-radio-20120215-1t689. html）

**【欧洲法院裁决计算机软件功能不受版权保护】**

2012 年 5 月 2 日，欧洲法院裁决，计算机软件的功能及其使用的编程语言不受版权保护。该裁决来自美国赛仕软件研究所（SAS Institute Inc.，以下简称 SAS 研究所）诉世界编程有限公司 WPL（World Programming Ltd.，以下简称世界编程）一案。这是两个具有竞争性的公司：SAS 研究所和世界编程。两者都生产统计分析软件。世界编程通过反向操作合法获取了SAS研究所的程序副本并创造了自己的产品。但是，没有证据显示世界编程复制了SAS研究所文件的源代码。

根据现有法律，计算机程序版权不保护程序语言、程序功能或应用程序界面。具体而言，根据在计算机程序版权保护领域奉行的思想与表达二分法原则，只有计算机程序的表达受版权保护，这就意味着对包含思想和原则的逻辑、算法和程序语言而言，思想和原则不受保护，只有这些思想和原则的表现形式才受到版权保护。除此之外，计算机程序的功能以及为了开发一定功能的数据文件而创设的程序语言和范式等都不包含在计算机程序语言的保护范围内。对此，相关专业人士认为，对于网络这样一个开放的市场来说，这次判决具有里程碑式的意义。从此次判决中，传达出了这样一个信息：没有人可以垄断程序语言的编写方式和功能。

然而相关人士也担心这一判决使其他软件公司大胆实施计算机软件的“逆向工程”，而无须担心会侵犯版权，无疑为更大规模的软件侵权铺平了道路。

（信息搜集、编译：朱苗苗　徐楠楠。

资料来源：http://www.ip-watch.org/2012/05/14/eu-court-of-justice-upholds-limits-of-copyright-on-software/; http://www.computerworld.com/s/article/9227281/EU_Programming_Languages_Can_t_Be_Copyrighted; http://www.bailii.org/ew/cases/EWHC/Ch/2010/1829.html; http://curia.europa.eu/juris/document/document.jsf?text=&docid=122362&pageIndex=0&doclang=EN&mode=req&dir=&occ=first&part=1&cid=110132; http://www.barrysookman.com/2012/05/08/so-you-want-to-protect-computer-programs-by-copyright-oracle-v-google-and-the-sas-v-wpl-cases/; http://www.out-law.com/en/articles/2012/may/courts-put-software-in-danger-with-copyright-confusion-says-expert/）

**【美法官裁决谷歌未侵犯甲骨文Java版权】**

2012年5月31日，一位美国法官做出裁决称，Android使用的Java应用程序编程接口是不受版权保护的。这一裁决使甲骨文在与谷歌的法律诉讼中遭遇了一个失败。

这个裁决的适用范围比较窄，仅适用于这个案子中有争议的37个Java API（应用程序编程接口）。但是，许多人把这个裁决看作软件行业的一个胜利。人们担心支持甲骨文的裁决会阻碍软件行业的技术创新。

美国加州北部地区法院法官威廉·阿尔苏普（William Alsup）在31日发布的命令中称，这个命令不支持Java API在没有授权的情况下免费提供给所有人使用。这个命令不支持可以偷窃所有的计算机程序的结构、序列和组织。相反，该命令仅支持这个案子中的具体事实：根据版权法，谷歌复制的特定部分是免费提供给所有人使用的。

甲骨文可能对法官的这个裁决向更高一级法院提出上诉。

甲骨文在两年前起诉谷歌的Android软件侵犯了Java的版权和专利。陪审团的裁决已经使谷歌摆脱了侵犯专利的指控。法官做出的裁决意味着已经消除了对谷歌侵犯版权的指控。

（作者：王如。　资料来源：赛迪网）

**【德法院称在线储存商对上传文件负有监管职责】**

2012年7月26日，德国联邦法院（BGH）裁定网络在线储存公司必须对所储存文件的内容负有部分监管责任。

此前美国电脑游戏公司雅达利（Atari）公司宣布在线文件储存服务提供商Rapidshare在其线上存储器中储存了盗版的由雅达利出品的游戏《鬼屋魅影》（Alone in the Dark），随后Rapidshare公司删除了上述文件。对此雅达利公司曾表示不会就此善罢甘休，它会向法院起诉Rapidshare公司并要求其改善自身的在线反盗版侵权内容方案。

此前Rapidshare公司曾表示其不可能对所有储存在其服务器上的文件进行逐个检查，由此负责审理该案的德国杜塞尔多夫高等地区法院曾经判决Rapidshare公司在上述事件中并不存在过错，而此次德国联邦法院则完全推翻了先前的判决结果，并将案件发回杜塞尔多夫高等地区法院重审。

Rapidshare公司的律师曾经向德国联邦法院指出Rapidshare只提供文件的储存和传递服务，其并不会对文件的内容进行详细审查，但德国联邦法院的法官沃尔夫冈·基尔霍夫（Wolfgang Kirchhoff）并未采信这一点。基尔霍夫在所做出的判决中表示，网络在线文件存储服务是一种被广泛认可的合乎法律规定的商业模式，如果一旦有内容商指出网络在线存储的内容存在侵权问题，网络在线存储服务的提供商就必须采取技术手段防止未来还有相似的侵权内容被上传至服务器。

德国联邦法院还要求Rapidshare公司对储存在其服务器上的所有内容进行审核并删除盗版内容，法院还强调Rapidshare公司有义务把这些盗版文件全部销毁。值得注意的是，德国联邦法院表示 Rapidshare 公司应该在适当限度内启动反盗版计划，而上述“适当限度”的范围大小则由此前审理 Rapidshare 公司和雅达利公司案件的德国杜塞尔多夫高等地区法院决定。

（作者：霍珊。　资料来源：网易科技）

**【美图书馆界认为版权限制威胁纸书外借权】**

根据美国最高法院的一份备案意见陈述书，如今图书馆外借纸质书的权利也正面临威胁。

该意见陈述书与 2011 年第二巡回上诉法院（Second Circuit Court of Appeals）对 Kirtsaeng 与约翰·威利父子出版公司（John Wiley & Son）案件的最终判决有关，该案件依据首次销售（first sale）原则做出最终判决。版权法中的这一条款规定，允许任何合法的图书副本或者其他受版权保护的作品的购买者转售或借阅其所购买的副本，但该条款仅限于在美国生产的商品。图书馆界表示，如果该裁决维持原判，那么该判决结果就可能会致使图书馆失去非本土图书的外借权。

在这份陈述书中，图书馆版权联盟，一个由三家主要的图书馆机构（ALA、ARL 和 ACRL）组成的联盟，要求最高法院撤销第二巡回法院的裁决，并判定将首次销售原则适用于所有“在作品美国版权所有人合法授权之下制作出版的”图书副本。

在最近一次接受《出版商周刊》的采访中，负责撰写 LCA 起诉书的律师乔纳森·班德（Jonthan Band）表示，一个赞成第二巡回法院对于首次销售条款所作出的解释的裁决将会“是对图书馆界的致命一击”，因为这将意味着，图书馆将不能借阅在国外印刷的图书。“不仅仅是那些来自国外出版商的图书，”班德解释道，“还包括在美国出版但仅仅是在海外印刷的图书。”这份 LCA 陈辩书还强调美国图书馆中很重要的一部分馆藏资源都是在海外制作的，在美国图书馆收藏的图书中，有超过 2 亿册的图书都是由国外出版商出版的。

最高法院的法庭判例源自约翰·威利父子出版公司与 Supap Kirtsaeng 案件的最终判决。在这个案件中，泰国出生的美国学生 Kirtsaeng 以在美国市场进口和转售威利公司专供海外市场制作销售的海外版教科书的罪名遭致威利出版公司的起诉。在这个案件的判决中，由三位法官组成的第二巡回法院陪审团以 2∶1 优势最终确定 Kirtsaeng“不能因首次销售原则的条款规定而豁免”，因为该条款中的用词是必须是“合法制作”的产品。法院裁决认为“合法制作”这个词组将首次销售原则适用范围局限于“专指那些在《版权法案》适用的地区制作的作品，且其不适用于在国外制作的作品”。

（信息编译：郑珍宇。　资料来源：百道网）

**【美出版公司打赢教科书假冒官司】**

2012 年 9 月 18 日，几个领先的出版公司如圣智学习、约翰·威利父子出版公司、培生集团以及麦格劳-希尔出版社等通过过去六个月的深入调查，揭示出大批假冒教科书正在全美发行。这一调查进一步揭示出教科书发行商从海外市场取得这些书的来源就是假冒教科书的源头。现在上述出版公司宣布它们已经解决了这一商标和版权侵权案件。同意出版公司提出的索赔的五个发行商是：加利福尼亚州的科特伍德工业（Kentwood Industries），得克萨斯州的得克萨斯图书公司（Texas Book Company），佛罗里达州的斯特林教育传媒公司（Sterling Educational Media），加利福尼亚州的戴维斯教科书公司（Davis Textbook）和阿肯色州的 ABSnext 公司（ABSnext Corporation）（之前叫作 Budgetext 公司）。

代理圣智学习、约翰·威利父子出版公司、培生集团以及麦格劳-希尔出版社事务的 Oppenheim＋Zebrak 律师事务所的马特·奥本海默说：“我们希望这些决定可以传达一个强烈的信号，即教科书出版商绝不会让那些试图从假冒教科书里获利的人得逞。”这些公司将继续维护它们的权利，不会允许售卖侵权教科书复制品却又无须承担后果的事情发生。

在这些教育出版商向这五个发行商索赔的同时，它们目前正向其他有类似行为的个人和团伙采取行动。

整个教育教材市场正面临着来自亚马逊、Coursesmart、Kno 和 Chegg 的挑战。但是电子教材仍处于发展初期，有形的教科书仍将是课堂上的主流。这些案件中涉及的主要出版社正试图巩固它们的教科书发行业务，以消灭那些利用假冒产品赚钱的小公司。

（信息编译：田红蕾。　资料来源：百道网）

**【美法庭裁决电视流媒体服务商不受版权法保护】**

2012 年 9 月 2 日，一家美国联邦上诉法庭裁决，美国流媒体电视服务提供商 Ivi Inc. 不属于有线电视系统，因而不受《美国版权法》保护。这一裁决会对新兴的电视流媒体服务商产生致命的打击。

这起案件由美国主流广播公司 ABC、NBC、CBS、福克斯等共同发起。美国第二巡回上诉法庭裁决称，这些广播公司没有义务自动将其内容授权给互联网流媒体播放服务，因为Ivi并非传统的“有线”电视。《美国版权法》要求广播公司以监管部门定出的价格机制向卫星和有线电视公司授权其制作内容，这一机制又被称为义务性授权——但Ivi等在线流媒体服务商并不包括其中。Ivi从2010年开始从美国西雅图、洛杉矶、芝加哥和纽约市场向全美用户以5美元每月的价格提供流媒体电视服务。

这家位于纽约的上诉法庭裁决称：“初步禁令的缺席会鼓励现有和潜在的转播权持有者以及其他互联网服务提供商跟随Ivi的模式，在未经原告允许的情况下转播原告的版权节目。原告的谈判能力和业务模式会因此遭到打击。广播公司制作电视节目的数量和质量，以及转播、广告收入、发行模式和节目播出表都会受到不利的影响。这些伤害会扩散到其他的电视节目版权拥有者。因此，在未经允许的情况下在互联网上实时转播受版权保护的电视节目将威胁整个行业的稳定。”

Ivi由创业者托德·韦弗（Todd Weaver）于2010年在西雅图创立。这一服务创立不久就引发了广播制作公司的众怒，随后Ivi被广播公司起诉。

Ivi在为自己辩护时称，该公司符合1976年《版权法》第11章中对“有线电视系统”的法定定义，因此只要该公司支付授权费，就有权播放原告的节目。

2011年，一名较低级别的法官裁决关闭Ivi服务。周五的裁决维持了原判，也就意味着Ivi无法重新恢复服务，除非最高法院选择支持Ivi。这使得Ivi成为又一个由于版权法而被关闭的创新媒体创业公司。

这起案件似乎与7月份一名纽约联邦法官的裁决相矛盾。这名法官裁决称，一家名为Aereo的公司可以合法地向付费用户提供流媒体电视直播服务，而且不用支付任何授权费。Ivi也声称拥有相同的权利。

但Ivi只是简单地转播了信号，而Aereo采用了一些技术手段，且仅向纽约地区的用户提供当地电视台的转播服务。

Aereo的纽约用户租用了两个硬币大小的天线，每一个天线都是独一无二的。用户可以使用一个天线实时在电脑、平板或手机上观看电视节目。另一个天线可以提供DVR数字录影服务，允许用户录下电视节目供以后观看。

美国地区法官艾利森·内森（Alison Nathan）称，Aereo服务并未侵犯任何版权，拒绝关闭Aereo服务。

广播制作公司声称，Aereo未经许可分发电视节目材料，侵犯了它们的版权。

一名纽约大学法学院的知识产权学者詹姆斯·格里梅尔曼（James Grimmelman）在一篇文章中说：“版权法这些年以来一直非常混乱，而Aereo恰好利用了法律的漏洞。”

（信息编译：张和。

资料来源：腾讯科技，见 http://tech.qq.com/a/20120903/000109.htm）

## ◆ 业界动态

**【加拿大网站发现政府官员涉嫌盗版】**

2012年1月1日，一家专注于流行文件分享项目的博客网站 Torrent Freak 发文指出：“加拿大国会带头进行BT盗版。”

在获得了分配到下议院的众多IP地址后，博客网站创立人发现了非法下载受版权保护的材料的证据。

这包括“魔力红乐队”颇受欢迎的流行曲目《像贾格尔一样舞动》的两个版本、赛车类游戏《极品飞车》和纽约扒手电影《浪荡子》。

博客网站的创建者之一埃内斯托·范德萨（Ernesto Van Der Sar）指出加拿大不是唯一一个发生这种事件的国家。他们还发现链接到美国众议院和法国总统居住地爱丽舍宫的IP地址也存在非法下载。

范德萨说，他不支持网络盗版，但感觉加拿大新提议的版权法案不能解决这个问题的起因。他说：“我们只是试图表明这是一个普遍问题，试图通过新法阻止网络盗版并不总是最好的选择。”

新版权法案的批评者辩称，所谓的“数字锁”条款侵犯了消费者权利。

政府表示要找到版权所有者和消费者之间利益的平衡点。

（信息搜集、编译：中国保护知识产权网。

资料来源：http://cnews.canoe.ca/CNEWS/Politics/2012/01/03/19196571.html）

**【文件共享网站 Megaupload 被封查】**

来自 bbc.co.uk 的2012年1月的消息说，互联网最大的文件共享网站之一 Megaupload 不久前被美国官员关闭，网站创始人也被指控侵犯了反盗版法。

联邦公诉人指责该网站给版权所有人造成的收入损失超过5亿美元（3.2亿英镑）。而网站则声称，他们此前一直在积极处理有关盗版资料的举报。

这一消息是在反盗版法抗议运动的第二天公布的，但是调查人员却称他们在两周前就收到了命令。

美国司法部表示，应美国官员的要求，Megaupload 的两位创始人金·多肯姆（Kim Dotcom，之前也叫作 Kim Schmitz）和马赛厄斯·奥特曼（Mathias Ortmann）已经在新西兰奥克兰市被逮捕，同时被捕的还有该网站的其他两名员工。司法部还补充说，另外仍有三名被告在逃。

美国司法部网站上的一则通告写道："此次行动是美国有史以来发起的最大规模的刑事版权行动之一，直接打击的是滥用公共内容存储与传播网站从事和辅助知识产权犯罪的行为。"

第三方网站

上述指控包括版权侵权、合伙诈骗以及洗钱等罪名。

位于弗吉尼亚州的一家联邦法院下令查封了与 Megaupload 这家位于中国香港的公司有关的 18 个域名。

美国司法部表示，已经有超过 20 份搜查令在 9 个国家得到执行，已经有约价值 5 000 万美元的资产被扣押。

该机构还称，这些被告购买了一个专门用于推广版权作品上传的商业模式。

一份声明指出："据称，这些同谋者向他们认识的上传了侵权内容的用户付费，并将这些用户的链接向全世界用户进行发布。"

"通过对使用第三方链接网站发布侵权内容的行为进行大力支持，这些同谋者并不需要将这些内容发布在 Megaupload 网站上。"

起诉书中说道："同谋者们通过不在 Megaupload 网站上提供公共检索功能，并且不在公开的用户下载量排行中显示流行的侵权作品等方式，控制了用户在他们服务器上所能看到的内容。"

在被关闭之前，这一网站贴出了一份声明，称所有针对网站的指责"极度荒诞"，而且"事实上，Mega 网站的绝大多数互联网流量都是合法的，而且我们还会继续坚持做下去"。

"如果内容行业希望利用我们的知名度，那么我们很乐意进行对话。我们有一些很棒的想法。有意者请与我们取得联系。"

暂时关闭网站运动

这一声明的发布是在数千家网站参与了"暂时关闭网站"运动的第二天。这一运动是为了抗议《禁止网络盗版法案》（SOPA）和《防止互联网威胁经济创造力以及知识产权侵权法案》（PIPA）。

美国商会为这两部法案进行了辩护，认为执法机构缺乏让现有知识产权法律适用于数字社会的有效工具。

行业观察人士则称，政府的这一最新动议也许会引发更广泛的争论。

Gartner 公司的媒体传播专家迈克·麦圭尔（Mike McGuire）称："这两部法案距获得通过都还有很长的路要走——它们需要进行进一步修订。但是看起来，官员们只要使用现有工具就能够追究据称从事盗版行业的企业的责任。"

"这回避了问题的实质，即如果你可以使用现有法律找到并逮捕参与盗版活动的嫌疑人，那么为什么还要提出进一步的法规，尤其是这些法规仅在美国存在并很可能具有破坏性？"

（信息搜集、编译：中国保护知识产权网。

资料来源：http://www.bbc.co.uk/news/technology-16642369）

**【英国版权行业为国民核算体系额外贡献 30 亿英镑】**

2012 年 6 月 19 日，英国知识产权局和伦敦帝国理工学院公布了英国版权行业的一份新的投资估算，当统计到国民经济核算中时，这些投资会为国民经济额外贡献 30 多亿英镑。

知识产权大臣威尔科克斯男爵夫人（Baroness Wilcox）表示："这是一个极好的消息，不仅因为它对英国经济有益，还因为这表明政府对于了解和推进创意产业是认真的。"

作为为更加准确了解英国知识产权整体状况而开展的知识产权局经济研究项目的一部分，这份新评估是用了一年时间开发完成的。该研究抽取了出版、音乐和电影行业提供的新信息，这些行业对版权作品的投资为英国创造了长期的收入来源。

这项新倡议是国家统计局、知识产权局、伦敦帝国理工学院以及创意产业共同协作的结果。这反映了知识产权在当今经济中日益重要。

英国知识产权局局长约翰·阿尔蒂（John Alty）说："政府的政策肯定了创新在创意产业的至关重要性。我们应该以衡量经济全局的方式去吸引投资——以增加英国的经济能力。"

出版商许可协会（PLS）主席萨拉·福尔德（Sarah Faulder）表示："PLS 很高兴确保英国出版行业的价值能更加精确地反映在国家统计中。虽然我们认为要确保该行业的规模得到充分发展仍有很多工作要做，但我们对英国知识产权局在版权政策经受政府审查时承担起了这项关键和艰巨的任务表示赞许。”

（资料来源：中国保护知识产权网）

**【2012 年加拿大版权流程要做改变】**

从 2012 年 8 月底开始，加拿大维多利亚大学不再向 Access Copyright 机构缴纳版税。至此，由加拿大大学与学院协会（AUCC）所代表的 35 所大学拒绝向 Access Copyright 缴纳版税。假如维多利亚大学不做此决定，它每年向 Access Copyright 支付的版税预计将从 6 万美元上升至 70 万美元。

Access Copyright 是一个非营利性机构，代表加拿大作者、视觉艺术家和出版商的复制权并向他们分发版税。

维多利亚大学每年向 Access Copyright 支付复印书籍、期刊、课堂讲义、图书馆馆藏材料、教辅以及绝版作品的版税。

从 2012 年 9 月 1 日起，维多利亚大学版权办公室将取消包括教辅在内的所有版权许可。维多利亚大学书店将负责教辅的发行和销售。

维多利亚大学版权办公室主任英巴·基欧（Inba Kehoe）说：“教职员工和学生在复制和传播电子版权材料时还要继续遵守加拿大版权立法，这点很重要。版权办公室已制定了最佳做法准则，我们在研讨会和部门会议上对其进行了讨论。我们鼓励教职员工和导师联系我们进行咨询。”

由于 2013 年秋天处理版权许可或许会需要一个额外的筹备期，因此鼓励教职员工提前计划，考虑受版权法和许可协议管理的材料的解决方案。课程和法学学科图书馆馆员随时可以为教职员工和导师提供帮助，书店的工作人员可以帮助预订教科书和销售教辅。

维多利亚大学与其他大学和 AUCC 合作，共同倡议采用更加符合大学需求的修订后的版权法。

（信息搜集、编译：中国保护知识产权网。

资料来源：http：//ring. uvic. ca/news/copyriqht-procedures-change-2012）

**【新西兰版权法改革或将许可模仿、讽刺作品】**

2012 年 10 月 16 日，绿色和平组织（Greenpeace）在网上发布了具有嘲讽意味的广告，模仿讽刺了新西兰海安集团（Sealord）的电视广告，并评论其认为有害的捕鱼方法。该广告引发了公众能够在何种程度上利用企业广告以及哪些使用方式会不当损害企业声誉等问题的讨论，尤其是关于模仿讽刺作品的法律界限问题。

新西兰国会议员加雷思·休斯（Gareth Hughes）支持绿色和平组织对海安集团电视广告的恶搞，并提出了一项版权法变革方案，建议对作品的诙谐模仿和讽刺是合理使用，可以写入法律条文中。休斯提出的变革方案旨在扩大现有法律的司法解释，这将有利于试图诙谐模仿和讽刺版权作品的人。

休斯在接受《周末先驱报》（*Weekend Herald*）采访时说，讥讽和诙谐模仿并未被现有法律所覆盖，其变革方案将使新西兰与其他国家在这方面同步。

休斯说：“此时此刻，如果有某家公司说‘你侵犯了我的版权，因为你正在评论我们的行为或观点’，讽刺作家都没有任何法律可以依靠。我认为这是一个大漏洞，因为讽刺是合法的公众评论。讥讽和诙谐模仿数千年来一直被用以进行公众和政治评论。”从全球范围来说，抗议团体多年来一直积极地诙谐模仿企业品牌，麦当劳的标志就经常成为这类模仿的靶子。

他认为，允许评论家使用受版权保护的视频、音频或者图像，就像读者可以在他们对小说的评论中使用作品文本一样，旨在扩大对版权法律的解释，这更有利于试图模仿和讽刺作品的人。

（信息搜集、编译：李婕。

资料来源：http://www. nzherald. co. nz/business/news/article. cfm? c_id=3&objectid=10840166）

**【美国运营商版权警告系统正式运行】**

2012 年 10 月，美国版权信息中心（Center for Copyright Information，CCI）要推出版权警告系统（CAS），该系统将重点打击非法下载以及网上侵权盗版行为。另外，CCI 指出他们的这个系统将不会对网民的隐私造成威胁，因为他们建立 CAS 的主要目的是为了提醒用户，而非惩罚用户。

在接下来的两个月中，每一个参与该项目的网络服务提供商（ISP）都有望推出自己的 CAS 版本，通过 CAS，当系统发现用户非法下载文件时，会把版权人主张的侵权通知发送给网络服务提供商，网络服务提供商根据 IP 地址把该通知发给有侵权行为的网络用户，并视情况对其采取进一步的措施。

第一次是教育性的警告。作为对版权人侵权通知的回应，ISP 会采取向其用户发电子邮件等在线警告方式，告知其网络账号可能存在被滥用或涉嫌侵犯版权的行为。该份警告中同时也会包含一些指导性信息，比如告知其检查电脑及网络的安全性，如何避免以后再出现类似的侵犯版权的行为，还向用户提供丰富的电影、音乐资源的合法下载途径。

如果用户对第一份警告视而不见，继续侵权行为，ISP 就会发出第二份警告，进一步强调其行为的侵权性。

若该账号上再次出现侵犯版权行为，用户就会收到确认警告书，该警告类似于最初的那份警告，但又设计了一个弹出式通知、登录页面或类似的机制，即需要用户向网络服务提供商确认其已收到该通知。该设计的目的就是确保用户收到了这两份警告。

如果用户仍置之不理，ISP 就会采取减缓措施，不同的网络服务提供商可能会采取不同的减缓措施，如强制用户阅读版权信息，短期内降低用户的网速，重新指向一个登录页面，直到用户主动联系 ISP 以解决该问题或者采取了 ISP 认为对解决问题有帮助的措施，此时 ISP 可能会免除减缓措施，但是再收到版权人关于该账号的侵权通知除外。

有些用户可能会收到六次警告，此时除了警告通知，ISP 将直接采取减缓措施。当然，应该很少会有人在收到这么多次警告之后仍然坚持侵权行为。

为保证该系统的准确性，CCI 建立了一套由美国仲裁协会（American Arbitration Association，AAA）主导的独立的审查程序，AAA 是一个中立性组织，在多元纠纷解决领域有着悠久的历史和丰富的经验。因此，当侵权者认为自己的行为合法或者 ISP 查出的 IP 地址对应的并不是自己的账户时，可以通过支付 35 美元申请 AAA 重新审查其网络活动，如果经该协会评审认为用户的辩称是正确的，即并不存在侵权行为，35 美元会返还，一系列的警告也会从用户的账户中移除。

（信息搜集、编译：徐楠楠。

资料来源：http://www. copyrightinformation. org/alerts; http://www. copyrightinformation. org/node/709）

**【印度电影节在世界知识产权组织总部召开】**

2012 年 12 月 3—7 日，印度电影节在世界知识产权组织总部召开，发言者一致强调版权保护在维护和发展印度电影产业方面的重要性，认为未经授权的非法复制、传播行为对电影产业有着严重的危害。

在 12 月 3 日开幕式上，与会者强调了当前印度电影产业面临的复杂困境，未经授权的电影下载行为对印度电影产业在财政收入和创新性方面造成了负面影响。

印度官方预备冲刺 2013 年第 85 届奥斯卡金像奖最佳外语片的电影——《椰子糖》的导演阿鲁纳·巴苏（Aruna Basu）出席了该次会议，他强调：非法下载不仅危害电影产业的收益，同时严重影响印度导演拍摄电影的质量。

会议中提出了一些打击盗版的措施。印度新闻和广播部（Indian Ministry of Information and Broadcasting）秘书瓦玛（Uday Kumar Varma）认为，制定类似于 2012 年颁布的《印度版权法》是远远不够的，因为这仅仅要求电台在每次播放作品时交付一定的报酬，而公众并不认为非法下载电影或艺术作品是犯罪行为，没有从根本上杜绝盗版的存在，故而瓦玛强调需要提高公众的版权保护意识，需要开发商业策略来解决盗版问题。

总的来说，观众参与是电影产业不断创新、获得成功必不可少的组成部分。通过世界知识产权组织的保护，授权下载会挽回电影产业的部分损失。但是如何利用知识产权保护来帮助贫困者参与文化活动的思路并不明晰。

（信息搜集、编译：鲜丹霞。

资料来源：http://www. ip-watch. org/2012/12/12/wipo-promotes-discussion-on-indian-film-industrys-benefit-from-ip-rights/; http://www. out-law. com/en/articles/2012/september/dutch-court-asks-ecj-to-rule-on-whether-private-copying-levy-should-cover-cost-of-pirate-content-downloads/）

**【“韩国—菲律宾版权论坛”在菲律宾首都马尼拉举行】**

2012 年 12 月 7 日，“韩国—菲律宾版权论坛”（以下简称论坛）在菲律宾首都马尼拉举行。该论坛是韩国著作权委员会（KCC）组织的版权领域的国际交流会议，旨在提高菲律宾人的版权意识。在菲律宾，韩国的各种娱乐形式如 K-Pop、韩国肥皂剧和韩国网游很受欢迎，盗版行为也非常普遍。盗版的韩国戏剧表演、音乐和游戏无论线上还是线下都很容易得到。为此，两国在论坛上讨论了版权保护的重要性、政府在知识产权保护方面所起的作用等问题。菲律宾欲修改版权法以解决盗版问题，2012 年 12 月 11 日，菲律宾参议院已正式批准了两院会议委员会关于版权法修改的报告，希望菲律宾总统在年底前签署该法案。

（信息搜集、编译：王文佼。

资料来源：http://www. ip-watch. org/2012/12/14/south-korea-bolsters-copyright-strategy-in-k-pop-crazy-states/; http://www. sipo. gov. cn/wqyz/gwdt/201212/t20121227_781665. html）

# 索　引

H

J



L

M



N



O



P



Q



R



S

**T**



**W**